W0177976

Horst E. Miers

Lexikon des Geheimwissens

Wilhelm Goldmann Verlag

1. Auflage November 1976 · 1.–10. Tsd.
2. Auflage April 1979   · 11.–20. Tsd.
3. Auflage August 1980   · 21.–26. Tsd.

Made in Germany 1980
Genehmigte Taschenbuchausgabe
© der Originalausgabe by Verlag Hermann Bauer KG, Freiburg i. Br.
Umschlagentwurf: Atelier Adolf & Angelika Bachmann, München
Umschlagbild: Titelillustration unter Verwendung zweier
magischer Symbole: oben = Das geistliche Auge (ägypt.);
unten = Amulett für erfolgreiche Geschäfte
Druck: Presse-Druck Augsburg
Verlagsnummer: 11708
Lektorat: Renate Richter · Herstellung: Peter Papenbrok/He
ISBN 3-442-11708-9

Inhalt

Vorwort zur Taschenbuchausgabe

Das Erscheinen der Originalausgabe hat seinerzeit in den Kreisen der verschiedenen okkulten und esoterischen Gruppierungen ein überaus großes Echo hervorgerufen, das vor allem bestätigte, wie sehr ein solches Übersichtswerk gefehlt hatte.

Die erstaunlich hohe Zahl von nahezu 4 000 Zuschriften an den Verfasser brachte vielerlei Einzelheiten zur Ausweitung und Ergänzung des Archivmaterials, aber auch – angesichts der oft sehr kontroversen Standpunkte der miteinander konkurrierenden Gruppen – hier und da manche Kritik.

Viele Benutzer des Lexikons, nicht nur die kritischen, haben dem Lexikon eine Autorität beigemessen, die einem solchen Nachschlagewerk nicht uneingeschränkt zukommen kann. Im Bereich der Darstellung und Interpretation okkulter und esoterischer Auffassungen können nämlich wissenschaftliche oder objektive Maßstäbe nahezu nirgends angelegt werden. Ob man z.B. Bewußtseinserweiterung mittels bestimmter Praktiken für erstrebenswert oder auch nur für möglich hält, ist letzten Endes Glaubens- und Überzeugungssache. Überzeugungen dafür oder dagegen kann jedoch kein Lexikon vermitteln.

Einige Vertreter esoterischer Weltbilder hatten wohl eine hochlöbliche Darstellung ihrer eigenen Programme erwartet und waren offensichtlich davon betroffen, nicht ihre wohlfeil formulierten Thesen vorzufinden, sondern nur bestimmte Gesichtspunkte sowie Zitate aus wenig bekannten, teils kritischen Vorveröffentlichungen.

Ein so breit angelegtes Lexikon kann verständlicherweise nur Anhaltspunkte und Hinweise bringen und muß auf eine erschöpfende Darstellung verzichten. Dem allseits vorherrschenden Interesse nach Information konnte eben nur durch die vielseitige Abfassung unter Berücksichtigung auch der kritischen Akzente entsprochen werden, denn erst die Fülle von Einzelangaben vermittelt dem ernsthaften Leser die Anregungen zum notwendigen Studium der teils umfangreichen Spezialliteratur, um ein eigenes Urteil und eine eigene Meinung zu bilden.

Zum Zeitpunkt der Bearbeitung der Originalausgabe beschränkte sich die Beschäftigung mit okkulten und esoterischen Fragen mehr oder weniger auf die Anhänger der verschiedenen Vereinigungen und Doktrinen. In den letzten Jahren sind die Geheimwissenschaften jedoch mehr und mehr ins Blickfeld der Öffentlichkeit gerückt. Die jetzt vorliegende Taschenbuchausgabe wird daher auch breiteren Kreisen eine Hilfe sein, sich eine Übersicht über diesen ebenso interessanten wie weitverzweigten Teil des Geisteslebens zu verschaffen.

Einführung

Das Schrifttum der sogenannten Geheimwissenschaften — was immer man darunter verstehen mag: Parapsychologie, Esoterik, Okkultismus, Theosophie usw. — hat in den letzten 100 Jahren einen so großen Umfang angenommen, daß es selbst für den belesenen Fachmann praktisch unmöglich ist, immer Sinn und Bedeutung aller vorkommenden Ausdrücke und Begriffe richtig, d. h. in dem gemeinten Sinne, zu verstehen. Zu einem überzeugenden Verständnis der Ideen und Theorien auf diesen höchst interessanten Gebieten der Kulturgeschichte aller Zeiten genügt es in den meisten Fällen nicht, Fremdwörter (und selbst Wörter deutschen Ursprungs!) nur nach ihrer sprachlichen Ableitung oder nach ihrer Bedeutung außerhalb der Geheimwissenschaften zu erklären.

Infolge Fehlens einer geschlossenen methodischen Darstellung des Gesamtgebietes gibt es hier noch keinen einheitlichen und vor allem eindeutigen Wortschatz an Fachausdrücken. So findet man in vergleichbaren Werken bei den einzelnen Autoren der Fachliteratur sehr häufig die verschiedensten Ausdrücke, obwohl eigentlich ein und derselbe Sachverhalt gemeint ist. Diese Tatsache ist auch darauf zurückzuführen, daß für den zu behandelnden Stoff sinnfällige Ausdrücke nicht vorhanden sind und rein geistige Begriffsinhalte, jenseits aller Tageserfahrung, mit mehr bildhaft gemeinten Wörtern unseres allgemeinen Wortschatzes belegt werden. Hinzu kommt noch die Eigenheit mancher Autoren, alte Ideen und Theorien in neuem Gewand zu verbreiten, indem sie sich neuer Wortschöpfungen bedienen oder den Wörtern einfach einen anderen Sinn hinterlegen.

Angesichts dieser Situation ist es erstaunlich, daß zuvor kein ernsthafter Versuch unternommen worden ist, ein geeignetes Nachschlagewerk herauszugeben, in dem die typischen Fachausdrücke und Begriffe der verschiedensten Autoren auf diesen Gebieten zusammengestellt, erklärt und erläutert sind. Verständlich wird diese Tatsache allerdings dadurch, daß ein großer Teil der als Quelle in Frage kommenden Spezialliteratur jeweils nur in kleiner Auflage und fast unter Ausschluß der Öffentlichkeit erschienen ist, so daß die Herausgabe eines solchen Lexikons nicht nur eine Frage der Absicht und des guten Willens ist.

Denn der Verfasser eines Lexikons schlechthin ist nicht recht mit einem Schriftsteller zu vergleichen: während dieser seine eigenen Gedanken formuliert und in Druck gibt, ist der Lexikograph mehr ein Sammler, der, über reichhaltige Quellenliteratur verfügend, die bereits anderweitig formulierten Gedanken auf ihren Kerngehalt reduzieren und alphabetisch ordnen muß. Im Bereich der Grenz- und Geheimwissenschaften ist dies eine sehr schwierige Aufgabe, weil die Autoren der einschlägigen Fachliteratur in der Wahl der Ausdrücke oft recht eigenwillig handeln und damit die Gedanken eher vernebeln als erhellen.

Der Verfasser des vorliegenden Lexikons hat sich mehr als zwei Jahrzehnte systematisch mit den Grenz- und Geheimwissenschaften auseinandergesetzt und dabei vielfältige Gelegenheit gehabt, bis an die eigentlichen Quellen der verschiedenen Strömungen vorzustoßen sowie mit ihren wirklichen, öffentlich meist kaum bekannten Vertretern und Führern persönlich bekannt zu werden.

Ausgangsmaterial aber waren zunächst die eigenen Aufzeichnungen in Form des bekannten Zettelkastens, die ursprünglich nur den Sinn hatten, eine einmal gefundene Deutung eines Fachausdruckes schnell wiederfinden zu können. Überraschenderweise ergab es sich häufig, daß die bereits gefundene Deutung eines Ausdrucks schon beim nächsten Autor, der den gleichen Begriff verwandte, nicht mehr stimmte. So erklärt es sich, daß in diesem Lexikon — zum Vorteil des Benutzers — bei vielen Stichwörtern mehrere Deutungen angegeben sind. Sofern überhaupt keine vernünftige Deutung formulierbar war, wie es namentlich für manche Begriffe der modernen Mystik zutrifft, wurden aus der einschlägigen Literatur geeignete Passagen zitiert und Literaturhinweise gegeben.

Insgesamt etwa 5000 Quellenwerke sowie auch Zeitschriften, interne Mitteilungsblätter und Archivunterlagen wurden ausgewertet und auf ihren Gehalt an Spezialausdrücken hin untersucht. Dabei standen sowohl sogenannte populäre als auch wissenschaftliche, dogmatische wie kritische Werke der verschiedensten Zeitabschnitte, Strömungen, Heilslehren, Vereinigungen und Kulte zur Verfügung.

Daß nun hin und wieder manche Deutungen einander widersprechen, braucht nicht betont zu werden, denn die zwischen den verschiedenen Lehrmeinungen und Philosophien vorhandenen Gegensätze können durch ein so umfassendes Lexikon nicht überbrückt, sondern nur gegenübergestellt werden. Bei vernünftiger Durchsicht des Bandes wird man finden, daß bei den getroffenen Formulierungen Vorteile und Nachteile zugunsten und zuungunsten der verschiedenen Doktrinen abwechseln müssen. Wer nur seine eigene Meinung gelten lassen will, muß sich eben auf ganz einseitig-dogmatische Literatur beschränken.

Der geneigte Benutzer des Handbuchs möge daher darüber hinwegsehen, wenn hier und da das Lexikon nicht seine eigene Auffassung wiedergibt. Es bestand und besteht nicht die Absicht, für oder gegen eine bestimmte Lehrmeinung einzutreten, und andererseits wäre es auch nicht möglich gewesen, für jede der vielen, nun einmal bestehenden Richtungen eine besondere Ausgabe herzustellen.

Aus diesen und anderen Gründen soll dieses Lexikon kein Lehrbuch der Parapsychologie oder der Esoterik sein, sondern vielmehr helfen, Klarheit in einen Wortschatz zu bringen, der in den „profanen" Nachschlagewerken entweder zu kurz kommt oder überhaupt nicht berücksichtigt ist. Dennoch wird das Lexikon, als Lektüre benutzt, viele Anregungen und einen tieferen Einblick in die Geisteswelt des Esoterischen vermitteln.

Über das fest umrissene Gebiet der Grenz- und Geheimwissenschaften hinaus wurden aus praktischen Erwägungen auch Stichwörter aus einigen anderen Gebieten, wie denen der Religion, Mythologie, Philosophie usw., aufgenommen, wenn die Deutungen der herkömmlichen Nachschlagewerke zum vollen Verständnis esoterischer oder quasi-esoterischer Lehren nicht ausreichend schienen.

Es versteht sich, daß in einem solchen Speziallexikon auch die Namen und Lebensdaten der einschlägigen Autoren und Ideenvertreter nicht fehlen durften. In manchen Fällen wird man zu ganz anderen Einsichten kommen, wenn man nicht nur das Werk, sondern auch das Lebensbild seines Verfassers kennt.

Unter den Tausenden von Einzelangaben können sich durchaus einige finden, die objektiv falsch sind; falsch, weil auch schon die Quellen falsche Angaben enthielten. Vielleicht trägt aber die Verbreitung des Buches dazu bei, daß sich Kenner und Zeugen finden, die irgendeinen Zusammenhang richtigstellen oder ergänzen können.

Verlag und Verfasser werden geeignete Hinweise dankbar zu würdigen wissen.

Hamburg   Horst E. Miers

Hinweise für den Benutzer

Abkürzungen:

Aus Platzgründen mußten, einem Brauche anderer Nachschlagewerke folgend, häufig wiederkehrende Wörter abgekürzt werden; die gebrauchten Abkürzungen sind indes sinnfällig und werden in den meisten Fällen auch ohne ständige Inanspruchnahme des nachstehend abgedruckten Verzeichnisses der Abkürzungen verständlich sein.

Alphabetische Reihenfolge:

Zu beachten ist, daß in diesem Lexikon nicht die z. B. von Telefonbüchern her bekannte Buchstabenfolge benutzt wird, bei welcher die Umlaute (ä, ö, ü) als zwei getrennte Vokale (ae, oe, ue) betrachtet werden. Wie bei Fachwörterbüchern üblich, sind die Umlaute wie gewöhnliche Vokale (ä = a, ö = o, ü = u) gewertet. Nur so ist es zu erreichen, daß Stichwörter, die bei der Pluralbildung einen Umlaut erhalten (Haus — Häuser) unmittelbar aufeinander folgen. Nebeneinanderstehende Vokale, die nicht zusammen gesprochen werden und somit keinen Umlaut bilden, sind natürlich so aufgeführt, wie es die Buchstabenfolge vorschreibt. „Goetia" (gesprochen: Go-etia) ist also nicht unter „Gotia" zu suchen, „Görres" jedoch unter „Gorres".

Aussprache:

Da es sich hier um ein Sprachwerk handelt, ist die richtige oder übliche Aussprache eines Wortes nur in sehr wenigen Fällen angegeben worden, zumal die gebräuchliche Aussprache mancher Wörter durchaus nicht einheitlich ist.

Lebensdaten:

Bei den Persönlichkeiten, deren Namen im esoterischen Bereich irgendeine Bedeutung haben, sind auch die Lebensdaten, soweit bekannt, mit aufgeführt. Zum allergrößten Teil sind diese Daten anderen gedruckten Unterlagen entnommen, jedoch ohne daß sie im einzelnen nachgeprüft worden sind. Unrichtige Daten oder Fehlen derselben bedeutet daher nur, daß während der Bearbeitung des Manuskriptes andere als die hier abgedruckten Angaben nicht vorgelegen haben.

Literaturhinweise:

Die teils am Ende eines Stichworttextes genannten Literaturnachweisungen („Lit.") erheben keinerlei Anspruch auf Vollzähligkeit; auch stellen sie keine spezielle Empfehlung dar. Sie sind vielmehr als unverbindlicher Hinweis zu werten darüber, was auf einem bestimmten Gebiet u. a. erschienen ist und wo der Leser ggf. weitere Einzelheiten finden kann, wenn ihm die aufgeführten Bücher oder Schriften zugänglich sind. Unter „W." sind die Werke der im Stichwort genannten Persönlichkeit aufgeführt und zwar insoweit sie bei der Bearbeitung des Lexikons ermittelt werden konnten. Das Fehlen bestimmter Titel oder Ausgaben ist daher ohne jede Absicht.

Schreibweise:

Die Schreibweise fremder Fachausdrücke wurde im allgemeinen aus der einschlägigen Literatur übernommen. Namentlich bei Sanskrit-Wörtern ist diese jedoch nicht einheitlich. Shiva, die indische Gottheit, wird zuweilen auch in deutscher Literatur Schiwa, Siva, Siwa usw. geschrieben; Siva entspricht mehr dem heutigen Hindi-Sprachgebrauch, während sich Schiwa ans klassische Sanskrit und Shiva an die Aussprache der Engländer anlehnt. Bei sehr unterschiedlichen Schreibweisen sind die verschiedenen Formen einzeln als Stichwort aufgeführt mit einem entsprechenden Hinweis, unter welchem Stichwort (d. h. unter welcher Schreibung) die gesuchte Erklärung zu finden ist.

Wortableitungen:

Bei vielen Wörtern ist auch die Ableitung aus den Ursprungssprachen sowie die ursprüngliche oder wörtliche Bedeutung angegeben. Das Pluszeichen (+) bedeutet dabei immer, daß sich das vorangehende Stichwort aus zwei (oder auch mehr) Wörtern bzw. Silben zusammensetzt. Der Ursprung der Wörter oder Wortteile ist in Klammern angegeben, während die wörtliche Bedeutung jeweils hinter dem Gleichheitszeichen (=) steht.

Zahlen:

Esoterische Erläuterungen zu den Zahlen 1 bis 10 finden sich innerhalb des alphabetischen Lexikonteiles jeweils unter den Stichwörtern „eins" . . . „zehn"; für die Zahlen über 10 schlage man am Schluß des Buchstaben Z nach, wo die höheren Zahlen in numerischer Reihenfolge erscheinen.

Zusammengesetzte Begriffe:

Stichwörter, die nicht aus einem einzelnen Wort bestehen, sind teils unter dem ersten Buchstaben des ersten Wortes, teils aber auch unter dem ersten Buchstaben des ersten Hauptwortes zu suchen, je nachdem, ob der gesuchte Begriff im esoterischen Sprachgebrauch unveränderlich ist oder auch in Verbindung mit ganz anderen Wörtern vorkommen kann. „Allsehendes Auge" (FM-Begriff) ist daher unter „Allsehendes . . ." eingetragen, während „Der kleine Albert" unter „Albert" steht.

A

A, in fast allen Alphabeten der erste Buchstabe; im Griechischen alpha, im Hebräischen aliph genannt. A als der erste Buchstabe läßt sich vielleicht bis zur hieratischen Schrift der Ägypter, sicher aber bis zum Phönizischen zurückführen. Die älteste Form erinnert an einen Ochsenkopf und wurde von den Semiten daher Aliph (od. Aleph) = Ochse genannt, woraus griech. alpha wurde. Auch in der Astrologie ist das erste Zeichen des ↗ Tierkreises der Stier, dessen Zeichen dem Aliph der Hebräer entspricht. Das ↗ Andreas-Kreuz ist in okkultem Sinne mit dem hebr. A verwandt. — A und O ↗ A-und-O.

A. A. od. A∴A∴ (lat. Abk.) = Astrum Argenteum, der silberne Stern; englisch auch: S∴S∴ = Silver Star; eine von Aleister ↗ Crowley gegr. Geheimgesellschaft, in welcher die sog. ↗ Selbsteinweihung und der Haß des Ichs gelehrt wurde, „um den Abyssus zu überqueren". Die A. A., von Crowley auch als „Atlantische Adepten" gedeutet, war eine Abt. der Goldenen Dämmerung (↗ G. D.). Der Neophyt der A. A. hatte u. a. zu schwören: „... das Große Werk zu verfolgen, nämlich: die Herrschaft über die Natur und die Kräfte meines eigenen Wesens zu erlangen." Durch zahlreiche Mißstände (Schläge und Sexualmagie) in der Abtei ↗ Thelema auf Sizilien wurde die A. A. sehr diskreditiert.

AAB, Abk. für Alice ↗ Bailey.

AAORRAC, Abk. für (lat.) Antiquus arcanus ordo rosae rubeae aureae crucis = Alter geheimer Orden des rubin-roten Goldkreuzes; eine pansophische Organisation, von Professor Wolff gegr. u. mit Sitz auf Burg Krämpelstein/Österreich. Der AAORRAC ist, wie die ↗ Psychosophische Gesellschaft (Zürich), eine Sammelorganisation, der eine Reihe anderer Organisationen unterstehen oder angeschlossen sind, so: Pansophische Weltföderation P. W. F., Areopag Europäischer Kulturring der Ritterorden, Ordre Martiniste Austria, Grand Orient der Hochgrade sowie eine Templer-Gruppe. Die Mitgliederzahl ist gering. Lit: Prof. Hans Wolff, Das esoter. Weltbild, Landsberg 1950/55; Friedrich-Wilhelm Haack, Geheimreligion der Wissenden, Stuttgart 1966.

AASR (Abk.) = Alter und Angenommener Schottischer Ritus, auch kurz „der Ritus" genannt, das in der Welt am weitesten verbreitete u.vollkommenste Hochgradsystem der FM, welches wahrscheinlich in Frankreich entstanden ist, aber zuerst 1801 in Charleston/USA bekannt wurde. Der Zusatz „schottisch" besagt

nicht, daß eine Verbindung nach Schottland bestand, sondern ist vielmehr auf den Umstand zurückzuführen, daß im 18. Jh. Hochgrade der FM schlechthin als „schottische" Grade bezeichnet wurden. Der AASR zählt 33 Grade (vgl. Tafel), die in bestimmte Klassen eingeteilt sind. In Deutschland wurde der AASR 1921 durch den FM-Orden „Le ↗ Droit Humain", der völlig gleichberechtigt Männer und Frauen aufnimmt, eingeführt; 1930 übernahm auch die ↗ maskuline FM den AASR. An der Spitze des AASR steht in jedem Land, in dem der Ritus vertreten ist, ein Oberster Rat mit einem Großkommandeur als Vorsitzenden.

Emblem der Obersten Räte des AASR

Dem Obersten Rat unterstehen Areopage (Logen des 30. Grades), Kapitel (Logen des 18. Grades) und Perfektionslogen (4. bis 14. Grad). Die Bearbeitung der Grundgrade 1 bis 3 ist im allgemeinen den herkömmlichen Großlogen überlassen, so daß die Zuständigkeit des Obersten Rates erst beim 4. Grad beginnt. Beim Droit Humain, der in Deutschland völlig esoterisch u. christlich ausgerichtet ist, werden alle Grade 1 bis 33 innerhalb eines Systems bearbeitet, wodurch die Zuständigkeit ungeteilt ist und Überschneidungen nicht möglich sind. Wenn auch allen Obersten Räten die gleiche Gradeinteilung und annähernd gleiche Gradbez. zugrunde liegen, so ist doch die Zielsetzung u. Ausrichtung unterschiedlich. Unter dem Gesichtspunkt der Einweihung und seelisch-geistigen Weiterentwicklung seiner Mitglieder stellt der AASR praktisch die Hochschule der FM dar und rekrutiert sich aus besonders befähigten Freimaurern der Grundlogen (d. h. der sogen. blauen FM). Es ist häufig gesagt worden, daß die gesamte Lehre der FM in den Graden 1 bis 3 enthalten sei; Tatsache ist jedoch, daß nur sehr wenige Freimaurer das Wesen der FM in den 3 Grundgraden wirklich erfassen u. sich mit Aufgaben begnügen, die in völlig profanen Organisationen viel besser zu erfüllen wären. Teils sind solche rein exoterischen Momente auch in den AASR eingebrochen, doch finden sich immer wieder ernsthaft Strebende zusammen, die im AASR, namentlich im FM-Orden „Le Droit Humain", esoterische Vertiefung und spirituelle Vervollkommnung suchen. Richtig verstanden ist der AASR das, was Esoteriker seit langem als die „wahre" od. „echte" FM bezeichnen, die dem einzelnen Suchenden weiteste Möglichkeiten auf dem Wege zum Licht bietet. — Lit: Lennhoff/Posner, Internationales Freimaurerlexikon, München 1965 (Stichwort: Schottischer Ritus); Alec Mellor, Logen Rituale Hochgrade, Graz 1967; Walther Teufel, Der Alte und Angen. Schott. Ritus und seine Vorläufer, Hamburg 1966; ders., Ursprung, Geschichte und Konstitution des Alten und Angenommenen Schottischen Ritus und Friedrich II., Saarbrücken 1968.

Die Grade des AASR im deutschen Sprachraum				D. H.	D. O. R.	Schweiz	Österreich
1. Lehrling	Blaue Loge	Grundgrade		×			
2. Geselle				×			
3. Meister				×			
4. Geheimer Meister	Perfektionsloge	Perfektionsgrade		×	×	×	×
5. Vollkommener Meister							
6. Geheimer Sekretär							
7. Vorsteher und Richter							
8. Intendant der Bauten				×			
9. Auserwählter Meister der 9						×	
10. Auserwählter der 15							
11. Auserwählter Ritter							
12. Groß-Architekt						×	
13. Royal Arch				×			
14. Auserw. Vollk. und erhab. Maurer				×			×
15. Ritter des Ostens	Kapitel	Kapitelgrade					
16. Meister von Jerusalem							
17. Ritter vom Osten und Westen				×			
18. Ritter vom Rosenkreuz				×	×	×	×
19. Hoher Priester	Areopag	Philosophische Grade					
20. Obermeister aller Logen							
21. Preußischer Ritter							
22. Prinz vom Libanon							
23. Meister des Allerheiligsten							
24. Obermeister des Allerheiligsten							
25. Ritter der ehernen Schlange							
26. Schottischer Trinitarier							
27. Obermeister des Tempels							
28. Ritter der Sonne				×			
29. Groß-Schotte des hl. Andreas							
30. Kadosch-Ritter				×	×	×	×
31. Groß-Richter	Konsistorium Hoher Rat	Verwaltungsgrade					
32. Meister des Kgl. Geheimnisses				×	×	×	×
33. General-Groß-Inspektor				×	×	×	×

Anmerkung: Die 4 rechten Spalten geben diejenigen Grade an, die in der Bundesrepublik Deutschland, in der Schweiz und in Österreich erteilt und bearbeitet werden. Die übrigen Grade werden praktisch übersprungen. — D. H. = Deutsche Großloge „Le Droit Humain"; D. O. R. = Deutscher Oberster Rat des AASR (maskuline FM).

Abaddon (hebr.) = Verderben, Untergang; im Buche Hiob, in den Psalmen und den Sprüchen dichterisch als Bez. des Totenreiches (Scheol) gebraucht. Die Off. Joh. faßt den A. als ein persönliches Wesen auf; in Kap. 9, 11 heißt so der Engel des Verderbens (griech. Apollyon), der dem Brunnen des Abgrundes als König der höllischen Heuschrecken entsteigt; von Klopstock im „Messias" in der Form Abadonna gebraucht. A. ist der Name des zum Aufseher über die Hölle gesetzten Engels (vgl. Off. 9, 11 Abaddon — Apollyon).

A. B. A. W., Abk. für Allmächtiger Baumeister aller Welten; die in der FM gebräuchliche Bez. für das höchste ↗ schöpferische Prinzip. In manchen FM-Systemen auch als Großer Baumeister aller Welten oder Dreifach großer ... gebräuchlich. Die Bez. geht auf biblische Ursprünge zurück, in Hebr. 11, 10: „. . . denn er wartete auf eine Stadt, die einen Grund hat, deren Baumeister und Schöpfer Gott ist"; 1. Kor. 3, 10: „Ich habe den Grund gelegt als ein weiser Baumeister". Auch im Talmud, Traktat Sabbath 114 a, kommt der Baumeister in diesem Sinne vor. Bei Plato heißt Gott der Demiurg, was ebenfalls Baumeister der Welt bedeutet. Comenius umschreibt Gott ebenfalls als Baumeister an einigen Stellen. Bei Pico de Mirandola: der höchste Baumeister der Welt.

Abba (aramäisch) = Vater; in jüd. und altchristl. Gebeten die Anrede Gottes (vgl. Röm. 8, 15); dann, namentlich in den syrischen und koptischen Kirchen, der Titel der Bischöfe und Patriarchen.

Abbé (franz.), ein Geistlicher ohne bestimmtes Amt; ursprünglich mit Abt gleichbedeutend. Seit dem 16. Jh. für alle jungen Geistlichen gebräuchlich, gleichviel, ob sie die Weihen schon erhalten hatten oder nicht.

Abd (arab.) = Knecht, Sklave; im Zusammenhang mit den Gottesnamen bei den Arabern, wie in den semitischen Sprachen überhaupt, dann auch bei allen Völkern, die den Islam angenommen haben, zur Bildung von Eigennamen verwendetes Wort, z. B. Abd-Allah = Knecht Gottes; andere Form: Abdullah. — A b d. bei Bibelzitaten Abk. für Obadja (lat. Abdias).

Abdiel (hebr.) = Diener Gottes; ein Engelsname bei den jüd. Kabbalisten. In Miltons „Verlorenem Paradies" als einer der Seraphim dargestellt.

Abd-ru-shin (Ps.) = Oskar Ernst Bernhardt, * 18. 4. 1875 Bischofswerda (Sachsen), † 6. 12. 1941 Kipsdorf (Erzgebirge); sein Pseudonym soll arabisch „Sohn des Lichts" bedeuten (nach dem arab. Wörterbuch von Hans Wehr ergibt sich allerdings ein ganz anderer Sinn); er lernte zunächst Kaufmann und machte einige Auslandsreisen, auf denen er in enge Berührung mit der Adyar-Theosophie kam; ging später nach Dresden, schließlich nach Bayern und begann 1924 mit der Niederschrift der ersten Vorträge über seine Lehre von der „Gralsbotschaft" und gründete die ↗ „Gralsgemeinschaft" („Ich gründe keine Kirche, keine Sekte, keine neue Religion, sondern bringe euch die Wahrheit selbst aus Gott."). 1928 zog Bernhardt mit seiner Familie nach Tirol (Vomperberg bei Schwaz), „um dort seine Botschaft zu vollenden". Dort schrieb er sein Hauptwerk „Im Lichte der Wahrheit", die Bibel der Gralsgemeinschaft. Bei seiner Geburt „wußte ER damals nicht von der Hohen Sendung, die ER in sich trug, wie auch Jesus die Seine erst erkannte in dem Augenblick, da Johannes der Täufer die Taufhandlung vollzog und über Jesus die Taube erschaute". —

Abdrushin

„Erst nachdem ER den größten Teil der Kündigung aus dem Lichte in Menschenwort gefaßt hatte, offenbarte ER nach dem Willen Seines Vaters am 29. 12. 1929 Seine göttliche Herkunft. Dies war der Tag, an dem auf Erden zugleich das heilige Gericht begann."

Abendmahl

Schon einmal weilte Bernhardt „auf Erden zur Zeit des Moses, dem ER die Kraft schenkte zur Aufnahme der zehn Gebote und zur Befreiung des jüdischen Volkes". — „Wir wissen(?), daß in IHM die volle Kraft Immanuels wirkt, in der ER gleichzeitig steht als der König des heiligen Grals: als Parzifal." (Aus: E. Walkhoff, Die Gralshandlungen auf Erden, Schwäbisch-Gmünd 1953.) Durch zwei vielzitierte Strafprozesse, ↗ Gralsgemeinschaft, ist Bernhardt mehrfach in ein Zwielicht geraten, und bis in die jüngste Zeit sind über die Zustände in der Gralssiedlung auf dem Vomperberg seltsame Berichte verbreitet worden. — Von 1897 bis 1924 war Bernhardt mit Martha geb. Oeser (* 21. 12. 1871 Dresden) verheiratet; die Ehe wurde geschieden. — W.: Im Lichte der Wahrheit; Ermahnungen; Die 10 Gebote und das Vaterunser; Verwehte Zeit erwacht. — Lit.: Die Gralsbewegung in Deutschland, Rosenheim 1960; Daniel Swarovski, Warum soviel Aufhebens um die Gralsbotschaft?, Stuttgart 1955; Dr. Kurt Hutten, Seher, Grübler, Enthusiasten, Stuttgart 1967.

Abendmahl, das heilige A., Eucharistie oder Sakrament des Altars; ein ursprünglich heidnischer Kult, der schon in den Mysterien von Eleusis gefeiert wurde. Wein symbolisierte dabei den Gott Bacchus (der seinerseits hinduistischen Ursprungs ist!) und Brot (oder Korn) Ceres. Ceres (= Demeter) war überdies das feminine, produktive Prinzip der Erde, die Gemahlin des Vaters Zeus, Bacchus, Sohn des Zeus-Jupiter. Ceres und Bacchus waren die Personifikationen des Stoffes und des Geistes, den beiden die Natur und die Erde belebenden Prinzipien. Der einweihende Hierophant reichte dem Kandidaten symbolisch, nachdem er die Geheimnisse enthüllt hatte, Wein und Brot, die der Kandidat zum Zeichen zu sich nehmen mußte, daß der Geist die Materie beleben sollte, d. h. daß die göttliche Weisheit (Theosophia) des höheren Selbst in das niedere Selbst oder die Seele eindringen sollte. Dieser eindrucksvolle Kult ist später von den christlichen Kirchen übernommen worden und wird noch heute bei allen christlichen Gruppen und Sekten, mit Ausnahme der Quäker, gefeiert. Die Worte, die Jesus beim A. spricht, zeigen eindeutig an, daß er über die symbolische Bedeutung des A. bei den heidnischen Mysterien genau unterrichtet war. Die Feier des letzten Mahles Jesu Christi mit seinen Jüngern (Matth. 26, 17—29; Mark. 14, 12—25; vgl. auch 1. Kor. 11, 23—25; Luk. 22, 14—23) mußte durch die Umstände, unter denen sie erfolgte, und durch die begleitenden Worte und Handlungen Jesu einen tiefen Eindruck bei den ältesten Christen hinterlassen. Nach den Berichten der drei ersten Evangelisten (Johannes erwähnt die Feier nicht!) war das Mahl ein ↗ Passahmahl, das Jesus mit seinen Jüngern feierte. Nach Beendigung des jüd. Passahmahles reichte er den Seinen Brot und Wein dar, mit symbolischen Handlungen und Worten, welche die Bedeutung seines Todes veranschaulichen sollten. Wie das Passahmahl die Verschonung der Israeliten vor dem Würgeengel und die Errettung aus Ägypten symbolisch darstellte, so sollte auch sein Tod den Seinen Verschonung und Rettung bringen, nämlich vor dem bevorstehenden göttl. Strafgericht. Von einer Einsetzung des A. wissen die ältesten Berichte (Matth. und Mark.) nichts. Die Worte: „Dies tut zu meinem Gedächtnis" hat zuerst Paulus und danach Lukas hinzugefügt. Auch die Hinzufügung „Zur Vergebung der Sünden", „Dies ist das Neue Testament in meinem Blut" und „Der für euch gegeben wird" sind erst neueren Datums. Bei der Reformation ging der Streit im wesentlichen um die Ausdeutung des Abendmahls. — Lit.: F. Heiler, Das Sakrament der kirchlichen Einheit, München 1954; J. Diestelmann, Konsekration, Luthers Abendmahlsglaube in dogmatisch-liturgischer Sicht; W. Schilling, Christus unter Brot und Wein; P. Philippi, Abendmahlsfeier und Wirklichkeit der Gemeinde; Ludwig Ott, Grundriß der katholischen Dogmatik, Freiburg 1957.

Aberglaube, eigentlich „Überglaube", ein wahrscheinlich aus dem niederländischen Overgeloof ins Hochdeutsche übernommenes Wort; es bedeutet in der Umgangssprache soviel wie falscher Glaube. Im Französischen und Englischen heißt A. Superstition. Eliphas Lévi sagt in „Dogma und Ritual der Hohen Magie" (München 1927, Bd. 1, S. 243): „A. (superstitio) entspringt einem lat. Wort, welches ‚überleben' bedeutet. Er ist das Zeichen, welches den Gedanken überlebt, die Leiche einer religiösen Handlung. Für die Einweihung ist der A. das, was der Teufelsgedanke gegen den Gottesglauben ist."; und im „Schlüssel zu den Großen Mysterien" (Weilheim 1966, S. 76): „Der überlebende A. ist das Zeichen, das die Idee überlebt, ist die der Sache vorgezogene Form, ist das Leben ohne Vernunft, der unsinnig gewordene, weil abgesonderte Glaube. Er ist infolgedessen der Leichnam der Religion, der Tod des Lebens, die die Inspiration ersetzende Verdummung . . . Der A. ist die von der Dummheit gelehrte Religion." In diesem Sinne ist also A. namentlich Überbleibsel früherer sinn-

4

licher Vorstellungen oder die Beibehaltung von Bräuchen früherer Kulte, deren Sinn man vergessen hat, die aber als Form noch „überleben". Auch das Gebiet der überlieferten Vorurteile gehört zum A. (z. B. daß Frauen dümmer seien als Männer oder daß Haare über Nacht weiß werden können usw.). — Lehmann, „A. und Zauberei", schreibt: „A. ist jede allgemeine Annahme, die entweder keine Berechtigung hat in einer bestimmten Religion oder im Widerstreit steht mit der wissenschaftl. Auffassung einer bestimmten Zeit von der Natur." In dieser Definition ist die Relativität des Begriffes A. klar zum Ausdruck gebracht. Die Grenzen des A. sind daher äußerst schwankend. Ob eine Annahme als A. bezeichnet werden darf, kommt stets darauf an, von welchem Gesichtspunkt aus sie angesehen wird. Abergläubisch ist z. B. wer glaubt, Gott durch bloße Kulthandlungen zu irgendwelchen Taten veranlassen zu können. A. steht auch für mangelnde Erkenntnis und sich daraus ergebende Fehlschlüsse, die zu Fehlhandlungen ethischer oder sozialer Natur führen. Vorkämpferin gegen jede Form des A. ist die FM, die jedoch selbst häufig Objekt zahlreicher abergläubischer Vorstellungen geworden ist. Man bringt sie grundlos in Verbindung mit dem Teufel, mit Schatzgräberei, mit Nekromantie usw. Die Abgeschlossenheit der FM hat das Entstehen von solchen abergläubischen Fabeln offenbar sehr gefördert. — Recht abwegig ist die im „Psychologischen Wörterbuch" (Frankfurt 1952, S. 5) von Dorsch-Giese gegebene Deutung: „Völkerpsychologische Bez. für Ansichten (theoret. A.) und daraus entspringende Gebräuche (prakt. A.), die sich auf geheime, übernatürliche Kräfte oder Mächte beziehen." — Der bekannte Dichter Emanuel Geibel (1815—1884) sagt treffend: „Glauben, dem die Tür versagt, steigt als Aberglaub' ins Fenster. Wenn die Götter ihr verjagt, kommen die Gespenster." — Lit.: Joachim Hermann, Das falsche Weltbild, Stuttgart 1962; Herbert Auhofer, A. und Hexenwahn, Freiburg 1960; Gerhard Zwerenz, Magie, Sternenglaube, Spiritismus, Leipzig 1956; Konrad Zucker, Psychologie des A., Heidelberg 1948; Ernst Modersohn, Im Banne des A., Berlin 1948; Gustav Mensching, Das Wunder im Glauben und A., Leiden 1957; P. Bauer, Horoskop und Talisman, Stuttgart 1963; A. Lehmann, A. und Zauberei von den ältesten Zeiten bis in die Gegenwart, Stuttgart 1925; Dr. Irmgard Hampp, Beschwörung, Segen, Gebet, Stuttgart; Dr. O. Henne am Rhyn, Eine Reise durch das Reich des A., Leipzig; ders.: Der Teufels- und Hexenglaube, Leipzig 1892; im März 1967 wurde in

den Münchener Kammerspielen Ben Jonsons (ca. 1573—1637!) Komödie „Der Alchemist" in neuer Übersetzung aufgeführt. Dabei handelt es sich weniger um Alchemie, als vielmehr um eine Verspottung des primitiven A. und der Scharlatanerei.

Abhidhamma (Pali), auch: Abhidharma (Sk.) = das Tragende, der Korb, der Vertrag, von dhar = tragen; im Buddhismus der „Korb der höheren Lehre", d. h. der 3. Teil der Dhamma, der vom Buddha selbst gefundenen, verwirklichten und verkündeten Lehre. ↗ Dhamma. — Lit.: Anagarika Govinda, Die psychologische Haltung der frühbuddhistischen Philosophie und ihre systematische Darstellung aus der Tradition des A., Zürich 1962.

Abhijna (Sk.), die vierte (oder esoterisch die siebente!) der sechs phänomenalen oder übernatürlichen Gaben, die der Buddha in der Nacht der Erleuchtung erlangte.

Abiegnus Mons oder Monte Abiegno (lat.); rosenkreuzerischer Name für bestimmte Berge, aus denen sie stammen wollen; auch das Grabgewölbe im Mittelpunkt der Erde, in welchem Christian ↗ Rosenkreutz begraben liegt.

Abrac, okkultes Wort, entsprechend dem persischen ↗ Abraxas, dem Namen einer Gottheit, die das Jahr symbolisiert.

Abracadabra. Ein symbolisches Wort, das zuerst in einer medizinischen Abhandlung des Samonicus, der im Reiche des Kaisers Septimus Severus lebte, vorkommt. Nach Godfrey Higgins soll das Wort von Abra (keltisch) = Gott und cad = heilig kommen. Es wird als Zauberwort gebraucht und findet sich graviert auf Amuletten. In den Gebräuchen der Gnostiker spielt das Wort eine große Rolle. Serenus Samonicus gibt die Schreibweise wie folgt an:

```
a b r a c a d a b r a
 a b r a c a d a b r
  a b r a c a d a b
   a b r a c a d a
    a b r a c a d
     a b r a c a
      a b r a c
       a b r a
        a b r
         a b
          a
```

Abraham von Worms. Der Name dieser Person wird teils mit Abraham Judaeus, teils mit ↗ Abramelin, aber auch mit Ibrahim El-Mu'allim angegeben. — Lit.: Die heilige Magie des Abramelin, Berlin 1957.

Abramelin, Ritual des, ein Zauberbuch des 18. Jahrhunderts, betitelt „Die egyptischen großen Offenbarungen, in sich begreifend die aufgefundenen Geheimnißbücher Mosis; oder des Juden Abraham von Worms Buch der wahren Praktik in der uralten göttlichen Magie und in erstaunlichen Dingen, wie sie durch die heilige Kabbala und durch Elohym mitgetheilt worden. Sammt der Geister- und Wunderherrschaft, welche Moses in der Wüste aus dem feurigen Busch erlernt, alle Verborgenheiten der Kabbala umfassend. Aus einer hebräischen Pergament-Handschrift von 1387 im XVII. Jahrhundert verteuscht und wortgetreu herausgegeben. Köln am Rhein, bei Peter Hammer. 1725." Der Verfasser, der sich selbst „Jud Abrahamb, ein Sohn Simons des Sohns Juda" nennt, gibt vor, viele Jahre durch Europa und den Nahen Osten gezogen zu sein und dabei alle Zauberrezepte, -formeln und -rituale gesammelt zu haben. Eine genaue Analyse des Textes zeigt jedoch, daß diese Schrift frühestens im 18. Jahrhundert entstanden sein kann. Der 1. Teil enthält die aus den sog. 6. und 7. Büchern Moses bekannten Zauber- und Beschwörungsformeln. Interessant und studierenswert sind jedoch der 3. und 4. Teil: „Darinnen findest du mein Sohn Lamech einen gantzen Underricht und Lehr, wie du und ein ieder frommer Mensch Innerhalb eines Jahres und 6 Monath zu der Vollkhomnen kunst khomen khanst" und „Worinnen zu finden die Frucht der vorhergehenden drey Bücher, wer diese fleißig und wohl gearbeitet hat, der kann sich nachfolgender hohen Künsten erfreuen und bedienen." Hier handelt es sich um die Grundlagen magischer Rituale mit der stärksten bekannten Wirkung. ⟋ Crowley will eine Ausgabe des Rituals von 1458 besessen haben; um die Wirksamkeit des Rituals zu prüfen, kaufte er den schottischen Landsitz Boleskine bei Iverness in der Einsamkeit des Loch (= See) Ness. Hier soll er die Beschwörung des eigenen Schutzgeistes versucht haben, mußte die Zeremonie jedoch, nachdem ihn eine sehr große Angst überfiel, vorzeitig abbrechen. Noch schlimmer erging es Dr. C. H. Petersen und seiner Frau (Bendestorf bei Hamburg), die an unvorhergesehenen Rückwirkungen des Rituals zerbrachen und Selbstmord begingen; Dr. Petersen war nach 1947 der Nachfolger Crowleys als Großmeister des ⟋ O. T. O. Verwunderlich sind diese erschreckenden Mißerfolge jedoch nicht; als Vorbedingung eines positiven Gelingens der Operationen heißt es nämlich im Text: „Willstu daß dir Gott helffe, so mußt du an seiner Gnad nicht zweiffeln, sondern ihme gänzlich vertrauen; du mußt ihne fürchten, und waß er gebieht gehorsamb sein." Der O. T. O. (Illuminaten-Orden) indes verkündet seinen Schülern: „Es gibt überhaupt keinen Gott, und Gott seid ihr selbst". Für Atheisten war aber das Ritual des A. nicht bestimmt. – Lit.: Johann Richard Beecken, Die heilige Magie des Abramelin. Nach dem hebr. Text aus dem Jahr 1458, Berlin 1957; Friedrich Lekve, Thelemitische Exerzitien, Klasse 1 C, Hildesheim o. J.

Abramelin, Orden von; Name eines Vereins für die Pflege und Förderung der bewußten Parapsychologie, der bewußten Autosuggestion u. a. Gebiete der angewandten Psychologie für Gesundheit, Erziehung, Berufstätigkeit und Lebensführung in Fühlung mit der psychologischen, pädagogischen und medizinischen Wissenschaft und Praxis. Gegr. 1966 durch Walter Berger in Pratteln (Schweiz).

Abraxas (oder Abrasax). Ein uraltes, wahrscheinlich persisches Wort, das bis auf Basilides, einen Pythagoräer in Alexandrien (90 nZ) zurückverfügt werden kann. Basilides nannte A. den Inbegriff der von ihm angenommenen 365 Geistergestalten (entsprechend den 365 Tagen), in denen die Gottheit sich äußert. A. war ein Mysterienbez. des Gottes, der sich in der Kraft der 7 Planeten (entsprechend den 7 Buchstaben des Wortes) vereinigte. Nach den griechischen Zahlenwerten

$$
\begin{aligned}
a &= 1 \\
b &= 2 \\
r &= 100 \\
a &= 1 \\
x &= 60 \\
a &= 1 \\
s &= 200 \\
\hline
\text{Summe} &= 365
\end{aligned}
$$

war A. auch gleichbedeutend mit dem Wort „Jahr", da die Summe der einzelnen Buchstabenwerte 365 ergab. Lit.: Dietrich, Abraxas, Leipzig 1891.

Absalom (hebr.) = Vater des Friedens; A. nannte sich seit 1743 die erste deutsche FM-Loge in Hamburg. Der bekannte Freimaurer Bode behauptete, der Name sei der Loge von den Engländern aus Spott gegeben worden, weil man dort die frühere Existenz einer franz. Loge erfahren habe. – A. heißt auch Davids dritter Sohn in 2. Sam. 14, 25 ff., den sein Bruder ermorden ließ (2. Sam. 13, 20 ff.) und später auf der Flucht erschlagen wurde. – In Drydens satyrischer Dichtung „Absalom and Achitophel" ist A. der dem Herzog von Monmouth (Sohn Karls III.) gegebene Name.

Abschirmung. In der zeremoniellen Magie dienen z. B. der magische Kreis und auch Pantakel zur A., d. h. dem Schutz des Magiers. — Geschäftstüchtige Leute verkaufen sog. Abschirmgeräte gegen angebliche Erd-, Mond- und Wasserstrahlen. In mehreren Prozessen der letzten Jahre konnten die betr. Hersteller die Wirksamkeit der Geräte, die nur einen ganz geringen Materialwert darstellen, nicht nachweisen.

absolut, das **Absolute, Absolutheit,** von (lat.) absolutus = vollständig; einschränkungslos, unabhängig, für sich bestehend (Ggs.: relativ). — Ein Ausdruck, der leider häufig miß-

gesetzes. — In allen pantheistischen Lehren ist die Absolutheit gleichbedeutend mit Gott (Vater), Gottheit oder speziell dem unmanifestierten Gott, der in der Kabbalah durch Ain-Soph bezeichnet ist. Die Absolutheit oder das Absolute ist praktisch die Gottheit in Wartestellung vor ihrem eigenen Tätigwerden. — Im Okkultismus ist das Absolute schlechthin die potentielle und unmanifestierte Quelle des Seins, über welche nichts ausgesagt werden kann. — In der FM wird das Absolute durch den Großen ⚹ Baumeister aller Welten symbolisiert. Die verschiedenen Religionen und Philosophien haben dafür folgende Bezeichnungen:

Ägypten	Ra	Kabbalah	Ain-Soph
Böhme, Jakob	Verbum Fiat	Neuseeland	Rangi
Chaldäa	Ea	Norden	Odin
China	Himmel	Paracelsus	das Unaussprechliche
Christentum	Gott-Vater	Persien	Zerana Akerana
Griechen	Zeus oder Äther-Vater	Rom	Jupiter
Indien	Paran-Atma	Sufis	Die Einheit
Japan	Ameno	Swedenborg	Das Unendliche

braucht und selbst im okkulten und theosophischen Schrifttum fälschlich verwendet wird. In der abendländischen Philosophie ist er ein geläufiges Wort, mit dem man schlechthin das Unbedingte bezeichnet. Indes ist dies ein Brauch, der nicht nur gegen die Herkunft des Wortes verstößt, sondern auch gegen die Verwendung des Wortes bei einigen scharfen Denkern. Die richtige Verwendung wäre im Sinne von „vollendet", „vollkommen", „vollständig" oder „etwas, das unabhängig, losgelöst, vollkommen ist" (so: Dr. v. Purucker). — In der philosophischen Literatur heißt „absolutes Sein" oder einfach „das Absolute" ein solches, das durch nichts anderes verursacht oder bedingt ist. Da das Absolute von aller Veränderlichkeit und Relativität ausgenommen sein soll, ist es für alle Erfahrungserkenntnis unerreichbar, transzendent. Gedacht werden kann es nur als äußerste Grenze, der die Erfahrungserkenntnis zustrebt, ohne sie jemals zu erreichen; in diesem Sinne wird es auch von der kritischen Philosophie anerkannt. Auch die Naturwissenschaft kennt dieses Absolute unter dem Namen des ewigen Natur-

abstrakt, Abstraktion (lat.) = abgezogen, Abgezogenheit. Abstrahieren heißt abziehen, nämlich den Blick des Geistes abziehen oder ablenken von gewissen Eigentümlichkeiten des Gegenstandes, um gewisse andere desto reiner und schärfer aufzufassen. Namentlich dem wissenschaftl. Denken ist Abstraktion ganz unentbehrlich, da seine Herrschaft über die Dinge darauf gegründet ist. So beruht die Mathematik auf A.; im übrigen sind die Gedankendinge abstrakt, insbesondere die Namen der als Dinge betrachteten Eigenschaften, Vorgänge und Zustände (z. B. Größe, Schuß, Ruhe).

Abu Schîrîn, Ps. für André Sonnet; Verf. des Goldenen ägyptisch-arabischen Traumbuches, Heidenheim 1960.

Abyssus (lat.) = bodenloser Abgrund; bez. die unbekannte Tiefe zwischen den verschiedenen Welten der Kabbalah (Ashia, Beriah, Jesirah usw.), kurz die Unermeßlichkeit zwischen den kosmischen Welten, d. h. den Raum ohne Grenze und Ende. — A. ist auch der symbolische Ausdruck für eine Daseinsbedingung ohne Beziehung zum ↗ Manvantara oder Lebenszyklus. A. kann ferner den Zustand der formlosen Materie auf den unteren Ebenen vor der Involution des Geistes bedeuten. Lit.: Waltharius, Mystik, das letzte Geheimnis, Freiburg 1953.

Acharya. (Sk.) = geistiger Führer, Guru, wie in Sankar-acharya („Lehrer der Ethik"), ein Name der Eingeweihten gegeben wird in der allgemeinen Bedeutung von „Meister".

Acht (8). Aufgrund ihrer eigentümlichen arithmetischen und geometrischen Verhältnisse stand bei den Alten die Zahl 8 in besonderem Ansehen. Nach der biblischen Erzählung von der Sintflut blieben 8 Menschen übrig: Vater, Mutter, 3 Söhne und 3 Schwiegertöchter. In der Astrologie der Chaldäer dienten 8 Örter des Himmels der näheren Bestimmung der Weltgegenden, und die Griechen bildeten die Hauptwinde auf einem Oktogon (Körper mit 8 Ecken, z. B. Würfel) ab. Auch die Baukunst des Altertums bestätigt die uralte Bedeutsamkeit der Zahl 8. 8 ist auch bei den Pythagoräer die Zahl der Gerechtigkeit, weil sie in 2 gleiche Zahlen, nämlich 4, geteilt werden kann, und durch wiederholte Teilung ergibt sich wieder ein durchaus gleicher Quotient; um dieser fortlaufenden Gleichheit wegen wurde sie zur Zahl der Gerechtigkeit. Hierher gehört auch der Eid des Orpheus bei den 8 Gottheiten, als wollte er durch die Gerechtigkeit zur Zeugschaft gerufen werden, deren Namen sind: Feuer, Wasser, Erde, Himmel, Mond, Sonne, Phanes und Nacht. 8 waren nach den alten Gesetzen der Ornamente der Priester, nämlich: das Unterkleid, der Leibrock, die Tiara, der Gürtel, die Talar-Stole, das Skapulier, das Rationale und das goldene Schildlein. 8 ist auch die Zahl der Glückseligkeit, denn lt. Matthäus (5, 3–10) lehrt Christus 8 Grade der Glückseligkeit. Sie ist die Zahl des Heils und der Erhaltung, denn 8 Seelen wurden (siehe oben) in Noahs Arche vor der Sintflut gerettet. Jesse hatte 8 Söhne, David war der achte. Am achten Tage erhielt Zacharias, des Johannes Vater, die Sprache zurück. — In der Vernunftwelt gibt es 8 Belohnungen der Seligen: Erde, Unvergänglichkeit, Macht, Sieg, Schauen Gottes, Gnade, Königreich und Freude. In der kleinen Welt sind die 8 Freuden der Seligen: Hunger und Durst nach Gerechtigkeit, Gütigkeit, Verfolgung wegen Gerechtigkeit, Reinheit des Herzens, Barmherzigkeit, Einfalt im Geist und Trauer. In der Unterwelt kennt man 8 Strafen der Verdammten: Gefängnis, Tod, Gericht, Zorn Gottes, Finsternis, Peinigung, Beängstigung und Beklemmung. 8 Eigenschaften haben die Elemente: Trockenheit der Erde, Kälte des Wassers, Feuchtigkeit der Luft, Hitze des Feuers, Wärme der Luft, Nässe des Wassers, Trockenheit des Feuers und Kälte der Erde (↗ Elemente, ↗ Empedokles). — Bei Jakob Böhme ist 8 „die Zahl des Feuers".

Achte Sphäre (oder Planet des Todes). Ein esoterischer Ausdruck der geheimen Mysterienschulen; über den vollen Begriffsinhalt ist auch heute noch ein dichter Schleier des Geheimnisses gezogen. Die 8. Sphäre stellt eine Stufe der tiefsten psycho-mentalen Entartung dar, in welcher eine Wiederbeseelung durch den Strahl der spirituellen Monade nicht mehr möglich ist. Die Wesenheit, die zu dem Planeten des Todes herabgesunken ist, wird auch esoterisch als „verlorene Seele" bez. In der 8. Sphäre werden die verlorenen Seelen im Laboratorium der Natur ununterbrochen zerrieben und zermahlen und schließlich in ihre einzelnen psychisch-astralen Bestandteile oder Lebensatome zerstreut. (nach Dr. von Purucker). — Der Begriff stammt aus der Hindu-Philosophie. — H. P. Blavatsky pflegte als Fluch zu sagen: „Dieux de l'Avitchi!" = Götter der 8. Sphäre. — Die Idee der 8. Sphäre soll von Sinnet stammen, von H. P. Blavatsky zunächst verworfen und dann unter dem Druck der Sinnet-Freunde akzeptiert worden sein. Auch bei Rud. Steiner (Geheimwissenschaft im Umriß) ist die 8. Sphäre behandelt

Achtfacher Pfad ↗ Magga

Achtsamkeit, ein buddhistischer Begriff, der etwa „Klarbewußtheit" bedeutet. A. ist die 7. Stufe des achtfachen Pfades (↗ Magga). Im ↗ Satipatthana zählt man 4 Grundlagen der A.: „Bei allem, was der Mönch tut, ist er sich klarbewußt: 1. des Zweckes, 2. des Nutzens, 3. der Pflicht und 4. der Wahrheit." — Im Digha-Nikaya 2 heißt es: „Dies, ihr Jünger, ist der einzige Weg zur Läuterung der Wesen . . ., nämlich diese 4 Grundlagen der A.: Betrachtung des Körpers, der Gefühle, des Geistes und der Geistobjekte."

A. D., Abk. für anno domini (lat.) = „im Jahre des Herrn", d. h. nach der Zeitenrechnung, daher in diesem Lexikon mit nZ abgekürzt. Auf alten Stichen kann A. D. auch Albrecht Dürer bedeuten.

Adam Kadmon (hebr.) = „ursprünglicher Mensch": der himmlische Mensch, der Mikrokosmos; auch der uranfängliche Mensch, der noch nicht gefallen ist. In der Kabbalah die erste Ausstrahlung Gottes, der himmlischastrale Urmensch, der Inbegriff der ↗ Sephiroth, gewissermaßen ein Vorversuch Gottes vor Erschaffung der Menschen. ↗ Reuchlin sieht ihn im Logos des Johannes-Evangeliums verkörpert. In der modernen Esoterik ist A. K. der manifestierte oder 3. Logos, dem alle weiteren Emanationen (↗ Sieben Strahlen) untergeordnet sind.

Adamsky, George. Ein Würstchen-Händler am Mount Palomar (USA), der erklärte, die Bewohner der Venus hätten ihn besucht. Er schrieb darüber ein Buch, das einen beträchtlichen Erfolg hatte. Später wurde A. eine Art Rasputin am holländischen Königshof.

Adept (lat.) von adeptus = „der, welcher erhalten hat"; nach Dr. von Purucker „einer der geschickt ist". Im Okkultismus jemand, der die Einweihungsstufe erreicht hat und ein Meister der Wissenschaft der esoterischen Philosophie geworden ist. Nach anderen muß der A. 5 Einweihungen hinter sich gebracht haben und daher ins 5. oder geistige Reich eingegangen sein; er kennt die Evolution der Menschheit und hat nur noch 2 Einweihungen vor sich. In den esoterischen Schriften ist jedoch A. jemand, der in der esoterischen Weisheit, d. h. den Lehren vom Leben, erfahren ist. A. ist im allgemeinen der Grad, der die Krönung der Laufbahn eines Eingeweihten bildet. ↗ Adeptus Exemptus, ↗ A. Junior, ↗ A. Major und ↗ A. Minor sowie ↗ Adeptschaft.

Adeptschaft. Einer der 3 Wege der Erkenntnis, des Seelenheils oder der Vervollkommnung. Während der Mystiker (↗ Mystik) sich versenkt und zur Gottheit erhebt, der Magier (↗ Magie) aufgrund seiner Kenntnis der Naturgesetze und -kräfte höhere Wesen und selbst Gottheiten zu sich heranholt, ist Adeptschaft das Streben nach höchster Vervollkommnung anhand eines Vorbildes (z. B. des Symbols vom ↗ Allmächtigen Baumeister des Weltalls in der FM), ohne sich vorwiegend der Mittel der Mystik oder Magie zu bedienen. A. und die damit verbundene ↗ Bewußtseinserweiterung wird u. a. durch ↗ Einweihung mittels eines Rituals erlangt.

Adeptus Exemptus = „Bevorrechteter Schüler"; der 7. Grad der ↗ Gold- und Rosenkreuzer des 18. Jh.; der A. E. hatte nach der „Haupt-Convention" von 1767 „Erkenntnis vom Stein der Weisen, der Kabbalah und Magia naturali". — Im ↗ AMORC führen die Mitglieder des 7. Tempelgrades ebenfalls den Titel A. E. und „beherrschen die drei Hauptwissenschaften der Welt"; das Paßwort lautet REGULUS.

Adeptus Junior. = „Jüngerer Schüler"; der 1. Grad der ↗ Gold- und Rosenkreuzer des 18. Jh.; im ↗ AMORC der 5. Tempelgrad. Das Erkennungszeichen besteht darin, daß man der gegenübertretenden Person die Hände auf die Schultern legt und ihr fest in die Augen blickt. Das Paßwort des Grades heißt ASTRO.

Adeptus Major = „Größerer Schüler"; der 6. Grad der ↗ Gold- und Rosenkreuzer des 18. Jh.; nach der „Haupt-Convention" von 1767 hatten die Inhaber dieses Grades „den lapidem mineralem" (= mineralischen Stein) und wußten „auf roth zu tingiren". Im ↗ AMORC heißt der 6. Tempelgrad A. M.; Paßwort: THO-KATH.

Adeptus Minor = „Kleinerer Schüler"; der 5. Grad der ↗ Gold- und Rosenkreuzer des 18. Jh.; der A. M. „kannte die philosophische Sonne und that Wunderkuren".

A. D. G. U. S. W. M. U. S., (Abk.) = „Auf daß Gott und seine Weisheit mit uns seien"; die Schlußformel in Rosenkreuzerbriefen des 18. Jh. — Im Zeitalter der UFOs beim ↗ AMORC durch die „Wünsche für kosmischen Frieden" ersetzt.

Adi (Sk.) = „der Erste, das Erste"; gleichbedeutend mit göttl. Ebene, Ebene des Logos oder erster kosmisch-ätherischer Ebene. Bei ↗ Heindel: die Welt Gottes; bei ↗ Bailey: der oder das Uranfängliche, die atomare Ebene des Sonnensystems, die höchste der 7 ↗ Ebenen. Lit.: Alice A. Bailey, Initiation, Lorch 1952.

Adler, Dr. med. Alfred (* 1870 Wien, † 1937), Arzt und Psychologe, Schüler von ↗ Freud. A. bildete die Freudsche ↗ Psychoanalyse unter Zuhilfenahme weiterer Elemente des Buddhismus fort. — W.: Minderwertigkeit von Organen (1907); Der nervöse Charakter (1912); Heilen und Bilden (1914); Individualpsychologie (1919); u. a.

Adni (hebr.) = die unpunktierte (d. h. ohne kurze Vokale vorgenommene) Schreibung für ↗ Adonai.

Adonai (hebr.) = „der Herr"; auch in der Form Adonis oder Adonaj; ein Ersatzwort für den „unaussprechlichen" Namen Gottes (Jehovah); ist in der Bibel zumeist mit „Herr" übersetzt. An sich ist A. schon die Pluralform von Adon (= Herr), jedoch hatte sich der Brauch herausgebildet, die Pluralform A. im Sinne von „mein Herr" zu verwenden. Beim Lesen des hl. Namens ↗ JHVH (richtige Aussprache: Jehovah) hält der fromme Hebräer inne und ersetzt JHVH durch A. oder Adni, teils auch durch Elohim.

Adonhiram, Adoniram (hebr.) = „erhabener Herr"; teils auch verkürzt Adoram geschrieben (z. B. bei Eliphas Lévi, Ritual der Hohen Magie, München 1927). Nach 1. Kön. 4, 6 und 5, 14 war Adoniram Hauptschatzmeister des Königs Salomo und Oberaufseher über 30 000 Mann, die im Libanon die Zedern für den 1. Tempel und andere kgl. Bauten fällten. In den FM-Legenden des 18. Jh. wird der Name A. vielfach mit ↗ Hiram durcheinander geworfen und auch heute noch bei manchen Systemen an seiner Stelle benutzt. — Bei der ↗ Großen Landesloge (sog. christl. Ritus) wird A. mit „der Herr in der Höhe" übersetzt und in einem moralischen Sinne als der Mensch überhaupt und der Held gedeutet, dessen Gerechtigkeit und Standhaftigkeit nachgefolgt werden soll. Im Verlaufe der Grade kristallisiert sich dann immer mehr Jesus Christus als A. heraus. Hier liegt jedoch eine Verwechslung mit Hiram vor.

Adonisten, auch: Adonistische Gesellschaft; von Dr. Franz Sättler gegründeter sexual-magischer Verein. Nach den Angaben der A. ist „der Adonismus als Weltanschauung einmalig und richtig und entspricht den neuesten Forschungen auf dem Gebiete der Urreligion der Menschheit". Praktisch handelt es sich, d. h. mehr in der Theorie, um die Reduzierung des Menschen in einen (angenommenen) androgynen Urzustand; Mittel dazu sind sogenannte Vertauschungsrituale: alle klassischen Symbole und Wertungen der Symbolik werden in ihre Gegensätze verkehrt. Die positiven oder „guten" Zeichen mit der Spitze nach oben (z. B. das Dreieck) zeigen hier nach unten, wie es bei fast allen Phallus-Kulten üblich ist. Schon Eliphas Lévi (in: „Das Buch der Weisen", Leipzig 1928, S. 134) schrieb: „Der Gott der einen ist der Teufel der anderen und umgekehrt." Die Bezugnahme der A. auf eine (angebliche) Urreligion steht im Widerspruch zu fast allen anderen okkulten Weltanschauungen, die die Vervollkommnung in der Evolution (und nicht der Involution) erstreben. — Einen Teil des sogenannten Adonismus hat Franz Bardon in seinen bekannten Werken wiedergegeben. — Lit.: ↗ Sättler.

Adoptionslogen. Da man die FM ursprünglich (ab 1717) als reinen Männerbund ansah, setzte sie sich seitens des schönen Geschlechtes mancherlei Mißdeutungen aus, denen man durch die Gründung von A., d. h. von Frauenlogen, den Männerlogen mehr od. weniger unterstanden, zu begegnen suchte. Die A. hatten wie die gewöhnlichen Männerlogen („maskuline Logen") 3 Grade: Lehrling, Gesellin und Meisterin. Befriedigend war die Lösung jedoch nicht, denn im Zuge der Gleichberechtigung bestand kein echter Grund, für die Frauen eine Ersatz-FM zu schaffen. Mit der Gründung der Gemischten FM des ↗ Droit Humain, die auch Frauen auf gleicher Grundlage wie die Männer aufnimmt, stellten die A. ihre Tätigkeit mehr und mehr ein. — Lit.: Alec Mellor, Logen, Rituale, Hochgrade, Graz 1967; Eliane Brault, La Franc-Maçonnerie et l'émancipation des femmes, Paris 1953.

Adventisten. A. sind Leute, welche behaupten, daß der „Advent" (= die Wiederkunft) des Herrn bevorstehe, und daß sie die „Wissenschaft des Herrn" verbreiten. Solche Gruppen hatte es zu allen Zeiten der christl. Geschichte gegeben. In USA hatte der Bauer William Miller anfangs des vorigen Jh. aufgrund der Bibel (Buch Daniel u. Offenb.) die Dauer der Welt auf 2300 J. berechnet und die Wiederkehr des Herrn auf das J. 1843 vorausgesagt. Seine in Wort und Schrift verbreiteten Ideen fanden eine große Zahl Anhänger, die, um von allem Irdischen befreit zu sein, ihm ihr Hab und Gut gaben. Der 21. 3. 1843 strich vorüber und die Enttäuschung war groß. In einem offenen Brief gestand Miller seinen „Irrtum" ein. Dennoch gab es Unentwegte genug, die sich durch den vor aller Welt offenen Trug nicht abschrecken ließen und immer neue Zeitpunkte berechneten (und die Anhänger von allem „Irdischen" befreiten). Die Adventisten haben teils auch den Namen „Internationale Traktatgesellschaft" angenommen. Auch Annie ↗ Besants ↗ „Orden des Sterns" mit ↗ Krishnamurti als Propheten ist auf dem Boden der Adventisten gewachsen.

Adyar (Sk.) = „das Weggenommene", (von adiyati); Vorort von Madras und seit 1882 Hauptsitz der Theos. Ges. Adyar (Adyar-TG); auch der Name einer in Graz erscheinenden Zeitschrift; ferner der Name eines Schriftstellers: Francis Adyar (schrieb u. a. „Christian Mysteries and the Catholic Church". — Lit.: Keyserling, Reisetagebuch eines Philosophen (Kap. „Adyar"), Darmstadt 1922; Josephine Ransdom, The 75th anniversary book of the Theos. Society, Adyar 1950; Ernest Eggerton Wood, Is this theosophy?, London 1936.

Adyar-Tag. Der Hauptfeiertag der Adyar-TG (↗ Theos. Gesellschaften), geschaffen 1922 von Frau von Manziarly. Der A. wird am 17. 2. jeden J. gefeiert und ist auch der Geburtstag von ↗ Leadbeater sowie der Todestag von ↗ Olcott und Giordano Bruno.

Adytum (griech.) von „a" = nicht + „duton" = Eintritt, also so viel wie „Zutritt verboten". In der esoter. Lit. wird mit A. der innerste Teil des Tempels, das sog. Allerheiligste, lat. Sanctum Sanctorum, hebr. Kadosch Kadoschim, od. das Privatzimmer des Priesters bezeichnet. Schließlich wird A. noch als Bez. für den ↗ Kausalkörper auf der höheren ↗ Mentalebene gebraucht, als dem Sitz od. ↗ Vehikel des höheren ↗ Selbst, des ↗ Atma-Buddhi.

A. F. A. M. (Abk.) = Alte Freie und Angenommene Maurer; eine aus dem Englischen übernommene alte Bez. für die herkömmliche FM (Ancient Free and Accepted Masons); in Deutschland gleichbedeutend mit „humanitärer" FM im Gegensatz zur „christl." FM und dem ↗ Droit Humain, der Männer und Frauen gleichberechtigt aufnimmt. ↗ Freimaurerei.

Agape (griech.) = „brüderliche Liebe"; ein Liebesmahl, der nach dem Empfang des Sakramentes alle Gläubigen ohne Unterschied des Standes, zu einem gemeinsamen Mahl von esoter. Bedeutung vereinte. Die kath. Kirche schaffte die A. im 7. Jh. ab. Nur in einzelnen christl. Sekten (Baptisten, Methodisten) blieb die A. in Übung. Auch die orthodoxen Juden kennen ein derartiges Liebesmahl, bei welchem der Zaddik (= Wunderrabbiner) die Speisen durch Berührung segnet. Künstlerisch verwertet ist die Idee der A. im „Parsifal". Andererseits beklagt sich schon Paulus in 1. Kor. über den Mißbrauch dieser Feste bei den Christen. — In den Rosenkreuzergraden der FM (z. B. 18. Grad des AASR) ist die A. als mystisches Liebesmahl erhalten geblieben. In den gewöhnlichen Logen (Johannis-FM) ist der Gedanke der A. ausgebaut im Brauche des Brudermahls bzw. der Tafelloge; auch bei der Großen Landesloge (sog. christl. Ritus) und bei der Großen National-Mutterloge mit den 3 Weltkugeln wird die A. gepflegt. Da bei der gewöhnlichen FM die Frauen ausgeschlossen sind, artet die A. zuweilen als Trinkgelage aus. — Lit.: Prof. A. Kestner, Die A. oder der geheime Weltbund der Urchristen, Jena 1819; Rudolf Klodwig, Mythologie und Symbolik, Lorch 1933.

Agarthi oder Agartha (assyro-chaldäisch) = Erde. Nach einer Sage, die Haushofer gegen 1905 aus dem Orient mitbrachte und wie René Guénon sie auf seine Art in „König der Welt" (München 1956) erzählt, siedelten sich führende Persönlichkeiten jener hohen Kultur, die Großen Weisen, die Söhne der Geister anderer Welten, nach der Katastrophe von Gobi in einem riesigen Höhlenbezirk unter dem Himalaja an. Innerhalb dieses Bezirks spalteten sich 2 Gruppen, die eine folgte dem Weg rechter Hand, die andere dem Weg linker Hand. Der Mittelpunkt des Weges soll A. gewesen sein, eine unauffindbare Stadt, der Ort der Kontemplation, der Tempel des Nicht-Teilhabens an dieser Welt. Diese Legende wird auch vom Lectorium Rosicrucianum propagiert. Lit.: Louis Pauwels, Aufbruch ins 3. Jahrtau-

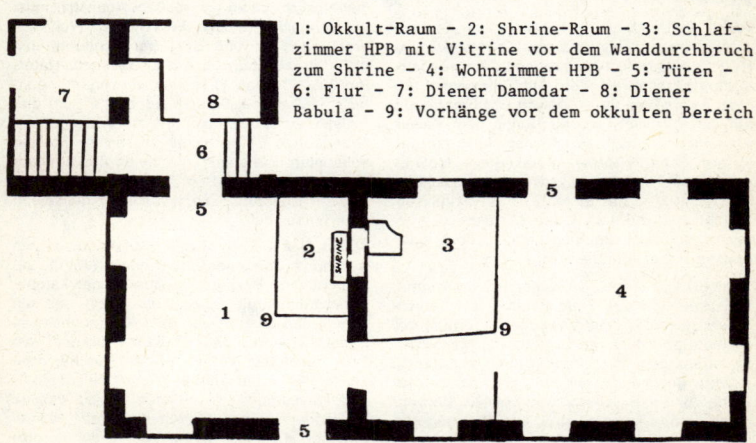

1: Okkult-Raum - 2: Shrine-Raum - 3: Schlafzimmer HPB mit Vitrine vor dem Wanddurchbruch zum Shrine - 4: Wohnzimmer HPB - 5: Türen - 6: Flur - 7: Diener Damodar - 8: Diener Babula - 9: Vorhänge vor dem okkulten Bereich

Adyar: Grundriß der Privaträume H. P. Blavatskys mit den Schränken zur Durchreichung der Meisterbriefe nach den Untersuchungen von Dr. Franz Hartmann

send, Stuttgart 1962; Rijkenborgh, Licht über Tibet (De tijd is daar), Haarlem 1954; Walter Studinsky, Shaballa und Agarthi, in: DAW 1 + 2 1964; Dr. Ferdinand Ossendowski, Tier, Menschen und Götter, Frankfurt 1923.

Agens (lat.), von agere = tun; die bewirkende Ursache; der Gegenstand, der Ursache ist oder sein kann. Der Begriff kommt namentlich in der alchemistischen Literatur vor.

Agg (Abk.), bedeutet in Bibelzitaten „Buch Haggai" (von lat. Aggaeus).

Aggregatzustände (lat.), von aggregare = zu einer Masse vereinigen; bezogen auf die Materie bedeutet das Wort Massen- oder Materiezustände. Man unterscheidet drei Haupt-A., d. h. den festen, tropfbar-flüssigen u. ausdehnsamflüssigen (oder gasförmigen) A. Annie Besant unterscheidet beim Menschen insgesamt sieben A., nämlich die drei erwähnten A. des physischen Körpers und vier ätherische A. des ätherischen Doppelkörpers, wobei die Abstufungen des ätherischen A. nur mit I, II, III und IV bezeichnet sind; diese Unterteilung hat auch Alice Bailey übernommen. Bei Heindel werden die Ätherzustände einzeln bezeichnet, nämlich: chemischer Äther, Lebensäther, Lichtäther, rückstrahlender Äther. — Lit.: Max Heindel, Rosenkreuzerische Unterrichtsbriefe; Annie Besant, Der Mensch und seine Körper.

Agiel. In der Kabbalah und Magie die Intelligenz des Saturns.

AGLA (hebr. Abk.) = Athath gabor leolam, Adonai = Du bist mächtig in Ewigkeit, o Herr! — A. war im 16. Jahrhundert ein weit verbreitetes Machtwort (auch auf Talismanen); so steht es auf dem Faustbild von Rembrandt und auf dem Schwert, das der Papst dem Kaiser Ferdinand II. 1620 zur Niederschlagung der Reformation in Böhmen übersandte. — McGregor Mathers deutet die einzelnen Buchstaben von A. so: A = der Erste, G = die Trinität in Einheit, L = die Vollendung des Werkes, A = der Letzte; diese Deutung bedarf jedoch einer umfangreichen Erläuterung.

Agni (Sk.) = Feuer, verwandt mit (lat.) ignis; indischer Gott des Feuers, einer der hervorragendsten Götter im vedischen Altertum, gilt als Bote zwischen den Göttern und Menschen. In der späteren Mythologie tritt A. ganz zurück. A. wird gewöhnlich mit zwei Gesichtern, drei Beinen und sieben Armen dargestellt. Aus dem einen Munde kommen drei, aus dem anderen vier strahlenförmige Zungen, in den Händen hält er eine Art Axt, ein Bündel Brennholz oder eine Fahne mit dem Bild des Widders. A. ist zusammen mit Vayu und Surya der dreifache Aspekt des Feuers und Feuer die Essenz des Sonnensystems. Vgl. auch 5. Mos. 4, 24: „Gott ist ein verzehrendes Feuer." — In der Esoterik ist A. Symbol der mentalen Ebene, deren oberster Herr A. ist; A. ist ferner das Symbol des Kraftaspektes des einwohnenden Höheren Selbst, gerichtet auf die Kanäle der Manifestation. — Lit.: (anonym) Agni nach den Vorstellungen des Mahabharata, Straßburg 1878; Alice Bailey, Initiation, Lorch 1952.

Agnichaitans. Eine Gruppe von Feuer-Davas.

Agnishwattas (Sk.), von agni = Feuer und shwatta = gekostet, geschmeckt, wörtlich: „der durch das Feuer erfreut oder sanft gemacht wurde". Die A. bilden den solaren, höhergeistig-intellektuellen Teil im Menschen und sind die inneren Lehrer. Wenn die Erde die siebte Runde beendet hat, werden die Menschen dieselbe als A. verlassen. A. bezeichnet auch die Sonnenvorfahren der Menschheit (im Gegensatz zu den Mondvorfahren); zusammen mit den Kumaras und Manasaputras stellen die A. die drei Erscheinungsformen von Urwesen dar. Der Ausdruck A. kommt in alten Sanskrittexten und der Geheimlehre (HPB) sehr häufig vor.

agnostisch (griech.), von a = nicht und gnosis = Erkennung. **A g n o s i e**: Erkennungsunfähigkeit, das Unvermögen, das mit zumeist noch gesunden Sinnesorganen Wahrgenommene psychisch zu verarbeiten. **Agnostizismus:** Lehre, nach der das Wesen der Welt unergründlich ist und das Transzendente uns nicht zu kümmern braucht. Der engl. Naturforscher Thomas H. Huxley verwendete erstmals 1869 den Ausdruck „agnostics", um diejenigen zu bezeichnen, die über die letzten Gründe des Seins nichts wissen zu können behaupten. Die späteren Schulen des Agnostizismus geben dem Begriff eine mehr philosophische Erklärung, die jedoch auf denselben Sinn hinausläuft.

Agnus Dei (lat.) = Lamm Gottes; eine dem Ausspruch Johannes des Täufers (Joh. 1, 29) entnommene Bez. für Christus. In der katholischen Meßliturgie ist A. D. ein Gebet, das seit dem 7. Jahrhundert vor der Kommunion vom Priester gesprochen und beim Hochamt vom Chor gesungen wird. Es besteht aus der dreimal wiederholten Anrede „Agnus Dei, qui tollis peccata mundi" (= O Lamm Gottes, das du hinwegnimmst die Sünden der Welt), worauf zweimal „Miserere nobis" (= Erbarme dich unser) und das dritte Mal „Dona nobis pacem" (= Gib uns den Frieden) beigefügt wird. Der

Begriff wird auch im 9. Grade der Großen Landesloge (sog. christl. Ritus) verwendet.

Agrippa, Heinrich Cornelius — von Nettesheim, * 14. 9. 1486 Köln, † 18. 2. 1535 Grenoble (Frankreich); Schriftsteller, Arzt und Philosoph; führte ein abenteuerliches, unstetes Leben. Seit 1509 Lehrer der Theologie in Dôle (Frankreich), reizte aber durch derbe Satire die Mönche und mußte, der Ketzerei beschuldigt, die Stadt verlassen. Ging nach England, lehrte einige Zeit Theologie in Köln, reiste dann nach Italien, wo er unter Kaiser Maximilian I. als Hauptmann zum Ritter geschlagen wurde. Wurde dann Doktor der Rechte und der Medizin, hielt Vorträge in Padua; dann Syndikus in Metz, 1520 wieder in Köln, da er durch Verteidigung einer Hexe die Inquisition und die Mönche in Metz gegen sich aufgebracht hatte. Von Köln ging er nach Freiburg (Schweiz), wo er als Arzt wirkte, 1524 wieder nach Metz und wurde Leibarzt der Mutter von König Franz I.

Henricus Cornelius Agrippa der Rechten vnd Artzney Doctor.

Ging dann nach den Niederlanden, wo er „De incertitudine et vanitate scientiarum declamatio invectiva" (Köln 1527), eine beißende Satire auf den Zustand der Wissenschaften schrieb; ging dann nach Lyon und schließlich nach Grenoble, wo er auch starb. — A. hatte das Verdienst, manches Vorurteil seiner Zeit, z. B.

den Glauben an Hexerei, glücklich bekämpft zu haben. Gegenüber der herrschenden Scholastik stellte er ein System kabbalistischer Philosophie auf. 1533 wurde A. daher von der Inquisition wegen des Werkes „Occulta philosophia" der schwarzen Magie angeklagt. 1507 soll er in Paris eine Gesellschaft zur Erforschung der Geheimwissenschaften gegründet haben. A. war einer der ersten, der die jüdische und ägyptisch-griechische Geheimtradition aufgearbeitet hat. In Rabelais' „Pantagruel" kommt A. als „Herr Trippa" vor. Papst Leo X. nannte A. einen „sehr teuren Bruder". — A.s Lehre teilt den Makrokosmos in drei Welten ein, die jeweils durch eine besondere Magie beherrscht würden: die physische, die astrale und die religiöse Magie. Um dieser Magien teilhaftig zu werden, „muß man in der Welt ersterben". — W.: Magische Werke, Freiburg, 5 Bände, ca. 1700 S.; Die Eitelkeit und Unsicherheit der Wissenschaften und der Verteidigungsschriften, 1913, 2 Bände; De occulta philosophia, Köln 1510 (deutsch: Stuttgart 1855). Lit.: Dr. Franz Hartmann, Im Vorhof des Tempels der Weisheit; Morley, Agrippa v. N., London 1856, 2 Bände.

Ägypten. Die Betrachtung der ägypt. Geschichte gewinnt ihr höchstes Interesse durch den Umstand, daß sie in Zeiten zurückführt, die man früher jenseits aller geschichtl. Ereignisse gelegen glaubte. Die rekonstruierten Lehren der Ägypter wurden in mannigfaltiger Form von vielen mehr oder weniger esoterischen Organisationen übernommen. Entgegen vielen Meinungen gab es in Ägypten noch keine Zeitrechnung in unserem Sinne; man datierte die Zeit lediglich nach den Regierungsjahren der herrschenden Könige. Ein Papyrus (jetzt im Museum zu Turin), der wahrscheinlich aus der Zeit Ramses III. stammt, gibt eine Chronologie von 220 Königen, die in Dynastien eingeteilt sind. — Lit.: Woldemar v. Uxkull, Die Einweihung im alten Ägypten; Johannes Bertram, Echnaton; Bertram, Die Urweisheit der alten Ägypter; Dr. Emma Brunner, Ägypten; Otto W. Helck, Kleines Wörterbuch der Ägyptologie.

Ägyptische Freimaurerei. So nennt sich eine von ↗ Cagliostro im 18. Jahrhundert erfundene Pseudo-FM, die von Goethe in seinem „Groß-Kophta" karikiert wird. Das System tauchte zuerst um 1782 auf und verschwand bald wieder. Als ägyptischer Ritus bezeichnet sich auch das FM-System „Memphis-Misraim", welches jedoch im deutschsprachigen Raum ebenfalls keine Verbreitung gefunden hat.

Ägyptische Mysterien. Die Schriften über die ägyptischen Priesterbünde hat die FM des

18. Jahrhunderts, namentlich in England, wiederholt veranlaßt, ihre Abstammung auf die ägyptischen Mysterien zurückzuführen. Die Vorliebe für ägyptische Vorbilder kommt auch heute noch in vielen Namen von FM-Logen (Isis, Osiris, Pyramide, Horus, Sphynx, Harpokrates usw.) sowie in der Ausstattung mancher Tempel zum Ausdruck. Mozart hat diesen Mythos sogar in der Zauberflöte verherrlicht. — Einen regelrechten Kult aus diesen Ideen hat der ↗ AMORC gemacht, der teils sogar Paßwörter einzelner Grade auf ägyptische Wortwurzeln zurückführt. Indes muß man berücksichtigen, daß die meisten Beschreibungen der ägyptischen Mysterien von Schriftstellern stammen, die mehrere Jahrhunderte später gelebt haben und ebenfalls aus mehr oder weniger zweitklassigen Quellen abgeschrieben haben.

Ahriman ↗ Zoroaster.

A. I. F. (Abk.) = „Allgemeiner Internationaler Freimaurer-Orden"; die frühere Bezeichnung des Freimaurerordens ↗ Droit Humain in deutschen Sprachbereich, der sowohl Männer als auch Frauen aufnimmt. Unter dem Titel „A. I. F." erschien bereits 1921 in Hanau eine Einführungsschrift für Suchende. (Vgl. Wolfstieg-Bibliographie, Ergänzungsband, Nr. 2657.)

Ain Soph (hebr.) = das „Endlose, Grenzenlose"; die emanierende oder sich ausbreitende Gottheit. A. S. ist nicht der Schöpfer, sondern die Gottheit im Ruhezustand, d. h. vor Beginn ihrer Manifestation, der Schöpfung. A. S. ist daher auch ein Symbol des Absoluten, des potentiellen und unmanifestierten Gottes, der Quelle des höheren Selbst und seiner Manifestation. Der Begriff A. S. kommt vor allem in der Kabbalah, aber auch in der Symbolik der Großen Landesloge (sog. christl. Ritus) vor, wo er durch den Buchstaben Y (hebr.: ain!) dargestellt wird. Es findet sich in der Lit. noch die Schreibung En-Soph oder Ain-Suph; auch die Rabbis können die richtigen Vokale nicht mehr angeben.

Ajna-Chakra. Das Chakra in der Stirnmitte zwischen den Augen; ihm zugeordnet ist die Funktion des Ich-Bewußtseins (ahamkara) und des Intellekts.

Ajobruo (Ps.) = Johannes Rubanowitsch; W.: Aufschlüsse über die jenseitige Welt, Hamburg 1961, 96 pp.

Akasha, Akascha, Akasa oder **Akaça** (Sk., Pali) = Raum. Die Kommentare des Buddhismus sprechen von zwei Arten des Raumes:

dem durch die Körperlichkeit „begrenzten Raum" (a) und dem „unbegrenzten Raum" (b), dem Weltenraum. An vielen Suttenstellen wird der der Körperlichkeit angehörende Raum (a) in der Gruppe der sechs (östl.) Elemente aufgezählt: festes, flüssiges, erhitzendes, luftiges Element, Raumelement, Bewußtseinselement. Der unbegrenzte Raum (b) besitzt, genau wie „Zeit", keinerlei Wirklichkeit. — In der Hindu-Philosophie ist A. eine der vier Ätherformen: A. = Schalläther oder Lautäther (↗ Äther) und entspricht dem 1. ↗ Tattwa. Alle anderen Tattwas entspringen aus ihm und leben und wirken in ihm. Da A. ein Objekt der Akustik ist, kann man darin nicht, wie Rud. Steiner meint, „lesen", sondern allenfalls hören. — Was Rud. Steiner mit A. bezeichnet, ist offensichtlich Matarishva; das wäre eine Kennzeichnung des Raumes in seinem Sinne, eine Art Weltgedächtnis. Steiner knüpfte dabei u. a. an Luk. 10, 20 an: „Freuet euch nicht, daß euch die Geister untertan sind; freuet euch aber, daß eure Namen im Himmel geschrieben sind." Unter A.-Chronik verstand Steiner das, was Eliphas Lévi 50 Jahre vorher in seinen Schriften Astrallicht nannte, worin alle Ereignisse der Vergangenheit, Gegenwart und möglicherweise der Zukunft aufgezeichnet sind, so daß sie vom Hellseher darin „gelesen" werden können. Prof. Dr. W. Hauer (Werden und Wesen der Anthroposophie, Stuttgart 1922) bezweifelt indes Steiners Berichte aus der A.-Chronik, da die meisten Angaben schon viel früher von Scott-Elliots in seinem Utopie-Roman über Atlantis enthalten waren. — Nach H. P. Blavatsky ist A. die subtile, übersinnliche, spirituelle Essenz, welche den ganzen Raum durchdringt, die uranfängliche Substanz, welche fälschlicherweise mit dem Äther identifiziert wird. Im Vergleich zu Äther ist A. das, was der Geist zur Materie ist oder Atma zum Kama-Rupa. Nach Dr. v. Purucker bedeutet A. „glänzend, strahlend, leuchtend" und ist das fünfte kosmische Element, die fünfte Grundwesenheit oder die Quintessenz, von den alten Stoikern Äther genannt. In den brahmanischen Schriften wird mit A. die kosmische Geist-Substanz bezeichnet, die alles Sein und alle Wesen in sich enthält. Das hebr. AT spricht in diesem Sinne von den kosmischen „Wassern". Ferner heißt es in Khand. Upanishad III, 7, 12: „Es ist das A., aus welchem alle Kreaturen hervorgingen und wohin sie zurückkehrten; das A. ist älter als sie alle, das A. ist das allerletzte Ende." — Lit.: Guido Huber, Akaça, der mystische Raum, Zürich 1955; George Adams, Von dem ätherischen Raume, Dornach 1939. ↗ Ton

Akazie (griech.) = ohne Makel; ein Baum, dessen Holz in der Bibel oft erwähnt wird, indem es teils zum Gerüst der Stiftshütte, teils zur Bundeslade, dem Schaubrot-Tisch usw. verwendet wurde. Die bei uns wachsende A. hat zufällig den gleichen Namen, ist aber nicht mit jener verwandt. Das Holz der echten A. ist sehr dauerhaft und selbst im Wasser unverwüstlich, dabei sehr leicht und daher im Altertum sehr geschätzt. — In der FM hat A. verschiedene symbolische Bedeutungen: gleichbedeutend mit Palme und Lorbeer, als Zeichen der Unsterblichkeit; gleichbedeutend mit der weißen und roten Dornenkrone, als Symbol der Zeugung und des Lebens; gleichbedeutend mit Dorn überhaupt, als den Fluch über die Erde nach Adams Fall (nach der Konkordanz von Widmann). Allgemein ist A. das Symbol der Einweihung, der Unsterblichkeit und der Reinheit. — Es gibt auch freimaurerische Zeitschriften mit dem Namen A .

Aksákow, Alexander N., Staatsrat in Petersburg (heute Leningrad) und bekannter Psychologe; neben Du Prel einer der bedeutendsten wissenschaftl. Forscher auf okkultem Gebiet. W.: Animismus und Spiritismus, 2 Bände, Leipzig 1898, 1905, 1919 (mit dem Untertitel: Versuch einer kritischen Prüfung der mediumistischen Phänomene mit besonderer Berücksichtigung der Hypothesen der Halluzination und des Unbewußten).

Akten. In der FM und bei manchen esoterischen Organisationen werden die Urschriften oder Vorlagen der Konstitutionen, Rituale, Instruktionen usw. zuweilen als A. bezeichnet. Bei der Großen Landesloge (sog. christl. Ritus) spricht man namentlich von Eckleffschen A., benannt nach dem schwedischen Verfasser derselben.

Akum, Abk. für (hebr.) „abde kokobim ve mazzalot" = Diener (Anbeter) der Sterne und Planeten; in der jüdischen Literatur teils die Bezeichnung der Nichtjuden.

akustisch (griech.) = Gehör oder Schall betreffend, von akuo = hören; Akustik ist die Lehre vom Schall. Akustische Phänomene im Spiritismus sind z. B. die Klopflaute (namentlich im Gegensatz zu den optischen, also sichtbaren Erscheinungen).

AL oder **EL** (hebr.), Name der Gottheit, allgemein mit „Gott" übersetzt; bedeutet wohl zunächst „mächtig, hoch, erhaben". Der Plural lautet „Elohim", der jedoch in der deutschen Bibel durchweg mit dem Singular Gott übersetzt ist. Die unterschiedlichen Gottesbezeichnungen in der Bibel sind z. T. nur durch die Kenntnis des Plurals Elohim (also: Götter) zu verstehen.

A. L. (Abk.) = (lat.) Anno lucis = „im Jahre des Lichts"; eine freimaurerische Zeitrechnung, die mit dem angenommenen Tag der Schöpfung der Welt (4000 vZ) beginnt. 1967 ist danach „5767 A. L.". — Solche Jahresangaben finden sich häufig in der Literatur und auf FM-Diplomen des 18. Jahrhunderts.

Albert, auch „der kleine A."; Name eines ⤤ Zauberbuches (franz.: Grimoire), welches fälschlicherweise Albertus Magnus zugeschrieben wird; es enthält Giftmischerrezepte des Mittelalters sowie in der Magie verwendete Rezepte der Naturwissenschaften. — „Der große A." ist dagegen ein Zauberbuch der zeremoniellen Magie der Dämonen, welches aber ebenfalls nicht von Albertus Magnus stammt. In einem Bücherkatalog der Société des Agréments et de la Gaité Française wurden folgende Titel genannt: Les secrets du Petit Albert, merveilles de la Magie Naturelle, Ausgabe von 1688; Les secrets du Grand Albert contenant plusieurs traités sur la conception des femmes, des vertus, des herbes, des pierres etc., Ausgabe von 1709. Deutsche Ausgaben sind soweit nicht bekannt.

Albert(us) Magnus (= Albert der Große), Graf von Bollenstädt, * 1193 (nach anderen ca. 1206), Bollenstäd/Schwaben (nach anderen in Lauingen/Schwaben), † 25. 11. 1280; Gelehrter, studierte in Padua, wurde 1223 Dominikanermönch und Anhänger der Philosophie des Aristoteles. Lehrte an den Universitäten und Klöstern zu Köln, Hildesheim, Freiburg, Regensburg und Straßburg, wo er u. a. Thomas von Aquino unter seinen Schülern hatte. 1260 bis 1262 Bischof zu Regensburg. Er war der erste, der in größerem Maße die mit dem seit Beginn des 13. Jahrhunderts bekannt werdenden Originalwerke des Aristoteles, sowie die byzantinischen, arabischen und jüdischen Kommentare und auch die Kabbalah benutzte. Dieser außergewöhnliche Mönch studierte auch Okkultismus, Astrologie und Alchemie. Nach der Überlieferung soll er bei Friedrich II. Tote beschworen haben. Seine für damalige Zeit ungewöhnlichen Kenntnisse in Physik, Chemie und Mechanik brachten ihn in den Verdacht der Zauberei; ihm wird die Herstellung des Kaliumkarbonat (Pottasche) zugeschrieben; er gab auch zuerst die Zusammensetzung von Zinnober, Bleiweiß und Mennige an. Die zwei Zauberbücher, die seinen Namen tragen (⤤ Albert), stammen schwerlich von ihm, denn

SECRETS

MERVEILLEUX

de la Magie Naturelle & Ca-
balistique

DU

PETIT ALBERT,

*Traduit exactement sur l'Original
Latin*, intitulé

ALBERTI PARVI LUCII,

Libellus de mirabilibus Naturæ
Arcanis.

Enrichi des Figures misterieuses, &
la maniere de les faire.

Nouvelle Edition corrigée & augmentée.

A LION,

Chez les Héritiers de BERINGOS Fratres
à l'Enseigne d'Agrippa.

M. DCC. XXIX.

sie tauchten erstmals im 18. Jahrhundert auf, wurden im 19. Jahrhundert mehrfach umgeschrieben und enthalten nichts als primitiven Bauernzauber. Schließlich wird A. M. noch als Erfinder eines Astralautomaten bezeichnet, der durch Worte und Zeichen auf Fragen antworten konnte. Lit.: Louis Pauwels, Aufbruch ins 3. Jahrtausend, Stuttgart 1962; Franz Strunz, A. M.; Franz von Baader, Schriften; Bulwer-Lytton, in: Zanoni.

Albigenser. Eine gnostische Geheimsekte, deren Name von der Stadt Albi in Südfrankreich abgeleitet ist; sie huldigte den religiösen Grundsätzen der Katharer; mit ihr verwandt sind wahrscheinlich die Waldenser. Anhänger dieser Richtung traten bereits im Anfang des 11. Jahrhunderts auf und galten allgemein als Nachfolger der Manichäer. Sie drangen auf ein apostolisches Christentum und führten ein einfaches, sittenreines und zurückgezogenes Leben. Sie verwarfen die Trinitätslehre, das Abendmahl und die Ehe und leugneten Tod und Auferstehung Christi. Heute gibt das erst vor ca. 20 Jahren gegründete Lectorium Rosicrucianum vor, die Tradition der A. fortzusetzen. Die A. wurden schon mit dem letzten Kreuzzug (1209—1229) ausgerottet.

Alchemie, Alchimie, Alchymie (arab.), von Alkimia, entweder aus kemi, dem koptischen Namen Ägyptens, oder aus dem griechischen chymos = Flüssigkeit, Saft (einer Pflanze); der Name, mit dem im Mittelalter bis in das 17. Jahrhundert allgemein die Chemie bezeichnet wurde. Seitdem jedoch die Chemie eine wissenschaftliche Form angenommen hatte, wurde mit A. nur die vermeintliche Goldmacherei bezeichnet. Nach Dr. Wynn Westcott findet sich das Wort A. zum erstenmal in den Werken von Julius Firmicus Maternus, der z. Z. Konstantins des Großen lebte. Nach Europa kam die A. durch Gerber, den großen arabischen Weisen und Philosophen im 8. Jahrhundert; sie soll aber schon vorher in China und Ägypten praktiziert worden sein. Die A. verhält sich zur Chemie wie heute die Astrologie zur Astronomie. Das Bestreben der Alchemisten des Mittelalters ging vor allem auf die Herstellung zweier Geheimmittel aus, durch welche die gewünschte Veredelung (Perfektion) unedler Metalle erreicht werden sollte. Das wichtigere der beiden Präparate führte den Namen ↗ Stein der Weisen, roter Löwe, großes Elixier oder Magisterium, auch rote Tinktur. Es soll nicht nur die Metalle verwandeln, sondern auch als Universalmedizin dienen und das Leben verlängern. Das zweite Mittel, das den Namen weißer Löwe, weiße Tinktur oder

kleines Magisterium (kleines Elixier) führte, beschränkte sich auf die Kraft, unedle Metalle in Silber zu verwandeln. Zurückverfolgen läßt sich diese Form der Alchemie bis nach Ägypten. Der römische Kaiser Diokletian verfügte 296 nZ, daß alle ägyptischen Bücher über die Goldmacherkunst verbrannt werden sollten. Spätere Alchemisten leiteten ihre Kunst von Hermes Trismegistos oder Thoth ab, weshalb die alchemistische Kunst auch die hermetische Kunst genannt wird. Im Mittelalter verstand es eine große Zahl von Scharlatanen, die angebliche Kunst so laut anzupreisen, daß sie sogar bei den Königen und Fürsten, denen das Geld ausgegangen war, Gehör fanden. Mehrere Könige von England, darunter Heinrich VI., waren den Alchemisten ergeben. Noch heute werden bei den Antiquaren für alte (und praktisch wertlose) Schriften über A. horrende Summen gefordert und bezahlt. Eine große Rolle spielte die A. noch bei den sog. Gold- und Rosenkreuzern im 18. Jahrhundert und teilweise noch heute beim AMORC. Bisher ist jedoch noch kein praktischer Versuch bekannt geworden, bei dem jemand mit den Mitteln der Alchemisten (Schwefel, Quecksilber, Kuhmist, Urin, Rosenblätter usw.) Gold gemacht hätte. In einem anderen, d. h. philosophischen Sinne waren Robert Fludd, Paracelsus, Thomas Vaughan, Van Helmont u. a. berühmte Alchemisten, die den verborgenen Geist in der Materie suchten und sich in ihren Schriften der alchemistischen Ausdrucksweise bedienten. Teilweise wird daher das Gesamtgebiet der A. wie folgt unterteilt:

1. Praktische A. (Anwendung der theoretischen A.), die Suche nach dem Stein der Weisen schlechthin.

2. Mystische A., welche die Quintessenz zu finden sucht, um die unedlen Metalle abzulegen (d. h. die Leidenschaften und Sünden); sie suchen nach geistigem Gold, das Paradies wiederzufinden und die Wiedergeburt (Transfiguration), kurz um ein Übermensch zu werden (in den sieben Graden der Perfektion); im 15. und 16. Jahrhundert auch die Königliche Kunst genannt.

3. Gewöhnliche (od. allgemeine) A.; diese sucht einfach die Transmutation, d. h. bei den Griechen die „diplosis", nämlich das Gewicht von unedlen Metallen durch Legierung mit edlen zu verdoppeln. Das neue Metall, das sich dabei durch Legierung mit Silber ergab, nannte man Asem od. Elektron. Allerdings wäre es eine grobe Vereinfachung zu sagen, diese A. sei die Vorstufe der heutigen Chemie.

Eine sinnvolle Erläuterung des Zweckes der A. gibt Freiherr Wilhelm von Schröder in „Nothwendiger Unterricht vom Goldmachen" (Leipzig 1684): „Es ist und bleibt war: Wer etwas weiß, kann sich aus den Büchern der Philosophen perfectioniren; wer aber nichts weiß, wird schwerlich viel daraus lernen. Denn der philosophische Stylus ist dieser: Sie verschweigen primam materiam, und erzehlen den Process aenigmatice, und damit ein erfahrener Laborant die Materi aus dem laboriren nicht etwa erfahren möge, so flicken sie alsbald eine gemeine Operation von Aquis fortibis, Sublimaten und Spiritibus Vini etc. darunter, und was philosophice geredet ist, das expliciren sie durch eine gemeine Operation". — Im März 1967 wurde in den Münchener Kammerspielen eine neue Übersetzung von Ben Jonsons (ca. 1573–1637) Komödie „Der Alchemist" aufgeführt, die jedoch wenig von A., sondern vielmehr von primitiven Aberglauben handelt. Der Kuriosität halber sei noch erwähnt, daß die Hamburger Reederei Lloyd Tietjens & Co. Motortankschiffe mit den Namen „Alchimist III", „A. IV" usw. unterhält. — Lit.: Dr. Erich Bischoff, Das Wesen der A., Leipzig; Johannes Helmond, Die entschleierte A. 1710; Dr. Franz Hartmann, Im Vorhof des Tempels; G. F. Hartlaub, Der Stein der Weisen; Prof. Dr. K. Ch. Schmieder, Geschichte der A., 1812; W. Schneider, Lexikon alchemistisch-pharmazeutischer Symbole; G. W. Geßmann, Die Geheimsymbole; M. Eliade, Schmiede und Alchemisten; Honoré de Balzac, Der Alchimist (franz.: La recherche de l'absolu); Alexander von Bernus, Alchemie, Olten 1960; Carl Gustav Jung, Mysterium coniunctionis; Adolf Schoeler, A., Freiburg 1956; Waltharius, Das große Magisterium, Freiburg 1956; Dr. Franz Hartmann, Das Wesen der Alchemie, Würzburg 1961; Anton Joseph Kirchweger, Annulus Platonis, 1781 (Nachdruck Berlin 1921); Sebottendorf, Die Praxis der türkischen Freimaurerei, Schlüssel zum Verständnis der A.; Max Retschlag, Die A. und ihr großes Meisterwerk, Leipzig; Schröder, Die Symbole der A. und ihre Magie; Titus Burkhardt, A., Sinn und Wirklichkeit, Olten 1960; Edmundo O. von Lippmann, Entstehung und Ausbreitung der A., Weinheim 1954; Acharion, von wahrer Alchimie, Testament der Bruderschaft des Gold- und Rosenkreuzes, 1967; W. Ganzenmüller, Beiträge zur Geschichte der Technologie und der A., Weinheim 1956.

Alchimie, Alchymie ↗ Alchemie

Alcyone od. **Halcyone** (griech.), Tochter des Äolus und die Gemahlin des Keyx (Ceyx). Nach einer Sage ertrank Keyx bei einem Schiffbruch und A. stürzte sich aus Liebe und Gram ins Meer, wo beide als Eisvögel (Halcyonen) fortleben und sich fortlieben. Während der Brutzeit dieser Vögel um die Wintersonnenwende herrscht auf der See Windesstille; darum spricht man von „halkyonischen Tagen" als Tagen des Friedens und der Ruhe. — A. ist auch das Ps. für Krishnamurti; unter dem Namen A. erschien die Schrift „Zu den Füßen des Meisters", die jedoch nach Angaben von Adyar-Theosophen von Annie Besant und Leadbeater verfaßt sein soll. ↗ Krishnamurti, ↗ Orden des Sterns.

Aldworth, Elizabeth; * 1693 in Cork/Irland, wurde als erste Frau in eine FM-Loge aufgenommen. Seit der Gründung des Freimaurer-Ordens Le ↗ Droit Humain werden Frauen mit gleichen Rechten wie Männer in die FM-Logen aufgenommen.

Alexandriner. Diese berühmte Philosophen-Schule entstand in Alexandrien (Ägypten), welches mehrere Jh. der große Sitz des Lernens und der Philosophie war. Berühmt durch seine große Bibliothek, welche Ptolemus Soter gegründet hatte. Nach Aulus Gellius hatte die Bibliothek 700 000 Rollen oder Bände. Bekannte Schüler unter den A. waren Euklides (Vater der wissenschaftl. Geometrie), Apollonius von Perga (Autor der Kegelschnitte) und Nicomachus (Mathematiker). Auch gnostische Schulen hatten ihren Sitz in Alexandria; noch berühmter wurde jedoch die ↗ Neuplatonische Schule.

Alkahest (angeblich arab.); wahrscheinlich ein von Paracelsus erfundenes Wort für das universale Lösungsmittel der Alchemie; im Mystizismus bedeutet es auch das Höhere Selbst, die Vereinigung und symbolisch das Mittel, welches aus bloßer Materie Gold macht. Nach van Helmont ist A. eine Flüssigkeit von brennender Eigenschaft, bald ein Salz oder das Grundwesen aller Salze. Es sollte alle mineralischen, pflanzlichen und tierischen Substanzen in wasserhelle Flüssigkeiten verwandeln, so „wie heißes Wasser den Schnee".

Allah (arab.), zusammengezogen aus dem Artikel al + ilah; das Wort steht mit der dem alten Semitismus gemeinsamen Benennung der Gottheit (hebr. Eloah, Elohim) in Zusammenhang. Auch die heidnischen Araber kannten bereits diesen Gottesnamen, der im Islam zum Namen des einen Gottes wurde. Dem Polytheismus oder Götzendienst stellte Mohammed den Allah-Begriff entgegen, den er mit den Attributen absoluter Einzigkeit, Allmacht und Allwissenheit ausstattete.

Allegorie (griech.) von allos = anders + agoria = sprechend, also: „anders sprechend"; A. ist die durchgeführte Personifikation abstrakter Begriffe in der Kunst und in der Esoterik. Religion, Liebe, Gerechtigkeit, Krieg, Friede, Frühling usw. werden als lebende Wesen handelnd und redend eingeführt. In der FM ist A. die Darstellung eines Objektes durch ein anderes, die abgeschlossene Darstellung eines Objektes oder Geschehens im Ggs. zum Symbol, das nur einen Begriff durch einen anderen ersetzt. Die A. will nicht einleuchtend für den Verstand wirken, sondern anregend für die Phantasie. In der Theologie ist A. diejenige Auslegung der biblischen Schriften, die voraussetzt, daß der hl. Geist, als deren eigentlicher Urheber, etwas anderes, etwas Geistigeres, gedacht und angedeutet habe, als bloße Worte und Form seiner Rede unmittelbar aussprechen. Man bediente sich dieser Methode hauptsächlich, um den Widerspruch der veränderten religiösen Überzeugung mit dem Wortlaut der hl. Schriften auszugleichen. Die mittelalterliche Theologie unterscheidet 4 Arten der allegorischen Auslegung: die mystische, anagogische, moralische oder tropologische und die typische, nach den Gegenständen, welche man in den Schriften angedeutet fand: Göttliches, Himmlisches, Innerliches und äußerlich Entferntes. Es ist klar, daß der allegorischen Auslegung spitzfindiger Willkür Tür und Tor geöffnet sind (↗ Dialektik). — Die Unterscheidung von A. und Symbol ist sehr wichtig. Meist werden in der A. abstrakte Gedanken oder Eigenschaften durch personifizierende Darstellung deutlich gemacht. Wesentlich ist der A. das Bewußtsein der bloß künstlerischen Personifikation ihres Gegenstandes. Die Gerechtigkeit wird durch eine Jungfrau mit verbundenen Augen dargestellt, die in der einen Hand das Schwert, in der anderen die Waage hält. Hier werden durch willkürliche verstandesmäßige Abstrahierung 2 bekannte Dinge zueinander in Beziehung gesetzt. Die A. ist also viel mehr Verstandesobjekt als das ↗ Symbol.

Allendy, Dr. med. René Félix Eugène, * 19. 2. 1889 Paris, † 12. 7. 1942 Montpellier; bedeutender franz. Esoteriker, dessen Werke leider noch nicht in deutscher Sprache vorliegen. A. gründete die Société française de psychanalyse, das Institut de psychanalyse und die Groupe d'études philosophiques de la Sorbonne. W.: L'Alchimie et la médicine, Paris 1912; Le grand oeuvre thérapeutique des alchimistes et les principes de l'homéopathie, Paris; La table d'émeraude, Paris 1921; Le symbo-

lisme des nombres, Paris 1921; Le problème de la déstinée, 1927; La justice intérieure, Paris 1931.

Allerheiligstes. A. heißt zuerst bei Hesekiel der hinterste Raum des Tempels, der im Salomonischen Tempel Debhir heißt. Im Pentateuch heißt so der abgesonderte hinterste Teil der Stiftshütte, in dem die Bundeslade stand. Z. Z. des alten Judentums durfte das A. nur der Hohepriester und nur zweimal im Jahr betreten. Bei den Katholiken heute ist das A. die in einem Gefäße (Monstranz) zur Anbetung ausgestellte geweihte Hostie. Assyriologen, Ägyptologen und Orientalisten allgemein zeigen, daß ein solcher Platz in jedem Tempel des Altertums bestand. Nach Herodot war dort ein goldenes Abbild des Gottes mit einem goldenen Tisch davor, ähnlich den hebräischen Schaubrottischen, worauf anscheinend Speisen niedergelegt wurden. In den Logen der FM wird das A. durch eine angedeutete Tür hinter dem Platz des Meisters vom Stuhl dargestellt und in den Hochgraden der Osten des Tempels allgemein als Debhir bezeichnet.

Alpha und **Omega** (griech.), der erste und letzte Buchstabe des griech. Alphabets, also „A und O", wie in Off. 1, 8; 21, 6 und 22, 13; Bedeutung: „der Anfang und das Ende".

ALPINA. Der Name einer schweizerischen FM-Großloge; gegr. 1844; Zentrale in Bern; umfaßt 47 Logen und 16 Dreiecke. Die von der A. herausgegebene Zeitschrift heißt ebenfalls A. und kann auch von Profanen bezogen werden. (Neben der Großloge A. bestehen in der Schweiz noch Logen unter einem Groß-Orient der Schweiz, unter dem Grand Orient de France und dem ↗ Droit Humain.)

Alraune, Alraun oder Alraunwurzel, von gotisch „runa" = Geheimnis; der puppenbalgähnliche fleischige Wurzelstock der im klassischen Altertum als Zaubermittel und Amulett gebrauchten Pflanze ↗ Mandragora; wurde vor 100 J. als Radix Mandragora noch in den Apotheken geführt. Die Alraune (Mandragora) kommt schon in 1. Mos. 30, 14 vor, wo es im Text der Vulgata heißt: „Egressus autem Ruben tempore messis triticeae in agrum, reperit mandragoras, quas matri Liae detulit", was Luther so übersetzte: „Ruben ging aus zur Zeit der Weizenernte und fand Liebesäpfel auf dem Felde und brachte sie heim zu seiner Mutter Lea." — Abgebildet ist die A. schon in der Handschrift des Dioskorides aus dem Anfang des 6. Jh. (in der Hofbibliothek zu Wien). Früher knüpfte

Allsehendes Auge

sich sehr viel Aberglaube an die A. Man gab ihr menschliche (meist männliche) Gestalt und nannte sie Alräunchen, Alruneken, Wichtel-, Erd- oder Galgenmännchen. Diese wurden im deutschen Altertum als Hausgötter betrachtet, an geheimen Orten in Kästchen gehütet, sorglich gepflegt, z. B. prächtig gekleidet und sonnabends in Wasser oder Weingeist gebadet und sollten dem verschwiegenen Besitzer Reichtum, Gesundheit und andere irdische Güter, Glück bei Prozessen usw. bringen; leisteten auch Orakeldienst. Die Scharlatane des Mittelalters verkauften sie zu hohen Preisen. Der Glaube an die Wirksamkeit der A. ist in manchen Gegenden noch nicht ganz verschwunden, zum anderen sind fast alle heute gehandelten Alraunen von einer ganz anderen und in jeder Hinsicht wertlosen Pflanze genommen.

Allsehendes Auge oder Auge der Vorsehung, ein Auge in einem Dreieck, auch Delta genannt (natürlich mit der Spitze nach oben!),

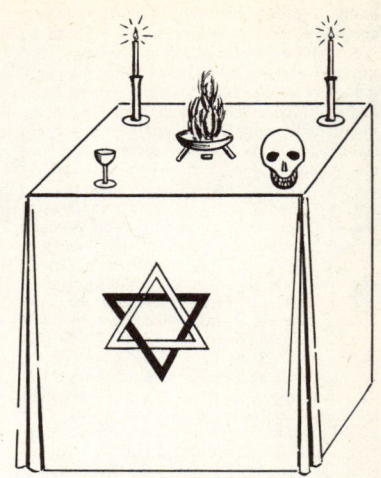

Altar des Magiers

oft mit einem Strahlenkranz umgeben, das in vielen Logen der 1. Grades der FM über dem Platz des Meisters vom Stuhl (also „im Osten") leuchtet. Dieses Symbol wurde schon von den alten Ägyptern zur Darstellung des Osiris gebraucht und dann später von der christl. Kirche zusammen mit anderen heidnischen Symbolen übernommen. Es soll den Menschen an die alle Geheimnisse durchdringende ewige Wachsamkeit Gottes erinnern und spielt namentlich in der rein esoterischen (im Gegensatz zur landläufigen) FM eine große Rolle. In der FM wurde das a. A. zuerst von Preston 1772 in „Illustrations of Masonry" erwähnt, aber es heißt doch schon in Spr. 15, 3, bezogen auf die Allgegenwart und Wachsamkeit Gottes: „Die Augen des Herrn schauen an allen Orten beide, die Bösen und die Frommen."

Altar (lat.), von altus = hoch und ara = Opfertisch; Altare fehlen in keiner irgendwie ausgebildeten Religion des Altertums. In Rom wurden nicht nur den Göttern, sondern auch den Heroen, später sogar den Kaisern A. errichtet.

Zuweilen sind auch hl. Steine an die Stelle von A. getreten. Im jüdischen Tempel unterschied man 3 A.: den eigentlichen A., den Schaubrottisch und den Räucheraltar. In der christl. Kirche war der A. nur ein Tisch (mensa), auf dem die Abendmahlselemente geweiht wurden. Seit dem 4. Jh. kam dann der massive Steinaltar auf. — In den FM-Logen wird auch der Tisch vor dem Meister vom Stuhl als A. bezeichnet; in vielen Logen gibt es außerdem noch einen kleineren A., der entweder vor dem besagten A. oder aber im östl. Ende des Teppichs steht. Hochgradlogen besitzen in manchen Systemen noch weitere A. Die A. sind in den einzelnen Graden teils verschieden ausgestattet. In der Loge des 1. Grades der Großen Landesloge (sog. christl. Ritus) ist der A. blau und Gold, vorn mit einem aufsteigenden Dreieck und dem Auge Gottes versehen. Vor dem A. liegt ein Kissen mit dem goldenen Winkelhaken. Im 3. Grad ist er schwarz und mit silbernen Tränen, vorn ein weißer Totenkopf mit Kreuzknochen. In der Kapitelloge (6. Grad) gibt es gleich 3 A. — In der zeremoniellen Magie wird im Occultum ebenfalls ein A. benötigt; es ist hier ein quadratischer Tisch, überzogen mit einer roten Altardecke, die auf allen Seiten bis fast auf den Boden reicht. Vorn auf der Stirnseite ist das Hexagramm in Schwarz und Weiß gestickt. Die Aufbauten auf dem A. (vgl. Abb.) symbolisieren die Elemente und werden zu Anrufungen an diese oder deren Geister benutzt.

Altbuddhistische Gemeinde, 1921 durch Dr. Georg Grimm gegr., vertritt den orthodoxen Buddhismus, der noch frei von sektiererischen Dogmen ist und wie er noch in Ceylon und Burma geübt wird.

Alte Pflichten. Übliche Bez. für das 1722 von dem engl. Pfarrer James Anderson zusammengestellte Buch frmr. Grundsätze (The Charges of a Free-Mason), das in der Folge für einen großen Teil der internationalen FM zu einer Art dogmatischem Grundgesetz geworden ist; paradoxerweise ist jedoch der Text des Konstitutionsbuches der engl. Großloge mehrfach geändert worden, so daß die Fassung von 1722 in England nicht mehr gültig ist, während außerhalb Englands (wenn überhaupt) an der Fassung von 1722 festgehalten wird. Die deutsche Übersetzung, zusammen mit einem Faksimile der engl. Ausgabe von 1723, ist 1966 im Bauhüttenverlag erschienen. — Umstritten bei den A. P. ist einmal die Frage, ob sich der Freimaurer zum Großen Baumeister bekennen muß oder nur „ein guter und redlicher Mensch, von Ehre und Anstand" zu sein braucht. Tatsache ist, daß ein beträchtlicher Teil der FM adogmatisch orientiert ist und die Vokabel vom Großen Baumeister nicht benutzt bzw. sie als rein symbolisch auffaßt. Bei den Logen des ↗ Droit Humain werden die A. P. insoweit anerkannt und respektiert, als sie nicht die Aufnahme von Frauen ausschließen. Lit.: Friedrich John Böttner, Zersplitterung und Einigung, Hamburg 1962; Alec Mellor, Logen Rituale Hochgrade, Graz 1967.

Ältere Brüder. Ein von Rudolf ↗ Steiner geprägter Ausdruck für die sog. ↗ „Meister" der Theosophie. Die Bez. bezieht sich nicht auf eine auf materieller Ebene existierende Verbindung. Später wurde der Ausdruck Ä. B. auch von Max ↗ Heindel und von manchen Theosophen übernommen; danach noch vom ↗ AMORC. Bei der TG in Deutschland bezeichnet man mit **Jüngere Brüder** die Tiere.

Alter ego (lat.) = ein anderes Ich; Stellvertreter oder auch inniger Freund; kommt in den Schriften von H. P.- Blavatsky vor.

Alter und Angenommener Schottischer Ritus ↗ AASR

Althaus, Prof. Dr. Paul. * 4. 2. 1888 Obershagen bei Celle; studierte in Tübingen, Göttingen und Leipzig; 1914 Dozent der Univ. Göttingen; lehrte von 1919 bis 1925 an der Univ. Rostock, dann in Erlangen; befaßt sich auch mit Anthroposophie und der anthropos. Christengemeinschaft. W.: Evangelischer Glaube und Anthroposophie, München 1949.

Alumbrados (span.) = Erleuchtete. Im 16. Jh. wurden A. die span. Illuminaten, die „Brüder des gemeinsamen Lebens", mit Sitz in Alcalá genannt. Sie wurden als pietistische Sekte von Rom verfolgt. Ignatius von Loyola war einer ihrer Schüler und lernte dort das System der Exerzitien, mußte jedoch, von der Kirche gezwungen, abschwören. Seit dem 16. Jh. ist A. auch die in Spanien übliche Bez. der teilweise kirchlichen, teilweise sektiererischen Mystiker. Lit.: Heppe, Geschichte der quietistischen Mystik, Berlin 1875.

A. M. (lat. Abk.) = Anno Mundi = „im J. der Welt"; in der frmr. Zeitrechnung des ↗ AASR vom Tag der Schöpfung (3760 vZ) beginnend. 1967 ist danach: 5727 A. M.

Amadou, Robert Franz, Schriftsteller und Parapsychologe; beschäftigte sich u. a. mit dem Leben und den Werken Louis-Claude de Saint-Martin. W.: La Poudre de Sympathie, Paris 1953; Das Zwischenreich, Baden-Baden 1957; La Parapsychologie, Paris 1954; Louis-Claude de Saint-Martin et le martinisme, Paris 1946.

Amanda, Sybille (Ps.) = Herbert E. Döhren. W.: Richtig Karten legen – leicht gemacht, Freiburg 1961.

Amatu, mit dem Beinamen „Der Verschleierte"; einer der geheimen (angeblichen) ↗ Meister des AMORC. Sein Name wird nur einigen Auserwählten unter den Inhabern des 9. und 10. Tempelgrades bekanntgegeben und zwar in den „Fragmenten der Weisheit der Meister und Enthüllungen der Illuminaten". Nach den „Fragmenten" Nr. 2 ist A. mit dem „Meister" K. H. (Kut Humi) der TG geistig verbunden und im Range gleich; er verkehrt mit der Welt jedoch nur durch den jeweiligen Imperator des AMORC. Nach dem AMORC bedeutet A. „der Verschleierte", wobei tu = der höhere Geist bedeutet, A. somit wörtlich: der Geist des Verschleierten sei bei dir. Wahrscheinlich kommt das Wort A. jedoch vom Pali-Wort amata = Todlosigkeit (im Sanskrit: amrta = sterben). — Im Buddhismus bedeutet Amata auch Nirwana, das restlose Erlöstsein vom Kreislauf der Wiedergeburten und damit auch von dem sich wiederholenden Sterben. — In den AMORC-Schriften heißt es, daß A. ein großes geheimes Archiv mit vielen Büchern besitze, in welchen die Geschichte d. Rosenkreuzer bis 800 000 vZ registriert ist.

Ambelain, Robert, Groß-Patriarch der Gnostisch-Katholischen Kirche, die im Wesen etwa der ↗ Liberal-Katholischen Kirche und anderen neugnostischen Sekten entspricht. A. ist ferner Großkommandeur der Hochgrade der Ordre Martiniste des Elus Coëns (intern: Ordre des Chevaliers Maçons Elus Coëns = Orden der auserwählten Priester-Maurer-Ritter), d. h. des Martinisten-Ordens nach Dr. Philipp Encausse und gleichzeitig dessen Vertreter als Großmeister für die unteren Logen (bis zum 3. Grad). A. trägt noch den Einweihungsnamen „Aurifer"; sein Einweiher war (Ps.) Harmonius; außerdem erhielt er eine Großmeister-Würde für den Ritus Memphis-Misraim von Dupont. Lt. Peyrefitte, Die Söhne des Lichts, ist (war?) A. Gasableser der Société Five-Lille. — W.: Templiers et Rose-Croix, Paris 1955; La Kabbale pratique, Paris 1951; Dans l'ombre des cathédrales, Paris 1939; Le Martinisme, Paris 1946.

ambivalent (lat.) von ambo = beide + valere = gelten; doppelwertig, doppeltgerichtet, gegensätzlich gerichtet. **Ambivalenz:** Doppelgerichtetheit im Gefühls- und Willenston der Person; Tatsache, daß etwas zugleich positiv und negativ gefühlsmäßig betont ist; dann auch Spaltung nach sich widersprechenden Inhalten, wobei zugleich der eine den anderen durch Umschlagen ins Gegenteil ablöst oder ergänzt.

Ambrosia (griech.), in Homers Gedichten gewöhnlich die Speise der Götter im Ggs. zum Nektar, der dort in der Regel als Göttertrank bez. Ferner kommt A. bei Homer noch in der Bedeutung als Salbe und Reinigungsmittel (Seife), als Heilmittel bei Verwundungen und als Antiseptikum bei Einbalsamierungen vor. Symbolisch bedeutet A. Wahrheit, Weisheit und Liebe, welches Attribute des unsterblichen Lebens sind und die geistige Nahrung der höheren Qualitäten in der Seele des Menschen. In esoter. Schriften wird das Wort A. ganz willkürlich je nach Laune und Gefühl der Autoren verwendet. — A. heißt auch der 193. Planetoid. — Lit.: Roscher, Nektar und A., Leipzig 1883.

A. M. E. (Ps.) = Alfred Müller-Edler, 1875–1960; bekannter Esoteriker, Mystiker und okkulter Schriftsteller; kurz erwähnt bei Willy Schrödter „Rosenkreuzer" (S. 154); war befreundet mit Gustav Meyrinck, der ihn im „Engel vom westlichen Fenster" als „Baron Müller" würdigte. — W.: Chymische Psalter, Leipzig.

Amen (hebr.) = wahrhaftig, wahrlich; mit dem Wort A. wird der am Schluß des jüd. Gottesdienstes erteilte Segen von den Anwesenden bekräftigt. Dann von der christl. Kirche für verschiedene Zwecke übernommen und schließlich auch von den Sekten. Zuweilen wird auch die Übersetzung verwendet: So möge es sein oder es geschehe also (engl.: so mote it be). — Die hebr. Konsonanten A M N haben die einzelnen Zahlenwerte 1, 40 und 50, Summe 91; die Summe 91 ergibt sich auch aus den Zahlenwerten des Klerus beim Buchstaben von Jehovah Adonai (10, 5, 6, 5 und 1, 4, 50, 10). — Die korrekte Betonung des Wortes A. liegt auf der zweiten Silbe.

Amenemhat III. Nach den Lehren des AMORC (im 9. Tempelgrad) ein öffentlich wenig bekannter ägypt. Pharao, welcher die Korruption des Klerus bekämpfte. Gemeint ist jedoch sicher Amenenhet (auch: Amenemha), Name von 4 ägypt. Königen der 12. Dynastie, von denen A. III. am bekanntesten ist. Beim AMORC zählt der Name A. jedoch zu den besonderen Geheimnissen, die den unteren Graden nicht bekannt werden dürfen.

Amenhotep, eigentlich: Amenophis, auch: Amenhotp, Amonophis, wissenschaftl. Name: Imhotep; es kommen auch die Schreibungen Imhot-pou und (griech.) Imouthes vor. Ägyptisch soll der Name „der Gott der hübschen Gesichts" bedeuten. Historisch ist besonders der Pharao Amenophis IV. interessant, der sich mit beispielloser Energie entschlossen hatte, anstelle der unzähligen ägypt. Götter, die in den verschiedenen Städten des Landes verehrt wurden, die Verehrung eines einzigen Gottes, der Sonnenscheibe, einzuführen. Mit roher Gewalt verbreitete er den neuen Kultus. Am meisten verfolgte er den Gott Amon (Ammon), dessen Dienst zu seiner Zeit den größten Aufschwung genommen hatte. Er veränderte infolgedessen sogar seinen Namen, weil in ihm der Name des verhaßten Gottes vorkam, in Chuniten (= Glanz der Sonnenscheibe). Nach seinem Tode führten die Nachfolger wieder die alten Götter ein. Außer A. IV. sind noch drei andere Könige des Namens A. bekannt, von denen wiederum A. III., der auf der sog. Memnonsäule zu Theben dargestellt ist, hervorzuheben ist. — Spencer ↗ Lewis (AMORC) gab 1913 an, daß A. III. einer der ersten Rosenkreuzer gewesen sein soll, und daß der Orden zu seiner Zeit schon 300 Mitglieder, darunter 62 Frauen, hatte. Dieser

König ließ den Tempel von Karnak in der Form des Henkelkreuzes bauen, welches laut AMORC das Kreuz mit der Rose darstellt. — Im AMORC wird Amenophis sehr eigenwillig Amenhotep geschrieben und für einen der ersten Architekten und Erbauer der Pyramiden ausgegeben. Die sog. Geheimnisse des Königs A. sind Gegenstand der Lehren des 9. Tempelgrades im ↗ AMORC, können aber auch bei Wittemans, Histoire des Rose-Croix (1919), nachgelesen werden. — Bei der ORA wird A. ebenfalls behandelt (z. B. in ORA-Heft X., S. 17).

Amenophis, ägypt. König: ↗ Amenhotep. —

Amenophis ist auch der Ordensname von E. P. H. Barth (Kiel), ehemals Fraternitas Saturni, Inhaber der Grade Sigilli Salomonis, Gnosticus, Magus Heptagrammatus; ferner vormals Kanzler des Ordens; später Gründer der Fraternitas Uranis.

Amenthes (ägypt.), von amentet = Westland; bei den Ägyptern die Unterwelt, vornehmlich im Totenbuch beschrieben und in Vignetten dargestellt. Die Hauptstelle ist der Gerichtssaal des Totenrichters ↗ Osiris, vor den der Verstorbene vor der Göttin ↗ Mat (= Gerechtigkeit) geführt wird, während ↗ Horus und ↗ Anubis seine Taten abwägen.

A. M. I. (franz.) = Association Maçonnique Internationale = Internationale frmr. Vereinigung; ein internationaler Verband symbolischer Großlogen, der seinen Sitz in Genf hatte. Er wurde 1921 von der schweizerischen Großloge Alpina und dem Grand Orient de France gegr. Die von den einzelnen Großlogen unterzeichnete Deklaration der Prinzipien garantierte den einzelnen Großlogen die Souveränität, Erhaltung der Eigenständigkeit, ritualistische Freiheit, unterstrich den Gedanken der Brüderschaft aller Menschen, bez. als Aufgabe der FM das Erforschen der Wahrheit, Pflege der Moral und der Solidarität, als Arbeitsgebiet die materielle und sittliche Höherentwicklung und die geistige und soziale Hebung der Menschheit, als Grundsätze Toleranz, Achtung der anderen und seiner selbst und Gewissensfreiheit und als Pflicht die Einbeziehung aller Menschen in das um die FM geschlungene brüderliche Band. Nach dem letzten Kriege wurde die A. M. I. auf Betreiben der Großloge von England, die der A. M. I. und ihren Zielen stets feindlich gegenüber stand, zerrieben und aufgelöst. Als Gegenorganisation versuchte die GL von England die sog. ↗ Luxemburger Konferenz aufzuziehen, die jedoch inzwischen wieder eingegangen ist.

A. M. O. (Ps.) = Adolf Martin Oppel; mystisch-theosophischer Schriftsteller und Selbstverleger seiner Werke; knüpfte geistig an Swedenborg und Bô Yin Râ an, stand jedoch geistig höher als letzterer. W.: Okkultismus und Mystik, Lorch 1910; Der Denker — Die Dämonen — Zu Flita, Lorch 1910; Praktische Mystik, Leipzig 1925; Mystische Wertungen, Leipzig 1931.

AMORC (Abk.) = (lat.) Antiquus Mysticus Ordo Rosae Crucis, oder (engl.) Ancient Mystical Order of the Rosy Cross, oder Alter mystischer Orden vom Rosen-Creutz; eine im Prinzip theosophische Gesellschaft der dialektischen Richtung (↗ Dialektik, ↗ Geheimgesellschaften), jedoch unter dem Zeichen des Rosenkreuzes. Gegr. ca. 1916 durch Spencer ↗ Lewis in New York „um die Zivilisation zu retten" (so: Réné Guénon, „Le Théosophisme", Paris 1963). Ein nennenswerter Start gelang jedoch erst um 1920, als ein reicher amerikanischer Geschäftsmann die Möglichkeiten erkannte und erhebliche Mittel investierte. Die Verbreitung ins Ausland erfolgte ziemlich spät; ein Versuch, den A. 1921 in Frankreich einzuführen, schlug fehl, ebenso 1927. Um 1930 versuchte ↗ Tränker, den A. in Deutschland zu verbreiten, jedoch ebenso ohne Erfolg. Erst nach dem letzten Kriege verbreitete sich der A. im Gefolge der amerikanischen Streitkräfte in Europa. Die Gründung des deutschen Zweiges des A. erfolgte 1949 durch Dekret der Großloge von San José (Kalifornien). Er wurde durch Ing. Martin ↗ Erler am 21.3.1952 beim Amtsgericht München (Reg.-Nr. VR-4981) eingetragen. Die Planungen der obersten Großloge des A. in San José veranlaßten im Herbst 1956 die Verlegung der Administration und des Zentral-Tempels der Deutschen Sektion nach Überlingen (Bodensee). In Überlingen wurden am 29.12.1958 neue Satzungen beschlossen und eine neue Eintragung ins Vereinsregister beim Amtsgericht Überlingen (VR., Band 1, Nr. 121) am 3.4.1959 vorgenommen. Inzwischen wurden die Mitglieder des alten A. von München durch Überlingen aufgefordert, ihren Austritt aus dem A. München zu erklären und dem A. Überlingen beizutreten. Der noch in München registrierte Verein wurde am 16.12.1959 von Amts wegen gelöscht, nachdem die Mitgliederzahl auf weniger als 3 gesunken war. Später wurde die Zentrale nach Baden-Baden verlegt, wo sie sich auch heute (1970) noch befindet. Pronaoi, Tempel und Kapitel befinden sich in verschiedenen Städten der Bundesrepublik Deutschland. — Spencer Lewis, der aus der TG hervorgegangen war, führt den Ursprung des A. auf die alten Ägypter zurück; als Quelle diente

Das Grad-System des AMORC

Grad	Titel	Erkennungszeichen	Lehrinhalt	Dauer (Monate)
1.	(Einführung)	↗ Kreuzzeichen	Zeit und Raum; Anziehungskraft	3
Neophytgrade				
2.	Neophyt I	PW: REFLEKTION + ↗ Griff	Kreuz und Rose; Konzentration; Dreiecke; Karma	6
3.	Neophyt II	PW: MAAT/CRO-MAAT + Zeichen 1	Selbstentsagung; ägypt. Götter; Buddhismus, Reinkarnation	7
4.	Neophyt III	PW: MAORD-MAORC + Zeichen 2/1/3	Einbildungskraft; ↗ Kathedrale der Seele	8
5.	Postulant	Mitgliedsnummer plus „X"	Stoiker	2
Tempelgrade				
6.	Zelator	keine	Unterschied zwischen toten und lebendigen Körpern; Paracelsus	5
7.	Theorikus	PW: ARC + Zeichen 4 + Fußstellung im rechten Winkel	Kant, Francis Bacon, Augustinus	5$\frac{1}{2}$
8.	Praktikus	PW: KAY-I-RA, sonst wie 7. Grad	Konzentration; kosmische Harmonie; Schiller	5$\frac{1}{2}$
9.	Philosophus	PW: MATHREM (wird abwechselnd buchstabiert)	↗ Nous; ↗ Nodin; Empedokles, Edison; Erdstrahlen, Sonnenstrahlen	7
10.	Adeptus Junior	PW: ASTRO + Zeichen 5	Heraklit, Pascal	4$\frac{1}{2}$
11.	Adeptus Major	PW: THOKATH + Zeichen 6	Vital-Energie, Polarisation	12$\frac{1}{2}$
12.	Adeptus Exemptus	PW: REGULUS + Zeichen 6	Intuition, Meditation, Konzentration; Blavatsky, Swedenborg	10
13.	Magister Templi	PW: EMINEO + Zeichen 6	Gott und Natur; „Gott ist die Natur"; Papus, Blavatsky	15
14.	Magus oder Verschleierter Prophet	PW: MAR + Zeichen 6	„jeder ist selbst Gott"; Sokrates, Blavatsky	20
15.	Auserwählter	wie 14. Grad	↗ Fragmente der Meister von Tibet; Christus ein Rosenkreuzer; ↗ Sonnengebet	40
16.	Illuminatus od. ↗ Ipsissimus, Älterer Bruder		wie 15. Grad; kosmischer Rat	40

Anmerkungen: In der Spalte „Lehrinhalt" sind nur die auffälligsten Merkmale aufgeführt.— „PW" bedeutet „Paßwort"; Erläuterungen dazu sind unter dem jeweiligen Wort im Lexikon zu finden. — Die beiden letzten Grade, die teilweise parallel laufen, haben praktisch keine zeitliche Begrenzung. — In einzelnen Graden muß noch ein besonderer Eid geleistet werden; näheres ↗ Eid. Die Ausführung der einzelnen Zeichen ist unter dem Stichwort „Zeichen" angegeben.

hier offenbar das „Glossary of Theosophy" von H. P. Blavatsky (London 1892, S. 279/280), wo ein solcher Zusammenhang (von den Rosenkreuzern allgemein) behauptet ist. Die Idee zur Gründung des A. ist nach Dr. Philippe Encausse (in: „Sciences occultes", Paris 1949, S. 84) dem Buch „Zenia the Vestal" von Margaret B. Peeke (Boston 1893) entnommen, wo in utopischer Form eine Wiederbelebung des ↗ Illuminatenordens vom 18. Jh. erzählt ist. — Die vom A. verbreiteten Lehren sind zum großen Teil auch in bekannten Werken des Okkultismus zu finden, so namentlich in Dr. Franz Hartmanns „In the Pronaos of the Temple" (Boston und London 1890), in Dr. Paschal Beverly Randolphs „Ravalette, the Rosicrucian's Story", Edward A. Waites „The real history of the Rosicrucians" usw.

Um 1925 hatte der A. noch 3 Grade, um 1930 wurden die 9 Grade der sog. ↗ Gold- und Rosenkreuzer des 18. Jh. hinzugenommen; 1934, d. h. nach dem sog. Konvent von Brüssel (↗ FUDOSI) wurde die Zahl der Grade auf insgesamt 16 erhöht, wovon die letzten 3 allerdings streng geheimgehalten und nur wenigen Mitgliedern erteilt werden. Die heute erteilten Grade und ihre Studiendauer sind in der nebenstehenden Tabelle aufgeführt.

Zwischen FM und A. besteht keinerlei Beziehung oder Zusammenhang; von der FM wird der A. als rein profane Organisation angesehen, so daß kein Widerspruch zwischen einer evtl. Mitgliedschaft in FM und A. besteht. Von 30. 6. 1921 bis zum 1. 3. 1936 bestand ein reguläres Anerkennungsverhältnis zwischen A. und ↗ OTO, da diese beiden Gruppen etwa gleiche Ziele haben (↗ Phalluskult, ↗ Sexualmagie). Die Unterrichtung der Mitglieder des A. erfolgt durch (monatl. 2) Fernlehrbriefe, die zwar bezahlt, aber wieder zurückgegeben werden müssen; inhaltlich sind die Lehrbriefe an der allgemein bekannten und öffentlich erhältlichen Literatur orientiert. Geheimnisse oder esoterische Lehren enthalten die Lehrbriefe nicht. Die ↗ „Einweihung" in einzelne Grade müssen die Mitglieder mit Hilfe eines Spiegels und einiger Kerzen selbst vornehmen (↗ Selbsteinweihung).

Weitere Hinweise: ↗ Amra, ↗ Amatu, ↗ Heilungsdienste, ↗ Konzil des Trostes, ↗ Rosenkreuzer, ↗ Sexualmagie. — Lit.: Joseph Grasser, AMORC Histoire, rituels et dogmes d'une pseudo-religion qui n'ose pas dire son nom, Paris 1967; Friedrich Wilhelm Haack, Geheimreligion der Wissenden, Stuttgart 1966; M. B. Peeke, Zenia the Vestal, a story of occult life, Boston 1897; René Guénon, Théosophisme Histoire d'une pseudo-religion, Paris 1921+1965;

Fr. Wittemans, Histoire des Rose-Croix, Paris 1925; Dr. Philippe Encausse, Sciences occultes, Paris 1949; E.-H. Symer, „Die Illuminaten sind wieder da", in EURO MASON, Febr. 1967 (Hamburg).

Amorph (griech.) = formlos, strukturlos; das Wort ist nicht unmittelbar mit dem Wort AMORC verwandt.

Amra, ein Kunstwort des AMORC, das durch Umstellung der Buchstaben von Karma (unter Fortlassung des K) gebildet ist; in älteren AMORC-Schriften lautet das Wort noch Amrak (Karma rückwärts gelesen). Während Karma das Gesetz der Wiedervergeltung des Menschen gegen sein Schicksal (oder sein Tun) ist, bedeutet Amra das Gesetz der Wiedervergeltung gegen den AMORC, welches besagt, daß man jede Hilfe, von man vom AMORC erhalten zu haben glaubt (z. B. vom Konzil des Trostes), z. B. eine Heilung von Krankheit oder eine Integration, durch eine geeignete Spende an die AMORC-Kasse (in Form von Geld, Grundstücken oder Häusern) wiedervergelten muß, um keine Rückschläge zu erfahren. — Lit.: Frater Charles Dana Dean, Buch 777, Die Kathedrale der Seele, Baden-Baden 1965.

Amrita (ind.), Begriff aus dem Hatha-Yoga-Pradipika. Dieses Wort, das in syrischen Schriften sowohl den Unsterblichkeitstrank im Sinne von Ambrosia als auch das ihm gleichgerichtete golderzeugende Elixier bezeichnen soll, stammt seiner Form nach aus dem Indischen, da es im Sanskrit genau so lautet (amrta = amrita). Dem Westen dürfte es über Persien vermittelt worden sein: eines der Mitglieder des Götterheims Amescho spento heißt Ameretas, d. h. der Unsterbliche oder die Unsterblichkeit. — A. ist der verjüngende Trank oder die Nahrung der Götter, die Nahrung, die Unsterblichkeit gibt. Das Elixier des Lebens aus dem Ozean der Milch in der Purana-Allegorie. In der Veda der Ausdruck für den hl. Soma-Trank im Mysterientempel. Der Legende nach kam das A. zum Vorschein, als die Götter und Dämonen das Milchmeer quirlten, wobei der Berg Mandara als Rührstock, die Schlange Vasuki als Seil diente. Nach anderer Auffassung gilt der Mond als Behälter des A., indem seine Strahlen erfrischend wirken. — Der Begriff A. wird vorwiegend in der westl. Sexualmagie u. in der getarnten Lit. über Sexual-Yoga gebraucht. ↗ Pan-Amrita-Yoga.

Amulett (lat.), bei Plinius: amletum, von amoliri = ableiten, austreiben; Sammelbegriff für alle möglichen Arten von Gegenständen, die man bei sich trägt und von denen man glaubt, daß sie vor Unheil schützen; das A. ist also passiv, schützend (↗ Pantakel, ↗ Talisman, ↗ Fetischismus). Im allgemeinen ist das A. ein mit gewissen Figuren, Charakteren oder einer Inschrift versehener Körper, z. B. Stein, Metall, Pergament usw., den man gewöhnlich am Halse befestigt trägt. Die übliche Herleitung des Wortes ist noch unsicher, zuweilen wird auch auf (arab.) hamail = Schwertgehänge, Halsschnur, hingewiesen. Die ältesten A. finden sich bei den Ägyptern, wo sie die Form des ↗ Skarabäus hatten. Die AT verbot den Gebrauch derartiger Zaubermittel aufs strengste, gleichwohl fanden sich bei den Juden A. als Schmuck- und Zaubermittel: so die Ohrringe, die Jakob den Seinigen abnimmt und vergräbt, die kleinen Monde, die sich die Frauen, wie jetzt noch im Orient, anhingen und dgl. Dagegen sind Zezit und Tephillin, d. h. die Gebetsmantelquasten und die Lederkapseln mit Bibelsprüchen auf Pergament, die der altgläubige Jude trägt, nicht A., sondern dienen der Erinnerung an Gottes Gebot. Auch die Brustkreuze und andere Abzeichen, die man im alten Christentum trug, müssen von den A. streng unterschieden werden. Abergläubische Zaubermittel waren stets verboten, gleichwohl gingen solche ins Christentum über. Häufig trug man z. B. auch mit dem Anfang des Johannis-Evangeliums beschriebene Pergamentstücke als Verwahrungsmittel gegen Krankheit und Unglück. Da diese besonders von gewinnsüchtigen Geistlichen angefertigt wurden, eiferte die Kirche wiederholt dagegen. Der Gebrauch der A. wurde von der Synode zu Laodicäa im 4. Jh. von Gregor II. 721 und unter Karl dem Großen zu Tours viermal verdammt. Trotz allem sind die abergläubischen und völlig wertlosen A. noch nicht ausgerottet: man bindet sie dem Soldaten, wenn er ins Feld zieht, auf die Brust oder hängt sie dem Vieh um den Hals, damit es vor Behexung bewahrt werde. Einzelheiten finden sich in jedem Buch über Aberglauben. — Lit.: Lieselotte Hansmann/Lenz Kriss-Rettenbeck, A. und Talisman, München 1966; Clarence/Surya, Sympathie, Mumia, A.; Winkelmann, Geheimnis der Talismane und A.; R. Kriss, A. und Beschwörungen.

Anahata-Chakra, ein Chakra, das in der Gegend des Herzens liegt; ihm zugeordnet sind die Bewegung überhaupt, Getast, Bewegung des Penis, Stimulation und Injektion der Lebenskraft sowie der Blutkreis. Das A. C. entspricht dem Nervengeflecht über dem Herzen. Das Erblühen des C. zeitigt Hellsehen und Hellhören; es ist der Sitz, das Rad des Lebens.

Anahata Shabda, nach H. P. Blavatsky die vom Yogi im Anfangsstadium seiner Meditation gehörten mystischen Stimmen und Laute.

Analogie (griech.), von ana = wieder + logos = Proportion, Verhältnis; also: etwa Übereinstimmung oder Ähnlichkeit der Verhältnisse. In der Lehre von der Logik heißt A. oder A.-schluß der Schluß vom Besonderen auf ein anderes Besonderes, d. h. der Schluß, daß, weil eins dem andern auch übrigens gleichartig ist, es sich in einer bestimmten Hinsicht ihm gleich verhalten werde. Die A. ist daher die Grundlage der ↗ Induktion; sie beruht auf der Annahme, daß unter gleichen Voraussetzungen immer gleiche Folgen sich zeigen werden. Die A. ist daher kein strenger Beweis, doch dient sie in zahllosen Fällen dazu, auf ein allgemeines, gesetzmäßiges Verhalten, das man bisher nicht achtete, aufmerksam zu machen. In allen nicht streng begründeten Wissenschaften (z. B. Grammatik, Hermeneutik, Heilkunde usw.), vollends im gemeinen Leben, ist sie die geläufigste Schlußart und wird daher auch von den Juristen bevorzugt. Ihr Gebiet erweitert sich, je mehr man sich dem in der Erfahrung gegebenen Einzelnen nähert, wobei zugleich ihre Unsicherheit eine Schranke findet an der beständig wiederholten Berichtigung durch weitere Erfahrung. — A. ist die logische Methode des Okkultismus. Die Methode der A. steht zwischen ↗ Deduktion und Induktion. Bei Goethe kommt die A. so zum Ausdruck: „Müsset im Naturbetrachten immer eins wie alles achten; nichts ist drinnen, nichts ist draußen; denn was innen, das ist außen."

Analogie der Empfindung. Die Verwandtschaft, die zwischen Empfindungen verschiedener Sinne zu bestehen scheint, z. B. tiefen Tönen und dunklen Farben, zwischen Kälte und Wärme einerseits und gewissen Farbtönen andererseits.

Analogie der Schrift. In der evangel. Theologie bez. A. d. S. den Grundsatz, daß undeutliche Aussprüche der Schrift nach deutlichen zu erklären sind. Während die kath. Kirche die Erklärung der Schrift nach der kirchl. Tradition fordert, behauptet die evangel. Kirche, daß die Schrift aus sich selbst zu erklären sei. Dabei wird vorausgesetzt, daß ein wirklicher Widerspruch in der Bibel nicht vorkommen könne; es handle sich nur um scheinbare Widersprüche, die stets aus der Betrachtung des Gesamtinhalts ihre Lösung fänden. Eine Schriftdeutung gemäß dem Grundsatz der A. ist jedoch nur bei Kenntnis des Urtextes möglich; deutsche Bibelübersetzungen sind für solche Deutungen völlig ungeeignet.

Analyse (griech). = Zerlegung, Auflösung, Zergliederung. In der Philosophie der Ggs. zur Synthese. Analytik ist nach Aristoteles die Wissenschaft, die lehrt, wie eine gegebene fertige Erkenntnis in die ersten Elemente, aus denen sie gewonnen wurde, sich wieder auflösen läßt, wodurch also der innere, gesetzmäßige Bau einer Wissenschaft dargestellt wird. In der Persönlichkeitsanalyse bedeutet der Begriff das Herauslösen der das Ganze bestimmenden Einzelzüge. Ein analytisches Urteil sagt über einen Gegenstand aus, was in dessen Begriff schon gedanklich enthalten war, z. B. Leben ist Bewegung.

Ananda (Sk.) = Seligkeit, Freude, Glücklichkeit; u. a. Name eines Buddhas Jüngern.

Ananda majakoscha = Körper der Seligkeit; nach Annie Besant: der ↗ spirituale Körper, d. h. das 4. Prinzip des Menschen. ↗ Prinzipien des Menschen.

Anaroda (Ps.) = William Pulley, buddhistischer Missionar und Priester; früher Redakteur in USA; dann in Ceylon und Burma an buddhistischen Seminaren ausgebildet, jetzt bei der buddhistischen Gemeinde in Hamburg der geistige Führer. — Ein Jünger Buddhas hieß übrigens Annuruddha.

Anaxagoras, berühmter ionischer (griech.) Philosoph um 500 vZ aus Klazonenä; kam mit 20 Jahren nach Athen, studierte Philosophie unter Anaximenes von Miletus; später waren Sokrates, Euripides, Archelaus und andere hervorragende Männer und Philosophen unter seinen Schülern. Kurz vor dem Ausbruch des peloponnesischen Krieges wurde er wegen Gottlosigkeit angeklagt, verließ die Stadt und starb 428 vZ in Lampsakos. Seine Naturerklärung ist wie die des Empedokles wesentlich chemisch; er behauptete die Unveränderlichkeit des ursprünglich gegebenen Stoffes. Während aber Empedokles noch mit vier Grundqualitäten (= Elementen) auskam, nimmt A. alle unendlichen Qualitäten als ursprünglich an; und zwar sind in allem alle Qualitäten gemischt, nur nach dem Überwiegenden schreiben wir dem einen Körper diese, dem anderen jene Qualität zu. A. behauptet daher auch die unendliche Teilbarkeit nicht bloß des Raumes, sondern auch der Materie, leugnet das Leere und läßt den Raum von Materie kontinuierlich erfüllt sein. Als A.s größtes Verdienst gilt, daß er vom Stoff eine rein geistige Kraft, den Nus (Nous) oder die Vernunft unterschied, aus der er alles Seelische und Vernünftige in der Welt erklärte. Seine Erkenntnisregel ist,

daß man vom Sichtbaren aufs Unsichtbare schließe. — Seine Theorie vom Nus (Nous) ist vom AMORC gründlich mißverstanden und dann auch von der ↗ ORA übernommen worden.

Anciennität (franz.) = Dienstalter; in der Beamten- und namentlich in der militärischen Hierarchie die Reihenfolge nach dem Dienstalter, die dem Längergedienten gewisse Rechte vor dem Jüngeren verleiht und besonders als Grundlage der Beförderung dient. Die Idee stammt aus dem Sklaventum des Altertums, als die Sklaven nach einer gewissen Zeit Vergünstigungen erhielten und größere Freiheit genossen. Außer bei Militär und Behörden (Justiz) ist der Aberglaube der A. auch bei manchen Sekten, Orden und Vereinen verbreitet, bei denen die Ämter- und Postenverteilung nicht nach dem Wissen und der persönlichen Leistung, sondern nach der Dauer der Zugehörigkeit erfolgt. In einer Zeit des Leistungsprinzips auf allen Gebieten ist A. ein deutliches Anzeichen geistiger Degeneration und Verschlagenheit, wenn nicht gar totalitärer Bestrebungen. — Daneben gibt es noch eine Anciennität von Ideen. Manche Organisationen beanspruchen A. ihrer Lehren, ohne diese allerdings im einzelnen beweisen zu können; so hilft man sich mit Bezugnahmen auf alte Stiche aus dem Mittelalter (beim Lectorium) oder z. B. auf den pythagoräisch-ägptischen Mysterienkult (AMORC). Als Regel kann jedoch gelten, daß alle heutigen esoterischen Organisationen, mit Ausnahme der FM, auf die von H. P. Blavatsky zusammengestellten Lehren zurückgehen.

andere welt, ↗ „die andere Welt".

Anderson, James; engl. Pfarrer und Freimaurer; * 1678 in Aberdeen (Schottland), † 28. 5. 1739 in London. Für die engl. FM und für die von ihr abhängige ausländischen Logen ist A. wohl die wichtigste Person in der freimaurerischen Geschichte, obwohl andererseits weder seines Geburts-, noch seines Todestages je gedacht wird. A. erhielt 1721 von der 1717 in London aus vier Bauhütten gegr. sog. Großloge den Auftrag, aus vorhandenen alten Dokumenten ein Konstitutionen-Buch zu verfassen. Obwohl es in diesem 1723 zuerst erschienenen Buch ausdrücklich „for the use of the Lodges in London" (zum Gebrauch der Logen in London) heißt, erhebt die heutige engl. Großloge darauf Anspruch, daß alle Logen der Welt jene Andersonsche Konstitution anerkennen müssen. Viel Streit innerhalb der FM ist ferner über eine ganze Reihe von Zweideutigkeiten gekommen, sowie darüber, welche der beiden Ausgaben (1723 oder 1738) die richtige wäre. — A. war zu seinen Lebzeiten ein nur wenig geschätzter Mann; bei seinem Tode hatte er ein kaum beachtetes Begräbnis. In der wissenschaftl. FM hat A. eine noch geringere Bedeutung, da seine Angaben und Zitationen mangelhaft, ungenau und unzuverlässig sind. A. hat das Märchen erfunden, daß die FM schon bei Adam und Eva ihren Anfang genommen hätte. Obwohl es in der engl. FM Mode ist, Logen nach berühmten Freimaurern zu benennen, gibt es keine einzige Loge, die seinen Namen trüge. ↗ Alte Pflichten.

Andreae, Johann Valentin, * 17. 8. 1586 Herrenberg, † 24. 6. 1654 Stuttgart; lutherischer Theologe und Satyriker, studierte seit 1601 in Tübingen, 1614 Diakonus in Vaihingen, 1620 Superintendent in Calw, 1639 Hofprediger in Stuttgart, 1646 unter dem Decknamen „der Mürbe" Mitglied der Fruchtbringenden Gesellschaft, 1650 Abt in Bebenhausen, 1654 Abt in Adelberg. A. war mit Humor und satyrischer Begabung reich ausgestattet, stritt, durch das in dogmatischen Kämpfen verödete Luthertum angewidert, wie sein Vorbild Johann ↗ Arnd, für ein werktätiges Christentum. Er wollte eine Gesellschaft gleichgesinnter Männer gründen, deren Mittelpunkt Christus sei, und hatte 24 bedeutende Männer vorgesehen. Diesem Zwecke diente sein Buch „Invitatio fraternitatis Christi ad sacri amoris candidatos" (1617), doch blieb es beim Plan. Sein Ideal eines christl. Staates, in den Motiven dargelegt im „Hercules christiani luctus" (1615; deutsch: Frankfurt 1845), suchte er auszugestalten in der 1619 nach Morus' „Utopia" ausgeführten „Christianopolis", die seine Allegorie von der bestürmten „Christenburg" (um 1615; auch Leipzig 1836) fortsetzte. Mit beißendem Spott verlacht A. die Poeten seiner Zeit in „Geistliche Kurzweil" (Straßburg 1619) und „Adelicher Zucht Ehrenspiegel" (Straßburg 1623). Formell höher stehen noch seine geistreichen lat. Schriften: die faustische Probleme streifende Komödie „Turbo" (1616), welche die Schattenseiten der damaligen gelehrten Schulbildung beleuchtet, die 100 satyrischen Dialoge „Menippus" (1618), die nach dem Muster der englischen Komödianten gedichteten Jugenddramen „Esther" und „Hyacynthus" und viele geistliche Arbeiten. — A.s Verhältnis zu den sog. Rosenkreuzern steht nicht fest; eine der frühesten rosenkreuzerischen Schriften, „Chymische Hochzeit des Christiani Rosenkreuz" (1616), eine derbe Satyre auf geheime Gesellschaften und Alchemie in Romanform, ist sicher,

die „Fama fraternitatis rosaceae crucis" (1614) und die „Confessio frat. r. c." (1615) vielleicht sein Werk; aus dieser satyrischen Mystifikation erwuchs dann der Glaube an einen solchen Orden, vielleicht auch dessen Existenz. Mit dem „Turris Babel" (1619) wollte A. vielmehr die Menschheit zum Mittelpunkt alles solchen Strebens, zu Christus, zurückführen. — Lit.: Hoßbach, A. und sein Zeitalter, Berlin 1819; R. Kienast, Joh. Val. A. und die 4 echten Rosenkreuzerschriften, Leipzig 1926. — Die angeblichen Werke A.s sind u. a. auch im Verlag der Anthroposophischen Gesellschaft erschienen.

Andreas (griech.) = männlich, stark, mutig; Name eines Apostels Jesu, Bruder des Simon Petrus, aus der Stadt Bethsaidā (Joh. 1, 45), früher Johannesjünger (Joh. 1, 39). Nach Matth. 4, 18 f wurde er von Jesus zu seinem Nachfolger berufen (vgl. auch Joh. 1, 41). In der Begleitung Jesu erscheint er als einer der vertrautesten Jünger (Mark. 13, 3; Joh. 6, 8; 12, 22). Die Apostelgeschichte weiß nichts über ihn zu berichten. Über seine spätere Wirksamkeit gab es in der alten Kirche verschiedene Legenden. In der griech. Tradition wird er den Namen „Protokletos" (= der „Erstberufene"). Zu Patrae in Achaja soll er gekreuzigt worden sein, und zwar, nach einer noch späteren Legende, die auch von der Großen Landesloge (sog. christl. Ritus) in ihre Rituale übernommen wurde, mittels eines schräggestellten Balkenkreuzes (Crux decussata; ↗ Andreaskreuz). Unter dem Namen „Akten des Andreas" oder „Taten des Andreas" ist in griech. und lat. Sprache eine apokryphische Apostelgeschichte erhalten, die schon Eusebius (Vater der christl. Kirchengeschichte, 270–340 nZ) bekannt war und den Gnostiker Leucius Charinus zum Verfasser haben soll. — In der Esoterik ist A. das Symbol des subjektiven astralen Selbst, welches die astrale Natur aufbaut und den notwendigen Bedingungen anpaßt; ferner das Symbol für das führende Agens, welches mit den Sinnen betraut ist in ihrer normalen praktischen Kapazität und der Kontrolleur des sympathischen Nervensystems. Als ein Symbol der vier Elemente oder Ebenen bezeichnet A. Wasser (astral). — Das subjektive Selbst wird beeinflußt durch die moralische Natur (Johannis) und auch durch die spirituelle (Jesus). Das astrale Selbst (Andreas) ist verbunden mit dem niederen Bewußtsein (Petrus). — Der Apostel A. spielt in der FM der Großen Landesloge, wie oben angedeutet, eine große Rolle; daher auch ↗ Andreaslogen, ↗ Andreastag. — Der heilige Andreas ist der Schutzheilige Rußlands und Schottlands. Auf dem

1698 gestifteten Andreasorden sind die Buchstaben S. A. P. R. (lat. = Sanctus Andreas Patronus Russiae) zu lesen. — Lit.: Lipsius, Die apokryphen Apostelgeschichten und Apostellegenden, Band 1, Braunschweig 1883.

Andreas-Grade. Die übliche Bezeichnung für die erste Serie von (2) Hochgraden der Großen Landesloge (sog. christl. Ritus): Andreas-Lehrling-Geselle (= 4. Grad) und Andreas-Meister (= 5. Grad). Eine nennenswerte Bezugnahme auf den heiligen Andreas ist jedoch im Lehrsystem der Andreas-Grade nicht vorhanden, so daß es recht wahrscheinlich scheint, daß diese Grade aus der schottischen Maurerei übernommen wurden; der heilige Andreas ist der Schutzpatron Schottlands. ⭧ Große Landesloge.

Andreaskreuz, lat.: crux decussata; ein Kreuz mit schräg gestellten Balken in Form des griech. X. Nach der Sage soll der Apostel Andreas an einem solchen Kreuz hingerichtet worden sein. Die Sage bildet noch heute einen Teil des Lehrstoffes der Großen Landesloge (sog. christl. Ritus). Das A. wird zuweilen auch Schrägkreuz oder Schragen genannt; in der franz. Heraldik ist es eine häufige Heroldsfigur. In den ⭧ Andreas-Graden der Großen Landesloge bedeutet das A. die vollkommene Zahl X (10) und mit ihrem Mittelpunkt und den vier äußeren Punkten 1. die fünf Sinne des Menschen, 2. die fünf Ordnungen der Baukunst (dorisch, ionisch, korinthisch, römisch und gemischt). In den Andreaslogen wird das A. teils durch gekreuzte Balken, teils durch gekreuzte Schwerter oder Dolche dargestellt. Auch die Kreuzungslinien der vier Elemente des Empedokles werden als das A. gedeutet.

Andreas-Loge, Bez. der Loge des 4. und 5. Grades der Großen Landesloge (sog. christl. Ritus); die A. stellt einen teils zerstörten, teils den Anfang eines neuen Tempels dar, weil die Andreas-Maurer gleich ⭧ Nehemia auf den Ruinen des alten Tempels mit dem Wiederaufbau des neuen beschäftigt sind.

Andreas-Maurerei. Hierunter versteht man teils die ⭧ Andreas-Grade der Großen Landesloge (sog. christl. Ritus), teils auch die Hochgrade des ⭧ rektifizierten Ritus.

Andreas-Meister, der 5. Grad der Großen Landesloge (sog. christl. Ritus). ⭧ Andreas-Grade.

Andreastag. Der Gedächtnistag des heiligen Andreas; fällt auf den 30. 11. Die vorhergehende Nacht heißt im Volksmund Andreasabend oder Andreasnacht, in der nach dem Volksglauben junge Mädchen unter allerlei symbolischen Handlungen (Bleigießen, Apfelschalenwerfen) oder im Traume Aussehen und Namen ihres künftigen Gatten voraus zu erfahren glauben. Der Andreastag wird auch bei der großen Landesloge (sog. christl. Ritus) gefeiert.

Androgyn (griech.), von aner = Mann und gyne = Weib; Mannweibtum im rein seelischen Sinne. (Körperlich heißt die Mischung Hermaphroditismus.) **Androgyne FM,** von uninformierten Schriftstellern fälschlich auf den ⭧ Droit Humain angewandt, also auf Logensysteme, die Männer und Frauen gleichberechtigt aufnehmen; diese moderne Form der FM heißt jedoch gemischte oder universale FM.

Androide (griech.), ein Automat von menschlicher Gestalt; in der Magie ein künstlich erschaffenes menschliches Wesen: ein Golem, Homunkulus, Roboter. Nach einer engl. Legende soll Roger ⭧ Bacon einen A.n geschaffen haben.

Anerkennung, ein von manchen freimaurerischen Körperschaften (aber auch von anderen esoterischen Organisationen) aus der Politik übernommener Begriff, der vorwiegend benutzt wird, um Großlogen, die sich nicht der engl. Großloge unterordnen wollen zu diskreditieren und nach Möglichkeit zu vernichten. Zunächst wurde das sogenannte Anerkennungsprinzip erfunden, um ausländische Großlogen der engl. Großloge zu unterwerfen. Rein zahlenmäßig haben sich die weitaus meisten Großlogen der Welt den engl. Ansprüchen gefügt und die engl. Auffassungen über FM übernommen, wofür dann die engl. Großloge jeweils die „Anerkennung" aussprach. Die Anerkennung einer anderen Großloge bedeutet aber gleichzeitig, daß die „anerkannte" Großloge keinerlei Kontakt mehr zu den nicht anerkannten Logen pflegen darf, wenn sie sich nicht härtesten Sanktionen seitens der engl. Großloge aussetzen will. Für die Pflege wirklich freimaurerischer Ideale ist jedoch der Begriff A. völlig belanglos und nicht mehr als ein Schlagwort von Bürokraten, die den Sinn der FM noch nicht verstanden haben. Aber immerhin wird durch das geschickte Ausspielen des Wortes A. bei weniger Informierten der Eindruck hervorgerufen, daß eine „nicht-anerkannte" Loge etwas Rechtswidriges oder Verbotenes wäre. Vor dem bürgerlichen Recht (Vereinsrecht) sind jedoch alle Logen gleich. Zudem ist der größere Idealismus zweifellos bei den sogenannten nicht anerkannten Logen vorhanden, und die bekanntesten Freimaurer der Geschichte sind aus solchen Logen hervorgegangen (so: Goethe, Lessing, Mozart usw.). Um den Wirrwarr an Schlagworten noch zu vollenden, schließen aber auch die von den Engländern nicht anerkannten Logen untereinander Anerkennungsverhältnisse und betrachten ihrerseits die „anerkannten" Logen als nicht anerkannt, was praktisch einer gegenseitigen Exkommunikation entspricht. Es handelt sich aber wirklich um leere Worte, die bisher nur Unfrieden und unzählige Spaltungen in der FM hervorgebracht haben. Der überzeugte FM, der den Mittelpunkt seiner Arbeit in der Brüderlichkeit sieht, kann für solche Wortklaubereien kein Verständnis aufbringen. — Lit.: Alec Mellor, Logen, Rituale, Hochgrade, Graz 1967.

angenommen, Begriff aus der FM, der in Zusammensetzungen wie „Alte Freie und Angenommene Maurer" und „Angenommener. Lehrling" vorkommt. Es ist die wörtliche Übersetzung des engl. Wortes accepted, welches schon im Gildebuch der Werkmaurer von 1619 als „accepted Masons" = angenommene Maurer enthalten ist. Die Deutungen über den Sinn sind sehr verschieden und auch strittig; eine praktische Bedeutung hat das Wort jedoch nicht mehr.

Angenommener Schüler. Die 2. Stufe der Vorbereitung auf die Einweihung in manchen esoterischen Systemen, für die eine bestimmte Zeitdauer nicht festgesetzt ist.

Angst, von (althochdeutsch) angust, verwandt mit (lat.) angustus = eng. Ein mit Beengung, Erregung, Verzweiflung verknüpftes Lebensgefühl, dessen besonderes Kennzeichen die Abschaltung der willensmäßigen und verstandesmäßigen Steuerung der Persönlichkeit ist; eine Form der Gemütsbewegung, die mit der Furcht die Gruppe der „depressiven" (d. h. mit Unlustgefühlen einhergehenden) Erwartungsaffekte bildet. Furcht und A. gehen ohne scharfe Grenze ineinander über und werden deshalb im gewöhnlichen Sprachgebrauch oft nicht unterschieden. Die Denktätigkeit kann bei A. vollständig aufgehoben sein, indem nur die angsterregende Wahrnehmung das Bewußtsein erfüllt, oder es findet sich hochgradige Verwirrung bis zum Schwinden des Bewußtseins. Die Kenntnis der Zusammenhänge zwischen Angst und Bewußtseinsschwund wird von manchen Sekten und dialektischen Gruppen (↗ Geheimorganisationen) ausgenutzt, um Anhänger anzuwerben und für ihre Ziele willfährig zu machen. So heißt es in dem Buch „Dei gloria intacta" (S. 17): „Die Menschheit eilt körperlich einer großen Krise entgegen", und bei den Zeugen Jehovas: „Die Menschheit befindet sich heute in einer ganz großen Gefahr". Zuweilen wird die A. nicht nur durch völlig falsche Behauptungen, wie in vorstehenden Zitaten, sondern auch durch Drohungen erzeugt, so in „Dei gloria intacta" (S. 11): „Wer das Lect. in nur einer einzigen Weise schaden will, wird sich selbst vollständig in Untergang und Vernichtung stürzen".

Anhalonium, ↗ Peyotl.

animalisch (lat.), von animal = Tier; so viel wie tierisch, aus dem Tierreich stammend, den Tieren eigentümlich, z. B. animalische Kost, animalische Wärme. Mit animalischen Funktionen bezeichnet man die Tätigkeiten des Körpers, die nur den Tieren eigen sind und hauptsächlich von dem Nervensystem als bestimmenden Faktor ausgehen, nämlich Empfindung (wozu auch die Sinnes- und Hirntätigkeiten gerechnet werden) und willkürliche Bewegung (wozu auch Stimme und Sprache und überhaupt die Vermittlung des Gedankens mit der Außenwelt gehören). Alle Tiere ohne Ausnahme besitzen beide Eigenschaften. — Im Okkultismus bezeichnet man mit animalisch jene Leidenschaften und Triebe, die noch nicht der Selbstbeherrschung und dem Willen unterworfen sind. Ferner wird noch der ↗ Mesmerismus mit animalischem Magnetismus bezeichnet.

Anima Mundi (lat.) = Seele der Welt, die heilige oder göttliche Flamme; bei den jüd. Kabbalisten ebenfalls heilige oder göttliche Flamme genannt. Bei H. P. Blavatsky das göttliche Wesen, welches alles durchdringt, belebt und informiert, vom kleinsten Atom der Materie bis zum Menschen und Gott. In seinem höchsten Aspekt ist A. M. Nirwana, in seinem niedersten das astrale Licht.

Animismus, bestimmte Richtung des Okkultismus, die im Gegensatz zum Spiritismus zwar die okkulten Phänomene kennt und anerkennt, sie jedoch ausschließlich auf telepathische, magische oder sonstwie paranormale Wirkungen noch Lebender zurückführt.

Ankh (ägypt.) = Leben. Ein schlüsselartiges Kreuz (Henkelkreuz) als Symbol des ewigen Lebens und der fortzeugenden Kraft.

Annamaya-Koscha (Sk.), ein vedantischer Ausdruck; entspricht dem Sthula sharira oder dem physischen Körper; die erste Hülle von insgesamt fünf nach der Vendata-Lehre. ↗ Prinzipien des Menschen.

Anomalistisches Jahr. Astrologischer Ausdruck; das a. J. hat 365 Tage, 6 Stunden, 13 Minuten und 53 Sekunden. Sinngemäß der **anomalistische Monat:** 27 Tage, 13 Stunden, 18 Minuten und 33 Sekunden.

Ankh

Anrufung (oder auch: Evokation). In den Ritualen der zeremoniellen Magie und auch in der FM eine Wortformel (z. B. ein Gebet), deren Inhalt auf den erwünschten Schutz oder das Erscheinen einer höheren Wesenheit (in der FM: des Großen Baumeisters) gerichtet ist.

Ansicht. Dialektischer Begriff im Lectorium Rosicrucianum für „Grad". Es heißt „die Mitglieder der 5. und 4. Ansicht müssen vom Besitz des Lichtes Zeugnis ablegen und den Beweis liefern". Es ist eine Art Werbespruch, der glauben machen soll, im Lectorium könne man das Hellsehen (dort „ätherisches Sehen" genannt) lernen. Das Wort A. wird im Lectorium aber auch wahllos für die Begriffe Aspekt, Prinzip, Strahl usw. verwendet, so daß es im Einzelfall auf den Zusammenhang und die zweckmäßige Deutung ankommt. Lit.: Rijkenborgh, Apokalypse des neuen Zeitalters, Haarlem 1955.

Antakarana (Sk.), auch: Antaskarana oder Antahkarana, von antar = innen und karana = Sinnesorgan; wird teils mit „Verständnis" übersetzt, aber auch in anderen Bedeutungen, je nach der Schule. Der Weg oder die Brücke vom höheren zum niederen Denkvermögen, deren Verbindungsweg. Die A. wird vom Aspiranten selbst aus mentaler Substanz erbaut. Nach H. P. Blavatsky ist A. die Verbindung oder Brücke zwischen dem höheren Manas und dem Kamamanas während der Inkarnation. Bei den Vedantinen oder Sri Shankaracharya bezeichnet A. Geist und Bewußtsein im weitesten Sinne, d. h. das ganze innere Instrumentarium zwischen dem innersten Selbst und der äußeren Welt und wird in vier Teile unterteilt: 1. Ahamkara = der Ich-Macher, 2. Buddhi = Einsicht, Intuition oder reine Vernunft, 3. Manas = Denken und 4. Unterscheidung von Objekten.

Anthropogenese, Anthropogenesis (griech.-lat.), von anthropos = Mensch und genesis = Entstehung, die Entwicklungsgeschichte des Menschen in und aus der Urzeit. Anthropogenesis heißt auch der zweite Band der Geheimlehre von H. P. Blavatsky.

Anthroposophie (griech.) = „Menschenweisheit" (im Gegensatz zur Theosophie = „Gottesweisheit"); die Bezeichnung stammt von dem Werk „Anthroposophia Thaumaturgica" (deutsch: „Anthroposophia Theomagica", o. O. 1704) von Thomas Vaughan. Im Modernen Lexikon von Bertelsmann, Gütersloh 1970, wird das Wort zuerst bei Troxler (* 1780) und dem Herbartianer R. Zimmermann nachgewiesen. A. ist praktisch die Fortführung der ↗ Theosophie Annie ↗ Besants (sog. Adyar-Theosophie) mit anderen Mitteln (= Ausdrücken). Wenn auch das Wort A. „Menschenweisheit" bedeutet, so steht es doch durchweg als Synonym für Theosophie oder ↗ Pistis-Sophia (Glaube = Weisheit); die drei Begriffe sind im allgemeinen ohne Gefahr untereinander austauschbar. Wie die Adyar-Theosophie behauptet Rud. Steiner, daß der Mensch durch Entwicklung seiner geistigen Kräfte mit übergeordneten Wesenheiten höherer Ebenen und Geistern in Verbindung kommen kann. Steiner: „A. ist die Erkenntnis, die vom höheren Selbst des Menschen selbst hervorgebracht wird." (Zum Vergleich Annie Besant: „Theosophie ist die göttliche Selbsterkenntnis im Menschen selbst.") Steiner war sehr besorgt um die Selbständigkeit gegenüber der altindisch-ägyptischen, neuplatonisch-jüdisch-gnostischen Zusammensetzung der Adyar-Theosophie, die die Grundlage auch der A. bildet; der geistige Kern ist jedenfalls derselbe. Nach der A. wird der Mensch zu seiner Erlösung und Vervollkommnung auf sich selber gestellt: Gott, sofern überhaupt erwähnt, spielt die Rolle eines unbeteiligten Zuschauers. Die höheren Erkenntnis- und Willenskräfte, die der Mensch braucht, um in die Geisterwelt einzudringen, trägt er in sich selbst; sie müssen nur hervorgeholt und geschult werden. So gelangt man durch harmonische Entwicklung jener Kräfte zur Vollkommenheit und lebt bewußt nach dem Gesetz der Wiedervergeltung (Karma). Auf diese Weise werden alle Rätsel des Lebens in einfachster Weise und schnell gelöst. Das höchste Ziel des Anthroposophen („Geheimschülers") ist die Gewinnung eines Ätherleibes; einen solchen Körper haben zwar alle Menschen, aber der Geheimschüler lernt seinen Ätherleib lenken und beherrschen, und vermöge solcher Beherrschung tritt er nun in die Geisterwelt. Nun kann er sein „höheres Ich mit übergeordneten Wesenheiten in Verbin-

dung setzen". Weiteres Ziel der A. ist die Erforschung des Übersinnlichen an sich. Die A. baut ihr „Wissen" auf hellseherische Forschung auf. „Sie will die tieferen geistigen Kräfte, welche in der Menschennatur und in der übrigen Natur schlummern, erforschen" und bezeichnet sich daher selbst als „Geisteswissenschaft". Die Anthroposophen behaupten, daß ihre Methode ebenso exakt sei wie die von der modernen Naturwissenschaft angewandte logisch-mathematische Methode. Hat der Anthroposoph die höchste Entwicklung erreicht, so vermag er in der ↗ Akasha-Chronik selbst zu lesen, denn alle Weltereignisse hinterlassen Spuren in der geistigen Welt, welche der Hellseher (falls er Anthroposoph ist!) schauen und sogar verstehen kann.
Nach der A. ist der menschliche Wesenheit dreifach gegliedert: in Leib, Seele und Geist. Außer dem Bewußtsein gibt es noch die Erkenntnisarten der Imagination und Inspiration. Die A. glaubt, wie der Buddhismus, an die Wiederverkörperung des Geistes (Reinkarnation) und an das Karma. Die von der A. betriebene Geheimschule umfaßt vier sogenannte ↗ Pfade: 1. Konzentration, 2. Meditation, 3. Pflege des Traumlebens und 4. besinnliche Lektüre geistvoller Bücher. Es ist dabei im Auge zu behalten, daß diese vier Pfade nicht aufeinander folgen, sondern sozusagen nebeneinander hergehen. Sind diese vier Bedingungen erfüllt, so sollte der Geheimschüler die folgenden Stufen durchlaufen: 1. Stufe der Vorbereitung, d. h. der Pflege des Gefühls- und Gedankenlebens, wo die geistigen Sinne, die höheren Sinnesorgane, entwickelt werden, 2. die Stufe der Erleuchtung oder das Anzünden des geistigen Lichts, und schließlich 3. die Stufe der Einweihung, wo der Verkehr mit den höheren Wesenheiten beginnt; insgesamt handelt es sich also um sieben Grade.
Das Urteil von genauen Kennern der A. ist außerordentlich verschieden. Dorsch-Giese, „Psychologisches Wörterbuch": „Eine Weltanschauung, die psychologisch von Interesse ist, weil Steiner anhand indischer und anderer Vorbilder durch Schulung der Intuition eine überlegene Erkenntnis, durch Übungen einen harmonischen Ausgleich des Ichs anstrebt. Beziehungen zur Mystik und zu Synästhesien (Spaltung von Sinneseindrücken und der Persönlichkeit) sind deutlich." Hermann Graf von Keyserling, kein großer Freund Steiners, in „Schöpferische Erkenntnis": „Die A. ist das Kreuzungsprodukt von zwei als verfehlt erwiesenen und historisch überholten Vorstellungen. Die eine ist die des jüngst verflossenen wissenschaftlichen Zeitalters; Rud. Steiner

vertritt sie persönlich. Für ihn gibt es, was immer er behaupte, ausschließlich wissenschaftliche Probleme, denn auch das Goethesche Schauen, dessen Fortentwickler er sein will, führt phänomenologischer und nicht metaphysischer Erkenntnis zu, von der Selbstverwirklichung ganz zu schweigen. Zur Metaphysik und Religion hat Steiner, trotz seiner bedeutenden philosophischen Begabung, kein anderes Verhältnis wie irgendein typischer Naturwissenschaftler der neunziger Jahre. Wenn also die Wissenschaft überhaupt keine Erneuerung bringen kann, so gilt dies auch von der A. Der Anthroposoph ist demgemäß ein physiologisch Dogmengläubiger; sein Bewußtseinszentrum liegt nicht in seinem frei-schöpferischen Selbst." Dr. Franz Karl Steinberger, „Esoteriker des Westens" (Lorch 1953): „Die anthroposophische Schulung bezweckt die Schaffung der Geisteswerkzeuge für das Eindringen in höhere Welten, und das ist eine sehr gefährliche Sache. Es ist nicht bekannt, bei wie vielen Menschen die Steinersche Methode guten Erfolg hatte. Leicht kann dabei eine innere Verkrampfung auftreten, die auch äußerlich zum Ausdruck kommt. Ohne Zweifel sind nicht wenige Fehlschläge eingetreten, und es wurde eine Zahl Fälle bekannt, ohne bestritten zu werden, in denen Menschen hierdurch geisteskrank und für das praktische Leben völlig unbrauchbar wurden, ja in manchen Fällen sogar Selbstmord begingen. Der tragischste Fall war der des Dr. Carl ↗ Unger." — ↗ Anthroposophische Gesellschaft, ↗ Krishnamurti, ↗ Orden des Sterns. — Lit.: Rud. Steiner, Theosophie (viele Aufl.); ders., A., ihre Erkenntniswurzeln und Lebensfrüchte; F. Eymann, Was ist A.?; Hans Liebstöckl, Die Geheimwissenschaften im Lichte unserer Zeit, Wien 1932; Prof. Dr. Paul Althaus, Evangel. Glaube und A., München 1949; Prof. Dr. T. K. Österreich, Der Okkultismus im modernen Weltbild, Dresden 1921; Prof. Dr. J. W. Hauer, Werden und Wesen der A., Stuttgart 1922.

Anthroposophische Gesellschaft(en). Die erste A. G. ist dadurch entstanden, daß Dr. Rudolf ↗ Steiner, der Generalsekretär der Adyar-TG in Deutschland, sich seit 1911 weigerte, den von Annie Besant verordneten Rummel um ↗ Krishnamurti als neuen Christus mitzumachen, worauf Annie Besant gehässig antwortete, Steiner sei ein verkappter Jesuiten-Zögling. Am 2. 2. 1913 erfolgte die endgültige Trennung. Die deutsche Sektion der Adyar-TG nannte sich fortan A. G. und brach alle Beziehungen zu Annie Besant ab. Steiner hielt die Aktion der Besant für dogmatisch und mit den

Grundsätzen der Toleranz unvereinbar. In der Folge befreite er die durch Annie Besant verfälschte Theosophie von den indischen Elementen, indem er sie durch abendländische ersetzte. Die neue Lehre nannte er ↗ Anthroposophie (im Gegensatz zur Theosophie). Als Zentrum wurde das Goetheanum in Dornach (Schweiz) erbaut. Wie der theosophische, so hat auch der hier gepflegte Geheimkult einen gewissen freimaurerischen Einschlag, ohne jedoch mit der FM direkt in Verbindung zu stehen. Steiner kaufte dem Abenteurer Theodor ↗ Reuß eines seiner „freimaurerischen" Systeme und einen Teil seiner sogenannten Vollmachten ab, insbesondere die, die ihn zur Einsetzung eines Großrates „Mystica Aeterna" ermächtigten. A. G.en gibt es außer in Deutschland auch noch in Frankreich, England und der Schweiz. Infolge innerer Streitigkeiten erfolgten mehrere Spaltungen, so daß es heute keine einheitliche anthroposophische Bewegung mehr gibt. In manchen Städten arbeiten mehrere A. G.en nebeneinander und z. T. mit völlig unterschiedlichen Auslegungen der Steinerschen Schriften.

Die Idee zur Gründung einer völlig neuen Gesellschaft, in welcher neben der Theosophie auch Erziehungslehre, Heilkunde und Mechanik betrieben werden, geht auf die „Abhandlung über die Läuterung des Verstandes" von dem bedeutenden jüdischen Philosophen Baruch Spinoza zurück. Ebenso ist aus diesem Werk die unwissenschaftliche Darstellung wissenschaftlicher Probleme übernommen. (Spinoza: „Man rede nach der Fassungskraft des Volkes. Denn wir können nicht geringen Vorteil vom Volk erlangen, wenn wir uns seiner Fassungskraft möglichst anbequemen. Dazu kommt, daß man die Leute auf die Weise geneigt macht, uns ein williges Ohr zu leihen.")

Ähnlich wie in der Adyar-TG sind bei der A. G. eine Reihe von Nebenorganisationen (Christian-Rosenkreuz-Zweig, Michael-Zweig, Innerer Kreis, Mystica Aeterna, ↗ Christengemeinschaft, Heilungsdienst, Astrologisch-mathematische Abt., Stern-Kalender, Buchverlage, Zeitschriftenvertrieb, Buchhandel, Waldorf-Schule, Kosmetikhandel, Eurythmiebühne usw.) angeschlossen, die diejenigen Kräfte erfassen sollen, die mit dem Begriff Anthroposophie nicht vollständig konform gehen. Ein Versuch Jan K. Lagutts (Basel), vor einigen Jahren nach dem Muster der Adyar-TG auch bei den Anthroposophen die FM einzuführen, schlug völlig fehl. Sein Buch „Grundstein der Freimaurerei" blieb bei den Profanen wenig beachtet, und bei den Freimaurern selbst wird es zur profanen Laienliteratur gerechnet.

Lit.: Prof. Dr. J. W. Hauer, Werden und Wesen der Anthroposophie, Stuttgart 1922; Dr. Carl Unger, Wider literarisches Freibeutertum! Eine Abfertigung des Herrn Dr. Hübbe-Schleiden, Berlin 1913; W. Bruhn, Theosophie und Anthroposophie, Leipzig 1921; Dr. Joh. Frohnmeyer, Die theosophische Bewegung, Stuttgart 1920; Johannes Hemleben, Dr. Rud. Steiner, Reinbek 1963; Max Seiling, Die anthroposophische Bewegung und ihr Prophet, Lorch 1921; Eugène Lévy, Rud. Steiners Weltanschauung und ihre Gegner, Berlin o. J. (ca. 1914).

Antichrist. Wohl zuerst in 1. Joh. 4, 3 erwähnt: et omnis spiritus qui solvit Jesum, ex Deo non est; et hic est antichristus. (In den heutigen sog. Luther-Bibeln mit Widerchrist übersetzt.) — Jakob Böhme: „Ein Maulchrist ohne den inwendigen wesentlichen Grund Christi ist der A. Es ist Gottes Affe, deus inversus. Er wird in der Lilienzeit offenbar werden und wird ohne Hände zerbrechen. Er rühmet Christi Lehre, aber verleugnet ihre Kraft. Er handelt nicht nach ihr. Er ist die Meinheit, Deinheit, Ichheit, der eigene Wille."

Anubis. Ein ägypt. Gott, nach dem Mythus ein Sohn des Osiris und der Nephthys, die Osiris versehentlich für seine Gattin Isis hielt. A. ist ein Totengott, der den Verstorbenen eine gute Bestattung bereitet und ihm den Eintritt in den Amenthes gestattet. Ihm ist der Wüstenschakal, der die Grabstätten umheult, heilig, und deshalb wurde er auch mit dem Kopf des Schakals (den die Griechen in Unkenntnis für einen Hundekopf hielten) dargestellt. Als Typhon die Leiche des Osiris zerstückelte, suchte die Erdmutter Isis die Stücke des Leichnams mit Hilfe des schakalköpfigen A. zusammen, um sie wieder zu neuem Leben zusammenzusetzen. In einem bestimmten Aspekt ist A. identisch mit Horus, dem Gott, der sich vor allem mit den entkörperten Wesen beschäftigt. Das Bild A. findet sich schon in den Gräbern der 3. Dynastie, d. h. A. zählt zu den allerältesten Gottheiten. — Lit.: Karl Gustav Bittner, Das Auge des A., Villach 1948.

Anupadka oder **Anupadaka** (Sk.) = elternlos, nicht-geboren, d. h. ewig; auch monadische oder 2. kosmisch-ätherische Ebene; bei Alice Bailey die Bez. für die 6. Ebene (↗ Prinzipien der Welt); bei Heindel: Welt des Urgeistes.

Aphel ↗ Perihelium

Aphorismen (griech.), kurze, unverbundene und in prägnanter Form gehaltene Sätze.

Apis (ägypt.), auch Hapi-Ankh, der „Lebende Gestorbene" oder inkarnierte Osiris. A. war der Ochsengott, der, als er 28 J. war (dem Alter, in dem Osiris von Typhon getötet wurde), mit großer Zeremonie zum Tode geführt wurde. Nicht der Ochse wurde verehrt, sondern das osirische Symbol, so wie die Christen heute vor dem Lamm knien, dem Symbol für Christus, in ihren Kirchen. Der A.-Dienst ist uralt; nach der Überlieferung soll er in der 2. Dynastie eingeführt worden sein. In der späteren Theologie, die die Götter als Sonnengötter miteinander identifizierte, wird der A. auch als „das beseelte Bild des Osiris" (so: Plutarch) aufgefaßt. Bei den Ägyptern wurde A. als schwarzer Stier dargestellt, der vorn an der Stirn einen dreieckigen weißen Fleck trägt. Wie der Mensch, wurde nach ägypt. Glauben auch das hl. Tier nach seinem Tode eins mit Osiris. — Nicht zu verwechseln mit (lat.) apis = Biene.

Apk., bei Bibelzitaten Abk. für die Offenbarung des Johannes (von Apokalypse).

Apokalypse (griech.), von apokalypsis = Enthüllung einer Wahrheit; die Selbstbekundung Gottes („Offenbarung"), eines göttl. Vertreters („Meisters") oder eines Geistes schlechthin. Eine Offenbarung wird in diesem Sinne nicht mit dem Verstande, sondern gefühlsmäßig („mit dem Herzen") aufgenommen. Die A. oder Offenbarung Johannis ist das letzte Buch des NT. Sie war, solange man in ihr nur prophetisches Kompendium der Welt- und Kirchengeschichte sah und die Zukunft aus ihr lesen wollte, eines der dunkelsten und am schwersten zu verstehende Teile der Bibel. Luther fand sie so dunkel, daß er sie am liebsten aus dem Kanon der hl. Schriften herausgenommen hätte. Seitdem aber die neuere Wissenschaft sie aus den Vorstellungen und Erwartungen ihrer eigenen Zeit heraus zu erklären lernte, ist sie verständlich und eine der wertvollsten Urkunden der christl. Urzeit geworden. Die A. ist wahrscheinlich von einem Judenchristen, der sich selbst Johannes nennt, von Juni 68 bis Januar 69 nZ in Ephesus aufgrund seiner Visionen auf der Insel Patmos geschrieben worden. Unter dem frischen Eindruck der Christenverfolgung unter Nero und des kurz vorher ausgebrochenen jüd. Krieges kleidete der Verfasser Befürchtungen und Hoffnungen in die herkömmliche Form eines apokalyptischen Gemäldes: Rom (symbolisch „die große Babel" genannt), wird beschrieben als das buhlerische Weib, das auf 7 Bergen sitzt und Macht über alle Könige und Völker der Erde anstrebt, oder das Tier mit 7 Häuptern und 10 Hörnern. Die 7 Häupter sind aber die röm. Herrscher seit

Augustus, Nero der 5. von ihnen, welcher gewesen ist und jetzt nicht mehr regiert, aber am Ende der Tage als der 8. Herrscher wiederkehren wird (Off. 17). Er ist selbst die personifizierte antichristl. Macht, das Tier aus dem Meere, dessen Namen nach der jüd. Kabbalah durch die geheimnisvolle Zahl ↗ 666 angedeutet wird. (Off. 13, 18 f). Nach altchristlicher Überlieferung soll der Apostel Johannes die A. verfaßt haben. Wegen des grundverschiedenen Charakters des Hebräischen ist das jedoch kaum denkbar. Dennoch haben sich viele Geister mit der Auslegung der A. befaßt und die seltsamsten Resultate zutage gefördert. Eine ziemlich gleichförmige Deutung gibt Swedenborg in seinen Werken „Enthüllte Offenbarung des Johannes" und „Die erklärte Offenbarung des Johannes" gebracht. Eine esoterische Auslegung findet sich in „Ritual der Hohen Magie" (S. 120—123) von Eliphas Lévi (München 1927). Die abwegigste Deutung gibt Rijkenborgh in „Dei gloria intacta", die offensichtlich auf mißverstandene Unterlagen von Rudolf Steiner zurückzugehen scheint. Weitere Lit.: Emanuel Swedenborg, Über das weiße Pferd in der Offenbarung Kap. 19, Zürich 1962; H. Lilje, Das letzte Buch der Bibel 1961; H. Langenberg, Schlüssel zum Verständnis der A., 1956/57; E. Kellerhals, Das geheimnisvollste Buch der Bibel, 1960; R. Frick, Die Offenbarung des Johannes, 1965; Heinrich Krüger, Die Offenbarung St. Johannis, Lorch 1967; Carl Baader, Welt-Ende aus den Bildern der geheimen Offenbarung des hl. Apostels Johannes, Hamburg 1900; Eliphas Lévi, Les Mystères de la Kabbale, ou l'Harmonie occulte de deux Testaments, Paris 1920; weitere Titel ↗ 666.

apokalyptisch = „auf die Apokalypse bezogen", nach der Art der Apokalypse, d. h. dunkel, geheimnisvoll, rätselhaft.

Apokryphen (griech.), von apo = hinweg und kruphus = verborgen, also etwa „getrennt verborgen"; im ältesten Sprachgebrauch die Schriften der Ketzer im Ggs. zu denen der Katholiken. Richtiger müßten diese Teile der Hl. Schrift ↗ deuterokanonische Schriften heißen; „apokryph" ist mißverständlich, denn unter A. versteht man eigentlich mehr die nie zu einem auch nur vorübergehenden kanonischen Ansehen gelangten religiösen Bücher der Juden und Christen. Seit Hieronymus (Kirchenvater, * um 340 nZ in Dalmatien) werden A. diejenigen Bücher des griech. AT und der aus diesen geflossenen Übersetzungen, die nicht in der hebr. Bibel (dem jüd. Kanon) stehen, genannt. Vor Hieronymus nannte man sie kirchliche Vorlesebücher. Zu den A. des

Eine Deutung der symbolischen Wörter und Umschreibungen

Abgrund	Satans Tiefen
Adler	Theologe, Symbol der Unerschrockenheit, Papst: Fides intrepida
Ältesten, die 24	12 Apostel und 12 Propheten — nach anderen: die 24 Sunden
Alpha	Anfang
Augen, 7	7 Geister, auch Eigenschaften Gottes: Macht, Göttlichkeit, Weisheit, Kraft, Ehre, Herrlichkeit und Preis
Babylon	mystische Stadt (= Rom), Teufelskirche
Bäume	Wohlstand
Berg	Bischof, Bistum, Menge
Berufene	Propheten, Apostel, Märtyrer, Bekenner, Heilige
Blitze	Erleuchtungen
Bräutigam	Jesus Christus
Braut	die christliche Kirche
Byssus	weißes Gewand, Gerechtigkeit der Heiligen
Donner	Schreck- und Mahnungsstimmen
Ephesus	Geliebter, Erwünschter; andere deuten es auf: Verlangen
Erdbeben	Erhebung der Völker, Revolution
Erwählte	Heilige aus allen Völkern
Getreue	Bekenner
Gras	Hoffnung
Hagel	Verwüstung
Hagel mit Feuer und Blut vermengt	Krieg
Häupter, 7	7 Irrlehren
Heuschrecken	Dämonen
Hörner, 7	7 Sakramente
Hörner, 10	10 Könige: Nero, Domitianus, Trajanus, Hadrianus, Marc Aurelius, Severus, Maximinus, Decius, Valerius, Diocletian; ebenso gleichbedeutend 10 Königreiche: Syrien, Ägypten, Asien, Griechenland, Italien, Gallien, Spanien, Afrika, Germanien und England
Insel	Zufluchtsort, Kloster
Laodicäa	Selbstrechtfertigung; Stadt in Kleinasien, ging 64 nZ durch ein Erdbeben unter
Lebendigen, die 4	die 4 Evangelien; ihre Augen sind die Kapitel und Verse, ihre tierischen Zeichen symbolisieren die Kraft jeden Evangeliums. Diese Kräfte: ein Engel, ein Löwe, ein Stier und ein Adler werden den 4 Evangelisten symbolisch beigegeben, als dem hl. Matthäus, Markus, Lukas und Johannes
Leuchter, 7	stehen je einer für je eine der 7 Kirchengemeinden vor Gott
Mond	Kirche
Omega	Ende
Pergamus	Götzenstadt, Hauptstadt von Kleinasien in der Gegend von Troas oder Mysia
Philadelphia	Grüßende Bruderliebe
Posaune	Mahnende Stimme vor dem letzten Gericht
Rauch ihrer Qual	Lästerung
Rauchopfer	Gebet
Sardis	Anfang der Schönheit, Edelstein im Schmuck des Hohenpriesters
Sonne	Christus
Sterne	Theologen
Sterne, 7	Wächter der 7 Gemeinden
Stern, der vom Himmel fiel und wie eine Fackel brannte	Die von der göttl. Weisheit abgeirrte und ins Irdische gefallene menschliche Vernunft
Stimmen	Erklärungen, Aufrufe, Beweise
Smyrna	hat ihren Namen von Myrrhen, die von Geschmack bitter, als Rauchwerk jedoch einen lieblichen Geruch von sich gibt. In dieser Kirche fanden die 10 blutigen Verfolgungen statt
Tausendj. Reich	der 4. Himmel; ebenso persönliche Herrschaft Jesu Christi über die Juden und Heiden bis zum allgemeinen Gerichtstag auf Erden
Tod, der 2.	Höllenpfuhl
Tür im Himmel	Ekstase
Thron Gottes	der 7. Himmel
Thyatira	Götzenstadt im Altertum, jedoch als christl. Gemeinde im Altertum nicht erweisbar
Zeugnis Jesu	Martyrium der Heiligen

Apollonius

AT gehören: 3 Bücher Makkabäer (von denen Luther nur die beiden ersten übersetzt hat), das Buch Judith, Tobias, Jesus Sirach (mit der von Luther nicht übersetzten Vorrede), die Weisheit Salomos, Baruch, der Brief des Jeremias (bei Luther = 6. Kap. des Buches Baruch), das sog. 3. Buch Esra (auch als Esra I bez., von Luther ebenfalls nicht übersetzt; spielt bei der Neuapostolischen Kirche eine wichtige Rolle), einige spätere Zusätze zu den Büchern Daniel und Esther. Da die christl. Kirche das AT von den Griechen übernommen hat, so benutzten die ältesten kirchl. Schriftsteller diese A. ebenso wie die kanonischen Bücher des AT als hl. Schriften. Unsicherheit entstand über ihre dogmatische Bedeutung erst, als man sich dessen bewußt wurde, daß sie im hebr.-jüd. Kanon fehlen. Die A. wurden bei der Reformation ausgeschieden; Luther gab sie als Anhang zur Bibel heraus und bezeichnete sie als Bücher „so der Hl. Schrift nicht gleichzuhalten und doch nützlich und gut zu lesen sind." Von weit geringerer Bedeutung als die A. des AT sind die des NT. Unter diesem Namen faßt man eine Menge untergeschobener Evangelien, Apostelgeschichten, Apokalypsen und Briefe zusammen, die z. T. bis ins 2. Jh. zurückreichen, sich aber durch Abenteuerlichkeit des Inhalts und abgeschmackter Übertreibung der Wundergeschichten von den neutestamentlichen Schriften unvorteilhaft unterscheiden. An A. des NT sind zu erwähnen, das Petrus-, Jakobus-, Thomas-, Nikodemus-, Nazaräer-, Ebioniten- und Hebräer-Evangelium; an Apostelgeschichten: die Johannes-, Paulus-, Petrus-, Andreas- und Thomas-Akten. Lit.: Die A. Schriften zum NT, 1962.

Apollonius, Meister — (Ps.) = Wolf Rösler; sein Ordensname in der ↗ Fraternitas Saturni, später Fraternitas Luminis.

Apollonius von Tyana, Magier und Philosoph des 1. Jh., * in Kappadocia, der die phönizischen Wissenschaften unter Euthydemus studierte. Gemäß den Vorschriften seiner Schule war er Vegetarier sein ganzes Leben lang und trank keinen Wein. Erhalten sind unter seinem Namen über 100 meist kurze, doch an Kernsprüchen reiche Briefe, deren Echtheit aber sehr fraglich ist. Sein Leben beschrieb in romanhafter Ausschmückung der ältere Philostratus (3. Jh.), der den A. weite Reisen bis Indien unternehmen, wunderbare Abenteuer erleben läßt und in der Person des A. die neupythagoräischen Ideen den stoischen, christl. usw. gegenüberstellt. Seine Person wird praktisch als Ideal eines heidnischen Weisen zur Bekämpfung des Christentums mit

Christus verglichen. Von Sektierern und manchen Okkultisten wurden die Berichte über A. kritiklos übernommen und sogar geglaubt. Alice Bailey stellt A. als inkarnierten Meister Jesus heraus und erklärt, daß er „als solcher die 5. Einweihung" erhielt. Als Eliphas Lévi 1854 Bullwer-Lytton in London besuchte, wurde A. in einer zeremoniellen Evokation angerufen und befragt. (vgl. Eliphas Lévi, Dogma und Ritual der Hohen Magie, Bd. 1, S. 196—200). — Lit.: Maria Schneider, Der Wanderer durch den Sternkreis (Roman); Helena Wegner, Beiträge zur Geschichte der Weisheitsreligion, Pforzheim o. J.

Apostel (griech.) = Gesandte; so hießen die 12, nach der Zahl der jüd. Stämme von Jesu zu Boten des Gottesreiches auserwählten Jünger, die nach seinem Abscheiden an die Spitze der ältesten christl. Gemeinde traten. Ihre Namen sind nicht ganz übereinstimmend überliefert;

Die Zuordnung der Apostel zu den Edelsteinen und Tierkreiszeichen nach Off. 21, 14		
Petrus	Jaspis/Smaragd	♈
Paulus	Smaragd	—
Jakobus d. Ä.	Chalzedon	♊
Philippus	Onyx	♎
Bartholomäus	Sarder/Karneol	♏
Matthäus	Chrysolith	♐
Thomas	Beryll/Aquamarin	♋
Jakobus d. J.	Topas	♍
Thaddäus	Chrysopras	♒
Simon	Bernstein	♌
Andreas	Amethyst	♉
Matthias	Diamant	♓
Johannes	(ohne)	♋

bei Matthäus (10, 12 ff.): Simon Petrus, Andreas, Jakobus (d. h. der Sohn des Zebedäus), Johannes, Philippus, Bartholomäus, Thomas, Matthäus, Jakobus (d. h. der Sohn des Alphäus), Lebbäus, Simon und Judas Ischarioth. Bei Markus und Lukas wird statt der Matthäus ein Levi, bei Markus statt Lebbäus ein Thaddäus, bei Lukas statt beider Namen vielmehr Judas (des Jakobus Bruder oder Sohn) genannt; außerdem findet sich noch im Evangelium des Johannes ein Nathanael, über dessen Persönlichkeit nur Vermutungen möglich sind. Neuerdings hat man vermutet, daß die 12-Zahl erst später hineingedichtet worden ist, um einen

Gegensatz zu Paulus zu schaffen. — Die Erzählung von den 70 Jüngern, die nur Lukas 10, 1 bietet, und deren Zahl nach der gewöhnlichen Auffassung der Verteilung der Heiden in 70 Völkerschaften bei den Juden entspricht, ist unsicher, ebenso auch die Namen dieser apostolischen Männer.

Apostolische Sukzession. Begriff aus dem röm. Kirchenrecht, dessen Sinn später auch von der engl. FM und den von ihr abhängigen ausländischen Großlogen übernommen worden ist. Nach kath. Lehre hat Christus dem Apostel Petrus den Vorrang vor den übrigen Aposteln verliehen und ihn zu seinem Stellvertreter gemacht, indem er ihm die oberste priesterliche (Schlüssel)-Gewalt, die oberste Lehrgewalt und die oberste Leitung der Kirche übertragen hat. Da aber Petrus (also nach kath. Annahme) der Begründer der röm. Gemeinde und der erste Bischof von Rom war, so sind seine Nachfolger auf dem röm. Stuhle die Erben seiner Macht und Würde. Indes beruhen die Grundlagen des sog. röm. Primats weniger auf dieser historisch unverbürgten Annahme, sondern liegen vielmehr in der früheren Bedeutung Roms als Hauptstadt des röm. Reiches, seiner teils ruhmvollen Geschichte, seiner geographischen Lage in der Mitte zwischen Osten und Westen und in der Nähe des Meeres. Im Sinne der weiteren Auslegung des Begriffes von der a. S. gelten nur diejenigen Kirchen und Würdenträger als regulär und rechtmäßig, die ihre Abstammung von einem offiziellen röm. Papst lückenlos nachweisen können. Manche Sekten, wie die Liberal-Katholische Kirche und auch die Gnostischen Kirchen, haben versucht, durch Zusammenfügen von passenden Geschichtsdaten eine ununterbrochene a. S. nachzuweisen. – In ähnlicher Weise betrachtet die engl. Großloge nur diejenigen anderen Großlogen als „regulär“, die eine ununterbrochene Sukzession bis auf die 1717 gegr. Großloge von London nachweisen können. Durch die willkürliche Einführung dieser zur Universalität der FM in Widerspruch stehenden Auffassung ist die internationale FM in viele Lager gespalten worden, und die engl. Großloge droht heute jeder anderen Großloge mit harten Sanktionen, wenn von den Engländern „anerkannte“ Großlogen mit nicht anerkannten Kontakt pflegen. Die Geschichte der FM hat aber immer wieder überzeugend gezeigt, daß die außerhalb der Oberhoheit der engl. Großloge stehenden FM-Verbände die Zwecke der FM weit besser erfüllen konnten, da sie sich weniger um die Formalitäten als mehr um wahre Brüderlichkeit kümmerten.

Apothekerzeichen. In früheren Zeiten bez. man in der Heilmittelkunde wichtigere chem. Stoffe, die Gewichte, manche Arbeiten und Instrumente mit besonderen, teils alchemistischen, teils aus der Astrologie entlehnten Zeichen und Abk.

℔ Pfund (Libra)	🝪 Glas
℥ Unze	🜂 flüchtig
ʒ Drachme	☉ Gold
℈ Scrupulo	☽ Silber
ß halb (semis)	♀ Kupfer
▽ Wasser	♂ Eisen
XX Kristall	☿ Quecksilber
🝏 Präzipitat	⦶ Nitrat
♁ Pulver	♄ Blei
ff Zucker	🜍 Phosphor
+ Säure	♃ Zinn
⊖ Salz	♁ Antimon
⧗ Stunde	🜍 Schwefel
🝞 Sublimat	🝡 Weinstein
Ω Spiritus	⊕ Vitriol

Applikation, ist in der Astrologie ein ↗ Aspekt nicht ↗ exakt, sondern ↗ plaktisch, so kann es der Fall sein, daß der Aspekt erst später exakt wird. Solch ein Aspekt heißt zunehmender oder applikativer Aspekt; falls er schon früher exakt war, nennt man ihn abnehmend oder separativ.

Apport, Apport-Phänomen (franz.) = „bring her“!; normalerweise ein Befehl für den Hund, daher apportieren: durch einen dressierten Hund heranbringen. – Im Spiritismus das plötzliche Erscheinen und Verschwinden von Gegenständen oder auch lebendiger Organismen bei der ↗ Materialisation, also das Herbeischaffen von Objekten, die sich nicht in der Räumlichkeit befanden, in der das Experiment stattgefunden hat. Blumen, Früchte, Gegenstände aller Art können unter diesen Bedingungen herbeigeschafft werden. Prof. Zöllner erklärte das Zustandekommen mit Hilfe der 4. Dimension.

Apsiden. Bei den Planeten und periodischen Kometen die beiden Punkte ihrer Bahn, in denen sie von der Sonne den kleinsten bzw. den größten Abstand haben. ↗ Perihelium.

Aquarius (lat.) = Wassermann (↗ Tierkreis); symbolische Bez. für die 11. Periode des Lebenszyklus; A. bez. auch das buddhistische Vehikel des Geistes als dem Behälter der

Wahrheit (Wasser) aus der Quelle der göttl. Wirksamkeit. A. bezieht sich auf die Erhebung des Bewußtseins durch die untere buddhistische Ebene, weit voraus der gegenwärtigen Periode of Evolution.

Aquariusfest. Beim Lectorium Rosicrucianum Bez. für das ↗ Wesakfest der Theos. Gesellschaft und der Arkanschule. Lit.: Rijkenborgh, Apokalypse der neuen Zeit, Haarlem 1964 (dieses Buch enthält das vollständige Ritual des A. F.).

Äquinoktium (lat.), von equi = gleich und nox, noctis = Nacht, Tagundnachtgleiche; die Zeit im J., wo Tag und Nacht einander gleich sind, daher die Dauer des Tages 12 Stunden beträgt und die Sonne um 6 Uhr morgens aufund um 6 Uhr abends untergeht. Dies ist zweimal im J. der Fall, im Frühling um den 21. 3. und im Herbst um den 23. 9., jedesmal wenn die Sonne im Äquator steht; auch Äquinox genannt. Bei manchen Organisationen (z. B. O. T. O., Rosenkreuzer) ein besonderer Festtag; wurde von Martinez de Pasqualis als besonders günstiger Tag für bestimmte Rituale angesehen. Unter dem Titel „Äquinox" erscheint auch eine Schriftenreihe der Psychosophischen Gesellschaft.

Äquinox-Feste. Beim O. T. O. und manchen anderen Organisationen und Vereinen ein bei Herbst- und Frühlingstagundnachtgleiche begangenes Fest. ↗ Äquinoktium.

Araf, das Fegefeuer der Islamiten, die Unterwelt, gelegen unter dem Felsen der Omar-Moschee in Jerusalem. Dort steigen die Seelen der Toten zuerst in den A., wo sie auf das Weltgericht warten müssen.

Arahat, auch: Arhat, Arhan, Rahat (Sk.) = „der Wertvolle"; der höchste Rang buddhistischer Heiligkeit, besonders der ersten 500 persönlichen Schüler Buddhas. Der Name wurde auch hl. Männern gegeben, die in die höchsten esoterischen Mysterien des Buddhismus eingeweiht waren. Ein A. ist einer, der eingetreten ist in den besten und höchsten Pfad des Buddhismus und von der Wiedergeburt befreit wird.

Aram, Kurt (Ps.) = Hanns Fischer (1869–1934); bekannter esoterischer Schriftsteller und Verleger. Nach Dr. Herbert Fritsche: „der Historiker und Wesensdeuter der abendländischen Magie"; er soll viele J. seines Lebens im islamischen Orient verbracht haben. W.: Magie und Mystik in Vergangenheit und Gegenwart; Magie und Zauberei in der alten Welt, Berlin 1927; Oh Ali (Roman). Lit.: Dr. Herbert Fritsche,

August Strindberg/Gustav Meyrinck/Kurt Aram, 3 magische Dichter und Deuter, Prag 1935.

Arbeit heißt in der FM jede frmr. Versammlung zu frmr. Zwecken. Je nach dem Zweck wird unterschieden zwischen Aufnahmearbeit, Instruktionsarbeit, symbolische Arbeit, Festarbeit usw. Der Terminplan der gedruckten Veranstaltungen heißt daher **Arbeitskalender.** — Arbeit heißt auch die Durchführung von Experimenten oder Betätigungen in der zeremoniellen Magie.

Arbeitstafel. Bei der Großen Landesloge (sog. christl. Ritus) ist A. T. die Bez. für die A. ↗ Teppich in der Loge. ↗ Abbildung S. 431.

Arc (lat.), von arcus = Bogen; im AMORC das Paßwort des 2. Tempelgrades; im 10. Tempelgrad als Abk. für arcani disciplina (= Geheimlehre) gedeutet. In der Theosophie der Arkanschule unterscheidet man einen involutionären und einen evolutionären Arc (engl. für Bogen) des Kreises oder der Kurve, je nachdem, ob der Geist in die Materie hinabsteigt oder aus der Materie zu ihrem Ursprung zurückkehrt.

Arcana (oder **Arkana**), Mehrzahl von ↗ Arcanum.

Arcandisziplin (lat.: arcani disciplina), Geheimlehre, seit dem 17. Jh. Bez. für die Gewohnheit der alten Kirche, nach dem Vorbilde des heidnischen Mysterienkultes Ungetaufte von bestimmten gottesdienstlichen Handlungen auszuschließen und über gewisse hl. Gebräuche Schweigen zu beobachten. Dahin gehören die Abendmahlsfeier nebst zugehörigen Formeln, Gebeten und Gesängen, die Taufhandlung nebst Glaubensbekenntnis und Vaterunser, die Priesterweihe und Letzte Ölung. Dies Verfahren ist den ältesten Zeiten völlig fremd; es beginnt in der 1. Hälfte des 3. Jh. mit der Einführung des Katechumenats (eine Art Konfirmationsunterricht, jedoch für Nichtgetaufte) und verschwindet wieder im 6. Jh. Erst nach der Reformation beriefen sich die Katholiken (zuerst Schelstrate, Antiquitas illustrata, Antwerpen 1678) auf die A., um das hohe Alter spät aufkommender Lehren zu behaupten. ↗ Anciennität.

Arcanum (lat.) = das Abgeschlossene, dann das Geheime und Geheimnisvolle; wurde in der römischen Religionssprache für die geheimen, nicht auszusprechenden Dinge, namentlich für die ↗ Mysterien oder sonst Uneingeweihten verschlossene Geheimlehren der Priesterschaft gebraucht, auch von der christl. Theologie (↗ Arcandisziplin). — In der Alchemie des Mittelalters spielten die Arcana

Arbeitstafel 1. Grad der Großen Landesloge

(= Mehrzahl) eine sehr wicntige Rolle als Prä- parate von angeblich besonderer Wirkung, deren Zusammensetzung man geheim hielt. Auch wurden unter A. die höchsten Probleme der Alchemisten, das Große Elixier und der ↗ Stein der Weisen, begriffen. In der späteren mystisch-spekulativen Alchemie ist A. das ge- heime, körperlose und unsterbliche Etwas.

Archaeus (griech.) = der Ursprüngliche, der Erste; bei Paracelsus ein Geist, ein unsicht- barer Mensch (oder Tier) von ätherischer

Substanz, das Gegenstück zum sichtbaren Körper, dem Sitz des Lebens; die biologische Zentrale, Vegetativseele. Von neueren Autoren auch Prana und Jiva genannt.

Archetyp, Archetype, Archetypus. Das ursprüngliche „Modell", nach welchem irgend etwas gemacht ist. Es gibt Archetypen in mentalem Stoff all der verschiedenen Formen der physischen Welt. — Der Ausdruck taucht zuerst bei C. G. Jung auf und bez. dort urtümliche Bilder, die im Traum, Dämmerzustand oder bei geeigneter Ablenkung der oberbewußten Aufmerksamkeit den Einzelnen zuteil werden (etwa im Mandala) und als Produkte eines kollektiven Unbewußten (eine Art Gruppenseele) anzusprechen seien. — In der griech. Sprache heißt A. übrigens auch: Urschrift, Erstdruck.

archetypisch, so viel wie urbildlich, ↗ Archetyp.

Archetypischer Mensch. In der Esoterik wird das potentielle Evolutionsschema der göttl. Manifestation im Universum und im Menschen archetypischer Mensch (siehe Tabelle) oder auch Weltseele genannt und als göttl. Leben im Sonnensystem betrachtet.

Areopag (griech.), von Areios = Mars und pagos = Berg; der Areshügel (oder Marshügel),

ein Kalksteinhügel der Akropolis von Athen. Bei den Alten Griechen wurde durch Solon einem „Areopag" (Versammlung) die Oberaufsicht über Kultus, Sitten, Religiosität im öffentlichen und häuslichen Leben und die Sorge für Aufrechterhaltung der Gesetze anvertraut. — Vom Hügel Areopagus sprach auch Paulus seine berühmte Rede (Apg. 17, 19 ff.); Luther übersetzte das Wort A. mit Gerichtsplatz, da hier früher ein Gericht getagt haben soll. — In der FM (↗ AASR) heißt die Loge des 30. Grades Areopag.

Areopagiten. Mit diesem Titel bezeichneten sich die führenden ersten Mitglieder des ↗ Illuminaten-Ordens.

Ariel (hebr.) = „Feuerherd Gottes"; in Hesek. 43, 15/16 der oberste Absatz des Brandopferaltars und in Jes. 29, 1/2/7 Jerusalem als der Ort, wo Gott sein Altarfeuer hatte. Teils wird A. auch mit „Löwe Gottes" übersetzt; im AT werden schließlich mehrere Personen mit A. bez.; allerdings ist an dieser Stelle der Originaltext beschädigt. In der kabbalistischen Philosophie bez. A. einen Wassergeist; in den Fabeln des Mittelalters ein Geist der Luft, der Schutzengel der Unschuld; in Shakespeares

Göttlicher Plan	**Archetypischer Mensch**	Reich der Liebe	Atma
		Welt der Einflüsse	
Spiritueller Plan		Reich der Weisheit	Buddhi
		Welt der festen Prototypen	
Mental-Plan		Reich der Ursachen	Manas
		Welt des Menschen	
Astral-Plan	**Natürlicher Mensch**	Reich der Begierden	Kama
		Welt der Formen	
Psychischer Plan		Reich der Wirkungen	Sthula
		Welt der Sinne	

Der archetypische Mensch innerhalb des Evolutionsschemas

Komödie „Sturm" ein luftiger und schelmiger Geist, dargestellt als ehemaliger Gehilfe der Zauberhexe Sycorax; auch Goethe kennt einen A. im Faust. A. ist noch der Name eines Uranusmondes.

Aries (lat.), Widder ↗ Tierkreis.

Aristoteles (384–322 vZ), griech. Philosoph, Schöpfer des abgeschlossensten, umfassendsten Systems der griech. Wissenschaft und Stifter der Peripathetischen Schule (griech. peripatein = auf- und abgehen beim Reden). Entwickelte unter den Vorträgen Platos früh seine philosophische Selbständigkeit, die er auch dem Meister gegenüber behauptete. Die zahlreichen Schriften des A. umfassen beinahe das ganze Gebiet des damals zugänglichen Wissens, das er in philosophischer Beziehung tiefer begründete, systematisch geordnet und nach der empirischen Seite hin bedeutend vermehrt hat. Eine große Zahl anderer Schriften ist ihm später noch untergeschoben worden. Hierzu gehört z. B. die 1960 in Rastatt erschienene „Übersetzung" seines angeblichen Werkes „Die Technik der Diktatur" (Aristotelous peri tes ton tyrannon technes).

Arkanschule. Gegr. 1923 durch Alice A. ↗ Bailey in New York als eine Übungsschule in Meditationstechnik für Männer und Frauen und für die Selbstentwicklung der spirituellen Fähigkeiten. Der Unterricht erfolgt durch Fernlehrbriefe, die von Zentren in New York, London, Genf und Buenos Aires versandt werden. Leiter der Arkanschule in Genf ist Gerhard Janssen, der auch gleichzeitig Generalsekretär der Universellen Freimaurerliga (↗ UFL) ist. Die Arkanschule betrachtet sich daher als „magnetisches Zentrum" der gesamten Freimaurerei (vgl. Alice A. Bailey, Initiation, Lorch 1952, S. 145). Die sieben Prinzipien der A. lauten: 1. Die A. ist eine Übungsschule für Schüler; sie ist also keine Schule für Anfänger oder Mystizisten, 2. die A. unterrichtet Erwachsene, so daß sie ihren Schritt auf dem Weg der Evolution selbst gehen können, 3. die A. anerkennt die spirituelle Hierarchie dieses Planeten als eine Tatsache und lehrt die Art, wie man mit jener Hierarchie in Verbindung kommen und in sie eintreten kann, 4. die A. lehrt den praktischen Glauben, daß „die Seelen der Menschen eins sind", 5. die A. ist „nicht-sektiererisch", unpolitisch und international in ihren Zwecken, (6), 7. die A. stellt keine theologische Dogmen heraus, sondern lehrt einfach die uralte Weisheit, die in allen Landen seit ewigen Zeiten anerkannt ist.

Seit ihrer Gründung soll die A. schon 20 000 (nach anderen Angaben: 35 000) Schüler gehabt haben, die die Lehrbriefe bezogen. Es wird keinerlei Unterricht zur Erlangung psychischer Kräfte, auch nicht über Hellsehen, Magie, magische Rituale oder Sexualmagie usw. gegeben. Hauptgewicht wird auf das spirituelle Leben gelegt, auf das mentale Erfassen der okkulten Lehren. Merkliche Fortschritte, d. h. in der Belehrung nicht ganz trivialer Dinge, macht man erst, wenn man sich in den „zwischenmenschlichen Beziehungen" bewährt, d. h. entsprechende, großzügige Opfer gebracht hat, was die Schulleitung an der Höhe der freiwilligen Spenden usw. leicht erkennen kann. Die Betreuung der Schüler, die sich untereinander nicht kennenlernen, erfolgt durch sog. Arkanschul-Sekretäre, von denen es 1947 rund 140 gab. Die Schüler der A. sind verpflichtet, ihre Teilnahme am Fernunterricht geheimzuhalten. Während des letzten Krieges bekannte sich die Arkanschulleitung offiziell zur Kriegführung der Alliierten und den von ihnen eingesetzten Mitteln, was eigentlich nicht ganz der Schweizer Neutralität entspricht.

Der Name der A. geht auf H. P. Blavatsky zurück; Alice A. Bailey als Erbin der esoterischen Papiere von H. P. B. (die sie über W. Q. Judge erhielt) fand den Namen A. darin, als sie selbst noch Generalsekretärin der Adyar-TG in USA war. Alice Bailey besitzt damit das Original-Studienmaterial der ↗ ES der Adyar-TG, welches jedoch nur langjährigen und damit „zuverlässigen" Schülern gegeben wird, während die Grundlehrbriefe der ersten Jahre nur elementäre Auszüge aus allgemein erhältlichen Büchern wiedergeben; in den höheren Graden (von insgesamt sieben) wird auch Hatha-Yoga und Atemtechnik nach indischer Art gelehrt.

H. P. Blavatsky hatte an sich noch vor ihrem Tode zum Ausdruck gebracht, daß die ES in Arkanschule umbenannt werden möge, damit ein Trennungsstrich unter die alte Zeit des Streites und des Dogmatismus gezogen sei. Alice A. Bailey schreibt in ihrer Autobiographie (London 1951): „Die Geisteshaltung der jetzigen Führer der TG und ihrer Mitglieder hat mich immer wieder amüsiert. Sie lehnten alles ab, was ich lehrte, obwohl ich es direkt von den persönlichen Schülern von H. P. Blavatsky (Judge) erhielt, so daß mein Material viel authentischer ist als jenes, welches von Personen stammt, die H. P. B. nie gekannt haben."

Nach Angaben von Alice Bailey wird die A. von den Mitgliedern der ES bekämpft; Tatsache ist jedoch, daß ein großer Teil der ES-Mitglieder am Fernunterricht der A. teilnimmt. Zum Wort Arkanschule ist noch zu sagen, daß H. P. Blavatsky diesen Namen dem Buch „The Arcane Schools" von John ↗ Yarker, der einer

---

Die Festtage der Schüler der Arkan-Schule

Osterfest: Fest des lebenden, auferstandenen Christus, dem Haupt der spirituellen Hierarchie. — Vollmond im Widder.

Wesakfest: Fest des Buddha, dem spirituellen Mittler zwischen dem höchsten spirituellen Zentrum des Planeten (Shamballah) und der Hierarchie. — Vollmond im Stier.

Goodwillfest: wird als Welt-Invokationstag gefeiert, an dem sich alle Mitglieder der Großen Invokation bedienen sollen; eingeführt 1952. — Vollmond in Zwillinge.

Jedes Fest dauert 5 Tage mit einem Höhepunkt am angegebenen Stichtag bei Vollmond.

---

ihrer Lehrer war, entnommen hat. — Die A. feiert folgende Feste im Jahr: Osterfest, Wesakfest, Christfest und Welt-Invokationstag. — Lit.: Alice A. Bailey, The Unifinished Autobiography, London 1951; Gerhard Janssen, Was ist eine Esoterische Schule?, Genf 1965; ders., Die Arkanschule, Werte und Prinzipien der Esoterik, Genf 1965; Lehrmaterial: Natalie N. Banks, The Golden Thread, London; E. Valentia Straiton, The celestial ship of the north, London; Violet Tweedale, The cosmic christ, London; Vera Stanley Alder, The finding of the third eye, London; The initiation of the world, London; Florence Peck, A journey in search of ourselves, London; Francis Merchant, The transformation of society; Francis Banks, Frontiers of revelation, London; Alice A. Bailey, Initiation, menschliche und solare Einweihung, Lorch 1952.

Arkanum (lat.) von arca = Koffer, die deutsche Schreibform für ↗ Arcanum; symbolischer Ausdruck, der ein Geheimnis der Esoterik vor den Augen der Profanen verbirgt.

Arnd (auch **Arndt**), **Johann**, * 27. 12. 1555, Ballenstedt bei Hamburg, † 1621; protestantisch-theologischer Schriftsteller; seit 1583 Pfarrer in Badeborn/Anhalt, jedoch 1590 abgesetzt, weil er sich der befohlenen Abschaffung des ↗ Exorzismus widersetzte. Gab 1605 das Buch „Vom wahren Christentum" heraus, das noch heute (allerdings mit vielen Änderungen) in immer neuen Auflagen erscheint und den Pfarrern als unerschöpfliche Quelle für Predigtvorlagen dient; hierdurch kam er in den Verdacht, Irrlehren zu verbreiten. Indes stammt der größte Teil seiner Ideen von Valentin Weigel (vgl. Dr. Johann Arnd's Bücher vom wahren Christenthume, Berlin 1843, S. 523). Auf jeden Fall fand sein Buch vom wahren Christentum eine Verbreitung wie kein anderes

Werk seit Thomas a Kempis „Nachfolge Christi". Einen Teil seiner Gebete hat dann Paul Gerhardt zu Kirchenliedern umgearbeitet. Zuweilen wurde A. als der wahre Urheber der Rosenkreuzer-Schriften (Fama, Confessio) verdächtigt, jedoch hat sich trotz des frappierend ähnlichen Stils bisher keine beweiskräftige Bestätigung gefunden. Die schwedische Ausgabe des wahren Christentums („Fyra Anderika Böker om en Sann-Christendom", Norrköping 1732) wurde von der schwedischen Großloge gründlich mißverstanden und zur Grundlage der sog. christl. FM (↗ Große Landesloge) gemacht. — W.: Lebensworte aus dem Wahren Christentum und dem Paradiesgärtlein, Stuttgart 1964 (Bearbeitung).

Artaxerxes Longimanus (pers.) = „der Großmächtige der langen Hand"; 464–424 vZ in pers. König, bestieg den Thron nach der Ermordung seines Vaters Xerxes I. und seines älteren Bruders Darius; diese Person spielt in manchen frmr. Hochgraden eine Rolle, in welcher allerdings die beiden nachfolgenden Könige mit Namen Artaxerxes mit vereinigt zu sein scheinen. — Artaxerxes II.: 404–358 vZ, Sohn des Darius II. und der Parysatis. Seinen Bruder Cyrus (kommt ebenfalls in der FM vor), der ihm den Thron streitig machte, besiegte er 400 vZ in der Schlacht bei Kunaxa. — Artaxerxes III.: 358–338 vZ, unterwarf Ägypten durch die Schlacht bei Pelisium. — Die neupersische Geschichtsschreibung hat diese drei Personen (ähnlich wie die FM) in eine Person zusammengeworfen, die sie Ardeschir-Derazdest (= Langhand) nennt.

Arundale, Francesca, * 1847 in Brighton/England, † 23. 3. 1924, Tante von Dr. G. S. ↗ Arundale, einem bekannten Theosophen. F. A. wurde 1896 als eine der ersten Frauen in den gerade gegründeten Orden der Gemischten

General Superintendentens Förstendömet Lüneburg
Hal. Johann Arndts
Eyra Anderika Böcker
Om
En Sann=Christendom

Hwartil kommit under namn af
Femte Boken
Tre stôna änderika Tractater ,
I. Om en Sann Tro och heligit lefwerne. II. Om the trognas Förening med
theras hufwud Christo. III. Om then H. Treenighet, om Christi person och ämbete,
och om then Hel. Andas wälgärningar.

Och
I stället för Siette Boken
Tre andre smärre , sasom
I. Ett uprepande och förswar för läran om En Sann Christendom. II. Iwå
Sände=bref angående Böckerna om En Sann Christendom. III. Betänkande
öfwer Tauleri Tyska Theologie.

Med nya anmärckningar af Luthero, Dorschao och Varenio , samt Register så wäl öfwer he-
la Catechismum , och Sön- och Högtidsdags Evangelia, som ock öfwer alla hufwud Språk , och sedan
öfwer alla märkwärdiga saker, jämte ander ta böner, theruti innehållet af hwart
Capitel sammanfattas.

NORRKJÖPING, Tryckt hos CARL FRIEDRICH BROOCMAN 1732.

Johann Arndts „Bücher vom wahren Christentum"
Titelblatt der seltenen schwedischen Ausgabe von 1732

Freimaurerei „Le ↗ Droit Humain" aufgenommen. Auf ihre Anregung hin wurde die Gemischte FM 1902 in England eingeführt. Später
ging sie zusammen mit Annie Besant nach
Indien, wo sie als Lehrerin wirkte und sich
ebenfalls um die Verbreitung des „Droit Humain" verdient machte. Im Alter von 75 Jahren wurde sie von Annie Besant nach England
geschickt, um die dortigen Logen zu inspizie-
ren, wo sie aber infolge des nicht mehr ge-
wohnten Klimas sofort erkrankte und dann
nach ihrer baldigen Rückkehr nach Indien
starb. Im „Droit Humain" hatte sie den 33.
(= höchsten) Grad. — Lit.: Hommage à nos
aînés, Paris 1954.

Arundale, Dr. George Sidney, * 1. 12. 1878,
† 1945; verheiratet mit seiner Dienerin Srimati
Rukmini Devi; A. wurde wegen des Todes
seiner Mutter von seiner Tante Frl. Francesca
Arundale adoptiert. Diese trat 1881 der Adyar-
TG bei und hatte H. P. Blavatsky oft bei sich
zu Gast. George wurde teils in Deutschland,
teils in England erzogen. 1900 wurde er Ma-
ster of Arts der Universität von Cambridge.
Zwei Jahre später ging er mit seiner Tante
Francesca auf Einladung Annie Besants nach
Indien, um dort Professor am neugegründeten
Hindu-College von Benares zu werden. Im
gleichen Jahr wurde George auch Mitglied des
Gemischten Freimaurer-Ordens „Le ↗ Droit
Humain", dem auch seine Tante und Annie
Besant angehörten. 1910 verkündete Dr. A. den
bis dahin streng geheim gehaltenen „Orden des
Stern" (↗ Krishnamurti), wodurch A. Streit mit
dem Lehrkörper des Colleges bekam, so daß
Annie Besant einfach eine eigene Universität
in Madras gründen mußte, welcher übrigens
Rabindranath Tagore als Dekan vorstand. Dr. A.
wurde Leiter der Lehrerausbildung; diese Universität verlieh ihm auch den Doktortitel. 1920
heiratete Dr. A. seine Dienerin, die ihn schon
auf vielen Reisen begleitet hatte. 1929 wurde
Dr. A. Generalsekretär der Adyar-TG in Australien und half dort Leadbeater bei der Ausarbeitung verschiedener Bücher.

Als Annie Besant 1934 starb, wurden Dr. A. und Ernest ↗ Wood als Kandidaten für die Präsidentschaft nominiert. Plötzlich tauchten jedoch (gefälschte) Briefe auf, die angeblich Jinarajadasa gefunden hätte, in welchen Annie Besant 1926 an Dr. A. geschrieben hätte: „Du sollst mein Nachfolger als Präsident sein. Ich denke, Du kommst am besten herüber (d. h. nach USA). Dies ist unsere größte Sektion, und Du mußt ihre Sympathie vor den Wahlen 1928 gewinnen..." — Im anderen Brief: „Die Meister sagen, daß Du Präsident werden sollst, und ich nehme es als sicher an, daß es 1928 soweit sein wird..." Die Briefe stellten sich später als Fälschung heraus und brachten viel Streit und Verwirrung, denn jeder, der Annie Besant gekannt hatte, wußte, daß sie sich niemals über eine mögliche Nachfolge geäußert hatte oder haben würde. Durch diese Machenschaften wurde Dr. A. Nachfolger Annie Besants als Präsident der Adyar-TG, während die verdiente Mitarbeiter und Geistschreiber Annie Besants, Dr. Ernest Wood, ausschied und nach England zurückging. — 1935 wurde Dr. A. noch Souveräner Großkommandeur der indischen Föderation des Gemischten Freimaurer-Ordens „Le Droit Humain". Nach dem Tode von Dr. A. (1945) wurde Jinarajadasa Generalsekretär der Adyar-TG. — W.: You, deutsch „Du", Pfullingen 1962; Mount Everest; Nirvâna; Kundalinî, an occult experience; The lotus fire; Der Weg des Dienens, Leipzig ca. 1917. — Lit.: Ernest Egerton Wood, Is this Theosophy ... ?, London 1936.

Arupa (Sk.) = „körperlos"; formlos, im Ggs. zu rupa (= Körper oder Form). Das Wort, das im esoterischen Schrifttum ziemlich häufig vorkommt, besagt jedoch nur, daß die Formen in den höher-geistigen Welten (den sog. Arupa-Lokas) auch von höhergeistigem Typus, angenommen, daß sie höhergeistiger Art seien, und natürlich viel ätherischer als die „Formen" der Rupa-Lokas. (so: Dr. v. Purucker).

Arupa-Ebene; Teil der ↗ Devachan-Ebene; die formlose höhere Himmelswelt, der Kausalplan.

Arya Samaj (samaj = Gesellschaft), gegr. 1875 von Mula Shankara (sein späteres Ps.: Dayananda Sarasvati) in Bombay; 1878 schloß sich die 1875 gegr. TG dem A. S. an, aber die Fusion dauerte nur bis 1881. Lit.: Handbook of the Arya Samaj, Allabad 1912; The Niyoga Doctrine oft the Arya Samaj, Lahore 1896; J. N. Farquhar, Modern religious movements in India, London 1929.

Aryasanga (Sk.), etwa = Orden der 5. Wurzelrasse; Name der italienischen Zentrale der ↗ Arkanschule mit dem Untertitel „Associa-

zione Italiana per la divulgazione degli Studii Esoterici" = Italienische Vereinigung zur Verbreitung esoterischer Studien.

Arya Sumatry (Ps.) = André Sonnet; W.: Das echte Zigeuner-Traumbuch, Freiburg 1961.

Asakrit-Samadhi (Sk.), ein bestimmter Grad von ekstatischer Kontemplation; eine Stufe des ↗ Samadhi.

Asana (Sk.), von as = ruhig sitzen; die Körperstellungen oder Posituren, die 3. Stufe des Hatha-Yoga oder nach Patanjali; von Professor Hauer mit „rechte Sitzhaltung" übersetzt. A. bedeutet in technischer Hinsicht eine der besonderen, von Hindu-Asketen, hauptsächlich der Hatha-Yoga-Schule, angenommenen Körperstellungen. Man nennt gewöhnlich fünf dieser Körperstellungen, tatsächlich wurden aber nahezu 90 festgestellt von Forschern auf diesem Gebiet. Richard Schmidt bringt in „Fakire und Fakirtum im alten und modernen Indien" (Berlin 1908) 87 verschiedene Stellungen von Asana, aber nur 32 sind im Hatha-Yoga dem Menschen wirklich heilsam. Es gibt eine umfangreiche pseudo-magische und mystische Literatur über diese verschiedenen Körperstellungen und verwandten Gebiete sowie über ihren scheinbaren und wirklichen psychologischen Wert, wenn die Stellungen von Schülern eingenommen werden. In Wirklichkeit ist jedoch ein großer Teil der Schriften sehr oberflächlich und hat tatsächlich wenig mit der wahren okkulten oder esoterischen Schulung echter Okkultisten zu tun.

Kein Geringerer als Gott Shiva selbst soll die Asanas erfunden haben, und zwar genau 8 400 000 Stück. „Ihre Zahl entspricht derjenigen der Lebewesen auf Erden". Die Asanas sind bei den meisten theosophischen Gesellschaften verpönt.

Aschram, auch **Ashram** oder **Asrama** (Sk.), von sram = Anstrengungen machen, sich bemühen; der Mittelpunkt oder die Stätte, wo der Meister seine Jünger und Aspiranten um sich versammelt, um sie persönlich zu belehren; ein Kollegium, eine Schule oder Einsiedelei bzw. Aufenthaltsort eines Asketen; Periode der Anstrengung, des Strebens im religiösen Leben, in der religiösen Laufbahn eines Brahmanen. In der modernen okkulten Literatur wird auch der zusammengesetzte Ausdruck ↗ Brahmasrama verwendet.

Ashia. Dieses Wort kommt nur in dem Buch „Dei gloria intacta" (S. 48) von Rijkenborgh vor und wird dort als „Asien" gedeutet. Offenbar hat der Verfasser die in englischen Wörter-

स्वस्तिकासनम् ६   सिंहासनम् ७

Svastikasana   Simhasana

(Original-Abbildungen aus der Hatha Yoga Pradipika)

büchern für das Wort „Asia" angegebene Aussprache (aishia) mißverstanden und für ein selbständiges Wort gehalten. — Dem Sinne nach knüpft Rijkenborgh bei seinem Wort Ashia an die von Gaskell (Dictionary of the Sacred Language, S. 69) gegebene Deutung an, und zwar aufgrund der heidnischen Dichtung Völuspa (Vers 33—40) des 9. Jh. und der Edda; danach werden die drei Asen (nordische Heidengötter) als die drei göttl. Prinzipien oder der Logos unter den Aspekten des Willens, der Weisheit und der Aktivität gedeutet. Daß Rijkenborgh in diesem Zusammenhang das Personalpronomen „es" groß (Es) schreibt, ist ein deutlicher Hinweis auf die Quelle, denn das nordische Wort Asen kommt von dem althochdeutsch-sächsischen Wort „ês" (= die Gnädige). Lit.: Weinhold, Über den Mythus im Wanenkrieg, Berlin 1890.

Ashmole, Elias, * 1617, † 1692; nach dem internationalen Freimaurerlexikon von Lennhoff-Posner „einer der größten englischen Gelehrten des 17. Jahrhunderts, wohl der älteste berühmte spekulative Freimaurer". A. war Mitglied der Royal Society, Rosenkreuzer und Verfasser bedeutender Werke. Aus seinem noch erhaltenen Tagebuch geht hervor, daß er am 16. 10. 1646 in Warrington (Lancashire) in eine Freimaurerloge aufgenommen wurde. 1644 war er durch William Backhouse Rosenkreuzer geworden. Zusammen mit dem Astrologen William Lilly und anderen gründete er 1646 nach Bacons Buch „Nova Atlantis" das ominöse „Haus Salomonis", welches ein Sanktuarium für das Suchen nach den tiefsten Mysterien der Natur sein sollte. A. ist ferner der Gründer des noch heute bestehenden Ashmole-Museums in Oxford, wo sich auch seine wertvolle Bibliothek befindet. — Ragon (in: Orthodoxie Maçonnique, S. 29) gibt an, daß A. 1646 das Ritual für den 2. Grad der FM und etwas später das des 3. Grades entworfen haben soll. — John Yarker behauptet, daß A. um 1686 der führende Kopf sowohl der FM wie der Rosenkreuzer war und ist der Ansicht, daß beide Institutionen, wie man aus A.s Tagebuch schließen kann, 1682 in Verfall gerieten. Yarker hat auch die These propagiert, daß die FM von den Rosenkreuzern erfunden sei (vgl. „Speculative FM, an Historical Lecture", Rede vom 31. 3. 1883, in: Gould, History of FM, Bd. II, S. 138).

Asitie (griech.) = „Fasten"; das Phänomen der ↗ Nahrungslosigkeit.

1646

Oct: 16. 4 H 30´. P.M. J was made a Free Mason
at Warrington in Lancashire, with Coll: Henry
Mainwaring of Karincham in Cheshire.
The names of those that were then of the Lodge
Mr Rich Penket Warden, Mr James Collier, Mr Rich.
Sankey, Henry Littler, John Ellam, Rich: Ellam
& Hugh Brewer.

March 1682.

10. About 5 H. P.M. J received a Summons to appear at a
Lodge to be held the next day, at Masons Hall London.

1. Accordingly J went, & about Noone were admitted
into the Fellowship of Free Masons,
Sr William Wilson Knight, Capt Rich: Borthwick,
Mr Will: Woodman, Mr Wm Grey, Mr Samuell
Taylour & Mr William Wise.

J was the Senior Fellow among them (it being 35
yeares since J was admitted) there were present
beside my selfe the Fellowes after named.

Mr Tho: Wise Mr of the Masons Company this
present yeare. Mr Thomas Shorthose, Mr Thomas
Shadbolt, ~~Waindsford~~ Waindsford Esqr
Mr Nich: Young. Mr John Shorthose, Mr William
Hamon, Mr John Thompson, & Mr Will: Stanton.

Wee all dyned at the halfe Moone Taverne in
Cheapside, at a Noble Dinner prepaired at the charge
of the New = accepted Masons.

Askese (griech.), von askesis = Übung; früher fälschlich „Ascese" geschrieben. Das Wort bezeichnet insbesondere die Lebensart und die Übungen der Athleten, daher ist ein Asket ein so Geübter oder Athlet. Auf sittliche Beziehungen angewendet bedeutet A. die Übung in der Beherrschung der Begierden und Leidenschaften; Asket ist in diesem Sinne jemand, der enthaltsam lebt. Die A. findet sich bei vielen Völkern und in den verschiedensten Religionsformen und philosophischen Systemen; sie geht von der einfachen, freiwilligen Enthaltsamkeit von sinnlichen Genüssen bis zur furchtbarsten gewaltsamen Selbstpeinigung (Kasteiung), so im Altertum bei babylonischen, syrischen und phrygischen Kulten, bei indischen Sekten. Der Grund der asketischen Ethik ist die Anschauung, daß Geist und Materie in schroffem Gegensatz stehen und die Materie als das unreine, hindernde Element überwunden werden muß.

Nach der Anschauung der Inder ist die A., hauptsächlich in der Form der gesteigerten Selbstpeinigung, ein Mittel, die Erfüllung aller Wünsche, den Besitz übernatürlicher Kräfte, selbst göttliche Macht zu erlangen. Der brahmanischen Philosophie gilt die A. als die wirksamste Förderung der Konzentration des Geistes und der dadurch zu erstrebenden höchsten Erkenntnis.

Aus der brahmanischen A. wurde zuerst mit der Adyar-Theosophie der Vegetarismus übernommen und, um ihm ein westliches Gewand zu geben, die ethische Theorie unterlegt. Der Vegetarismus ist ein rein asketisches Mittel, um Körper und Geist zu beherrschen bzw. zu unterwerfen. Der betreffende Kandidat muß sich im allgemeinen ständig mit dem Verzicht auf Fleischgenuß auseinandersetzen und kann dann leicht von den zuständigen Führern dirigiert werden.

Aspekt (lat.), von adspicere = blicken auf; unter A. versteht man in der Astrologie den Winkel, in welchem zwei Planeten von der Erde aus gesehen zueinander erscheinen. Die A. zwischen der Sonne und dem Mond sind als die Mondphasen bekannt (vgl. Tabelle). Stehen Sonne und Mond zusammen am Himmel, so ist also Neumond oder astrologisch eine Konjunktion; stehen Sonne und Mond am Himmel einander gegenüber, so ist also Vollmond oder astrologisch eine Opposition. Entsprechend ist das erste Viertel und das letzte Viertel astrologisch eine Quadratur. — A. ist sonst noch ein sehr vielseitiges Wort in der esoterischen Literatur. Es bedeutet, je nach

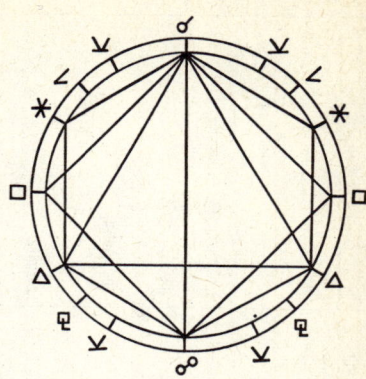
Die Lage der Aspekte im Kreisdiagramm

dem Zusammenhang, Blickwinkel, Ansicht, Erscheinungsform, Ebene, Prinzip, Ausdrucksform, Element usw.

Aspirant (lat.), von ad = nach und spirare = atmen; ein Bewerber, der etwas ernsthaft anstrebt; auch im Sinne von Kandidat, obwohl ein Unterschied besteht: der A. ist zur Prüfung noch nicht, der Kandidat jedoch schon zugelassen; jemand, der danach strebt, eine höhere Stufe des Bewußtseins zu erlangen, und der durch Selbsterkenntnis, Reinheit der Gedanken, durch Absicht und Handlungen voranschreitet.

Assisi, Franz von; 1182—1226; wurde heilig gesprochen; Papst Benedikt XI. setzte den 17. 9. als Festtag ein; ♐ Stigmatisation.

Assyrischer Baum des Lebens. Kommt in der Bibel in der Form Asherah dreißigmal vor; ursprünglich eine Säule mit sieben Armen und ein bestimmtes metaphysisches Symbol (Phallus). Ashera war zudem eine phönizische Gottheit, deren Verehrung in Verbindung mit dem Baalkult unter den Israeliten schon während der Richterperiode sich verbreitete und zuweilen auch im Reiche Juda herrschte. Sie hatte ihre Propheten und wurde wollüstig verehrt; ihre Bildsäulen waren von Holz und wurden zuweilen auf dem Altar des Baal, einmal selbst im Jehovah-Tempel (2. Kö. 21, 7 und 23, 6) aufgestellt. Daß Ashera und Astarte dieselbe Göttin ist, wäre denkbar.

astral (lat.), von astrum = Stern; im Okkultismus ist das Astrale im wesentlichen die Bildungsebene alles dessen, was materiell ist. Jedes Wesen, jedes materielle Objekt hat also

Stärke	Symbol	Grad	Fachausdruck	Deutsche Bezeichnung	Bemerkungen
1	☌	0 oder 360	Konjunktion	Zusammenschein	gleiche Länge der Gestirne *
4		30 " 330	Semisextil	Zwölftelschein	
s		36 " 324	Semiquintil oder Dezil	Zehntelschein	
s		40 " 320	Nonagon	Neuntelschein	
4		45 " 315	Semiquadrat	Achtelschein	
s		51 " 309	Septil	Siebtelschein	
3		60 " 300	Sextil	Sechstelschein	günstig
s		72 " 288	Quintil	Fünftelschein	
2		90 " 270	Quadratur	Viertelschein	ungünstig
s	BS	103 " 257	Biseptil **	Zwosiebtelschein	
s	TD	108 " 252	Sesquiquintil oder Tredezil	Dreizehntelschein	
2		120 " 240	Trigonal	Drittelschein	günstig
4		135 " 225	Sesquiquadrat	Dreiachtelschein	
s	BQ	144 " 216	Biquintil	Zwofünftelschein	
4		150 " 210	Quinkunx	Fünfzwölftelschein	
s	TS	154 " 206	Triseptil **	Dreisiebtelschein	
1	☍	180	Opposition	Gegenschein	ungünstig

Stärkeskala: 1 = sehr stark, 2 = noch stark, 3 = weniger stark, 4 = noch schwächer, s = schwache Aspekte

* Günstig unter günstigen Planeten; ungünstig bei Aspekten mit Saturn, Mars, Uranus und Neptun

** Biseptil und Triseptil auf ganze Grade abgerundet

Aspekt		Mondphase	Symbol
☉ ☌ ☽		Neumond	●
☉ □ ☽		Erstes Viertel	☽
☉ ☍ ☽		Vollmond	☽
☉ □ ☽		Letztes Viertel	☽

Mondphasen als Aspekte zwischen Sonne und Mond

Übersicht über die gebräuchlichen Aspekte

ein entsprechendes Moment im Astralen. Es gibt einen ↗ Astralkörper, eine ↗ Astralebene, eine astrale Welt usw.

Astralebene oder Astralplan. Seit dem Mittelalter Ausdruck für die Ebene (↗ Prinzipien der Welt) zwischen der physischen und der mentalen Ebene. In der ottomanischen Sufi-Philosophie wird diese Ebene Welt der Formen oder Entsprechungen genannt, in der Kabbalah Welt der Formenbildung, in der indischen Philosophie Kama (= Begierde). Die A. ist das Gebiet oder Medium der Begierden, Gefühle, Leidenschaften und Instinkte der niederen Natur. Auf der A. bilden sich auch die physischen Organismen, die in Übereinstimmung mit den Mustern auf der Mentalebene entstehen und wachsen. Annie Besant: „Die A. ist eine bestimmte Region des Universums, welche die physische und durchdringt; sie ist aber nicht wahrnehmbar für unsere gewöhnliche Beobachtung, da sie aus einer anderen Materie besteht. Ebenso wie die physische Ebene hat die A. sieben Aggregatzustände, die den physischen entsprechen." — Die Bezeichnung „astral" ist nicht sehr glücklich, aber angeblich seit Jahrhd. so üblich. Vielleicht wegen der leuchtenden Pünktchen, die man auf ihr wahrnehmen kann, die an Sterne (astrum) erinnern. – Lit.: Leadbeater, Die Astralebene, Leipzig, ca. 1896.

Astralkörper oder Astralleib, auch: ↗ Linga sharira oder Astraldouble. Das Instrument des inkarnierten Egos auf der ↗ Astralebene; besitzt einen den Kräften der Ebene entsprechenden Mechanismus und die Mittel, durch welche Begierden, niedere Empfindungen und Gefühle auf die Seele einwirken und durch das niedere Bewußtsein der Mentalebene empfunden werden; er ist das ätherische Gegenstück oder der Schatten des Menschen oder des Tieres, jedoch nicht zu verwechseln mit der Astralseele. Zuweilen wird der A. auch mit Seele, Geist oder plastischem Vermittler umschrieben; er ist der Sitz des Lebens der Bewegung im Menschen, Tier oder Planeten und das Agens vieler spiritistischer, magnetischer, telepathischer oder sonstiger wunderbarer Phänomene. Der A. ist nur wenig feinstofflicher als der physische Körper und bildet in der Tat das Modell oder Gerüst, um welches herum der physische Körper aufgebaut ist; er ist der Träger von Prana und Lebenskraft und geht zeitlich dem physischen Körper voran. Der A. muß verstanden, kontrolliert und trainiert werden, um unter der Herrschaft des Menschen bewußt zu funktionieren.

Im Schlaf verfügt sich der A. mit dem Ich in höhere Sphären (nach der Anthroposophie), d. h. in die Region der Träume (↗ Schlaf). Im Tode löst sich der A. mit dem Ich und Ätherkörper vom physischen Körper, wobei der Ätherkörper mit dem A. noch drei Tage verbunden bleibt. Nach Steiner bleibt der A. noch für etwa ein Drittel des vergangenen Lebens (weil man nämlich ein Drittel des Lebens mit Schlafen zubringt) mit dem Ich verbunden. Dann löst sich das Ich und verbringt (wieder nach Steiner) noch 1200 Jahre in passender Umwelt.

Tenhaeff, „Außergewöhnliche Heilkräfte", schreibt: „Was den A. betrifft, so beginnen die Ergebnisse der Untersuchungen der Parapsychologen allmählich unbestreitbar den alten Glauben an das Bestehen eines solchen Metaorganismus zu rechtfertigen. Verschiedene Forscher rechnen mit der Existenz dieses übersinnlichen Organismus" (S. 283). Nach Papus belebt der A. alle Konstitutionselemente des menschlichen Wesens; er ist das genaue Ebenbild des physischen Körpers und bildet eine organische Realität, besitzt physische Organe, Aktionszentren und Lokalisierungen. Die physischen Organe, die zum A. eine besondere Affinität besitzen, sind die Atmungs- und die Kreislauforgane samt allem Zubehör.

Die Deutungen, Bezeichnungen und auch die Plazierung des A. innerhalb der Konstitution des Menschen (↗ Prinzipien des Menschen) sind von Verfasser zu Verfasser und in den einzelnen esoterischen Systemen sehr verschieden. Alice A. Bailey schreibt wahllos A. und Ätherkörper, wenn bloß der Ätherkörper gemeint ist. Bei Rud. Steiner heißt es teils Astralleib, teils Seelenleib; bei Heindel der Empfindungsleib, bei H. P. Blavatsky einfach Linga sharira, teils auch Kama oder Kama-Rupa. Eindeutig wäre nur die Bezeichnung als „3. Prinzip", da er der sog. 3. Ebene angehört. Nach Steiner besitzen übrigens nur der Mensch und das Tier den A., jedoch nicht die Pflanze; für das geistige Auge hat er die Form einer eiförmigen Wolke, erfüllt mit beständiger innerer Beweglichkeit. – Lit.: Schräfter, Geist, Mystik, Magie; E. Matthiesen, Das persönliche Überleben nach dem Tode.

Astralleib ↗ Astralkörper.

Astrallicht, die unsichtbare Region, welche unseren Globus umgibt, wie auch alles andere; es entspricht dem zweiten Prinzip des Kosmos, dem Träger des Lebens, welches das dritte Prinzip darstellt. Das A. ist eine subtile Essenz, die nur dem hellsichtigen Auge sichtbar ist. Eliphas Lévi nennt es „die große Schlange", von der aller böser Einfluß auf die Menschheit niederströmt. Nach Meinung anderer Okkultisten trifft diese Feststellung zwar zu, jedoch strahlt das A. nur aus, was es empfängt. Das A. entspricht dem „siderischen Licht" von Paracelsus. Physikalisch ist es der Äther der modernen Wissenschaft. Im Grunde ist das A. der Erde oder des Sonnensystems überhaupt das, was der Linga-sharira für den einzelnen Menschen ist. Gerade so, wie im Menschen der Linga-sharira oder Astralkörper der Vermittler oder Träger von Prana, der Lebensenergie, ist, so bildet auch das Astrallicht den Träger des kosmischen Jiva, der kosmischen Lebenskraft.

Nach Dr. v. Purucker ist das A. die kosmische Bildergalerie und bewahrt die unverlöschlichen Aufzeichnungen von allem, was auf der astralen und physischen Ebene geschieht, und gerade diese letztere Phase hat die Aufmerksamkeit der meisten Theosophen und Okkultisten in Anspruch genommen. Diese dritte Phase seiner Tätigkeit ist indes die am wenigsten wichtige und wirklich interessante. — Lit.: G. v. Purucker, Esoterische Tradition, Kap. 25/26.

Astralplan ↗ Astralebene.

Astralprojektion (auch: Astralwallen, Astralwanderung); die Technik der Aussendung des Astralkörpers, d. h. seiner bewußten Abtrennung vom physischen Körper, um ihn insbesondere dritten Personen erscheinen zu lassen. Einzelheiten sind esoterisches Lehrgut der Theosophischen Gesellschaften und werden auch beim AMORC und in der dritten Schulungsstufe der Anthroposophischen Gesellschaft erwähnt. Lit.: Aksakow, Animismus und Spiritismus; Frederick C. Sculthorp, Meine Wanderungen in der Geisterwelt, Freiburg 1962; Sylvan Muldoon/Carrington, Die Aussendung des Astralkörpers, Freiburg 1964; Fra Peregregius, Tattwa, Hellsehen, Astralwallen, Berlin 1959; Willy Schrödter, Geist, Mystik, Magie; Muldoon/Carrington, The phenomena of astral projection, London 1966.

Astralwallen ↗ Astralprojektion.

Astralwanderung ↗ Astralprojektion.

Astralwelt (auch: Astralebene), die erste höhere Ebene nach der physischen; die Ebene der Emotionen. Hölle, Fegefeuer und Elysium (Sommerland) sind nach den Lehren der Theosophie Sphären der A. Tiere und Menschen gelangen während des Schlafs teilweise in die A., und Tote sogar für längere Zeit. In der A. bilden sich auch die ↗ Gedankenformen, sie ist das Reich der Naturgeister und Sylphen. Die Kenntnis der Eigenschaften und Eigenheiten der A. ist unerläßliche Voraussetzung

für das Verständnis der Theorien, die der Okkultismus zur Erklärung einer Reihe von anscheinend befremdenden, von besonders entwickelten Menschen aber doch produzierbaren Phänomenen zu bieten hat. Genaugenommen ist die A. ein Bindeglied, eine Zwischenebene zwischen der physischen (körperlichen) Welt (Ebene) und der dritten Ebene, der sogenannten Mentalebene, der Welt des Kausalkörpers. Das Prinzip aller Dinge (d. h. die Idee oder Ursache) gehört der dritten Ebene, der Mentalebene an und projiziert sich in die A., von wo aus die astrale Form auf die physische Welt einwirkt und die physische Form schafft. Die A. dient also zur Aufnahme der Eindrücke aus der höheren Ebene und zu deren Verwirklichung in der Materie, im Stoff, etwa so wie die Hand dazu dient, die Eindrücke des Gehirns in Form von Muskelreaktionen in Empfang zu nehmen und in der Materie zu verwirklichen. — ↗ Prinzipien des Menschen, ↗ Prinzipien der Welt.

Astro (griech.), von astron = Stern; in vielen Zusammensetzungen verwendet, z. B. ↗ Astrologie, Astronomie usw.; auch Paßwort des fünften Tempelgrades im AMORC.

Astrologie, von (lat.) astrum = Stern und (griech.) logos = Kunde; Sterndeutekunst, Lehre von der Abhängigkeit aller menschlichen Entwicklung vom Lauf der Gestirne, deren Stellung bei Geburt und bei Handlungen im Leben. Die A. behauptet aufgrund von (angeblich) empirischen Tatsachen die Möglichkeit der Vorhersage der Zukunft (auch des Todes) aus der Konstellation der Sterne. A. gehört nicht ohne weiteres zum wissenschaftlichen Bereich des Okkultismus, obgleich A. auch naturwissenschaftlich behandelt werden kann. A. wurde bereits von den Babyloniern und im klassischen Altertum betrieben und hat eine wechselvolle Geschichte der Anerkennung und Ablehnung. Krisenzeiten (besonders nach Kriegen) haben ihren Einfluß zumeist gehoben. Wie weit im Sinne geopsychischer Erscheinungen auch astropsychische Erscheinungen auf das Leben einen Einfluß haben und auf diesem Weg ein berechtigter Kern ist, bleibt zu erforschen. Das Urteil über die A. ist dadurch in der Literatur sehr verschieden; von der akademischen Wissenschaft wird ihre Lehre rundweg bestritten, von vielen Okkultisten und vor allem im Volksglauben wird ihr ein hoher Wert beigemessen. Neben der herkömmlichen (oder prognostischen) A. kennt die Esoterik noch die höhere oder esoterische A. (↗ A., esoterische). Ein sonst für okkulte Praktiken so aufgeschlossener Schriftsteller wie

Gustav Meyrink hat sich in „An der Grenze des Jenseits:" bemerkenswert negativ über die A. geäußert: „So wie es allerlei feine Methoden gibt, den Instinkt zu fördern, ja sogar okkulte Wege und Mittel, ihn derart zu steigern, daß er zu uns spricht wie ein inneres, untrüglich wahrhaftiges Wort, so gibt es auch Gifte für ihn, die seine Fähigkeit, sich zu äußern, völlig lähmen. Ein solches scheußliches Gift ist z. B. die sogenannte A." (zitiert bei Dr. Herbert Fritsche, „Kleines Lehrbuch der weißen Magie", Freiburg 1962). — Mittelpunkt der A. ist das Horoskop, über dessen Erstellung und Deutung nicht nur eine umfangreiche Literatur, sondern eine Vielzahl sehr unterschiedlicher und zu sehr verschiedenen Resultaten führenden Verfahren existiert. — Lit.: H. E. Douval, Magie und Astrologie; Nikolaus Seméntowsky-Kurilo, Schicksal im Sternenspiegel; Wilhelm Knappich, Der Mensch im Horoskop; E. C. Kühr, Systematische Horoskopberechnung; Ernst von Xylander, Lehrgang der A.; Max Siegrist, Das astrologische Experiment; Carl M. Feuerbach, Der Stufenbau der Welt; T. Ring, Tierkreis und menschlicher Organismus; R. Ebertin, Die anatomischen Entsprechungen der Tierkreisgrade; Max Heindel, Die medizinische A.; Dr. Feerhov, A. als Grundlage der Heilkunst; Wassilko-Serecko, Astrologische Betrachtungen über die Krebskrankheit; Dr. H. G. Müller-Freywardt, Astrologische Gesundheitsfibel; Sindbad-Adolf Weiß, Die astrologischen Elemente; Charlotte Deinert, Rund um die Grenzwissenschaften; Karl Spiesberger, Hermetisches ABC; Hans-Christian Freiesleben, Trügen die Sterne?, Stuttgart; W. Gundel, Sternglaube, Sternreligion und Sternorakel, 1959; Alfons Rosenberg, Zeichen am Himmel; H. Kündig, Astrologische Prognose; Max Heindel, Rosenkreuzer-Philosophie in Frage und Antwort; Oskar H. A. Schmitz, Der Geist der A.; Heinrich Wittemann, Im Lichte deiner Sterne; Alan Leo, Astrologie für jedermann; R. H. Rohm, Die Berechnung der Häuser und Planeten; Prof. Hans Sterneder, Schlüssel zum Tierkreisgeheimnis; Prof. Issberner-Haldane, A.; Elsmarie Anrich, Das Thema A.; Walther Bühler, Die Sternschrift unseres Jahrhunderts; Fritz Werle, Schicksal und Erdraum; Prof. Dr. Alfred Fankhauser, Das wahre Gesicht der A.; Herbert A. Löhlein, Die A., in: Die Welt der geheimen Mächte, S. 507—676; Ernst Günther Paris, A., Trugschluß oder Wissenschaft?, Erlangen 1950; Joachim Hermann, Das falsche Weltbild, Stuttgart 1962; Prof. Dr. Will-Erich Peukert, A., Stuttgart 1960; Dorothea zur Linden, Religiöse A., Unterhaching 1959; Dr. Hugo Lindenberg, Sternenbahnen, Menschwege,

Hamburg 1950; Dr. Rudolf Steiner, Geistige Hierarchien und ihre Widerspiegelungen in der physischen Welt, Dornach 1960; ders., Das Verhältnis der Sternenwelt zum Menschen, Dornach; P. Bauer, Horoskop und Talisman, Stuttgart 1963; Eliphas Lévi, Dogma und Ritual der Hohen Magie, Bd. 1, S. 226—235.

Astrologie, esoterische. Im Gegensatz zur praktischen oder prognostischen A., die die Zukunft nach den Konstellationen der Sterne vorhersagen will, dient die e. A. als Grundlage für eine magische Operation, d. h. um den günstigsten Zeitpunkt zu bestimmen. Man bestimmt damit auch gleichzeitig den Namen der Genien, die die Sterne und Planeten beherrschen, die zur Operation geeignet sind. Einer der bekanntesten Vertreter der e. A. ist Max Heindel (und seine Frau Augusta); Heindel: „Auch das Gesetz von Ursache und Wirkung (Karma) arbeitet in Harmonie mit den Weltkörpern, so daß der Mensch zu einer Zeit geboren wird, wenn die gegenseitige Stellung der Himmelskörper die nötigen Bedingungen für seine Erfahrungen und seinen Fortschritt in der Schule des Lebens gibt." — Lit.: Max Heindel, Die Botschaft der Sterne, Darmstadt; ders., Vereinfachte wissenschaftliche Astrologie, Darmstadt; Alan Leo, Exoterische und esoterische A., Freiburg 1921; Charubel, Esoterische Horoskopdeutung.

ASW (Abk.) = „Außersinnliche Wahrnehmung"; die wörtliche und eigentlich falsche Übersetzung der engl. Abk. ESP (= extra-sensory perception). Perzeption ist nicht „Wahrnehmung" schlechthin, sondern Begreifen, d. h. Eintritt einer Vorstellung in das innere Blickfeld, also als gleichzeitig im Bewußtsein erscheinenden Vorstellungen. Unter ASW werden von der Schulwissenschaft, soweit sie sich mit Okkultismus überhaupt befaßt, die Telepathie, Telekinese und andere dem Okkultisten ganz geläufige Dinge verstanden, die in akademisch beeinflußten Wörterbüchern und Lexika noch immer als Aberglauben und Hexerei abgetan werden. Der engl. Begriff ESP (in seiner richtigen Bedeutung!) stammt von Prof. ↗ Rhine, der auch den ↗ ESP-Kartentest entwickelte. Lit.: C. E. M. Hansel, ESP, a scientific evaluation, New York.

Asz., in der Astrologie Abk. für ↗ Aszendent, ↗ Horoskop.

Aszendent (lat.), von scendere = klimmen, steigen; im horoskopischen Gebrauch der Schnittpunkt von Ekliptik und Horizont im Ostpunkt. Der A. gilt als einflußreichste Stelle im ↗ Horoskop.

Atemfeld. Ausdruck beim Lectorium Rosicrucianum. Das A., aurische Sphäre oder Begierdenleib, ist ein Kraftfeld, innerhalb dessen sich die dreifache Offenbarung des Menschen vollzieht. Dieses Kraftfeld ist leuchtend, vibrierend, hat eine individuelle Kraftlinienstruktur und besitzt auch Kraftmittelpunkte (Chakras), die eine sehr dynamische Bewegung zeigen. Alle Kräfte und Stoffe, die von außen in das A. hineingelangen, werden durch den Zustand des A. zugelassen oder entfernt, in das innerliche System aufgenommen oder abgewiesen. (Quelle: Rijkenborgh, Dei gloria intacta, Haarlem 1953.) — Das A. entspricht etwa der zweiten Ebene nach anderen Systemen. ↗ Prinzipien des Menschen.

Atemübungen dienen teils der Stärkung der Willenskraft (wie z. B. Vegetarismus), teils sind sie Gegenstand eines Yoga-Systems. Nach dem Yoga-System des Patanjali ist Atemzügelung (pranayama) das vierte Glied dieses Pfades. Der Inder wählt einen kontrollierten Dreitakt der Atemübungen: 1. Ausatmen (rechaka), 2. Einatmen (puraka) und 3. Anhalten (kumbhaka). Das Ausatmen hat langsam, zwanglos und vollständig zu erfolgen, und zwar durch die geöffneten Lippen. Dann atmet man durch die Nase ein, ohne sich zu überanstrengen. Die eingeatmete Luft wird eine Weile angehalten, bevor die Ausatmung durch den Mund erfolgt. Die Yogis legen Hauptwert auf das lange Anhalten, was unter Umständen zu Herzstörungen führen kann. — Im Buddhismus ist die Betrachtung über Ein- und Ausatmung Teil des Weges der Achtsamkeit (Betrachtung des Körpers) zur Läuterung des Menschen. — In den meisten theosophischen und esoterischen Gesellschaften sind A. heute verpönt, zumal sie den einfachen Mitgliede ermöglichen könnten, den Entwicklungsstand der Meister zu prüfen und zu kontrollieren. — Lit.: Prof. Dr. Lothar, Heilatmung, Stuttgart 1943; Felix Riemkasten, Das Atembuch; Otto Albert Isbert, Konzentration und schöpferisches Denken; Dr. Ottoman Z. Hanish, Die Macht des Atems; H. K. Iranshär, Umwandlung der Lebenssubstanz im Körper; Edith Hornung, Wege zur Selbstentfaltung; Yogi Ramacharaka, Die Kunst des Atmens der Hindu-Yogis; Stephan Palos, Akupunktur, Moxibustion, Heilmassage, Heilatmen; Pandit Pratinidhi, Das Sonnengebet; J. und E. Möhringer, Lehrbuch der Vokal-Typen-Atmungslehre; K. O. Schmidt, Kraft durch Atmen; Gertrud Martin, Ausbildung der Atmung; Dr. Ludwig Schmidt, Das Hohelied des Atems; Martin Steinke, Atmen, ein Gesetz und seine 10 Gebote; Gaston Lafit, Macht über alle Menschen durch Atemtraining; Dr. A. Keller, Meine Atmungsschule; Otto Albert Isbert, Bewußte Atempflege.

Athanor, von (hebr.) nur = Feuer, (arab.) attannur = Ofen, Feuerstelle; exoterisch: der Ofen der Alchemisten; esoterisch: das astrale Fluidum der Alchemisten, ihr alchemistischer „Hebel".

Atheismus (griech.), von atheos = ohne Gott, gottlos; die Leugnung des Daseins Gottes. Atheist = einer, der das Dasein Gottes leugnet oder nicht zur Kenntnis nimmt. Der Vorwurf des A. wird schon gegen eine Reihe älterer Philosophen erhoben, bezieht sich aber regelmäßig nur auf die Leugnung der öffentlich anerkannten Form des Gottesglaubens. Auch gegen manche neueren Philosophen ist der Vorwurf des A. zu unrecht erhoben worden; entschieden atheistisch ist nur der extreme Materialismus des 18. und 19. Jahrhunderts. Der Begriff Pantheismus wird im allgemeinen ebenfalls zum Oberbegriff A. gerechnet. — Man unterscheidet an sich theoretische Atheisten und praktische Atheisten. Der theoretische Atheist leugnet Gott mit dem Verstand, weil er meint, zu viele Zweifel gegen den Glauben, keine Gründe dafür zu haben, wiewohl es undenkbar ist, daß einer mit voller Überzeugung und Beruhigung sich sollte Gott wegleugnen können. Desto mehr finden sich praktische Atheisten, die Gott im Herzen und im Leben verleugnen. Trotz aller gegenteiligen Beteuerungen gehört der größere Teil der Freimaurer zu den Atheisten, denn entscheidend ist nicht das formelle Bekenntnis zum Gottesglauben, als vielmehr eine auf die Existenz eines Gottes eingestellte Lebensführung. Die FM ist teilweise unter dem Vorwand der Toleranz gegenüber dem A. ziemlich gleichgültig. Eine Ausnahme machen in Deutschland speziell die Große Landesloge (sog. christl. Ritus) und die (Gemischte) Deutsche Großloge „Le ↗ Droit Humain", die Männer und Frauen gleichberechtigt aufnimmt. — Lit.: Hans-Eberhard Koch, Abschaffung Gottes?; Hans-Rudolf Müller-Schwefe, Atheismus, Stuttgart 1962.

Äther (griech.), von aitho = brennen, scheinen; in der Physik (abgesehen vom chem. Äther) eine materielle Substanz, die wissenschaftlich bisher noch nicht nachgewiesen werden konnte und nur angenommen wird; im Okkultismus bedeutet Ä. eine höhere, geisterfüllte Stofflichkeit. Wird häufig mit Akasha und Astrallicht verwechselt; wird auch in Zusammensetzungen wie Ätherleib usw. gebraucht. Heindel unterscheidet innerhalb der physischen Welt (↗ Prinzipien der Welt) die chem. Region und die Äther-Region, die ihrerseits aus 1. rückstrahlendem Ä., 2. Licht-Ä., 3. Lebens-Ä. und 4. chem. Ä. besteht. — Raman Prasad (Die feineren Naturkräfte, Leipzig 1920) unterscheidet: Schalläther (Akasha), Gefühlsäther (Vayu), Geschmacksäther (Apas), Geruchsäther (Prithivi) und Lichtäther (Tejas). — Plutarch: „Das fünfte Element nennen manche den Himmel, manche Licht, andere Ä." — Zum Unterschied von Ä. bezeichnet H. P. Blavatsky Akasha als rein geistig und in einer Hinsicht als identisch mit der Anima mundi (Weltseele), während Astrallicht mit dem siebten und höchsten Prinzip der irdischen Atmosphäre identisch ist und somit nur der zweiten Stufe der kosmischen Skala entspricht.

Ätherkörper, auch: Linga sharira, Lebensleib, Ätherleib, Kraftleib, Bildekräfteleib (so bei Steiner), Eidolon, Doppelgänger, Träger des Od-Magnetismus, Träger der Lebenskraft und der Chakras, Vitalseele (↗ Prana, ↗ Jiva). Nach der Mehrzahl der esoterischen Lehren besteht der physische Körper des Menschen aus zwei Teilen, nämlich dem dichten physischen Körper und dem Ä. Der dichte physische Körper wird aus Materie der drei niedersten Unterebenen der physischen Ebene (↗ Prinzipien der Welt) gestaltet. Der Ä. wird aus den vier höchsten, den ätherischen Unterebenen der physischen Ebene gebildet. Nach Rudolf Steiner ist der Ä. die lebenserfüllte Geistgestalt, deren Elemente der Lebenswelt entnommen sind; er ruft die Kräfte des physischen Leibes zum Leben auf; er bewahrt den physischen Leib in jedem Augenblick des Lebens vor dem Zerfall; durch seine Hinordnung auf den denkenden Geist unterscheidet sich der Ä. des Menschen von dem der Pflanze und des Tieres. Äther bedeutet hier nicht etwa den Stoff der Physik, sondern eine höhere, geisterfüllte Stofflichkeit; Leib bedeutet Gestalt und Form, also nicht etwa einen Leib im Sinne einer Körperform; dem geistigen Auge erscheint der Ä. als rötlichblaue Lichtform, als ein Schemen, der glänzt und leuchtet und in der Farbe der jungen Pfirsichblüte ähnelt. — Bei Heindel meist Lebensleib genannt. — Bei H. P. Blavatsky gehen die Begriffe Ä. und Astralkörper teilweise durcheinander. — Lit.: A. A. Bailey, Telepathie und Ä., Lorch 1960; Ph. D. Bendit, Die Brücke des Bewußtseins, Graz 1961.

Ätherleib ↗ Ätherkörper.

Äther-Region. Nach Heindel ein Teil der physischen Welt, der mit dem Lebensleib des Menschen in Verbindung steht. ↗ Prinzipien der Welt, ↗ Prinzipien des Menschen.

Athirsata oder Athersata = „der, welcher das Jahr (bzw. die Zeit) beschaut"; historischer Name des persischen Statthalters von Jerusalem, der zusammen mit Zorobabel von ↗ Artaxerxes Longimanus die Erlaubnis erhielt, die Juden aus der Gefangenschaft zurückzuführen und dort als königlicher Landpfleger zu regieren. Daher von Luther in Esra 2, 63 (in der Vulgata I. Esdra 2, 63: „et dixit Athirsata") einfach mit Landpfleger übersetzt. Seiner Energie gelang es, in kurzer Zeit die Stadtmauern von Jerusalem wiederaufzubauen. A.s eigentlicher Name war jedoch ↗ Nehemia. A. ist auch der Titel des Vorsitzenden eines Rosenkreuz-Kapitels (18. Grad) des ↗ AASR; teils wird er in dieser Eigenschaft bloß mit „Sehr Weiser" oder „Sehr weiser Meister" angesprochen.

Athor oder Athyr (ägypt.) = „Mutter Nacht"; das anfängliche Chaos in der ägypt. Kosmogenie; die ägypt. Göttin der Nacht, von den Griechen mit ihrer Aphrodite verglichen. Der Göttin Athor war die Kuh heilig, weshalb sie auch mit einem Kuhkopf oder überhaupt als Kuh dargestellt wird; nach ihr war auch der dritte Monat des ägypt. Jahres benannt. Teils wird Athor auch mit „Haus des Horus" übersetzt. — A. ist schließlich noch der Name des 161. Planetoiden.

Atlanen. AMORC-Ausdruck für die Inhaber des zehnten Tempelgrades, benannt nach den Bewohnern von ↗ Atlantis; die A. waren angeblich schon vor 800 000 Jahren die ersten Rosenkreuzer.

Atlantiden (griech.) = Bewohner von ↗ Atlantis; die (vorgeblichen) Vorfahren der Pharaonen und der Ägypter überhaupt. Plato hörte von diesem Volk, das vor 9000 Jahren gelebt haben soll, von Solon, der es von ägyptischen Hohepriestern gehört haben will. Im AMORC heißen die A. oder Atlantier fälschlich „Atlanen". — In der Mythologie werden unter A. auch die Töchter des Atlas verstanden. Lit.: ↗ Atlantis.

Atlantis (griech.), von Atlas (wörtlich: der „Stützpfeiler"); der Kontinent, der im Atlantik verschwand; so benannt, weil die von Plato beschriebene Insel eben im Atlantik gelegen haben soll. Der atlantische Ozean ist seinerseits nach dem Gott Atlas benannt, den sich die Griechen als Träger des Himmelsgewölbes in der Gegend des Atlasgebirges (Marokko, Algerien und Tunesien) vorstellten und auch das Meer westlich dieser Region so benannten. Einem Mythus zufolge, den nach Plato (im „Timäus" und „Kritias") ein ägyptischer Priester dem Solon erzählt haben soll, ist jene Insel im Atlantik größer als Asien und Libyen zusammen gewesen. Möglicherweise hat Plato sich durch eine Sage wie die von den Inseln der Seeligen zu seinem Mythus anregen lassen. Neueste archäologische Forschungen (1965/67) lassen es möglicher erscheinen, daß A. wenn auch nicht in jener phantastischen Größe, in der Ägäis lag. — Nach okkulten Deutungen soll A. die Heimat der vierten Wurzelrasse, nämlich der Atlantier, gewesen sein; nach denselben Lehren erlebte A. seinen Höhepunkt vor ca. einer Million Jahren und umspannte das gesamte nordatlantische Gebiet und reichte südwärts bis Brasilien. Ein großes Erdbeben zerstörte vor ca. 80 000 Jahren diesen Erdteil. — Alles, was Plato über A. berichtet, verblaßt jedoch gegen die Mitteilungen Rudolf Steiners, der A. hellseherisch erforscht haben will. Steiners Forschungsergebnisse sind allerdings vor ihm schon in einem Roman von Scotts-Elliots enthalten. Jinarajadasa („Die okkulte Entwicklung", Paris 1947, S. VIII) bezieht sich ausdrücklich bei allen Angaben über A. auf Scotts-Elliots. — In der Lehre des Lectorium Rosicrucianum wird behauptet, die Lebewesen von A. hätten den Sauerstoff noch nicht durch Lungen eingeatmet, sondern durch die Haut aufgenommen. — Lit.: Rudolf Steiner, Unsere atlantischen Vorfahren — Aus der Akasha-Chronik, Dornach; Ottmar Heß, Atlantis, sterbendes Land; Rudolf Putzien, Der Allbrandfelsen; Peryt Shou, Atlantis, Lorch 1931; Abd-ru-shin, Verwehte Zeit erwacht, Band 2, Stuttgart; I. Donnelly, Atlantis, die vorsintflutliche Welt, Eßlingen 1911; Eugen Georg, Verschollene Kulturen; Mereschkowsky, Geheimnis des Westens; Denis Saurat, A. und die Herrschaft der Riesen, Stuttgart; W. Scotts-Elliots, Story of Atlantis; William Kingsland, Child's Story of Atlantis.

Atma (Sk.), der universale Geist, die göttliche Monade, der göttliche Funke im Menschen, der Geist selbst, das höhere Selbst, der Geistmensch, der göttliche Wille, der höchste Aspekt der Seele; das siebente Prinzip im Menschen (↗ Prinzipien des Menschen); nach A. Besant: das höhere Ich; nach Steiner: der Geistmensch. — A. wird im allgemeinen, doch völlig fälschlich, zu den menschlichen Prinzipien gezählt. In Wirklichkeit ist A. jedoch kein menschliches Prinzip, sondern der absolute Geist, das unbedingte Universal-Prinzip, dessen Träger und Gefäß Buddhi, die Geist-Seele, ist (lt. Fußnote 1, Schlüssel der Theosophie von Blavatsky, Ausgabe 1924, S. 78).

Atma Bodha (Sk.), die Selbsterkenntnis. Lit.: Sankaracharya, Atma Bodha.

Atman (Sk.), soviel wie Atem, Persönlichkeit, Selbst, aber schon in den Upanishaden ein Synonym für den Hauptbegriff der indischen Metaphysik „brahman"; die in den Einzelwesen wirkende Macht gilt als eins mit dem Urgrund alles Seins, dem „großen Einen", durch das und in dem alle Wesen und alle Welten sind. In dieser Bedeutung erscheint A. auch in dem späteren System der Vedanta, während das Wort in den übrigen brahmanischen Systemen die individuell getrennt gedachten Seelen bezeichnet. — Bei Steiner: die ältere Bezeichnung für Geistmensch, das siebte Prinzip des Menschen (auch ↗ Atma geschrieben). Dr. v. Purucker: Es ist der höchste Teil des Menschen, reines Bewußtsein an sich. Während der Verkörperungen nehmen seine niedrigsten Teile, wenn wir so sagen wollen, Attribute an, da es sich mit Buddhi verbindet, so wie Buddhi sich mit Manas und Manas mit Kama verbindet.

Atmische Ebene oder geistige Ebene oder Dritte kosmisch-ätherische Ebene; bei Alice Bailey Bezeichnung für die fünfte Ebene der sieben ↗ Prinzipien der Welt; bei Heindel: Welt des göttlichen Geistes.

Atmungstechnik ↗ Atemübungen.

Atom (griech.), von atomos = unteilbar; seit Demokrit Bezeichnung für die kleinsten, unteilbaren Bausteine der Materie, heute „unteilbar" nur noch mit den Methoden der Chemie, umwandelbar aber durch die Kernphysik. Den Atomkern bezeichnet man auch als Uratom. Während die alten Griechen und später die Okkultisten vom Atom als dem Urbaustein der Materie sprechen, bedeutet in der heutigen Physik A. das kleinste Teilchen, aus dem sich die Moleküle zusammensetzen. Die Atome sind also sehr verschieden, je nach Art der Materie. Inzwischen sind die Okkultisten auf spirituelle Lebensatome ausgewichen, die einfach als Atome bezeichnet werden. In der esoterischen Literatur kommt es also beim Begriff A. sehr auf den Zusammenhang an.

Atom, permanentes oder Dauer-A.; Alice Bailey: „Es sind, einschließlich der Mentaleinheit, fünf Atome, je eines auf den fünf Ebenen menschlicher Evolution (die Mentaleinheit befindet sich auch auf der mentalen Ebene), die die Monade an sich zieht, um sich zu manifestieren. Sie bilden ein festes Zentrum und sind von verhältnismäßig langer Dauer. Um sie herum werden die verschiedenen Hüllen oder

Körper erbaut; sie sind buchstäblich kleine Kraftzentren."

Atomare Unterebene. Alice Bailey: „Die Substanz des Sonnensystems wird von den Okkultisten in sieben Ebenen (oder Zustände) eingeteilt, deren höchste die atomare Ebene ist. In ähnlicher Weise wird jede dieser sieben Ebenen in sieben Unterebenen eingeteilt, und jede höchste davon heißt atomare Unterebene. Es gibt also 49 Unterebenen, und davon sind sieben atomar."

Atthangika-Magga ↗ Magga.

Audi, vide, tace! (lat.) = Höre, siehe und schweige! Das Motto der englischen Großloge seit 1813; wird häufig durch die drei bekannten kleinen Äffchen dargestellt, die aus Gips oder Messing hergestellt sind und im Handel feilgeboten werden. Nach Coils Masonic Encyclopedia stammt das Motto aus alten französischen FM-Graden von 1738.

Das Wappen der Großloge von England

Aufklärung. Eigentlich die Ausbildung des Verständnisses für Dinge, die sonst dem blinden Vorurteil oder der bloßen Autorität des Glaubens unterlagen, überhaupt die geistige Befreiung, die Weckung des Selbstdenkens über alles, was unsere höchsten Interessen betrifft. Die A. wurde daher zur Losung der neueren Philosophie und Wissenschaft im Kampf gegen die Autoritätssucht des Mittelalters; irrig war an den Bestrebungen der A. hauptsächlich die Meinung, daß es auf die Entfesselung des Verstandes allein ankomme, die Forderungen der Sittlichkeit und Religion

einer eigenen Kultur nicht bedürften; ein Irrtum, der in der Philosophie durch Kant überwunden wurde, im Volksleben aber gerade in neuerer Zeit verbreiteter ist als zuvor. Die sogenannte Aufklärung erklärte u. a. die geheimwissenschaftlichen Doktrinen als „Auswüchse eines verworrenen Aberglaubens" und ersetzte damit nur die alte Autorität durch eine neue. Auch die Behauptung, daß die FM bloß ein Kind der A. sei, ist teils eine boshafte Verleumdung, teils das Resultat völliger Ignoranz. Lit.: Kant, Was ist A.?, in: Berlinische Monatsschrift 1784; Lecky, Geschichte des Ursprungs und Einflusses der A. in Europa, Leipzig 1873; W. Philipp, Das Werden der A. in theologiegeschichtlicher Sicht, 1957; W. Philipp, Das Zeitalter der A., 1963.

Aufseher, in der FM die wörtliche Übersetzung des franz. Ausdrucks Surveillant, der seinerseits eine Übersetzung des engl. Wortes Warden (= Wächter, Wärter, Hüter) ist. – A. heißen in den Logen die in der Rangfolge auf den Meister vom Stuhl folgenden beiden Beamten (oder Offiziere); mit dem MvSt bilden sie die hammerführenden Beamten. In den deutschen Logen unterscheidet man (entsprechend dem französischen Brauch) 1. und 2. A.; in England: älterer und jüngerer A. Die Abzeichen der A. sind Wasserwaage und Senkblei. Ihre Aufgaben sind, abgesehen von der rituellen Funktion, die Unterrichtung der Lehrlinge (2. A.) und der Gesellen (1. A.).

Auge, allsehendes ↗ Allsehendes Auge.

Auge, Drittes. Wird von H. P. Blavatsky in der Geheimlehre erwähnt und kommentiert; so: Die Rassen mit dem dritten Auge, vierarmige menschliche Geschöpfe in den frühen Tagen der Mann-Frauen (Hermaphroditen) mit einem Kopf, aber drei Augen; das dritte Auge befand sich auf der Hinterseite des Kopfes (und nicht, wie vielfach zu lesen ist, an der Stirn!). Lit.: (außer Geheimlehre von HPB) Lobsang Rampa, Das Dritte Auge, 1957 (Roman), M. Mayer, Die Giganten und Titanen, Berlin 1887.

Aula (griech./lat.), der offene, von Säulenhallen umgebene Lichthof des alten griechischen Wohnhauses. Im Illuminatenorden die Bezeichnung für die Loge im Minervalgrad.

AUM (oder auch: OM), die heilige Silbe, die dreibuchstabige Einheit (daher die Dreiheit in Eins); eine „mystische" Silbe, das feierlichste aller Wörter Indiens. Es ist eine Invokation, ein Segen, eine Bestätigung und ein Versprechen und ist so heilig, um wirklich das „Wort" schwachen Atems der okkulten, ursprünglichen Mysterien zu sein. Dieses Wort steht gewöhnlich am Anfang der heiligen Schriften und vor

Gebeten der Inder. Nach einer Deutung soll es zusammengesetzt sein aus den Anfangsbuchstaben der drei Götter Agni, Varuna (Uaruna) und Marut und soll damit gleichzeitig die drei Elemente Feuer, Wasser und Luft andeuten. Phantastischer ist mehr die Deutung als Endbuchstaben von Brahma, Vishnu und Shivam. (Wenn schon Shivam, dann müßte

Aum
die heilige Silbe

man auch Brahman schreiben!). — In der esoterischen Philosophie sind die drei Buchstaben die drei heiligen Feuer oder das dreifache Feuer im Universum und im Menschen sowie manchen anderen Dingen. Okkult stellt dieses dreifache Feuer den höchsten Tetraktys (Vierheit) dar. — Bei den Hindus ist A. der dreibuchstabige Gott, entsprechend etwa dem ↗ Tetragrammaton der Hebräer, zusammengesetzt aus Sanskritbuchstaben; das A steht für den Schöpfer, das U für den Erhalter und das M für den Zerstörer. Eine Passage in den Paranas sagt: „Alle in den Veden geschriebenen Riten, die Feueropfer und alle heiligen Reinigungen werden vergehen, aber das Wort A. wird niemals vergehen, denn es ist das Symbol des Herrn aller Dinge." Bei den Brahmins wird die Silbe auch Udgitta genannt; sie gilt auch den Buddhisten als heilig. Ebenso wie das Tetragrammaton darf auch die heilige Silbe A. niemals in Gegenwart von Nichteingeweihten ausgesprochen werden. Es besteht hinreichender Grund zu der Annahme, daß diese Anrufungssilbe in Gegenwart eines Lehrers ausgesprochen und zwar laut und in derselben Tonhöhe wiederholt wurde. (Ähnlich den Tonübungen in der Arkanschule.) Es heißt, daß bei langgedehnter Aussprache des Wortes — des O sowohl als auch des M — bei geschlossenem Munde der Laut im Kopfe widerhallt, dort Schwingungen hervorruft und so, wenn das Streben rein ist, die verschiedenen Nervenzentren des Körpers zum Guten anregt. — Das Wort A. wird zuweilen von Organisationen (z. B. für Runenexerzitien und Meditationen) als Name benutzt, jedoch ohne jeden Zusammenhang mit dem eigentlichen Sinn des Wortes. — Schließlich ist A. auch ein Teil der Hatha-Yoga-Mantras. — Lit.: Dr. Franz Hartmann, Drei Abhandlungen über Yoga-Philosophie.

Aumont, Peter von; der Name eines Tempelritters, der zusammen mit einigen anderen Rittern nach der Ermordung des Großmeisters Jakob de Molay durch die Inquisition nach Schottland floh und die Nachfolge des Großmeisters antrat. So lautet jedenfalls die Legende, auf welche Baron von Hund seine Gründung der ↗ Strikten Observanz stützte. In der FM nach der Lehrart der Großen Nationalmutterloge Zu den 3 Weltkugeln erscheint A. anstatt Hiram Abif als Anagramm in der Form Notuma. — A u m o n t , Gérard (Ps.) = Aleister Crowley; unter dem Pseudonym schrieb Crowley: Die 3 Schulen der Magie, Zürich 1956 (Neuauflage).

Aumont befreit sich aus seinem Sarge
(Arbeitsteppich der Großloge „Zu den 3 Weltkugeln")

A und O (Abk. für Alpha und Omega), der erste und der letzte Buchstabe der griech. Alphabets; Bedeutung: „Anfang und Ende"; übersetzt in unsere Sprache müßte man sagen: „von A bis Z". Die Redensart wird in der Bibel Christo beigelegt, denn gleichwie vor dem A kein Buchstabe vorhergeht, so ist auch vor Christo kein Gott. Er ist der Anfang ohne Anfang (Kol. 1, 17; Ps. 90, 1; Jes. 43, 10/13). Und wie das O der letzte Buchstabe, so ist auch nach Christo keiner (Jes. 43, 10). Faßt das „A und O" alle anderen Buchstaben (des griech. Alphabets) in sich, so umfaßt Christus alle Vollkommenheiten in dem vollkommensten Grade. Vgl. besonders: Off. 1, 8: Ich bin das A und O, der Anfang und das Ende, spricht der Herr; Off. 1, 8: Ich bin das A und O, der Erste und der Letzte; Off. 21, 6: Ich bin das A und O, der Anfang und das Ende (ebenso: Off. 23, 13).

Aura (lat.) = Luft, insbesondere die sanft bewegte Luft, auch Duft oder Hauch; die odische Strahlungshülle des Menschen. Die A. ist eine äußerst feine und daher im allgemeinen unsichtbare Substanz, ein Fluidum, das nicht nur Menschen und Tieren, sondern auch den Pflanzen entströmt und sie umgibt. Sensitive haben sie oft mehr oder weniger deutlich als ein Licht beschrieben, das von den Fingerspitzen und anderen Körperteilen ausgeht. Zuweilen zeigt dieses Fluidum anstelle des fast farblosen Lichts einen sprühenden, funkelnden Farbenwechsel, wobei Farbe oder Farben nicht nur jeweils von den verschiedenen Gemütsstimmungen des Menschen abhängen, sondern sich auch auf einem Hintergrund zeigen, der dem Charakter oder der Natur des betreffenden Menschen entspricht. – Nach der Kabbalah, der jüdischen Geheimlehre, ist die A. ein Bestandteil des Astralkörpers. Danach bedient sich der Astralkörper (in der Kabbalah Ruach genannt) sowohl innerhalb als auch außerhalb des stofflichen Körpers (Nephesch) der A.; sie erfüllt den Menschen zur Gänze und dringt bis in die feinsten Teile ein. Außerdem bildet sie eine Art fluidische Strahlung, die den ganzen Körper umhüllt und besonders stark an Kopf und Händen ist. Sie bildet eine Aureole, wie man sie rings um die Köpfe auf den Bildern von Heiligen sieht. – Nach Rudolf Steiner ist die A. sichtbar für das geistige Auge als eine eiförmige Wolke, in der physischer Leib und Ätherkörper stehen, erfüllt mit beständiger Beweglichkeit. Die A. offenbart die Temperamente und Grundstimmungen, das Naturell des Menschen. In der A. kommen die Gedankenformen zum Ausdruck; in ihr fluten Grundfarbentöne (je nach Talent, Gewohnheit, Charakter) und zahlreiche einzelne Farbtöne; hier wird die Farbe zum seelischen Erlebnis. Man unterscheidet in der menschlichen A. drei Gattungen von Farben: 1. den Raum wie Nebel durchziehende, ihn durchsichtig machende Farben; 2. Farben, die ganz licht sind, den Raum durchhellen und mit

Glanz erfüllen; und 3. strahlende, funkelnde, farbenglitzernde, die, in unaufhörlicher Bewegung, sich, gleichsam aus sich selbst, immer wieder erneuern. Alle drei Farbenarten durchdringen sich in der menschlichen A. in der mannigfaltigsten Weise. Nicht jeder Seher ist für alle drei Farbengesichte entwickelt; in der dreifachen A. offenbaren sich Leib, Seele und Geist. – Die A. ist auch von Schulwissenschaftlern mehrfach untersucht worden. Dr. med. Killner erklärte, daß die Erforschung der A. nicht hellsehend erfolgen müsse; er benutzte Farbschirme, die in Alkohol gelöstes Dicyanin-Blau enthielten. Killner fand, daß die meisten Auren blau-grau sind, doch einige Patienten konnten die Farbe der A. verändern. Die A. hat keine Polarität, da beide Pole eines Magneten die gleiche Wirkung hervorrufen. Prof. Dr. Sauerbruch konnte in der A. sogar ein elektrisches Feld des Menschen nachweisen; andere Forscher waren Prof. Dr. Rohrbacher und Prof. Dr. Regelsberger. — Lit.: Friedrich Feerhow, Die menschliche A. und ihre experimentelle Erforschung; Dr. med. Walther Kröner, Um die Aura-Analyse, in: Zeitschrift für Spagyrik, Göppingen, Nr. 4/1955, S. 118–128; Karl Spiesberger, Die A. des Menschen, Freiburg 1963; Rudolf Steiner, Theosophie, Dornach 1961; G. W. L. Day, Die Wasser zu Damaskus; Dr. med. Walter J. Killner, The human atmosphere or the A. made visible by the aid of chemical screens, London 1911; Horst E. Miers, Experimente zur Sichtbarmachung der menschlichen Aura, in: Die andere Welt, Februar 1967, S. 127–134.

Aureole (lat.), von aurum = Gold; der Heiligenschein, auch Glorie oder Gloriola genannt; in der Kunst der Lichtkreis oder Strahlenkranz, der die Gestalt oder das Haupt göttlicher oder heiliger Personen umgibt. Liegt er nur um den Kopf, heißt er Nimbus, liegt er um den ganzen Körper, Aureole. Bei Ägyptern, Persern, Indern, Griechen und Römern war die A. als Attribut ihrer Götter, Heroen und Könige auf Statuen, Münzen usw. in Gebrauch. Seit dem 4. Jahrhundert eignete sich die christliche Kunst diesen heidnischen Brauch an, indem sie die A. den göttlichen Personen der Dreieinigkeit, danach auch den Engeln, Propheten, Aposteln, der Jungfrau Maria und den Heiligen zuteilte. — Im Okkultismus wird die A. vielfach als Aura gedeutet, was durchaus richtig sein kann.

Auriel, eine andere Schreibung für ↗ Uriel.

Aurischer Panzer. Dialektischer Begriff des Lectorium Rosicrucianum: „Die karmische Hülle der Persönlichkeit, wodurch u. a. unser Typus, unsere Hemmungen, unsere Verschlossenheit gegenüber dem universellen Licht bestimmt wird." Lit.: Rijkenborgh, De tijd ist daar, Haarlem 1954.

Aurisches Ei. Zuweilen Bezeichnung für den Kausal- (oder Ursachen-)Körper. Dr. v. Purucker: „Dieser Ausdruck gehört zu den tieferen Lehren des Okkultismus, d. h. der esoterischen Philosophie. Es hat, wie der Name sagt, Eiform und steht mit der siebenfachen Konstitution des Menschen in Beziehung und ist der Sitz aller monadischen, spirituellen, intellektuellen, mentalen, Leidenschafts- und Seelenkräfte und Fähigkeiten der siebenfachen menschlichen Konstitution."

Aurische Sphäre, Lectoriums-Ausdruck für ↗ Atemfeld.

Aurobindo, Sri (Ps.) = Aurobindo Ghose, * 1872 Kalkutta, † 1950; hinduistischer Schriftsteller, studierte in England; gründete nach politischer Tätigkeit in Indien einen Ashram in Pondicherry, die Aurobindo-Schule, wo noch heute ein großer Teil seiner Anhänger lebt; die neuesten Werke sind jedoch von seinen geistigen Erben verfaßt. — W.: Der Meister-Yoga des modernen Indiens; Vom großen Werk, das sich vollendet; Der integrale Yoga; Die Mutter; Gedanken und Einblicke; Stufen der Vollendung; Der Zyklus der menschlichen Entwicklung; So spricht A.

Aurora (lat.) = Morgenröte; verwandt auch mit (hebr.) aur = Licht und (ägypt.) ra = Licht und ouro = Königlichkeit; A. daher auch das Licht unter einem doppelten Aspekt; ferner römische Göttin der Morgenröte, Name des 94. Planetoiden, in den Leben des Alcyone (= Krishnamurti) der Name seiner Vorinkarnation als Graf Bubna-Licis. Jakob Böhme schrieb ein wichtiges Werk unter dem Titel „Aurora oder die Morgenröte im Aufgang".

Aurum potabile (lat.) = trinkbares Gold; eigentlich: Aour potabile = trinkbares Licht (↗ Stein der Weisen); Ausdruck der Alchemie, das sehnlichst gesuchte Mittel der Lebensverlängerung.

Auserwählte, Bezeichnung der geheimen zweiten Stufe des neunten Tempelgrades im AMORC. — Auch ↗ Bô Yin Râ betrachtet sich als A.: „Ich schreibe dieses Buch im Auftrage und in Übereinstimmung mit den hohen Oberen der Gemeinschaft des Geistes, deren auserwählter Bruder ich bin." (Quelle: „Das Buch vom Menschen") — In der FM kommt das Wort A. in Zusammensetzungen bei der Bezeichnung etlicher Grade ebenfalls vor, allerdings in bloßer symbolischer Bedeutung, so in der Großen Landesloge (sog. christl. Ritus):

Auserwählter (auch: Vertrauter) des heiligen Andreas (= neunter Grad); in der Großen National-Mutterloge zu den drei Weltkugeln: Auserwählte Brüder (fünfter Grad); bei den Martinisten: Auserwählter Hohepriester (Elus Cohen); im ↗ AASR beim neunten, zehnten, elften und vierzehnten Grad. Hier bezieht sich das Wort immer auf einen Kandidaten eines vorhergehenden Grades, aus dem er zur Beförderung „auserwählt" wurde.

Ausgesandte. Bezeichnung beim ↗ Lectorium Rosicrucianum für angeblich vorhandene geheime Obere. Meister und Führer, die auf noch höhere Weisung handeln; sinngemäß identisch mit den ↗ Meistern der Adyar-Theosophie.

Autogenes Training. Eine der wenigen okkulten Praktiken, die plötzlich von der Schulwissenschaft freudig übernommen wurden. Das a. T. wurde namentlich von Prof. J. H. Schultz propagiert und wird von vielen Ärzten heute angewendet. Es handelt sich um eine seelische Entspannung durch Ruheübungen, geistige Einstellungs- und Umschaltungsversuche, wobei Selbstbeherrschung körperlicher Funktionen übungsgemäße Bedeutung hat. Verwandt mit Versenkungen in religiöse Übungen, Hypnose, Suggestion, Yoga usw. Lange vor Prof. Schultz wurde a. T. schon in der ↗ ES der Adyar-TG gelehrt. Die geistige Grundlage findet sich im buddhistischen ↗ Satipatthana (Konstanz 1950). Lit.: Prof. Dr. J. H. Schultz, Übungsheft für das a. T.; ders., Das a. T., Stuttgart 1960; Friedrich Husemann, Wege und Irrwege in die geistige Welt; Robert Bossard, Wege zur Selbstverwirklichung. — ↗ Tiefenentspannung.

Autohypnose (griech.), von auto = selbst und hypnos = Schlaf; Selbsteinschläferung in hypnotischen Zustand. — Gegensatz: Heterohypnose: Hypnose durch Fremde.

Autosuggestion, von (griech.) auto = selbst und (lat.) suggerere = eingeben; Selbsteinredung; insbesondere die im Verlauf einer Autohypnose zutage tretenden Bewußtseinsinhalte; aber auch Gewinnung eines falschen, beeinflußten Urteils durch eigene irrige Vorstellung. Lit.: E. Coué, Die Selbstbemeisterung durch bewußte Autosuggestion.

Avalon, Arthur (Ps.) = Sir John George Woodroffe Wilson, 1865–1936; englischer Orientalist und Yoga-Schriftsteller; diente in höchsten juristischen Stellen der englischen Krone in Indien, bis er in den zwanziger Jahren diesen Dienst quittierte und als Professor für indisches Recht an die Universität von Oxford ging. Was ihm als Orientalist Weltgeltung verschaffte, sind seine tiefgründigen Studien über Yoga, Kundalini und Chakras, die im Laja-Yoga zusammengefaßt sind. „Kundalini-Yoga" und „Schlangenkraft" sind seine Standardwerke; letzteres Werk wurde auch von Ernst Fuhrmann (leider ohne Kommentar) unter dem Titel „Die Schlange" (Friedrichssegen 1924) herausgegeben. — W.: Die Schlangenkraft, Weilheim 1961; Shakti und Shakta; Kundalini-Yoga; Power as reality; Power as life; Power as matter; Power as mind; alle englischen Werke in Madras ca. 1922. — **Avalon,** in der keltischen Mythologie eine Insel der Märchenfeen; in der mittelalterlichen Romantik eine atlantische Insel, ein irdisches Paradies, das in der französischen Romanze „Ogier le Danois" beschrieben ist.

Avatara (Sk.), von ava = hinab und tri = hinübergehen; das Herabkommen einer göttlichen Kraft, um einen Menschen zu erleuchten; göttliche Inkarnation; der Abstieg eines Gottes oder eines höheren Wesens, welches über die Notwendigkeit der Wiedergeburt fortgeschritten ist, in den Körper eines einfachen Sterblichen.

Avesta (pers.), von abasta = das Gesetz; die heiligen Schriften der Zoroastrianer. — Zend bedeutet „Kommentar", daher Zend-Avesta. — Zend ist also keine Sprache, wie manche Wissenschaftler irrtümlich meinen.

Aziluth oder Auila (hebr.), nach der Kabbalah die Urheimat der Menschen, wohin die Menschen wieder zurückkehren können; ferner der Name für die Welt der ersten Emanation der zehn Sephiroth, auch Welt der Emanationen genannt, der größte und höchste Prototyp der anderen Welten. Lit.: Waltharius, Rückkehr nach A.

Azoth (arab.), von azoq, nach anderen ein Kunstwort, das aus den ersten und letzten Buchstaben des hebräischen, griechischen und lateinischen Alphabets gebildet ist; bedeutet in der Alchemie Merkur oder Quecksilber, als das angenommene erste Prinzip der Metalle; bei Paracelsus das Universalheilmittel (Panaceum); auch das Lebensfeuer, die Lebenskraft, die an den Äther, den fünften Seinszustand (die Quinta Essentia) gebunden ist.

B

B. Der Buchstabe B erscheint in der FM auf einer Säule des Tempels als Abkürzung für ↗ Boas, ferner auf dem Kreuz der Tempelmeister in der Großen Landesloge als Abkür-

zung für ↗ Baptista (wird hier zuweilen fälschlich mit ↗ Baffometus erklärt).

Baader, Franz Xaver von, * 27. 3. 1765 München, † 23. 5. 1841 München. Bedeutender katholischer Philosoph, der sich stark an Jakob Böhme, Martinez de Pasqualis und

Franz von Baader

Louis-Claude de St.-Martin anlehnte. Die Prinzipien, aus denen B. alles ableitet, sind: der Urwille, der zugleich als Urbewußtsein Urgeist und Urpersönlichkeit ist, und dessen Attribute: die ewige Idee und die ewige Natur. Die Idee ist als Grund der Form, die Natur dagegen als die Quelle des Stoffs anzusehen. Vom Willen aber wird das Verhältnis bestimmt, in welchem jene beiden zueinander stehen. Der theosophische Charakter seines Denkens zeigt sich vor allem darin, daß er einen Parallelismus zwischen der ewigen Selbsterzeugung Gottes und der zeitlichen Geschichte des sündigen und erlöst werdenden Menschen darstellen will. In diesem mystischen Sinne erklärt er sich für die Identität des Wissens und des Glaubens als des wahren „Innewohnens" der Gottheit im Menschen, und er hat dadurch eine höhere Bedeutung gewonnen, daß er in die starre Scholastik des Katholizismus eine Anzahl fruchtbarer, freilich von diesem selbst dogmatisch zurückgewiesener Gedanken hineingeworfen hat. W.: Sämtliche Werke in 16 Bänden,

Leipzig 1857 und Aalen 1963; Über des Spaniers Don Martinez Pasqualis' Lehre, Leipzig 1921 (in: Ausgewählte Schriften). — Lit.: Classen, Franz von Baaders Leben und theosophische Werke als Inbegriff christlicher Philosophie, Stuttgart 1886—1887, 2 Bände.

Baal (hebr.) = der Herr; auch Bel, Bal; identisch mit Adon und Adonai; der Hauptgott der Kanaaniter; bei den Babyloniern ein phallischer Gott. Die Säule B am Tempel Salomos repräsentiert möglicherweise Baal, denn offenbarer Sinn dieses Tempels war es auch, Baal- und Jehovah-Kult zu vereinen. Vgl. 1. Kö. 18, 21: „Ist Jehovah euer Gott, so wandelt ihm nach; ist's aber Baal, so wandelt ihm nach."

Bacon, Francis (auch: Baco von Verulam), * 22. 1. 1561, † 9. 4. 1626; Begründer der neueren Erfahrungswissenschaft, Philosoph, Schriftsteller; vertrat an der Schwelle der Aufklärungszeit als höchste Aufgabe der Wissenschaft die Naturbeherrschung und zweckmäßige Gestaltung der Kultur durch Naturerkenntnis; bekämpfte Vorurteile und Idole und bezeichnete als Hauptquelle der Erkenntnis die auf Experiment und Induktion gegründete Erfahrung. Seit Mitte des 19. Jahrhunderts werden ihm sogar die Dramen Shakespeares zugeschrieben. In seinem utopischen Roman „Nova Atlantis" haben viele das Vorbild erkannt, nach dem die FM gegründet wurde. Auch mit den Rosenkreuzern wird B. in Verbindung gebracht; der AMORC zählt ihn zu seinen Ahnen. Die Adyar-TG und Alice Bailey bezeichnen B. als Reinkarnation des späteren Meister Rakoczi (= Graf St.-Germain). — W.: Neu-Atlantis, Berlin 1890. — Lit.: R. Walden, Die FM und die Nova Atlantis Bacons, Berlin 1890; Kuno Fischer, Francis Bacon und seine Nachfolger, Leipzig 1875.

Bacon, Roger (ca. 1214—1292), * in Ilchester (England); wurde in Paris Mathematiker, dann Franziskaner in Oxford; war ein Alchemist, der fest an die Existenz des philosophischen Steins glaubte, ein großer Mechaniker, Chemiker, Physiker und Astrologe. Er war der erste Europäer, der die chemischen Basen (in seinem „Spiegel der Alchemie") dargestellt hat. In einer Abhandlung über die wunderbaren Kräfte der Kunst und Natur gibt er Hinweise über Schießpulver und sagt den Gebrauch des Dampfes als Antriebskraft voraus, beschreibt hydraulische Pressen, die Taucherglocke und das Kaleidoskop. Er soll auch einen berühmten Bronzekopf gebaut haben, der mit einer akustischen Einrichtung ausgestattet war und Orakel von sich gab. — Bonaventura in England, das Oberhaupt des Franziskanerordens,

verdächtigte ihn der Schwarzen Magie und verbot ihm, Vorlesungen an der Universität von Oxford zu halten, und schickte ihn nach Paris in den Gewahrsam des Ordens. 1268 schrieb Bacon auf Veranlassung von Papst Klemens IV. seine drei berühmten Werke, die allerdings nach dem Tode dieses Papstes (1278) vom Oberhaupt des Franziskaner wieder verboten wurden. Die letzten 14 Jahre seines Lebens mußte er im Kerker verbringen. Bei der Adyar-TG und der Arkanschule (nach Alice A. Bailey) war R. B. eine Vorinkarnation von Meister Rakoczi (= Saint-Germain). ↗ Meister. — W.: Opus majus (Das ältere Werk); Opus minus (Das jüngere Werk); Opus tertium (Das dritte Werk), alles 1268.

Roger Bacon

Baffometus, eine andere Schreibung für ↗ Baphomet, besonders in der Großen Landesloge (sogen. christl. Ritus).

Bafomet ↗ Baphomet.

Bahai (oder: Bahá'i), eine islamische Bewegung, die wie Neugeist und Bô Yin Râ keine neue Religion sein will, sondern auf eine Erneuerung der Religion abzielt. Die B.-Bewegung führt ihren Beginn auf das 1844 begonnene Wirken des Bâb in Persien zurück, bis dann 1863 der vorausgesagte Prophet Bahâu'llâh mit der Offenbarung eines neuen Glaubens erschien. Nach dessen Tode (1892) übernahm sein Sohn Abdu'l-Bahâ die Fortführung Seitdem hat sich die Bewegung über die ganze Welt verbreitet, wenn auch die Anhängerschaft zahlenmäßig klein ist. Das Programm der B. umfaßt 12 Punkte, darunter: 1. Die ganze Menschheit muß als Einheit betrachtet werden, 2. Alle Menschen sollen die Wahrheit selbständig erforschen; 3. Alle Religionen haben eine gemeinsame Grundlage; 5. Die Religion muß mit Wissenschaft und Vernunft übereinstimmen; 7. Vorurteile jeder Art müssen abgelegt werden; 11. Es muß eine Einheitssprache und eine Einheitsschrift eingeführt werden. Ferner wird auch ein „Neues Zeitalter" verkündet. Der größte Teil der Lehren ist die Geheimlehre von H. P. Blavatsky entnommen.

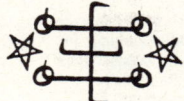

Baha'i-Symbol

Bailey, Alice Ann, geb. Le Trobe-Bateman, * 16. 6. 1880 Manchester (England), † 15. 12. 1949 New York (USA); in der esoterischen Literatur auch mit „A. A. B." abgekürzt; Gründerin der ↗ Arkan-Schule, des Lucis-Trustes und der damit verbundenen Nebenorganisationen und Bewegungen. In ihrer (unvollendeten) Autobiographie gibt AAB an, schon am 30. 6. 1895 mit dem Meister K. H. (= Koot Humi, ↗ Meister) in Verbindung gekommen zu sein,

Alice A. Bailey

ohne überhaupt bis dahin theosophische Schriften gelesen oder etwas von den sogenannten „Meistern" gehört zu haben. 1907 heiratet sie den Pfarrer Walter Evans; die Ehe wurde 1919 geschieden. 1915 wird sie in Kali-

fornien Mitglied der Adyar-TG und studiert zuerst die „Geheimlehre" von H. P. Blavatsky und die „Studie über das Bewußtsein" von Annie Besant. Nach erfolgreicher Bewährung in der TG wird sie 1918 zur ↗ E. S. zugelassen und lernt dort die Intrigen der höheren Eingeweihten der TG kennen und hassen. 1919 kommt sie mit dem „Tibeter" (= Djwhal Khul, ↗ Meister) in Verbindung, der ihr im Laufe der folgenden Jahrzehnte die neue Lehre verkündet und eine große Anzahl, teils außerordentlich umfangreicher Bücher diktiert. Der Anfang des ersten Buches, „Initiation, menschliche und solare Einweihung", wird in der Zeitschrift „Theosophy" der Adyar-TG abgedruckt. 1920 heiratet sie Foster Bailey, der 1919 Generalsekretär der Adyar-TG in den USA geworden war. Angesichts der durch ihre sensationellen Botschaften des Tibeters ausgelösten Eifersucht seitens der Besant-Anhänger erfolgt 1920 die Spaltung der Adyar-TG in den USA: der größte Teil der TG-Mitglieder, namentlich die seriösen Esoteriker, schließen sich AAB an. Im selben Jahr gründet sie in New York die Theosophical Association. 1921 erhält sie von Mr. Prater aus dem Nachlaß von W. Q. Judge die Originalunterlagen der E. S. (über welche die Adyar-TG und die Anthroposophische Gesellschaft nur bruchstückweise verfügen). Aus diesen Unterlagen erkennt sie, daß die E. S. auf Wunsch der „Meister" eigentlich „Arkanschule" heißen sollte; 1923 wird die Theosophical Association in Arkanschule umbenannt. AAB verkündete u. a., daß die Wiederkunft Christi nahe bevorstehe; sie behauptete ferner, daß in den heiligen Schriften seine Rückkehr nur symbolisch dargestellt sei. Hauptthema ihrer Lehren ist die Gegenwart einer Hierarchie bewußter Wesen auf Erden, die für die Leitung des menschlichen Geschicks verantwortlich sind (später vom AMORC übernommen!) und das Neue Zeitalter vorbereiten. An der Spitze der Hierarchie steht Jesus Christus und darüber Buddha. Bennett findet in den Lehren von AAB viel Gemeinsames mit H. P. Blavatsky, aber sonst nichts Neues; er sieht in den Schriften von AAB vielmehr prophetisch eine Ankündigung des ↗ Subud. Auch C. G. Jung soll sich mit dem Phänomen AAB befaßt haben. — W.: Initiation, menschliche und solare Einweihung, Lorch 1952 (übersetzt von P. P. Althaus, München); Briefe über okkulte Meditation, Lorch 1954; Die Wiederkunft Christi, Lorch; Probleme der Menschheit, Lorch; Eine Abhandlung über die sieben Strahlen, Lorch, 2 Bände; Abhandlung über weiße Magie, Lorch; Telepathie und Ätherkörper, Lorch 1960 (übersetzt von Christian

Isbert); Schicksal und Aufgabe der Nationen, Lorch; Esoterisches Heilen, Lorch; Die geistige Hierarchie tritt in Erscheinung, Genf 1967; Verblendung, ein Weltproblem, Lorch 1964; Der Yoga-Pfad. Patanjalis Lehrsprüche, Lorch; The Unfinished Autobiography, London 1951. — Lit.: Foster Bailey, Die Wandlung esoterischer Werte, Lorch 1956; Otto A. Isbert, Yoga und der Weg des Westens, Stuttgart 1955.

Bailey, Foster, Ehemann und Nachfolger von Alice Bailey; Freimaurer und führendes Mitglied der Arkanschule in den USA; zitiert in seinen Schriften häufig die ↗ „Meister" R., K. H., D. K. usw.; bezeichnete den amerikanischen Delegierten beim Völkerbund, Woodrow Wilson, als Jünger und Werkzeug des sechsten Strahles. — W.: Die Wandlung esoterischer Werte, Lorch 1956 (das Buch enthält Voraussagen für das Jahr 1963, die jedoch in keinem Punkt eingetroffen sind); The Spirit of Masonry, London 1957.

Baker-Eddy, Mary, * 1821 Bow bei Concord, New Hampshire (USA) als Mary Baker; war zunächst eine fanatische Anhängerin von ↗ Quimby, dem Vorläufer von ↗ Neugeist, wurde dann 1862 mit den Neugeist-Ideen bekannt und gründete später die Christian Science (↗ Christliche Wissenschaft). Quimby hatte sie von einem schweren Leiden geheilt. Ihre Erziehung soll sich sehr schwierig gestaltet haben infolge einer stark eigensinnigen, vielleicht sogar hysterischen Veranlagung; sprunghafte Gemütsänderungen, wie sie bei Medien häufig auftreten, zeigten sich früh bei ihr; so berichtet sie, im Alter von acht Jahren schon eine göttliche Stimme gehört zu haben. Eine Zeitlang war sie spiritistisches Medium. 1843 heiratete sie den Bauunternehmer Glover in Südkarolina, der jedoch schon nach einem Jahr an Gelbfieber starb. 1852 heiratete sie den Zahnarzt Patterson, von dem sie bald geschieden werden mußte. Inzwischen lernte sie das Heilverfahren des eingangs erwähnten Magnetopathen Quimby. Ihr späteres Lehrbuch ist zum größten Teil eine Zusammenstellung der Quimby-Lehren. 1877 heiratete sie abermals, und zwar den Nähmaschinenfabrikanten Gilbert Eddy (daher ihr Name Baker-Eddy), der ihr mit großem finanziellen Aufwand half, die Quimby-Lehren (jedoch unter ihrem Namen) zu verbreiten. Nachdem auch ihr dritter Mann an einer Krankheit gestorben war, bei der ihre sogenannte Heilkunst versagte, zog sie sich zurück und schrieb nur noch für eine Zeitschrift. 1910 starb sie, heftig befehdet, aber unter Zurücklassung eines großen Reichtums, in Boston. — Ihr erstes

Werk über die „christliche Wissenschaft" (= Heilkunst) erschien 1875. Der Ausdruck Christian Science wurde nicht nur von Baker-Eddy gebraucht, sondern findet sich auch schon vorher in den einschlägigen Büchern für alle möglichen Begriffsinhalte. Vor ihrem Tode prophezeite B-E., daß sie sechs Monate nach ihrem Tode auferstehen würde. — W.: Science and Health, 1875; Wissenschaft und Gesundheit, 1912. — Lit.: Stefan Zweig, Mental Healers, New York 1932; Stefan Zweig, Die Heilung durch den Geist, Leipzig 1932; M. Kralwielitzki, Die christliche Wissenschaft, Bad Blankenburg 1930; Paul Scheurlen, Die Sekten der Gegenwart, Stuttgart 1921.

Ballotage (franz.), von (ital.) ballotta = Kügelchen; eine freimaurerische Form der geheimen Abstimmung, bei der weiße oder schwarze Kugeln verwendet werden.

Balsamo ↗ Cagliostro.

Balzac, Honoré de, * 20. 5. 1799 Tours, † 19. 8. 1850 Paris; französischer Romanschriftsteller, den Dr. Herbert Fritsche als Einführung in die Erkenntnisse und Lehren der „Meister" empfiehlt. B. zeichnet sich trotz der Unvollkommenheiten seines Stils durch eine grenzenlose Phantasie aus. — W.: Séraphita, La Peau de Chagrin; Lit.: Dr. Franz Spunda, Magische Erzählungen aus Frankreich; André Maurois, Prometheus oder Das Leben Balzacs, Düsseldorf 1967.

Baphomet oder Bafomet, ein bei den Templern (angeblich) verehrtes Symbol, dessen Ursprung unbekannt ist; die Figur des B. hatte einen weißen Bart und zwei Karfunkelsteine als Augen. Nach der Lehre der Großen Landesloge (christl. Ritus), wo B. eine gewisse Rolle spielt, lautet die „richtige" Schreibung Baffometus und bedeutet „der Mann mit dem Barte", von (ital.) bafil = Bart, und hat den Sinn von „Weltseele"; B. ist in der Großen Landesloge nur auf dem Amtszeichen des Großmeisters sichtbar. Nach Reuß (OTO) bedeutet B.: die Natur, das androgyne Wesen, darstellend das Feuer, reines Akasha, Luft, der Atem des himmlischen Domes, Wasser, die lebendige Seele und das Wesen der Erde. B. stellt alle diese ↗ Elemente und auch die Quintessenz dar, da er die Verstofflichung, das Spiegelbild des Schöpfers ist. Nach H. P. Blavatsky ist B. ein kabbalistischer Talisman von großer magischer Wirkung im Sinne der hermetischen Philosophie. A. E. Waite schreibt 1886 (Mysteries of the Magic, S. 155), daß B. rückwärts gelesen werden muß, da der Name in hebräischen Buchstaben geschrieben wurde und aus drei Abkürzungen besteht: TEM OHP

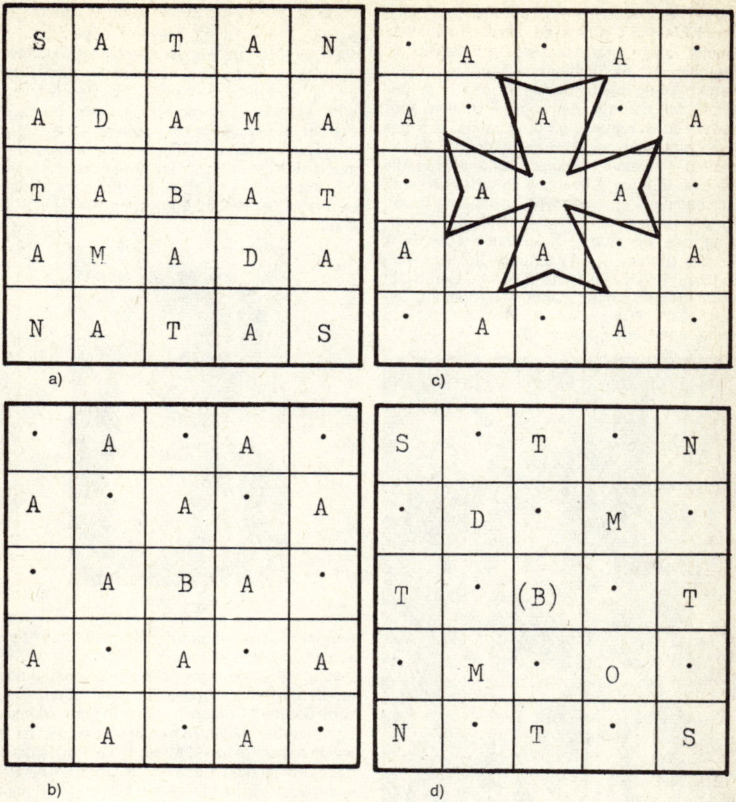

a)

c)

b)

d)

Die Auflösung des templerischen Buchstabenquadrates

AB = Templi omnium pacis abbas = der Vater des Tempels, universeller Frieden der Menschheit. Vom OTO wurde daher auch die Form der Schreibung Tem. o. h. p. ab übernommen. Ein anderer Okkultist, von Hammer, deutet das Wort B. einfach als Mißschreibung von Baptimus = Taufe oder Einweihung in die Weisheit. Früher wurde B. für eine Fehlschreibung von Mohammed gehalten und teils auch als sogenanntes Redehaupt, d. h. als ein sprechender künstlicher Kopf ausgegeben, den die Templer (angeblich) anbeten mußten.

Die richtige Lösung des rätselhaften Namens B. will Kuno Graf von Hardenberg 1932 gefunden haben, als er ein templerisches Buchstabenquadrat (siehe obenstehende Abbildung a) untersuchte. Nimmt man aus diesem Quadrat alle anderen Buchstaben außer A und B heraus, ergibt sich die Abbildung b, in welche man, wenn man auch noch das B wegläßt, ein Templerkreuz einzeichnen kann (Abbildung c). Das Templerkreuz selbst besteht aus zwei heraldischen Figuren, die man Fyrfos nennt; es sind zwei Kreuze mit entgegengesetzter Flügelrichtung. Die Figur heißt heraldisch „redendes Haupt" und hat mit dem angeblichen Redehaupt der Templer nichts zu tun. Die verbleibenden Buchstaben, d. h. die

63

man herausgenommen hat (Abbildung d), lauten S T N D M T. Diese Buchstaben bedeuten (immer nach Graf Hardenberg): Salomonis Templum novum Dominorum Militiae Templariorum. Übrig bleibt nur noch das B in der Mitte, welches für den Logos stehen soll; durch Fyrfos kommt also die Lösung, d. h. das Feuer des Glaubens wird entzündet. Da Feueranzünder lateinisch fomes heißt, sagten die Templer in ihrem Ritual „ex literaris B A fomitem habemus" = aus den Buchstaben B und A haben wir den Feueranzünder; die Abkürzung des Spruches: B A fomes oder B A fomit = Bafomet. − Lit.: Kuno Graf von Hardenberg, Rosenkreuz und Bafomet, Darmstadt 1932; Franz Spunda, Baphomet (Roman), Villach 1947; Franz Carl Endres, Mystik und Magie der Zahlen, Zürich 1951.

Tempelritter-Zeremonie
unter dem Zeichen des Baphomet

Baptista (lat.) = der Täufer, jedoch nur in Verbindung mit Johannes dem Täufer. In der Großen Landesloge das Paßwort („Wahlspruch") der Inhaber des achten Grades. Auf dem Kreuz der Tempelmeister dieser Lehrart nur durch den Buchstaben B ausgedrückt.

Barde, zweiter Grad des ↗ Druiden-Ordens.

Bardon, Franz, * 1. 12. 1909 in Troppau, † 10. 7. 1958 (im KZ zu Brünn); tschechischer Okkultist, vormals Schüler von Quintscher und Erbe seiner esoterischen Papiere. In der Schweiz gibt es einen Bardon-Kreis, der Bardons Lehren systematisch praktiziert. − W.: Der Weg zum wahren Adepten; Die Praxis der magischen Evokation; Der Schlüssel zur wahren Kabbalah; Frabato (Roman), alles Verlag Hermann Bauer, Freiburg (verschiedene Auflagen).

Franz Bardon

Barmherzigkeit. Übung der B. spielt in der persönlichen Entwicklung auf dem Wege zur Perfektion eine wichtige Rolle. In diesem Sinne ist B. nicht das übliche Almosengeben, d. h. vom Überfluß „opfern", sondern das Wenige, das man hat, teilen mit demjenigen, der noch weniger hat. In der FM wird die Philosophie der Barmherzigkeit erst im 18. Grad (↗ AASR) voll gedeutet (d. h. sofern es sich überhaupt um eine esoterische Loge handelt).

Barzabal (hebr.) = Eisen-Herr; in der Kabbalah und Magie der Dämon des Mars.

Basileus (Ps.) = Anton Loetscher. − W.: Mein Testament, Konstanz 1951.

Basilides, ein bekannter Gnostiker des 2. Jahrhunderts († ca. 138 nZ), wahrscheinlich ein Syrer, Gründer einer heretischen Sekte. Über sein Leben ist nur wenig bekannt. Er scheint in Alexandria und an anderen Orten Ägyptens, vielleicht auch in Persien, gelehrt zu haben. Er gab vor, ein Schüler von Glaucias zu sein, der seinerseits im Besitz der geheimen Überlieferung des Apostels Petrus gewesen sein will. B. schrieb 24 Bände Kommentare über das

Evangelium, jedoch nur Bruchstücke sind noch erhalten. Um den Ursprung des Bösen zu klären, nahm B. eine anfängliche Mischung geistiger und materieller Elemente in der von untergeordneten Geistern herrührenden Schöpfung an, deren allmähliche Scheidung die Aufgabe der Erlösung ist. Auf B. geht auch eine Zahlenmystik und das Wort ↗ Abraxas zurück. — Lit.: Uhlhorn, Das Basilidische System, Göttingen 1855; Hilgenfeld, Jüdische Apokalyptik, Jena 1857 (im Anhang).

Batterie, Beifallszeichen in der FM; wird durch mehrfaches In-die-Hände-Schlagen ausgeführt und ist von Grad zu Grad verschieden. Bei der französischen FM wird die B. von den Worten „Liberté — Egalité — Fraternité" (= Freiheit — Gleichheit — Brüderlichkeit) begleitet, bei den deutschen Logen (soweit die B. üblich ist) von den Worten „Weisheit — Stärke — Schönheit".

Bauer-Verlag, Hermann Bauer KG, 78 Freiburg; gegr. 10. 5. 1937 durch Hermann Bauer; der größte deutsche und einer der größten Fachverlage für grenzwissenschaftliche und okkulte Lit. in Europa; im deutschen Sprachraum ist der B. V. etwa mit der Bedeutung des längst nicht mehr bestehenden Theosophischen Verlagshauses (Hugo Vollrath) in Leipzig vergleichbar. In einer vorwiegend materialistisch orientierten Zeit hat es Bauer verstanden, sich einen großen Stamm von Geistesfreunden zu schaffen, der es ermöglichte, eine Vielzahl von grenzwissenschaftlichen Werken, teils auch Nachdrucke von vergriffenen und gesuchten Titeln, herauszubringen. Zu dieser erfolgreichen Verlagstätigkeit auf einem so schwierigen (weil risikoreichen) Spezialgebiet hat namentlich die ebenfalls vom B. V. herausgegebene Monatszeitschrift ↗ „die andere Welt" beigetragen. Auch die Erstellung und Herausgabe des vorliegenden Lexikons geht auf die Initiative des Verlegers Bauer zurück.

Bauhütte. Mit B. wurden einst die Zunftgemeinschaften der Steinmetzen bezeichnet, in denen das Brauchtum gepflegt und das Fachwissen nach außen abgeschirmt wurde. — Heute werden die Logen der FM noch zuweilen als B. bezeichnet, wobei man von der (unbewiesenen) Annahme ausgeht, daß die FM aus den B. der alten Steinmetzen abstammt. Auch dort, wo das Wort Loge nicht angebracht scheint, verwendet man in der FM das Ersatzwort B. — Lit.: Ch. L. Herre, Okkulte Symbolik des dreizehnten Jahrhunderts, Freiburg 1920.

Baumeister. Der Allmächtige B. aller Welten oder der Große B. aller Welten; abgekürzt: A. B. a. W. oder G. B. a. W. (englisch: GAOTU = Great Architect of the Universe); die in der FM übliche symbolische Bezeichnung für das höchste, vollkommene Ideal, welches praktisch mit der Gottheit identisch ist. Der Begriff B. ist eine wörtliche Übersetzung des griechischen ↗ Demiurgen. Auch biblische Quellen werden angeführt, z. B. Hebr. 11, 10: „Denn er wartete auf eine Stadt, die einen Grund hat, deren B a u - m e i s t e r und Schöpfer Gott ist." — Lit.: Alec Mellor, Logen, Rituale, Hochgrade, Graz 1967.

Baustile. In der Symbolik der englischen FM und beim AASR (Droit Humain) spielen die B. eine gewisse Rolle. Die grundsätzlichen drei griechischen Baustile — dorisch, ionisch und korinthisch — entsprechen den Begriffen Stärke / Geburah, Weisheit / Chochmah und Schönheit / Chesed. Im zweiten Grad kommen dann noch der romanische (oder gemischte) und der toskanische B. hinzu.

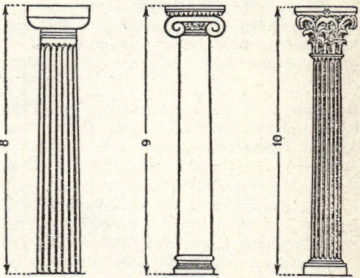

Die symbolischen Baustile:
dorisch — ionisch — korinthisch

Bayat (arab.) = das Weiße, praktisch die wörtliche Übersetzung des Wortes „Kandidat" (lat., von candidus = weiß); die Einweihung in den inneren Kreis des Sufi-Ordens. ↗ Sufi-Bewegung.

B. . . D. . . (Abk.) in „Dogma und Ritual der Hohen Magie" von Eliphas Lévi, deutsche Ausgabe, Bd. 1, S. 197; es handelt sich zweifellos um einen Übertragungs- oder Druckfehler, denn der dort auf den Seiten 196—200 abgedruckte Bericht über die Evokation des Apollonius von Tyana bezieht sich auf Lévis Besuch bei Bullwer-Lytton (es muß also B. . . L. . . heißen!) im Jahre 1854 in London.

Beamte. In der FM und manchen esoterischen Orden heißen die Amtsträger einfach Beamte (oder auch: Offiziere); die Bezeichnung besagt jedoch eben nichts anderes, als daß sie ein Amt innehaben. ↗ Loge.

Beauséant (alt-franz.) = schwarz und weiß gepunktet; die Flagge des Ordens der ↗ Templer, halb schwarz, halb weiß, mit der Inschrift: „Non nobis, Domine, non nobis, sed nomini tuo da gloriam" = „Nicht uns, Herr, nicht uns, sondern deinem Namen gib Ehre" (Ps. 115, 1; in der Vulgata: Lib. Ps. 113 B, 9). Der B. wird auch bei den heutigen Templern gepflegt und als geheimes Erkennungszeichen benutzt.

Begierdenkörper, -leib, -seele ↗ Kama-Rupa.

Begierdenwelt. Nach Max Heindel besteht die Persönlichkeit des Menschen aus dem physischen Körper, dem Lebensleib und dem Empfindungsleib. Der Empfindungsleib gehört der B., die ihrerseits in die Regionen der Leidenschaften und niederen Begierden, der Eindrucksfähigkeit, der Wünsche und Gefühle (Interesse, Gleichgültigkeit), des Seelenlebens, des Seelenlichts und der Seelenkraft unterteilt ist. Bei Rud. Steiner „die seelische Welt" genannt, bei Alice A. Bailey „die Emotionalebene, Astralebene oder kosmisch-flüssige Ebene". ↗ Prinzipien der Welt, ↗ Prinzipien des Menschen.

Bekleidung, in der zeremoniellen Magie die Kleidungsstücke, die der Magier je nach der Art der Operation anlegen muß; ausführlich beschrieben in: Dogma und Ritual der Hohen Magie, München 1927, Bd. 2, S. 94–95. – In der FM bezeichnet B. die symbolischen Kleidungsstücke, wie Handschuhe und Schurz, bei den ↗ Beamten auch ihre Amtsabzeichen. Die B. hat sowohl symbolische als auch magische Bedeutung.

Belebungsdienst, Bezeichnung für eine an sich zwanglose, gesellige Zusammenkunft der Mitglieder des Lectorium Rosicrucianum, welche dem näheren Kennenlernen der Mitglieder und ihrer privaten Meinungen dienen soll, um sie für Beförderungen usw. richtig einstufen zu können; intern wird von den Mitgliedern des Lectoriums der B. auch als „Wiederbelebungsdienst" bezeichnet.

Belzebub (hebr.), von baal = Herr und s'bub = fliegen; Name einer heidnischen Gottheit, die die Juden als Oberhaupt der bösen Geister betrachteten. Milton in „Verlorenen Paradies" gibt dem B. einen niedrigeren Rang als dem Satan. Wierus, der Dämonenforscher des 16. Jahrhunderts, sagt jedoch, daß Satan nicht mehr der Herr der Hölle sei, sondern von B. abgelöst wurde.

Bemidbar (hebr.) = „in der Wüste", von be = in und madbaru = Wüste; das erste Wort des 4. Buches Mose in der hebräischen Bibel; daher wird dieses Buch auch B. genannt.

Bender, Prof. Dr. Hans, * 5. 2. 1907 Freiburg/Br.; Leiter des Instituts für Grenzgebiete der Psychologie und Psychohygiene der Universität Freiburg, Präsident der Parapsychological Association. Sein Interesse für den Gesamtbereich okkulter Phänomene und verwandter Gebiete erwachte schon in den ersten Jahren seines Studiums der Psychologie und Romanistik. Vorlesungen von Pierre Janet am Collège de France 1929 bestimmten ihn, sich im Psychologischen Institut der Universität Bonn, bei verständnisvoller Förderung durch seinen Lehrer Erich Rothacker, mit experimentellen Untersuchungen unterbewußter Vorgänge abzugeben. Promovierte 1933 zum Dr. phil. in Bonn, studierte gleichzeitig mit seiner Assistententätigkeit am Bonner Psychologischen Institut Medizin und schloß sein 2. Studium in Freiburg mit dem Staatsexamen ab. 1941 habilitierte er sich an der Bonner Philosophischen Fakultät mit einer Arbeit über experimentelle Visionen. Seiner doppelten Ausbildung wegen wurde er alsbald an die damalige Reichsuniversität Strasbourg berufen, wo er als Extraordinarius ein Institut für Psychologie und Klinische Psychologie errichtete. Nach Kriegsende gelang ihm die Verwirklichung eines lang gehegten Plans: die Errichtung eines Instituts für Grenzgebiete der Psychologie und Psychohygiene. 1946 nahm er seine Lehrtätigkeit wieder auf, nunmehr an der Universität seiner Heimatstadt Freiburg, wo ihm 1954 ein planmäßiges Extraordinariat für Psychologie und Grenzgebiete der Psychologie übertragen wurde, das 1966 zu einem Ordinariat erhoben wurde. Zugleich wurde dem Psychologischen Institut der Universität Freiburg eine Abt. „Grenzgebiete der Psychologie" angegliedert; als einzige in Deutschland hat die Freiburger Universität die Parapsychologie in die akademische Forschung integriert. – W.: Dissertation „Psychische Automatismen" (Univ. Bonn), Leipzig 1936; Zum Problem der außersinnlichen Wahrnehmung, Leipzig 1936 sowie in Zeitschrift für Psychologie Bd. 135, 1935; (als Übersetzer) J. B. Rhine und J. G. Pratt, Parapsychologie, Grenzwissenschaft der Psyche, München 1962; G. N. M. Tynell, Mensch und Welt in der Parapsychologie, Hamburg 1960; (als Hg.) Zeitschrift für Parapsychologie und Grenzgebiete der Psychologie, München.

Bennet, John G., ehemaliger Schüler ↗ Gurdjieffs, den er 1920 kennenlernte; studierte dann die Bücher von Alice Bailey und wurde schließlich wichtigster Mitarbeiter Pak Subuhs (↗ Subud); B. ist als der eigentliche Gründer der Subud-Bewegung, die starke Gurdjieff-

Züge aufweist, anzusehen. — W.: Concerning Subud, London, deutsche Ausgabe: Subud, München 1958; Crisis in human affairs; Dramatic universe; What are we living for?

Benzoe ↗ Harze.

Bereschit, auch: Beresit, Berascheth (hebr.) = „im Anfang", die ersten beiden Worte der hebräischen Bibel; B. nennt sich daher auch das 1. Buch Mose. Schließlich bezeichnet B. noch einen Abschnitt der Kabbalah, der das 1. Buch Mose erläutert und sich auf die Schöpfung und ihre geheimnisvollen Gesetze bezieht (im Sepher Jesirah enthalten). Die Übersetzung „im Anfang", die rein sprachlich ganz eindeutig ist, wird von Bibel-Exegeten dennoch umstritten. Tertullian übersetzte: „in Kraft", Grotius: „als zuerst", die Autoren des Targum: „in Weisheit".

Bernhard, Gebet des heiligen. Dieses Gebet, das sich auf den Gründer des Ordens der ↗ Templer bezieht, wird namentlich im neunten Grad der Großen Landesloge (sog. christl. Ritus) benutzt. Bei der Aufnahme in diesen Grad wird es dem Kandidaten in einem weißen, rotbekreuzten Büchlein ausgehändigt. Das Gebet besteht aus neun litaneimäßigen Anrufungen des Lamms Gottes, die den neun Graden entsprechen sollen. Die siebte Strophe lautet: „Lamm Gottes, der Welt Sünde tragend! Gib, daß ich in den weißen Kleidern der Heiligen, gerechtfertigt durch dein Leiden und Blut, ich endlich als Überwinder der sichtbaren und unsichtbaren Feinde dir dienen und dein Angesicht schauen möge. Lit.: Zeitschrift „Bauhütte", Leipzig 1879, S. 13—17: „Der Bluttrank und die Gebete des heiligen Bernhard in der Großen Landesloge".

Bernhardt, Oskar Ernst (Ps.) = ↗ Abd-ru-shin; ↗ Gralsbotschaft.

Bertram, Johannes. Anthroposophischer Schriftsteller in Hamburg, Inhaber des Hamburger Kulturverlages, Mitglied der Großen Landesloge (sog. christl. Ritus); betätigte sich auch als Lehrer für Sprechtechnik und Eurythmie; gab 1929 die Zeitschrift „Das Mysterien-Theater" heraus. — W.: Mythos, Symbol, Idee in Richard Wagners Musikdramen; Echnaton, der Große im Schauen; Die Urweisheit der alten Ägypter; Goethes Faust im Blickfeld des XX. Jahrhunderts.

Besant, Annie (geb. Wood), * 1. 10. 1847 London, † 20. 9. 1933 Adyar (Indien); neben ↗ Leadbeater einer der bekanntesten, aber auch umstrittensten Persönlichkeiten aus der Anfangszeit der Adyar-TG. B. wurde in kalvinistischem Glauben erzogen, interessierte sich je-

doch bald mehr für katholische Theologie und studierte die Schriften von Augustinus und Ignatius von Loyola; lernte mit neunzehn Jahren den Geistlichen Frank Besant kennen, wurde dessen Haushälterin und heiratete ihn 1867 (zwei Kinder); nach aufkommenden Zweifeln an der göttlichen Gerechtigkeit und der christlichen Religion schlechthin bald unglückliche Ehe und 1873 Scheidung; danach war B. Freidenkerin und betätigte sich in der englischen Arbeiterbewegung. Trat am 21. 5. 1889 (42 Jahre) der Londoner TG bei und wurde aufgrund ihres großen rednerischen Talents eng Mitarbeiterin von H. P. Blavatsky. Von 1907 bis zu ihrem Tode war B. Präsident der Adyar-TG. Während dieser Zeit hat sie mehr als 300 Bücher, Broschüren und Zeitschriftenaufsätze herausgegeben, die allerdings teils von ihrem Privatsekretär Ernest E. Wood geschrieben oder wenigstens überarbeitet waren. 1902 hörte B. durch Francesca Arundale von einer französischen FM, die nicht nur Männer, sondern auch Frauen aufnähme, nämlich dem ↗ Droit Humain; sie begab sich mit sechs Freunden nach Paris und ließ sich in die ersten drei Grade der FM aufnehmen.

Annie Besant

Mit einer Charta kehrte sie nach London zurück und gründete hier die erste englische Loge des Droit Humain; von hier aus hat sich diese FM maßgeblich über die ganze Welt verbreitet. Außerdem gründete B. den theosophischen Orden des Dienens (englisch: Order of Service) sowie die Krischnamurti-Bewegung, die die erfolgte Ankunft des neuen Weltheilands verkünden sollte. Hierdurch entstanden viele Spaltungen in der TG, und nahezu der gesamte deutsche Zweig bildete fortan die ↗ Anthroposophische Gesellschaft; seit diesem Zeitpunkt ist die Adyar-TG in Deutschland nur noch geringfügig vertreten. 1912 unternahm B. noch einen Versuch (mit nur kurzem Erfolg) zur Gründung des Ordens vom Tempel des Rosenkreuzes. Wenngleich B. zu ihrem eigenen Leidwesen keinerlei psychische Kräfte aufweisen konnte und ihrer Meisterin H. P. Blavatsky weit nachstand, so sagen ihre Kritiker ihr doch eine große persönliche Ausstrahlung nach. So schrieb Rudolf Steiner, ihr schärfster Gegner (in „Mein Lebensgang"): „Das innere Herankommen an die geistige Welt mit der Seele, das hatte sie" und (1905): „Vor H. P. Blavatsky stand ich noch vor fünfzehn Jahren wie vor einem Rätsel, aber durch Frau Besant habe ich den Weg zu H. P. B. gefunden." Graf Keyserling, sonst wenig Gutes an B. lassend, schrieb (in „Reisetagebuch eines Philosophen"): „Diese Frau beherrscht ihre Person von einem Zentrum her, das ich nur von ganz wenigen Menschen bisher erreicht gesehen habe." Während die anderen Führer der Adyar-TG (z. B. H. P. Blavatsky und Olcott) Buddhisten waren, fühlte sich B. zum Brahmanismus hingezogen; sie selbst sagte über ihren Glauben (Zeitschrift „Theosophist", März 1913): „Viele von uns, und ich selbst, sind keine Christen." Von ihren Anhängern wurde B. göttlich verehrt, obwohl sie selbst keine derartigen Ansprüche stellte, wie ein Zitat aus ihrem Buch „Der Mensch und seine Körper" (Leipzig 1896, S. 29) zeigt: „Es scheint mir nützlich, den Leser darauf aufmerksam zu machen, daß ich hier keinen Anspruch auf Unfehlbarkeit oder auf vollkommene Fähigkeit der Beobachtung erhebe, da wir auf verhältnismäßig selten betretene Gebiete kommen, die den meisten Menschen noch unbekannt sind. Irrtümer der Beobachtung und der Schlußfolgerung können auf den Ebenen über den physischen ebensogut begangen werden wie auf der psychischen, und diese Möglichkeit sollte man stets im Auge behalten." — W.: Uralte Weisheit; Esoterisches Christentum, Leipzig 1922; Gedankenformen (mit Leadbeater), Leipzig 1908; Die Sphynx der Theosophie, Braunschweig 1894; Avatare und Mahatmas; Im Vorhof; Der Pfad der Jüngerschaft; Der Mensch und seine Körper; Das Denkvermögen; Die Reinkarnations- und Wiederverkörperungslehre; Die vier großen Religionen; Die drei Pfade; Das Rätsel des Lebens; Eine Studie über Karma; Die neue Kultur; Christus von verschiedenen Standpunkten aus betrachtet; Die Lehre des Herzens. — Lit.: Ernest Egerton Wood, Is this theosophy . . . ?, London 1936; J. N. Farquhar, Modern religious movements in India, London 1929; Karl Rohm, Annie Besant und andere Irrlichter der theosophischen Gesellschaft, Lorch 1916; Dr. Joh. Frohnmeyer, Die theosophische Bewegung, Stuttgart 1920; Charles Blech, Le Procès de Madras, Paris 1913; Hommage à nos ainés, Paris 1954.

Beschwörungen. Man versteht hierunter sowohl die Anrufung an Geister wie auch ihre Verbannung mittels ritueller Formeln. Eliphas Lévi in Dogma und Ritual der Hohen Magie, München 1927, Bd. 2, S. 145: „Die Anrufungen müssen immer begründet sein und einen löblichen Zweck haben, andernfalls sind es für Vernunft und Gesundheit sehr gefährliche Operationen der Finsternis und des Wahnsinns. Aus reiner Neugier oder nur um zu erfahren, ob man etwas sieht, zu beschwören, heißt sich von vornherein vergeblich ermüden." — Es gibt auch spezielle Beschwörungen des Salzes, der Asche oder eines Elementargeistes, die sowohl nach dem kabbalistischen als auch nach dem römisch-katholischen Ritus im zweiten Teil der „Entschleierten Isis" von H. P. Blavatsky (S. 88/89) behandelt sind. — Lit.: I. Hamp, Beschwörung, Segen, Gebet; Fritz Stege, Musik, Magie, Mystik.

Besessenheit. Ein bestimmter Erregungszustand, der früher von den Ärzten epileptisch aufgefaßt wurde. In der B. haben die Betroffenen Gesichte, ihnen Stimmen, fühlen sich von Dämonen befallen oder erleben eine Spaltung der Persönlichkeit. — Lit.: Dr. Carl Wickland, 30 Jahre unter Toten; Willy Schrödter, Geister, Mystik, Magie; Adolf Rodewyk, Die dämonische Besessenheit, Aschaffenburg 1963; Dr. Franz Hartmann, Seelenbräute und Vampirismus; Roesermüller, Geister warnen vor Geistern, Nürnberg 1960.

Besprechen (oder Versprechen). Eine mit der Magie verwandte Art von (teils abergläubischen) Handlungen, die in Anwendung gebracht werden, um die Fortdauer nachträglich wirkender oder gefahrdrohender Zustände auszuschalten. So werden namentlich besprochen Krankheiten, Wunden, fließendes Blut, Feuer usw. Eine Sammlung von Besprechungsformeln findet sich im Anhang zu J. Grimms „Deutscher Mythologie" (Berlin 1875—1878, drei Bände). — Lit.: Frischbier, Hexenspruch und Zauberbann, Berlin 1870.

Bewahrer der Krone, — der Lampe, — des Schwertes, — des Winkelhakens, — der Standarte. Titel der höchsten Beamten im Ordensrat der Großen Landesloge (sog. christl. Ritus).

Bewohner der Schwelle. Eine literarische Erfindung von Sir ↗ Bullwer-Lytton in seinem bekannten Roman „Zanoni". Das Wort wurde dann von Theosophie und Anthroposophie übernommen. Anstatt B. wird zuweilen auch „Hüter der Schwelle" geschrieben. Im engeren Sinne bezieht sich der Ausdruck auf das, was H. P. Blavatsky „gewisse bösartige astrale Doppelgänger von Verstorbenen" nennt. Es gibt aber noch eine andere Deutung, nach der die „Hüter" die Schwelle besetzt halten, die der Einzuweihende oder Eingeweihte überschreiten muß, bevor er zu einem höheren Grade der Einweihung fortschreiten kann. In diesem Sinne handelt es sich um das eigene hemmende Selbst. Unter den B. d. Sch. darf man also nicht etwa fremde, selbständige Wesen verstehen, wie es bei Rud. Steiner zu lesen ist.

Bewußtsein; der allgemeine Ausdruck für die Tatsache, daß irgend etwas irgend jemand bewußt ist. Das, was einem bewußt ist oder sein kann, heißt Bewußtseinsinhalt; das Bewußtsein selbst oder die Beziehung des Bewußtseinsinhalts auf ein Ich, welches dieses Inhalts sich bewußt ist, wird der sicheren Unterscheidung halber auch wohl durch das seltenere Wort „Bewußtheit" bezeichnet. In der akademischen Wissenschaft ist B. Gegenstand sowohl der Physiologie wie der Psychologie als der Philosophie. Die Bedingungen nachzuweisen, von denen es abhängt, daß wir zu irgend einer Veränderung in unserem Organismus ein B. haben, ist eine Aufgabe der Physiologie. Die Psychologie hat u. a. die Aufgabe, den Befund des subjektiven B. klar herauszustellen und auf seine letzten individuellen Wurzeln (Empfindung, Gefühl usw.) zurückzuführen. In der Philosophie ist B. Gegenstand der Erkenntnistheorie. – Nach Leibnitz ist B. der „Gesamtinhalt unserer Ich-Erfahrung". Teils wird B. auch als Wahrnehmung des „Geistes" von den eigenen Vorgängen, teils als Seele schlechthin angesehen. – Nach A. A. Bailey ist B. der Reflex der äußeren Kräfte im unentwickelten Menschen und der sowohl äußeren wie inneren Antriebe im entwickelten Menschen. Im Mineral-, Pflanzen- und Tierreich ist B. vorhanden als Anziehung und Abstoßung. Dem höher entwickelten Menschen kommen zu: 1. Gruppenbewußtsein (bei den Theosophen: die niedrigste Form des Bewußtseins!) – Egoisches oder Seelenbewußtsein, dargestellt durch intelligente Aktivität; 2. Spirituelles B. – B. des himmlischen Menschen, Liebe-Weisheit; 3. Göttliches, Gottes-B., göttlicher Wille (im Menschen?). Annie Besant definiert B. schlicht als das Gegenstück zur Materie (in: Studie über das Bewußtsein). Nach buddhistischer Lehre ist der Sitz des Bewußtseins im Herzen; daher beziehen sich Rudolf Steiners Meditationsübungen teils auf die Herzgegend. – Nach Dr. von Purucker ist B. in all seinen Formen(?) und mannigfachen Offenbarungen einfach Geist-Stoff – Kraft und Stoff; daher ist das B. die feinste und höchste Form der Energie, die Wurzel aller

Dinge und von gleicher Ausdehnung wie der Raum.

Auch die Evolution der Menschheit ist eine Frage des B. und nicht der Form. Ein allumfassendes B. und eine Erweiterung von Wissen, Weisheit und Verständnis (Einsicht) ist für die Menschheit möglich: 1. durch richtige Lebenshaltung, durch Reinkarnation, mittels der fünf Sinne und durch die treibende Kraft der natürlichen Evolution; 2. durch spezielles esoterisches Training, welches zu stufenweisen, freiwilligen Prüfungen und Einweihungen führt.

Von Bewußtseinserweiterung spricht man bei der Wirkung der Einweihung in der esoterischen Freimaurerei (↗ Droit Humain); während bei der landläufigen FM die Einweihung in einen Grad eine mehr oder weniger hübsche Zeremonie (ähnlich der Konfirmation in der Evangelischen Kirche) ist, die keinerlei Wirkung oder Veränderung im Menschen hervorruft, haben die esoterischen Logen die Ritualpraxis derart vervollkommnet (d. h. wiederhergestellt), daß bei der Mehrzahl der Kandidaten (teils sofort, teils etwas später) ein besonderer Bewußtseinszustand eintritt, der auch mit Bewußtseinserweiterung umschrieben wird. Die Unterschiede zwischen der landläufigen Einweihung und der esoterisch wirksamen Einweihung liegen nicht im Wortlaut des Rituals, sondern in seiner Durchführung, deren Einzelheiten auch heute noch auf eine kleine Zahl von freimaurerischen Würdenträgern beschränkt ist. Gedruckte Unterlagen liegen über diesen Gegenstand nicht vor, und praktisch ist die angedeutete Bewußtseinserweiterung das eigentliche Mysterium der FM. Novalis umschreibt diesen höheren Bewußtseinszustand umständlich mit Graderhöhung des Menschen. – Rudolf Steiner erwähnt stellenweise die Notwendigkeit eines kontinuierlichen B.; dieses ist praktisch eine Vorstufe der freimaurerischen Bewußtseinserweiterung, wenn man nicht den beschwerlichen Einzelgängerweg wählt. Zum anderen sind die von Steiner angegebenen Übungen zur ↗ Pflege des Traumlebens, die auf die Entwicklung des kontinuierlichen Bewußtseins abzielen sollen, nur von geringem Erfolg gekrönt; sie sind auch mehr als pädagogisches Mittel gedacht. – Lit.: Dr. Henri Birven, Lebenskunst in Yoga und Magie, Zürich; Sri Aurobindo, Stufen der Vollendung, Weilheim; Satthipatthana, Konstanz; Ouspensky, Auf der Suche nach dem Wunderbaren; Annie Besant, Eine Studie über das Bewußtsein; C. Jinarajadasa, Die okkulte Entwicklung der Menschheit, Paris 1947; Rudolf Steiner, Welche Bedeutung hat die okkulte Entwicklung des Menschen für seine Hüllen und sein Selbst?, Dornach 1935; Willy Schrödter, Abenteuer mit Gedanken, Freiburg 1954; Ernst Günther Paris, Propheten, Priester, Professoren, Freiburg 1957.

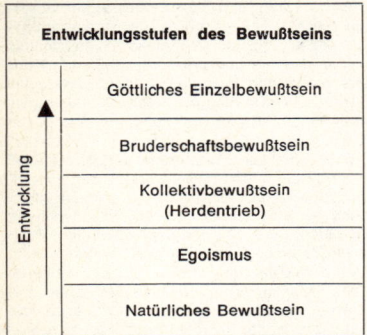

Entwicklungsstufen des Bewußtseins

Entwicklung	
	Göttliches Einzelbewußtsein
	Bruderschaftsbewußtsein
	Kollektivbewußtsein (Herdentrieb)
	Egoismus
	Natürliches Bewußtsein

Bewußtsein, kontinuierliches, ↗ Bewußtsein und ↗ Traumleben, Pflege des B.s.

Bewußtseinserweiterung ↗ Bewußtsein.

Bewußtseinsseele. Nach Rud. Steiner ist B. ein Teil des ↗ Ichkerns (↗ Prinzipien des Menschen) und das, was als Ewiges in der Seele aufleuchtet. Die B. birgt den Kern des menschlichen Bewußtseins, sie ist die Seele in der Seele. Wird die ↗ Verstandesseele noch von Trieb und Affekt getrübt, so lebt in der B. das Wahre. Die B. entspricht der Neschumna in der Kabbalah; ferner dem ↗ Kama-manas. — Lit.: Carl Unger, Aus der Sprache der Bewußtseinsseele, Basel 1954.

Bewußtseinszustände. Die Upanishaden unterscheiden vier B., die auch den ersten vier Körpern (oder Leibern; ↗ Prinzipien des Menschen) entsprechen: 1. Wachbewußtsein, in welchem die Seele die Außenwelt wahrnimmt; 2. Traumzustand, in welchem die Seele eine bloße Innenwelt ohne Vermittlung der Sinnesorgane als Traum erschafft; 3. Tiefschlaf, in welchem die Seele „Name und Form", d. h. die ganze empirische Schöpfung, vergißt, um sich eins zu fühlen mit dem göttlichen Prinzip, doch nur während der Dauer des Tiefschlafes; 4. Turiya oder Caturtha, d. h. der vierte Zustand, in dem Erkenner, Erkenntnis und Erkennendes eins sind, ein Zustand, der die Befreiung oder Erlösung darstellt als höchste Verwirklichung.

Bhagavad-Gita (Sk.) = „die von der Gottheit gesungenen Offenbarungen"; Titel eines reli-

gionsphilosophischen Lehrgedichts, das als Episode in das 6. Buch des indischen Epos „Mahabharata" verflochten ist. Die beiden feindlichen Heere der Kuruiden und Panduiden stehen gerüstet in Schlachtordnung sich gegenüber, die Trompeten geben die Zeichen zum Beginn des Kampfes, und der Panduide Ardschuna besteigt seinen Kriegswagen, den die Gottheit selbst in der menschlichen Gestalt des Krischna als Wagenlenker führt. Als aber Ardschuna im feindlichen Heere seine Verwandten, die Freunde seiner Jugend und seine Lehrer erblickt, zögert er, sich in den Kampf zu stürzen, von dem Zweifel gequält, ob es, um eines irdischen Vorteils willen, wie hier der Wiedereroberung des väterlichen Reiches, erlaubt sei, die geheiligten Satzungen des ganzen Staatsorganismus zu verletzen. Hierauf setzt nun Krischna ihm in einer Reihe von achtzehn Gesängen die Notwendigkeit des pflichtgemäßen Handelns auseinander, woraus sich im weiteren Verlauf des Gesprächs ein vollständiges System indischer Religionsphilosophie entwickelt, in welchem mit ebenso vieler Klarheit der Gedanken als Eleganz der Darstellung die höchsten Probleme des menschlichen Geistes behandelt werden. Das Gedicht, welches seinem wesentlichen Gehalt nach zu der Literatur des Pantscharatra (= „Fünf Nächte") gehört, setzt die Existenz verschiedener philosophischer Schulen voraus und ist sicher nicht vor dem 3. Jahrhundert nZ entstanden. In Indien genießt das Werk ein unbedingtes Ansehen und ist daher auch oft kommentiert und in die verschiedenen Sprachen Indiens übersetzt worden. Die besten Ausgaben des Sk.-Textes lieferten A. W. von Schlegel (2. Auflage, Bonn 1864) und Thomson (Hertford 1855); ins Deutsche wurde das Gedicht übersetzt und kommentiert von Peiper (Leipzig 1834), Lorinser (Breslau 1869), Boxberger (Berlin 1870) und Franz Hartmann (Braunschweig 1892). Das beste Werk über die B.-G. ist die geistvolle Abhandlung Wilhelm von Humboldts „Über die unter dem Namen B.-G. bekannte Episode des Mahabharata" (Berlin 1826). — Hermann Graf von Keyserling nannte die B.-G. „das vielleicht schönste Werk der Weltliteratur". Auf die B.-G. wird in nahezu allen westlichen esoterischen Systemen (wenigstens auszugsweise) Bezug genommen. In der „Entschleierten Isis" ist die B.-G. zuweilen mit dem Bhagavata Purana verwechselt. — Weitere Lit.: Klaus Klostermaier, Hinduismus, Köln 1967; Dr. Franz Hartmann, Die Bhagavad-Gita als das Hohe Lied, Leipzig 1924; ders., Die Erkenntnislehre der B.-G. im Lichte der Geheimlehre, Hochdorf 1946;

Dr. Rudolf Steiner, Die okkulten Grundlagen der B.-G., Dornach 1962; Dr. med. Erwin Zippert, Vom Gleichgewicht der Seele, Ulm 1958; Subba Row, Die Philosophie der B.-G.

Bhagavata Purana. Das berühmteste der achtzehn hinduistischen Puranas (= alten Erzählungen). Das B. P. enthält die Krishna-Legenden, in denen u. a. Yashoda in ihrem Sohn, dem kleinen Krishna, das ganze Universum erblickte (Stelle: 10, 7, 34—37). — In der „Entschleierten Isis" von H. P. Blavatsky ist die B. P. zuweilen mit der Bhagavad Gita verwechselt.

Bhairavi diksha, die geheimen Instruktionen für den Yogi; erstmals bei Dr. Henri Birven, Lebenskunst in Yoga und Magie, veröffentlicht. Die B. d. lehrt u. a., daß es von Natur aus keine Chakras gibt, sondern daß sie im Eingeweihten erst aufgrund von geeigneten Übungen entstehen. Die B. d. ist im Prinzip ein geheimer Kommentar zum Ananda Lahari, d. h. der Woge der Glückseligkeit. — Lit.: Birven, Lebenskunst in Yoga und Magie, Zürich.

Bhakti-Yoga = „Yoga der Liebe"; ein spezielles Yoga der Bhagavad Gita, welches in der Devotion, Hingabe und Liebe sein Lebensprinzip sieht. Es ist die Praxis der intellektuellen Liebe, die den Yogi zur Vereinigung mit dem Ishvara, dem persönlichen Gott, führt. B. Y. beruht zur Gänze auf Betrachtungen und geistiger Konzentration auf die Liebe zu Gott. Der B.-Yogi sieht den göttlichen Gegenstand seiner Liebe so klar vor sich, daß er immer bei ihm ist. B. Y. ist auch die Grundlage der Klostererziehung. — Lit.: Annie Besant, Die Lehre des Herzens; Swami Vivekananda, Karma-Yoga und B.-Y.; ders., Dreifacher Yoga.

Bikshu (Sk.) oder Bikkhu (Pali) = Bettelmönch; Name der ersten Schüler Buddhas.

Bibel (griech.), von ta biblia = die Bücher; gleichsam das „Buch der Bücher" oder Heilige Schrift; die Sammlung derjenigen heiligen Schriften, die von den Christen als Urkunden ihrer göttlich geoffenbarten Religion angesehen werden. Nach Sprache und Inhalt sind diese Bücher in zwei sehr ungleiche Teile geschieden, in das Alte Testament (AT) und das Neue Testament (NT), das erstere, soweit es vom Judentum anerkannt wird, in hebräischer und aramäischer, das letztere in griechischer Sprache. Das AT ist die Sammlung der von den Juden und danach auch von der christlichen Kirche als die Urkunden der göttlichen Offenbarung heilig gehaltenen Bücher. Nach der jüdischen Überlieferung soll der Kanon des AT kurz nach dem Exil (ab 536 vZ) durch Esra mit Hilfe von 120 jüdischen Gelehrten, die sich unter ihm in Jerusalem versammelt hatten, zusammengestellt worden sein. Aber damals war eine ganze Reihe von Schriften des Kanons noch gar nicht geschrieben. — Eigentlich zerfällt der Kanon des AT in drei Kanons: die Thora oder den Pentateuch, die Propheten und die Haggiographen. Von diesen hat jeder seine besondere Entstehungsgeschichte. — Das NT ist die Sammlung der Urkunden der christlichen Religion oder der von der christlichen Kirche für inspiriert, heilig oder apostolisch geachteten Schriften der urchristlichen Zeit, in denen die Geschichte Jesu Christi und der Gründung seiner Kirche erzählt und zugleich der ursprüngliche Ausdruck des christlichen Heilsbewußtseins niedergelegt ist. Das NT zerfällt nach Entstehung und Inhalt in drei Teile: 1. historische Bücher (Evangelien und Apostelgeschichte), 2. brieflich-didaktische Schriften (die paulinischen und die katholischen Briefe), 3. eine prophetische Schrift (die Offenbarung des Johannes). Diese Sammlung ist indes weder ursprünglich mit dem Christentum selbst in allen Teilen hervorgetreten, noch in ihren einzelnen Teilen den Zweifeln alter und neuer Kritik entzogen geblieben. Die ersten Christen kannten nur das NT als Offenbarungsurkunde, zu welcher frühzeitig „die Sprüche des Herrn" in verschiedenen Fassungen und Sammlungen hinzutreten. Bis in die Mitte des 2. Jahrhunderts finden sich nur selten sichere Beziehungen auf apostolische (namentlich paulinische) Briefe. Noch unsicherer aber sind, trotz zahlreicher Zitate von „Sprüchen des Herrn", die Beziehungen auf unsere vier Evangelien, neben denen noch lange Zeit Evangelienschriften (wie das Hebräerevangelium, das Ägypterevangelium) in Gebrauch waren, die später als apokryph ausgeschieden wurden. Erst in der zweiten Hälfte des 2. Jahrhunderts treten allmählich bestimmtere Anführungen der Evangelien (namentlich auch des Johannes-Evangeliums) und der meisten neutestamentlichen Briefe hervor. Die früheste Spur einer Sammlung neutestamentlicher Schriften findet sich um die Mitte des 2. Jahrhunderts bei Marcion, der das Evangelium des Lukas und zehn paulinische Briefe in der Absicht, die urchristliche Lehre wiederherzustellen, bearbeitet und verstümmelt hat. Die Notwendigkeit, einen neutestamentlichen Kanon zusammenzustellen, ergab sich aus dem Bedürfnis der werdenden katholischen Kirche, eine Sammlung „echt" apostolischer Lehrschriften der Berufung der sogenannten Gnostiker auf eine angeblich apo-

Die Bücher der Bibel (Vulgata)

a) Pentateuch (Thora)

Genesis (Bereschit)	= 1. Mose	Numeri (Bemidbar)	= 4. Mose
Exodus (Schemot)	= 2. Mose	Deuteronomium (Debarim)	= 5. Mose
Leviticus (Wajikra)	= 3. Mose		

b) historische Bücher

Josue	= Josua	I Paralipomenon	= 1. Chronik
Judices	= Richter	II Paralipomenon	= 2. Chronik
Ruth	= Ruth	I Esdrae	= Esra
I Regum	= 1. Samuel	II Esdrae	= Nehemia
II Regum	= 2. Samuel	Tobias	= Tobias
III Regum	= 1. Könige	Judith	= Judith
IV Regum	= 2. Könige	Esther	= Esther

c) didaktische Bücher

Job	= Hiob	Canticum Canticorum	= Hoheslied
Psalmi	= Psalmen	Sapientia	= Weisheit Salomos
Proverbia	= Sprüche Salomos	Ecclesiasticus	= Jesus Sirach
Ecclesiastes	= Prediger Salomos		

d) prophetische Bücher

Isaias	= Jesaja	Abdias	= Obadja
Jeremias	= Jeremias	Jonas	= Jona
Lamentationes	= Klagelieder	Michaea	= Micha
Baruch	= Baruch	Nahum	= Nahum
Ezechiel	= Hesekiel	Habacuc	= Habakuk
Daniel	= Daniel	Sophonias	= Zephanja
Osee	= Hosea	Aggaeus	= Haggai
Joel	= Joel	Zacharias	= Sacharja
Amos	= Amos	Malachias	= Maleachi

e) neueste historische Bücher

I Machabaeorum	= 1. Makkabäer	II Machabaeorum	= 2. Makkabäer

f) Gesetzesbücher

Matthaeus	= Matthäus	Lucas	= Lukas
Marcus	= Markus	Joannes	= Johannes

g) historische Bücher

Romanos	= Römer	Titus	= Titus
Corinthios I	= 1. Korinther	Philemones	= Philemon
Corinthios II	= 2. Korinther	Hebraeos	= Hebräer
Galatos	= Galater	Jacobu	= Jakobus
Ephesos	= Epheser	Petri I	= 1. Petrus
Philippenses	= Philipper	Petri II	= 2. Petrus
Colossenes	= Kolosser	Joannis I	= 1. Johannes
Thessalonicenses I	= 1. Thessal.	Joannis II	= 2. Johannes
Thessalonicenses II	= 2. Thessal.	Joannis III	= 3. Johannes
Thimotheus I	= 1. Thimotheus	Judae	= Judas
Timotheus II	= 2. Thimotheus		

h) prophetisches Buch

Apocalypsis B. Joannis apostoli = Offenbarung Johannes (Apokalypse)

i) Apokryphen

Oratio Manassae	= Gebet Manasses	Esdrae IV	= 4. Esra
Esdrae III	= 3. Esra		

Die Bücher der Bibel (Luther-Bibel)

a) Geschichtsbücher

5 Bücher Mose	Ruth	2 Bücher Chronik
Josua	2 Bücher Samuel	Esra
Richter	2 Bücher Könige	Nehemia
		Esther

b) Lehrbücher

Hiob	Sprüche Salomos	Hoheslied Salomos
Psalter (Psalmen)	Prediger Salomo	

c) Prophetische Bücher

Jesaja	Joel	Habakuk
Jeremia	Amos	Zephanja
Klagelieder	Obadja	Haggai
Hesekiel	Jona	Sacharja
Daniel	Micha	Maleachi
Hosea	Nahum	

d) Geschichtsbücher

Matthäus	Lukas	Apostelgeschichte
Markus	Johannes	

e) Lehrbücher

Römer-Brief	Kolosser-Brief	2 Petrus-Briefe
2 Korinther Briefe	2 Thessalonicher-Briefe	3 Johannes-Briefe
Galater-Brief	2 Timotheus-Briefe	Hebräer-Brief
Epheser-Brief	Titus-Brief	Jakobus-Brief
Philipper-Brief	Philemon-Brief	Judas-Brief

f) Prophetisches Buch

Offenbarung (Apokalypse)

g) Apokryphen (im Anhang)

Judith	Jesus Sirach	Drachen zu Babel
Weisheit Salomos	2 Bücher Makkabäer	Gebet Asarchas
Tobias	Stücke zu Esther	Drei Männer im Feuerofen
Baruch	Susanne und Daniel	Gebet Manasses

Merkvers

AT	NT
In des alten Bundes Schriften	In dem neuen steh'n Matthäus,
merke in der ersten Stell':	Markus, Lukas und Johann
Mose, Josua und Richter,	samt den Taten der Apostel
Ruth und zwei von Samuel,	unter allen vorne an.
zwei der Könige, Chronik, Esra,	
Nehemia, Esther mit.	Dann die Römer, zwei Korinther,
Hiob, Psalter, dann die Sprüche,	Galater und Epheser,
Prediger und Hoheslied.	die Philipper und Kolosser,
Jesaja, Jeremia,	beide Thessalonicher;
Heseki-el, Dani-el,	an Thimotheus und Titus,
dann Hosea, Jo-el, Amos,	an Philemon; – Petrus zwei,
Obadja, Jonas Fehl,	drei Johannes, die Hebräer,
Micha, welchem Nahum folget,	Jakobs, Judas Brief dabei.
Habakuk, Zephanja,	
nebst Haggai, Sacharja	Offenbarung
und zuletzt Malachia.	

stolische Geheimlehre (esoterisches Christentum) gegenüberzustellen. – Auch in der Esoterik und im Okkultismus spielt die Bibel eine gewisse Rolle; manche Okkultisten sehen in ihr drei magische Schlüssel: die fünf Bücher Mose (zu denen man noch einige hinzugedichtet hat), die Prophezeiungen des Hesekiel und die Apokalypse (zuweilen auch christliche Kabbalah genannt). – Die gelehrten Juden kennen (nach Molitor) vier Arten der Bibeldeutung: 1. die niedrigste (= Pashut) ist der wörtliche Sinn, 2. die den Text als Allegorie auffaßt (Remmez), 3. die auf einem Symbolismus höherer Art beruht, der nur als Geheimnis unter dem Siegel der Verschwiegenheit mitgeteilt wird (Derash) und 4. das Mysterium oder die Analogie (Sod), die Deutung, welche unbeschreiblich und unaussprechlich ist, die sich nur aufgrund direkter Offenbarung verstehen läßt. Lit.: J. Bröhl, Wir haben das echte NT, Mainz 1958; Scharbert, Einführung in die Heilige Schrift, 1959; Alfred Läpple, die Bibel heute, München; Steinmann, Die Bibel im Spiegel der Kritik; Josef Haspecker, Der biblische Schöpfungsbericht; Dr. Franz Hartmann, Die Symbole der Bibel und Kirche; C. Maurice Elliot, Biblische Wunder im Lichte moderner Jenseitsforschung, Freiburg; Friedrich Weinreb, Der göttliche Bauplan; Charles Waldemar, Herrlich wahre Bibelwunder; Harriet Tuttle Bartlett, An esoteric reading of biblical symbolism, San Francisco 1916.

Bibelforscher, Internationale Vereinigung Ernster; nennt sich in Deutschland heute „Zeugen Jehovas", aber auch Internationale Traktat-Gesellschaft. Gegründet von Charles Taze Russel, * 16. 2. 1852 Pittsburgh (USA), † 31. 10. 1916 im Schlafwagen (USA). Berechnete aus der Bibel ursprünglich, daß das Ende der Welt im Jahre 1914 eintreten würde; danach wurde das Ende der Welt auf 1921, später auf 1925 festgesetzt. Lit.: Russel, Der göttliche Plan der Zeitalter; Die Zeit ist herbeigekommen; Dein Königreich komme; Der Krieg von Harmagedon; Die Versöhnung des Menschen mit Gott; Die neue Schöpfung; Das vollendete Geheimnis; Fr. Loofs, Internationale Vereinigung erster Bibelforscher, Leipzig 1918; Fr. Kaiser, Die Hauptirrlehren des Millennium-Tagesanbruch, Bonn; Otto Bommert, Wie C. T. Russel das Kreuz Christi vollständig zunichte machte, Geisweid. ↗ Zeugen Jehovas.

Bijou (franz.) = Juwel, Schmuck; aus dem 18. Jahrhundert stammender Ausdruck für Logenkleinod oder Logenabzeichen, der auch in die deutsche FM-Sprache Eingang gefunden hat. B. sind die Abzeichen der Beamten in der Loge, in deutschen Logen aber auch die Abzeichen, die zur Unterscheidung der Logen (nur in geschlossener Loge!) getragen werden.

Bikkhu (Pali) oder **Bhikshu** (Sk.). Name der ersten Jünger Buddhas; wörtlich: bettelnder Schüler oder Mönch. Von einem B. erwartet man, daß er Wunder tun kann.

Bildekräfteleib = Linga sharira, ein Steiner-Ausdruck. ↗ Prinzipien des Menschen.

Bilokation (lat.), von bi = zwei und locus = Ort. Die freiwillige oder unfreiwillige Fähigkeit, an zwei Orten zugleich zu sein, d. h. die Aussendung des Astral- oder Fluidalkörpers. Lit.: Sylvan J. Muldoon, Die Aussendung des Astralkörpers, Freiburg 1964.

Binah (hebr.) = Vernunft, Verständnis; die dritte der zehn Sephiroth der Kabbalah, eine feminine Kraft; entspricht in der Kabbalah dem Buchstaben H des Tetragrammatons JHVH. ↗ Sephiroth.

binär (lat.), von binarius, bini = je zwei; im Sinne von „auf die Zahl zwei bezogen"; im heutigen Sprachgebrauch mit „dual" ausgedrückt; ↗ Dualität.

biologisches Bewußtsein, Bezeichnung für Selbsterhaltungstrieb im Lectorium Rosicrucianum.

Biorhythmik (griech.), von bios = Leben(slauf) und rhuthmos = fließen; Lehre von der zeitlich wiederholten oder geordneten Bewegung des Lebens im allgemeinen und beim Menschen im besonderen; auch so viel wie biologischer Rhythmus. Lit.: Hugo Max Gross, B.; Dr. Alfred Fankhauser, Das wahre Gesicht der Astrologie; Prof. Leisner-Ellerbek, Wie werde ich Meister meines Schicksals, Hamburg; Hans Früh, Rhythmen-Praxis, St.-Margarethen; Prof. Dr. Camillo Schneider, Periodizität des Lebens und der Kultur, Leipzig.

Biosophie (griech.), von bios = Leben(slauf) und sophizo = lehren; die Lehre vom Leben; meist mit Theosophie und Okkultismus identisch.

Biquintil = 2/5-Schein, ↗ Aspekte, schwache.

Birven, Dr. Henri Clemens, Vertreter des magischen Idealismus und bekannter esoterischer Schriftsteller; gab 1927/31 die Zeitschrift „Hain der Isis" heraus; war mit Gustav Meyrink und Aleister Crowley bekannt. W.: Goethes Faust und der Geist der Magie, Leipzig 1924; Yoga und Psychoanalyse; Der historische Doktor Faust; Lebenskunst in Yoga und Magie, Zürich 1953; Der Tarot – Einführung in seine Symbolik, Gelnhausen 1960; Pforte der Unsterblichkeit, Gelnhausen 1961; Novalis, Büdingen 1959.

Biseptil = 2/7-Schein, ↗ Aspekte, schwache.

blau, neben rot eine der wichtigsten symbolischen Farben der Magie; himmelblau ist die
Farbe der ersten drei Grade der FM (vor den
Hochgraden), in Irland jedoch dunkelblau.
Diese Grade werden daher auch blaue Grade
oder blaue FM genannt. B. symbolisiert die
Königswürde (Königsblau), den Adel (blaues
Blut), das Wasser, die Nacht gegen Morgen;
es ist die Farbe des Zeus-Jupiter in der Astro-
logie und in der Heraldik (Azurblau); entspricht
dem weiblichen Prinzip (z. B. im Yin-Yang der
Chinesen); die Farbe des höheren Mental-
planes, auch Symbol des philosophischen
Geistes und Intellekts als dem höheren Be-
wußtsein (= Luft). Swedenborg: „Durch Blau
wird die Intelligenz bezeichnet" (Apokalypse,
Nr. 450). In der Ostkirche ist b. das Symbol der
Lebenskraft und des Himmlischen, in China
des Unsterblichen, bei den alten Juden des
Bundes und des Gesetzes.

Blaue Grade, blaue Maurerei. Die drei Johan-
nis-Grade der FM, auch symbolische Grade
genannt, gekennzeichnet durch die blaue
Farbe der Logenausstattung und der Bänder
der Bijoux, im Gegensatz zur roten oder
Schottischen FM und der Hochgrad-FM überhaupt, in welcher andere symbolische Farben
vorherrschen.

Blavatsky, Helena Petrowna (auch kurz: HPB),
* 12. 8. 1831 (nach anderen: 31. 7. 1831) Jeka-
tarinoslaw (Ukraine), † 8. 5. 1891 London; die
bedeutendste Okkultistin des 19. Jahrhunderts
und Gründerin der ↗ Theosophischen Gesellschaft. Von Kindheit an soll sie schon ein
befähigtes Medium gewesen sein; spiritistische
Phänomene folgten ihr überall. Mit 17 Jahren
heiratete sie in Tiflis den russischen General
N. V. Blavatsky, der nach ihren eigenen Angaben fast 70 Jahre gewesen sein soll. Von
diesem trennte sich HPB schon nach einigen
Monaten (nach ihren Angaben am Hochzeits-
tage) und flüchtete in Matrosenkleidern nach
Konstantinopel (Türkei). Indes kann der General zur Zeit der Hochzeit allenfalls 40 Jahre
gewesen sein, denn 1892 lebte er noch immer.
Über den Zeitraum 1848 bis 1872 hat HPB
selbst keine klaren Angaben hinterlassen, und
ihr Biograph, A. P. Sinnett, verzweifelte fast an
den widersprüchlichen Angaben, die sich nicht
zusammenreimen ließen. Über bestimmte Zeitpunkte liegen aber feste Anhaltspunkte vor, so
daß wenigstens ein großer Teil der falschen
Behauptungen abgetan werden kann. In
Konstantinopel lernte sie die russische Gräfin
Kisselev kennen und wurde von dieser nach
Ägypten mitgenommen; anschließend bereisten

H. P. Blavatsky 1875

sie zusammen den Balkan und Griechenland.
In Kairo hatte sie einen alten koptischen
Magier namens Paul Metamon gefunden, bei
dem sie rund drei Monate studierte. 1851 fuhr
sie in Begleitung einer anderen Freundin von
Frankreich nach England, um die Weltaus-
stellung im Hyde Park zu besuchen, 1852 nach
Quebec (Kanada), von dort mit einem Deutschen nach Bombay (Indien), um nach Tibet
zu gelangen. Da die englischen Behörden sie
nicht durchreisen ließen, kam sie 1853 zurück
nach England und ging von dort nach den
USA. 1855 kam sie wieder nach Indien und
versuchte diesmal in Männerkleidern, allerdings ebenso erfolglos, nach Tibet einzureisen.
1856 ist HPB in Frankreich und Deutschland;
danach kommt sie wieder zum Balkan, wo sie
in einem Zirkus als Reitkünstlerin gefeiert
wird; allgemein wurde sie zu dieser Zeit als
die Frau des berühmten Opernsängers Metrovitsch angesehen. Vom Balkan kehrt sie zum
erstenmal 1858 in ihre Heimat Rußland zurück. 1863 trifft sie in Tiflis, wo Metrovitsch
gerade gastiert, ihren ersten Mann, verläßt
diesen jedoch nach drei Tagen abermals, um
mit Metrovitsch eine Tintenfabrik und einen

Kunstblumenladen zu eröffnen. Mit Metrovitsch fährt sie dann nach Kairo, wo sie eine Société spirite (= einen spiritistischen Zirkel) gründet. Über Zypern, Athen kommt sie nach Europa zurück und kämpft in Männerkleidern in der kleinen Armee Garibaldis; in der Schlacht bei Mentana (1867) gegen die Franzosen wird sie verwundet. Bis 1873 bleibt sie in Europa und fährt von hier nach Amerika, wo sie am 7. 7. 1873 eintrifft. Ab hier beginnt die eigentliche Geschichte der TG und der Theosophie. Die umstrittene Zeit von 1851 bis 1875 bezeichnete HPB als Seiten, welche sie am liebsten „herausreißen würde aus dem Buch" ihres Lebens. Während dieser Zeit hatte HPB auch einen Sohn (Vater: Baron Nicholas Meyendorff), 1858 geboren in Rußland, später in Italien gestorben. – 1874 hatte sich um die Eddy-Familie, die den modernen Spiritismus begründet hatte, eine Spiritistengruppe gebildet, zu der auch der Journalist Henry Steel ↗ Olcott gehörte; zu dieser Gruppe stieß eines Tages HPB. Olcott erkannte schnell HPB als interessantes Medium und tat viel für ihre Popularität; Olcott erfand um diese Zeit für HPB auch den Titel einer Gräfin. Der Schutzgeist HPBs nannte sich damals John King (später: Meister Morya). Kurz darauf gründeten Olcott und HPB den „Miracle Club" (engl.; = Wunderklub), d. h. einen eigenen spiritistischen Zirkel; am 7. 9. 1875 schlug G. H. Felt vor, den Kreis zu erweitern und Theosophische Gesellschaft zu nennen. Am 3. 4. 1875 hatte HPB in Philadelphia einen viel jüngeren Armenier namens Michael Bettaly, von dem sie jedoch bald geschieden wurde, geheiratet. Bei der Gründung der TG hatte man sich zum Ziel gesetzt, die alten magischen Praktiken und Lehren zu erforschen; zu diesem Zeitpunkt gab es also in der TG weder Buddhismus, noch Hinduismus; es gibt auch keinen Hinweis auf die Gründung durch die ↗ Meister. Für die nächsten zwei Jahre befaßte sich HPB mit dem Studium neuer und alter mystischer, magischer und anderer okkulter Bücher und schrieb die „Entschleierte Isis", die am 2. 10. 1877 erschien. Dieses bemerkenswerte Buch stellt den allerersten Versuch dar, die sogenannten alten Religionen gegen die üblichen Vorurteile zu verteidigen; außerdem zog es erstmals eine Trennungslinie zwischen Gauklertum und wirklicher Religion. Kritisiert an diesem Werk wurde zuweilen HPBs feindliche Einstellung gegenüber dem Christentum und der landläufigen Wissenschaft. Nach Angaben von Olcott besaß HPB zu diesem Zeitpunkt rund 100 Bücher; William Emmette Coleman in San Franzisco, der selbst eine monumentale okkulte

Bibliothek besaß, stellte in dreijähriger Arbeit eine genaue Liste derjenigen Bücher zusammen, die für die „Isis" als Quelle gedient hatten. Im Gegensatz zu ihrem späteren Werk, der „Geheimlehre", ist in der „Isis" weder von Meistern noch von Karma die Rede; die Lehre von der Transmigration (= Reinkarnation oder Wiedergeburt) ist völlig entstellt und stimmt weder mit dem Buddhismus noch sonst mit einer bekannten Doktrin überein. Die heute bekannte siebenfache Konstitution wurde in der „Isis" von HPB noch als dreifache Konstitution gelehrt. – Nachdem die TG sich inzwischen insgeheim mit den Arya Samaj in Bombay zusammengeschlossen hatte und HPBs Schriftwechsel mit Swami Sarasvati bekannt geworden war, flüchtete sie vor der zunehmenden Kritik nach Indien. Im Januar 1879 trafen HPB und Olcott in Bombay ein, wo beide zum Buddhismus übertraten. Im Arya Samaj wurde die Lehre von der Großen Weißen Bruderschaft von Tibet und die Geschichte von den Meistern erfunden. Am 21. 2. 1884 fuhren HPB und Olcott von Bombay nach Europa, wo sie bis gegen Ende des Jahres blieben, bis am 20. 12. 1884 wieder nach Madras zurückkehrten. HPB war während dieser Zeit auch in Deutschland gewesen, und zwar bei der Familie Gebhardt in Elberfeld, wo im Beisein von W. Q. ↗ Judge und Dr. ↗ Hübbe-Schleiden am 23. 7. 1884 die erste deutsche TG gegründet wurde. Wegen der Affaire um den Schrank mit der Geheimtür an der Rückseite mußte HPB am 26. 3. 1885 Indien für alle Zeit verlassen; nach Dr. Franz Hartmann, der HPB auf dieser Reise begleitete, hat HPB auf dieser Reise mit der Abfassung des Manuskriptes für ihr eigentliches Hauptwerk, „Die Geheimlehre", begonnen. Ein weiterer großer Teil des Manuskriptes wurde dann in Würzburg (teils in Gegenwart von Dr. Hübbe-Schleiden) und Elberfeld sowie in Ostende und London geschrieben. Später behauptete HPB, der Meister Djwal Khul habe ihr die Geheimlehre diktiert. Ihrem Vertrauten, Dr. Franz Hartmann, gegenüber hatte HPB zum anderen erklärt: „Es ist furchtbar, daß mir zuweilen ein Mahatma erscheint, den ich für den wahren Meister halte, während ich später zu meinem Entsetzen erkennen muß, daß es ein Dämon war, der sich unter seiner Maske verbarg" (zitiert von Gustav Meyrinck in: Laarss, Eliphas Lévi, S. 11). – Subba Row, ein führender Adyar-Theosoph, erklärte nach dem Tode von HPB, daß HPB in verschiedenen spiritistischen Zirkeln als Geist erschienen sei und bedauert habe, in der Geheimlehre die Reinkarnation verkündet zu haben. – W.: Die entschleierte

Isis, Leipzig (zwei verschiedene Übersetzungen); Die Geheimlehre, Leipzig (mehrere Ausgaben und Übersetzungen); Schlüssel zur Theosophie, Leipzig (zwei verschiedene Übersetzungen); Die Stimme der Stille, Leipzig ohne Jahr und Graz 1959; In den Höhlen und Dschungeln Hindostans, Nürnberg ohne Jahr (vor 1899); Esoterik, Leipzig ohne Jahr (posthum durch Annie Besant); Nightmare Tales, ohne Ort und Jahr; Studies in occultism, Pasadena; Theosophical Glossary, London 1892; Complete works, Pasadena (durch Trevor A. Barker); Verspreide Geschriften, Amsterdam 1950. — Lit.: Transactions of the Blavatsky Lodge, Pasadena 1890/91; John Hogg, History of the Ancient and Primitive Rite of Masonry, London 1880; Josephine Ransom, Madame Blavatsky as Occultist, London 1931; C. E. Bechhofer Roberts, The mysterious Madame, London 1931; Anonym, The theosophical movement, New York 1925; J. N. Farquhar, Modern religious movements in India, London 1929; Olcott, Old Diary Leaves, London; Eugene Rollin Corson, Some unpublished letters of Helena Petrovna Blavatsky, London ohne Jahr.

Blut, gilt vielfach als Machtträger, Sitz der Seele, Abwehrmittel und reinigende Kraft. Wo eine Gemeinschaft gestiftet werden soll, wird sie auf Blut gegründet (Blutsbrüderschaft). Solche primitivkulturlichen Vorstellungen wirken noch in den Hochkulturen nach. Frisches Viehblut (auch mit Milch vermischt) wird von hamitischen Hirtenstämmen Ostafrikas als besonders nahrhafte Kost geschätzt. In der Esoterik teils als Symbol des göttlichen Lebens auf den unteren Ebenen, daher 1. Mos. 9, 4: „Allein esset das Fleisch nicht, das noch lebt in seinem Blute" (vgl. auch 3. Mos. 3, 17). Swedenborg: „Blut bezeichnet immer in einem spirituellen Sinne die göttliche Wahrheit des Herrn" (Apokalypse, Nr. 379). — Im ersten Grad der Großen Landesloge (christl. Ritus) wird zunächst symbolisch von einer Blutmischung gesprochen. Sie sei eine uralte Sitte der Tempelritter und anderer Geheimbünde. Im neunten Grad wird dann die Blutmischung auch praktisch vollzogen, „denn Blut ist das geheime Zeichen, welches in materieller Hinsicht alle auf der Erde Lebenden als Brüder verbindet, welche ihr Geschlecht von demselben Stammvater ableiten, dessen erster Blutstropfen noch in ihren Adern rinnt". Bei dieser Zeremonie füllt der erste Architekt zunächst den Ordenskelch mit Wein; dann ergreift der Meister den Kelch und fordert den Suchenden auf, sich über ihm den Daumen der rechten Hand aufritzen zu lassen, „um

dadurch sein Blut im Gedächtnis des heiligen Blutes, das zur Erlösung der Menschen auf Golgatha geflossen ist, mit dem Blute zu vermischen, das unsere Väter zur Verteidigung des Kreuzes vergossen haben". Nachdem ein wenig Blut in den Kelch geflossen ist, nimmt der Meister die dreieckige Kristallflasche, welche das Blut der Brüder mit Wein gemischt enthält, und gießt daraus drei Tropfen in den Kelch, wobei er unter Hinweis auf 1. Petr. 1, 16—25 die Mischung des Blutes der Väter mit dem des Suchenden vollendet. Den Knieenden läßt er aus dem Kelch trinken, trinkt dann selbst aus dem Kelch und läßt ihn unter den Brüdern kreisen. Von dem im Kelch zurückbleibenden Rest gießt der Meister durch einen kleinen Trichter etwas in die Kristallflasche, so daß nun auch das Blut der Neuaufgenommenen mit dem aller derer, welche ihm im Orden vorangegangen sind, gemischt ist. — In Richard Wagners „Götterdämmerung" wird die Blutmischung auf der Bühne vollzogen, wenn Siegfried und Gunter ihr Blut in das Trinkhorn rinnen lassen, um es dann zu trinken und so den Bund der Blutsbrüderschaft zu besiegeln. — Zuweilen ist auch berichtet worden, daß durch solche Blutmischungen Leberkrankheiten übertragen worden sind. — Lit.: Rudolf Steiner, Blut ist ein ganz besonderer Saft; Otto Hieber, Leitfaden durch die Ordenslehre der Großen Landesloge, Der Grad der Auserwählten, Berlin 1925, Heft 10.

Blutmischung ↗ Blut.

B'nai B'rith (hebr.) = Söhne des Bundes; eigentlich: U. O. B. B. = United Order of B. B. — Gegründet 13. 10. 1843 durch Heinrich Jones, einen nach den USA ausgewanderten deutschen Maschinenbauer. Zielsetzung: Israeliten zu vereinigen zur Förderung der höchsten Interessen der Menschheit, den geistigen und sittlichen Charakter der Glaubensgenossen weiter zu entwickeln und zu heben, ihnen die reinsten Grundsätze der Menschenliebe, der Ehre und des Patriotismus einzuprägen, Kunst und Wissenschaft zu unterstützen, die Not der Armen und Dürftigen zu lindern, Kranke zu besuchen und zu pflegen, den Opfern der Verfolgung zu Hilfe zu kommen, Witwen und Waisen zu beschützen und ihnen mit allen Kräften hilfreich beizustehen. (Aus der Satzung der Berliner Berthold-Auerbach-Loge III.) Die europäische Zentrale der B. B. befindet sich in Straßburg (Frankreich), für Deutschland in Berlin.

Boaz oder Bo'az, in der Vulgata Booz (hebr.) = „in Kraft"; Name der linken Säule vor dem Tempel Salomos (1. Kön. 7, 21) und Name des

Urgroßvaters Davids (vgl. Matth. 1, 5 und Ruth 4, 13–17). Möglicherweise symbolisiert die Säule B den israelitischen Gott Baal, was den Jehovah-Anhängern nicht bekannt werden durfte. Eine diesbezügliche Andeutung findet sich in 1. Kön. 18, 21: „Ist der Herr Jehovah, so wandelt ihm nach; ist's aber Baal, so wandelt ihm nach."

Bodhi (Pali) = Erwachung, von budh = erwachen, erkennen; bedeutet im Buddhismus Erleuchtung, Wissen, Erkenntnis. B. ist der Zustand des Menschen, in dem sein Gemüt so „leergemacht" ist, daß es nur vom Selbst allein, von der selbstlosen Selbstheit des Ewigen erfüllt ist. Dann hat er die unaussprechlichen Schauungen der Wirklichkeit, der reinen Wahrheit. Der Mensch, der diesen Zustand erreicht hat, wird Buddha genannt, und das Organ, in und mittels welchem dieser Zustand erlangt wird, heißt Buddhi (lt. Dr. v. Purucker).

Bodhidharma (Sk.) = Weisheit-Religion oder die im Dharma (= Ethik) enthaltene Weisheit. Auch der Name eines buddhistischen Führers, der im 6. Jahrhundert den Zen-Buddhismus gründete. — Lit.: Louis Pauwels, Aufbruch ins 3. Jahrtausend, S. 464.

Boddhisatta (Pali), oder Boddhisattva (Sk.) wörtlich = „der, dessen Essenz Intelligenz geworden ist" oder „Erleuchtungswesen"; ein zur Buddhaschaft bestimmtes Wesen, ein zukünftiger Buddha. Dieses Wort findet sich sehr häufig in den ältesten Texten, und dann wird damit meist nur der Buddha Gautama vor seiner Erleuchtung in seiner letzten Geburt bezeichnet, niemals aber seine oder eines anderen Buddha früheren Verkörperungen. Nach dem überlieferten buddhistischen Volksglauben weilt vor seiner Wiedergeburt auf der Erde jeder Boddhisatta (oder einfach: Boddhisat) im Tusita-Himmel, d. h. dem Himmel der Seligen. — B. ist also jemand, der keine weitere Inkarnation mehr braucht, um ein perfekter Buddha zu werden, d. h. zum Nirwana zugelassen zu sein. — Nach Alice A. Bailey ist ein B. ein Chohan oder jemand, dessen Bewußtsein intelligent wie der Buddha wurde. Er braucht nur noch eine einzige Inkarnation, um ein vollendeter Buddha zu werden. Der B. ist das Haupt aller Religionen in der Welt, er ist der Meister aller Meister und Engel. B. ist auch die Manifestation eines Buddha auf der niederen Mentalebene.

Böhme, Jakob, auch: Philosophus Teutonicus (lat., „deutscher Philosoph") genannt, Theosoph und Mystiker; * 1575 Altseidenberg bei Görlitz, † 27. 11. 1624 Görlitz; Sohn eines armen Bauern, lernte das Schuhmacherhandwerk. Auf seiner Wanderschaft wurde er wohl zuerst mit den im Volke umlaufenden, gegen die herrschende Orthodoxie vielfach polemischen Gedanken der deutschen Mystik vertraut; die damals in Sachsen herrschenden Streitigkeiten über den Krypto-Calvinismus beschäftigten ihn sehr. Mehrere Entzückungen und Gesichte, welche sein religiöses Gemüt einer unmittelbaren Einwirkung Gottes und Erleuchtung durch den Heiligen Geist zuschrieb, bestimmten ihn, die Feder zu ergreifen. Seine erste Schrift „Aurora oder die Morgenröte im Aufgang" (verfaßt 1612; gedruckt zuerst 1634 in Augsburg) enthält seine Offenbarungen und Anschauungen über Gott, Mensch und Natur, und aus ihr, wie aus seinen übrigen Schriften, leuchtet eine vertraute Bekanntschaft mit der Bibel hervor. Doch scheint er auch gelehrte Schriften, z. B. einige Flugblätter des Paracelsus und namentlich auch Schriften von Valentin Weigel (mystischer Sektengründer, 1533 bis 1588) gekannt zu haben. Die Geistlichkeit in Görlitz, seinem Wohnsitz, feindete ihn wegen des Buches an, ließ ihn vor Gericht ziehen und verdammte das Buch, während an B. selbst nichts Sträfliches gefunden wurde. In die Zeit von 1619 bis zu seinem Tode fällt die Abfassung der übrigen Werke.

Das Charakteristische der Lehre B.s ist die vollständige Verschmelzung von Mystik und Naturphilosophie: die religiösen Grundgedanken, welche sich aus der gläubigen Betrachtung des Verhältnisses der individuellen, der Sünde anheimfallenden und durch die Gnade erlösten Seele zu der allheiligen Gottheit entwickelt hatten, werden für B.s großartig phantastische Weltanschauung die Grundsätze, durch welche er den gesamten Naturprozeß, das Hervorgehen der natürlichen Welt aus dem göttlichen Wesen, ihren Abfall von demselben, ihre dereinstige Verklärung zu begreifen hofft. B. lehrt u. a. die Notwendigkeit der Gegensätze als das bewegende Prinzip der Schöpfung, d. h., daß das Positive das Negative, das Heilige der Sünde, die Gottheit der Welt, die Liebe des Zorns ebenso wie das Licht der Finsternis bedürfe, um „offenbar" zu werden. — B. hielt sein Ego, wie so viele Mystiker, für Gott; hätte er die östliche Literatur gekannt, würde er sicher anders geschrieben haben. Gichtel (1638–1710) gründete auf der Grundlage der Werke B.s sogar eine besondere Sekte (die Engelsbrüder, benannt nach Matth. 22, 30). Die erste Biographie B.s schrieb Abraham von Frankenberg († 1652). Später nahm noch der württembergische Theologe (und Freimaurer) Oetinger B.s Ideen auf,

Jakob Böhme
(nach einem alten Stich)

sowie auch der französische Mystiker, Freimaurer und Martinist Louis-Claude de ↗ Saint-Martin. Der Philosoph Schelling (1775—1854) eignete sich in seinem späteren philosophischen System viele Gedanken B.s an; Hegel (1770—1831), der sich oft auf B. berief, datierte von ihm den Anfang der modernen Philosophie. Den größten Fleiß auf die Deutung der Werke B.s verwandte Franz von ↗ Baader. — W.: Mysterium magnum oder Erklärung über das 1. Buch Mosis, von der Offenbarung göttlicher Worte durch die drei Principia Göttlichen

79

Wesens, auch vom Ursprung der Welt usw., Amsterdam 1682; Betrachtung göttlicher Offenbarung, was Gott, Natur und Creatur, sowohl Himmel, Hölle und Welt sambt allen Creaturen sind usw., Amsterdam 1682; Theosophia Revelata: Das ist Alle Göttlichen Schriften des Gottseligen und Hocherleuchteten deutschen Theosophi J. B., ohne Ort 1715; De triplici vita hominis, oder Von dem dreyfachen Leben des Menschen, 1620; usw. — Lit.: Dr. Franz Spunda, Das mystische Leben J. B.s, Freiburg 1961; Viktor Weiß, Die Gnosis J. B.s, Zürich 1955; Dr. G. C. A. von Harleß, J. B. und die Alchymisten, Leipzig 1882; Charles Waldemar, J. B., der schlesische Mystiker, München 1959; Bô Yin Râ, Wegweiser; Dr. Josef Mahlberg, Heilige und Ketzer; Edith Mikeleitis, Das ewige Bildnis; M. Kahir, Nahe an 2000 Jahren; Fechner, J. B., sein Leben und seine Schriften, Görlitz 1857.

Borgert, A., jetziger Großsekretär (Fra Thaddäus) des O. T. O. (= Ordo Templi Orientis), der Gnostisch-Katholischen Kirche, der Fraternitas Rosicruciana Antiqua und des Ordo Illuminatorum in Stein (Schweiz).

Bô Yin Râ (Ps.) = Joseph Anton Schneiderfranken, * 1876 Aschaffenburg, † 1943 Lugano (Schweiz); sein Pseudonym ist „eine Verbindung von sieben Lauten zu drei Silben, in denen er sich nach geistigen Lautwertgesetzen mit mathematischer Ausschließlichkeit bezeichnet fühlte", schrieb sein Biograph Rudolf Schott (Bô Yin Râ, Leben und Werk, Basel). Wurde Maler, bereiste Schweden und Griechenland und hielt sich 1922 in Capri auf. — B. Y. R. hat mehr als 40 Bücher geschrieben, größtenteils im Stile des oft kopierten „Also sprach Zarathustra" von Nietzsche, und bezeichnete sich als „Abgesandter der weißen Loge". B. Y. R. selbst erzählt, daß er schon im Alter von sieben Jahren mit einem geheimnisvollen alten Herrn, der sich „schon durch seine Kleidung als Hochasiate" (also wohl ein sogenannter „Meister") legitimierte, zusammentraf. Später hätte er diesen Herrn wiedergetroffen, und 1915 kam er mit „jener Bruderschaft" in Verbindung. Seine Chelaschaft verbrachte er auf einer geheimen Insel im ägäischen Meer. „Wir sind durch ein kosmisches Gesetz zu ewigem Schweigen verpflichtet", sagt B. Y. R., aber dennoch hat er, bemerkt Liebstöckl (Die Geheimwissenschaften im Lichte unserer Zeit, Zürich 1932), der ihn als eine Art Courths-Mahler des Okkultismus bezeichnet, ein paar Dutzend Bücher, im Tone zwischen Joachim Müller und Mabel Collins schwankend, geschrieben. Die Lehren B. Y. R.s gehören zur

Bô Yin Râ (Schneiderfranken)

dialektischen Gruppe der okkulten Literatur, d. h. sie stellen lediglich eine andere Ausdeutung anderer, bekannter Lehren dar. Der AMORC und auch das Lectorium Rosicrucianum haben eine Reihe von Gedanken diesen Schriften entlehnt. Nur wenigen engen Vertrauten hat B. Y. R. die relativ einfache Herkunft seiner Lehren enthüllt; in seinen gedruckten Werken dagegen heißt es, teils in breit gesperrter Schrift: „Nach mir hast Du gerufen, ohne daß ich von Dir weiß. Doch siehe: ich erwarte ja nichts anderes von Dir, als daß Du, stetig Deines Weges achtend, der Leuchte folgst, die ich vor Dir entzünde; schon nach den ersten Schritten wirst Du entdecken, daß Dir auf meinem Wege nie der Trug begegnen kann; heute bist Du diesem Menschen begegnet, der, wissend um die Wege der Wahrheit, bereit ist, Dich diesen Weg zu führen; erfülle Dein Herz mit wahrer, echter, lauterer Frömmigkeit!" Oder: „Alles, was ich sage, will empfunden werden und ist nicht in der Absicht gegeben, dem Scharfsinn des Empfangenden eine Aufgabe darzubieten zur Übung seiner gedanklichen Zergliederungskunst." —

B. Y. R. benutzt, namentlich in seinen ersten Werken, das Vokabular der TG-Literatur, bekämpft aber die Lehre der Reinkarnation. — Heute hat B. Y. R. noch eine große Zahl stiller Anhänger, die meist nichts von der Existenz der geheimen B.Y.R.-Organisation ↗ EBDAR wissen, der übrigens auch bekannte Rechtsanwälte und Ärzte angehören. Öffentlich als B. Y. R.-Anhänger bekannten sich Prof. Max Nuß (Darmstadt), Rudolf Schott, Felix Weingartner, Dr. Herbert Fritsche, Dr. Alfred Kober und zeitweise sogar Gustav Meyrinck. Einige freimaurerische Zeitschriften (Alpina; Die Bruderschaft) bringen von Zeit zu Zeit Artikel über Leben und Lehren Schneiderfrankens, obwohl seine Ideen nichts mit FM zu tun haben. — W.: Worte der Meister, Leipzig 1916; Das Buch vom lebendigen Gott, München 1919, 1927, Zürich 1957; Buch der königlichen Kunst, München 1920, 1932; Buch vom Jenseits, München 1920, 1929; Buch vom Menschen, München 1920, 1928; Buch vom Glück, München 1920; Buch der Gespräche, München 1920; Mehr Licht, Leipzig 1921, 1936, Bern 1968; Reich der Kunst, München 1921, Basel 1933; Buch der Liebe, München 1922, 1931; Mysterium von Golgatha, Leipzig 1922, 1930, Basel 1953; Welten, Basel 1922, Zürich 1956; Das Geheimnis, München 1923; Worte des Lebens, Stuttgart 1923; Okkulte Rätsel, Leipzig 1923; Der Weg zu Gott, Leipzig 1924; Buch des Trostes, München 1924; Weisheit des Johannes, München 1924; Kultmagie und Mythos, Leipzig 1924, Zürich 1961; Psalmen, Leipzig 1924; Geist und Form, Leipzig 1924; Funken, Leipzig 1924; Das hohe Ziel, Leipzig 1925; Die Ehe, Leipzig 1925; Auferstehung, Leipzig 1926, Zürich 1959; Das Gebet, Leipzig 1926; Der Sinn des Daseins, Leipzig 1927; Wegweiser, Basel 1928; Mantra-Praxis, Basel 1928; Gespenst der Freiheit, Basel 1930; Der Weg meiner Schüler, Basel 1932; Aus meiner Malerwerkstatt, Basel 1932; Über den Alltag, Basel 1934; Ewige Wirklichkeit, Basel 1934; Leben im Licht, Basel 1934; Briefe an einen und viele, Basel 1935; Hotus conclusus, Basel 1936; Marginalien, Basel 1938; Über die Gottlosigkeit, Basel 1939; Geistige Relationen, Basel 1939; Mancherlei, Basel 1939; Nachlese, Basel 1953; In eigener Sache, Basel o.J.; Warum ich meinen Namen führe, Zürich 1967; Über meine Schriften, Zürich o.J. — Lit.: Rud. Schott, Brevier aus dem Lebenswerk; ders., Der Maler B.Y.R.; B.Y.R., Leben und Werk; Liebstöckl, Die Geheimwissenschaften im Lichte unserer Zeit, Zürich 1932; Neumann-Hengstenberg, Die deutschen Mantra des B. Y. R., Leipzig; Robert Winspeare, B. Y. R. und sein Werk, Leipzig 1930; Felix Weingartner, B.Y.R., Leipzig 1930; August Wilhelm Albrecht, Die Lichtbotschaft des B. Y. R., Pfullingen 1918.

BQ, Symbol für Biquintil, ↗ Aspekte, schwache.

Brahma (Sk.), oder Brahman, von der Wurzel b-r-h = dick sein, groß, stark; man muß zwischen dem sächlichen Brahman und dem männlichen Brahma, dem Schöpfer des indischen Pantheon, unterscheiden. Das sächliche B. ist das unpersönliche, höchste und unerkennbare Prinzip des Universums aus der Essenz, aus der alles emaniert und in welche es zurückkehrt, welche unkörperlich, unmateriell, ungeboren, ewig, anfangslos und unendlich ist. Es ist alles durchdringend, belebend den höchsten Gott wie das kleinste mineralische Atom. B. andererseits, der männliche und angebliche Schöpfer, existiert periodisch nur in seinen Manifestationen und geht dann wieder ins Pralaya, d. h. verschwindet.

Brahma-loka (Pali und Sk.) = Brahmawelt; bezeichnet im weitesten Sinne die feinkörperliche und unkörperliche Welt (= loka), im engeren Sinne aber bloß die der ersten Vertiefung entsprechenden und der feinkörperlichen Welt angehörenden drei Brahmahimmel, nämlich den des Brahmagefolges, der Brahmapriester und der Großen Brahmas.

Brahman. Diese Schreibung ist praktisch gleichbedeutend mit ↗ Brahma; sie findet sich in den Schriften von Dr. v. Purucker und Dr. Henri Birven. Doch geht zuweilen die Tendenz dahin, das sächliche B. Brahman und den männlichen B. Brahma zu schreiben. Im allgemeinen genügt die Schreibung Brahma, wenn der Sinn aus dem Zusammenhang sich ohnehin ergibt.

Brahmane (Sk.), die höchste der vier Kasten in Indien.

Brahmasrama (Sk.), aus brahma und asrama (↗ Aschram); Bezeichnung einer Einweihungskammer oder eines verborgenen Raumes (oder ↗ Adytum bzw. ↗ Allerheiligstes), wo der Einzuweihende oder Neophyt sich bemüht und Anstrengungen macht, Vereinigung mit Brahman oder dem inneren Gotte zu erlangen. — In der FM als „dunkle Kammer" bei Einweihungen ebenfalls benutzt.

Brandler-Pracht, Karl, esoterischer Schriftsteller der Neugeistrichtung. — W.: Neu-Psychologie, Unterrichtsbriefe zur Entwicklung der Willenskraft und der okkulten Fähigkeiten (10 Hefte), Leipzig o.J.; Mathematisch-instruktives Lehrbuch der Astrologie, o.O. u. J.; Lehrbuch zur Entwicklung der okkulten Kräfte im Menschen, Leipzig 1912; Die Lehre von den astrologischen Direktionen, Berlin 1921; Tattwische und Astrale Einflüsse, Berlin 1922; Die Hilfshoroskope, Berlin o.J.; Die astrologische Prognose, Berlin o.J.; Die astrologische Technik, Berlin.

Brodbeck, Karl, † 6. 1. 1955; führender Schweizer Illuminat, unter dem Ordensnamen „Brunolf". — W.: Freimaurerlogen, Berlin 1948.

Brot und Wein. Taufe und Eucharistie haben ihren direkten Ursprung im heidnischen Ägypten. Dort wurden die Wasser der Reinigung gebraucht, der Wein aus den dionysischen Mysterien entnommen. Schon in den Mithrasmysterien wird Brot und Wein gereicht.

Brücke zur Freiheit. Okkulte Vereinigung in Berlin; knüpft an die amerikanische Ich-bin-Bewegung (I am) an; Grundlage sind die Lehren von H. P. Blavatsky und Alice Bailey. „Durch die Aktivität der B. z. F. kann der Mensch bewußt mit den Göttlichen Wesen zusammenarbeiten, auch an ihren Beratungen für das Wohl der Menschheit teilnehmen" (vgl. hierzu AMORC!). — Über die „Meister" der B. z. F. ↗ Meister.

Brüder des Schattens. Ausdruck, mit dem im Okkultismus Menschen bezeichnet werden, die dem „Pfad des Schattens" folgen, d. h. dem „linken Pfade". Da die B. d. Sch. ihrem innersten Wesen nach der Materie angehören, wählen und folgen sie instinktiv jenem Pfad, zu dem sie sich am stärksten hingezogen fühlen, d. h. dem der Materie. Ihre Handlungsweise ist praktisch mit schwarzer Magie identisch.

Bruderkette. In der FM Symbol der Verbundenheit, der Brüderschaft der Menschen. Die Aufnahme des Neophyten in die FM wird erst dann zur wirklichen Einweihung, wenn er die geistige B. durch Erleben erfaßt, sich in dieser weiß, auch wenn die Kette äußerlich unvollkommen, ja gesprengt erscheint.

Brüderlichkeit. B. ist die geistige Einstellung des Freimaurers in ihrer Gesamtheit, bezogen auf den Mitbruder. Die B. ist nach innen, d. h. innerhalb der FM ein persönliches Erlebnis, das jedoch seine Ausstrahlung auch in die äußere (profane) Welt zeigen soll.

Brudermahl. Bezeichnung für die gemeinsame festliche Tafel im Anschluß an eine Logenarbeit der FM. Für das Brudermahl sind im Gegensatz zur Tafelloge keine nennenswerten Formen vorgeschrieben. Lediglich die Reihenfolge eventueller Ansprachen und die Form des Zutrinkens sind geregelt. Für manche

Freimaurer besteht allerdings der ganze Sinn der FM vor allem im B.

Brudername. Geheimer Deckname der Mitglieder bei manchen okkulten Vereinigungen, um einerseits ein Bekanntwerden der Mitglieder untereinander zu erschweren, andererseits dem Mitglied das Gefühl des Besonderen zu geben. B. sind gebräuchlich bei den Illuminaten O. T. O., beim AMORC usw.

Bruderschaft, bleibt ohne die volle persönliche Überzeugung ihres eigentlichen Grundes eine hohle Phrase; B. ohne rechte Begründung ist schlechthin undenkbar. Ein großer Teil der FM begründet die Notwendigkeit der B. mit der allgemeinen Gotteskindschaft aller Menschen, so daß die Menschen untereinander Brüder sind; ein anderer Teil der FM geht von der mehr theosophischen Vorstellung der Wesenseinheit allen Seins aus, welche als Ideal angenommen und auch in der irdischen Welt verwirklicht werden soll.

Bruderschaft des Lichts, auch: (lat.) Fratres lucis, (engl.) Brotherhood of Light; ein wahrscheinlich mystischer Orden, der 1498 in Florenz gegründet wurde. Zu seinen späteren Mitgliedern sollen Martinez de Pasqualis, Cagliostro, Swedenborg, Saint-Martin, Eliphas Lévi und viele andere bekannte Mystiker und Magier gehört haben. Die Mitglieder der B. d. L. wurden jedoch von der Inquisition verfolgt; dennoch blieb die Verbindung erhalten und soll über die ganze Welt verbreitet sein. So jedenfalls: Mackenzie, Royal Masonic Encyclopaedia.

Brunolf (Ps.) = Karl ↗ Brodbeck.

Brunton, Paul, englischer Yoga-Schriftsteller, von dem allerdings behauptet wird, daß er nicht alles selbst erlebt haben soll. Er gehört jedoch zu den wenigen, die nachgewiesen haben, daß die Kunststücke der meisten Yogis und Fakire auf Betrug beruhen. — W.: Entdecke dich selbst; Die Philosophie der Wahrheit, Zürich 1951; Das Überselbst, Zürich 1962; Der Weg nach innen, München 1958; Yogis, Hamburg 1953; Geheimnisvolles Ägypten, Zürich 1960; Die geistige Krise des Menschen; Als Einsiedler im Himalaya; Western thought and eastern culture; A search in secret India; A message from Arunachala, London 1958; The hidden teaching beyond Yoga, London 1963.

BS, Symbol für Biseptil, ↗ Aspekte, schwache

Buch der Toten (auch: Ägyptisches Totenbuch); ein altes, angeblich ägyptisches, ritualistisches und okkultes Werk, welches dem Thoth-Hermes zugeschrieben wird; es wurde angeblich in Särgen der Mumien gefunden.

Paul Brunton

Buchstaben. Einzelne Buchstaben des Alphabets dienen in der Esoterik den verschiedensten symbolischen Zwecken; die jeweiligen Bedeutungen sind jeweils am Anfang eines neuen Buchstaben in diesem Lexikon aufgeführt. — Neben der symbolischen Verwendung von Buchstaben gibt es noch Atem- und Konzentrationsübungen auf der Grundlage von Buchstaben. ↗ Buchstabenübungen. — Lit.: A. Dornseiff, Das Alphabet in Mystik und Magie, Leipzig 1925; Erich Buchholz, Schriftgeschichte als Kulturgeschichte, Bellnhausen 1965.

Buchstabenübungen (= Buchstaben- und Vokalatmen). Eine Yoga-Art, die von ↗ Kerning stammt und wegen ihrer Verwandtschaft mit dem ↗ Hatha-Yoga später auf dieser Basis weiterentwickelt wurde. Die von Kerning entwickelte Buchstabenlehre wurde posthum von einem seiner Schüler, K. Kolb, unter dem Titel „Die Wiedergeburt, das innere wahrhaftige Leben, oder wie wird der Mensch selig? in Übereinstimmung mit den Aussprüchen der Heiligen Schrift und den Gesetzen des Denkens beantwortet von einem Freimaurer" (Nürnberg 1857, 103 S.) herausgegeben und erlebte später noch viele Ausgaben, u. a. auch unter dem Titel „Das Buchstabenbuch". Die Schriften von Lienhard und Sebottendorf fußen auf der Kerningschen Lehre; Sebottendorf gibt dieses System als „türkische" Freimaurerei aus. — Es handelt sich bei diesen Übungen um Konzentrationshilfen, indem man an bestimmte Buchstaben denken und entsprechende Atemzüge machen soll. Dr. Franz Hartmann, ursprünglich ein eifriger Schüler (und Lehrer) dieses Systems, schreibt darüber in „Geheimschulen der Magie" (Leipzig o. J.): „In Deutschland sind vielfach die von J. B. Kerning beschriebenen Übungen im Gebrauche, die in der Wiederholung gewisser Worte in Gedanken bestehen. Am richtigen Orte und auf die richtige Art sind diese Übungen ohne Zweifel von Nutzen; aber es ist sehr häufig der Fall, daß sowohl Lehrer als Schüler sich vom Zweck der Übungen eine ganz falsche Vorstellung machen und glauben, man könne sich durch gedankenloses Hersagen von Formeln und Zaubersprüchen in den Besitz von magischen Kräften setzen, um sie dann zu eigennützigen Zwecken zu mißbrauchen. Dieser Weg führt zu Krankheit und Irrsinn." — Später äußerte sich Hartmann darüber ganz ablehnend, so in den „Lotosblüten", Jg. 1894, S. 217: „Unsere Erfahrungen in bezug auf die Kerningschen Übungen bestehen darin, daß wir eine Menge von Leuten kennen, welche diese Übungen jahrelang fortgesetzt haben, und daß wir unter diesen allen noch keinen einzigen gesehen haben, der es zu etwas anderem gebracht hätte, als exzentrisch und mediumistisch zu werden oder gewisse Astralsinne in sich zu öffnen, deren Tätigkeit ihm dann sehr lästig war, weil er sie nicht beherrschen konnte, da sein Geist hierzu nicht stark genug war." und S. 373: „... Ich habe die Wirkung dieser Übungen jahrelang an mir selbst und anderen beobachtet und das glückliche Resultat gehabt, daß es mir klar geworden ist, zu was diese Übungen gewöhnlich führen. ... Dies ist die Ursache, weshalb ich sowohl unter den Christian Scientists in Amerika als auch unter den Rosenkreuzern in Europa die bedauerlichsten Folgen von diesen Kerningschen Übungen habe eintreten sehen und von denen Zanksucht, Klatscherei, Eigendünkel und Schwärmerei noch die geringsten sind." — Dennoch wurden diese Übungen, zumindest zeitweise, vom O.T.O., von der Adyar-TG und anderen Gruppen übernommen. — Lit.: J. B. Kerning, Schlüssel zur Geisterwelt, Stuttgart 1855; Waltharius, Mystik, das letzte Geheimnis, Freiburg 1953; B. M. Leser-Lasario, Lehrbuch der Original-Vokalgebärden-Atmung; Sebottendorf, Die Praxis der alten türkischen Freimaurerei, Leipzig 1924 und Freiburg 1954; Hans Lienhard, Der Schlüssel der Einweihung, Zürich 1950; Kama, Kernings Testament, Leipzig 1907.

Buck, Dr. J. D., Gründer und Präsident der „Theosophischen Gesellschaft in Amerika" nach dem Bruch mit der Adyar-Gesellschaft; vorher Leiter der amerikanischen Sektion der

Adyar-TG; B. vertrat konsequent die Politik von H. P. Blavatsky und W. Q. Judge. Sein Werk über mystische FM, das sich an Vorlagen von Albert ⌐ Pike anlehnt, hat in der Adyar-TG lange Zeit als Lehrbuch der FM gedient. — W.: Study of man and the way to health; Mystische Maurerei, Berlin 1908.

Buddha (Sk.) = der Erleuchtete; der Stifter der nach ihm benannten Religion, * um 691 vZ in Kapilavatthu/Nepal, † 480 vZ in Beluva (an fettem Schweinefleisch); war verheiratet und hatte einen Sohn, verließ aber mit 29 Jahren die Familie und zog als Bettler durch die Welt. Nach 6jähriger unbefriedigender Wahrheitssuche und ebenso erfolgloser Schmerzensaskese fand er schließlich vollkommene Erleuchtung (samma-sam-boddhi) unter dem Boddhi-Baum zu Gaya (dem heutigen Buddh-Gaya). Es folgten 45 Jahre unermüdlicher Lehrtätigkeit, und im Alter von 80 Jahren verschied jenes „wahnlose Wesen, das zum Heil und Segen dieser Welt erschienen war". Der Buddha ist weder ein Gott, noch eines Gottes Prophet oder Inkarnation. Er ist vielmehr jenes höchste menschliche Wesen, das „durch sich selbst belehrt", aus eigener Anstrengung die endgültige Erlösung vom Leiden und höchste Weisheit gewann und zum unvergänglichen Menschheitslehrer und großen Vorbild wurde. (Nyanatyloka, Das Wort des Buddha, Konstanz 1953). — In der Theosophie ist B. der höchste Grad des Wissens ganz allgemein. Um ein Buddha zu werden, muß man die Bande der Sinne und der Persönlichkeit durchbrechen. — Beim AMORC wird B. als einer der ersten Rosenkreuzer betrachtet.

Buddha des Mitleids. Ein Buddha, der, nachdem er alles gewonnen, alles erreicht hat, nachdem er das Recht auf kosmischen Frieden und kosmische Seligkeit erlangt hat, auf dies alles verzichtet, damit er als Sohn des Lichts zurückkehren kann, um der Menschheit und allem, was lebt, zu helfen. (Dr. von Purucker.)

Buddhi (Sk.) oder Weltseele, universaler Geist; bei H. P. Blavatsky der 6. Körper des Menschen, bei Annie Besant die 4. Ebene, die Ebene des spirituellen Körpers, der Glückseligkeit und der Einweihung (auch Turya oder Sushupti genannt); bei Steiner der Lebensgeist, bei Paracelsus die Geistseele; esoterisch das 7. Prinzip. Im ⌐ Subud bezeichnen die Buchstaben -bu- ebenfalls B. „als die Gesamtheit der Kräfte und Eigenschaften, mit denen der Mensch von Gott ausgestattet ist, und den Zustand, in dem diese verschiedenen Kräfte zum Einklang mit der menschlichen

Seele gebracht worden sind." ⌐ Prinzipien des Menschen.

Buddhi-Manas, mit Kama-Manas die beiden Teile des 5. Körpers der menschlichen Konstitution; der Kausalkörper, der Ursachenleib, Intuition, die höhere Vernunft, das geisterfüllte Bewußtsein, das höhere Ego. ⌐ Prinzipien des Menschen.

Buddhismus, die vom ⌐ Buddha gestiftete und nach ihm benannte Religion; diese gesamte Lehre des B. beruht auf den folgenden sogenannten „vier Wahrheiten": das Leiden, die Entstehung des Leidens, Aufhebung des Leidens und der Weg, der zur Aufhebung des Leidens führt; mit anderen Worten: alles was existiert, ist dem Leiden unterworfen, dieses Leiden hat seine Ursache in den menschlichen Leidenschaften, die Befreiung von den Leidenschaften befreit vom Leiden, der Weg zur Befreiung ist der „heilige achtgliedrige Weg". Durch die erste Wahrheit erweist sich der B. als Pessimismus; die zweite konstatiert als Ursache des Leidens „den Durst", d. h. das Hängen an den Freuden des Lebens, das Verlangen nach Dasein, und sucht das Entstehen des Durstes durch eine schwer verständliche Formel, die „Formel vom Kausalnexus" zu begründen, die nur für Eingeweihte bestimmt war. Durch die Leidenschaften besiegt, erlangt das ⌐ Nirwana, das Endziel der Lehre des B. Die vierte Wahrheit, der Weg zur Aufhebung des Leidens, umfaßt die Ethik des Buddhismus, und sie ist es, die am tiefsten ins praktische Leben eingreift und uns die Größe Buddhas erkennen läßt. Für alle Buddhisten sind fünf Gebote bindend: du sollst nicht töten, du sollst nicht stehlen, du sollst nicht unkeusch leben, du sollst nicht lügen, du sollst nicht berauschende Getränke trinken. Unter diese werden alle Pflichten des Laien eingeordnet, und zu den Verboten treten die Forderungen weitgehender Nächstenliebe, die sich auch auf die Tiere erstreckt, und unbegrenzte Freigebigkeit. Der Mönch hat noch eine Anzahl anderer Gebote zu beachten, die für den Laien nicht obligatorisch, aber verdienstlich sind, wie das Schlafen auf einer Matte auf dem Erdboden, keine Girlanden zu tragen und keine Parfums zu gebrauchen und dergleichen, ebenso ist für den Mönch bestimmt die religiöse Versenkung, deren es mehrere Stufen gibt, wie auch für Laien und Mönche bestimmte Rangstufen (Grade) vorgesehen sind. Da Buddhismus keinen Gott kennt, so fordert er auch keinen Kultus. In ältester Zeit fanden nur bestimmte Versammlungen der Mönche statt, in denen die Beichtformel verlesen wurde. Schon frühzeitig scheinen sich jedoch Reliquiendienst und Wallfahrten zu heiligen Stätten herausgebildet zu haben, die später gang und gäbe sind. Der sogenannte „esoterische B." ist mehr eine westliche Erfindung. — Lit.: Nyanatyloka, Buddhistisches Wörterbuch, Konstanz 1952; Kurt Schmidt, Leer ist die Welt, Konstanz; Nyanatyloka, Das Wort des Buddha, Konstanz 1952; Kurt Schmidt, Sprüche und Lieder, Konstanz; Georg Krauskopf, Die Heilslehre des Buddha; Nyanaponika, Sutta-Nipata, Konstanz; Kurt Schmidt, Buddha und seine Jünger; Nyanatyloka, Der Weg zur Erlösung, Konstanz; Max Ladner, Wirklichkeit und Erlösung; Georg Grimm, Der Buddha-Weg für dich; Max Ladner, Nietzsche und Buddhismus; Dr. Kurt Hutten, Asien missioniert im Abendland, Stuttgart 1962; H. v. Glasenapp, Die fünf Weltreligionen, 1963; Dr. Franz Hartmann, Das Evangelium des Buddha; Hermann Beckh, Der Buddha und seine Lehre; E. Conze, Der B., Wesen und Entwicklung, Stuttgart 1962; Hellmut v. Schweinitz, B. und Christentum, Basel 1955.

Buddhismus, esoterischer. Nachdem sich nach Gründung der ersten theosophischen Gesellschaft (1875) zahlreiche Unverträglichkeiten (namentlich in der „Entschleierten Isis") gegenüber dem orthodoxen Buddhismus herausgestellt hatten, schrieb A. P. Sinnett den „Esoterischen Buddhismus" und Olcott einen „Buddhistischen Katechismus"; esoterischer Buddhismus ist jedoch ein künstliches Hilfsmittel, um die Adyar-Theosophie für Buddhisten akzeptabel zu machen. Im Buddhismus selbst gibt es keine eigentlichen esoterischen Lehren, wenn auch nicht alle Lehren Buddhas jedem Buddhisten voll bewußt sind, so die Lehre vom Satipatthana, die man notfalls als esoterisch bezeichnen könnte. — Sinnet und Olcott erklärten schließlich den orthodoxen Buddhismus für „exoterisch" und ihren „esoterischen" Buddhismus für einzig echt.

Buddhische Ebene. Bei Alice Bailey (neben: intuitionelle Ebene und vierte kosmisch-ätherische Ebene) ein weiterer Ausdruck für die vierte Ebene in der Konstitution der Welt; bei Heindel ebenfalls erwähnt, aber auch „Welt des Lebensgeistes" genannt. ↗ Prinzipien der Welt.

Bülau, Friedrich, staatswissenschaftl. Schriftsteller und Historiker; * 8. 10. 1805 Freiburg, † 26. 10. 1859 Leipzig; von seinen zahlreichen Werken sei hier nur „Geheime Geschichten und rätselhafte Menschen" erwähnt, wovon bis heute immer wieder neue Auflagen und Ausgaben erschienen sind. In diesem höchst aufschlußreichen Werk finden sich u. a. ausführliche Biographien über den Grafen Saint-Germain, Cagliostro, Baron von Hund, Schröpfer usw. — W.: Geheime Geschichte und rätselhafte Menschen, Leipzig 1850—60, 12 Bde. und 1863—64; auch als Reclam-Ausgabe und im Auszug, Berlin 1937.

Bulle, lt. Brockhaus von (lat.) bulla = die Wasserblase; die Enzykliken (Rundschreiben) der Päpste mit Stellungnahmen zu mehr oder weniger akuten Kirchenthemen und Verdammung dieser oder jener Praktiken oder Tendenzen; okkulte und esoterische Beschäftigung ist den Katholiken durch B. untersagt; berühmt sind auch die B.n gegen die FM („In eminenti" 1738, „Providas" 1751, „Ecclesiam" 1821, „Quo graviora" 1825, „Traditi" 1829, „Mirari vos" 1832, „Quo pluribus" 1846, „Humanum genus" 1884 usw.). — Lit.: J. N. J. Schmidt, Wurzeln der freimaurerischen Gemeinschaft, Zürich 1961; Alec Mellor, Unsere getrennten Brüder, die Freimaurer, Graz 1964.

Bulwer-Lytton, Edward George Earl, Baron von Knebworth, Lord, Geburtsname Edward Bulwer; englischer Romanschriftsteller, Rosenkreuzer und Freimaurer; * 25. 5. 1803 London, † 18. 1. 1873 Tourquai/England (begraben in der Westminsterabtei), verheiratet 29. 8. 1827 mit Rosina Wheelers aus Limerick. In Cambridge, wo er studierte, trug B-L schon als junger Mann durch ein Gedicht über die Skulptur den Preis davon und wurde dort auch früh mit deutscher Sprache und Literatur bekannt. 1831 wurde er ins Unterhaus gewählt. Seine schriftstellerische Laufbahn begann mit den Gedichten „Ismael" (1820) und „Delmour" (1823). Mit den ersten Romanen „Falkland" (1827) und „Pelham" (1828) erregte er großes Aufsehen; in schneller Folge erschienen dann zahlreiche weitere moderne, romantische, historische und philosophische Romane. Für den Okkultismus sind besonders seine Romane „Zicci" (spiritistisch) und „Zanoni" (rosenkreuzerisch) interessant. Die Gesamtausgabe seiner Werke (London 1873—75) umfaßt 38 Bände; der größte Teil wurde in alle Kultursprachen übersetzt. Die Vorzüge B-Ls vor anderen englischen Romanschriftstellern sind namentlich ebenmäßig ausgearbeitete und reine Diktion, philosophische Durchdringung des Stoffes und das Streben, ein Thema vollkommen zu erschöpfen. Feine Beobachtungsgabe, geistreicher Ausdruck, psychologischer Blick und Reichtum der Erfindung sind ihm nirgends abzusprechen.
1850 wird B-L in einen gerade neu gegründeten Rosenkreuzer-Orden, von dem alle heutigen R + C-Orden praktisch abstammen, auf-

genommen; 1861 wird er Großmeister der ↗ SRIA, 1871 Großmeister des Metropolitan College (ebenfalls eine R + C-Gruppe). 1854 besucht ihn Eliphas Lévi, um von B-L in den Rosenkreuzer-Orden aufgenommen zu werden und die berühmt gewordenen Evokationen des Apollonius von Tyana und des Apostels Johannes vorzunehmen. — Sein Sohn wurde englischer Gesandter in Paris und später Vizekönig von Indien. — Aus seinem letzten Werk, dem Roman „The future race" (London 1871), worin von einer geheimen Zivilisation, die innerhalb der Erde lebt und über eine Kraft VRIL verfügt, haben viele Okkultisten (Steiner, Blavatsky) manche Anregungen entnommen. Zur Erfindung des VRIL wurde B-L offenbar durch Eliphas Lévi angeregt, der seinerseits den Begriff des Astrallichts eingeführt hatte; VRIL ist die entsprechende Gegenkraft. — W.: Zanoni, das hohe Lied des Opfers; VRIL oder eine Menschheit der Zukunft (Rudolf Steiner betrachtet dieses Werk als eine Rückschau in verloren gegangene Fähigkeiten des Menschen in frühester Vorzeit); Die letzten Tage von Pompeji; Ernst Maltravers; Alice oder die Geheimnisse (Fortsetzung von Maltravers); Das Haus des Zauberers, Lorch 1931; Rienzi, der letzte Tribun; Eugen Aram; usw.— Lit.: Life of Edward Bulwer, Lord Lytton, London 1883, 2 Bde.; J. ten Brink, Lord Edward Bulwer Lytton, Leiden 1882; Louisa Devey, Life of Rosina, Lady Lytton, London 1887; Eliphas Lévi, Dogma und Ritual der Hohen Magie, München 1927, S. 196—200.

Bundeslade, nach 2. Mos. 25, 10 u. a. Bibelstellen eine kostbare Lade, in der die beiden steinernen Gesetzestafeln, Manna und Aarons Stab aufbewahrt wurden. Die B. spielt auch in der FM im Royal-Arch-Grad sowie in manchen anderen Hochgraden eine Rolle.

Busby, Dr. theol. Joseph, * 28. 2. 1916 London; Gründer und Führer der Spiritual Unity of Nations (↗ S. U. N.), Herausgeber der Zeitschrift „Voice"; Verkünder eines ↗ Neuen Zeitalters. B. will in allen Ländern kolossale Tempelbauten, etwa nach dem Muster des ↗ Goetheanums in Dornach, errichten. Seine Mission begründet B. u. a. auf Empfehlungsschreiben von Ralph M. Lewis (AMORC) und John Coats (Adyar-TG).

Buttersack, Dr. med. Felix, * 14. 10. 1865 in Ludwigsburg, † 1950; von Beruf Generalarzt; Bahnbrecher der biologisch-metabiologischen Medizin; Naturphilosoph und okkulter Schriftsteller. — W.: Körperloses Leben, Leipzig 1936; Zu den Pforten des Magischen, 1941; Außersinnliche Welten; 1939; Unsichtbare Mächte, Göttingen 1950.

B. Y. R., Abk. für (Ps.) ↗ Bô Yin Râ = Joseph Schneider-Franken; seine ersten Bücher (wie auch die Meister-Lehrbriefe für die Heindel-Rosenkreuzer) schrieb Schneider nur unter den Buchstaben B. Y. R., z. B. „Worte der Meister" (Leipzig 1916); später schrieb er unter Bô Yin Râ, und in der Schweiz wurde er gar gezwungen, seinen vollen Namen hinzuzufügen.

C

Cabbalista (lat./hebr.) = der Kabbalist, der in der Deutung der ↗ Kabbalah Erfahrene; C. ist die „Losung" (=Paßwort) des 7. Grades der Großen Landesloge. Dieses Paßwort steht in Zusammenhang mit einem weiteren Paßwort dieses Grades: Tace! (lat. = schweige!). Nach 1. Kor. 14 sind Deuten und Schweigen die Voraussetzungen für Lehramt und Gottesdienst; die Inhaber des 7. Grades haben ähnliche Aufgaben in den unteren Logen. — Nach den offiziellen Akten der Großen Landesloge heißt indes C. „Deutung, Auslegung und Verdolmetschen der geheimen Sprachen und Wahrsagungen". — Lit.: Otto Hieber, Der Grad des Ritters von Westen, Bad Harzburg 1963.

Caduceus (griech.) = Heroldsstab; Stab des Merkur oder Hermes; zwei um einen Stab gewundene Schlangen. Das Symbol findet sich schon vor Osiris auf alten ägyptischen Monumenten und wurde später von den griechischen Dichtern und Mythologen als Hermesstab übernommen. Nach H. P. Blavatsky ist der C. ein kosmisches, siderisches und astronomisches Symbol mit teils spiritueller und sogar physiologischer Bedeutung, deren Verwendung sehr wechselt. Metaphysisch stellt der C. den Fall der ursprünglichen und uranfänglichen Materie in die grobe Materie der Erde dar, d. h. die Eine Realität wird zur Illusion.

Cagliostro, Alessandro (Ps.) = Giuseppe Balsamo, * 8. 6. 1743 Palermo, † 26. 8. 1795 nahe Urbino; nahm den Familiennamen seiner Patin Vincenzia C. an; war zuerst Hilfsapotheker im Konvent der Barmherzigen Brüder, von wo er jedoch bald floh und verschiedene Namen annahm (Tischio, Belmonte, Pellegrini usw.) 1777 findet man ihn in England, wurde hier bald festgesetzt, weil er die Gewinnnummern der königlichen Lotterie vorhersagte; reiste dann in Belgien, Kurland und Rußland, kam nach Warschau, wo er sich als Groß-Kophta des ägyptischen Ritus ausgab und auch in den gutgläubigen FM-Logen Eingang fand. 1781 Lehrer für Okkultismus in Straßburg, wo seine Heilungen großes Aufsehen erregten. Sein Rezept der physischen Regeneration des Menschen brachte ihm die Freundschaft des Kardinals de Rohan und Eingang in den französischen Hof, wo er ↗ Mesmer ablöste. Später wurde er vom Papst zum Tode verurteilt, jedoch nur lebenslänglich eingesperrt. C. soll angeblich die französische Revolution vorausgesagt haben. Die von ihm gestiftete ägyptische FM, teils auch Ritus ↗ Memphis-Misraim genannt, wird noch heute in der ganzen Welt praktiziert. — W.: Mémoires Authentiques, 1786; Maçonnerie Egyptienne, 1789. — Lit.: Ewald, Graf Cagliostro und seine Spiritisten-, Giftmisch-, Betrüger-Bande (Roman, 1698 S.!);

Graf Cagliostro

Dr. Franz Hartmann, Im Vorhof des Tempels; Rudolf Harms, Cagliostro, Berlin; Friedrich von Oppeln-Bronikowski, Der Schwarzkünstler Cagliostro, Dresden 1922; Johannes v. Guenther, Der Erzzauberer Cagliostro, München 1919; Alexandre Dumas, Die Memoiren eines Arztes, Cagliostro, Berlin 1929 (1341 S.!); Johannes Günther, Cagliostro, Leipzig 1927; (anonym), Cagliostro in Warschau 1780, Königsberg 1786; Friedrich Bülau, Geheime Geschichten und rätselhafte Menschen (viele Ausgaben); Sierke, Schwärmer und Schwindler zu Ende des 18. Jahrhunderts, Leipzig 1874; Schiller benutzte C.s Gestalt in seinem „Geisterseher" (1789) und Goethe im „Großkophta" (1791).

Calvarienkreuz, von (lat.) calvaria = Skalp; die Bezeichnung für das Kreuz Christi; das C. gehörte schon zu den Ritualen im alten Ägypten, Griechenland, Babylon, in Indien und China, Mexiko und Peru und ist sowohl ein kosmisches wie ein phallisches Symbol. Tertullian beschreibt es als ein heidnisches Symbol. Bei den Christen wurde das Kreuz anfangs durch ein griechisches T (= tau) dargestellt, später aber in die heute übliche Kreuzform umgebildet.

Cancer (lat.) = Krebs; im ↗ Tierkreis die lat. Bezeichnung für das Zeichen Krebs.

Candi (Ps.) = Leo Cunibert Mohlberg; Schriftsteller über östliche Lehren. — W.: Briefe an Tschü, Ulm 1959.

Cansiliet, Eugène; französischer esoterischer Schriftsteller, Schüler ↗ Fulcanellis und einer der besten lebenden Spezialisten auf dem Gebiet der Alchemie. — W.: L'Alchimie, Paris 1962.

Capricornus (lat.) = Steinbock; lateinische Bezeichnung für das 10. Zeichen des ↗ Tierkreises; wird wegen seiner geheimen Bedeutung als das wichtigste Tierkreiszeichen betrachtet; ausführlich in der Geheimlehre von H. P. Blavatsky erläutert. — C. war der geheime Ordensname von Dr. Franz Hartmann in seinem Rosenkreuzer-Orden.

Carrasz, Jean Békády von, (Ps.) = Konrad Errmann, Hamburg; Gründer und Leiter der „Internationalen Weltloge der Bruderschaft zum Rosenkreuz".

Catena (lat.) = Kette; Name einer internationalen Vereinigung von solchen Großlogen und Logen der FM, die Männer und Frauen als gleichberechtigte Mitglieder aufnehmen; gegründet 11. 7. 1961 von der Nederlandse Grootloge der Gemengde Vrijmetselarij, dem deutschen und dem österreichischen FM-Orden „Humanitas" und anderen Großlogen und Logen. Ziel der C. ist die weitere Förderung des Gedankens der Gleichberechtigung der Frau in der FM sowie die Herstellung enger persönlicher Beziehungen auf internationaler Basis zwischen den Freimaurern der verschiedenen Länder. Zu diesem Zweck wird in jedem Jahr in einem der Mitgliedsländer eine gemeinsame Sankt-Johannis-Feier abgehalten und die Zeitschrift „Catena Periodical" herausgegeben; ferner findet ein Gedankenaustausch durch Briefwechsel statt. An der Spitze der C.

steht ein Kuratorium mit den Vertretern der verschiedenen Mitglieds-Großlogen und -gruppen, das abwechselnd in einem der Länder tagt. Die Geschäfte führt ein Exekutiv-Komitee (= Verwaltungsausschuß), dem der Präsident, der 1. Sekretär und der 1. Schatzmeister angehören. — Lit.: J. N. J. Schmidt, Wurzeln der Freimaurerischen Gemeinschaft, Zürich 1961; Union Maçonnique Internationale „Catena", Congrès Florence 24.–29. Mai 1967, o. O. u. J.

Catharose de Petri (Ps.) = van Leene; verheiratet mit Jan van Rijkeborgh (= van Leene); stellvertretende Großmeisterin des ↗ Lectorium Rosicrucianum. — W.: Apokalypse der neuen Zeit, Haarlem 1964.

Caturtha (Sk.), eigentlich „tschaturßa" gesprochen; der „vierte" Zustand in der Yoga-Lehre; Überbewußtsein, allgemein als Turiya oder Turya bekannt. ↗ Bewußtseinszustände.

Cazotte, Jacques, * 1719 Dijon, † 25. 9. 1792 Paris (hingerichtet); französischer Romantiker, Dichter, Martinist; die ihm zuweilen nachgesagte Prophezeiung der französischen Revolution hat sich inzwischen als eine Fälschung seines Nachlasses herausgestellt. — W.: Le diable amoureux, 1772, Paris 1878, deutsch von Dr. Henri Birven „Der verliebte Teufel", Leipzig 1921; Ollivier, 1763; Le lord impromptu, 1767.

C. B. C. S., Abk. für (franz.) Chevalier Bienfaisant de la Cité Sainte = Wohltätiger Ritter der heiligen Stadt; einer der am seltensten erteilten französischen FM-Hochgrade; in der Schweiz der 6. Grad der FM des sogenannten Rektifizierten Ritus; der Grad besteht seit dem Konvent von ↗ Wilhelmsbad; zuweilen werden auch die ↗ Martinisten mit diesem Grad in Verbindung gebracht, und es ist historisch ziemlich sicher, daß anfangs eine Querverbindung bestanden hat.

Ceres (lat.); in der alten italienischen Mythologie die Göttin des Korns, später von den Römern mit dem griechischen Demeter identifiziert; C. ist esoterisch die produktive Kraft des alles durchdringenden Geistes, welcher jeden Keim des materiellen Universums belebt. C. heißt auch der Asteroid No. 1, der 1801 von Piazzi in Palermo entdeckt wurde.

Cha-Do (chin.), der streng geheim gehaltene Teekult der buddhistischen Zen-Sekte. Der Sinn der feierlichen Tee-Zeremonie ist es, die sechs Sinne des Menschen von allem Unreinen zu säubern und die absolute Stille zu erreichen.

Chakra (Sk.) = Rad; es existieren die seltsamsten Schreibungen: **Cakra, Tchakra, Ciacra**

(italienisch?) usw.; eigentlich ein Bann oder die Scheibe des Vishnu, welche als Schild diente, ferner das Rad des Tierkreises, auch das Rad der Zeit usw. Im Okkultismus die geheimsten Organe des Menschen, die allerdings nicht von Natur aus vorhanden sind, sondern durch geeignete Übungen geschaffen und ent-

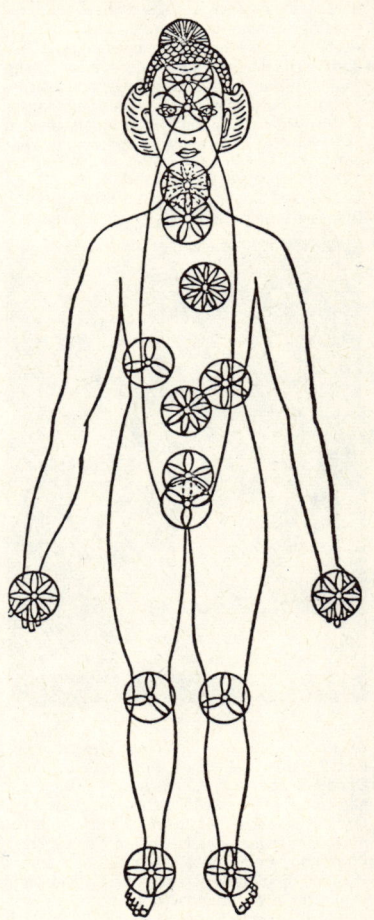

Die Lage der Chakras beim Menschen nach der Darstellung bei Eugen Grosche

Übersicht über die Chakras

Nr.	Deutsche Bezeichnung	Sanskrit	Lage	Zahl der Speichen	Gruppe	in Verbindung stehend mit
1.	Wurzel- oder Basis-Chakra	Muladhara	Wirbelsäulenbasis	4	physiologisch	Kundalini
2.	Milz-Chakra	nicht vorhanden	über der Milz	6		Prana
3.	Nabel-Chakra	Manipura	Nabel, über dem Solarplexus	10		untere Astralebene
4.	Herz-Chakra	Anahata	über dem Herzen	12	persönlich	obere Astralebene
5.	Hals-Chakra	Vinudha	vorn an der Kehle	16		untere Mentalebene
6.	Stirn-Chakra	Ajna	zwischen den Augenbrauen	96	spirituell	höhere Kräfte durch Hypophyse
7.	Scheitel-Chakra	Sahasrara	Schädelplatte	12÷960		höhere Kräfte durch Zirbeldrüse

wickelt werden müssen. Im Gegensatz zur westlichen Literatur geben die Inder in ihren alten Schriften meist nur sechs, teilweise jedoch sieben Chakras an. Die Behauptung, daß die Chakras mit bestimmten Nervenzentren (Solarplexus usw.) identisch seien, wird zuerst von Dvivedi (in den Yoga Sutra, S. 53) aufgestellt. Die okkulte Entwicklung der Chakras wird von H. P. Blavatsky (im „Glossary of Theosophie") als Mißbrauch zu „mesmerischen Phänomenen und anderen Praktiken" verurteilt; dennoch ist die Entwicklung der Chakras mehr oder weniger zum Mittelpunkt der Adyar-Theosophie und der Anthroposophie geworden. Ch. heißt übrigens auch die Gruppe von Männern und Frauen, die beim Shakti-Kult die Zeremonie ausübt. – Lit.: Leadbeater, Die Chakras, Freiburg; Werner Bohm, Chakras, München 1953; Rudolf Steiner, Wie erlangt man Erkenntnisse der höheren Welten?, Stuttgart 1961.

Chaldäische Reihe, sie zeigt die Planeten, mit dem langsamsten beginnend und mit dem schnellsten schließend, geordnet nach ihrer mittleren Geschwindigkeit:

♄ ♃ ♂ ☉ ♀ ☿ ☾

Bringt man die Zeichen in dieser Reihenfolge in einen Siebenstern, so resultiert, von ♄ ausgehend und den Zügen des Sterns folgend, die Reihe

♄ ☉ ☾ ♂ ☿ ♃ ♀

welche die richtige Reihenfolge der Wochentage (↗ Tagesplaneten) ergibt. Die ch. R. kann durch die ↗ Retrogradität eines oder mehrerer Planeten gelegentlich ungültig werden.

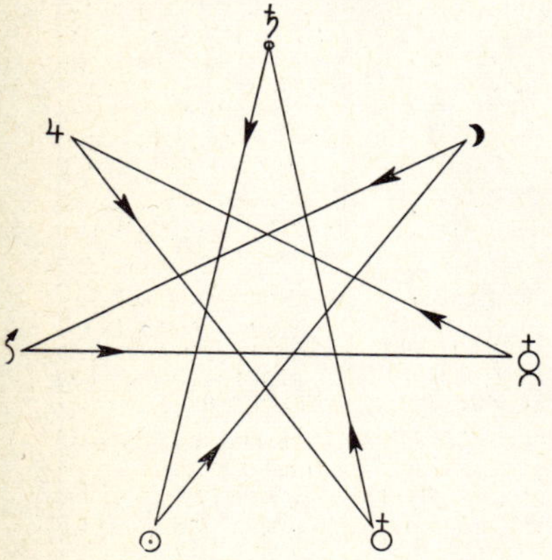

Chaldäisches Buch der Zahlen. Dieses geheime Werk enthält nach H. P. Blavatsky den gesamten Inhalt des Sohar von Simeon Ben-Jochai und vieles mehr. Es muß viele Jahrhunderte älter sein als der Sohar und in einer Hinsicht als seine Vorlage gedient haben, denn es enthält bereits alle Grundprinzipien, die in der hebräischen Kabbalah gelehrt werden, jedoch noch in der unverhüllten Form. Das ch. B. d. Z. soll sehr selten sein und in vielleicht nur noch zwei oder drei Exemplaren existieren, die sich in Privathand befinden. Wo H. P. B. das Buch eingesehen hat, ist nicht bekannt.

Chaos, (lat.) = leerer Raum, identisch mit (griech.) Abyssus = große Tiefe; in der griechischen Bibel steht in Luk. 16, 16 für „große Kluft": „Über das alles ist zwischen uns und euch eine große Kluft (Chaos)"; esoterisch ist C. die kosmische Vorratskammer aller latenten oder ruhenden Samen von Wesen und Dingen aus früheren ↗ Manvantaras. Es bedeutet den Raum, der zur Offenbarung herabsteigt. Die leitenden Prinzipien im C. sind die Götter, wenn sie aus ihrem Pralaya-Schlaf erwachen. Sobald das Wiedererwachen zu planetarer Tätigkeit beginnt, hört damit gleichzeitig auch das C. auf. – In der esoterischen Astrologie wird auch ein okkulter Planet C. genannt (↗ Planeten, okkulte).

Charakter, von (griech.) kharatto = eingravieren, eingraben; ursprünglich ein eingegrabenes, eingeprägtes Zeichen, das Gepräge, dann im allgemeinsten Sinne die Eigenart eines Dinges oder das hervorstechendste Merkmal, wodurch es sich von allen anderen unterscheidet. „Charakteristisch" heißt daher das, was für ein Ding oder eine Person bezeichnend ist, sie also vor allen anderen kenntlich macht. Insbesondere spricht man aber vom Ch. einer Person in sittlicher Hinsicht; er bedeutet dann den Inbegriff sittlicher Gesinnungen, den sie durch die Kraft des Willens auch unter widrigen Umständen zu behaupten vermag. Charakterlos nennt man den, der nicht die Energie des Willens besitzt, sittliche Gesinnungen, die er im Prinzip anerkennt, in der Tat auch unter Hemmnissen, Versuchungen usw. festzuhalten. Der sittliche Ch. ist demnach nichts von selbst Gegebenes, sondern nur durch Erziehung, ganz besonders durch Selbsterziehung zu erwerben. Das Wort Ch. wird (namentlich in Fremdsprachen) auch in der Bedeutung von Titel, Würde und Schriftzug gebraucht.

Charakterdeutung, die Bestimmung des Charakters einer Person aus äußeren Merkmalen (Gestalt, Körperform, Kopfform, Gesichtsform,

Hände, Handlinien usw.) oder aus dem Horoskop. — Lit.: Anna Rottauscher, Charakter- und Schicksalsdeutung der Chinesen aus Gesicht und Händen.

Charisma (griech.) = Gabe; die übernatürliche Gabe, z. B. die Kranken zu heilen.

Chateaurhin, G. de — (Ps.) = Gérard van ↗ Rijnbergh.

Cheiro (Ps.) = Graf Louis Hamon; okkulter Berater führender Persönlichkeiten während vieler Jahrzehnte. In der in DAW 1/65 und 8/65 abgedruckten Biographie sind leider keine näheren Lebensdaten angegeben. — W.: Das Buch der Zahlen, Freiburg 1964.

Chela (indisch) = ein Schüler, Jünger, ein in das Haus geholter Sklave; von Dr. v. Purucker als „lernender Diener" gedeutet, was dem esoterischen Sprachgebrauch am nächsten kommt; der Ausdruck kommt namentlich in den Schriften von H. P. Blavatsky vor, und ihre nächsten Schüler nannten sich (meist gegen ihren Willen) Chelas.

Chemische Region, der elementarste, niederste Teil der physischen Welt; besteht (nach Heindel) aus den drei Regionen der festen Körper, Flüssigkeiten und der Gase. ↗ Prinzipien der Welt.

Cheopspyramide, bei Giseh (Ägypten); benannt nach dem König der vierten Dynastie Cheops (auch: Chufu, Schufu, Suphis), um 2700 vZ; die Ch. war ursprünglich 146,5 m (jetzt 137 m) hoch, also höher als das Straßburger Münster, an der Basis 233 m (jetzt 227 m) breit. Nach den Berechnungen enthält sie 2,3 Millionen Steine. In der Königskammer steht noch jetzt der schriftlose Sarg des Cheops aus rotem Granit, ohne Deckel. Über die Ch. gibt es eine umfangreiche Literatur mit den verschiedensten Deutungen. — Lit.: Brown Landone, Die mystischen Meister; Louis Pauwels, Aufbruch ins dritte Jahrtausend, Stuttgart 1962, S. 209 ff.; Erich v. Däniken, Erinnerungen an die Zukunft, Düsseldorf 1968, S. 116 ff.

Cherubim (hebr.), Plural von Cherub; symbolische Gestalten der alten israelitischen Mythologie und Religion, ähnlich den Sphynxen der Ägypter; geflügelte himmlische Wesen, Träger des Thrones Gottes (Hesek. 11, 22; Ps. 18, 11), deren Bilder die Gegenwart Gottes anzeigen; auch Wächter des Paradieses (1. Mos. 3, 24); nach christlicher Lehre sind die C. eine Gruppe wachender Engel; nach Rud. Steiner (der den Plural Cherubime benutzt!) Geister der höheren Einsicht, Ausdauer, Ausbauer der nächsthöheren Stufe, d. h. der ↗ Seraphim(e); sie

sind ausführlich bei Hesekiel beschrieben. Jeder C. hat anscheinend vier Teile von verschiedenen Wesen: von Adler, Löwe, Ochse und Mensch.

Chesed oder Hesed (hebr.) = Gnade, Liebe; die vier der zehn ↗ Sephiroth der Kabbalah; auch zuweilen Gedula (= Kraft) genannt; bezeichnet esoterisch eine maskuline oder aktive Kraft.

Chirognomie, Wahrsagung aus der Form der Hand.

Chirologie, Chiromantie, Chiromantik, die Charakterdeutung nach der Hand; oft wird zwischen Chirologie und Chiromantie bzw. Chiromantik unterschieden; erstere die Charakterdeutung aus Handform und Innenhand, letztere die Weissagung des Schicksals aus der Hand. Bereits in Babylon und Assyrien beschäftigte man sich mit diesen Künsten. Bei den Griechen wurde die Technik zur Wissenschaft erhoben. Aristoteles behauptete, aus den Lebenslinien der Hand auf das zu erwartende Lebensalter schließen zu können. Im 17. und 18. Jahrhundert gab es an deutschen Universitäten besondere chiromantische Kollegien. Die seriöse Handlesekunst verzichtet auf das Vorhersagen des Schicksals, da dieses nicht mit der Möglichkeit der freien Willensentscheidung zu vereinbaren wäre. Das Wahrsagen der Zigeuner aus der Hand ist vielleicht mit der Einfühlungsgabe der noch naturnahen Menschen zu erklären. — Lit.: Issberner-Haldane, Die wissenschaftliche Handlesekunst, Berlin; H. U. Ottinger, Originalsystem der Handlesekunst; Franz Kiener, Hand, Gebärde und Charakter; Dürckheim/Mangold, Der Mensch im Spiegel der Hand; F. Kersten, Die Heilkraft der Hand; Dr. Lomer, Sprache der Hand; H. Mangin, Medizinische Hand-Diagnostik; Dr. Charles Bach, Die Handlinien in der medizinischen Diagnostik, Ulm 1964; Adolphe Desbarolles, Die Hand und ihre Geheimnisse.

Chirosophie, ein anderer Ausdruck (so bei Issberner-Haldane) für ↗ Chirologie (Handlesekunst).

Chochmah oder Chokmah, Hokma (hebr.) = Weisheit; die zweite der zehn Sephiroth der Kabbalah; die theoretische Vernunft; eine männliche Kraft, die symbolisch dem J im Tetragrammaton JHVH entspricht.

Chohan oder Cochan (tibet.) = Herr, Meister, Chef; meistens werden mit C. die Adepten, die an der sogenannten sechsten Einweihung teilgenommen haben, bezeichnet; **Dhyan-Chohan:** etwa Erzengel.

Analyse der Hand von Eliphas Lévi

nach Deutung von seinem Schüler Desbarroles in „Les Mystères de la Main"

a) chirognomisch (d. h. die Handform betreffend)

Kurze Hand, dick und fett: Neigung zu sinnlichen Vergnügen, mehr der Synthese als der Analyse zugewandt; umfassende Vorstellungskraft.

Daumen sehr kurz: Unentschlossenheit, Mangel an Ausdauer, Enthusiasmus, Mutlosigkeit, Sorglosigkeit.

Glatte Finger: für Eindrücke empfänglich; spontanes Urteil; künstlerischer Sinn.

Spitze Finger: Interesse für alles Wunderbare; Tendenz, mehr nach Vorstellungen als nach Realitäten zu leben; fähig zu Erhebung und Ekstase.

Philosophischer Knoten: Gründlichkeit, Zweifel, Kampf zwischen den Antrieben des Glaubens und der Notwendigkeit, sich Rechenschaft abzulegen sowie der Frage nach den Beweisen des Glaubens; Hingabe angesichts des kurzen Daumens; Liebe zur Unabhängigkeit, jedoch mehr logisch als gefühlsmäßig, namentlich wegen der beiden ersten Daumenglieder.

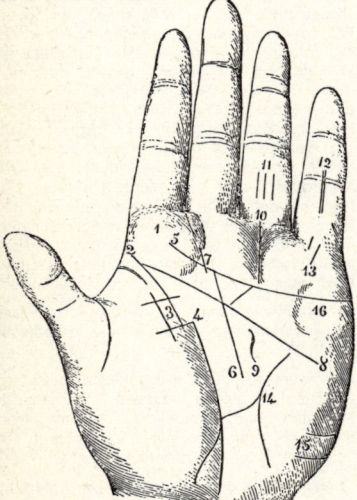

Die Hand von Eliphas Lévi
gezeichnet und gedeutet von seinem Schüler Desbarroles in „Les Mystères de la Main" (S. 368 ff.).

b) chiromantisch (d. h. die Handlinien betreffend)

1. Jupiterberg sehr entwickelt; großer Stolz, leidenschaftlich der wissenschaftlichen Methode zugewandt, wie die sehr ausgeprägten Handlinien angeben; religiöse Begeisterung durch natürliches Empfinden, aber beeinträchtigt durch den philosophischen Knoten der Finger.

2. Lebenslinie an der Geburtsstelle gebrochen: kränkliche Kindheit, Lebensgefahr, ständige Krankheit in früher Jahren.

3. Dreieck, Siegel Salomos, welches sich mit der Lebenslinie verbindet und sie danach abermals bricht; ein von Anfang an dem Studium der okkulten Wissenschaften geweihtes Leben; schicksalsbestimmte und unwiderstehliche Hingezogenheit zur Magie.

4. Wechselvolle Existenz, neues Leben; Lungenentzündung, tödliche Krankheit, große Lebensgefahr.

5. Herzlinie reichlich lang: Herzensregung, Liebe, leidenschaftlicher Schwung; da die Herzlinie vom Jupiterberg kommt, ein Zeichen der Leidenschaft und des Stolzes.

6. Saturnlinie, Linie des Glücks, hört an der Herzlinie auf: wegen einer Leidenschaft zerbrochenes Glück.

7. Bruch der Herzlinie: moralische Kränkung, Herzleiden.

8. Kopflinie lang und fast zum Mondberg gehend: gesundes Urteil, aber zeitweise von Vorstellungen beeinflußt.

9. Heiliges Dreieck mit einem Jod in der Mitte desselben: Einweihung in die hohen Wissenschaften und in die Kabbalah.

10. Sonnenlinie: Poesie, Ruf, wissenschaftliche Ehren; Poesie jedoch verhängnisvoll, weil der Jupiterberg hineingreift.

11. Drei Striche auf dem Sonnenfinger (auf dem materiellen Glied): Verwirklichung, d. h. das undeutliche poetische Gefühl wird durch die Wissenschaft erweckt und entwickelt.

12. Linie vom dritten zum zweiten Glied des kleinen Fingers, dabei das Gelenk überquerend: konfuse Wissenschaft wird durch Logik erleuchtet oder die Fähigkeit, wissenschaftliche Zusammenhänge klar zu formulieren.

13. Zwei Linien auf dem Merkurberg: kleinere Glücksfälle.

14. Linie ausgehend von der Lebenslinie und vom Mondberg, die sich mit der Kopflinie vereinigt: phantasievoller Charakter, kapriziös, aber durch die Einweihung entsprechend korrigiert, da die Linie am heiligen Dreieck endet.

15. Reise übers Wasser, aber von geringerer Bedeutung, da wenig ausgeprägt.

16. Marsberg entwickelt: Bereitschaft zum Kampf und zum Widerstand, teils gespeist von der Sorglosigkeit und Trägheit, teils durch den Stolz, da Jupiter die ganze Hand beherrscht. Die andere weist nur einen Unterschied in der Herzlinie auf, dort um den Leitberg (Jupiter) läuft und einen sogen. Salomoring bildet: Ahnungsvermögen in den hermetischen Wissenschaften, Einweihung in die okkulten Wissenschaften.

Christ, im allgemeinen ein Anhänger oder Bejaher des Christentums; im engeren Sinne jedoch jemand, der an die Erlösung durch Jesus Christus glaubt, oder nach Jakob Böhme: „Der bloße Name Christi macht keinen selig. Ein Christ ist, wer im inwendigen Grunde selber Christus ist."

Christengemeinschaft, die Kirchengemeinschaft der Anthroposophen; gegründet 1922 in Dornach (Schweiz) von dem ehemaligen Pfarrer Friedrich Rittelmeyer und Rudolf Steiner; die erste Menschenweihehandlung erfolgte am 16. 9. 1922. Die Ch. will den „Neuen Sakramentalismus" zum Sieg bringen und die Vereinigung von katholischen und reformatorischen Christen herbeiführen. Der neue Kultus findet seinen Höhepunkt in der Menschenweihehandlung; diese entspricht etwa dem christlichen Abendmahl. Die Idee einer solchen Kirche von überkonfessioneller Prägung geht an sich auf Eliphas Lévi zurück. Nach Ch. und ↗ Liberal-Katholischer Kirche haben auch die Leiter des ↗ Lectorium Rosicrucianum diese Idee aufgenommen und nennen sich zuweilen „die erste moderne Christengemeinschaft" (vgl. Rijkenborgh, Apokalypse der neuen Zeit, S. 102). — Lit.: Otto Palmer, Quellen religiösen Lebens und Ziele menschlicher Erkennens, Binningen 1963; K. v. Stieglitz, Rettung des Christentums, Stuttgart 1965; Emil Bock, Was will die Christengemeinschaft?, Stuttgart 1961; Prof. D. Paul Althaus, Evangelischer Glaube und Anthroposophie, München 1949; G. F. Nagel, Wege in die Geisterwelt, Hamburg 1925; M. Barth, Der Zeugendienst der Gemeinde in der Welt, München 1956; Götz Harbsmeier, Anthroposophie, eine moderne Gnosis, München 1957.

Christentum, esoterisches. Eine von Annie Besant aufgestellte Lehre, die die von ihr abgewandelte Theosophie mit dem orthodoxen Christentum in Einklang bringen sollte. Aus dieser Lehre resultiert die ↗ Liberal-katholische Kirche. Auch Dr. Franz Hartmann und Rud. Steiner haben den Begriff teilweise übernommen. — Lit.: A. Besant, Esoterisches Christentum; Dr. F. Hartmann, Jehosuha, der Prophet von Nazareth; Dr. Rud. Steiner, Das Christentum als mystische Tatsache.

Christian Science (engl.) = Christliche Wissenschaft; eine Art Religion (von anderen als Sekte bezeichnet), 1877 von der Amerikanerin Mary ↗ Baker-Eddy begründet, deren Grundlagen die Bibel und das von der Stifterin verfaßte Werk „Science and Health" (= Wissenschaft und Gesundheit). 1866 fiel Baker-Eddy bei Glatteis hin und zog sich nicht unerhebliche Verletzungen zu. Sie nahm die Bibel zur Hand und las Matth. 9, 2, worauf sie wieder gehen konnte. In Gedanken beschäftigte sie sich weiter damit, wie man mittels frommer Bibelsprüche Krankheiten heilen könne. 1867 trug sie diese Ideen in privatem Kreise vor; 1875 gab sie aufgrund „göttlicher Offenbarung" ihr oben genanntes Hauptwerk heraus und gründete 1877 eine christlich-wissenschaftliche Vereinigung und die „Kirche Christi des Wissenschafters, die Mutterkirche", in Boston. 1881 ließ sie sich selbst zum Pastor ordinieren. Die deutsche Übersetzung des Handbuches leidet leider sehr unter den vielen Übersetzungsfehlern und falschen Interpretationen, so daß die in Deutschland verbreitete Lehre nicht ganz mit dem Original übereinstimmt. Innerhalb der Lehren werden Arzneien grundsätzlich verworfen: „Wir müssen die Arzneien aufgeben und die Ontologie, d. h. die Lehre vom richtigen Sein, annehmen" oder „Für den Gottessinn kommen bei der Heilung von Krankheiten ebensowenig irgendwelche Medikamente in Betracht, wie dies bei der Befreiung der Sünde der Fall ist" und „Der medizinische Beruf entsprang dem Götzendienst heidnischer Priester". — Beim Gottesdienst wird die Predigt durch das Vorlesen ausgewählter und festgelegter Texte aus „Wissenschaft und Gesundheit" ersetzt; an die Stelle des Bittgebetes tritt allgemeines Schweigen. Das Vaterunser ist seines christlichen Inhaltes entkleidet; trotz allem ist der Zustrom an Kranken überall groß. An typisch christlichen Bestandteilen ist indes in der Lehre nichts zu finden. Die zuweilen tatsächlich beobachtete Heilwirkung ist auf den Willen zurückzuführen, wie auch jeder Buddhist, Jude, Hindu oder Materialist durch den Willen gesunden kann; mithin könnte man das ganze System als eine Art westlicher Yoga bezeichnen. Stefan Zweig hat ein ganzes Buch der C. W. gewidmet und sagt darin: „Christliche Wissenschaft ist jedermann zugänglich, sie erfordert weder Bildung noch irgendwelche menschlich-persönliche Gereiftheit: dank ihrer Grobschlächtigkeit wird sie von vornherein breiten Massen zugänglich, eine Everyman-Philosophie" und „erwiesenermaßen haben ja zahllose Schuhmacher, Wollagenten und Handlungsreisende die christliche Heilkunde in den vorgeschriebenen zehn Lektionen tadellos erlernt, also in geringerer Zeit, als man benötigt, um ein anständiger Hühneraugenoperateur, Korbflechter oder Raseur zu werden." — In Deutschland fand die C. W. 1891 Eingang. — Lit.: Stefan Zweig, Die Heilung durch den Geist, Leipzig 1932; Hans-Diether Reimer, Metaphysisches Heilen, Stuttgart 1966; G. W. L. Day, Die Wasser zu Damaskus; G. Wasserzug, Was sagt die Bibel zur Krankenheilung?, 1958.

Christliche Freimaurerei, obgleich die FM im allgemeinen einem sogenannten humanitären Prinzip folgt, d. h. ohne an den Unterschieden der Menschen Anstoß zu nehmen, nur für die sittliche und sonstige Vervollkommnung der Menschheit zu arbeiten, wobei naturgemäß auch religiöse und konfessionelle Unterschiede und Gegensätze ausscheiden müssen, erklärt die schwedische FM und die von ihr gestiftete Große Landesloge in Deutschland das Christentum zum Mittelpunkt ihrer Arbeit. Während man jedoch unter Christentum schlechthin den Glauben an die Erlösung durch Jesus Christus versteht, wird von der Großen Landesloge das Christentum zu einem Symbolwerk mit komplizierten Spekulationen verarbeitet, wenn auch nur Christen (also z. B. keine Juden, Mohammedaner usw.) Mitglied werden können. Indes ist sogar ein Teil des Brauchtums der Großen Landesloge, z. B. die ↗ Blutmischung im IX. Grad, absolut unchristlich. Zum anderen erscheint christliches Gedankengut auch in den Lehrarten anderer Großlogen, wie beim rektifizierten Ritus der Schweiz, bei der Großloge „Zu den drei Weltkugeln"

und in den Hochgraden der Deutschen Großloge „Le ↗ Droit Humain". — Lit.: Friedrich John Böttner, Zersplitterung und Einigung, Hamburg 1962; Alec Mellor, Die unbekannte Grundurkunde der christlichen Freimaurerei, Uetersen 1968; Graf von Wartensleben, Historische Belehrungen für den Meistergrad, Berlin 1871.

Christliche Wissenschaft, ↗ Christian Science

Christologie, das Gebiet der laienhaften und meist phantasievollen Deutungen des Christentums, aus dem Christentum etwas anderes als eine historische Tatsache zu machen; sogenannte esoterische oder gnostische Kirchen und Sekten beruhen im allgemeinen auf C.

Christos od. Christus (griech.) = der Gesalbte; das Wort ist sicher eine direkte Bezugnahme auf das, was sich während der Feier der alten (heidnischen) Mysterien ereignete. Ölung oder Salbung gehörte mit zu den Handlungen, die während der feierlichen Bräuche jener alten Mysterien in den Ländern des östlichen Mittelmeeres vollzogen wurden. Das hebr. Wort für einen Gesalbten ist Mâschîath (= Messias), bedeutet also ebenfalls C. — In den Theorien der Theosophie und Anthroposophie spielt C. eine gewisse esoterische Rolle. Annie Besant deutete an, daß der Hindu-Knabe ↗ Krischnamurti die Reinkarnation Jesu Christi sei. In dem Buch „Der Mensch — Wo? Wie? Woher?" beschreiben Besant und Leadbeater hellseherisch die Inkarnation Jesu seit den Mondmenschen und bringen eine Liste bis etwa 13 000 Jahren vZ. Eine solche Liste bringt auch Rudolf Steiner, allerdings zeigt sie gegenüber jener keinerlei Übereinstimmung, obwohl sie ebenfalls als Hellsehresultat ausgegeben wird, so daß immer noch die Frage offenbleibt, welche Liste überhaupt gilt. — Im AMORC wird Christus als einer der ersten Rosenkreuzer bezeichnet; diese Lehre ist jedoch für die Inhaber des 9. Tempelgrades reserviert.

chthonisch (griech.) = „mit der Erde in Verbindung stehend"; chthonische Gottheiten: griechische Götter der Unterwelt.

Churul, eine Art buddhistischer Gottesdienst.

Clairaudience, (franz.) = Hellhören; die Fähigkeit, entweder angeboren oder erlernt, das zu hören, was auf Entfernung gesprochen wird, d. h. eine Art „Hellsehen", jedoch auf das gesprochene Wort bezogen.

Clairvoyance, (franz.) = Hellsehen; die Fähigkeit, mit dem sogenannten inneren Auge zu sehen oder das spirituelle Sehen überhaupt; meist mit Intuition verwechselt. Richtige C. ist

Sehen durch die dichteste Materie und über jede Entfernung (Telepathie), d. h. Materie und Entfernung verschwinden vor dem Willen, unabhängig von der Zeit (Vergangenheit, Gegenwart und Zukunft). C. ist auch die Fähigkeit Somnambuler in Hypnose, über die übliche Erfahrung hinaus in bislang nicht recht erklärter Art Sinneswahrnehmungen zu machen, die ungewöhnlich sind, wie Lesen verschlossener Briefe, Überschauen räumlich entfernter Gegenden, auch Angaben über eintretende Ereignisse.

Claudius, Matthias, * 15. 8. 1740 Reinfeld/Holstein, † 21. 1. 1815; Dichter und Schriftsteller, studierte zuerst Theologie, dann Rechte und lebte dann jahrelang beruflos im Elternhaus; leitete unter dem Ps. Asmus von 1771 bis 1775 den von dem Freimaurer Bode gegründeten „Wandsbeker Boten"; auch als Dichter von Kirchenliedern bekannt geworden: Der Herr, der einst auf Erden war; Der Mond ist aufgegangen; Wir pflügen und wir streuen. M. C. war Mitglied der FM-Loge „Zu den drei Rosen" in Hamburg (Große Landesloge, sogenannter christlicher Ritus); ferner hat M. C. die wichtigsten Werke von Louis-Claude de Saint-Martin (z. B. Irrtümer und Wahrheit) ins Deutsche übersetzt. — W.: Werke. Vollständige Dünndruckausgabe, 1961.

Clavicula Salomonis (lat.) = Schlüsselchen Salomos; unter diesem Namen sind seit dem Mittelalter eine Reihe Zauberbücher erschienen, die Anleitungen zur Anrufung von Dämonen und Verträge mit ihnen abzuschließen enthalten, ferner auch Beschwörungsformeln für den Teufel; diese Manuskripte bilden die Grundlage der landläufigen Zauberbücher (Albertus Magnus; Roter Drache; Zauberbuch des ↗ Honorius; 6./7. Buch Mosis usw.) und werden zuweilen auch als „praktische Kabbalah" bezeichnet, obwohl sie mit der ↗ Kabbalah nichts zu tun haben. ↗ Zauberbücher.

Clio, auch Klio, (griech.) von kleio = Ruhm; in der griechischen Mythologie die Muse, die von ruhmreichen Taten singt, daher auch die Muse der Geschichte. — 1965 gründete die Grande Loge Nationale Française in Paris eine Forschungsloge unter dem Namen „Clio".

Clymer, R. Swinburne; Gründer der Rosicrucian Foundation (Fraternitas Rosae Crucis) in Quakertown/USA, der „einzig echten R + C-Tradition"; Clymer soll sein System einem Buch von P. B. Randolph entnommen haben. — W.: Divine Alchemy, Quakertown 1923.

C + M + B, die Anfangsbuchstaben der drei Magier (in der späteren Theologie fälschlich als Weise oder Könige bezeichnet) aus dem Morgenlande (vgl. Matth. 2, 1: „ecce M a g i ab Oriente venerunt" = da kamen die Magier vom Morgenland): Caspar, Melchior und Balthasar. Seit dem 5. Jahrhundert hat man sie sich, von der Dreizahl der Gaben her, als drei Personen und nach Ps. 71 (72), 10 als Könige vorgestellt. Von Papst Johannis XXII. (1276—77) wurden sie als wirksam gegen Epilepsie empfohlen und angerufen; Bauern in Bayern schreiben noch heute zum Schutze ihres Viehs die drei Buchstaben an die Stalltüren. Seit dem 14. Jahrhundert wird Caspar als Mohr dargestellt; seit dem 15. Jahrhundert kennt man folgenden Reisesegen: Caspar me ducat, Balthasar me regat, Melchior me salvat, et ad vitam eternam me perducant = C. möge mich führen, B. mich leiten, M. mich behüten, und sie mögen mich ins ewige Leben führen.

Coagula — solve (lat.) = laß gerinnen, löse auf; die Kurzformel der Alchemie und aller anderen esoterischen Disziplinen. Die beiden Wörter lassen sich auch umkehren, ohne daß der Sinn sich nennenswert ändert: Gerinnen lassen, um daraus das Neue herauszulösen oder das Alte auflösen, um daraus das Neue gerinnen zu lassen. — Lit.: J. Grasser, Transcendance, Paris 1965; Eliphas Lévi, Werke.

Co-Freimaurerei, aus dem Englischen (dort: Co-Masonry) übernommener Begriff für die moderne Form der FM, in der Männer und Frauen gleichberechtigt zugelassen sind. Das Wort Co-FM ist nach dem Vorbild Co-Edukation (gemeinsame Erziehung von Jungen und Mädchen in einer Klasse) geschaffen; im deutschen Sprachgebrauch wird einfach „Gemischte FM" gesagt, teils auch universale FM. Hauptvertreter der Gemischten FM ist der ↗ „Droit Humain", der Logen in praktisch allen Ländern, in denen es FM gibt, besitzt.

Coleman, William Emmette, amerikanischer Historiker und Orientalist; C. untersuchte um die Jahrhundertwende die „Entschleierte Isis" und die „Geheimlehre" von H. P. Blavatsky und gab die einzelnen Quellen, aus denen die beiden Werke geschöpft sind, an. Auch Sinnets „Esoterischer Buddhismus" und das Buch Dzyan wurden von C. analysiert. Seine umfangreiche, wertvolle Bibliothek verbrannte beim Erdbeben in San Francisco (1906). — Lit.: Dr. Farquhar, Religious Movements in India, London 1929.

College of Divine Metaphysics (engl.) = „Lehrinstitut für göttliche Metaphysik"; gegründet 1918 im Staate Indiana/USA; Zielsetzung: Schulung eingeschriebener Mitglieder in metaphysischen und religiösen Disziplinen durch Fernunterricht zwecks Erlangung psychischer Fähigkeiten und einer Bewußtseinserweiterung. Die Kurse umfassen u. a. praktische Metaphysik, metaphysisches Heilen, Psychologie, Bibelexegese und vergleichende Religionswissenschaft; die Abschlußdiplome verleihen je nach den belegten Kursen einen Dr. der Psychologie, Metaphysik oder Theologie (D. D.). — Nach einer Entscheidung des Bayerischen Verwaltungsgerichts (Aktenz.: 3002/67) dürfen solche Titel auch in der Bundesrepublik geführt werden, wenn ihre Herkunft (z. B. USA) angegeben ist.

Collegium Pansophicum, eine geheime Rosenkreuzergruppe, gegründet 1923 in München; bedeutendstes Mitglied war der frmr. Historiker und Bibliograph Dr. Bernhard Beyer († 1966). Es wurde auch eine Buchreihe „Pansophia" (ab 1923, München) herausgegeben, aus welcher zu erkennen ist, daß man vorwiegend an Dr. Franz Hartmanns Rosenkreuzer-Orden anknüpfte.

Collins, Mabel (Ps.) = Mrs. Kenningdale Cook 1851—1927; eine der fähigsten Schriftstellerinnen der Anfangszeit der TG; ihr bedeutendstes Werk „Licht auf den Pfad" soll nach den Angaben der 1. Auflage vom Meister Hilarion (↗ Meister) inspiriert worden sein, später widerrief M. C. dies jedoch, was zum Bruch mit H. P. Blavatsky und der TG führte. Im Gegensatz zu H. P. Blavatsky verlegt M. C. die Existenz der „Meister" vom Himalaya in die eigene Seele. In ihrem Roman „Flita" schildert sie eine Seele, die aus früheren Erdenleben noch die Schlacken schwarzer Magie anhängen. Der Lebensgang der Flita ist der heftige Kampf der besseren Ahnung und Erkenntnis von Lug und Trug und vom ererbten Festhalten an äußere Meister. Schließlich erlebt sie ihre endgültige Erlösung und Befreiung in dem Moment, wo sie definitiv auf ihren sogenannten Meister „Iwan" verzichtet. Von manchen wird M. C. für die größte englische Mystikerin gehalten. — W.: Licht auf den Pfad; Leuchtende Tore; Neues Grünen; Ein Ruf aus der Ferne; Fünf Blindheiten; Die Geschichte des Jahres; Das innere Jahr; Die Kunde von körperfreien Menschen; Flita; Das Lied von dem weißen Lotos; Wenn die Sonne nordwärts geht, Leipzig; Unsere glorreiche Zukunft (= eine Erklärung zu „Licht auf den Pfad"); Der Sternensaphir, Lorch 1914; M. Corelli, Roman aus zwei Welten, Leipzig; Liliths Seele, Berlin; Prinzessin Ziska, das Problem einer verirrten Seele, Berlin 1904; Barabbas, ein Traum der Welttragödie, Stuttgart; Das Erwachen, Lorch

1932 (hier wird das Zustandekommen des Hauptwerkes geschildert). — Lit.: A. M. O., Zu Flita, Lorch 1910; (anonym), The theosophical movement 1875—1925, New York 1925.

Colombe (ital.), von colombina = Täubchen; bei den AMORC-Tempeldiensten ein weiblicher Diakon, eingehüllt in einem weißen Gewand nach der Art eines Geistes. Aufgabe der C. ist es u. a., die drei Lichter der Schekinah zu entzünden. — In den italienischen Stegreifkomödie ist C. eine weibliche Maskenfigur, die gewöhnlich die Zofe des Pantalone (eine italienische Narrenfigur) darstellt. Sie ist die Geliebte des Arlecchino, ihre Kleidung die einer geputzten Kammerzofe, willkürlich in Farben und Geschmack. Über die rituelle Bedeutung der C. siehe Sexualmagie.

Co-Mason (engl.) = Co-Freimaurer, ↗ Co-Freimaurerei; Co-Mason war auch eine von 1909 bis 1946 herausgegebene englische FM-Zeitschrift, die der französische FM-Historiker Marius Lepage (in seinem Werk „L'Ordre et les Obédiences, Lyon 1956) zu den internationalen Standardwerken der FM-Literatur zählt.

Co-Maurerei = Gemischte Freimaurerei, die Männer und Frauen aufnimmt. ↗ Droit Humain, ↗ Co-Freimaurerei.

Comenius, Jan Amos (C. ist die latinisierte Form von Komensky) * 1592 Nivnitz/Mähren, † 1670 Naarden/Amsterdam; 1614 Rektor der Brüderschule in Prerau, 1616 zum Priester geweiht, seit 1618 Priester in Fulnek. C. verfaßte eine Reihe erbaulicher Schriften und erfreute sich eines großen Ansehens und großer Beliebtheit in seiner Gemeinde. Besonders seine „Pansophia", die durch Vermittlung des in London lebenden Samuel Hartlib in Druck erschien, erregte Aufsehen, so daß er 1641, einer Einladung Hartlibs folgend, nach London reiste, wo sich das englische Parlament mit seinen erzieherischen Vorschlägen beschäftigte. Die Zahl der Schriften von C. wird mit 142 angegeben. C. wird häufig auch mit der FM in Verbindung gebracht, besonders wegen seiner ausgeprägten Humanitätslehre. Hartlib und er trugen sich mit der Absicht, eine Gemeinschaft von Menschen zu bilden und alle Kollegien, Genossenschaften und Brüderschaften zu sammeln und ein allgemeines Kollegium unter den Gebildeten der ganzen Welt aufzurichten. In diesen Schriften verwendet C. nun zahlreiche Gleichnisse, die mit dem Symbolgehalt der FM vollkommen übereinstimmen. Darüber hinaus gibt es auch etliche Anhaltspunkte, daß C. den Rosenkreuzern nahestand. — W.: Janua linguarum reserata, 1631; Didactica magna, 1632; Pansophiae prodromus, 1639; Orbis pictus, 1658; Panegersia, 1662. — Lit.: Beeger und Zoubek, Jan Amos Comenius nach seinem Leben und seinen Schriften, Leipzig 1883; Kayser, Jan Amos Comenius, sein Leben und seine Werke, Hann.-Linden 1892; Vrbka, Leben und Schicksale des Jan Amos Comenius, Znaim 1892; Grundig, Jan Amos Comenius, nach seinem Leben und Wirken, Gotha 1892.

AMOS COMENIUS

Compagnonnage (frz.) = Gesellenschaft, Brüderschaft; eine bis auf den heutigen Tag in Frankreich bestehende Handwerksbrüderschaft mit eigenen, den frmr. ähnlichen Gebräuchen. Sie haben ihre Erkennungszeichen, ihren besonderen Gruß, sie nennen sich Brüder und pflegen eine Legende, die sowohl an den König Salomo wie an den letzten Templergroßmeister Jakob de Molay anknüpft. Das Studium ihrer Bräuche ist für den frmr. Forscher durch die Vielzahl von gemeinsamen Symbolen und Bräuchen außerordentlich interessant. Von Dr. Winkelmüller wurde die Theorie aufgestellt, daß die FM einen Teil ihres Brauchtums von der C. übernommen hätte; indes datieren fast alle Quellen über die C. aus der Zeit nach 1717, d. h. nach dem Gründungsjahr der Londoner Großloge, die als Mutterloge der gesamten Welt bezeichnet wird. — Lit.: Emile Coornaert, Les Compagnonnages, Paris 1966; Roger Lecotté, Archives historiques du Com-

pagnonnage, Paris 1956 (Ausstellungskatalog); Roger Lecotté, Essai bibliographique sur les Compagnonnages, Paris 1951; Dr. Otto Winkelmüller, Les Compagnonnages, eine Wurzel der Freimaurerei, Frankfurt 1967.

Compaß der Weisen, eines der wichtigsten Bücher für die Kenntnis der Rosenkreuzer des 18. Jahrhunderts; galt lange Zeit als die „Bibel" des Ordens; verfaßt „von einem Mitverwandten der inneren Verfassung der ächten und rechten Freymäurerei" (Berlin und Leipzig 1779); heute sehr selten und gesucht. Der C. d. W. ist ein dreiteiliger alchemistisch-kabbalistischer Traktat mit einer 94 Seiten langen Vorrede über die „Geschichte dieses erlauchten Ordens" angehängt.

Confessio, der Kurztitel einer der drei Rosenkreuzer-Urschriften, deren voller Titel „Confessio Fratrum Rosae-Crucis" (lat. = Bekenntnis der Brüder vom Rosenkreuz) lautet; die älteste bekannte Ausgabe ist 1614 in Regensburg verlegt. Auf dem Titelblatt ist „Auctore Joh. Val. Andreae" angegeben; diese Urheberschaft wird jedoch von manchen Sachkennern bezweifelt. Die C. verkündet die Absichten der Brüder vom Rosenkreuz, nennt das Geburtsjahr Christianus, nämlich 1378, und berichtet, daß er 106 Jahre alt geworden sei; sie spricht von göttlichen Vorzeichen und nahem Weltuntergang, auch von der künftigen Reform und ähnlichen ernsten Dingen. — Lit.: Dr. Franz Hartmann, Im Vorhof des Tempels der Weisheit, Calw 1968; Fr. Wittemans, Histoire des Rose-Croix, Paris 1925; Dr. Otto Henne am Rhyn, Das Buch der Mysterien, Leipzig 1890; August F. Fleck, Das Freimaurertum, Hamburg 1950; P. Ch. Martens, Geheime Gesellschaften in alter und neuer Zeit, Leipzig 1923.

Constant, Alphonse-Louis, der bürgerliche Name für (Ps.) Eliphas ↗ Lévi.

Consummatum est (lat.) = „es ist vollbracht"; entnommen aus dem Evangelium Johannis 19, 30: „Da nun Jesus den Essig genommen hatte, sprach er: Es ist vollbracht!" — In der FM sind es die entscheidenden Worte auf dem Höhepunkt der Zeremonie des 18. Grades (d. h. der Perfektion), welche das eigentliche Mysterium der FM darstellen.

Coué, Emile, 1857—1926, franz. Apotheker und Psychotherapeut, Urheber der Methode der Heilung durch Autosuggestion. Angeregt durch die in Nancy schon früher gleichlaufenden Bemühungen von Liebault und Bernheim (sogenannte Nancyer Schule) popularisierte C. das Autosuggestionsverfahren zur Selbstheilung. Der Kern der Lehre ist, der Kranke möge sich einbilden, er sei gesund. Um das mit Erfolg tun zu können, muß er während der Selbstheilung alles unternehmen, was die Einbildungskraft stärkt, und alles unterlassen, was sie schwächen könnte. Beziehungen zum ↗ autogenen Training von Prof. Schultz sind nicht zu verkennen. Die Kritik an der Methode knüpft vor allem an dem als Konzentrationsübung vorgeschriebenen Satz an: „Mit jedem Tag geht es mir in jeder Hinsicht immer besser und besser." — W.: Die Selbstbemeisterung durch bewußte Autosuggestion, Basel 1924 und 1961; Was ich sage, Basel 1956.

Covina, Ortschaft in Kalifornien/USA, heutiger Sitz der Theosophischen Gesellschaft von Point Loma aus dem Zweig Katherine Tingley und Dr. von Purucker; diese TG wird daher auch Covina-TG genannt; in der Bundesrepublik besteht eine Zweigstelle in Unterlengenhardt. Die erklärten Ziele der Covina-Gesellschaft sind:
a) Verbreitung der Kenntnis von den im Universum herrschenden Gesetzen unter den Menschen,
b) Verbreitung der Kenntnis von der Wesenseinheit allen Seins und Beweisführung, daß diese Einheit von fundamentaler Natur ist,
c) Bildung einer aktiven Bruderschaft unter den Menschen,
d) Studium alter und neuer Religion, Wissenschaft und Philosophie,
e) Erforschung der dem Menschen innewohnenden Kräfte.

H. P. Blavatsky wird als Abgesandtin der Hüter der esoterischen Weisheit aller Zeiten betrachtet. Die Covina-TG besteht aus nationalen Sektionen, die sich aus Logen zusammensetzen. Soweit es die Konstitution dieser TG zuläßt, sind die Sektionen und Logen autonom. — Lit.: Zeitschrift „The Theosophical Forum", Covina.

Crookes, William (1832—1909), englischer Physiker und Chemiker, Mitglieder der Theosophischen Gesellschaft; Entdecker des Thalliums; experimentierte mit vielen bekannten und berühmten Medien. — W.: Spiritualismus und Wissenschaft, Leipzig 1871; Materialisationsversuche, Leipzig 1923.

Croiset, Gerard, * 1910, niederländischer Magnetiseur, Hellseher und Paragnost; behandelt lt. SPIEGEL 9/67 täglich 80 bis 100 Patienten zum Preis von DM 5,50. — Lit.: Croiset der Hellseher, Freiburg.

Crowley, Aleister (eigentlich: Edward Alexander C.), * 12. 10. 1875 Leamington/England, † 1. 12. 1947 England; bekannter unter den Ps. Meister Therion, To Mega Therion (griech.

Aleister Crowley

= Das große Tier), Gérard Aumont, Frater Perdurabo (so in der ↗ Goldenen Dämmerung) usw.; neben Gurdjew wohl der bedeutendste aktive Magier dieses Jahrhunderts; Waltharius bezeichnet ihn als „d e n mystischen Lehrer der Gegenwart" und Dr. Birven nennt „das Leben dieses Magus eine Tragikomödie großen Ausmaßes, die nur von ganz wenigen Kennern gewürdigt werden kann." Seine magischen Werke sind (so: Birven) „z. T. von hohem Rang und Originalität und setzten umfassende wissenschaftliche Kenntnisse voraus". C. studierte 1895 am Trinity College in Cambridge; schon während seiner Studienzeit erste Dichtungen, Bergbesteigungen in den Alpen, in Mexiko und im Himalaya, bereiste Japan, Indien, China und Ceylon. Nach seiner eigenen Biographie („Confessions") erwachte C. am 31. 12. 1896 um Mitternacht mit dem Gedanken, daß er ein magisches Mittel besitze, sich eines ihm bis dahin verborgenen Teils seiner Natur bewußt zu werden. Als er 1899 in der Schweiz in einem Restaurant zufällig mit Cecil Jones, einem englischen Eingeweihten, bekannt wurde und diesem von seiner Erkenntnis berichtete, wurde er der ↗ Goldenen Dämmerung als Mitglied zugeführt, wo er wohl den größten Impuls seiner magischen Entwicklung erhielt. Um diese Zeit diente ihm auch Allan Bennett (später Mönch in Ceylon als Bikkhu Metteya) als Lehrer von Format. In der G. D. war C. der gelehrigste Schüler; nach einem halben Dutzend Übungen übertraf er zur allgemeinen Überraschung bereits seine Lehrer. 1905 versuchte C. die drei verwandten, aber konkurrierenden Orden G. D., A. A. und S. S. zu erneuern und zusammenzufassen, jedoch ohne bleibenden Erfolg. Danach hat C. eine ganze Reihe neuer Orden und Verbindungen gegründet und nacheinander die verschiedensten Theorien und Praktiken vertreten und verbreitet. 1900 war C. von Don Jesus Medina in den 33. Grad des ↗ AASR aufgenommen worden. Auf einer Reise durch Ägypten, die er zusammen mit seiner Frau unternahm, empfing er im April 1904 durch Aiwaz, einen Abgesandten des ägyptischen Gottes Hoor-pa-Kraat, die Offenbarung des „Gesetzes von Thelema", womit seine eigentliche, große Laufbahn beginnt; er schrieb das „Buch des Gesetzes", welches eine neue Religion verkündete. Um diese Zeit gründet C. den Orden Astrum Argentinum mit ägyptischen Ritualen (nach der Art Cagliostros) mit dem Ziel, Propheten auszubilden. Bald stellte er die hermetisch-ägyptischen Evokationen ein und ersetzte sie durch Yoga-Praktiken. Nach seiner Theorie war „jeder Mann und jede Frau ein Stern", und der höchste Sinn unseres Daseins sei es, „den Abyssus zu überqueren". Den Versammlungen gegenüber feindlich eingestellt, propagierte er die Selbsteinweihung (später vom ↗ AMORC übernommen) durch „Unbekannte Obere", welche das Ich zerstören; C. lehrte, daß „das Dasein reinstes Vergnügen sein müsse". Nachdem C. in Sizilien um 1920 die Abtei Thelema eingerichtet hatte, erschien er in den exzentrischsten Aufmachungen, z. B. als Asiate verkleidet, in Rum getränkten Tabak rauchend, Genießer von Drogen für die „heiligen Orgien", und bezeichnete sich selbst, wie ihn wohl auch schon seine Mutter genannt hatte, als Bestie (engl.: Beast) und hielt sich sogar für den leibhaftigen Teufel. Die größte und größte magische Operation, die C. durchgeführt hatte, bevor er Europa verließ, war die in der Geschichte der Magie berühmt gewordene Beschwörung der Abramelin-Dämonen (↗ Abramelin); von den entfesselten Naturgewalten wurde er jedoch so eingeschüchtert, daß er das Experiment vor seinem Ende abbrach. 1925 war C. in Weida/Thüringen, wo er mit Karl Germer, Eugen ↗ Grosche, und Heinrich ↗ Tränker und anderen über die Gründung eines deutschen Zweiges seiner Bewegung verhandelte, und um die Pansophia-Gruppe unter seine Herrschaft zu bringen. Kurz vorher war in der Zeitschrift „Pansophia" sein folgendes Manifest veröffentlicht worden:

An die Menschen!
Tue was du willst, soll das ganze Gesetz sein.
Da mein Amtsantritt auf Erden im Jahre der Gründung der Theosophischen Gesellschaft gekommen war, nahm ich — weil an der Reihe — die Sünde der ganzen Welt auf mich, damit die Prophezeiungen erfüllt werden, auf daß die ganze Menschheit den nächsten Schritt tun kann von der

Magischen Formel des Osiris zu der des Horus.
Und da meine Stunde nun auf mir liegt, verkünde ich das Gesetz. Das Gesetz ist Thelema.
Gegeben in der Mitte des Mittelländischen Meeres.
An. XX Sol in 3° Libra, die Jovis.
Durch mich To Mega Therion 666
Logos Ainos Thelema.

Nach Dr. Birven (Zeitschrift „Hain der Isis", Jg. 1930, Br. 8/9) bestand C.s Plan darin, von Deutschland aus seinen Weg als „Weltheiland" anzutreten, wozu der Buchhändler Tränker die buchhändlerische Propaganda machen sollte. Auf der Konferenz von Weida unterzeichneten die Anwesenden das folgende „Zeugnis eines Suchenden":

Der Lehrer der Welt, dessen Erscheinen für dieses Jahr verkündet war, den alle wahren Sucher — und besonders diejenigen der Theosophischen Gesellschaft — erwartet haben, ist zur bestimmten Zeit in der Person des Meisters To Mega Therion erschienen.
Wir die Unterzeichneten haben mit eigenen Augen gesehen und mit eigenen Ohren gehört, und wir wissen, ohne Lügen gewiß, daß er in Wahrheit der Überbringer des Wortes ist, nach dem die Seele der Menschheit dürstete (gez.:) Heinrich Tränker, Helene Tränker, Karl Germer, D. O., Norman Mudd, Lea Hirsig, Martha Künzel, O. Germer.

Norman Mudd und Lea Hirsig widerriefen indes am 24. 2. 1926 bzw. 18. 8. 1927 ihre Unterschrift. C. behauptete, die Ermächtigung zu seiner Tätigkeit von einer höheren Intelligenz der mentalen weißen Bruderschaft erhalten zu haben. — Bei Schrödter, „Geschichte und Lehren der Rosenkreuzer" ist übrigens der Name C. „Aleister Mac Gregor Crowley", bei Haack, „Geheimreligion der Wissenden", „Alceister Crowley" geschrieben. — W.: Jephath and other mysteries. 1899; The soul of Osiris, 1901; The book of the lies, ca. 1921 und London 1962; Book 777 revised, London 1955; Magie als Philosophie für alle, Zürich o. J., 2 Bde.; Acht Vorlesungen über Yoga von Mahatma Guru Sri Paramahansa Shivaji, Zürich o. J.; Mystik; Liber Liberi Paidis Lazuli; Khing Kang King; Das Buch des Gesetzes; Das Herz des Meisters; (unter dem Ps. Gérard Aumont) Die drei Schulen der Magie, Zürich 1956; The Equinox of the Gods; Liber Aleph; Wege zum Sanktuarium, Leipzig 1925. — Lit.: John Symonds, The Great Beast, London 1951; Dr.

Henri Birven, Lebenskunst in Yoga und Magie, Zürich 1953.

Crux Ansata (lat.) = gehenkeltes Kreuz; die alte Kreuzform, bestehend aus einem T (tau-Kreuz) mit einem Henkel; die C. A. findet sich in den Händen fast aller alten heidnischen Götter, einschließlich Baal und der phönizischen Astarte, sie wurde in Troja ausgegraben und erscheint auf chaldäischen und etruskischen Altertümern. Die ersten Kirchenväter nannten die C. A. eine Erfindung des Teufels. Die C. A. ist symbolisch das Zeichen der Unsterblichkeit.

Cyrus, bekannter, im AT oft erwähnter König von Persien, der in seinem ersten Regierungsjahr (536 vZ) allen im Exil befindlichen Hebräern die Erlaubnis gab, nach Palästina zurückzukehren, ihnen die von Nebukadnezar geraubten heiligen Gefäße zurückgab und zum Wiederaufbau des Tempels in Jerusalem manche Unterstützung gewährte, eine Geste, die von den Juden hoch gepriesen wurde. C. wird auch im ↗ Royal-Arch-Grad der Kapitel-FM behandelt.

D

D (Abk.) = direkt; in der Astrologie der Hinweis auf das normale Vorwärtslaufen der Planeten im Gegensatz zur Retrogradität.

Dacqué, Prof. Dr. Edgar (1878–1945), Paläontologe und Naturphilosoph, Zoologe und Biologe; ursprünglich auch Mitglied der Theosophischen Gesellschaft; D. trat für die Überlegenheit der magischen Weltanschauung genüber der mechanistisch-intellektuellen ein. — W.: Urwelt, Sage und Menschheit, München 1925; Leben als Symbol, Metaphysik einer Entwicklungslehre, München 1928; Natur und Seele, Beitrag zur magischen Weltlehre, München 1927; Natur und Erlösung, München 1933; Verlorenes Paradies, München 1953.

Daimonen, = ↗ Dämonen.

Dais, (lat.) von discus = Platte; die erhöhte, überdachte Estrade für Ehrengäste; im FM-Tempel der gewöhnlich erhöhte Osten der Loge, besonders in den Hochgraden.

Dämonen, von (griech.) daimones, bei den Griechen bald die Bezeichnung für die Götter, bald für Wesen, die zwischen Göttern und Menschen in der Mitte stehen. Homer nennt vorzugsweise die Götter D., und dämonisch ist ihm gleichbedeutend mit göttlich. Hesiod versteht unter D. Schutzgeister, welche die Seelen der Menschen aus dem goldenen Zeitalter sein sollen. Sonst treten vielfach D. als niedere, dienende Gestalten neben den Hauptgöttern auf. Endlich gelten später, wie ähnlich schon bei Hesiod und vermutlich in ältester vorhomerischer Zeit, die göttlich verehrten Geister aller Verstorbenen als D. Plato stellt das Dämonische in die Mitte zwischen Gott und Menschen; die D. sind ihm übermenschliche Wesen, welche auf die Schicksale der Menschen Einfluß ausüben. — Lit.: Laengin, Der Wunder- und Dämonenglaube der Gegenwart, Leipzig 1887; R. Grötzinger, Talismanische Dämonologie, 1922; I. Hampp, Beschwörung, Segen, Gebet; Matthäus Ziegler, Engel und Dämonen im Lichte der Bibel; Egon von Petersdorff, Dämonen, Hexen Spiritisten, Wiesbaden 1960; ders., Dämonologie, München 1957.

Danov, Peter, * 11. 7. 1864 Varna/Bulgarien, † 27. 12. 1944; Begründer der sogenannten weißen Bruderschaft in Bulgarien, die rund eine Million Anhänger zählen soll. Gegenstand der Bewegung ist u. a. die Paneurhythmie, eine Art gymnastischer Übungen, die der Entfaltung der Seele dienen sollen (ähnlich dem Hatha-Yoga). Wie in anderen Eurhythmie-Systemen spielen Musik und Gesang dabei eine große Rolle.

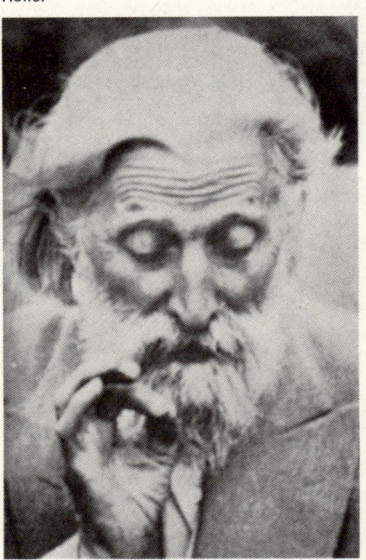

Dante, Alighieri, der erste Dichter Italiens, zugleich einer der größten Dichter überhaupt; * zwischen 18. 5. und 17.6. 1265 in Florenz (?), † 14. 9. 1321 Ravenna; sein Ahnherr Cacciaguida soll am 2. Kreuzzug teilgenommen haben und zum Ritter geschlagen worden sein. In der Esoterik ist D. am bekanntesten durch das Hauptwerk seines Lebens, die „Göttliche Komödie" (ital.: Divina Commèdia); sie ist dem Buchstaben nach die Geschichte der visionären Wanderung des Dichters durch die drei Reiche des Jenseits; dem allegorischen Sinne und seinem Zwecke nach ist sie die Darstellung des Weges, den der sündige Mensch gehen muß, um zum Heil zu gelangen, das Epos der Erlösung. Der Dichter hebt an mit der Schilderung seiner Verirrung in einem finsteren Walde, das Bild des weltlichen, von Gott abgekehrten Lebens. Seinem Versuch, den Wald zu verlassen und die sonnebestrahlte Höhe zu erreichen, widersetzen sich drei Tiere: ein Leopard, ein Löwe und eine Wölfin, meist als die Symbole der Unkeuschheit, des Stolzes und des Geizes gedeutet. Wie der Dichter, von der Wölfin bedrängt, zur Tiefe zurückkehrt, erscheint ihm der Schatten Virgils, das Symbol der irdischen Leitung des Menschen, und führt ihn durch die Hölle und das Fegefeuer, wo er die ewigen und die zeitlichen Strafen der Sünde anschaut, bis zu den lichten Höhen des irdischen Paradieses, wo Beatrice, das Symbol der geistlichen Leitung des Menschen, den geläuterten Dichter unter ihre Leitung nimmt und ihn durch die neun Himmel zur Region der Seligkeit und zur Anschauung der Gottheit führt. Auf der langen Wanderung nimmt der Dichter Anlaß, über die tiefsten Fragen der Philosophie, Theologie, Scholastik und Mystik zu sprechen. Das Werk besteht aus drei Teilen: Hölle, Fegefeuer und Paradies; jeder Teil hat 33 Gesänge; voran steht ein einleitender Gesang, so daß es im ganzen 100 Gesänge mit 14 233 Versen sind. In bezug auf Gedankentiefe, Großartigkeit der Phantasie, Reichtum und Schönheit der Bilder, Universalität des Charakters, Schönheit der Sprache und Prägnanz des Stils steht diese Dichtung in der gesamten Weltliteratur ganz einzigartig da, viel bewundert, viel verbreitet, viel erklärt, aber wenig gelesen und noch weniger verstanden. Zum Teil wird D. auch mit den Rosenkreuzern in Verbindung gebracht, ebenso wäre es aber möglich, daß die Rosenkreuzer einen Teil ihrer Ideen diesem Werk entlehnt haben.

Darius, im AT Name mehrerer persischer Könige; der in Esra 4,5 erwähnte König D., König von Persien, unterstützte die Juden beim Tempelbau. Sein Name kommt auch im Royal-Arch-Grad der Kapitel-FM vor.

Darwin, Charles, * 12. 2. 1809 Shrewsbury/England, † 19. 4. 1882 Beckenham; engl. Naturforscher; bereiste Brasilien, die Magelhanstraße, die Westküste Südamerikas und Inseln des Stillen Ozeans. Die reichhaltigen Ergebnisse dieser Reise veröffentlichte er in verschiedenen Büchern; er sprach darin die Überzeugung aus, daß alle Tiere und Pflanzen von wenigen Urformen, vielleicht von einer einzigen, abstammen und daß die verschiedenen Modifikationen derselben infolge eines „Prinzips" vonstatten gehen, das er als „natürliche Auslese" bezeichnet. D. ist also der Vater des später im Okkultismus auftauchenden Gedankens der ↗ Evolution. Als Mensch war D. durch Einfachheit des Charakters, Bescheidenheit und große Liebenswürdigkeit ausgezeichnet. — W.: On the origin of the species (Vom Ursprung der Arten), 1859. Seine Werke sind in Rußland seit 1926 verboten, seit 1935 in Jugoslawien, seit 1937 in Griechenland, und in Italien standen sie 1953 noch immer auf dem Index.

David-Neel, Alexandra, französische Schriftstellerin über fernöstliche Religionen und Philosophien; verbrachte fünfzehn Jahre in Tibet. — W.: Unsterblichkeit und Wiedergeburt; Altes Tibet — Neues China; Zwischen Göttern und Politik; Im Schatten des Himalaya, 1952; Liebeszauber und schwarze Magie, München 1952; Unbekanntes Tibet; Vom Leiden zur Erlösung, Leipzig 1937; Land der Is — In Chinas wildem Westen, Wien 1952; Heilige und Hexer, Leipzig 1932; Arjopa, die erste Pilgerreise einer weißen Frau nach der verbotenen Stadt des Dalai-Lama, Leipzig; Mönche und Strauchritter, Leipzig 1933; Meister und Schüler, Leipzig 1934.

DAW, Abk. für ↗ „die andere welt".

Debarim (hebr.), von debar = reden; das erste Wort des 5. Buches Mose in der hebr. Bibel; daher auch als Bezeichnung für 5. Mos. gebräuchlich.

Debhir (hebr.) = Innerstes; der hinterste Raum im Tempel Salomos, das Allerheiligste, sonst in der Bibel meist mit Kadosch Kadoschim oder Sanctum Sanctorum wiedergegeben, auch der „Chor"; auch in den Hochgradlogen der FM nennt sich der Osten des Tempels D.

Deduktion (lat.), von deducere = herleiten; im philosophischen Sprachgebrauch die Ableitung des Besonderen aus dem Allgemeinen, im Gegensatz zur ↗ Induktion, also der Ableitung des Allgemeinen aus dem Besonderen, wie zur Demonstration als der Beweisführung aus unmittelbarer Anschauung.

Dee, Dr. John, * 13. 7. 1527 London, † Dezember 1608; berühmter engl. Mathematiker und Astrologe, enger Berater Königin Elisabeths; erteilte ihr 1564 sogar Unterricht in Astrologie; stellte auch das sogenannte Henochische System auf, das in einer besonderen Sprache, dem Henochischen abgefaßt ist. In Gustav Meyrincks Roman „Der Engel vom westlichen Fenster" ist D.s Leben ausführlich geschildert. Die Originalausgabe D.s befindet sich noch im Britischen Museum und im Ashmole-Museum in England. — Lit.: Meyrinck, Der Engel vom westlichen Fenster; Carl Kiesewetter, J. D., ein Spiritist des 16. Jahrhunderts, Leipzig 1893. — W.: Monas Hieroglyphica, London 1564; The hieroglyphic Monade u. a., 78 Werke.

Dei gloria intacta (lat.) = die Glorie Gottes ist unantastbar; ähnlich dem Motto der Jesuiten: omnia ad majorem Dei gloriam (= alles zum höchsten Ruhme Gottes); das Motto stammt nach der ↗ Fama vom Grabgewölbe Christian Rosenkreutzens. Unter diesem Titel veröffentlichte van Rijkenborgh ein Lehrbuch des ↗ Lectorium Rosicrucianum, in welchem in umständlicher Weise die 7 Einweihungen anhand der Offenbarung des Johannis erläutert sind; die Quelle der Deutungen findet sich in Rudolf Steiners Werk „Apokalypse des Johannes" (Nürnberg 1908 und Dornach 1954). Hans Liebstöckl (Die Geheimwissenschaften im Lichte unserer Zeit, Wien 1932, S. 180) faßt die Deutung so zusammen: „Durch 4 Kreise führt der kühne Flug des Sehers Johannes zu den Hohen des ‚himmlischen Jerusalem' empor. Zu jedem dieser 4 Kreise (im Lectorium: Siebenkreise) gibt es 7 Stufen: 7 Sendschreiben an 7 Gemeinden, 7 Siegel, 7 Posaunen und 7 Zornesschalen. Die 7 Gemeinden sind irdische Orte, in denen die Christensaat aufgegangen ist; die 7 Siegel verschließen ein Buch, voll Schauungen der Bilder göttlich-geistiger Welt; die 7 Posaunen, geblasen von 7 Engeln, gehen vom geistigen Schauen zum geistigen Hören über. Das 5. der Sendschreiben ist an unsere Zeit gerichtet; wir selbst sind die Gemeinden von Sardes ..."

Deist (lat.), von deus = Gott; ein Anhänger jener im 17. und 18. Jahrhundert in England entstandenen Richtung, der alle positiven Religionen aus der e i n e n natürlichen Religion ableitet (wie in der FM und Theosophie). Als das Wertvolle an der persönlichen Religiosität erscheint nicht mehr das Fürwahrhalten der einzelnen Dogmen, sondern die Annahme einiger allgemeiner, dem vernünftigen Denken von selbst einleuchtender Sätze, ein sittlich gutes Leben oder die innere Kraft des Herzens; von den verschiedenen positiven Religionen erscheint nicht mehr die christliche als allein wahre, sondern hinter allen Religionen sucht man die e i n e, allein ganz wahre „natürliche" Religion, welche in allen positiven wenigstens zum Teil enthalten, aber in jeder durch mancherlei Zusätze abgeändert ist. Hauptvertreter waren John Locke, John Toland und Thomas Morgan. — Lit.: Lechler, Geschichte des engl. Deismus, Stuttgart 1841; Pünjer, Geschichte der christlichen Religionsphilosophie, Braunschweig 1880—83, 2 Bde.

Dekalog (griech.), von deka = zehn und logos = Wort, Sprache; die 10 Gebote der Bibel (vgl. 2. Mos. 20, 2—17; 5. Mos. 6—18), d. h. die Bestimmungen des hebräischen, überlieferten, nach der Sage von Gott auf dem Berge Sinai gegebenen und auf steinerne Tafeln geschriebenen Gesetzes. Als der sittlich-religiöse Kern des Gesetzes blieben die 10 Gebote auch im Christentum aufrechterhalten und galten als unmittelbare göttliche Offenbarung. Die Zehnzahl der Gebote wird nach der reform. Überlieferung auf andere Weise als bei den Lutheranern bestimmt. Die Reformierten zählen nämlich die Worte „du sollst dir kein Bildnis noch irgendein Gleichnis machen usw." als das 2. Gebot und fassen dafür das 9. und 10. Gebot nach luth. Zählung: „Laß dich nicht gelüsten deines Nächsten Hauses" und „Laß dich nicht gelüsten deines Nächsten Weibes noch seines Knechtes usw." in eins zusammen. — Nach dem Vorbild der Rabbinen und des alexandrinischen Juden Philo beschäftigte sich frühzeitig auch die christliche Theologie mit allerlei gelehrten Auslegungen des D.s.

Dekan oder **Dekanat** (lat.), von decimus = der Zehnte; im Tierkreis nimmt jedes Zeichen eine Breite von 30° ein. Je 10° bezeichnet man als D., so daß auf jedes Tierkreiszeichen drei D. entfallen, die in der Astrologie als „Positions-Würden" gewertet werden.

Deklination (lat.), von declinare = abbiegen; in der Astronomie und Astrologie der Abstand des Gestirns vom Äquator, gemessen auf einem durch das Gestirn und die Pole gelegten, also gegen den Äquator senkrechten Kreis.

Delphi, heute Kastri, eine Stadt im alten Griechenland, am Fuße des Berges Parnassus; Sitz des weltberühmten Orakels von D.; der dortige Apollo-Tempel wurde im 4. Jahrhundert geschlossen. – Lit.: Hans Gsänger, Delphi.

Demeter (griech.) = Erdmutter; der griech. Name für die römische Ceres, der Göttin des Getreides und des Ackerbaus.

Demiurg (griech.) = Handwerker, Baumeister; die übernatürliche Kraft, die das Weltall errichtete; in der FM als der „Große Baumeister aller Welten" bezeichnet; bei den Okkultisten der 3. manifestierte Logos, also nicht Gott selbst; bei Plato der 2. Gott, d. h. der Herrscher in der bereits geschaffenen Welt. Er ist also der Mittler zwischen der höchsten Gottheit und der Welt. Im Pentagramm-Ritual richtet sich die Anrufung an den D.

Denkkörper, bei Annie Besant ein Teil des Mentalkörpers; auch Körper des Intellekts, des Verstandes genannt, im Gegensatz zum Kausalkörper, der ebenfalls Teil des Mentalkörpers ist. ↗ Prinzipien des Menschen.

Dervisch oder **Derwisch** (pers.), von darvesh = arm; ein muselmanischer, türkischer oder persischer Asket, ein nomadischer oder wandernder Mönch, zum Teil mit magnetischen Kräften. Zuweilen leben die D. auch in kleinen Gemeinschaften, geben jedoch weder Schaustellungen, noch machen sie Experimente.

Deraismes, Maria (Marie Adélaïde D.), * 15. 8. 1828 Paris, † 6. 2. 1894 Paris; Frauenrechtlerin, Schriftstellerin und Gründerin des ↗ Droit Humain. Sie trat in zahllosen Vorträgen und Artikeln für die völlige Gleichberechtigung der Frau auf allen Gebieten des öffentlichen Lebens ein und gründete zu diesem Zweck eine Reihe von Organisationen. Auf Einladung des ↗ Grand Orient de France hielt sie auch dort einen Vortrag über die Gleichberechtigung der Frau; der Grand Orient de France lehnte weiterhin die Aufnahme von Frauen in seine Logen ab. Eine Loge, die der Symbolischen Großloge von Frankreich angehört hatte, beschloß jedoch, künftig auch Frauen die Pforten des Tempels zu öffnen und nahm M. D. am 14. 1. 1882 in die FM auf. Bis Mitte des letzten Krieges stand in Paris auf dem Square Félix-Pécaut ein Bronzedenkmal für die M. D.; heute ist nur noch der Steinsockel mit der Inschrift vorhanden. Auf dem Friedhof Montmartre befindet sich die Familiengruft mit einer Bronzeplatte, die das Bildnis M. D.s trägt. – W.: A bon chat, bon rat (Komödie), 1861; Un neveu s'il vous plaît (Komödie), 1863; Retour à ma femme, 1863; Le Père coupable (Drama), 1864; Le Théâtre chez soi, 1864; Aux femmes riches, 1865; Epidémie naturaliste, Paris 1880. – Lit.: Eliane Brault, La franc-maçonnerie et l'éman-

cipation des femmes, Paris 1953 und 1967; Remy Boyau, Histoire de la Fédération Française du Droit Humain, Paris 1962; (anonym), Hommage à nos ainés, Paris 1954; Eliane Brault, Maria Deraismes, Sonderheft der Zeitschrift „Cahiers laïques" Nr. 70, Paris 1962; Alec Mellor, Logen, Rituale, Hochgrade, Graz 1967; Dr. Franz K. Steinberger, Esoteriker des Westens, Lorch 1953.

Dessoir, Max, Dr. phil., * 8. 2. 1867, † 19. 4. 1947; deutscher Psychologe und Theosoph; prägte den Begriff „Parapsychologie" 1889 in der theosoph. Zeitschrift „Sphinx". – W.: Vom Jenseits der Seele, Stuttgart 1931; Der Okkultismus in Urkunden, Berlin 1925; Abriß einer Gesch. der Psychologie, Heidelberg 1911; Das Doppel-Ich, Leipzig 1890; Das Ich, der Traum, der Tod, Stuttgart 1951. – Lit.: Rudolf Steiner, Max Dessoir über Anthroposophie, in: Von Seelenrätseln, Dornach 1960.

Desz. (Abk.) = ↗ Deszendent.

Deszendent (lat.), von descendere = hinabsteigen; ↗ Horoskop.

Deszendenz-Zeichen, in der okkulten und esoterischen Symbolik Bez. für alle jene Symbole, die für Zwecke der schwarzen Magie „auf den Kopf gestellt" sind, z. B. das Dreieck mit der Spitze nach unten, das Pentagramm mit einer Spitze nach unten, ein geöffneter Zirkel mit den Spitzen nach oben usw. – Ggs.: Aszendenz-Zeichen, die der weißen Magie dienen.

Deus meumque jus (lat.) = Gott u. mein Recht; der Wappenspruch der ↗ Obersten Räte des

↗ AASR, insbesondere auch der Inhaber des 33. Grades. Der Spruch geht zurück auf die Devise des engl. Königswappens „Dieu et mon droit" (franz.) und soll von Richard Löwenherz bei der Belagerung von Gisors (1198) als Feldruf ausgegeben worden sein.

Deuterokanonische Bücher (oder apokryphe Schriften), in der evangel. Bibel sind folgende Bücher des AT nicht enthalten: Buch Tobias, Buch Judith, 1. und 2. Buch Makkabäer, Buch der Weisheit, Buch Jesus Sirach, Buch Baruch; diese Schriften heißen d. B. Auch einige Kapitel der Bücher Daniel und Esther sind übrigens in der evangel. Bibel nicht enthalten. Der Ausdruck d. B. bezeichnet biblische Bücher, deren Zugehörigkeit zum Kanon hl. Schriften in einigen Gegenden bezweifelt wurde. Zum anderen finden sich im NT deutliche Anspielungen auf Stellen in diesen fraglichen Büchern: Jak. 1, 19 (Sir. 5, 11); 1. Petr. 1, 6 f. (Weish. 3, 5 ff.); Hebr. 11, 35 (2. Makk. 6 f.); Hebr. 1, 3 (Weish. 7, 26). In der kath. Bibel sind alle diese d. B. enthalten.

Deuteronomium (lat.) = Wiederholung des Gesetzes; lat. Bez. für das 5. Buch Mose.

Deva (Sk.), von div = scheinen; ein Engel od. himmlisches Wesen, das entweder gut, schlecht oder indifferent sein kann; die D. werden in viele Gruppen eingeteilt und heißen nicht nur Engel oder Erzengel, sondern sind auch kleinere oder größere Baumeister (Erbauer) der Formen. Sie sind in glücklicher Sphäre lebende und für den Menschen im allgemeinen unsichtbare Wesen, die aber genau so wie die Menschen und alle anderen Wesen dem beständigen Wiedergeborenwerden, Altern und Sterben unterworfen sind und genau wie alle anderen die Daseinsrunde durchkreisen. Devas bewohnen die 3 Welten, welche 3 Ebenen über der menschlichen liegen. Nach H. P. Blavatsky gibt es 33 Gruppen von Devas.

Devachan-Ebene (Sk.) = Wohnstatt der Götter; die Himmelswelt, der Mentalplan; umfaßt die Rupa-Ebene und die Arupa-Ebene; es ist ein mehr tibetan. Ausdruck, um den Zustand der Seligkeit zu bezeichnen, den man nach dem Tode in der Mondsphäre genießt. Die D. E. ist also eine Stufe zwischen 2 Erdenleben, in welche das Ego (Atma-Buddhi-Manas) eintritt nach der Trennung von Kama-Rupa und der Loslösung von den untersten Prinzipien der Erde. ↗ Prinzipien des Menschen, ↗ P. der Welt.

Devotion (lat.), bei den alten Römern der feierliche Akt, womit jemand sich zum Wohle des Vaterlandes durch seinen freiwilligen Tod den unterirdischen Göttern weihte, wie z. B. Curtius, Publius Decius und sein gleichnamiger Sohn. — In der Kirchensprache bedeutet D. heute die hingebende Verehrung Gottes und der Heiligen, dann auch Andacht, Ehrfurcht, Gelübde; ferner Unterwürfigkeit gegenüber Höhergestellten.

Devotionalien, Gegenstände, die zur Förderung der religiösen Andacht dienen, also insbesondere in der kath. Kirche Rosenkränze, Heiligenbilder, Kruzifixe usw. An Wallfahrtsorten sind sie Gegenstand eines regelrechten Gewerbes.

Dezil od. Semiquintil = $^1/_{10}$-Schein. ↗ Aspekte, schwache.

D. H. (oder D.∴ H.∴), international übliche Abk. für (Le) ↗ Droit Humain, einen Freimaurer-Orden, der Männer und Frauen gleichberechtigt aufnimmt.

Dhamma (Pali) = das Tragende, der Vertrag, von dhar = tragen; auch Brauch, Gesetz, Naturgesetz (Lehre des Buddha), Recht, Gerechtigkeit, Rechtschaffenheit, Eigenschaft, Ding, Denkobjekt, Daseinserscheinung; in allen diesen Bedeutungen kommt das Wort in den buddhistischen Texten vor. D. ist die vom Buddha selbst gefundene, verwirklichte und verkündete, auf klarer Erkenntnis der Wirklichkeit aufgebaute Erlösungslehre. Sie ist niedergelegt in den 3 Hauptteile umfassenden kanonischen Schriften des Buddhismus, dem sog. Dreikorb (Tri-pitaka), bestehend aus: 1) Vinaya-Pitaka (Korb der Ordenszucht), 2) Sutta-Pitaka (Korb der Lehrtexte) und 3) Abhidhamma-Pitaka (Korb der höheren Lehre). Der D. wendet sich ausschließlich an die eigene Erfahrung und Erkenntnis des Menschen, ist also keine einen voraussetzungslosen Glauben verlangende Offenbarungsreligion. Lit.: Nianatyloka, Wort des Buddha, Konstanz 1953.

Dhammapada, das Buch der Sprüche; eine der volkstümlichsten unter allen kanonischen Schriften der Buddhisten, eine lose Sammlung von Sprüchen in Versen, mit denen Buddha und seine Jünger, besonders wenn sie zu Laien sprachen, ihre Lehrreden ausschmückten. Das D. ist der erste Pali-Text, der in Europa veröffentlicht wurde: 1855 gab ihn Fausböll in Kopenhagen in lat. Übersetzung heraus. — Lit.: Kurt Schmidt, Sprüche und Lieder, Konstanz.

Dharana (Sk.), das 6. Glied des Yoga nach Patanjali; von Prof. Hauer mit Konzentration übersetzt.

Dharma (Sk.) oder Dhamma (Pali) = Gesetz oder Weltgesetz, Recht, Pflicht, Lehre, auch

Die Gliederung des buddhistischen Kanons

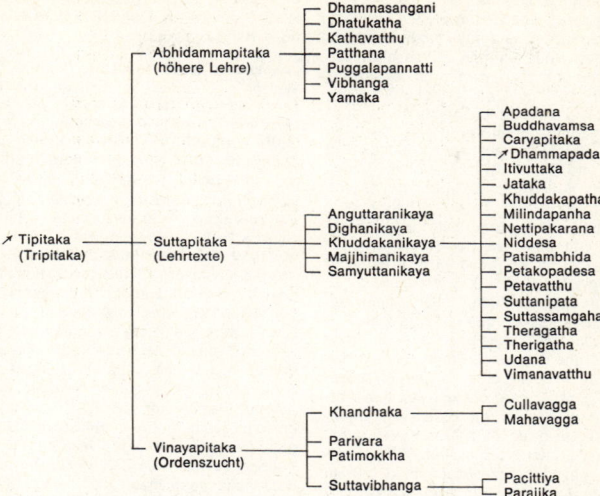

```
                              ┌─ Dhammasangani
                              ├─ Dhatukatha
                              ├─ Kathavatthu
           ┌─ Abhidammapitaka ├─ Patthana
           │  (höhere Lehre)  ├─ Puggalapannatti
           │                  ├─ Vibhanga
           │                  └─ Yamaka
           │                                        ┌─ Apadana
           │                                        ├─ Buddhavamsa
           │                                        ├─ Caryapitaka
           │                                        ├─ ↗ Dhammapada
           │                                        ├─ Itivuttaka
           │                                        ├─ Jataka
           │                  ┌─ Anguttaranikaya    ├─ Khuddakapatha
           │                  ├─ Dighanikaya        ├─ Milindapanha
           ├─ Suttapitaka ────┼─ Khuddakanikaya ────┼─ Nettipakarana
           │  (Lehrtexte)     ├─ Majjhimanikaya     ├─ Niddesa
↗ Tipitaka ┤                  └─ Samyuttanikaya     ├─ Patisambhida
 (Tripitaka)                                        ├─ Petakopadesa
           │                                        ├─ Petavatthu
           │                                        ├─ Suttanipata
           │                                        ├─ Suttassamgaha
           │                                        ├─ Theragatha
           │                                        ├─ Therigatha
           │                                        ├─ Udana
           │                                        └─ Vimanavatthu
           │                  ┌─ Khandhaka ─────────┬─ Cullavagga
           │                  │                     └─ Mahavagga
           └─ Vinayapitaka ───┼─ Parivara
              (Ordenszucht)   ├─ Patimokkha
                              └─ Suttavibhanga ─────┬─ Pacittiya
                                                    └─ Parajika
```

die daseinsbedingenden Kräfte, die durch ihr Zusammenwirken die Einzelwesen und die von ihnen wahrgenommene Welt hervorbringen; das heilige Gesetz, der buddhistische Kanon. — Im ↗ Subud bedeutet der letzte Buchstabe des Wortes (d. h. das D) so viel wie Dharma als das Hinnehmen von Gottes Willen und die Unterwerfung unter Gott in diesem Leben und im Leben nach dem Tode.

Dhyana (Sk.) = Meditation; das 7. Glied des Yoga nach Patanjali; von Prof. Hauer mit Versenkung übersetzt.

Dhyana-Chohans, zuweilen auch: Dhyan-Chohams (Sk.) = Die Herren des Lichtes; die höchsten Götter, welche den biblischen Erzengeln entsprechen; die göttl. Intelligenz, die mit der Oberaufsicht im Kosmos betraut ist; bei Dr. v. Purucker vielleicht besser mit „Herren der Meditation" übersetzt; es gibt 3 Klassen von D.-C., deren jede in 7 Unterklassen zerfällt; in einem besonderen Sinne sind die D.-C. unsere eigenen Selbste.

Dhyana-Yoga, eine aus dem Patanjali-Yoga abgezweigte Teilstufe des allgemeinen Yoga. — Lit.: Chi-Chi, Dhyana, München 1960; Dr. Henri Birven, Lebenskunst in Yoga und Magie, Zürich.

Diakon (griech.) = Diener; in der frühesten christl. Kirche der Armen- und Krankenpfleger der Gemeinde; in der kath. Kirche die Vorstufe zur Priesterweihe; in der evangel. Kirche heute ein Angestellter, der als Hausvater in verschiedenen Anstalten, als Helfer der Geistlichen in der Gemeinde usw. bestellt ist. Schon im NT (Phil. 1, 1; 1. Tim. 3, 8 f.) ist D. der Titel für gewisse, den Gemeindevorstehern untergeordnete Beamte, welche bei der Austeilung des Abendmahles zu helfen und für die Ordnung beim Gottesdienst zu sorgen hatten. — In manchen frmr. Systemen heißen D. bestimmte Beamte der Loge (bei anderen Schaffner); ihre Aufgabe ist es, den ↗ Aufsehern zu assistieren und die aufzunehmenden Kandidaten durch die Loge zu geleiten. Neben den 3 Hauptbeamten der ↗ Loge gibt es im erweiterten Sinne eigentlich 7 D., nämlich: 1. Diakon, 2. Diakon, Redner, Schatzmeister, Sekretär, Zeremonienmeister und Türhüter; die Siebenzahl der D. erscheint bei der Wahl der 7 Armenpfleger in Apg. 6, 1f.

Dialektik, von (griech.) dialegomai = unterhalten + tekhne = Technik; ursprünglich die Kunst der Unterredung, wie sie von Sokrates und seinen Schülern geübt und zu einem regelrechten wissenschaftlichen Verfahren gemeinschaftlicher Prüfung der Begriffe und Verständigung über dieselben ausgebildet wurde. Weil aber die sokratische Überredungskunst bei den Nachfolgern vielfach zum bloßen Spiel, zu einer Fertigkeit, den anderen durch Gebrauch scheinbar logischer Formen zu sachlich unmöglichen Folgerungen zu führen, ausartete, erhielt D. in der Folgezeit fast den Sinn von Sophistik. Die dialektische Methode wurde auch von einigen Philosophen sowie von Marx und Engels in der materialistischen Auffassung von Natur und Geschichte übernommen; dgl. gibt es auch auf okkultem Gebiet (↗ Organisationen). Nahezu alle ↗ Sekten haben eine rein dialektische Grundlage, bei der schon der Ausgangspunkt eine falsche Behauptung ist (z. B. „Die Menschheit befindet sich heute in einer ganz großen Gefahr"). Somit dient die D. dazu, klare Begriffsinhalte und Zusammenhänge so zu vernebeln, daß völlig falsche Folgerungen „logisch" scheinen. Zur D. sagte Buddha auf eine diesbezgl. Frage: „Auf vielerlei Weise, ihr Mönche, sind Fragen zu beantworten: Es gibt Fragen, die eine direkte Antwort verdienen; Fragen, die durch eine Erläuterung zu beantworten sind; Fragen, die durch Gegenfrage zu beantworten sind; Fragen, die (als falsch gestellt) abzuweisen sind." Beim ↗ Lectorium Rosicrucianum wird das Wort D. ziemlich wahllos für völlig andere Begriffsinhalte verwendet; teils bedeutet hier das Wort „dialektisch" = irdisch; D. ist danach die „Aufeinanderfolge von Geburt, Tod und Reinkarnation" („Rad der D."). Als Beispiel okkulter D. ein Zitat aus Rijkenborghs „De tijd is daar" (Haarlem 1954, S. 39): „Unser Daseinsfeld (sowohl auf dieser, als auch auf jener Seite des Schleiers), unter anderem gekennzeichnet durch das Gesetz der verbundenen Gegensätzlichen, dem hier alles unterworfen ist: das Werden, Blühen und Versinken, das wir als eine ständige Zerbrechung erleiden; unsere Welt des Scheins und der Täuschung, des Leides, des Schmerzes und des Todes." In diesem Text werden also bloße Behauptungen so dargestellt, als wären sie Tatsachen.

Diaspora (griech.) = Zerstreuung; bei den griech. sprechenden Juden und im NT wurde mit D. die Gesamtheit der seit dem babylonischen Exil außerhalb Palästinas lebenden Juden bezeichnet. Heute sagt man von Minderheiten religiöser oder völkischer Art, sie leben in der D. So leben auch die Mohammedaner als Minderheit in Indien in der D., wie die Hindus in Pakistan usw. In der christl. Kirchensprache bez. man mit evang. D. alle Gebiete, in denen die Protestanten in der Minderheit sind,

mit kath. Diaspora alle Gebiete, in denen die Katholiken weniger als $^1/_3$ der Bevölkerung ausmachen. In der griech. Bibel kommt das Wort D. in Jak. 1, 1 und 1. Petr. 1, 1 vor. Auf hebr. heißt D. Galut.

„die andere welt" (Abk.: DAW), vom ↗ Bauer-Verlag in Freiburg herausgegebene Monatszeitschrift „für geistiges Leben und alle Gebiete der Grenzwissenschaften" (= Untertitel). Vorläufer im gleichen Verlag war die Zeitschrift „Der Spiegel", deren Erscheinen während des Krieges aufgegeben werden mußte; nach dem Kriege erschien zunächst im Löwen-Verlag in Braunschweig „Die okkulte Stimme", die 1958 vom Bauer-Verlag übernommen und dann unter dem Titel DAW herausgegeben wurde. Nach redaktioneller Umgestaltung und ständiger Umfangserweiterung bis auf zuletzt rund 1150 Seiten pro Jahr ist „die andere welt" die bedeutendste Monatszeitschrift dieser Art im deutschen Sprachraum und auch praktisch ohne ein früheres Vorbild; zu den Mitarbeitern zählen namhafte und kompetente Sachkenner, die über neue oder auch noch umstrittene Erkenntnisse und Erfahrungen berichten. Infolge des großen Leserkreises, der über die Zahl der festen Bezieher weit hinausgeht, bietet die Zeitschrift z. B. für wissenschaftliche Testreihen, bei denen ein großer interessierter Personenkreis angesprochen werden soll, eine ausgezeichnete Ausgangsbasis, wenn auch von dieser Möglichkeit bisher noch nicht genügend Gebrauch gemacht worden ist. Da die Zeitschrift von der Redaktion her keine vorbestimmte Tendenz aufweist, sondern lediglich die Ansichten der Autoren wiedergibt, andererseits sehr viele und vor allem verschiedene Teilgebiete nebeneinander berücksichtigt werden müssen, bleibt die Auswahl der Beiträge, denen der Leser zustimmen kann, diesem selbst überlassen. Inzwischen (d. h. ab 1970) lautet der Titel „esotera".

dienen, in manchen okkulten Organisationen das den Mitgliedern der unteren Grade, die zu höheren Kenntnissen nicht zugelassen werden, aufgegebene Ziel. In der Adyar-TG existiert hierfür ein spezieller Dienstorden; zuweilen stellt man den TG-Mitgliedern auch 3 Betätigungen zur Wahl: Adyar-FM, Dienstorden oder LKK. – Bei der ↗ Arkanschule gibt es ganz offiziell eine Gruppe der Weltdiener, deren Tätigkeit in Beten, hoffen und spenden besteht.

Dienende Brüder, in der FM die Bez. derjenigen Brüder, die gegen Entgelt bestimmte, ständig wiederkehrende Arbeiten verrichten, d. h. Vorbereiten und Aufbauen des Tempels,

Herrichten der Kerzen, Bedienung beim Brudermahl usw.

Dienstorden (auch: Theosophischer Orden des Dienens, engl.: Order of Service); eine der 3 von Annie Besant nach dem Tode von H. P. Blavatsky eingeführten Abteilungen der theosophischen Tätigkeit neben der bloßen Mitgliedschaft in der TG. Im allgemeinen wird erwartet, daß sich die Mitglieder der Adyar-TG nach einer Übergangszeit für eine der 3 Tätigkeiten entscheiden: a) Dienstorden, b) Liberal-Katholische Kirche (LKK) oder c) Co-Freimaurerei. (In Deutschland ist die Co-Freimaurerei völlig selbständig und unabhängig von jedem theosophischen Einfluß.) ↗ Dienen.

Diesseits, die Welt der ↗ Formen und der ↗ Erscheinungen, die dem Menschen durch Erfahrung zugängliche Welt, insbesondere im Ggs. zum Jenseits, das ein Hauptgegenstand aller religiösen und philosophischen Offenbarungen und Spekulationen ist. Seit der Renaissance orientieren sich die Menschen mehr und mehr, seit der ↗ Aufklärung fast ausschließlich am D., welches praktisch die Welt des Materialismus geworden ist. Oft führte das Diesseitsglaube auch zum primitiven Nihilismus. Nach P. Sorokin lösen in der Geschichte sog. D.-Kulturen (= Sinnenkulturen) und dem Jenseits zugewandte Kulturen (= Ideen-Kulturen) einander ab. Das D. ist, im esoterischen Sinne, die Welt der Uneingeweihten und Unwissenden, d. h. der groben, unkultivierten Sinne.

Dietrich (Ps.) = Theo Czepl; okkulter Schriftsteller. — W.: Gyromatie, Villach 1949; Erdstrahlen, Villach 1952.

Dieu le veut! (franz.) = Gott will es! — Ausruf Peters von Amiens, mit dem er ganz Europa entflammte und die Kreuzzüge entfachte. Auch als Wappenspruch der Templer gebräuchlich sowie in den Hochgraden der engl. FM.

Diksha (Sk.) = Einweihung; **Dikshit** = Eingeweihter.

Dim (hebr.) = Gerechtigkeit; eine andere Bez. für ↗ Gebura (= Stärke), der 5. der Sephiroth.

Dimension (lat.) = Ausdehnung(sichtung); geometrisch besitzen: der Punkt 0, die Linie (Gerade) 1, die Fläche 2 und der Raum 3 Dimensionen (d. h. Länge, Breite und Höhe); die philosophische Mathematik kennt auch eine vierte Dimension und noch höhere Ordnungen. Verstandesgemäß sind zahlreiche Deutungen der höheren Dimensionen versucht worden, die jedoch nicht restlos befriedigen; zuweilen wird auch die Zeit als 4. D. bezeichnet. Mit der

4. D. wird ferner das Phänomen der Materialisation im Spiritismus erklärt.

Dispens (lat.), von dispendre = das Gewicht abnehmen; die Entbindung von der Verpflichtung, für einen bestimmten Fall der Rechtsvorschrift zu 'gehorchen. Der Ausdruck wird namentlich in der FM und in anderen esoterischen Orden gebraucht, wenn aus übergeordneten Gründen unter Umgehung der einschlägigen Bestimmungen eine Beförderung oder eine andere Amtshandlung vorgenommen werden muß, die im Interesse des Ordens erforderlich scheint, aber im Prinzip gegen die vereinbarten Spielregeln verstößt. — Auch in der Kath. Kirche gibt es den Begriff der Dispensation, welche nur dem Papst zusteht.

Dissidenten, Gesamtbezeichnung gewöhnlich für diejenigen Personen und Religionsgesellschaften, welche außerhalb der sogen. Landeskirchen und des Judentums stehen. — Sinngemäß wird der Begriff D. auch in der FM für diejenigen Großlogen verwendet, die die Vorherrschaftsansprüche anderer Großlogen nicht anerkennen wollen. In der Schweiz ist es z. B. der Großorient der Schweiz und in Deutschland der Großorient von Deutschland, der jeweils die andere nationale Großloge für unzuständig erklärt, im Namen der gesamten FM aufzutreten. Die Vielzahl von Dissidenz-Großlogen in allen Ländern macht klar, daß es eine einheitliche FM nicht gibt.

Dissoziation (lat.), von dis = ent und socius = Kamerad; ein anderer Ausdruck für Spaltung der Persönlichkeit.

Diurnal-Horoskop, von (lat.) dies = Tag; Tageshoroskop; ↗ Horoskop.

Djawa Khul (auch: Djwhal Khul), gesprochen: dscha'a kull; einer der ↗ Meister der TG; D. K. übersetzte für Alice Bailey die Lehrsprüche des Patanjali aus dem Urtext ins Englische.

D. K. (Abk.) = ↗ Djawa Khul.

Dodekalog (griech.), von dodeka = zwölf und logos = Wort, Sprache; Bez. für die sog. 12 Flüche in der Bibel (5. Mose 27,15—26); ↗ Dekalog.

Dogma (griech.) = Meinung, Verfügung, Lehrsatz; lehrhafte Formulierung von Grundwahrheiten; christl. Glaubenssatz. In den nichtchristl. Religionen gibt es D. in diesem betonten Sinne kaum, wohl aber ihnen mehr oder minder nahekommende lehrhafte Formulierungen. Im übertragenen Sinne heißt D. auch Grundüberzeugung, die man gegen Zweifel nicht durch Beweise, sondern durch autoritative Erklärungen sichert. **Dogmatik:** Die wissenschaftl. Darstellung der christl. Glaubenslehre, ein Teil der systematischen Theologie.

dogmatisch, ohne Prüfung der Voraussetzungen; lehrhaft; innerhalb eines vorgegebenen Systems.

Dogmatismus, das unkritische, ohne vorangehende Prüfung der Erkenntnisbedingungen vorgehende Philosophieren; das Behaupten von Sachverhalten aufgrund allgemeiner Sätze ohne Rücksicht auf die jeweiligen Tatbestände. Der dogmatische Philosoph geht unmittelbar auf die Erkenntnis der Gegenstände aus, in dem guten Vertrauen, daß unsere Erkenntniskraft zu einer solchen gelangen wird. Das Mißlingen dieses Bestrebens, sofern es sich nicht auf Erfahrungserkenntnis beschränken, sondern zu einer Erkenntnis der Dinge an sich vordringen will, führt zum Skeptizismus, der auf eine solche Erkenntnis grundsätzlich verzichtet und damit zwar die Schwierigkeit sich aus dem Wege schafft, aber das Problem des Verhältnisses unserer Erkenntnis zu ihrem Gegenstand nicht löst, daher auch den immer erneuerten Versuchen zu dogmatisieren nicht wirksam begegnen kann. — Ggs.: Kritizismus, Skeptizismus.

Doktrin, Lehrmeinung; Lehre, auch teils Wissenschaft.

D. O. M. (lat. Abk.) = Deo Optimo Maximo (= dem besten, höchsten Gott, — d. h. Jupiter); Widmungsinschrift an röm. Tempeln, Altären usw. Entgegen manchen Phantasten hat D. O. M. nichts mit Dom zu tun, denn Dom kommt von (lat.) domus = Haus. — Zuweilen liest man anstatt D. O. M. auch: I. O. M. (lat. Abk.) = Jovi Optimo Maximo, z. B. auf einem röm. Jupiteraltar im Museum Bonn.

Doppelgänger, andere Bez. für ↗ Linga sharira; ↗ Prinzipien des Menschen.

Doppel-Ich, ein von Max ↗ Dessoir eingeführter Begriff für die Spaltung der Persönlichkeit. Ggs. innerhalb des Seelenlebens sind in jedem Menschen wirksam. Bei übersteigerter Ausprägung des D.-I. kommt es zur Schizophrenie.

Doppelte, Ausdruck aus der ↗ Kabbalah; die 7 Doppelten (Buchstaben) sind: beth (= b), pe (= p), gimel (= g), kaph (= k), daleth (= d), tau (= t) und resch (= r).

D. O. R. (Abk.) = Deutscher ↗ Oberster Rat, ↗ AASR.

Douval, Henri Eduard (Ps.) = Herbert Döhren, okkulter Schriftsteller. — W.: Beweise der Wie-

dergeburt; Imagination als geistige Wegbahnung; Magie und Astrologie; Verwandlung des magischen Menschen; Magische Phänomene; Die 7 Welten und ihre Kräfte; Der Stein der Weisen, das Lebenselexier; Gedankenstille: Mutter aller Magie; Hellsehen als experimentelle Magie; Telepathie; Magie und Toxikologie; Telepathie; Eros und Magie; Magie des Unbewußten; Wie stelle ich mein tägl. Horoskop? Freiburg 1960; Ritus und Zeremoniell der Magie, Freiburg 1954; Magische Hilfsmittel, Freiburg 1955; Konzentration als mag. Kraft, Freiburg 1955.

Drakonitischer Monat, von (griech.) Drakon (griech. Philosoph und Rechtslehrer, ca. 621 vZ); Zeitraum von 27 Tagen, 5 Stunden, 5 Minuten und 36 Sekunden in der Astrologie. ↗ Mondknoten.

drei, in der Zahlensymbolik die erste unzusammengesetzte Zahl, die hl. Zahl, die Zahl der Vollkommenheit, die mächtigste Zahl, denn 3 Personen sind in Gott; daher kommt es, daß bei religiösen Zeremonien die 3 von höchster Bedeutung ist, wie denn auch um ihrer Wirkung willen Gebete und Opfer dreimal wiederholt werden. Auch Verbannungen werden dreimal wiederholt. Plinius sagt, es sei Brauch gewesen, auf jedes Arzneimittel unter dreimaliger Beschwörung zu spucken, um dadurch die Wirkung zu kräftigen, Aristoteles nennt die Dreiheit das Gesetz, nach welchem alles zu ordnen ist. In der Dreiheit ist alles Geistige und Körperliche enthalten, nämlich im Anfang, in der Mitte und im Ende. Durch die Dreiheit besteht, wie Trismegistos sagt, die Welt, durch das Schicksal, die Notwendigkeit und die Ordnung, d. h. durch das Zusammentreffen von Wechselwirkungen, meistens Schicksal genannt, durch die Geburt, zum Werden und durch die gehörige Einteilung der Geborenen, des Gewordenen. Jede Größe wird durch die Dreiheit erfaßt: durch Linie, Fläche und Körper (Raum); 3 Dimensionen hat jeder Körper: Länge, Breite und Höhe (oder Dicke). 3 Akkorde enthält die Harmonie: Oktave, Quinte und Terz. Dreifach sind die Lebensgeister: vegetierende, fühlende und verständige. Dreifach sind die Vermögen der verständigen Kreaturen: Gedächtnis, Vernunft und Wille; dreifach sind auch die Grade der Seligen: Märtyrer, Bekenner und Unschuldige. Es gibt 3 Glücksplaneten, 3 Grazien unter den Göttern, in der Unterwelt 3 Parzen, 3 Richter, 3 Furien und den dreiköpfigen Cerberus; es gibt 3 theologische Kräfte: Hoffnung, Glaube, Liebe. 3 Tage war Jonas im Bauche des Walfisches, Christus 3 Tage im Grab usw. — Lit.:

Cheiro, Das Buch der Zahlen, Freiburg; Franz Carl Endres, Mystik und Magie der Zahlen, Zürich 1951; Gottlieb Imhof, Kleine Werklehre der Freimaurerei, Zürich 1958.

Dreibund des Lichts = Hl. Dreieinigkeit; Ausdruck im ↗ Lectorium Rosicrucianum.

Dreieck, als Symbol heilig und als religiöses Zeichen im Fernen Osten schon lange vor Pythagoras in Gebrauch; man findet es ferner auf den Pyramiden und Obelisken mit okkulter Bedeutung. Bei den Pythagoräern war das D. dann das formbildende Prinzip des Weltalls; in der späten Antike spielte es im Amulett- und Zauberwesen eine große Rolle, wurde jedoch auch das Gotteszeichen, z. B. bei den Ägyptern, die es trinitarisch deuteten. Die christl. Gnostiker, dann vor allem die Manichäer, übernahmen es als Trinitätssymbol; Augustin trat ihm jedoch so wirksam entgegen, daß es erst seit dem 11. Jh. wieder erschien, wenn auch nicht allein, sondern in Verbindung mit der Hand, später dem Haupt, zuletzt mit dem Namen (JHVH) oder dem Auge Gottes (↗ Allsehendes Auge). Je nach der Richtung, in welche die Spitze zeigt, ergibt sich eine verschiedene Deutung: mit der Spitze nach oben Geist, göttliches Feuer, männlich; mit der Spitze nach unten Materie, Wasser, weiblich; außerdem gibt es das D., Spitze nach oben, mit einem Querstrich = Luft oder astrales Licht; Spitze nach unten, mit einem Querstrich = Erde oder grobe Materie (↗ Elemente). Das D. mit der Spitze nach unten galt bei den Griechen und in Indien auch als Symbol der weiblichen Scham (zuweilen auch als Phallus); in diesem Sinne ist das nach unten zeigende D. noch bei manchen okkulten Organisationen, die zwar diesen Sinn bestreiten, noch vertreten. Nach ↗ Erler (ORA-Heft V) wird die falsche Deutung damit gerechtfertigt, daß die D.e nicht die Elemente selbst, sondern nur „deren Aspekte" symbolisieren: das D. mit der Spitze nach unten = der wässerige Aspekt des Feuers. Nach der Lehre der FM der Großen Landesloge hat das D. folgende Bedeutungen: 1. den Sitz Gottes, 2. die allgemeinsten Eigenschaften Gottes (= Stärke, Schönheit, Weisheit; nach verschiedenen Psalmenstellen), 3. den Grundstein des Tempels und 4. das Symbol des Feuers. — In der architektonischen Symbolik spielt das D. eine große Rolle, indes fehlt es im hebr. Altertum, aus dem die FM ihre Symbole schöpft, völlig. Nach anderer Deutung (vgl. Abb.) symbolisiert das D. die 3 Reiche der Natur oder Gottes; in der Mitte steht ein lat. G. oder ein hebr. Jod.

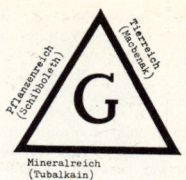

Mineralreich
(Tubalkain)

Das G bedeutet Genesis oder Schöpfung, das J Jehovah, als der belebende Geist der Schöpfung. Die eine Seite empfiehlt sich dem Studium des Lehrlings: das Mineralreich mit der Schlüsselfigur Tubalkain; die 2. Seite spricht den Gesellen mit dem Pflanzenreich an und steht mit dem Wort Schibboleth (Kornähre) in Beziehung; die letzte Seite ist die des Meisters, entsprechend dem Reiche der Lebewesen, einschl. der Menschen, gekennzeichnet durch Macbenak (Sohn der Verwesung). Die 3 Seiten entsprechen auch noch der im MA (z. B. bei Johannes Arnd) üblichen Auffassung von den Stufen der geistlichen Entwicklung des Menschen: Separatio, Fermentatio, Putrefactio (sowie Generatio).

Dreieck, freimaurerisches, in der FM die Bez. für einen örtlichen Zirkel oder Zusammenschluß von Freimaurern, wenn die Voraussetzungen zur Gründung einer Loge noch nicht gegeben sind, z. B. wenn die Mindestzahl an Mitgliedern noch nicht vorhanden ist; in manchen Gegenden sagt man auch frmr. Kränzchen oder frmr. Vereinigung.

Dreieck, Gruß auf den Punkten des, ein Briefmotto, mit dem man beim OTO und beim AMORC einen Brief beginnt; zuweilen auch lat.: salutem punctis trianguli.

Dreiecke (od. Triangels) ein Tätigkeitsbereich des Lucis-Trustes (Arkanschule); gegr. 1937 „um das Gedeihen der menschlichen Beziehungen zu fördern, indem gleichgesinnte Männer und Frauen guten Willens sich zu einem spirituellen Dienst (telepathische Meditation) vereinen. Dreiecke sind eine Geistesaktivität, die die Gedankenkraft und die Kraft des Gebets gebraucht, um Licht und guten Willen über die Menschheit auszubreiten." Die Arbeit wird durch Gruppen von je 3 Teilnehmern, die mit einem über die ganze Welt verbreiteten Netz verbunden sind (einschl. Ostblock), verrichtet. Die Idee geht auf die uralte Annahme zurück, daß auch Gedanken Kräfte seien und daß es nur der Vereinigung vieler Menschen bedarf, um mit ihren vereinten Gedankenkräften eine nachweisbare Wirkung zu erzielen. Im Kreise der ↗ Arkanschule beschloß man 1937, diese Hypothese experimentell zu untersuchen, und gründete für diese Versuche die D. Ein Resultat hat sich bis heute nicht ergeben, aber die D. wurden beibehalten, wenn sich ihr erklärter Zweck auch erheblich geändert hat. Indes wäre es auch reichlich materialistisch gedacht, wollte man mit Hilfe spiritueller Kräfte materielle Wirkungen erzielen. — Die Mitglieder eines Dreiecks kennen sich nur insofern, als das erste Mitglied die beiden anderen angeworben; ansonsten vermittelt die Zentrale in Genf Dreieckspartner, nennt jedoch nicht immer deren Namen, sondern nur die Uhrzeiten, zu denen sie aktiv sind. Nach der aus Genf gelieferten Gebrauchsanweisung geht man folgendermaßen vor: „Der einzelne verbindet sich in Gedanken und mit der Absicht mit den beiden anderen Mitgliedern seines Dreiecks und sieht die lebendigen Energien Licht und guten Willen von Punkt zu Punkt des Dreiecks strömen. Dann gebraucht er mit Konzentration und gespannter Aufmerksamkeit die Große ↗ Invokation. Das Dreiecksnetz besteht aus Strängen leuchtender Denksubstanz, entlang derer die Energie des guten Willens geleitet wird." Beiträge werden nicht erhoben, zumal die Dreiecke nicht mit irgendeiner Leistung der Organisation verbunden sind; Spenden werden jedoch angenommen, die dem Lucis-Trust zufließen.

Dreieinigkeit (oder Dreifaltigkeit), lat. Trinität; in der christl. Kirchenlehre von der Dreiheit der göttl. Personen (= Vater, Sohn u. hl. Geist), die Bez. für die „Einheit" des göttl. Wesens. Die 3 Personen unterscheiden sich so, daß der Sohn vom Vater, der hl. Geist vom Vater und Sohn ausgeht. Diese Dreiheit in der Einheit wurde schon im 3. Jh. festgelegt. Die Einheit in der Dreiheit besteht darin, daß die 3 Personen ihrer göttl. Natur oder Substanz nach nur ein einziger Gott sind, so daß sie gleich ewig sind und sich gegenseitig durchdringen. Der ketzerische Ggs. hierzu war die These, die den Sohn und den hl. Geist als nicht gleichen Wesens mit dem Vater diesem unterordnete und damit ihre volle Gottheit leugnete. Die Lehre von der D. wurde auf dem Konzil von Nicäa (325 nZ) und von Konstantinopel (381) verkündet und von allen größeren christl. Kirchen anerkannt. — Lit.: J. Rabeneck, Das Geheimnis des dreipersönlichen Gottes, 1950; G. Kretschmar, Studien zur fühgeschichtl. Trinitätstheologie, 1955. — Beim Lectorium Rosicrucianum bez. D. die Dreiheit von Religion, Wissenschaft und Kunst, was allerdings nur den Inhabern der höheren Grade offenbart wird.

Dreigliederung des menschlichen Wesens, eine Theorie von Rudolf Steiner, erstmals aufgestellt in „Von Seelenrätseln", Berlin 1917, Abschnitt IV/6: „Die physischen und die geistigen Abhängigkeiten der Menschenwesenheit".

Dreigliederung des sozialen Organismus, von 1917 bis 1920 von Rudolf Steiner verkündete Theorie der Gliederung des Gesellschaftslebens in ein jeweils selbständiges Geistes-, Wirtschafts- und Rechtsleben. — Lit.: G. Wachsmuth, Dreiglied. des soz. Organ., 1937.

Dreiheit ↗ Trinität, ↗ Dreieinigkeit

Drei Könige, nach der christlichen Sage die Matth. 2, 1 f. erwähnten Magier (lt. Vulgata: „ecce Magi ab Oriente venerunt Jerosolyman"), die unter der Leitung eines Sterns aus Arabien nach Bethlehem kamen, um den neugeborenen Messias anzubeten und ihm Gold, Weihrauch und Myrrhen darzubringen. Später folgerte man aus diesem dreifachen Geschenk, daß es deren 3, und aus Ps. 72, 10 u. Jes. 49, 7, daß es Könige gewesen seien; die ihnen beigelegten Namen Melchior, Kaspar und Balthasar kennt schon der Kirchenhistoriker Beda (674–735). ↗ C+M+B.

Drei Weltkugeln, „Große National-Mutterloge in den Preußischen Staaten, genannt zu den 3 Weltkugeln"; die erste deutsche Großloge, hervorgegangen aus der am 13. 9. 1740 von Friedrich dem Großen ohne Autorisation gegr. Berliner Loge „Aux trois globes" (franz. = zu den 3 Weltkugeln); 1760 traten schon die ersten Spaltungen ein, die dann bis Ende des Jh. zu einer Vielzahl von separaten Großlogen führten, die einander feindlich gegenüberstanden; alle Abarten der FM und die unmöglichsten Hochgrade nahmen in den „3-WK"-Logen ihren Ursprung. Heute gehört die Großloge D. W. zur VGL und beschränkt ihre Tätigkeit im wesentlichen auf Berlin; im Bundesgebiet gibt es nur noch vereinzelte Logen dieses Systems. Über den 3 klassischen FM-Graden (= blaue Grade), die allein leicht christl. Einschlag haben, steht die sogen. altschottische Loge mit 3 weiteren Graden: Auserwählte Brüder, Geweihte des inneren Tempels und Vertraute der Vollendung; die altschottischen Logen wiederum unterstehen dem Höchsten Inneren Orient. — Lit.: Dr. Otto Steinbrück, Festschrift zum 225j. Bestehen der Großen National-Mutterloge Zu den 3 Weltkugeln, Berlin 1965; Graf v. Wartersleben, Geschichte der Großen National-Mutterloge zu den 3 Weltkugeln, Berlin 1890; Statuten des Bundes der Freimaurer der Großen National-Mutter-Loge zu den 3 Weltkugeln, Berlin 1857; Robert Fischer, Katechismen der Johannis-Freimaurerei, Band IV, Leipzig 1926; Friedrich John Böttner, Zersplitterung und Einigung, Hamburg 1962.

Driesch, Prof. Dr. Hans, * 28. 10. 1867 Bad Kreuznach, † 16. 4. 1941 Leipzig; Philosoph, Zoologe, Biologe und Theosoph; hat aufgrund seiner Tierversuche den Vitalismus im Zusammenhang einer ganzheitlich eingestellten Philosophie neu begründet; seit 1924 auch mit Parapsychologie befaßt; seine Bedeutung liegt in erster Linie in der von ihm geschaffenen Verbindung von biologischem Experiment, theoretischer Biologie und Naturphilosophie. Sagte: „Wir sagen es offen: die Parapsychologie ist unsere Hoffnung in Sachen der Biologie, ebenso wie die Paraphysik unsere Hoffnung in Sachen der Psychologie ist. Beide aber sind unsere Hoffnung in Sachen einer wohlfundierten Metaphysik und Weltanschauung." — W.: Philosophie des Organischen, 1928; Alltagsrätsel des Seelenlebens, Stuttgart 1938; Parapsychologie, die Wissenschaft von den okkulten Erscheinungen — Methodik und Theorie, München 1943; Der Mensch und seine Welt, Zürich 1945.

Drogen, synthetische oder auch natürliche Erzeugnisse aus dem Pflanzen- und Tierreich, die arzneilich oder technisch verwendet werden; im engeren Sinne besonders die pflanzlichen Stoffe wie Kräuter, Blüten, Blätter, Wurzeln, Rinden, Harze, Gummiarten, und aus dem Tierreich: Kantharidan, Lebertran, Moschus usw. Im Okkultismus für die verschiedensten Zwecke teils gebräuchlich; allerdings wird die Wirkung der D. meist überschätzt oder überhaupt so falsch eingeschätzt, daß die gedachte Wirkung schon wegen der falschen Dosierung, die meistens sehr kritisch ist, nicht eintreten kann. Bei wirksamer Dosierung können D. die „Bande der Seele" auflockern, aber auf die Dauer ist der Erfolg die unabwendbare Zerrüttung der Seele. Solche Experimente sind das Gegenteil von Yoga; der richtige Yogi ist gekennzeichnet durch ein erhöhtes Wachbewußtsein, frei von Halluzinationen, organischen Störungen und Persönlichkeitsspaltungen. Die Wirkungen der einzelnen D. ist sehr verschieden: Solanaceen rufen meist optische Wirkungen hervor; Meskalin dagegen Farbenvisionen; Haschisch Bewegungshalluzinationen. Auch die übrigen Sinnesorgane können spezifisch erregt werden, so daß Sinnestäuschungen von seiten der Hör-, der Geschmacks- und Geruchszentren auftreten. Magische Drogen gehören wohl seit frühester Zeit zum allgemeinen Menschheitsbesitz, wie das Beispiel der mexikanischen Indianer lehrt. Die Menschheit hat dann aufgehört mit Hexensalben, Lie-

bestränken und anderen chemischen Zaubermitteln und hat sich mehr den euphorisch wirkenden Genußgiften zugewandt, durch die die Stimmungslage verbessert wird (Opium, Cocain, Alkohol). Zum Gebiet der magischen D. gehören übrigens auch die Düfte. — Lit.: Prof. Dr. Wolfgang Heubner, Genuß und Betäubung durch chemische Gifte, Wiesbaden 1952; Viktor Reko, Magische Gifte, Stuttgart 1938; Henry Douval, Magie und Toxikologie, Freiburg 1955; Molly Tibbe, Hallucinogens and extrasensory perception, in: Tomorrow, Vol. XI, No. II, London 1963, S. 165—176; Willy Schrödter, Das Geheimnis der Düfte, Farben, Töne, Freiburg; Andrija Puharich, The sacred mushroom, New York 1959; Magic Mushroom, in: LIFE 1956; Aldous Huxley, Die Pforten der Wahrnehmung, München 1964.

Droit Humain (Abk.: D. H.), Kurzbezeichnung für (franz.) Ordre Maçonnique Mixte International „Le Droit Humain" = Internationaler Orden der gemischten Freimaurerei „Das Menschenrecht"; ein internationaler FM-Orden, der (im Ggs. zur übrigen FM) gleichberechtigt Männer und Frauen aufnimmt. Gegr. 14. 3. 1893 in Paris durch George Martin, Maria Deraismes u. a. Freimaurer. Nachdem bis 1902 in Frankreich 5 weitere Logen gegr. waren, wurde die Loge 6 als erste ausländische in London eingesetzt; von hier verbreitete sich der D. H. über die ganze Welt. Heute bestehen nationale Verbände des D. H. in praktisch allen Ländern, in denen die FM arbeitet. Im Laufe der Jahrzehnte sind auch zahlreiche Spaltungen zu verzeichnen gewesen, so daß Frauen heute nicht nur im D. H. Freimaurerinnen werden können. Die nationalen Verbände des D. H. arbeiten in den einzelnen Ländern zumeist nach den Ritualen der dort jeweils bestehenden „maskulinen", also herkömmlichen FM; so unterscheiden sich die nationalen D.-H.-Verbände auch in ihrer Tendenz, wie folgende Übersicht zeigt:

Frankreich	rationalistisch
Belgien	atheistisch
England	theosophisch
Holland	rosenkreuzerisch
Deutschland	christlich
Indien, Fernost	hinduistisch etc.
USA	humanitär
Südamerika	antiklerikal

Das Grad- und Ritualschema in allen Ländern ist jedoch einheitlich und stimmt mit den von Albert ✗ Pike formulierten Grundlagen überein, wenn auch der Inhalt der übrigen FM des betreffenden Landes angeglichen ist. Oberhalb der Grundlogen mit den 3 „blauen" Graden bestehen noch Perfektionslogen, Ka-

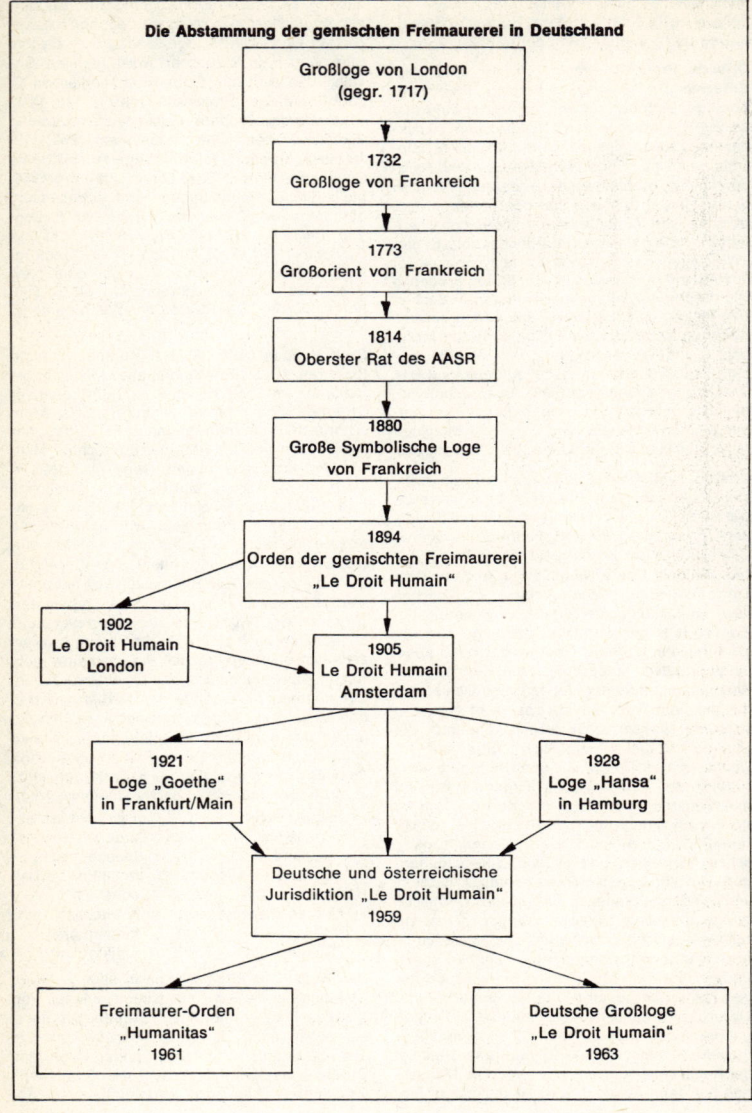

Die Abstammung der gemischten Freimaurerei in Deutschland

Großloge von London
(gegr. 1717)

1732
Großloge von Frankreich

1773
Großorient von Frankreich

1814
Oberster Rat des AASR

1880
Große Symbolische Loge
von Frankreich

1894
Orden der gemischten Freimaurerei
„Le Droit Humain"

1902
Le Droit Humain
London

1905
Le Droit Humain
Amsterdam

1921
Loge „Goethe"
in Frankfurt/Main

1928
Loge „Hansa"
in Hamburg

Deutsche und österreichische
Jurisdiktion „Le Droit Humain"
1959

Freimaurer-Orden
„Humanitas"
1961

Deutsche Großloge
„Le Droit Humain"
1963

pitel und Areopage für die Hochgrade 4 bis 33. Alle Logen sind autonom und unterstehen nur in grundsätzlichen Fragen der Ordensleitung.

Tempel des „Droit Humain" in Paris

1961 trennte sich ein Teil der deutschen Logen und bildete fortan den Freimaurerorden ↗ „Humanitas"; 1963 trennte sich abermals die Mehrheit der deutschen Mitglieder ab als selbständige Deutsche Großloge „Le Droit Humain", während sich noch etwa 1 Dutzend Mitglieder isoliert zur internationalen Ordensleitung in Paris bekennen. Die Auswahl der Mitglieder in Deutschland erfolgt nach sehr strengen Maßstäben; Suchende, die materielle, gesellschaftliche oder andere FM-fremde Interessen verfolgen, können nicht aufgenommen werden. Die Doktrin, die der D. H. in Deutschland vertritt, ist unter dem Stichwort ↗ Freimaurerei abgedruckt. — Lit.: Rémy Boyau, Histoire de la Fédération Française du Droit Humain, Paris 1962; Eliane Brault, La Franc-Maçonnerie et l'émancipation des femmes, Paris 1953 und 1967; H. J. van Ginkel, Schets van de Geschiedenis der Vrijmetselarij van den Opperraad der Algem. Gemeenschappelijke Vrijmetselarij, Amsterdam 1905; Lucien Goldschild, La Reconnaissance du Droit Humain, Paris 1927; Amélie Gedalge, Manuel Interprétatif, Paris o. J.; Allgemeiner Internationaler Freimaurerorden, Hanau 1922; Prof.

Thierens, Gedenkboek ter gelegenheid van het vijftig jarig bestaan van het Droit Humain, Amsterdam 1949; Dr.-Ing. Raoul Koner, Le Droit Humain, in: Zeitschrift „Eleusis", Jg. 10, Nr. 3; C. W. Leadbeater, Das verborgene Leben in der Freimaurerei, Düsseldorf 1925; Dr. Franz K. Steinberger, Esoteriker des Westens, Lorch 1953; René Guénon, Le théosophisme, histoire d'une pseudoreligion, Paris 1965; Pierre Mariel, Die wahren Söhne des Lichts, Zürich 1963; Alec Mellor, Logen, Rituale, Hochgrade, Graz 1967.

Drude, auch: die Drute, Trude; im alten deutschen Volksglauben ein böser weiblicher Nachtgeist, vereinzelt auch ein guter, schöner Geist, der zum Gefolge der Göttin Holda (Perchta) gehört. Dieser Glaube ist am meisten verbreitet in Bayern, Tirol, Österreich und Siebenbürgen.

Drudenfuß, ein Fünfstern, den man in einem Zug zeichnen kann (↗ Pentagramm); nach dem Volksglauben bietet er Schutz vor ↗ Druden. Schon bei den Pythagoräern galt er als ein Zeichen der Gesundheit, gewann dann große Bedeutung in der Gnosis und wurde im MA oft bei Zauberformeln gebraucht. — Für Zwecke der schwarzen Magie wird er auf eine Spitze gestellt.

Druiden (irisch) = die Eichenkundigen; als altheidnische Priester bei den keltischen Völkern Galliens bildeten sie z. Zt. Cäsars einen geschlossenen Stand, der mit dem der Ritter (d. h. dem Adel) die Herrschaft über das übrige Volk teilte. Als Priester bewahrten sie die religiöse Geheimlehre, übten die Kunst des Wahr- und Weissagens und waren zugleich Richter, Heil- und Sternkundige. Der Kult der Eiche spielte eine wichtige Rolle. Der Unterricht wurde nur mündlich erteilt. Sie lehrten ein neues Leben nach dem Tode und die Seelenwanderung. Kaiser Claudius hob den Druidenkult auf, da er mit Menschenopfern verbunden war. Nach dem 1. Jh. nZ verschwand ihr Name zunächst. In der irischen Heldensage erscheinen sie noch als Zauberer, Wahrsager und Ärzte. — Lit.: Barth, Über die Druiden der Kelten, Erlangen 1826. — ↗ Druidenorden.

Druidenorden, ein Geheimbund, der 1781 in London entstand und zunächst die gegenseitige Unterstützung der Mitglieder des Bundes bezweckte. In England zerfiel der Orden im Laufe der Zeit in viele unabhängig voneinander bestehende Gesellschaften; in Australien dagegen und noch mehr in Amerika hat er sich rasch verbreitet. 1849 wurde die Bez. Hain (engl.: grove) für Loge eingeführt. Nach

Deutschland wurde der D. 1872 gebracht; es besteht seit 1874 eine Reichsgroßloge von Deutschland mit mehreren Distriktsgroßlogen und vielen Einzellogen. Man unterscheidet noch zwischen dem D. und dem Vereinigten Alten Orden der Druiden (V. A. O. D.). Die Ordenslegende bezieht sich auf das altkeltische Druiden- und Bardentum. Der Orden hat 3 Grade (1.° Ovate, 2.° Barde und 3.° Druide), die Erkenntnis und Wissen, Kunstverständnis und Wollen, Beschließen und Handeln lehren. Über diesem 3.° besteht noch ein Hochgrad, das Hoch-Erz-Kapitel. An der Spitze der Haine steht der Großhain, der in Distriktsgroßhaine zerfällt. Die leitenden Druiden heißen Edel-Erz, Edel-Groß-Erz u. Hoch-Edel-Groß-Erz. Die Devise des Ordens lautet: „Ehre Gott, scheue das Böse, sei stark und treu." Beim D. wird (wie bei der ↗ Schlaraffia) großer Wert auf Geselligkeit gelegt. Organ ist die „Druidenzeitung". — Lit.: H. Wiese, Symbolik des Druidenordens; Wiese und Fricke, Vereinigter Alter Orden der Druiden, Hamburg 1914; Carl Schröder, Geschichte der deutschen Druidenordens, München 1923; Fritz Wolgast, Was will der Druidenorden?, Hamburg 1952.

Drusen (türk.: Druzi), eine große Sekte von vielleicht 100 000 Mitgl. in den Bergen des Libanon. Die Reisenden, die darüber geschrieben haben, glauben, jeweils die Wahrheit geschrieben zu haben, — aber immer eine andere, denn ihr Geheimnis ist bis heute kaum gebrochen. Es sind die Sufis von Syrien und nennen sich selbst Schüler Hamsas; die Bez. Drusen sehen sie als Beleidigung an. Ihr Name soll auf einen gewissen Darasi zurückgehen, der den Fatimidenkalifen Hakim (996—1021) für göttl. erklärte und deshalb von Ägypten nach Syrien fliehen mußte. Die D. haben eine feudal-patriarchalische Verfassung; ihre Glaubenslehre wird von einem kleinen Kreis von Eingeweihten absolut geheimgehalten. Die Religion ist eine Art Geheimlehre, in welcher gnostisches Gedankengut mit christlichen Ideen, evtl. sogar Resten syrischen Naturdienstes, vermischt ist. In der Religion teilt sich das Volk in Akkal (Wissende, Eingeweihte) und Dschahil (Unwissende). Die Akkal bilden einen von Vermögen, Rang und Geschlecht unabhängigen Orden von verschiedenen Graden, worin der einfache Bauer mit dem vornehmsten Emir gleichberechtigt ist. Eigentliche Priester haben die D. nicht, jedoch besondere der Andacht gewidmete Gebäude, Chalweh (Klausen) genannt, in denen auch die heiligen Schriften gesammelt werden. Als Religionsgemeinschaft nennen sich die D. Muahhidin, d. h. Bekenner der Einheit Gottes.

Dt. (Abk.) = Deuteronomium (lat.) = 5. Buch Mose; die Abk. wird namentlich bei Zitaten aus der Vulgata oder aus der kath. Bibel benutzt.

Dualismus, von (lat.) dualis = zweifach, duo = zwei; die Lehre von wirklichen oder vermeintlichen Gegensätzen, wie Leib—Seele, Einheit—Vielheit, Geist—Materie, Denken—Anschauung, Licht—Finsternis, Ying—Yang usw.

Dualität, die Zweiheit nach mittelalterlicher Auffassung, z. B.

göttl. Natur	— menschliche Natur
Engel	— Seele
Sonne	— Mond
Erde	— Wasser
aktiv	— passiv
Herz	— Gehirn
Form	— Stoff.

Dugpas (tibet.) = Rotkappen; eine Sekte in Tibet. Vor Ankunft des Tsong-ka-pa im 14. Jh. waren die Tibetaner, deren Buddhismus verfälscht, verformt und fürchterlich vergötzt war, sämtlich Dugpas. Seit jenem Jh. jedoch, nachdem den Gelukpas (Gelbkappen) straffe Gesetze auferlegt wurden und die allgemeine Reform und Reinigung des Buddhismus (oder Lamaismus) einsetzte, widmeten sich die D. mehr und mehr der Zauberei, Unmoralität und Trunksucht. Seitdem ist D. ein Synonym für Zauberer, Adept der schwarzen Magie und etwas Abscheuliches. Wenn überhaupt, so gibt es nur noch wenige D. im östl. Tibet, aber sie siedeln in Bhutan, Sikkim und den Grenzgebieten. Da den Europäern der Zutritt nur bis zu den Grenzen gestattet ist, haben sie niemals Gelegenheit gehabt, den Lama-Buddhismus zu studieren, sondern beurteilen ihn danach, was Cosmo di Köros, Schlagintweit und einige andere von den D. gelernt haben wollen und bringen die Religionen durcheinander und in einen Topf. Von Meyrinck gibt es eine Novelle, in welcher von einem D. die Rede ist.

Dürckheim, Prof. Karlfried Graf von, * 1896; Psychologe und Zen-Schriftsteller; hat in Japan unter Führung eines Zen-Meisters die Praxis einer existentiellen Lebensweise kennengelernt. — W.: Japan und die Kultur der Stille; Zen und wir, Weilheim 1962; Hara, die Erdmitte des Menschen; Im Zeichen der großen Erfahrung; Wunderbare Katze; Erlebnis und Wandlung, 1956; Zen-Texte, Weilheim 1962; Durchbruch zum Wesen, Zürich 1954.

Durville, Hector, franz. Philosoph, Okkultist u. Spiritist; Gründer des esoterischen Ordre

Eudiaque de France. — W.: Der Fluidalkörper des lebenden Menschen, Leipzig 1912; Die Physik des Animal-Magnetismus, Leipzig 1912.

Dyade (griech.), von duas = 2; die Zweiergruppe, die Zweiheit; jedes Paar von Kräften, Ideen, Wesen; Pythagoras sah die Dyade, die Zweiheit, als das eigentliche Wesen, seine Essenz, an.

Dzyan (oder: das Buch D.); auch: Dzyn oder Dzen, vielleicht von (tibet.) dhyan und Inana = Weisheit, göttl. Wissen; „lernen" heißt tibet. „dzin"; das Buch des ⌐ Meisters D., ein literarisches Geheimnis von H. P. Blavatsky, abgedruckt in der Geheimlehre. Außer H. P. B. hat niemand das Buch D. gesehen. In der Geheimlehre von H. P. B. werden die „6 Dzyan Chohans" als Manus gedeutet. Bd. II, S. 375: „Was der Zohar für den Westen, ist der Dzyan für den Osten"; Bd. I, S. VIII: „Wer hat jemals vom Buch D. gehört?"; Rud. Steiner 1910 über das Buch D.: „So sind z. B. die Dzyan-Strophen Teile, die noch lange nicht voll verstanden sind, an denen noch lange zu zehren ist, Teile, die zu den größten Offenbarungen innerhalb der Menschheitsentwicklung gehören."

E

E. A. (engl.), Abk. für Entered Apprentice = eingetragener Lehrling = der 1. Grad der engl. FM.

EBDAR, ⌐ Ermächtigte Bruderschaft

Ebene des Logos, die göttl. Ebene, die Erste kosmisch-ätherische Ebene oder Adi; bei Alice Bailey die 7. und höchste der ⌐ Prinzipien der Welt; bei Heindel die Welt Gottes genannt.

Ebenen, die verschiedenen Bereiche, Stufen, Sphären oder Welten nach den Lehren des Okkultismus und dem Vorbild östl. Religionen; jede Ebene hat ihre eigene Gesetzmäßigkeit, wirkt aber nach einem hierarchischen System in die anderen E. hinein; die E. sind räumlich nicht nebeneinander, sondern gleichzeitig vorhanden. Der Mensch gehört mit seinen ⌐ Prinzipien allen Ebenen gleichzeitig an, wenn auch beim normalen Menschen heute seine Verankerung in der physischen Welt am stärksten ist. Nach H. P. Blavatsky ist E. die Bez. „für den Bereich oder die Ausdehnung eines Bewußtseinszustandes oder die Wahrnehmungsfähigkeit einer bestimmten Sinnesgruppe, od. auch die Tätigkeit einer bestimmten Kraft, und

schließlich auch der Zustand der Materie, der einer der eben erwähnten Möglichkeiten entspricht." ⌐ Prinzipien der Welt.

EBK, Abk. für Europäische Bruderkette; loser Zusammenschluß von Freimaurern in Europa, um die Gegensätze zwischen den einzelnen nationalen Freimaurereien zu überbrücken und Aussprachen über gemeinsame Interessen herbeizuführen; Zentrale in Strasbourg.

Ecclesia (griech.-lat.) = „Versammlung", Gemeinde, Kirche; ursprünglich die gesetzmäßig berufene Versammlung freier Bürger in freien griech. Stadtstaaten; seit der Septuaginta auch religiöse Versammlung; heute so vieldeutig wie das deutsche Wort Kirche. — E. und Synagoge sind ferner Sinnbilder für das NT und AT und so an verschiedenen Kirchenportalen, z. B. in Reims, Strasbourg, Bamberg, als Figurenpaare dargestellt.

Ecclesia Gnostica Apostolica (lat.) = Gnostisch-Apostolische Kirche; eine gnostische Religionsgemeinschaft in Frankreich, die in Verbindung mit dem Martinisten-Orden steht. Oberhaupt: Robert Ambelain, Paris.

Ecclesiastes oder Ekklesiastes, (griech.) = „jemand, der eine Versammlung zusammenruft", gewöhnlich mit „Prediger" übersetzt; in der griech. und lat. Bibel die Bez. für das Buch Prediger Salomos. Nicht zu verwechseln mit ⌐ Ecclesiasticus.

Ecclesiasticus (lat.) = „zur Kirche gehörig"; in der lat. Bibel die Bez. für das Buch Jesus Sirach, welches Luther zu den ⌐ Apokryphen zählte und sogar übersetzte. In der Vorrede, Vers 6, steht der für Kabbalisten bedeutsame Satz: „Denn was in der hebr. Sprache geschrieben ist, das lautet nicht so wohl, wenn man's bringt in eine andere Sprache."

Echnaton (ägypt.), Name, den sich Amenophis IV. (1372—1355 vZ) zulegte; E. war ein fanatischer Sonnenanbeter.

„echt". Dieses einfache dt. Wort scheint manchen Esoterikern große Schwierigkeiten zu machen: man redet von „echten" Rosenkreuzern, „echten" Freimaurern, „echten" Gnostikern usw., ohne näher zu erläutern, was der Zusatz „echt" eigentlich bedeuten soll. In fast allen solchen Fällen sind die Zusätze „echt" und „falsch" ohne weiteres austauschbar.

Eckardt (Meister —), auch: Eckhart, Eckehart, Eckart usw.; Mystiker, wahrscheinlich in Straßburg (nach anderen in Thüringen) um 1260 geboren; Dominikanermönch; später Lehrer am Kollegium von St. Jakob in Paris; zuletzt Prior der Dominikaner in Frankfurt a. M. Hier wurde

Ägypten	Osiris	Isis	Thoth	Set	Nephthys
Böhme, Jakob	Licht-Atem	Feuer-Atem	Luft-Atem	Wasser	Erde
Chaldäa	Marduk	Istar	Nebo	Enlil	?
China	Wasser	Feuer	Metall	Holz	Erde
Christen	Sohn Gottes	Heil. Geist	Seele	Niedere Gefühle	Empfindungen
Griechen	Geist	Feuer	Luft	Wasser	Erde
Indien	Atma	Buddhi	Manas	Kama	Sthula
Japan	Ninigi	Ama-terasu	Shinatsu-hiko	Susa-no-wo	Haigi-no-kami
Kabbalah	Krone	Emanationen	Schöpfung	Formenwelt	Wirkungswelt
Neuseeland	Tangaroa	Rongo-matane	Tuma-tauenga	Tane-mahuta	Haumea-tiki-tiki
Norden	Balder	Frigga	Thor	Loki	Sigyn
Paracelsus	Licht	Feuer	Mentalwelt	Astralwelt	phys. Welt
Persien	Ormuzd	Armaiti	Tistrya	Ahriman	?
Rom	Bacchus	Juno	Merkur	Pluto	Vesta
Sufis	Absol. Un-sichtbarkeit	Relative Un-sichtbarkeit	Welt des Menschen	Welt d. Ent-sprechungen	sichtbare Welt
Swedenborg	himml. Welt	geistige Welt	Vernunftwelt	Proprium	phys. Welt

Die fünf Ebenen der Welt nach verschiedenen Lehren

er wegen ketzerischer Lehren verklagt, aber freigesprochen. Am 27. 3. 1329 erschien die Bulle „In coena Domine", worin 28 Sätze E.s teils als ketzerisch, teils als mißverständlich verurteilt wurden. Von E.s zahlreichen Schriften sind nur wenige erhalten. E. war ein Mann von hochfliegendem Geiste, dessen Ideen durch ihre Tiefe und Kühnheit Bewunderung erregen, zugleich in hohem Grade Meister der Sprache und der Form und gehört zu den besten deutschen Prosaisten. Sein Hauptthema ist das völlige Einswerden der Menschenseele mit Gott, nicht nur moralisch, sondern auch metaphysisch, wodurch er dem ↗ Pantheismus zugetrieben wurde. Die Zahl seiner Schüler, darunter Tauler, war ebenso groß wie das

Ansehen, das er in Deutschland genoß. Christus und die Sakramente treten in seinen Lehren jedoch zurück. Nach seinem Tode (Köln 1327 oder Avignon 1328) übten seine Schriften noch einen starken Einfluß auf Jakob Böhme, Angelus Silesius und den deutschen Idealismus aus. — Lit.: J. Kopper, Die Metaphysik Meister Eckardts, 1955; W. Bange, Meister Eckardts Lehre vom göttlichen und menschlichen Sein, 1937; H. Denifle, Meister Eckardt, 1956; M. Linné, Meister Eckehart; Dr. Franz Hartmann, Die Geheimlehre in der christlichen Religion, Leipzig o. J.; H. J. Schwager, Die deutsche Mystik und ihre Auswirkungen von Meister Eckart bis Schelling, 1964; S. Ueda, Die Gottesgeburt in der Seele und der Durchbruch zur Gottheit, Gütersloh 1965; Linsenmann, Der ethische Charakter der Lehre Meister Eckardts, Tübingen 1873; Preger, Geschichte der deutschen Mystik im Mittelalter, Leipzig 1874 (Teil 1).

Eckhartshausen, Hofrat Karl von, 1752—1803. W.: Aufschlüsse zur Magie aus geprüften Erfahrungen, München 1788/90 (Nachdruck 1923); Über die Zauberkräfte der Natur. Eine freie Übersetzung eines Egyptischen Manuscripts in coptischer Sprache, München 1819 (posthum); Probaseologie oder prakt. Theil der Zahlenlehre der Natur, Leipzig 1795; Gefühle im Tempel der Natur, München 1804 u. a.

Eckleff, Karl Friedrich von, Dr. med.; später Kanzleirat; * 26. 6. 1723 Stockholm, † 30. 6. 1789 Stockholm; stiftete mit 28 Freimaurern am 25. 12. 1759 die schwedische Große Landesloge, deren erster Großmeister er bis 7. 6. 1774 war. Außerdem hat E. auch eine Vielzahl profaner Bünde gegr., so 1753 den Orden der Gedankenbauer, 1757 den Orden der Fackelbrüder (mit den 3 Graden: Fackelknappen, Fackelritter und Fackelentzünder) usw.; E. war ferner, nach seinen eigenen Angaben, „Ritter des Peruvianischen Ordens, Chevalier de l'Ordre de la Félicité, Chevalier de la Chaîne des Pèlerins, Mitglied der Lehr- und Übungsgilde". Für die Geschichte der FM in Deutschland ist am wichtigsten, daß E. am 27. 4. 1764 einen Satz Unterlagen (sog. „Akten") über die schwedische FM, die nach ihrem christl. Rittersatm arbeitete, an Wilhelm Zinnendorf in Berlin verkaufte, womit letzterer die noch heute bestehende ⚐ Große Landesloge der Freimaurer von Deutschland gründete. Da FM-Logen immer nur von dazu autorisierten anderen Freimaurerinstitutionen gegründet werden können, steht diese Gründung immer noch unter der Kritik der Mehrheit in der FM. — Lit.: Johannes Rud-

beck, Carl Friedrich Eckleff, Berlin 1931; G. A. Schiffmann, Geschichte des Capitels der Gr. Landesloge von Deutschland und seiner Akten, Stettin 1876; Friedrich John Böttner, Zersplitterung und Einigung, Hamburg 1962; (Miers), Ein versäumtes Jubiläum, 200 J. christl. Freimaurerei in Deutschland, in: Zeitschrift „Euro Mason", Dezember 1966.

Eckstein, nach der Bibel ein sehr fester Stein auf der Ecke der Stadt Jerusalem nach Südwesten zu, zwischen dem Turm Davids und der Pforte zum Palast des Hohenpriesters. In Jes. 19, 13 bedeutet „Eckstein der Geschlechte" die Statthalter der Kantone, welche Ägypten irreleiteten. Im Christentum wird auch Christus E. genannt, weil das Gebäude, die Kirche, auf ihm erbaut ist und ruht. Der Vergleich ist folgender: Ein E. ist ein ausgewählter und vor anderen ausersehener Stein; also ist auch Christus der auserwählte köstliche E. (1. Petr. 2, 6) des Hauses Gottes. Ein E. befestigt und verwahrt die Mauern eines Gebäudes, so daß es wider den Zerfall bestehen kann. — In der FM kommt der E. im Mark-Maurer-Grad vor und wird mit folgenden Bibelzitaten belegt: Der Stein, den die Bauleute verworfen haben, ist zum E. geworden (Ps. 118, 22; Matth. 21, 42; Mark. 12, 10; Luk. 20, 17; Apo. 4, 11; 1. Petr. 2, 7); Siehe, ich lege in Zion einen Grundstein, einen bewährten Stein, einen köstlichen Stein, und gut gegründet ist (Jes. 28, 16).

Eckstein-Maurerei (Eckstein-Freimaurerei), dialektisches Schlagwort beim Lectorium Rosicrucianum, um den Eindruck hervorzurufen, das Lectorium sei die „echte" FM, während die eigentliche FM die falsche sei. Zitat aus „Was ist, will und wirkt das Lectorium" (Haarlem 1950): „Wenn man die Arbeit des Rosenkreuzes (gemeint ist das Lectorium!) richtig verstehen will, so muß man wissen, daß es sich um E. handelt. Freimaurerarbeit besagt, daß ‚von unten herauf', also vom Grunde unseres Lebens in dieser Natur, am Tempel der Freiheit gebaut wird, in jener Freiheit des von uns selbst zur Entwicklung gebrachten Bewußtseins, also frei von geistiger Beeinflussung und Autorität(!) jedweder Art." — Diese Erklärung ist jedoch völlig wirr und hat weder mit FM noch mit E. zu tun; in neueren Auflagen der besagten Druckschrift fehlt der betreffende Satz.

Edel-Erz (Abk.: E.-E.) = Titel des Vorsitzenden einer Loge der ⚐ Druiden, vergleichbar mit dem Meister vom Stuhl einer FM-Loge. Nach dem Druiden-Handbuch kommt „Erz" von ahd. „Arêzi", got. „ar", mit dem Sinn des durch Arbeit von der Erde Gewonnenen.

Edelsteine

Edelstein	symbolisch für	innewohnende Kraft
Diamant	Versöhnung und Liebe	macht treu zu Verpflichtungen
Granat	Redlichkeit und Offenheit	gibt Aufrichtigkeit des Herzens
Amethyst	Glück und Zufall	gibt Mut und Begeisterung
Jaspis	Mut und Weisheit	gibt Beständigkeit und Eheglück
Saphir	Wahrheit und reines Bewußtsein	läßt begangene Fehler bereuen
Smaragd	Hoffnung und treue Liebe	läßt die Zukunft wissen
Achat	Wohlergehen und langes Leben	gibt Gesundheit
Rubin	Schönheit und Eleganz	schützt vor falschen Freundschaften
Karneol	Freude und Frieden	verscheucht schlechte Gedanken
Opal	Bitte und zärtliche Liebe	festigt die Treue
Topas	glühende Liebe	verhindert schlechte Träume
Türkis	Mut und Hoffnung	sichert Erfolg in der Liebe
Olivin	unschuldiges Vergnügen	verleiht Einfachheit und Mäßigkeit
Chrysolith	Blitzstrahl	begünstigt Verbindungen
Aquamarin	Jugend und Schönheit	sichert laufendes Glück

Symbolische Bedeutung und Kräfte der Edelsteine

Edelsteine, im allgemeinen die durch Farblosigkeit oder schöne Färbung, Durchsichtigkeit, Glanz und Feuer, bedeutende Härte und Polierfähigkeit ausgezeichneten und deshalb als Schmuck verwendeten Mineralien, wie

Diamant	Amethyst
Korund (Rubin und Saphir)	Opal
Beryll (Smaragd u. Aquamarin)	Chrysoberyll
Spinell	Euklas
Chrysolith	Phenakit
Topas	Turmalin
Zirkon (Hyazinth)	Cordierit
Granat (edler u. böhmischer)	Andalusit
	Hiddenit

Andere Mineralien, die nur durchscheinend oder sogar undurchsichtig sind, werden gelegentlich ebenfalls wegen ihrer Färbung oder charakteristischen Zeichnung zu Schmucksteinen verwendet, z. B.

Chalzedon	Rhodonit
Karneol	Nephrit
Achat	Malachit
Onyx	Adular
Sardonyx	Axinit
Heliotrop	Labrador
Lazurstein	Obsidian
Türkis	Gagat (Pechkohle)
Jaspis	Bernstein usw.

Diese haben einen geringeren Wert als die erstgenannten und werden als **Halbedelsteine** bezeichnet. Den in seinen reinsten Varianten sehr geschätzten Bergkristall und den Rauch-

Planeten	nach Marie Lorenz[1]	nach Jules Boucher[2]	Fassung
Sonne	Diamant	Karfunkel	Gold oder Silber
Mond	Mondstein od. Perle	Saphir	Silber
Merkur	gelber Zirkon oder Bernstein	Kristall	Silber
Venus	blauer Saphir	Smaragd	Silber
Mars	Granat	Rubin	Gold oder Silber
Jupiter	Rubin	Topas	Gold oder Silber
Saturn	Smaragd	Granat	Silber
Uranus	Opal	—	Silber

Anmerkungen:
[1] aus dem Werk „Die okkulte Bedeutung der Edelsteine", Leipzig 1922
[2] aus dem Werk „Manuel de Magie pratique", Paris 1953

Auswahl der Edelsteine nach dem Hauptplaneten des Horoskops

topas pflegt man, streng genommen, nicht unter die E. zu rechnen. — Bei den alten Hebräern, wie bei allen asiatischen Völkern, stellten die E. einen wesentlichen und geschätzten Schmuck der Könige (2. Sam. 12, 30; Hes. 28, 13), des Hohenpriesters (2. Mos. 28, 17) und der Vornehmen (Judith 10, 21; 15, 15) dar. In der Bibel kommen u. a. folgende E. vor: S a r d i u s oder K a r n e o l (2. Mos. 28, 17; 39, 10): ein bekannter, meist fleischfarbiger halbdurchsichtiger, dem Chalzedon verwandter Stein. T o p a s (Hes. 28, 13; Hiob 28, 19): den die Griechen als goldgelben Stein bezeichnen, während Plinius ihm eine grüne Farbe beilegt. Auf Plinius gestützt, haben neuere Übersetzer den Topas der Alten für unseren Chrysolith gehalten. Der heute als Topas bezeichnete Stein ist ein durchsichtiger, meist wein- oder zitronengelber E. der Kieselgruppe. S m a r a g d (2. Mos. 28, 17; 39, 10; Hes. 28, 13): grasgrün, wenig hart, durchsichtig, mit doppelter Strahlenbrechung. K a r f u n k e l (2. Mos. 39, 11; Hes. 27, 16; 28, 13): mit diesem Namen belegten die Alten mehrere rot (wie glühende Kohlen) leuchtende Steine, Rubine und Granate. S a p h i r (2. Mos. 24, 10; 28, 18; 39, 11; Hes.

28, 13): ist himmelblau, durchsichtig und härter als der Rubin. Was die Alten so beschreiben, muß nach Plinius allerdings der Lapislazuli (Lazurstein) gewesen sein. O n y x (2. Mos. 39, 11; Hes. 28, 13): bei Luther allerdings als Demant (Diamant); eine Art Chalzedon, der Farbe nach dem menschlichen Nagel ähnlich, durch welchen das Fleisch hindurchschimmert. H y a z i n t h (2. Mos. 28, 19; 39, 12): ein durchsichtiger, harter, meist rötlicher Stein, der aber zuweilen ins Gelbe und Braune hinüberpendelt. Im Feuer verliert er seine Farbe. C h r y s o l i t h (2. Mos. 28, 20; 39, 13; Hes. 1, 16; Dan. 10, 6) findet sich gewöhnlich kristallisiert und ist von blaßgrüner Farbe, ganz durchsichtig mit doppelter Strahlenbrechung. C h r y s o p r a s (Apo. 21, 20): blaßgrün, ins Gelbliche und Braune fallend, durchsichtig. C h a l z e d o n (Apo. 21, 19): halbdurchsichtig, himmelblau mit Schattierungen von anderen Farben. S a r d o n y x (Apo. 21, 20): bestehend aus einer Mischung von Onyx und Karneol.

Die hier angegebenen Übersetzungen entsprechen dem heutigen Stande der Sprachforschung, während in den verschiedenen Bibelübersetzungen (namentlich bei Luther) zuwei-

Edelsteine

zusammen mit einem der Planeten

Planet	Sonne ☉	Mond ☽	Merkur ☿	Venus ♀	Mars ♂	Jupiter ♃	Saturn ♄	Uranus ♅	Neptun ♆
Sonne ☉	–	Bergkristall	Goldberyll	Kunzit				Heliodor	Aquamarin
Mond ☽	weißer Chalzedon	–	Goldtopas	blauer Chalzedon	roter Chalzedon		grüner Chalzedon	Amethyst	
Merkur ☿	Citrin	Hyazinth	–	Chrysokolla	spanischer Topas	Chrysoberyll	grüner Zirkon	Chrysolith	
Venus ♀			gelber Saphir	–	Labrador	roter Turmalin	grüner Turmalin	gelber Turmalin	blauer Turmalin
Mars ♂	Almanden	Kaneel		Diopsid	–		Demantoid	Alexandrit	
Jupiter ♃						–			
Saturn ♄	Nephrit	Sardonyx		Azurit	Jaspis	Hämatit	–	Aventurin	roter Spinel
Uranus ♅	Onyx			Türkis	Tigerauge	Türkis-Matrix	Katzen	–	Epidot
Neptun ♆	weißer Edeltopas	Rauchtopas	gelber Edeltopas	blauer Spinel	roter Edeltopas	Rosenquarz		Malachit	Mexik. Opal

Auswahl der Edelsteine nach den beiden Hauptplaneten des Horoskops

Monat[1]		nach Off. 21, 19[2]	nach Guido v. List[3]	nach Dr. Fernie[4]	nach Jules Boucher[5]
Januar – Steinbock	♑	Amethyst	Perle	roter Granat und Hyazinth	Chrysopras
Februar – Wassermann	♒	Jaspis	Smaragd	Amethyst	Kristall
März – Fische	♓	Saphir	Türkis	Hämatit	Saphir
April – Widder	♈	Chalzedon	Rubin	Diamant	Sardonyx
Mai – Stier	♉	Smaragd	Karfunkel	grüner Turmalin und Smaragd	Sarder
Juni – Zwillinge	♊	Sardonyx	Onyx	Chrysopras und Achat	Topas
Juli – Krebs	♋	Sarder	Hyazinth	Rubin	Chalzedon
August – Löwe	♌	Chrysolith	Chrysolith	Sardonyx	Jaspis
September – Jungfrau	♍	Beryll	Saphir	Saphir	Smaragd
Oktober – Waage	♎	Topas	Jaspis	Opal	Beryll
November – Skorpion	♏	Chrysopras	Amethyst	Topas und Beryll	Amethyst
Dezember – Schütze	♐	Hyazinth	weißer Achat	Türkis	Hyazinth

Anmerkungen:

[1] die Monate hier jeweils vom 21.des Vormonats bis zum 20. des laufenden Monats gerechnet; also „Januar" = 21. Dezember bis 20. Januar

[2] entsprechend der Luther-Übersetzung

[3] aus seinem Werk „Die Zwölfheiten der Ario-Germanen"

[4] aus seinem Werk „Precious Stones Curative"

[5] aus seinem Werk „Manuel de Magie pratique", Paris 1953

Auswahl der Edelsteine nach dem Geburtsmonat oder Tierkreiszeichen

len ganz andere Bezeichnungen vorkommen, wie auch in der Bibel noch E. erwähnt werden, deren heutige Bezeichnung man noch nicht ermitteln konnte. Einige Forscher haben aus Jer. 17, 1, Hes. 3, 9 und Sach. 7, 12 den Diamanten herausgelesen; im Brustschmuck (↗ Urim und Thummim) kamen indes keine Diamanten vor, was wohl darauf zurückzuführen ist, daß dieser E. sich nicht gravieren ließ.

Als ↗ Talismane werden E. in Ringen, Anhängern und teils zu ↗ Gemmen verwendet. Die Auswahl der rechten Steine erfolgt entweder nach dem zum Geburtstag gehörenden Tierkreiszeichen oder den zur Geburtsstunde vorherrschenden Planeten; hierfür existieren allerdings sehr unterschiedliche Tabellen, weshalb sich in den nebenstehenden Tabellen teils mehrere Spalten zur wahlweisen Benutzung finden. In der Magie sind E. ebenfalls in Gebrauch; hier richtet sich ihre Auswahl teils nach dem Zeitpunkt der Operation, teils nach dem Zweck derselben. Ferner können E. als bloße Symbole für bestimmte Kräfte oder Gedanken verwendet sein. Zur Orientierung dienen die nebenstehenden Übersichten. — Lit.: Schrauf, Handbuch der Edelsteinkunde, Wien 1869; Groth, Grundriß der Edelsteinkunde, Leipzig 1887; Dölter, Edelsteinkunde, Leipzig 1893; Marie Lorenz, Die okkulte Bedeutung der Edelsteine, Leipzig 1922; Hans Wolff, Grundlagen der Astrologie, München 1921.

Ego, die Seele als Form; das, was den Menschen befähigt, „ich bin" zu sagen oder „ich bestehe"; auch im Sinne von Selbstbewußtsein; eine Reflektion der ↗ Monade oder des Geistes auf der ↗ Mentalebene. Nach Heindel besteht der Mensch konstitutionell aus ↗ Persönlichkeit, einem Zwischenglied (dem ↗ Intellekt) und dem E. Das E. seinerseits besteht aus 3 Teilen: ↗ Menschengeist, ↗ Lebensgeist und göttl. Geist, und gehört gleichzeitig der ↗ Gedankenwelt, der ↗ Welt des Lebensgeistes und der ↗ Welt des göttl. Geistes an. Die esoterische Philosophie lehrt die Existenz von 2 E.s im Menschen, dem sterblichen oder persönlichen, und dem Höheren, Göttlichen und Unpersönlichen; das erste E. heißt die ↗ Persönlichkeit, das zweite die ↗ Individualität. ↗ Prinzipien des Menschen.

Ego, das inkarnierte, ↗ Manas, ↗ Prinzipien des Menschen.

Egoische Gruppen, Ausdruck in den Schriften Alice ↗ Baileys; danach befinden sich die ↗ Kausalkörper der einzelnen Menschen auf der 3. Unterebene der 5. (= mentalen) ↗ Ebene. Diese Körper sind die Ausdrucksformen eines

jeden ↗ Egos, also des Einzelbewußtseins eines jeden Menschen; die Kausalkörper sind entsprechend dem Strahl (↗ Strahlen) oder der Qualität des einzelnen Egos in e. G. zusammengefaßt. — Lit.: Alice Bailey, Initiation, menschliche und solare Einweihung, Lorch 1952.

Egoismus, Selbstsucht; von lat. „ego" = selbst; nach Kant ist ein Egoist jemand, „welcher alle Zwecke auf sich selbst einschränkt, der keinen Nutzen worin sieht, als in dem, was ihm nützt".

Egotismus = Eigenliebe, die Neigung, das Gefühl für die eigene Person zu pflegen; von (lat.) „ego" = selbst.

egozentrisch = das eigene Ich in den Mittelpunkt stellend, ich- oder selbstbezogen; von (lat.) „ego" = selbst und „centrum" = Mittelpunkt.

Egregore, Eggregore, Egregora (verschiedene Schreibungen). Bei den Esoteristen der Name von Wesenheiten oder von Schöpfungen durch Gedanken, die nach unbekannten Gesetzen handeln. E. ist ein lebendes Wesen, welches durch einen schöpferischen Gedanken geschaffen wird und welches durch Gedanken ernährt oder durch die Anhänger des Initialgedankens am Leben gehalten wird. Das E. stirbt, wenn es nicht ernährt wird, und jede Bewegung hört auf. Hierin liegt das Geheimnis der politischen, religiösen und esoterischen Bewegungen, die nach Jahrhunderten dem Erscheinen des ersten Impulses noch leben. Es ist das Geheimnis der Kraft bestimmter Kulte, deren Götter-E. seit Jahrhunderten tot sind, aber deren Schöpfungskraft des E. so stark war, daß sie am Leben blieben. Eliphas Lévi nennt sie „die Häupter der Seelen, welche die Geister der Energie und Aktion" sind, was immer das bedeuten mag oder nicht bedeuten mag. Die orientalischen Okkultisten beschreiben die Egregores als Wesen, deren Körper und Wesen aus einem Gewebe des sogen. ↗ Astrallichtes sind. Sie sind die Schatten der höheren Planetengeister, deren Körper vom Wesen des höheren göttlichen Lichtes sind.

Eherne Schlange, ein von Moses (4. Mos. 21, 9; vgl. Joh. 3, 14) verfertigtes Götzenbild, ähnlich dem Äskulapstab, welches vom Biß giftiger Schlangen heilen sollte. Nach 2. Kö. 18, 4 wurde die e. Sch. unter Hiskia aus Jerusalem entfernt, als die Götzenbilder abgeschafft wurden.

Ehernes Meer, nach Franz Endres (Mystik und Magie der Zahlen, Zürich 1951, S. 212) ein Symbol des (babylonischen) Himmelsozeans, der von den 12 Tierkreiszeichen gestützt wurde. Die Tierkreiszeichen selbst sind dabei, nach dem Tierkreiszeichen des Stieres, alle als Stiere dargestellt. Eine Beschreibung des e. M. findet sich in 1. Kö. 7, 23—26. — Nach Heindel (Alte und neue Einweihung, Darmstadt 1963, S. 24—27) war das e. M. eine Art Weihwasserbecken. Nach anderen war das e. M., da es dicht neben dem Tempel stand, welcher das Sinnbild der Welt ist, ein Symbol des von Gott gefesselten Ozeans; zuweilen wird das e. M. auch als bloßes Löschwasserbecken gedeutet. Viel wahrscheinlicher ist jedoch, daß das e. M. zu Ehren der Göttin Tallath, die das Meer repräsentierte, errichtet wurde. Salomo ließ nämlich am Tempel eine Reihe von verschiedenen Symbolen anbringen, die sich auf fremde Götter bezogen, um eine Kultstätte für alle Glaubensrichtungen zu schaffen, so die Säule „B" für Baal, weil Baal in Form einer Säule verehrt wurde. Eine nähere oder gar genaue Bez. dieser Symbole war indes unzulässig, da ja der Name Gottes überhaupt nicht ausgesprochen werden durfte und überdies den Juden bewußt geworden wäre, daß ihr Tempel auch noch anderen Göttern geweiht ist. Unter diesen verschiedenen Göttern galt jedoch Jehovah als der höchste (vgl. Ps. 82, 1).

Ehieh (hebr.) = „ich werde sein", einer der Namen Gottes in der hebr. Kabbalah; esoterische Bedeutung im Pentagramm-Ritual = „der Wille".

Eidolon (lat.) = Abbild, Ebenbild, Spiegelbild; ↗ Linga sharira.

Einbildung, die ohne reale Begründbarkeit aufgekommene Vorstellung oder Auslösung einer Vorstellung. Die psychol. Bedeutung liegt in dem Einfluß, die die E. auf Wille und Gefühl haben kann, sowie in der bisweilen fruchtbaren Bedeutung der Einbildung für die Taten der Menschen.

Eingebung, das scheinbar unvermittelte Aufleuchten eines Gedankens, Gefühls usw., das insbesondere Gewißheit, Sicherheit, Lösung, Klärung, Tatbereitschaft mit sich führt und die Person, der die E. zuteil wird, entspannt, aktiviert, beflügelt usw. Im religiösen Bereich wird E. auf Gott, Himmlisches, evtl. auch Dämonisches rückführbar.

Eingeweihte ↗ Einweihung.

Einheit, nach Eliphas Lévi ist E. das Prinzip und die Synthese der Zahlen. Man unterscheidet danach a) die numerische Einheit, d. h. das Einzelne oder die Grundlage eines Systems (z. B. Meter als Maß-E. für die Strecke) und b)

die synthetische E., d. h. die aus vielen Einzelheiten sich aufbauende und eine einheitliche Wirkung hervorbringende Ganzheit. Gemäß der letzteren Deutung ist auch der in der Theosophie gebräuchliche Begriff von der „Wesenseinheit aller Dinge" zu verstehen: die gesamte Schöpfung ist trotz ihrer Mannigfaltigkeit eine geschlossene und harmonische E. Die Erkenntnis der Zusammenhänge ist das vornehmste Anliegen seriöser Theosophie. In diesem Sinne spricht auch Kant von der „E. in der Mannigfaltigkeit". — Lit.: Corona Trew, Das wohlgeordnete Universum.

Einodung; in der Magie der Vorgang, einen Gegenstand oder Raum in einer bestimmten Absicht mit ↗ Od zu versehen. Gegenstände, die man am Körper trägt, und Räume, in denen man lebt, oden sich von selbst ein. Die künstliche E. hat wohl mehr einen psychologischen Wert. — Lit.: Spiesberger, Hermetisches Abc I, Freiburg 1964.

Eins (Einheit als Zahl), die E. ist diejenige Zahl, welche in den verschiedenen esoterischen Lehrmeinungen fast überall die gleiche Deutung erfährt, nämlich im Sinne von ↗ Einheit. Nach Paracelsus bedeutet die E. in den einzelnen Welten (= Sphären): In der Urbildwelt: dargestellt als Jod; ein göttl. Wesen, die Quelle aller Kraft und Macht, und dessen durch einen einzigen Buchstaben ausgedrückter Name. In der Vernunftwelt: die Weltseele; eine höchste Weisheit, die erste Kreatur, die Quelle allen Lebens. In der himml. Welt: die Sonne; ein König der Sterne, die Quelle des Lichts. In der elementar. Welt: der Stein der Weisen; eine Grundlage und ein Mittel zur Benützung aller natürlichen und übernatürlichen Kräfte. In der kleinen Welt: das Herz; ein erstes Lebendes, ein letztes Sterbendes. In der Unterwelt: der Teufel/Luzifer; ein Fürst der Auflehnung der Engel und der Finsternis.

Einweihung (lat.: Initiation = Einführung, Hineinführung), die unter symbolischen Handlungen stattfindende feierl. Aufnahme in eine Einweihungsgesellschaft (z. B. Mysterienbund od. FM) oder auch die feierliche Erklärung über die Bestimmung einer Sache, namentlich bei kirchlichen Gegenständen. Im Altertum waren die E.n im Mittelpunkt der Geheimkulte der Mysterien stehende Zeremonien, die den Kandidaten in übersinnliche Welten einführten. Sie wurden in einem Trancezustand erlebt. Der Geist wurde von Priestern, die magische Kräfte in sich entwickelt hatten, vom Leibe gelöst und aus der grobstofflichen Welt durch höhere Regionen in die geistige Welt geleitet. Der Eingeweihte gewann die Überzeugung vom Fortleben nach dem Tode; dieser wurde für ihn dann der Übergang zu einer anderen Daseinsstufe, war also nicht mehr das Ende, sondern ein Anfang. Der Einweihungsakt ist eine innere, magische Autorealisation oder Selbstverwirklichung. Es ist eine Umwandlung in einen ganz anderen Bewußtseinszustand, der das Bewußtsein aus seinem individuellen Zustand in eine überindividuelle Haltung erhebt, wobei das individuierte menschliche Bewußtseinszentrum sich als die Erscheinung des individuierenden übermenschlichen Zentrums erkennt. Der Kandidat erlebt die ↗ Vitalstase, d. h. sein bisheriges Bewußtsein wird über die Welt der Erscheinungen deutlich erhoben. Somit gibt die E. demjenigen, der den Entschluß gefaßt hat, den Weg der Verwirklichung zu gehen, die Möglichkeit, eine Bewußtseinsstufe zu erlangen, die er ohne fremde Hilfe nicht erreichen konnte. Die E. ist an drei Bedingungen geknüpft:

1. die Qualifikation, die sich aus der eigenen Natur des Einzuweihenden ableitet,

2. den lückenlosen Übergang der Illumination, der nur in einer traditionellen Vereinigung erlangt werden kann, wo die „2. Geburt" oder Regeneration stattfindet. (2. Geburt, weil sich dem Kandidaten eine Welt erschließt, die ihm eine höhere Entwicklung ermöglicht; Regeneration, weil er in jene Welt zurückversetzt wird, die der Menschheit anfangs zu eigen war.)

3. die innere Arbeit, wodurch unter geeigneter Anleitung und Unterstützung stufenweise die Entwicklung erlangt wird.

In der Anthroposophie wird die höchste Stufe der Geheimschulung ebenfalls E. genannt, die auf die Stufen der Vorbereitung und Erleuchtung folgt. Im Ggs. zum klassischen Einweihungssystem folgt also bei Steiner die E. auf die Erleuchtung. Nach den Lehren der Anthroposophie „werden nun die Dinge der höheren Welt mit Namen benannt, die im Geist ihren Ursprung haben. In diesen Namen, die die wahren Namen sind, liegen die Geheimnisse der Dinge. Die Uneingeweihten verstehen darum nicht immer die Sprache der Eingeweihten". Durch eine folgende komplizierte Prozedur wird der Mensch zu seinem eigenen Zuschauer und ist dann imstande, bewußt aus seinem Leib herauszutreten, um ihn gegenständlich außer sich zu sehen. Vom Lectorium Rosicrucianum wird dieser Weg Persönlichkeitsspaltung genannt. — Nach den Lehren der ↗ Arkanschule ist E. der Prozeß des Bekanntwerdens mit den Grundregeln oder Prinzipien

irgend einer Wissenschaft, der Eintritt in eine höhere oder spirituellere Stufe des Bewußtseins, ferner ein Teil des normalen evolutionären Entwicklungsvorganges oder einer fortschreitenden Bewußtseinserweiterung. Sie ist die definitive Geburt eines neuen Bewußtseins in einer neuen Welt. Weiter nach der Arkanschule beziehen sich die „5 Einweihungen auf die 5 Hauptabschnitte des Lebens Christi": 1. Geburt in Bethlehem, 2. Taufe im Jordan, 3. Transfiguration auf dem Karmelberg, 4. Kreuzigung auf dem Berg Golgatha und 5. Auferstehung und Himmelfahrt. — Nach Eliphas Lévi bewahrt die E. vor den Irrlichtern des Mystizismus; sie verleiht der menschlichen Vernunft ihren relativen Wert und die ihr entsprechende Unfehlbarkeit, indem sie durch die Kette der Entsprechungen an die höchste Vernunft fesselt. Der ist ein Eingeweihter, schreibt Eliphas Lévi (Dogma und Ritual der Hohen Magie, Bd. 1, S. 160), der die Lampe des Trismegistos, den Mantel des Apollonius und den Stab der Patriarchen besitzt. Die Lampe des Trismegistos ist die durch das Wissen erhellte Vernunft, der Mantel des Apollonius die vollkommene Selbstzucht, die den Weisen von den triebhaften Strömen unabhängig macht, der Stab der Patriarchen endlich ist die Hilfe der ewigen okkulten Kräfte der Natur. Die Attribute der Eingeweihten können aber auch so gedeutet werden (a. a. O., S. 162): Die Lampe versinnbildlicht sein Wissen, der ihn umhüllende Mantel seine Verschwiegenheit und der Stab seine Kraft und seinen Wagemut; er weiß, wagt und schweigt. — Eine Selbsteinweihung, wie sie von manchen neuen Organisationen propagiert wird, ist gänzlich ausgeschlossen, und ihre Wirkung ist so gering wie die der Einweihungen der landläufigen FM, wo die E. zur reinen Formalität geworden ist. Die Erklärung des Axel (Roman von Villiers de l'Isle-Adam): „Niemand wird zum Eingeweihten, außer durch sich selbst", ist von vielen gründlich mißverstanden worden; gemeint ist damit nur, daß man die ↗ Voraussetzungen für die E. natürlich mitbringen muß. Dante sagte sehr richtig: „Trasumanar significar per verba non si poria", d. h., die Wirkung der E. „kann nicht durch Worte beschrieben werden". — Lit.: Max Heindel, Alte und neue Einweihung, Darmstadt 1963; Dr. Henri Birven, Lebenskunst in Yoga und Magie, Zürich 1953; Rudolf Steiner, Alte und neue Einweihungsmethoden, Dornach 1967; Alice A. Bailey, Initiation, menschliche und solare Einweihung, Lorch 1952; C. W. Leadbeater, Das verborgene Leben in der Freimaurerei, Düsseldorf 1925; Alec Mellor, Logen, Rituale, Hochgrade, Graz 1967.

Ekklesia ↗ Ecclesia.

eklektisch, von (griech.) „eklego" = auswählen, herausgreifen. In der Philosophie bedeutet e.: unbekümmert aus anderen Schulen und Lehren das beste auswählen und zu einer „neuen" Lehre verarbeiten. — Auch im Okkultismus findet man eklektische Gruppen und ↗ Geheimgesellschaften (im Ggs. zu den initiatorischen und dialektischen), die aus der Vielzahl der bestehenden Schulen und Lehren diejenigen Grundsätze und Punkte auswählen und anerkennen, die ihnen richtig erscheinen. — In Deutschland gibt es eine Reform-FM, die sich E.s System nennt und 1783 ihren Ausgangspunkt in Frankfurt a. M. nahm. Aus dieser Sonderart der FM wurden sämtliche Hochgrade und auch die reine Esoterik völlig verbannt. Heute gehören noch etliche Logen, die nach diesem System arbeiten, zur ↗ VGL.

Ekliptik, von (griech.) ekleiptikos = „zu erscheinen versäumen" bzw. von (griech.) leipo = fortgehen; in Astronomie und Astrologie die (scheinbare) Bahn, die die Sonne unter den Sternen in einem Jahre links herumwandelnd zurücklegt. Die Sternbilder, die in der E. liegen, bilden den ↗ Tierkreis. Die Neigung der E. gegen den Himmelsäquator beträgt 23,5 Grad. Dieser Winkel entsteht durch die schiefe Stellung der Erdachse zur Erdbahn und ist nicht konstant, sondern geringen langperiodischen Schwankungen unterworfen. Wo die E. den Himmelsäquator schneidet, liegen die beiden Tagundnachtgleichen oder Äquinoktien. Bei den größten Abständen der E. vom Himmelsäquator liegen die beiden Solstitien. Die E. wird links herumlaufend in 360° Länge eingeteilt. Als Anfangspunkt gilt die Frühlingstagundnachtgleiche (21. März) = 0 Grad, womit der Frühling beginnt. Auf der E. werden je 30° zu einem Teil genommen, so daß 12 solcher Teile entstehen, die die Tierkreiszeichen heißen.

Ekstase, von (lat.) ectasis = „Verlagerung vom rechten Platz"; Zustand der Verzückung mit raumhaften Wahrnehmungen jeder Art.

Ektoplasma, von (griech.) ektos = außen und plasma = ein geformtes Ding. E. also = „ein nach außen geformtes Ding"; ursprünglich ein Begriff der Zoologie und Botanik für das Äußere des Protoplasmas einer Zelle. Später von Richet in den Wortschatz des Spiritismus übernommen. Hier der vom Medium abgesonderte Stoff, aus dem sich die Geistererscheinungen bilden.

Ektropie, von (griech.) ektropos = „vom Wege abweichen"; E. ist die (im Ggs. zur Entropie) latent vorhandene, noch gebannte Kraft, die noch in Arbeit umsetzbare Energie. Im Zusammenhang mit einer energetischen Theorie der Magie führte zuerst Dr. Ernst Schertel (in: „Magie. Geschichte, Theorie, Praxis", Prien 1923) den Begriff E. in den wissenschaftlichen Okkultismus ein.

Elckerlyc, Eigenname für ein Versammlungsgebäude des ↗ Lectorium Rosicrucianum in Holland. E. bedeutet „jedermann" im Sinne unseres „Lieschen Müller".

Elementale (lat.), Herkunft des Wortes noch ungeklärt; Bedeutung: „zu einem Element gehörig". Zu jedem ↗ Element gehören besondere Elementale:

zum Feuer	. . . . die Salamander
zur Luft	. . . . die Sylphen
zum Wasser	. . . . die Undinen
zur Erde	. . . . die Gnomen

E. sind Geister der Elemente, die Geschöpfe in den vier Naturreichen. Es sind — mit Ausnahme weniger höherer Arten und deren Beherrscher — mehr Naturkräfte als ätherische Wesen. Diese Kräfte sind die dienstbaren Geister der Okkultisten für die verschiedenen Zwecke, aber wenn sie als Elementargeister beschäftigt werden, können sie auch das Medium versklaven und den Leichtgläubigen irre machen. Diese niederen, unsichtbaren Kräfte oder Wesen werden auf der 5., 6. und 7. Ebene unserer irdischen Atmosphäre erzeugt. Der Magier kann sie ohne weiteres anrufen und zwingen, sich zu manifestieren. Nach Dr. v. Purucker wird indessen im theosophischen Sprachgebrauch mehr die Gesamtheit der Wesen, die einen Zyklus evolutionären Wachstums beginnen und sich daher in einem „elementaren" Wachstumszustand befinden, verstanden. — Nicht zu verwechseln mit „Elementen", „Elementargeistern".

Elementalis, sterbliches Instinktwesen; Mittelding zwischen der psychischen und materiellen Welt. Beim Menschen wird die psychische Welt von der Seele gebildet, deren Wesentlichstes das Bewußtsein ist. Die materielle Welt wird vom physischen Körper gebildet.

Elementargeister, eigentlich die entkörperten Seelen der Verstorbenen. Diese Seelen haben einige Zeit vor dem Tode sich von ihrem göttl. Geist getrennt und verloren daher die Eigenschaft der Unsterblichkeit. Manche Kabbalisten, wie Eliphas Lévi, machen keinen Unterschied zwischen ↗ Elementalen und E. (welche Menschen waren). Wenn sie einmal von der höheren Triade und von ihrem Körper abgetrennt sind, bleiben diese Seelen in ↗ Kamarupa-Hüllen und werden unweigerlich zu erdverbundenen Elementen hingezogen, die ihrer groben Natur entsprechen. Der Aufenthalt im Kamaloka hat unterschiedliche Dauer und endet in der völligen Auflösung. – Lit.: Spiesberger, Elementargeister, Naturgeister, Freiburg; Dr. Franz Hartmann, Elementargeister (verschiedene Ausgaben).

Elementaris, spirituelles, bewußtes, persönliches Wesen; Form aller Elemente, die das menschliche Ich, das sich in der astralen Ebene entwickelt, bilden.

Elementarischer Leib, ↗ Sthula sharira

Elementarwesen ↗ Elementargeister

Elemente, im Okkultismus durchweg die E. des ↗ Empedokles, jedoch mit sehr unterschiedlichen Deutungen; im Altertum und in der Alchemie unterscheidet man 4 E.: Feuer, Wasser, Erde und Luft (oder Äther); später kommt als 5. E. die ↗ Quintessenz, teils auch Äther hin-

Gegenüberstellung der Elemente nach okkulten Gesichtspunkten

	Feuer	**Luft**	**Wasser**	**Erde**	**Äther**
Sanskrit	Tejas (Agni)	Vayu	Apas (Jala)	Prithivi	Akasha
Ebene	Manas	Buddhi	Kama	Sthula	Atma
Ebenenbezug	Geist	Intuition	Gefühl	Physisches Leben	Wille
Konstitution	Spiritus (Geist)	Mens (Mentalität)	Animus (Seele)	Corpus (Leib)	–
Bezugnahme	Initiation	Philosophie	Religion	materielles Leben	–
Auswirkung und Zuordnung der Elemente	Aktivität	Intellekt	Passivität	Kritik	Die Quintessenz der 4 Elemente
	Produktivität	Kunst	Rezeptivität	Natur	
	Körper	Zeit	Seele	Raum	
	Praxis	Algebra	Theorie	Geometrie	
	Wille	Beweglichk.	Gefühl	Festigkeit	
	männlich	Ungrund	weiblich	Grund	
	elektrisch	elektrisch	magnetisch	magnetisch	

Die symbolischen Zeichen der Elemente

△ Feuer — 🜁 oder # Luft — ▽ Wasser — 🜃 oder ⊖ Erde

Die Elemente der Alchemie

🜍 Schwefel — ☿ Quecksilber — ⊖ Salz

zu. Die Alchemisten des 15. Jh. und später betrachteten als E.: Schwefel, Quecksilber und Salz. Bei Jakob Böhme werden die 4 E. so gedeutet: „Erde, Wasser, Feuer, Luft sind die 4 mystischen Bewußtseinszustände, aus denen die irdische Quaternität besteht. Jedwedes E. hat seine urnatürlichen Geister in sich als Feuergeister, Luftgeister, Wassergeister und Erdgeister." Paracelsus schreibt ausführlich über ihr besonders geartetes Leben. Er schildert das Leben der Naturkräfte, die uns als die lebendigen Wesenheiten, die sie wirklich sind, und in den Dichtungen der Märchen vorkommen. Im Himmel ist nach diesen Lehren nur 1 Element, die himmlische Leiblichkeit, das 2. Prinzip, der himmlischen Jungfrau Leiblichkeit, Christi himmlischer Leib. Das wahre Leben dieses inneren E. haben nur die hl. Engel und die hl. Seelen der Menschen. In den alten Einweihungsmysterien und in der esoterischen FM gibt es das „Fahren durch die E.", welches schon bei der Einweihung des Apuleius in die Isis-Mysterien erwähnt wird. Hier bedeuten die E. Reinigungen der Materialisationsgrade in einem geistigen Sinne. Von manchen Okkultisten werden neben den 4 herkömmlichen E. noch 3 esoterische E. genannt, nämlich: Wärme, Licht und Ton. Im Majjhima-Nikaya 28 fragt der Buddha: „Was ist nun die Körperlichkeitsgruppe?" — Antwort: Es sind die 4 E. und die davon abhängige Körperlichkeit. „Was aber sind die 4 E.?" — Es sind dies das Feste E., das Flüssige E., das Hitze-E. und das Wind-E.

Elemente, Reinigung durch die, ein Bestandteil der frmr. Rituale, in neuerer Zeit jedoch bei der landläufigen FM teils gestrichen, aber in der esoterischen FM praktiziert. Es handelt sich um einen Teil der Einweihungszeremonie der schon in den ältesten frmr. Ritualen enthalten ist und eine Erinnerung an eine Symbolisierung der Entwicklung des Lebens mit Hilfe und durch die elementaren Wesenheiten darstellt. Das 1. Element ist die Erde, das unterirdische Reich, in welchem sich die Keime entwickeln; es wird durch die dunkle Kammer, in welche der Aufzunehmende eingeschlossen wird, symbolisiert. Die erste ↗ Reise bringt die Berührung mit der Luft, die zweite mit dem Wasser, die dritte mit dem Feuer. Nach den alten Ritus gingen die Reisen des Suchenden durch unterirdische Gänge und wurden nicht im Tempel selbst (wie heute in der FM) vorgenommen. Am Ende dieser Reisen erblickte der Suchende die Inschrift: „Wer diese Reisen allein und ohne Furcht überstanden hat, wird durch Feuer, Wasser und Luft gereinigt sein, er wird die Schrecken des Todes überwunden

haben, er wird berechtigt sein, den Schoß der Erde zu verlassen, um zu den Offenbarungen der großen Mysterien zugelassen zu werden."

Eleusis, Eigenname einer Kleinstadt am Golf von Ägina in Griechenland an der Straße nach Athen. Im Altertum fanden sich dort berühmte Tempeleinrichtungen, die teils ausgegraben sind. Dort fanden die Eleusinischen Mysterien statt. Die berühmtesten und ältesten der griech. Mysterien legt Epiphanius in die Zeit von Inachos (1800 vZ). Sie wurden zu Ehren von Demeter gefeiert, der griech. Ceres, oder der ägypt. Isis. Die Mysterieneinweihung endete mit einer Auferstehung. Die Mysterien begannen im 7. Monat Ethanim (= September), dessen Name vor Adonim kommen soll; vor den Mysterien wurden Brot und Wein geopfert, und während der Mysterien wurden dem Kandidaten die Geheimnisse mitgeteilt, die auf zwei Steintafeln (griech.: petroma, pl.: petrai) standen und an einer Seite wie zu einem Buch verbunden waren, ähnlich wie man die mosaischen Gesetzestafeln auf alten Darstellungen findet. — E. ist außerdem der Name der amtlichen Zeitschrift des Deutschen Obersten Rates des Alten und Angenommenen Schottischen Ritus (↗ AASR); Erscheinungsort: Kulmbach.

Eliade, Dr. phil. Mircea, * 1907 Bukarest; Religionswissenschaftler, spezialisiert auf indische Philosophie und Sanskrittexte; sammelte 1931 im Himalaya Material für seine Dissertation über Yoga; 1940 Kulturattaché an der rumänischen Botschaft in Paris; 1956 Dozent in Chicago. — W.: Das Heilige und das Profane, Hamburg 1957; Die Religionen und das Heilige, Salzburg 1954; Der Mythos der ewigen Wiederkehr, Düsseldorf 1953.

El Morya, ↗ Morya, ↗ Meister.

Elohim (hebr.) = Götter; kommt z. B. vor in 1. Mos. 3, 22, wo es in der Lutherbibel einfach „Gott" heißt; in alten lat. Bibeln aber richtigerweise mit „Dii" (= Götter) übersetzt. Der Plural wird damit gerechtfertigt, daß (angeblich) im Althebräischen ein solcher Plural die Majestät Gottes andeuten soll. — Der Singular würde „Eloah" = „die Göttin" lauten, so daß E. genau genommen sogar „Göttinnen" bedeuten würde. — In der Kabbalah stellt E. die siebenfache Emanation der Gottheit dar. — Im AT ist E. sowohl die Bez. des Gottes Israels als auch fremder Götter. — Im 1. Sam. 28, 13 bezeichnet E. einen Totengeist; an dieser Stelle setzt aber die Lutherbibel ausnahmsweise „Götter", jedoch ergibt sich schon aus Vers 14, daß es sich nicht um Götter, sondern um den materialisierten Samuel handelt.

Elongation, von (lat.) elongare = ausdehnen, verlängern. Die beiden „inneren" Planeten Merkur und Venus können nicht jeden ↗ Aspekt mit der Sonne bilden, sondern bleiben stets in ihrer Nähe. Der größte Abstand, den sie rechts (als Morgenstern) oder links (als Abendstern) von der Sonne erreichen, heißt E.; diese beträgt bei Merkur 28° und bei Venus 48°.

Elus Coens (franz./ hebr.) = „auserlesener Priester"; Name eines Hochgrad-Freimaurer-Ordens, der von Martinez de Pasqualis im 18. Jh. in Frankreich gegründet wurde und seine Blütezeit zwischen 1762 und 1772 hatte. In der Gegenwart bemüht die Vereinigung „Les Stephanios" sich darum, diesen Ritus in seiner Ursprünglichkeit wieder zu beleben.

Elysium (griech.) = „Feld der Dahingegangenen"; bei den alten Griechen derjenige Teil der Unterwelt (↗ Hades), in welchen die Frommen und Gerechten kamen; der andere Teil, der Hölle entsprechend, hieß ↗ Tartarus.

Emanation, von (lat.) emanare = ausströmen; in seiner metaphysischen Bedeutung das Gegenteil von ↗ Evolution, aber doch eins mit ihr; der Austritt oder Eintritt einer göttl. oder überirdischen Kraft, die von intelligenten Kräften unter einem unumstößlichen Gesetz stattfindet. — Lit.: Johann Friedrich Kleuker, Über Natur und Ursprung der Emanationslehre bei den Kabbalisten, 1786.

Emanuel oder Immanuel (hebr.) = „Gott mit uns"; Engelsname, der nach Matth. 1, 23 Jesus Christus zugedacht war, als der nach Jes. 7, 14 prophezeite Sohn einer Jungfrau. — E. ist auch der Titel eines Buches („Das Buch Emanuel") mit dem Untertitel „Kundgebungen aus der geistigen Welt" von Bernhard Forsboom; trotz des Titels hat dieses Buch nichts mit der Bibel zu tun, sondern enthält ausschließlich Berichte über spiritistische Sitzungen.

Emblem (griech.) = eingelegte Arbeit; im Altertum eine Metallverzierung, die in oder auf Metallgefäße gelötet wurde; dann bedeutete es soviel wie Kennzeichen, Symbol, Sinnbild; im heutigen Sprachgebrauch meistens die zusammengesetzten symbolischen Darstellungen, die als Siegel oder Abzeichen verschiedener Organisationen gelten. Ein bekanntes E. ist das Siegel der TG, bei einer Deutung steht für die Schlange das Astrallicht, die Region der Begierden, die uns umgibt und aus der wir herauszuwachsen bestimmt sind, zugleich das Reich des Zeitlichen und der Vergänglichkeit, durch welches man zum Ewigen und zur Unsterblichkeit gelangt, wenn man durch die Kraft der Weisheit (Theosophie) die „Schlange" überwindet. Die zwei ineinander verschlungenen Dreiecke bedeuten die Verbindung von Geist und Materie. Das eine, dessen Spitze nach unten gerichtet ist, stellt den zur Materie hinabsteigenden Geist, das andere, mit der Spitze nach oben, das Emporstreben der materiellen Formen dar, in denen der Geist nach Offenbarung ringt. (Nach anderen werden die beiden Dreiecke, in Übereinstimmung mit der allgemeinen Symbolsprache, genau umgekehrt gedeutet!) Das Dreieck selbst stellt die Dreieinigkeit dar, ohne welche nichts vollkommen ist, d. h. die Einheit von Erkenner, Erkanntem und der Kraft der Erkenntnis. Auch das Kreuz im Innern der beiden Dreiecke bedeutet das Emporsteigen des Geistigen durch das Materielle zum Ewigen. Im Körper der Schlange eingebettet ist das Symbol des sich ewig drehenden Rades der eisernen Notwendigkeit, des Karmagesetzes, dem jedes Geschöpf unterworfen ist und dem auf keinem anderen Wege entronnen werden kann, als durch die Erkenntnis des Ewigen, d. h. durch die Auferstehung des Gottmenschen in uns selbst. Oben die hl. Silbe ↗ Aum, die im Anfang war und ohne Ende ist, der Ursprung des Lichts und Lebens im Weltall. Von den Mitgliedern der Adyar-TG wird dieses E. auch als Talisman am Hals getragen und soll vor Unheil schützen.

Emblem der Theosophischen Gesellschaften

Emineo, von (lat.) eminen = vornehm, ausgezeichnet; willkürliches Paßwort der Inhaber des 8. Tempelgrades im ↗ AMORC.

Emotion, von (lat.) emotus/emovere = aufrühren; normale Bedeutung: Erregung; heute vielfach im Sinne von unterbewußt gesteuertem Widerwillen gebraucht.

Emotionalebene, auch: Astralebene oder Kosmisch-flüssige Ebene, bei Alice A. Bailey die 2. Ebene der 7 ↗ Prinzipien der Welt, bei Rudolf Steiner die Seelenwelt, bei Heindel die Begierdenwelt.

Empedokles, 490—430 vZ; griech. Philosoph aus Akragas (Sizilien); faßte seinen Beruf überwiegend im religiös-sittlichen Sinne auf, ähnlich wie Pythagoras; er selbst rühmt sich magischer Künste, prophetischer Gabe und wunderbarer Heilkunst; E. nimmt aus der Lehre des Parmenides zwei Grundsätze auf: Es gibt kein Entstehen aus nichts, kein Vergehen in nichts, und es gibt keine qualitative Veränderung des ursprünglichen Seins, sondern der Stoff bleibt unveränderlich in seinem Quantum, wie auch in bestimmten Grundqualitäten, aus denen alles andere entsteht oder vergeht oder sich ändert durch die bloße Änderung der Mischung. Die vier Grundstoffe, von ihm mit Götternamen benannt, sind die sog. Elemente: Feuer, Luft (oder Äther), Wasser und Erde. In diesen vier Elementen sah E. den Urgrund aller Dinge und erklärte Werden und Vergehen als durch Anziehung und Abstoßung, Liebe und Haß bewirkte Verbindung und Trennung dieser Elemente.

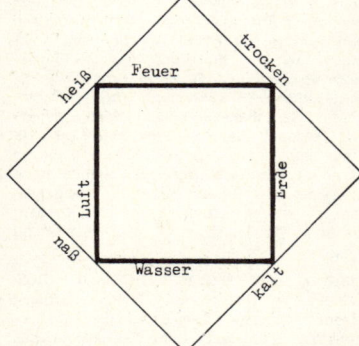

Die Elemente des Empedokles und ihre Eigenschaften

Feuer = heiß und trocken
Wasser = naß und kalt
Luft = naß und heiß
Erde = kalt und trocken

Empfindungsleib, in der Lehre von den sieben ↗ Prinzipien des Menschen der 3. Körper bei Heindel; bei Rudolf Steiner teils Astralleib, teils Seelenleib genannt.

Empfindungsseele, in den Schriften Rudolf Steiners ein Teil (neben Verstandes- und Bewußtseinsseele) des sog. Ichkerns; die E. ist ebenso wirklich wie der physische Körper Quell der Empfindungstätigkeit. Sie hängt in ihrer Wirkung vom Ätherleib (↗ Prinzipien des Menschen) ab, aus dem sie die Empfindung hervorholt, und durch den Ätherleib ist sie

vom Leibe unmittelbar abhängig. Ein Teil des Ätherleibes bildet in seiner feineren Struktur eine Einheit mit der E., der gröbere Teil eine Einheit mit dem physischen Leib. Zwischen phys. Leib und Ätherleib einerseits und E. ist der Astralleib eingeschoben, der von der E. überragt wird; er birgt anschließend an die Empfindungen die Gefühle der Lust und Unlust, die Triebe, Instinkte und Leidenschaften. — Die E. entspricht dem ↗ Nephesch der Kabbalah. — ↗ Kama-manas.

Encausse, Dr. med. Philippe, ↗ Papus.

Enchiridion, von (griech.) en = in und kheir = Hand, „das, was man in der Hand hält"; daher soviel wie Handbuch; kurzes, übersichtliches Lehrbuch einer Wissenschaft. Auch der Kleine Katechismus Luthers wurde E. genannt.

Titelseite des Enchiridions von Papst Leo

Enchiridion Leos III., Bez. eines mittelalterl. Zauberbuches, welches den genauen Titel „Enchiridion Leonis Papae serenissimo imperatori Carolo Magno in munus partiosum datum nuperrime mendis omnibus purgatum, Romae MDCLX" trägt und dem Papst Leo III. zugeschrieben wird. Es enthält geheime Gebete „gegen alle Art Besessenheit, Quälereien, Zaubermittel, Hexerei, Zauber, Charaktere, Visionen, Trugbilder, die Heirat verhindernde Zauber und alles, was durch die Hexerei der Zauberer oder durch das Eingreifen von Teufeln angerichtet werden kann; auch sehr vorteilhaft gegen alle Arten Unglück, das den Pferden, Füllen, Ochsen, Kühen, Lämmern und anderen Tierarten zustoßen kann". (Nach einer einschlägigen Anpreisung; also ein Vorläufer des 6./7. Buch Moses.)

Endres, Dr. Franz Carl (auch: Karl), * 17. 12. 1878 (München), † 10. 3. 1954 (Abselland-Freidorf); bekannter, freimaur. Schriftsteller, dessen bekanntestes Werk „Geheimnis des Freimaurers" in zahlreichen Auflagen erschien. Er gehörte dem ↗ AASR an und besaß den 33. und höchsten Grad. – W.: Mystik und Magie der Zahlen, Zürich 1951; Die Symbole des Freimaurers, Stuttgart 1952; Der Mensch im Banne seiner Schwächen, Zürich 1947; Selbsterkenntnis und Selbsterziehung, Zürich 1946; Der Augenblick ist Ewigkeit, Zürich 1953; Alte Geheimnisse um Leben und Tod, Zürich 1938; Sittliche Grundlagen menschlicher Beziehungen; Der Weg im Unbekannten, Zürich 1939; Land der Träume, Zürich 1949; Goethe und die FM, Basel 1949; Ethik des Alltags; Von den Grenzen unserer Erkenntnis; Ein Leben der Liebe (Roman); Philosophie des Alltags, Zürich 1934; Symbolik von Goethes Faust; Tag des Lebens; Wege zum Glück; Die großen Religionen Asiens, Zürich; Die Zahl in Mystik und Glauben der Kulturvölker; Glossen zum menschlichen Alltag u. a.

Endura, Begriff aus dem Wortschatz des ↗ Lectorium Rosicrucianum, welches (angeblich) bei den ↗ Albigensern und Katharern so viel wie Weltentsagung bedeutet haben soll.

Energie, von (griech.) en = in und ergon = Arbeit; Aktion, Handlung, Tätigkeit; Willensstärke, Kraft; in der Physik: die Fähigkeit, Arbeit zu leisten; hier unterscheidet man zwei Arten von E.: a) potentielle E., z. B. gestautes Wasser, und b) kinetische E., z. B. strömendes Wasser. Hierzu das Gesetz von der Erhaltung der E. von R. Mayer (1842): E. kann weder aus nichts geschaffen, noch vernichtet, sondern nur in andere Form umgewandelt werden. Nach der Relativitätstheorie ist auch Masse eine besondere Form von Energie. – Okkulte Theorien können daher nur dann richtig sein, wenn sie diesen Zusammenhängen nicht

widersprechen. – Allerdings gilt der Satz von der Erhaltung der E. nur in einem geschlossenen System, d. h. wenn weder von außen E. hinzukommen noch solche nach außen abgegeben werden kann. Die Unmöglichkeit einer solchen fundamentalen Voraussetzung ist ebenso unbewiesen wie ihr Nichtstattfinden. Damit wäre die Möglichkeit gegeben, daß durch die Magie des freien Willens lebendige Kraft vernichtet oder geschaffen werden kann. (Nach Dr. Henri Birven, Lebenskunst in Yoga und Magie, S. 77.)

Engbund, Bez. für eine Vereinigung von angeblichen Hochgradgegnern in der FM mit dem Ziel, sich hochgradmäßig zu betätigen. 1797 gründete der bekannte Hamburger Großmeister Friedrich Ludwig Schröder, ein erbitterter Hochgradgegner, den ersten E. und führte damit die Hochgrade praktisch wieder ein, wenn auch unter anderem Namen.

Engel, von (griech.) angelos = Bote. Im christl. Glauben ein Mittelwesen zwischen Gott und Mensch, welches als Bote Gottes zu den Menschen geschickt wird. Auf Dionysius Areopagites geht die Einteilung in neun Engelschöre zurück: Engel, Erzengel, Kräfte, Mächte, Herrschaften, Fürstentümer, Throne, Cherubim und Seraphim. Die bekanntesten Erzengel sind: Michael, Gabriel (Engel der Verkündigung) und Raphael (Begleiter des Tobias im AT). – Lit.: Matthäus Ziegler, Engel und Dämon im Lichte der Bibel; Dionysius Areopagita, Über die Hierarchien der Engel und Kirchen; Joe Snell, Der Dienst der Engel Diesseits und Jenseits.

Engel, Leopold, † 8. 10. 1931; Gründer u. 1. Großmeister des (modernen) Illuminatenordens; bekannt auch unter dem Ordensnamen Theophrastus; E. hat auch eine Geschichte des Weishauptschen Illuminatenordens geschrieben und dann behauptet, sein Orden sei die direkte Nachfolger; Nachfolger E.s als Großmeister der Illuminaten wurde Julius Meyer. – W.: Geschichte des Illuminatenordens, Berlin 1906; Der Illuminatismus einst und jetzt, in: Auf der Warte, 14. Jg., Nr. 6/7; Der Magier, Lorch 1928; Judas Ischariot, Berlin 1922; Im Jenseits; Das große Evangelium Johannis, Bd. IX; Mallona, der geborstene Asteroiden-Planet, Lorch o. J. (ca. 1932).

Engramm (griech.), im Gehirn „eingeprägter" Bewußtseinsinhalt; seelischer Niederschlag (z. B. in Telepathie); unbewußter Gedächtnisinhalt, der durch Reizeinwirkung „eingeschrieben" wird und den ähnliche Reize, die später auftreten, wieder lebendig werden lassen.

Enomiya-Lasalle, H. M. (Ps.) = Hugo Lasalle, kath. Schriftsteller und Mitglied der S. J. – Lit.: Zen-Weg zur Erleuchtung, Wien 1960.

En Soph, andere Schreibung für ↗ Ain Soph, ↗ Kabbalah.

Entelechie, von (griech.) entelecheia = „was das Vollkommene, die Vollendung in sich hat"; die vollendete Wirklichkeit, . das wirkliche Tätig- oder Vorhandensein, im Ggs. zum bloßen Vermögen und Können; die im Stoff sich verwirklichende Wesensform; die im Organismus liegende Kraft, die seine Entwicklung und Vollendung bewirkt. Aristoteles nennt E. die Form als vollendete Wirklichkeit und bezeichnet die Seele als erste E. des Organismus. Auch Goethe sah die Seele als E. an. Driesch kennzeichnet mit E. das unausgedehnte, immaterielle, individuelle, Energien tragende, regulierende und gestaltende Lebensprinzip. – E. ist auch der Name eines imaginären Königreiches bei ↗ Rabelais, welches von der Königin Quintessenz regiert und welches von Pantagruel und seinem Genossen auf ihrer Suche nach der Heiligen Flasche besucht wird. Dieses imaginäre Land symbolisiert die Neigung zur spekulativen Wissenschaft.

Entodung, Gegensatz zu ↗ Einodung.

Entspannung, die Beseitigung von Spannung, Anspannung und Verkrampfung ist die grundlegende Vorbedingung für den Erfolg bei esoterischen Übungen. Latent vorhandene psychische Kräfte treten bei richtiger E. zuweilen automatisch ein. Die meisten Yoga-Übungen und viele Lehren Buddhas zielen zunächst auf E. – ↗ Autogenes Training, ↗ Tiefenentspannung. – Lit.: Felix Riemkasten, Einkehr in die heilende Stille; Bert Riha, Yoga; Hans Würthner, Die Macht der E., Freiburg 1955; Berthold Stokvis, Der Mensch in der E., Stuttgart 1961.

Entwicklung, Entwicklungsstufen ↗ Evolution.

Enzyklika, von (griech.) en = in und kiklos = ein Kreis; Rundschreiben eines Papstes.

E. O. L., Abk. für Ex Occidente Lux oder Ex Oriente Lux = (lat.) aus dem Westen (bzw. Osten) kommt das Licht; Name des früheren Mitteilungsblattes des Orientalischen Templerordens (↗ OTO), später unter dem Titel „Oriflamme" weitergeführt.

Ephemeriden oder Ephemeris, von (griech.) ephemeros = „nur einen Tag dauernd oder lebend". Ephemera heißt daher auch griech. die Eintagsfliege. Mit E. bezeichnet man astronomische Tabellen oder Nachschlagewerke, in denen der Stand der Sonne, des Mondes und

der Planeten tägl. mittags 12 Uhr zu Greenwich angegeben ist. Besonderer Genauigkeit erfreuen sich „Raphael's Astronomical Ephemeris of the Planets' Places", die es für jedes Jahr ab 1800 gibt.

Ephesos (auch: Ephesus), in der alten Geographie eine der 12 ionischen Hauptstädte Kleinasiens, nahe der Mündung des Flusses Cayster; war für seinen großen Artemis-Tempel berühmt; zeitweilig der Wohnsitz von Paulus und Tagungsort des 3. ökumenischen Konzils 431 nZ. Lt. Blavatsky wird E. als der Brennpunkt der Geheimwissenschaften und jener Gnosis betrachtet, die im Widerspruch zu jedem Pseudo-Christentum steht. – Bei den ↗ Illuminaten war E. die Tarnbezeichnung für Ingolstadt (Bayern), dem Wohnort ↗ Weishaupts. – Lit.: Hans Gsänger, Ephesos; Abdru-shin, Ephesus, Stuttgart.

Epochen, okkulte, verschiedene okkulte Systeme behaupten bestimmte okkulte Entwicklungszustände der Erde und der Menschheit. Da es eine Vielzahl solcher Theorien gibt, die nicht die geringste Ähnlichkeit haben, sei hier als Beispiel nur das anthroposophische Schema gebracht:

1. die polare E.: der erste Hauptzustand zeigt die Menschenvorfahren als feine, ätherische Wesenheiten, die als erste Hauptrasse bezeichnet werden;

2. die hyperboräische E.: der zweite Hauptzustand, Zeit der zweiten Haupt- u. Wurzelrasse, bringt keine wesentlichen Änderungen; Sonne, Mond und Erde sind zu dieser Zeit noch e i n Weltkörper; mit der Sonnenabspaltung vollzieht sich eine radikale Revolution in der Menschheitsgeschichte: der Fall aus einer höheren Daseinsstufe in eine niedere;

3. die lemurische E.: als dritter Hauptzustand, wird herbeigeführt durch Abspaltung des Mondes von der Erde und durch Zerfall des bisher eingeschlechtlichen Menschen in zwei Geschlechter: Mann und Weib. Lemuria ist ein Erdteil; die erste Entwicklung schloß mit einer Feuerkatastrophe;

4. die atlantische E.: in Steiners Schrift „Unsere atlantischen Vorfahren" (Berlin 1920) buntfarbig geschildert, ging durch eine Wasserkatastrophe zugrunde;

5. die nachatlantische E., der noch als 6. und 7. E. zwei E. folgen, über die die Hellseher noch nichts aussagen können.

Epopten, von (griech.) epoptes = ein Wächter, Beobachter; jemand, der in den 3. Grad der

131

Eleusinischen Mysterien zugelassen war; spätere Bedeutung: ein Seher, ein in die Geheimnisse Eingeweihter. In den Eleusinischen Mysterien hießen die Schauenden, Sehendgewordenen = E., während die übrigen Mysten genannt wurden. Bei den ↗ Illuminaten der VI. Grad. Auch Wieland verwendet die Bez. E. in seinem Orden Agathodämon im Ggs. zu den Akusten, den bloß Hörenden.

Equinox, Äquinox = andere Schreibweise für ↗ Äquinoktium. — E. hieß auch eine von Aleister ↗ Crowley gegründete esoterische Geheimgesellschaft, die teils unter der Abk. A. A. (= Atlantic Adepts) bekannt wurde. Den Mitgliedern wurde versprochen, ihnen durch Studium von Büchern buddhistisch-theosophischer Tendenz zum mystischen Stadium des ↗ Samadhi zu verhelfen. Dieser Orden ging 1916 wieder ein.

E. R., in frmr. Schriften die Abk. für „es regnet", was soviel bedeutet, daß Profane anwesend sind und Vorsicht geboten ist. Die Abk. selbst kommt in der FM sehr selten vor, jedoch ist sie in den Tempelvorräumen der (nicht-frmr.) ↗ Schlaraffia zu finden.

Eratus, von (griech.) eratos = lieblich, geliebt. E. ist auch der ehemalige Ordensname des bekannten Esoterikers Karl Spiesberger innerhalb der Fraternitas Saturni, Berlin. — Erato ist übrigens die griech. Muse der Dichtung sowie eine Muschelart, die in Afrika und Südasien als Zahlungsmittel dient.

Erde ↗ Elemente.

Erdstrahlen, angeblich eine von der Erde ausgehende, geheimnisvolle und gefährliche Strahlung, über die zwar vielfach geschrieben und gegen welche sogar Gegenmittel verkauft werden, bisher jedoch noch nicht reproduzierbar nachgewiesen worden ist. — Beim AMORC wird gelehrt, daß sich die Erdstrahlen mit den Sonnenstrahlen vermischen und das ↗ Nous bilden. — Lit.: F. Dietrich, Erdstrahlen, Villach 1952.

Erfahrung, die Erkenntnis, die sich auf Wahrnehmung der Tatsachen oder, genauer, auf die Synthese der Wahrnehmungen gründet; wie schon Aristoteles erklärt: viele Erinnerungen (wahrgenommener Tatsachen) machen die e i n e E. — So wie E. sich niemals auf Einzelerlebnisse gründen kann, so kann auch seriöser Okkultismus nicht auf der Basis von Einzelerlebnissen betrieben werden. Entgegen einem verbreiteten Aberglauben hat E. mit dem Alter des Menschen rein gar nichts zu tun.

erglauben, von Dr. Henri ↗ Birven verwendeter Ausdruck für eine bestimmte Form des Er-

kennens im magischen Idealismus. Jeder Ritus beruht auf metaphysischem Erglauben und psychologischem ↗ Erkönnen. Lit.: Birven, Lebenskunst in Yoga und Magie, Zürich 1953.

E. R. I. S., Abk. für (lat.) „et regnabit in Sion" = der Herr wird leben wohnen in Sion (nach Joel 4, 21 bzw. 4, 26). Es ist die Losung (Paßwort) der Inhaber des 9. Grades der Großen Landesloge und bedeutet nach diesem Ritus „die Hoffnung und das Vertrauen auf die Verkündigung des Propheten Joel".

Erkenne dich selbst! (griech.: Gnoti seauton!; lat.: Nosce te ipsum!) Die Inschrift am Apollotempel von Delphi, die einem der 7 Weisen, namentlich dem Chilon (oder Cheilon) aus Lakedämon, zugeschrieben wird. — Nosce te ipsum hieß auch die Ansprache in den Akten des Noviziats des Klerikalen Systems der FM, enthaltend eine alchemistisch-theosophische Schöpfungsgeschichte. — Das Motto ist auch im 6. Grad der FM nach dem System der Großloge „Zu den 3 Weltkugeln" in Berlin noch gebräuchlich, wo es über der Eingangstür zum Tempel deutlich sichtbar angebracht ist als Hinweis darauf, daß man nur durch wirkliche Selbsterkenntnis zum innersten Heiligtum vordringen kann.

Erkenntnis, Erkennen, im allgemeinen das Erfassen der Wahrheit im Bewußtsein vermöge einer dem Gegenstand gemäßen Vorstellung. Ihre Grundfaktoren sind Anschauung und Begriff. Das Problem der Beziehung zwischen der Erkenntnis und dem Gegenstand behandelt die Erkenntnistheorie.

Erkenntnisstufen, Erkenntnisgrade. Seit ↗ Feßler werden in der FM die Hochgrade zuweilen E. genannt, so z. B. bei der Großloge „Zu den 3 Weltkugeln".

Erkennungszeichen. In esoterischen Gemeinschaften wie auch beim AMORC sind E. als Legitimation der Zugehörigkeit üblich. In der FM sind es die an die Bräuche der alten Steinmetzenzünfte angelehnten Zeichen, Worte und Griffe, die in den einzelnen Graden sehr verschieden sind und jeweils eine bestimmte, auf den Grad bezogene symbolische Bedeutung haben; die bloße Kenntnis der E. reicht indes in der FM heute nicht aus, um sich als zum Bunde zugehörig auszuweisen.

erkönnen ↗ erglauben

Erler, Martin, * 24. 6. 1920, Ing.; war von 1949 bis 1954 Mitglied des ↗ AMORC und wurde 1956 Mitgründer des deutschen Zweiges des ↗ ORA. Ordensname in der ORA: Albinus.

Erleuchtung (lat.: illuminatio), in der kirchlichen Sprache die Mitteilung der Erkenntnis der göttl. Wahrheit, vermittelt durch das Wort Gottes oder durch das Gesetz und die Evangelien. Die späteren lutherischen Dogmatiker wiesen der E. in der sogen. Heilsordnung die 2. Stelle zu, nach der Berufung. Von der E. durch das Wort unterscheidet man eine außerordentliche und wunderbare E., deren die Propheten und Apostel, überhaupt die Träger der göttl. Offenbarung, gewürdigt wurden. Aus der kirchl. Sprache wurde der Begriff in die Lit. des Buddhismus und Okkultismus übernommen. In der Anthroposophie ist E. die 2. Stufe der sogen. Geheimschulung. Hier wird dem Schüler geraten, seine Aufmerksamkeit gleichzeitig einem Kristall und einem Tier zuzuwenden. Dabei wird von beiden etwas in die Seele des Schülers strömen und aus diesen Gefühlen bilden sich – nach der Anthroposophie – die Organe des Hellsehens. Der Erfolg wird am Anfang nicht so leicht eintreten, „aber mit Geduld und Ausdauer kommen allmählich jene Gefühle, und das Organ des Hellsehens beginnt sich zu bilden." Es bilden sich zunächst Farben. Der Kristall erscheint blau oder blaurot, das Tier rot oder rotgelb, braungelb. Die Pflanze bleibt auch in der geistigen Welt grün. Ehe diese Stufe erreicht wird, ist die geistige Welt dunkel. Nun wird sie hell. „Natürlich" handelt es sich hier nicht um hell u. dunkel im physischen Sinne. Mit den genannten Farben bez. die Anthroposophie vielmehr die wunderbare Erleuchtung. Es werden nun auch Wesen der höheren Welten, die sich nicht verkörpern, gesehen. Ihre Farben sollen teils schön, teils gräßlich sein. Steiner illustriert die Sache noch an einem Samenkorn, das man betrachten soll. Man stelle sich die daraus entstehende Pflanze so lange vor, bis sich das Samenkorn in eine Pflanze verwandelt, in der Mitte lila, am Rande bläulich. Stellt man sich dagegen das künftige Samenkorn in der Pflanze vor, so entsteht eine Flamme, die in der Mitte grünlich und am Rande gelblich gefärbt ist. Steiner schreibt, daß Hunderte von Versuchen nötig sind, bis es schließlich gelinge. Die nächste, darauffolgende Stufe der Geheimschulung heißt ↗ Einweihung. – In esoterischen Einweihungssystemen (z. B. in der esoterischen FM) ist die E. Teil der Einweihung selbst, tritt aber zuweilen auch erst eine gewisse Zeit nach der Einweihungszeremonie ein.

Erlösung, in der kirchlichen Dogmatik im allgemeinen Befreiung der durch die Sünde Gebundenen und Gefangenen. Im AT wird das Wort von der Befreiung des Volkes Gottes von seinen Feinden, oder des Gerechten von seinen Leiden gebraucht, ohne ausdrückliche Beziehung auf die Sünde. Im NT wird es in engste Verbindung mit Christi Werk gesetzt und namentlich von Paulus in dem Sinne einer Loskaufung der unter dem Gesetz stehenden Menschheit von dem Fluche des Gesetzes (Gal. 3, 13 und 4, 5), oder auch von der göttl. Strafgerechtigkeit (dem göttl. Zorne). Christentum ist der Glaube an die E. durch Jesus Christus. – Die Idee der E. findet sich auch in anderen Religionen, so z. B. im Buddhismus das Befreitsein von der Wiedergeburt.

Ermächtigte Bruderschaft der alten Riten (oder Ritter) des hl. Grals im Großen Orient von Patmos (Abk. „EBDAR"). Nach dem 1. Weltkrieg entstandene kult-magisch arbeitende mystizistische Geheimorganisation, gegründet auf die sogen. Lehren von Josef Schneiderfranken (Ps. ↗ „Bô Yin Râ"). Letzterer behauptete, es gäbe seit uralten Tagen eine geistige Bauhütte, die zu allen Zeiten Arbeiter suchte, die gesonnen waren, an dem großen erhabenen Bau jenes Tempels mitzuhelfen, von dem nur einige wenige auf dieser Erde Plan und Ausmaße kennen, an dessen Entstehen aber jeder mitwirken kann, der die Lehre nicht verschmäht, die ihn zum baugerechten Maurer und Steinmetzen bildet. Schneiderfranken hat andererseits in seinen Schriften die Gründung von Organisationen stets verurteilt, und die meisten Bô-Yin-Râ-Anhänger ahnen überhaupt nicht, daß es eine solche Organisation gibt, zumal ihre Mitglieder unter Eid verpflichtet werden, strengstes Stillschweigen zu bewahren. EBDAR existiert auch heute noch, hat jedoch nur einige Dutzend Mitglieder. Es werden insgesamt 7 Grade erteilt, für die Schneiderfranken in Anlehnung an die reguläre FM die Rituale entworfen hat: 3 Laiengrade (Lehrling, Geselle, Meister) und 4 sogen. Priestergrade (Leuchtender des Urlichts, Weiser des Ostens, Priester des Tempels der Ewigkeit, Majotef Legat von Patmos). Vom letzten Grad (Majotef) gibt es immer nur einen Träger, den Großmeister und Legaten. – In Schneiderfrankens Büchern ist EBDAR nie mit Namen erwähnt, aber es wird auf die Existenz einer sogen. Weißen Loge hingewiesen. Andererseits erschien von Schneiderfranken in der Zeitschrift „Magische Blätter" (Heft 12/1922) ein offener Werbeaufruf für EBDAR. Grundlagen des ganzen Einweihungssystems entnahm Schneiderfranken der Schrift „Die Geheimnisse der Offenbarung" von E. Schlegel (Pfullingen 1921) und der Johannis-Offenbarung. Die 7 Sendschreiben der Offenbarung beschreiben die 7 Aufgaben der Wandlung des Menschen und die 7 Siegel die 7 Graderhöhungen. Dieses Gradsystem wurde später auch beim ↗ Lectorium Rosicrucianum eingeführt, während die Gipfelerkenntnis des vorletzten und letzten Grades, daß jeder Mensch sein eigener Gott sei, auch noch von anderen Organisationen (z. B. ↗ AMORC) übernommen worden ist. – Der Aufnahme in EBDAR geht eine sogen. Prüfungszeit voraus, die von 7 Wochen bis zu 7 Jahren dauern kann. Bei der Prüfungszeit wie nach der eigentlichen Aufnahme handelt es sich um ein landläufiges Yoga-Praktikum, wie es in der umfangreichen Literatur ausführlich beschrieben ist. Außerdem sind Konzentrationsübungen eingeschlossen, die erst psychische Wirkungen, dann sogar seelische Änderungen hervorrufen, auf deren Grundlage Weisungen zu weiterer, höherer Arbeit gegeben werden können. Die Bez. ↗ „Patmos" im Vereinsnamen ist eine geistige Fiktion, die enge Verbundenheit mit dem Evangelisten Johannes andeuten soll, dessen Verbannungsinsel Patmos war. – Die EBDAR-Mitglieder nennen sich ganz allgemein Gralsritter, Templeisen oder Meister v. Himavat. Höchster Feiertag von EBDAR ist Karfreitag. Die Aufnahmebedingungen der EBDAR sind: 1. Gute Kenntnis der gesamten Bücher von Bô Yin Râ; 2. Zweifelsfreie Kenntnis des Offenbarungscharakters; 3. Weitgehende Bewältigung des äußeren Lebens nach dessen Grundsätzen; 4. Der unabdingbare Wille, den Weg der Schülerschaft bis zur Vollendung weiterzugehen, auch dann, wenn daneben die Berufung zum Weg der Bruderschaft deutlich gefühlt wird.

Erneuerungsfest ↗ Aquariusfest

Erscheinung, im Okkultismus hat dieser Begriff sehr verschiedene Bedeutung und steht teils auch für das Phänomen, so im Spiritismus. In der Theosophie wird die Welt der Materie auch Welt der E. oder der Formen genannt.

Erz, bei den Druiden ein Titel eines Würdenträgers (↗ Edel-Erz). – Sonst in Zusammensetzungen wie: E.-Engel, E.-Vater, E.-Kämmerer usw. Hier ist E. die aus dem Griech. entlehnte Vorsilbe „archi" (= der Zeit oder dem Range nach der Erste) in entstellter Form; seit dem 13. Jh. bei der Eindeutschung von Fremdwörtern so gebräuchlich.

Erzengel, griech. Archangel, von arch = Haupt oder uranfänglich + angelos = Bote; nach Dionysius Areopagites die 2. Stufe der Engelshierarchie. E. sind: Michael, Gabriel, Raphael und Uriel. – Rudolf Steiner versteht unter E.

die Feuergeister, Völker- und Rassengeister in einem geistigen Sinne.

Es (engl.: It), eines der 3 Elemente der Persönlichkeit bei Freud, der zwischen Ich, E. und Über-Ich unterscheidet. Mit diesen Begriffen meint Freud nichts anderes als Rudolf Steiner mit seiner Dreiteilung des Ichs in: Verstandes-, Empfindungs- und Bewußtseinsseele. Freuds und Steiners Dreigliederung und die damit verbundenen Erkenntnisse sind schon in den Lehren des orthodoxen Buddhismus enthalten. (Freud und Steiner haben als junge Leute Buddhismus studiert, und die Freudsche Psychoanalyse ist umformulierter, praktisch angewandter Buddhismus.)

ES, Abk. für (engl.) Esoteric Section (= esoterische Abteilung), (engl.) Eastern School (= östliche Schule), esoterische Schule; es handelt sich in diesem Sinne immer um die interne Abteilung der Adyar-TG, in welche Mitglieder erst nach wenigstens 36 Monaten Zugehörigkeit zur normalen TG und nach Ablegung eines besonderen Gelübdes aufgenommen werden. Gegr. von H. P. Blavatsky 1886, d. h. rd. 1 J. nachdem sie die Leitung der Adyar-TG aufgeben mußte, mit dem Ziel, die Gesamtleitung zurückzugewinnen. Judge gehörte nicht zur ES, denn er schreibt 1886 in einem Brief, daß die ES „möglicherweise" auch Grade habe, und 1890, daß es besser wäre, die ES aufzulösen. Die Bedingungen der Aufnahme sollten an sich sehr streng sein, aber schon nach wenigen Jahren gab es in der ES mehr neugierige Wundersucher als wirkliche Esoteriker. Die Regeln sahen (und sehen) vor, daß die Mitglieder u. a. auf den Genuß von Alkohol und Fleisch zu verzichten haben; Verheiratete können nur Mitglied werden, wenn gleichzeitig der Ehepartner Mitglied wird. Alle schriftlichen Instruktionen müssen nach Gebrauch unverzüglich zurückgegeben werden, aber es sind immer wieder Instruktionen „in der Post" verloren gegangen, so daß die sogen. geheimen und esoterischen Instruktionen auch außerhalb der ES bekannt wurden. Wer bereits einer anderen okkulten Organisation (außer Adyar-TG, FM, Odd-Fellows) angehört, kann nicht aufgenommen werden. Wie in den Schulen des Pythagoras (vgl. Gellius, Noct. Att., Sh. IX) soll der Schüler nur hören und muß sich jeder Diskussion, jedes Kommentars enthalten; er muß durch seine Worte und Handlungen den Beweis seiner Ergebenheit aufbringen. Eine andere Bedingung ist die vollkommene Reinheit. „Wenn er (d. h. der Schüler) diese Reinheit gering schätzt, seinen Gelüsten nachgeht, den mate-

---

Der Aufnahmeeid der Esoterischen Schule (Adyar-TG)

1. Ich beherzige die 3 Zwecke der TG.

2. Ich bin überzeugt von der Wahrheit der Hauptlehren der esoterischen Philosophie, d. h. der Existenz einer Einheit, von der alles abstammt, dem Gesetz der Periodizität, der Identität des Geistes im Menschen mit dem universellen Geist, der Reinkarnation, des Karma, der Existenz einer Großen Bruderschaft.

3. Ich wünsche Mitglied der ES zu werden, um mein Leben zu reinigen und zu vergeistigen, um ein nützlicher Diener der Menschheit zu werden.

4. Ich halte es für erwiesen, daß HPB im Besitz eines Wissens ist, welches ihre Mission als Abgesandter der Großen Bruderschaft bescheinigt, und daß diese Schule, die sie gegründet hat, daher unter dem Schutz der Großen Bruderschaft steht.

5. Ich anerkenne Annie Besant als ihren Nachfolger als Chef dieser Schule unter der Leitung der Meister und als ihren Abgesandten, den sie ernannt haben, um die Ziele zu erreichen.

---

riellen Genuß als Ziel, als Selbstzweck betrachtet, dann gibt sich der Mensch der allergefährlichsten Täuschung hin und macht jede seelische Erhebung unmöglich. Man muß wählen zwischen Genuß und Tugend, was der Irrtum vieler Sekten ist, sondern zwischen Liebe und Sieg, und nach getroffener Wahl daran denken, daß die Schönheit, der Widerschein der Krone (d. h. 1. und 6. Sephiroth), zwischen den beiden Wegen ist." Insgesamt handelt es sich bei der Tätigkeit der ES um eine Art meditativer Schulung zur Entwicklung „der Innenkräfte des Menschen, um ihn für die Aufgaben des Dienstes noch fähiger zu machen!" Die Fassung des Aufnahmeeides während der Zeit der Präsidentschaft von **Annie Besant** ist obenstehend abgedruckt. Lit.: siehe unter ↗ Esoterische Schulen.

Eschatologie (griech.; sprich: es-kátológie) in der kirchl. Dogmatik die Lehre von den sogen. letzten Dingen, d. h. vom Endgeschick sowohl des Einzelnen nach dem Tode als auch der Welt und der Menschheit. Dahin gehören Tod, Zwischenzustand, 1000j. Reich, Wiederkunft Christi, Auferstehung, Weltgericht, Weltende.

Eschenbach, Wolfram von, 1170—1217; der Dichter des Parzifal. In ihm verbindet sich die Sage vom hl. ↗ Gral, der bei E. der Inbegriff alles Menschenglücks ist, mit einem keltischen Märchen vom glückl., schönen und guten Dümmling, der schließlich das Glück erwirbt, und mit den Sagen von Artus' Tafelrunde. E. beruft sich auf ein franz. Gedicht des Provençalen Kyot; aber sein Bericht ist so widerspruchsvoll und abenteuerlich, daß es mehr

als wahrscheinlich ist, er habe diesen Kyot nur erfunden.

Esd., Abk. für (lat.) Esdra, das Buch Esra der Bibel.

„esotera" ↗ „die andere welt".

Esoterik, von (griech.) esotericos = innen, verborgen; verborgen; geheim, nicht für die Öffentlichkeit bestimmt; Ggs. zu ↗ exoterisch; einen Unterschied esoterischer und exoterischer Lehre sollen die Pythagoräer gemacht haben. Aristoteles nennt von seinen Schriften die nicht ausschließlich für den Gebrauch innerhalb der Schule, sondern für ein weiteres Publikum bestimmten, exoterische; die Benennung der anderen (wozu sämtliche erhaltene Werke des Aristoteles gehören) als esoterische findet sich erst bei seinen neuplatonischen Auslegern, ebenso haben erst diese die Meinung aufgebracht, als ob jene Unterscheidung den Sinn gehabt hätte, daß die eigentlich philosophische Lehre jedem, der der Schule nicht angehörte, habe verschlossen bleiben sollen. — In der FM versteht man unter esoterisch die wahre Erkenntnis von ihrem tieferen Sinn, der gewöhnlich in den höheren Graden enthüllt wird, da das wirkliche Interesse der unteren Grade hierfür zu gering ist; die den unteren Graden der FM heute vermittelten Kenntnisse sind durchweg als exoterisch zu bezeichnen. Von der engl. Großloge, die für einen Teil der internationalen FM als tonangebend gilt, wird sogar die Existenz einer frmr. Esoterik bestritten und jede Form esoterischer FM bekämpft. — Zum anderen wird in der Praxis mit dem Begriff Esoterik auch viel Mißbrauch getrieben. Mystische Spekulationen sind meist nicht gleichzeitig esoterisch; zuweilen dient das Wort Esoterik auch nur als Tarnwort zur Rechtfertigung wilder Behauptungen im Okkultismus oder von Zwecklügen; zu eindringliche Frager werden mit dem Hinweis, die Erklärung sei esoterisch, schnell abgewiesen. So sind z. B. esoterischer Buddhismus und esoterisches Christentum künstliche Geschöpfe, um verschiedene Religionen deckungsgleich zu machen oder um Widersprüche zu überbrücken. — Schließlich erscheint das Wort neuerdings auch schon in den Theaterkritiken der Tageszeitungen, um auszudrücken, daß der Berichterstatter den Sinn der Handlung nicht verstanden habe. E. ist außerdem der Titel eines von Annie Besant nach dem Tode H. P. Blavatskys herausgegebenen (3.) Bandes der „Geheimlehre" (Esoterik, Leipzig 1919; Übers. von „Occultism", London 1897). Lange vor der Gründung der TG (1875) war übrigens der Begriff E. schon im Gebrauch, wie der folgende Titel beweist: Dr. Chr. E. Wünsch, Esoterika oder Ansichten der Verhältnisse des Menschen zu Gott, Zerbst 1817. 2 Bde.

Esoterische Freimaurerei, eigentlich ein paradoxer Begriff, wenn man davon ausgeht, daß die FM ohnehin eine esoterische Grundlage oder einen esoterischen Kern hat (↗ Freimaurerei). Indes hat die FM in England und Deutschland zumindest in den letzten 100 J. ihren eigentlichen Sinn und Bestimmungszweck verloren und sich auf sogen. humanitäre und profane Aufgaben konzentriert; die Mehrzahl der Suchenden erstrebt die Mitgliedschaft in einer Loge erhoffter (vermeintlicher) materieller Vorteile wegen. Ein nennenswertes Interesse an esoterischen Erklärungen besteht in der landläufigen FM nur bei einer ganz kleinen Minderheit, die zudem von der unwissenden Menge noch belächelt wird. Es haben sich daher seit Ende des letzten Jh. frmr. Körperschaften gebildet, die die FM getreu ihrem Urzweck betreiben und naturgemäß bei der internen Arbeit das esoterische Moment in den Vordergrund stellen. Zahlenmäßig sind diese Oböbdienzen meistens nur klein und mit der übrigen FM nicht zu vergleichen. Die Auswahl der Mitglieder erfolgt nach sehr strengen Maßstäben, um eine Überfremdung der esoterischen Lehren durch profane oder gar materielle Strömungen auszuschließen. Seitens der engl. Großloge wird übrigens das Vorhandensein einer esoterischen Lehre in der FM bestritten. — Lit.: C. W. Leadbeater, Das verbor-

gene Leben in der Freimaurerei, Düsseldorf 1925; Gottlieb Imhoff, Kleine Werklehre der Freimaurerei, Zürich 1960; Alec Mellor, Logen, Rituale, Hochgrade, Graz 1967; Pierre Mariel, Die wahren Söhne des Lichts, Zürich 1963.

Esoterische Kirchen, sektenähnliche Kirchen neueren Datums, die zwar im allgemeinen die Lehren bestehender Kirchen übernehmen, ihnen aber einen esoterischen, d. h. geheimen oder auch nur neuen Sinn geben, der den Lehren und Symbolen zueigen, aber den herkömmlichen Kirchen nicht bewußt sein soll. Einen wann auch nur kleinen Grundstein für diese Bewegungen legte Dr. August Kestner mit seinem Werk „Die Agape oder der geheime Weltbund der Christen", Jena 1819, während der eigentliche Anstoß zur praktischen Gründung e. K.n durch die zahlreichen Werke von Eliphas ↗ Lévi, der dem gesamten Christentum, namentlich dem Katholizismus, eine esoterische Bedeutung gab, kam. Eine Übersicht über die Zusammenhänge zwischen den e. K.n gibt die nebenstehende Darstellung. — Lit.: Leadbeater, Wissenschaft der Sakramente.

Esoterische Schulen, allgemeine Bez. für esoterische Studiengruppen, die teils der Innere Kreis anderer Organisationen, teils auch völlig selbständig sind. Hierzu gehören insbesondere:

a) die ↗ ES der Adyar-TG, gegründet durch H. P. Blavatsky; diese e. S. sollte ursprünglich, nach einem Buch von John Yarker („The Arcane Schools"), Arkanschule heißen

b) die Arkanschule von Alice Bailey, benannt nach der ursprünglichen Idee von H. P. Blavatsky

c) die Esoterische Sammlung in Deutschland, ein freier Zusammenschluß von ernsthaften Esoterikern; dem ↗ Droit Humain nahestehend

d) die Gruppe „Stephanios" in Paris, die die Tradition der Martinisten fortsetzt und den deutschen Bereich durch Fernunterricht bearbeitet.

Lit.: John Yarker, The Arcane Schools; Alice A. Bailey, What is an esoteric school, London o. J.; Dion Fortune, The esoteric orders and their work, Saint Paul/Minnesota, 1962; dies., The training of an initiate, London 1955; Rudolf Steiner, Aus den Inhalten der esoterischen Schule, Dornach 1947/51, 3 Hefte; Dr. Franz Hartmann, Vertrauliche Mitteilungen, Leipzig 1920; Arthur L. Conger, Practical Occultism,

Ursprung und Verbreitung der esoterischen Kirchen

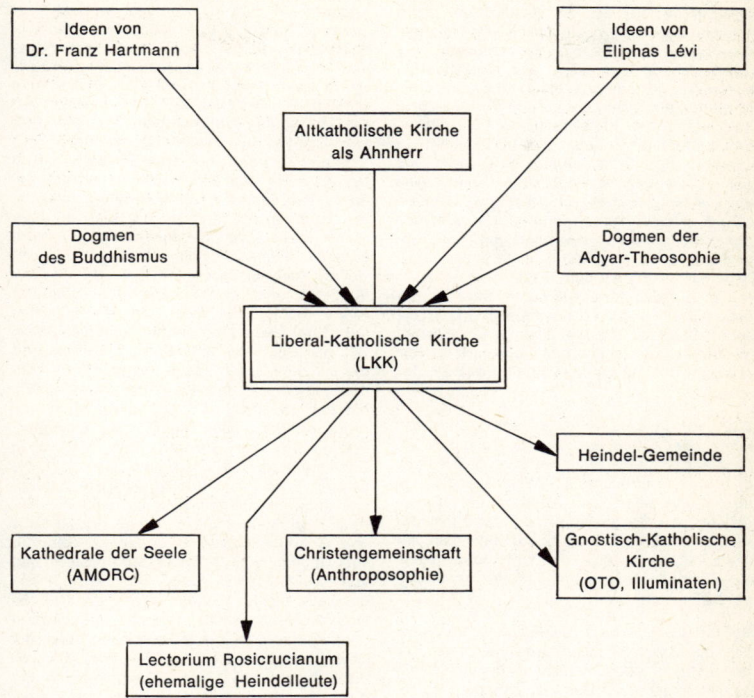

Pasadena 1951; (anonym), The theosophical movement 1875—1925, New York 1925.

E. S. P., Abk. für (engl.) extra-sensory perception = außersinnliche Wahrnehmung; deutsche Abk.: A. S. W.

Esra (auch: Ezra, in der Vulgata: Esdras); jüd. Priester und Schriftgelehrter, welcher um 450 vZ den Pentateuch sammelte, wenn er ihn nicht sogar selbst geschrieben hat; außer Nehemia und Malachi sammelte er auch den Rest des AT. — E. und Nehemia waren z. Z. des Perserkönigs Artaxerxes Longimanus (ca. 458 vZ) die Reorganisatoren des jüd. Staates und Begründer der jüd. Liturgie. — Im Royal-Arch-Kapitel der Hochgrad-FM heißen die beiden Kapitel-Sekretäre E. und Nehemia.

Essäer, ↗ Essener

Essener (auch: Essäer), von (hebr.) asa = heilen; mysteriöse Sekte von Juden, von der schon die jüd. Schriftsteller Philo und Josephus sowie andere zeitgenössische Historiker wie Plinius berichten. Sie sollen von ca. 200 vZ bis 400 nZ gewirkt haben, nach anderen nur von ca. 150 vZ bis 70 nZ. Die literarischen Quellen haben sich inzwischen durch die Funde von Qumram bestätigt. Die E. entstanden aus einer aus dem Tempel von Jerusalem ausgezogenen Priestergruppe und widmeten sich einer asketischen Lebensführung, der

Einsamkeit der Betrachtung und der Religionsphilosophie; ihre Auffassung war, daß der vernünftigste Gottesdienst in sittlichem Streben, tadellosem Lebenswandel bestehe und daß der Mensch sich der Gottheit nur durch strenge Tugend, Enthaltsamkeit von irdischen Genüssen, durch ernste Betrachtungen und Selbstzucht nähern könne. Der Orden der E. soll mehrere Grade gehabt haben wie die alten Mysterienbünde und die FM. Die Anrede „Bruder" der frühen Kirche und der FM soll von den E. stammen. — Annie Besant behauptet in „Esoterisches Christentum", daß Jesus von den E. erzogen wurde, daß er später (wie einst Joseph) nach Ägypten kam, wo er in die „Große Weiße Loge" eingeweiht wurde, von der „alle anderen Religionen auch nur abstammen"; Leadbeater (in: „The Inner Life") dagegen behauptet, daß Jesus nie gelebt hat. — Lit.: A. Adam, Antike Berichte über die Essener, Berlin 1961; H. Kosmala, Hebräer, Essener, Christen, 1959; S. Wagner, Die Essener in der wissenschaftlichen Diskussion vom Ausgang des 18. bis zum Beginn des 20. Jh., 1966.

Ethik von (griech.) ethos = Sitte, Charakter; Moral oder Sittenlehre, der Zweig der Philosophie, der die Gesetze der sittl. Beurteilung, d. h. der Beurteilung der Willenshandlungen als gut oder böse, seinsollend oder nicht seinsollend zum Gegenstand hat. E. wird teils auf Vernunft und Erfahrung begründet. — In der FM spielt die E. eine tragende Rolle, indem das Sittengesetz im Mittelpunkt des frmr. Lehrgebäudes steht.

Eucharistie (griech.) = Danksagung; ursprünglich die Bez. für das liturgische Dankgebet der urchristl. Abendmahlsfeier, heute Bez. für das Altarsakrament der kath. Kirche.

Eudämonismus, von (griech.) eudaimonismos = ein glücklicher Denker; Glückseligkeitslehre, Glücksmoral; sieht den Zweck jeglichen sittl. Bestrebens im persönlichen Glück, das allerdings verschieden ausgelegt werden kann. Kant betrachtet Glückseligkeit als für ein allgemein gültiges Moralprinzip ungeeignet.

Euklid, 47. Problem des E., ↗ Pythagoräischer Lehrsatz

Eurhythmie, auch: Eurythmie, von (griech.) eu = wohl + rithmos = Rhythmus; in den schönen Künsten die Harmonie, Ordnung und elegante Proportioniertheit; der Begriff kommt namentlich in der ↗ Anthroposophie Rudolf ↗ Steiners vor, obwohl die Idee der E. im Sinne Steiners nicht neu ist. Die Erfindung der E. im heutigen Sinne des Wortes, d. h. als Bez. für einen bestimmten Ausdruckstanz, geht auf M. Dalcroze zurück, der die E. nach der Oktoberrevolution in Rußland einführm (vgl. Bertrand Russel, The Practice and Theory of Bolshevism, 1920, S. 65); dann wurde die E. von ↗ Gurdjieff und ↗ Ouspensky übernommen; schließlich folgten Rudolf Steiner und ↗ Arundale für die Adyar-TG. — Nachdem von der Theosophie praktisch alle Religionen, der Okkultismus, die Magie und der Spiritismus bearbeitet worden waren, suchte Steiner auch die Kunst in den Dienst der anthroposophischen Theosophie zu stellen. München wurde als Zentrum ausersehen, um hier in einer Kulturmetropole die Gedankenwelt der Anthroposophie auch in Dramen darzustellen. Zuerst lieferte der Elsässer Edouard Schuré das nötige Material, z. B. in dem Schauspiel „Die Kinder des Luzifer". Indes konnte in München kein Erfolg verbucht werden. Erst nach dem Bau des Goetheanum in Dornach wurden dort die eurhythmischen Tänze aufgeführt. Es handelt sich dabei besonders um Bewegungen, die das gesprochene Wort besser zum Ausdruck bringen sollen, ähnlich dem Macumba, einem magischen Tanz der südamerikanischen Eingeborenen. Ein Zuschauer beschreibt die E. so: „Etwa 30 in Weiß gekleidete Frauengestalten mit farbigen Schleiern tanzten, während Frau Steiner die 1. Szene des 2. Teils von Goethes ,Faust', verschiedene Gedichte von Goethe, von Christian Morgenstern und von Rudolf Steiner vorlas. Die Tänze haben durchaus nichts Theatermäßiges an sich. Es sind ernste Versuche, Sprach- und Seelenvorgänge zum Ausdruck zu bringen durch die Bewegungen des Körpers." — Um 1935 wurde die E. auch in die Adyar-TG übernommen und durch die Inderin Srimati Rukmini Devi (= die Ehefrau von Dr. C. S. Arundale) verbreitet; 1950 wurde die E. vor Neru vorgeführt. — Lit.: Rudolf Steiner, Eurhythmie als Impuls für künstlerisches Betätigen und Betrachten, Dornach 1953.

Euro Mason, Name einer FM-Zeitschrift mit dem Untertitel „Europäische Freimaurer-Zeitung; erscheint seit 1963, zunächst unabhängig, jetzt Organ der Großen Landesloge AFAM.

Evangelium des vollkommenen Lebens, kein Bestandteil der Bibel, sondern ein beim ↗ Lectorium Rosicrucianum gebrauchter Ausdruck für die dort verbreitete Lehre.

Evans, W. H. (1817—1889), amerikanischer Swedenborg-Anhänger, auf den sich (neben

Quimby) die sogen. ↗ Neugeist-Lehre gründet. — W.: 12 Lectures on the Harmonial Philosophy of Andrew Jackson Davis.

Evans-Wentz, W. Y., Yoga-Schriftsteller, der mit Hilfe einheimischer Schriftsteller zahlreiche wertvolle tibetanische Schriften veröffentlicht hat. — W.: Das tibetanische Buch der großen Befreiung; Milarepa, Tibets großer Yogi; Yoga und Geheimlehren Tibets.

Evergeten (griech.) = die Wohl-, Gut- und Schönhandelnden; eine dem Illuminatenbunde ähnliche Geheimgesellschaft, die von Schlesien ausging (Ende des 18. Jh.).

Evestrum, bei Paracelsus in der Konstitution des Menschen die Bez. für die 2. Unterstufe des 2. Prinzips, d. h. für den animalischen Geist. ↗ Prinzipien des Menschen.

Evokation von (lat.) evocare = anrufen. Anrufung, eine Operation der zeremoniellen Magie, wobei man eine bestimmte unsichtbare Wesenheit auffordert, sich zu offenbaren. — Ausdruck in der Magie, um durch Einwirkung des menschlichen, durch die Riten spiritualisierten Willens Wesen, die das Unsichtbare bevölkern, zu beeinflussen. Die magische E. verlangt eine sehr lange Vorbereitung und peinlich genaue Vorsichtsmaßregeln zur Vermeidung negativer Einflüsse. — Es gibt auch E.en der Elemente der Luft, des Wassers, der Erde und des Feuers. — Seitens der Kirchen sind diese E.en verdammt; sie bilden jedoch selbst Bestandteil der kirchl. Riten, wenn auch in versteckter Form. Das Ritual einer E. besteht im Prinzip aus den Teilen: a) Purifikation, b) Anrufung oder E. und c) Schlußgebet. — Berühmt ist die E. des Apollonius von Tyana durch Eliphas Lévi anläßlich seines Besuches bei Bulwer-Lytton in London 1854. (vgl. Lévi, Dogma und Ritual der Hohen Magie, Bd. 1, S. 196—200).

Evokation, Die Große, Bez. für ein Meditationsgebet der Bailey-Schule (↗ Arkan-Schule), welches angeblich vom „Tibeter" D. K. (= Djawal Khul) stammt. Die Originalfassung ist englisch; es gibt indes 2 deutsche Übersetzungen, die eine von der Arkan-Schule, die andere von Otto A. Isbert (vgl. Isbert, Yoga und der Weg des Westens, S. 121). Textvergleich der 1. Strophe:

(Arkan-Schule:)

Aus dem Quell des Lichts im Denken Gottes
Ströme Licht herab ins Menschen-Denken
Es werde Licht auf Erden!

(Isbert:)

Aus des Lichtes Quelle im Denken Gottes
Ergieße Licht sich in das Menschendenken,
Ströme Licht hernieder auf die Erde.

Zu beachten ist, daß die Gottheit zwar erwähnt, aber nicht angesprochen wird.

Evola, Julius, bekannter ital. Esoteriker und okkulter Schriftsteller, dessen Werke in viele Sprachen übersetzt wurden; vertritt den magischen Idealismus: gab von 1927—1929 3 Bände der okkulten Zeitschrift „Ur" (später „Krur") heraus. — W.: Metaphysik des Sexus; Das Mysterium des Grals, München 1955; Erhebung wider die moderne Welt, 1935; La Rivoltà contro il Mondo Moderno, Mailand 1951; La Doctrine de l'Eveil, Paris 1956; La Métaphysique du Sexe, Paris 1959; La Tradition hermétique, Paris 1962; Calvalcare la Tigre, Paris 1964. — Lit.: Isabelle Robinet, Présentation de Julius Evola, in: Zeitschrift „Soleils", No. 5/6, 1963.

Evolution (lat.) = Entwicklung, Entfaltung; ent-wickelt kann nur werden, was zuvor eingewickelt worden ist. Der Gedanke der Entwicklung setzt daher immer voraus, daß das, was entwickelt werden soll, im Prinzip schon — verhüllt — vorhanden, nur eben noch nicht sichtbar ist. Der Begriff E. wird sowohl im bloßen Sinne von Entwicklung, wie auch zuweilen im Sinne von Entwicklungstheorie gebraucht. — In der Theosophie ist E. der fortschreitende Aufstieg vom Unbewußten zum Bewußten, von der Materie zum Geist, von der Vielfältigkeit zur ursprünglichen Einheit. Der Ggs. von E. ist Involution. — Die akademische Wissenschaft kennt nur eine reine physische E., jedoch keine spirituelle E. ↗ E., zyklische. — Lit.: Rudolf Steiner: Die Geheimwissenschaft im Umriß; H. P. Blavatsky, Die Geheimlehre; Jinarajadasa, Die okkulte Entwicklung der Menschheit, Paris 1947; Rudolf Steiner, Die Evolution der Welt und der Menschheit; ders., Die Apokalypse; Cr. Groves und Corona Trew, Vom Sinn des Lebens.

Evolution, zyklische, im nepalesischen Buddhismus wird gelehrt, daß die Entwicklung der Welt in Zyklen (Runden) vor sich geht, deren Zahl unbegrenzt ist. Gegenwärtig befinde sich die Menschheit in der 4. Runde. J. W. Hauer glaubt nachgewiesen zu haben, daß diese Theorie, soweit sie von der Theosophie übernommen wurde, aus dem Buch „Essays on the Languages, Literature and Religion of Nepal and Tibet" (London 1874) von Hodgson stammt, denn in diesem Buch ist auch das von H. P. Blavatsky häufig verwendete, aber sonst nirgends nachweisbare Wort „Dhyanibuddha" zu finden. — Rudolf Steiner hat später die ganze Theorie auf die heilige Zahl 7 abgestimmt, so daß es seit Steiner heißt, es gebe insgesamt 7 Runden, 7 Wurzelrassen, 7 Unterrassen usw. usw. In den wirklichen Überlieferungen ist davon jedoch nichts bekannt, denn wie wollte man wohl auch die Zahl der noch folgenden Runden wissen.

EWE-Kreis, spiritistisch-mediumistischer Zirkel in Hamburg; benannt nach den Anfangsbuchstaben E. W. der Gründerin Elisabeth Watty.

Ewige Lampe (oder E. Licht), in manchen Kirchen, wie auch in den Logen des ↗ Droit Humain das Symbol auf dem Altar, welches die Unvergänglichkeit des Lebens an sich andeutet.

Ex., bei Bibelzitaten die Abk. für (lat.) Exodus = 2. Buch Moses.

Exakter Aspekt, daß ein ↗ Aspekt den gewünschten Längenunterschied genau aufweist, kommt naturgemäß selten vor. Stimmt der Winkel bis auf 1 Grad, so nennt man den Aspekt exakt, andernfalls nennt man ihn plaktisch.

Exakte Wissenschaft, im akademischen Sprachgebrauch jene Wissenschaften, die auf exakten Begriffen beruhen, namentlich Physik und Mathematik; eigentlich ist der Begriff selbst nicht ganz exakt, da es ja unexakte Wissenschaft, als Ggs., nicht gibt. Zum anderen ist die Beschränkung auf exakte Begriffe auch in der akademischen Wissenschaft mehr und mehr aufgegeben worden, und selbst Physik und Mathematik arbeiten mit heuristischen Theorien, um tote Punkte und Wissensgrenzen zu überwinden. Insofern steuern e. W. und Okkultismus (in seiner seriösen Form), letzterer schneller, auf gemeinsame Arbeitshypothesen zu.

Exaltation von (lat.) exaltare = hochgehen, erhöhen, aufsteigen; meist für ein besonderes seelisches Hochgefühl gebraucht; außerdem bezeichnet man in der engl. FM die Beförderung in den Royal-Arch-Hochgrad als E.

Exegese, von (lat.) exegesis = Erläuterung, Erklärung; mit E. bez. man die Deutung und Auslegung von Bibeltexten. Hierfür wird zuweilen auch das Wort Hermeneutik gebraucht. — Die verschiedenen Konfessionen einer Religion unterscheiden sich zumeist und vorwiegend durch eine unterschiedliche E. der hl. Schriften. Sekten verdanken ihr Dasein über-

haupt einer dialektischen E. (↗ Dialektik). — Lit.: O. Kaiser, Einführung in die exegetischen Methoden, 1964; P. Benoit, Exegese und Theologie, 1965.

Exekration von (lat.) execrare = einen hl. Eid zurücknehmen; in der zeremoniellen Magie die Operation, die die Konsekration rückgängig macht und einen Gegenstand auf seine ursprüngliche Bestimmung zurückführt. — Von Luther in Jer. 44, 12 mit „Schwur" übersetzt.

Exerzitien von (lat.) exercitium = Drill von Soldaten, Reitern usw.; heute im Sinne von körperlichen oder geistigen Übungen gebraucht. In diesem Sinne schon 1. Tim. 4, 8 erwähnt und von Luther mit „Übungen" übersetzt.

Ex libris (lat.) = „aus den Büchern"; Bücherzeichen, Eigentumszeichen; für den Esoteriker insofern von Bedeutung, als viele Büchersammler die Ex-libris-Zettel individuell gestalten und zuweilen auch esoterische Motive verwenden. — Lit.: Het maçonniek Ex libris, Den Haag 1959. — ↗ Guaita (Abb.)

Ex-Libris von Pfarrer Wilhelm Hintze
(einstmaliger Großmeister der Großloge von Hamburg)

Exodus (lat.) = Auszug; entsprechend dem Thema vom Auszug der Israeliten aus Ägypten heißt in der Vulgata das 2. Buch Moses E. (Abk.: Ex.); E. ist ferner das Schlußlied des Chors im altgriech. Drama oder auch der

Schluß des Dramas überhaupt. — Lit.: G. Fohrer, Überlieferung und Geschichte des E., 1964.

Exorzismus, Vertreibung von Teufelsgeistern durch Beschwörung und religiöse oder magische Riten, Flüche und Gebete im Zusammenhang mit einer Anrufung Gottes. Solche Dämonenbeschwörungen waren im Zeitalter Jesu bei Juden und Heiden sehr üblich, und wie von Jesus selbst in den Evangelien solche Beschwörungen berichtet werden, so war es in der christl. Kirche von Anfang an Sitte, durch Anrufung des Namens Christi die bösen Geister aus den Kranken zu vertreiben. Die Taufe ist eine besondere Art des E., denn nach altkirchl. Lehre waren alle Heiden in des Teufels Gewalt, mußten also bei der Taufe exorzisiert werden.

Exorcista (lat.) = Beschwörer; Bez. der kath. Geistlichen des 3. Weihegrades, der keine bestimmte Tätigkeit mehr hat.

exoterisch (griech.), nach außen gerichtet, öffentlich; Ggs. zu ↗ esoterisch (↗ Esoterik); im Sprachgebrauch des Okkultismus und der mit ihm verbundenen Geheimgesellschaften alles, was an Wissen und Kenntnissen nicht auf den Kreis der Eingeweihten beschränkt bleiben soll. Eine ganze Reihe von Symbolen hat z. B. sowohl esoterische als auch exoterische Bedeutung; den Außenstehenden oder auch den Neueingeweihten oder Neuaufgenommenen wird nur die exoterische Erklärung gegeben, während die esoterische Deutung dem internen Kreis vorbehalten bleibt. In der Öffentlichkeit entstehen hierdurch zuweilen Mißverständnisse, die sich jedoch nicht vermeiden lassen. Die exoterische Deutung allein ist übrigens für den wahren Sinn eines Symbols mehr oder weniger bedeutungslos, da zum vollen Verständnis in solchen Fällen immer auch der esoterische Teil gehört.

Exteriorisation von (lat.) exterior = nach außen; die magische Herausspaltung des Astralkörpers. — Lit.: Sylvan J. Muldoon, Die Aussendung des Astral-Körpers, Freiburg 1964.

Ez., bei Bibelzitaten die Abk. für (lat.) Ezechiel = Hesekiel.

Ezra ↗ Esra

F

Fabiano, von (lat.) fabula = die erdichtete Erzählung; Ps. von Wilhelm A. Stiller, Madrid.

Fabre d'Olivet ↗ Olivet

Fakir (arab.) = ein armer Mann; im allgemeinen Sprachgebrauch ein indischer Zauberkünstler, der es versteht, die Sinne der Zuschauer auszuschalten, so daß eine mündlich oder telepathisch übertragene Suggestion sich in den Zuschauern frei entfalten kann. Die Suggestion wird im Gehirn der Zuschauer verarbeitet und erregt dann die Netzhaut durch Projektion (↗ Halluzination, objektive). Am bekanntesten ist der schon von Shankara um 800 als „Illusion" beschriebene Seiltrick. — Lit.: R. Schmidt, Fakire und Fakirtum im alten und modernen Indien, Berlin 1908; Paul Brunton, Yogis, Verborgene Weisheit Indiens (hier wird nachgewiesen, daß die Kunststücke der meisten Fakire und Yogis auf Betrug beruhen).

Falk, Titelheld in den Freimaurer-Gesprächen „Ernst und Falk" von G. E. Lessing; Falk ist Freimaurer, und Ernst begehrt Aufklärung über den Bund. F. gibt ihm zu verstehen, daß es, um ein wahrer Freimaurer zu sein, nicht genügt, einmal in eine Loge aufgenommen zu sein, sondern daß es notwendig ist, daß man „einsehe und erkenne, was und warum die FM ist, wann und wo sie gewesen, wie und wodurch sie gefördert und gehindert wird." Die historische Seite, die Lessing von der FM gibt, hält der heutigen Kritik nicht stand. — Indes ist F. noch ein sehr populäres Ps. frmr. Schriftsteller: **Ernst F.** (Ps.) = Kurt Mauch, Hamburg; **Gotthold F.** (Ps.) = Dr. Theodor Vogel, Schweinfurt.

Fama Fraternitatis (lat.) = Gerücht von der Bruderschaft; eine der ersten Rosenkreuzerschriften, erschienen Kassel 1615, mit dem Untertitel „Gerücht der Brüderschaft des Hochlöblichen Ordens des R. C. an alle Gelehrte und Häupter Europä". Kazauer (Disp. histor. de Rosaecrucianis, Wittenberg 1715, S. 17) nennt als Verfasser einen Hamburger Mathematiker Jung; auf dem Titelblatt einer Ausgabe von 1614 (Regensburg) soll stehen „Auctore Joh. Valent. Andreae". Kritiker haben die Urheberschaft Andreaes bezweifelt und ferner behauptet, daß „aus dieser satyrischen Mystifikation dann der Glaube an einen solchen Orden und vielleicht dessen Existenz erwuchs". Unbestritten ist jedoch, daß ein Theologe namens Joh. Valent. Andreae wirklich gelebt und auch einige andere Werke verfaßt hat, die mit den sogen. Rosenkreuzer-Ideen durchaus verwandt sind. Mit den Rosenkreuzer-Organisationen von heute, wie immer sie auch heißen mögen, haben Andreaes Werke allerdings nichts zu tun. — Die F. F. berichtet von einem Frater Christianus Rosencreutz, der in jugendlichem Alter mit einem älteren Klosterbruder nach Jerusalem geschickt wird und nach dem Tode seines Gefährten auf Zypern von dort allein weiterreist, um über Damaskus nach Jerusalem zu gelangen. In Damaskus wird er krank, reist aber nach seiner Genesung auf den Rat von Freunden, die er hier gewonnen, zu den weisen Arabern in Damkar, wo er über alles mögliche und unmögliche belehrt wird und unter anderen Sachen auch den Liber M. (= das Buch der Welt) erhält. Nach 3 J. reist er über Ägypten nach Fez (Marokko) mit Empfehlungen an die dortigen arabischen Weisen, bei denen er wieder andere Kenntnisse erwirbt. Nach 2 weiteren J. kommt er nach Spanien und möchte hier allerlei reformieren, was ihm aber untersagt wird; ebenso ergeht es ihm in anderen Ländern, und so kehrt er schließlich nach Deutschland zurück, arbeitet erst 5 J. für sich selbst, dann aber kommt ihm wieder der Gedanke an eine Reformation, und er verbindet sich mit 3 Klosterbrüdern. So beginnt die „Brüderschaft des R. C.", d. h. des „Rosencreutz", und nicht des Rosenkreuzes. Der Name kommt also von der Person des Stifters, wie die Fama ganz deutlich zeigt. Sie errichteten ein verborgenes Haus Sancti Spiritus (= Hl. Geist) und nehmen noch 4 Genossen an, dann verteilen sie sich in alle Länder, versammeln sich aber einmal jährlich in ihrem Hause, wo „Vatter R. C." seinen dauernden Wohnsitz behält und ihm immer 2 Brüder Gesellschaft leisten. Jeder hatte, ehe er starb, einen Nachfolger zu stellen. Die Jünger wissen nichts davon, wann Vatter R. C. gestorben ist, aber eines Tages finden sie sein Grab zufällig in einem kleinen Gewölbe mit allerlei Zeichen und Inschriften; R. C. war 120 J. vorher gestorben. Sie erwarten jetzt, was die Gelehrten für Bescheid und Urteil geben werden, bekennen sich als Anhänger der Kirchenreformation und der Philosophie, wie sie Adam nach seinem Fall erhalten und Moses und Salomo geübt haben. Das „verflucht Goldmachen" verwerfen sie, rühmen sich aber, daß es ihnen selbst nur ein „Parergon" (= Nebenarbeit) sei, „derengleichen sie noch wol andere etlich tausend bessere stücklein haben". Wer sich meldet und seinen Namen angibt, soll mündlich oder schriftlich weiteren Bescheid haben, falls er es ehrlich meint; den Geldgierigen aber wird das Gebäude verborgen bleiben. — Aus dem Schreiben des Adam Haselmayr, das 1612 im Druck erschienen war, erfährt man, daß er eine Handschrift der Fama bereits 1610 gehabt hat und sich nach dem offenen Erscheinen der Brüder sehnt, um in Gemeinschaft mit ihnen

die Bosheiten der Welt zu bekämpfen. — Hierüber liegt eine umfangreiche Lit. vor, wie auch die Fama in vielen Neudrucken erschienen ist. Originalausgaben befinden sich in der Westdeutschen Bibliothek, Marburg, Stiftung Preuß. Kulturbesitz.

Fanatismus, von (lat.) fanum = Tempel; im heutigen Sprachgebrauch die tadelnde Bez. einer Überzeugungsstärke, die jede abweichende Meinung für unsittlich oder doch menschenunwürdig hält. Jede Überzeugung, die sich auf wichtigere Angelegenheiten bezieht, kann in F. ausarten. Man unterscheidet besonders religiösen, politischen, wissenschaftl. und künstlerischen F.

Farben, die okkulte und esoterische Bedeutung der F. ist unter den entsprechenden Stichwörtern nachzuschlagen; indes ist zu beachten, daß die symbolische Bedeutung bei den einzelnen Völkern teils unterschiedlich ist. In Japan ist die Farbe der Trauer weiß, im Westen schwarz. — In der FM hat sich noch eine gewisse Einheitlichkeit der Farbensymbolik erhalten, jedoch ist ihr Ursprung nicht mehr nachzuweisen. Symbolfarben erscheinen in der FM an Wänden, Decken, Fußböden, Säulen, Altären, Altardecken, Teppichen, Vorhängen usw. Im einzelnen haben die Farben folgende Grundbedeutung:

schwarz, weiß oder silbern:

Finsternis und Licht, Trauer und Unschuld, Tod und Licht (Leben), Irrtum und Wahrheit, gut und böse

blau und gelb oder gold:

blau = die Farbe der Treue und Beständigkeit; gelb = die edle Arbeit: blau und gelb zusammen = bald Feuer und Wasser, bald der Orden und die Religion

rot und grün:

rot = Blut, grün = Hoffnung

weiß, schwarz, rot und grün:

die Farben der 4 Elemente

rot, gold (gelb) und weiß:

rot = Blut des Herrn, gelb = Schar der Auserwählten, weiß = künftige Herrlichkeit.

Außerhalb der FM bedeuten die F. esoterisch:

rosenrot:	Liebe
rot:	Ehrgeiz und Macht
scharlach:	Energie, Leben (Blut)
gelb:	Königtum
grün:	astrales Wachstum
blau:	Intellekt
purpur:	Weisheit

| weiß: | Reinheit, Vollkommenheit |
| schwarz: | Unwissenheit |

Im Okkultismus werden zuweilen die ↗ Chakras mit Farben symbolisiert; möglicherweise handelt es sich hierbei um falsche Ableitungen aus der ind. Lit. In der alten Chandoya Upanisas (VIII, 6) heißt es, daß die Adern, die vom Herzen kommen, braun, weiß, blau, gelb und rot seien. Genau diese Farben tauchen später in der europäischen Lit. als Farben der Chakras auf. — Den Farben werden zuweilen auch besondere Heilkräfte zugesprochen (was medizinisch teilweise zugegeben wird), und überdies gibt es sogen. Farbmeditationen, bei denen man sich die Farben vorstellen muß. — Lit.: R. Gradwohl, Die Farben im Alten Testament, 1962; Prof. L. Eberhard, Farbenkräfte im Dienste des Lebens; S. G. J. Ousley, The power of the rays, the science of color-healing, London 1961.

F. C., Abk. für (engl.) Fellow Craft oder Companion = 2. Grad der engl. FM; entspricht dem Gesellengrad der deutschen FM.

Fechner, Gustav Theodor, * 19. 4. 1801, † 18. 11. 1887; deutscher Philosoph und Naturforscher,

Gustav Theodor Fechner

Begründer der Psychophysik und der Theorie von der Allbeseelung des Universums; war auch mit ↗ Zöllner befreundet, mit dem zusammen er sich mit dem amerikanischen Medium Slade beschäftigte. F. räumte auch dem

Glauben in der Wissenschaft eine wichtige Rolle ein; Prosa-Dichtungen F.s erschienen unter dem Ps. Dr. Mises. — W.: Das Büchlein vom Leben nach dem Tode, 1836 und Berlin 1945; Zend-Aveste oder die Dinge des Himmels und des Jenseits, 1851, 1919, 1922; Über die Seelenfrage. Gang durch die sichtbare Welt, um die unsichtbare zu finden, Hamburg 1907; Nanna oder über das Seelenleben der Pflanzen, Leipzig 1848; Die 3 Motive und Gründe des Glaubens, Leipzig 1863; Einige Ideen zur Schöpfungs- und Entwicklungsgeschichte der Organismen, Leipzig 1873; Die Tagesansicht gegenüber der Nachtansicht, Leipzig 1879; Elemente der Psychophysik, Leipzig 1860; Über die physikalische und philosophische Atomenlehre, Leipzig 1864; Prof. Schleiden und der Mond, Leipzig 1856. — Lit.: K. Lasswitz, Gustav Theodor F., Stuttgart 1910.

Fegefeuer ↗ Seelische Welt

Feminine Freimaurerei, die „weibliche" FM, im Ggs. zur „maskulinen" und gemischten FM (Droit Humain); die f. FM ist aus der sogen. Adoptions-FM hervorgegangen. In Berlin bestehen 2 Frauen-Logen der f. FM, während in vielen Städten der Bundesrepublik den maskulinen Logen sogen. Schwestern-Kränzchen angeschlossen sind. — Lit.: G. O. Vat, Etude sur les loges d'adoption, Paris 1933; N. Switkow, La franc-maçonnerie féminine, Brunoy 1933; Alec Mellor, Logen, Rituale, Hochgrade, Graz 1967.

Fernbeeinflussung, im weitesten Sinne eigentlich alle absichtlich hervorgerufenen Wirkungen im Okkultismus; im engeren Sinne jedoch mehr die schwarze Magie in dem Bestreben, Dritte zu schädigen oder zu benachteiligen. Eine erfolgreiche Betätigung auf diesem Gebiet setzt allerdings voraus, daß der betr. Magier über eine sehr hohe, wenn nicht sogar die höchste Entwicklungs- und Bildungsstufe der Magie verfügt und der zurückgelegte Weg einwandfrei der eines weißen Magiers war. Insofern ist die Gefahr, einer magischen Fernwirkung ausgesetzt zu sein, sehr gering, denn die Erlangung der erforderlichen Fähigkeiten ist nur über den weiß-magischen Weg möglich. Somit bleibt die in der Lit. viel diskutierte Gefahr auf die sehr seltenen Fälle beschränkt, in denen ein Weißmagier auf dem Höhepunkt seiner Laufbahn schwarzmagisch wird.

Fernheilung, die Heilung von Krankheiten aller Art durch Fernbehandlung, meist ohne daß der Heiler den Kranken überhaupt kennt, sondern mit diesem schriftlich verkehrt; daneben existieren noch bei manchen Okkult-Gesellschaften die sogen. ↗ Heilungsdienste unter den verschiedensten Namen. F. wird meist von medizinischen Laien vorgenommen, so daß immer eine beträchtliche Vorsicht geboten ist, zumal man im Mißerfolgsfall kaum ausreichende Beweise haben dürfte. Als Musterbeispiel wird von den Fernheilern der Heilungsfall in Matth. 15, 21ff. angegeben; hier erfolgte aber die Heilung offenbar über den Umweg eines Mediums. Daß viele Krankheiten eine seelische Ursache haben, die am besten mit den der Seele zuträglichen Mitteln kuriert wird, bleibt unbestritten, jedoch müssen die von Scharlatanen geübten Methoden abgelehnt werden. Die Heilung auf seelischer Grundlage ist von den Schulmedizinern schon seit langem als geeigneter Weg erkannt worden, aber so wie der normale Mensch, der seine Fehler erkannt hat, sich noch lange nicht ändern will, so kann auch die Schulmedizin nicht einfach wegdiskutiert werden. ↗ Gesundbeter. ↗ Geistheilung — Lit.: W. H. C. Tenhaeff, Außergewöhnliche Heilkräfte, Freiburg 1957; Alice Bailey, Esoterisches Heilen, Lorch; Charles Dana Dean, Die Kathedrale der Seele, Überlingen 1958.

Feßler, Ignaz Aurelius, * 1756 Czurendorf/ Westungarn, † 15. 12. 1839 Petersburg; einer der Reformatoren der FM und Verfasser der Rituale des Royal-York-Systems; 1819 sogar Bischof von Saratow/Rußland. Für seine FM-Reformen benutzte Feßler Unterlagen, die er vertraulich vor der Veröffentlichung von Friedrich Ludwig ↗ Schröder erhalten hatte.

Festmachen (oder bannen), unverwundbar gegen Kugeln und Eisen machen. Nach dem Aberglauben kann man sich festmachen durch Zauberzettel, mancherlei Segenssprüche, oder indem man sich ein Stückchen Nabelschnur und ein Stück Fledermaus in die Kleider näht, oder ein Hemd anzieht, dessen Garn von einem 7j. Kinde gesponnen ist, oder indem man eine geweihte Hostie in einer Wunde verwachsen läßt, oder einem Erschossenen die Kugel auszieht und sich dieselbe anhängt und dgl. mehr. Auch die Wurzel des Allermannsharnisch gilt als Mittel zum F. gegen Hieb und Stich. Einzelheiten finden sich in allen Werken des Aberglaubens.

Fetisch, von (lat.) facere = machen, über (ital.) fattizio = künstlich; beliebiger künstlicher Gegenstand (aus Stein, Horn oder auch Holz gefertigte Tier- oder Menschenfiguren), der verehrt wird, da ihm übernatürliche Kräfte zugeschrieben werden. — Abarten des F. sind: ↗ Amulett und ↗ Talisman.

Fetischismus, in der Völkerpsychologie Bez. für den Glauben an die geheimnisvolle, übersinnliche dämonische Macht lebloser Gegenstände. Im ↗ Fetisch ruht ein gebannter Dämon, er ist eigentlich ein Individuum. F. ist die ursprünglichste Form eines Kultes.

Feuer, wegen der Ähnlichkeit des Feuers mit dem unauslöschlichen hl. F. hatten die Alten Bedenken, irgendeine Flamme zu löschen. Tatsächlich gleicht auch nichts mehr einem lebenden Wesen als das F. Es stirbt und nährt sich von selbst. Wie unsere Seele läßt es durch seine Flamme alle Dinge im Lichte erstrahlen. Es erleuchtet alles. Plutarch hat in seinen Tischgesprächen das Feuer besonders eingehend behandelt. ↗ Elemente

Feuerfestigkeit, wird schon in der Bibel bei Daniel 3, 1 ff. berichtet. Drei mit Daniel am Hofe König Nebukadnezars erzogene jüd. Jünglinge, die sich weigerten, vor einem Götzenbild niederzufallen, wurden in einen glühenden Ofen geworfen, blieben aber durch den Beistand eines Engels, wie die Bibel sagt, unversehrt, wodurch der König zur Verehrung Jahwes bewogen wurde. — Lit.: C. Kuhl, Die 3 Männer im Feuerofen, 1930; Guido Huber, Übersinnliche Gaben; C. Zuckmeyer, Der Gesang im Feuerofen, 1956.

Feuerprobe, in den griech. Mysterien eine der Prüfungen während der Einweihung. — Bei Rudolf Steiner die 1. Probe bei der Einweihung; in dieser Probe sollen wir als gereifte Glieder zur Seelengröße gelangen. Wie das geschieht, wird jedoch nicht gesagt, vielmehr nur, daß das, was da erreicht werde, sonst nur durch mühsame Erfahrungen zustande komme. — Die nächste Probe ist die ↗ Wasserprobe.

Fiat (lat.) = „daß es getan werde"; 1. Mos 1, 3: Fiat lux = es werde Licht; in esoterischen Gemeinschaften, insbesondere der Hochgrad-FM, die höchstinstanzliche Genehmigung eines Antrages.

Fichte, Johann Gottlieb, 1762—1814, deutscher Philosoph, neben Hegel und Schelling bedeutendster Vertreter des deutschen Idealismus. Mittelpunkt seiner Lehre ist das schöpferische Ich, das sich selbst freisetzt und menschlicher Vervollkommnung fähig ist. F. erhob als erster den dialektischen Dreischritt: These, Antithese, Synthese zur grundlegenden Methode philosophischen Denkens. — F. war auch Freimaurer, aber der Ort seiner Aufnahme ist nicht bekannt; in der Lit. wird zuweilen behauptet, ↗ Feßler hätte ihn unrechtmäßig in die FM aufgenommen. — W.: Grundlage der gesamten Wissenschaftslehre, 1794; Über den Grund unseres Glaubens an eine göttl. Weltregierung; Kritik aller Offenbarung; Bestimmung des Menschen; Anweisung zum seligen Leben; System der Sittenlehre.

Fiktion, von (lat.) fictio = machen, bilden; im allgemeinen Sprachgebrauch eine Erdichtung, Erfindung, Annahme; in der Wissenschaft als methodisches Hilfsmittel bewußt gesetzte falsche Annahme, um durch späteres Ausscheiden der F. zum richtigen Ergebnis zu kommen.

Filiation, von (lat.) filius = Sohn; bei esoterischen Gesellschaften der Nachweis ihrer Abstammung und damit ihrer Berechtigung, sich auf ältere Lehren zu beziehen. Ein Templer-Orden müßte z. B. in der Lage sein, seine Abstammung vom Orden Jakob de Molays lückenlos nachzuweisen. FM-Verbände, die ihre Abstammung von der 1717 gegründeten engl. Großloge nicht nachweisen können, gelten in der FM als irregulär. Die von den sogen. gnostischen Kirchen angegebenen Filiationen sind meist sehr zweifelhaft.

Findeisen, Dr. Hans, bekannter Kulturwissenschaftler und Schriftsteller. — W.: Geheimlehren Asiens und Europas, Augsburg 1955; Schamanentum, Stuttgart 1957; Sibirisches Schamanentum und Magie; Augsburg 1953.

Fischezeitalter, in okkulten Schriften die Bez. für das jetzige Zeitalter, welches vom ↗ Wassermannzeitalter abgelöst wird; vor dem F. war das Krebszeitalter. ↗ Neues Zeitalter.

Fittkau, Robert, Leiter und Gründer der 7-Rosen-Zentrale und der Sierozen-Loge. — W.: Das magische Siebengestirn. Lehrgang zur Jungerhaltung des Körpers.

Flammarion, Camille, 1842—1925; bekannter franz. Astronom und Mitgründer der franz. TG; verfaßte allgemeinverständliche Werke über Astronomie sowie über theosophische Themen. — W.: Der Tod und seine Mysterien; Unbekannte Naturkräfte, 1908; Rätsel des Seelenlebens; Das Ende der Welt, Pforzheim.

Flammender Stern, in der FM eines der ältesten Symbole, so bei der Beschreibung einer engl. Loge 1735 schon erwähnt. Er ist ein 5zackiger Stern im Strahlenkranz, in dessen Mitte der Buchstabe „G". In England gehört er bereits zum 1. Grad, auf dem Kontinent erst zum 2. Grad sowie zu mehreren Hochgraden. Die Deutung ist von Grad zu Grad verschieden.

Flammendes Herz, Religion des F. H.ens; eine von ↗ Hilarion verkündete Lebensphilosophie

Flammendes Schwert, in manchen engl. und kontinentalen FM-Logen sowie in den Logen des ↗ Droit Humain ein symbolisches Werkzeug, das teils zum Meister vom Stuhl, teils zum Türhüter gehört. — Schon in 1. Mos. 3, 24 erwähnt („flammeum gladium"), von Luther jedoch mit „hauendem Schwert" übersetzt.

Flammendes Schwert

Fleischgenuß ↗ Vegetarismus

Fliegende Untertassen, scheibenförmige Flugkörper, konstruiert von den Avro-Flugzeugwerken in USA. — Ferner Bez. für Himmelserscheinungen („UFOs"), die als Anflüge außerirdischer Lebewesen gedeutet werden.

F. L. O. R. A. = Abk. für Fraternitatis Luminis Ordo Regina Adeptorum = Bruderschaft des Lichtordens der königl. Adepten; Sitz: Bad Kreuznach; Gründer: Maikowski (vormals Fraternitas Saturni).

Fludd, Robert (auch in der lat. Form: Robertus de Fluctibus); engl. Physiker und Historiker, allgemein auch als Hermetiker und Rosenkreuzer angesehen, 1574—1637; schrieb u. a. über das Wesen des Goldes und andere mystische oder okkulte Themen. — W.: Rosicrucian Anatomy; Summum Bonum; Die Verteidigung der Rosenkreuzer, Berlin 1921; Philosophia sacra et vere Christiana seu Meteorologica cosmica, Frankfurt 1626. — Lit.: von Craven, Robert Fludd, 1902.

fluidal, fluidisch = flüssig oder auf das Fluidum bezogen.

Fluidum, von (lat.) fluidus = fließend, flüssig; das nicht Festhaltbare, nicht bestimmt Faßbare, das von einer Person oder einem Gegenstand ausgeht und doch wahrnehmbar ist.

FM, allgemein übliche Abk. für ↗ Freimaurerei

FO, in der deutschen FM-Literatur die Abk. für Freimaurer-Orden; gemeint ist damit immer die Große ↗ Landesloge nach dem schwedisch-christlichen Rittersystem.

Föderation, von (lat.) foederare = vereinen; in der Adyar-TG die Bez. eines nationalen Mitgliederverbandes; beim ↗ Droit Humain auch die Bez. der nationalen Großlogen.

Fohat (tibet.), die kosmische Elektrizität; das Urlicht; die allgegenwärtige Energie; die universale, antreibende Lebenskraft; die unaufhörlich zerstörende und neubildende Kraft; die Synthese der vielfachen Arten und Formen elektrischer Phänomene; auch die aktive (maskuline) Kraft in der Natur; esoterisch ist F. also die universelle antreibende Lebenskraft, die gleichzeitig Ursache und Wirkung ist.

FORC (Abk.) = (franz.) Fraternité d'Organisation et de Renovation Culturelle = Bruderschaft der kulturellen Organisation und Erneuerung; gegr. 1954/55 von Madame J. Dumonceau (ehemalige Mitbegründerin des franz. AMORC) in Frankreich. Es handelt sich um eine Rosenkreuzer-Bruderschaft.

Fô-Hi ↗ Koua

Form, in der Theosophie der Ausdruck der Idee als Materie; daher auch „Welt der Formen" als Umschreibung der Materie.

Formalismus (lat.) = Überbetonung der Form gegenüber dem Inhalt; übertriebene Hervorhebung des Äußerlichen. Sobald auf einem Gebiet die wirklich geistigen Grundzüge zurücktreten, macht sich der F. breit, so z. B. in der landläufigen FM.

Forschungsloge, eine besondere Form der FM-Loge, die wohl erstmals von dem Hamburger Großmeister Friedrich Ludwig Schröder unter der Bez. „Engbund" gegründet wurde. Später folgten Forschungslogen in England, USA und anderen Ländern. Gegenstand der Tätigkeit dieser Sonderlogen ist die Erforschung von Geschichte, Symbolik und Brauchtum der FM und verwandter Gebiete.

Fortschritt, im Schrifttum meist die Umschreibung für irgendeine Änderung um der Änderung willen, ohne daß Vorteile oder Vorzüge erkennbar wären; an sich sollte mit F. immer eine positive Weiter- oder Höherentwicklung gemeint sein. F. ist nicht mit Evolution gleichzusetzen, denn Evolution kann aufgrund von zyklischen Gesetzen auch Rückschritt bedeuten.

Fortune, Dion, Ps. der engl. Schriftstellerin Violet M. Firth; Gründerin der Society of the Inner Light, welche eine besondere Form der Theosophie vertritt. — W.: Liebe aus dem Jenseits, München 1927; Avalon of the Heart, London 1934; Esoteric Orders and their work, Saint Paul/USA 1962; Golden verses of Pythagoras; Psychic self-defence; Spiritualism in the light of occult science; The training and work of an initiate, London 1955; Applied Magic, London 1962; The cosmic doctrine, London 1957; La cabale mystique, Paris 1937.

Fragmente der Weisheit der Meister, Titel von Instruktionsheften für die Inhaber des 10. Tempelgrades beim ↗ AMORC im Umfange von 2 bis 12 Seiten. Im Ggs. zu den sogen. Monographien, die nur vervielfältigt sind, sind die Fragmente im Buchdruck hergestellt. Nr. 1 enthält z. B. die Anleitung zum ↗ Sonnengebet.

Franck, Adolphe, * 9. 10. 1809, † 10. 4. 1893, franz. Philosoph; großer Kenner der jüd. Philosophie und speziell der Kabbalah; F. hat der Kabbalah ein ernstes und tiefes Studium gewidmet, und zwar vom Standpunkt der modernen Philosophie und akademisch-wissenschaftlichen Kritik aus. — W.: La Kabbale, ou la philosophie religieuse des Hébreux, Paris 1843, 1892, deutsch von Gelinek, Leipzig 1844; La philosophie mystique en France à la fin du XVIIIe siècle, Paris 1866; Dictionnaire des sciences philosophiques, 1843, 1875.

Frater (Mz.: Fratres) = Bruder (lat.) in kath. Orden und bei den Rosenkreuzern.

Fraternitas Luminis (lat.) = Bruderschaft des Lichts; von Johannes Maikowski (Stadt Allendorf) gegründete esoterische Vereinigung, die in irgendeiner Verwandtschaft zur ehemaligen Fraternitas Saturni Berlin steht.

Fraternitas Saturni, sexual-magische Geheimloge in Berlin, die um 1926 dadurch entstand, daß ↗ Tränker und ↗ Crowley sich nicht über eine Zusammenarbeit einigen konnten und die Berliner Mitglieder der ↗ Pansophia ausgeschlossen austraten und unter Eugen ↗ Grosche als Großmeister die F. S. gründeten. 1936 wurde die F. S. von den Nazis geschlossen, und Eugen Grosche ging ins Exil nach Locarno; nach 1945 wurde die Arbeit in Berlin und in einigen anderen Städten wieder aufgenommen. Verschiedene Spaltungen beschränkten die Arbeit der F. S. doch im wesentlichen auf Berlin. Von der F. S. abgezweigt hatten sich die ↗ Fraternitas Luminis und die Fraternitas Uranus; nach dem Tode des Großmeisters Grosche ging das Zentrum der Arbeit nach Frankfurt, wo jedoch heute offensichtlich ganz andere Tendenzen vertreten werden. — Die Tätigkeit der F. S. stand weitgehend auf dem Boden der Crowley-Lehre, wenn auch der ↗ OTO in Zürich sich als alleiniger Vertreter der Crowley-Ideen bezeichnet. Die F. S. gab vor 1933 die Zeitschrift „Saturn-Gnosis", von der sich ein vollständiger Satz in der „Westdeutschen Bibliothek" (Stiftung Preußischer Kulturbesitz, Marburg) befindet, heraus; nach 1945 erschien als Fortsetzung und teils mit Wiederholung der alten Veröffentlichungen die Logenzeitschrift „Blätter für angewandte Lebenskunst", von denen viele Ausgaben zu der gesuchtesten Lit. zählen. In den Blättern erscheinen so bekannte Namen wie Fra Eratus,

Das Grad- und Einweihungs-System der Fraternitas Saturni

	Grad	Titel	Anmerkungen
Pronaos oder Vorhof	0.	Novize	
	1.	Lehrling	
	2.	Scholasticus Voluntatis	= Schüler des Willens
	3.	Scholasticus Verbi	= Schüler des Wortes
	4.	Scholasticus Vitae	= Schüler des Lebens
	5.	Frater oder Sorella	= Bruder bzw. Schwester
	6.	Servus Juri	= Diener des Rechts
	7.	Servus Templi	= Diener des Tempels
	8.	Gradus Mercurii	= Merkur-Grad
	9.	Servus Pentaculi	= Diener des Fünfecks
	10.	Servus Tabernacul	= Diener des Tabernakels
	11.	Servus Mysterii	= Diener des Mysteriums
Rosenkreuz-Grade	12.	Gradus Solis	= Sonnen-Grad (Meister-Grad d. FM)
	13.	Servus selectus imaginationes	= Erwählter Diener der Imagination
	14.	Servus selectus magicus	= Erwählter Diener der Magie
	15.	Servus selectus elementorum	= Erwählter Diener der Elemente
Priester-Grade	16.	Sacerdos aionnos	= Priester der Ewigkeit
	17.	Sacerdos maximus	= Höchster Priester
	18.	Magus pentalphae	= Eingeweihter der 5 Alphas (Rosenkreuz-Grad der FM) ab hier beginnt Sexual-Magie
	19.	Magus sigilli salomonis	= Eingeweihter des salomon. Siegels
	20.	Magus heptagrammatos	= Eingeweihter des Siebenecks
Promovierte der okkulten Wissenschaften	21.	Magister selectus sapientiae	= Auserwählter Meister der Weisheit
	22.	Magister perfectum potestatus	= Vollkommener Meister der Macht
	23.	Mag. magnificus pneumaticus	= Großer Meister der Luft
	24.	Princeps arcani	= Fürst der Geheimnisse
	25.	Magister gnosticus	= Gnostischer Meister
	26.	Magister aquarii	= Meister des Wassers
	27.	Großkomptur	
	28.	Großkanzler	
	29.	Großinspekteur	
Sanctium Sanctuarium Gnosis	30.	Magister maximus Kadosh	= Großer Kadosch-Meister
	31.	Magister templarius	= Meister des Tempels
	32.	Princeps illustris tabernaculi	= Erleuchteter Meister des Tabern.
	33.	Gradus ordinis templi orientis Saturni	= Grad des oriental. Tempel-Ordens Saturn (Großmeister)

Fra Waltharius, Fra Amenophis, Fra Luminis. — Lit.: Dr. Klingsor, Experimental-Magie, Freiburg 1967.

Fratres Lucis (lat.) = Brüder des Lichts; Name einer ↗ Bruderschaft des Lichts, welcher Eliphas Lévi angehört haben soll.

Frauen, im Ggs. zur landläufigen Meinung standen die Frauen bei den alten (geistig hochstehenden) Völkern in hohem Ansehen, wenn auch die Kirche mit Paulus (1. Kor. 14, 34) verkündet: mulier taceat in ecclesia (lat.; = die Frau hat in der Gemeinde zu schweigen). In fast jeder alten Religion gab es Priesterinnen im Tempel. In Ägypten wurden sie die Sâ genannt und bedienten den Altar der Isis. Canephorae war der von den Griechen an jene geweihten Priesterinnen gegebene Name, die während der öffentlichen Feste der eleusinischen Mysterien die Körbe der Götter trugen. Es gab weibliche Propheten in Israel wie in Ägypten, Deuterinnen von Träumen und Orakeln. Herodot erwähnt die Hierodules, die Jungfrauen oder Nonnen, die sich dem Theban Jove widmeten und die generell Töchter des Pharao oder Prinzessinnen aus kgl. Hause waren. Orientalisten sprechen von Cephrenes, der Erbauerin der sogen. 2. Pyramide, die eine Priesterin des Toth war. — Wie in der Kirche, werden die Frauen in der landläufigen FM nicht gezählt und können nicht Freimaurerin werden. Erst durch Maria Deraismes und die Gründung des FM-Ordens ↗ Droit Humain ist den Frauen die vollwertige Mitgliedschaft in der FM und Betätigung als Freimaurer möglich. Zum anderen gibt es daneben noch einige reine weibliche Frauenlogen, wie den Frauenzirkel „Zur Humanität" und die Frauenloge „Zum Licht", beide in Berlin. — Lit.: E. Kähler, Die Frau in den paulinischen Briefen, 1960; Eliphas Lévi, Geschichte der Magie, München 1926, Bd. 1, S. 239–244; Eliane Brault, La Franc-Maçonnerie et l'émancipation des femmes, Paris 1967; Alec Mellor, Logen, Rituale, Hochgrade, Graz 1967.

Frazer, Sir James George (1854–1941); berühmter engl. Ethnologe und Anthropologe, dessen Werke auch von Esoterikern sehr geschätzt werden. — W.: The Golden Bough, deutsch: Der goldene Zweig, Leipzig 1928; Mensch, Gott und Unsterblichkeit, 1932; Folklore in the Old Testament, 1918.

F. R. C., Abk., welche die Inhaber des 10. Tempelgrades beim AMORC als geheimes Erkennungszeichen neben ihre Unterschrift setzen, wobei noch 2 Dreiecke hinzugefügt werden. Die Deutung der Buchstaben kann lat. = Fra-

ter Rosae Crucis, franz. = Frère Rose-Croix oder engl. = Fellow Rose-Croix (= Bruder des Rosenkreuzes) lauten.

Freie Akademie des Geistes, „Arbeitsgemeinschaft der Esoteriker — Freie Lebens- und Geistesschule". Leitung: Curt (Kurt) Mirtschin; Präsident (?): Prof. Dr. Ing. Soli S. Iconicof, Argentinien; gegr. 1959 (?); das Mitteilungsblatt „Probleme der Neuen Zeit" ist mit der Schreibmaschine geschrieben, daher Mitgliederzahl sicher sehr gering. Ziele: Neuer Geist; Dreieinigkeit = Philosophie/Religion/Wissenschaft.

Freimark, Hans, okkulter Schriftsteller. — W.: Geheimlehre und Geheimwissenschaft, 1913; Okkultismus und Sexualität.

Freimaurerei (Abk.: FM), Bruderschaftsbewegung ausgewählter Mitglieder, welche unter Anwendung bildlicher (symbolischer), größtenteils dem Bauhandwerk und der Baukunst entlehnter Formen für das Wohl der Menschheit wirken wollen, indem sie sich und andere geistig und sittlich zu veredeln suchen, um dadurch einen allgemeinen Menschheitsbund herbeizuführen, den sie unter sich im kleinen bereits darstellen. Diese Deutung wird von allen frmr. Organisationen mehr oder weniger unterschrieben; indes kann die FM ihre Daseinsberechtigung und Ausschließlichkeit nur dann behaupten, wenn diese Deutung jederzeit als oberstes Leitmotiv gilt. Während die symbolische Arbeitsweise überliefert und als Mittel übernommen ist, gilt das gesteckte Ziel als Doktrin: es gilt, die Menschheit von Furcht, Sorge und Zwietracht zu erlösen und sie in den paradiesischen Zustand vor dem „Sündenfall" zurückzuversetzen. Da der Materialismus in allen seinen Formen die Hauptursache für den heutigen Zustand der Menschheit ist, scheiden also in der FM materielle Gesichtspunkte grundsätzlich aus; anstelle des Materialismus als den jetzigen Maßstab im Verhältnis der Menschen zueinander setzen die Freimaurer den Gedanken der Bruderschaft und Toleranz. Bruderschaft und Toleranz sind aber als Grundlage des Lebens nur denkbar und annehmbar, wenn der einzelne bestimmte Voraussetzungen erfüllt, die darin bestehen, daß die Geisteshaltung und damit die Antriebe seines Handelns veredelt und vervollkommnet werden. Hierauf zielt die FM mit ihrer symbolischen Arbeitsweise ausschließlich ab. Die Aufnahme in die FM erfolgt durch eine zeremonielle ↗ Einweihung, die den bisherigen Alltagsmenschen ersterben und einen neuen Menschen erstehen läßt; seine weitere Wandlung auf dem Weg zum Ziel erfolgt durch die Arbeit der Loge, durch die er jeweils aus dem profanen Tageslauf herausgenommen und nur der Wirkung symbolischer Darstellungen ausgesetzt ist. Die frmr. Arbeit ist daher keine Frage des Wissens oder Verstehens, sondern ausschließlich des Zuhörens und der Einwirkung von ↗ Symbolen, die bei entsprechender Hingabe zuerst das Unterbewußtsein ansprechen und dann den Menschen langsam umformen. Um ein Versinken in mystizistische Schwärmerei zu vermeiden, wird der Freimaurer durch die Pflicht zur Wohltätigkeit immer wieder an das tatsächliche Leben in der Welt erinnert. Freigiebigkeit, Uneigennützigkeit und Wohltätigkeit sind dabei ein Maßstab dafür, wie weit der einzelne seine materiellen Interessen abgelegt und dem Ziel bereits nähergekommen ist; Wohltätigkeit in diesem Sinne besteht nicht darin, vom Überfluß etwas abzugeben, sondern sich mit allen verfügbaren Mitteln für die übrige Menschheit einzusetzen. So liegt es im Wesen der FM, daß sich die Mitglieder stets selbst übertreffen müssen (oder sollten). — Die einzelnen frmr. Körperschaften und sogar einzelne Freimaurer umschreiben den Sinn der FM zuweilen ganz anders, und wenn man die angegebenen Grundsätze durchdenkt, drängt sich oft die Frage auf, ob die vorgeblichen Ziele (z. B. die reine Humanität) nicht mit ganz profanen Mitteln viel besser zu erreichen wären. So schreibt Martin Erler, ein führender Esoteriker der FM, in „Der moderne Mensch und das Ritual" (München 1964): „Es muß schon jemand ein reichlich kindliches Gemüt haben, damit man ihm weismachen kann, es bedürfe eines wohlorganisierten Bruderbundes und eindrucksvoller Rituale, nur um dem einzelnen, dazu noch unter dem Siegel strengsten Geheimnisses, die 10 Gebote oder eine Version davon beizubringen, was jeder schon in der ersten Volksschulklasse gelernt hat". Trotz des Widerspruchs zwischen der eingangs gegebenen Deutung der FM und ihres Zwecks einerseits und den oft verbreiteten anderslautenden Grundsätzen funktioniert die FM wie ein Uhrwerk. Die ehrlichen und von ihrer Idee überzeugten Freimaurer sind zwar in der Minderheit, aber die große Masse der zahlenden Mitläufer erhält sie am Leben und ermöglicht überhaupt erst ihre nun einmal erforderliche Organisation; eine FM, die nur aus Mitgliedern besteht, die von ihrer Idee besessen sind, wäre wahrscheinlich gar nicht lebensfähig. Den Maßstab zur Beurteilung der FM dürfen nicht diejenigen Mitglieder bilden, die nur an Geselligkeit und gesellschaftlichem Verkehr interessiert sind, oder die kraft ihrer

Position im profanen Leben in der FM zuweilen schnell einen Posten erhalten. Aus einer unwissenden Mehrheit in der FM ergibt sich allerdings die ständig latente Gefahr, daß der FM durch Mehrheitsbeschlüsse intern Aufgaben und Ziele diktiert werden, die ihr eigentliches Wesen mehr und mehr in Verfall bringen. So besteht heute schon bei vielen FM-Forschern, die sich das Wohlwollen der Mehrheit erhalten wollen, die Tendenz, von fertigen Ergebnissen auszugehen, um nur noch die passenden Begründungen zu suchen. Man darf sich also bei der Beurteilung der FM nicht verleiten lassen, von einem Idealbild oder gar von dem entgegengesetzten Extrem auszugehen. Zum Teil ist diese Diskrepanz auch darauf zurückzuführen, daß man normalerweise eine Sache danach beurteilt, wie sie wirklich ist, — die FM wird aber danach beurteilt, wie sie sein soll oder sein will. — Die Elemente der symbolischen Arbeitsweise der FM sind an sich durchweg exoterischer Natur, d. h. die FM vermittelt weder neue Kenntnisse noch ein geheimes Wissen. Dabei sind noch die Deutungen der einzelnen Symbole wenig definiert, so daß sich aus dem jeweils möglichen Deutungsspielraum alles und nichts beweisen läßt. Der Wert der Symbole besteht daher nicht in ihrem Sinn, sondern in ihrer spezifischen Wirkung im Rahmen der frmr. Darstellungsweise; schon aus diesem Grunde hat die FM bisher jeder analytischen Betrachtung und Untersuchung widerstanden. Ihre Wirkung kann nicht verstanden, sondern allenfalls erlebt werden. — Organisatorisch besteht die FM aus ↗ Logen und ↗ Großlogen; die Mitglieder gehören einer Loge an, während die Logen ihrerseits in einer Großloge, einer Art Verwaltungskörperschaft, zusammengefaßt sind. Sowohl aus historischen Gründen sowie wegen unterschiedlicher Arbeitsweise gibt es mehr als nur ein einzelnes System der FM; die Systeme unterscheiden sich im Wortlaut der ↗ Rituale, der ↗ Erkennungszeichen und zuweilen auch in der Anzahl der ↗ Grade. Gemeinsam haben alle Systeme der FM die ersten („blauen") 3 Grade: Lehrling, Geselle, Meister; sie sind die Grundschule des Freimaurers. Manche Systeme bieten ihren Mitgliedern noch weitere Betätigungsmöglichkeiten durch die sogen. ↗ Hochgrade. Die Hochgradsysteme stellen teils nur eine Ergänzung oder Weiterführung der blauen Grade, teils aber auch ein selbständiges philosophisch-esoterisches System dar. Die vollkommensten Hochgradsysteme bilden heute der ↗ AASR, der ↗ Droit Humain und die ↗ Große Landesloge von Deutschland. — Geschichtlich

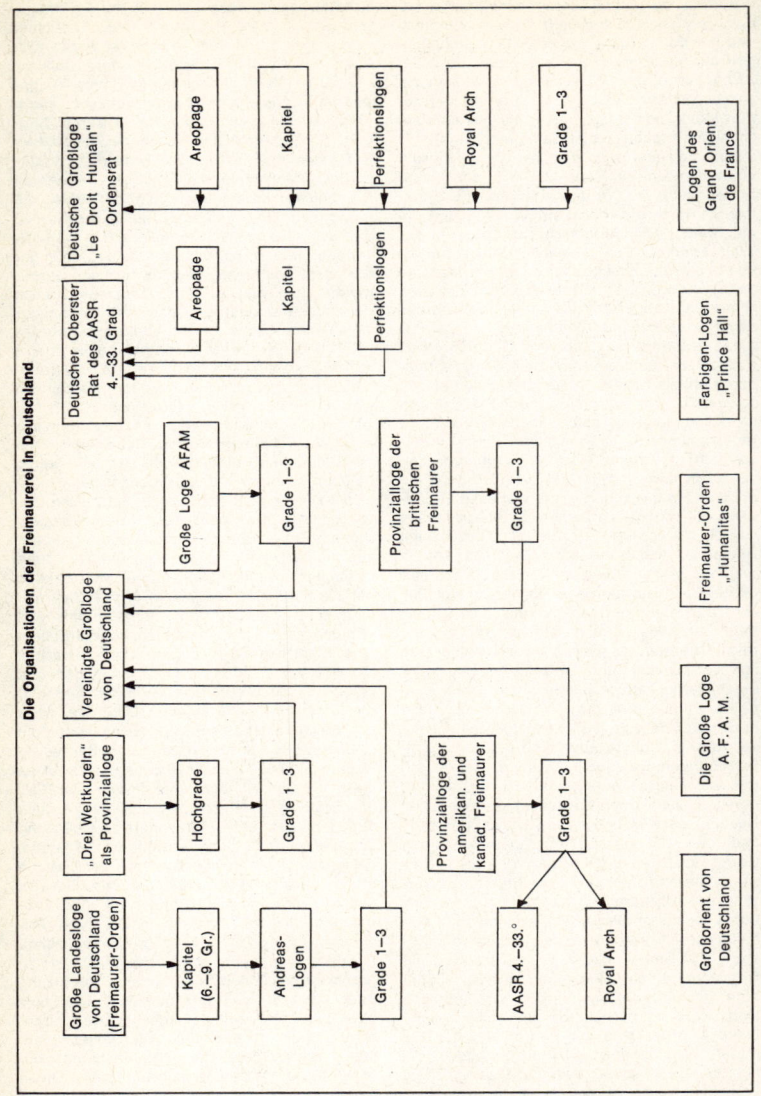

Die Organisationen der Freimaurerei in Deutschland

geht die FM zunächst auf die 1717 in London gegr. Großloge zurück, von wo sie sich nach allen Ländern ausbreitete. Über die Vorgeschichte der FM gibt es keine einheitliche Darstellung, sondern mehrere Theorien und auch entsprechende Einwände; es ist aber so gut wie sicher, daß auch schon vor 1717 frmr. gearbeitet worden ist. — Lit.: August F. Fleck, Das Freimaurertum, Hamburg 1950; Friedrich John Böttner, Zersplitterung und Einigung, Hamburg 1962; J. G. Findel, Die Grundsätze der Freimaurerei im Völkerleben, Leipzig 1892; Dr. G. Schenkel, Die Freimaurerei im Lichte der Religions- und Kirchengeschichte. Gotha 1926; Pierre Mariel, Die wahren Söhne des Lichts, Zürich 1963; J. N. J. Schmidt, Wurzeln der freimaurerischen Gemeinschaft, Zürich 1961; C. W. Leadbeater, Das verborgene Leben in der Freimaurerei, Düsseldorf 1925; Prof. Michel Dierickx, Freimaurerei die große Unbekannte, Frankfurt 1968; Alec Mellor, Unsere getrennten Brüder, die Freimaurer, Frankfurt 1964; ders., Logen, Rituale, Hochgrade, Graz 1967.

Freimaurer-Museum, von den Großlogen zuweilen eingerichtete Sammelpunkte für frmr. Erinnerungsstücke. Am bekanntesten ist das dt. F. in Bayreuth, Hofgarten 1 (Nähe Richard-Wagner-Grab); ferner das Berliner F., Emser Straße 12—13. — Lit.: Deutsches Freimaurer-Museum Bayreuth, Frankfurt 1954; Ernst Roloff, Museen, die nicht jeder kennt, Gütersloh 1966; von Cles, Bayreuth, Ein frmr. Studienzentrum.

Freimaurer-Musik, ähnlich der Kirchenmusik gibt es eine frmr. Ritualmusik; die meisten Stücke dieser Art stammen von Mozart. Hierzu gehören insbesondere: KV. 620 Marsch der Priester (wird gespielt beim Einmarsch der höchsten Würdenträger in die Loge); KV. 429 Dir, Seele des Weltalls; KV. 471 Die Maurerfreude; KV. 477 Maurerische Trauermusik; KV. 623 Eine kleine Freimaurerkantate; KV. 483 Zerfließet heut', geliebte Brüder (bei der Logeneröffnung); KV. 484 Ihr unsere neuen Leiter (für den Logenschluß); KV. 623 Laßt uns mit geschlungenen Händen (Kettenlied); KV. 148 O heiliges Band der Freundschaft; KV. 468 Die ihr einem neuen Grade (zur Geselleneinweihung); KV. 620 O Isis und Osiris (bei Einweihungen); KV. 620 In diesen heil'gen Hallen (bei Einweihungen); KV. 619 Kleine deutsche Kantate; KV 343 O Gottes Lamm — Als aus Ägypten Israel. — Von der Schallplattenindustrie sind diese Stücke teils auf Sonderplatten herausgebracht worden, so u. a.: Nr. XV-150 19-22 der Music & Record Company, New York; ML-5004 Columbia; A-00 121-L Philips; LC-3062 Epic. — Lit.: Prof. Dr. Paul Nettl, Music and Masonry, New York 1951; Stukenberg und Hötzel, Liederbuch für Freimaurer, Bad Harzburg 1957; Ernst August Ballin, Der Dichter von Mozarts Freimaurerlied, Tutzing 1960.

Freud, Sigmund, 1856—1939, österr. Arzt und Psychologe; Begründer der Psychoanalyse auf den Grundlagen des Buddhismus; ein wirklicher Geistheiler, der selbst rund 200 Arbeiten verfaßt hat; sein Gesamtwerk umfaßt heute 17 Bände. Seine analytische Methode der Seelenheilkunde, die unbewußte seelische Krankheitsherde aufdeckt, basiert auf einer umfassenden Theorie des menschlichen Trieblebens, in deren Mittelpunkt der Geschlechtstrieb steht. In Deutschland wurde F. erst spät, d. h. nach dem letzten Krieg, bekannt. In die Psychologie führte er als erster den Begriff vom Unbewußten ein. — W.: Massenpsychologie und Ich-Analyse, 1923; Zur Psychopathologie des Alltagslebens, 1924; Die Traumdeutung, 1900. — Lit.: Karl König, Die Schicksale des Sigmund Freuds und Josef Breuers; Stefan Zweig, Mental Healers, New York 1932, deutsch: Die Heilung durch den Geist, Leipzig 1932. — Ferner: Henry Denker, Verbotenes Land (Schauspiel); John Huston, Freud (Spielfilm, 1967 deutsch aufgeführt).

Friedrich Wilhelm II., König von Preußen (1786—1797, * 25. 9. 1744); anstrengender Arbeit abgeneigt, der Regierungsgeschäfte völlig unkundig, gab er sich seinen sinnlichen Neigungen hin und ließ sich durch das phantastische geheimnisvolle Treiben der Rosenkreuzer und durch die Geistererscheinungen Bischoffswerders bestechen. F. W. gehörte zur Großloge „Zu den 3 Weltkugeln" und wurde allgemein „der Spiritist auf dem Thron" genannt. — Lit.: Franz Hartmann, Im Vorhof des Tempels.

Fritsche, Dr. Herbert, * 14. 6. 1911 (Berlin), † 20. 6. 1960 (München); bekannter und sehr aktiver esoterischer Führer und Schriftsteller; Steiner-Gegner, Anhänger der Theosophie Annie Besants; praktischer Psychologe und jahrelang Schriftführer des inneren Forschungsringes der „Deutschen Gesellschaft für wissenschaftl. Okkultismus"; von 1933 bis 1941 Herausgeber der grenzwissenschaftl. Zeitschrift „Die Säule"; erste okkulte Veröffentlichung 1929; Oberhaupt der Gnostisch-Katholischen Kirche in Deutschland; Nachfolger von Krumm-Heller (†1949) als Großmeister der Fraternitas Rosicruciana Antiqua; Ordensname im OTO: „Basilius"; einer der letzten alten Gardisten des Okkultismus, die gleichermaßen mit übersinnlicher Eigenbegabung und akademischer Bildung ausgestattet waren. — W.: Iatrosophie, Leipzig 1937; Der Erstgeborene, Berlin 1941; Die unbekannten Gesundheiten; Ipsissimus (Gedicht); Mandragora (Dichtung); Die Weisheit des Maharishi; Hahnemann, Die Idee und Wirklichkeit der Homöopathie; Sinn und Geheimnis des Jahreslaufs; Erlösung durch die Schlange; Tierseele und Schöpfungsgeheimnis, Leipzig 1940; August Strindberg/Gustav Meyrink/Kurt Aram, 3 magische Dichter und Deuter, Prag 1935. — Lit.: Roesermueller, Begegnungen mit Jenseitsforschern.

F. T. S. (engl.), Abk. für „Fellow of the Theosophical Society" = Mitglied der TG; eine den engl. akademischen Titeln nachgebildete Abk., die (namentlich früher) die Mitglieder hinter ihren Namen setzten. In den ersten Jahren der TG setzten die Mitglieder der Esoterischen Schule (E. S.) noch „2.°" hinzu.

F. U. D. O. S. I. Abk. für (franz.) Fédération Universelle des Ordres et Sociétés Initiatiques = Internationaler Verband der Einweihungs-Orden und Gesellschaften. 1934 von Spencer Lewis (= Gründer des AMORC) gegr., um sich von der F. eine Berechtigungsurkunde für den AMORC ausstellen zu lassen. — Nach der Gründungsversammlung ist die F. praktisch wieder erloschen, da sie ihren Zweck erfüllt hatte.

Fulcanelli, Jean Julien, Ps. von Julien Champagne, * 23. 1. 1877 (Paris), † 26. 8. 1932 (Paris), begraben auf dem Pariser Friedhof Arnomeille les Gonesse; berühmter Alchimist und esoterischer Schriftsteller, der bisher nur unter seinem Ps. bekannt war und von dem Louis Pauwels in „Aufbruch ins 3. Jahrtausend" (Stuttgart 1962, S. 125 und 145) noch behauptet, daß seine Identität immer ein Rätsel bleiben wird. Zu seinen Schülern gehörten die franz. Esoteriker Jules Boucher und Canseliet. — W.: Le Mystère des Cathédrales, Paris 1926; Les demeures philosophales, Paris 1930. — Lit.: Louis Pauwels, Aufbruch ins 3. Jahrtausend, Stuttgart 1962; Alexander Bernus, Das Geheimnis der Adepten, Sersheim 1956.

fünf, ursprünglich die Symbolzahl für die altbabylonische Göttin Ischtar; die Zahl des ↗ Pentagramms, fünf Sinne hat der Mensch nach herkömmlicher Rechnung: Sehen, Hören, Riechen, Schmecken und Fühlen; es gibt fünf Seelenvermögen: das belebende, begehrende, empfindende, erregende und verständige; fünf Finger hat die Hand, fünf Wandelsterne stehen am Himmel; fünf Gruppen von Gattungen hat

die Natur: Steine, Metalle, Pflanzen, Zoophyten (Halbtiere) und Tiere, und letztere haben fünf Klassen: Menschen, Vierfüßler, fliegende, schwimmende und kriechende Tiere; aus fünf Dingen hat Gott alles erschaffen: dem Wesen, der Idee, dem „Anderen", dem Sinn und der Bewegung; große Macht soll die Fünf bei Sühnungen haben, denn vom Heiligen vertreibt sie die bösen Geister, vom Natürlichen hält sie die Gifte ab; fünf ist auch die Zahl des Kreuzes entsprechend den fünf Hauptwunden Christi; von den heidnischen Philosophen wurde die Fünf im Merkur verehrt; man zählt fünf leibliche Qualen: tödliche Bitterkeit, schreckliches Geheul, furchtbare Finsternis, unauslöschlicher Durst, unausstehlicher Gestank. — Lit.: Eliphas Lévi, Dogma und Ritual der Hohen Magie, Bd. 1, SS. 125—134; Franz Carl Endres, Mystik und Magie der Zahlen, Zürich 1951; Cheiro, Buch der Zahlen, Freiburg.

Fünftes Prinzip, nach Alice A. Bailey das Prinzip des Denkvermögens; jene Fähigkeit oder jenes Talent im Menschen, das die intelligente, denkerische Prinzip darstellt und ihn vom Tiere unterscheidet. — Lit.: Alice A. Bailey, Initiation, Lorch 1952.

Funken, der göttl., Ausdruck aus den Meditationsübungen der Esoterischen Schule (E. S.) der Adyar-TG, womit eine Art Augenblickserleuchtung gemeint ist, die aber keinen Dauerwert hat; zuweilen auch als „göttliche Flamme" umschrieben.

Furcht, das Gefühl, mit dem bevorstehendes Unheil erwartet wird, solange noch der Wunsch, dem Unheil zu entgehen, rege ist. Für manche Sekten und pseudo-esoterische Gruppen ist F. in der Propaganda ein wichtiges Mittel, Anhänger zu werben: zuerst wird allgemeine Furcht (z. B. vor dem Schicksal oder dem Weltgericht) verbreitet, um dann zu erklären, man sei in der Lage, die Gefahr abzuwenden. Positiv eingestellte Gemeinschaften reden überhaupt nicht von F., sondern befreien ihre Schüler von seelischen Hemmungen. Beispiele der Verbreitung von F. sind: „Die Menschheit eilt körperlich einer großen Krise entgegen" (Rijkenborgh in „Dei gloria intacta", S. 17) oder „Die Menschheit befindet sich heute in einer sehr großen Gefahr" (Missionstext der Zeugen Jehovas).

FZAS, Abk. für „Freimaurerbund zur aufgehenden Sonne"; atheistische Großloge; gegr. 27. 7. 1907 in Frankfurt a. M.; besteht als selbständige Großloge nicht mehr, sondern die letzten Logen gehören heute zur ↗ VGL.

G

G, in der FM hat der Buchstabe G je nach Grad eine sehr verschiedene Bedeutung als Symbol. Eliphas Lévi schreibt (in: Dogma und Ritual der Hohen Magie, München 1927, Bd. 2, S. 76): „Das G, das die Freimaurer im Mittelpunkt des flammenden Sterns anbringen, bezeichnet Gnosis und Generatio, die zwei heiligen Worte der alten Kabbalah. Es heißt auch Gott." Nach Prichard bedeutet der Buchstabe G: „Die Geometrie oder die fünfte Wissenschaft". — In Frankreich und den USA erscheint der Buchstabe auch im FM-Abzeichen, welches aus Winkelmaß und Zirkel gebildet ist.

G. A., Abk. für (franz.) Grand Architect = Großer Baumeister (aller Welten), die frmr. Bez. für das schöpferische Prinzip (d. h. für Gott schlechthin). Die Abkürzung G. A. erscheint auch in der deutschen Ausgabe von „Dogma und Ritual der Hohen Magie" von Eliphas Lévi (München 1927, Bd. 2, S. 59) ohne jede Erklärung, da sie dem Übersetzer wahrscheinlich unbekannt war.

Gabaon, Bez. eines Freimaurer-Meisters nach dem System der Großen Landesloge, „weil der vornehmste Altar und die Bundeslade vor Erbauung des Tempels und während der Unruhen in Judäa zu G. aufbewahrt wurden". Das Wort ist hebr. und bedeutet „eine Anhöhe, genommen zur Erinnerung an die schottischen Berghöhen, wohin die Templer flüchteten". G. ist auch die Losung (= Paßwort) des 5. Grades der Großen Landesloge, „weil Gott sich zweimal dem Salomo zeigte. Das erste Mal, als der Tempelbau anfing, das andere Mal, als der Tempel fertig war". (Zitiert nach Original-Unterlagen.)

Gabriel (hebr.) = der Mächtige aus Gott; in der Bibel einer der Erzengel; nach den Gnostikern der Geist, aus Christos, der Träger des Lebens; bei den Gnostikern nimmt der Engel G. den Platz des Logos ein; nach der „Entschleierten Isis" entspricht G. dem höheren Selbst.

Galbanum ↗ Harze.

Gang, dunkler. Vor der Aufnahme in den 4. Grad der Großen Landesloge muß der mit einer Lampe und einer Glocke ausgerüstete Kandidat einen langen d. G., in welchem sich Schrecken verbreitende Gegenstände befinden, passieren. Wenn er diese Probe besteht, gelangt er in die Andreasloge. Symbolisch ist dieser Brauch an Matth. 7, 14 („der Weg ist schmal, der zum Leben führt") angelehnt. — Ein solcher Gang wird in der Literatur zum

erstenmal beschrieben in der „Natural History of Staffordshire" von Robert Plott, Oxford 1686, deren Seiten 316—318 manchen franz. Hochgradlogen des 18. Jh. und der schwedischen Großloge (durch Eckleff) als Vorlage gedient haben.

G. A. O. T. U. (engl.), Abk. für Great Architect of the Universe = Großer Baumeister des Weltalls; frmr. Bez. für das schöpferische Prinzip, also für Gott schlechthin.

Gardner, Adelaide, engl. Theosophin und Schriftstellerin. — W.: Germany, Past and Future; Indications of a new culture; Introductory studies in theosophy; Meditation: a practical course with exercises; Vital magnetic healing.

Garuda, Frater (Ps.) = Heinrich Tränker.

Gautama (Sk.), auch: Gotama, der Priestername der kgl. Sakya-Familie eines kleinen Reiches an der Grenze von Nepal; aus dieser Familie stammt der im 7. Jh. vZ geborene Prinz v. Kapilavastu, Sohn des Sudhodana, mit dem Taufnamen Sidharta, bevor er ein Buddha wurde. Als einfacher Sterblicher geboren, erreichte er durch eigenes Verdienst ohne jede Hilfe die Buddhaschaft. H. P. Blavatsky sagte über ihn: „Ein Mensch — wahrlich größer als irgendein Gott!".

Gayatri (Sk.), Bez. für Vers 62, 10 aus dem Rigveda III; entspricht sinngemäß unserem Vaterunser, und von jedem rechtgläubigen Brahmanen wird erwartet, daß er diesen Vers zumindest in Gedanken bei seiner religiösen Morgen- und Abendandacht wiederholt: „O du goldene Sonne von herrlichstem Glanze, erleuchte du unsere Herzen und erfülle unser Gemüt, auf daß wir unser Einssein mit dem Göttlichen, dem Herzen des Universums erkennen, den Pfad zu unseren Füßen schauen und ihn wandeln zu jenem fernen Ziele der Vollkommenheit, angespornt von deinem eigenen strahlenden Licht." ↗ Sonnengebet.

G. D. (engl.), Abk. für Golden Dawn = ↗ Goldene Dämmerung.

Gebet, Anrufung eines höheren Wesens. In jeder Religion der Versuch, eine Verbindung zu dem höheren göttl. Wesen aufzunehmen. Im Christentum Anrufung Gottes als Bitte, Fürbitte, Anbetung, Lob, Dank. Damit ein G. wirksam sei, muß man beten können. Der Geist muß sich im G. entflammen und ganz konzentriert in der Anrufung aufgehen, er muß eins werden mit dem Willen der angerufenen Intelligenz. Die Ritualpraxis ist nur ein Unterstützungsmittel, um diese Erhebung des Geistes zu erlangen (so: Dr. Henri Birven, Lebenskunst in Yoga und Magie, S. 126). − Lit.: Alexander Lake, Deine Gebete werden erhört, 1963; Harold Sherman, G., heilende, helfende Macht, Freiburg; Roesermüller, Hilfe aus dem Jenseits; ders., Was das G. vermag; Iranshähr, Die Macht und Heilkraft des Betens; I. Hamp, Beschwörung, Segen, G.; J. Einiger, Die schönsten Gebete der Welt; Pierre Qui-Vivre, Die unerschütterliche Hilfe; Dr. Wladimir Lindenberg, Die Menschheit betet; Bô Yin Râ, So sollt ihr beten; Dr. Alla Selawry, Herzensgebet, Ulm 1964. ↗ Sonnengebet.

Gebet des Geistes, Titel eines unkonfessionellen, neutralen Gebets, welches Dr. Franz ↗ Hartmann im Sinne theosophischer Verbrüderung empfahl. Der Text ist abgedruckt in den ↗ Lotusblüten Jg. 1894, S. 615.

Gebhard, Marie, * 1832 (Dublin), † 1892 (Berlin); Frau des Fabrikanten Arthur G. in Elberfeld und zeitweiligen deutschen Konsuls in Persien. Frau Gebhard war Mitbegründerin der TG in Deutschland und mit Eliphas Lévi, Franz Hartmann, Constance Wachtmeister, H. P. Blavatsky und anderen Esoterikern, die sie bei sich zu Besuch hatte, persönlich bekannt. Von Eliphas Lévi erlernte sie per Fernunterricht die Grundlagen der Kabbalah; E. Lévi besuchte sie für zwei Monate im Jahr 1871. In ihrem Occultum besaß sie ein Ölgemälde Lévis; von diesem erhielt sie auch das Original des Manuskriptes „Les Paradoxes de la Haute Science", welches 1883 in Madras und später als engl. Übersetzung (The Paradoxes of the Highest Sciences, 1922) gedruckt wurde. H. P. Blavatsky verbrachte 1884 zwei Monate im Hause G. − Lit.: Constanze Wachtmeister, Madame Blavatsky et la Doctrine Secrète, Paris 1953. − W.: Mes souvenirs personels sur Eliphas Lévi, in: Theosophist, Januar 1886.

Geburah (hebr.) = die Kraft (Stärke), die 5. der Sephiroth der Kabbalah, eine feminine und passive Kraft; in manchen kabbalistischen Schriften auch mit Dim bezeichnet.

Gedankenformen, ein von ↗ Leadbeater in die Adyar-Theosophie eingeführter Begriff für bestimmte mehr oder weniger geometrische Muster, die der Hellseher sehen soll, wenn die Versuchsperson sich auf einen bestimmten Gedanken konzentriert. Eine Zusammenstellung markanter G. mit Erklärung ist in dem Buch von C. W. Leadbeater „Thought-Forms" (London und Adyar 1901, mit Nachdrucken bis 1961; deutsch im Bauer-Verlag, Freiburg) enthalten. Leadbeater beruft sich auf angebliche Arbeiten über dieses Thema von Dr. Baraduc,

indes konnte die Identität dieses Verfassers bisher nirgends ermittelt werden, so daß an seiner Existenz berechtigte Zweifel bestehen. Zwar hat Rudolf Steiner ähnliche Gedanken wie Leadbeater geäußert, jedoch haben sich außer den Urhebern dieser Ideen noch keine Personen finden lassen, die die Theorie der G. auch nur andeutungsweise bestätigt hätten. In diesem Sinne schreibt auch der bekannte holländische Parapsychologe W. H. C. Tenhaeff („Außergewöhnliche Heilkräfte", Freiburg 1957, S. 282): „Obgleich die Erfahrungen, die ich im Laufe vieler Jahre bei verschiedenen Hellsehern machen konnte, mich gelehrt haben, daß in den von der Theosophie aufgestellten Behauptungen gewiß ein Kern von Wahrheit steckt, und ich geneigt bin, manchen ihrer Behauptungen einen heuristischen Wert zuzuerkennen, bin ich dennoch der Ansicht, daß wir vorderhand das Thema Gedankenbilder und alles, was damit zusammenhängt, außer Diskussion stellen sollten, weil die Untersuchung dieser Erscheinungen nicht in den Bereich der Parapsychologie fällt." Selbst wenn die G. eine Tatsache wären, würde diese für die Mehrzahl der Menschen, und selbst für den Esoteriker, völlig belanglos sein.

Gedankenkraft, bei K. O. Schmidt die Umschreibung für „Neugeist", um dieses auf einen abgegrenzten Kreis beschränkte Wort zu vermeiden. − Lit.: K. O. Schmidt, Selbst- und Lebensmeisterung durch Gedankenkraft; H. Th. Hamblin, Kraftdenken eine Macht.

Gedankenlehre, vorübergehende und veraltete Bezeichnung für ↗ Neugeist.

Gedankenlesen. 1. Die Fähigkeit, die Vorstellungsinhalte eines anderen ohne dessen sinnliche oder physische Vermittlung zu erfassen; 2. das sogen. Muskellesen: Auffindung von versteckten Gegenständen durch die Beobachtungen unwillkürlicher Reaktionen des Kundigen. Hiervon ist zu unterscheiden die ↗ Telepathie.

Gedankenstille, die willkürliche Ausschaltung der Gedankentätigkeit, wie sie vornehmlich im Buddhismus gelehrt wird und aus diesem in die verschiedenen Doktrinen übernommen worden ist. G. gehört zur völligen (geistigen) Entspannung. − Lit.: Henry Douval, G., Freiburg 1955.

Gedankenübertragung, Fernwirkung menschlicher Vorstellungen; die Macht der wortlosen Übertragung der eigenen Gedanken, zuweilen auch ↗ Telepathie genannt, obwohl eine genauere Unterscheidung am Platze wäre: G. als die absichtliche Übertragung, Telepathie

Gedankenformen: Oben links: beim Denken an den Logos in seiner dreifachen Manifestation — Oben rechts: und unten links: Gedanken an den die Natur durchdringenden Logos allgemein — Unten rechts: beim Denken an den Logos manifestiert durch die 7 großen Erzengel vor dem Throne Gottes. (Aus: „Gedankenformen" von C. W. Leadbeater)

(oder Hellsehen), das Aufnehmen fremder Gedanken oder Erkennen räumlich entfernter Sachverhalte. Die Gedankenübertragung wurde systematisch zuerst von Charles Richet untersucht. — Lit.: Charlotte Deinert, Rund um die Grenzwissenschaften; Richet, Experimentelle Studien auf dem Gebiet der Gedankenübertragung und des sog. Hellsehens, Stuttgart 1891; Peter Ringger, Das Weltbild der Parapsychologie, Freiburg 1959; Prof. J. B. Rhine, Die Reichweite des menschlichen Geistes, Stuttgart 1950.

Gedankenwelt, bei Heindel die Bez. für die 3. Ebene; sie ist unterteilt in die Region der konkreten Gedanken (mit vier Unterebenen) und die Region der abstrakten Gedanken (mit drei Unterebenen). Bei Alice A. Bailey Bez. für die Mentalebene, Manasische Ebene oder Kosmisch-gasförmige Ebene. ↗ Prinzipien des Menschen.

Gedulah (hebr.) = Herrlichkeit, Größe; eine andere Bez. für Chesed bei den Sephiroth der Kabbalah.

Gefahren, im Okkultismus gibt es vermeintliche und echte Gefahren. Von den vermeintlichen Gefahren sprechen diejenigen, die nicht selbst über psychische Kräfte verfügen und befürchten, daß andere sie erlangen könnten.

Echte Gefahren birgt der Okkultismus, wenn man nicht den genauen Weg kennt oder seine Kräfte überfordert oder auf materielle Ziele zusteuert. Gefahren sind latent immer vorhanden, aber „auf gefahrlose Wege schickt man nur die Schwachen" (Hermann Hesse, Das Glasperlenspiel, Bd. 1, S. 120). Schließlich wird auch noch von manchen Sekten behauptet, „die Menschheit befindet sich heute in einer großen Gefahr", aus der die Sekte uns dann befreien will. — Lit.: Hermann Rudolph, Die Gefahren des Okkultismus, Leipzig 1923; Rudolf Steiner, Wie erlangt man Erkenntnisse der höheren Welten?; Ludwig Daum, Okkulte Praxis und ihre Gefahren, Seeheim.

Gefangenschaft, babylonische, in der Hochgrad-FM ein Symbol der Versklavung der mentalen Fähigkeiten durch die Begierden, Gefühle und niederen Regungen, entsprechend Röm. 7, 23: „Ich sehe aber ein ander Gesetz und nimmt mich gefangen in der Sünde Gesetz, welches ist in meinen Gliedern."

Geheime Obere, die Bez. G. O. für die höchsten, aber unbekannten Ordensführer kam zuerst in der ↗ Strikten Observanz auf. Von hier wurde die Bez. übernommen in das FM-System der Großen Landesloge, in die Adyar-TG (↗ Meister), in die Bô-Yin-Râ-Lehren und schließlich in den ↗ AMORC. Der Geheime Meister des AMORC, dessen Name erst im letzten Grad enthüllt wird, heißt ↗ Amatu. Bô Yin Râ schreibt in seinem „Buch vom Menschen": „Ich schreibe dieses Buch im Auftrag und in Übereinstimmung mit den Hohen Oberen der Gemeinschaft des Geistes, deren Auserwählter Bruder ich bin."

Geheime Wissenschaften, alte Sammelbezeichnung für sehr verschiedene, teils sachliche, teils auf Aberglauben beruhende Wissensgebiete und Fertigkeiten, deren Ausführung geheim gehalten wird, wie ↗ Alchemie, ↗ Astrologie, ↗ Nekromantie, ↗ Chiromantie usw. Heute richtet sich die jeweils gewählte Bez. mehr nach dem Standpunkt: die akademischen Wissenschaftler bevorzugen das Wort ↗ Parapsychologie, die Nichtakademiker ↗ Okkultismus, ↗ Esoterik, ↗ Geisteswissenschaft usw. Jedoch ist keiner dieser Bez. treffend und eindeutig; der Begriffsumfang ändert sich von Autor zu Autor und von Fall zu Fall.

Geheimgesellschaften (auch: Geheimbünde, Geheime Gesellschaften, Geheime Verbindungen), Organisationen mit eingeschränktem Mitgliederkreis zur Übermittlung und zum Studium von Lehren, die aus esoterischen Gründen eine Ausschaltung der Öffentlichkeit

erfordern. Von G. liefert schon die Geschichte der alten Kulturvölker zahlreiche Beispiele in den Berichten von indischen, ägyptischen und anderen Priesterorden mit esoterischen Lehren und Gebräuchen, von den Mysterien der Griechen, vom Pythagoräerbund, von der jüd. Sekte der Essener und den vom römischen Staate verurteilten Kulten. Das MA weist ebenfalls zahlreiche, meist mit der Kirche in Widerspruch stehende und von ihr mit dem Bann belegte religiöse Verbrüderungen auf, die zu den G. gehören, wie die Tempelherren, die Katharer und Waldenser usw.; ferner gehören hierzu die Bauhütten. Zahlreiche G. traten dann im 17. Jh. ins Leben, die teils die Erlangung „übernatürlicher" Fertigkeiten, wie Geisterbannen, teils die Lösung alchemistischer Probleme zum Zweck hatten. Auch besonders die seit Anfang des 18. Jh. aus England nach dem Kontinent verbreitete FM vernachlässigte zeitweise ihre humanitäre Aufgabe, indem sie sich in artfremde Geheimniskrämerei verlor und den Vorschriften „unbekannter" Oberer huldigte. Der von Weishaupt zu Ingolstadt gegr. Orden der ↗ Illuminaten zählt ebenfalls zu den G. Mit Ausnahme der FM sind alle heutigen G. Neugründungen seit der zweiten Hälfte des letzten Jh. Quellen der G. sind fast durchweg die Alten ↗ Mysterien, Lehren des Orients, Kabbalah, Yoga, Mystik, Magie usw. Nach ihrer Arbeitsweise lassen sich prinzipiell drei Hauptgruppen von G. unterscheiden:

a) Initiatorische Gesellschaften, wie die FM und speziell ihre Hochgrade; ihre Mittel sind vor allem das Ritual und die zeremonielle Einweihung analog den Alten Mysterien;

b) Sammlungsgesellschaften, die mehr oder weniger alle erreichbaren älteren Lehren, wenn sie nur geheimnisvoll oder unverständlich sind, aufgreifen, aufbereiten und als neue Lehren anbieten. Zu dieser Gruppe gehören u. a. die theosophischen Gesellschaften, die Arkanschule, der OTO mit seinen Zweigen usw. Diese Hauptgruppe zerfällt noch in zwei Untergruppen: 1. eklektische (d. h. auswählende und nur das beste berücksichtigende) und 2. opportunistische Gesellschaften, die die eigentliche Lehre der Erreichung bestimmter, meist geheimer Ziele unterordnen;

c) Dialektische Gesellschaften, die keine eigentliche Lehre, sondern nur geheime Ziele haben, die den Anhängern erst nach und nach enthüllt werden. Diese Ziele sind teils kommerziell, also auf Gewinn abzielend, teils subversiv, also nach einer

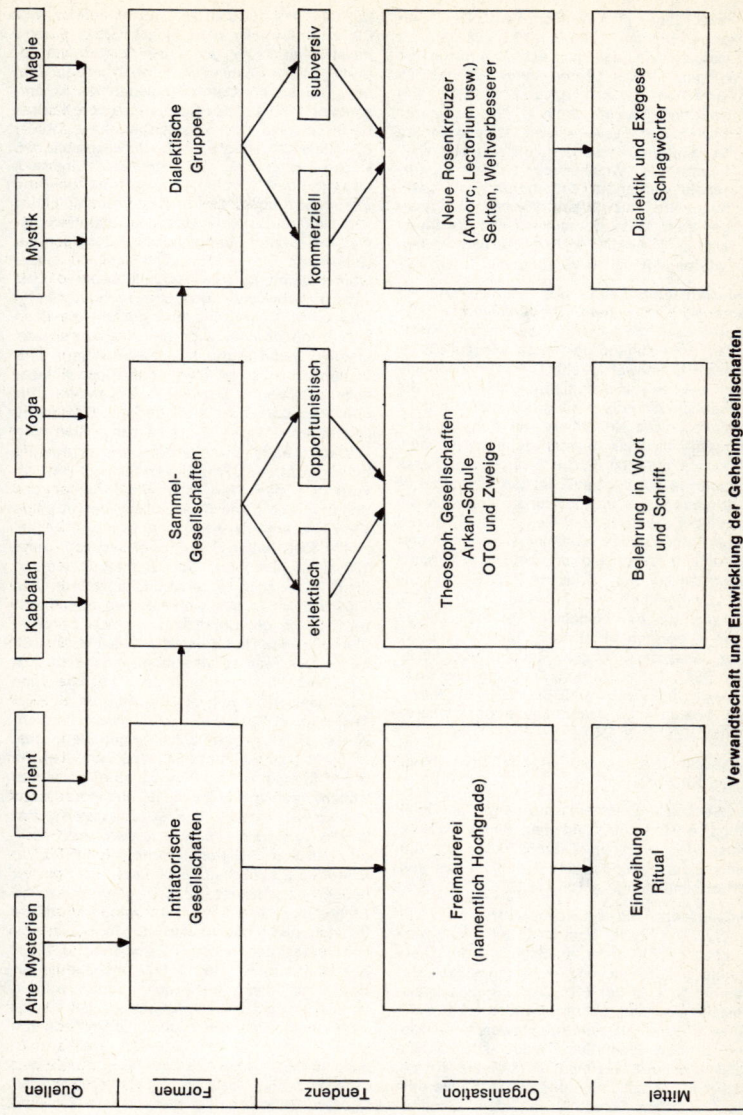

Verwandtschaft und Entwicklung der Geheimgesellschaften

Quellen: Alte Mysterien · Orient · Kabbalah · Yoga · Mystik · Magie

Formen:
- Initiatorische Gesellschaften
- Sammel-Gesellschaften
- Dialektische Gruppen

Tendenz:
- eklektisch / opportunistisch (Sammel-Gesellschaften)
- kommerziell / subversiv (Dialektische Gruppen)

Organisation:
- Freimaurerei (namentlich Hochgrade)
- Theosoph. Gesellschaften, Arkan-Schule, OTO und Zweige
- Neue Rosenkreuzer (Amorc, Lectorium usw.), Sekten, Weltverbesserer

Mittel:
- Einweihung, Ritual
- Belehrung in Wort und Schrift
- Dialektik und Exegese, Schlagwörter

157

Neuordnung der Welt strebend. Der Mangel an eigenen Lehren wird meist dadurch wettgemacht, daß man schlagwortartig die Namen anderer Lehren annektiert und das Wörtchen „wahr" davorsetzt, also von „wahrer" Magie, „wahrer" FM, „wahrem" Christentum usw. spricht. Unbeweisbare Behauptungen werden als „gnostische" Lehren, als „Weisheit der Großen Bruderschaft", als göttl. Offenbarung, als „Geheimlehre", als „Uralte Weisheit" usw. ausgegeben. Mittel der dialektischen Gruppen sind ⌇ Dialektik, ⌇ Exegese und Schlagwörter. Vgl. hierzu vorstehende Tafel.

Geheimhaltung, eine der Voraussetzungen esoterischer Schulung. Die erwünschte oder erforderliche Steigerung psychischer Kräfte verlangt die Tugend der Verschwiegenheit (im Ggs. zur Geschwätzigkeit). Die letzten Geheimnisse können nur diejenigen voll erfassen, die den entsprechenden Reifegrad erreicht haben, weshalb solche Kenntnisse vor der allgemeinen Öffentlichkeit geheim gehalten werden. Eine rein materialistische Beurteilung dieses Komplexes scheidet aus. In den vergangenen Jahrhunderten kam noch hinzu, daß sich die Mitglieder esoterischer Gemeinschaften nur durch eine strikte Geheimhaltung vor der Verfolgung durch die dogmatischen Kirchen bewahren konnten. — Lit.: H. P. Blavatsky, Die Verschwiegenheit im Geheimen, Calw o. J. (Auszug aus der Geheimlehre); Alec Mellor, Unsere getrennten Brüder, die Freimaurer, Graz 1964; ders., Logen, Rituale, Hochgrade, Graz 1967; Franz Bardon, Der Weg zum wahren Adepten, Freiburg 1956; Dr. Rudolf Steiner, Wie erlangt man Erkenntnisse der höheren Welten, Stuttgart 1961.

Geheimkirchen, meist identisch mit ⌇ gnostischen Kirchen.

Geheimkulte, Sammelbezeichnung für rituell tätige esoterische Systeme, deren Arbeitsweise der profanen Öffentlichkeit aus rein esoterischen Gründen unbekannt bleiben soll. ⌇ Geheimhaltung, ⌇ Ritualistik.

Geheimlehre, die deutsche Übersetzung von (engl.) „The Secret Doctrine", dem Hauptwerk von H. P. ⌇ Blavatsky; lt. „Schlüssel der Theosophie": „die besondere Philosophie· des Inneren Kreises der TG". Die Originalausgabe besteht aus den beiden Bänden „I. Cosmogenesis" und „II. Anthropogenesis", erschienen London 1888; aus nachgelassenen Blavatsky-Papieren veröffentlichte Annie Besant Band „III. Occultism", London 1897; außerdem gibt es einen Band IV mit dem General-

register, das 100 000 Stichwörter enthält. Wie die mit Blavatsky befreundete Gräfin Wachtmeister berichtete, sollte die G. nach der ursprünglichen Planung vier Textbände umfassen. Die ersten Manuskriptseiten der G. entstanden 1885 auf der Schiffsreise von Madras nach Marseille an Bord des Dampfers „Tibre", der Rest in Würzburg (in Anwesenheit Dr. Hübbe-Schleidens), in Kempten, Elberfeld, Ostende und London; die Korrekturen und Zitatergänzungen nahm Dr. Bertram Keightley vor. Genaue Berichte über das Zustandekommen der G. sind überliefert von Frau Gebhardt (Elberfeld), Dr. Keightley, William Q. Judge, Oberst Olcott, Madame de Jelihowsky (= Blavatskys Schwester) und Vera Johnstone (= Blavatskys Nichte). Inhaltlich umfaßt die G. an sich keine grundsätzlich neuen Erkenntnisse, sondern nahezu durchweg Zitate oder Entlehnungen aus anderen, teils jedoch sehr seltenen älteren Schriften, was andererseits den Wert der G. nicht im geringsten mindert. Der amerikanische Historiker und Orientalist William Emette Coleman untersuchte den Inhalt sowohl der „Entschleierten Isis" (= Blavatskys erstes Werk über Theosophie), wie der G. und gab die Quellen, aus denen beide Werke geschöpft sind, genau an; Coleman stellte fest, daß z. B. für „Isis Unveiled" rund 100 ganz bestimmte Werke benutzt worden sind, in welchen andererseits noch auf rund 1300 weitere Quellenwerke Bezug genommen wird. Durch die Benutzung von 100 Büchern, die HPB (lt. Olcott) nachweislich besessen haben soll, war es also möglich, aus an sich 1300 Büchern zu schöpfen, ohne je diese gesehen oder gelesen zu haben. Zum Teil hat HPB im Text oder in Fußnoten die benutzten Quellenwerke sogar genau selbst angegeben, weshalb nicht zu verstehen ist, daß Fanatiker die G. auf übersinnliche Weise entstanden wissen wollen. Jedoch enthält die G. ein literarisches Geheimnis, nämlich das „Buch Dzyan", das lt. HPB ein sehr altes Werk sein soll. „Kein europäischer Religionsforscher kennt es, in keiner europäischen Bibliothek ist es zu finden, es existiert in den geheimnisvollen Bibliotheken Tibets, wo verborgen sind all die heiligen und philosophischen Werke, in welcher Sprache oder Schrift sie auch geschrieben sein mögen." Nachdem ältere Quellen für das Buch Dzyan nicht aufgefunden werden konnten, nimmt man allgemein an, daß es sich hierbei wirklich um das persönliche Werk von HPB handelt. — Ein größerer Teil der G. scheint allein schon aus dem Werk von G. Latz „Die Alchemie, das ist die Lehre von den Großen Geheimmitteln der Alchemisten und den an sie geknüpften Speculationen" (Bonn 1869) zu stammen; neben Alchemie enthält dieses Buch auch Zahlenphilosophie, Kosmogenese der Inder, Ägypter, Juden, Griechen, Alexandrinen, die Tabula Smaragdina mit ihren zahlreichen Interpreten, Neuplatonismus, Philo, Logos, Apollonius Tyana, Oraculi Sibyll., Araber (Geber), Buch Jesirah, die Alchemisten der vier abendländischen Perioden (Basilius Valentinus, Paracelsus, Libavius, Schroeder, Rolfinck u. a.). — Lit.: Olcott, Old Diary Leaves; Ernest Wood, Secret Doctrine Digest; Max Heindel, HPB and the Secret Doctrine; Dr. Franz Hartmann, Grundriß der Geheimlehre; Capricornus, Die Geheimlehre; (anonym), The Theosophical Movement 1875—1925, New York 1925; J. N. Farquhar, Modern religious movements in India, London 1929.

Geheimnis. Jede Kenntnis, die man aus irgendeinem Grunde verborgen halten will, besonders eine solche, die auf einen bestimmten Kreis von Wissenden beschränkt bleiben soll, so daß eine Mitteilung an einen anderen nur durch eine Pflichtverletzung möglich ist. — Esoterisch unterscheidet sich das G. vom ↗ Mysterium dadurch, daß das erstere gewollt geheimgehalten wird, während das letztere nicht erklärt werden kann. Es ist deshalb unsinnig, wenn in der frmr. Literatur behauptet wird, „die FM sei an sich ein G."; die FM ist vielmehr ein Mysterium, zu dessen wirklicher Kenntnis man nur durch die eigene Erfahrung kommen kann.

Geheimschrift, ein System von Buchstaben, Zahlen und/oder Zeichen, welches es gestattet, einen Text so zu verschlüsseln, daß ihn nur der Kenner des Schlüssels lesen kann. Die Anwendung von G. ist uralt. Bei den Juden bestand eine solche, die auf Umsetzung des Alphabets beruhte, indem der erste Buchstabe des Alphabets (im Hebräischen das A) durch den letzten (das T), der zweite (das B) durch den vorletzten (das S) usw. ersetzt wird. So findet sich an manchen Stellen von Jerem. (25, 26; 51, 41) der Name Babylons (Ba Be L) unter dem Namen Se Sa K (bei Luther Sesach). Auch bei Griechen und Römern finden sich Nachrichten über G. Im MA beschäftigten sich bedeutende Gelehrte mit der Herstellung geeigneter Systeme, u. a. Johannes Tritheim, aber mehr praktische Bedeutung gewinnt die G. erst durch Anastasius Kircher und seinen Schüler Kaspar Schott. — Bis ins vorige Jh. bediente sich auch die FM zuweilen der G., meist der sog. Quadratschrift (vgl. Abb.). Einen praktischen Sinn hat die G. in der FM jedoch nicht, denn die internen Schriftstücke bleiben der

Öffentlichkeit ohnehin verborgen. — Lit.: Hellmar, Alphabete und Schlüssel zu Geheimschriften, o. O. 1906; Erich Buchholz, Schriftgeschichte als Kulturgeschichte, Bellnhausen 1965; Wilhelm auf der Nöllenburg, Sacral- und Geheimschriften, Berlin 1958; Kaspar Schott, De Magia universali, Würzburg 1676; Fleißner, Handbuch der Kryptographik, Wien 1881.

Die Lösung der Geheimschrift im Kapitelzimmer zu Regensburg

A : D · M : D : L : XXX · III · D : M :

N : XVI . OBYT : IN . DŌ :

DIAC : RAT ETA : SVE . D . VI . CVIV₉ · AÑI

DEO . VIVAT . AMEN . RQE ·

SCT . I . PCE :.

Entschlüsselter Text

Anno domini 1583 die mensis Novembris XVI obiit in domino PUER IOAN. IACOBUS KELDERER diaconus Ratisbonensis aetatis suae dierum sex cujus anima deo vivat. amen. requiescat in pace.

Geheimschüler, anthropos. Bez. für einen ausübenden und bekennenden Schüler des Okkultismus oder der Anthroposophie im besonderen. In den Schriften von H. P. Blavatsky heißen die G. ↗ Chelas.

Geheimwissenschaft, Lehre von den dunklen, dem Verstande nicht zugänglichen Urgründen der Natur und des Menschenlebens. Eliphas Lévi verwandte hierfür zuerst den Begriff ↗ Okkultismus, H. P. Blavatsky Arcane Sciences (von lat. arcanus = verborgen und engl. science = Wissenschaft), was Rudolf Steiner dann mit G. übersetzte. — Lit.: Steiner, Die Geheimwissenschaft, Dornach 1930; Hans Freimark, Geheimlehre und Geheimwissenschaft, Leipzig 1913; u. a.

Geist, theologisch hat das Wort G. eine mehrfache Bedeutung: 1. die das Leben von innen heraus bestimmende persönliche Macht Gottes; 2. der Geist des Menschen als seine nach dem Bilde Gottes geschaffene Wesensanlage; 3. an manchen Stellen der hl. Schriften wird G. gebraucht im Sinne von körperlosen Wesen. — Als erkenntnistheoretischer Begriff umfaßt G. die Ideen, Begriffe, Bedeutungen sowohl in den Kulturwerken (objektiver G.), wie bewußtheitlich in der Einzelperson (subjektiver G.). — Metaphysisch ist G. das Lebendige, Göttliche, im Ggs. zum Stoff (Materie). — In der Esoterik hat der Mangel an einheitlicher Verwendung des Wortes G. im Schrifttum zu ziemlicher Konfusion geführt. Meist wird G. mit „Seele" gleich-

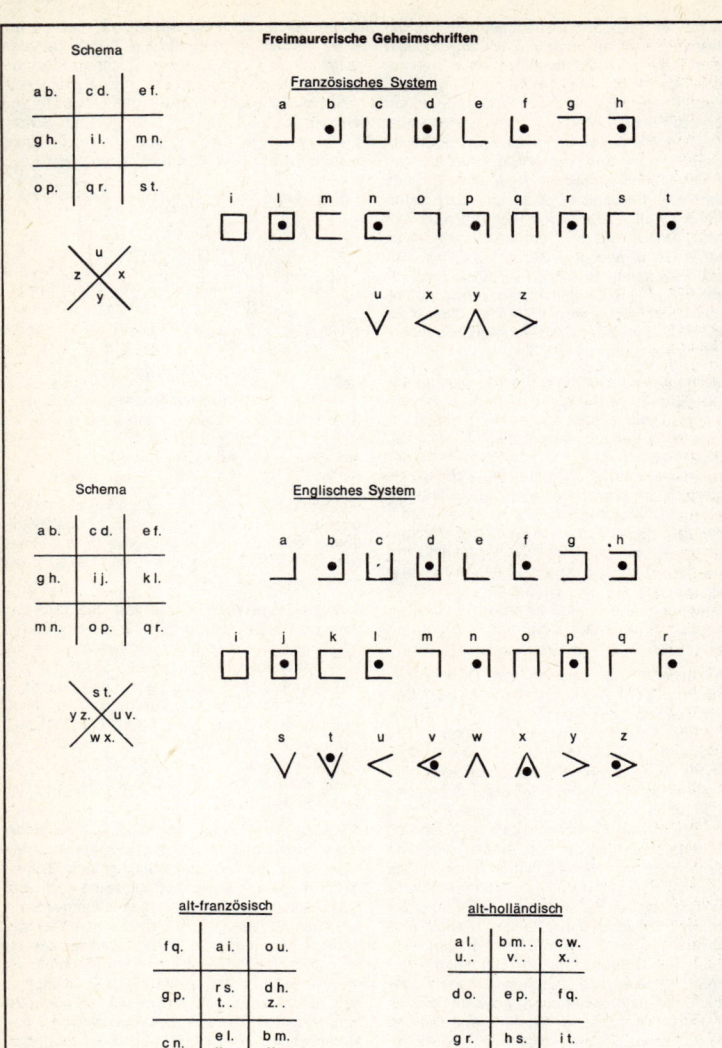

Freimaurerische Geheimschriften

Schema — Französisches System

Schema — Englisches System

alt-französisch — alt-holländisch

gesetzt. In der Theosophie wird G. (engl.: spirit) ausschließlich auf das verwendet, was direkt zum „Universellen Bewußtsein" gehört, während „Seele" nur auf das menschl. oder tierische ↗ Kama-Manas sich bezieht und als die lebende Seele gilt. G. ist formlos und unmateriell; daher verwerfen die Theosophen die Bez. G. (spirit) für die Phänomene und nennen sie Hüllen (engl.: shells) u. ä.

Geister, in der spiritistischen Doktrin bez. dieses Wort die Seelen der Verstorbenen, die sich unter gewissen Bedingungen mit den Lebenden in Verbindung zu setzen trachten. Nach der okkulten Wissenschaft bez. man mit G. die Wesen, die die verschiedenen Teile des Universums beleben. Es gibt eine wahre Rangeinteilung bei den G., eine Rangeinteilung, die man in den Werken der Alexandriner Schule und, jüngeren Datums, in den Werken von Albertus Magnus, Agrippa von Nettesheim und Paracelsus findet. Die erste große Einteilung ist die in G. mit Bewußtsein und Unsterblichkeit (Elementares) und die in sterbliche ohne Bewußtsein. Diese beiden Kategorien sind allen Okkultisten bekannt gewesen, doch haben die dafür verwendeten Bez. oft gewechselt. So gebraucht Paracelsus unterschiedslos das Wort Elementaris oder Dämon, um die Wesen ohne Bewußtsein, die G. der Elemente, zu bezeichnen, während er das Wort G. oder Seelen zur Benennung der bewußten Wesen verwendet. Die Fehlerhaftigkeit dieser Unterscheidung hat gewisse spiritistische Schriftsteller bei diesem Thema des Okkultismus zu zahlreichen Irrtümern verleitet. — Beim Lectorium Rosicrucianum (Apokalypse der neuen Zeit, S. 33) werden die geheimen ↗ Meister als G. bez.: „Eine große Hierarchie von menschlichen Geistern, von schon reineren, schon heiligeren, schon göttlicheren Wesen."

Geisterland, eine der vielfältigen Bez. für eine bestimmte Ebene (↗ Prinzipien des Menschen); bei Rudolf Steiner die Bez. für die dritte Ebene; bei Heindel „Gedankenwelt" genannt, bei A. A. Bailey „Mentalebene, Manasische Ebene oder Kosmisch-flüssige Ebene". — Das G. ist nach Steiner aus „Geiststoff" gewoben, der den Gedanken trägt; es ist die Region der geistigen Urbilder, die hier als schaffende Wesenheiten auftreten. Wird die seelische Welt von Bildern durchzogen, so werden die Urbilder der geistigen Welt auch klingend und tönend wahrgenommen. Das G. ist sowohl bei Steiner wie bei Heindel in sieben Regionen unterteilt. Steiner unterscheidet dabei noch ein unteres und ein

oberes Devachan, Heindel die Regionen der abstrakten und der konkreten Gedanken.

Geistesschule, in der Literatur des ↗ Lectorium Rosicrucianum eine zahlreichen Umschreibungen für dieses System. In „Apokalypse des neuen Zeitalters" (Haarlem 1964, S. 36) wird die G. wie folgt definiert: „Eine G., die auf der Grundlage innerer Werte basiert, wird durch das Zusammenfügen von ↗ Ausgesandten gebildet, die anerkannte(!) Glaubenswerte besitzen." ↗ anerkannt.

Geisteswissenschaften. Dilthey (1833–1911) unterschied zwischen G. und Naturwissenschaften. Die G. erforschen das geistige Sein des Menschen, der Menschengruppen und ihrer Werke in ihrem sinnhaften Zusammenhang. — Anfang dieses Jh. hat Rudolf Steiner als Förderer und Vertreter der Adyar-Theosophie den Begriff G. als Ersatz für das Wort Okkultismus einführen wollen (neben Geistesforschung), allerdings ist der Erfolg auf die Anthroposophie beschränkt geblieben; sehr häufig ist dagegen der Begriff G. als „Geisterwissenschaft" aufgefaßt worden. Nach der Trennung von der Adyar-TG verwendete Steiner nur noch den Ausdruck ↗ Anthroposophie. — Im Islam nennt man folgende Wissenschaftsgebiete G.: Grammatik, Syntax, Logik, Metaphysik, Philologie, Tropik, Stilistik, Rhetorik, Geometrie und Astronomie; hiervon hat die engl. FM die „10 Grundwissenschaften" eines Freimaurers geschöpft.

Geistheilung, Heilung durch den Geist oder Glauben, wie von Christus praktiziert; G. wird von Einzelgängern wie von ganzen Organisationen, wenn auch in getarnter Form, betrieben. Hierzu gehören auch speziell die Heilungsdienste des ↗ AMORC (↗ Konzil des Trostes, ↗ Kathedrale der Seele), des ↗ Lectorium Rosicrucianum und der ↗ Rosenkreuzer-Gemeinschaft (Heindel-Bewegung); aber auch in der Anthroposophie gibt es verschiedene ähnliche Strömungen. Schließlich gibt es sogar einen Neugeist-Zweig, der sich Neuheil nennt. Ihren Ursprung hat die G. (auch: Fernheilung) in den Lehren ↗ Mesmers und ↗ Baker-Eddys. — Als Beispiel eines Heilungsdienstes der Geistheilung sei hier der der Heindel-Bewegung erläutert. Jede Woche, wenn der Mond in ein kardinales Zeichen tritt, versammeln sich die Mitarbeiter in der Zentrale zu Mount Ecclesia bei Oceanside (Kalifornien), um durch Beten geistige Heilkraft zu erzeugen. Die sog. Älteren Brüder und diejenigen, die unter ihrer Leitung als unsichtbare Helfer arbeiten, verwenden diese Kraft zur Heilung und Stärkung der Kranken, insbesondere natürlich derjenigen, die sich beim Heilungswerk gemeldet haben. Nach den monatlich veröffentlichten Instruktionen der Rosenkreuzer-Gemeinschaft Darmstadt soll man sich an jeweils genau festgelegten Tagen um 18.30 Uhr MEZ an einem Ort aufhalten, wo man sich ungestört entspannen und auf den Heilungsdienst konzentrieren kann. Nach den Angaben der Zentrale in Darmstadt untersteht der Heilungsdienst in Deutschland Herrn Dr. Schmidt, Frankfurt. Über eine Geist- und Fernheilung gibt es eine Fülle von Lit., wobei immer schwer zwischen sachlich-medizinischen und ganz trivialen Schriften zu unterscheiden ist. — Lit.: G. W. Day, Die Wasser zu Damaskus; Willy Schrödter, Präsenzwirkung, vom Wesen der Heilung durch Kontakt, Ulm 1959; Hans-Dieter Reimer, Metaphysisches Heilen, Stuttgart 1966; K. Trampler, Lebenserneuerung durch den Geist, München 1956; Felix Riemkasten, Heilung durch den Geist; Alice Bailey, Esoterisches Heilen, Lorch; Otto-Albert Isbert, Heilkraft im Yoga, München; Stefan Zweig, Die Heilung durch den Geist, Leipzig 1932 (handelt von Mesmer, Baker-Eddy und Freud); Harry Edwards, Geistheilung, Freiburg; ders., Wege zur Geistheilung, Freiburg; Rudolf Zimmer, Am Lebensquell, das Geheimnis der Heilkraft; Dr. Masaharu Taniguchi, Die geistige Heilkraft in uns; Kurt Trampler, Zielgerichtete Heilkraft.

Geistige Ebene, bei A. A. Bailey, neben „Atmische oder Dritte Kosmisch-ätherische Ebene", die Bez. für die 5. Ebene; ↗ Prinzipien des Menschen; bei Heindel die „Welt des göttl. Geistes" genannt.

Geistiger Tempel, in der symbolischen Sprache der FM die Umschreibung für das allgemeine Ziel, die ganze Menschheit in eine Bruderschaft zu verwandeln; beim ↗ AMORC (↗ Kathedrale der Seele) und bei der Heindelbewegung wird ebenfalls von einem g. T. gesprochen; zum anderen ist der g. T. schon in Off. Kap. 8, 9 und 11 erwähnt.

Geistige Triade, bei A. A. Bailey die Bez. für das Bindeglied zwischen Persönlichkeit und Monade in der Konstitution des Menschen (↗ Prinzipien des Menschen) und mit der Mentalebene, der Intuitionellen Ebene und der Geistigen Ebene in Verbindung stehend; bei Heindel das „Zwischenglied", bei Steiner „das Ich" (oder Ich-Kern) genannt.

Geistmensch (oder Atma), bei Rudolf Steiner das 7. Prinzip des Menschen (↗ Prinzipien des Menschen); bei Heindel mit „göttl. Geist" umschrieben. Der G. ist die im Geistkörper (d. h. in der Geisthülle) lebende, von Intuitionen be-

diente, selbständige geistige Wahrheit (so: Steiner).

Geistschreiber (oder engl.: Ghost writer), eigentlich kein Begriff aus dem unmittelbaren okkulten Wortschatz. G. sind Autoren, die im Auftrage von anderen Personen, meist gegen Bezahlung, für diese Bücher verfassen, die dann unter dem Namen des Auftraggebers erscheinen. Viele Staatsmänner verfügten über G., aber auch von Annie Besant ist bekannt, daß sie sich einen großen Teil ihrer rund 360 Veröffentlichungen von G. verfassen ließ. — Lit.: Prof. Ernest Egerton Wood, Is this Theosophy...?, London 1936 (Wood war Privatsekretär und G. Annie Besants).

Geistseele oder Buddhi, ↗ Prinzipien des Menschen.

Geist-Selbst, Rudolf Steiners Ausdruck für Manas; bei Heindel „Menschengeist" genannt. ↗ Prinzipien des Menschen, ↗ Buddhi-Manas.

gelb (gold), als Symbolfarbe in der Ostkirche: Verklärung; bei den Ägyptern: Neid; in China: höchste Glückseligkeit.

Geltungsbedürfnis, gleichwertig mit Geltungsdrang; Steigerungsform: Geltungssucht. — Dies sind erfolgverhindernde Faktoren jeder esoterischen Schulung und Übung, die schon in der Vorschulung, die noch profaner Natur ist, abgelegt werden müssen. Die exakte Untersuchung vieler Phänomene scheitert zuweilen am G. der Versuchspersonen, die sich durch nicht wahrheitsgemäße Auskünfte interessant zu machen hoffen und dadurch exakte Resultate verhindern.

Gemara (hebr.) = „vollständige Erklärung" oder „Überlieferung"; hebr. Bez. für den 2. Teil des ↗ Talmud. Der Talmud besteht aus Mischna und G.; die G. enthält den Zusatz an Kommentaren, der zuletzt entstanden war und praktisch unserer heutigen Jurisprudenz entspricht. Diese Kommentare beginnen mit Rabbi Ashi und enden bei den Rabbis Mar und Meremar (ca. 300 nZ).

Gematria, von (griech.) geometria = Geometrie; Teil der praktischen Kabbalah. Die G. zeigt die numerischen Werte der Worte des Hebräischen durch Zusammenzählen der Werte der einzelnen Buchstaben eines Wortes, wodurch Analogien usw. zwischen den einzelnen Wörtern gebildet werden; wegen der den einzelnen Buchstaben zukommenden Zahlenwerte: ↗ Hebräisch. — Beispiel der G.: Im Wort „Adam" haben die einzelnen Buchstaben folgende Zahlenwerte:

m d a
40 4 1

Die Quersumme (40 + 4 + 1) der einzelnen Ziffern ergibt 45 und die Quersumme hiervon (4 + 5) wieder 9. Zerlegt man aber die 4 Ziffern 4 − 0 − 4 − 1 in zwei äußerlich gleiche Hälften, so erhält man 40 + 41 = 81 und zieht hiervon die Quadratwurzel, so erhält man wiederum 9, d. h. die geheimnisvolle analytische Zahl für den Menschen. − Nach dieser Theorie ergibt sich auch eine geheimnisvolle Beziehung zwischen Worten, deren Buchstaben den gleichen Zahlenwert aufweisen. So ist z. B. bei den hebr. Wörtern „Achad" und „Ahabba" der entsprechende Zahlenwert = 13. Das erste Wort bedeutet „Einheit", das zweite „Liebe", die nach dieser Theorie „in einem höheren Sinne die gestörte Eintracht durch Harmonie wieder in eine Einheitlichkeit verwandeln kann". − Lit.: Ernst Bindel, Die geistigen Grundlagen der Zahlen; Papus, Die Kabbala, Leipzig 1910; A. E. Waite, The holy Kabbalah, New York 1960; Carlo Suarès, La Kabale des Kabales, Paris 1962.

Gemini (lat.) = Zwillinge, Mz. von geminus = Zwilling; die lat. Bez. für das Tierkreiszeichen Zwillinge.

Gemischte Freimaurerei, allgemeine Bez. für die Freimaurerei, die auf völlig gleichberechtigter Grundlage sowohl Männer als auch Frauen aufnimmt. Die G. FM wird in der ganzen Welt durch den FM-Orden Le ↗ Droit Humain, in Deutschland durch die Deutsche Großloge Le Droit Humain sowie durch den Freimaurer-Orden ↗ Humanitas vertreten. ↗ maskuline FM.

Gemme, von (lat.) Gemma; Talismane, die aus einem gravierten Edelstein bestehen. Man unterscheidet dabei a) Intaglios, wenn sie vertieft graviert sind, und b) Kameen, wenn sie erhaben herausgearbeitet sind. Als Steine werden vorzugsweise zu den Intaglios der Karneol, der rötliche Chalzedon, zu den Kameen der Onyx, der Sardonyx und der bunte Achat benutzt; beim bunten Achat bildet die obere weißliche Schicht das Relief und die untere Schicht den dunklen Untergrund. Auch Jaspis, Amethyst, Lapislazuli usw. lassen sich zu G. verarbeiten.

Gemütsseele ↗ Verstandesseele.

Generalsekretär, eine aus dem Englischen (dort: Secretary General) übernommene Bez., die etwa unserem Vereinsvorsitzenden entspricht; besonders bei der Adyar-TG gebräuchlich.

Genesis (lat.) = Schöpfung; in der lat. Bibel die Bez. für das 1. Buch Moses. Nach H. P. Blavatsky ist die G. bis zum Tode des Joseph eine wenig veränderte Version der Kosmogonie der Chaldäer, wie man mehrfach auf aufgefundenen assyrischen Tontafeln feststellen konnte. Kapitel 4 und 5 sind eine allegorische Abwandlung der Erzählung im 4. Buch Moses (lat. Numeri). Kapitel 6 ist eine astronomische Erklärung des Sonnenjahres und der sieben kosmischen Herrscher aus dem ägyptischen Original des Pymander und den symbolischen Visionen der Propheten, woher auch das Buch Henoch stammt. − Dennoch ist die G. ein unbestreitbar esoterisches Werk. Schlüssel und Lösung aller Erzählungen können nur in den esoterischen Lehren gefunden werden. − Lit.: O. Eißfeldt, Die G. der G., 1961.

Genien (lat.) = „die angeborene Natur"; in der Kabbalah die Bez. für Äonen oder Engel; dgl. bei den Gnostikern. Die alten Philosophen verstanden darunter jedoch weder Engel noch Dämonen, sondern moralische Kräfte oder personifizierte Tugenden. Eliphas Lévi hat in seiner Übersetzung des Nuctemeron des Apollonius von Thyana (abgedruckt als Anhang in „Dogma und Ritual der Hohen Magie", Band 2, München 1927) die 12 symbolischen Stunden auch je 7 zugeordnete G. aufgeführt. Die G. der 1. Stunde lauten danach:

(1) Papus . . Genius der Medizin
(2) Sinbuck . Genius der Richter
(3) Rasphula . Genius der Nekromantie
(4) Zahun . . Genius des Streites
(5) Heiglot . Genius des Schnees
(6) Mizkun . . Genius der Amulette
(7) Haven . . Genius der Würde

Wie man sieht, nahm Papus sein Ps. vom 1. Genius der 1. Stunde, Marc Haven vom 7. Genius der 1. Stunde. Nach diesem Schema gibt es 12 × 7 = 84 Genien, die sämtlich bei Lévi abgedruckt und erläutert sind.

Genußmittel, Nahrungsmitteln ähnliche Substanzen, die der Mensch in irgendeiner Form genießt, welche jedoch nicht direkt zum Ersatz der verbrauchten Körpersubstanz, sondern zur Erzielung einer angenehmen Wirkung auf das Gefäß- und Nervensystem dienen. Zu ihnen gehören die Gewürze, die geistigen Getränke, Kaffee, Tee, Schokolade, endlich der Tabak und andere narkotische Pflanzen und Pflanzenbestandteile (Opium, Haschisch u. a.), in neuerer Zeit auch synthetische Stoffe wie LSD. Indem die G. alle mehr oder weniger starke Nervenreize enthalten, vermögen sie für eine gewisse Zeit das Gefühl der Ermüdung zu beseitigen und die Leistungsfähigkeit des Organismus zu steigern. — Für den Okkultisten, der in irgendeiner Form auf psychische Kräfte gerichtete Übungen betreibt und Erfolge erwartet, sind G. außerordentlich abträglich. Im Anguttara-Nikaya untersagt Buddha ausdrücklich den Gebrauch von G., namentlich von berauschenden Getränken, da sie den Erwerb magischer Fähigkeiten (Majjhima-Nikaya, V. 119) verhindern. — Lit.: Prof. Dr. Wolfgang Heubner, Genuß und Betäubung durch chemische Mittel, Wiesbaden 1952.

Geozentrisches System, das Denksystem des Ptolemäus, der sich die Erde als Mittelpunkt der Welt dachte. Um die Erde herum liegen danach 7 Sphären: 1. die des Mondes, 2. die des Merkurs, 3. die der Venus, 4. die der Sonne, 5. die des Mars, 6. die des Jupiters und 7. die des Saturns. Die Planeten bewegen sich in ihren Sphären rechts um die Erde laufend. Die ↗ 8. Sphäre ist die der Finsternis oder das große Weltenrad, das die 12 Tierkreiszeichen enthält und ebenfalls rechts um die Erde läuft. — Ggs.: ↗ heliozentrisches System.

Germer, Karl Johannes, * 22. 1. 1885, † 25. 10. 1962 (Westpoint/Kalifornien); Ordensname (Ps.) Saturnus; in den zwanziger Jahren Mitarbeiter des Barth-Verlages München, Herausgeber der Pansophia-Schriftenreihe; übersetzte die Lehren der Rosenkreuzer von Franz Hartmann, arbeitete eng mit ↗ Tränker zusammen, lernte um 1925 ↗ Crowley kennen und übersetzte einige seiner Schriften; gründete 1929 zusammen mit Martha Künzel die Thelema Verlagsgesellschaft. 1933 wird G. anläßlich eines Besuches in Berlin von der Gestapo verhaftet, wurde entlassen und flüchtete nach Brüssel, dort Mai 1940 abermals verhaftet und nach Frankreich abgeschoben. 1941 ging G. nach den USA, wo er nach dem Tode Crowleys (1947) Generalgroßmeister des ↗ OTO wurde. — Lit.: Manifesto, Sonderausgabe der Zeitschrift „Oriflamme", 1963 Zürich.

Geselle, in der FM der 2. Grad; in der landläufigen FM von heute ist der Gesellengrad eine mehr oder weniger formelle Übergangsstation zum Meistergrad. Einen tieferen esoterischen Lehrinhalt vermittelt die FM ihren Gesellen kaum noch. — Lit.: Gottlieb Imhof, II. Das Buch des Gesellen, Zürich 1958; August Horneffer, Katechismus der Gesellen, Hamburg 1950; Oswald Wirth, Le Compagnon, Laval 1963; Otto Hieber, Johannisgesellengrad, Bad Harzburg 1960.

Gesetz der Retribution oder Wiedervergeltung, beim ↗ Lectorium Rosicrucianum die Umschreibung für ↗ Karma.

Gesetz des AMRA (Amorc-Ausdruck), ↗ Amra.

„gesetzmäßig", neben dem Begriff ↗ „anerkannt" ein beliebtes Schlagwort einer gewissen FM, die unter Verachtung ihrer eigenen Grundsätze jede andere Meinung innerhalb der FM dadurch zu vernichten suchte, indem sie ihre eigenen Logen als einzig „gesetzmäßige" bezeichnete, um so beim uninformierten Laien den Eindruck zu erwecken, als hätte ihr eigenes FM-System eine gesetzliche, also staatliche, Grundlage. Das Wort „gesetzmäßig" besagt aber in dieser Hinsicht gar nichts und entbehrt jeder Grundlage.

Gesichtsausdruckskunde ↗ Physiognomie.

Gesundbeter ↗ Geistheiler.

Gesundheit, FM-Ausdruck für Trinkspruch, übernommen aus dem Französischen (Santé); teilweise sagt man auch (engl.) Toast.

Gesundheitsaura, in der theosophischen Literatur Bez. für eine feinstoffliche Ausstrahlung des Menschen, in welcher der geübte Seher Krankheiten und gesundheitliche Störungen erkennen kann. ↗ Aura. — Lit.: Leadbeater, Der sichtbare und der unsichtbare Mensch; Spiesberger, Die Aura des Menschen, Freiburg 1963; ders., Hermetisches ABC, Freiburg 1964; Phoebe D. Bendit, Die Brücke des Bewußtseins, Graz 1961; Prof. Tenhaeff, Außergewöhnliche Heilkräfte, Freiburg 1957.

Gettatura, von (ital.) gettare = werfen; der böse Blick, besonders in Neapel; Gettatore: jemand, der den bösen Blick hat.

Gewalten, in der esoterischen Lit. die Übersetzung für (lat.) Exusiai, Potentates; nach Rudolf Steiner die „Erhalter und Bewahrer des Bestehenden". ↗ Hierarchien.

Gewissen, die Gesamtheit der Vorstellungen und Gefühle, mit denen der Mensch das eigene Handeln nach dem sittlichen Wert beurteilt.

Giblim (hebr.), die Losung (Paßwort) des 2. Grades der FM nach dem System der Großen Landesloge. Nach dieser Lehre waren G. die Erfahrenen im Steinhauen und wurden gebraucht, um die Steine zum Bau des Tempels Salomo zu behauen. Das Wort soll „Einwohner des Ortes Gabel" (am Libanon in Syrien) bedeuten, welche berühmte Baumeister gewesen sein sollen. In 1. Kön. 5, 32 heißt es jedoch richtiger „Gebaliter". Da das Hebräische keine Vokale schreibt, kann es genau so gut Gibulum heißen, was Freund bedeutet.

Ginseng (chines.) = Weltwunder; eine als Droge gebräuchliche getrocknete Wurzel einer kleinen Pflanze mit etwas kriechendem Wurzelstock. G. hat im Fernen Osten etwa die Bedeutung unserer Alraune (↗ Mandragora) und wird als Allheilmittel betrachtet, obwohl man bisher keine besonderen arzneilich wirkenden Stoffe darin hat entdecken können.

Glahn, A. Frank, richtige Vornamen: Friedrich Heinrich August; 1895—1941; okkulter Schriftsteller, Freimaurer und nach Willy Schrödter „der Pendelvater"; führte zeitweilig einen eigenen Verlag; gab um 1925 die astrologische Zeitschrift „Astrale Warte" heraus; trat für die Mitwirkung der Frau in der FM ein. — W.: Das deutsche Tarotbuch; Die Pendelbücherei, Memmingen 1931; Radio der Natur, Trier 1925; Einführung in die Lehre vom Pendel, Memmingen 1929; Pendellehre, Memmingen 1935; Erklärung und systematische Deutung des Geburtshoroskopes, Kampfschrift gegen Schwindel in der Astrologie, Memmingen 1935; Praktische Anleitung zum Erlernen der wissenschaftlichen Prophetie aus Karten, Bad Oldesloh 1925; Geheimnis und Lehre der Freimaurerei, Memmingen 1928; Ario-germanischer Sonnenkalender 1929; Uranus-Kalender 1929.

Glasenapp, Prof. Helmuth von, (1891—1963), berühmter Religionswissenschaftler, der durch seine zahlreichen, auch esoterisch lehrreichen Werke über fernöstliche Religionen bekannt geworden ist. — W.: Der Stufenweg zum Göttlichen, Baden-Baden 1948; Glaube und Ritus der Hochreligionen, Frankfurt 1960; Die nichtchristlichen Religionen, Frankfurt 1957; Die fünf Weltreligionen; Der Pfad der Erleuchtung; Die Religionen Indiens; Die Philosophie der Inder; Die Weisheit des Buddha, Baden-Baden 1946.

Glaube (lat.: fides; griech.: pistis), im religiösen Sinne eine nicht auf dem Umweg wissenschaftl. Erkennens, sondern durch unmittelbare Selbsterfahrung gewonnene innere Gewißheit, die sich auf des Menschen persönliches Verhältnis zum Übersinnlichen, Überirdischen, Unendlichen bezieht; daher ist der G. nichts anderes als die Religion an sich, wie er auch nach denselben psychologischen Grundsätzen wie diese entsteht. Jene Gewißheit von einer Beziehung zwischen dem Menschen und Gott könnte aber nicht entstehen und, wie es tatsächlich der Fall ist, auf den Willen und die Vorstellungen des Glaubenden einwirken, wenn ihr die Selbsterfahrung, auf der sie beruht, nicht zugleich eine Offenbarung Gottes wäre. G. und Offenbarung sind daher zusammenhängende Begriffe, die einzeln für sich gar nicht bestehen können. Ist der G. auf einen Gegenstand der bloßen Überlieferung

bezogen, so beruht der G. des Glaubenden jedoch nicht auf eigener, innerer Selbsterfahrung, sondern zunächst nur auf vertrauensvollem Fürwahrhalten des Überlieferten. Bei dieser Art von G. beschränkt sich dann das eigentlich Religiöse auf das Vertrauen, doch pflegt dabei das Fürwahrhalten des Überlieferten dem Glaubenden als die Hauptsache, als eine religiöse Pflicht, zu erscheinen, und statt der religiösen Bedeutung des G. stellt sich damit eine andere, dogmatische Bedeutung des Wortes ein, wonach unter G. nur das Fürwahrhalten der dogmatischen und geschichtlichen Überlieferung der betr. Kirche selbst verstanden wird. — Indes sind die Deutungen des Begriffs „Glauben" sehr unterschiedlich und so zahlreich wie die Sekten und Glaubensmeinungen selbst. Eliphas Lévi (Dogma und Ritual der Hohen Magie) schreibt: „Über den Glauben vernünfteln heißt, ihn zerstören. Vernunft und G. schließen sich gegenseitig aus. Man glaubt an das, was man nicht weiß, wovon aber der Verstand wünscht, es möchte so sein. Den Gegenstand des G. beschreiben und umschreiben heißt deshalb das Unbekannte formulieren. Die Glaubensbekenntnisse sind die Formeln der Unwissenheit und des Sehnens der Menschen." — Hugo von St. Viktor, ein Freund des heiligen Bernhard, unterschied Meinung, Glaube und Wissen. Er setzte damit, das heißt bei dieser Reihenfolge, den Glauben über die Meinung, aber unter das Wissen. Meinung, sagt er, schließt nicht die Möglichkeit des Gegenteils aus; Glaube schließt die Möglichkeit aus, weiß jedoch nicht, wie es wirklich ist, sondern stützt sich auf die Autorität anderer, deren Lehren, die geglaubt werden sollen, durch Hörensagen vermittelt werden. Wissen kennt dagegen den Gegenstand, wie er wirklich ist. Wissen stellt also einen höheren Grad der Sicherheit dar als der bloße Glaube. Die unterste Stufe des G. ist diejenige, bei der der Gläubige das glaubt, was er glauben soll, ohne dafür einen Vernunftgrund zu haben. Wie viele Menschen, die vor den Bildern des heiligen Bernhard und des Hugo von St. Viktor knien, würden wohl erschrecken über die Doktrin, daß der G. geringere Sicherheit als Wissen habe. — Lit.: G. W. Hegel, Glauben und Wissen, 1962; H. Gollwitzer, Denken und Glauben, Stuttgart 1965; K. Löwith, Wissen, Glaube und Skepsis, 1962; H. Rust, Glaube und Denken im Wandel der Zeiten, 1965.

Glaube — Hoffnung — Liebe, das „qua creditur" des Christentums, d. h. „womit man glaubt" nach 1. Kor. 13, 13; in dieser oder abgewandelter Form die innere, zentrale Grundlage nahezu aller esoterischen Weltanschauungen. In der FM der blauen Grade 1–3 mit „Weisheit – Stärke – Schönheit", bei Louis Claude de St. Martin mit „Freiheit – Gleichheit – Brüderlichkeit", beim ↗ AASR (18. Grad) mit „Glaube – Hoffnung – Barmherzigkeit" usw. umschrieben. In den Hochgradsystemen der FM zieht sich diese Dreiheit durch das ganze Lehrgebäude: himmelblau als Symbolfarbe des Glaubens in den blauen Graden, grün als vorherrschende Farbe in den Andreasgraden als denen der Wandlung und Perfektion und schließlich rot als Grundton der gesamten Kapitel-FM, deren Hauptfest die ↗ Agape oder das Liebesmahl ist. In den Erläuterungen für Andreas-Meister der Großen Landesloge heißt es deutlich: „G. H. L., diese 3, die da immer bleiben, diese wunderbare Trias, in der unsere Hilfe und unser Heil ruht, umgeben an dieser unserer Arbeitsstätte. Die Liebe redet zu uns aus dem Rot der Wände, die Hoffnung aus dem Grün der Säulen, die das Gebälk stützen und seinen Einsturz verhindern. Hinter der Pforte aber birgt sich das Heiligtum, das wir, da es sich unserer unmittelbaren Anschauung entzieht, im Glauben zu erfassen trachten, in einem Glauben, der gestärkt wird durch die Festigkeit der beiden Säulen. Über dem Ganzen wölbt sich ein Himmel mit einem lichten (blauen) Glanze ..." (Otto Hieber, Der Grad des Andreas-Meisters, Berlin 1911, S. 181).

Gleichgewicht, gesundheitliches und seelisches G. sind die Voraussetzungen für praktische esoterische Arbeit; zum anderen hebt praktische esoterische Arbeit (okkulte Übungen jeder Art) das G. auf. Der Entwicklungsweg verläuft daher in Stufen, wobei nach jeder erreichten Stufe ein neues G. hergestellt werden muß. – Lit.: Miers, Erlangung und Steigerung psychischer Kräfte, S. 1068–1072 und 41 bis 44 in: DAW 12/66 bzw. 1/67.

Glocke, im magischen Ritual ist die G. ein Symbol für den besonderen Zustand der Aufmerksamkeit, ohne den man die Gegenwart eines spirituellen Wesens nicht gewahr wird. Im Ritual der ↗ „Goldenen Dämmerung" läutet sie daher der Magus auf dem Höhepunkt der Zeremonie. – In den FM-Logen der Großen Landesloge (christl. Ritus) erscheint die G. nur im 4. Grad (Andreas-Lehrling-Geselle) und bedeutet hier das Gewissen des Menschen, welches ihn ermahnt, sich Salomo (Gott) zu nähern. Die G. ist dabei auch ein Mittel, die Ankunft eines Bruders im Dunkeln zu melden und diente früher zur Warnung

und zum Hilferuf in Gefahr. Ferner diente sie zur Einladung, in den Tempel zur Arbeit und zum Gebet zu kommen. Friedrich Ludwig Schröder, Reformator der FM und Gegner der Großen Landesloge, nannte dieses System „Glöckchen- und Laternensystem", da G. und Laterne sonst in keiner anderen FM Verwendung finden. – Lit.: Otto Hieber, Der Andreas-Lehrling-Gesellengrad, Bad Harzburg 1953; A. Widmann, Concordanz I bis IX, o. O. und J.

Glyphe, von (griech.) glyphein = eingraben, einschneiden, einstechen; in der Rosenkreuzerliteratur eine Symbolzeichnung zur philosophischen Erklärung der Welt.

Gn, bei lat. Bibelzitaten die Abk. für Genesis = 1. Buch Moses.

Gnana (Sk.) = Wissen, besonders in bezug auf esoterische Wissenschaften; zuweilen auch Ignana geschrieben.

Gnanashakti (Sk.) = die Macht des wahren Wissens, eine der 7 großen Kräfte (exoterisch: 6) in der Natur.

Gneiting, J. M. (Ps.) = Johann Baptist Krebs; ↗ Kerning.

Gnomen, von (griech.) gnomon = Inspektor oder Wächter; seit Paracelsus gebräuchlich zur Bez. bestimmter Elementarwesen; bei den Rosenkreuzern die Elementalen des Mineral- und Erdreichs.

Gnosis (griech.), Wissen, Erkenntnis; eine unter den Christen des 2. Jh. weitverbreitete Geheimlehre, die über den einfachen Gemeindeglauben erhaben und der G. oder eines tieferen Verständnisses des Christentums teilhaft zu sein behauptete. Schon in der jüdisch-alexandrinischen Religionsphilosophie hieß G. ein tieferes Verständnis der Bibel, das hinter dem einfachen Wortsinn die höchsten philosophischen Wahrheiten erkenne. Auch manche altchristlichen Schriften, besonders die paulinischen, brauchen das Wort G. zur Bez. der Kunst, das AT christlich auszudeuten. Falsch ist es, die G. als bloße Rückbildung des Christentums ins Heidentum anzusehen, da ihr Grundgedanke unzweifelhaft der christliche einer endgültigen Erlösung des Menschen und einer definitiven Überwindung des Bösen ist, während die heidnische Betrachtungsweise nur von einem end- und zellosen Kreislauf aller Dinge weiß. Das gnostische System war übrigens endloser Abwandlungen fähig, so daß man zwischen der syrischen, hellenistischen und der katholisierenden G. unterscheiden muß. Erstere ist durch Cerinthus, Saturninus und die Ophiten, die zweite durch Basilides und Valentinus, die dritte durch Marcion, das Buch „Pistis Sophia" und Bardesanes vertreten. Von manchen sich heute gnostisch gebenden Organisationen wird behauptet, die Bibel rede sehr deutlich von G., so in Luk. 11, 52: „Wehe euch, ihr Kenner des Gesetzes, die ihr den Schlüssel der Erkenntnis (griech.: kleis tes gnoseos) an euch genommen habt." An dieser Stelle wenigstens hat das griech. Wort gnoseos keine andere Bedeutung als Erkenntnis. So dient heute der Begriff leider zu oft zur Verdunkelung bestimmter Zusammenhänge oder zum Nachweis von Beziehungen, die nicht vorhanden sind. Beim Lectorium Rosicrucianum wird der Begriff G. gedeutet als: „Der Atem Gottes, Gott, der Logos, der Quelle aller Dinge, die sich offenbaren in und als Geist, Liebe, Licht, Kraft und universelle Weisheit". — Lit.: Adolf Harnack, Lehrbuch der Dogmengeschichte, Freiburg 1888; F. C. Baur, Die christliche Gnosis, Tübingen 1835; Gilles Quispel, Gnosis als Weltreligion; Haack, Geheimreligion der Wissenden, Stuttgart 1966; J. Maier, Vom Kultus zur Gnosis, 1964; P. Pokorny, Der Epheserbrief und die Gnosis, 1965; W. Schmithals, Die Gnosis in Korinth, 1965; A. v. Ulrich, Fragmente eines verschollenen Glaubens, Berlin 1902; Hofrat v. Eckartshausen, Über die Zauberkräfte der Natur, eine freie Übersetzung eines ägyptischen Manuscriptes in coptischer Sprache, München 1819.

Gnostiker, Anhänger und Vertreter der ↗ Gnosis; Philosophen, welche die Gnosis als Wissen formulierten und lehrten sowie versuchten, eine Brücke zwischen den ersten Christen und den Platonikern zu bilden. Seitens der Christen (namentlich der Kirchen) wurden diese Versuche, die das Ende des Christentums bedeuten würden, stets zurückgewiesen. Die G. erklärten, daß eher das Wissen als der Glaube den Weg in den Himmel darstelle und gaben vor, eine besondere Kenntnis von den religiösen Mysterien zu besitzen. Sie verwarfen die wörtliche Deutung der Bibel und versuchten, ihre Lehren mit denen der griech. und orientalischen Philosophen und Religionen zu kombinieren. Sie behaupteten, daß Gott unkennbar und unerreichbar sei, daß aus Gott durch Emanation untergeordnete Gottheiten, genannt Eonen, geschaffen würden, aus denen wiederum noch niedere Geister entstehen. Die G. stimmten im allgemeinen darin überein, daß Jesus kein Mensch gewesen sei, und in dem Glauben an die Existenz eines ↗ Demiurgen oder Weltenschöpfers. Christus betrachteten sie als ein höchstes Eon, das aus dem unendlichen Gott herniederkam, um den Gott

oder Eonen dieser Welt zu bezwingen. Auf dieser Basis entstanden im Laufe der Zeit viele Sekten.

Gnostische Kirchen, Kirchen neuerer Gründung, die sich auf eine ↗ Gnosis berufen und zu den herkömmlichen Kirchen meistens in Widerspruch stehen. Die ↗ G. K. der Neuzeit gründete Jules Doinel (auch unter dem Ps. Jean Kolska bekannt) am 21. 9. 1890. Im Alter von 18 J. fühlte sich Doinel berufen, eine hohe religiöse Mission zu erfüllen. Seine Berufung dazu bezieht er auf eine Charta des Kanzlers Etienne, einem der karthagischen Märtyrer, die Anfang des 11. Jh. in Orléans verbrannt wurden. Er ernannte sich selbst zum 1. Patriarchen unter dem Namen Valentin II., trat im Dezember 1894 zurück; sein Nachfolger wurde Fabre des Essart (Ps.: Synesius) und dessen Nachfolger Theophanes, ab 1926 dann Präsident Basilides an der Spitze (der sich nicht Patriarch nannte). Doinel starb im März 1902, Synesius 1917. 1893 hatte sich die gnostische K. mit den Martinisten unter Papus zusammengeschlossen; heute steht der Martinistenorden jedoch mit der Gnostisch-Apostolischen Kirche in Verbindung. — Zu den gnostischen K. rechnen ferner: die ↗ Gnostisch-Katholische Kirche (Zürich), die ↗ Liberal-Katholische Kirche (Adyar-TG), das ↗ Lectorium Rosicrucianum, die ↗ Große Landesloge in Deutschland, die ↗ Christengemeinschaft.

Gnostische Schule, gegr. von Dr. Peithmann mit Sitz seinerzeit in Südhammern (Westf.), „zur Umbildung der Sexualkraft"; hier haben die verbreiteten Lehren mit der eigentlichen ↗ Gnosis gar nichts gemein. Das Gelöbnis bei der Aufnahme lautete: „Ohne Erlaubnis und Zustimmung der g. Sch. werde ich die empfangenen Übungen, die gnostische Methode der Behandlung des Geschlechtstriebes und der Erlösung des Samens aus der Knechtschaft niemals drucken lassen, sondern sie gewissenhaft vor jeder Veröffentlichung schützen." — Ähnliche Ziele verfolgten auch noch: die Gnostische Tempel-Brüderschaft in Grünewald bei Herford (Westf.), die Altgnostische Kirche Eleusis in Hamborn (Rhein), die gnostische Gemeinde der Urdner in Berlin. Die g. Sch. von Dr. Peithmann besitzt heute nur noch vier Anhänger.

Gnostisch-Katholische Kirche (lat.: Ecclesia gnostica catholica), eine Tochterorganisation des ↗ OTO mit Sitz in Zürich; arbeitet in Ritual und Liturgie nach Unterlagen von ↗ Crowley. Die Messe der GKK ist eine „zeremonielle, symbolische Darstellung der mystischen Hoch-

Das Glaubensbekenntnis der Gnostisch-Katholischen Kirche

Ich glaube an einen geheimen, unnennbaren Herrn, und an einen Stern in der Schar der Sterne, aus dessen Feuer wir erschaffen sind und zu dem wir zurückkehren werden.

Und ich glaube an einen Vater des Lebens, Geheimnis der Geheimnisse, und sein Name ist Chaos, das Da-Sein der Sonne auf Erden.

Und ich glaube an eine Luft, die Erhalterin von allem, was da atmet.

Und ich glaube an eine Erde, unser aller Mutter, und an einen Schoß, in dem alle Menschen gezeugt werden und in dem sie ruhen sollen, Geheimnis der Geheimnisse, und ihr Name ist Babalon.

Und ich glaube an die Schlange und den Löwen, Geheimnis der Geheimnisse, und sein Name ist Baphomet.

Und ich glaube an eine gnostische, allumfassende Kirche des Lichts, des Lebens, der Liebe und der Freiheit, und das Wort ihres Gesetzes ist Thelema.

Und ich glaube an die Gemeinschaft der Heiligen.

Und ich glaube an das Wunder der Messe wie an die tägliche Wandlung von Speise und Trank.

Und ich bekenne mich zu einer Taufe der Weisheit, die das Wunder der Fleischwerdung vollendet.

Und ich bekenne, daß mein Leben eines, unteilbar und ewig ist, das war, ist und sein wird. AUMGN — AUMGN — AUMGN.

Die Liturgie der Gnostisch-Katholischen Kirche

Priester:

Du mein Ich, mehr als ich selbst,
Du weder Form noch Namen,
Du Sein, wenn alles vergangen.
Du Urgrund aller Sonnen und Sterne,
Du Urquell aller Welten,
Du Einziger über allem.
Du wahres Feuer im Rohr,
brennend und brütend, Same und Quell
von Leben, Liebe, Freiheit und Licht.
Du mächtig Wort, allsehend Auge!
Dich ruf' ich! Mein schwaches Feuer
bring' Dir in Sehnsucht ich dar.
Dich ruf' ich, allein Beständiger!
Dich, Urgrund aller Sonnen und Sterne.
Allerheiligstes Geheimnis,
dessen Gefäß ich bin,
brich hervor:
Furchtbarster und Mildester,
wie es mag recht sein für Dein Kind!

Gemeinde:

Ehre sei dem Vater und dem Sohn
und Dir, Heiliger Geist —
geborgen in weiblicher Form
sprießt männlich Dein Wesen;
Ehre und Anbetung Dir, Taube,
Du göttlichst Dein wahrhaft Geschlecht.
Verehrung Dir,
o Sonne des Frühlings,
die Winters Nacht besiegt.
Verehrung im Höchsten,
Dir Weltesche Saft — O wundersames Kreuz!

Mann: Ehre Dir, Dein Ruhm verkündet der starke Mann!

Frau: Ehre Dir, es preiset Dich der wartende Schoß!

Mann: Ehre Dir, Dein Ruhm verkündet jungfräuliche Erde!

Frau: Ehre Dir, es preiset Dich die geweihte Magd!

Mann: Ehre Dir, wahre Einheit der ewigen Dreifaltigkeit!

Frau: Ehre Dir, Urvater-Mutter und Wesen von „Ich bin, der ich bin"!

Mann: Ehre Dir über allem, Deinem quellenden Leben: Same und Frucht!

Frau: Ehre Dir, ewige Sonne, Du eines in Drei, Du Drei in Eins!

Gemeinde:

Ruhm und Ehre und Herrlichkeit, Dir,
Weltesche Saft. O wundersames Kreuz!
Hagios, Hagios, Hagios — IAO!

zeit mit Gott, ein Kommunizieren des Menschen mit Gott durch das Sakrament der Messe." Laut Prospekttext steht die GKK allen Menschen offen, besitzt Vertreter in allen Teilen der Erde und verkündet eine Heilsbotschaft von Freiheit, Gerechtigkeit und Brüderlichkeit. Zuweilen nennt sich die Organisation auch „Brüder des Lichts der 7 Gemeinden in Asien oder Orden der Templer vom Orient". Das Ziel der GKK ist es, „das reine Urchristentum in unserer Zeit und in zeitgemäßer Form wiederherzustellen. Sie will die unverfälschte Heilsbotschaft des wahren Christos, des Gesalbten, verkünden und die geheimen Heilswunder des Sakraments der Eucharistie enthüllen und zugänglich machen." — Lit.: Aleister Crowley, Liber XV, Ecclesiae gnosticae catholicae canon missae; Merlin Peregrinus, Die gnostische Messe, Zürich o. J.; Das Aufbau-Programm und die Leitsätze der Gnostischen Neo-Christen O. T. O., Bad Schmiedeberg 1920; Haack, Geheimreligion der Wissenden, Stuttgart 1966.

Gnostizismus, Geistesrichtung, die sich (zu Recht oder zu Unrecht) auf die ↗ Gnosis beruft.

Gnoti seauton (griech.) = ↗ erkenne dich selbst.

Godenorden, Geistesbruderschaft in Schussenried, die auf arischer Grundlage wirbt; pflegt auch Gralswesen, Gralsrittertum und Gralsfeiern. — Lit.: Haack, Geheimreligion der Wissenden, Stuttgart 1966.

GODF, Abk. für (franz.) Grand Orient de France; größte und älteste Obödienz der ↗ FM auf dem Kontinent; Sitz: Rue Cadet, Paris, daher zuweilen auch bloß als „Rue Cadet" tituliert.

Goetia (gespr.: go-etz-ja), von (griech.) goeteia = Zauberei; Bez. für Schwarze Magie, insbesondere ein Ritus, um Tote anzurufen, heute durchweg Schwarze oder Rote Magie genannt. Eigentlich war G. im Mittelalter ein Ritus, Tote für die Toten anzurufen oder durch Zwang sterben zu lassen.

Goldene Dämmerung, meist G. D. abgekürzt, die übliche Übersetzung für (engl.) Golden Dawn, wobei Dawn eigentlich „Morgengrauen" bedeutet; der Ursprung dieses esoterischen Ordens liegt im Dunkel zwischen 1880 und 1890; die Zeitschrift „Lucifer" vom 15. 6. 1889 meldet zuerst die Gründung des „Hermetischen Ordens des goldenen Dämmerung" im Jahr 1887 mit Sitz in Keighley (England). An die Öffentlichkeit trat die G. D. erstmals 1889, nachdem schon 1888 die Zeitschrift „The Lamp

of Thoth" (1897 wieder eingestellt), wohl mehr für den internen Gebrauch, herausgegeben wurde. Die Gründung der G. D. erfolgte durch Mitglieder der englischen Großloge und der ↗ SRIA, einer engl. Rosenkreuzer-Gesellschaft. Zu den Gründungsmitgliedern zählten so berühmte Esoteriker wie McGregor Mathers, Dr. Wynn Westcott und Dr. William Woodman; Mathers wurde der 1. Großmeister, später gefolgt von dem Dichter und Nobelpreisträger W. B. Yeats. Über den Ursprung der G. D. gibt es zwei Versionen; nach der einen soll ein unbekannter, geheimer Meister die Veranlassung gegeben haben. Nach der bekannteren Historie soll Dr. William Woodman in einem alten Laden ein geheimnisvolles Buch über Probleme der zeremoniellen Magie gefunden haben; das Buch war in „henochischer" Geheimsprache abgefaßt, wurde aber dennoch von Mathers und Westcott entschlüsselt. Dabei fand man die Anschrift einer Frl. Anna Sprengel in Nürnberg, die sich als hohe Eingeweihte des Rosenkreuzertums entpuppte, um dann die nötigen Anweisungen zur Gründung der G. D. zu geben. Ein großer Teil des Ordensrituals und der Zeremonien soll auf die Instruktionen besagten Frl. Sprengels zurückgehen. Später haben sich Dr. Henri Birven und Gustav Meyrink gemeinsam (sowie auch Dr. Peithmann) um eine Aufklärung der Identität des Frl. Sprengel, jedoch vergebens, bemüht. Zu den besonderen Zielen des Ordens gehörte auch die Aufnahme von Kontakten zu den Großen Meistern der Weißen Loge, „den verborgenen Lenkern der Weltgeschichte sowie der bewußte Verkehr mit dem eigenen Schutzgeist". Die G. D. beschäftigte ihre Mitglieder auch mit Alchemie, Elixier des langen Lebens, Astrologie, Heilpflanzenkunde usw.; Aufnahmen erfolgten nur nach Prüfung des Horoskops. Die G. D. hatte bald auch Mitglieder in anderen Ländern, wie Frankreich, Holland, USA, Deutschland usw. An der höchsten Spitze, noch oberhalb des Großmeisters, stand als höchstes Oberhaupt eine geheimnisvolle Wesenheit von nicht irdischer Herkunft, die einfach „Ipsissimus", also „das Ich in höchster Vollendung", genannt wurde. Das Gradsystem der G. D. entsprach dem der ↗ Gold- und Rosenkreuzer und damit auch dem der ↗ SRIA. Außer den neun Graden gab es einen Zulassungsgrad als Probestufe. Eine Besonderheit der G. D. bestand darin, daß die Mitglieder geheime Ordensnamen hatten, die aus ganzen lat. Sätzen bestanden, wie: S. D. A. = Sapiens Dominabitur Astris (= Der Weise beherrscht die Sterne) = Sprengel; S. A. = Sapere aude (= Wage es, weise zu sein) =

Dr. Westcott; F. R. = Finem respice (= Bedenke das Ende) = Dr. Felkin, usw. Bald diente die G. D., die ursprünglich eine Art „Innerer Kreis" der SRIA sein sollte, nur als „äußerer Orden" noch geheimerer Organisationen, wie der Stella Matutina (lat., = Morgenstern), der R. R. A. C. (= Rubinrose und Goldkreuz) usw. Schließlich hatte man nach Umstellung der Grade drei Abteilungen mit zusammen elf Graden. Andere bekannte Mitglieder waren übrigens A. E. Waite und Aleister Crowley. — Lit.: Dr. Henri Birven, Lebenskunst in Yoga und Magie, Zürich 1953.

Goldenes Haupt, die imaginäre Führungsgruppe des ↗ Lectorium Rosicrucianum; hierzu „gehören alle diejenigen, die in einer früheren Existenz oder in diesem Leben das Consolamentum empfangen haben und ihrer Natur nach dasjenige, womit und wodurch sie versiegelt sind, beschirmen können." (Qu.: de Petri, Das Siegel der Erneuerung, Haarlem 1960)

Goldmacherei, teils beschäftigte sich die Alchemie mit dem Problem, aus unedlen Materialien Gold zu machen, teils diente die Goldmacherei bloß als Umschreibung für die Veredelung des Menschen, so z. B. gegen Ende des 18. Jh. in der FM. Authentische Berichte über einen praktischen Erfolg der G. gibt es nicht, obwohl in der Lit. immer wieder davon gesprochen wird. Auch im ↗ AMORC wird von der G. gesprochen.

Gold- und Rosenkreuzer, eine Bruderschaft, die sich Anfang des 18. Jh. als „Orden des Gülden und Rosen-Creutzes", welche die Alchemie und Goldmacherkunst der früheren Jh. fortsetzen wollte, bildete. Das erste Werk, das unter ihrem Namen gedruckt wurde, ist „Die wahrhafte und vollkommene Bereitung des philosophischen Steins der Brüderschaft aus dem Orden des Gülden und Rosen-Creutzes" (Breslau 1710 und 1714, von S. R. = Sincerus Renatus = (Ps.) Samuel Richter. In der zweiten Hälfte des 18. Jh. drang diese Strömung auch in die FM-Logen ein und hat hier viel Verwirrung und Unheil gestiftet, ja es bestand zeitweise die Gefahr, daß die ganze FM unter den Einfluß der G. und RC kam. Die Großloge „Zu den 3 Weltkugeln" in Berlin wurde von ihnen völlig beherrscht. Zu ihren berühmtesten Mitgliedern dieser Zeit gehörten Kronprinz Friedrich Wilhelm und der spätere Staatsminister Wöllner. 1786—1796 hatte die Leitung des Ordens der bekannte Magnetiseur ↗ Mesmer. Die Grade der G. und RC waren:

Junior oder Zelator

Theoricus	Adeptus major
Practicus	Adeptus exemptus
Philosophus	Magister
Adeptus minor	Magus

Diese Grade stimmen später mit denen der ↗ SRIA, der ↗ Goldenen Dämmerung, des ↗ AMORC usw. praktisch überein. — Lit.: Dr. Bernhard Beyer, Lehrsystem des Ordens der Gold- und Rosenkreuzer, Leipzig 1905; Joh. Helmond, Die entschleierte Alchemie, Lorch 1963 (Neudruck); H. C. Albrecht (Ps. = J. Friedrich Radike), Geheime Geschichte eines Rosenkreuzers, Hamburg 1792; Acharion, Von wahrer Alchemie, Testament der Bruderschaft des Gold- und Rosenkreuzes, 1967; A. S. von Goué, Das gantze aller geheimen Ordens-Verbindungen, Leipzig 1805; Dr. Franz Hartmann, Im Vorhof des Tempels der Weisheit, Calw 1968.

Golem (hebr.) = „der Ungeschlacht". Das Geheimnis um den Gottesnamen der Hebräer (↗ Jahwe, ↗ Tetragrammaton) hatte bei den alten Juden zu der Vorstellung geführt, daß die Kenntnis der richtigen Aussprache Wunder vollbringen könne. So soll nach der Legende der Oberrabbiner Löw ben Bezaleel (1513 bis 1609) 1580 in Prag eine künstliche Menschenfigur, den G., geschaffen haben, die er dadurch zum Leben erwecken konnte, indem er einen Pergamentstreifen mit dem „richtigen" Namen Gottes ihr in den Mund steckte; sobald er den Pergamentstreifen entfernte, fiel der G. wieder in Totenstarre. — Rabbi Löw ist das Vorbild der Faustgestalt, und Goethe hat den G. zum Vorbild für seinen ↗ Homunculus genommen. — 1915 schrieb Gustav ↗ Meyrink einen Roman „Golem", dessen Manuskript zunächst 5000 Seiten umfaßte; in einer billigen Feldausgabe wurden davon über 100 000 Exemplare verbreitet, wodurch Meyrink überhaupt erst allgemein bekannt wurde. — Lit.: Chajim Bloch, Der Prager Golem, Berlin 1929; Hans-Jochen Gamm, Judentumskunde, Frankfurt 1962.

Görres, Josef von, * 25. 1. 1776 Koblenz; † 29. 1. 1848 München; Gelehrter und Publizist; gab seit 1814 den „Rheinischen Merkur" heraus. Nachdem ihm die franz. Revolution und später das Deutschtum wenig Befriedigung gebracht hatten, suchte er durch Mystik und Symbolik sein Heil in der Kirche. G. gehört trotz allem zu den geistvollsten und eigentümlichsten Publizisten Deutschlands. — W.: Glauben und Wissen, München 1806; Mythengeschichte der asiatischen Welt, Heidelberg 1810; Emanuel Swedenborg, seine Visionen und sein Verhältnis zur Kirche, Speyer 1827; Die christl. Mystik, Regensburg 1836–1842; Mystik, Magie und Dämonie, München 1927; Das nachtländische Reich, Villach 1948. – Biographien: Denk, Joseph von G., Mainz 1876; Sepp, G. und seine Zeitgenossen, Nördlingen 1877.

Goethe, Johann Wolfgang von, * 28. 8. 1749 Frankfurt, † 22. 3. 1832 Weimar; bekannt auch als Freimaurer, Illuminat und als Rosenkreuzer. Goethe gehörte vor seiner italienischen Reise zunächst der ↗ Strikten Observanz und dann dem ↗ Illuminaten-Orden an; die Zugehörigkeit zu den Gold- und Rosenkreuzern ist nicht belegt, sondern wird nur aus manchen Andeutungen in seinen Werken vermutet. Als Goethe aus Italien zurückgekehrt war, fand er an der FM nur noch wenig Gefallen. Groß-Kophta ist indes sogar eine Verspottung der damaligen Zustände innerhalb der FM. Indes bieten Goethes Werke eine Fundgrube für esoterische Sinnsprüche verschiedenster Art. – Lit.: Gotthold Deile, Goethe als Freimaurer, Berlin 1908.

Goetheanum, tempelartiger Veranstaltungsbau der Anthroposophen in Dornach bei Basel (Schweiz). Grundsteinlegung 20. 9. 1913; September 1920 Eröffnung desselben; Silvesternacht 1922 durch Feuersbrunst (wahrscheinlich Brandstiftung) vernichtet; 1925/28 in Beton wiedererbaut. In der Lit. wird häufig von einem rosenkreuzerischen oder freimaurerischen Baustil gesprochen; an den bekannten Abbildungen ist davon jedoch nichts zu erkennen. – Lit.: F. W. Zeylmans, Der Grundstein; Steiner, Der Baugedanke des Goetheanums; ders., Wege zu einem neuen Baustil; Carl Kemper, Der Bau; Wolfgang Gessner, Das 2. Goetheanum und der Baugedanke.

Gott, Gottheit, Götter, im Wesen des Menschen liegt das Bedürfnis begründet, bei Lebensereignissen, die ihm auf unumgängliche Weise seine kreatürliche Abhängigkeit zu Bewußtsein bringen, Äußerungen einer unüberwindlichen, über alles Endliche erhabenen Macht zu sehen und zu dieser ein geistiges Verhältnis zu suchen, indem er durch ihre rückhaltlose Anerkennung zu dauernder innerer Freiheit und Ruhe sich erhebt. Der Ursprung des Glaubens an G. ist weder eine bewußte Reflexion noch eine willkürliche Satzung, sondern der notwendige Drang des menschlichen Geistes überhaupt, das im Endlichen sich offenbarende Unendliche anzuerkennen, zu wahren und mit ihm Gemeinschaft zu suchen. Die Gottheit ist die Personifikation der übernatürlichen Eigenschaften und Kräfte, der In-

griechisch	römisch
Chronos	Saturn
Gaea	Tellus
Zeus	Jupiter
Hera	Juno
Athene	Minerva
Artemis	Diana
Apollo	Phöbus
Selene	Phöbe
Hermes	Merkur
Ares	Mars
Hephaistos	Vulkan
Aphrodite	Venus
Eros	Cupido
Charites	Grazia
Poseidon	Neptun
Hestia	Vesta
Demeter	Ceres
Dionysos	Bacchus
Asklepios	Äskulap
Moires	Parkes
Hades	Pluto
Persepone	Proserpine
Erinnyes	Furie
Herakles	Herkules

Gegenüberstellung der entsprechenden Götternamen bei den Griechen und Römern

begriff der Vollkommenheit, Allmacht, Allweisheit, Allgüte. – Das Wort G. ist sprachlich nicht geklärt; es wird meist als urgermanisch angesehen. Otto Kraus bringt die etwas gewagte These, daß G. ein Merkwort für das hebr. „Jod-He-Vau-He" sei. Merkwürdig ist indes, daß die Übersetzung des Wortes G. in fast allen Kultursprachen vier Buchstaben bzw. Laute umfaßt. ↗ Prinzip, schöpferisches; ↗ Baumeister, Allmächtiger. – Lit.: Otto Kraus, Mosche, der Erfinder der Buchstaben, der Ziffern und der Null, Zürich 1953.

Göttliche Gesetze, alle Esoteriker sind sich darin einig, daß es ihr erstes Anliegen ist, die g. G. zu erkennen, um diesen gemäß handeln zu können. In einem positiven Sinne ist das „das Schwimmen mit dem Strom", ohne den alle Anstrengungen vergebens sind.

Göttliche Seele, bei Dr. v. Purucker das Gewand des göttl. Ego, so wie das göttl. Ego das Gewand oder Kind der göttl. Monade ist. Während die göttl. Monade als „innerer Gott" bezeichnet werden kann, wäre die g. S. der Ausdruck des „inneren Christus". Im Prinzip zielen solche Definitionen darauf ab, zwar von Gott zu reden, aber ihn in das eigene Selbst zu verlegen. Fast alle großen esoterischen Strömungen vertreten heute, wenn auch insgeheim und nur vertrauenswürdigen Mitgliedern offenbart, diese These.

Gottesname, in den alten Religionen war der G. mit einem gewissen Wortzauber eng verknüpft; bald existierte für jede gewünschte „Gotteswirkung" ein spezieller G., dessen Kenntnis allerdings geheimgehalten und nur den Eingeweihten mitgeteilt wurde. Bei den Chaldäern waren die 50(!) Namen der Gottheit nicht nur geheim, sondern sicherten dem, der sie kannte, sogar eine besondere Macht über die Gottheit selbst zu. Bei den Ägyptern hatte Osiris 100 geheime Namen. In der hebr. Kabbalah werden die 72 G. behandelt.

Grade, von (lat.) gradus = Stufe; in den verschiedenen esoterischen Systemen die verschiedenen Entwicklungsstufen der Schüler, die teils nur den inneren Zustand betreffen, teils auch äußerlich in Form von Beförderungen erteilt werden. Wie jede Entwicklung im profanen Leben, so vollzieht sich auch das geistige Wachstum auf esoterischer Ebene in Stufen oder Graden. Diese G. werden zunächst nicht von Dritten „erteilt", sondern man erlangt sie durch eigene Arbeit an sich selbst. Zum anderen haben die G. in den Einweihungsgesellschaften (z. B. FM) noch einen initiatorischen Wert, weil an der Schwelle zu jedem „erteilten" Grad eine neue Einweihung steht, die, richtig durchgeführt, zu einer schrittweisen Bewußtseinserweiterung führt. Bei der Adyar-TG dienen die G. lediglich zur Unterteilung der Studiengruppen der ↗ ES; beim AMORC erhält man die G. automatisch nach Absolvierung des Fernunterrichts. Swedenborg gebraucht übrigens in seiner Lehre ebenfalls die Unterscheidung nach Graden, und zwar nach himmlischen, geistigen und natürlichen G., was etwa den Prinzipien oder Ebenen der Theosophie entspricht. In der FM haben die G., wie alles in der FM, noch einen symbolischen Wert. So werden bei der ↗ Großen Landesloge die G. in drei Gruppen geteilt:

    a) Johannis-Grade

    b) Templer-Grade

    c) innere Grade

Von diesen insgesamt neun G. „geben drei dem Orden die Gestalt, fünf verbessern ihn, sieben geben ihm die Stärke, und neun machen ihn vollkommen". Bei den vollkommenen frmr. Systemen, wie beim ↗ AASR, bei der Großen Landesloge und beim ↗ Droit Humain, bilden die G. ein in sich geschlossenes, harmonisches System, was sich äußerlich schon in der Farbensymbolik bemerkbar macht: im ersten wie im letzten Grad ist die Symbolfarbe weiß. — Die G. der einzelnen esoterischen Gruppen sind unter dem jeweiligen Stichwort aufgeführt.

Graderhöhung, bei Novalis und Dr. Birven gebrauchter Ausdruck im Sinne von Bewußtseinserweiterung und Einweihung, der Wandlung des Menschen zum „Magischen Menschen". — Lit.: Dr. Henri Birven, Novalis, Büdingen 1959; ders., Lebenskunst in Yoga und Magie, Zürich 1953.

Gral, Gralssage, der heilige G. (altfranz. „gral" = Schüssel) ist in der mittelalterl. Sage die Schüssel, in welche nach Matth. 26, 23 Jesus zusammen mit Judas tauchte. Die Sage ist jedoch nicht christlichen Ursprungs und scheint in Irland entstanden und von da nach Cornwall und der Bretagne abgewandert zu sein. Poetisch bearbeitet erscheint die Sage zuerst in Frankreich nach Mitte des 12. Jh. in dem Versroman des Robert von Boron. In der dt. Dichtung wurde die Sage vom hl. G. zuerst durch Wolfram von Eschenbach eingeführt, dessen Quelle ebenfalls franz. (und zwar Chrétien) war. Bei Wolfram ist der G. ein Stein, den Engel vor alter Zeit zur Erde gebracht und anfänglich selbst bewahrt haben; später kommt er unter die Obhut der Templeisen, einer Genossenschaft auserwählter Ritter, die unter einem Könige stehen und ihn in einer tempelartigen Burg Mont Salvage (in Spanien) bewachten und verehrten. Nur die vom Schicksal Berufenen fanden Zugang zu ihr und zu der Schar der edlen Helden, welche dort lebten. Sie hatten sich zur Aufgabe gemacht, die Beschützer der unschuldig Leidenden und Verfolgten zu sein. Zum Zeichen, daß die Gralsritter ihr Leben einem ganz bestimmten Dienst geweiht hatten, trugen sie Wappenschilde und auf den Satteldecken der Pferde das Bild einer weißen Taube. — Die Gralssage ist im Laufe der Zeit von vielen Scharlatanen mißdeutet und für pseudo-esoterische Zwecke mißbraucht worden; teils wird auch nur das anziehende Wort „Gral" ohne sachlichen Zusammenhang in die Vereinsbezeichnung hineingenommen. ↗ Ermächtigte Bruderschaft, ↗ Gralsbotschaft, ↗ Gralsfeiern, ↗ Gralsgemeinschaft, ↗ Gralskreuz, ↗ Gralsorden. —

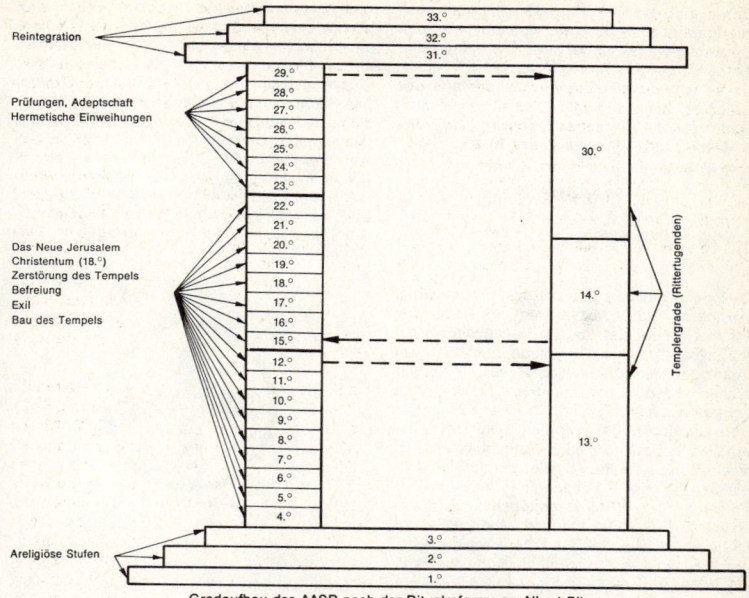

Gradaufbau des AASR nach der Ritualreform von Albert Pike

Lit.: Wolfram v. Eschenbach, Parzifal und die Legende vom Gral, Weilheim; Liebstöckl, Die Geheimwissenschaften im Lichte unserer Zeit, Wien 1932; Otto Rahn, Kreuzzug gegen den Gral, Stuttgart 1965; E. Uehli, Eine neue Gralssuche, 1921; Intermediarus, Die Weisheitslehre des heiligen Grals, München 1932; Robert de Boron, Geschichte des heiligen Grals; Emma Jung, Die Gralslegende in psychologischer Sicht, Zürich 1960.

Gralsbotschaft, die Stiftung G. mit Sitz in Schwäbisch Gmünd gibt u. a. Bücher und die Zeitschrift Gralswelt für die ↗ Gralsgemeinde heraus. Da die Gralsgemeinde keine Organisation sein will, haben die örtlichen Gralskirchen teils die rechtliche Form eines eingetragenen Vereins, der jedoch meist nur sieben, d. h. die gesetzliche Mindestzahl an Mitgliedern hat.

Gralsfeiern, in der ↗ Gralsgemeinschaft die besonderen Feiertage, an denen bestimmte kirchliche Handlungen vorgenommen werden. Allgemeine G. sind:

Fest der Taube (auch: Taubenfeier), entspricht etwa dem Pfingstfest; findet statt am 30. 5., „dem höchsten Festag der Menschen auf Erden";

Fest der reinen Lilie, findet statt am 7. 9., dem Geburtstag der „Urkönigin Irmingard bzw. Elisabeth" und „soll die Kraft der Reinheit vermitteln";

Fest der Rose (auch: Fest des strahlenden Sterns), findet statt am 29. 12., lt. Gründer Bernhardt dem „richtigen Weihnachtsdatum", und „gibt den Menschen den Segen aus der Liebe Gottes".

Jede dieser G., die meist auf dem Vomperberg in Tirol stattfinden, wird durch eine Vorfeier eingeleitet, bei der auch die sog. ↗ Versiegelungen (= Neuaufnahmen) vorgenommen werden. Im Anschluß an die Feiern folgt ein großes Festmahl, an dem nur Versiegelte teilnehmen können. Schließlich folgt am nächsten Tage noch die sog. Nachfeier, bei der auch Kinder gesegnet werden können. —

173

Ferner gibt es in der Gralsgemeinschaft noch außerordentliche G., wie Gralstrauung, den Trausegen (für schon länger Verheiratete) und den Kindersegen (anstatt der christl. Taufe); schließlich werden auch die Geburtstage des Gründers Bernhardt (18. 4.) und seiner Frau Maria (17. 8.) besonders gefeiert. Bei den G. werden noch die drei Grade erteilt:

1. Grad = Versiegelte, normale Anhänger

2. Grad = Berufene (oder weiterer Ring der Helfer)

3. Grad = engerer Ring der Berufenen

Gralsgemeinschaft, gegr. 1928 von Oskar Ernst Bernhardt (Ps. ↗ Abd-ru-shin) in Vomp bei Schwaz in Tirol als eine Glaubensgemeinschaft auf pantheistischer Grundlage und mit dem Vokabular des Christentums; auch eine gewisse Verwandtschaft mit den Adventisten ist vorhanden. Lehrbuch der G. ist Bernhardts Buch „Im Lichte der Wahrheit". Die Mitglieder erhalten bei der formellen Aufnahme ein sog. ↗ Gralskreuz, während die endgültige Aufnahme, die sog. ↗ Versiegelung, nur auf dem Vomperberg in Tirol vorgenommen wird. Die G. und ihre Gründer standen schon mehrfach im Zwielichte einer heftigen Kritik. Nach der Lehre der G. wird Jesus als natürlicher Sohn des römischen Hauptmannes Kreolus und Maria bezeichnet; andererseits wird Oskar Bernhardt selbst als Gottes Sohn ausgegeben. So heißt es in der nur für Mitglieder bestimmten Instruktionsschrift „Die Gralshandlungen auf Erden" (Vomperberg 1953), S. 9: „Erst nachdem ER den größten Teil der Kündigung aus dem Lichte in Menschenwort gefaßt hatte, offenbarte ER aus dem Willen Seines Vaters am 29. Dezember 1929 Seine göttliche Herkunft. Dies war der Tag, an dem auf Erden zugleich das Heilige Gericht begann." Von den Anhängern wird nach pseudo-kabbalistischer Art behauptet, daß jeder Name — in Zahlen ausgedrückt — das Karma in sich trage. So bezieht sich die apokalyptische Zahl ↗ 666 auf Bernhardt selbst! — ↗ Gral, ↗ Gralsbotschaft, ↗ Gralsfeiern, ↗ Gralskreuze, ↗ Versiegelung. — Lit.: Oskar Ernst Bernhardt, Verwehte Zeit erwacht, Stuttgart; ders., Die 10 Gebote und das Vaterunser; Daniel Swarovski, Warum so viel Aufhebens um die Gralsbotschaft Abd-ru-shins und um die Gralssiedlung Vomperberg?, Stuttgart 1955; E. Walkhoff, Die Gralsbewegung in Deutschland, Rosenheim 1960; Hutten, Seher, Grübler, Enthusiasten, Stuttgart. — Organ der Gralsgemeinschaft ist die Zeitschrift „Gralswelt" (früher „Der Ruf").

Gralskreuze, die äußeren Abzeichen der Mitglieder der ↗ Gralsgemeinschaft. Die G. haben die Größe eines 5-DM-Stückes und werden, z. B. bei Männern, unter dem Jackettaufschlag so getragen, daß ca. ein Fünftel bis ein Viertel der Fläche noch zu sehen ist; es ergibt sich somit leicht ein Gespräch über den Sinn der Gralsgemeinschaft und für die Mitgliederwerbung. Normale Mitglieder haben G. in Silber, Priester und andere Würdenträger in Gold; für Jünger und Apostel gibt es noch G. in Gold mit einem Edelstein in der Mitte. G. werden erst bei der sog. Versiegelung verliehen.

Gralskreuz

Gralsorden (oder: Orden vom hl. Gral), 1893 von dem Deutsch-Amerikaner P. Braun gegr. und bezweckt die Verbreitung der Selbsterkenntnis und Nächstenliebe. Analog der FM wurden drei Grade erteilt: 1. Lehrling oder Schüler, 2. Geselle oder tätiger Arbeiter und 3. Meister oder Lehrer. 1921 wurde der Orden reformiert und nannte sich dann „Neuer Grals-Orden", von dem sich 1923 der „Gralshort Montsalvat" in Dresden abzweigte. Es wurden die Zeitschriften „Zum Licht" und „Mitteilungen des N. G. O." herausgegeben. Der G. besaß auch Paßworte und andere Erkennungszeichen; die Lehren des G. befassen sich 1. mit der Umwandlung des Körpers durch Diät und naturgemäße Lebensweise, 2. mit der Entwicklung der seelischen Gaben und Fähigkeiten und 3. mit der Entwicklung der Selbstbeherrschung, Moral und Ethik. Bei den Logenarbeiten stand die Sage vom hl. ↗ Gral im Mittelpunkt. Dr. E. C. H. Peithmann führte im G. die Sexualmagie ein, trennte sich aber später und gründete eine gnostische Geheimkirche. Der G. besteht heute wahrscheinlich nicht mehr. — Lit.: P. Ch. Martens, Geheime Gesellschaften, Leipzig 1923; L. Herre, Wahrheit und Licht — Höhere Alchemie, Schmiedeberg; weitere Lit. ↗ Gral.

Graphiel, in der kabbalistischen und magischen Lit. die Intelligenz des Mars; vielleicht von (hebr.) grph = kehren, mitreißen, besonders beim Strom, und el = Gott, also: „der die Erde mitreißende Strom Gottes".

Graphologie (griech.), die Kunst, aus den Zügen der Handschrift eines Menschen seinen Charakter zu erschließen. Wie alle Bewegungen eines Menschen, Gang, Haltung, selbst Sprache und Stimme, das Gepräge seines Charakters zeigen, so besonders auch die Hand und die Fingerspitzen, in denen sich die Nervenenden ganz besonders dicht beieinanderfinden. Das gilt ebenso für die Handschrift des Schreibenden wie für das Bild des Malers, die Vortragsweise eines Musikers usw. Schon die Schulhandschriften zeigen individuelle Verschiedenheiten; deutlich tritt aber der Charakter erst hervor, wenn die Schriftform die Gedanken nicht mehr beschäftigt; die unstudierteste Schriftprobe ist für den Graphologen die wertvollste. Die G. beruht auf vergleichender Beobachtung und daraus gezogenen Schlüssen. Freudig erregte Menschen z. B. richten sich höher auf, traurige und niedergeschlagene sinken zusammen. Daher schließt der Graphologe aus der aufsteigenden Linie freudiges, zuversichtliches Vorwärtsstreben, aus der sinkenden aber je nach Grad der Senkung Verzagtheit bis Melancholie. Ferner achtet der Graphologe darauf, ob die Schrift auffallend groß oder klein, weit oder gedrängt, rund oder spitzig, schiefliegend oder gerade, einfach oder geschnörkelt ist und was sie für besondere Merkmale in den einzelnen Zügen zeigt; aus diesen Beobachtungen werden dann weitere Einzelheiten des Charakters erschlossen. Der Italiener Camillo Baldo schrieb schon 1622 ein Buch über die G.; der franz. Abt J. H. Michon († 1881) hat später die G. zu einem geschlossenen System formuliert. — Lit.: Heinrich Pfanne, Lehrbuch der Graphologie, Berlin 1961; Walter Rudolf Muckenschnabel, Grundlagen der Graphologie, St. Pölten 1952; ders., Praxis der Graphologie, St. Pölten 1955; Philipp Miller, Einführung in die Graphologie, Frankfurt 1958; Elisabeth von Mertens, Wunder der Handschrift, Wiesbaden 1953; Ludwig Klages, Handschrift und Charakter, Bonn 1956; ders., Was die Handschrift nicht kann, Zürich 1949; Curt Brenger, Probleme der Graphologie und ihre praktische Anwendung, Ulm 1959; Broder Christensen, Lehrbuch der Graphologie, Stuttgart 1960.

Grasser, Joseph, * 9. 6. 1906 Isenheim/Elsaß; gründete 1957 zu Saint-Etienne (Loire) die Martinisten-Gruppe „Les ↗ Stephanios" auf der ursprünglichen Grundlage der Lehren von Martinez de ↗ Pasqualis; 1959 wurde der Sitz nach Paris verlegt. Der Einweihungsname von G. ist ebenfalls Stephanios. — V.: Transcendance, la magie magnétique; La société alchimique de France; Fraternitas Rosis Coëtus; Les Illuminés de Bavière; sämtlich Paris o. J.

Grau, Albin (auch: Meister Pacitius), um 1925 der Leiter der Berliner Loge der ↗ Pansophia.

Greber, Johannes, ehemaliger kath. Geistlicher; wurde als solcher eines Tages gebeten, die Vorgänge in einem kleinen spiritistischen Zirkel zu überprüfen. In der Absicht gekommen, die Vorgänge als Schwindel zu entlarven, mußte er sich von der Echtheit der Phänomene überzeugen. — Es gibt heute noch eine Greber-Gemeinde, die zur Heiligung ihres Lebens eine urchristliche Kirche mit eigenen Gottesdiensten, Jahres- und Lebenslauffeiern sowie Jenseits-Seelsorge gegründet hat. Aufgenommen werden nur Menschen, die „nach urchristlicher, echter Glaubensbrüderschaft streben". — W.: Der Verkehr mit der Geisterwelt, seine Gesetze und sein Zweck; Das neue Testament.

Gregorius, Gregor A., ↗ Grosche.

Griff, besondere Form des Händedrucks als Erkennungszeichen unter Freimaurern; die Griffe sind sowohl in den einzelnen Graden wie auch von System zu System verschieden. — In einigen Graden hat auch der ↗ AMORC G. eingeführt.

Grimoire (franz.; sprich: gri-mo-ar), Herkunft nicht sicher, teils abgeleitet von (franz.) grammaire = Grammatik, als dem unserem Volk unzugänglich, teils von (altnord.) grima = Larve; ein G. ist ein mittelalterl. Zauberbuch, welches das Ritual zur Anrufung der Dämonen enthält. Bekannte G. sind der Dragon Rouge (franz. = der rote Drache) und das G. des Papstes Honorius; vergleichbar etwa mit dem 6. und 7. Buch Moses. — Lit.: Le Livre des Conjurations du Pape Honorius, Rome 1670 (auch als Neudruck im Handel).

Grosche, Eugen, * 10. 3. 1888 Leipzig, † 5. 1. 64 Berlin; bekannt unter dem Ps. Gregor A. Gregorius; Gründer und Großmeister der ↗ Fraternitas Saturni in Berlin; war mit Aleister ↗ Crowley und vielen anderen Esoterikern, Astrologen und Okkultisten persönlich bekannt. G. verkündete das Versinken des Fischezeitalters und kündigte den Uranus als Demiurgen der neuen Zeit an. Er selbst bezeichnete sich als einen der wenigen noch

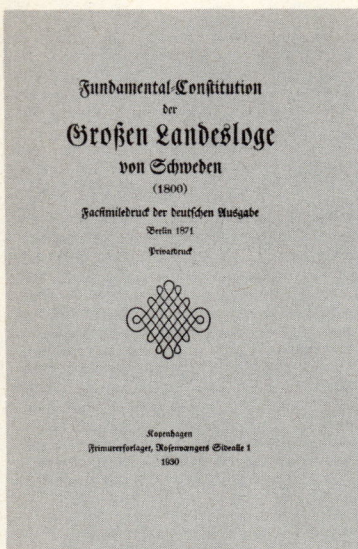

Jundamental-Conſtitution
der
Großen Landesloge
von Schweden
(1800)
Facſimiledruck der deutſchen Ausgabe
Berlin 1871
Privatdruck

Kopenhagen
Freimurerforlaget, Roſenvangets Sitvalle 1
1930

Konstitutionsbuch der Großen Landesloge

lebenden Wissenden, welche die Tradition des esoterischen Geheimwissens bis in die heutige Zeit bewahrten. Wie so viele Okkultisten war G. Buchhändler und hatte damit die Möglichkeit, an geeignete Lit. heranzukommen. — W.: Exorial, okkult-magischer Sexualroman, Berlin 1960; Pendelmagie; Die magische Erweckung der Chakra im Ätherkörper des Menschen, Freiburg 1953; Logenschulvorträge Nr. 1–14, Berlin; Magische Briefe; Zeitschrift „Saturn-Gnosis"; Zeitschrift „Blätter für angewandte okkulte Lebenskunst", Berlin.

Große Landesloge, zuweilen auch Freimaurer-Orden genannt; einer der deutschen Großlogenverbände der FM; gegr. am 27. 12. 1770 (unter Rückdatierung auf den 24. 6. 1770) von ⬈ Zinnendorf. Die Unterlagen für das Ritual und die Ordenslehre kaufte Zinnendorf 1766 von dem schwedischen Kanzlerat ⬈ Eckleff, der sie, nach dem Stande der heutigen Forschung, selbst zusammengeschrieben hatte. Die G. L. vertritt ein christlich-religiöses System, das mit der gesamten übrigen FM in Widerspruch steht. Im Laufe der 200 J. ihres Bestehens hat die G. L. ihre Ordenslehre mehrfach geändert, alte Dogmen durch neue ersetzt, aber immer wieder behauptet, ihre

FM sei die einzig richtige, wahre und echte sowie auch die älteste, also älter als die 1717 in London gegr. erste Großloge. Eine Analyse des Systems der G. L. ergibt eindeutig, daß diese Lehren aus einer Vielzahl profaner und frmr. Quellen zusammengesetzt sind. — Lit.: Friedrich John Böttner, Zersplitterung und Einigung, Hamburg 1962; Fundamental-Constitution der Großen Landesloge, Kopenhagen 1930; Die Große Landesloge der Freimaurer von Deutschland in ihrem Werden und Wesen, Berlin 1932; August F. Fleck, Das Freimaurertum, Hamburg 1950; Friedrich Kneisner, Geschichte der Provinzialloge von Niedersachsen, Berlin 1902.

Groß-Kophta, Lustspiel in 5 Aufzügen von Goethe; den Namen G. K. hatte sich vorher ⬈ Cagliostro beigelegt als Wiederhersteller der angeblichen ägyptischen FM, während Goethe 1791 den Namen für sein Lustspiel übernahm, um auf die damaligen Mißstände in der FM hinzuweisen.

Großloge, die einzelnen Logen, die örtliche Zusammenschlüsse von Freimaurern sind, bilden innerhalb eines Landes die G.; die G. ist also der Gesamtverband der einzelnen Logen. An der Spitze der G. steht der Großmeister mit dem Großbeamtenrat. In manchen Ländern gibt es mehrere G.n, die sich durch das von ihnen bearbeitete FM-System unterscheiden. In England, Frankreich und Deutschland wird innerhalb einer G. nach verschiedenen Systemen gearbeitet. ⬈ Freimaurerei.

Großmeister, der an der Spitze einer ⬈ Großloge stehende höchste ⬈ „Beamte". Auch bei den Rosenkreuzern und Templer-Orden ist die Bez. G. gebräuchlich. Das Amt des G. entspricht etwa dem des Präsidenten oder 1. Vorsitzenden bei profanen Vereinigungen. Bei manchen Großlogen ist der G. mit besonderen Rechten ausgestattet und unterliegt in dieser Hinsicht nicht den üblichen Mehrheitsbeschlüssen.

grün, als Symbolfarbe in der FM: Wandlung (in den Andreasgraden); bei der Ostkirche: der Kosmos; bei den Ägyptern: die Freude; in China: Frühling und Barmherzigkeit; bei den alten Juden: Saaten der Erde.

Grundstein, nach einer alten Sitte wird der erste Stein eines Gebäudes in feierlicher Weise an einer Ecke des Baus als G. (oder: Eckstein) eingesetzt. In der Bibel laufen die Ausdrücke G. und Eckstein parallel, haben jedoch jeweils einen übertragenen Sinn. Im NT bezieht sich der G. immer auf Christus. Daneben spielt in der Esoterik, namentlich in der

Loge	Grad	Titel des Grades	Paßwort/Losung
Die Grade der Großen Landesloge von Deutschland nach dem Gesetzbuch vom 9. 5. 1964			
Johannisloge	I	Arbeitsamer Johannislehrling	ähnlich der übrigen FM (mit geringen Abweichungen)
Johannisloge	II	Eifriger Johannisgeselle	ähnlich der übrigen FM (mit geringen Abweichungen)
Johannisloge	III	Würdiger Johannismeister	
Andreasloge	IV	Auserwählt. Hochwürdiger Schottischer Andreaslehrlingsgeselle	MacBenac — Zedekia Adonai — Nehemia
Andreasloge	V	Leuchtender Schottischer Andreasmeister	Jehovah — Gabaon
Kapitelloge	VI	Hochleuchtender Ritter von Osten	Croisade — Sion
Kapitelloge	VII	Höchstleuchtender Ritter von Westen	Tace — Cabbalista
Kapitelloge	VIII	Erleuchteter Vertrauter der Johannisloge	Rabbi quo habitas? — Venite vesum!
Kapitelloge	IX	Hocherleuchteter Auserwählter Vertrauter der Andreasloge	Venit vindex templi Jehovah — Et regnabit in Sion.
Ehrenstufe	X	Höchsterleuchteter Tempelmeister mit dem Roten Kreuz (Ritter-Kommandeur)	—

FM, noch der Schlußstein, der oben ein Gewölbe oder einen Bogen abschließt, eine wichtige Rolle, so im engl. ↗ Mark-Grad.

Gruppenbewußtsein, im Ggs. zum Einzelbewußtsein das einer Gruppe von Menschen gemeinsame Bewußtsein, das teilweise das gleichgerichtete Handeln bestimmt. Man unterscheidet positives und negatives G.; dem positiven G. liegt die Idee des ↗ magischen Idealismus und der Bruderschaft zugrunde, während das negative G. als Herdentrieb einer instinktlosen Masse gilt. G. gehört jedoch immer dem schon rückläufigen, involutionären Teil der Entwicklung an. Höchstes Ziel des Adepten ist niemals die Erlangung des G., sondern des erweiterten Einzelbewußtseins, das ihn schließlich mit dem göttl. Bewußtsein vereint. Naturgemäß ist dann ein solches Bewußtsein vereint mit jedem anderen Bewußtsein, das diese Stufe erreicht hat.

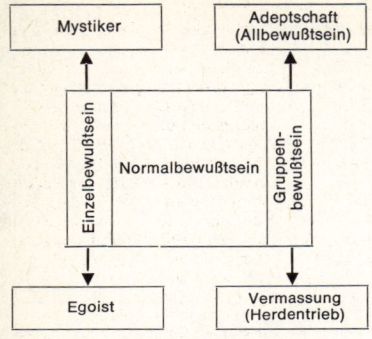

Schema der vier Bewußtseinslagen

Ex-Libris von Stanislas de Guaita (Perseus-Motiv)

Gruppenseele. Manche Esoteriker gehen davon aus, daß Tiere keine individuelle Seele besitzen, sondern nur an einer G. teilhaben. Zum anderen lassen sich im Zeitalter der Massenpsychologie sogar beim Menschen Anzeichen einer Gruppenseele erkennen, wenn man z. B. an Modeströmungen denkt. Die Idee der G. steht auch im Widerspruch zum Buddhismus, welcher lehrt, daß der Mensch auch als Tier und umgekehrt auch das Tier als Mensch wiedergeboren werden kann.

Guaita, Marquis Stanislas de, * 6. 4. 1861 Schloß Alteville/Frankreich, † 19. 12. 1897; franz. Dichter und Okkultist, schrieb mystische Gedichte, Schüler von Eliphas Lévi, Erneuerer der Rosenkreuz-Bewegung, Mitbegründer des Martinistenordens. Schon während seiner Studienzeit in Paris (Jura) wurde er zusammen mit Adrien Peladan ein Schüler des Kabbalisten Albert Jounet. 1886 veröffentlichte er sein 1. Buch „Au Seuil du Mystère" (weitere Aufl. 1890, 1895); 1888 gründet er den „Rat der 12" als Spitze des wiedererweckten Ordens vom Rosenkreuz. G. nannte sich direkter Nachfolger von Eliphas ↗ Lévi, war aber auch ein Bewunderer von Paracelsus. G. behauptete, durch „spirituelle Kommunikation" mittels Musik und in Ekstase mit den Toten verkehren zu können. In seinem Werk „Serpent de la Genèse" rechtfertigt er die Magie und erklärt den Sinn des Übels durch das Gesetz der Gegensätze. — W.: La clef de la magie noire, Paris 1896; Le serpent de la Genèse, Paris 1897. — Lit.: Oswald Wirth, Stanislas de Guaita, Paris 1935.

Guénon, René, * 1886 Blois(Frankreich), † 1951 Kairo; einer der bedeutendsten Esoteriker der neuesten Zeit. Gehörte zunächst der TG an und war Mitglied der Loge „Tebah", seit 1912 Mohammedaner und später auch TG-Gegner. G. hat 67 esoterische Werke geschrieben, von denen leider nur wenige ins Deutsche übersetzt wurden. — Bio.: Paul Chacornac, La Vie simple de René G., Paris; Henri Pache, in: Zeitschrift Alpina 2/65. — W.: Die Krisis der Neuzeit, Köln 1950; Der König der Welt, München 1956; Le Théosophisme, Histoire d'une Pseudo-Religion, Paris 1921 und 1965.

Gunas (oder, Trigunas), nach der östl. Philosophie wohnen der Materie 3 wesentliche Eigenschaften oder Kennzeichen inne, deren Namen (Sk.) ↗ Sattwa, ↗ Rajas und ↗ Tamas sind; diese 3 nennt man die (Sk.) G. oder Trigunas.

Gurdjew, Georg Iwanowitsch (zuweilen auch: Gurdjieff) * 1865 in Kleinasien, † 1949 in Neuilly bei Paris; einer der geheimnisvollsten Personen in der 1. Hälfte dieses Jh. Die Einzelheiten seines Lebens sind wenig bekannt; die meisten Einzelheiten bringt noch Louis Pauwels in seiner G.-Biographie. Zu Anfang des Jh. soll G. in Tibet gewesen sein und hier seine phänomenalen magischen Kenntnisse und Fähigkeiten erworben haben. Später gründete er in Fontainebleau bei Paris ein „Institut zur harmonischen Entwicklung des Menschen", dessen Leitung er und ↗ Ouspensky hatten. Die dort eingezogenen Patienten wurden fast durchweg mit Zwangsarbeit beschäftigt. Katherine Mansfield, die dort ihre Lungenkrankheit zu kurieren hoffte, wurde in einen Stall gesperrt. Aber neben abwegigen philosophischen Ansichten hat G. auch sehr beachtliche Theorien verkündet. 1920 war G. in Deutschland, wo man ihn mit der ↗ Thule-Gesellschaft in Verbindung bringt. Nach Bennett ist G. der eigentliche Gründer des ↗ Subud als Bewegung, und er hat schon 1949 auf das Kommen eines neuen Weltlehrers aus dem malayischen Archipel hingewiesen. G.s Lehren waren eine Mischung aus griech.-orthodoxem Mönchstum, Sufi-Mystik, kabbalistischer Kosmologie, Neo-Platonismus, Lehren der Areopagiten, pythagoräischer Zahlenkunde, buddhistischer und lamaistischer Psychologie usw. Mit seinen psycholog. Übungen waren rhythmische Bewegungen und rituelle Tänze verbunden. G. hat noch heute, namentlich in England, viele Anhänger. — W.: All and Everything (auch deutsch: All und Alles). — Lit.: Louis Pauwels, Gurdjew der Magier, München 1956; J. G. Bennett, What are we living for?, London 1949; Kenneth Walker, So great a mystery, London 1958; ders., A study of Gurdjews teaching, London 1957; ders., Venture with ideas, London 1957; Margaret Anderson, The unknowable Gurdjieff, London 1962.

Guru (Sk.) = ein Lehrer; ein Ehrenwerter; im esoterischen Sprachgebrauch ein spiritueller Lehrer oder Meister der metaphysischen und ethischen Doktrinen. – **Guru Deva** (Sk.) = göttl. Meister.

Guru-parampara (Sk.), von ↗ guru = Lehrer und param-para = ununterbrochene Aufeinanderfolge; G. ist die „ununterbrochene Aufeinanderfolge von Lehrern", praktisch das durch „Erbschaft" erhaltene Lehramt, entsprechend den Begriffen ↗ „Apostolische Sukzession" oder ↗ Filiation. Jede Mysterienschule oder esoterische Schule des Altertums hatte ihre ununterbrochene Aufeinanderfolge von Lehrern oder Meistern, die jeweils vor ihrem Tode das Lehramt an den Nachfolger weitergaben.

Guter Wille (engl.: World Goodwill), ein exoterischer Tätigkeitsbereich der Arkanschule in London und Genf. ↗ Bailey, Alice.

Guttempler-Orden, Abgek. I. O. G. T. (engl. = International Order of Good Templars; Internationaler Orden der guten Templer); internationaler Antialkoholiker-Verband mit bruderschaftl. Riten und Formen, die teils der FM entnommen sind. Gegr. 1842 in New York als

ein Orden, dessen Mitglieder das Gelübde ablegen mußten, sich der Spirituosen und des Tabaks zu enthalten. Als Ordenssymbol gelten die alten Tempelritter. Bei der Aufnahme wird dem neuen Mitglied erklärt: „Er schwingt das Schwert, um kraftvoll die Gegner abzuwehren und kämpft tapfer gegen die Rotten und Söldlinge des Königs Alkohol. Siegreich dringt er vorwärts und hält schützend den Schild über jene, die verwundet und ermattet am Boden liegen." Die Mitglieder erhalten bei der Aufnahme das Ordensband, das um den Hals getragen wird und mit einem talismanartigen Abzeichen geschmückt ist. Klopfzeichen und Paßworte zur Erkennung sind mitunter gebräuchlich. Für Erwachsene bestehen Großlogen, für Jugendliche von 15 bis 20 J. Wehrlogen. 1922 zählte der Orden in Deutschland 985 Logen mit 352 000 Mitgliedern. Neuere Zahlen liegen nicht vor.

Gyromantie (griech.), von gyros = Kreis und manteia = Anbetung; ursprünglich eine Art Wahrsageverfahren, bei dem man so lange im Kreis herumlaufen mußte, bis man vor Schwindel hinfiel; durch vorher im Kreis angeordnete Zeichen oder Gegenstände wurde dann die Deutung vorgenommen. — Heute wird unter G. zuweilen die Pendelkunde verstanden. ↗ Pendel. — Lit.: F. Dietrich, Gyromantie, Villach 1949.

H

H., in den Ritualen der ↗ Royal-Arch-FM die Abk. für ↗ Haggai, einer der 3 leitenden Beamten eines Royal-Arch-Kapitels.

Haack, Friedrich Wilhelm, * 11. 8. 1935 Grünberg/Schlesien; Schulzeit in Eisenach, Studium der Theologie und Publizistik in Heidelberg; Pfarrer in Hof/Saale; seit 1965 Leiter der Abt. für Sekten- und Weltanschauungsfragen der Ev.-Luth. Kirche in Bayern. — W.: Geheimreligion der Wissenden, Stuttgart 1966.

H. A. B., in der engl. FM-Lit. die Abk. für ↗ Hiram Abif.

Haeckel, Ernst, * 16. 2. 1834 Potsdam, † 1919; Zoologe und Philosoph; wurde 1862 Prof. in Jena und spezialisierte sich auf vergleichende Anatomie, Entwicklungsgeschichte, Histologie und Paläontologie. Seine Forschungen betreffen größtenteils das Gebiet der niederen Seetiere und vor allem jene tiefsten und dunkelsten Regionen, in denen das Leben mit den einfachsten und unvollkommensten Organismusformen beginnt. Das Material zu diesen Untersuchungen sammelte H. auf Reisen nach den Küstengebieten der Nordsee und des Mittelmeers, den Kanarischen Inseln und dem Stillen Ozean. Als Früchte derselben erschien u. a. die „Entwicklungsgeschichte der Siphonophoren" (Utrecht 1869). Seine grundlegenden Arbeiten bildeten die Basis für H.s allgemeine, in das Gebiet der Naturphilosophie fallende Hauptarbeiten und insbesondere für die Leistungen im Gebiete des Darwinismus und der Entwicklungstheorie überhaupt. Aufgrund der Vorlesungen, welche er 1867/68 in Jena hielt, entstand die „Natürliche Schöpfungsgeschichte" (Berlin 1868), die in viele Kultursprachen übersetzt wurde. In der Schrift „Monismus als Band zwischen Religion und Wissenschaft" (Bonn 1892) legte er sein „Glaubensbekenntnis eines Naturforschers" nieder, welches auch in der Anthroposophie als Anregung diente.

Hades (griech.), ein anderer Name für Pluto, den Gott der Unterwelt; später auch die Unterwelt selbst, wörtlich „das Unsichtbare", d. h. das Land der Schatten, die Region der völligen Dunkelheit oder des tiefsten traumlosen Schlafes. H. hat nichts mit der kirch. Hölle zu tun, sondern ist ein karmischer Ort. Bei den Griechen der Platz, wohin die Seelen der Toten gelangten. Zuweilen auch Orkus genannt. Nach der griech. Mythologie ist H. oder Pluto der Bruder des Zeus und Gemahl von Persephone (Proserpina).

Haggada von (hebr.) hagad = sagen, erzählen: ein Teil des ⚹ Talmud, welcher Erläuterungen zu den Gesetzen enthält und in welchem die esoterischen Kollegien und Schulen ein wenig von ihrem Wissen durchsickern ließen.

Hagiel (hebr.), in der Kabbalah und Magie die Intelligenz der Venus.

Hain der Isis von 1927 bis 1931 eine Zeitschrift für Magie als Kulturproblem und Weltanschauung sowie Organ der Crowley-Bewegung in Deutschland, herausgegeben von Dr. Henri Birven unter Mitwirkung namhafter Spezialforscher.

Haitz, Maximilian, † 27. 10. 1965; führender Illuminat; löste 1935 zusammen mit dem Großmeister Julius Meyer den Illuminaten-Orden in Deutschland auf; Ordensname (Ps.): Hartwig.

Hallacha (hebr.) = Gang, Wandlung; Teil des Talmud, welcher ein unentwirrbares Gemenge von bürgerlichem und kanonischem Recht, von nationaler Politik und Lebenssystemen, von göttl. und menschlichen Gesetzen enthält und sich oft in unzähligen, teils kleinlichen Einzelheiten verliert.

Halluzination, von (lat.) alucinatus = Traumwanderung; ein Zustand, der oft durch physiologische Zerrüttung, zuweilen durch Mediumismus und bei anderen durch Trunkenheit hervorgerufen wird. Alle solchen Visionen, besonders wenn sie durch Mediumismus hervorgerufen werden, haben vorher eine Entspannung des Nervensystems, welches eine abnorme magnetische Bedingung schafft, die dem Leidenden Wellen astralen Lichts bringt. Das astrale Licht selbst ruft die H. hervor, denn niemand kann etwas sehen, das nicht ist. Typisch für H. ist, daß der Leidende dieselben niemals als solche empfindet, sondern die Bilder für echt hält. – Zum Unterschied von H., die immer unkontrolliert sind, sind Visionen immer kontrolliert und beherrscht.

Halluzination, objektive, die Umkehrung des natürlichen Sehvorganges, nämlich die Projektion vom Gehirn auf das Auge. Wie Staudenmaier gezeigt hat, beruht die Möglichkeit der o. H. auf der Umkehrbarkeit des Perzeptionsprozesses, bei der sich die primäre Erregung des Gehirns über den optischen Nerv auf die Netzhaut fortpflanzt, so daß ein Bild gesehen wird. – Prof. Dr. Ludwig Staudenmaier, Die Magie als experimentelle Naturwissenschaft, Leipzig 1922; G. M. Aksakow, Animismus und Spiritismus, 1905 (2 Bde.).

Halluzinogene, Pharmazeutika und Chemikalien, welche bei Berührung mit dem Menschen (innerlich oder äußerlich) in ihm ⚹ Halluzination hervorrufen oder die Tätigkeit der Sinne beeinträchtigen. – ⚹ Drogen.

Hamburger Schule, zuweilen die Bez. für die „Astrologische Studiengesellschaft e. V.", gegr. von Alfred Witte, der der Astrologie ein neues Gesicht gab. Er untersuchte das Horoskop nicht nach Aspekten, sondern nach Planetenbildern. Gleiche Summen oder auch gleiche Halbsummen oder gleiche Differenzen im Horoskop sind Planetenbilder. In der „Achse" eines Planetenbildes wirken alle beteiligten Planeten und Faktoren des Horoskops zusammen. – Lit.: Witte-Lefeldt, Regelwerk für Planetenbilder; Schnitzler, Lexikon für Planetenbilder; Ludwig Rudolph, Leitfaden der Astrologie.

Hamon, Graf Louis, auch unter dem Ps. Cheiro (gesprochen: kiro) bekannt; englischer Wahrsager und Hellseher. – W.: A study in destiny, London 1901; Cheiro's Book of the numbers,

New York 1932; Das Buch der Zahlen, Freiburg.

Cheiro, Graf Hamon

Hand, Praxis der linken und der rechten, übernommen aus dem Devi-Kult Indiens, der sich in 2 Sekten, die Rechthand-Shaktis und die Linkshand-Shaktis, teilt. Die Rechthand-Shaktis unterscheiden sich von normalen Hindus dadurch, daß sie den Gott Kali anbeten; bei den Linkshand-Shaktis sind die Merkmale zahlreicher. Der Kult findet in streng abgeschlossenen Räumen mit Männern und Frauen statt. Eine solche Gruppe nennt sich ein Chakra (= Kreis). Im Raum ist entweder ein Bild der Göttin oder ein sogen. Yantra (eine Zeichnung, die ebenfalls symbolisch für eine Göttin steht). Der praktische Kult heißt Panchatattwa (= 5 Tattwas); die 5 Tattwas sind: Wein, Fleisch, Fisch, getrocknete Körner und Koitus. Über die genauere Abwicklung der Riten schweigen sich die verschiedenen Autoren jedoch aus.

Handauflegen, Zeichen des Besitzergreifens; ein Brauch, der auch in der kirchlichen Symbolik eine Rolle spielt. In der FM nach der Lehrart der ↗ Großen Landesloge die Übertragung des Geistes und der Kraft auf den zu Weihenden. Es ist ein Segen, den der Meister erteilt, wie auch die begleitenden Worte es ausdrücken. — In der okkulten Medizin das

Magnetisieren oder Entmagnetisieren von Körperteilen. ↗ Mesmer. — Lit.: Oswald Wirth, Imposition des mains, Paris 1897 und Laval 1963; Johannes P. Schöler, Heilende Hände, Gelnhausen.

Handlesekunst, ↗ Chirologie.

Handliniendeutung, ↗ Chirologie.

Handschuhe. In der FM sind H. symbolischer Bestandteil der rituellen Bekleidung. In manchen Logen werden dem Neuaufgenommenen 2 Paar H. ausgehändigt, nämlich ein Paar für seine Logenarbeit und 1 Paar, das er an die Frau seines Herzens weitergeben soll. Goethe sandte dieses 2. Paar an Frau von Stein. — In den 3 Grundgraden der FM sind die H. weiß als Symbol der Reinheit. In den Hochgraden werden auch farbige H. getragen, die auf den jeweiligen Grad Bezug haben. In der Magie wird dagegen meist ohne H. gearbeitet.

Hanish, Dr. Ottoman, auch: Zar-Adusht Hanish, Ha'nish; * 19. 12. 1844; † 29. 12. 1936; Gründer von ↗ Mazdaznan. — W.: Selbstdiagnostik; Atmungs- und Heilkunde, Leipzig; Mazdaznan, Atmungs- und Heilkunde, Leipzig 1909; Die Macht des Atems, Bern, 1954. — Lit.: Gertrud Martin, Ausbildung der Atmung.

Hansa (Sk.), nach der Bhagavata Purana der Name der Einen Kaste, als es noch keine einzelnen Kasten gab, sondern nur eine Veda, eine Gottheit und eine Kaste. — Der Name H. ist, teils wegen dieser Deutung, teils auch wegen seiner profanen Bedeutung, von verschiedenen FM-Logen und esoterischen Gruppen übernommen worden. So heißt die Mutterloge der Deutschen Großloge „Le ↗ Droit Humain" H., desgl. die Hamburger Gruppe der Adyar-TG; ferner existiert in Bremen eine Loge H. und in Hamburg gab es Logen dieses Namens beim ↗ FZAS und bei der Großloge zu den 3 Weltkugeln.

Harmonie, von (griech.) armonia = Gleichklang von Tönen; Harmonia hieß in der griech. Mythologie auch die Tochter von Ares (Mars) und Aphrodite (Venus), das Weib des Cadmus. Außerhalb der Musik bedeutet H. Übereinstimmung im ganzen; auf den Menschen bezogen: innige Wechselwirkung von Körper und Seele. Die FM erstrebt die H. der geistigen Kräfte: ↗ Weisheit, Schönheit, Stärke. Sie will die Willens-, Gefühls- und Vernunftseite des Menschen gleichermaßen zur Entfaltung bringen und nicht nur einen Bruchteil seines Ichs. Harmonie unter den Mitgliedern ist die Voraussetzung jeder erfolgreichen esoterischen Gruppenarbeit.

Harpokrates, eine ägyptische Gottheit, die dann von den Griechen und Römern übernommen wurde. H. wird als Kind Horus oder Ehoou dargestellt, mit einem Finger auf dem Mund, die solare Scheibe auf seinem Kopf mit goldenem Haar. Er ist der Gott des Schweigens und des Mysteriums. Bei den Griechen und Römern galt H. als Sohn der Isis. — In der Andreas-Loge gemäß der FM der Großen Landesloge gibt es in einer dunklen Nische die „Figur des Schweigenden", welche H. darstellt; im esoterischen Teil der Hochgrade des ⚹ AASR figuriert H.

Hartlaub, Gustav F., * 12. 3. 1884, † 1963; Kunsthistoriker und Esoteriker, Vertreter des magischen Idealismus. — W.: Das Unerklärliche — Studien zum magischen Weltbild, Stuttgart 1951.

Hartmann, Dr. Franz, * 22. 11. 1838 Donauwörth, † 7. 8. 1912 Kempten/Allgäu; die bekannteste deutsche Persönlichkeit in der Theosophie, gleichzeitig der nüchternste Interpret der theosophischen Weltanschauung. 1859 meldete sich H. freiwillig zur Bayerischen Armee und diente in Würzburg; 1860 ging er an die Universität München, um Pharmakologie zu studieren und sich auf den Apothekerberuf vorzubereiten. Auf einer Urlaubsreise 1865 fand er in Paris Gelegenheit, als Schiffsarzt von Le Havre nach den USA zu kommen, wo er sich zunächst einige Zeit in St. Louis niederließ. Danach war er 1871 in New Orleans, 1873 in Texas und 1878 in Colorado. 1881 ließ er sich in Georgetown nieder und wurde dort auch Mitglied der Loge „Georgetown No. 12" (im Schrifttum zuweilen fälschlicherweise als Loge „Washington" angegeben). 1882 erhielt H. ein Exemplar der „Entschleierten Isis" von H. P. Blavatsky, wodurch er mit der Theosophie Bekanntschaft machte; 1883 trat er der TG in USA bei. Aufgrund eines Schriftwechsels mit der Zentrale der TG in Adyar bekam er die Einladung, doch nach Adyar zu kommen, wo er schon am 4. 12. 1883 eintraf. Hier wurde er schnell engster Mitarbeiter von Olcott und H. P. Blavatsky und schließlich der administrative Leiter der Zentrale. Am 26. 12. 1883 trat H. offiziell zum Buddhismus über. Nach den Auseinandersetzungen um Blavatskys geheimen Schrank und den sogen. Meisterbriefen mußte H. P. Blavatsky Indien verlassen; H. begleitete sie auf der Schiffsreise nach Neapel auf dem Dampfer „Tibre". Am 20. 5. 1885 trennten sich die Wege von H. u. H. P. B.; H. ging nach Deutschland, H. P. B. über verschiedene Zwischenstationen nach England. In Deutschland kam H. zu der Erkenntnis, daß eine völlig neue TG gegründet werden müsse, um sich von den Schatten Adyars zu befreien. 1896 gründete H. die Deutsche TG, für die er von Frau Tingley (die Nachfolgerin von H. P. Blavatsky) als Präsident eingesetzt wurde. Die von H. gegründete TG trat damit die direkte geistige Erbschaft von H. P. Blavatsky an. Als internationale Plattform der theosophischen Arbeit gründete H. am 3. 9. 1897 noch die Internationale Theosophische Verbrüderung (I. T. V.). — H. war auch mit Dr. Karl Kellner (Gründer des OTO) bekannt, der Ligno-Sulfit für die Zelluloseherstellung verwendete; aus einem Nebenprodukt gewann H. ein Heilmittel gegen Lungenkrankheiten, das er in einer Inhalationsanstalt in

Franz Hartmann

Hallein bei Salzburg, deren Direktor er einige Zeit war, praktisch erproben konnte. — H. hat zahlreiche Schriften über Theosophie und verwandte Themen hinterlassen; er wies auf den unvergänglichen Wert der östlichen Philosophie hin und gab selbst 2 gute Übersetzungen, eine in Prosa und eine in Versen, von der Bhagavad-Gita heraus. Sein umfangreichstes Werk sind die „Lotosblüten", eine Zeitschrift, die H. mehrere Jahre hindurch herausgab und fast völlig selbst schrieb; ab 1908 führte die Zeitschrift den Titel „Neue Lotosblüten". Ein großer Teil der unter dem Namen H. erschienenen Bücher und Broschüren sind übrigens Nachdrucke von Aufsätzen aus seiner Zeitschrift. Seine Schriften zeugen davon, daß er ein ausgesprochener Verstandesmensch war, der die Theosophie intellektuell mit einer ganz seltenen Schärfe erfaßte und sie dabei mit nüchterner und unerbittlicher Logik vertrat. Seine Klarheit, Fähigkeit, Kürze und Unzweideutigkeit, mit der er die theosophischen Lehren vertrat, dürften unerreicht dastehen. Immer hat er es vermocht, das Tatsächliche und Nüchterne in den Vordergrund zu stellen; nie hat er sich vom bloßen oder schönen Schein bestechen lassen. Indes weisen alle H.-Biographien zahllose Widersprüche auf, und da nur selten exakte Daten angegeben sind, ist die Nachprüfung außerordentlich schwierig. Eine offensichtlich unzensurierte Biographie erschien im Januar 1895 in der Zeitschrift „Sphinx". Daneben gibt es aber Berichte, daß H. auch eine streng geheime Rosenkreuzer-Gesellschaft in Kempten und in der Schweiz gegründet haben soll. Der eine Orden bildete sich im September 1889 in der Schweiz unter dem Namen „Fraternitas", um das Kloster wirklich zu gründen, das H. in einem seiner Bücher als Fiktion beschrieben hatte. Zu den Gründern gehörten neben H. auch Dr. R. Thurmann, Dr. A. Pioda und die Gräfin Wachtmeister aus Schweden (eine ehemalige Freundin von H. P. Blavatsky). Die andere Gründung, vermutlich zusammen mit Leopold Engel, war der „Esoterische Orden vom Rosenkreuz" in Dresden, den 1905 Reuß übernahm. Später scheint der Orden der innere Kreis des ↗ OTO geworden zu sein. In der Druckschrift „Verfassung und Gesetze des Ordens der Alten Angen. Schottischen Freimaurer" (Lorch 1910) ist das Gründungspatent der Großloge Memphis-Misraim vom 24. 9. 1902 abgedruckt, welches als Gründungsmitglieder neben Theodor Reuß und Henry Klein auch Franz Hartmann mit den Graden 33.°, 90.° und 95.° aufweist. Die Zeitschrift „Oriflamme" bringt in ihrer historischen Sonderausgabe von 1904 einen Aufruf „An alle, welche die Wahrheit und wirklichen Tatsachen maurerischer Geschichtsforschung kennenlernen wollen!", der von H. unmittelbar nach dem Namen des Großmeisters Theodor Reuß unterzeichnet ist, so daß angenommen werden kann, daß H. das Amt des stellvertretenden Großmeisters innehatte. – W.: Grundriß der Geheimlehre, Leipzig 1899; In the pronaos of the temple of wisdom, Boston und London 1890; Mysterien, Symbole und magischwirkende Kräfte, Leipzig 1902; Unter den Adepten, Vertrauliche Mitteilungen aus den Kreisen der indischen Adepten, Leipzig o. J.; Report of Observations made during a nine-months' stay at the Headquarters of the TG at Adyar, Madras 1884; Report of the Result of an Investigation into the Charges against Madame Blavatsy, Madras 1885; Karma oder Wissen, Wirken, Wollen, Leipzig 1920; Ein Abenteuer unter Rosenkreuzern; Chemie und Alchemie; Denkwürdige Erinnerungen; Erkenntnislehre der Bhagavad-Gita; Eine neue Heilmethode; Geheimlehre in der christlichen Religion; Geheimschulen der Magie und okkulte Übungen, Leipzig o. J.; Unter den Adepten und Rosenkreuzern; Johoshua, der Prophet oder: Wer war Jesus von Nazareth?; Lebendig begraben; Betrachtungen über die Magie in Goethes Faust; Populäre Vorträge über Geheimwissenschaft, 2 Bde.; Reinkarnation und Wiederverkörperung; Symbole der Bibel und der Kirche; Betrachtungen über das Tao-Teh-King, Leipzig 1903; Unter den Gnomen im Untersberg; Was ist Theosophie?; Theosophische Korrespondenz; Die weiße und die schwarze Magie; Geheimnisse der Zeugung und Vorausbestimmung des Geschlechts; Über den Verkehr mit der Geisterwelt; Der wissenschaftliche Beweis der Unsterblichkeit und die okkulte Philosophie; Samadhi oder Yoga-Schlaf; The Talking Image of Urur; Das Wesen der Alchemie; Die Erkenntnislehre der Bhagavad-Gita im Lichte der Geheimlehre, Hochdorf 1946; Die Medizin des Theophrastus Paracelsus von Hohenheim, Leipzig; Im Vorhof des Tempels der Weisheit; Das Evangelium Buddhas; Das Gesetz des Geistes in der Natur; The Principles of Astrological Geomancy, London 1889; Cosmology or Universal Science, Boston 1888; – ferner als Übersetzer oder Herausgeber: Der Führer im Geistigen, von Saria Kamia Schairya; Weisheit des Orients, von Kerning; Christliche Mystik, von Mad. Brouvière de la Mothe Guyon; Der Tod und was dann? von Annie Besant; Die Stimme der Stille, von H. P. Blavatsky; Das Palladium der Weisheit, von Sri Sankaracarya; Die Regeln des Radscha-Yoga nach den Vorschriften von Gautama Buddha; Hatha-Yoga die Physiologie des Astralkörpers, von Narrainaswamy Iyer; Wie der Mensch mit schöpferischer Kraft ausgestattet wird; Die Philosophie der Bhagavad-Gita, von Subba Row; Atma-Bodha die geistige Grundlage der Yoga-Philosophie, von Sankaracarya; Tattwa-Boddha, die wissenschaftliche Grundlage der Yoga-Philosophie; Der Irrsinn, seine Ursachen und seine Behandlung, von Th. Darel.

Hartwig (Ps.) = Maximilian ↗ Haitz.

Harze, Absonderungen mancher Pflanzen, die beim Erwärmen schmelzen, sich bei höherer

Temperatur zersetzen und mit starkleuchtender Flamme brennen. Am bekanntesten ist Fichtenharz. Schon bei den Griechen und Römern wurde das als Weihrauch bekannte Harz zu Rauchopfern in ihren Tempeln verwendet. Die röm. und die griech. Kirche wenden ihn seit der Zeit Konstantins des Großen an. — Ferner spielen H. in der zeremoniellen Magie und auch in manchen FM-Logen eine Rolle. Die gebräuchlichsten H. der Magie mit ihren Planetenzuordnungen sind:

Weihrauch	—	Sonne
Myrrhe	—	Mond
Galbanum	—	Mars
Benzoe Sumatra	—	Merkur
Siam Benzoe	—	Jupiter
Sandelholz	—	Venus
Storax	—	Saturn.

An sich ist Sandelholz kein Harz, wird aber wie H. verwendet. — Der in der kath. Kirche verwendete Weihrauch ist eine Mischung aus Weihrauch, Benzoegummi, Storax, Salpeter, Zucker und Harz von Croton eleuteria. Für Zwecke der zeremoniellen Magie werden die H. oft mit Pflanzenteilen gemischt, wobei jedoch wegen der meist großen Giftigkeit äußerste Vorsicht geboten ist. Ein Räuchermittel für die sogen. Große Operation besteht aus:

10 T.	Belladonna
10 T.	Bilsenkraut
10 T.	Stechapfel
5 T.	Weihrauch
5 T.	Mutterharz
1 T.	Teufelsdreck.

— Lit.: Jules Boucher, Manuel de magie pratique, Paris 1953.

Hasmodai (hebr.), in der Kabbalah und Magie der Dämon des Mondes.

Hatha-Yoga (Sk.) die Yoga-Form, die sich vorwiegend auf den menschlichen Körper bezieht; die entsprechenden Übungen sind in der ↗ Hatha-Yoga-Pradipika enthalten. H. Y. ist im Prinzip die volkstümliche Form des Yoga und die einzige dem Europäer direkt zugängliche. Sie zielt auf die vollkommene Beherrschung des Körpers und auf die absolute Kontrolle des Muskel- und Nervensystems ab. Mit einfachen Mitteln der Yoga-Praxis sollen spirituelle Fähigkeiten entfaltet werden. Annie Besant schreibt in „Der Mensch und seine Körper" (Leipzig 1896, S. 9): „Der Hatha-Yogi lernt sein Atmen zu beherrschen, und zwar bis zu einem solchen Grade, daß er es eine beträchtliche Zeit lang einstellen kann; er lernt das Schlagen des Herzens zu beeinflussen,

die Blutzirkulation nach seinem Willen zu verlangsamen oder zu beschleunigen und durch diese Mittel den physischen Körper in Trance zu bringen und den Astralkörper austreten zu lassen. Es ist dies keine nachahmenswerte Methode, aber es ist belehrend für westliche Nationen (welche gewohnt sind, die Natur des Körpers für so selbstherrlich zu halten), wenn sie erfahren, wie weitgehend der Mensch diese für gewöhnlich automatischen körperlichen Funktionen unter seine Herrschaft bringen kann, wenn sie Kenntnis davon erhalten, daß Tausende von Menschen sich in eine lange und ganz mühsame Zucht nehmen, um sich frei zu machen." — Bei den meisten esoterischen Organisationen erfährt der H. Y. an sich eine recht abschätzige Beurteilung, was darauf zurückzuführen sein mag, daß diese Übungen einen Tat-Esoteriker erfordern, während die meisten Okkultisten nur Wort-Esoteriker sind und jede persönliche Betätigung, die einige Mühe bereiten könnte, scheuen. Praktisch ist H. Y. die Grundlage der Selbsterkenntnis; wer H. Y. scheut, scheut auch die Selbsterkenntnis. Ein vereinfachtes H.-Y.-System, das allerdings auch weniger Erfolg bringt, hat der Radschah von Aundh unter dem Namen „Surya Namskar" (= Sonnengebet) auf den Markt gebracht; das Sonnengebet wurde später von ↗ AMORC für die Inhaber des 10. Tempelgrades übernommen. — Lit.: Theos. Barnard, Hatha-Yoga, Stuttgart 1957; Narrainaswamy Iyer, Hatha-Yoga, Würzburg 1959; Kerneiz, Lehre und Praxis des Hatha-Yoga, München 1952; Hans-Ulrich Rieker, Das klassische Yoga-Lehrbuch Indiens, Zürich 1957; Bert Josef Riha, Hatha-Yoga, Villach 1957; Sivananda Sarasvati, Hatha-Yoga, Büdingen 1953; Max Wilke, Hatha-Yoga, Lindau 1956; Dr. Franz Hartmann, Radscha-Yoga, Hatha-Yoga und Tantrika; Dr. Henri Birven, Lebenskunst in Yoga und Magie, Zürich 1953; Richard Schmidt, Fakire und Fakirtum im alten und modernen Indien, Berlin 1908; Dr. Wilhelm Haas, Die psychische Dingwelt, Bonn 1921; Felix Riemkasten, Yoga für Sie; Radschah von Aundh, Das Sonnengebet, Stuttgart.

Hatha-Yoga-Pradipika, indisches Lehrbuch der Hatha-Yoga-Übungen; allgemein wird hier zurückgegriffen auf die mit Anmerkungen versehene engl. Ausgabe von Shrinivas Jyangar (Bombay 1893); in dieser Ausgabe sind jedoch die nicht unwesentlichen Verse 84—103 geflissentlich überschlagen, da sie (betr. ↗ Vajroli-, Sahajoli- und Amaroli-Mudras) als obszön zu betrachten seien („as the same may be considered obscene"); eine deutsche Übersetzung erschien 1893 in München von H. Walter. Walter gibt jedoch von den besagten Versen nur eine lat. Übersetzung; die vollständige deutsche Fassung der fehlenden Verse findet sich im Anhang bei Prof. Dr. Richard Schmidt „Fakire und Fakirtum, Yoga-Lehre und Yoga-Praxis nach den indischen Originalquellen" (Wien 1907) auf SS. 285–288. Ein Teil dessen, worum es sich hier handelt, ist bei Roger Peyrefitte „Die Söhne des Lichts" (Karlsruhe 1962) S. 354 angedeutet. — Lit.: Dr. Henri Birven, Lebenskunst in Yoga und Magie, Zürich 1953.

Hauer, Prof. Jakob Wilhelm, Indologe und Kritiker der ↗ Anthroposophie. — W.: Yoga als Heilsweg; Der Yoga, ein indischer Weg zum Selbst, Stuttgart 1958; Werden und Wesen der Anthroposophie, Stuttgart 1922; Die Anfänge der Yogapraxis, Stuttgart.

Haupttheiligtum. In der Lit. des ↗ Lectorium Rosicrucianum der Pinealis-Hirnraum, „wo die Offenheit, d. h. die Berührung mit dem Siebengeist stattfindet".

Haus ↗ Häuser

Hauser, Kaspar, * 29. 9. 1812 Karlsruhe, † 17. 12. 1833 (ermordet); rätselhafter Findling; vermutlich ein aus Erbfolgegründen beseitigter Prinz; ihm werden Sehergabe und andere psychische Fähigkeiten nachgesagt. Rudolf Steiner 1908: „Wenn Kaspar H. nicht gelebt hätte und gestorben wäre, wie er tat, so wäre der Kontakt zwischen der Erde und der Geistigen Welt vollkommen unterbrochen." 1966 brachte das deutsche Fernsehen einen dreiteiligen Film über H. Bis vor einigen Jahren gab es auch eine Kaspar-Hauser-Forschungs-Gesellschaft in Berlin. Bis 1963 sollen über H. über 10 000 Veröffentlichungen erschienen sein. — Lit.: Dr. Hermann Pies, Das Rätsel von Kaspar H., 1966; Hans Scholz, Der Prinz Kaspar H.; Dr. Trumpf, Kaspar H., Napoleon und Stephanie; Friedrich Merkenschlager, Kaspar H., Nürnberg 1967; Alexander Rost, Prinz der schwarzen Romantik, in: „Die Welt" vom 24. 10. 1964.

Häuser, in der Astrologie wird der Tierkreis zunächst in 4 Quadranten (M. C., I. C., Asz. und Desz.) und jeder Quadrant in 3 Häuser geteilt, so daß der ganze Tierkreis 12 H. umfaßt. Jedem Planeten werden 1 oder 2 Tierkreiszeichen als sein Haus (lat. domus) zugeteilt, in welchem der Planet als „Herr" oder „Herrscher" gilt; das soll besagen, daß der Planet dort stehend eine besonders große Macht hat, er steht in der „ersten Würde". Seine Macht ist am schwächsten seinem Haus genau gegen

(Kaspar Hauser)

über, wo er in der „ersten Schädigung" steht. Die Häuser werden links herum laufend gezählt, indem das 1. Haus dem Aszendenten, das 4. dem ↗ I. C., das 7. dem Deszendenten und das 10. dem ↗ M. C. entspricht. Da im Horoskop die Linie Aszendent/Deszendent nur selten senkrecht auf der Linie M. C./I. C. steht, sind die H. meist nicht gleich groß. Nur wenn ♈ oder ♎ gleich 0° Aszendent ist, ist das der Fall. Die Breite der H. entnimmt man am besten einer ↗ Häusertabelle.

Häusertabellen, dienen zur Bestimmung der 12 astrologischen ↗ Häuser aus der geographischen Breite des jeweiligen Geburtsortes einerseits (in den H. oben am Kopf zu finden) und der sogen. ↗ Sternzeit andererseits (in den H. links an der Seite zu finden). Die H.

S	M	Th	W	H	D	G	B	H	N
ז	ם	ט	ו	ה	ד	ג	ב	ה	ן
ן	ס	ם	ז	ח	ר	נ	כ	ת	ך
N	S	M	S	Ch	R	N	K	T	K

Ähnliche hebr. Buchstaben, die leicht verwechselt werden

(hebräische Schreibschrift — Textproben)

Text in hebr. Schreibschrift

geben gewöhnlich nur das 10., 11., 12., 1., 2.
und 3. Haus an; die übrigen Häuser liegen
genau gegenüber.

Haushofer, Karl, * 1869, † 1946 (Selbstmord);
Vertrauter Hitlers und Gurdjews; Begründer
der Geopolitik und wichtigster Ideologe des
3. Reiches. War angeblich zusammen mit Gurdjew 1903, 1905, 1906, 1907 und 1908 in Tibet
und zwischen 1907 und 1908 in Japan. 1923
gründete H. eine esoterische Gesellschaft
tibet. Prägung; sein Mitarbeiter Prof. Morell
war Hitlers Leibarzt. Die Gesellschaft soll mit
der Thule-Gesellschaft in Verbindung gestanden oder sogar mit ihr identisch gewesen sein;
ihre philosophischen Begriffe zog sie aus dem
Buch ↗ Dzyan von H. P. Blavatsky. Sein Sohn,
Albrecht H., wurde nach dem Attentat auf Hitler verhaftet und in Moabit festgehalten, wo er
1945 von der SS ermordet wurde.

Haven, Marc (Ps.) = Dr. Emmanuel Lalande;
bekanner franz. Esoteriker und Mitarbeiter von

Die Vocale:
(hebräische Vokalzeichen)

Die Consonanten:
(hebräische Konsonantenzeichen)

Jüdische Schrift für deutsche Texte

Oben: die Buchstaben. — Unten: Leseprobe
„Ehrfürchte Gott, verehre deine Eltern . . ."
(Wie Hebräisch von rechts nach links zu lesen!)

Papus; nahm sein Ps. (wie Papus) aus dem
↗ Nuctemeron des Apollonius von Thyana. —
W.: Rituel de la Maçonnerie Egyptienne; La
Magie d' Arbatel; Le Maître inconnu.

H. B. of L., Abk. (engl.) = Hermetic Brotherhood of Luxor (oder of Light), ↗ Hermetische
Bruderschaft von Luxor.

Hebräisch, die Sprache der alten Israeliten
und Juden und ihrer im AT gesammelt vorliegenden Literaturüberreste. Die Bez. hebr.
Sprache kommt zuerst im Vorwort des Sirach-
buches (Apokryphen des AT) und im NT vor.
In der Vorrede Jesus Sirach, Vs. 6 heißt es:
„Denn was in hebr. Sprache geschrieben ist,
das lautet nicht so wohl, wenn man's bringt
in eine andere Sprache." Kabbalistische Deutungen der Bibel haben daher nur dann einen
Sinn, wenn man vom jeweiligen Urtext ausgeht. Solange Hebr. noch eine lebende Sprache war, waren besondere Vokalzeichen zum
Verständnis der Schrift, die nur aus Konsonanten besteht, nicht erforderlich, außer wenn die
besondere Länge eines Vokals oder der Bedeutsamkeit des Wortes wegen ein Hinweis
angebracht schien; dann bediente man sich
einiger Konsonanten als Vokalersatz (wav = u,
jod = i, aleph oder heh = a bzw. e). Als aber
später nach dem Absterben der Sprache Verständnis und Aussprache des heiligen Textes
immer schwieriger wurden, fing man an, durch

Die Buchstaben des hebräischen Alphabets
in Druckschrift und Schreibschrift mit den Zahlenwerten der Buchstaben

Lfd. Nr.	Zahl-wert	deutsch	Name	normal	am Ende	gedehnt	Besonderheiten	Schreibschrift	
1.	1	A	Alef	א		א	zuweilen auch: E, I, O	lc	
2.	2	B	Bet	ב			ב = Vet	ב	
3.	3	G	Gimel	ג				d	
4.	4	D	Dalet	ד				כ	
5.	5	H	He	ה		ה		ה	
6.	6	W/V	Vau	ו			zuweilen auch: U	l	
7.	7	S/Ds	Dsain	ז				5	
8.	8	Ch	Chet	ח				n	
9.	9	Th	Thet	ט				(	
10.	10	J	Jod	י				,	
11.	20	K	Kaf	כ	ך	כ	כ = Khaf	כ	P
12.	30	L	Lamed	ל				ן	פ
13.	40	M	Memm	מ	ם			N	
14.	50	N	Nun	נ	ן			J	l
15.	60	S	Samek	ס				o	
16.	70	Gh'	'Ain	ע				४	
17.	80	P	Pe	פ	ף		פ = Phe	ə	β
18.	90	Z/Tz	Tsadé	צ	ץ			3	y
19.	100	K	Kof	ק				P	
20.	200	R	Resch	ר				ר	
21.	300	S/Z	Zin	ש			ש = Schin	e.e	
22.	400	T	Tau	ת		ת		ת	

Hier endet das überlieferte System der Zahlenwerte

Nicht offizielle Zahlen

Lfd. Nr.	Zahl-wert	deutsch	Name	normal	am Ende	gedehnt			
11.	500		Kaf/Khaf	ך/ך					
13.	600		Memm	ם					
14.	700		Nun	ן					
17.	800		Phe/Pe	ף/ף					
18.	900		Tsadé	ץ					
1.	1000		Alef			א			

Vokalzeichen

a	e	eh	i	o	u	uh	au
◌ַ	◌ֵ	◌ֶ	◌ִ	◌ֹ	◌ֻ	וּ	◌ֺ

Merkwort für die Endbuchstaben:
KaMNeFeZ

Merkwort für die Dehnbuchstaben:
AHaLTeM

kleine Striche und Punkte die Vokale anzudeuten. Daraus entstand nach und nach ein vollständiges Vokalisierungssystem. — Die hebr. Buchstaben sind auch gleichzeitig Zahlzeichen und stellen außerdem einen Zahlenwert (↗ Notarikon) dar. Das hebr. Alphabet umfaßt 22 Buchstaben, von denen 5, wenn sie die Endbuchstaben eines Wortes sind, eine andere Schreibung haben, so daß es insgesamt 27 Buchstaben gibt, welche als Zahlen in 3 Klassen geteilt werden: 1. die Einer, 2. die Zehner und 3. die Hunderter; wird das betr. Zeichen groß geschrieben, gilt es als Tausender. Es gibt aber eine Reihe von Ausnahmen; so wird z. B. 15 nicht mit 10 + 5, sondern mit 9+6 geschrieben, da 10+5 (= J+H) gleichlautend mit dem Anfang des göttl. Namen (JHVH) wäre. — Lit.: W. Gesenius, Hebr. und chaldäisches Handwörterbuch, 1863; ders., Hebr. Grammatik, 1902; Carl Steuernagel, Hebr. Grammatik, Leipzig 1953; Benjamin Lee Whorf, Sprache, Denken, Wirklichkeit, Reinbek 1963.

Heiden. Eigentlich die Heidebewohner, da die Städter längst die Staatsreligion angenommen hatten; nach der lutherischen Bibelübersetzung und dem Sprachgebrauch der christl. Kirchen alle Menschen, die weder Christen noch Juden sind. Die Juden nannten alle Nichtjuden Gojim, was Luther durch H. übersetzte. — In der esoterischen Literatur wird mit Heidentum oft auch die Zeit vor dem Christentum bezeichnet. — Lit.: Rudolf Hernegger, Religion, Frömmigkeit, Kult, Einbruch heidnischer Religiosität in den christlichen Glauben, München 1961; H. P. Blavatsky, Les Origines du Rituel dans l'église et dans la Maçonnerie, Paris 1957.

Heiliges Wort ↗ Paßwort.

Heilmagnetismus, die Anwendung von magnetischen Strichen od. das Handauflegen zwecks Heilbehandlung. ↗ Mesmer.

Heilmann, Walter (Ps.) = Dr. Hugo Vollrath, Leipzig; Gründer des Theosophischen Verlagshauses in Leipzig; später Mitgründer des Bô-Yin-Râ-Ordens, einer Theosophischen Gesellschaft, und der Deutschen Rosenkreuzer-Gesellschaft (Heindel-Bewegung), Versandhaus für Horoskope usw.

Heilungsdienste, die von verschiedenen Organisationen aufgezogenen Fernheilungs-Praktiken auf okkulter Grundlage, namentlich beim ↗ AMORC, beim ↗ Lectorium Rosicrucianum, bei der ↗ Rosenkreuzer-Gemeinschaft (Heindel-Bewegung), bei der ↗ Christlichen Wissenschaft usw. — Weitere Einzelheiten unter den angegebenen Stichwörtern sowie ↗ Fernheilung, ↗ Rosenhof, ↗ Kathedrale der Seele, ↗ Konzil des Trostes.

Heindel, Augusta, geb. Foss (oder Voss), * ?, † 9. 5. 1949; seit 10. 8. 1910 verheiratet mit Max ↗ Heindel. — Heindel, der zur See fuhr, hatte auf einem Landgang in San Francisco ein Plakat für einen Vortrag von Leadbeater gesehen und besuchte die Veranstaltung. Da Heindel gehbehindert war, kam ihm als Saalordnerin Augusta V. entgegen und führte ihn zu einem Platz; danach traf er sie in einer theosophischen Bibliothek wieder. Frau H. leitete bis zu ihrem Tode die ↗ Rosenkreuzer-Gemeinschaft.

Heindel, Max (Ps.) = Carl Louis Heindl, * 23. 7. 1865 (Karlsruhe?), † 6. 1. 1919 durch Schlaganfall; Sohn von Elfriede Heindl und Franz Grashof; lernte auf einer Werft und fuhr dann als Maschinist zur See; aus 1. Ehe hatte H. 1 Sohn und 2 Töchter. Zog 1903 nach Los Angeles/USA, interessierte sich dort für Okkultismus und Spiritismus; durch einen Leadbeater-Vortrag wurde H. auf die Adyar-TG aufmerksam, trat ihr bei und war 1904/05 sogar deren Vizepräsident für Kalifornien; hier lernte er 2 reiche Frauen kennen, die sein Leben entscheidend beeinflußten: Augusta Voss (seine 2. Frau) als Astrologin und Alma von Brandis, die ihm eine Reise nach Berlin zu Rudolf Steiner, der damals in TG-Kreisen noch als „Meister" galt, finanzierte. In Berlin nahm H. rund 1 J. an Rudolf Steiners geheimen Schulungszyklen (d. h. der ES der Adyar-TG) teil. Die Anwesenheit eines so hohen Repräsentanten der amerikan. TG erregte in deutschen TG-Kreisen erhebliches Aufsehen, und so blieb es nicht aus, daß Dr. Hübbe-Schleiden (als Vertreter Annie Besants), Dr. Franz Hartmann, Georgiewitz-Weitzer („Surya") und Dr. Hugo Vollrath versuchten, H. für ihre Zwecke dienstbar zu machen und in ihr Lager zu ziehen: Hübbe-Schleiden für den „Bund des Sterns" (Krishnamurti-Orden), Franz Hartmann für seinen Rosenkreuzer-Orden, Surya für die organisationslose Rosenkreuzerei und Hugo Vollrath als Geschäftsmann, der mit esoterischen Büchern handelte; allen gemeinsam war nur die Abneigung gegen Rudolf Steiner. Franz Hartmann schließlich gelang es, H. für die Rosenkreuzer-Idee (von der auch Steiner sprach) zu gewinnen, und Vollrath sicherte sich das Abdruckrecht der Heindel-Bücher für Deutschland. Nachdem H. schon vorher durch Rudolf Steiner in die Berliner Freimaurerloge „Viktoria von Preußen", die zur „Symbolischen

Großloge des Schottischen Ritus" gehörte, aufgenommen worden war, konnte Hartmann H. in das zuständige Rosenkreuz-Kapitel einführen und ihm dort die ersten 6 Stufen bis

Max Heindel

zum 33. Grad des Systems ↗ Memphis-Misraim verleihen; H. konnte es nie verwinden, daß er die letzten Grade (bis zum 90. bzw. 95. Grad) und namentlich den 46. Grad (Ritter Rosenkreuzer) aufgrund eines Einspruchs von Rudolf Steiner nicht erhalten konnte. So betrachtete H. fortan den 33. Grad als den letzten Grad überhaupt (vgl. Heindel, „Freimaurerei und Katholizismus", Darmstadt 1965, S. 92). Niedergeschlagen fuhr H. nach USA zurück und veröffentliche dort entgegen dem Rudolf Steiner gegebenen Versprechen unter seinem eigenem Namen die Fragmente der Steinerschen Zyklen; allerdings enthält die 1. Auflage die Widmung „Meinem geschätzten Freund Dr. Rudolf Steiner in dankbarer Anerkennung... und meiner Freundin Alma von Brandis..."; in der 2. Auflage der „Weltanschauung der Rosenkreuzer" ist jedoch von Anerkennung und Freund keine Rede mehr, sondern nur noch: „Von Anfang November 1907 bis Ende März 1908 widmete der Schreiber des Buches seine Zeit, um die Lehren Dr. Steiners zu erforschen...", und von der 3. Auflage an fehlt

jeder Hinweis auf Steiner überhaupt. – H. ist der Begründer der Rosenkreuzer-Gemeinschaft, die sich später in mehrere Zweige, darunter das ↗ Lectorium Rosicrucianum, spaltete. H.s erste Rosenkreuzergruppe entstand schon unmittelbar nach dem Ende seiner Schulung bei Rudolf Steiner im November 1908 in Columbus/USA. – W.: Die Weltanschauung der Rosenkreuzer, Leipzig (die 1. Ausgabe gab Hugo Vollrath in Form von 10 „Rosenkreuzerischen Unterrichtsbriefen" heraus); Das Gewebe des Schicksals; Die Lehren eines Eingeweihten; Nachlese eines Mystikers; Alte und neue Einweihung, Darmstadt 1963; Die medizinische Astrologie, Warpke 1953; Vereinfachte wissenschaftl. Astrologie, Leipzig; H. P. Blavatsky and the Secret Doctrine; The mysteries of the great operas; Fellowship and the coming new race; Die Botschaft der Sterne (übersetzt von Sebottendorf), Leipzig; Rosenkreuzer-Mysterien, Leipzig; Rosenkreuzer-Philosophie, Leipzig; Das rosenkreuzerische Christentum, Leipzig. – Lit.: Augusta Heindel, Der Ursprung und die Entstehung der Rosenkreuzer-Gemeinschaft, Darmstadt; Georg Vollmer, Die Begegnung Max Heindels mit Rudolf Steiner, Darmstadt; Carl Unger, Wider literarisches Freibeutertum, Leipzig 1913.

Hektoplasma = Ektoplasma; zuweilen auch Teleplasma genannt.

Heliozentrisches System. Das Denksystem des Kopernikus, welches das geozentrische System ablöste und die Sonne in den Mittelpunkt der Welt stellte, so wie wir es heute kennen. Um die Sonne laufen links herum: Merkur, Venus, Erde, Mars, Jupiter sowie Uranus und Neptun; der Mond ist ein Trabant der Erde und läuft links um diese. Die Fixsterne und der Tierkreis stehen fest, aber die Erde dreht sich links um ihre Achse. Der Lauf der Erde um die Sonne in einem J. heißt Revolution, die Drehung der Erde um ihre Achse in 24 Stunden heißt Rotation.

Hellhören. Form der außersinnlichen Wahrnehmung, bei der man im Ggs. zum Hellsehen nicht mit den Augen, sondern gehörmäßig etwas wahrzunehmen glaubt, ohne daß eine physikalische Schallquelle mitspielt.

Hellsehen, die außergewöhnl. Fähigkeit der Wahrnehmung von Dingen der Außenwelt, unabhängig vom Bewußtsein eines anderen Menschen; (bei einer Mitwirkung eines Dritten spricht man von Gedankenübertragung). Hellsehen können bedeutet jedoch nicht, alles zu wissen, so wie ja auch der normale Mensch zwar sehen kann, aber längst nicht alles sieht;

das geschulte Auge, z. B. das des Malers, sieht anders und vor allem mehr als das ungeschulte. Die ausführlichste Darstellung des H. findet sich in Alice A. Baileys „Telepathie und der Ätherkörper" (Lorch 1960), wo vor allem die den Esoteriker interessierenden Zusammenhänge erschöpfend dargestellt sind (wenn auch die Systematik zu wünschen übrig läßt). — Lit.: Prof. Dr. H. C. Tenhaeff, Hellsehen und Telepathie; H. Wilhelm, Wege zu Intuition und Hellsehen; Heinrich Jürgens, Anleitung zum bewußten Hellsehen; Peregregius, Tattwa, Hellsehen, Astralwellen, Berlin 1959; Guido Huber, Übersinnliche Gaben; Charlotte Deinert, Rund um die Grenzwissenschaften; Charles Leadbeater, Hellsehen, Leipzig o. J.; A. Winterstein, Telepathie und Hellsehen, Wien 1948; Ralph Spencer, Jeder kann hellsehen, Büdingen 1952; Heinz Schlötermann, Vom Hellsehen, Schlehdorf 1951; Anton Neuhäusler, Telepathie, Hellsehen, Präkognition, Bern 1957; Douval, Telepathie, Freiburg 1957.

Helmont, Jan Baptist van, 1577– 1644; bedeutender Kabbalist und Alchemist; Verfechter der Vereinigung von naturalistischen und mystischen Rosenkreuzern; entdeckte auch die Existenz der Gase. — W.: Die Morgenröthe d. i. 5 herrliche und geheimnißvolle Receptbücher zum leibl. Wohl der Menschheit usw., Sulzbach 1683 (Neudruck Stuttgart ca. 1840). Sein Sohn Merkur van H. brachte die Monadentheorie aus der Kabbalah in die Wissenschaft und weihte Leibnitz in die Kabbalah ein; seine Monaden sind gleich denen von Leibnitz und den Emanationen der Kabbalah beseelt.

Henkelkreuzmann (Ps.) = Heinrich ↗ Tränker.

Henoch (auch: Enoch, Enos) der Urgroßvater Noahs, der nach 1. Mos. 5, 20 ff. ein Alter von 365 J. erreichte, und „nachdem er ein göttlich Leben geführt, nahm ihn Gott hinweg und ward nicht mehr gesehen". An diese eigenartige Bezeichnung des Hinwegnehmens von der Erde schließen sich die jüd. Legenden zahlreiche Deutungen und Erzählungen an. Danach hat H. vor seiner Himmelfahrt auf 2 Steinen, die die „Säulen Henochs" genannt werden, die Grundelemente der Religion und des Wissens eingemeißelt. Nach der esoterischen Deutung war H. keine Person, sondern ist die Personifikation der Menschheit, die durch die Religion und das Wissen zum Bewußtsein der Unsterblichkeit emporgehoben wird. Daneben gibt es noch ein apokryphes, apokalyptisches Buch H., welches von den Offenbarungen erzählt, die H. bei seinen Wanderungen durch Himmel und Erde und in seinem Verkehr mit den Engeln erhalten hat und die den ganzen Verlauf der Weltgeschichte bis zur Vollendung aller Dinge und zur endlichen Erfüllung der dem Volke Gottes gegebenen Weissagungen verkündigen. Bei der Abfassung dieses Buches H. ist ohne Zweifel das Buch Daniel zum Vorbild genommen worden; es scheint um ca. 110 vZ entstanden zu sein. Bis auf wenige griech. Bruchstücke existiert nur ein äthiopischer Text; aber auch die äthiopische Übersetzung stammt aus dem Griechischen, während die eigentliche Vorlage hebr. oder aramäisch gewesen sein wird. Der schottische Afrikareisende James Bruce (* 14. 12. 1730, † 27. 4. 1794) fand bei einer Reise durch Ägypten 1769—1773 3 Kopien des Buches H., das bis dahin nur dem Namen nach bekannt war. Die Bücher waren in der Geezsprache abgefaßt und konnten zunächst nicht übersetzt werden. Bruce gab 1 Exemplar an die National-Bibliothek in Paris, 1 Exemplar an die Bodleanische Bibliothek in Oxford und das 3. Exemplar behielt er für sich. Inzwischen sollen weitere Kopien in Rußland, Serbien usw. gefunden worden sein. In den Hochgraden der FM wird teils H. als Mann angesehen, dem Gott seinen wahren Namen enthüllte. Als H. starb, blieb dieser Name in einem unterirdischen Gewölbe, wo er nach dem Verlust des wahren Meisterwortes wiedergefunden wird; so im Royal-Arch-Grad im 13.° des AASR. — An sich sind in der Bibel 2 Henochs erwähnt: der Sohn des Kain, der 3. Nachkomme Adams, — und H., der 6. Nachkomme Adams aus Seth; manche Bibelgelehrte nehmen an, daß die 2 Genealogien in 1. Mos. nur 2 Versionen derselben Sache sind. — Nach Court de Gebelin soll das Buch H. die Urquelle der Kabbalah und in Form der Tarot-Karten überliefert worden sein. — Lit.: Goldschmidt, Das Buch Henoch, aus dem Äthiopischen in die ursprüngliche hebr. Abfassungssprache zurückübersetzt, Berlin 1892; Dillmann, Das Buch Henoch, Leipzig 1853; Eliphas Lévi, Der Schlüssel zu den großen Mysterien, Weilheim 1966.

Henochische Sprache. Geheimnisvolle Eingeweihtensprache, für die weder Wörterbuch noch Grammatik existieren. Dr. John ↗ Dee soll diese Sprache benutzt haben. — 1904 gab Aleister ↗ Crowley „The Book of Goetia of Salomon the King" heraus, in welchem sich henochische Texte in Frakturschrift mit engl. Zwischenzeilen befinden. — Die Henochische Sprache dürfte ein Produkt des Unterbewußtseins sein, ähnlich der sogen. Marssprache des Schweizer Mediums Helen Smith.

Heptagramm, von (griech.) epta = 7 + grammein = schreiben, zeichnen; das Siebeneck.

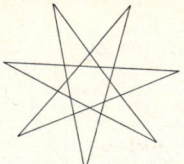

Heptagramm (Siebeneck)

Herakles (auch: Herkules), ein mythischer Held in der griech. Legende, aber auch von den Römern übernommen und als Gott der physischen Stärke verehrt; Sohn des Zeus (Jupiter). Ursprünglich wahrscheinlich ein alter griech. Sonnengott, dessen Kult von dem die Apollon verdrängt und allmählich aufgesogen wurde. Wie alle Sonnengötter zeigt sich H. als tapferer Held, welcher die dem Lichte feindlichen Gewalten der Finsternis und die Mächte des Gewitters siegreich bekämpft. Er wird überhaupt zum Abwehrer allen Übels, zum Beschützer der Wanderer und zum heilkräftigen Heros und Herrn der Heilquellen. Nach älterer Darstellung macht sich, sobald er nach dem Siege Ruhe hat, seine gewaltige Kraft auch im Genusse derselben geltend. Er ist dann ein gewaltiger Esser (ganze Rinder verschlingend) und Trinker, unerschöpflich aber, wie die befruchtende Kraft der Sonne, im Liebesgenuß. Die 12 allegorischen Arbeiten des H. sind (symbolisch) Gegenstand des ↗ Nuctemeron des Apollonius de Tyana; später wurde das Thema auch von Charles Waldemar bearbeitet. — Lit.: Charles Waldemar, Der Schlüssel der Urkraft; Eliphas Lévi, Dogma und Ritual der Hohen Magie, München 1927, Bd. 2, S. 299.

Hermaphrodite (griech.), Zusammensetzung aus Hermes + Aphrodite; Sohn des Hermes (Merkur) und der Aphrodite (Venus); ein menschlicher Körper mit den Merkmalen von Mann und Frau; gleichzeitig Mann und Frau, Tier und Mensch.

Hermeneutik, von (griech.) ermeneutis = Übersetzer; üblicherweise von Hermes abgeleitet, als dem Gott der Kunstfertigkeit, Wissenschaften, Sprache und Literatur; die Auslegungskunst. — Lit.: E. Betti, Die Hermeneutik als allgemeine Methodik der Geisteswissenschaften, 1962.

Hermes (griech.), der Bote der Götter; eine Gottheit mit wechselnden Eigenschaften; Sohn des Zeus (Jupiter) und der Maia, geboren auf dem Berg Cyllene in Arkadien. Der römische Merkur wurde später mit H. identifiziert. — Lit.: Schuré. Die großen Eingeweihten; Rudolf Steiner, Wendepunkte in der Geistesgeschichte.

Hermes Trismegistos (griech.) = der dreifach größte Hermes; ein Name des ägyptischen Gottes Thoth oder Thot, dem im 2. Jh. vZ rd. 42 Werke in griech. Sprache zugeschrieben werden. Bei den Ägyptern war H. T. „der zweifach Größte". Nach diesem H. T. ist die hermetische Philosophie benannt. Die Kirchenväter sprechen auch viel von Thoth-Hermes (↗ Hermetik). Schon im 14. Jh. wird H. T. im sogen. Cooke-Manuskript mit der FM in Verbindung gebracht. Danach findet H. T. nach der Sintflut die eine der beiden Säulen, Pythagoras später die andere, in welche vor dem großen Wasser Lamechs Söhne alles Wissen eingegraben hatten. — Da zufällig in den Hochgraden der FM der Vorsitzende einer Perfektionsloge Dreifach Mächtiger Meister heißt, nennen sich solche Logen zuweilen H. T. — Lit.: Des Hermes Trismegistos wahrer alter Naturweg oder Geheimnis, wie die große Universaltinktur zu bereiten, 1782; Eliphas Lévi, Schlüssel zu den Großen Mysterien, Weilheim 1966.

Hermetik. Die Lehren und Schriften, die auf ↗ Hermes als dem Gott der Weisheit der Alten zurückgeführt werden. Obwohl größtenteils gefälscht, wurden die hermetischen Schriften von Augustinus, Lactantius, Cyril und anderen hoch gepriesen. Die hermetischen und trismegistischen Bücher, was als dafür ausgegeben wird, sind rein pantheistisch.

hermetisch = auf ↗ Hermes oder die ↗ Hermetik bezogen; häufig auch im Sinne von esoterisch und okkult gebraucht.

Hermetische Bruderschaft des Lichts (oder: von Luxor), Abk. H. B. of L., teils auch als Hindu-Bruderschaft von Luxor gedeutet; 1885 in Chikago/USA gegründeter esoterischer Orden mit rosenkreuzerischem Charakter, dem die Theosophen der Gründerzeit nahestanden. Lennhoff/Posner (Freimaurer-Lexikon) bemerken, daß ↗ Reuß 1906 den Orientalischen Templerorden (↗ OTO) als Nachfolgeorganisation der H. B. of L. bezeichnete. Die H. B. of L. wird mehrfach in den Schriften von H. P. Blavatsky erwähnt.

Hermetische FM. Eine Form der FM, die im Ggs. zur landläufigen (d. h. mehr profanen) FM die esoterische Seite in den Vordergrund stellt, wie der Ritus ↗ Memphis-Misraim und die Deutsche Großloge Le ↗ Droit Humain. ↗ Hermes, ↗ Hermetik.

Hermetische Kette

Hermetische Kette. Nach Dr. von Purucker bei den alten Griechen die Kette lebender Wesen, deren eines Ende die Gottheiten in ihren verschiedenen Graden oder Stufen göttl. Autorität und Tätigkeit umfaßte, während sich ihr anderes Ende abwärts über niedrigere Götter, Heroen und Weise bis zu den gewöhnlichen Menschen erstreckte, und selbst zu den untermenschlichen Wesen.

Hermetischer Orden der ↗ Goldenen Dämmerung.

Hermetismus, Eliphas Lévi unterscheidet 3 okkulte wissenschaftl. Systeme: die ↗ Kabbalah, die ↗ Magie und den Hermetismus. H. ist die Wissenschaft von der Natur, die die Welt des Altertums in ihren Hieroglyphen und Symbolen angedeutet hat. Es ist das Suchen nach dem Lebensprinzip mit dem Traume (für die, die noch nicht am Ziele angelangt sind), das große Werk zu vollenden, das Streben des Menschen danach, das göttl. Feuer der Natur, das die Wesen erzeugt und wiederherstellt, selbst erzeugen zu können. — Auch der Aspekt des Okkultismus, wie er in den ägyptischen Hermestempeln gelehrt wurde. — Ferner der theoretisch-philosophische Teil der mittelalterlichen Alchemie.

Herren der Flamme (Sk.: ↗ Agnishwattas). Die große Hierarchie geistiger Wesen, die das Sonnensystem lenken; sie überwachten die Evolution der Menschheit auf diesem Plane vor etwa 18 Mio. J., mitten im Zeitalter der ↗ Lemurischen und 3. Wurzelrasse.

Herrschaften (lat.: Dominationes; griech.: Kyriotetes), im Okkultismus (nach Rudolf Steiner) die Geister der Weisheit. ↗ Hierarchie.

Herschel, ein anderer Name für Uranus, benannt nach dem Entdecker dieses Planeten; der Name H. ist vorwiegend in England gebräuchlich. — Friedrich Wilhelm H. benutzte für seine Entdeckung ein selbstgebasteltes Fernrohr.

Herz-Chakra (↗ Chakra), namentlich in der Anthroposophie das wichtigste Chakra für die prakt. Übungen. In den Kommentaren des Buddhismus wie nach der allgemeinen buddhistischen Überlieferung gilt das Herz als der Sitz des Bewußtseins; in den kanonischen Texten jedoch (selbst im ↗ Abhidhamma) wird, wie Shwe Zan Aung im „Compendium of Philosophy" nachgewiesen hat, dem Bewußtsein kein bestimmtes physisches Organ zugewiesen.

Hesse, Hermann, * 1877 Calw, † 1962; einer der bedeutendsten Dichter der Gegenwart, dessen Schriften von höchster Lebensweisheit einen esoterischen Geist atmen. — W.: Glasperlenspiel; Klingsors letzter Sommer; Siddharta.

Hesekiel (hebr.) = „Gott wird stärken"; ein hebr. Prophet, Verfasser des Buches H. (AT); * ca. 620 vZ, † 572 vZ; wurde 597 vZ als Gefangener nach Babylon gebracht und beendete seine Prophetentätigkeit 594 vZ. Das Buch H. stellt in vieler Hinsicht den Schlüssel zum Verständnis des AT dar; hier finden sich in Kap. 33—48 zuerst die Weissagungen vom messianischen Reich und die Vorstellungen vom Neuen Jerusalem. Das Buch H. spielt daher im Christentum, in der Hochgrad-FM und in der Esoterik allgemein eine wichtige Rolle. — Lit.: Eliphas Lévi, Les Mystères de la Kabbale ou l'Harmonie occulte des deux Testaments, Paris 1920 (posthum); R. Smend, Der Prophet Ezechiel erklärt, Leipzig 1880; C. Cornill, Das Buch des Propheten, Leipzig 1886.

heuristisch, von (griech.) heuristikein = entdecken; h. = auf das Entdecken neuer Erkenntnisse gerichtet. Um in der Wissenschaft zu neuen Resultaten zu kommen, geht man von einer h., d. h. mehr oder weniger willkürlichen Annahme aus, um danach die gesuchte Bestätigung oder den Beweis zu finden.

Heuschrecke. Ein Symbol in der FM nach der Lehrart der Großen Landesloge; in der Ordensliteratur wird die H. durchweg als Symbol der Wandlung gedeutet. Nach der neueren vergleichenden Symbolforschung ist diese Deutung falsch; die H. stellt unter den Elementen das Luft dar. Die Heuschrecke erscheint zuerst auf dem Teppich des 5. Grades und dann auf dem alten, heute nicht mehr gebräuchlichen Teppich des 9. Grades. Die Deutungen der Großen Landesloge wandeln sich von Grad zu Grad. Im 5. Grad heißt es: „Das Heupferd und der ↗ Schmetterling zeugen von der Mannigfaltigkeit und Pracht und dem Reichtum der Geschöpfe in Ansehung der Formbewegung und Kräfte." Im 8. Grad wird auf „die Veränderung des Bundes (Fall und Aufrichtung)" hingewiesen und die geheime Bedeutung „für später" angekündigt. Im 9. Grad heißt es dann: „Die H. deutet auf die Plagen des Leibes, denen der Mensch unterworfen ist, im allgemeinen auf Schmerzen, Elend, Hinfälligkeit des Menschen, der als Staub verwesen muß, weil er demselben durch den Fall verfallen und weil dadurch die vergängliche Materie Gewalt über ihn erhalten sollte." ↗ Elemente.

Hexagramm (griech.) Sechseck; auch Davidsstern, Magen Davids, Schlüssel Salomos bezeichnet; ebenso wie das ↗ Pentagramm ist das H. ein magisches Symbol, das in der FM, Alchemie, Kabbalah usw. eine große Rolle spielt. In der Alchemie symbolisiert es das

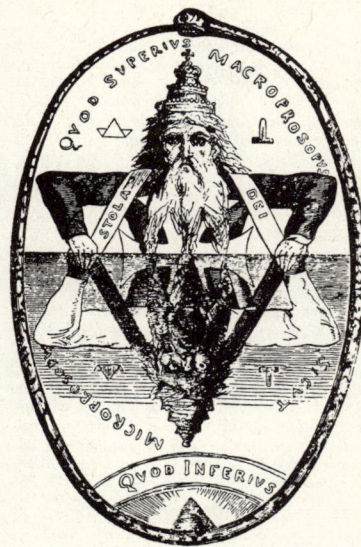

Symbolische Darstellung des Hexagramms
von Eliphas Lévi

Chaos, das aus der Vereinigung von Feuer und Wasser entsteht. Obwohl das H. das Symbol des Judentums ist und auch in der Flagge Israels erscheint, so war es doch schon vor den Juden, z. B. in Skandinavien z. Zt. der Steinzeit und auch in Ägypten und Indien bekannt. Bei den Griechen wurde das H. zuweilen als Hexalpha bezeichnet, weil man mit einiger Phantasie aus dem Zeichen in 6 Stellungen den griech. Buchstaben Alpha herauslesen kann. Im Siegel der Theosophischen Gesellschaften (↗ Emblem) symbolisiert das H. den Makrokosmos, die ineinander verflochtenen Trinitäten des Geistes und der Materie. — Lit.: Dr. Rudolf Engler, Die Sonne als Symbol, Zürich; Ernst Bindel, Die geistigen Grundlagen der Zahlen.

Hexagramm-Ritual, ähnlich dem ↗ Pentagramm-Ritual ein Anrufungs- und Bannungsritual der zeremoniellen Magie. Ob das H. auf Überlieferung beruht, ist ungewiß und zweifelhaft; veröffentlicht ist es nur in Peregregius' „Tattwa, Hellsehen, Astralwallen", Berlin 1959. Das ganze Ritual besteht im wesentlichen darin, daß man mit der Schwertspitze die beiden Dreiecke des Hexagramms nachzieht, wobei je nach Übungszweck eine bestimmte Reihenfolge und Richtung einzuhalten ist. Zum Abschluß spricht man:

Inri, Jod, Nun, Resch, Jod,
Virgo, Isis, Mächtige Mutter,
Skorpio, Apophis, Zerstörer,
Sol, Osiris, erschlagen und wiederauferstanden!
Isis, Apophis, Osiris, I, A, O.
Igne natura renovatur integra,
Igne natura renovando integrat,
Igne nitrum roris invenitur,
Intra nobis regnum Iao,
Jesus nazarenus rex judeorum!
Bed. der letzten 5 Zeilen ↗ INRI.

Hexateuch (griech.) = „aus 6 Teilen bestehend"; Bez. für die 5 Bücher Moses (= Pentateuch) nebst dem Buche Josua.

Hexen, von (althochdeutsch) hagazussa, verkürzt hâzus, hâzis, hâzissa (mittelhochdeutsch) hecse, hexse, hesse, eine Zusammenziehung, in welcher „hag" = Rodung, Feld und Flur, der Rest „die Schädigende" bedeutet; H. also = „die den Hag Schädigende". Nach anderen sind unter H. (von hag + disen oder idisen, hagedissen) Waldfrauen, Waldgöttinnen zu verstehen, die am nächsten den Walküren verwandt sind. Die Grundlagen des Hexentums stammen aus dem germanischen Altertum. Mit dem Emporkommen des Christentums wuchs wie der Glaube an die H., so auch die Verfolgung derselben. Die Kirchenväter verwiesen die alten heidnischen Götter als wirklich bestehende Wesen in das Reich der Dämonen. Den ersten H. der christl. Ära, so 1230—40 in Trier, wurde von der mönchischen Phantasie vorgeworfen, sich in Kröten verwandelt zu haben. Die Hexenverbrennungen gehen auf die Bulle Papst Innozenz VIII. „Summis desiderantes" vom 3. 12. 1484 zurück. In Würzburg wurden u. a. Kinder von 4 bis 12 J., die Bürgermeisterin, ein Student, 3 Chorherren, 14 Domvikare wegen Hexerei und Zauberei auf Betreiben der Kirche hingerichtet. Bei den Heiden waren jedoch die H. als „weise Frauen" bekannt, bis dann die Kirche das Gesetz Mose übernahm, welches jede H. oder Zauberin zum Tode verdammte. Das engl. Wort für H. = witch kommt sprachlich aus wicce = wissen. — Lit.: Soldan, Geschichte der Hexenprozesse, Stuttgart 1843; Haas, Die Hexenprozesse, Tübingen 1865; Gerald B.

Gardner, Ursprung und Wirklichkeit der Hexen; Johann Kruse, Hexen unter uns?, Hamburg 1951; Herbert Auhofer, Aberglaube und Hexenwahn, Freiburg 1960; Friedrich Barnheim, Erotik und Hexenwahn, Stuttgart 1962; Egon von Petersdorff, Dämonen, Hexen, Spiritisten, Wiesbaden 1960.

Hexen-Einmaleins. Das geheimnisvolle H. in Goethes Faust hat viele Deuter beschäftigt, doch ist bisher keine wirklich annehmbare Erklärung bekannt geworden. Prof. M. Diersche versuchte in Reclams Universum (Heft 47/1939) den Nachweis zu bringen, daß es sich beim H. um eine Anleitung zur Bildung magischer Quadrate handle. Rudolf Steiner erwähnt in „Rätsel in Goethes Faust" das H. überhaupt nicht. — Lit.: Alfred Schmidt, Das Hexeneinmaleins, Düben 1925; Hanseatisches Logenblatt No. 10/1961 (Juni), S. 362—365.

Hierarchie (griech.), eigentlich die Herrschaft der Heiligen, bedeutet ursprünglich soviel wie Priesterherrschaft, wobei es gleichgültig ist, ob die Priester unter einem Oberhaupt oder unter mehreren stehen. Bei den Israeliten gab es verschiedene Priesterklassen, von denen jede ihren Vorsteher hatte und deren gemeinsames Oberhaupt der Hohepriester war. Innerhalb der christl. Kirche begegnen uns erst seit dem 2. Jh. die Anfänge der Vorstellung von einem christl. Priestertum, welches die Fortsetzung des alttestamentlichen sei. Nach älterer Anschauung sollten alle, welche die Priesterweihe empfangen hatten, einander gleich sein, und die Bischöfe waren nur primi inter pares, nur dem Range, Einfluß und der Ordnung nach, nicht aber nach der Qualifikation höher als die übrige Geistlichkeit. Aber bereits im 4. Jh. fing man an, mehrere besondere Weihen oder Ordinationen einzuführen und namentlich eine besondere Weihe für Bischöfe; dadurch erhoben sich die Bischöfe immer mehr zu Herren des untergeordneten Klerus. Über die Bischöfe erhoben sich wieder die Metropoliten und über diese die Patriarchen. Die kath. Kirche bez. daher mit H. die Stufenfolge der Geistlichkeit. Von hier ist der Begriff dann in manche okkulten Organisationen (z. B. Adyar-TG) und sogar in einige FM-Organisationen übernommen worden, wo trotz der Parolen von der sogen. Brüderlichkeit zunächst einmal die H. gilt; indes gründet sich in diesen Fällen die H. mehr auf ↗ Anciennität, Lebensalter und Lautstärke als auf wirkliche Kenntnisse oder Fähigkeiten. — Nach den Lehren der ↗ Anthroposophie baut sich über der astralen Welt, welche sozusagen das übersinnliche Widerspiel der irdischen Welt ist, noch eine Welt der H. auf. Die Zusammenstellung der Hierarchien, wenn auch mit eingedeutschten Namen, ist offensichtlich der Lit. über die ↗ Gold- und Rosenkreuzer des 18 Jh. entnommen:

Rosenkreuzer	**Rudolf Steiner**
1. Engel/Angeloi	1. Söhne des Zwielichts oder des Lebens
2. Erzengel/Archangeloi	2. Feuergeister
	3. „Urbeginne", Geister der Persönlichkeit
3. Mächte/Exousiai	4. Geister der Form
4. Fürstentümer/Archai	5. Geister der Bewegung
5. Herrschaften/Kyriotetes	6. Geister der Weisheit
6. Throne/Thronoi	7. Geister des Willens
7. Cherubim	8. Geister der Harmonien (Luftgeister)
8. Seraphim	9. Seraphim (Wärmegeister)

Die Erhöhung der klassischen 8 H. auf die magische Zahl 9 wurde von Steiner aus dem Buch von H. Jennings, „Die Rosenkreuzer", Bd. II, S. 145, übernommen. Die Grundidee ist aber auch identisch mit der Theorie der ↗ Sieben Strahlen von Ernest Wood und Alice Bailey. Mit den von Steiner angegebenen Namen werden gleichzeitig die Aufgaben, denen diese Geister zu dienen haben, angedeutet. Jede Wesenheit hat ihre eigene Abteilung und wird von ähnlich gearteten Geisterdienern unterstützt. Im Mittelpunkt dieser ganzen Geisterwelt herrscht aber der Sonnengeist Christus, und um ihn halten Widerpart 2 böse Gewalten, Luzifer und Ahriman, der eine mehr die Verkörperung der Verstandesmenschen, des kalten Zweifels und Unglaubens (d. h. der Nicht-Anthroposophen), der andere mehr die materialistische und dem Sinnlichen zugewandte Seelenverfassung personifizierend. Dr. Steiner hat alle 3 Gestalten auch künstlerisch auszugestalten versucht. — Nach Alice Bailey versteht man unter H. eine Gruppe geistiger Wesen auf den inneren Ebenen des Sonnensystems; sie sind die Intelligenzkräfte der Natur und überwachen den Gang der Evolutionen. Sie sind in 12 Hierarchien unterteilt. Innerhalb des planetarischen, also des Erdsystems, besteht ein Spiegelbild dieser H., die von den Okkultisten die „okkulte H." genannt wird. Diese H. besteht wiederum aus Chohans, Adepten und Eingeweihten; sie arbeitet durch ihre Jünger und dadurch in der Welt. — Dionysius Areopagita benannte 3x3 Wesenheiten, die im Seelen- und Geisterland weben und wirken und als H. fungieren. — Nach den Lehren des ↗ AMORC ist die H. eine Gruppe von ↗ Meistern, die eine relative Vollkommenheit erlangt haben und welche die unsichtbare Regierung der Welt bilden. Sie unterstehen Christus und helfen ihm, sein Werk auszuführen. Jedes AMORC-Mitglied kann bei Erlangung des höchsten Grades „an der Arbeit der H., d. h. an der Weltregierung" teilnehmen.

Hierodulen, geweihte Mägde; Tempelprostituierte bei den alten Griechen.

Hieroglyphen, von (griech.) ieros = heilig + gliphe = in Stein geritzter Buchstabe; die Bilderschrift der alten Ägypter. Die H. wurden erst 1882 (teilweise) entziffert durch den Fund des Steins von Rosette, welcher mehrsprachig war.

Hierophant (griech.) = „einer, der heilige Dinge erklärt"; in den griech. Mysterien der Enthüller der heiligen Lehren und Chef der Eingeweihten. Ein Titel, der den höchsten Adepten der Tempel des Altertums beigelegt wurde, welche die Lehrer und Erklärer der Mysterien und die Einweiher in die letzten großen Mysterien waren. Der H. vertrat den ↗ Demiurgos und erklärte den ↗ Postulanten der ↗ Einweihung die verschiedenen Phänomene der Schöpfung. Er war der einzige Ausleger der esoterischen Geheimnisse und Doktrinen; ihm war es verboten, schon seinen Namen vor einer nichteingeweihten Person auszusprechen. Sein Platz war im Osten; als Symbol seiner Autorität trug er eine Kugel, die von seinem Hals hing. Zuweilen wurde er auch Mystagogus genannt.

Hilarion (griech./lat.), von hilarius/hilarios = fröhlich, glücklich; der heil. H., * ca. 300 nZ, † 371 Cypern, ein Einsiedler in Palestina, führte das Klosterwesen in Palestina ein. — In der Adyar-Theosophie einer der ↗ Meister der TG, welcher u. a. die Briefe an Olcott und Mabel Collins schrieb, letzterer auch das Buch „Licht auf den Weg" diktierte. Nach Anni Be-

sant (Die Meister, Düsseldorf 1912) in einer früheren Inkarnation Jamblichus der Neo-Platonischen Schule. Bei Alice Bailey der Chohan des 5. Strahles. — H. ist auch das Ps. für K. O. Schmidt als Verkünder der „Religion des Flammenden Herzens", die keinen Gott, sondern nur einen Innengott, das Selbst oder Höhere Selbst kennt; es ist die Religion der Neugeistbewegung und des sogen. Wassermannzeitalters. — W.: Bücher des Flammenden Herzens; Sonne um Mitternacht; Das Licht der Seele; Die unsichtbare Kirche; Der Gott in dir; Die großen Liebenden; Das Erwachen der Seele.

Himavat (Sk.) = der Schneewanderer; der personifizierte Himalaya; Vater des Ganges; ↗ Bô-Yin-Râ nahm die Bez. in den Untertitel (Licht vom H.) seiner Schrift „Das Buch der königl. Kunst", München 1920.

Himmelsrichtungen. Im Okkultismus haben die H. zuweilen eine symbolische Bedeutung:

Norden	=	Wasser
Nordosten	=	Berge
Osten	=	Blitz
Südosten	=	Wind
Süden	=	Feuer
Südwesten	=	Erde
Westen	=	Wolken
Nordwesten	=	Luft

Grundsätzlich ist der Osten die Vorzugsrichtung, aus welcher das Licht kommt oder erwartet wird. In den alten ägyptischen Tempeln war die Vorzugsrichtung Westen, so daß das Licht aus dem Osten besser einfallen konnte.

Himmel und Hölle. Die allen Religionen lehrten, daß der sogen. Himmel in Stufen und Grade zunehmender Seligkeit und Reinheit, und die sogen. Hölle in Stufen oder Grade verstärkter Reinigung oder vermehrter Leiden zerfällt. Jede Wesenheit strebt nach ihrem Tode zu der ihr angemessenen Sphäre. In der theos. Lit. wird die Himmelswelt zuweilen ↗ Devachan genannt, wo ebenfalls viele Stufen unterschieden werden. — H. und H. ist ferner der deutsche Titel von ↗ Swedenborgs wichtigstem Werk (lat.: De coelo et ejus mirabilibus et de inferno ex auditis et visis).

Hindi. Eine der 7 neuindischen Sprachen, heute die Amtssprache Indiens und Pflichtfach in den Schulen. Die Lit. in Hindi beginnt bereits im 12. Jh.; das in Europa bekannteste Hindiwerk ist der „Prem Sâgar" (= Ozean der Liebe), eine Bearbeitung des 10. Teils des Bhagavat-Purana, der die Abenteuer des jungen Krishna beschreibt.

Hindu, von (pers.) hind = Indien; in weitester Bedeutung der Name für die eingeborene, nicht-europäische Bevölkerung Vorderindiens, ohne Rücksicht auf ihre Abstammung, sofern sie der brahmanischen Religion angehören. — Im engeren Sinne, und richtiger, versteht man darunter nur den Teil der Bevölkerung, der in vorhistorischer Zeit von Nordwesten her in das Flußgebiet des Ganges eingewandert ist, sich von dort aus nach Süden ausgedehnt und zugleich auch das eigentliche indische Kulturelement zur Entwicklung und Verbreitung gebracht hat.

Hinduismus, die 3. Phase der brahmanischen Religion, welche auf die vedische Religion und den Brahmanismus folgt und charakterisiert wird durch die Ausbildung der Gottheiten Shiva (Siva) und Vishnu und einen aus dem unpersönlichen Brahman entwickelten Gott Brahman (⌐ Brahma). Der H. ist die Religion der Inder, wie sie in den großen Epen, dem Mahabharata und Ramajana, sowie in den Puranas entgegentritt und in ihren Hauptzügen bis heute in Indien die herrschende Rolle spielt. Indes hat dabei Brahman seine Bedeutung verloren; die beiden anderen Götter werden entweder zusammen und gleichmäßig verehrt oder, was das häufigste und ältere ist, einer von ihnen als höchster Gott, Vishnu, namentlich in seiner Gestalt als Krishna. Im Dekhan werden beide Götter unter dem Namen Harihara (= Vishnu-Shiva) zu einem Gott zusammengefaßt und bilden dort eine der beliebtesten göttl. Persönlichkeiten. In der Adyar-Theosophie ist dem H. eine völlig andere Deutung untergeschoben worden, die zwar esoterisch interessant ist, aber nicht im geringsten der indischen Wirklichkeit und dem dortigen Volksempfinden entspricht. — Lit.: Helmut von Glasenapp, Die 5 Weltreligionen, 1963; F. Melzer, Indien greift nach uns, Stuttgart 1962; Klaus Klostermaier, Der Hinduismus, Köln 1967.

Hiob (oder Job), ein Buch des AT, das nach Form und Inhalt zu den interessantesten Überresten der jüd. Lit. gehört. Es ist kein Geschichtsbuch, sondern ein Lehrgedicht in Form eines Zwiegespräches. Das Buch erörtert die Frage, ob die Erfüllung des Gesetzes durch irdische Glücksgüter belohnt, die Übertretung aber durch irdische Strafen und Verluste gesühnt werde. — Lit.: Budde, Beiträge zur Kritik des Buches Hiob, Bonn 1876; Studer, Das Buch Hiob, Bremen 1881; Bickell, Die Dichtungen der Hebräer, Innsbruck 1882; Alice Bailey, Occultism in the Book of Job.

Hiram Abif, nach der (echten) Luther-Übersetzung in 2. Chr. 2, 12 der Name des Baumeisters, der König Salomo beim Tempelbau unterstützte; in den heutigen Ausgaben der Luther-Bibel mit „Huram, meinen Meister" umschrieben. Luther betrachtet also H. A. als Eigennamen und übersetzte ihn nicht; spätere Bibel-Verbesserer lasen aus Abif = „meinen Meister", was mit der hebr. Grammatik unvereinbar ist, es sei denn, daß man das „f" (hebr. vau) außer acht läßt und als Schreib- oder Druckfehler betrachtet. Richtig wäre die neuere Deutung, wenn man das vau als Konjunktion betrachtet und dafür „und" übersetzt; diese Ausdeutung käme dem hebr. Sprachgebrauch in der Bibel noch am nächsten. Interessant ist, daß in England die Coverdale-Bibel (1535), die Matthews-Bibel (1537) und die Taverner-Bibel (1539) ebenfalls wie Luther (1534) H. A. schreiben. Erst als kurz danach Heinrich VIII. und Königin Mary sich wieder unter die Herrschaft der kath. Kirche stellten, wurden die besagten Bibeln eingezogen, so daß sie heute zu den größten Raritäten zählen. In der ersten danach erschienenen neuen Bibel (1551) heißt es schon „Hiram his father", d. h. so wie in der heutigen Luther-Bibel. Da nun in den engl. FM-Ritualen von Anfang stets H. A. stand (und noch steht), folgern manche Forscher, daß die Hiram-Legende zwischen 1534 und 1539 entstanden sein muß. — Nach Captain George Smits, Inspektor der kgl. Militärschule zu Wolwich, soll Hiram die Abk. für (lat.) Hugo Igne Raptus Altrocissimo Molay, d. h. der Deckname für den letzten Großmeister, de Molay, der Tempelherren sein.

Hiramlegende, die im Mittelpunkt des 3. Grades der FM stehende klassische Legende um den Baumeister ⌐ Hiram Abif; während die Person und ihr Name biblischen Ursprungs ist, muß die frm. Legende anderen Ursprungs sein. Ragon („Orthodoxie maçonnique", Paris 1853) hält die H. für eine jüd. Fabel aus dem Talmud, Dr. Oliver („Freemason's Treasury", 1863) nennt als Quelle die jüd. Targums und verweist auf ein diesbezgl. Manuskript von 1715, welches sich in der Universitäts-Bibliothek von Cambridge befindet. Die H. weist bei den einzelnen frmr. Systemen einige Unterschiede auf, und außerdem wird bei manchen Systemen das Ende der Legende verkürzt; im letzteren Fall folgt dann eine Art Fortsetzung in den Hochgraden, so beim ⌐ AASR und in der Großen Landesloge. Von der H. gibt es auch profane, d. h. nicht-maurerische Fassungen, so die von Heindel und Lagutt (siehe nachf. unter Lit.). In den Ritualen der Großen

Landesloge heißt Hiram Abif fälschlicherweise Adoniram; dieser ist in der Bibel jedoch nicht der Baumeister des Tempels, sondern König Davids Rentmeister. — Lit.: Prof. Hans Wolff, Das esoterische Weltbild, Landsberg 1950; Jan K. Lagutt, Der Grundstein der Freimaurerei, Zürich 1958; Max Heindel, Freimaurerei und Katholizismus, Darmstadt 1965; Alec Mellor, Logen, Rituale, Hochgrade, Graz 1967; Gérard de Nerval, Histoire de la Reine du Matin et de Soliman, Paris 1952; Rudolf Klodwig, Mythologie und Symbolik, Lorch 1933; Alex Horne, The bible and the hiramic traditions, in: Zeitschrift „New Age", Washington, 12/1960.

Hismael (hebr.) = der Verkünder Gottes; in der Kabbalah und Magie der Dämon des Jupiter.

historische Einweihung, in der FM die Bez. für die Aufnahme eines Kandidaten, ohne ihn der üblichen Zeremonie zu unterwerfen; das Recht zur h. E. haben nur die Großmeister und Großkommandeure und auch nur insoweit es die Konstitutionen der Obödienzen vorsehen. Esoterisch ist die h. E. völlig wertlos, da sie nur der Beitrittserklärung zu einem Verein entspricht, jedoch nicht den Einweihungseffekt (↗ Vitalstase) hervorruft. Die h. E. wird daher nicht von den esoterisch orientierten Logen, sondern allenfalls von der landläufigen FM praktiziert.

Hitzebrand. Dialektischer Ausdruck im ↗ Lectorium Rosicrucianum für Chakra-Erregung.

Hl., bei Bibelzitaten Abk. für das Buch Hohes Lied (AT).

Hochgrade, in der FM diejenigen Grade, die über den 3. Grad (Meistergrad) hinausgehen; bei der Großen Landesloge weiterführende oder Erkenntnisstufen genannt. Da das esoterische Lehrgut der H. strikt geheimgehalten wird, unterscheiden sich in den Augen eines Nichteingeweihten, der nur die Äußerlichkeiten sehen kann, fast gar nicht von den 3 Graden der landläufigen FM; zum anderen gibt es auch Hochgradinhaber, die den Sinn der H. nicht begriffen haben, sondern sich mehr in Eitelkeit der „höheren" Grade gefallen. Diese beiden Ursachen, die Unkenntnis der Außenstehenden und die mangelhafte Qualifikation mancher Hochgradinhaber, haben hauptsächlich dazu geführt, daß die H. weit verbreiteter Angriffe innerhalb der FM ausgesetzt sind. Die trivialste Behauptung besteht zunächst darin, „daß der Lehrinhalt der FM in den 3 Grundgraden völlig enthalten sei." Indes können „ein paar rudimentäre Lektionen in Baukunst, ein paar allgemein anerkannte Grundsätze der

Moral, ein paar belanglose Überlieferungen, deren wirkliche Bedeutung unbekannt ist oder mißverstanden wird" den ernsthaften Sucher nicht befriedigen; (so: Albert Pike in „Moral and Dogma of the A. A. S. R.", Charleston 1871). Die Möglichkeit, über den trivialen Rahmen hinaus weitere Forschungen anzustellen und tiefere Erkenntnisse zu erlangen, bieten die H. Allerdings erfordert eine erfolgreiche Betätigung in den H., ähnlich wie das Universitätsstudium, gewisse geistige Voraussetzungen und ein echtes Interesse an geistiger Arbeit. Die 3 Grade der Grundlogen lassen für den nachdenklichen Freimaurer eine Vielzahl von Fragen völlig offen, die bei den überlieferten Legenden beginnen und bei den großen Fragen des Lebens aufhören; die verschiedenen Hochgradsysteme knüpfen hier an und bieten jeweils ein in sich geschlossenes philosophisches System. Solche vollständigen Hochgradsysteme stellen der ↗ AASR, der ↗ Droit Humain und die Erkenntnisstufen der ↗ Großen Landesloge dar. AASR und Droit Humain umfassen 33 Grade, während die Große Landesloge 10 Grade zählt. Da die Grade in der FM immer einen fließenden Übergang haben, lassen sich beide Systeme durchaus gleichsetzen, wenn auch die äußerlichen Formen verschieden sind. Während den 3 Grundgraden die symbolische Idee „Kind-Erwachsener-Alter" des einzelnen Menschen zugrunde liegt, ist es bei den Hochgraden die Aufeinanderfolge der philosophischen Entwicklungsstufen der ganzen Menschheit. Dieses Schema ist in nachstehender Tabelle dargestellt. Symbolik und Geist der jeweiligen H. entsprechen genau dieser Einteilung. Die Inhaber von H. nehmen im allgemeinen innerhalb der FM keinen höheren Rang ein als die einfachen Freimaurer der Grade 1—3; da die H. in völlig getrennten Logen arbeiten und gewöhnlich überhaupt nicht bekannt ist, wer in den Hochgradlogen Mitglied ist, besteht keine nennenswerte Gefahr der Überschneidung. So liegen den Angriffen auf die H. auch niemals konkrete Vorwürfe, sondern nur allgemeine Redensarten („unkompensierte Komplexe") zugrunde. — Lit.: Walter Teufel, Ursprung, Geschichte und Konstitutionen des Alten und Angenommenen Schottischen Ritus und Friedrich II., Saarbrücken 1968; Wilhelm Bürger, Vom Wege des Freimaurers in der Großen Landesloge, Bad Harzburg 1960; Pierre Mariel, **Die wahren Söhne des Lichts,** Zürich 1963; Alec Mellor, Logen, Rituale, Hochgrade, Graz 1967; Dr. Heinrich Lachmann, Geschichte und Gebräuche der maurerischen Hochgrade und Hochgradsysteme, Braunschweig 1866; Dr. G.

Grade AASR	Gemeinsame symbolische Grundlagen	Grade GLL
1— 3	a) das Zeitalter des Heidentums bis zum Bau des Tempels Salomo	1—3
4—14	b) Zeitalter des Judentums und Hoffnung auf den Messias	4+5
15—18	c) Entstehung und Blütezeit des Christentums	6
19—27	d) das Zeitalter der Rittertugenden bis zum Tode von Jakob de Molay	7+8
28—30	e) das Zeitalter der Philosophie und der Aufklärung — Zusammenfassung der gesamten Ordenslehre	9
31—33	f) Ehrenstufe und Verwaltungsgrade — Abschluß der Ordenslehre	10

Gegenüberstellung der gemeinsamen Merkmale im AASR (einschl. Droit Humain) und in der Großen Landesloge

A. Schiffmann, Die Entstehung der Rittergrade in der FM um die Mitte des 18. Jh., Leipzig 1882; Arthur Brown, The fourth gospel and the 18th degree, London 1956; James Fairnbairn Smith, The Rise of the Ecossais degrees, Dayton/Ohio 1965; J. S. M. Ward, The higher degrees handbook, London o. J.; Walton Hannah, Christian by degrees, London 1954; Paul Naudon, Histoire et rituels des hauts grades maçonniques, Paris 1966.

Hochmah (hebr.), andere Schreibung für ↗ Chochmah.

hochpolen, Phantasiewort für „steigern", welches mit „Pol" oder „Polarität" nichts zu tun hat; das Wort kommt nur in schlecht redigierten Schriften vor.

Hod (hebr.) = Pracht, Fülle; im Sohar der Kabbalah die 8. ↗ Sephiroth, eine feminine Kraft.

Hodgson, Richard, Mitarbeiter der Society of Psychic Research in London, welcher die Untersuchungen über H. P. ↗ Blavatsky führte und zu einem völlig negativen Ergebnis kam. Der Bericht ist abgedruckt in der Proceedings of the S. P. R., London, Band 3, 1885.

Höhere Dreiheit. Nach Dr. von Purucker das unvergängliche, höhergeistige Ich, als Einheit betrachtet. Es ist der sich wiederverkörpernde Teil der menschl. Natur, der sich selbst in jedem Erdenleben in eine neue Persönlichkeit oder niedere Vierheit kleidet. Sie ist die Vereinigung von Atman, Buddhi und dem höheren

Manas. Dagegen besteht die niedere Vierheit aus dem niederen Manas oder Kama-Manas, aus Prana oder Lebenskraft, aus dem Lingasharira oder astralen Modellkörper und aus dem physischen Träger oder Körper. ↗ Prinzipien des Menschen.

Höheres Ego oder Buddhi-Manas ↗ Prinzipien des Menschen.

Hohlweltlehre, -theorie. Theorie, nach der die Erde oder die Welt nicht als Kugelkörper von außen, sondern von innen betrachtet wird. — Lit.: Joachim Hermann, Das falsche Weltbild, Stuttgart 1962; J. Lang, Welt, Mensch und Gott, Frankfurt o. J.; Louis Pauwels, Aufbruch ins 3. Jahrtausend, Stuttgart 1962, S. 357.

Hokma, andere Schreibung für ↗ Chochmah. ↗ Sephiroth.

Hölle, von (germ.) hel = die halbschwarze Unterweltgöttin der Germanen, die nur die Seelen der an Krankheit und Alter Verstorbenen aufnahm; die Helden kamen nach Walhall. — Der Begriff der heidn. H. wurde später von den Kirchenvätern einfach übernommen. Tertullian (150 nZ) hat dann die H. in der grausigsten Weise ausgemalt. ↗ Himmel und H.

Homunkulus, von (lat.) homuncio = kleiner, zierlicher Mensch; in Goethes Faust ein auf chem. Wege erzeugter Mensch, nach der Schrift des Paracelsus „De generatione ratione rerum naturalium", worin eine ausführliche Anleitung zur chem. Erzeugung des H. gegeben wird. ↗ Golem.

Honorius, von (lat.) honor = Ruhm, Ruf; Name verschiedener Päpste, von denen H. I. wegen seiner Haltung in der Frage, ob Jesus eine Person oder zwei Personen waren, auf dem ökumen. Konzil 680 als Ketzer verdammt wurde. Ihm wird zugeschrieben das „Livre des Conjurations du Pape Honorius", Rom 1670 (Neuausgabe o. J., Paris ca. 1960). ↗ Leo, Papst.

Horeb, Berg, von (hebr.) horb = Berg v. Araba; der Berg Araba; nach 5. Mos. 1, 6; 4, 10 u. 15; 5, 2; 18, 16; 29, 1 (ferner Mal. 4, 4) der Berg in der Wüste Sinai, auf dem Moses die 10 Gebote verkündete. In den übrigen Büchern des Pentateuch „Berg Sinai" genannt.

Horoskop, von (griech.) ora = Stunde und skopein = Ansicht, also die „Stundenansicht"; das Wort H. hat an sich 3 Bedeutungen: 1. H. oder Stundenseher hießen bei den alten Ägyp-

Sinne der Genius der Geburt, d. h. der Gott, unter dessen Schutz jeder aufgrund seiner Geburt lebt. Um zu erfahren, ob ein bestimmter Tag für ein wichtiges Unternehmen oder einen bedeutenden Lebensabschnitt einer Person günstig oder ungünstig sei, ist die ↗ Konstellation dieses Tages festzustellen und aus derselben zu ermitteln, in welchem „Hause" der Genius der Geburt sich befindet, und in welcher Weise ihn die Aspekte der anderen Planeten günstig oder nachteilig beeinflussen. Hat der Astrologe das H. entworfen, so beurteilt er seine Beschaffenheit danach, in welchem Tierkreiszeichen und im Grenzgebiet welches Herrschers (Planeten) es liegt; ferner in welchem Zeichen und welcher Umgebung der Herrscher des Zeichens selbst steht, ob derselbe durch günstige Gestirne beeinflußt wird, oder ob mit ihm feindliche Sterne zusammentreffen und zusammenwirken. 3. H. hat Ebles auch ein von ihm beschriebenes Meß-

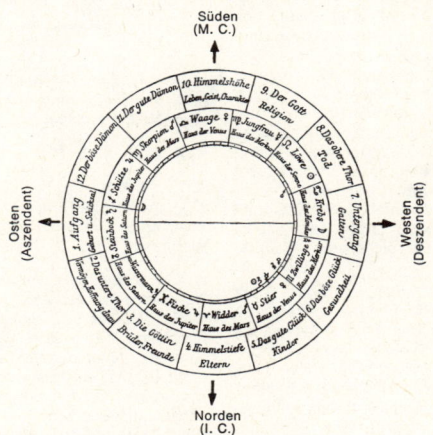

Süden
(M. C.)

Osten (Aszendent)

Westen (Deszendent)

Norden
(I. C.)

Musterhoroskop für den 6. 5. 1882 Potsdam
(9.50 Uhr abends)

tern diejenigen Priester, welchen die Beobachtung der Gestirne oblag. Sie mußten zu jeder Zeit den Stand derselben wissen und hatten dem König den Anbruch des Tages und die für den bevorstehenden Tag günstigen Stunden anzuzeigen. 2. Später bezeichnete H. denjenigen Punkt der Ekliptik, welcher gerade im Augenblick eines bestimmten Ereignisses aufgegangen war. Bezog sich dies auf eine Geburt, so wurde es die Nativität genannt. In diesem Punkt befindet sich im astrologischen

gerät genannt, mit welchem man die Zeit bis auf die $\frac{1}{2}$ Minute genau bestimmen kann. — Wenn ein H. überhaupt einen Sinn haben soll, müssen bei seiner Aufstellung und Ausarbeitung bekannt sein: Geburtsort, Geburtstag, -monat, -jahr und -stunde. Hinsichtlich der Geburtszeit muß ferner bekannt sein, ob es sich um die Normalzeit (z. B. Mitteleuropäische Zeit), um Ortszeit (= Sonnenzeit) oder evtl. um eine Sommerzeit handelt. Bei älteren Daten muß ggf. auch das Datum des gregoriani-

199

schen Kalenders umgerechnet werden. Horoskope, wie sie in der Tagespresse für alle Menschen eines Tierkreiszeichens erscheinen, sind völlig wertlos. Man unterscheidet Jahres-, Monats- und Tageshoroskope; alle diese H. bauen auf einem einzigen Punkt auf, der durch die Rückkehr der Sonne, des Mondes und der Geburtsstunde gekennzeichnet ist. Sie sollen die Ereignisse eines Jahres, Monats bzw. Tages wiedergeben. Das sogen. Wurzel-, Grund- oder Radix-H. stellt ein feststehendes Gebilde dar, welches man nur ein einziges Mal für jeden Menschen anzufertigen braucht. Es zeigt jedoch nur die Charaktereigenschaften an, die der Geborene mit auf den Weg bekam. Die weitere Entwicklung zeigt das Radix-H. also nicht; eine solche ist vielmehr aus den sich fortbewegenden Planeten gegenüber dem im Radix feststehenden Planeten zu ermitteln. Die Zeichnung des H. zeigt gewöhnlich eine Kreisform mit dem Tierkreis und wie sich die Planeten darin verteilen. Derjenige Tierkreisgrad, der im Augenblick der Geburt im Süden des Geburtsortes stand, liegt im Horoskopschema oben und wird Himmelsmitte (abgekürzt: M. C. = medium coelum) genannt; die anderen Richtungen ergeben sich dann von selbst (siehe Abb.). Auf der südlichen Halbkugel laufen die Tierkreiszeichen übrigens statt links rechts herum. Durch die Verbindungslinie zwischen Osten und Westen (im H.: ↗ Aszendent und ↗ Deszendent) ergibt sich eine Vierteilung, die sogen. Quadranten; jeder Quadrant wird noch in weitere 3 Felder, die sogen. ↗ Häuser geteilt. – Lit.: siehe unter ↗ Astrologie.

Horst, Georg Conrad, Anfang des 19. Jh. Großherzoglich-Hessischer Kirchenrat; Verfasser einer Reihe magischer und okkulter Werke, die auch heute noch von Sammlern gesucht sind. – W.: Dämonologie, Frankfurt 1818 (2 Bde.); Mysteriosophie, Frankfurt 1817; Zauber-Bibliothek oder von Zauberei, Theurgie und Mantik, Zauberern, Hexen und Hexenprozessen, Dämonen, Gespenstern und Geistererscheinungen, Mainz 1821–26 (6 Bde.); Theurgie, Mainz 1820 (Vorabdruck aus dem Hauptwerk); Von der alten und neuen Magie, Mainz 1820 (2. Vorabdruck aus dem Hauptwerk); Deuteroskopie, Frankfurt 1830 (2 Bde.).

Horus (ägypt.), bei den Griech. ↗ Harpokrates genannt; der letzte in der Linie der göttl. Herrscher in Ägypten, Sohn von Osiris und Isis. Er ist der große vom Himmel geliebte Gott, der von der Sonne Geliebte, der Sprößling der Götter. Zur Zeit der Wintersonnenwende wurde sein Ebenbild in Form eines

Horus

kleinen neugeborenen Kindes vom Heiligtum nach draußen gebracht, um von der ehrfürchtigen Menge angebetet zu werden.

H. P. B., Abk. für H. P. ↗ Blavatsky.

H. T. S. T. K. S., im ↗ Mark-Grad der FM die Abk. für (engl.) Hiram of Tyre sent to King Solomon = der zu König Salomo gesandte Hiram von Tyrus. ↗ Hiram-Legende.

H. T. W. S. S. T. K. S., im Mark-Grad der engl. Royal-Arch-FM die Abk. für (engl.) Hiram of Tyre, a widows son, sent to King Solomon = Hiram von Tyrus, einer Witwe Sohn, gesandt zu König Salomo; nach einer anderen Deutung: He that was slain soars to kindred spirits = Der Erschlagene erhebt sich zu den verwandten Geistern.

Hübbe-Schleiden, Dr. Wilhelm, * 20. 10. 1846 Hamburg, † 17. 5. 1916; studierte Volkswirtschaft und Recht, 1869 Rechtsanwalt in Hamburg, wurde während des Kriegs 1870/71 dem deutschen Konsulat in London zugeteilt, bereiste darauf Westeuropa und lebte 1875–77 in Westafrika, wo er ein eigenes Handelshaus gründete. Seine hier gemachten Erfahrungen veröffentliche er unter dem Titel „Ethiopien" (Hamburg 1879); mit diesem Titel meinte er jedoch nicht das heutige Äthiopien, sondern den seinerzeit noch unbekannten Teil Afrikas. Danach Steuersekretär in Hamburg. Interessiert sich für die neue Theosophie und wirbt ab

1884 Mitglieder für eine deutsche TG. Ab 1886 gibt er die theosophische Zeitschrift „Sphinx" heraus, die sich mit Mystik, Philosophie und indischer Religionswissenschaft befaßt. Im Juli 1884 hatte er H. P. Blavatsky und Oberst Olcott bei der Familie Gebhardt in Elberfeld getroffen, wo am 23.7.1884 die erste deutsche TG-Loge „Germania" gegründet wurde. Geht 1894/95 nach Indien, um die Meistergeschichten zu prüfen, kommt aber ohne Ergebnis zurück. Als 1902 ein deutscher Zweig der Adyar-TG gegr. wird, schlägt er Rudolf Steiner als Generalsekretär vor, der das Amt bis zur Trennung von Annie Besant i. J. 1913 innehält. Ließ sich zu diesem Zeitpunkt von Annie Besant überreden, seinen guten Namen für die Sache des ↗ „Ordens vom Stern des Ostens" hinzugeben und die Adyar-TG in Deutschland neu zu gründen. Zu Hübbe-Schleidens Mitarbeitern (in der „Sphinx") gehörten u. a.

Dr. Hübbe-Schleiden

Carl du Prel, Karl Kiesewetter, Dr. Franz Hartmann. — W.: Ethiopien, Hamburg 1879; Überseeische Politik, Hamburg 1881—83 (2 Bde.); Deutsche Kolonisation, Hamburg 1881; Motive zu einer überseeischen Politik Deutschlands, Hamburg 1881; Weltwirtschaft und die sie treibende Kraft, Hamburg 1882; Kolonisationspolitik und Kolonisationstechnik, Hamburg 1882; Das Dasein als Lust, Leid und Liebe, Braunschweig 1891; Das Suchen des Meisters, Lorch o. J.; Dissertation „Über das Erwachen des Rechtsbewußtseins". — Lit.: Carl Unger, Wider literarisches Freibeutertum! Eine Abfertigung des Herrn Hübbe-Schleiden, Berlin 1913; E. v. Gumppenberg, Offener Brief an Herrn Dr. Hübbe-Schleiden als Erwiderung auf seine „Botschaft des Friedens", Leipzig 1913; Th. von Reden, Dr. Hübbe-Schleiden's „Denkschrift" unbefangen betrachtet, Berlin 1913.

Hufeland, Dr. Christoph Wilhelm, 1762–1836, Arzt in Berlin, Freimaurer, Okkultist; schrieb über okkulte Medizin: „Wenn man bedenkt, was der Lebensdunst frisch geschlachteter Tiere auf gelähmte Glieder, was das Auflegen lebendiger Tiere auf schmerzhafte Übel vermag, so scheint diese Methode nicht ganz verwerflich zu sein." — W.: Makrobiotik, oder die Kunst, das menschl. Leben zu verlängern. Jena 1796 und Hamburg 1967.

Huizen, Städtchen in Holland, eines der internationalen Zentren der Adyar-TG, jährlich Treffpunkt des Exekutiv-Ausschusses der Adyar-TG; in H. befindet sich auch eine der Hauptkirchen „St. Michael und Aller Engel" der ↗ Liberal-Katholischen Kirche.

Humanitas, Universaler Freimaurer-Orden H.; eine der Großlogen der FM in der Bundesrepublik Deutschland; nimmt Männer und Frauen als gleichberechtigte Mitglieder auf; gegr. 25. 10. 1959 in Frankfurt und hervorgegangen aus der FM-Loge „Goethe", die bis dahin zum ↗ „Droit Humain" gehörte. In der Folge schlossen sich noch Logen in Darmstadt, Dortmund, München, Wien und Saarbrücken an. Das Wort „Universal" wird in dem Sinne gebraucht, daß die Mitgliedschaft sich auf beide Geschlechter erstreckt ohne Rücksicht auf Stand, Rasse, Nationalität, Religionsbekenntnis und politische Meinung. Der Orden H. ist Mitglied im übernationalen Verband ↗ Catena. Die frmr. Arbeiten beschränken sich auf die 3 ersten Grade (Johannisgrade); Hochgrade werden jedoch in organisatorisch getrennten, besonderen Logen bearbeitet, welche dem System des ↗ AASR folgen. — Lit.: J. N. J. Schmidt, Wurzeln der Freimaurerischen Gemeinschaft, Zürich 1961.

Humanität, als besonderer Begriff („Humanitas") von jenen Römern geprägt, die die griech. Kultur dem Römertum eingliedern wollten. Cicero definierte die H. als Bildung, die ihn über tierische Roheit erhebt und das Leben zum Nährboden von Herzensfreundlichkeit und Menschenliebe macht. Das Wort H. (und humanistisch) ist vorwiegend vom Humanismus der Renaissance und dessen Nachfolgern, mit besonderer Betonung der Bildung, in den deutschen Sprachgebrauch eingeführt worden. — In der FM wird ebenfalls von H. gesprochen, jedoch in der verschiedensten Bedeutung und meist ohne einen bestimmten Sinn; dem Leser oder Hörer bleibt es daher überlassen, sich darunter etwas Passendes vorzustellen. Sehr oft verbirgt sich hinter dem Gerede von der H. nur die völlige Unwissenheit vom eigentlichen Wesen der FM, wenn man bedenkt, daß sich rein humanitäre Ziele viel besser mit ganz profanen Mitteln und ohne den großen Aufwand an Ritualien und Geheimnissen verwirklichen ließen. So ist in der FM der ständige Streit zwischen Esoterikern und „Humanisten" mehr ein Streit zwischen Wissen und Unwissen. Bei der häufig erhobenen Forderung nach H. bleibt fast immer die Frage offen, für wen eigentlich H. gefordert wird: für sich selbst, für andere und in welcher Hinsicht? Sehr treffend erklärte die Große Landesloge (in: „Im Ordensstammhause der Großen Landesloge", Berlin 1935): „Wir jedenfalls weisen jeden Humanitätsdusel in jeglicher Form und unter jeglichem Namen weit von uns, nicht etwa, weil es unerreichbare Ideale, sondern weil es überhaupt keine erstrebenswerten Ideale sind." Bei Goethe zum anderen ist Humanus die Verkörperung des höchsten Zustandes der echten Menschentums, wenn er sagt: „Humanus heißt der Heilige, der Weise, der beste Mann, den ich mit Augen sah." (Die Geheimnisse, Vs. 245 ff.). — Lit.: Prof. Walter A. Berendsohn, Die Idee der Humanität in Vergangenheit und Gegenwart, Hamburg 1961; Friedrich Heer, Offener Humanismus, Stuttgart 1964.

Hund, Karl Gotthelf Reichsfreiherr von H. und Altengrottkau, * 1722, † 8. 11. 1776 Meiningen. Wurde anläßlich der Kaiserkrönung Karls VII. in Frankfurt/M. 1741 in die FM aufgenommen und leitete 1743 eine Loge. Sein ganzes Leben widmete er der FM und opferte der von ihm gegr. ↗ Strikten Oberservanz alles, Zeit, Geld und Grundbesitz. H. erklärte, 1742 am Hofe des Prätendenten Karl Eduard Stuart in Paris von einem ominösen Ritter „a penna rubra" (lat.: = von der roten Feder) die Weihen als Ritter des alten, in Schottland angeblich fortlebenden Templerordens empfangen zu haben und zum Heermeister der VII. Ordensprovinz (= Deutschland) ernannt worden zu sein. Als Beweis für diese, vielfach als unwahr bezeich-

neten Angaben legte H. später ein sogen. Heermeisterpatent vor, durch das er auf einem bis heute nicht entzifferten chiffrierten Dokument als Heermeister von Deutschland bezeichnet und eingesetzt worden sein sollte. H. begann also kraft des Patentes in Deutschland Logen zu gründen und einen seltsamen Templerritus einzuführen. Die Mitglieder seiner Logen nannten sich Ritter und gaben sich klingende Namen. Namentlich bei den Hamburger und Berliner Kaufleuten, die bürgerlicher Herkunft waren und keine Titel führten, hatten die Logen der Strikten Observanz großen Zuspruch, da die selbstgemachten Rittertitel nach Adel klangen. Die berühmte Hamburger Loge „Absalom zu den 3 Nesseln" und die Berliner Großloge „Zu den 3 Weltkugeln" gerieten für viele Jahre völlig unter die Herrschaft der Hundschen Tempelherren und sonnten sich im Glanz der falschen Rittertitel. H. selbst nannte sich vornehm „Carolus eques ab ense" (lat.: = Karl Ritter vom Degen). — Lit.: Anti-Saint-Nicaise, Leipzig 1786 (dort: SS. 29–63); Friedrich Bülau, Geheime Geschichten und rätselhafte Menschen (viele Ausgaben, auch Reclam); Dr. Eugen Sierke, Schwärmer und Schwindler zu Ende des 18. Jh., Leipzig 1874; Runkel, Geschichte der Freimaurerei; C. C. F. W. von Nettelbladt, Geschichte freimaurerischer Systeme in England, Frankreich und Deutschland, Berlin 1879; Friedrich Ludwig Schröder, Materialien zur Geschichte der Freimaurerei, Hamburg 1815.

Hundertjähriger Kalender, geschrieben von 1652 bis 1658 von dem Abt des Klosters Langheim, Mauritius Knauer; gedruckte Ausgaben sind erst seit 1701 bekannt, aber fast alle Drucke sind falsch oder ungenau. Die Ausgabe von 1701 geht auf den Erfurter Arzt Hellwig zurück, der eine Abschrift in die Hand bekam und diese ungenau und völlig verstümmelt drucken ließ. Der Erfolg des H. K., der angeblich das Wetter und andere Dinge für 100 J. im voraus angibt, beruht gerade auf der sträflichen Verkürzung und bedenkenlosen Verflachung des Originals in der damit verbundenen Spekulation auf menschliche Leichtgläubigkeit und vor allem auf dem eindrucksvollen Titel. Bei Knauer hieß der Titel „Oeconomicum practicum perpetuum" (lat.: = beständiger Hauskalender). Obwohl die Vorlage nur für 7 J. galt, machte Hellwig daraus einen H. K. Die Staatsbibliothek München hat eine große Sammlung sehr verschiedener älterer Ausgaben; die Originalhandschrift Knauers (Signatur R. B. Msc. 165) sowie 4 weitere Handschriften befinden sich in der Staatsbibliothek

Bamberg. — Knauer hatte sich einen Plan gemacht, um zu erkennen, auf welche Verhältnisse die Planeten einen Einfluß hätten. Seine Aufzeichnungen beginnen mit dem Marsjahr 1652 und enden 1658. Der Text ist teils lat., teils deutsch, aber die Handschrift von mehreren Schreibern. — Lit.: Dr. Ernst Heimeran, Echter Hundertjähr. Kalender, München 1937.

Huter, Carl, 1861-1912; Charakterdeuter und Verfasser von mehreren diesbezüglichen Werken. — W.: Illustriertes Handbuch der praktischen Menschenkenntnis, Schwaig 1952; Menschenkenntnis durch Körper-, Lebens-, Seelen- und Gesichtsausdruckskunde, Schwaig 1957; Physiognomik des Ohres, Schwaig 1951; Eine neue Psychologie und Lebenslehre, Zürich 1945; Jesus und sein Gestirn, Stuttgart 1962; Weissagungen über die Menschheitszukunft bis zum Jahre 2000, Stuttgart 1962; Der Einzelne und sein Schicksal, Stuttgart 1962.

Hüter der Schwelle. Nach der ⚹ Arkan-Schule die Persönlichkeit oder das niedere Selbst; die Gesamtsumme aller schlechten Gedanken und falschen Begierden, welche das Gesetz der Bruderschaft übertreten haben, seit Menschen sich auf den Stufen der Evolution befinden. Bei Rudolf Steiner, der den Begr. ebenfalls gebraucht, nicht deutlich definiert. — Lit.: Rudolf Steiner, Wie erlangt man Erkenntnisse der höheren Welten?, Stuttgart 1961.

Hutten, D. Dr. Kurt, Leiter der Zentralstelle für Weltanschauungsfragen der evang.-luth. Kirche in Stuttgart, Herausgeber des „Materialdienstes", eines Längsschnittes durch die geistigen Strömungen und Fragen der Gegenwart. — W.: Was glauben die Sekten?, Stuttgart 1965; Seher, Grübler, Enthusiasten, Stuttgart 1967; Die Glaubenswelt des Sektierers, Stuttgart 1957; Sind die Zeugen Jehovahs „ernste Bibelforscher"?; Hängt unser Heil am Samstag?; (mit von Kortzfleisch) Seelenwanderung, Hoffnung oder Alptraum der Menschen?, Stuttgart.

Huxley, Aldous Leonhard, 1894-1963; engl. Schriftsteller, Enkel von T. H. Huxley; 1946-48 erster Generaldirektor der UNESCO; wurde in Okkultistenkreisen bekannt durch seine Versuche mit Meskalin. — W.: Die Pforten der Wahrnehmung, München 1964; Himmel und Hölle; Literatur und Wissenschaft.

Huxley, Thomas Henry, 1825-1895, engl. Biologe; prägte 1869 den Ausdruck „agnostics" (engl. = ⚹ Agnostiker).

H. W. D. S. T. T. K. S., in manchen engl. Mark-Logen die Abk. für (engl.) Hiram, Wis Doir (?),

send this to King Solomon = Hiram, Sohn einer Witwe, sende dies Stück an König Salomo.

Hypnogoger Zustand, Zustand vor dem Einschlafen, halb wach, halb eingeschlafen.

Hypnose, von (griech.) hypnos = Schlaf; das Wort wurde von dem engl. Arzt Dr. J. Braid 1841 in Manchester geprägt, als er Zeuge von Experimenten des franz. Magnetiseurs Lafontaine war. Durch eigene Experimente kam Dr. Braid dann bald darauf, daß Versuchspersonen in einen „hypnotischen" Schlaf geraten, wenn man sie auf eine Glaskugel starren läßt. H. ist damit ein durch Fixieren, Wortsuggestion usw. hervorgerufener Bewußtseinszustand, in dem die Versuchsperson zu andersgearteten als den normalen Leistungen veranlagt ist. Der Zustand ist mit dem Schlafzustand in mancher Hinsicht verwandt. H., die nicht für „positive" Zwecke angewendet wird, wird von den Okkultisten als schwarze Magie verdammt. Sie ist sowohl moralisch als auch physisch die gefährlichste aller Praktiken, da sie auf die Nervenkraft und die Nerven, die die Zirkulation in den Kapillarblutgefäßen kontrollieren, einwirkt. — Lit.: K. Andersen, Hypnose und Suggestion, Lindau o. J.; Desmond Dunne, Die Hypnose, Stuttgart 1960; Ewans Gordon, Die geheimen Mächte der Hypnose und Suggestion, Lindau o. J.; Otto Granzow, Hypnose und Suggestion, Berlin 1949; Kurt Hochreutener, Suggestion und Hypnose ohne Maske, Wien 1949; Rudolf Steiner, Geschichte des Hypnotismus, Spiritismus u. Somnambulismus; Dr. Paul Thorsen, Methodik und Anwendung der Hypnose; H. E. Douval, Magische Phänomene; Melvin Powers, Fortgeschrittene Methoden zum Erlernen der Selbsthypnose; Franz Andreas Völgyesi, Menschen- und Tierhypnose; C. Jones, Hypnose an Mensch und Tier; M. Steven, Praxis der Hypnose; Franz Turni, Die Macht der Einbildung.

Hypnotismus, Lehre und Wissen von der ⚹ Hypnose; der H. studiert die Phänomene, die an bestimmten Personen durch Hypnose hervorgerufen werden. Hypnotiseure unterscheiden sich von Magnetiseuren dadurch, daß sie die Existenz irgendeines „Fluids" strikt ablehnen. — Lit.: siehe unter ⚹ Hypnose.

I

I am (engl.) = „ich bin", unter dieser Bez. laufen verschiedene okkulte Bewegungen (↗ Ich-bin-Lehre); „ich bin" ist genommen aus Off. 1, 8 (Ich bin das A und O, der Anfang und das Ende, spricht Gott der Herr) und in Beziehung gesetzt zu Joh. 1, 1 (Im Anfang war das Wort . . . und Gott war das Wort); somit wäre „ich bin" gleichbedeutend mit „Wort" oder (griech.) „Logos". Dieser Zusammenhang spielt im esoterischen Teil des 18. Grades der FM des ↗ AASR eine gewisse Rolle. Bei Sekten usw. gibt es noch andere Deutungen. — Im Johannes-Evangelium beginnen 7 Verse mit „Ich bin":

1. 6,35 Ich bin das Brot des Lebens
2. 8,12 Ich bin das Licht der Welt
3. 10,7 Ich bin die Tür zu den Schafen
4. 10,11 Ich bin der gute Hirte
5. 11,25 Ich bin die Auferstehung u. das Leben
6. 14,6 Ich bin der Weg und die Wahrheit und das Leben
7. 15,1 Ich bin der rechte Weinstock.

Emblem der engl. I-am-Bewegung

IAO, die phöniz. Urform des hebr. Gottesnamens Jahweh (Jehovah); in einem Ritual der ↗ Goldenen Dämmerung als synthetische Formel des Weltprozesses gedeutet und der Name einer angebeteten Gottheit. Ein Auszug aus diesem Ritual ist abgedruckt bei Dr. Henri Birven, Lebenskunst in Yoga und Magie (Zürich 1953) auf S. 135/136.

Iatrosophie, von (griech.) iatros = Arzt und sophia = Wissen; die geheime Weisheit von Heilung und Heil; metabiologische Heilung

und Selbstheilung; wird auf St. Germain zurückgeführt. — Lit.: Dr. Herbert Fritsche, Iatrosophia, metabiologische Heilung und Selbstheilung, Leipzig 1937.

Iatrische Maurerei, von (griech.) iatrike = Kunst des Heilens: eine Pseudo-FM auf der Grundlage des Magnetismus. Nach ↗ Ragon gibt es eine maurerische Überlieferung, wonach es im Altertum einen Grad vom Orakel von Cos gegeben haben soll, der schon im 18. Jh. vZ gegr. wurde; Cos ist der Geburtsort des Hippokrates. Mackenzie schreibt in der Masonic Encyclopedia, daß die ↗ Hermetische Bruderschaft des Lichts ebenfalls in diesem Sinne tätig war.

I. C., Abk. für (lat.) imum coelum = Himmelstiefe. ↗ Horoskop.

Ich (auch: **Ich-Kern**), nach Rudolf Steiner die „Seele" des Menschen, sein 4. Prinzip (↗ Prinzipien des Menschen), bei Heindel Intellekt genannt, jedoch unterteilt Steiner das Ich in 3 Unterseelen (Empfindungs-, Verstandes- und Bewußtseinsseele), während Heindel 4 Unterteilungen nennt. Das I. ist nach Steiner der Umschaltort für die Entwicklung zum höheren Menschen, der gleichsam eine Umstülpung des niederen Menschen darstellt:

1. Physischer Leib   4. Geistselbst
2. Ätherleib   5. Lebensgeist
3. Astralleib   6. Geistmensch

Ichkern
(als Brücke)

Bei Alice Bailey die Geistige Triade genannt; bei Heindel zuweilen auch als Zwischenglied oder Ego bezeichnet. — Im übrigen Sprachgebrauch ist das I. die Gesamtbezeichnung für die im Individuum ruhenden und seine Eigenart ausmachenden Bewußtseinsinhalte.

Ich, das **Höhere,** ↗ Atma, ↗ Prinzipien des Menschen.

Ich als Seelenkern, ↗ Kama-Rupa, ↗ Prinzipien des Menschen.

Ich-bin-Lehre, der „Weg des ↗ Maharishi"; der eigentliche Urheber dieser Lehre ist jedoch ↗ Kerning. Kern der Lehre ist, den Glauben an eine Gottheit durch den Glauben an das „eigene Selbst" zu ersetzen. Schon in der gelben Mystik des Fernen Ostens heißt es: Aham brahma' smi = Ich bin Brahma, und der Hauptsatz der Vedanta lautet: Tat tvam asi (gesprochen: tatumes) = Das bist du! — Nach der Art der Lehre von Coué müssen entsprechende Sätze und Mantrams endlos wiederholt werden, bis der Übende vom Inhalt restlos überzeugt ist. Dr. Franz Hartmann, der solche Übungen selbst praktiziert hatte, schrieb hierzu in der Zeitschrift „Lotosblüten" (Jg. 1894, S. 77): „Ein gedankenloses, wenn auch stundenlanges Wiederholen der von Kerning angegebenen Übungen wird nichts nützen." und S. 217: „Unsere Erfahrungen in bezug auf die Kerningschen Übungen bestehen darin, daß wir eine Menge Leute kennen, welche diese Übungen jahrelang fortgesetzt haben, und daß wir unter allen diesen noch keinen einzigen gesehen haben, der es zu etwas anderem gebracht hätte, als excentrisch und mediumistisch zu werden." ferner S. 373: „Ich habe die Wirkung dieser Übungen jahrelang an mir selbst und anderen beobachtet und das glückliche Resultat gehabt, daß es mir klar geworden ist, zu was diese Übungen führen. Dies ist die Ursache, weshalb ich sowohl unter den Christian Scientists in Amerika als auch unter den Rosenkreuzern in Europa die bedauerlichsten Folgen von diesen Kerningschen Übungen habe eintreten sehen, von denen Zanksucht, Klatscherei, Eigendünkel und Schwärmerei noch die geringsten sind." — Lit.: Karl Spiesberger, Hermetisches ABC, Freiburg; Brunton, Der Weg nach Innen; Haack, Geheimreligion der Wissenden; Werner Zimmermann, Ich bin; Dr. Henri Birven, Lebenskunst in Yoga und Magie, Zürich 1953.

Ichthys (griech.) = Fisch; ein aus alter Zeit stammendes Christusmonogramm, bestehend aus den Anfangsbuchstaben der griech. Worte Jesus Christos Theu Yios Soter = „Jesus Christos, Gottes Sohn, Heiland", häufig verbildlicht durch einen Fisch, so auch in einem Ex-Libris von Gustav Meyrink. Zeichnungen von Fischen fand man auch in alten Katakomben, in denen Christen untergebracht waren. Immerhin waren einige Jünger Jesu Fischer (z. B. Simon und Andreas, vgl. Matth. 4, 18); Jesus sagte (Matth. 4, 19): „Folget mir nach, ich will euch zu Menschenfischern machen". Auch das Wort Nonne steht mit Fisch in Verbindung, das es im chaldäischen Stamm Fisch bedeutet, und könnte mit der Göttin Venus in Verbindung stehen, der die Fische geweiht waren. Schließlich heißt der Freitag, an dem in der kath. Kirche Fisch gegessen wird, lat. Dies Veneris = Tag der Venus.

Ida (oder Candra oder Soma), in der Yoga-Anatomie des Menschen der linksseitige Kanal in der Sympathikuskette, die sich in Form eines gekrümmten Bogens von unterhalb des linken Nasenloches bis zur linken Niere erstreckt. Nach dieser Theorie atmet der Mensch mit dem linken Nasenloch, wenn der Atem in

Der Fisch als Ichthys-Symbol im Ex-Libris von Gustav Meyrink

die I. gelangt, und mit dem rechten, wenn er in die ↗ Pingala gelangt. — In den Sk.-Wörterbüchern ist I. gewöhnlich mit rechts angegeben.

Idealismus. Philosophische Lehre, nach der alles Wirkliche Idee ist. Auf diesem Grundsatz haben sich sehr verschiedene Bedeutungen des Begr. aufgebaut. Während z. B. der prakt. Idealismus eine von Idealen geleitete Lebenshaltung bezeichnet (im Ggs. zum prakt. Realismus), stellt der theoret. Idealismus erkenntnistheoretisch die Behauptung auf, daß nur Bewußtseinsinhalte wirklich sind und die dingliche Welt das Produkt unseres Vorstellungsvermögens ist. Metaphysisch ist der theoret. Idealismus mit der Annahme, daß nur geistige Prinzipien das Wirkliche sind, dem Spiritualismus verwandt.

Idealismus, magischer, seit ↗ Novalis das krönende Schlußglied des menschlichen Denkens, wie seine Reihe der philosophischen Systeme zeigt: reine Empiriker, transzendente Empiriker, Dogmatiker, transzendente Dogmatiker, Kant, Fichte, magischer Idealismus. Nach Birven ist ein magischer Idealist „ein solcher, der nur noch im Element der Idee lebt." Die bekanntesten Vertreter des m. I. sind neben Novalis ↗ Evola und Birven. — Lit.: Dr. Henri Birven, Lebenskunst in Yoga und Magie, Zürich 1953; Otto Wirz, Das magische Ich, Stuttgart 1929; Dr. Walter Kröner, Die Wiedergeburt des Magischen, Leipzig 1938, Ernst Marcus, Theorie einer natürlichen Magie, München 1924.

Idee. Bild, Begriff, Urbild, Vorstellung; nach Plato das an sich gewisse Prinzip und Regulativ von Wissen und Erkennen, welches ewig, unveränderlich und allgemeingültig ist.

Ideologie (griech.) = Ideenlehre; bei den Franzosen die Wissenschaft, die sie an Stelle der Metaphysik gesetzt haben. Außerdem bez. man mit diesem Wort jedes unfruchtbare systematische Denken und Grübeln, namentlich über politische und soziale Verhältnisse. Napoleon I. nannte seine Gegner Ideologen. Heute meist im Sinne von Weltanschauung mit dialektischem Einschlag (↗ Dialektik) gebraucht.

I. D. S., Abk. für (lat.) In Domine spes = Im Herrn ist die Hoffnung; zuweilen auch fälschlich mit In Deo spes (= in Gott ist die Hoffnung) übersetzt und gedeutet. Die Buchstaben befinden sich auf einem Ring, der dem Inhaber des 7. Grades der FM der Großen Landesloge überreicht und am Mittelfinger der rechten Hand getragen wird. Er ist „das Zeichen des unauflöslichen Bündnisses, welches mit unseres Herrn Jesu Christi heiligen und armen Tempel eingegangen ist".

I. E. V. D. A. B. A. W., Abk. für: In ewiger Verehrung des allmächtigen Baumeisters aller Welten; Motto des ↗ AASR, welches am Kopf aller amtlichen Schriftstücke erscheint. ↗ Baumeister, allmächtiger.

IEWE, besondere Schreibung des heilig. ↗ Tetragrammatons; im allgemeinen ↗ JHVH geschrieben.

I-Ging, das Buch der Wandlungen und der richtigen Handlungen, welches das klassische System der chinesischen Magie enthält. Das ↗ Tao-Teh-King wäre nicht denkbar ohne das IG. — Lit.: Richard Wilhelm, I-Ging, das Buch der Wandlungen, Düsseldorf 1924 und 1960, Zürich 1949; R. D. Jossé, Das I-Ging der Farben; Yüang-Kuang, I-Ging, Praxis chinesischer Weissagung, München 1951; Bill Behm, I-Ging das chinesische Orakelbuch, München 1955.

Ignatius von Loyola (Ps.) = Eneco Lopez de Recalde; * 1491 Loyola/Spanien, † 31. 7. 1556; Stifter des Ordens der Jesuiten. Wurde bei der Belagerung von Pamplona durch die Franzosen 1521 an beiden Beinen schwer verwundet, ließ jedoch nach der Heilung den einen Fuß, der nicht gerade geheilt war, noch einmal brechen. Während der 2. Heilung wurde durch Lesen eines Buches über das Leben Christi aus dem bisherigen Weltmann ein Heiliger. In einer Höhle in Maresa widmete er sich dann einige Zeit asketischen Übungen, als deren Ergebnis er das Buch von den „Geistlichen Übungen" (Rom 1548) schrieb. Mit einigen Landsleuten entwarf er 1534 in Paris den Plan, einen Orden zu stiften, um in Palästina den Ungläubigen zu predigen oder, wenn dies nicht durchführbar sei, sich dem Papst zur Verfügung zu stellen. 1540 erhielten sie die päpstliche Bestätigung.

I. H. S., Abk. für (lat.) in hoc signo (vinces oder victor eris) = in diesem Zeichen (wirst du siegen); die angebliche Vision des Kaisers Konstantin, von der außer Eusebius niemand die Quelle kennt. IHS wird auch mit (lat.) Jesus Hominum Salvator = Jesus der Heiland der Menschen gedeutet. Es ist immerhin bekannt, daß IHS, mit griech. Buchstaben geschrieben, einer der ältesten Namen des Gottes Bacchus war.

I. H. S. V. ↗ I. H. S.

Illuminaten (lat.), die Erleuchteten; im okkulten Sprachgebrauch in sehr verschiedener Bedeutung vorkommend: a) der alte Illuminaten-Orden von Weishaupt, b) der neue Illuminaten-Orden in der heutigen Form und c) die Inhaber der höchsten Grade des ↗ AMORC.

— Den alten Illuminaten-Orden gründete Weishaupt 1776 in Ingolstadt; Ziel desselben war die sittliche Veredlung seiner Zeitgenossen einerseits und der Kampf gegen die Jesuiten andererseits. Da Weishaupt für seinen Orden nur schwer Anhänger gewann, gab er ihn bald für die „echte" FM aus und versuchte, sich ganze FM-Logen zu unterstellen. Ob Weis-

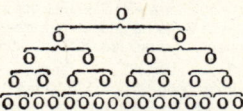

Organisationsschema der Illuminaten

haupts Motive im Prinzip redlich waren, ist noch immer umstritten. Tatsache ist nur, daß mit dem Aufkommen der I. viel Zwietracht und Unruhe entstand und daß sich auch bald die Behörden mit dem Orden befassen mußten. Einen Teil der Akten und Gebräuche des Ordens hatte Knigge ausgearbeitet; auch Goethe gehörte dem Orden unter dem Decknamen „Abaris" an. Die Grade des Ordens waren: 1. Lehrling, 2. Geselle, 3. Meister, 4. Illuminatus major oder Schottischer Novize, 5. Illuminatus dirigens oder Schottischer Ritter, 6. Priestergrad, 7. Regententgrad, 8. Magus und 9. Rex. Zu einer aktiven Arbeit der höheren Grade ist es jedoch nicht mehr gekommen, da Knigge vorher austrat und der Orden am 22. 6. 1784 als staatsfeindlich durch kurfürst-

lichen Erlaß verboten wurde. — Auf Initiative von Theodor Reuß wurde 1906 von Leopold Engel, der die Geschichte des Illuminatenordens geschrieben hatte, ein neuer I. O. gegr. Der Lehrplan und die Organisation des neuen Ordens wurden von Engel geschaffen, nachdem die Behauptung von Reuß, daß in seiner Person „sich die noch übrigen Reste des alten Ordens konzentrierten", sich als falsch herausgestellt hatte und in Wirklichkeit nichts mehr bestand als das, was irgendwelche Antiquare an alter Lit. beschaffen konnten. Nach dem letzten Krieg wurde der I. O. abermals neu gegr. und zwar in Zürich; der neue Orden nennt sich Weltbund der Illuminaten, firmiert aber auch als Ordo Templi Orientis (OTO), Gnostisch-Katholische Kirche, Kompturei Thelema und als Fraternitas Rosicruciana Antiqua. Die führenden Persönlichkeiten waren: Theodor Reuß, Leopold Engel, Franz Hartmann, Rudolf Steiner, Krumm-Heller, Julius Meyer, Dr. Herbert Fritsche, Aleister Crowley, Karl Germer und andere. — I. heißen auch die Inhaber des 10. Tempelgrades beim AMORC. Zwecks Prüfung, ob jemand diesen Grad hat, fragt man: „Setzen Sie etwas hinter Ihren Namen?" — Falls der Befragte mit „ja" antwortet, sagt man: „Gut, ich gebe Ihnen den 1. Buchstaben, geben Sie mir den anderen! — Ich gebe C!" — Der Befragte muß dann mit „F" antworten. — Man fragt weiter: „Gibt es noch einen anderen Buchstaben?", worauf „R" kommen muß. Zusammengesetzt lauten die Buchstaben also: F. R. C. — Lit.: Franz Hartmann, Im Vorhof des Tempels; Hermann Metzger, Erleuchtete?, Zürich 1964; Zeitschrift „Euro Mason", Februar 1967; Zeitschrift „Oriflamme" No. 30—42 (August 1963–1964).

Illusion, von (lat.) illudere = vortäuschen; Falschdeutung von Sinneseindrücken, bei denen im Ggs. zur ↗ Halluzination äußere Erscheinungen gegeben sind, z. B. bei Kindern, die sich vorstellen, eine Lokomotive zu sein. — Im Okkultismus alles, was endlich ist, wie das Universum und alles darin Befindliche, auch ↗ Maya genannt.

Imagination, von (lat.) imago = die Kopie, das Abbild; das Wort I. wurde wohl zuerst von ↗ Coué verwendet und dann von den Theosophen übernommen, aber mehr im Sinne von Einbildung als Vorstellung. Im reinen Okkultismus darf I. nicht mit Phantasie oder Einbildungskraft verwechselt werden, da sie eine der Bildekräfte der höheren Seele ist. — Lit.: H. E. Douval, Imagination als Wegbahnung, Freiburg 1955.

Imhotep. Verschiedene Bedeutungen: 1. In der ägyptischen Mythologie der älteste Sohn von Ptah und Sekhmet, mit welchen er zusammen die memphische Triade bildete. — 2. Ägyptischer Baumeister unter König Djoser aus der 3. Dynastie (ca. 2800—2700 vZ); sein Grab wurde 1967 von Prof. Emery bei Sakkara in der Nähe von Kairo gefunden. — 3. Im ↗ AMORC die interne Bez. für ↗ Amenhotep.

Immanent, im Inneren befindlich, innewohnend; in der Philosophie Kants bezeichnet es das, was im Bereich der Erfahrung bleibt. Ggs.: transzendent. ↗ Immanenz Gottes.

Immanenz Gottes, von (lat.) in = innen und manere = bleiben; die pantheistische Umschreibung, die besagen soll, daß nach dieser Auffassung Gott in allen Formen enthalten ist, die die Bedingungen beherrschen und die Göttlichkeit ausdrücken, sowohl in allen Naturreichen, wie in den menschl. Wesen. Diese Theorie wird von erklärten Pantheisten (Pansophen) wie auch von heimlichen Pantheisten (Anthroposophen, Adyar-TG, AMORC, Arkanschule usw.) verfochten.

Immanuel (Emanuel) = (hebr.) Gott mit uns; Großmeister I. = Ps. für Johannes Maikowski, Gründer und Leiter der Ordensloge Fraternitas Luminis (lat. = Bruderschaft des Lichts), Stadt Allendorf (ca. 1964), früher Fraternitas Saturni, Berlin.

Imperator, von (lat.) imperare = befehlen; bei den Römern der Titel des Oberbefehlshabers der Streitkräfte im Felde; in der 1. Hälfte des 18. Jh. in verschiedenen Schriften die Bez. für die angeblichen höchsten Führer der Rosenkreuzer, z. B. Johann Carl v. Frisau (ca. 1730), Abraham van Brün (zw. 1745—1750), Friedrich Stein (ca. 1725), Tobias Schultze (ca. 1750). — Der Chef des ↗ AMORC nennt sich ebenfalls I.

Inana-Yoga (auch: Gnana, Ihana, Inanam), von Sk. gnan = wissen; in der Bhagavad-Gita ein Kapitel über spezielles Yoga, dem Yoga der Erkenntnis. Es ist eine der jüngeren und klareren Formen des Yoga, welches mehr die theoretische Seite behandelt. Die praktische Seite heißt ↗ Raja-Yoga. — Lit.: Heinrich Jürgens, Inana-Yoga, Freiburg 1954; Swami Vivekananda, Zürich 1949 (3 Bde.).

Index librorum prohibitorum (lat.) = Verzeichnis der (bei der kath. Kirche) verbotenen Bücher; stützt sich auf Sprüche 12, 5—6. — Auf dem Index der kath. Kirche stehen nahezu alle Bücher der FM und des Okkultismus. Zum anderen hat die Große Landesloge 1927 für ihre Mitglieder ebenfalls einen Index derjenigen Schriften herausgegeben, deren Lektüre seitens der Ordensleitung unerwünscht ist. — Lit.: Pius XII. sagt, Frankfurt 1958; Anne Lyon Haight, Verbotene Bücher, Düsseldorf 1956.

Individualität, von (lat.) individuus = unteilbar; in der Theosophie und im Okkultismus allgemein einer der Namen des menschl. Höheren Selbst. Es wird zwischen dem unsterblichen und göttl. Selbst und dem sterbl. menschl. Selbst, welches vergeht, unterschieden. Das letztere, die Persönlichkeit (= persönl. Ego) überlebt den toten Körper nur für eine kurze Zeit im ↗ Kama-Loka; die I. bleibt jedoch ewig erhalten. — Streng genommen sind I. und Monade das gleiche, jedoch haben beide Begriffe ihre Berechtigung wegen des in ihnen enthaltenen Unterschiedes bez. ihrer Verwendung.

Individuation, Begriff bei C. G. Jung, worunter er den „Selbstverwirklichungsprozeß der menschlichen Psyche" versteht; der Prozeß erfolgt danach in 4 Phasen. Friedrich Lekve (Thelemitische Lektionen C1) schreibt darüber: „Die 1. Phase meint die Persona, das seiner selbst unbewußte Wesen hinter der Maske, wie das ja jedes Neugeborene ist. Die 2. Phase ist die ‚archätypische Situation', die Auseinandersetzung mit den Inhalten des kollektiven Unbewußten, mit Göttern und Dämonen, Helden, Heiligen und Hexen im gespenstischen Dämmer archaischen Bereichs, in welchem auch die schöpferischen Kräfte der Erdseele ihren Urgrund haben. Die 3. Phase ist der Aufstieg zum Licht, zunächst zum Licht des realen Ich-Bewußtseins. Dieses rechnet und mißt mit Maß, Gewicht und Verstand diesseitiger Welt, erobert die Welt, wird groß und mächtig nach seinem Sieg über die unterschwellige Dämonen, die es assimilierte – bläht auf zum mächtigen Zauberer, zur Mana-Persönlichkeit. Hier ist die Ende gesetzt, hier ihr Verhängnis, Verhängnis aus engstirniger Beschränkung und Überbetonung des Ich. Das Ich muß sterben, wenn das Selbst geboren werden soll. Das Stirb und Werde beginnt, als Voraussetzung der 4. Phase. Diese meint das Selbst, die Bewußtwerdung des Selbst." Diese Wanderung durch die 4 Phasen ist der Inhalt aller Mysterien, Sinn aller Initiationen. — Lit.: Dr. Henri Birven, Lebenskunst in Yoga und Magie, Zürich 1953.

Induktion, von (lat.) inducere = einführen; in der Logik der Schluß vom Einzelnen und Besonderen auf das Allgemeine. Damit die I. richtig wird, müssen im allgemeinen eine Vielzahl von Einzelfällen zugrunde gelegt werden. Ggs.: ↗ Deduktion.

Induktor (lat.), Leitgegenstand, z. B. die Handschrift für den (hellsehenden) ↗ Psychokopisten.

In hoc signo vinces. Die Devise des amerikan. Templerordens; auch bei der Großen Landesloge gebräuchlich. ↗ I. H. S.

Initiant ↗ Initiierte

Initiation, von (lat.) initium = Anfang, Einführung; die Einweihung in eine Wissenschaft oder in esoterische Mysterien. Die Praxis der I. oder Zulassung zu den heiligen Mysterien, die die Hierophanten oder Hohenpriester in den alten Tempeln lehrten, ist einer der ältesten Bräuche, der in jeder alten Religion bestand. Heute besteht nur noch eine einzige Art der I., nämlich die der FM; hier handelt es sich jedoch nicht um die Vermittlung von Geheimnissen, sondern um die Herbeiführung der ↗ Einweihung, der Vitalstase, der Bewußtseinserweiterung. Bei den alten Mysterien stellte die I. den Übergang vom sterblichen Leben zum endlichen Tod dar. Ein Initiierter ist jemand, der die Einweihung passiert hat, ein zu den Mysterien Zugelassener. — Lit.: Alice Bailey, Initiation — menschliche und solare Einweihung, Lorch 1952; Ing. Martin Erler, Der moderne Mensch und das Ritual, München 1964; Dr. Rudolf Steiner, Wie erlangt man Erkenntnisse der höheren Welten?, Stuttgart 1961; Pierre Mariel, Die wahren Söhne des Lichts, Zürich 1963.

Inkarnation, von (lat.) in = in und caro = Fleisch; wörtl. etwa: Fleischwerdung, Menschwerdung, besonders die Menschwerdung Christi. — Im Spiritismus die Veränderung der Persönlichkeit des Mediums unter dem Einfluß des Geistes, der sich im Medium inkarniert und sich dabei seiner Organe bedient, um zu sprechen und zu handeln. ↗ Reinkarnation.

Innerer Gott. Nach Dr. v. Purucker ist der i. G. im Menschen des Menschen eigene, innere, wesentliche Göttlichkeit, seine Wurzel, aus der im begeisterndem Strome all Inspirationen des Genies, alles Sehnen nach Besserem in den psychologischen Apparat seiner Natur fließen. Das göttl. Feuer, das die universale Natur durchdringt, bildet die Quelle für das individuelle göttl. Feuer, das von des Menschen i. G. kommt. Im Brahmanismus spricht man in diesem Sinne von ihm als dem Brahma in seiner Brahmapura oder Brahmastadt, nämlich der inneren Natur. In manchen Richtungen (z. B. Rosenkreuzer) wird dieser i. G. als der einzig existierende hingestellt.

Innere Sektion (engl.: Inner section), abgekürzt I. S.; die höchste innere Stufe der Adyar-

TG. Die Gründung dieses geheimen Gremiums wurde von W. Q. Judge in einem Brief vom 14. 3. 1890 an H. P. Blavatsky vorgeschlagen, wo Judge u. a. schreibt: „Du solltest eine ‚innere Sektion' haben, von deren Existenz nur diejenigen wissen dürfen, die ihr angehören, und diese sollten mit größter Sorgfalt ausgewählt werden. Sie sollten alle Geheimnisse bewahren und gleichzeitig die einzigen sein, durch welche die übrigen ihre Informationen erhalten." — Lit.: Arthur L. Conger, Practical Occultism, Pasadena 1951, S. 177; The Theosophical Movement 1875—1925, New York 1925.

INRI, die bekannten 4 Buchstaben in Matth. 27, 37, die das Tetragrammaton (JHVH) der Zeit des AT ablösten; sie sind die Abk. für (lat.) Jesus Nazarenus Rex Judaeorum = Jesus von Nazareth König der Juden; angeblich die Überschrift, welche Pontius Pilatus über das Kreuz Jesu setzen ließ. Dieselben Buchstaben waren auch das Erkennungszeichen der ital. Carbonari als Abk. von deren Losung „Justum necare reges Italiae" = es ist recht, die Könige (Fürsten) Italiens zu töten. Die 4 Buchstaben sind später auch von den Rosenkreuzern übernommen worden; auf dem Kreuz ersetzen sie zuweilen die Rosen. Auf den 5 Ebenen der Rosenkreuzer bedeuten die Buchstaben wahlweise:

1) auf der infernalen Ebene (= Hölle): Jesus Nazarenus Resurrexit Incassum = Jesus aus Nazareth ist vergebens auferstanden;
2) auf der materiellen Ebene: Jesus Nazarenus Rex Judaeorum = Jesus aus Nazareth, König der Juden;
3) auf der mentalen Ebene: Igne Natura Renovatur Integra = Durch Feuer wird die Natur erneuert;
4) auf der psychischen Ebene: Intra Nomen Regnum Jehovah = In deinem Namen ist Kraft, Jehovah!;
5) auf der spirituellen Ebene: Ineffabile Nomen Rerum Initium = Unendlich sind die Mysterien des Namens.

Im Ritual der Martinisten erscheinen die vier Buchstaben als Anfangsbuchstaben der Katechismus-Fragen:

Wer bist Du?	Ishe (hebr. ⃗ Mensch)
Woher kommst Du?	aus Nazareth
Wer hat Dich geführt?	Raphael
Wohin gehst Du?	nach Jerusalem (der himmlischen Stadt)

Im Ritual des franz. Ritus der FM wird folgende Deutung gegeben:

Weitere Deutungen der Abkürzung INRI

Bei den Alchemisten: Igne Nitrum Roris Invenitur = Durch Feuer gewinnt man das Salz aus der Flüssigkeit

Bei den Jesuiten (angeblich!): Justum Necare Reges Impios = Es ist gerecht, ketzerische Könige zu töten

Jesuitengegner: Ignatii Nationum Regumque Inimici = Die Jesuiten sind die Feinde der Völker und Könige

Theologie: In Nobis Regnat Jesus = In uns herrscht Jesus

Juden: In Nobis Regnat Jehovah = In uns herrscht Jehovah

Martinisten: Intra Nobis Regnum Jeschuah = In uns herrscht Jeschuah

Bei Crowley: Insit Naturae Regina Isis = In die Natur ist die Königin Isis gestellt

Hebräisch: Iammin (= Wasser) – Nour (= Feuer) – Ruach (= Luft) – Jebuscha (= Erde); also die vier Elemente

Noch andere Deutungen:

Justitia Nunc Reget Imperia = Jetzt wird die Gerechtigkeit die Staaten regieren

Justitia Nobis Regula Immutabilis = Die Gerechtigkeit ist für uns eine unabhängige Norm

In Nomine Rationis Infallibilis = Im Namen der unfehlbaren Vernunft

Insignia Naturae Ratio Illustrat = Die Kennzeichen der Natur klärt die Vernunft auf

Indefesso Nusu (oder Nisu) Repellamus Ignorantiam = Durch unermüdliche Anstrengung wollen wir die Unwissenheit vertreiben

---

Woher stammen Deine Kenntnisse?	aus Indien
Wer hat Dich so gut geführt?	die Natur
Wohin hat sie Dich gebracht?	zur Regeneration (= Wiedergeburt)
Womit hast Du kämpfen müssen?	mit der Ignoranz (= Unwissenheit)

Noch andere Deutungen sind in obenstehender Tafel enthalten.

Inspiration, von (lat.) in = ein und spirare = atmen; in der theologischen Sprache bez. I. eine übernatürliche Einwirkung des göttl. Geistes, wodurch der Mensch göttl. Kundgebungen, Belehrungen usw. teilhaftig wird. Im ganzen heidnischen und jüd. Altertum war man der Auffassung, daß nicht bloß Priester und Priesterinnen, sondern auch Weise, Künstler, Dichter solche göttl. Eingebungen empfingen. – Bei Rudolf Steiner die 3. Stufe bewußter geistiger Entwicklung und der Bewußtseinserhöhung. (Die 1. Stufe ist materielle Erkenntnis, die 2. Stufe imaginative Erkenntnis.)

Installation, von (lat.) in = ein und stallum = Stelle; in der FM die feierliche Einsetzung der neugewählten Beamten einer Loge oder Großloge; teils auch die feierliche Eröffnung einer neuen Loge.

Instinkt, von (lat.) in = ein und stinguere = stechen; Naturtrieb, bei tierischen Wesen jeder bewußtlose und unwillkürliche Antrieb ihrer Tätigkeit. Er äußert sich teils im Begehren oder Vermeiden, teils im Schaffen oder Zerstören. Beim Menschen wird der I. vom Maß seiner geistigen Bildung zurückgedrängt.

I. N. T. A., Abk. für (engl.) International New Thought Association = Internationaler Neugeistverband. ↗ Neugeist.

Integral-Yoga, Ausdruck von Aurobindo († 1950) ohne bestimmte Bedeutung; gemeint ist womöglich, daß es sich nicht um eine der klassischen Yoga-Arten, sondern um eine Mischung aus allen handelt.

Intellekt, von (lat.) inter = zwischen und legere = lesen, sammeln; allgemein für Verstand gebraucht; das Vermögen des Verstehens oder der Einsicht wird in der Philosophie scharfe Unterschied der Verstandesauffassung hauptsächlich in Ggs. gestellt zur Sinnlichkeit als der bloßen Aufnahme des gegebenen Stoffes der Eindrücke oder Empfindungen. Der der Dinge gegen die bloß sinnliche liegt in der Einheit des geistigen Blicks, in der das Mannigfaltige der sinnlichen Erscheinungen zusammengefaßt und zum Gegenstande vereinigt wird Der Verstand ist das beherrschende, ja schöpferische Prinzip der Erkenntnis der Gegenstände Vom Verstand unterscheidet dann Kant als noch höheres, doch genau mit ihm in Verbindung stehendes Vermögen die Vernunft. – Nach der Heindel-Lehre das Zwischenglied Persönlichkeit und Ego in der Konstitution des Menschen. Der I. gehört neben dem „Menschengeist" der Ebene der Gedankenwelt an, und zwar steht der I. mit den konkreten Gedanken, der Menschengeist dagegen mit *den abstrakten Gedanken in Verbindung. ↗ Prinzipien des Menschen.

Intelligenz, eine besondere Begabung mit Verstand. Sie wird gewöhnlich ausschließlich dem Menschen (und im höchsten Sinne Gott) zugesprochen, indem man namentlich das Selbstbewußtsein (Ichbewußtsein) zur Voraussetzung der I. macht Das Wort I. ist im Okkultismus auch für höhere Wesen gebräuchlich, wobei die nähere Bestimmung meistens offenbleibt.

Internationale Meditationsgesellschaft (engl.: Spiritual Regeneration Movement), gegr. von Maharishi Mahesh Yogi; propagiert die „transzendente Meditation" (Satipatthana); Ziel: alle Menschen von Sorge, Verwirrung, Zwietracht und Leiden zu befreien. Präsident der europäischen Sektion ist Gualterio Weiss in Frankfurt; in Bremen gibt es ein Meditations-Internat mit 80 Betten und einem Versammlungshaus für 200 Personen (Leitung: Frau Ilse Eickhoff). Nach einem Bericht der WELT vom 14. 8. 1965 gibt G. Weiss folgende Hinweise für die Übungen: „Sie setzen sich gemütlich hin und machen die Augen zu. Dann lassen Sie einen bestimmten Gedanken feiner werden. Ist dieser Gedankenimpuls, der in einem schöpferischen Zentrum des Innern entsteht, angestoßen, dann tritt der vorhandene Automatismus in Ihrem Nervensystem in Aktion und führt das wahrnehmende Bewußtsein in immer feinere Gedankenschichten, bis schließlich die allerfeinste Gedankenschicht überschritten (transzendiert) wird und ein Zustand des reinen Bewußtseins eintritt. Sie strengen sich dabei nicht an. Mit Konzentration hat das nichts zu tun." – Lit.: Nyanaponika, Satipatthana, Konstanz 1950.

Internationaler Freimaurer-Orden ↗ Droit Humain

Internationale Theosophische Verbrüderung ↗ I. T. V.

Introspektion, von (lat.) introspicere = hineinblicken; Selbstbeobachtung zum Zwecke der Selbsterkenntnis.

Intuition, von (lat.) intueri = ansehen, betrachten; im philosophischen Sprachgebrauch eine unmittelbare Erfassung des Gegenstandes wie in einem, eine Vielfalt von Gegenständen auf einmal aufzunehmenden und zur Einheit zusammenfassenden Blick. Auch im allgemeinen Sprachgebrauch versteht man unter I. eine solche Erfassung des Objekts, die nicht des Umweges der logischen Reflexion bedarf, sondern sich gleich unmittelbar in die Sache zu versetzen vermag. – Lit.: H. Wilhelm, Wege zu Intuition und Hellsehen; Alice Bailey, Vom Intellekt zur Intuition, Lorch; dies., Initiation, Lorch 1952; E. H. Schmitt, Kritik der Philosophie vom Standpunkte der intiutiven Erkenntnis, Leipzig 1908; A. Steinberger, Henri Bergsons intiutive Philosophie, Jena 1909.

Intuitionelle Ebene. Bei Alice Bailey (neben der buddhistischen und der 4. kosmisch-ätherischen Ebene) die Bez. für die 4. Ebene; bei Heindel: die Welt des Lebensgeistes. ↗ Prinzipien der Welt.

Invokation, von (lat.) invocare = anrufen; Anrufung, Anflehung; in der Magie die zeremonielle Anrufung eines Schutzgeistes oder -gottes, wofür meist alte überlieferte Texte benutzt werden. ↗ Evokation.

Involution, von (lat.) involvere = abrollen; in der Theosophie der Abstieg der Kraft in die Materie, Vervielfältigung der ursprünglichen Einheit. Symbolisch ist die I. durch die Geschichte von Adams Sündenfall dargestellt worden. Die beiden Ströme der Evolution und der I. sind gleichzeitig und gleichwertig im Universum vorhanden. Der Tod bereitet sein zukünftiges Wirkungsfeld dank der Liebe vor. Von dieser Idee stammt die Philosophie der deutschen Pessimisten her.

Ipsissimus (lat.), Superlativ von ipse = selbst; bei der ↗ Goldenen Dämmerung das höchste Oberhaupt, eine geheimnisvolle Wesenheit, die an der Spitze der G. D. stand; wörtlich etwa: „das Ich in höchster Vollkommenheit". – Auch der Name des 10. Tempelgrades im ↗ AMORC, d. h. der Illuminati. – Ferner gibt es ein esoterisches Gedicht „I.", von Dr. Herbert Fritsche, abgedruckt in: Ex Occidente Lux No. 1. Zürich

Iranschähr, Hossein Kazemzadeh, persischer Esoteriker, der die meiste Zeit seines Lebens in Deutschland und in der Schweiz lebte. — W.: Wie sollen wir meditieren?, Zürich 1939; Die Umwandlung der Lebenssubstanz im Körper, Freiburg 1961; Die Heilkraft des Schweigens, Berlin o. J.; Die Macht und Heilkraft wahren Betens, Freiburg 1961; Konzentration und Meditation; Der Meister und seine Jünger, Berlin 1933; Bärg Ssäbs (= grüne Blätter), Berlin 1933; Die Ursachen des Leides, Zürich 1936; Der Weg zur Lebensweisheit und Glückseligkeit, Zürich 1938; Das Mysterium der Seele, Berlin 1936 und Olten 1949; Das Mysterium des Menschen, Olten 1949; Die Lehre der mystisch-esoterischen Schule, Winterthur 1956; Die 7 Künste der erwachten Seele, Winterthur 1949.

Irrationalismus, die Anschauung, daß die Wirklichkeit logisch nicht erfaßbar, sie also unvernünftig ist, daß das Erkennen im Grunde nichtrationalen Faktoren entspringt; Vernunftwidrigkeit, Mangel an Vernunft.

Is., bei Bibelzitaten die Abk. für Isaias oder Jesaja.

Isbert, Christian, esoterischer Schriftsteller und Übersetzer der ↗ Arkan-Schule. — W.: (Übersetzung) Foster Bailey, Die Wandlung esoterischer Werte, Lorch 1956.

Isbert, Otto-Albert, bekannter esoterischer Schriftsteller und Übersetzer der Werke von Alice ↗ Bailey; Gründer einer Yoga-Schule. — W.: Heilkraft in uns, München; Yoga-Sadhana, Heidenheim; Bewußte Atempflege, München; Konzentration und schöpferisches Denken, Heidenheim 1962; Yoga — Arbeit am Selbst, Heidenheim; Yoga und der Weg des Westens, Stuttgart 1955; Raja-Yoga, Büdingen 1955.

Isherwood, Christopher, * 1904 Disley/England; engl. Schriftsteller, der auch in esoterischen Kreisen sehr geschätzt wird; lebt seit 1940 in USA; übersetzte u. a. indische religiöse Literatur. — W.: How to know God; Vedanta for the modern man; Vedanta und wir, 1963; Gotterkenntnis durch Yoga; Leb' wohl, Berlin 1949; Ich bin eine Kamera; Tage ohne Morgen (Roman); Der Einzelgänger (Roman); Lions and shadows (Autobiographie).

Ishtar oder Ashart, Göttin der Assyro-Babylonier, Astarte bei den Phöniziern; Göttin der Fruchtbarkeit, der Vegetation und der Liebe; bildete eine Triade zusammen mit den Göttern Sin und Shamash.

Ishvara, im Hinduismus der oberste Herr der Welt, der höchste Gott.

Isis, eine ägypt. Göttin, die von den Griechen mit der Demeter verglichen wurde. Ihr ägypt.

Name lautete Eset, später Ese. Sie gehörte nebst ihrem Bruder und Gemahl Osiris zu den volkstümlichsten Göttern Ägyptens. Ihr Kultus verbreitete sich später nach Griechenland und Rom, wo gegen die Mißbräuche bei der Feier der Isismysterien öfters eingeschritten werden mußte. — Lit.: Schuré, Die großen Eingeweihten; Rudolf Steiner, Ägyptische Mythen und Mysterien; Max Luginbühl, Das Geheimnis des Dreikräftespiels.

Isis, die entschleierte, der deutsche Titel von (engl.) „Isis unveiled", die (erste) Hauptwerk von H. P. Blavatsky (später durch die „Geheimlehre" ersetzt). Am Manuskript arbeitete H. P. B. rd. 2 J.; es erschien im Oktober 1877, 2 J. nach Gründung der TG. In mancher Hinsicht hat das Buch neue Bahnen gebrochen, insofern es die alten Religionen gegen harte und ungerechtfertigte Beurteilung zu schützen sucht. H. P. B. will zeigen, daß „alle Religionen, einschließlich Judentum, Gnostizismus, Christentum und Freimaurerei auf identischen kosmischen Mythen, Symbolen und Allegorien" beruhen. So galt das Buch zunächst als die Heilige Schrift der Theosophen. Bei der Abfassung des Buches hat H. P. B. jedoch noch nichts mit den späteren sogen. ↗ Meistern im Sinn gehabt, wie auch die Reinkarnation noch unbekannt ist. Als Vorlage für Titel und Buch mag gedient haben: „Isis Revelata: An Enquiry into the Origin, Progress and Present State of Animal Magnetism" von J. C. Colquhoun, 1837. — Coleman in San Franzisko glaubte nachgewiesen zu haben, daß die „Isis" 2100 Zitate aus 1400 Büchern enthält, die allerdings, wie Sinnett bemerkt, von H. P. B. weder gesehen noch gelesen worden sind. H. P. B. hat nie mehr als rd. 100 Bücher besessen, allerdings ist in diesen 100 Büchern auf die übrigen 1400 Werke Bezug genommen und daraus zitiert. Viele Begriffe sind in diesem Erstwerk noch ungenau (z. B. Fakir) und die späteren Grundsätze der theosophischen Lehren sind noch wenig hervortretend.

Islam (arab.) = Gehorsam zu Gott; die von Mohammed verkündete Religion der Hingabe des Menschen an Gott. Diese forderte den Glauben an den einzigen allmächtigen Gott (Allah), den Mohammed den Barmherzigen, Erbarmer nannte, an die Vorherbestimmung der Handlungen und Schicksale der Menschen durch Gott, an die Auserwählung Mohammeds und seine Sendung an die ganze Menschheit als „Beschluß der Propheten", an das zukünftige Leben nach dem Tode und die Vergeltung der guten und schlechten Handlungen in Paradies und Hölle, an die Auferstehung der Toten und den „Jüngsten Tag". — Lit.: Herbert Gottschalk, Weltbewegende Macht Islam; R. Paret, Symbolik des Islam; E. Kellerhas, der Islam; ders., ... Mohammet ist sein Prophet, 1961; H. v. Glasenapp, Die 5 Weltreligionen, 1963.

Israel (hebr.); die östl. Kabbalisten leiten den Namen von Isaral oder Asar, dem Sonnengott, ab; wörtlich bedeutet I. „gegen Gott kämpfen"; Bez. für das Volk der Hebräer, aus dem sich durch einen geschichtl. Prozeß die Religionsgemeinde der Juden entwickelt hat. Die Geschichte des Volkes I. ist von allgemeiner Bedeutung, weil sich aus ihm das Judentum entwickelt hat und dieses die historische Voraussetzung des Christentums ist. Diese ineinandergreifenden Geschichtskreise sind u. a. Themen der Hochgrade in der FM.

Israels 12 Stämme; diesen wird je nach Autor eine bestimmte symbolische Bedeutung beigelegt. Bekannt sind die Einteilungen nach Hermes, Agrippa v. Nettesheim, Athanasius Kircher, Alfred Jeremias und nach der Bibel. Die verbreitetste Einteilung ist die nach 1. Mos. 49:

Naphtali	ist ein schneller Hirsch
Joseph	wird wachsen und ist der Segen
Simeon-Levi	sind die Zwillingsbrüder
Issaschar	wird ein beinerner Esel sein und sich lagern zwischen den Grenzen
Juda	ist ein junger Löwe
Asser	von Asser kommt sein fett Brot
Dan	wird ein Richter sein
Dina	und eine Schlange werden
Gad	wird gerüstet das Heer führen
Benjamin	ist ein reißender Wolf
Sebulon	wird am Gestade des Meeres wohnen
Ruben	fährt leichtfertig dahin wie Wasser

Die astrologische Zuordnung ist (bei gleicher Reihenfolge): Widder, Stier, Zwillinge, Krebs, Löwe, Jungfrau, Waage, Skorpion, Schütze, Steinbock, Wassermann und Fische.

Issbner-Haldane, Prof. h. c. Ernst, * 11. 6. 1886 Kolberg/Pommern, † 1966 Frankfurt; beschäftigte sich zunächst mit Botanik, Zoologie, später mit Psychologie, Physiologie und Religionswissenschaften sowie Medizin und Diagnostik. Seit dem 17. Lebensjahr vertiefte er sich auch in Charakterkunde, Graphologie und Handlesekunst; bereiste Australien, Neuguinea, Südamerika, Indien, wo er Unterweisungen von Fakiren erhalten hat. 1912 wurde ihm von einem Institut für seine Hand- und Nageldiagnostik ehrenhalber der Professoren-Titel verliehen; 1926 wurde er Ehrenmitglied der plasmogenischen Gesellschaft in Barcelona. — W.: Der chiromantische Werdegang, Erinnerungen eines Chirosophen, Bad Oldesloe 1925; Charakteriologische Tatsachen und deren Merkmale, Lorch 1930; Die medizinische Handund Nageldiagnostik; Die wissenschaftliche Handlesekunst, Chirosophie; Werde Erfolgsmensch; Lexikon der Charaktereigenschaften; Astrologie, Minden 1956; Die Kabbalah des Zoroaster, Berlin 1961; Uraltes Weistum, Zürich 1947; Kosmische Religion, Berlin 1956; Die Seele des Menschen, Biel 1958.

Prof. h. c. Ernst Issberner-Haldane

I. T. V., Abk. für Internationale Theosophische Verbrüderung; gegr. 3. 9. 1897 von Dr. Franz ↗ Hartmann, dem damaligen Präsidenten der Deutschen TG, auf einem zu diesem Zweck einberufenen Kongreß von 21 Teilnehmern. „Die ITV ist kein geschlossener Verein und keinem Vereine verpflichtet, sondern eine Verbrüderung von Menschen, einerlei ob sie irgendeinem oder gar keinem Vereine, Kirche, Gesellschaft usw. angehören, die danach streben, das Prinzip der allgemeinen Menschenverbrüderung zur Durchführung zu bringen und zu diesem Zwecke in allen Städten Zentralen der Verbreitung echter theosophischer Lit. zu errichten beabsichtigen" (so: Dr. Franz Hartmann, in: Was ist Theosophie?). Der Grund der Gründung war, daß die von H. P. ↗ Blavatsky gegr. Theosophische Gesellschaft nach dem Umzug nach Adyar die ursprüngliche Grundlage von Einheit, Verbrüderung und Toleranz verlassen hatte, da ihre Leitung unter den Einfluß der indischen Brahminen geraten war. Auf Hartmanns Anregung hin schlossen sich eine Anzahl theosophischer Gesellschaften in Deutschland zum deutschen Landesverband der ITV zusammen. 1926 umfaßte der deutsche Landesbund 45 Zweige mit mehreren tausend Mitgliedern und war damit die stärkste deutsche theosophische Organisation. Organ der ITV war die Zeitschrift „Theosophische Kultur" in Leipzig. — Lit.: Hermann Rudolph, Die theosophische Botschaft, Leipzig 1927; Edwin Böhme, Die ITV und die Theosophischen Gesellschaften, Leipzig o. J.

Ivenak. Bei der ↗ Strikten Observanz die Tarnbezeichnung für die Präfektur Hamburg, nach einem angeblich schon bei den Templern vorhandenen Bezeichnungsschema.

I. V. I. O. L., Abk. für (lat.) Inveni verbum in ore leonis = ich fand das Wort im Munde des Löwen. Motto aus einer alten Legende, die im 13. Grad des AASR und teils auch in anderen Hochgraden der FM eine Rolle spielt.

J

J. Im Royal-Arch-Kapitel der FM die Abk. für Josua, einer der 3 leitenden Beamten der Kapitelloge; in der blauen FM die Abk. für ↗ Jachin.

Jachin und Boas (auch: Jakin, Yakin u. Boaz, Boos), nach 2. Chr. 3, 17 und 1. Kön. 7, 21 die Namen der beiden Säulen vor dem Tempel Salomos zu Jerusalem. Die Säulen auch in der FM symbolische Bedeutung, jedoch ist die wörtliche Übersetzung der beiden Namen als Deutung völlig unbefriedigend. Gewöhnlich werden die beiden Namen in der FM mit J und B abgekürzt. Streit herrscht auch darum, welche Säule rechts u. welche links stand. Nachdem jedoch im Hebr. rechts die Vorzugsrichtung ist, muß man folgern, daß die Säule J am südlichen und die Säule B am nördlichen Pfosten der Pforte stand; diese Regelung gilt für die meisten FM-Systeme in der Welt. In esoterischen Logen wird die Säule J schwarz oder weiß (als männliches Prinzip) und die Säule B rot (als weibliches Prinzip) dargestellt. Da in vorjüdischer Zeit (d. h. vor dem Tempelbau) die Götter durch Säulen dargestellt wurden,

darf man annehmen, daß Salomo im Interesse der Vereinigung der Völker Israels, die verschiedene Götter hatten, vornehmlich Jehovah und Baal, diesen die Säulen J und B widmete. Da einzelne Völkerschaften auch noch nach dem Tempelbau am Baal-Kult festhielten, trat Elias (1. Kön. 18, 21) vor das Volk und sprach: „Wie lange hinket ihr auf beiden Seiten? Ist der Herr Jehovah, so wandelt ihm nach, ist's aber Baal, so wandelt ihm nach." Kloss berichtet in seiner „Geschichte der Freimaurerei in England, Schottland, Irland" (Leipzig 1847), daß in alten engl. Logen auf den einen Pfeiler „Jamaica" und auf den anderen „Barbados", also die beiden Rum-Qualitäten, geschrieben wurden, „um anzugeben, wohin diese geistigen Getränke in der Loge gestellt werden sollen." — Im 8. Grad der Großen Landesloge werden die Buchstaben J und B als Johannes Baptista (Johannes der Täufer) gedeutet.

Jahwe, die ursprüngliche Aussprache des Eigennamens des Gottes Israels, d. h. des ↗ Tetragrammatons JHVH. Durch den Einfluß des Franziskaners Galatin wurde dafür in der protestant. Kirchensprache Jehovah gebräuchlich, obgleich in der Lutherschen Bibel dafür überall „der Herr" gesetzt ist. Im AT kommt JHVH 6700 mal vor. Das Geheimnis um die richtige Aussprache des JHVH führte bei den alten Juden zu der Vorstellung, daß die richtige Kenntnis der Aussprache Wunderkräfte verleihe. ↗ Golem.

Jansen, Gerhard („Gerry") A., Leiter der Arkan-Schule in Genf, Mitarbeiter der esoterischen Zeitschrift Beacon (London), vor dem Kriege Leiter der holländ. Sektion der Arkan-Schule, Sekretär der Universellen Freimaurerliga (↗ UFL); schrieb auch über Rosenkreuzer und ihre Symbolik; das Symbol der Rosenkreuzer betrachtet er als ↗ Phallus-Symbol.

J. B. M., im 7. Grad der ↗ Großen Landesloge (Ritter von Westen) stehen diese Buchstaben in einem roten Kreuz auf dem Sarge; die Buchstaben stehen für Jakobus Burgundicus Molay, welcher der letzte Großmeister der Templer war.

J. B. M. B. A. D. N. I. C. 1314, die Buchstaben auf dem Kreuz in der Kapitelloge der Ritter von Westen in der Großen Landesloge als Abk. für: (lat.) Jakobus Burgundicus Molay Bustus Anno Domini Nostri Jesu Christi 1314 = Jakob Molay von Burgund wurde im Jahre 1314 unseres Herrn Jesus Christus verbrannt.

Jdt., bei Bibelzitaten die Abk. für das Buch Judith.

Jehovah (oder: Jahwe), die ursprüngliche Aussprache des Eigennamens des Gottes Israels, von dunkler Herkunft, sicher aber weder den „Schöpfer" noch den „Seienden" bedeutend. Auf Vorschlag des Franziskaners Galatin wurde dafür in der protestantischen Kirchensprache J. gebräuchlich, obgleich in der Lutherbibel überall „der Herr" (HERR) gesetzt ist. Die Aussprache „Jehovah" rührt vom Umstand her, daß die Vokalschrift des AT unter die Konsonanten des heiligen Gottesnamens JHVH die Vokale des Wortes Adonai (hebr.: Herr) setzt, um anzudeuten, daß für JHVH vielmehr Adonai zu sprechen ist. Ausgenommen ist nur der Fall, wo im Text schon Adonai steht; dann wird „Elohim" gesprochen. Der Name J. galt bereits in vorchristlicher Zeit nach 3. Mos. 24, 16 für so heilig, daß er nicht in den Mund genommen werden durfte. Nach H. P. Blavatsky ist J. eine Zusammensetzung aus 2 Wörtern, nämlich Jah (= Jod oder dem 10. Buchstaben des hebr. Alphabets) und Hovah (Havah oder Eva). Das Wort J. oder Jah-Eva soll die Bedeutung von „Dasein" oder „maskulin-feminines Dasein" haben. Beim Lectorium Rosicrucianum wird J. zum Mondgott abgestempelt, jedoch unter dem Vorwand, daß „andere Esoteriker" ihn als solchen bezeichnet hätten. Schließlich wird nach denselben Quellen J. auch noch als Gott des Sexuellen bezeichnet. — In der FM, namentlich in den Hochgraden ist J. symbolisch der „unaussprechliche Name" Gottes. — Im ↗ Pentagramm-Ritual hat J. esoterisch die Bedeutung von „Umwandlung des Menschen".

Jesira, Das Buch, auch: Sepher J. oder Yetzirah (hebr.) = Buch der Formung; ein altes kabbalistisches Werk, welches dem Patriarchen zugeschrieben wird, sicher jedoch wesentlich jüngeren Datums ist. Es beschreibt die Erschaffung des Universums durch Analogie mit den 22 Buchstaben des hebr. Alphabets. Zuweilen wird das B. J. auch als Zauberbuch angesehen, namentlich in Verbindung mit dem ↗ Golem und dem Gottesnamen; diese Auslegung geht auf eine Stelle zurück, wo es heißt: „Rawa schuf einen Mann und zwar durch die richtige Aussprache des Gottesnamens." In den 1900 J., seit das B. J. bekannt ist, hat jedoch noch niemand damit Wunder vollbracht. Die wissenschaftliche Deutung des B. J. ist sehr unterschiedlich. Geistliche Theologen hielten und halten es für ein rein theologisch-philosophisches Lehrwerk. Andere halten es für ein wissenschaftliches Werk über Theosophie; noch andere halten es für die reine Kabbalah, und zwar für den theoretischen Teil derselben, den sie Kabbalah-Bereschith nennen. Der größte Teil der Talmudisten und Kabbalisten betrachtet es als den Urtext der Kabbalah-Merkaba, worauf alle späteren kabbalistischen Schriften zurückgehen sollen. Die Kabbalisten sind der Meinung, daß man mittels des B. J. in den Stand gesetzt werde, übernatürliche Wirkungen zu vollbringen, bösartige Krankheiten zu heilen, böse Geister zu beschwören, Feuersbrünste zu löschen, und eben auch Menschen und Tiere erschaffen könne. ↗ Kabbalah.

Jesira, die 3. der 4 kabbalist. Welten, in welcher die Engel wohnen. J. ist der Wohnsitz aller regierenden Genien (= Engel), welche die Planeten, Welten und Sphären lenken und leiten.

Jesod oder Iesod (hebr.) = Fundament; die 9. Sephirot im Sohar; eine maskuline Kraft, die die 6 Kräfte, welche den Mikroposopus bilden, abschließt.

Jesuiten, die Mitglieder des bedeutendsten geistlichen Ordens der römisch-katholischen Kirche. Der Jesuitenorden, eigentlich „Gesellschaft Jesu" (lat.: Societas Jesu, daher auch abgekürzt S. J.), wurde 1534 von Ignatius von Loyola gestiftet und am 27. 9. 1540 von Papst Paul III. bestätigt. Eine Ordenstracht ist nicht vorgeschrieben; das Gelübde des Gehorsams ist schärfer ausgebildet als in allen anderen Orden. Die Mitglieder des Ordens zerfallen in 4 Grade: Novizen, Scholastiker, Koadjutoren und Professen. — Lit.: Rudolf Steiner, Von Jesus bis Christus; Hans Lienhard, Die Übungen der Jesuiten, Basel; Dr. Franz Hartmann, Im Vorhof des Tempels; H. Boehmer, Die Jesuiten, Berlin 1913.

Jesus, in manchen esoterischen Gruppen wird der Name Jesu Christi übernommen, um den Eindruck zu erwecken, die verbreitete Lehre sei christlich oder stände nicht im Widerspruch zum Christentum; Christentum ist indes einzig und allein der Glaube an die Erlösung durch Jesus Christus. Gerade dieser Glaube wird aber von den betr. Gruppen abgelehnt. Bei der Adyar-TG gilt Jesus sogar als einer der ↗ Meister, obwohl es andererseits genug theosophische Schriften gibt, in denen behauptet wird, daß J. nie gelebt habe. Rudolf Steiner macht aus Jesus Christus sogar gleich 2 Personen, nämlich J. und Christus. Bei der „Brücke zur Freiheit" gilt J. als Chohan des 6. Strahles, der inzwischen von der neuen Meisterin Nada abgelöst sei. — Lit.: Hans-Joachim Schöps, Die großen Religionsstifter und ihre Lehren, München; Mariell Wehrli-Frey,

Jesât Nassar, genannt Jesus Christus, 2 Bde.; Johannes Steinbeck, Mythus und Wahrheit im Neuen Testament, Basel 1954; Hellmut von Schweinitz, Buddhismus und Christentum, Basel 1955.

JHVH, das heilige ↗ Tetragrammaton, ↗ Jahwe, ↗ Jehovah.

Jinarajadasa, Curuppumulaggé, * 1875 Ceylon, † 18. 6. 1953 USA; studierte in Cambridge, wo er den Grad eines M. A. (Master of Art) erwarb. Mit 13 J. schon traf er Leadbeater, der gerade in Ceylon die Arbeit der TG überprüfte, ging mit diesem zusammen nach England, wo Leadbeater ihn und den Sohn von Mr. Sinnett erzog; in England kam J. auch mit H. P. Blavatsky zusammen. Im Laufe sei-

C. Jinarajadasa

ner Studien lernte J. Spanisch, Portugiesisch, Französisch und Italienisch. 1904 ging J. nach USA, um Vorträge für die TG zu halten; 1916 heiratete er Dorothy M. Graham, die ihn ständig auf Reisen begleitete. Von 1921—1928 war J. Vize-Präsident der TG und nach dem Tode von Dr. Arundale (1945) Präsident der ganzen Adyar-TG. J. ist der meistgereiste Präsident der TG; er besuchte Burma, fast alle Länder Europas, Java, Australien, Neuseeland, USA,

Mittel- und Südamerika, Großbritannien, Mexiko, Kanada, Kuba, Puerto Rico, Japan, Singapur, Hongkong, Vietnam usw. 1904 wurde J. in den USA in die Loge „Cleveland No. 310" des ↗ Droit Humain aufgenommen; auf seinen Reisen hat er sich für die Verbreitung der FM außerordentlich eingesetzt und in den verschiedenen Ländern zahlreiche Logen und Rosenkreuz-Kapitel gestiftet. — W.: Die okkulte Entwicklung der Menschheit, Paris 1947 und Graz 1955; Die Welt als Vorstellung, Gefühl und Wille, Graz; Goethes Faust, eine Deutung; Grundfragen der Theosophie, Düsseldorf 1926; First principles of theosophy, Adyar; Early teachings of the masters; How to remember our past lives; Letters from the masters of wisdom; The new humanity of intuition; What theosophists believe; Work of the Christ in the world today.

Jiva (Sk., Pali) = Leben, Lebensprinzip, Individuelle Seele; eine einzelne Bewußtseins-Einheit, z. B. ein Mensch; die Monade oder Atma-Buddhi. ↗ Prana.

Job, bei Bibelzitaten ist das Buch Hiob gemeint.

Johannes, Johannis, in den nachfolgenden Eintragungen durchweg Johannes geschrieben; daneben existiert auch die Schreibung Johannis. Diesen Unterschied, der keine nennenswerte Bedeutung hat, gibt es überdies nur im Deutschen. Im Englischen heißt es immer St. John und im Französischen St. Jean.

Johannes der Evangelist, Schutzpatron der Klosterbauhütten; sein Festtag ist der 27. 12., der von manchen FM-Logen, neben dem eigentlichen Johannes-Fest am 24. 6., gefeiert wird.

Johannes der Täufer, seit uralten Zeiten der Schutzpatron der Steinmetzengilden und der ihnen angeschlossenen Bruderschaften, also auch der FM. Er wird schon 1136 auf einer Inschrift in der Monrose-Abtei in England als Patron bezeichnet. Die gewöhnlichen Logen der Grundgrade der FM heißen daher auch Johannes-Logen. Der Tag des Täufers ist der 24. 6.; am 24. 6. 1717 wurde auch die Großloge von London gegründet.

Johannes-Fest, in der FM sowohl der 24. 6. (Johannes der Täufer) wie der 27. 12. (Johannes der Evangelist). Das J. gibt es übrigens nur in der deutschen FM; in den ausländischen Logen ist es unbekannt.

Johannes-Freimaurerei, zuweilen die Bez. für die FM der ersten 3 Grade, den sogen. blauen Graden, die den Hochgraden vorangehen.

Johannes-Lehrling, der 1. Grad der gewöhnlichen oder „blauen" FM; in der Großen Landesloge: St.-Johannes-Lehrling.

Johannes-Loge, in der FM eine Loge der ersten 3 Grade.

Johannes-Meister, der 3. Grad der gewöhnlichen oder „blauen" FM, in der Großen Landesloge: St.-Johannes-Meister.

Johannes-Tag, ↗ Johannes-Fest.

Johanniter-Orden, evangel. Männerorden; an sich ursprünglich nur für Adlige, nach dem 2. Weltkrieg wurden jedoch auch andere aufgenommen, z. B. der Bischof Gerhard Jacobi und der ehemal. Bundesminister Hans Lenz (†); Sitz: Rolandseck/Rh.; Herrenmeister (= Oberhaupt) ist der Kaufmann Prinz Wilhelm Karl von Preußen. — Lit.: Lydia Präger, Frei für Gott und die Menschen, Stuttgart 1960.

Johannsen, E. K. (Ps.) = Elfriede Kudera; spiritistische Schriftstellerin. — W.: Tote rufen uns, Gröbenzell 1962.

John (Ps.) = Hans Günther Schwarz; Mitgründer und ehemal. Großmeister der ↗ AMORC, bekannter Geistheiler und Spiritist; Herausgeber der „Reise in die Unsterblichkeit" von Robert James Lee (1960). — W.: Wie du ein glückliches Leben gewinnst, München 1959.

John King, zuerst der Name des Kontrollgeistes von H. P. Blavatsky während ihrer Zeit als Medium; dann der erste ↗ Meister der TG, der später ↗ Kut-Humi genannt wurde; ferner auch der Kontrollgeist des bekannten Mediums Eusapia Palladino. Nach anderen Quellen wurde J. K. nicht durch Kut-Humi, sondern am 7. 9. 1875 durch den Meister Serapis abgelöst.

Jophiel (hebr.) = Schönheit Gottes; in der Kabbalah und Magie die Intelligenz des Jupiter.

Josephus, Flavius, ca. 38–110 nZ; berühmter jüd. Historiker und Schriftsteller von priesterlicher Abstammung; ihm verdankt man neben der Bibel die ältesten Überlieferungen über das Judentum. — W.: Jüdische Altertümer; Der jüdische Krieg.

Jr., bei Bibelzitaten die Abk. für Jeremias.

Juden, die Angehörigen der durch den Kult im Tempel zu Jerusalem geeinten religiösen Gemeinde seit der Rückkehr aus dem babylonischen Exil, weil die Hauptmasse dieser Gemeinde aus Nachkommen des alten Stammes Juda bestand. Vor dieser Zeit nennt man die Bewohner Palästinas besser Israeliten oder Hebräer. — Lit.: Hans-Jochen Gamm, Judentumskunde, Frankfurt 1962; Dr. A. Chouraqui, Die Geschichte des Judentums, Hamburg.

Judge, William Quan, * 13. 4. 1851 Dublin/Irland, † 22. 3. 1896; 1864 mit dem Vater nach den USA ausgewandert, dort Rechtsanwalt in New York; beschäftigte sich seit 1874 mit dem Spiritismus, wodurch er mit H. P. Blavatsky zusammentraf, der er die Anregung vermittelte, eine Gesellschaft zum Studium der Geheimwissenschaften zu gründen. Auf seinen Vorschlag wurde Olcott zum Präsidenten der dann gegr. TG gewählt und er selbst zum Sekretär ernannt. J. war der erste Nachfolger von H. P. Blavatsky als Präsident der TG; seine Nachfolgerin wurde Katherine A. Tingley. J. hatte sich am 28. 4. 1895 von der Adyar-TG getrennt und in USA die „TG in Amerika" gegründet, welche die direkte Nachfolge von H. P. Blavatsky antrat. Von den 101 amerikanischen TG-Logen gingen 75 mit J. — W.: Die Ausbildung okkulter Kräfte durch indische Geheimschulung, Pfullingen, ca. 1912; Das Meer der Theosophie, Stuttgart 1948; Briefe, die mir geholfen haben; Die Bhagavad-Gita; Echoes from the Orient. — Lit.: Arthur L. Conger, Practical Occultism (from the private letters of W. Q. Judge), Pasadena 1951.

William Quan Judge

Julio, Abbé (Ps.) = Julien Houssay, * 3. 3. 1844 Cossé-le-Vivien, † 27. 9. 1912 Aïre/Genf; franz.

kath. Priester, wendet sich von Rom ab und gründet eine eigene Kirche, wozu er sich von der Alt-Kath. Kirche in Tiengen (Baden) durch Paul Kaminsky und Aloisius Blum ordinieren läßt. Wie Eliphas ↗ Lévi verfaßt er okkulte Schriften, die zu den Standardwerken gehören. — W.: Petits Secrets Merveilleux, Paris; Le Livre des Grands Exorcismes et Bénédictions, Paris 1958; Grands Secrets Merveilleux, Paris; Prières liturgiques, Paris; Prières Merveilleuses, Paris.

Jung, Carl Gustav, 1875—1961; Schweizer Psychologe, der u. a. an Freud anknüpft. — W.: Ein moderner Mythus, Zürich 1958; Psychologie und Alchemie, Zürich 1944; Psychologie und Religion, Zürich 1962; Zur Psychologie der westl. und östl. Religion, Zürich 1963; Zwei Schriften über analytische Psychologie, Zürich 1964; Mysteria coniunctionis. Untersuchung über die Trennung und Zusammensetzung der seelischen Gegensätze in der Alchemie, Zürich 1955; Seelenprobleme der Gegenwart, 1931.

C. G. Jung

Jung-Stilling, Prof. Dr. med. Johann Heinrich, 1740—1817; zuerst Schneider, Hauslehrer, studiert Medizin, Augenarzt, Prof. für Volkswirtschaft in Marburg und Heidelberg, Freund Goethes in Straßburg, bekannter Freimaurer; versuchte christl. Philosophie mit dem Spiritismus zu verbinden. — W.: Theorie der Geisterkunde, 1808, Nürnberg 1921; 55 Thesen

zur Geisterkunde; Scenen aus dem Geisterreiche, Nürnberg 1918; Das Heimweh (FM-Roman), Frankfurt/Leipzig 1794—96, 4 Bde., Apologie der Theorie der Geisterkunde, Nürnberg 1809; Das Gastmahl des Fürsten Eugenius von Solyma, Lorch o. J. (ca. 1932); Sendschreiben geprüfter Christen, 1833; Theory of Pneumatology, London 1834. — Bio.: W. Jörn, Jung-Stilling, 1929; S. Ringier, Mein Blick auf Jung-Stilling, Basel 1807; Hermann Waldenmaier, Einer nur weiß Weg und Ziel.

Jupiter, der oberste Gott der Römer, entsprechend dem Zeus der Griechen; entspricht auch dem Ammon der Ägypter, dem Bel-Moloch der Chaldäer; bei der Adyar-TG einer der ↗ Meister.

Jupiter-Einweihung ↗ Lectorium Rosicrucianum.

Jürgens, Heinrich, * 23. 11. 1880, † 15. 2. 1966; bekannter Yogaschriftsteller und Neugeist-Mitarbeiter. — W.: Magnetisieren, Freiburg

H. Jürgens

1955; Pendelpraxis und Pendelmagie, Freiburg 1953; Die Wünschelrute und ihr Gebrauch, Freiburg 1958; Spiegelpraxis und Spiegelmagie, Freiburg 1953; Die Tesbih-Schnur, Freiburg 1953; Das magische Wort, Freiburg 1954;

Anleitung zum bewußten Hellsehen, Freiburg 1953; Inana-Yoga, Freiburg 1954; Schweige dich gesund, Freiburg 1958; Sei du selbst, München 1956; Yoga im Alltag, Freiburg o. J.; Yoga-Brevier, Freiburg 1956; Das Geheimnis der Suggestion und Autosuggestion, Freiburg 1953; Traumexerzitien, Freiburg 1953.

Jurisdiktion, in der FM die regionale Zuständigkeit einer Großloge.

Juwel, in der FM die Bez. für die Beamtenabzeichen, die ihrerseits jeweils eine besondere symbolische Bedeutung haben.

K

Kabbala(h) (hebr.) Überlieferung; hierunter verstand man ursprünglich sowohl die nicht-mosaischen hl. Bücher als auch die mündlich überlieferte Lehre. Seit dem 12. Jh ist K. der Name der allmählich zu einer eigenen Schule und Lit. ausgebildeten Geheimlehre der Juden, deren Elemente schon im persisch-mazedonischen Zeitalter sichtbar werden und deren Grundlage die orientalische Emanationslehre ist. Das älteste kosmogenische Buch der K. ist das Buch Jesira aus dem 7. Jh., das dem Akiba zugeschrieben wird. Indes erst seit der letzten Hälfte des 12. Jh. zog die Geheimlehre, die sich anfangs nur über Gott und Schöpfung ausbreitete, Exegese, Moral und Philosophie in ihren Bereich und wurde so zu einer eigenen Religionsphilosophie. Die dieser Lehre in den folgenden Jh gewidmeten zahlreichen Schriften lehrten den geheimen Sinn der hl. Schrift und ihrer Auslegungen, der ↗ Hagadahs, die höhere Bedeutung der Gesetze sowie durch Anwendung göttl. Namen und hl. Sprüche das Wundertun. Ein großer Teil der kabbalistischen Schriften ist anonym oder pseudonym. Das höchste Ansehen genießt der ↗ Sohar. Mit dem Niedergang wissenschaftl. Bestrebungen unter den Juden, besonders seit der Vertreibung aus Spanien (1492), erhielten die kabbalistischen Studien in Palästina und Italien einen neuen Aufschwung, arteten jedoch in Magie und Buchstabenklauberei aus und haben sogar abergläubische Bräuche erzeugt. Auch christl. Gelehrte wie Reuchlin, Knorr von Rosenroth, Helmont usw beschäftigten sich mit der K. Auf die Lit. des Mittelalters hat die K. einen starken Einfluß gehabt, so die satyrische Novelle „Der Graf von Gabalis" von Abbé de Villars (1670) oder von Pope „Rape

of the Lock"; auch Dante ist von kabbalistischen Ideen völlig durchdrungen. Schließlich gibt es auch in der FM viele Elemente, die auf die K. bezug nehmen. – Die K. insgesamt umfaßt in ihrer Geheimlehre sowohl Theorie und Praxis, die ihrerseits wieder in einen historischen, sozialen und mystischen Teil zerfallen. Nur der theoretische Teil ist in Schrift und Druck fixiert; er umfaßt 2 Richtungen des Studiums. Die eine bezieht sich auf die Schöpfung und ihre geheimnisvollen Gesetze; sie heißt Bereschit und ist im Buch Jesira dargelegt. Die andere, die metaphysische, bezieht sich auf das Wesen der Gottheit und die Arten seiner Offenbarung; sie wird von den Kabbalisten Mercava (= Himmlischer Wagen) genannt und ist im Sohar dargelegt. Alles was sich auf die Deutung der hl. Texte, namentlich der Bibel bezieht, die Regeln für das Lesen und Niederschreiben der ↗ Thora, sind in der Mashora enthalten. Nach der Lehre des Sohar ist Gott die Quelle des Lebens und der Schöpfer des Universums; zwischen ihm und der Welt stehen die 10 ↗ Sephirot, mittels welcher er die Welt geschaffen hat, die seine Werkzeuge sind und die Kanäle, durch welche sein Wirken auf die Sephirot vermittelt wird. Die besten Werke über die K. in deutscher Sprache sind die von Papus und Franck. – Lit.: Papus, Die Kabbala, Leipzig 1910 und Ulm 1962; Adolf Franck, Die Kabbala, Leipzig 1844; A. Safran, Die Kabbala, 1965; Gershom Scholem, Ursprung und Anfänge der Kabbala, 1962; Jankew Seidmann, Aus dem heiligen Buche Sohar; Meir Wiener, Die Lyrik der Kabbala; Hans Ludwig Held, Das Gespenst des Golem; Chajim Bloch, Der Prager Golem; Dr. Erich Bischoff, Elemente der Kabbala, 2 Bde.; ders., Die Kabbala, Leipzig; Bikku Ananda Metreya, Eine Anmerkung zur Genesis; Franz Buchmann-Naga, Schlüssel zu den 72 Gottesnamen der Kabbala, Leipzig 1925 und Sersheim 1955; Ernst Müller, Der Sohar und seine Lehre, Zürich 1959; M. Kahir, Das verlorene Wort; Georg Langer, Liebesmystik in der Kabbala; Ernst Benz, Die christliche Kabbala; Gershom Scholem, Von der mystischen Gestalt der Gottheit; ders., Zur Kabbala und ihrer Symbolik; C. D. Ginsbury, The Kabbalah, London 1865; Carlo Suarez, La Kabale des Kabales, Paris 1962; E. A. Waite, The holy Kabbalah, New York o. J.; Robert Ambelain, La Kabbale pratique, Paris 1951; Dion Fortune, La Cabale mystique, Paris 1937; Henri Séroaya, La Kabbale, Paris 1947; Philippe d'Aquin, Interprétation de l'Arbre de la Cabala, Nizza 1946; S. L. Mac-Gregor Mathers, Kabbalah unveiled, London 1907.

Gliederung und Einteilung der Kabbalah		
Gliederung nach den Büchern der Kabbalah		
Theorie	Bereschit (= Schöpfung und ihre Gesetze) im: Sepher Jesira	1. Stufe: Legenden (Haggada)
Theorie	Mercaba (= Wesen der Gottheit und ihrer Offenbarung) im: Sohar	2. Stufe: Praktische Moral
Praxis	Nichts oder fast nichts schriftlich fixiert. − Magische Manuskripte. (z. B. Clavicula)	3. Stufe: Mystik − Praktische Magie
Einteilung nach dem Inhalt		
1. Symbolik		Okkulte Berechnungen Themura − Gematria − Notarikon
2. Positive Dogmatik		Engel der Dämonen Sphären der Welt Seelenwanderung
3. Metaphysische Spekulation		Die Sephiroth

Kabbalistik, die Lehre von der ↗ Kabbalah; zuweilen wird das Wort K. auch für belanglose Zahlenspielereien verwendet. − Lit.: R. D. Jossé. Runo-astrologische Kabbalistik; ders., Grundzüge der Kabbalistik.

Kabinett, im Spiritismus der meist durch einen Vorhang vom Zuschauerraum abgetrennte kleinere Raum, in welchem das Medium liegt oder sitzt.

Kadosch, auch: Kadosh, Kodesh (hebr.) = heilig, geweiht; in der FM in verschiedenen Zusammensetzungen bei der Bez. für die höchsten rituellen Grade (im Ggs. zu den sogen. bloßen Verwaltungsgraden), z. B. Kadosch-Ritter (30. Grad des ↗ AASR). − In der hebr. Bibel ist K. die besondere Eigenschaft Gottes, d. h. seine unnahbare Erhabenheit. Die von Luther mit: „Heilig, heilig, heilig ist der Herr Zebaoth" übersetzte Stelle Jes. 6, 3

lautet im Original eigentlich: „Und wiederholt riefen sie einander zu: Kadosch ist Jahwe der Heerscharen." ↗ Kadosch-Kadoschim.

Kadosch-Kadoschim (↗ Kadosch) (hebr.) = das Allerheiligste; in den alten jüd. Tempeln sowie in den Tempeln der FM der heilige Raum hinter dem Altar, den niemand außer den besonders zugelassenen Eingeweihten betreten darf. − In 2. Kön. wird K. auch für ein Nebengebäude des Tempels gebraucht, in welchem gewisse verstümmelte Priester, die „neben dem Haus des Herrn" wohnen mußten, lebten.

Kahir, M. (Ps.) = Viktor Mohr; esoterischer Schriftsteller. − W.: Nahe an 2000 Jahre, Bietigheim; Das verlorene Wort, Bietigheim 1960.

Kaiser-Yoga, eine andere Bez. für ↗ Raja-Yoga. − Lit.: Charles Waldemar, Das Geheimnis des Kaiser-Yoga.

Kaivalyam (Sk.) = Absolutheit; das ↗ Nirwana im Yoga-System des ↗ Patanjali.

Kalender, von (lat.) calendae = der 1. Tag jedes Monats; die Festsetzung der Zeiteinteilung und der Jahresrechnung. Von den Völkern des Altertums hatten die Ägypter ein in Beziehung auf die Jahreszeiten bewegliches, mit dem Mondlauf in keinem Zusammenhang stehendes Sonnenjahr von 365 Tagen, geteilt in 12 Monate zu 30 Tagen, denen noch 5 Ergänzungstage folgten. Der Anfang des beweglichen J. fiel nach und nach in alle Jahreszeiten und erst nach einer Periode von 1461 J. traf er wieder auf die gleiche Jahreszeit. Die oft gepriesene Rechenkunst der Ägypter versagte also beim Kalender vollkommen. — Die Griechen rechneten in den ältesten Zeit nach wahren Mondmonaten, deren 12 ein J. ausmachten und von denen 6 je 30, 6 je 29 Tage lang waren. Um das entstehende bürgerliche J. von 354 Tagen mit dem Sonnenlauf auszugleichen, wurde von Zeit zu Zeit ein Schaltmonat eingefügt. — Die Römer scheinen zuerst ein reines Sonnenjahr von 10 Monaten mit sehr ungleicher Länge gehabt zu haben. Die Einführung des 12monatigen Mondjahres wird dem König Numa zugeschrieben. Während ursprünglich das Jahr mit dem März (martius) begann, legte man 153 vZ den Jahresanfang auf den 1. Januar. Im J. 46 vZ führte Julius Cäsar den sogen. ↗ julianischen Kalender ein. — Auf welchen Wochentag ein bestimmtes Datum fällt, entnimmt man sogen. ewigen Kalendern (vgl. Abb. S. 222).

Kalender, freimaurerischer, in älteren frmr. Schriften, z. T. noch heute in manchen Hochgraden, wird nach einem besonderen Kalender gerechnet. Der bekannteste Kalender dieser Art besteht darin, zu der normalen Jahreszahl 4000 hinzuzuzählen, um symbolisch auf den Weltanfang lt. Bibel hinzuweisen. Diese Rechnungsart geht auf den anglikanischen Prälaten James Usher (* 1580 Dublin) zurück, der diese Rechnung in seinem Werk „Annales veteris et novi Testamenti" (1650–54) bringt; aus diesem Werk hat der engl. Pfarrer James ↗ Anderson dieses Zählsystem in die FM übertragen. Diese Rechnung war speziell in der FM von England, Schottland, Irland, Frankreich, Belgien, Holland, Deutschland und den USA gebräuchlich; zur Kennzeichnung des besonderen Systems schrieb man hinter die Jahreszahl: A. L. = (lat.) anno lucis = im Jahre des Lichts. Beim Ritus Memphis-Misraim zählte man ab 1824 zur normalen Jahreszahl 4004 hinzu, weil dieses „genauer" auf den Erdenanfang hinweist; das gleiche gilt für den

Obersten Rat des AASR von Charleston/USA. Ansonsten wird im AASR, soweit nicht der normale Kalender gilt, der jüd. Kalender verwendet. Die besonderen Feiertage der FM sind:

Freimaurerische Feiertage

24. 6.	Johannes der Täufer (nur in Deutschland)
27. 12.	Johannes der Evangelist
23. 4.	St.-Georgs-Tag (nur in England)
30. 11.	St.-Andreas-Tag (nur in Schottland)
23. 3. und 22. 9.	15. Grad AASR
23. 3. und 20. 12.	16. Grad AASR
Kardonnerstag	18. Grad AASR
30. 11.	29. Grad (Andreastag)
1. 10. und 27. 12.	33. Grad AASR

Kalender, gregorianischer, das von Papst Gregor in einer am 24. 2. 1582 erlassenen Bulle verfügte Kalendersystem, nachdem durch den ↗ julianischen Kalender der Fehler schon bis auf 10 Tage angewachsen war. Die Bulle bestimmte, daß auf den 4. 10. 1582 gleich der 15. 10. 1582 folgen soll, damit sich der Kalender der Sonne wieder anpasse, und zweitens, daß jedes Jahr ohne Rest durch 4 teilbare ein Schaltjahr bleiben soll, jedoch mit Ausnahme der vollen Jahrhunderte. Von diesen sollten nur die durch 400 ohne Rest teilbaren J. Schaltjahre sein. Die Jahre 1700, 1800, 1900 und 2100 sind demnach Gemeinjahre, dagegen die Jahre 1600, 2000 und 2400 Schaltjahre. Dieser sog. g. K., mit dem wir noch heute rechnen, wurde in den einzelnen Ländern zu verschiedenen Zeitpunkten eingeführt. Für astrologische Berechnungen ist es daher wichtig zu wissen, ob ein bestimmtes Datum nach dem julianischen oder nach dem g. K. verstanden werden muß. Die Tabelle (S. 223 oben) gibt eine Übersicht, wann in den einzelnen Ländern der g. K. eingeführt worden ist.

Kalender, 100j., ↗ Hundertjähriger Kalender.

Kalender, jüdischer, beim j. K. beginnt die Zählung mit dem J. der Weltschöpfung, das aus der Bibel mit 3761 vZ errechnet ist. Die Juden rechnen mit Gemeinjahren zu 12 Monaten und mit Schaltjahren zu 13 Monaten. Da die Monate des j. K. Mondmonate sind, schwankt die Monatslänge zwischen 29 und 30 Tagen; die Monate passen sich dem Mondlauf ziemlich genau an. Schaltjahre sind bei den Juden jene, bei denen bei Division durch 19 der Rest 0, 3, 6, 8, 11, 14 oder 17 bleibt. Das Ge-

Dauerkalender für den Zeitraum von 1700 bis 2000

I.

A. Gemeinjahre

												Jan.	Febr.	März	April	Mai	Juni	Juli	Aug.	Sept.	Okt.	Nov.	Dez.
1705	1711	1722	1733	1739	1750	1761	1767	1778	1789	1795		4	7	7	3	5	1	3	6	2	4	7	2
1801	1807	1818	1829	1835	1846	1857	1863	1874	1885	1891													
1903	1914	1925	1931	1942	1953	1959	1970	1981	1987	1998													
(1700)	1706	1717	1723	1734	1745	1751	1762	1773	1779	1790		5	1	1	4	6	2	4	7	3	5	1	3
1802	1813	1819	1830	1841	1847	1858	1869	1875	1886	1897													
1909	1915	1926	1937	1943	1954	1965	1971	1982	1993	1999													
1701	1707	1718	1729	1735	1746	1757	1763	1774	1785	1791		6	2	2	5	7	3	5	1	4	6	2	4
1803	1814	1825	1831	1842	1853	1859	1870	1881	1887	1898													
1910	1921	1927	1938	1949	1955	1966	1977	1983	1994														
1709	1715	1726	1737	1743	1754	1765	1771	1782	1793	1799		2	5	5	1	3	6	1	4	7	2	5	7
1805	1811	1822	1833	1839	1850	1861	1867	1878	1889	1895													
1901	1907	1918	1929	1935	1946	1957	1963	1974	1985	1991													
1710	1721	1727	1738	1745	1755	1766	1777	1783	1794	1800		3	6	6	2	4	7	2	5	1	3	6	1
1806	1817	1823	1834	1845	1851	1862	1873	1879	1890														
1902	1913	1919	1930	1941	1947	1958	1969	1975	1986	1997													
1702	1713	1719	1730	1741	1747	1758	1769	1775	1786	1797		7	3	3	6	1	4	6	2	5	7	3	5
1809	1815	1826	1837	1843	1854	1865	1871	1882	1893	1899													
1905	1911	1922	1933	1939	1950	1961	1967	1978	1989	1995													
1703	1714	1725	1731	1742	1753	1759	1770	1781	1787	1798		1	4	4	7	2	5	7	3	6	1	4	6
1810	1821	1827	1838	1849	1855	1866	1877	1883	1894	1900													
1906	1917	1923	1934	1945	1951	1957	1962	1973	1979	1990													

B. Schaltjahre

											Jan.	Febr.	März	April	Mai	Juni	Juli	Aug.	Sept.	Okt.	Nov.	Dez.
	1708	1736	1764	1792	1804	1832	1860	1888		1928	1956	1984	7	3	4	7	2	5	7	3	6	1	4	6
	1712	1740	1768	1796	1808	1836	1864	1892	1904	1932	1960	1988	5	1	2	5	7	3	5	1	4	6	2	4
	1716	1744	1772		1812	1840	1868	1896	1908	1936	1964	1992	6	2	3	6	1	4	6	2	5	7	3	5
	1720	1748	1776		1816	1844	1872		1912	1940	1968	1996	1	4	5	1	3	6	1	4	7	2	5	7
	1724	1752	1780		1820	1848	1876		1916	1944	1972	2000	2	5	6	2	4	7	2	5	1	3	6	1
	1728	1756	1784		1824	1852	1880		1920	1948	1976		4	7	1	4	6	2	4	7	3	5	1	3
1704	1732	1760	1788		1828	1856	1884		1924	1952	1980		3	6	7	3	5	1	3	6	2	4	7	2

II.

	1		2		3		4		5		6		7
1	Montag	1	Dienstag	1	Mittwoch	1	Donnerstag	1	Freitag	1	Sonnabend	1	Sonntag
2	Dienstag	2	Mittwoch	2	Donnerstag	2	Freitag	2	Sonnabend	2	Sonntag	2	Montag
3	Mittwoch	3	Donnerstag	3	Freitag	3	Sonnabend	3	Sonntag	3	Montag	3	Dienstag
4	Donnerstag	4	Freitag	4	Sonnabend	4	Sonntag	4	Montag	4	Dienstag	4	Mittwoch
5	Freitag	5	Sonnabend	5	Sonntag	5	Montag	5	Dienstag	5	Mittwoch	5	Donnerstag
6	Sonnabend	6	Sonntag	6	Montag	6	Dienstag	6	Mittwoch	6	Donnerstag	6	Freitag
7	Sonntag	7	Montag	7	Dienstag	7	Mittwoch	7	Donnerstag	7	Freitag	7	Sonnabend
8	Montag	8	Dienstag	8	Mittwoch	8	Donnerstag	8	Freitag	8	Sonnabend	8	Sonntag
9	Dienstag	9	Mittwoch	9	Donnerstag	9	Freitag	9	Sonnabend	9	Sonntag	9	Montag
10	Mittwoch	10	Donnerstag	10	Freitag	10	Sonnabend	10	Sonntag	10	Montag	10	Dienstag
11	Donnerstag	11	Freitag	11	Sonnabend	11	Sonntag	11	Montag	11	Dienstag	11	Mittwoch
12	Freitag	12	Sonnabend	12	Sonntag	12	Montag	12	Dienstag	12	Mittwoch	12	Donnerstag
13	Sonnabend	13	Sonntag	13	Montag	13	Dienstag	13	Mittwoch	13	Donnerstag	13	Freitag
14	Sonntag	14	Montag	14	Dienstag	14	Mittwoch	14	Donnerstag	14	Freitag	14	Sonnabend
15	Montag	15	Dienstag	15	Mittwoch	15	Donnerstag	15	Freitag	15	Sonnabend	15	Sonntag
16	Dienstag	16	Mittwoch	16	Donnerstag	16	Freitag	16	Sonnabend	16	Sonntag	16	Montag
17	Mittwoch	17	Donnerstag	17	Freitag	17	Sonnabend	17	Sonntag	17	Montag	17	Dienstag
18	Donnerstag	18	Freitag	18	Sonnabend	18	Sonntag	18	Montag	18	Dienstag	18	Mittwoch
19	Freitag	19	Sonnabend	19	Sonntag	19	Montag	19	Dienstag	19	Mittwoch	19	Donnerstag
20	Sonnabend	20	Sonntag	20	Montag	20	Dienstag	20	Mittwoch	20	Donnerstag	20	Freitag
21	Sonntag	21	Montag	21	Dienstag	21	Mittwoch	21	Donnerstag	21	Freitag	21	Sonnabend
22	Montag	22	Dienstag	22	Mittwoch	22	Donnerstag	22	Freitag	22	Sonnabend	22	Sonntag
23	Dienstag	23	Mittwoch	23	Donnerstag	23	Freitag	23	Sonnabend	23	Sonntag	23	Montag
24	Mittwoch	24	Donnerstag	24	Freitag	24	Sonnabend	24	Sonntag	24	Montag	24	Dienstag
25	Donnerstag	25	Freitag	25	Sonnabend	25	Sonntag	25	Montag	25	Dienstag	25	Mittwoch
26	Freitag	26	Sonnabend	26	Sonntag	26	Montag	26	Dienstag	26	Mittwoch	26	Donnerstag
27	Sonnabend	27	Sonntag	27	Montag	27	Dienstag	27	Mittwoch	27	Donnerstag	27	Freitag
28	Sonntag	28	Montag	28	Dienstag	28	Mittwoch	28	Donnerstag	28	Freitag	28	Sonnabend
29	Montag	29	Dienstag	29	Mittwoch	29	Donnerstag	29	Freitag	29	Sonnabend	29	Sonntag
30	Dienstag	30	Mittwoch	30	Donnerstag	30	Freitag	30	Sonnabend	30	Sonntag	30	Montag
31	Mittwoch	31	Donnerstag	31	Freitag	31	Sonnabend	31	Sonntag	31	Montag	31	Dienstag

Erläuterungen: Um festzustellen, auf welchen Wochentag ein bestimmtes Datum zwischen 1700 und 2000 fällt, sucht man in obenstehender Tabelle I zunächst unter A (bei Schaltjahren unter B) die Jahreszahl auf; danach geht man in derselben Zeile nach rechts, wo man unter dem betreffenden Monat eine Kennzahl findet. Diese Kennzahl gibt an, in welcher Monatsspalte in Tabelle II das Tagesdatum und der gesuchte Wochentag zu finden sind. Gleichzeitig kann man für den betreffenden Monat auch alle anderen Wochentage ablesen.
Beispiel: Gesucht wird der Wochentag für den 24. Dezember 1969. 1969 findet man unter A in Tabelle I in der achten Spalte, dazu rechts in der Spalte Dezember die Kennziffer 1; für den Dezember 1969 gilt demnach in Tabelle II die Spalte 1, wo für den 24. Dezember Mittwoch angegeben ist.

Einführung des gregorianischen Kalenders

Länder	jul. Kal. bis	gregor. Kal. ab
Spanien, Italien, Portugal, Polen	5. 10. 1582	15. 10. 1582
Frankreich, Lothringen	10. 12. 1582	20. 12. 1582
Holland, Luxemburg	22. 12. 1582	1. 1. 1583
Katholisches Deutschland, Schweiz	1584	1584
Ungarn	22. 10. 1587	1. 11. 1587
Protestant. Deutschland, Dänemark	19. 2. 1700	1. 3. 1700
England	3. 9. 1752	14. 9. 1752
Schweden	18. 2. 1753	1. 3. 1753
Rußland	1918	1918

meinjahr wie das Schaltjahr hat eine schwankende Länge. Es gibt unterzählige Gemeinjahre mit 353 Tagen, gewöhnliche Gemeinjahre mit 364 Tagen, überzählige Gemeinjahre mit 353 Tagen und ebensolche Schaltjahre mit 383, 384 und 385 Tagen. Das Neujahrsfest der Juden, der 1. Tischri, fällt auf den Neumond, der dem Herbstäquinoktium (nach unserem Kalender am 23. 9.) am nächsten kommt. Nebenstehende Tafel gibt eine Übersicht über den j. K.

Kalender, julianischer, das von Julius Cäsar 46 vZ eingeführte Kalendersystem. Das Jahr hatte danach 365 Tage (Gemeinjahr) und fügte alle 4 J. einen Schalttag ein, so daß dieses J. 366 Tage lang ist (Schaltjahr). Als Schalttag rechnete der 24. 2. (und nicht der 29. 2.) eines Schaltjahres. Als Schaltjahre gelten beim j. K. alle durch 4 ohne Rest teilbaren Jahre. Nun entspricht jedoch das wahre tropische Sonnenjahr nicht genau der mittleren Länge des julianischen Jahres von 365,25 Tagen, sondern das tropische Jahr hat eine Länge von 365,2422 Tagen; es ist also kürzer. Im Jahre 1582 war der Fehler schon auf 10 Tage angewachsen; darum verfügte Papst Gregor XIII. die Kalenderreform, nach welcher der ↗ gregorianische Kalender eingeführt wurde.

Kali-Yuga, von yuga (Sk.) = Zeitalter oder Zeitenrunde; nach der indischen Philosophie wird unsere ↗ Evolution in 4 Yugas oder Zeitenrunden geteilt, von denen das jetzige K. Y. heißt und einen Zeitraum von 432 000 J. umfaßt. Das K. Y. begann 3102 vZ mit Krishnas Tod, und der erste Zyklus von 5000 dieses Yugas soll bis 1897/98 gedauert haben.

Der jüdische Kalender
Die Monate

1. Tischri	stets 30 Tage
2. Marcheschwan	29 oder 30 Tage
3. Kislev	29 oder 30 Tage
4. Tebet	stets 29 Tage
5. Schebat	stets 30 Tage
6. Adar	29 oder 30 Tage
6a Veadar	stets 29 Tage
	(gibt es nur in Schaltjahren)
7. Nisan	stets 30 Tage
8. Jjar	stets 29 Tage
9. Sivan	stets 30 Tage
10. Thamuz	stets 29 Tage
11. Ab	stets 30 Tage
12. Elul	stets 29 Tage

Neujahrstage

12. 9. 1969	5730	(Schaltjahr)
30. 9. 1970	5731	
19. 9. 1971	5732	
8. 9. 1972	5733	(Schaltjahr)
26. 9. 1973	5734	
16. 9. 1974	5735	
5. 9. 1975	5736	(Schaltjahr)

Kama (Pali); = Wunsch, sinnliche Liebe, Lust; im Okkultismus meist mit „Sinnlichkeit" übersetzt; man unterscheidet objektives und subjektives K. Objektives K. sind die lieblichen Sinnenobjekte, während subjektives K. die sinnlichen Leidenschaften sind. Buddha: „Fünf Sinnenfreuden gibt es, nämlich: die dem Auge erkennbaren Formen, die erwünschten, begehrten, angenehmen, lieblichen, sinnlichen, berauschenden, die dem Ohre vernehmbaren Töne usw."

Kama-Loka, in der östl. Philosophie das Zwischenreich oder Fegefeuer; bei Rudolf Steiner die Seelische Welt; bei Heindel die Begierdenwelt; bei Annie Besant der Ort der Wünsche und Begierden, der Triebe, die Astralebene, aufgefaßt als die Region des Aufenthalts der Verstorbenen zunächst nach ihrem Tode. — Auch die Sinnenwelt, die halbmaterielle Ebene, die für uns subjektiv und unsichtbar ist, der Hades der alten Griechen, das Land der schweigenden Schatten. Nach Rudolf Steiner hat das K.-L. 7 Regionen, in die der Mensch nach seinem Tode eintritt: 1. Region der Begierdenglut, 2. Region der fließenden Reizbarkeit, 3. Region der Wunschleben, 4. Region der Lust und Unlust, 5. Region des Seelenlichtes, 6. Region der tätigen Seelenkraft und 7. Region des Seelenlebens. ↗ Prinzipien der Welt.

Kama-Manas; der 5. Körper des Menschen (↗ Prinzipien des Menschen) teilt sich in K.-M. und Buddhi-Manas. K.-M. ist die nieder-manasische Kraft, der Wahrnehmungssinn, die Gehirnintelligenz, die Empfindungs-, Verstandes- und Bewußtseinsseele, der Mentalkörper, das persönliche Ich.

Kama-Rupa (Sk.) = Begierdenkörper; im Okkultismus die Begierdenseele, der Astral- oder Begierdenkörper, der empfindende Seelenleib, die tierische Seele. Bei Annie Besant das 2. Prinzip (↗ Prinzipien des Menschen), nach H. P. Blavatsky das 4. Prinzip; bei Paracelsus die tierische Seele, bei Rudolf Steiner "das Ich als Seelenkern" genannt. Metaphysisch und in der esoterischen Philosophie ist K.-R. die subjektive Form, welche durch mentale und physische Wünsche und Gedanken in Verbindung mit Dingen der Materie geschaffen ist, eine Form, die den Tod der Körper überlebt. — Nach Prof. Hauer (Werden und Wesen der Anthroposophie, Stuttgart 1922) gibt es im Sk. kein Hauptwort K.-R., es sei denn, daß der Sk.-Name für das Land Annam gemeint ist. Woher H. P. Blavatsky das Wort K.-R., bei der es zuerst auftaucht, schöpfte, ist ungewiß. Vielleicht ist K.-R. ein westliches Kunstwort (wie z. B. Margarine).

Kamea, ↗ Gemme.

Kamma (Pali) = Wirken; wo in Buddhas Schriften das Wort K., das meist für „tun" steht, gebraucht ist, deutet die Adyar-Theosophie ↗ Karma heraus. Karma (Sk.) und Kamma (Pali) sind an sich identische Begriffe, nur ist in Buddhas Werken vom Karma im heutigen Sinne überhaupt nicht die Rede.

Kandidat, von (lat.) candidus = weiß; in den alten römischen Mysterien waren, wie noch heute in der FM, die Neuaufnehmenden weiß gekleidet, woraus sich der Name K. ergibt. In der FM heißen heute die neuen Mitglieder vor der Einweihung K.en, nach der Einweihung Neophyten.

Kanon (griech.) = Regel, Gesetz; im Buddhismus die Gesamtheit der als „echt" bezeichneten Schriften Buddhas; in der Kath. Kirche die Liste der gebilligten Bücher der Bibel oder die Sammlung der kirchlichen Vorschriften überhaupt; die von Papus (Grundlagen des Okkultismus, Leipzig 1926, Seite 504) angegebene Bedeutung in der FM ist absolut falsch. — **kanonisch**: der Regel oder dem Gesetz entsprechend. — **Kanonische Briefe** (oder Episteln): die 7 Briefe von Petrus, Johannes, Jakobus und Judas im NT.

Kanonen. Im Sprachgebrauch der FM ein mit frmr. Symbolen ornamentiertes Trinkglas in Form eines „Römers". Eine Sammlung alter K.en ist im FM-Museum Bayreuth zu sehen. — Die erste österr. Loge hieß „Aux trois canons" (franz.: Zu den 3 K.en), was soviel wie „Zu den 3 Römern" bedeutet und vielleicht der Name der Gastwirtschaft war, in welcher diese Loge tagte. — Eine „K. feuern" heißt in der FM: trinken.

Kant, Immanuel, 1724—1804; deutscher Philosoph und Metaphysiker; im Okkultismus bekannt auch durch die „Träume eines Geistersehers, erläutert durch Träume der Metaphysik" (1766) und die „Religion innerhalb der Grenzen der bloßen Vernunft" (1793); K. stand auch mit ↗ Swedenborg in Verbindung und hat darüber eine „Erzählung, deren Wahrheit der beliebigen Erkundigung des Lesers empfohlen wird", geschrieben. 1793 verbietet Friedrich Wilhelm II. dem Autor, sich in Schriften oder Vorlesungen mit Fragen der Religion zu befassen; 1827 wird eine italien. Übersetzung seiner „Kritik der reinen Vernunft" auf den ↗ Index gesetzt, wo er noch 1948 stand; 1928 werden Kants Werke in Rußland verboten, 1939 in Franco-Spanien.

Kapelle oder Rittersaal, die spezielle Bez. des Logenraumes im 9. Grad der FM der ↗ Großen Landesloge. Die Einrichtung dieser Loge ähnelt der einer kleinen Kirche; eine seltene Abb. befindet sich in Mellor, Logen, Rituale, Hochgrade (Graz 1967), Seite 193. — Angeblich stammt das Wort K. oder (lat.) capella von (ägypt.) caph-el = Schule des El (El = Sonnengott).

Kapitel, von (lat.) capitulum = kleiner Kopf; in der Kirchensprache die Versammlung oder der Verein, der zu einem Kloster oder Stifte gehörigen Geistlichen; dann auch die Versammlung geistl. und weltl. Orden und Bruderschaften, die sich tägl. zusammenfanden, um ein „Kapitel" aus der Bibel anzuhören. Später von den Templern und von dort in die Hochgrade der FM (z. B. 18. Grad ↗ AASR und Große Landesloge) übernommen.

Kapitelgrade. In der FM nach der Lehrart der ↗ Großen Landesloge die Grade 6 bis 9, die nicht in Logen, sondern in Kapiteln zusammengefaßt sind. Die Kapitelgrade lehren (nach dem Text der Großen Landesloge): 1. die Auflösung des Verborgenen, 2. die Ausübung der Kenntnisse und 3. die Erlangung des Erblohns. – Beim ↗ Droit Humain und beim ↗ AASR allgemein werden die Grade 15 bis 18 als K. bez., bei der engl. FM der Royal-Arch-Grad.

Kapitell oder Kapitäl, der oberste Teil einer Säule, nach welchem die verschiedenen ↗ Baustile unterschieden werden.

Kapitelmeister, der vorsitzende Meister (Präsident) eines Kapitels (einer Kapitelloge) der FM; in der Großen Landesloge werden die K. mit Weiser, Hocherleuchteter oder Erleuchteter Meister angeredet; im AASR ist die Bez. ↗ Athirsata oder Sehr Weiser, beim Royal-Arch-Kapitel Höchst-Exzellenter Zerubabbel oder Erster Prinzipal.

Karana Sarira (oder Sharira), der Kausalkörper oder Karanopadhi; entspricht im Raja-Yoga dem Buddhi und dem höheren Manas, der spirituellen Seele. – K. S. hat an sich eine doppelte Bedeutung: exoterisch ist es Avidya = Unwissenheit oder das, was die Ursache der Evolution des menschl. Egos und seiner Reinkarnation ist; esoterisch hat K. S. die Deutungen des Kausalkörpers. ↗ Prinzipien des Menschen.

Kardan (Ps.) = Emil Hofer; okkulter Schriftsteller. – W.: Wunderkräfte, Olten 1953.

Kardec, Allan (Ps.) = Prof. Hippolyte Rivail, * 1804 Lyon (Frankreich), † 1869 Paris; Begründer des romanischen Spiritismus, Schüler Pestalozzis; nahm das Ps. A. K. an, weil er unter diesem Namen in einer früheren Inkarnation als Bauer in der Bretagne gelebt haben soll. K. wuchs mit bürgerlicher Erziehung in der Schweiz auf; mit 28 J. gründete er in Paris ein pädagogisches Institut, heiratete eine

seiner Lehrerinnen und schrieb einige Schulbücher. Als ab 1850 die Welt von spiritistischer Lit. über die amerikanische Familie Fox überschwemmt wird, wendet sich K. diesem Gebiet zu. In Zusammenarbeit mit den Geistern von Sokrates, Swedenborg und Napoleon schrieb er eine Reihe von Büchern; bald kamen auch noch die Geister von Augustinus, dem heiligen Ludwig, Martin Luther und Pascal als Mitarbeiter hinzu. Seine Bücher hatten einen großen internationalen Erfolg ohnegleichen; zeitweilig hatte K. mehr als 1 Million Anhänger in Europa. 1861 wurde K. vom Erzbischof von Barcelona geächtet. Trotz allem kann K. als ein Mensch betrachtet werden, der sich um die Geheimwissenschaften sehr verdient gemacht hat. Auf seinem Grab auf dem Pariser Friedhof Père-Lachaise steht noch heute ein sog. Menhir (keltischer Druidenstein), der von seinen Verehrern immer mit Blumen geschmückt wird. Sein Grab ist stets von anonymen Bewunderern umlagert, die hier beten und Trost suchen, den sie woanders nicht finden können. Von den vielen Berührungen mit den Fingern zeigt seine Büste schon deutliche Spuren der Abnutzung. – W.: Das Buch der Geister, Wien 1868; Das Buch der Medien, Leipzig 1878; Himmel und Hölle, Berlin 1890; Der Spiritismus in seinem einfachsten Ausdruck, Wien 1864; Der experimentelle Spiritismus, Leipzig 1891.

Kardec

Kardinaltugenden, von (lat.) cardo = die Türangel, also der Hauptpunkt, um den sich alles dreht; daher in der Kirche der Begr. Kardinal für den höchsten Würdenträger nach dem Papst. Die K. nach Cicero sind: Klugheit, Mäßigkeit (Mäßigung), Gerechtigkeit und Stärke; diese K. liegen auch der Lehre der Großen Landesloge zugrunde. Die christl. K. sind: Glaube, Liebe und Hoffnung (vgl. 1. Kor.

13, 13), die die Grundlage des 18. Grades des
↗ AASR bilden.

Karma (Sk.), wirken, tun; in den buddhistischen Pali-Texten: Kamma; ein Begriff, der
zuerst im Buddhismus vorkommt, seit Gründung der TG (1875) jedoch auch von allen
möglichen esoterischen Organisationen, allerdings in ganz anderem Sinne, verwendet wird.
In den buddhistischen Schriften heißt K. immer
„Wirken" ohne den geringsten dogmatischen
Zusammenhang mit Schicksal, so z. B. im
Anguttara-Nikaya VI, 63 (vgl. Nianatyloka, Das
Wort des Buddha, Konstanz 1953, S. 34—37):
„Den Willen bezeichne ich als das Wirken
(kamma bzw. karma), denn mit dem Willen
wirkt man die Tat in Werken, Worten und
Gedanken." Nianatyloka kommentiert das so:
„Denn das Begehren ist es, das allem lebens-
bejahenden Wirken des Menschen zu-
grunde liegt; und dieses Wirken in Werken,
Worten und Gedanken ist es, das je nach
seiner Beschaffenheit den Charakter und das
Geschick des Menschen bestimmt und ihn die
Folgen dieses Wirkens in immer erneuten Existenzen erfahren läßt. Das Dasein gliedert sich
in einen aktiven, verursachenden Karma-Pro-
zeß (kamma-bhava) und seine Auswirkung,
den Wiedergeburtsprozeß (uppatti-bhava)." K.
ist also das Wirken selbst und nicht etwa
das Ergebnis des Wirkens oder gar das
Schicksal des Menschen, wie vielfach von
Esoterikern behauptet wird. Eine besondere
Karma-Lehre gibt es im Buddhismus nicht; die
drei Wurzeln des heilsamen Wirkens (= Karma)
sind: Gierlosigkeit, Haßlosigkeit (Güte) und
Unverblendung (Einsicht). Daher ist auch die
von Dorsch-Giese im Psychologischen Wörterbuch angebene Erklärung falsch: „Das durch
Taten im vorausgegangenen Seinsablauf bewirkte Schicksal." — Bei den Hindus werden
drei Arten von K., d. h. Werken des Menschen,
unterschieden: 1. Taten in früheren Leben, die
noch nicht angefangen haben, sich auszuwir-
ken; diese können in diesem Leben durch Erkenntnis „verbrannt" und so ausgetilgt und
erledigt werden. 2. Taten des gegenwärtigen
Lebens; auch diese können durch das richtige
Leben, das in wahrer Erkenntnis besteht, ge-
tilgt werden. 3. Solche Taten, die schon angefangen haben, Frucht zu tragen, die infolge
hiervon den gegenwärtigen Leib- und Gesamt-
zustand herbeigeführt haben. Diese können
durch nichts aufgehoben werden. Diese wirken sich in einem „richtigen Leben", etwa in
dem eines Sannyasi (Bhikshu), auf Erden voll
aus, und dann kommt keine Wiedergeburt
mehr. — In der „Entschleierten Isis" von H. P.

Blavatsky kommt der Begriff K. überhaupt
nicht und in der „Geheimlehre" nur ganz
selten und beiläufig vor. Erst die Nachfolger
von H. P. B. haben dem Begriff eine besondere Deutung gegeben und ihn in den Mittelpunkt der Adyar-Theosophie gestellt. — Lit.:
Rudolf Steiner, Karma als Schicksalsgestaltung, Freiburg 1955; ders., Die Offenbarungen
des Karma, Dornach 1956; ders., Reinkarnation und Karma, Stuttgart 1961; ders., Wie
Karma wirkt, Freiburg 1954; Karmische Wirkungen, Freiburg 1955; Dr. Gina Cerminara,
Erregende Zeugnisse von Karma und Wiedergeburt, Freiburg; dies., Die Welt der Seele,
Freiburg 1967.

Karma-Yoga, in der Bhagavad-Gita die Bez.
für ein Kapitel über eine spezielle Form des
Yoga; es ist das Yoga des Tuns und der
Werke, ein Handeln ohne Rücksicht darauf, ob
ein Erfolg in Aussicht ist; ein Handeln nur um
des Handelns willen ist frei von Reaktion und
führt so zur Befreiung aus dem ewigen Kreislauf. In diesem Sinne ist die Erlösung vom
Tun nur durch das Tun, nicht aber durch das
Nicht-Tun möglich. Die Idee des K.-Y. zeigt
viele Parallelen zum Christentum, wie es
Christus lehrte; die Tat sagt den Menschen
mehr zu als der religiöse Einkehr. — Lit.:
Swami Vivekananda, Karma-Yoga und Bhakti-
Yoga; Kerneiz, Der Karma-Yoga, München 1950.

Kartenlegen, Kartenschlagen, die Fertigkeit,
Vergangenheit und Zukunft aus den Spiel-
karten zu deuten. Die meisten erschienenen
Anleitungen zum K. weisen allerdings im Vorwort unauffällig darauf hin, daß es sich um
ein bloßes Spiel handelt; indes kann das K.
auch als Konzentrationshilfe in der ↗ Psychometrie dienen und doch zu richtigen Ergebnissen führen. — Die bekannteste und verbreitetste Art der Auflegung der Karten zum
Zwecke des K.s ist, daß man von links nach
rechts je acht Karten in vier untereinander-
liegenden Reihen auslegt. Die Zigeuner ziehen
aus dem Kartenspiel zuerst diejenige Karte
heraus, welche die fragende Person darstellt,
also Herz-Dame, falls es sich um eine Dame
handelt, oder Herz-König, wenn es ein Herr
ist, und legen diese Personenkarte in die Mitte,
auf den ersten Platz; dann läßt man die übrigen Karten nach dem nebenstehenden Schema
folgen, indem man immer die oberste Karte
des Päckchens abhebt und darauf die mit den
Zahlen 2 bis 29 bezeichneten Plätze belegt.
Von den restlichen drei Karten legt man die
30 auf die 22, die 31 auf die 23 und die letzte
auf die erste. Die ersten neun Karten dieses
Schemas sind die wichtigsten des ganzen

Orakels. Die Plätze 3, 6 und 9 sagen über die allernächste Zukunft oder die allernächsten Ereignisse aus. Es sind auch dann Glücks-

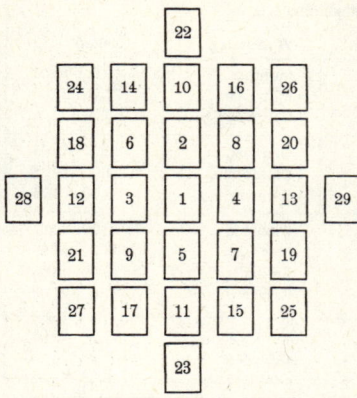

Anordnung der Karten beim Kartenlegen

plätze, wenn die Karten an sich Ungünstiges bedeuten würden. Die Bedeutung der einzelnen Karten des Kartenspiels und ihre Auslegung je nach Lage im Plan oder im Zusammenhang mit anderen Karten kann in den einschlägigen Büchern nachgelesen werden, wobei nur zu beachten ist, daß es eine Vielzahl von Systemen gibt, die jeweils andere Ergebnisse liefern. — Lit.: Karl Spiesberger, Die Kunst, Karten zu legen; Sibylle Amanda, Richtig Kartenlegen leicht gemacht; A. Frank Glahn, Praktische Anleitung zum Erlernen der wissenschaftl. Prophetie aus den Karten, Bad Oldesloe 1925; E. Bartels, Wahrsagen aus den Karten, Berlin o. J. (ca. 1916).

Kasina (Sk.), vielleicht von krtsna = all, vollständig, gesamt; Bez. für ein rein äußerliches Verfahren, die Sammlung und Vertiefung zu erreichen. Es besteht darin, daß man seine volle und ungeteilte Aufmerksamkeit auf einen sichtbaren Gegenstand konzentriert, etwa auf eine bunte Scheibe, einen Fleck Erde, einen Teich oder dergl., bis man schließlich einen geistigen Reflex sowohl bei offenen wie geschlossenen Augen wahrnimmt, das sog. „aufgefaßte Bild". Indem man nun fortfährt, seine konzentrierte Aufmerksamkeit darauf zu richten, entsteht das klare, unbewegliche Gegenbild, und damit ist die „angrenzende Sammlung" erreicht. Indem man aber seine volle Aufmerksamkeit noch immer auf das Objekt

gerichtet hält, erreicht man schließlich einen Zustand, wo alle Sinnentätigkeit ausgeschaltet ist, wo es kein Sehen und Hören, keine körperlichen Eindrücke mehr gibt, nämlich den Zustand der „ersten Vertiefung". Es handelt sich dabei um eine spezielle buddhistische Übung, bei der vor allem leuchtende Gegenstände als Konzentrationsmittel gewählt werden, um den hypnotischen Zustand herbeizuführen. In den Sutten Buddhas sind 10 K.s erwähnt: der Erde, des Wassers, des Feuers, des Windes, der blauen Farbe, der gelben Farbe, der roten Farbe, der weißen Farbe, des Raumes und des Bewußtseins. — Lit.: Grimm, Der Buddhismus, Berlin 1918; Gustav Schröder, Grenzwissenschaftliche Experimente, Freiburg 1960.

Katechismus, von (griech.) kata = wieder und echein = tönen; ursprünglich eine Form des Unterrichts durch Frage und Antwort; dann ein in Fragen und Antworten abgefaßtes Lehrbuch. In der Kirchensprache besonders die so abgefaßte Erklärung der Hauptstücke der Glaubenslehre zum Zwecke des Volksunterrichts. In der deutschen FM ebenfalls Lehrbücher mit Fragen und Antworten aus dem Ritual.

Katharer (griech.) = die Reinen; eine vom Ende des 10. bis Mitte des 15. Jh. in den meisten südl. und westl. Ländern Europas unter verschiedenen Namen verbreitete Sekte. K. nannten sie sich selbst, weil sie die reine, ursprüngliche Lehre Jesu wiederherstellen wollten. Die K. kannten zwei Gottheiten: der gute Gott schuf die himmlische Welt und den himmlischen Menschen; der böse Gott schuf die materiellen Elemente und aus ihnen alle sichtbaren Dinge. Das ⤢ Lectorium Rosicrucianum bezieht sich in seiner Lehre häufig auf die K. — Lit.: Otto Rahn, Kreuzzug gegen den Gral, Stuttgart 1965.

Katharsis, von (griech.) katerein = säubern; die Reinigung. Aristoteles übertrug das Wort auf das Ästhetische und schrieb besonders der Musik und der Tragödie eine reinigende Macht zu; durch Furcht und Mitleid vollbringe diese eine Reinigung der Gemütsstimmungen, d. h. durch die erschütternde Darstellung soll die Seele von selbstischer Leidenschaft befreit werden. — Lit.: Geyer, Die aristotelische Katharsis erklärt, Leipzig 1860.

Kathedrale der Seele (K. d. S.), Bez. für eine mentale Fiktion aus dem ⤢ AMORC. Die K. d. S. stellt eine Imaginationsübung dar, die von Dr. H. Spencer ⤢ Lewis geschaffen und von Charles Dana Dean 1930 veröffentlicht wurde.

Kathedrale der Seele

Zeitplan der täglichen Kontaktdienste in MEZ

Art des Dienstes	Wochentag	Zeiten
Trostspende bei Trauer, Verlust und Enttäuschung	Montag Mittwoch Samstag	18.00–18.05 21.00–21.05 3.00– 3.05
Frieden bei Zwiespältigkeit, Unruhe und Erschöpfung	Dienstag Donnerstag Sonntag	18.00–18.05 21.00–21.05 3.00– 3.05
Stärkung bei Prüfungen, Heimsuchungen, Versuchung und Krankheit	Dienstag Mittwoch Freitag Samstag	3.00– 3.05 15.00–15.05 18.00–18.05 21.00–21.05
Brüderliche und geistige Anteilnahme bei Einsamkeit, Entmutigung und Sorgen	Sonntag Dienstag Donnerstag	21.00–21.05 21.00–21.05 15.00–15.05
Gesundheit bei jeder physischen und mentalen Krankheit, Schwäche oder Ermüdung	Montag Donnerstag Freitag	21.00–21.05 3.00– 3.05 21.00–21.05
Geistige Entwicklung zur Erlangung von Erleuchtung und Lösung von Problemen	Montag Freitag	3.00– 3.05 3.00– 3.05
Gebet zur Verbindung mit Gott, dem Christusgeist und dem Kosmos	Sonntag Mittwoch	18.00–18.05 18.00–18.05
Zusätzlicher Kontakt *, bei dem Beamte der Obersten Loge in Kalifornien anwesend sind	Montag Dienstag Mittwoch Donnerstag Freitag	22.05–22.10 22.05–22.10 22.05–22.10 22.05–22.10 22.05–22.10

* An den gesetzlichen Feiertagen der Vereinigten Staaten von Amerika fallen diese zusätzlichen Kontaktdienste aus.

Quelle: Charles Dana Dean, F. R. C., Buch 777, Die Kathedrale der Seele, Überlingen 1958.

Zu bestimmten Zeitpunkten (vgl. obenstehende Zeittafel der Kontaktdienste) muß der mit der K. d. S. Kontakt suchende Schüler sich zunächst eine große Kathedrale vorstellen; das entsprechende Vorbild ist hin und wieder in den Zeitschriften des AMORC dargestellt. Vor dem (geistigen) Kontakt soll sich der Übende die Hände mit frischem Wasser waschen und einen Schluck kalten Wassers trinken. Dann spricht er folgendes Gebet: „Möge der Göttl. Strom des Kosmos mich von aller Unausgeglichenheit des Denkens und meines Leibes reinigen, damit ich würdig bin, in die K. d. S. einzutreten, um in Reinheit und Würdigkeit ihrer Segnungen teilhaftig zu werden." Dann schließt er die Augen und denkt an die K. d. S., bis er „an einer Kühle der Atmosphäre" feststellt, daß er eingetreten ist in das Heiligtum der Heiligtümer. In den älteren Anleitungen (1958) wird auch noch von Heilung gesprochen, in den neueren Ausgaben ist an dieser Stelle nur von „Harmonisierung und Reinigung unseres Leibes" die Rede. Sobald die festgesetzte Kontaktzeit abgelaufen ist, spricht er: „Möge die Gnade Gottes und der Segen der Meister diese Verbindung heiligen." In diesem Zusammenhang wird der Schüler auch an das Gesetz ⟋ Amra erinnert, wonach für jede Leistung eine kleine (freiwillige) Gabe gespendet werden soll. An der Übung können auch Nichtmitglieder, die das Instruktionsheft auf Anfrage erhalten können, teilnehmen. Die AMORC-Mitglieder werden im 3. Neophytengrad auf die K. d. S., nach der Belehrung über Hypnose und Suggestion, aufmerksam gemacht. Geschichte, Sinn und Zweck der K. d. S. sind in der Broschüre „Buch 777" (vgl. Lit. unten) enthalten. — Die Idee der K. d. S. geht offenbar auf die ⟋ Liberal-Katholische Kirche und Leadbeaters Buch „Wissenschaft der Sakramente" zurück, wo er beschreibt, wie während der Ausübung des Messe-Zeremoniells Gedankenformen entstehen, wie aus ihnen ein den Bau der Kirche weit überragendes Gebilde entsteht, wie Ströme geistiger Kraft durch dieses auf die Menge sich ergießen. Nach J. ⟋ Grasser handelt es sich um eine Art speziellen Spiritismus. Bei der Rosenkreuzer-Gemeinschaft (Heindel-Bewegung) wird auf ähnlicher Grundlage ein ⟋ Heilungsdienst abgewickelt. — Lit.: Charles Dana Dean, Buch 777, Die Kathedrale der Seele, Überlingen 1958, Baden-Baden 1965; J. Grasser, AMORC de France, Paris 1966.

Kausalkörper (oder Ursachenkörper). Von der physischen Ebene her ist der K. weder ein subjektiver noch ein objektiver Körper; dennoch ist er der Mittelpunkt des Ego-Bewußtseins und wird aus Buddhi und Manas gebildet. Nach Alice Bailey wird er erst nach der 4. Einweihung aufgelöst, wenn keine Notwendigkeit mehr für seine Existenz besteht, als Mensch wiedergeboren zu werden; bei Annie Besant ein Teil des Mentalkörpers, auch Karana-Sharira genannt; beim Lichthort der 7. Körper. ⟋ Prinzipien des Menschen, ⟋ Buddhi-Manas.

Kay-I-Rah, von (arab.) Al-Kahirah = Kairo, Hauptstadt von Ägypten; beim ⟋ AMORC das Paßwort des 3. Tempelgrades.

Kedemel (hebr.), eigentlich Kadmiel (vgl. Esra 2, 40) = der Osten Gottes; in der Kabbalah und Magie der Dämon der Venus.

Kedeschen (hebr.), weibliche Geweihte; Prostituierte des Tempels; bei den Griechen Hierodulen (heilige Mägde) genannt.

Kellner, Dr. Karl, angeblich der Erfinder der Cellulose-Fabrikation (so jedenfalls in: Sphinx. Januar 1895); befreundet mit Dr. Franz Hartmann, der die bei der Cellulose-Gewinnung entstehende Kochflüssigkeit zur Behandlung der Tuberkulose verwenden wollte; Dr. K., Theodor Reuß und Franz Hartmann sind die Gründer des ⟋ OTO in Deutschland, teilten sich aber auch die Großmeisterwürden der FM des Ritus Memphis-Misraim.

Kerneïz, C. (Ps.) = Félix Guyot, franz. Yoga-Schriftsteller. — W.: Die Entspannung im Lichte des Yoga, Büdingen 1958; Der Karma Yoga, München 1950; Lehre und Praxis des Hatha-Yoga, München 1952; Der Hatha Yoga, München 1938; Yoga für den Westen, München 1951.

Kerner, Dr. med. Andreas Justinus Christian, 1786—1862, spiritistischer Schriftsteller; um 1921 gab es einen Kernerbund, dessen Generalsekretär Dr. Nordberg in Graz war. — W.: Magikon, Blätter aus Prevorst; Geschichte des Mädchens von Orlach; Die Seherin von Prevorst, Stuttgart 1958; Die Geschichte zweier Somnambulen. — Lit.: Carl du Prel, Justinus Kerner und die Seherin von Prevorst, Leipzig 1913.

Kerning, Johann Baptist (Ps.) = Johann Baptist Krebs, * 12. 4. 1774 bei Villingen, † 2. 10. 1851 Stuttgart; Gründer und langjähriger Meister vom Stuhl der FM-Loge „Wilhelm zur aufgehenden Sonne" in Stuttgart; er besaß eine gewinnende, selbst hinreißende Persönlichkeit, verbunden mit vielerlei geistiger Begabung, die ihn aber verleitete, das Wesen der FM auf mystischen Wegen zu suchen. „Erkenntnis und Wiederbelebung einer prophetischen Kraft im Menschen" waren ihm der letzte Zweck der FM (vgl. Findel, Geschichte der FM, Leipzig, Bd. II, S. 320). Seine beiden Hauptschriften gab er pseudonym heraus: „Maurerische Mitteilungen" (6 Bände, Stuttgart 1831—1840) unter dem Ps. J. M. Gneiting und „Der Freimaurer" (Dresden 1841) unter dem Ps. J. C. Kerning. 1840 stiftete K. die noch heute bestehende Stuttgarter Loge „Zu den 3 Zedern". Ferner ist K. der Schöpfer eines Sabbithengrades, dessen auf der Philosophie des Aristoteles fußende Lehre Sätze und Wörter

(Begriffe) in Töne überführte. Von seinem Schüler und Nachfolger Karl Kolb stammt das sog. Buchstabenbuch nach Kernings Lehre („Die Wiedergeburt, das innere wahrhaftige Leben, oder: Wie wird der Mensch selig?"),

J. B. Kerning

das seinerseits vielen Nachahmern als Grundlage diente. So kann u. a. Sebottendorfs „türkische FM" direkt auf das Buchstabenbuch von Kolb zurückgeführt werden; das gleiche gilt für Weinfurters „Brennender Busch". In den ersten beiden Jahrzehnten des Bestehens der Adyar-TG gehörten die Buchstabenübungen nach Kerning/Kolb zum geheimen Lehrgut des Inneren Kreises. Dr. Franz Hartmann hat sich verschiedentlich sehr abschätzig und sogar warnend über diese Übungen ausgesprochen, da diese sehr leicht die entgegengesetzte Wirkung haben können. K. ist auch der eigentliche Urheber der sog. Ich-Bin-Lehre, wie überhaupt seine zahlreichen mystischen Schriften eine Fundgrube für Sektengründer aller Art bilden. — W.: Ebbe und Flut oder Rhythmus in der Geisterwelt, Lorch 1932; Königsspiegel oder Weisheit als sicherer Ratgeber, Lorch 1932; Der Student, 1911; Lichtstrahlen aus dem Orient. Philosophische Betrachtungen für Freimaurer, 1841; neu herausgegeben von Dr. Franz Hartmann (ca. 1899);

Die Missionäre; Schlüssel zur Geisterwelt, oder die Kunst des Lebens, Lorch 1926; Christentum; Die Grundzüge der Bibel; Betrachtungen über evangelische Wahrheiten für alle Tage, Stuttgart 1851. — Lit.: Gottfried Buchner, Rückblick auf den Lebensgang des Opernregisseurs Johann Baptist Krebs, Lorch 1909; Kernings Testament, veröffentlicht durch Kama, Leipzig 1907; Hans Lienhard, Der Schlüssel der Einweihung, Zürich o. J.; Dr. Franz Hartmann, Geheimschulen der Magie und okkulte Übungen, Leipzig o. J.

Keter oder Kether (hebr.) = die Krone; die höchste der 10 ↗ Sephiroth in der ↗ Kabbalah; entspricht dem ↗ Makroposopus, welches sich in Chochmah und Binah teilt.

Kettenlied, auch Bundeslied genannt; eines der beliebtesten FM-Lieder; Melodie von Mozart (1791), Text von F. W. Wegeler nach einer Vorlage von E. Schikaneder.

Keyserling, Arnold, esoterischer Schriftsteller. — W.: Urstimmung des Gemüts, Innsbruck 1951; (mit Wilhelmine K.) Das Rosenkreuz, Innsbruck 1956.

Keyserling, Hermann Graf von, 1880—1946, deutscher Philosoph; ursprünglich Theosoph

Hermann Keyserling

und mit Annie Besant befreundet; später Gegner der TG und Gründer der Schule der

Feierlich

Br. W. A. Mozart, 1791

1. Brü - der, reicht die Hand zum Bun - de!
Die - se schö - ne Fei - er - stun - de
führ' uns hin zu lich - ten Höhn!
Laßt, was ir - disch ist, ent - flie - hen!
Uns - rer Freund - schaft Har - mo - ni - en
dau - ern e - wig fest und schön,
dau - ern e - wig fest und schön!

2. Preis und Dank dem Weltenmeister,
Der die Herzen, der die Geister
für ein ewig Wirken schuf!
Licht und Recht und Tugend schaffen
Durch der Wahrheit heil'ge Waffen,
:: Sei uns göttlicher Beruf! ::

3. Ihr, auf diesem Stern die Besten,
Menschen all im Ost und Westen,
Wie im Süden und im Nord!
Wahrheit suchen, Tugend üben,
Gott und Menschen herzlich lieben,
:: Das sei unser Losungswort! ::

Das freimaurerische Kettenlied von Wolfgang Amadeus Mozart

Weisheit (ca. 1920). — W.: Das Gefüge der Welt, Darmstadt 1922; Unsterblichkeit, Darmstadt 1920; Das Reisetagebuch eines Philosophen, Darmstadt 1922; Philosophie als Kunst, Darmstadt 1922; Schöpferische Erkenntnis, Darmstadt 1922; Kritik des Denkens, Stuttgart 1948; Das Buch vom Ursprung, 1947; (mit C. Happich) Das Okkulte, Darmstadt 1923; Der Weg zur Vollendung, Mitteilungen der Schule der Weisheit; Der Leuchter (Jahrbuch).

Kg, bei Bibelzitaten die Abk. für eines der Bücher der Könige; da das 1. und 2. Buch der Könige in manchen Bibeln als Bücher Samuel bezeichnet sind, ergeben sich folgende Möglichkeiten:

1 Kg = 1. oder 3. Buch Könige
2 Kg = 2. oder 4. Buch Könige

K. H., in der theosophischen Lit. die Abk. für ↗ Kut-Humi. ↗ Meister.

Khan, Hazrat Inayat * 1882 Baroda (Indien), † 1927; indischer Musiker und Sufi-Apostel, predigte im Westen seit 1920 bis zu seinem Tode den ↗ Sufismus. Sein Gesamtwerk soll 12 Bände umfassen, die von der International Sufi Movement in Genf herausgegeben werden; analog der Theosophie brachte er eine „Lehre von der Einheit aller Dinge und Wesen". — W.: Stufen der Meditation, Weilheim; Das innere Leben, Zürich 1924; Die Schale des Sâki (Sprüche); Aus einem indischen Rosengarten. — Lit.: Memories of Hazrat Inayat Khan, London (anonym); Musharaff Moulamia Khan, Pages in the life of a sufi, London.

Khecari, ein weiblicher Yogi (Yogini) mit der Fähigkeit, durch ↗ Vajroli-Technik nicht nur Vergangenheit und Zukunft zu wissen, sondern auch in der Luft zu wandeln.

Kheri-Heb, von (arab.) kerub = Erzengel und habri = Amtswürde; Titel des Priesters im 10. Tempelgrad (Ipsissimus) des ↗ AMORC.

Khuddaka-Nikaya (Pali) = Sammlung der kurzen Texte; eine der fünf großen Sammlungen (oder Nikayas), die in ihrer Gesamtheit das Suttapitaka bilden; in ihm finden sich speziell die ältesten Stücke der buddhistischen Überlieferung. — Lit.: Kurt Schmidt, Sprüche und Lieder, Konstanz.

Khunrath, Heinrich, * 1555, † 1601; berühmter Kabbalist, Alchemist und Arzt; war Rosenkreuzer; hinterließ ausgezeichnete Werke, das beste davon ist Amphitheatre of eternal Wisdom, 1598. — W.: Wahrhafft. Bericht vom Philosoph. Athanore auch Brauch und Nutz desselben usw., 1615.

Kiesewetter, Carl, 1854—1895; berühmter Theosoph und Mitarbeiter der Zeitschrift „Sphinx". — W.: Geschichte des neueren Okkultismus, Leipzig 1891; Die Geheimwissenschaften, Leipzig 1896; Der Okkultismus des Altertums, Leipzig 1896; Die Rosenkreuzer, Leipzig 1922.

Kilner, Dr. Walter J., 1847—1920; Arzt an einem Londoner Krankenhaus; beschäftigte sich mit der Erforschung der ↗ Aura. W.: The human

atmosphere or the Aura, made visible by the aid of chemical screens, London 1911, 1920, 1926.

Kilner-Schirm, ein mechanisch-chemisches Hilfsmittel, um die Aura sichtbar zu machen; erfunden von Dr. ↗ Kilner; der K. S. enthält in Alkohol gelöstes Dicyanin-Blau.

King, John ↗ John King.

Kircher, Athanasius, 1601—1680; Jesuitenpater und Gelehrter; beschäftigte sich später mit den Hieroglyphen und der Altertumswissenschaft; vollendete das magische Gesamtwerk des ↗ Paracelsus und seines Lehrers ↗ Agrippa von Nettesheim. — W.: Ars magna lucis et umbrae, Rom 1646; Mundus subterraneus, Amsterdam 1678.

Athanasius Kircher

Kissener, Hermann, esoterischer Schriftsteller. — W.: Die Logik der Großen Pyramide; Die Logik von Buchstabe und Zahl; Der verlorene Weg; Saat in den Wind (esoterischer Roman); Saat unter Dornen (Karma-Roman).

K. K., Abk. für ↗ Königliche Kunst.

Klages, Ludwig, 1872—1956; Psychologe, Graphologe; Vertreter der biozentrischen Metaphysik und einer besonderen Charakterkunde; K. hat u. a. den Geist mit dem Verstand identifiziert und damit (wohl zu Recht) zur Kritik herausgefordert. — W.: Mensch und Erde, Jena 1929, Stuttgart 1956; Handschrift und Charakter; Der Geist als Widersacher der Seele.

Kleinodien, in der FM die Bez. für bestimmte Symbole; man unterscheidet bewegliche und unbewegliche K. Bewegliche K. sind: Winkelmaß, Wasserwaage und Senkblei; unbewegliche K.: der rohe, unbehauene Stein, der kubische Stein und das Zeichenbrett des Meisters.

Klgl, bei Bibelzitaten die Abk. für das Buch der Klagelieder.

Klingsor (auch: Klinschor), ein sehr belesener Zauberer, der zuerst in Wolframs „Parzival" als Herzog Terra di Lavoro mit der Residenz Capua und als Verwandter des Zauberer Virgilius auftritt. Die von Wolfram nach der Virgilsage und unbekannten Quellen geformte Gestalt ist im Wartburgkriege und den daraus geflossenen Chroniken K., ein „Meisterpfaffe", ein gelehrter Schwarzkünstler und Teufelsbanner aus Ungerland geworden. Von Hermann Hesse gibt es eine Erzählung „Klingsors letzter Sommer". — Ferner ist K. das Ps. von Dr. Adolf Hemberger als Verfasser des Buches „Experimental-Magie", Freiburg 1967.

Kloß, Georg Burkhard, * 1787, † 1854 Frankfurt; Professor der Medizin und prakt. Arzt; Mitglied der Loge „Zur Einigkeit" in Frankfurt, später sogar Großmeister des Eklektischen Bundes (Reform-FM). Kloß war ein Sammler und Liebhaber alter Drucke und Bücher und besaß die seinerzeit größte Sammlung frmr. Schriften, für deren Erwerb er sein ganzes Vermögen einsetzte. Nach seinem Tode verkauften seine Erben als erstes die große FM-Bibliothek an den Prinzen Friedrich der Niederlande, der gleichzeitig Großmeister der Niederlande war. Die Bibliothek, die bei K. rd. 8000 Bände umfaßte, aber später beträchtlich ergänzt worden ist, wurde während des letzten Krieges von den Nazis geraubt und nach Deutschland gebracht. Nach dem Kriege wurde sie an die holländischen Freimaurer zurückgegeben und steht heute in der Zentrale der niederländischen FM in Den Haag. Das bedeutendste Werk von K. ist seine große Bibliographie der FM-Literatur, die eigentlich nur den Katalog seiner Bibliothek darstellen sollte, aber auch alle ihm sonst noch bekannten Titel, die er nicht besaß, ausweist. — W.: Bibliographie der Freimaurerei und der mit ihr in Verbindung gesetzten geheimen Gesellschaften, Frankfurt 1844; Die Freimaurerei in ihrer

wahren Bedeutung, Frankfurt 1846; Geschichte der Freimaurerei in England, Schottland und Irland 1847; Geschichte der Freimaurerei in Frankreich aus ächten Urkunden dargestellt, Darmstadt 1852/53.

Knauer, Mauritius, * 14. 3. 1613 Weismain, † 9. 11. 1664; Abt des Klosters Langheim im Bistum Bamberg; schrieb von 1652 bis 1658 den ⤴ Hundertjährigen Kalender.

Knigge, Dr. jur. Adolf Franz Friedrich Ludwig Freiherr von, * 16. 10. 1752 Bredenbeck (Hannover), † 6. 5. 1796 Bremen; einer der begabtesten und gelesensten Romandichter seiner Zeit, deren gesellschaftl. Zustände er in seinen verschiedenen Werken mit tiefer Kenntnis und Laune und witzigem Spott darstellte, vor allem aber bestens bekannt durch das in vielen Auflagen erschienene Buch „Über den Umgang mit Menschen" (Hannover 1788), das die Regeln für ein ruhiges, glückliches und nützliches Leben aufstellen will und wohl auch als Vorlage für Dale Carnegies „Wie man Freunde gewinnt" gedient haben mag; daselbst ein Kapitel „Über geheime Verbindungen und den Umgang mit Mitgliedern derselben". Wie K. selbst in seinem Buch „Philo's endliche Erklärung und Antwort auf verschiedene Anforderungen und Fragen, die an ihn ergangen, seine Verbindung mit dem Orden der Illuminaten betreffend" (Hannover 1788) bekennt, hegte er schon in frühen Jahren eine große Neigung zu geheimen Gesellschaften, und so trat er denn, noch nicht 20 J. alt, schon 1772 in Kassel, wo er eine Anstellung als Hofjunker und Assessor der Kriegs- und Domänenkammer gefunden hatte, in eine Loge ein. 1780 wurde er für den ⤴ Illuminaten-Orden gewonnen, der ihm dann eigentlich seine richtige Durchorganisierung zu verdanken hatte. Unter den Illuminaten erhielt K. den Ordensnamen „Philo". Außerdem scheint K. auch den ⤴ Gold- und Rosenkreuzern angehört zu haben. 1784 zog sich K. von allen geheimen Verbindungen zurück. — W.: Über Jesuiten, Freimaurer und deutsche Rosenkreuzer, Frankfurt 1781; Auszug eines Briefes, die Illuminaten betreffend, Leipzig 1794; Aus einer alten Kiste. Originalbriefe, Handschriften und Documente, Leipzig 1853 (herausgegeben von Prof. Dr. Klencke).

Knorr von Rosenroth, Christian, 1636—1689; Dichter, Komponist, Bibelforscher, Staatsmann, Alchemist, Kanzler, Gelehrter; Dichter des kabbalistischen Kirchenliedes „Morgenglanz der Ewigkeit, Licht vom unerschöpften Lichte". — W.: Kabbala Denudata, seu doctrina Hebraeorum transcendentalis et metaphysica atque theologica, Sulzbach und Frankfurt 1677 bis 1684 (3 Teile in 2 Bänden). — Biogr.: in Zeitschrift „Die Vereinigte Großloge", Mai 1955, S. 180—181.

Koch, Dr. Kurt E. (= Emil), Theologe, Gegner des Okkultismus. — W.: Die Magie in der Sicht der Seelsorge, Berghausen 1960; Der Spiritismus aus der Sicht der Seelsorge, Berghausen 1961; Wunderheilungen heute, Berghausen 1959; Seelsorge und Okkultismus, Berghausen 1959.

Kohlo, Konvent von, eine Tagung der ↗ Strikten Observanz auf dem Rittergut Kohlo in der Niederlausitz 1772, auf der die Vereinigung der Strikten Observanz mit den Klerikern Starcks vorgenommen wurde. Zugleich wurde der Herzog Ferdinand von Braunschweig zum Magnus Superior Ordinis und Großmeister „aller Schottischen" Logen erkoren. Das falsche Heermeisterpatent, das Hund vorlegte, wurde von einer besonderen Kommission anerkannt.

Konfuzius (auch: Kon-fu-tse, Kung-fu-tse, Confucius) = (chin.) Meister Kung; 551—478 vZ; berühmter chines. Philosoph, beschränkte sich jedoch auf die Staats- und Sittenlehren und ging metaphysischen Fragen aus dem Wege, daher ist nichts unbegründeter, ihn zu einem Religionsstifter zu stempeln. K. war kein Systematiker, sondern ein Gelegenheitsphilosoph, der Rat erteilte, so oft er darum gebeten wurde, und Antworten gab, sobald man ihn fragte. So erklären sich auch die Widersprüche in manchen seiner Aussprüche. Den Kern seiner Ethik bilden seine fünf ↗ Kardinaltugenden: Menschlichkeit, Rechtlichkeit, Schicklichkeit im religiösen Kultus, Weisheit und Treue. Kaiser Ts'in ließ alle Bücher und sogar Hunderte von Schülern K.s verbrennen, ebenso Kaiser Chi Huang Ti, mit Ausnahme der prakt. Handbücher über Medizin, Wahrsagekunst und Landwirtschaft. — Lit.: Hans-Joachim Schöps, Die großen Religionsstifter und ihre Lehren, München; R. v. Delius, Kungfutse, Stuttgart 1948.

Königliche Kunst, zuweilen mit K. K. abgekürzt; die deutsche Übersetzung von (engl.) Royal Art; seit ↗ Anderson (1723) die Umschreibung für FM, wahrscheinlich weil die FM auf König Salomo zurückgeführt wird. Es gibt aber auch zahlreiche andere Deutungen, die der ↗ Dialektik einen breiten Spielraum lassen. Bô Yin Râ versteht unter K. K. Raja-Yoga, jedoch hat sein Buch mit dem Titel „Die K. K." weder mit FM noch mit Raja-Yoga zu tun. In dialektischen Deutungen bedeutet K. K. auch Alchemie, Neo-Rosenkreuzer, Mystik usw.

Königlicher Bogen, bei der ↗ VGL die Bez. für die Hochgrad-Kapitel vom ↗ Royal-Arch; übersetzungsmäßig (und auch nach dem Ritual) müßte es eigentlich richtiger „Königliches Gewölbe" heißen.

Konjunktion ↗ Aspekt.

Konkordanz (auch: Concordanz), von (lat.) concordare = übereinstimmen; ein Verzeichnis aller Wörter und Gedanken, die in einer Schrift vorkommen, mit bestimmter Bez. der betr. Stellen, namentlich bei der Bibel. Man unterscheidet hier Verbal- und Realkonkordanzen. Erstere geben eine alphabetische Ordnung aller in der Bibel vorkommenden Wörter und Redensarten mit Angabe von Kapitel und Vers; die letzteren geben eine geordnete Zusammenstellung aller auf einen bestimmten Gedanken oder Gegenstand bezüglichen Stellen. Eine der besten Bibelk.en ist die von Büchner (Jena 1757), die mit Verbesserungen noch heute erscheint. — K. heißt auch eine von Adolf Widmann 1878 verfaßte Übersicht und Gegenüberstellung der Geheimlehren der 10 Grade der Großen Landesloge. Diese K. existiert nur als Manuskript und wird nur bei der Großloge aufbewahrt; die einzelnen Logen oder Brüder dürfen sie nicht besitzen. Es handelt sich um einen roten DIN-A-4-Band mit 192 Seiten, welcher mit dem Stichwort ↗ Akazie beginnt und mit ↗ Zirkel endet.

Konsekration, von (lat.) com = mit und sacrare = heiligen; in der zeremoniellen Magie der Teil des Rituals, der einen Gegenstand für einen magischen Zweck weiht; der K. geht die ↗ Purifikation voraus. — In der FM heißt K. die Einweihung neuer Logen, namentlich bei den Hochgraden. — Bei den Römern hieß K. (consecratio) die Erhebung eines berühmten Menschen zur Gottheit, erstmals vorgenommen bei Julius Cäsar.

Konsolamentum. Das Wort kommt in der Lit. des ↗ Lectorium Rosicrucianum vor und soll danach bei den ↗ Albigensern und ↗ Katharern so viel wie „Aufnahme in das neue Land" bedeutet haben.

Konstellation, von (lat.) com = zusammen und stella = Stern; in der Astrologie die gegenseitige Stellung von Gestirnen; sonst auch die Gesamtheit der Faktoren, die für einen Vorgang, einen Zustand usw. wichtig sind.

Konstitution, in der FM das für einen bestimmten Orden oder eine bestimmte Großloge gültige Gesetzbuch oder die Verfassung; entspricht praktisch den Satzungen, die sich ein Verein gibt.

Konstitution des Menschen, — der Welt, die Lehre von der Gliederung des Menschen (bzw. der Welt) nach okkulter Auffassung. ⌁ Prinzipien des Menschen, ⌁ Prinzipien der Welt.

Kontemplation, von (lat.) com = zum und templum = Tempel; in der Sprache des Okkultismus die innere Betrachtung; Selbstversenkung in geistige Inhalte; besonderer Bewußtseinszustand; teils auch für Beschaulichkeit. — Lit.: von Mangoldt, Meditation und Kontemplation aus christl. Tradition; Dr. Erwin Zippert, Vom Gleichgewicht der Seele, Ulm 1958.

kontinuierliches Bewußtsein. Begriff in der Anthroposophie, ⌁ Traumleben, Pflege des T.s.

Konvent, von (lat.) com = zusammen und venire = kommen; in der FM bestimmte Zusammenkünfte zwecks Regelung gemeinsamer Ordensfragen, namentlich bei den Hochgraden. Bei der franz. FM heißen auch die Großlogentage, die jährlich stattfinden, K. — Historisch berühmt sind die K.e von Altenberge (1764), von Kohlo (1772), von Braunschweig (1775), von Leipzig (1777), von Lyon (1777), von Wolfenbüttel (1778) und von Wilhelmsbad (1782).

Konvokation, von (lat.) com = zusammen und vocare = rufen; die Einberufung einer Versammlung; dann auch die Versammlung selbst. In der engl. Landeskirche war Convocation im Mittelalter die Bez. für die Provinzialsynoden. Später von manchen Rosenkreuzern übernommen, so von SRIA, AMORC usw., wo man ebensogut Versammlung sagen könnte.

Konzentration, von (lat.) com = zusammen und centrum = Mittelpunkt; in einem Punkt vereinigen; Sammlung, Einengung, Beschränkung, Aufmerksamkeit mit besonderer Willensanspannung (oder Ausschaltung des Tagesbewußtseins), zusammenfassendes Denken. Das Wort K. hat bei den einzelnen esoterischen Richtungen eine durchaus verschiedene Bedeutung, so daß das bloße Wort K. in esoterischen Zusammenhängen zunächst gar nichts aussagt, vielmehr erst die Definition geprüft werden muß. Im Sinne der ⌁ Neugeist-Lehre ist K. die Zusammenfassung aller körperlichen, intellektuellen und sittlichen Energien im Streben nach Vervollkommnung, Selbstverwirklichung und wahrem Menschentum. In der Anthroposophie ist K. die erste von vier Vorbedingungen (Pfaden) zur Schülerschaft. Was in der Anthroposophie hierunter verstanden wird, bezeichnen andere Schulen jedoch als ⌁ Meditation. Zur Durchführung der K. ist es nach den Lehren R. Steiners nötig, daß der einzelne sich zum Zwecke geeigneter Übungen von den Eindrücken der Sinnenwelt abwende; er muß wenigstens für Augenblicke der inneren Ruhe sorgen, etwa fünf Minuten morgens, ehe er an die Arbeit geht (d. h. anstelle des Morgengebetes beim Christen). Er sollte für diese Zeit aus dem Alltäglichen heraustreten und nun, was er innerlich erlebt, was er etwa leidet, seine Sorgen und Erfahrungen an der Seele vorüberziehen lassen. Man kann diese Übungen durchaus mit jenen vergleichen, die schon Pestalozzi mit seinen Schülern vornahm. Man beschäftigt sich also in diesem Augenblicken nicht mit den Angelegenheiten des eigenen Ich, sondern mit irgendeinem Gegenstand oder einer Vorstellung etwas Erlebten, das in der Seele nachklingen soll. Eine Blume, ein Tier können danach irgend etwas enthüllen. Sehr wichtig dabei ist noch, daß man seine eigenen Erlebnisse objektiviert, d. h. so behandelt, als hätte man sie nicht selbst erlebt, sondern irgend ein anderer statt unser geredet und gehandelt. Erst die nächste Stufe danach heißt bei Steiner Meditation. Die beste Anleitung zur Konzentration gibt jedoch Buddhas „Lehrrede von der Vergegenwärtigung der Achtsamkeit" (Satipatthana-Sutta), die sich an zwei Stellen des Pali-Kanons findet: in der „Mittleren Sammlung" (Majjhima-Nikaya) als 10. Rede und in der „Langen Sammlung" (Digha-Nikaya) als 22. Rede. — Lit.: Iranschähr, Konzentration und Meditation; K. O. Schmidt, Wie konzentriere ich mich?; O. A. Isbert, Konzentration und schöpferisches Denken, Heidenheim; R. Gerling, Kunst und Konzentration; Dr. phil. Erwin Zippert, Vom Gleichgewicht der Seele, Ulm 1958; André Sonnet, Die Praxis der Konzentration und Meditation; Swami Sivananda Sarasvati, Konzentration und Meditation; Edith Hornung, Wege zur Selbstentfaltung; F. Tanner, Der Knoten im Taschentuch, 1965; Nyanaponika, Satipatthana, Konstanz 1950.

Konzil des Trostes und der Hilfe, gewöhnlich mit KTH abgekürzt; eine besondere Abt. des ⌁ AMORC, die auf der Grundlage des sog. Gesetzes ⌁ Amra arbeitet; praktisch eine Art Heilungsdienst. An das KTH kann sich jeder wenden, der geistige Hilfe braucht oder Sorgen hat; materielle Hilfe wird nicht gewährt. Das KTH arbeitet ohne feste Beiträge, sondern hängt vom guten Willen und von freiwilligen Gaben derjenigen Menschen ab, die seine Segnungen (= Heilungen) erkannt haben. Sobald man sich mit dem KTH in Verbindung gesetzt und Geld eingesandt hat, erhält man eine Bestätigung, daß der Fall bearbeitet wird; alle zehn Tage ist danach bis zur völligen Heilung ein Bericht einzusenden. Das KTH empfiehlt außerdem seinen Hilfesuchenden,

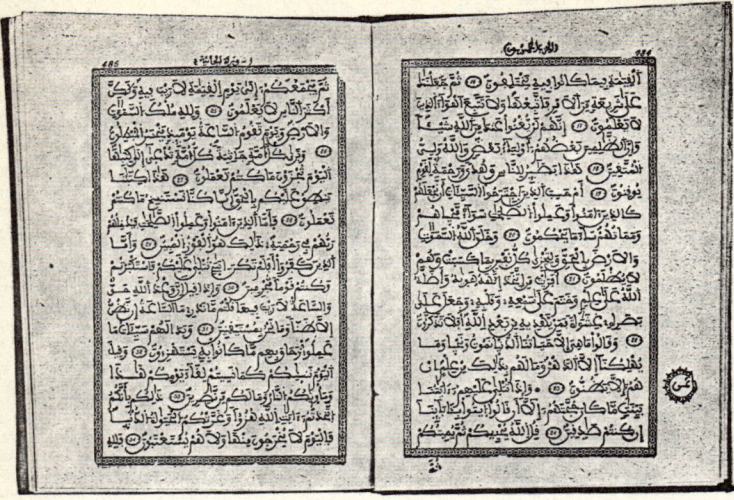

Seiten aus dem arabischen Koran

eine Sparbüchse anzulegen und den Inhalt laufend dem sog. Bruderhilfefonds zur Verfügung zu stellen; ein Nachweis für die Verwendung der Gelder im einzelnen wird nicht gegeben.

Koran, von (arab.) Qur'an = Verkündigung; die heilige Schrift der Mohammedaner, offenbart durch den Propheten Mohammed durch Allah (Gott) persönlich. Diese Offenbarung unterscheidet sich jedoch von der Jehovas an Moses. Mohammed predigt die Einheit Gottes und verehrt Christus von diesem getrennt als Issa ben Yussuf (= Jesus, Sohn von Joseph). Der K. ist eine großartige Dichtung, angefüllt mit ethischen Lehren, welche Glaube, Liebe und Barmherzigkeit verkünden. — Lit.: Dr. L. Ullmann, Der Koran, Krefeld 1840; Der Koran, Reclam Nr. 4206—4210.

Kordon (franz.), das Ordensband; in der FM das von den Logenbeamten um den Hals getragene breite Band, an welchem die Beamtenabzeichen hängen; bei den Hochgraden auch ein Teil der rituellen Bekleidung.

Körper(s), die Körper des; in der Theosophie eine der Bezeichnungen für die konstitutionellen Teile der menschlichen Natur. ⚹ Prinzipien des Menschen.

Korrespondenzloge. Die Studienzirkel der Adyar-TG bezeichnen sich meist als Logen,

obwohl sie im Sinne dieses Begriffes nichts mit ihnen gemein haben. Während die normalen TG-Logen aus ortsansässigen Theosophen bestehen, werden die Korrespondenzlogen von verstreut wohnenden Mitgliedern, die durch eine Art Fernunterricht und durch mentalen Kontakt geschult werden, gebildet. Die Loge Bad Harzburg der Adyar-TG ist z. B. eine reine K.

Kosmisch dichte Ebene ⚹ Physische Ebene, ⚹ Prinzipien der Welt.

Kosmobiologische Forschungsgesellschaft, gegründet 1949 mit der Aufgabe, „den Wahrheitsgehalt des astrologischen Wissensgutes auf Grund stattgefundener Ereignisse zu prüfen". — Es handelt sich also um Astrologie und nicht um Kosmobiologie.

Kosmogenesis (griech.) = Weltentstehung; Titel des 1. Bandes der Geheimlehre von H. P. Blavatsky.

Kosmogonie (griech.) = Weltschöpfung; Wissenschaft der Gesetze, die den Kosmos beherrschen.

Kosmologie (griech.) = Lehre vom Kosmos; kommt auch im Titel eines Buches von Rudolf Steiner vor: „K., Religion und Weltschöpfung" (1922).

Kosmos (griech.) = Weltall; die Welt als geordnetes harmonisches Ganzes; das Universum, zum Unterschied von der Welt, welche nur unseren Globus bezeichnet.

Kosmosophie (griech.) = Weisheit vom Kosmos. — Lit.: (anonym) Kosmosophie. Forschungen und Texte zur Geschichte des Weltbildes der Naturphilosophie, der Mystik und des Spiritismus vom späten Mittelalter bis zur Romantik, Wiesbaden 1962; Rudolf Steiner, Anthroposophie und Kosmosophie, Dornach 1955.

Koua, die Trigramme des Fu-Hi (sagenhafter Gründer des chinesischen Reiches; 2852 bis 2738 vZ); ein chinesisches Universalsymbol. Die nebenstehende Zeichnung des K. wird wie folgt gedeutet:

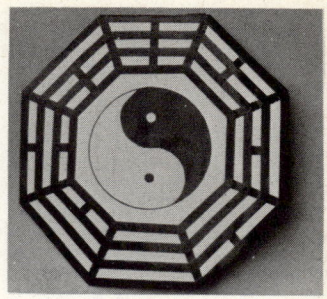

Koua

───── Die Eins, das Einheitliche, das Unteilbare, das Absolute, das Geistige, die auslösende Ursache, das Unerkennbare.

── ── Das Zusammengesetzte, Unterschiedliche, Teilbare, Relative, die Materie, die bewirkten Ergebnisse, das für die Augen Sichtbare (die beiden Augen).

═════ Scharfsinn, Intelligenz, Sonne, Feuer.

══ ═ Stille, Empfindlichkeit, Mond, Wasser.

═══ ═ Wachsamkeit, Unterscheidung, Fixsterne, Luft.

═ ═ Ruhe, Schlaf, Planeten, Erde.

Auch komplexere Ideen können durch diese Zeichen leicht dargestellt werden:

═════ Himmel, das Prinzip jeder Tätigkeit in den drei Welten: der geistigen, animalischen und materiellen.

═══ Dampf, höhere Materie.

═══ Feuer, Wärme, Verdünnung, Ausdehnung.

═ ═ Donner, geballte Glut.

═══ Wind, bewegliche Geistigkeit.

═ ═ untere Wasser, Körperkreislauf.

═ ═ Gebirge, geistig gestützte Materie.

≡ ≡ Materie, die den äußeren Einwirkungen ausgesetzte Passivität.

In der Mitte der acht Felder liegt die Figur des Tai-Khi, das Symbol der schöpferischen Gegensätze in der dualen Einheit, die die Trinität wiedergibt.

Das Koua des Fu-Hi

Kraftleib, andere Bez. für ↗ Linga sharira.

Krause, Karl Christian Friedrich, * 14. 5. 1781 Eisenberg, † 27. 9. 1832 München; deutscher Philosoph und Schüler Schellings und Fichtes; einer der berühmtesten und gelehrtesten deutschen Freimaurer, der allerdings von der profanen Masse der deutschen Freimaurer nicht verstanden, sondern sogar noch verfolgt worden ist. Um die Herausgabe seines Hauptwerkes „Die drei ältesten Kunsturkunden der Freimaurerbrüderschaft" zu verhindern, machten die Hamburger und Berliner Großlogen den (allerdings vergeblichen) Versuch, ihn mit Geld zu bestechen, indem man ihm eine von ihm selbst zu bestimmende Summe für das Manuskript bot. Der Ausgangspunkt seiner Philosophie ist derselbe wie der des Descartes, der Zweifel an all dem, was uns die sinnliche Erfahrung zeigt, und wie bei Descartes gelangt er schließlich zu dem festen Punkt, von dem alle philosophische Erkenntnis ausgehen muß, zu dem, was er „Selbstschauung" nannte oder was man heute meist innere Wahrnehmung nennt. Von da erhebt sich der menschliche Geist auf analytischem Wege, von den besonderen zu immer allgemeineren „höherwesentlichen" Erkenntnissen, weiterhin zur Erkenntnis der Welt, welche die unendliche Vernunft, die unendliche Natur und die an beiden teilhabende, gleichfalls unendliche Menschheit umfaßt, und gelangt schließlich zur Erkenntnis Gottes oder des Wesens, das der Grund und die Ursache der Welt ist. K. nennt seine Lehre Panentheismus oder All-in-Gott-Lehre, im Gegensatz zum Pantheismus, der Weltganzes und Gott gleichsetzt. — W.: Höhere. Vergeistigung der echt überlieferten Grundsymbole der Freimaurerei, Dresden 1811; Das Urbild der

Menschheit, Dresden 1811; Tagblatt des Menschheitslebens, Dresden 1811. — Lit.: Br. Martin, Karl Christian Friedrich Krause's Leben, Lehre und Bedeutung, Leipzig 1881/82.

Krebs, J. B. ↗ Kerning, J. B.

Kreis, in der Symbolik das Zeichen für Unendlichkeit und Universalität; zuweilen auch als Schlange, die sich in den Schwanz beißt, dargestellt. — Ein **Punkt im Kreis** bedeutet die manifestierte Idee.

Kreuz, im Christentum das Symbol des tiefsten Schmerzes und des höchsten Heils; als Erkennungszeichen der Christen schon im 3. Jh. gebräuchlich durch das Bekreuzigen (wie noch heute bei den Katholiken). Durch die Kreuzzüge wurde das K. das Abzeichen der geistlichen und dann von diesen auch der weltlichen Orden. Das ganze Mittelalter hindurch, ja teilweise bis auf die Gegenwart, hat man dem K. geheime Kräfte zugeschrieben und es als ein Schutzmittel gegen böse Geister gebraucht; daher das Kreuzzeichen über manchen Haus- und Stalltüren der Bauern, welches zu Walpurgis erneuert wird. Das K. dient auch den heidnischen Völkern in den verschiedensten Formen zur Darstellung von Naturkräften und Sinnbildern des Götzendienstes. In den drei symbolischen Graden (1—3) der landläufigen FM kommt das K. nicht vor, jedoch in der christl. FM der Großen Landesloge; in den Hochgraden sind die verschiedensten Formen von K.en gebräuchlich. Die Grundformen der verschiedenen K.e sind in der nebenstehenden Tafel dargestellt. — Lit.: Stockbauer, Kunstgeschichte des Kreuzes, Schaffhausen 1870; Biedermann, Die Kreuze in der Heraldik, in: Jahrbuch des heraldisch-genealogischen Vereins Adler, Wien 1874; Zöckler, Das Kreuz Christi, Gütersloh 1875; E. v. Bunsen, Das Symbol des Kreuzes bei allen Nationen, Berlin 1876.

Kreuzigung. In der symbolischen und esoterischen Sprache bedeutet K. den Verlust aller äußeren Dinge des Lebens, die keinen Wert für die Persönlichkeit haben. Sobald die Prüfung erreicht ist, wird die Seele des Eingeweihten so stark und sein Charakter so fest, sein inneres Wissen so groß, sein Sinn für Werte so verändert, daß er bereitwilligst diesen Preis zahlt. Im Kreise der ↗ Einweihungen ist die K. die 4. Stufe.

Kreuzzeichen (abgekürzt: KZ), eines der verschiedenen Erkennungszeichen der Mitglieder des ↗ AMORC; das KZ wird wie folgt ausgeführt: Die rechte Hand wird etwa 30 cm ent-

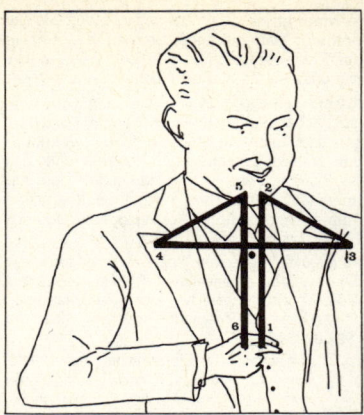

Die Ausführung des Kreuzzeichens; die Hand wird von 1 entlang der fetten Linie nach 6 geführt.

fernt vom Körper in Brusthöhe erhoben. Mit Ausnahme des Daumens und der ersten zwei Finger ist die Hand geschlossen. Das KZ wird nunmehr gegeben, indem die Hand senkrecht aufwärts geführt wird bis zur Höhe des Kinns, dann schräg abwärts zur linken Schulter, dann waagerecht zur rechten Schulter, dann wieder schräg aufwärts zur Kinnhöhe und schließlich senkrecht abwärts (vgl. Abbildung). — Das Zeichen wird nie auf dem Körper, sondern immer vom Körper weg gegeben.

Krishna (Sk.), der berühmteste Avatar von Vishnu, der Erlöser der Hindus und ihr populärster Gott; er ist der 8. Avatar, der Sohn von Devaki und der Neffe von Kansa, dem indischen König Herodes. Die Geschichte von Krishnas Geburt, Kindheit und Leben ist die genaue Vorlage für die Geschichten des NT. Die Missionare versuchten jedoch zu zeigen, daß die Hindus die Geschichte von den ersten Christen, die nach Indien kamen, bloß übernommen hätten. — Lit.: Schuré, Die großen Eingeweihten; Rudolf Steiner, Markus-Evangelium, Vortrag 5 und 6; Abd-ru-shin, Verwehte Zeit erwacht, Band 1, Stuttgart.

Krishnamurti, Jiddu (Ps.) = Juddu Nariahna, * 1895; Sohn eines bei Annie Besant in Adyar angestellten Schreibers. Leadbeater erklärte dem Vater, daß sein Sohn die Reinkarnation des allseits erwarteten neuen Weltenlehrers sei, so daß Annie Besant den Jungen adoptieren und Leadbeater die entsprechende Ausbildung vornehmen konnte. Bereits 1885 hatte

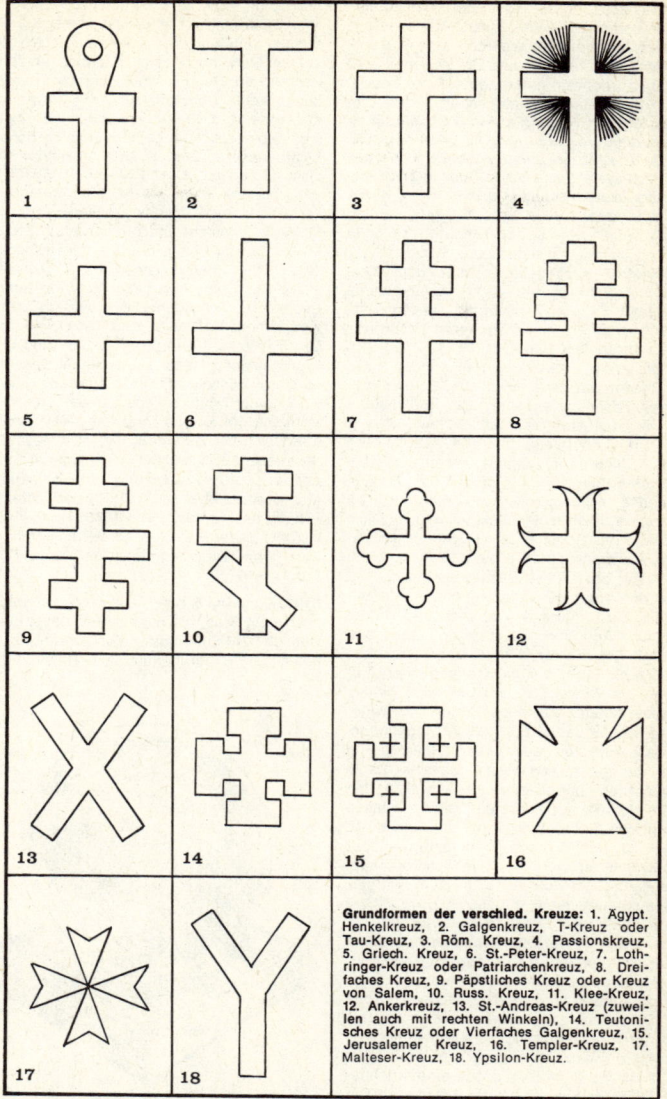

Grundformen der verschied. Kreuze: 1. Ägypt. Henkelkreuz, 2. Galgenkreuz, T-Kreuz oder Tau-Kreuz, 3. Röm. Kreuz, 4. Passionskreuz, 5. Griech. Kreuz, 6. St.-Peter-Kreuz, 7. Lothringer-Kreuz oder Patriarchenkreuz, 8. Dreifaches Kreuz, 9. Päpstliches Kreuz oder Kreuz von Salem, 10. Russ. Kreuz, 11. Klee-Kreuz, 12. Ankerkreuz, 13. St.-Andreas-Kreuz (zuweilen auch mit rechten Winkeln), 14. Teutonisches Kreuz oder Vierfaches Galgenkreuz, 15. Jerusalemer Kreuz, 16. Templer-Kreuz, 17. Malteser-Kreuz, 18. Ypsilon-Kreuz.

H. P. Blavatsky im „Schlüssel der Theosophie" auf den kommenden Weltheiland hingewiesen: „... Der Sendbote der Wahrheit wird eine vorbereitete Menschheit finden. Die Wahrheit wird eine Ausdrucksform finden, eine Organisation, die auf den Sendboten eingestellt ist, die ihm alle materiellen Hindernisse und Schwierigkeiten aus dem Wege räumt." Die Wahl des Jungen für den vorgesehenen Zweck entsprach auch der Praxis der Lama-Priester in Tibet, die ebenfalls einen Knaben auswählen, um ihn zum künftigen Dalai-Lama zu erziehen. In Europa wurde K. als der wiedergekommene Christus, in Asien als der Lord Mätreya oder Boddhisattva ausgegeben. Unter dem Titel „Risse im Schleier der Zeit" veröffentlichte Leadbeater in der Zeitschrift „Theosophist" eine Artikelserie über die früheren Leben des Jungen zurück bis zum J. 21000 vZ. Im J. 1910 fand die erste Einweihung des Jungen statt; Frau Besant war zwar zu diesem Zeitpunkt in Benares, behauptete aber, die Einweihung habe in Tibet stattgefunden, wohin sich der Junge und Leadbeater in ihren Astralleibern begeben hätten. Im selben J. erschien eine Schrift des Jungen unter dem Titel „Zu den Füßen des Meisters"; K. war damals 15 J. alt und konnte noch keinen Satz korrekt englisch sprechen. Die Sprache des Büchleins ist dagegen ausgesucht schön und kann nur von Leadbeater oder Annie Besant stammen. 1912 klagte der Vater gerichtlich gegen Annie Besant auf Zurückgabe des Knaben und Aufhebung der Adoption, da bekannt geworden war, daß Leadbeater dem Knaben Praktiken beigebracht hatte, die nach allgemeiner Auffassung als verwerflich und unsittlich gelten. In erster Instanz siegte der Vater, in zweiter Instanz wurde das Urteil jedoch aufgehoben. Um das Auftreten des neuen Heilands im Sinne des oben erwähnten Blavatsky-Zitats vorzubereiten, hatte Annie Besant 1910 den „Orden des Sterns im Osten", später einfach „Orden des Sterns" genannt, gegründet. Ab etwa 1928 trat K. dann selbständig in der Öffentlichkeit auf, verkündete jedoch überhaupt nichts Neues, so daß seine große Anhängerschar mehr und mehr enttäuscht wurde. 1929 löste K. selbst den Orden des Sterns auf und distanzierte sich von dem Rummel um seine Person. Seitdem lebt K. zurückgezogen in Kalifornien und unternimmt jährlich eine Vortragsreise, die ihn hin und wieder auch nach Europa führt. Durch seine Tagungen in der Schweiz hat er auch im deutschsprachigen Raum wieder eine größere Anhängerschaft gewonnen, und in Hamburg gibt es sogar eine Krishnamurti-Arbeitsgemeinschaft, die die alten Ideen

propagiert und in enger Verbindung zum Hauptquartier in Kalifornien steht. K.s Philosophie gipfelt in der Erkenntnis: „Ich kenne keinen Gott, noch einen Glauben an ihn, ich kenne kein Dogma, noch seinen Zwang, ich kenne keine Religion, noch die Furcht davor, ich kenne kein Königtum, noch seinen Zwang." (vg. Liebstoeckl, Die Geheimwissenschaften im Lichte unserer Zeit, S. 361). In seiner Schrift „Das Leben als Ziel" (Düsseldorf 1928) heißt es: „Religion — so wie ich sie verstehe — ist erstarrtes menschliches Denken, woraus die Menschen Tempel und Kirchen erbaut haben." — W.: Zu den Füßen des Meisters, Düsseldorf 1912; Der unsterbliche Freund, Düsseldorf 1928; Der Sang des Lebens, 1931; Religiöse Revolution; Schöpferische Freiheit; Gedanken zum Leben; Vertrauen zum Leben; Königreich Glück; Die Auflösung des Ordens des Sterns, Neubabelsberg 1929. — Lit.: Annie Besant, Die Meister, Düsseldorf 1912; Giorgio Hermann, Krishnamurti, neue Wege zur Selbstbefreiung; Veritas, Mrs. Besant and the Alcyone case, London 1913; Eugène Lévy, Mrs. Besant and the present crisis in the Theosophical Society, London 1913; Thompson, The Theosophy of Mrs. Besant, Mysore 1913; Charles Blech, Le Procès de Madras, Paris 1913; Dr. F. K. Steinberger, Esoteriker des Westens, Lorch 1953; Karl Rohm, Die Truggestalt der Annie Besant, Lorch 1916.

Kristallkugeln, 5 bis 7 cm große Kugeln aus normalem Glas, die bei der Selbsthypnose, bei Hellseh-, Meditations-, Konzentrations- und sonstigen Experimenten als Hilfsmittel der

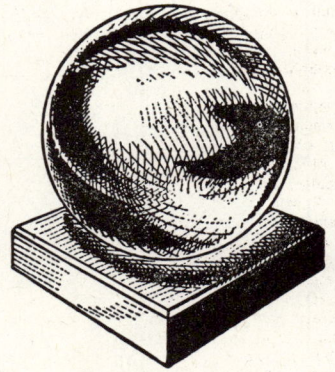

Handelsübliche Kristallkugel

Aufmerksamkeit dienen. Einen eigenen, magischen Zweck haben die K.n nicht.

Kristallsehen. Eine aus der indischen Parapsychologie übernommene Methode, durch Beschauen eines Kristalls sich in eine Art somnambulen Zustand zu versetzen, in welchem aus dem Kristall Bilder geschaut werden. —

Kritik, von (griech.) kritein = trennen, beurteilen; einer der in der Theosophie und im Okkultismus am meisten mißverstandenen Begriffe; K. ist zunächst die Beurteilung und Prüfung eines Gegenstandes; dann die Fähigkeit oder Kunst der Beurteilung und endlich die wissenschaftl. Darstellung der aus der Natur eines Gegenstandes hervorgehenden Regeln, nach denen seine Wahrheit beurteilt werden kann. K. ist damit namentlich in der Theosophie das treffende Mittel, Wahrheit und Unwahrheit zu unterscheiden, wie es als Voraussetzung von H. P. Blavatsky und allen großen Interpreten der Theosophie gefordert wurde. Kennzeichen des Dogmatikers ist dagegen, daß er sich jeder sachlichen K. widersetzt.

Kritizismus. Seit Kant die Methode der Philosophie, die der Konstruktion eines systematischen Wissens eine erkenntnis-theoretische Untersuchung vorangehen läßt. K. ist daher kein Skeptizismus, sondern im Gegenteil von der Gültigkeit der apriorischen Erkenntnungselemente überzeugt. Vom Übersinnlichen sagt der K. nur, daß es wohl unerkennbar, aber denkbar sei und in „praktisch-sittlicher Absicht anerkannt zu werden vermag" (Kant).

Kriya-Yoga (Sk.) = Yoga des Handelns; lt. Sacharow „die Quintessenz des ↗ Raja-Yoga". — Lit.: Yogiraj B. Sacharow, Kriya-Yoga, 1959; Sarasvati, Kriya-Yoga; Otto-Albert Isbert; Yoga-Sadhana, Heidenheim.

Krone, das Symbol der Erhabenheit und Überlegenheit über die niedere Natur; in ihrem höchsten Aspekt steht sie für die Kraft der Atma. Die K. (hebr.: Kether) ist in der Kabbalah (Sohar III, fol. 288) als ↗ Sephirot das Prinzip aller Prinzipien, die geheime Weisheit, die höchsterhabene Krone, mit der alle Kronen und Diademe verziert sind. — Die K. ist auch in der FM der Großen Landesloge ein mehrfach vorkommendes Symbol; so gehört zur rituellen Bekleidung des Ordensmeisters eine K., die nach 2. Mos. 39, 30 gebildet ist. Im 4. Grad ist die K. nur als Wandschmuck symbolisch angedeutet und stellt als K. des Lebens die christl. Lehre dar; vom 5. Grade an kommt sie in allen Graden in irgendeiner Form vor, jeweils unterschiedlich gedeutet.

Kröner, Dr. med. Walther, Arzt in Baden-Baden und Vertreter des magischen Idealismus; trat zusammen mit Schrenk-Notzing und Tischner positiv für den Spiritismus ein. — W.: Die Wiedergeburt des Magischen, Leipzig 1938; Die Metabiologie Gustav Jaegers, Ulm 1955; Gedanken über die Messung feinstrahliger Reize in der Biosphäre, in: Zeitschrift für Spagyrik, Nr. 3/4 1955, Göppingen (enthält u. a. das Kap. „Um die Aura-Analyse").

Krumm-Heller, Dr. Dr. Arnoldo, * 1876; † 19.5. 1949 Marburg; Oberstabsarzt in Mexiko, Rosenkreuzer, Hochgradfreimaurer, Großmeister des ↗ OTO und Patriarch der ↗ Gnostisch-kath. Kirche (als Nachfolger von Dr. Peithmann), Magnetiseur und Freund von ↗ Papus, Kenner geheimer Heilmethoden südamerikan. Indianerstämme, Gründer der Fraternitas Rosicruciana Antiqua. — W.: Vom Weihrauch zur Osmotherapie, Berlin 1934; Rosenkreuzer in Mexiko, Halle; Magie der Duftstoffe, Osmologische Heilkunde, Berlin. — Bei Schrödter, Grenzwissenschaftl. Experimente (S. 263) steht irrtümlich „Arthur K.-H.".

Kruse, Johann, Hamburger Hexenforscher und Lehrer; wurde als Gutachter in Hexenprozessen der Nachkriegszeit herangezogen, ebenso im Prozeß gegen den Verleger des 6. und 7. Buches Moses vor dem Braunschweiger Schöffengericht (1960). — W.: Hexen unter uns? Magie und Zauberglauben in unserer Zeit, Hamburg 1951.

KTH, im ↗ AMORC die Abk. für ↗ Konzil des Trostes und der Hilfe.

Kugelung (oder Ballotage), in der FM der geheime Vorgang der Abstimmung, namentlich bei Neuaufnahmen, aber auch zur demokratischen Entscheidung bestimmter Fragen. Das schon von Ovid erwähnte Verfahren dieser Abstimmung wird mit weißen und schwarzen Kugeln vorgenommen. Das Abstimmungsergebnis ist „helleuchtend", wenn im Sammelbeutel oder in der Urne nur weiße Kugeln vorhanden sind, „trüb", wenn nur 2 schwarze, „dunkel", wenn mindestens 3 schwarze Kugeln enthalten sind.

Kulmination, von (lat.) culmen = der höchste Punkt; in der Astronomie der Durchgang eines Gestirns durch den Längengrad eines Ortes, in der Astrologie des Geburtsortes zur Geburtsstunde; allgemein auch der Höhepunkt eines bestimmten Vorganges.

Die Farbensymbolik der Großen Landesloge

Farbe	Bedeutung bei den Juden	Bedeutung in der GLL
blau	Farbe des Bundes und des Gesetzes; blau war die Decke der Stiftshütte und die Einhüllung der Geräte (4. Mos. 4, 6—15)	„Blaue Grade" 1 bis 3
grün	Erde und Saaten	Andreas-Grade 4 und 5
scharlach	Blut und Leben	Kapitel-Grade 6 bis 9 (mit Blutmischung im 9. Grad)
weiß	Priesterfarbe; Licht und Reinheit	10. Grad (Ehrenstufe)
purpur	königliche Farbe	Der weiseste Vicarius Salomos, d. h. der Großmeister

---

Kult, von (lat.) colere = anbeten, verehren; Bez. für die Gesamtheit von Volkssitten, Vorstellungen und Gebräuchen, die nach Inhalt und Ausdruck einen bestimmten, meist religiös-mythologischen Gedanken vertreten und sinngemäß als heilig gepflegt werden. —

Kulthandlungen: Ausdrucksformen des Kults, z. B. Gebet, Opfer, Heiligung; Opferarten sind: Geschenk-, Schuld- und Zauberopfer zur Einwirkung auf Dämonen, Götter usw.

Kultfarben, symbolische Farben, wie sie in manchen Kulten Verwendung finden; die Bedeutung der Farben ist in den einzelnen Kulten teils sehr verschieden. Die K. der alten Hebräer und Juden gelten aber heute noch in der Großen Landesloge (sogen. christl. Ritus), wie obenstehende Tabelle zeigt.

Kumaras (Sk.) = Tugenden; nach Alice Bailey die 7 höchsten eigenbewußten Wesenheiten im Sonnensystem. Sie heißen bei den Hindus: „Die aus dem Denkprinzip geborenen Söhne Brahmas" und haben auch andere Namen; sie sind die Gesamtheit von Intelligenz und Weisheit. An der Spitze der Weltordnung steht der 1. Kumara, dem 6 andere K. zugeordnet sind: 3 exoterische und 3 esoterische; sie sind die Brennpunkte für die Verteilung von Kraftfeldern. — Lit.: Alice A. Bailey, Initiation, Lorch 1952.

Kumbhaka (Sk.) = Pause; die Pause zwischen Ein- und Ausatmen; eine Übung des ↗ Hatha-Yoga, die in der Zurückhaltung des Atems durch Schließen des Mundes und Zuhalten der Nasenlöcher mit den Fingern der rechten Hand besteht. Die Übung ist in vieler Hinsicht mit Gefahren verbunden, weil sie psychische Kräfte hervorruft, die der angehende Schüler noch nicht meistern kann. In den meisten esoterischen Schulen ist die Übung nur den Fortgeschrittenen erlaubt.

Kundalini (Sk.), die kosmische Energie oder das ruhende Feuer im 1. Chakra (Muladhara-Zentrum) am unteren Ende der Wirbelsäule; der Ausgangspunkt der meisten esoterischen Übungen, um die Chakras zu erregen und für die jeweils latenten Eigenschaften (darunter auch Hellsehen) dienstbar zu machen. Geeignete Übungen zur Anregung dieses Zentrums stehen im Mittelpunkt der Schulung der ↗ ES der Adyar-TG und sind vom ehemaligen Privatsekretär Annie Besants, Ernest Egerton Wood, in „Grundriß der Yoga-Lehre" (Stuttgart 1961, S. 161) sowie bei Prof. Dr. Richard Schmidt „Fakire und Fakirtum" (Wien 1925) ausführlich beschrieben worden; alle diese Anleitungen stammen aus der Hatha-Yoga-Pradipika. Rudolf Steiner erkannte frühzeitig das Risiko dieser Übungen, wodurch vornehmlich die diesem Zentrum eigenen Kräfte übermäßig erregt werden, und verlegte den Mittelpunkt seiner Übungen in das Herz-Chakra; im Zuge der weiteren Evolution, die auch an der Esoterik nicht vorübergeht, ist auch diese Technik überholt durch andere Übungen, die im Chakra zwischen den Augenbrauen ausgehen und völlig ungefährlich, aber zumindest ebenso wirksam sind. Gleichbedeutend mit K. sind die Begriffe: Kutilangi, Kundali, Bhujangi, Sakti (Shakti), Isvari, Arundhati, Phanavati, Mahasakti, Paramesvari sowie Schlangenkraft. In der Erstausgabe von Rud. Steiners „Wie erlangt man Erkenntnisse der höheren Welten?" heißt es noch K., während in späteren Ausgaben von einer „feinen geistigen Wahrnehmungskraft" gesprochen wird, obwohl es sich um eine solche gar nicht handelt. − Lit.: Swami Narayananda, Kundalini Shakti; M. P. Pandit, Kundalini-Yoga; Werner Bohm, Chakras, München 1953; Dr. Henri Birven, Lebenskunst in Yoga und Magie, Zürich 1953; Sivananda Sarasvati, Kundalini-Yoga, München 1953; Râma Prasâd. Die feineren Naturkräfte, Leipzig 1920.

Kundalini-Yoga, die Praxis der Entwicklung des Muladhara-Zentrums. ↗ Kundalini.

Küntzel, Martha, ursprünglich Mitglied der Hartmann-TG, später führendes Mitglied des ↗ OTO und Übersetzerin einiger Werke Aleister ↗ Crowleys; gründete den Thelema-Verlag Leipzig; wurde von der Gestapo verhaftet und soll im KZ gestorben sein. − W.: Die Gedanken, die Schöpfer unseres Schicksals, Leipzig; Die Erziehung des Kindes, Leipzig.

Kurtzahn, Ernst Tristan, Rosenkreuzer-Autor, Neugnostiker; Runenforscher, dessen Werke noch heute als Vorlage dienen; Mitglied der ↗ Fraternitas Saturni und Mitarbeiter der Magischen Briefe sowie der Saturn-Gnosis; er entwarf auch die Rituale der Frat. Sat. − W.: Die Runen als Heilszeichen und Schicksalslose.

Kut-Humi (auch: Koot-Humi, Kut Hu Mi u. a. Schreibungen), einer der ↗ Meister der Adyar-TG; offenbarte sich 1874 H. P. Blavatsky (im sogenannten Miracle-Club) spiritistisch als John King und will im 17. Jh. ein berühmter Seeräuber gewesen sein; diktierte A. P. Sinnett die „Briefe über die okkulte Welt" und den „Esoterischen Buddhismus". Nach Alice Bailey der Chohan des 2. Strahles; lt. „Brücke zur Freiheit" haben inzwischen K. und Jesus zusammen die Rolle des Weltenlehrers übernommen.

Kwa-Do, der Blumenweg der buddhistischen Zen-Sekte; durch bestimmte Anordnung von Blumen und darauf gerichtete Meditationen sollen bestimmte Bildekräfte erweckt, geübt und bewahrt werden; ein Teil der anthroposophischen Meditationsübungen ist hieraus abgeleitet.

Kybalion, die Gesamtheit der 7 fundamentalen Gesetze, die dem Hermes Trismegistos zugeschrieben werden; auch der Titel eines Buches mit dem Untertitel „Eine Studie über die hermetische Philosophie des alten Ägyptens und Griechenlands", Ulm 1960, von Hermann E. Helmrich aus dem Englischen übersetzt.

Kyber, Manfred, 1880−1933; Schriftsteller und Dichter der Neugeistrichtung. − W.: Neues

Menschentum; Der Königsgaukler (ind. Märchen); Die 3 Lichter der kleinen Veronika (Roman); Genius Astri (Gedichte); Einführung in das Gesamtgebiet des Okkultismus, Stuttgart 1923.

Kybernetik, von (griech.) kybernetike = Steuermannskunst; die von Norbert Wiener (1894−1964) begründete Lehre von den Regelungsvorgängen in technischen Geräten, Organismen und gesellschaftl. Zusammhängen; im Okkultismus ein kommendes Neuland.

L

Laarss, R. H. (Ps.) = Dr. R. Himmel; ehemal. Herausgeber der Magischen Blätter, Leipzig; esoterischer Schriftsteller und Vertreter des magischen Idealismus; arbeitete auch mit Gustav Meyrink zusammen. − W.: Das Buch der Amulette und Talismane, Leipzig 1919 und 1932; Eliphas Lévi der große Kabbalist und seine magischen Werke, Leipzig 1922 (diese Eliphas-Lévi-Biographie enthält leider sehr viele Fehler!).

Labarum (Ursprung ungeklärt), die römische Militärfahne, die später als Kaiserfahne vielfach übernommen wurde; ferner die Standarte, die bei Prozessionen der kath. Kirche umhergetragen wird; im übertragenen Sinn auch die Moralnorm. Auf dem kath. L. befinden sich die Buchstaben ↗ IHS, sowie ein Kreuz im H.

Lager. Im AT die Bez. für befestigte Kriegslager der alten Hebräer, in denen u. a. die Stiftshütte und die Bundeslade untergebracht und bewacht wurden. Der Begriff ist von verschiedenen Organisationen für „Versammlung", „Loge" usw. übernommen worden, so u. a. von den Odd-Fellows, bei den Templer-Hochgraden usw. (s. umstehende Zeichnung eines Odd-Fellow-Lagers, d. h. einer Odd-Fellow-Loge).

Laghana Schastra (Sk.) = Bruderschaft des Schwertes; „shastra" bedeutet lt. Sk.-Wörterbuch: Schwert, lt. Theosophical Glossary v. H. P. Blavatsky: Abhandlung oder Buch. L. S. ist eine Geheimbruderschaft im südl. Dekkan (Süd-Indien); haben weder Tempel noch Priester; treffen sich in abgeschlossenen, gebirgigen Stellen, die den anderen Sekten unbekannt sind. Die Brahmanen bezichtigen die Mitglieder der L. S. des Atheismus und der Gotteslästerung, weil sie die Autorität der

Plan der Einrichtung eines Odd-Fellows-Lagers

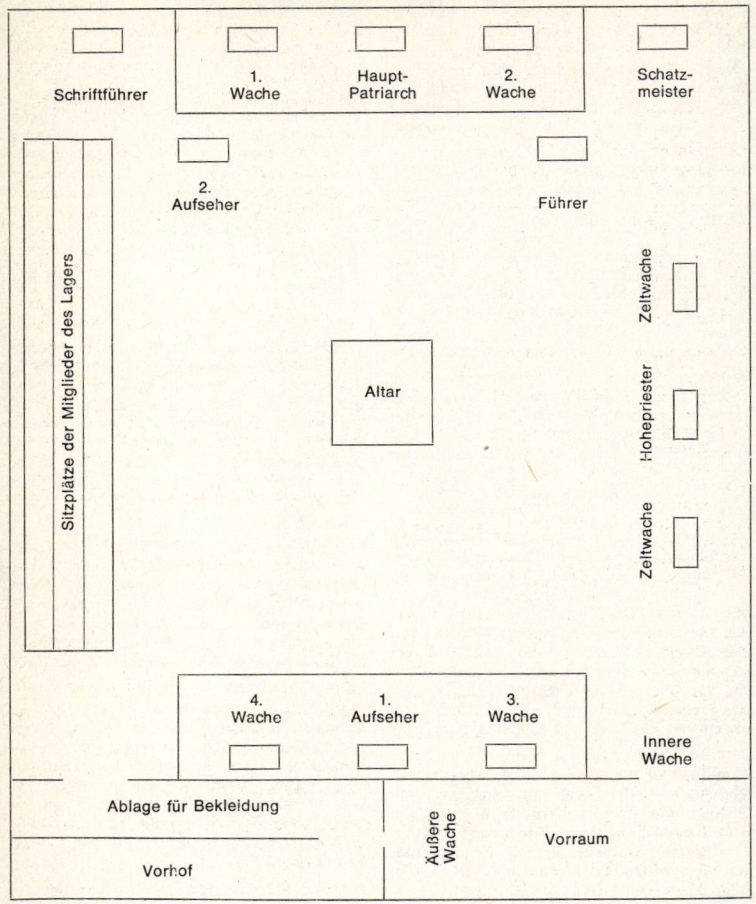

↗ Veden nur insoweit anerkennen, als sie den Wortlaut darbieten, der nach ihrer Auffassung der einzige Originaltext sein soll.

Lagutt, Jan K., (†) Schweizer Anthroposoph, der, ohne selbst Freimaurer zu sein, ein Buch über FM schrieb, vielleicht um unter den Anthroposophen für die Gründung eines eigenen FM-Systems zu werben. — W.: Grundstein der Freimaurerei, Zürich 1958.

Laizismus (von: Laie), Bewegung, die aus Frankreich stammt, welche die Freiheit des einzelnen von jeder kirchlichen Einmischung propagiert und für die absolute Trennung von Staat und Kirche eintritt. Die Bez. kommt von der kirchlichen Unterscheidung zwischen Laien und Klerus (d. h. den Geistlichen). Bedeutendster Verfechter sind der Grand Orient de France und die Humanistische Union.

Lama (tibet.), eigentlich „Clama" geschrieben; der Titel, der nur den Priestern der höheren Grade, die als ↗ Gurus in den Klöstern amtieren können, zusteht.

Lampe (oder Laterne), in manchen esoterischen Systemen eine Art Symbol für das Licht. Nach Plutarch (Tischgespräche) ist die L. das Bild des Körpers, der unsere Seele umschließt; die leuchtende Flamme stellt die Seele dar. — Nach dem FM-System der Großen Landesloge bedeutet die L. „immer den Schein des inneren Glaubens und göttl. Lichtes"; „die L. stellt das verborgene Licht vor, welches die K. K. bewahrt von den geheimen Kenntnissen der Natur." Im 4. Grad muß z. B. der Kandidat mit einer Laterne bewaffnet den Weg durch einen dunklen Gang zur Andreas-Loge finden. ↗ Ewige Lampe.

Landmarken. Wo es in der Lutherbibel unter 5. Mos. 19, 14 heißt „Du sollst deines Nächsten ‚Grenze‘ nicht zurücktreiben", heißt es in der engl. Bibel „Thou shalt not remove thy neighbour's ‚landmark‘". Die engl. FM übernahm 1722 durch Anderson den Begriff für „unveränderliche Grundsätze", d. h. für die unveränderlichen Prinzipien, welche die „echte" von der „falschen" FM unterscheiden. Die engl. Großloge anerkennt nur solche Logen, die sich diesen Ideen anschließen und unterwerfen. (s. umstehende Tabelle). — Lit.: Alec Mellor, Logen, Rituale, Hochgrade, Graz 1967.

Lanto, nach der Lehre der ↗ „Brücke zur Freiheit" ein neuer ↗ Meister, Nachfolger von ↗ Kut-Humi; L. übernahm den 2. Strahl. ↗ Strahlen.

Lantoine, Albert, * 1869, † 1949; franz. Schriftsteller, Historiker und bedeutender Esoteriker; seit 1901 Mitglied der Loge „Jérusalem Ecossaise", später Mitglied des Obersten Rates des ↗ AASR von Frankreich; Schüler und geistiger Erbe von Oswald ↗ Wirth. — L. schrieb zuweilen auch unter dem Ps. Simon Weimars. — L.s Frau Blanche L. war 1901 Sekretärin der Loge No. 4 des ↗ Droit Humain, 1903 Meister vom Stuhl und 1913 Mitglied des Obersten Rates. — W.: Die Freimaurer auf dem Theater, Leipzig 1926; Pierres d'Isis, Lemerre 1889; L'Art et la FM, Paris 1926; Hiram couronné d'épines, Paris 1926; Lettre au Souverain Pontife, Paris 1937; Finis latomorum?, Paris 1950; Les Sociétés secrètes, Paris 1940; Le Rite Ecossais ancien et accepté, Paris 1938.

Lanz von Liebenfels, Adolf Josef, * 1874, † 22. 4. 1954; 1893—1899 Zisterziensermönch, gründete 1900 den Ordinis Novis Templi (lat.: Neuer Tempelorden), geistig mit den Goden-Orden verwandt; war seit 1909 mit Hitler bekannt und wird zuweilen „der Mann, der Hitler die Ideen gab" genannt. — Lit.: Wilfried Daim, Der Mann, der Hitler die Ideen gab, München 1958; Friedrich Wilhelm Haack, Geheimreligion· der Wissenden, Stuttgart 1966.

Lao-Tse, einer der tiefsinnigsten Denker des chines. Altertums; lebte im 6. Jh. vZ. Im späten Alter wandte er sich gegen Westen, worauf er spurlos verschwindet. Die Legende berichtet, er habe auf der Grenzstation Kan-kou, den Bitten des Befehlshabers Ji-hi nachgebend, den Traktat niedergeschrieben, welcher unter dem Titel „Taò-teh-king", das kanonische Buch vom Logos und der Tugend, in 81 kurzen Kapiteln die Lehre vom Taò enthält. Das Wort Taò hat mehrere Bedeutungen: Weg, Norm, mit verändertem Tonfall auch: sprechen, so daß es dem griech. Logos sehr nahe kommt. Seine Lehre dürfte vielleicht am zutreffendsten als mystischer Pantheismus zu bezeichnen sein. Es lag im Wesen dieser Lehre, daß sie auf einen kleinen Kreis auserlesener Geister beschränkt blieb, während der sogen. Taoismus außer dem Namen nichts mit dieser Lehre des L. gemein hat. — Lit.: V. von Strauß, Taò-teh-king, Leipzig 1870 (mit Kommentar).

Lapis philosophorum (lat.) = philosophischer Stein; in der Alchemie das Symbol für die Umwandlung (Transmutation) des niederen in das höhere Selbst.

Larven, von (lat.) larva = Geist, Maske, Skelett; in der älteren okkulten Lit. die Bez. für die animalische (tierische) Seele; L. sind die Schatten der verstorbenen Menschen.

latente Aspekte, von (lat.) latere = verborgen sein; in der Astrologie heißen jene ↗ Aspekte, die im Geburtshoroskop nicht vorkommen, sondern erst im Laufe der Entwicklung zur Auswirkung gebracht werden, l. A.

Latihan (indones.), von „latih" = „mit etwas vertraut werden"; in ↗ Subud die Bez. für die Zusammenkünfte der Anhänger, um Subud zu praktizieren. L. findet meist in Turnhallen oder Tanzsälen statt, die mit Matten ausgelegt sind, damit sich die Teilnehmer nicht verletzen; die Veranstaltungen sind gewöhnlich für Männer und Frauen getrennt.

Lauppert, Dr. Norbert, führender Teosoph der Adyar-TG; ehem. Bischof der ↗ Liberal-Katholischen Kirche, Redakteur der Zeitschrift „Adyar". — W.: Briefe tibetan. Weiser, Graz 1954; Mensch, Welt und Gott, Graz 1947; Spiri-

Die sogen. Landmarken nach einem Vorschlag von Albert G. Mackey*

1. Die Erkennungszeichen der Freimaurer

2. Die Unterteilung der Grund-FM in 3 Grade

3. Die Legende des 3. Grades (↗ Hiram-Legende)

4. Die Unterstellung der FM unter einen Großmeister

5.— 8. Die Vorrechte des Großmeisters

9. Der Versammlungsort der Loge

10. Die Leitung einer Loge durch einen Meister vom Stuhl und 2 Aufseher

11. Die Notwendigkeit der ↗ Deckung

12.—14. Das Anrecht jedes Freimaurers a) auf Teilnahme an den Versammlungen, b) auf Einspruch gegen Beschlüsse seiner Loge bei der Großloge und c) auf den Besuch aller „regulären" Logen.

15. Die Verpflichtung, jedem unbekannten Besucher auf den Zahn zu fühlen.

16. Die Unabhängigkeit der Logen untereinander

17. Die Unterstellung jedes Freimaurers unter die an seinem Wohnort geltende maurerische ↗ Jurisdiktion.

18. Die Bestimmung, daß jeder Kandidat der FM physisch integer, frei geboren und erwachsen sein muß.

19.—20. Die Pflicht, an einen Gott als den „Allmächtigen Baumeister aller Welten" und an ein zukünftiges Leben zu glauben.

21. Die Bibel oder das heilige Buch der jeweiligen Religion muß auf dem Altar offen liegen

22. Die Gleichheit aller Freimaurer

23. Das freimaurerische Geheimnis

24. Die symbolische Arbeitsweise mit den Ausdrücken aus dem Bauhandwerk.

25. Die Unveränderlichkeit dieser Landmarken selbst.

---

* Nachdem die engl. Großloge niemals die Landmarken, zu der sich die FM bekennen muß, wirklich definiert hat, sind zahlreiche Zusammenstellungen von L. von privater Seite veröffentlicht und vorgeschlagen worden; als Beispiel wurde oben die Zusammenstellung nach Mackay gebracht.

---

tismus, Magie, Yoga, Graz 1948; Fragen an das Leben, Graz o. J.

Lausanner Konvention, Tagung der Obersten Räte des ↗ AASR 1875 in Lausanne/Schweiz, auf der man eine Einigung über folgende Grundsätze der FM erzielte:

1. Die FM ist eine brüderliche Gemeinschaft innerhalb der menschlichen Gesellschaft; sie lehrt die Anerkennung einer schöpferischen Kraft unter dem Namen des ↗ Allmächtigen Baumeisters aller Welten.

2. Alle wahren Maurer, welchem Vaterland sie auch angehören, stellen eine Familie von Brüdern dar, die über die Oberfläche der Erde zerstreut sind; sie bilden den Bund der Freimaurer.

3. Die FM legt der Erforschung der Wahrheit keinerlei Schranken auf; um jedermann die Freiheit zu sichern, fordert sie unbedingte Toleranz.

4. Daher steht die FM allen Nationen, allen Rassen und jedem Glauben offen; sie ver-

bietet in ihren Versammlungen jede politische oder religiöse Erörterung; sie nimmt jeden auf, der frei und von guten Sitten ist, welches immer seine politische oder religiöse Überzeugung auch sein mag.

5. Die FM hat die Aufgabe, gegen Unwissenheit in jeder Form und in jedem Gewande zu kämpfen; ihre Grundsätze lehren: den Gesetzen des Vaterlandes zu gehorchen, ehrenhaft zu leben, Gerechtigkeit zu üben, den Nächsten zu lieben, unablässig an den auf das Glück der Menschheit gerichteten Werken mitzuarbeiten und deren stete und friedliche Emanzipation zu fördern.

6. Der Bund der Freimaurer ist in verschiedene, einander anerkennende Riten gegliedert, die alle die gleiche Wurzel haben und dem gleichen Ziel zustreben; welchem Ritus auch ein Freimaurer angehören mag, er ist Bruder aller Freimaurer der Erde. —

Lit.: Walter Teufel, Ursprung, Geschichte und Konstitution des Alten und Angenommenen Schottischen Ritus, Saarbrücken 1968; ders., Der Alte und Angenommene Schottische Ritus und seine Vorläufer, Hamburg 1966; Konstitution des Deutschen Obersten Rates, Kulmbach 1958; George A. Newbury, Commentary on fraternal relations and international conferences among the Supreme Councils of the AASR Boston/USA 1967 (ab Seite 183 deutscher Text).

Lavater, Johann Kaspar, * 15. 11. 1741 Zürich, † 2. 1. 1801 Zürich (ermordet); Pfarrer und Dichter der Kirchenlieder „Fortgekämpft und fortgerungen" und „O Jesus Christe, wachs in mir"; zeitweilig Goethe nahestehend. Seine früh geübte Beobachtungsgabe ermöglichte es ihm, sich von allen Personen, mit denen er in Berührung kam, bald ein genaues Bild ihrer Natur und ihres Charakters zu machen. So kam er auf den Gedanken, die Linien des Gesichtsprofils für zuverlässige Charaktermerkmale zu erklären und die ↗ Physiognomie zur Wissenschaft zu erheben. — W.: Physiognomische Fragmente zur Beförderung der Menschenkenntnis und Menschenliebe, Leipzig 1775—78 und München 1948; Aussichten in die Ewigkeit, Zürich 1768—78; Vom Leben im Jenseits, Basel 1946. — Lit.: Charles Waldemar, Erfolg mit Menschenkenntnis; Lavater, der Menschenkenner, Zürich 1960.

Laya-Yoga, von (Sk.) laya = Punkt des Verschwindens; die Grenzlinie oder der Übergangspunkt von einer Ebene zur anderen (↗ Prinzipien der Welt); L. Y. nach Avalon die Yoga-Übungen, die das Bewußtsein in andere Bewußtseinsebenen verlagern. — Lit.: Arthur Avalon, Die Schlangenkraft.

L. D. H., Abk. für „Le ↗ Droit Humain"; Internationaler Freimaurer-Orden, der im Ggs. zur ↗ maskulinen FM sowohl Männer als auch Frauen gleichberechtigt aufnimmt; in der Bundesrepublik durch die Logen der Deutschen Großloge L. D. H. vertreten.

L. D. P. ↗ L. P. D.

Leadbeater, Charles Webster, * 17. 2. 1847 Northumberland/England, † 28. 2. 1934 Adyar; einer der bedeutendsten, aber auch umstrittensten Okkultisten der Adyar-TG und Initiator der Liberal-Katholischen Kirche. Verbrachte Jugendjahre in Südamerika, da Vater dort Direktor einer Eisenbahnlinie war; studierte in Oxford Theologie, dann Geistlicher der Kirche von England. Gab das Priesteramt bald auf, um sich der Theosophie zu widmen. Ab 1883 Mitglied der TG in England; kam am 7. 4. 1884 erstmals mit H. P. Blavatsky zusammen. Als beim sogen. Madras-Prozeß um Krishnamurti die seltsamen Erziehungsmethoden L.s zutage kamen, mußte er 1905 die Adyar-TG verlassen (wurde jedoch 1911 mit 20 zu 2 Stimmen wieder aufgenommen). Über L. sagte Annie Besant 1906: „Ich möchte hier meine Ansicht bestimmt und deutlich aussprechen, daß eine derartige Lehre die allerschärfste Verurteilung verdient, selbst wenn sie erwachsenen Männern gegeben würde, geschweige denn, wenn es sich um unschuldige Knaben handelt." — Nach dem Tode von H. P. B. wurde L. Leiter der ↗ ES. Dort trieb er okkultistische Forschungen, veröffentlichte die Resultate und gab der ganzen Schule ein völlig neues Gepräge. Schon damals bemühte man sich, in den sogen. ätherischen Archiven (von Steiner später Akasha-Chronik genannt) die Ereignisse der Vergangenheit zu lesen und danach die Geschichte zu korrigieren. Bei diesen Forschungen machte L. die Entdeckung, daß Jesus und Christus 2 verschiedene Personen waren, die allerdings beide ganz normale Menschen waren. Diese Theorie wurde von verschiedenen Sekten übernommen. In seinem Buch „The Inner Life" allerdings schreibt L., daß der Christus der Evangelien überhaupt nie gelebt habe, sondern eine Erfindung von Mönchen des 1. Jh. sei. Nach der Akasha-Chronik wurde Jesus 105 vZ geboren; Christus war der große ↗ „Meister", während Jesus diesem nur seinen Leib lieh. Danach hätten auch die Apostel nie gelebt. Das gleiche Ich kam aber als Hermes, Zoroaster, Orpheus, Gautama Christus und schließlich als Apollonius von Tyana (ein Kirchengegner!) zur Welt. Später las L. nicht nur in der Vergangenheit, sondern sagte auch die Zukunft voraus und hielt Annie Besant in einer Art okkulten Haft, so daß sie völlig unter seinen Einfluß geriet. − W.: Gedankenformen, Freiburg; Der sichtbare und der unsichtbare Mensch, Freiburg; Die Chakras, Freiburg; Die Devachan-Ebene (Mental-Plan), ihre Charakteristik und ihre Bewohner, Leipzig 1911; Hellsehen, Leipzig o. J.; Die Entstehung einer neuen Unterrasse, Hagen 1917; Gibt es eine Wiederkehr?, Berlin ca. 1919; Die Wissenschaft des Sakramente, Düsseldorf o. J.; Die Meister und der Pfad, Düsseldorf 1926.

Lebensalter, die Einteilung des menschlichen Lebens, um den verschiedenen Abschnitten bestimmte esoterische Deutungen zuzuordnen. Am weitesten verbreitet ist die Zuordnung der Lebensabschnitte zu den Planeten, die in diesen Zeiträumen vorherrschend sein sollen. Die einzelnen Abschnitte werden jedoch nach den verschiedenen Schulen sehr verschieden geteilt, wie nachstehende Übersicht zeigt:

Anthroposophie[1]	Astrologie[2]	Planet
(Lebensjahre)	(Lebensjahre)	
1− 7	1− 4	Mond
7−14	5−10	Merkur
14−21	11−18	Venus
21−42	19−37	Sonne
42−49	38−52	Mars
49−56	53−64	Jupiter
56−63	ab 65	Saturn

Quellen: [1] Sternkalender 1960/61, Dornach; [2] Alan Leo, Was ist ein Horoskop, Lorch 1950.

Lebensäther, nach Heindel ein Teil der physischen Welt und „Mittler der Fortpflanzung". ⤢ Prinzipien der Welt.

Lebensatome. Nach Dr. von Purucker besteht der menschliche Körper nicht nur aus Elektronen und Protonen, sondern auch aus L.; sie werden in den Körper des Menschen während seines physischen Erdenlebens eingebaut, obgleich sie nicht von außen her stammen, sondern seinem eigenen Innern entspringen. Es gibt L. in jedem der 7 ⤢ Prinzipien des Menschen, d. h. für seine Zwischennatur, seine spirituelle Natur und für alle Stufen zwischen diesen seinen beiden höheren Teilen.

Lebenselexier. In der Alchemie der sogen. Stein der Weisen, d. h. die magische Umwandlung (Transmutation) des Menschen. − Lit.: H. E. Douval, Stein der Weisen, das Lebenselexier; ders., Eros und Magie, Büdingen 1959;

ders., Wandlung des magischen Menschen, Freiburg 1956.

Lebensgeist, sonst Buddhi genannt; bei Heindel die „Welt des Lebensgeistes", Bez. für die 4. Ebene und steht mit dem 6. Körper des Menschen in Verbindung; bildet nach Heindel zusammen mit dem göttl. Geist das Ego; bei Steiner das 6. Prinzip, der Äthergeist des höh. Menschen. ⤢ Prinzipien des Menschen.

Lebenskraft, die zur Erklärung der Lebensvorgänge behauptete, außerhalb der physikalischen und chemischen Lebensprozesse stehende, in diesen aber wirksame besondere Kraft; bei Rudolf Steiner ist L. die artbildende Kraft der Fortpflanzung; sie bleibt den Sinnen verborgen, wahrnehmen kann sie nur, wer das geistige Auge dafür erworben und ausbildet; zuweilen auch Prana, das 3. Prinzip genannt. ⤢ Prinzipien des Menschen. − Im alten Rom suchte man Kranke dadurch zu heilen, indem man sie in die Umgebung jugendlicher, gesunder Menschen brachte. Man glaubte, die L. der Gesunden würde von den Kranken aufgenommen. Schon in der Bibel wird davon berichtet und hat zu verderblichen Bräuchen (vgl. 1. Kön. 1, 1−4) geführt. − Lit.: A. David-Neel, Liebeszauber und schwarze Magie, München 1952.

Lebenskunst. Die FM wird zuweilen als L. bezeichnet. Lessing sagte: „Maurer ist jeder, der sein eigenes Leben ausbaut, damit er zur Vollendung des Kunstwerkes des ganzen Menschheitslebens beitragen könne"; die Großlogen von Hamburg, Bayreuth und Frankfurt 1900: „Die FM ist eine Kunst, die Kunst, das menschliche Leben harmonisch zu gestalten, die Kunst, sich selbst in das richtige Verhältnis zum Nebenmenschen zu setzen . . . FM ist Lebenskunst". − Lit.: Alec Mellor, Logen, Rituale, Hochgrade, Graz 1967; Pierre Mariel, Die wahren Söhne des Lichtes, Zürich 1963; Paul Bröcker, Bauhüttenglaube, Hamburg 1949; Dr. Henri Birven, Lebenskunst in Yoga und Magie, Zürich 1953.

Lebensleib, auch Prana oder Jiva genannt; bei Heindel und Steiner die Bez. für das 2. Prinzip in der okkulten Konstitution des Menschen; bei Steiner aber auch hin und wieder Bildekräfteleib oder Ätherleib genannt; bei der Adyar-Theosophie: Linga sharira. ⤢ Prinzipien des Menschen.

Lebenssubstanz. Gemeint ist gewöhnlich die (nicht-materielle) Lebenskraft, daher ist das Wort sprachlich Unsinn, denn Substanz ist naturgemäß immer materiell. − Lit.: Iranschähr, Die Umwandlung d. Lebenssubstanz im Körper.

Lectorium Rosicrucianum, von (lat.) lectio = vorlesen, also wörtlich „Rosenkreuzerische Vorleserei"; eine holländische okkult-kirchliche Organisation; gegr. durch Leene (Ps.: Jan van Rijkenborgh) nach dem Austritt von Mitgliedern aus dem holländischen Zweig der Rosenkreuzer-Gemeinschaft (Heindel-Bewegung); seit ca. 1950 auch in einigen Orten der Bundesrepublik tätig. Das Schrifttum des L. R. stammt nahezu ausschließlich von seinem Gründer; indes sind die darin enthaltenen Darlegungen jedem Kenner der heindelschen, theosophischen und anthroposophischen Lit. gut bekannt, wenn auch die Form der dialektischen Darstellung beim L. R. den Eindruck des Neuen hervorrufen kann. Nach der „Apokalypse des neuen Zeitalters" (Haarlem 1964, S. 64) ist das L. R. die „eine, wahre, universelle Kirche, die jetzt in unserem Jh., die in unserer Zeit beginnen wird, wegen des Herabkommens der dazu geeigneten Atmosphäre, die uns und unsere Mitmenschen umfangen hält." Den Mitgliedern wird nach der gleichen Quelle (S. 29) eine Sonderstellung eingeräumt: „Da wir von den Mysterien des Heils als Erben auserkoren sind, und zu den Bewohnern der Schatzkammer des Lichtes gerechnet werden." Eine ebensolche Sonderstellung nimmt auch das L. R. für sich selbst in Anspruch: „Wir dürfen feststellen, daß Seelenwiedergeburt nur in einem magnetischen Feld einer gnostischen Geistesschule zur Entwicklung kommen kann. Unsere bereits sechsfältig offenbarte Geistesschule verfügt über ein solches magnetisches Feld. Außerhalb eines solchen magnetischen Feldes leben zu müssen, bedeutet: ohne weiteres auf seine biologische Vermögen zurückfallen" (S. 32). Was jedoch den Geist der Geistesschule angeht, so hat ihr Gründer Rijkenborgh hiervon keine große Meinung: „Alle, die den Weg der Rose und des Kreuzes gehen, sind arm an Geist" (in Zeitschrift „Pistis Sophia", Jg. 5, Nr. 5/1962). Nach der „Apokalypse" bildet die Geistesschule „einen lebenden Körper mit 7 Ansichten (= Aspekten) in 7 Abstufungen" (= Graden), welche wie folgt lauten:

0. Vorhof = Gemeinschaft der vorbereitenden Schüler
1. Gemeinschaft der Probeschüler
2. Gemeinschaft von bekennenden Schülern
3. Vorbereitende priesterliche Schar (Höhere Bewußtseinsschule)
4. Priesterliche Schar = Ekklesia
5. Gemeinschaft des Goldenen Hauptes
6. Rat der Ältesten
7. Die Großmeister der universellen Kette

Darüber steht dann noch die sogen. Innere Schule, die das L. R. mit Schamballah gleichsetzt. Zu den 7 (bzw. 8) Graden gibt es 7 bzw. 9 Einweihungen, die in nebenstehender Übersicht zusammengestellt sind mit ihren astrologischen Beziehungen. Die Arbeit des L. R. erfolgt unter dem astrologischen Zeichen des Wassermanns (lat.: Aquarius) und des Planeten Uranus; im internen Emblem des L. R. wird der Wassermann durch die beiden Wellenlinien und durch den Planeten Uranus „wird Aquarius mit der Menschheit und mit der Erde befestigt." Das äußere Emblem des L. R., welches in der Werbung verwendet wird, d. h. das Dreieck mit dem Viereck, ist das magische Mittwochs-Pantakel für die Anrufung des Uranus-Geistes aus dem „Grimoire of Turiel" (London 1954, S. 14); die meisten Veranstaltungen des L. R. fallen auf den Mittwoch. An die Mitglieder des L. R. werden bestimmte Forderungen gestellt, deren Einhaltung die Mitglieder gegenseitig überwachen müssen: a) absoluter Vegetarismus, b) Verzicht auf Tabak, c) Verzicht auf geistige Getränke und andere Betäubungsmittel (Kaffee und Tee sind seltsamerweise erlaubt!), d) Verzicht auf Schmerztabletten, e) Verzicht auf das Tragen von Pelzen oder Federn, f) Abschaffung des Fernsehempfängers, g) Beseitigung aller esoterischen Bücher, die nicht vom L. R. stammen, h) Austritt aus allen Kirchen, Parteien und sonstigen Organisationen. – Mit dem klassischen Rosenkreuzertum hat das L. R. überhaupt nichts zu tun, denn der Name Rosenkreuzer ist nicht geschützt und kann von jedermann beliebig verwendet oder mißbraucht werden; der größte Teil der Lehren stammt aus den bekannten Büchern der Adyar-Theosophie. Die Zentrale für Deutschland befindet sich in Bad Münder; die Einweihung der Räume erfolgte in Gegenwart von Oberkreisdirektor Dr. Jahn und Stadtdirektor Thiem, der betonte, daß die „Rosenkreuzer den Namen von Bad Münder in die ganze Welt getragen haben". Die offiziellen Schriften des L. R. in ihren deutschen Ausgaben weisen leider viele Übersetzungsmängel auf, so daß auch hieraus viele Widersprüche zu erklären sind; um den Lesern die Deutung der Inhalte etwas zu erleichtern, sind in umstehender Tabelle eine Reihe von solchen Lectoriums-Spezialausdrücken aufgenommen, die in den Schriften Rijkenborghs immer wiederkehren, aber wegen ihrer Zweideutigkeit leicht mißverstanden werden können. Zum anderen schwankt häufig der wirkliche Begriffsinhalt je nach dem Zusammenhang. – Lit.: Rijkenborgh, Was ist, will und wirkt das Lectorium Rosicrucianum, Haar-

Aus dem Wortschatz des Lectorium Rosicrucianum
zusammengestellt nach den Originalunterlagen

Alte Geistesschule: Lectorium Rosicrucianum
Ältere Brüder: van Rijkenborgh, de Petri
Ansichten: Aspekte, Grade, Stufen
Aquarius: Tierkreiszeichen Wassermann
Aquariusfest: indisches Wesakfest
Ashia: die obersten 3 Sephiroth der hebr. Kabbalah
Ausgesandte: Meister der Adyar-Theosophie
Bibelvergewaltiger: kirchliche Theologen
Christengemeinschaft, die erste moderne: Lectorium Rosicrucianum
Christliches Mysterium: Mitgliedschaft im Lectorium Rosicrucianum
Dreibund: Dreieinigkeit
Einzig wahre Rosenkreuzer: die Leiter des Lectorium Rosicrucianum
Evangelium des vollkommenen Lebens: das Buch „Dei gloria intacta" von Rijkenborgh
Geistesschule: Lectorium Rosicrucianum
Gnosis: die Bücher des Lectorium Rosicrucianum
Gnostische Geistesschule: Lectorium Rosicrucianum
Gnostisches Evangelium: das Buch „Dei gloria intacta" von Rijkenborgh
Göttliche Botschaft: die Lehre des Lectorium Rosicrucianum
Heilige Geistberührung: Mitgliedschaft im Lectorium Rosicrucianum
Heiliges Rosenkreuz: Lectorium Rosicrucianum
Hierophantale Geistesschule: Lectorium Rosicrucianum
Himmlischer Körper: die höheren 3 Körper des Menschen nach der Lehre der ↗ Theosophie; die obere Triade
Internationale Schule: Lectorium Rosicrucianum

Lehre: die Lehren Rijkenborghs
Lehre der Gnosis: Lehre des Lectorium Rosicrucianum
Lichtkleid: Aura
Meister: Rijkenborgh, de Petri
Modernes Rosenkreuz: Lectorium Rosicrucianum
Nadir des Elends: die Nichtmitglieder
Neu-Esoterischer Schüler: Mitglied des Lectorium Rosicrucianum
Neue Geistesschule: Lectorium Rosicrucianum
Neues Zeitalter: Lectorium Rosicrucianum

Orden vom Rosenkreuz: Lectorium Rosicrucianum

Persönlichkeitsspaltung: Heindel-Rosenkreuzerei
Persönlichkeitswechsel: sich dem Lectorium Rosicrucianum unterwerfen
Pistis Sophia: die Lehre von Rijkenborgh
Rache-Geschehen: Karma nach der Lehre der Theosophie
Schlangenfeuer: indisches Kundalini
Schule der Christus-Hierophanten: Lectorium Rosicrucianum
Schüler der neuen Mysterien: Mitglieder des Lectorium Rosicrucianum
Selbstfreimaurerei: Lectorium Rosicrucianum
Siebenfache Geistesschule: Lectorium Rosicrucianum mit 7 Graden
Siebengeist: der heilige Geist nach der Offenbarung Johannis
Transfiguration: 1. Wiedergeburt wie in der Theosophie, 2. Mitgliedschaft im Lectorium Rosicrucianum, 3. Abschaffung des Fernsehens
Transfiguristische Geistesschule: Lectorium Rosicrucianum
Universelle Bruderschaftskette: Lectorium Rosicrucianum
Universelle Kirche: Lectorium Rosicrucianum
Universelle Lehre: die Bücher Rijkenborghs
Vierfache Persönlichkeit: die 4 unteren Körper des Menschen nach der Lehre der Theosophie; die untere Quaternität
Wahrer Stern im Osten: Lectorium Rosicrucianum

Uranus-Pantakel

Aquarius-Pantakel

Die Embleme des Lectorium Rosicrucianum

Das Einweihungsschema des Lectorium Rosicrucianum

Einweihungen		Astrolog. Planeten	Wochentage	Anmerkungen
1. fundamentale Einw.		Sonne	Sonntag	vgl. Off. 1, 10
2. fundamentale Einw.		Mond	Montag	
1.°	1. Siebenkreis	Merkur*	Mittwoch	vgl. Off. 1, 16
2.°	1. Siebenkreis	Venus	Freitag	
3.°	1. Siebenkreis	Mars	Dienstag	
4.°	1. Siebenkreis	Jupiter	Donnerstag	
5.°	1. Siebenkreis	Saturn	Sonnabend	
6.°	2. Siebenkreis	Uranus	Sonnabend	
7.°	3. Siebenkreis	Neptun	Donnerstag	

* Ab Merkur ist das sogen. heliozentrische Planetensystem zugrunde gelegt; die Planeten folgen ab hier in der Reihenfolge ihrer Entfernung von der Sonne. Sonne, Erde und Mond sind nach Off. 1, 16 ausgenommen, da diese nicht zu den „7 Sternen" gehören. Die Planeten von Merkur bis Neptun stellen nach Off. 1, 20 gleichzeitig die Engel (Schutzgeister) der 7 Gemeinden dar.

lem 1950; ders., Apokalypse der neuen Zeit, Haarlem 1964; ders., Das neue Zeichen, Haarlem 1955; ders., Dei gloria intacta, Haarlem 1953; ders., De tijd is daar, Haarlem 1954; ders., Schlüssel zum Transfigurismus in 70 Fragen und Antworten, Haarlem 1959; ders., Die Brüderschaft von Shamballa, Haarlem 1950.

Legende, von (lat.) legere = lesen, oder (griech.) legein = sprechen; in der Kirche des Mittelalters die Erzählung der Lebens- und Leidensgeschichte der Heiligen, die an deren Gedächtnistagen im Gottesdienst verlesen wurden. Aus der kirchl. Dichtkunst wurde der Begriff L. auch für andere Gebiete übernommen. So wird die Geschichte der FM, die Anderson in seinem Konstitutionsbuch 1722 zum besten gibt, als L. aufgefaßt; L. heißt ferner die Hiram-Erzählung im 3. Grad der FM. Im esoterischen Bereich gehören L.n zu den symbolischen Arbeits- und Einweihungsmitteln.

Lehrling, der 1. Grad in der FM; bei der Großen Landesloge gewöhnlich auch Johannis-Lehrling oder Ritter-Lehrling genannt.

Leib, im Okkultismus meist in Zusammensetzungen gebraucht, wie Ätherleib, Lebensleib usw.; L. bedeutet hier nur Gestalt und Form, nicht etwa einen Leib im Sinne einer Körperform; Rudolf Steiner und Heindel bevorzugen das Wort L., während Annie Besant meistens „Körper" schreibt, was jedoch am gemeinten Begriffsinhalt nichts ändert. ⁊ Prinzipien des Menschen.

Leib-Seele-Problem, das philosophische Problem des Verhältnisses vom Leib zur Seele und umgekehrt; befriedigende Ergebnisse wurden erst durch die neuere Theosophie erzielt. — Lit.: Lothar Bickel, Außen und innen, Konstanz 1960; Kurt Sausgruber, Atom und Seele, Freiburg 1958; Hildegard Vaubel, Der Lebensablauf des Menschen im Rahmen einer Wellenlehre, Darmstadt 1956; dies., eine Wellenlehre für das biologische und psychische Naturgeschehen, Ulm 1962; H. Lilje, Leib-seelische Ganzheit, 1961; C. A. van Peursen, Leib, Seele, Geist, Gütersloh 1959.

Leiter, in der Symbolik ein vielseitiger Begriff des Aufstiegs oder Fortschritts; in der brahmanischen Mythologie symbolisiert die L. die 7 Welten oder Sapta Loka; die kabbalistische L. entspricht den 7 unteren ⁊ Sephiroth; die theologische Leiter besteht aus den 4 ⁊ Kardinal- und den 3 theologischen Tugenden. Auch in einigen Hochgraden des ⁊ AASR kommt die Leiter als Symbol vor.

Lekve, Friedrich, * 26. 2. 1904 Wesel, † 26. 8. 1956 Hildesheim; seit 1935 mit dem ⁊ OTO befaßt, nach dem Tode ⁊ Crowleys dessen Nachfolger als Großmeister und Vorgänger von Dr. Petersen; Gründer der mystischen Geistesschule „Thelem Chassidim" (vgl. Waltharius, Mystik, S. 64), zeitweise Oberbürgermeister von Hildesheim und Direktor der Wetzel-Gummiwerke, Dolmetscher bei der engl. Besatzungsmacht. — W.: Thelemitische Lektionen und Exerzitien, Hildesheim; Leben und Lehre Aleister Crowleys, des Meisters Therion, in: Merlin, Folge 3, Hamburg. — Biog.: in Oriflamme Nr. 41 v. 22. 7. 1964, Zürich.

Lemarie, Pierre Gaetan, 1827—1901; seit 1870 Nachfolger von Allan ⁊ Kardec; sein Grab befindet sich auf dem Pariser Friedhof Père-Lachaise, Abt. 70; wie auf dem Grabe Kardecs steht auch auf dem L.s ein keltisch-druidischer Menhir (Symbolstein), der von anonymen Verehrerinnen, die Trost und Beistand suchen, noch heute umlagert wird.

Lemuren, im alten Rom Bez. für die bösen Geister Verstorbener, die als nächtliche Gespenster und Poltergeister umherirren und die Lebenden vielfach beunruhigen. Um sie zu versöhnen und aus den Häusern zu verbannen, wurde jährlich am 9., 11. und 13. Mai das Fest der Lemurien, die Lemuria, gefeiert, bei welchem in jedem Hause der Hausvater gewisse altherkömmliche Sühngebräuche vornahm.

Lemuria oder Lemurien, von dem engl. Naturforscher Sclater eingeführte Bez. einer hypothetischen Landmasse, die in einer frühen Periode der Erdentwicklungsgeschichte an der Stelle des heutigen Ind. Ozeans ungefähr von Madagaskar bis Sumatra und nordwärts bis Indien reichte. Er wollte damit erklären, wie von den Gattungen und Arten der sogen. Halbaffen oder Lemuriden, die für das östl. Südafrika typisch sind, auch in Indien und den ind. Inseln einige Arten vorkommen können. — Der Begriff wurde dann auch von den Theosophen usw. übernommen, um einen Kontinent zu bezeichnen, welcher noch vor ⁊ Atlantis existierte und infolge einer Sintflut 24 000 J. vor Atlantis unterging. L. war die Heimat der 3. Wurzelrasse.

Lennhoff, Eugen, * 1891 Basel, österreichischer Schriftsteller und leitender Freimaurer, Großkommandeur des AASR für Österreich. — W.: Die Freimaurer; Politische Geheimbünde; (Mit Oskar Posner), Intern. Freimaurer-Lexikon, München 1932 und 1965; Die nordamerikan. Freimaurerei, Basel 1930.

Lennhoff-Posner, übliche Kurzbezeichnung für das Internationale Freimaurer-Lexikon von Eugen Lennhoff und Oskar Posner, München 1932 und 1965.

Leo (lat.) = Löwe; im Tierkreis die lat. Bez. für das Zeichen Löwe.

Leo, Papst (wahrscheinlich Leo III., * 26. 12. 795, † 12. 6. 816), wird als Verfasser des berühmten Enchiridion, eines Zauberbuches nach der Art des 6./7. Buch Mose, ausgegeben; aus dem Papstlexikon von Kühner (Fischer-TB 682) geht hervor, daß L. an Karl den Großen die Schlüssel (d. h. das Enchiridion!) zum Grabe Petri und das Banner Roms sandte. 799 floh L. nach Paderborn, wo gegen ihn Vorwürfe wegen seines Lebenswandels und wegen Meineides erhoben wurden; später wurde er von Papst Urban VIII. trotzdem heiliggesprochen. — W.: Enchiridion Leonis Papae, Romae 1660 und Paris 1961; Enchiridion, recueil d'oraisons admirables par sa Sainteté le Pape Léon III, Paris 1959 (diese Ausgabe enthält auch die geheimen Kommentare zu den Psalmen 6, 31, 37, 50, 101, 129 und 142). — Lit.: Hans Kühner, Neues Papstlexikon, Frankfurt 1965.

Lessing, Gotthold Ephraim, 1729—1781; der Reformator der deutschen Nationallit. und des geistigen Lebens überhaupt. In der FM wird allgemein sein Werk „Ernst und Falk, Gespräche für Freimaurer" (1778) gepriesen, doch wirkliche Lessing-Kenner tadeln das Werk wegen seines nicht zwingend aufgebauten logischen Inhalts und wegen der darin gebotenen abenteuerlichen Entstehungsgeschichte der FM, die absolut unhistorisch ist. L. ist in einer Privatwohnung in die Große Landesloge (sogen. christl. FM) aufgenommen worden, hat aber sonst niemals eine Loge betreten oder an einer Logenarbeit teilgenommen; L. hat seine (eigentlich geringen) FM-Kenntnisse nur aus Büchern gewonnen.

Lethargie, von (griech.) lethe = Vergessen und algos = Schmerz; in der Medizin der schlafähnliche Zustand, aus dem der Kranke nicht zum vollkommenen Erwachen gebracht werden kann. Nach Hoené-Wronski ist L. auch der Gegenpol zur Ekstase. — Lit.: Dr. Henri Birven, Lebenskunst in Yoga und Magie, Zürich 1953.

Lethe, in der griech. Mythologie ein Quell, aus dem die Seelen der Verstorbenen oder die zur Wiedergeburt Bestimmten Vergessenheit tranken. L. erscheint auch Hesiod personifiziert als Tochter der Eris.

Lethetrank, der Trank des Vergessens: in der Lit. des ↗ Lectorium Rosicrucianum wird allen Verrätern angedroht, daß sie gewaltsam den Trunk des Vergessens erhalten werden.

Leuchter, 7armiger, der goldene Leuchter in der Stiftshütte nach 2. Mos. 25, 31 ff. oder Hebr. 9, 2 war von Gold, mit einem Stiel und 6 Röhren, worauf 7 Lampen (keine Kerzen!), eine auf dem Schaft und auf jeder Röhre eine, standen, welche des Abends angezündet wurden und die ganze Nacht brennen mußten. Der 7a. L. ist ein Symbol des geistigen Lichts, das Gott immer in der Kirche erhalten will; daß die Lampen nur vom Feuer des heiligen Brandopferaltars angezündet werden durften, deutet an, daß alles wahre Licht nur das Licht des göttl. Wortes entnommen sein muß. — Der 7a. L. war nicht nur zur Erhellung des sonst dunklen Heiligen bestimmt, sondern auch ein Symbol, aber nicht der Sonne oder der 7 Planeten, da der Mosaismus ja überhaupt keinen Gestirnsdienst kennt; er war vielmehr Symbol des himmlischen Lichts, des Geistes, der die himmlische Erkenntnis gibt. Die Siebenzahl — Symbol des Heiligen — deutet an, daß eine reine heiligende, von Heilung unzertrennliche Erkenntnis sei; das Licht leuchtet nicht allen, sondern nur denen, die im Heiligtum sind; auch das reine Öl in den Lampen, die reine helle Flamme, weist auf reine Erkenntnis. — In der FM der Großen Landesloge spielt der 7a. L. ebenfalls eine große Rolle; er scheint zuerst im 5. Grad als Symbol des Feuers (als Element) auf der Arbeitstafel. Nach der Lehre der Großen Landesloge wird der 7a. L. jedoch gedeutet als Symbol: der 7 Gaben, die 7 ersten Versammlungen der Christen im Orient, die 7 unteren Sephiroth, die 7 Engel, die 7 Eigenschaften Gottes (so im 8. Grad), die 7 Oberengel. — Der 7a. L. zeigt als typisches Beispiel, wie völlig unzulänglich es ist, in der Symbolik die reine Sachkenntnis durch bloße Phantasie ersetzen zu wollen.

Lévi, Eliphas (Ps.) = Alphonse-Louis Constant; * 8. 2. 1810 Paris, † 31. 5. 1875 Paris; einer der berühmtesten und gelehrtesten Okkultisten Frankreichs. Sein Ps. ist die hebr. Übersetzung seines bürgerlichen Namens und lautet voll: Eliphas Lévi Zahed. Sollte ursprünglich kath. Priester werden, wurde jedoch wegen seiner eigenständigen Ansichten von der Kirche disqualifiziert, betrachtete sich aber weiter als Abbé und Katholik. Außerdem ist L. einer der produktivsten esoterischen Schriftsteller; mehr als 200 Werke tragen seinen Namen. Nahezu alle okkulten Bewegungen und namentlich ihre Wortführer haben aus seinen Werken geschöpft, ohne allerdings seinen Namen zu erwähnen. In der „Geheimlehre" von H. P. Blavatsky, in „Morals and Dogma of the AASR" von Albert Pike usw. sind ganze Absätze aus Lévis Hauptwerken enthalten. Schon im Priesterseminar machte L. die Bekanntschaft mit dem Okkultismus, wo er die mittelalterlichen Autoren Wilhelm Postel, Raimundus Lullus, Agrippa von Nettesheim u. a. entdeckte. Der Stil in seinen Büchern ist außerordentlich leicht und packend, mit einer starken Note von Gags und Paradoxien; zum anderen wird seinen Werken auch nachgesagt, daß sie hin und wieder Ungenauigkeiten enthalten. Bei L. taucht zum erstenmal das Wort Okkultismus auf. In seinen Werken steht L. selbst nie im Vordergrund des Themas, das er behandelt, nie verfällt er in einen dogmatischen Ton wie die späteren „Meister"; er schildert nur, entwickelt Gedanken, indem er von den einfachsten Tatsachen ausgehend immer näher an den Mittelpunkt seiner Überlegungen heransteuert. Messerscharf ist auch seine Kritik bei der Scheidung der verschiedenen okkulten Gebiete. L. war auch auf profanem Gebiet ein Meister; von ihm gibt es Prosastücke, Dichtungen, und im Auftrage des franz. Innenministeriums und einiger Kirchen malte er mehrere Kirchengemälde. L. machte die Bekanntschaft des polnischen Okkultisten Wronsky, dem er die Anregung zu seinem Hauptwerk „Dogma und Ritual der Hohen Magie" verdankt; zu seinen treuen Freunden gehörte auch der bekannte franz. Freimaurer und Esoteriker ↗ Ragon. Im Mai 1854 fuhr L. auf Einladung von ↗ Bulwer-Lytton nach London; bis zu dieser Reise hatte er sich strikt geweigert, seine Lehren über zeremonielle Magie praktisch zu erproben. Bulwer-Lytton und Dr. Ashburner gelang es dann, ihn zu bewegen, eine Reihe von praktischen Evokationen durchzuführen. Diese sind teils im „Dogma", Bd. 1, S. 196—202, ausführlich beschrieben. Die Vermittlung der Bekanntschaft zwischen L. und Bulwer-Lytton erfolgte durch eine unbekannte Engländerin, die als eine der höchsten Eingeweihten der ↗ SRIA angehörte. Die Experimente fanden, nach 21 Tagen genauer Vorbereitung, zwischen dem 20. und 26. 7. 1854 in London statt. Einzelheiten stehen auch in Papus, „Almanach du Magiste" (Paris 1894), ferner in der großen Lévi-Biographie von Chacornac. Die 1. Evokation galt Johannes und Jehosua, die 2. dem Apollonius von Tyana. Als Ritualunterlage benutzte L. hierzu Fran-

çois Patricius, „Magia philosophica" (Hamburg 1573), worin die Dogmen des Zoroaster und die Bücher des Hermes Trismegistos abgedruckt sind. Dagegen ist die von Laars in seiner Lévi-Biographie (S. 190—208) berichtete Beschwörung nirgends belegt und sicher nur der Phantasie des Autors entsprungen. L. war der erste, der die Handlesekunst (Chirologie) wissenschaftlich bearbeitete; die betreffenden Theorien wurden von seinem Schüler Desbarolles in „Les Mystères de la Main" veröffentlicht. Am 14. 3. 1861 wurde L. in die FM-Loge „Rose du parfait silence" zu Paris aufgenommen. Bei seiner Aufnahme in die Loge, zu der eine große Zahl von Brüdern gekommen war, erklärte er zur allgemeinen Verblüffung: „Ich bringe euch jetzt die verloren gegangenen Überlieferungen, die genauen Kenntnisse eurer Zeichen und Embleme, und außerdem werde ich euch noch mit dem Zweck der FM bekannt machen...". L. war noch ein zweites Mal in London und einige Male in Deutschland, um Besuche der Frau Gebhardt aus Elberfeld (Mitgründerin der TG in Deutschland) zu erwidern. Am 3. 12. 1861 besuchte Kenneth Mackenzie, ein Abgesandter der SRIA in London, L. in Paris. Es wird auch behauptet, daß L. schon in Frankreich einer geheimen Bruderschaft (neben der FM) angehört habe; teilweise wird der Name derselben mit Fratres Lucis (Brüder des Lichts) angegeben, jedoch ist diese Angabe nicht verbürgt. Nach ähnlichen Gerüchten soll sich L. als Reinkarnation von ↗ Rabelais ausgegeben haben. Des weiteren soll L. seine Vollmachten noch vor seinem Tode auf den Abbé Lacuria übertragen haben. Die über L. geschriebenen Biographien, mit Ausnahme der von Chacornac, sind außerordentlich fehlerhaft und teils sogar phantasievoll. Die meisten Fehler enthält die Biographie „Eliphas Lévi, der große Kabbalist und seine magischen Werke" von R. H. Laarss (= Dr. Himmel), Wien 1922. Dort heißt es z. B. S. 17: „Lévis Freund und Schüler Papus"; als Lévi starb, war Papus 7 J. alt! Auf S. 24 stellt Laarss die Vermutung auf, daß L. mit Bulwer-Lytton bekannt war; hier zeigt sich also bei Laarss die Unkenntnis der Werke Lévis, denn L. hat doch selbst lang und breit über seinen Besuch bei Bulwer-Lytton in seinen Werken geschrieben. Auf S. 29 schreibt Laarss, daß „Dogma und Ritual" das „Erstlingswerk" von L. sei; von den 200 Werken war es jedoch eines der letzten und sogar das Hauptwerk seines Lebens. Auf S. 37 steht, daß „sein Schüler Papus" L. auf dem Totenbett photographieren ließ; Papus war, wie gesagt, zu diesem Zeitpunkt gerade 7 J. alt. S. 120 schreibt dann Laarss selbst, daß L. mit Bulwer-Lytton zusammenkam, was auf S. 24 noch eine bloße Vermutung war. Der auf den S. 191–208 berichtete Krötenzauber „aus unveröffentlichten Tagebüchern" ist absolut unglaublich, zumal keine Quelle angegeben ist. Ähnliche Fehler finden sich bei Liebstöckl (Die Geheimwissenschaften im Licht unserer Zeit) und bei sonst so seriösen Autoren wie Dr. Herbert Fritsche, der in seiner Ausgabe von Du Prels „Rätsel des Menschen" (Wiesbaden 1950, S. 169) behauptet, L. wäre aus dem Martinisten-Orden hervorgegangen; als Papus den Martinisten-Orden gründete, war L. jedoch schon viele Jahre tot. — W.:

Eliphas Lévi

Transcendental Magic, London 1963 (übersetzt von A. E. Waite); Das große Geheimnis, München 1925; Der Schlüssel zu den großen Mysterien, München 1928 und Weilheim 1966; Geschichte der Magie, München 1926, 2 Bde.; Dogma und Ritual der Hohen Magie, München 1927, 2 Bde.; Le Gremoire Franco-Latomorum, 1871, noch unveröffentlicht — Manuskript soll sich lt. Chacornac im Besitz von M. P. in der Schweiz befinden; Cours de la Philosophie Occulte, Lettres au Baron Spédaliari, Paris 1932; Die Elemente der Kabbala, 10 Briefe von Eliphas Lévi, abgedruckt in „Neue Metaphysische Rundschau", Bd. III, 1906, Heft 3, S. 97

bis 103, sowie in Papus „Die Kabbalah". — Lit.: R. H. Laarss, Eliphas Lévi, der große Kabbalist und seine magischen Werke, Wien 1922; Paul Chacornac, Eliphas Lévi, Paris 1926; Stanislas de Guaita in: Papus „La Science des Mages", Paris 1956, S. 220.

Leviathan, im AT der Name eines Seeungeheuers (Ps. 104, 26), auch der des Sternbildes des großen Himmelsdrachens (Jes. 27, 1; Hiob 3, 8). Symbolisch bez. es Ps. 74, 14 das Reich Ägypten, bildlich Hiob 40, 25 bis 41, 26 das Krokodil. In der späteren und christl. Sage spielt es die Rolle des dämonischen Ungetüms. Die rabbinische Überlieferung machte aus dem biblischen L. einen androgynen Dämonen, der als männliche Inkarnation (Samael) Eva verleitete, und als weibliche Inkarnation (Lilith) Adam.

Levitation, von (lat.) levitas = Leichtigkeit; subjektiv erlebbare Aufhebung der Körperschwere und Schweben des Körpers im Raum ohne fremde Hilfsmittel; kommt im Traum vor, soll aber auch in hochsomnambulen Zuständen beobachtet worden sein. — Von ihrem Kadmos (= Geist der Zivilisation bei den Griechen; Henoch bei den Israeliten; Trismegistos bei den Ägyptern) erzählen die alten Griechen, er habe gesehen, wie die Steine der Königsburg von Theben, durch die Klänge der Lyra Amphions gleichsam lebendig geworden, sich von selbst erhoben und aneinander reihten — Lit.: H. E. Douval, Magische Phänomene, Freiburg.

Leviticus (lat.), in der lat. Bibel das 3. Buch Moses, so genannt, weil es die Verordnungen für die Priester und Leviten enthält.

Lewis, Ralph M., * 14. 2. 1904 New York, Sohn von Dr. H. Spencer Lewis; zweiter Imperator des ↗ AMORC. — W.: The conscious interlude, San José.

Lewis, Dr. Harve Spencer, * 25. 9. 1883 Frenchtown, New Jersey/USA, 2. 8. 1936; Gründer und erster Imperator des ↗ AMORC. Nach Absolvierung der Schulzeit auf einem College in New York widmete sich L. zunächst dem Studium der schönen Künste. Danach zählt er zu den ersten Mitgliedern der Methodisten des Pastors Dr. S. Parks Cadman; schließlich wird L. Journalist beim New York Herald und anschließend Leiter eines Instituts für psychische Untersuchungen in New York. Nach der Bekanntschaft mit der Theosophischen Gesellschaft wendet er sich ausschließlich dem Okkultismus zu und beabsichtigt, etwas Eigenständiges zu schaffen. Durch das Buch „Zenia the Vestal" von Margaret B. Peeke, welches in übertriebener Romanform die Illuminaten des 18. Jh. behandelt, wurde er angeregt, einen Illuminaten- und Rosenkreuzer-Orden zu gründen. Wahrscheinlich ist auch, daß L. auf einer Europareise die Bekanntschaft von Mitgliedern des Martinisten-Ordens von Papus, von Alchemisten des Jollivat de Castelot, von Kabbalisten aus der Schule Stanislas de Guaita und anderer bekannter Okkultisten machte, zumal auf der Gründungstagung der ↗ FUDOSI diese Kreise vertreten waren und den Vorschlägen von L. zustimmten. Indes hatte jedoch keine dieser Gruppen etwas mit Rosenkreuzern oder gar mit der FM zu tun. — Verheiratet war L. mit Martha Morfier; nach seinem Tode wurde Sohn Ralph nachfolgender Imperator des AMORC. — W.: Mansions of the soul; The mystical life of Jesus; Rosicrucian manual; Rosicrucians questions and answers, sämtlich San José/Kalifornien. — Lit.: Dr. R. Swinburne Clymer, The Rosicrucian Fraternity in America, Quakertown/USA; Dr. Philippe Encausse, Sciences occultes, Paris 1949.

Liber (lat.) = das Buch; kommt im Titel etlicher Bücher von ↗ Crowley vor, z. B. L. Legis = ↗ Buch des Gesetzes. — **Liber 777** ↗ Kathedrale der Seele.

Liberal-Katholische Kirche (Abk.: LKK), okkulte Tochter-Organisation der Adyar-TG im Gewande einer Kirche; gegr. 1916 von den Theosophen Wedgwood und ↗ Leadbeater in England, um angesichts der Haltung der Adyar-TG den Kirchen gegenüber dennoch die Kirchenanhänger zu gewinnen. Die Grundidee zur LKK stammt von Eliphas Lévi, der zu jener Zeit innerhalb der TG ein geschätzter Schriftsteller war; in seinem Werk „Ritual der Hohen Magie" (München 1927) heißt es S. 38.: „Die Religion hat jetzt bei den Völkern drei, dem Ansehen nach einander feindliche Formen, die sich bald in eine einzige vereinigen werden, um eine universelle Kirche zu bilden. Ich spreche von der russischen Orthodoxie, dem römischen Katholizismus und einer letzten Verklärung der Religion Buddhas." Tatsächlich sind die Lehren der LKK eine Mischung aus verschiedenen Religionen, namentlich aus Katholizismus und Buddhismus. Theoretische Vorarbeit in diesem Sinne hatte auch Dr. Franz Hartmann geleistet, der in seiner kleinen Schrift „Was ist Theosophie?" sagt: „Die katholische Kirche ist in ihrem innersten Wesen, das aber nicht jedermann kennt, eine Geheimschule der Theosophie — Magie. Sie besitzt die vortrefflichste Symbolik, die erhabensten Zeremonien und alle Mittel, um die Menschen auf den Weg des Heils, d. h. zum

Selbstbewußtsein ihres unsterblichen Daseins zu bringen." Schutzpatron der LKK (sowie der englischen FM) ist St. Alban. Wedgwood und Leadbeater wurden gleich selbst zu Bischöfen ihrer Kirche. Der tragende Gedanke bei der Gründung der LKK war u. a. die Erkenntnis von der magischen Kraft, welche dem kirchlichen Ritual bei der Ausübung der Sakramente innewohnt. Es ist Leadbeaters großes Verdienst, dessen magische Bedeutung wieder hervorgehoben zu haben. Er beschreibt, wie während der Ausübung des Zeremoniells der Messe Gedankenformen aufgebaut werden, wie aus ihnen ein den Bau der Kirche weit überragendes Gebilde entsteht, wie Ströme geistiger Kraft durch dieses auf die Gemeinde sich ergießen und wie zur Mitwirkung die gewaltigen Wesenheiten von Engeln herangezogen werden. Von der Stelle aus, wo der Priester die Messe zelebriert, strömt daher eine Wirkung des Segens in weitem Umkreis aus. Um diese Magie der Messe zur vollen Wirkung zu bringen, ist es notwendig, daß von bestimmten, magisch wirksamen Formeln Gebrauch gemacht wird. Die Gottheit der LKK deckt sich mit dem Brahman der Veden, welcher das All durchdringt und mit seinem Wesen ausfüllt. Sie offenbart sich durch die „2. Person" der Gottheit, den Logos oder Demiurgos (Baumeister), welcher das Weltall schafft und erhält. In bestimmten Zeiten verkörpert er sich selbst auf der Erde, um die Menschen auf den Pfad nach oben zu führen, oder er sendet eines der Glieder der „Weißen Bruderschaft" zu diesem Zweck auf die Erde. Die christliche Lehre von der Erbsünde und von der Rechtfertigung durch die Gnade ist in der LKK verpönt. Die Mitglieder der LKK dürfen auch weiterhin Mitglied ihrer bisherigen Kirche bleiben. Im deutschen Sprachraum gibt es (kleine) Gemeinden der LKK in Berlin, Bremen, Darmstadt, Frankfurt, Hamburg, Hanau, Hannover, München, Nürnberg, Witten, Graz, Wien, Innsbruck, Straßhof und Zürich. Diözesanblatt für die Kirchenprovinz Mitteleuropa ist „Die Kirche", herausgegeben vom Regionalbischof Ringer, München. — Lit.: Leadbeater, Die Wissenschaft der Sakramente; Pigott, Die Liberal-Katholische Kirche; J. I. Wedgwood, The Place of Ceremonies in the Spiritual Life, London 1927; Dr. F. K. Steinberger, Esoteriker des Westens.

Libertiner, nach Apo. 6, 9 die kriegsgefangen gewesenen Juden, die freigelassen worden waren und in Jerusalem eine besondere Synagoge für sich hatten. — In die FM kam das Wort durch den engl. Pfarrer Anderson 1722, ohne daß es bisher richtig erklärt werden konnte; Anderson verstand das Wort L. im Sinne von Jeremy Taylor (1613–1667), welcher damit die Anhänger einer in Frankreich um 1530 bestehenden pantheistischen Sekte bezeichnete, wahrscheinlich sogar in Anlehnung an Shakespeares Hamlet, I, 3, 49.

Libido (lat.) = Lust, Begierde; seit Freud ein in der Psychologie und Psychoanalyse gebräuchliches Wort.

Libra (lat.) = die Waage; lat. Bez. eines Tierkreiszeichens.

Librum naturae (lat.) = Buch der Natur; das Gegenteil zum biblischen Buch des Lebens, welches die lebendige Lehre enthält. Im Lectorium wird der Begr. L.n. zuweilen verwendet für die „absolute Erkenntnis, Weisheit und Kraft, welche notwendig ist, um den Pfad, der nach oben führt, gehen zu können"; diese Deutung widerspricht aber jedem sprachlichen Sinn und Zusammenhang. — Lit.: Rijkenborgh, Dei gloria intacta, Haarlem, S. 264.

Licht, sowohl in der FM wie in der Kirche ein Symbol höchster Bedeutung. Der Suchende wandert aus dem Dunkel dem L. zu; er wird aufgenommen, indem ihm das L. erteilt wird; die Loge wird eingeweiht, indem das Licht eingebracht wird; die Eröffnung der Loge erfolgt durch Entzünden der Lichter. — In der Bibel ist Gott, der Vater, L., d. h. ein seiner Natur nach durch und durch reines und gutes Wesen, in dessen Verstand die klarste Erkenntnis und Weisheit, in dessen Willen die heiligste Liebe, dessen Zustand ungestörter Friede, Harmonie und Seligkeit ist. — Lit.: Dr. Wilhelm Martin, Das Wesen des Lichts; Pierre Mariel, Die wahren Söhne des Lichts, Zürich, 1963; August Horneffer, Symbolik der Mysterienbünde, München 1916.

Lichtäther, nach Heindel ein Teil der physischen Welt und „Mittler der Sinneseindrücke." ⚹ Prinzipien der Welt.

Lichtbund (oder Weltlichtbund), lt. Prospekttext 1919 gegr. zur Erforschung der geheimen Mächte und Kräfte zur Förderung der Mitglieder; Hüter des Lichts; Mitglied des „Geheimen Rates des Magischen Erdkreises"; Tätigkeitsbereich: Kehl, Geiselwind und Nürnberg, jetzt nach Verlegung des Lilienfeld-Verlages wahrscheinlich auch in Celle.

Lichter, in der FM eine Reihe von Dreier-Symbolen; die großen L.: Bibel, Winkelmaß und Zirkel; die kleinen L.: Weisheit, Schönheit und Stärke; die kleinen L. des Royal Arch: das Gesetz und die Propheten, denn es handelt

sich um 3 göttl. Gesetzesordnungen, die patriarchalische, die prophetische oder gesetzliche und die monarchische, durch welche die hebr. Nation ging; die 3 großen L. des Royal Arch: das heilige Wort selbst, welches die schöpferische, erhaltende und zerstörerische Gottheit (entsprechend Brahma, Vishnu und Shiva) andeutet.

Lichthort. Zeitschrift aus dem gleichnamigen Verlag (Marschalkenzimmern) der „grenzwissenschaftl. freien Forschung sowie der Naturheilkunde, der Astromedizin, der Religion und Wissenschaft" usw.; gegr. (lt. Verlag) „in den 50er Jahren"; der Kontakt zur „Freien Forschungsgesellschaft für dualistische Wissenschaft und Erziehung" ist inzwischen gelöst worden; zum L. gehört daher keine Mitgliederorganisation.

Lichtkleid, im Sohar ein Begriff aus der Konstitution des Menschen: „Der Geist trennt sich vom Körper, der in dieser untern Welt bleibt; und der Geist wird dann entsprechend seiner Verschuldung gereinigt. So gelangt er ins irdische Paradies. Er wird hier mit einem Lichtkleid bekleidet, das aber in Gestalt und Form demjenigen ähnelt, das er in dieser Welt hatte" (Sohar T. 3, col. 302). — Beim ⚹ Lectorium Rosicrucianum die dialektische Umschreibung für Aura; dort definiert als „der Zusammenhang der verschiedenen Lebensfluiden im Menschen. Es wird durch das Blut und dessen System gebildet, durch das Nervenfluidum und sein System und durch interne Sekretion, das Schlangenfeuer und die Flamme des Bewußtseins" (so: Apokalypse des neuen Zeitalters, S. 19). Auf S. 24 derselben Quelle taucht auch noch der Begriff vom „fünffachen Lichtkleid" auf.

Lilie (weiße), eine in Palästina als Unkraut wachsende, wohlriechende Blume, die in Hohesl. 2, 1 f. 16; Matth. 6, 28 und Luk. 12, 27 erwähnt ist. Neben den Rosen die beliebtesten Blumen des Altertums. Symbolische Bedeutung: Glückseligkeit der Kirche, Vorsehung Gottes, Früchte der Buße und des Glaubens; teils auch als phallisches Symbol. — Jakob Böhme schreibt: „Der Lilienzweig ist der neugeborene Geist als das rechte Bild Gottes. Er wächst unterm Kreuz. Die Lilie wird den Antichrist entdecken und den Wolf des Tieres entdecken. Wenn die Lilienzeit um ist, kommt das Ende der Welt." — Die L. ist auch das Abzeichen der Pfadfinder und einer gleichnamigen Loge in Würzburg.

Linda-Bund oder „Bund der freien Maurer"; gegr. 1911 in Hamburg-Altona; gab vor, die gleichen Ziele wie die FM zu haben, beschäftigte sich jedoch nur mit Zahlenspielereien und sog. Zahlenharmonie; ab 1918 erschien eine Zeitschrift „Zirkelblüten". – Lit.: K. Maaß-Lind, Das Geheimnis des Zirkels, Hamburg.

Lindenberg, Dr. Wladimir, bekannter Nervenarzt, Berlin. – W.: Mysterium der Begegnung; Die steller. – W.: Mysterium der Begegnung; Die Menschheit betet, München 1958; Gespräche am Krankenbett; Yoga mit den Augen eines Arztes, Berlin 1960; Training der positiven Lebenskräfte, Berlin 1962; Praktikum der Menschenkenntnis für Polizeibeamte; Tragik und Kampf großer Ärzte, Ulm 1948; Die Unvollendeten, Hamburg 1948; Der Hirnverletzte, Bonn 1950; So sieht es der Patient, Berlin 1954; Marionetten in Gottes Hand; Meditation and Mankind, London 1959.

Dr. Wladimir Lindenberg

Linga sharira (Sk.), bei H. P. Blavatsky der 3. Körper des Menschen, bei Annie Besant der 2. Körper, bei Paracelsus der siderische Mensch, bei Steiner Astralleib genannt, in manchen Schriften Besants auch mit Prana bezeichnet; gemeint ist wohl immer der sog. Doppelgänger oder Astralkörper des Menschen oder Tieres, welcher nach dem Tode verschwindet; andere Bezeichnungen: Ätherkörper, Lebensleib, Kraftleib, Bildekräfteleib, Eidolon, Träger des Od-Magnetismus, der Lebenskraft und der Chakras, die Vitalseele. ↗ Prinzipien des Menschen.

Lions, offizielle Bez.: „International Association of Lions Clubs = (engl.) Internationaler Verband der Löwenclubs; gegr. 1917, Sitz Chicago, wahrscheinlich vom Rotary-Club abgespalten; Ehrenvorsitzender der Lions in Deutschland war Prof. Th. Heuss. Ziele: Geselligkeit, geschäftliche Bekanntschaften, Wohltätigkeit.

List, Guido (von?), Runen- und Germanenforscher, welcher 1908 das Hakenkreuz als Symbol der Reinheit des arischen Blutes bezeichnete; von L. leiten alle späteren Runenforscher ihre Kenntnisse ab. – W.: Das Geheimnis der Runen, Berlin 1924; Die Rita der Ariogermanen; Die Bilderschrift der Ariogermanen; Die Ursprache der Ariogermanen; Grundzug germanischer Weltanschauung. – Lit.: Louis Pauwels, Aufbruch in 3. Jahrtausend, Stuttgart 1962.

Literatur. Lit. ist bei vielen Stichwörtern im Lexikon am Ende der jeweiligen Eintragung angegeben. – In der Anthroposophie ist „besinnliche Lektüre" (nicht immer gleichzusetzen mit Lit.!) eine der Vorbedingungen zur Schülerschaft. Rudolf Steiner: „Wir werden dabei besonders auf die mystische, gnostische und geisteswissenschaftliche Lit. hingewiesen, die dann auch den nötigen Stoff für die Meditation darbietet. Solche Lektüre bewirkt unbewußt die Umgestaltung des Innern. Und so bilden sich auch die Augen, mit denen wir sehen, was dem sinnlichen Auge verschlossen ist, und die Ohren, zu denen die Kunde aus der Geisterwelt dringt." – Katherine Tingley schreibt (in: Theosophische Handbücher, Bd. II, S. 45): „Bücher können die Menschen nur zum Anfange jenes Pfades bringen, der, wenn sie willens sind, ihn zu beschreiten, sie zu einem Höhepunkte hinführen wird, wo sie keine Handbücher mehr nötig haben." – Esoterische Lit. ist auch die Grundlage der ↗ Selbsteinweihung, soweit diese überhaupt möglich ist.

Little, Dr. Wentworth, engl. FM-Forscher und Rosenkreuzer; gründete 1866 die ↗ SRIA und war ihr Großmeister von 1867 bis 1878.

LKK, Abk. für ↗ Liberal-Katholische Kirche.

Loge (Ursprung noch umstritten); in der FM ein Ort, wo die Freimaurer zusammenkommen

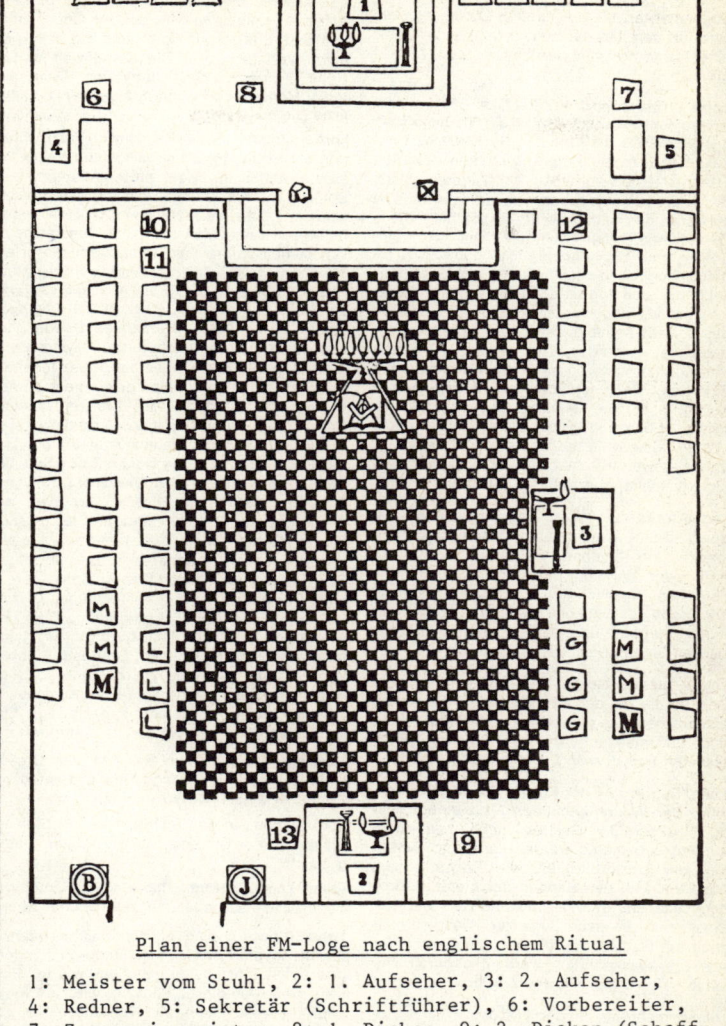

Plan einer FM-Loge nach englischem Ritual

1: Meister vom Stuhl, 2: 1. Aufseher, 3: 2. Aufseher,
4: Redner, 5: Sekretär (Schriftführer), 6: Vorbereiter,
7: Zeremonienmeister, 8: 1. Diakon, 9: 2. Diakon (Schaffner), 1o: Schatzmeister, 11: Almosenpfleger, 12: Archivar,
13: Innerer Türhüter (Wache; Ziegeldecker)

und arbeiten, sowie die örtliche Vereinigung der zusammenarbeitenden Freimaurer selbst. ↗ Freimaurerei.

Logenmeister, bei der Großen Landesloge die Bez. für den Meister vom Stuhl, also Leiter einer Loge; er muß wenigstens den 7. Grad innehaben.

Logik (griech.), nach Kants (1724—1804) „Kritik der reinen Vernunft" ist L. die Wissenschaft, die „nichts als die formalen Regeln alles Denkens ausführlich darlegt und strenge beweist". Friedrich Überweg (1826—1871) nennt (1882) die L. die „Wissenschaft von den normativen Gesetzen der menschlichen Erkenntnis". Diese Definitionen entsprechen praktisch dem eingebürgerten Sprachgebrauch, daß z. B. jemand „logisch denken" kann, und der Überzeugung, daß logische Fehler einfach Denkfehler sind. Indes lassen sich die Grundsätze der L. nicht beliebig anwenden, wie folgende Beispiele zeigen: „Wenn einige Griechen Philosophen sind, so sind einige Philosophen Griechen." In dieser Form ist der Satz logisch richtig, aber die Teilsätze sind nur faktisch richtig. Ebenso logisch richtig wäre auch: „Wenn einige Fische Löwen sind, so sind einige Löwen Fische." Dieser Satz ist zwar logisch richtig, aber faktisch falsch.

Logos (griech.) = Wort, Begriff, Gedanke; die durch Seele, Nation und jeden Menschen manifestierte Gottheit; die äußere Ausdrucksform oder Wirkung der immerwährend verborgenen Ursache; die Sprache ist demnach der Logos des Denkens und wird also treffend durch „verbum" und „Das Wort" im metaphysischen Sinne übersetzt; vgl. Joh. 1, 1—3.

Logos, planetarischer; Bez. für die 7 höchsten Geister, die bei den Christen den 7 Erzengeln entsprechen. Sie gingen durch das Menschenreich und manifestieren sich nun durch einen Planeten und dessen Evolutionen.

Lohn, Begriff aus der FM der Großen Landesloge. Der Wahre Lohn des Freimaurers sind die 7 Gaben des Geistes, deren man schon auf Erden teilhaftig werden kann: die Gewißheit der Unsterblichkeit, die Erlösung vom Tode und von den Banden der Materie durch den Glauben an den göttl. Meister und der Eingang in die neue Loge zur Wiedervereinigung mit Gott. — Die Inhaber des Grades der Andreas-Erwählten werden dadurch belohnt, daß sie die ↗ Krone berühren dürfen.

Lohnvermehrung, in der FM des ↗ Droit Humain die Bez. für Graderhöhung, Beförderung.

Loka (Sk.) = Welt, Ort; in der Theosophie die Bez. für die alles umfassenden 3 Welten, nämlich: die Sinnenwelt (kama-l.), d. h. die Welt der 5 Sinne; die feinkörperliche Welt (rupa-l.), d. h. die Himmelswelt, in der es jedoch noch den Seh- und Hörsinn gibt; und die unkörperliche Welt (arupa-l.). Die Sinnenwelt umfaßt Hölle, Tierreich, Gespensterreich, Dämonenreich, Menschenwelt und das sechsfache sinnliche Himmelreich.

Lorber, Jakob, 1800—1864; Musiklehrer in Graz, der, als er am 15. 3. 1842 eine neue Stelle als Kapellmeister in Triest antreten sollte, eine Stimme hörte: „Nimm deinen Griffel und schreibe!". Er verfaßte danach eine ganze Reihe von evangelistischen Schriften, die heute von seinen zahlreichen Anhängern als „Neuoffenbarungswerk", bezeichnet werden. Nach einem Prospekttext „überragen seine Werke an Tiefe der Einsicht noch die Schauungen eines Jakob Böhme, Emanuel Swedenborg und der großen mittelalterlichen Mystiker". — W.: Das große Evangelium Johannis (10 Bde.), Leopold Engel verfaßte dazu noch einen 11. Bd.; Die Jugend Jesu; Die Haushaltung Gottes; Der Erdenweg des Herrn Jesus; Die 3 Tage im Tempel; Paulus-Brief an die Gemeinde in Laodizea; Die Heilkraft des Sonnenlichts; Himmelsgaben; Briefwechsel Jesu mit Abgarus Ukkuma in Edessa; Der Weg der Wiedergeburt; Bischof Martin; Die geistige Sonne; Robert Blum; Das jenseitige Kinderreich; Jenseits der Schwelle; Erde und Mond; Der Saturn; Die Fliege; Der Großglockner. — Lit.: Dr. Walter Lutz, Die Grundlagen des Lebens; Die geistige Urschöpfung; Gott und sein Gegenpol; Der Fall Luzifers; M. Kahir, Nahe an 2000 Jahre; Karl Gottfried Ritter v. Leitner, Jakob Lorber; Viktor Mohr, Geistige Anatomie des Menschen; Der Kosmos in geistiger Schau; Licht und Ton, Gespräch-Elemente; Vom inneren Wesen der Naturkräfte.

Losung, Ausdruck aus der FM der Großen Landesloge für ↗ Paßwort; die L. dient dazu, Eintritt in eine Loge zu erhalten.

Lotosblumen, in den Schriften Rudolf Steiners die Bez. für ↗ Chakras, auch zuweilen Räder genannt.

Lotos Yoga Zentrum, Name einer Hamburger Yoga-Schule; Gründer und Leiter: Marian Ebert.

Lotus (griech.), eine höchst okkulte Pflanze, die in Ägypten, Indien und anderen Ländern des Orients für heilig gehalten wurde. Eine sehr große Art dieser Pflanzen wird auf Kreta und anderen Inseln als Nahrungsmittel genossen.

L. P. D. (auch: L. D. P.), eine abgekürzte Devise mit mehreren Deutungen; in dem Roman „Joseph Balsamo" von Alexandre Dumas (Bd. 1, Seite 19 und 28) bedeuten die Buchstaben: Lilia pedibus destrue = Zertritt die Lilie (d. h. Frankreich!) unter dem Fuße. Dumas schreibt in seinem Roman diese Devise Cagliostro, dem Groß-Kophta der sog. ägyptischen FM, zu. — Nach Eliphas Lévi, „Dogma und Ritual der Hohen Magie" (München 1927, Bd. 2, S. 338) bedeuten die Buchstaben (franz.): Liberté — Pouvoir — Devoir = Freiheit, Notwendigkeit, Vernunft (eigentlich Pflicht). Die Vernunft steht in der Mitte (bei seiner Schreibung), Freiheit und Notwendigkeit als Gegengewichte zu den Seiten. Diese Deutung hat auch Papus in „Grundlagen der okkulten Wissenschaft" (Leipzig 1926) übernommen. — Auch in alten franz. FM-Riten kommen die Buchstaben vor. So trugen nach dem „Recueil précieux de la Maçonnerie" (Paris 1787, Bd. 2, S. 100) die Ritter von Osten eine Schärpe, auf welcher eine Brücke eingestickt war, auf der man die drei Buchstaben lesen konnte. Hier bedeuten die Buchstaben (franz.): Liberté de passer = Freiheit des Hinübergehens (oder des Abzugs); in diesem Grad soll sich die Devise auf die plötzliche Freilassung der Juden aus dem babylonischen Exil beziehen. Gegner der FM deuten dagegen die Buchstaben als (franz.): Liberté de penser = Freiheit des Denkens (= Freidenkerei). — Im 15. Grad des ↗ AASR gibt es diese Buchstaben ebenfalls.

LSD (chem. Abk.) = Lysergsäurediäthylamid; ein Halluzinationen hervorrufender Stoff, von dem schon wenige Millionstel Gramm genügen, um beim Menschen psychische Veränderungen hervorzurufen. Da seit Februar 1967 in der Bundesrepublik die Herstellung, der Erwerb und die Form der Abgabe von LSD u. a. Halluzinogenen strengen Vorschriften unterworfen wurden, dürfen diese Mittel nicht mehr verschrieben werden. Wer zu wissenschaftl. und therapeutischen Zwecken diese Mittel erwerben oder anwenden will, braucht eine besondere Genehmigung der Bundesopiumstelle beim Bundesgesundheitsamt. („Verordnung zur Änderung der Verordnung über das Verschreiben Betäubungsmittel enthaltender Arzneien und ihre Abgabe in den Apotheken.")

Lucifer, einer der Namen des Teufels, welcher einer allegorischen Deutung einer Passage in Jes. 14, 12 entstammt, wo der König von Babylon mit dem Morgenstern verglichen wird. Bei Wierus, dem Dämonenforscher des 16. Jh., wird er als höchster Richter der Hölle bezeichnet. Eigentlich hat der Name L. nichts mit dem Teufel zu tun. Die lat. Form luciferus entspricht dem griech. phosphorus = Lichtbringer und war auch früher ein christl. Name, der sogar von einem der Päpste getragen wurde. Die heutige Bedeutung ist nur auf die Bibelstelle zurückzuführen: „Wie bist du vom Himmel gefallen, du schöner Morgenstern." Milton übernahm im gleichen Sinne L. als Name für den Dämon des Stolzes. So ist der Name des reinen, hellen Lichtboten in christl. Ohren zum Fluchwort geworden. Nach Eliphas Lévi ist L. auch in der Kabbalah kein schlechter und verfluchter Engel, sondern der Engel, der erleuchtet und erneuert, indem er verbrennt.

Lucis-Trust, internationale Dachorganisation zur Überwachung und Koordinierung der von Alice A. ↗ Bailey gegründeten oder mit ihrer besonderen Theosophie zusammenhängenden Aktivitäten. Zentralen befinden sich in London, New York, Genf und Buenos Aires. Die Tätigkeit des L. T. erstreckt sich im wesentlichen auf:

1. Arkanschulen in London, New York, Genf und Buenos Aires
2. Lucis Publishing Company und andere eigene Verlage
3. Die Dreiecke (Triangles)
4. Die Aktion Internationaler Guter Wille
5. Die Gruppe der Neuen Weltdiener
6. Büchervertrieb
7. Fernunterricht
8. Abhaltung von Vorträgen
9. Werbung von Mitgliedern
10. Sammlung von Spenden

Luft, eines der 4 bzw. 5 ↗ Elemente des ↗ Empedokles. In der ↗ Alchemie spielt das Element L. jedoch die geringste Rolle. In den alten Mysterien gab es die Luftprobe, die in der Lit. der Anthroposophie noch eine Rolle spielt. — Bei Swedenborg heißt es in seiner Apokalypse: „Durch L. werden alle Dinge bezeichnet, die sich auf Wahrnehmung und Denken beziehen, und Atmung entspricht dem Verständnis, also der Wahrnehmung und dem Denken, aber auch dem Glauben, denn der Glaube gehört zum Denken wie die Wahrnehmung zum Verständnis."

Luftprobe, Begriff aus den alten Mysterien, übernommen von der Anthroposophie. Nach Rudolf Steiner ist die L. die dritte und letzte Probe bei der Einweihung. Man „lernt nun über die Geheimnisse zu reden und zu schweigen". Es handelt sich dabei um eine Art „Trunk der Vergessenheit", wodurch frühere Irrtümer abgelegt werden, aber auch um einen „Gedächtnistrunk", der die höhere Weisheit fest einprägt.

Lullus

Lullus, Raimundus, 1235–1316, geb. in Palma (Katalanien); besuchte als Schützling Jakobs II. die Universitäten von Montpellier, Rom, Paris, Palermo und Neapel, widmete sich dann der Kabbalah, lernte Arabisch und trat wahrscheinlich in Verbindung mit der muselmanischen Sekte der „Brüder der Reinheit". Die meisten seiner alchemistischen Schriften hat man heute in Zweifel gezogen. Noch mit 70 J. wurde er an den Hof Eduards II. nach England berufen, mit 80 J. ging er auf einen persönlichen Kreuzzug, wurde jedoch in Bourgie eingesperrt, von der Menge gesteinigt und starb auf einem Genueser Schiff, welches ihn 1315 aufgenommen hat. Sein Sarg steht in der Kapelle der Kirche Saint-François in Palma de Mallorca.

lunar, von (lat.) Luna = Mond; mondhaft wie der Mond, der sein Licht von der Sonne bezieht; l. ist die Haltung des Menschen, der sich auf eine andere Macht stützt als auf seinen eigenen Willen. Auch ein Kranker, der sich von der Medizin Heilung erhofft, handelt l. — Ggs.: solar (sonnenhaft), terrestrisch (erdenhaft).

Lunarhoroskop = Monatshoroskop, ↗ Horoskop.

Lux (lat.) = Licht; kommt meist in okkulten Sprüchen vor: Ex oriente l. = aus dem Osten kommt das Licht; l. venit ab alto = Licht kommt von oben; l. in tenebris = Licht in der Finsternis; l. mundi = Licht der Welt; l. et veritas = Licht und Wahrheit (Motto der Yale-Universität, USA). — In der Andreasloge der Großen Landesloge sind zwei Türen mit Lux bzw. Tenebrae (Finsternis) bezeichnet.

Luxemburger Konvention, eine Erklärung, die am 15. 5. 1954 die fünf Großlogen von Luxemburg, Österreich, der Schweiz, der Niederlande und die VGL (für die Bundesrepublik) unterzeichneten, mit dem Ziel, nur solche frmr. Großlogen in der Welt als ↗ „regulär" zu betrachten, die ihren Mitgliedern den Glauben an den ↗ Großen Baumeister vorschreiben. Diese Erklärung richtete sich vor allem gegen den Großorient von Frankreich, der seinen Mitgliedern keine Vorschriften in privaten Glaubensfragen macht, da solche Vorschriften mit der Konstitution von 1723 (↗ Anderson) in Widerspruch stehen. Anstatt der Unterwerfung des G. O. von Frankreich wurde jedoch das Gegenteil erreicht: zahlreiche Mitglieder und teils ganze Logen traten aus ihren bisherigen Großlogen aus und gründeten neue Großlogen, die ihren Mitgliedern keine Dogmen vorschrieben. Hieraus gingen u. a. hervor: Die Große Loge AFAM in Berlin, der Großorient von Luxemburg, die Großloge der Niederlande, der Großorient von Österreich, der Großorient der Schweiz. Die internationale FM wurde durch diese Bestrebungen in zwei gegenüberstehende Lager gespalten, die dogmatische FM unter Führung der Vereinigten Großloge von England und die undogmatische Gruppe um den Großorient von Frankreich. Am 11. 7. 1959 wurde auf einer erneuten Konferenz das alte Bündnis der dogmatischen Großlogen aufgehoben, da die Bemühungen nur Mißerfolge gebracht hatten; die Spaltung der FM blieb aber bestehen. — Lit.: J. Corneloup, Universalisme et Franc-Maçonnerie, Paris 1963.

Luxor, Bruderschaft, mystische Bruderschaft in den USA; Ursprung angeblich in Ägypten. Obgleich sie schon seit langer Zeit arbeitet, hat sie ihre Geheimnisse bis heute bewahren können. H. P. Blavatsky schreibt, daß ihr Name besser nicht enthüllt worden wäre, da er eine große Anzahl verführte, sich darin aufnehmen zu lassen und ihr Geld einer betrügerischen Gesellschaft zu geben, die ihren Ursprung in Europa hat. In der „Entschleierten Isis" erwähnt H. P. Blavatsky auch die Brüder von L., desgl. beruft sich Spencer Lewis auf L. — Das Wort L. soll von (lat.) Lux = Licht und (hebr.) aur = Feuer kommen, also etwa „Licht des Feuers".

Luzifer ↗ Lucifer.

Lv, bei lat. Bibelzitaten die Abk. für Leviticus = 3. Buch Moses.

L. V. C., Abk. für (lat.) Labor Viris Convenit = Männern gebührt Fleiß und Mühe; das Motto der 7. Provinz (d. h. Deutschlands) in der ↗ Strikten Observanz; die Anfangsbuchstaben befanden sich auch im Innern des Heermeisterringes des Freiherrn v. Hundt; 1961 erhielt Großmeister Theodor Vogel von der ↗ VGL eine Nachbildung dieses Ringes; ferner befinden sich die Buchstaben auf dem am Hals getragenen Roten Kreuz der Inhaber des 10. Grades der Großen Landesloge.

L. V. X., bei ↗ Crowley und in der Großen Landesloge die Schreibung für ↗ Lux.

Lytton ↗ Bulwer-Lytton.

M

Maack, Dr. med. Ferdinand, 1861–1930, bekannter esoterischer Schriftsteller; bezeichnete sich selbst als Xenologe, Stereosoph, Allomatiker, Rhodostaurologe; erfand u. a. das Manuradioskop (= Handstrahlenanzeiger); gründete 1923 eine Rosenkreuzer-Gesellschaft in Hamburg. — W.: Das Wesen der Alchemie, Pfullingen 1921; Die goldene Kette Homers, Lorch 1905; Johann Valentin Andreae's 4 Rosenkreuzer-Schriften, Berlin 1913; Elias Artista redivivus, Berlin 1913; Die schwarze Lilie, Leipzig 1914; Thesen über den Ursprung des Lebens, o. O. 1920; Zweimal gestorben!, Leipzig 1912; Herausgeber der Zeitschrift „Das Rosenkreuz", Hamburg 1923 (nur eine Nummer erschienen).

Maat (angeblich: ägypt.) = Wahrheit; das Paßwort des 2. Neophyt-Grades im ↗ AMORC. — Bei den alten Ägyptern die Königin des Rechts.

Machen, Arthur, * 1863 Caerlon-on-Usk, genialer magischer Schriftsteller und Mitglied der ↗ Goldenen Dämmerung. — W.: Der Hügel der Träume.

Mächte (oder: griech. Dynaméis; lat. Virtutes; Tugenden); nach Rudolf Steiner „die Geister der Bewegung". ↗ Engel.

Mackenzie, Kenneth R., engl. Freimaurer, † 3. 7. 1886; ab 1872 wichtiges Mitglied der ↗ SRIA; bekannt mit H. P. Blavatsky und von dieser immer als „Brother" (= Bruder) bezeichnet; sein Name erscheint ziemlich häufig im Glossary von H. P. B.; wahrscheinlich auch Mitglied der TG. — W.: Royal Masonic Cyclopedia, London 1877.

Magga (Pali) = Pfad, Atthangika-magga = achtfacher Pfad; im Buddhismus der zur Erlösung vom Leiden führende Pfad, der die letzte der 4 edlen Wahrheiten umfaßt, nämlich:

1. rechte Erkenntnis	⎫	
2. rechte Gesinnung	⎬	= Wissen
3. rechte Rede	⎫	
4. rechte Tat	⎬	= Sittlichkeit
5. rechter Lebenserwerb	⎭	
6. rechte Anstrengung	⎫	
7. rechte Achtsamkeit	⎬	= Sammlung
8. rechte Sammlung	⎭	

Im einzelnen kommentiert der Buddha dies wie folgt: 1. ist die Erkenntnis der Wahrheit vom Leiden, von der Leidensentstehung, von der Leidenserlöschung und von dem zur Leidenserlöschung führenden Pfade; 2. ist die entsagende, haßlose, friedfertige Gesinnung; 3. ist die Vermeidung von Lüge, Zwischenträgerei oder von Gerede und törichtem Gerede; 4. ist Vermeidung von Töten, Stehlen und Ehebrechen; 5. ist die Vermeidung eines den anderen Wesen schädigenden Berufes; 6. ist die karmisch heilsame Anstrengung, üble Dinge zu vermeiden oder zu überwinden und heilsame Dinge zu erwecken und zu erhalten; 7. ist die beständige Achtsamkeit auf Körper, Gefühl, Bewußtsein und die Objekte des Geistes; 8. ist die in vier Vertiefungen ihren Gipfelpunkt erreichende Sammlung.

Magie, ursprünglich das auf die Priester des ältesten Altertums beschränkte Wissen jeder Art; nach Derevia und anderen Orientalisten wurde die M. als die heilige, von der Religion untrennbare Wissenschaft betrachtet. Plato sagt, daß die M. durch die Verehrung der Götter erworben wird. M. ist die Wissenschaft des Verkehrs und der Beherrschung höherer, überweltlicher Mächte, wie auch das Beherrschen jener der niederen Sphären, im praktisches Wissen der verborgenen Mysterien der Natur, das nur wenigen bekannt war, da es schwierig zu erlangen ist, ohne in Sünde wider die Natur zu verfallen. Alte und auch mittelalterliche Okkultisten teilten die M. in drei Klassen: ↗ Theurgie, ↗ Goetie und natürliche Magie. Die natürliche (oder weiße) M. hat sich mittlerweile fast zu der Stellung einer exakten Wissenschaft erhoben, wie zahlreiche wissenschaftl. Veröffentlichungen über diesen Gegenstand erkennen lassen. Im engeren Sinne ist M. die Technik, irdische Wirkungen mit Hilfe der Weltseele zu erreichen. Hierzu Agrippa von Nettesheim: „Die magische Gewalt setzt beim Menschen eine große Würdigkeit voraus; denn unser Gedanke, unsere höchste Geisteskraft ist allein der Wundertäter in uns." Magie ist also auch ein aktiver Eingriff des Geistes in die Natur. Die Ausübung der M. setzt die Kenntnis der geheimen und besonderen Gesetzmäßigkeiten der Natur, die die verborgenen Kräfte erzeugt, voraus. Nach Othmar Spann (Religions-Philosophie, Berlin 1947, S. 137) ist M. „ein durch höchste Konzentration erlangter Rapport mit dem inneren Zentrum eines Naturdinges oder geistigen Wesens, und zwar unter Zuhilfenahme äußerer Entsprechungen zum Zwecke der Dienstbarmachung dieser Wesen." Bei ↗ Novalis ist M. „die Kunst, die Sinnenwelt willkürlich zu gebrauchen, und der magische Idealist ist derjenige, der ebensowohl die Gedanken zu äußeren Dingen wie äußere Dinge zu Gedanken machen kann" (Fragmente 1779 und 1733). M. im Buddhismus erscheint in der Form der Iddhis, der „magischen Kräfte", den höheren Geisteskräften. Die wichtigsten unter den im Patisambhidamagga (II., S. 174) aufgezählten zehn magischen Kräften sind: Macht des Entschlusses, Macht der Verwandlung, Macht des geistigen Erzeugens, Macht durchdringender Erkenntnis und Macht durchdringender Sammlung. Während die M. im Altertum in den Händen der Priesterkollegien lag, degenerierte sie später in den Händen von Ignoranten und Scharlatanen zu einem abergläubischen Unsinn und zur Taschenspielerei. Da die M. durch die Kirchen verfemt wurde, konnte sie nur in der Verschwiegenheit kleiner esoterischer Zirkel fortgeführt werden. Um der kirchlichen Zensur zu entgehen, mußten viele ernste und gelehrte Werke über M. zur Tarnung greifen und eine verhüllte Ausdrucksweise wählen. Das durch die sog. Aufklärung aufgekommene Vorurteil gegen die M. und alles Magische ist wissenschaftlich nur berechtigt in bezug auf die degenerierte Verfallsform, welcher die Hohe Magie durch ihre zeitweise Popularisierung anheimgefallen ist. Auch die materialistischen Begierden unserer Zeit haben dazu beigetragen, daß die M. in Verruf und Lächerlichkeit geriet. Die systematische Unterteilung der M. ist heute wie folgt: 1. Kontaktmagie, 2. Entsprechungsmagie, oder 1. religiöse Magie und 2. progressive Magie (die die Religion durch Philosophie ersetzt); andere unterscheiden: a) magischen Idealismus (= Kenntnis der Naturgesetze und Naturgeheimnisse), b) geistige Magie (Umwandlung der psychischen Kräfte mit genauem Ziel) und c) rituelle Magie (oder zeremonielle Magie). – Lit.: Fritz Wehrle, Magie heute, in: Eliphas Lévi, Schlüssel zu den großen Mysterien, Weilheim 1966, S. 289 bis 301; H. E. Douval, Magie und Astrologie, Freiburg; Dr. Henri Birven, Lebenskunst in Yoga und Magie, Zürich 1953; Johann Richard Beencken, Die heilige Magie des Abramelin, Berlin; Dr. Lauppert, Spiritismus, Magie, Yoga, Graz; Charlotte Deinert, Stufen der Erkenntnis; Leo Kaplan, Das Problem der Magie und die Psychoanalyse, Heidelberg 1927; Prof. Ludwig Staudenmaier, Magie als experimentelle Naturwissenschaft, Leipzig 1922; Ernst Marcus, Theorie einer natürlichen Magie, gegründet auf Kants Weltlehre, München 1924; Prof. Dr. Wilhelm Danzel, Magie und Geheimwissenschaft in ihrer Bedeutung für Kultur und Kulturgeschichte, Stuttgart 1924; ders., Der magische Mensch, 1928; K. Seligmann, Das Weltreich der Magie, 1958; C.-H. Ratschow,

Magie und Religion, Gütersloh 1955; Bô Yin Râ, Kultmagie und Mythos, Basel; Dr. Walther Kröner, Die Wiedergeburt des Magischen, Leipzig 1938; Carl du Prel, Die Magie als Naturwissenschaft, 2 Bde.; Joachim Winckelmann, Magisches Training, Freiburg 1953; Heinrich Jürgens, Das magische Wort, Freiburg 1954; Gérard Aumont (= Crowley), Die drei Schulen der Magie, Zürich 1956.

Magie, schwarze, die Okkultisten unterscheiden etwa seit H. P. Blavatsky schwarze und weiße Magie; sch. M. ist danach die Hexerei, Zauberei, das Erwecken von Toten und ähnlicher eigensüchtiger Mißbrauch psychischer Kräfte. Der Mißbrauch kann auch unabsichtlich erfolgen, doch bleibt es sch. M., wenn etwas zur eigenen Befriedigung benutzt wird. Sch. M. war schon den alten babylonischen Zauberern bekannt, die durch symbolische Rituale, wie symbolisches Verbrennen, Erwürgen, Zerhauen in Teile und andere Manipulationen mit Figuren der Beschworenen, manchen Unfug trieben. Bei den alten Israeliten gab es sogar offizielle Fluchpsalmen, wie z. B. Ps. 109, der auch noch später für magische Zwecke benutzt worden ist. H. P. Blavatsky sagt im „Schlüssel der Theosophie": „Es ist der Mißbrauch geistiger Kräfte, der Mißbrauch von Naturgeheimnissen, der Gebrauch geistiger Kräfte zu falschen Zwecken. Wenn ein Hypnotiseur seine Kräfte zu seinem eigenen Vorteil benutzt, wenn er jemand dadurch zum Diebe oder Mörder machen würde, ist er ein schwarzer Magier. Die berühmte Verjüngungsprozedur von Dr. Brown-Sequard in Paris, die von allen medizinischen Zeitschriften Europas besprochen wurde und darin besteht, daß man niedere tierische Stoffe dem menschlichen Blute zuführt, ist, wenn es sich wirklich so verhält, unbewußte schwarze Magie. Zur sch. M. gehört es auch, wenn gewisse Schwindler versuchten, die von den wahren Thaumaturgen hervorgebrachten Phänomene mittels verschiedener Apparate oder Bewegungen nachzubilden, durch die die Zuschauer in Illusion versetzt werden; in Indien ist solche Taschenspielerkunst bis zur Höhe einer veritablen Wissenschaft entwickelt worden." Zum anderen gibt es eigentlich keine weiße oder sch. M., sondern nur schwarze oder weiße Magier, denn die Magie ist praktisch nur das Handhaben okkulter Kräfte zum Zwecke einer Veränderung des irdisch Gegebenen, ohne Rücksicht auf die Absicht. ⌐ Magie.

Magie, weiße, im Ggs. zur schwarzen Magie die wohltätige oder göttl. Magie, die frei von Selbstsucht, Machtgelüsten, Neigungen und

Gewinnsucht ist und sich nur darauf richtet, Gutes in der Welt im allgemeinen und seinem Nächsten im besonderen zu tun. Der geringste Versuch, magische Kräfte zur Selbstbefriedigung zu nutzen, macht daraus Zauberei und schwarze Magie. Bei Crowley werden außer weißer und schwarzer Magie auch noch eine gelbe Magie genannt, worunter er einfach Yoga verstand. — Lit.: Gérard Aumont, Die drei Schulen der Magie, Zürich.

Magier, ursprünglich der Name eines Stammes der Medier, dem die Ausübung der heiligen Gebräuche und die Erhaltung der gelehrten Kenntnisse anvertraut war (ähnlich wie dem Stamm Levi bei den alten Israeliten). Von den Medien ging die Magierkaste zu den Persern über, und diese Perser wurden für ihre Magie in der ganzen Welt bekannt. Sie waren die Bewahrer des Heiligen und die Gelehrten des Volkes. Bei den Königen standen sie in hoher Achtung. Die medischen Magier, die schon früh als Stern- oder Traumdeuter bekannt waren, hatte Zoroaster (Zarathustra) aus Medien in der letzten Hälfte des 7. Jh. vZ einer Reform unterworfen, derzufolge sie in drei Ordnungen geteilt oder vielleicht nur die drei schon bestehenden Klassen abgegrenzt und organisiert wurden: 1. Herbeds oder Lehrlinge, 2. Mobeds od. Lehrer und 3. Destur-Mobeds = vollkommene Lehrer. Das Wort M. selbst kommt von pers. magh, mah oder Sk. maha = groß. — In der Lutherbibel ist M. einfach mit „Weisen" übersetzt, so Jer. 39, 3 und 13, wo vom Obersten des chaldäischen Magierordens die Rede ist, dessen Mitglieder aus den Sternen Naturereignisse und Schicksale weissagten. — Beim ↗ AMORC ist Magier oder Verschleierter Prophet der Name für die Inhaber des 9. Tempelgrades (Paßwort: Mar).

Magische Quadrate, ein Quadrat, das schachbrettartig in Felder eingeteilt ist, in welche die natürlichen Zahlen so eingetragen sind, daß die Horizontal-, Vertikal- und Diagonalreihen gleiche Summen ergeben. Die Zahl der Felder an jeder Seite heißt die Seitenzahl (oder Wurzel) des m. Q., wonach man m. Q. mit gerader und ungerader Seitenzahl unterscheidet. Ihr Ursprung ist in Indien zu suchen; ihren Namen haben sie wahrscheinlich von dem Brauch, sie als Talismane zu benutzen. In dieser Hinsicht gelten die ersten 7 Quadrate von den Seitenzahlen 3, 4, 5, 6, 7, 8 und 9 mit den ersten 9, 16, 25, 36, 49, 64 bzw. 81 natürlichen Zahlen besetzt als besonders wichtig; man nennt sie auch Planetensiegel (lat.: Sigilla Saturni, Jovis, Martis, Solis, Veneris, Mercurii bzw. Lunae).

Seitdem Moschopulos um 1400 über die m. Q. geschrieben hat, haben sich auch Mathematiker mit ihnen beschäftigt, darunter auch Euler. In Albrecht Dürers Kupferstich „Melencolia"

16	3	2	13
5	10	11	8
9	6	7	12
4	15	14	1

Magisches Quadrat mit der Seitenzahl 34

(= Melancholie) ist das sog. Jupiter-Quadrat gezeigt; die beiden mittleren Zahlen der unteren Reihe geben gleichzeitig das Jahr der Ausführung (1514) an. Dieses m. Q. zeigt in allen waagerechten und senkrechten Reihen sowie in den Diagonalen die Summe 34; ferner ergibt die Summe der 4 Eckzahlen des großen Quadrats ebenso wie die Summe der 4 Zahlen des kleinen Quadrats (in der Mitte des großen) immer 34. Mathematiker haben inzwischen Verfahren und Formeln entwickelt, nach denen man auch sehr große m. Q. systematisch konstruieren kann. — Lit.: Günther, Die magischen Figuren, Leipzig 1882.

Magister Templi (lat.) = Tempelmeister; Name des 8. Tempelgrades im ↗ AMORC, Paßwort „Emineo"; auch die ältere Bez. für den 8. Grad in der Großen Landesloge.

Magna Charta (lat.) = der große Freibrief; bei den Juden zuweilen die Bez. für die ↗ Thora; bei der ↗ VGL der am 27. 4. 1958 zwischen der humanitären FM und der Großen Landesloge (christliche FM) geschlossene Vertrag zur Überbrückung ihrer Gegensätze. In der Geschichte heißt M. C. das 1215 in England dem König Johann von Adel und Geistlichkeit abgenötigte, für die Begründung und Entwicklung des engl. Staatsrechts wichtigste Landesgrundgesetz. — Lit.: Friedrich John Böttner, Zersplitterung und Einigung, Hamburg 1962.

Magnetismus, im Okkultismus die Bez. für eine eigentümliche Kraft oder Wirkung, die einen bestimmten Einfluß auf den Menschen (aber auch auf Tiere und Pflanzen) ausüben kann. Der M. umfaßt insbesondere die unsichtbare, unwägbare und im 18. Jh. von Mesmer wiederentdeckte, aber den Ägyptern und Orientalen sicher schon bekannt gewesene Kraft in der

Natur. Mesmer nannte diese Kraft einfach „magnetisches Fluidum". In der akademischen Wissenschaft wird die Existenz einer solchen Kraft meistens bestritten. Es gibt jedoch Menschen, die solche magnetischen Kräfte an den Fingerspitzen, teilweise auch durch die Augen, ausstrahlen und für Heilzwecke einsetzen können. — Lit.: H. Jürgens, Wie magnetisiere ich?, Freiburg 1952; F. Racanelli, Gabe des Heilens; R. Thetter, Magnetismus als Urheilmittel, Wien 1951; Emil Schneider, Der animale Magnetismus, Zürich 1950; Harry Edwards, Geistheilung, Freiburg 1960.

Magnetismus, animalischer, Mesmers Bez. für die von ihm wiederentdeckte magnetische Kraft des Menschen; „animalisch" bedeutet wörtlich „tierisch", womit Mesmer meinte, den Ggs. herauszustellen zum natürlichen Magnetismus des Erdfeldes, also der unbelebten Natur. ↗ Mesmerismus.

Magnum Opus (lat.) = das große Werk; in der Alchemie das Arbeitsziel, die große Arbeit, das (franz.) Grand Oeuvre, d. h. die Herstellung des philosophischen Steins oder des Lebenselixiers, welches, obgleich bei weitem nicht entsprechend der Mythe mancher Skeptiker, symbolisch aufgefaßt werden muß und voll mystischer Bedeutung ist.

Magus (lat.) = Zauberer; im NT Matth. 2, 1 (ecce Magi ab Oriente) von Luther mit „Weisen" übersetzt; bei den Rosenkreuzern der Titel der höchsten Mitglieder, d. h. der Inhaber des 9. Grades; der Höchste Magus ist das Oberhaupt des Ordens im Äußeren, während die Magi (= Plural von Magus) des Inneren nur den Brüdern vom 8. Grad ab bekannt sind.

Maha-Chohan, von (Sk.) maha = groß und chohan = Herr oder Meister; also „großer Meister", entspricht etwa dem profanen Titel ↗ Mahatma (= große Seele); Mitglied der „weißen Bruderschaft" vom Range eines Manu oder Boddhisattva; Haupt einer geistigen Hierarchie oder einer okkulten Schule; Oberhaupt der transhimalayischen Meister; von der „Brücke zur Freiheit" fälschlich mit „Hand Gottes" übersetzt; wirkt durch die Strahlen 3 bis 7 (↗ Strahlen).

Maha-Manvantara, von (Sk.) maha = groß und manvantara = Zeitalter, Runde; die riesigen Zeiträume zwischen zwei Sonnensystemen; zuweilen für auch größere Zeitabschnitte innerhalb der Dauer eines Sonnensystems.

Maharishi Mahesh Yogi (Maharishi = Großer Meister); indischer Yoga-Lehrer; gründete 1959 die Internationale Meditationsgesellschaft (S. R. M.); Erfinder der sog. transzendentalen

Meditation. Sein Geheimnis: „In der transzendentalen Meditation wird ein passender Gedanke ausgesucht, und die Technik, ihn in seinen Anfangsstadien der Entwicklung zu erfahren, erlaubt dem wachen Bewußtsein, systematisch an der Quelle der Gedanken anzukommen, dem Feld des Seins." Es handelt sich also um reines ↗ Satipatthana. M. stellt sich die Gedanken wie Luftblasen vor, die vom Grunde des Wassers aufsteigen und dabei immer größer werden. Seine Lehre wird vorwiegend von Frauen praktiziert; bis 1966 soll M. in 25 Ländern 50 000 Mitglieder gehabt haben. Anfang 1967 ließ M. in New York einen Yoga-Vortrag für Hippies auf Schallplatten aufnehmen; die Beatles sind ebenfalls Schüler des M. gewesen. — W.: The science of being and art of living.

Maharshi, Sri Ramana, 1879—1959, der „Heilige" aus Tiruvannamalai (oder Arunachala). — Lit.: Prof. Dr. Heinrich Zimmer, Der Weg zum Selbst, Zürich 1954; K. Lakshma Sarma, Maha-Yoga; Arthur Osborne, Ramana Maharshi und der Weg der Selbsterkenntnis, 1959.

Mahat (Sk.) = „ein Großer", der Titel Brahmas.

Mahatma (Sk.) = Große Seele; ein Adept der höchsten Ordnung; zuweilen auch erhabene Wesen, welche die Meisterschaft über ihre niederen Prinzipien erlangt haben und daher unbeschwert vom Fleisch des Menschen leben und im Besitz von Wissen und Macht sind, welches der Stufe entspricht, die sie in der geistigen Entwicklung erlangt haben.

Mahatma-Briefe, die Briefe der „Meister" der Adyar-TG; ein Teil der Original-Handschriften soll sich heute im Britischen Museum in London befinden. — Lit.: Dr. N. Lauppert, Briefe tibetanischer Weiser, Graz (Auszug aus den M.-B.n an A. P. Sinnett, H. S. Olcott aus der Zeit von 1881—1900); A. Trevor-Barker, The Mahatma Letters to A. P. Sinnett, Pasadena; C. Jinarajadasa, Letters from the masters of wisdom; A. P. Sinnett, The Mahatma Letters to A. P. Sinnett from the Mahatmas M. & K. H., London 1923.

Mahayana-Buddhismus (Mahayana = großes Fahrzeug), buddhistische Richtung, die um die Zeitenwende entstand. — Lit.: H. P. Blavatsky, Die Stimme der Stille; R. von Muralt, Die Meditations-Sutras; Wei-Lang, Das Sutra des 6. Patriarchen; W. Y. Evans-Wentz, Das tibetan. Buch der Befreiung.

Maha-Yoga, Bez. für die Lehre des Sri Ramana ↗ Maharishi.

Maier, Michael, 1568—1622, Arzt und Berater Kaiser Rudolfs II.; nimmt 1616 Kontakt mit

Robert ↗ Fludd und Francis ↗ Bacon auf; behauptete, daß die Gold- und Rosenkreuzer schon 1570 gegründet wurden und macht in England Propaganda für die Rosenkreuzer.

Mailänder, Friedrich, † 1901 bei Darmstadt; Webergeselle und Mystiker, der um 1890 lt. Willy Schrödter (in: „Geheimkünste der Rosenkreuzer") in der Nähe Darmstadts eine „berühmte mystische Schule" leitete; dieser Schule sollen angehört haben: Karl Weinfurter, Gustav Meyrink (Beginn seiner Schulung: 23. 10. 1892), Dr. Franz Hartmann, H. P. Blavatsky, ihr Freund Babaji. Mailänder seinerseits soll durch einen Schreinermeister Prestel eingeweiht worden sein. Franz Hartmann will beide, M. und Prestel, schon in Neapel kennengelernt haben.

Majavi-Rupa, von (Sk.) mayai = auf Illusion beruhend und rupa = Körper; bei Annie Besant auch der „Zeitweilige Körper" genannt. ↗ Prinzipien.

Majotef (Indianersprache) = höchster Hirte; in der ↗ EBDAR die Bez. für den Großmeister Schneider-Franken (↗ Bô Yin Râ).

Makrobiotik (Kunstwort), bei Hufeland = „die Kunst, das Leben zu verlängern". — Lit.: Dr. Christian Wilhelm Hufeland, Makrobiotik oder die Kunst, das menschliche Leben zu verlängern; Ilse Clausnitzer, Wegweiser in die Makrobiotik, München.

Makrokosmos, das große Universum oder Gott, der sich durch seinen Körper, das Sonnensystem, manifestiert. Ggs.: Mikrokosmos = der Mensch selbst.

Makroposopus (griech.) = großes Gesicht; Begriff aus der ↗ Kabbalah, dort teils die Bezeichnung für Kether (Krone); auch als Name für das Universum; ferner metaphysisch in seinem höchsten Sinn der ↗ Adam Kadmon, der Träger des ↗ Ain-Soph.

Malkuth (hebr.) = das Reich oder Königreich (Malik = König), ↗ Sephiroth.

Malteser-Orden, abgekürzte Bez. für den Hospitaliter-Orden des heiligen Johannes von Jerusalem, Rhodos und Malta; geht auf den im 6. Jh. durch Gregor den Großen gegr. Orden zurück, der sich um die Pflege der Pilger kümmern sollte. Ab 1570 ist der Sitz auf der Insel Malta, von wo ihn 1798 Napoleon allerdings vertrieb. Der M.-O. besitzt heute in Rom zwei Paläste und unterhält zu 37 Staaten „diplomatische" Beziehungen; seine Tätigkeit erstreckt sich vorwiegend auf die Kranken-

pflege. Derzeitiger Großmeister ist Fra Angelo de Mojana di Cologna, der 1968, als erster Großmeister seit 170 J., seinen Fuß auf die Insel Malta setzen konnte.

Halskreuz eines Prior der Malteser-Ritter (Kreuz in weißer Emaille, Löwen und Krone in Gold)

Manas (Sk.), wörtlich: das Denkvermögen oder die mentale Fähigkeit, d. h. das, was den Menschen vom bloßen Tier unterscheidet. Bei H. P. Blavatsky und Annie Besant auch der Verstandesseele oder das inkarnierte Ego, der 5. Körper des Menschen, genannt, bei Rudolf Steiner auch Geist-Selbst, bei Paracelsus die Verstandesseele. Bei Besant teilweise auch als Mentalkörper bezeichnet. Manas teilt sich noch in Kama-Manas und Buddhi-Manas. M. ist das niedrigste Prinzip des „höheren" Menschen, die Offenbarung der geistigen Welt innerhalb des Ichs und entspricht damit der Sinnesempfindung innerhalb der physischen Welt. Bei Heindel wird M. meist Menschengeist genannt. ↗ Prinzipien des Menschen.

Manasaputra (Sk.) = Sohn des Geistes; das sich reinkarnierende Ego, das Ich; die keinem Tode unterworfene Individualität, die menschliche Seele.

Manasische Ebene, bei Alice Bailey Bez. für die Gedankenwelt oder Mentalebene. ↗ Prinzipien der Welt.

Manasisches Prinzip ↗ Manas.

Mandala (Sk.) = Kreis; die 10 Abteilungen der Veden; ferner eine aus einem Kreis oder Viereck bestehende Meditationshilfe, durch welche bestimmte geistige Zusammenhänge dargestellt werden sollen; im buddhistischen Religionsraum verbreitet; im Abendland hat das M. durch C. G. Jung in der Psychoanalyse besondere Beachtung gefunden als Mittel zum Bewußtwerden unbewußter Prozesse.

Mandala

Mandragora, fleischige Pflanze aus dem Mittelmeerraum, namentlich Tunesien; bereits die griech. Kultur war im Besitz von M. als Zauberpflanze, die schon beim orphischen Zug der Argonauten erwähnt wird. Zur gleichen Pflanzengruppe (sog. Solanaceen oder Nachtschattengewächse) gehören auch Tollkirsche, Bilsenkraut und Stechapfel. M. wirkt erregend und auch lähmend auf das Zentralnervensystem und erzeugt eigentümliche Erregungszustände mit schweren Sinnestäuschungen. Die Betroffenen sind leicht eigener und fremder Suggestion zugänglich, sie glauben z. B. mit Geistern oder Gespenstern zu verkehren, oder meinen, daß sie in Tiere verwandelt seien. Es ist daher begreiflich, daß diese Droge frühzeitig als Rauschmittel benutzt worden ist; dadurch wurde den Menschen teils die magische Welt erschlossen und die religiöse Handlung mit einem geheimnisvollen Schimmer verklärt. Außerdem schnitzte man aus der Wurzel in älteren Zeiten menschliche Figuren, welche Alraunen heißen und im Rufe von Zauberkräften standen. Die Anwendung von M. erfordert große Vorsicht; 1 Gramm des Wurzelsaftes mit Honigwasser vermischt soll gut auf Galle und Schleim wirken. Der Wurzelsaft ohne Vermischung betäubt stärker als Opium. Zu beachten ist, daß allein schon der Geruch gefährlich werden kann. Im Okkultismus wird M. zuweilen für schwarzmagische Zwecke verwendet, obgleich für magische Operationen M. nicht gerade erforderlich ist, da der eigentliche Wert der Pflanze sicher nur in der Überlieferung vorhanden ist. Okkultisten behaupten, daß allein schon das Sammeln der Pflanze ein besonderes Ritual erfordert. Danach muß man möglichst viel Erde vom Wurzelhals entfernen, eine Schleife aus dünner Schnur herumlegen und das andere Ende der Schnur mit dem Schwanz eines Hundes verbinden; darauf soll man mit dem Hund weglaufen, der dabei die Wurzel herausreißt, selbst aber bald stirbt. In Apotheken wird M. fast nur noch als homöopathische Tinktur (mit Abgabebeschränkung) gehandelt. Menschenförmige Wurzeln, Alraunen, werden als Talismane immer noch hoch bezahlt.

Mangoldt, Ursula von, esoterische Schriftstellerin. — Lit.: Kleines Wörterbuch zum Verständnis asiatischer Weltanschauung; Das Menschenbild; Novalis — Christentum oder Europa; Auf der Schwelle zwischen gestern und morgen; Lebenshilfe; Meditation und Kontemplation aus christlicher Tradition; Die Innenhand; Meditation, Heilkraft im Alltag; Der Tod als Antwort auf das Leben; Buddha lächelt, Maria weint, 1958; Der Kosmos in der Hand, 1938; Die Hand, 1949; Jeder Tag ein guter Tag, Weilheim 1961; Das Leben ist doch schön, Weilheim 1962; Der Teufel ward auf die Erde geworfen, München 1957; Zeichen des Schicksals im Bild der Hand, Olten 1961; Sinnesstörungen in der Signatur der Hand, München 1950; Schicksal in der Hand, Zürich 1949.

Manichäer, nach ihrem Stifter, dem Perser Mani (auch Manichäus, 215—276 nZ), benannte Sekte, welche an die zwei ewigen Prinzipien, Gott und Teufel, aus deren Vermischung die Welt entstanden wäre, glaubte; Gott versah die Menschheit mit Seelen, der Teufel mit Körpern. Mani gab sich als „Erfüller", also als der Messias und Christus aus; viele Jahrhunderte später, als die Sekte schon längst verloschen war, gründete sich eine Bruderschaft der Manichäer mit pseudo-freimaurerischem Charakter und mehreren Einweihungsgraden; vertrat kabbalistische, aber meist mißverstandene Ideen. — Lit.: Rudolf Steiner, Mission des Manichäismus; Albert Steffen, Die Manichäer, Mai; G. Widengren, Mani und der Manichäismus, Stuttgart 1961.

Manifestation, von (lat.) manus = Hand und festere = schlagen; Klar- oder Sichtbarmachung; das In-Erscheinung-Treten rein körperlicher oder geistiger Wirkungen der sog. verdrängten Vorstellungen des Unbewußten; das Erscheinen von Geistern im Spiritismus.

Manna, von (hebr.) „man hu?" = was ist das? Vgl. 2. Mos. 16, 15; das aus der Bibel bekannte, den Israeliten in der Wüste zuteil gewordene Lebensmittel; es lag morgens wie Tau auf dem Boden (2. Mos. 16, 14; 4. Mos. 11, 9), bestand in kleinen weißen Körnern (2. Mos. 16, 31; 4. Mos. 11, 7) und war von süßem, honigartigem Geschmack (2. Mos. 16, 31). An anderen Stellen der Bibel symbolisch als geistige Speise gemeint, so Off. 2, 17; diese Stelle spielt auch im ↗ Royal-Arch-Grad der FM eine Rolle sowie in der Mars-Einweihung des ↗ Lectorium Rosicrucianum (vgl. Dei Gloria Intacta, S. 110).

-mantie, -mantik, von (griech.) manteia = Weissagung; in vielen Zusammensetzungen, wie ↗ Kartomantie, ↗ Chiromantie usw.

Mantik, Wahrsagen mit geheimnisvoll-zauberischer Beobachtung der Begleitumstände bei Kulthandlungen, besonders bei Opfern (Beschauen der Eingeweide, Aufstieg des Rauches). Hieraus schloß man auf die Einstellung der höheren Mächte zu den Bitten der Menschen; im Altertum weit verbreitet, auch heute noch (und nicht nur bei den Naturvölkern!) geübt.

Mantramistik, in den Schriften von Karl Spiesberger die Bez. für Runenexerzitien. — Lit.: Spiesberger, Hermetisches Abc, Freiburg 1964.

Mantrams (Sk.), Verse aus den Veden, die als Beschwörungs- oder Zauberformeln verwendet werden. Im engeren Sinne sind M. alle solche Teile der Veden, welche nicht als Brahmanas (= Erklärungen) bezeichnet sind. Im esoterischen Schrifttum bedeutet Mantram das fleischgewordene Wort, das durch göttliche Magie objektiv (sinnlich wahrnehmbar) Gemachte. Außerdem ist Mantram eine Vereinigung rhythmisch angeordneter Wörter oder Silben, die, wenn sie laufend gesprochen werden, auf höheren Ebenen bestimmte Schwingungen hervorbringen. M. waren in allen Kulten bekannt und wurden auch in der rituellen Magie verwendet. Als M. galten bei den alten Hebräern die Psalmen Davids (wurden auch in den Royal-Arch-Grad der FM übernommen), die Klagelieder Jeremias, Prediger Salomos, Hohelied Salomos, Sprüche Salomos, einige Passagen Hesekiel (noch im Mark-Grad der FM gebräuchlich) sowie einige Texte der zwölf Propheten; bei den Christen wurden als M. verwendet: der Anfang des Johannes-Evangeliums und einige Passagen der Offenbarung (noch im Lectorium Rosicrucianum gebräuchlich); bei den Orientalen kommen neben Versen aus den Veden als M. auch noch die Upanishaden und verschiedene Texte des Zend-Avesta vor. — Lit.: Benjamin Lee Whorf, Sprache, Denken, Wirklichkeit, Reinbek 1963; Bô Yin Râ, Funken (Deutsche Mantrams); ders., Mantra-Praxis; Neumann-Hengstenberg, Die

deutschen Mantra des Bô Yin Râ, Anleitung zum Gebrauch der Funken, Leipzig o. J.

Mantra-Yoga, Schlagwort für die allbekannte Yoga-Technik, sog. Wurzelworte, Urtöne und Mantrams zur Meditation zu verwenden, um dem ↗ Samadhi näherzukommen. — Lit.: Benjamin Lee Whorf, Sprache, Denken, Wirklichkeit, Reinbek 1963.

Manu, von (Sk.) man = der Mensch, der angenommene Urvater der Menschheit; in der Hindu-Mythologie ein legendäres Wesen, Sohn des Vivasvant (= Sonne) und Schöpfer der Menschheit, dem später das Gesetzbuch des Manu (Manava-dharma-çastra) zugeschrieben wurde. — Später auch eine der 14 Serien von Patriarchen oder Schöpfer, welche über die aufeinander folgenden Zeiträume herrschen (d. h. den Manvantaras).

Manvantara (Sk.) = Zeitalter (wörtl.: Manu folgend); eine Periode der Aktivität im Ggs. zu einer solchen des Ruhens; zuweilen Bez. für eine Periode planetarischer Tätigkeit und deren sieben Rassen; bezieht sich auch speziell auf den sog. Brahma-Tag (= 4, 32 Mia. J.).

Maord-Maorc (Kunstwort), Paßwort des 3. Neophytgrades im ↗ AMORC; der Befragte muß den 1. Teil, der Frager anschließend den 2. Teil nennen.

Mar (Kunstwort?), Paßwort des 9. Tempelgrades im ↗ AMORC.

Marc Haven (Ps.) = Dr. Emmanuel Lalande; franz. Esoteriker, befreundet mit ↗ Papus und ↗ Sédir. Sein Ps. stammt aus dem ↗ Nuctemeron des Apollonius de Tyana (wie das von Papus) und entspricht dem Genius der Würde.

Marcion, Gnostiker und „Ketzer" des 2. Jh.; Sohn des Bischofs von Sinope in Pontus; Verfasser einer Kritik des Lukas-Evangeliums und der Paulus-Briefe.

Marga (Sk.) = der Pfad; dieses Wort wird meist im Zusammenhang mit dem sieben- oder achtfachen Pfad gebraucht. — Klaus Klostermaier (Hinduismus, Köln 1967) verwendet das Wort M. anstatt „Yoga" und schreibt Karma-Marga anstatt Karma-Yoga, Inana-Marga anstatt Inana-Yoga, Bhakti-Marga anstatt Bhakti-Yoga usw.; welchen Sinn dieses neue Wortspiel haben soll, das eher Verwirrung als Klarheit stiftet, ist nicht bekannt.

Margrave (engl.) = Markgraf; Titel eines Romans von Lord ↗ Bulwer-Lytton, mit dem Untertitel „Die seltsame Geschichte eines schwarzen Magiers". Dieser Roman ist das Gegenstück zu „Zanoni", dem Roman über einen weißen Magier. Vielleicht hat sich Bulwer-L. von Sir T. Mores Werk „Utopia" inspirieren lassen, wo als Oberhaupt ein Markgraf vorkommt, der über alle Wesen herrscht.

Marius (Ps.) = Julius ↗ Meyer; bekannter Illuminaten-Führer.

Markava oder **Marcava** (hebr.) = himmlischer Wagen; Teil der hebr. Kabbalah, der die Gesichte Hesekiels erklärt.

Mark-Maurerei, eine der ältesten engl. und schottischen Formen der Hochgrad-FM, die seit der 2. Hälfte des 18. Jh. große Popularität findet. Der Lehrinhalt geht auf die „Marken" (= Steinmetzzeichen) der alten Werkmaurer zurück, bei denen jeder sein persönliches Zeichen bekam, von denen sich noch heute große Mengen auf den Steinen alter Gebäude finden. In Schottland werden zwei Grade erteilt: Mark-Mann und Mark-Meister. 1856 bildete sich in London die „Großloge der Mark-Meister-Maurer von England", deren Großmeister meist mit dem Großmeister der engl. Großloge (UGL) identisch ist. Seit 1871 bearbeitet diese Großloge auch noch den „Königlichen Archenschiffer-Grad", der sich mit der Sintflut und der Errettung Noahs beschäftigt. In Deutschland wird bei der maskulinen FM der Mark-Grad im Rahmen des Royal-Arch-Kapitels bearbeitet. Der Lehrgedanke des Mark-Grades, um den sich das Ritual der Einweihung dreht, ist: „Behaupte nie, das Eigentum eines anderen sei das deine. Versuche nie Lohn zu beanspruchen, wenn dir keiner zusteht." Ein größerer Teil der Legende des Grades ist Matth. 20, 1–16 entnommen.

Mars-Einweihung, die 5. Einweihung des ↗ Lectorium Rosicrucianum. „Der neue Mars entwickelt das neue Willenswesen des Gefährten"; „der neue Mars wird den Schüler aufs neue zu einem Hohepriester machen, der in dem Tempel, mit dem Tempel und durch den Tempel wirksam ist, als ein Geweihter, der den Tempel beseelt." „Der neue Mars, die Geburt des in Gott erhobenen Willens, macht den Geist des himmlischen Menschen auf diese Weise wahrhaft innewohnend." „Wenn der Schüler nun als Hoherpriester in seinen eigenen Tempel eintreten kann, dazu auserwählt durch die Mars-Einweihung des 1. Siebenkreises, ist er bei weitem noch nicht der vollkommene Befreite. Im Gegenteil, er wird jetzt erst mit Recht und mit der Möglichkeit auf positiven Erfolg den Kampf gegen den alten Mars, der noch eine gewisse Macht in ihm ausübt, aufnehmen können." — Qu.: Die Mars-Einweihung, in: Rijkenborgh, Dei Gloria Intacta, Haarlem 1953.

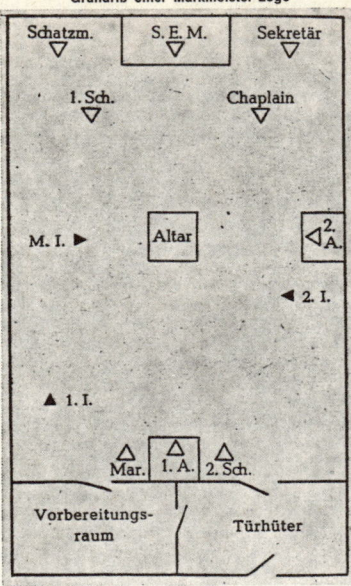

Grundriß einer Markmeister-Loge

Die Abkürzungen bedeuten: 1., 2. A. = 1. und 2. Aufseher; 1., 2. I. = 1. und 2. Inspizient; Mar. = Marschall; M. I. = Meisterinspizient; 1., 2. Sch. = 1. und 2. Schaffner; Schatzm. = Schatzmeister; S. E. M. = Sehr Ehrwürdiger Meister (= Vorsitzender).

Martinez de Pasqualis (auch: Paschal, Paschalis), * 1727 Grenoble (Frankreich), † 20. 9. 1774 San Domingo (Mittelamerika); sein vollständiger Name soll lauten: Jacques Delyoron Joachim Latour de la Case Martinez de Pasqually. M. d. P. ist der Gründer des Martinisten-Ordens (oder der Martinezisten) und des interessantesten, aber auch geheimsten FM-Systems. Verschiedene Historiker und Esoteriker haben sich bemüht, Licht in das Dunkel um seine Persönlichkeit und sein Einweihungssystem zu bringen, aber dennoch sind die heutigen Kenntnisse dieser Materie noch sehr mangelhaft. Kernstück seiner Lehre ist die sog. Re-Integration, d. h. die Rückversetzung des Menschen in seinen Zustand vor dem sog. Sündenfall. Über den Ursprung seines Systems ist so gut wie nichts bekannt, und selbst Mutmaßungen oder Kombinationen führen nicht weiter. Sein Einweihungssystem umfaßte möglicherweise 10 Grade, deren höchster der Grad „Réau-Croix" (nicht zu verwechseln mit

Rose-Croix = Rosenkreuzer) war. Möglich ist auch, daß M. d. P. nur äußerlich die Form einer FM wählte, während die eigentliche Lehre aus Spanien aus dem Bereich der nur mündlich weitergegebenen praktischen Kabbalah stammt. In den letzten Jahren seines Aufenthaltes in Frankreich, vor seiner Abreise nach San Domingo, diente ihm Louis-Claude de St. Martin als Privatsekretär; später übernahm St. Martin die Ordensleitung und bildete das System völlig um. Von dieser Zeit an gab es auch viele Querverbindungen zu führenden deutschen Hochgrad-Freimaurern. Sein Hauptwerk, der „Traité de la réintégration des êtres" existierte nur in mehreren Handschriften; ein im Besitz des Prinzen Christian gewesenes Exemplar hatte ⤴ Kloß eigenhändig abgeschrieben. Es befindet sich heute in der großen Bibliothek des Großosten der Niederlande in Den Haag, während das Original verschollen ist. Auch sein Sacramentaire, ein handgeschriebenes Gebetbuch für spezielle Anrufungen, dessen Manuskript sich bis vor einigen Jahren in der Staatsbibliothek von Lyon befand, ist inzwischen spurlos verschwunden. — Lit.: Papus, Martinésisme, Martinisme et Franc-Maçonnisme, Paris 1899; A. E. Waite, Saint-Martin and modern Martinism; Dr. Gérard van Rijnberk, Un taumaturge du 18e siécle, Paris 1935; ders., Martinez de Pasqualis, sa vie, son œuvre, son ordre, Lyon 1938; Franz von Baader, Über des Spaniers Don Martinez Pasqualis Lehren, in: Zeitschrift „Concordia" 1823, abgedruckt auch in Baaders sämtlichen Werken, Bd. IV, Aalen 1963; Robert Ambelain, Le Martinisme, Paris 1946.

Martinismus, im allgemeinen die Sammelbezeichnung für die in irgendeiner Form auf Martinez de Pasqualis zurückgehende besondere Form der esoterischen FM; genauer unterscheidet man aber zwischen Martinesisten und Martinisten: erstere arbeiten nach dem alten System von Pasqualis, letztere nach dem abgeänderten System von Louis-Claude de Saint-Martin. — Lit.: Robert Amadou, Louis-Claude de Saint-Martin, Paris 1946; Jules Boucher, Du Martinisme et des Ordres Martinistes, Rennes 1950; Robert Ambelain, Le Martinisme, Paris 1946.

Martinus (Ps.) = Martin Thomsen; * 11. 8. 1890 Sindal (Dänemark); dänischer Okkultist, Schriftsteller und Gründer des Martinus-Instituts. Entwickelte die Martinus-Kosmologie, eine Abwandlung der „Geheimlehre" von H. P. Blavatsky, die er zuvor gelesen hatte, wenn auch dieser Umstand später von seinen Jüngern bestritten wurde. — W.: Livets Bog (Lebensbuch), Kopenhagen, 7 Bde. — Lit.: Ib Schleicher, Objektive Lebensanschauung, Kopenhagen 1965; E. G. L., Martinus, eine kurze Biographie, Kopenhagen o. J.; P. B.-J., Martinus Cosmology, Kopenhagen 1963.

Mashora, von (hebr.) massoreth = Überlieferung; jüd. Geheimlehre, die sich auf die äußerliche Form der Thora, d. h. auf den Buchstaben des Textes bezog, die Regeln für das Lesen und Niederschreiben der Thora festlegte und den esoterischen Sinn der heiligen Buchstaben bestimmte; ursprünglich eine Sammlung von Bemerkungen, Erklärungen, teils grammatisch, teils kritisch, die sich auf den Rändern der alten hebr. Manuskripte oder Rollen des AT befanden. Ihre Verfasser heißen **Masoreten.** — Einige Forscher (Saint-Ives d'Alveydre, Fabre d'Olivet, Louis-Claude de Saint-Martin) behaupten, die M. sei eine Sammlung rein exoterischer Regeln, um den wirklichen Sinn der Sprache der Bibel (besonders der Thora) zu verschleiern.

Maskuline Freimaurerei. Die FM galt lange Zeit, von einigen Ausnahmen abgesehen, als reiner Männerbund; Frauen war gemäß 1. Kor. 14, 34 (mulieres in ecclesiis taceant = lasset eure Weiber schweigen in der Gemeinde) die FM verschlossen. Erst der FM-Orden Le ⤴ Droit Humain hat die Gleichberechtigung in der FM hergestellt und den Frauen die reguläre Einweihung in alle Grade ermöglicht. Daher unterscheidet man heute „maskuline" FM, die an den alten Regeln festhält und keine Frauen aufnimmt, und das mehr zeitgemäße System der ⤴ Gemischten FM, die unterschiedslos Männer und Frauen aufnimmt. Daneben besteht noch eine kleine Gruppe der ⤴ femineno FM.

Masonica, von (engl.) masonry = Freimaurerei; die Bez. für frmr. Bücher und Antiquitäten.

Masonologie, von (franz.) maçon = Freimaurer; ein von Alec Mellor vorgeschlagenes und eingeführtes Wort für „Wissenschaft von der FM"; es ist indes wenig wahrscheinlich, daß sich der Begriff einführt und durchsetzt, denn das Wort Freimaurerei besagt ebensoviel. — Lit.: Alec Mellor, Logen, Rituale, Hochgrade, Graz 1966, S. 32/33.

Masora ⤴ Mashora.

Mat, It. ⤴ AMORC (ägypt.) = Gerechtigkeit. ⤴ Maat.

Materialisation, von (lat.) materia = Stoff; im allgemeinen (d. h. materialistischen) Spiritismus die Bez. für das objektive Erscheinen sog. Geister der Toten, welche sich zuweilen in

Materie kleiden; sie bilden sich aus den in der Atmosphäre und den Emanationen der Anwesenden zur Verfügung stehenden Materialien („Ektoplasma") zu einem vorübergehenden Körper, der das menschliche Bild des Verschiedenen trägt, als er noch lebte. Hierüber sind zahlreiche Theorien entwickelt worden. Die Theosophie anerkennt das Phänomen der M. als solches, weist aber die Theorie zurück, daß sie durch Geister, d. h. durch das unsterbliche Prinzip der entkörperten Personen hervorgerufen werden; sie ist vielmehr der Meinung, daß, wenn die Phänomene echt sind, was viel seltener als angenommen der Fall ist, sie durch die sog. Larve, das Eidola oder den kamalokischen Geist des Toten erzeugt werden. Verwandt mit der M. ist das gelegentliche Erscheinen von Astralkörpern (oder Doubles) lebender Personen an entfernten Orten. Außer Personen werden zuweilen auch materielle Gegenstände (Blumen, Steine usw.) materialisiert („apportiert"). — Ggs.: Dematerialisation, das Verschwinden materieller Gebilde. — Lit.: Dr. Hans Gerloff, Materialisation, München 1954; Guido Huber, Übersinnliche Gaben, Zürich 1959; Schrenck-Notzing, Materialisations-Phänomene, München 1923; J. Björkhem, Die verborgene Kraft; Heinz Hofmann, Experimente als Brücke zum Übersinnlichen, Freiburg 1965.

Materialismus, die philosophische Lehre, nach der die Materie die einzige Grundlage der Wirklichkeit darstellen soll; Materialisten werden daher die Philosophen genannt, die nur die Existenz von materiellen Dingen und Körpern zugeben. An sich gewinnt dieser Satz jedoch erst durch die Definition des Begriffes Materie seine Bedeutung, z. B. als Ggs. zum Geist, den der Materialist wiederum verneint. So bleibt der M. eine recht widerspruchsvolle Weltanschauung, die aber mehr oder weniger die Grundlage der akademischen Wissenschaft ist. Selbst in der Seele erblickt der Materialist nur eine Funktion der Materie oder sogar diese selbst. — Ggs.: Spiritualismus bzw. Idealismus.

Maeterlinck, Maurice, 1862–1949; belg. Schriftsteller von esoterischem Rang; seit 1914 stehen seine sämtlichen Werke auf dem Index, seit 1929 dürfen seine Werke in Rußland nur in ganz großen Bibliotheken geführt werden. — Lit.: Der fremde Gast, 1919 (über Psychometrie, Phantome usw.); Der Schatz der Armen, Jena 1912; Vom Tode, Jena; Von den inneren Schönheit, Jena; Das Leben der Bienen, Jena; Das große Rätsel, Jena; Monna Vanna, 1902.

Mathers, Samuel Liddle MacGregor, führender engl. Esoteriker, Oberhaupt der ↗ Goldenen Dämmerung, 1911 jedoch ausgeschlossen; sein Ordensname in der G. D.: Deo duce comite ferro = Gott mein Führer, das Schwert mein Gefährte; lt. H. P. Blavatsky einer der besten Kabbalisten der TG. — W.: The Kabbalah unveiled, London 1907.

Mathrem (Kunstwort), im ↗ AMORC das Paßwort des 4. Tempelgrades; gleichzeitig auch das Kraft- und Schutzwort, welches, dreimal ausgesprochen, Unglück und Unheil abwenden soll.

Matriarchat, von (lat.) mater = Mutter und (griech.) archos = Führer; nach der Lehre des ↗ OTO vom 1. Zeitalter vor dem ↗ Patriarchat und dem ↗ Neuen Zeitalter; es ist das Isiszeitalter, das Zeitalter der Mutter, der weiblichen Erblinie, der ersten Stufe der Entwicklung und der Verherrlichung der Schöpfung, Zeugung und Geburt.

maurerisch = freimaurerisch; Ggs.: unmaurerisch = nicht dem frmr. Ehren-Codex entsprechend.

Maya (Sk.) = Illusion, Selbsttäuschung; nach H. P. Blavatsky die kosmische Kraft, welche die phänomenale Existenz erzeugt und die Wahrnehmung derselben möglich macht. In der Hindu-Philosophie ist allein das, was unveränderlich und ewig ist, Realität; alles das, was dem Verfall oder der Veränderung unterworfen ist und daher Anfang und Ende hat, wird als M. bezeichnet. Gewöhnlich wird der Begriff M. in einem relativen Sinne für objektive, von Denkvermögen erschaffene Erscheinungen verwendet. — Wie Dr. Henri Birven (Lebenskunst in Yoga und Magie) sehr richtig bemerkt, ist M. keinesfalls Illusion oder Schein, sondern, indem sie das vollkommene Bewußtsein verschleiert und negiert, treten die Dinge differenziert in „Erscheinung".

Mayavi-Rupa (Sk.) = Körper der Illusion; die täuschende Gestalt, der von einem Adepten durch seinen Willensakt erschaffene Körper, die äußere Erscheinungsform in den drei Welten. Dieser Körper hat keine stoffliche Verbindung mit dem physischen Körper; er ist geistig und ätherisch und geht ungehindert durch alles hindurch. — Nach den Lehren der Adyar-TG. nehmen die Inhaber der höheren Grade mit ihrem M.-R. am Wesak-Fest in Indien teil.

Mazdaznan (auch: Mazdasnan), religiöse, von Dr. O. Z. A. Hanish in den USA gegründete Organisation für Atemübungen, Drüsenpflege und vegetarische Ernährung. Die Anhänger werden durch bestimmte Übungen angehalten, Körper und Seele gesund zu erhalten, allmählich die Sinne zu schulen und zu entwickeln, damit der „Mazdaznan mit seinen vollentwickelten 12 Sinnen nützlich und schöpferisch arbeiten kann". Das Lehrsystem ist mit dem Hatha-Yoga eng verwandt oder aus diesem abgeleitet. Außer Atemtechnik und Diätvorschriften gibt es dort auch eine spezielle Geschlechts- und Drüsenlehre. Die M.-Bewegung will eine Wiederbelebung der alten Sonnenreligion des Zarathustra darstellen, operiert in der Werbung aber auch mit Begriffen wie Christus, Wiedergeburt, Alchemie, Freimaurerei, Magie, Gnosis usw. Das Hauptgebet der Anhänger heißt „Versicherung" oder Ahuras Gebet und lautet:

„Vater unser, der du bist in Frieden,
intoniert sei dein Name,
dein Friede steige auf,
dein Wille inkarniere sich
wie im Himmel, so auf Erden,
erteile dein Wort heute
und erinnere uns nicht an unsere Schuld,
daß wir vergeben jenen, die uns angreifen,
führe uns durch Versuchung
und erlöse uns vom Irrtum. Daß es so sei!"

Dieses Gebet soll lt. Prospekt das Blut reinigen, den Kreislauf fördern und die Herztätigkeit anregen. Jesu Geburt wird am 23. 5. gefeiert. Die Deutung des Wortes M. wird so angegeben: maz = groß, gut und da = denken, wissen, Gedanke und zend = Auslegung. Die Existenz eines Gottes oder einer Gottheit wird bestritten; es heißt vielmehr: „Ich bin der Herr, der Gott — dieser ,Ich-bin' wohnt in deinem Herzen und ist dein Gott." In Deutschland bestand (und besteht wohl noch) eine Mazdaznan-Tempel-Vereinigung (M. T. V. D.). — Lit.: Kurnoth und Mierau, Die Drüsen und ihre Pflege nach Masdasnan; Gertrud Martin, Ausbildung der Atmung; Dr. Nikolaus Müller, Mazdaznan-Therapie; W. Omar, Praktische zarathustrische Heildiätik; ders., Irdisches u. himmlisches Evangelium des Meisters Zaraduscht; Hans Früh, Rhythmenpraxis; Amman, Die Urreligion; Dr. Hanish, Yehoshua; ders., Ainyahita; Dr. Oberndörrfer, Die Sexualorgane als Jungborn für Körper und Geist, Leipzig 1932; ders., Die Wiedergeburt der Rasse durch die Frau, Leipzig 1932.

Mazdeaner. Nach den alten pers. Adligen benannt, die den Gott Ormazd anbeteten und die Darstellung ihres Gottes auf Bildern mißbilligten. Von diesen haben die Juden das Verbot der Darstellung oder Nennung Gottes übernommen.

Dr. Ottoman Hanish

M. C., Abk. für (lat.) medium coelum = Himmelsmitte. ↗ Horoskop.

Medinger, Hermann, bekannter Mitarbeiter der Zeitschrift „Die andere Welt" (Freiburg); gründete am 11. 11. 1949 den Illuminaten-Orden (OTO) für Österreich neu; Ordensname: Bruder Manfred. — Lit.: E.-H. Symer, Die Illuminaten sind wieder da, in: Euro Mason, Februar 1967, S. 4—8.

Meditation, von (lat.) meditatio = nachdenken, sinnende Betrachtung, Versenkung; in der esoterischen Lit. wird der Begriff jedoch sehr verschieden und meist unter einer bestimmten Absicht definiert. An sich ist M. eine Technik der schöpferischen Macht der Gedanken, und deshalb kann auch eine vollendete Technik dieser Art zur Not andere Praktiken, wie sie Hatha-Yoga und Atemkunst empfehlen, entbehren. In der Anthroposophie ist M. die zweite (von vier Vorbedingungen = Pfaden) zur Schülerschaft. Nach Rudolf Steiner soll sich der Mensch zum rein Menschlichen erheben, von seinen Besonderheiten absehen und in etwas leben, das über das Persönliche hinausragt. Damit richtet er seinen Blick auf eine höhere Welt, und er erfährt und fühlt, daß er dieser Welt angehört. Er verlegt den Mittelpunkt seines Wesens in sein Inneres, hört auf die Stimmen in seinem Innern und pflegt Umgang mit der geistigen Welt. Geeignete Übungen werden in der Anthroposophie dergestalt vorgenommen, daß man etwa einen Gedanken, ein Bibelwort oder einen Dichterspruch festhält und sich bemüht, bei diesem Gedanken zu bleiben. Da das Denken über das Denken dem Menschen bekanntlich sehr schwer fällt, ermattet er leicht, und zuweilen stellt sich sogar der Schlaf ein. Aber allmählich wird man in eine andere Welt getragen, oder mit anderen Worten, man erfährt, daß sich in der Stille der Gedankenarbeit eine viel höhere Welt offenbart als die im Raum. — Die nächstfolgende Stufe des „Pfades" heißt dann „Pflege des ↗ Traumlebens". — Lit.: Dr. F. Rittelmeyer, Meditation; Rudolf Steiner, Wie erlangt man Kenntnisse der höheren Welten?; ders., Geheimwissenschaft im Umriß; ders., Stufen höherer Erkenntnis; ders., Der Weg zur Selbsterkenntnis; ders., An der Schwelle zur geistigen Welt; K. H. Iranschähr, Wie sollen wir meditieren?; ders., Konzentration und Meditation; Dr. Georg Vok, Entspannung, Sammlung, Meditation; Fred Pöppig, Yoga oder Meditation?; von Mangoldt, Meditation und Kontemplation aus christlicher Tradition; Dr. phil. Erwin Zippert, Vom Gleichgewicht der Seele, Ulm 1958; Walther Bühler, Meditation als Erkenntnisweg; Hans-Ulrich Rieker, Meditation; André Sonnet, Die Praxis der Konzentration und Meditation; Alice A. Bailey, Der Yoga-Pfad, Lorch; Rudolf Steiner, Aus den Inhalten der esoterischen Schule, Dornach 1951, 3 Hefte; Dr. Otto-Albert Isbert, Yoga und der Weg des Westens, Stuttgart 1951.

Meditationssprüche für Freimaurer; obwohl der FM der Begriff der Meditation völlig fremd ist, gibt es für die Mitglieder der ↗ Großen Landesloge (christlicher Ritus) eine besondere Sammlung von Meditationssprüchen für alle Tage des Jahres. — Lit.: Pfarrer Ernst Graupner, Die Arbeit am rauhen Stein, Bad Harzburg 1954.

Medium, von (griech.) medos = mitten; die Hilfsperson in der spiritistischen Sitzung, welche geeignet ist, die Beziehungen zwischen der sichtbaren und der unsichtbaren Welt herzustellen.

Medizin, okkulte, eine Heilungslehre, die sich auf Planeten, Farben, Mondphasen, Edelsteine, Tierkreiszeichen usw. aufbaut und zum großen Teil auf Paracelsus zurückgeht. Seltsamerweise wird von den Berufsmedizinern unter den Okkultisten (z. B. Dr. Herbert Fritsche, Papus) die o. M. überhaupt nicht berücksichtigt.

Mega Therion (griech.) = das große Tier; Ps. und Ordensname von Aleister ↗ Crowley in der ↗ Goldenen Dämmerung.

Megalithen, von (griech.) mega = groß und lithos = Stein; deutsch: Dolmen; große, merkwürdige Steine in der Bretagne (Frankreich), Schweden, Dänemark, Korsika, Portugal, auf der Krim, in Indien, Nordafrika, Japan, Peru usw.; werden zuweilen als keltischen oder druidischen Ursprungs bezeichnet, was jedoch nicht mit der Verbreitung übereinstimmt; von manchen als eine Art ↗ Occultum im Freien identifiziert.

Meister, die unbekannten und anonymen Autoritäten, auf die sich okkulte Bewegungen seit Gründung der Adyar-TG beziehen, um ihre Lehren zu rechtfertigen. Der Gedanke der Meister ist die Antwort auf die Hoffnung der Menschheit auf Erlösung, so bei den Juden auf den Messias, bei den Christen auf die Wiederkehr des Heiland und später bei der ↗ Strikten Observanz auf den Geheimen Ordensmeister, bei der Großen Landesloge auf den Höchsten Ordensmeister (= Jesus), beim AMORC auf weitere Erleuchtung, im Bund des Sterns vom Osten auf den Lord Maitraiya (Krishnamurti) usw. Vor der Gründung der TG (1875) nannte H. P. Blavatsky ihren Meister John King; mit der Gründung der TG kamen jedoch eine Reihe neuer Meister

WORTE DER MEISTER

DEN DEUTSCHEN SCHÜLERN
DER THEOSOPHIE ÜBERGEBEN
VON B. Y. R.

THEOSOPHISCHES VERLAGSHAUS, LEIPZIG

Titelblatt eines frühen Werkes von Bô Yin Râ
im Dienste der Meister der Theosophie

Meister Morya
gemalt von Hermann Schmiechen

Meister Kut Humi
gemalt von Hermann Schmiechen

You have not only seen and conversed with, but touched me, my hand has pressed yours, and the K H of fancy becomes the K H of fact. Your skeptical caution, often running into extreme conservatism — perhaps the very last trait that the careless would suspect you of — has seriously and constantly impeded your inner unfolding. It has made you suspicious — sometimes cruelly so — of Upasika, of Boig, of Djual-K. even of Damodar & D. tiate, whom you love as sons. This meeting of ours should radically change the state of your mind. Should it not, so much the worse for your future: truth never comes, burglar-like, thro' barred windows & iron-sheathed doors.

Ausschnitt aus einem Meisterbrief von Meister Kut Humi an Olcott

Die geheimen „Meister" der Theosophie

Amatu, der Meister des AMORC; wird nur den Inhabern des 10. Tempelgrades enthüllt; seine Werke stammen aus den Quellen des AMORC. — Lit.: Fragmente der Weisheit der Meister, Baden-Baden.

Djwal Khul, auch abgekürzt: D. K.; Adept des 2. Strahles ($\nearrow$ Strahlen); erhielt die 5. Einweihung 1875 und ist Tibeter; beschäftigt sich speziell mit der Heilkunst; lt. Alice Bailey diktierte D. K. einen wesentlichen Teil der „Geheimlehre" von H. P. Blavatsky. — Lit.: A. A. Bailey, Initiation, Lorch 1952.

Engl. Meister, hiervon soll es zwei geben; nähere Namen unbekannt; nehmen keine Schüler an; wohnen in Großbritannien; halten lt. Alice Bailey „die Zügel der Regierung der angelsächsischen Rasse in der Hand". — Lit.: Alice Bailey, Initiation, Lorch 1951.

Hilarion, abgekürzt: Meister H.; regiert den 5. Strahl ($\nearrow$ Strahlen), d. h. der konkreten Erkenntnisse oder der Wissenschaft; in früherer Inkarnation soll er Paul von Tarsus gewesen sein; lebt heute als Kreter, aber meist in Ägypten; diktierte die Schrift „Licht auf den Pfad" von Mabel Collins, was diese später allerdings widerrief. — Lit.: Alice Bailey, Initiation, Lorch 1951.

Iwan: die Hauptfigur in dem Roman „Flita" von Mabel Collins; Flita wird in dem Augenblick erlöst, als sie den Glauben an Meister Iwan als Aberglauben erkennt; schließlich verlegt sie die Existenz der Meister in ihre eigene Seele.

Jesus, lebt in Syrien als Kraftzentrum aller Energien; reist viel und ist sehr oft in Europa; er arbeitet mehr mit den Massen und hat viele Schüler; Adept des 6. Strahles; als Apollonius von Tyana (ein Christengegner) erhielt er die 5. Einweihung; im Buch Zacharias (Zacharja?) soll berichtet sein, wie er die 3. Einweihung erhielt. — Lit.: Alice Bailey, Initiation, Lorch 1951.

Jupiter, der „Älteste" der Loge der Meister, wird auch als Regent von Indien bezeichnet; wohnt im Nilgherrygebirge in Südindien, nimmt aber keine Schüler an. — Lit.: Alice Bailey, Initiation, Lorch 1951.

Kut Humi, abgekürzt: K. H., auch: Koot Humi; stammt aus Kaschmir; Eingeweihter von hohen Graden, wirkt auf dem 2. Strahl ($\nearrow$ Strahlen); zu erkennen an der hellen Gesichtsfarbe, dem goldbraunen Bart, Haare von gleicher Farbe, „und in den tiefblauen Augen liegt die Liebe und Weisheit aller Zeitalter". — Lit.: Alice Bailey, Initiation, Lorch 1951; A. T. Barker, The Mahatma Letters, London 1948.

Lanto, ein neuer Meister, der lt. „Brücke zur Freiheit" den Meister Kut Humi abgelöst hat und den 2. Strahl regiert.

Morya, wohnt in Shigatse in Tibet; meist abgekürzt als Meister M. bezeichnet; einer der bekanntesten östlichen Adepten; hat eine Anzahl von Europäern und Amerikanern als Schüler; an sich ist er ein Rajput-Prinz; regiert den 1. Strahl, also den des Willens und der Macht, fördert die menschliche Evolution; wirkt auch in Verbindung mit vielen esoterischen und okkulten Organisationen; ihm verdankt Alice Bailey fast sämtliche Bücher. — Lit.: Alice Bailey, Initiation, Lorch 1951.

---

auf, die zunächst auf die Siebenzahl abgestimmt waren; inzwischen reichte diese Zahl jedoch nicht aus, wie sich aus obenstehender Übersicht über die in der Lit. erwähnten Meister zeigt. Selbst in Theosophen-Kreisen ist die Existenz von Meistern der gedachten Art, also in Form mehr oder weniger überirdischer Lebewesen im Himalaja, sehr umstritten. Zur Zeit von H. P. Blavatsky wurde behauptet, die Meister wohnten in Shigatse in Tibet; dorthin gerichtete Expeditionen hatten jedoch keinen Erfolg. Danach wurde erklärt, die Meister hätten normalerweise ja nicht den Körper eines Menschen und wären außerdem nur dem hellsichtigen Auge zu erkennen. Höchstes Ziel des Theosophen, der der ES angehört, ist es, mit einem Meister in mentalen oder gar persönlichen Kontakt zu kommen und als Schüler angenommen zu werden. — H. P. Blavatsky behauptete, daß sie schon in ihrer frühen Jugend ihren Meister getroffen hätte und ihn zunächst für ihren Schutzengel hielt. Im Jahre 1851 war sie (nach ihren eigenen Angaben) mit ihrem Vater in London, wo sie auf einem Spaziergang eine Gruppe Hindus trafen; in dieser Gruppe fand sie den Meister ihrer Jugend

Nada, eine neue Meisterin der „Brücke zur Freiheit", die den Meister Jesus ersetzt hat; übernahm also den 6. Strahl.

Narayan, einer der frühesten Meister der Adyar-TG; korrespondierte auch mit Olcott und H. P. Blavatsky; wohnte 1885 nahe Madras; Subba Row und Leadbeater besuchten ihn oft; später verfiel er bei der TG in Ungnade und wurde nicht mehr erwähnt und wahrscheinlich durch einen anderen würdigen Meister ersetzt.

P., nordamerikanischer Meister, dessen Namen Alice Bailey nicht nennt; möglicherweise mit dem Venezianer Paul identisch; dem Meister P. untersteht die Christliche Wissenschaft (Christian Science) und die Neugeistlehre (New Thought); Meister P. lebt im Körper eines Iren auf dem 4. Strahl; hat auch viele Aufgaben des Meisters Serapis übernommen, „seitdem dieser Sein Hauptaugenmerk auf die Deva-Evolution gerichtet hat". – Lit.: Alice Bailey, Initiation, Lorch 1951.

Paul der Venezianer, Meister des 3. Strahles bei der „Brücke zur Freiheit"; sein Name stammt möglicherweise von Papst Paul II. (Pietro Barbo, 1418–1471), der den Luxus förderte und die Humanisten verfolgte; Annie Besant erwähnt ihn schon 1912 als einen der TG-Meister.

Rakoczi oder Meister R., lt. Annie Besant der letzte Sproß des kgl. Stammes Rakoczi, im 18. Jh. als St. Germain inkarniert, im 17. Jh. als Bacon, im 16. Jh. als Mönch Robertus, im 15. Jh. als Hundyadi Janos, im 14. Jh. als Christian Rosenkreutz; wird „noch ehe dieses Jh. zu Ende ist, mehr aus der Zurückgezogenheit heraustreten"; regiert den 7. Strahl des magischen Zeremoniells; wirkt weitgehend durch esoterischen Ritus und Zeremonie; einige der anderen Meister halten öfter mit ihm Ratssitzungen ab. – Lit.: Alice Bailey, Initiation, Lorch 1951.

Recnartus (Ps.) = Heinrich Tränker, Gründer der Pansophie-Bewegung; nannte sich meist Meister Recnartus.

St. Germain, wohl immer identisch mit ↗ Rakoczi.

Sananda, wohnt auf dem Mount Shasta in Kalifornien.

Serapis, genannt der Ägypter; regiert den 4. Strahl, d. h. der großen Kunstrichtungen, Musik, Malerei, Dramatik; Wohnort unbekannt. – Lit.: Alice Bailey, Initiation, Lorch 1951.

Serapis Bey, bei der „Brücke zur Freiheit" der Meister des 4. Strahles; wahrscheinlich identisch mit Meister Serapis der Adyar-TG.

Tiruvallur, Der alte Herr von, so nannte H. P. Blavatsky einen der Meister, der in der Nähe von Adyar gewohnt haben soll, wo er sich mit Chemie und Astronomie beschäftigte; möglicherweise mit Meister Narayan identisch.

Venezianer, der –, ↗ Paul der Venezianer.

wieder. Nach Blavatskys Erklärungen haben die M. eine fast göttl. Einsicht und Macht; sie können die Gedanken aller Menschen lesen und sie in jeder beliebigen Entfernung beeinflussen, können materielle Gegenstände in ihre Bestandteile auflösen und an anderen Orten die Gegenstände wieder herstellen, Naturerscheinungen willkürlich hervorrufen, ihre Seele kann den Körper verlassen und mit Blitzesschnelle an jedem Ort auf der Erde oder außerhalb unseres Planeten einige Zeit verweilen. Die M. beherrschen die unglaublichsten Fähigkeiten. Gegen die M. (oder Mahat-mas) arbeiten angeblich die Dugpas, die Brüder des Schattens. Rudolf Steiner schrieb 1910 über die Lehre von den Meistern: „Die Briefe der Meister sind Teile, die noch lange nicht voll verstanden sind, an denen noch lange zu zehren ist, Teile, die zu den größten Offenbarungen innerhalb der Menschheitsentwicklung gehören." – Annie Besant definiert die M. so („Die Meister", Düsseldorf 1912): „Meister ist ein von Theosophen angewandter Ausdruck, der gewisse menschliche Wesen bezeichnet, die ihre menschliche Entwicklung vollendet und menschliche Vollkommenheit erlangt haben, die, soweit unser Teil des Sonnensystems in Frage kommt, nichts mehr zu lernen haben, die, wie die Christen sagen, ‚erlöst' und, nach den Hindus und Buddhisten, ‚befreit' sind." Ferner schreibt Annie Besant: „Der von den Meistern eingenommene Grad ist der 5. in der großen Brüderschaft, deren Mitglieder die normale Entwicklung überholt haben. Die vier anderen Grade werden von eingeweihten Jüngern eingenommen, die größtenteils unbemerkt in der gewöhnlichen Welt leben und die ihnen von den Meistern angewiesene Arbeit verrichten." Nach Annie Besants Angaben wurde Jesus durch die Taufe vom 4. zum 5. Grad befördert. Die Tendenz des Meister-Glaubens läßt sich gut aus dem Brief X von Meister K. H. an A. P. Sinnet (1881) erkennen: „Weder unsere Philosophie noch wir selbst glauben an einen Gott und am allerwenigsten an einen, dessen Pronomen (ER) mit einem großen E geschrieben werden muß … Das Wort ‚Gott' ist erfunden worden, um die unbekannte Ursache solcher Wirkungen zu bezeichnen, welche der Mensch entweder bewunderte oder fürchtete, ohne sie zu begreifen; und da wir behaupten und imstande sind zu beweisen, was wir behaupten, nämlich um diese Ursachen und Wirkungen zu wissen, darum sind wir in der Lage, daran festzuhalten, daß kein Gott und keine Götter dahinter stehen" (aus: A. T. Barker, Die Mahatma Letters, London 1923). — Schließlich ist der Mahatma-Glaube auch außerhalb der TG von allen möglichen Organisationen übernommen worden. So schreibt Rijkenborgh in „Apokalypse des neuen Zeitalters" (S. 33): „Das Radiationsfeld der universellen Bruderschaft wird von Wesenheiten bevölkert, die einen übernatürlichen Lebenszustand erreicht haben. Sie bilden eine Rangordnung von schon reineren, schon heiligeren, schon göttlicheren Wesen, eine große Hierarchie von menschlichen G e i s t e r n …"; (S. 34) „Wo kommen so plötzlich diese ‚Ausgesandten' her? In ihnen spricht nicht nur das, was wir ‚Präerinnerung' nennen, sondern gleichzeitig eine gewisse ‚Prädisposition', Vorbestimmung, trotzdem sie noch in biologischen Fesseln liegen." Allerdings werden die M. beim Lectorium Rosicrucianum meistens „Ausgesandte" genannt. ⌐ Meisterbriefe. — Lit.: Rijkenborgh, De tijd is naar, Licht über Tibet, Haarlem 1954; H. P. Blavatsky, Die entschleierte Isis; Annie Besant, Die Meister, Düsseldorf 1912; Dr. Franz Hartmann, Unter Adepten und Rosenkreuzern; Bô Yin Râ, Buch der königlichen Kunst; Alice A. Bailey, Initiation, Lorch 1952; Meister Saint Germain, Der siebente Strahl, Zürich; Ernst Voss, Die Meister der Weisheit, Leipzig 1920; Foster Bailey, Die Wandlung esoterischer Werte, Lorch 1956; A. T. Barker, The Mahatma Letters, London 1948; Ernest Egerton Wood, Is this theosophy?, London 1936; C. E. Bechhofer Roberts, The mysterious Madame, London 1931; Dr. L. Joh. Frohnmeyer, Die theosophische Bewegung, Stuttgart 1920.

Meisterbriefe (auch: Mahatma-Briefe), die geheimnisvollen Briefe, die H. P. Blavatsky von den ⌐ Meistern erhalten haben will, die aber auch bei H. P. B.s Bekannten wie Olcott usw. eingingen. Die Handschrift fast aller dieser Briefe ist die von H. P. Blavatsky, wie man leicht an dem kleinen „m" mit dem darüber befindlichen, nur im Russischen üblichen Querstrich erkennen kann. Ein Teil der Originalbriefe soll sich heute im Britischen Museum zu London als Kuriosität, der Rest in Adyar als Reliquien befinden. — Meisterbriefe erhielt auch Alice A. Bailey; diese sind aber in der Original-Handschrift nie veröffentlicht worden, so daß ihr Urheber nicht ermittelt werden konnte. — Lit.: A. T. Barker, The Mahatma Letters, London 1948; Olcott Centenary Number, Sonderausgabe der Zeitschrift „Theosophist" von August 1932, Adyar; J. N. Farquhar, Modern religious movements in India, London 1929; Alice A. Bailey, The unfinished autobiography, London 1951; (anonym) The theosophical movement 1875—1925, New York 1925.

Meister vom Stuhl, abgek.: M. v. St., auch Stuhlmeister, Logenmeister oder Meister im Stuhle König Salomos genannt; der Vorsitzende einer FM-Loge; die Abzeichen sind der Hammer der Loge und das Winkelmaß, das er an einem Bande auf der Brust trägt. In den engl. Logen und beim ⌐ Droit Humain stellt der M. v. St. einen besonderen, jedoch nicht numerierten Grad mit einer besonderen Einweihung dar; auf dem Höhepunkt dieser Zeremonie dürfen nur amtierende oder ehemalige M. v. St. anwesend sein.

Mellor, Alec, * 6. 9. 1907, Rechtsanwalt in Paris; wurde bekannt durch höchst instruktive Bücher über die FM, in welchen er für eine Versöhnung zwischen der Kath. Kirche und der FM eintrat. — W.: Unsere getrennten Brüder, die Freimaurer, Graz 1963; Logen, Rituale, Hochgrade, Graz 1967; Die unbekannte Grundurkunde der christl. Freimaurerei, Uetersen 1968.

Memphis-Misraim, an sich muß man zwischen dem Memphis-Ritus und dem Misraim-Ritus in der FM unterscheiden; da jedoch beide Riten am 28. 4. 1876 zusammengelegt wurden, heißt es meist nur Memphis-Misraim. Der Orientalische Freimaurerorden von Memphis wurde

1814 von Samuel Honis (angeblich aus Kairo) in Frankreich propagiert; das System hatte 95 Grade. — Das alte Misraim-System wurde um 1805 in Italien ersonnen und hatte 90 Grade, deren drei letzte den „Unbekannten Oberen" vorbehalten waren. Vor dem ersten Weltkrieg gab es auch in Deutschland eine Großloge des Ritus Memphis-Misraim, deren Großmeister für eine Zeit Rudolf Steiner war. Heute wird dieser Ritus in Deutschland nicht mehr bearbeitet, zumal die Hochgradsysteme des ↗ AASR und der ↗ Großen Landesloge jeglichen Ansprüchen gerecht werden und außerdem eine bloße Vervielfältigung der Gradzahl keine höhere Einweihung bringen kann. — Lit.: Viulleaume, Maurerisches Handbuch oder Darstellung aller in Frankreich üblichen Gebräuche der Maurerei, Leipzig 1821; Dr. Heinrich Lachmann, Geschichte und Gebräuche der maurerischen Hochgrade und Hochgrad-Systeme, Braunschweig 1866.

Mendes (griech.), Name eines Dämonengottes, dessen Verehrung die Kath. Kirche den Templern vorwarf. Da sich in den Unterlagen über die Templer keinerlei Hinweise auf einen solchen Kult finden lassen, dürfte es sich um einen bloßen Vorwand gehandelt haben, um den Templerorden zu beseitigen.

Menschliche Monade, im theosophischen Sprachgebrauch jener Teil der menschlichen Konstitution, der die Wurzel des menschlichen Egos ist.

Menschliches Ego, der Teil der menschlichen Konstitution, der auf die Zwischenduade, dem Manas-Kama, entfällt. Nach dem Tode des Menschen teilt sich das m. E. in das höhere, reinkarnierende und das niedere, sich auflösende Ego.

mental, von (lat.) mens = Denken, Bewußtsein; der Begriff kommt schon häufig bei Goethe vor; entspricht dem (Sk.) Manas; das Wort Mensch kommt wahrscheinlich ebenfalls von dieser Wurzel.

Mentalplan, Mentalwelt = Devachan-Ebene; bei Annie Besant teils Devachan, teils Devaloka, das Land der Götter, das glückliche oder gesegnete Land genannt; zerfällt in 7 Stufen, nämlich 3 obere Arupas und 4 niedere Rupas; der menschliche Mentalkörper, bestehend aus Denkkörper und Kausalkörper, wirkt auf diesen Ebenen durch sein Bewußtsein. ↗ Prinzipien des Menschen.

Merkur-Einweihung, im ↗ Lectorium Rosicrucianum die 3. Einweihung des 1. Siebenkreises;

hier ist Merkur der Botschafter der Götter, „der nach uralter Wissenschaft stets mit dem Denkvermögen in Verbindung gebracht wurde, sowohl der Natur als dem Geist nach." „Sobald der neue Botschafter (Merkur) der Götter zu dem alten Schüler zu sprechen beginnt, entwickelt sich in der Tat das, wovon viele Dichter und Denker gezeugt haben." „Das Empfangen der M. E. ist wie eine Bergbesteigung. Im AT wird diese Einweihung als solche angedeutet in der Form des Besteigens des Berges Nebo, das heißt Merkur." — Qu.: Rijkenborgh, Dei gloria intacta, Haarlem 1953.

Merkurius, bei den Römern der Herold und Sprecher der Götter.

Merlin, Zauberer und Berater am Hofe des Königs Artus, Adept der Magie und Schüler der Zauberin Nimue oder Ninive. — Zeitschrift „Merlin" für Grenzwissenschaften und Schicksalskunde, herausgegeben von Dr. Herbert ↗ Fritsche im Axel-Springer-Verlag, Hamburg; mit der Zielsetzung, „unverblümt Bericht zu erstatten und keine Vorurteile oder Philistrositäten zu schonen"; es sind nur 3 Ausgaben erschienen.

Merlin Peregrinus (Ps.) = Dr. Herbert ↗ Fritsche; sein Ordensname im ↗ OTO.

Mescalin (auch: Meskalin u. Mezkalin) ↗ Peyotl.

Mesmer, Dr. med. Franz Anton (zuweilen wird auch Friedrich als Vorname genannt), * 23. 5. 1734 Iznang bei Radolfzell, † 1815; berühmter Arzt, der die praktische Anwendung des magnetischen Fluidums des Menschen, welches er animalischen Magnetismus nannte, wiederentdeckte; studierte 1750 bis 1760 Theologie,

Mesmer

Philosophie und Jura, ab 1760 auch Medizin. Von seiner Doktorarbeit „De influxu planetarum" (Vom Einfluß der Planeten) sind nur noch 2 Exemplare bekannt, die sich beide in Wien befinden. Seine geistigen Vorgänger sind Paracelsus, van Helmont, Robert Fludd, William Maxwell. 1777 behandelte M. ein Frl. Paradis, das seit dem 3. Lebensjahr blind war und eine staatliche Rente bezog; durch M. sehend geworden, verzichtete sie fortan auf den Bezug der Rente. Mit den Schulmedizinern lag M. ständig im Streit, so daß er mehrfach seinen Wohnsitz wechseln mußte. Mesmers Thesen lauten zusammengefaßt:

1. Es gibt eine das ganze Weltall durchdringende und verbindende Kraft, einen vollkommenen, beweglichen Stoff von unvergleichlicher Feinheit.
2. Alle Krankheiten sind eine Folge der Tatsache, daß im Körper der von ihnen befallenen Personen Gleichgewichtsstörungen dieser Kraft entstehen (d. h. eine unharmonische Verteilung der besagten Kraft innerhalb des Körpers).
3. Heilen bedeutet, das gestörte Gleichgewicht wiederherstellen.
4. Die Herstellung des Gleichgewichtes hat durch Zufuhr dieser geheimnisvollen Kraft in den Körper des Kranken zu erfolgen.
5. Die Zufuhr sollte durch einen Magnetiseur-Arzt geschehen. Dieser muß aber nicht nur mit der medizinischen Lehre vertraut sein, sondern auch mit der Technik des Magnetisierens und den ihm zur Verfügung stehenden Möglichkeiten, die Ströme des Stoffes, den er an seine Patienten abzugeben hat, in sich aufnehmen, durch sich selbst hindurchfließen lassen und sie vor der Abgabe je nach Bedarf zu verstärken oder abzuschwächen.

Insgesamt handelt es sich um 27 Thesen, die bei Oswald Wirth (siehe Lit.) abgedruckt sind. M. gründete auch eine Gesellschaft der Harmonie, eine Art von FM, wo Magnetiseure ausgebildet wurden, darunter der berühmte Marquis de Puységur. Maria-Antoinette gab ihm ihren Schutz und beauftragte ihn, eine magnetische Klinik zu errichten. Aber die Akademie und die Presse bekämpften auf Betreiben der Ärzteschaft seine Bemühungen. Außerdem soll M. Mitglied der Fratres Lucis und der sogen. Bruderschaft von Lukshoor (Luxor) oder einer Abt. der letzteren gewesen sein. Auf dem Friedhof von Meersburg befindet sich sein Grab mit einem großen Grabstein, der maurerische Symbole zeigt. — Lit.: Rudolf Tischner, Franz Anton Mesmer, Leben, Werk und Wirkungen, München 1928; T. Rothmund, Mesmer — Genie oder Scharlatan?, Leipzig o. J.; Stefan Zweig, Mental Healers, New York 1932;

ders., Die Heilung durch den Geist, Leipzig 1932; Oswald Wirth, L'imposition des mains, Laval 1963; Prof. W. H. C. Tenhaeff, Außergewöhnliche Heilkräfte, Freiburg 1957.

Mesmerismus, die von ↗ Mesmer begründete magnetische Heilweise, von ihm selbst animalischer oder tierischer Magnetismus genannt. Er veröffentlichte seine Entdeckung in seinem „Schreiben an einen auswärtigen Arzt über den Magnetismus" (Wien 1775). — Lit.: Carpenter, Mesmerism and spiritualism, London 1877; Kiesewetter, Franz Anton Mesmers Leben und Lehre, Leipzig 1893.

Mesoterik, zusammengesetzt aus (griech.) meso = mittel und ↗ Esoterik; Ausdruck, den Boris Mouravieff in seinem Werk „Gnosis" einer Übergangsstufe zwischen ↗ Exoterik und Esoterik gibt, welche es dem Schüler erlaubt, Exoterik und Esoterik als eine geschlossene Einheit aufzufassen.

Messe, entstanden aus der (lat.) Formel „Ite missa est" = „geht, ihr seid entlassen", womit nach dem altchristl. Gottesdienst die ↗ Katechumenen entlassen wurden; der Gottesdienst der kath. Kirche allgemein. — Lit.: Ragon, Die Messe und ihre Geheimnisse verglichen mit den alten Mysterien, in: Neue Metaphysische Rundschau, Bd. XV.

Meta, (griech.) = mitten in, zwischen, nachfolgend; als Vorsilbe in verschiedenen Zusammensetzungen; vgl. nachfolgende Stichwörter.

Metabiologie, dialektischer Begriff, der wahrscheinlich nichts anderes als Okkultismus bedeuten soll; anscheinend zusammengesetzt aus „Metaphysik" und „Biologie"; das Wort wird nur sehr selten gebraucht, da kein zwingender Bedarf besteht.

Metagraphologie, Graphologie, bei der die Handschrift nur als ↗ Induktor benutzt wird. ↗ Psychoskopisten.

Metakörper, Bez. für den ↗ Astralleib bei den Parapsychologen.

Metalle, die M. spielen in der Magie eine bedeutende Rolle, und ihre symbolischen Zeichen, die schon die Babylonier benutzten, entsprechen denen der zugeordneten Planeten: Gold wird wegen seines hohen Preises für magische Zwecke kaum verwendet; Zinn (als Folie von 0,2 bis 0,3 mm Stärke) dient zum Schutz von Pergament-Pantakeln; Blei wird benutzt zur Herstellung von Pantakeln, Eisen für das Schwert, Kupfer für den Stab und ggf. Gold für einen Ring (mit einem Smaragd oder Amethyst).

Sonne	☉	Gold
Mond	☽	Silber
Mars	♂	Eisen
Merkur	☿	Quecksilber
Jupiter	♃	Zinn
Venus	♀	Kupfer
Saturn	♄	Blei

„Metalle ablegen", Ausdruck in der FM, der so viel wie „eigensüchtige Eigenschaften ablegen" bedeutet. Bei der Einweihung des Kandidaten muß dieser aber auch tatsächlich die evtl. mitgeführten Metalle ablegen und symbolisiert damit selbst die übertragene Bedeutung des Ausdrucks. Die M. werden abgelegt zur Erinnerung an das erste glückliche Zeitalter der Menschheit, wo weder Silber noch Gold das Herz verführen konnte. Die Metalle werden abgenommen, weil der Tempel Salomos von ganz fertigen Steinen, so wie sie gebraucht wurden, aufgebaut wurde, so daß man weder einen Hammer, noch eine Axt noch irgend ein anderes Eisen-Instrument hörte. — Jemand, der noch selbstsüchtig denkt und handelt und der den Sinn der FM noch nicht erfaßt hat, bez. man als jemanden, „der die Metalle noch nicht abgelegt hat".

Metaphysik (griech.), meta ta physika = „nach den Schriften der Physik"; die Bez. M. wurde wahrscheinlich zuerst von Andronikus von Rhodes bei der Neuherausgabe der Schriften des Aristoteles benutzt, um die Lage der nicht zur Physik des Aristoteles gehörenden Beiträge zu bezeichnen. Später entstand die Bedeutung von „meta" = jenseits, über. Der franz. Forscher R. Sudré definiert M. als „die Wissenschaft, die zum Gegenstand physische und psychologische Erscheinungen hat, hervorgerufen durch anscheinend intelligente Kräfte oder unbekannte Fähigkeiten des Geistes." Nach Kant (Träume eines Geistersehers, 1766) ist M. die Wissenschaft von den Grenzen der menschlichen Vernunft; in der 2. Vorrede zur „Kritik der reinen Vernunft" erläutert Kant: „... Der M., einer ganz isolierten spekulativen Vernunfterkenntnis, die sich gänzlich über Erfahrungsbelehrung erhebt, und zwar durch bloße Begriffe, wo also Vernunft selbst ihr eigener Schüler sein soll, ist das Schicksal bisher nicht so günstig gewesen, daß sie den sicheren Gang einer Wissenschaft einzuschlagen vermocht hätte ... Es ist kein Zweifel, daß ihr Verfahren bisher ein bloßes Herumtappen, und, was das Schlimmste ist, unter bloßen Begriffen, gewesen sei ...". Der Franzose Littré erklärt, daß M. je nach der Epoche verschieden definiert ist, und zitiert dabei Voltaire: „Wenn 2 Philosophen diskutieren, ohne sich zu verstehen, dann ist es Metaphysik; und falls sie sich selbst nicht verstehen, dann machen sie höhere Metaphysik." Im philosophischen Wörterbuch von Diderot heißt es sarkastisch: „M. ist eine Vogelart, die sich vom Nebel ernährt. — Lit.: Heidegger, Was ist Metaphysik?, 1929; H. Heinsoth, Die 6 großen Themen der abendländischen Metaphysik, 1953; J. Hessen, Die Methode der Metaphysik, 1932; P. Menzer, Deutsche Metaphysik der Gegenwart, 1931; R. Müller-Freienfels, Metaphysik des Irrationalismus, 1927; A. Wenzl, Wissenschaft und Weltanschauung, 1948; Karl Jaspers, Aus dem Ursprung denkende Metaphysiker; E. Coreth, Eine methodisch-systematische Grundlegung, 1963.

Metempsychose (griech.) = Umstellung, d. h. Versetzung der Seele aus einem Leib in den anderen; Seelenwanderung; die Vorstellung des Überwechselns der Einzelseele beim Tod des Körpers in einen neuen Körper; der Fortschritt der Seele von einer Daseinsstufe zu einer anderen, symbolisiert und vulgär geglaubt als die Wiedergeburt in Tierkörpern; die Reinkarnation der materiellen Zellen eines Wesens, die vom Mineral zur Pflanze, dann zum Tier, dann zum Menschen weiterschreiten und nach vollbrachter Entwicklung zum Mineral zurückkehren. Man verwechselt gemeinhin M. mit der Reinkarnation im eigentlichen Sinne, d. h. der Wiedergeburt. Einige vertreten die Ansicht, daß der Begriff M. auf Tiere allein angewendet werden sollte. ↗ Wiedergeburt, ↗ Reinkarnation.

Metopososkopie, Bez. für Wahrsagen aus den Stirnfalten.

Metteya, Bikku Ananda (Ps.) = Allan Bennet, einer der Lehrer Aleister ↗ Crowleys. Im Frühjahr 1899 spürte Crowley bei irgend einer Zeremonie die Gegenwart einer gewaltigen geistigen und magischen Kraft. Da begegnete er Allan Bennet, der aus einem anderen Raum heraustrat. Aus dieser Begegnung entwickelte sich eine intensive Zusammenarbeit. Bennet ging später nach Ceylon und wurde dort buddhistischer Mönch unter dem Namen Bikku Ananda M.

Metzger, Hermann Joseph, * 1918 Luzern/ Schweiz; unter dem Ordensnamen „Sehr Erlauchter H, Josephus M.•., Fra.•. Paragranus" Leiter des OTO und des damit verbundenen Illuminatenordens sowie Priester der Gnostisch-Katholischen Kirche in Zürich; zur vollen Amtsbezeichnung gehören noch: „Souveräner General Groß Meister, O. H. O. (= Outer Head of the Order), Vicarius Ordinis des Ordens der Templer vom Orient, Souveräner Gross Meister des Ordens der Illuminaten, Souveräner General Gross Meister der Fraternitas Rosicruciana Antiqua und Souveräner Patriarch Ecclesiae Gnosticae Catholicae sowie Großkreuzträger des Verdienstordens von Frankreich, Großkreuzträger des Joachims-Ordens, Profeßritter des Ordo Militiae Templi Cruci." Die franz. Behörden haben auf Anfrage mitgeteilt, daß es sich bei dem franz. Großkreuz um einen privaten Orden handelt, den sich jeder selbst verleihen kann; der deutsche Templerorden zählt M. nicht zu den Mitgliedern. M. gründete nach dem Kriege mit Zustimmung des amerikanischen Großmeisters Germer den OTO und den Illuminatenorden in Zürich neu und gab auch die verschiedenen Schriften Crowleys in neuer Auflage heraus; ferner untersteht ihm die Abtei Thelema in Stein/Schweiz. — W.: Erleuchtete? Orden der Illuminaten, Templer der neuen Zeit, Gnostiker in unseren Tagen, Zürich 1964.

Meyer, Julius, Ordensname „Marius"; ehemaliger Großmeister des Illuminaten-Ordens in Deutschland (Nachfolger von Leopold Engel); M. löste den I. O. am 22. 9. 1934 wegen der zunehmenden Schwierigkeiten mit den Nationalsozialisten auf.

Meyrink, Gustav (Ps.) = Gustav Meyer, * 19. 1. 1868 Wien, † 4. 12. 1932 Starnberg; lernte in Hamburg und München das Bankfach; nach dem unglaublichen Erfolg seiner Bücher auch Teilhaber einer Bank in Prag. M. wurde früh mit der in Deutschland gerade neu gegründeten Theosophischen Gesellschaft bekannt und war dort bald Mitglied der ↗ ES. Wegen eines Brustleidens ging er nach Hallein ins Sanatorium Lahmann, dessen Direktor Dr. Franz Hartmann war; ferner traf er dort einen Schriftsteller namens Oskar A. H. Schmitz (sowie Dr. Karl Kellner); Schmitz riet ihm zu schreiben, was M. sofort tat. Seine erste Novelle „Der Heiße Soldat" schickte M. an den „Simplicissimus", der sie sofort druckte, wie überhaupt alle Verlage oder Zeitungen, denen M. Manuskripte schickte, sie sofort abdruckten. In Indien oder einem anderen orientalischen Land, wie vielfach behauptet wird, scheint M. nie gewesen zu sein; Prof. R. Schmidt (Fakire und Fakirtum, S. 7) ist sogar der Ansicht, daß M. auch ganz bestimmt kein Sanskrit konnte. Seine Bücher sind vielmehr persönliche Visionen, die teils auf An-

regungen zurückgehen, die er noch in der TG erhielt. In der Lit. wird behauptet, M. sei ein Schüler ↗ Mailänders gewesen; worauf sich diese Behauptung stützt, ist nicht recht ersichtlich und M. selbst hat darüber nie berichtet. M. scheint aber der ↗ Goldenen Dämmerung angehört zu haben, denn Dr. Henri Birven (Lebenskunst in Yoga und Magie) erwähnt, daß er zusammen mit M. (und Dr. Peithmann) über das mysteriöse Frl. Sprengel geforscht hätten. In Prag soll M. auch zur Okkultistenloge „Zum blauen Stern" gehört haben, wo er u. a. Weinfurter traf. Später war M. auf okkulte Organisationen, die wohl seinen erlangten Reichtum kritisierten, nicht gut zu sprechen und nannte sie (Zeitschrift „März", Jg. 1, S. 271) „Talmi-Rosenkreuzer". M. ist unbestrittener Meister des okkulten Romans, und sein Roman „Der Golem" erlebte im 1. Weltkrieg

Meyrink

eine Auflage von mehr als 100 000 Exemplaren als Frontlektüre. — W.: Der Golem; Das grüne Gesicht, Leipzig 1917, Freiburg 1963; Walpurgisnacht, Leipzig; Der weiße Dominikaner, Wien 1921; Der Engel vom westlichen Fenster, Bremen 1917 (behandelt das abenteuerliche Leben des Dr. John Dee und seines medialen Gehilfen Sir Edward Kelly auf der Suche nach dem Stein der Weisen; dieser Roman wird sogar vom Lectorium Rosicrucianum empfohlen); Die heimtückischen Champignons, Berlin 1925; Gustav Meyrink, contra Gustav Frenssen, München 1908; Fledermäuse; Des deutschen Spießers Wunderhorn, München 1913 und 1948; Goldmachergeschichten; An der Grenze des Jenseits (Einführung in den Okkultismus); Der Uhrmacher; Das Buch Hiopp. — Lit.: Arnold Keyserling, Die Metaphysik des Uhrmachers von Gustav Meyrink; Dr. Eduard Frank, Gustav Meyrink; Dr. Herbert Fritsche, An der Bahre des Meisters aus dem Hause zur letzten Laterne; ders., Bücher Gustav Meyrinks, in: Das 3. Auge, 1. Jg. 1, Nr. 8; ders., In memoriam Gustav Meyrink, in: Zeitschrift für metaphysische Forschung, Jg. 4, Nr. 1; ders., August Strindberg, Gustav Meyrink, Kurt Aram, drei magische Dichter und Deuter, Prag 1925.

Michael (hebr.) = Wer ist wie Gott?; einer der 3 im AT erwähnten Erzengel; galt als Schutzengel des jüd. Volkes und soll nach der Sage um den Leichnam Moses, dessen Bestattung ihm übertragen war, mit dem Satan gekämpft haben (Jud. 9); in der Apokalypse (Off. 12, 7 f.) als Sieger über den Drachen oder Satan bezeichnet; beim ↗ Lichthort das „gewaltlose Schwert Gottes".

Midrasch (hebr.) = Kommentar; eine Sammlung juristischer Literatur, die nach der Rückkehr aus dem Exil die hohe geistige Kraft der Propheten ersetzte und sich nach der Zerstörung des 3. Tempels noch vermehrte. ↗ Talmud.

Mikrokosmos (griech.) = die kleine Welt; der Mensch, der durch seinen physischen Körper in Erscheinung tritt. — Ggs. ↗ Makrokosmos.

Milaräpa, tibetan. Yogi, Dichter und Magier, der den Weg von der schwarzen Magie zur höchsten Reinheit ging; seine Lebensgeschichte wurde im 12. Jh. von seinem Jünger Retchungpa aufgeschrieben. — Lit.: Bernd Heiß, Milaräpa.

Miracle Club (engl.) = Wunderclub; Name des Vorläufers der von H. P. Blavatsky 1875 gegr. ↗ Theosophischen Gesellschaft.

Mirandola, Giovanni Pico Graf von, 1463–1494; christlicher Mystiker, Adept der Kabbalah, berühmter Alchemist, forderte Rom und ganz Europa heraus bei seinem Versuch, göttl. christl. Wahrheit im ↗ Sohar nachzuweisen. M. nannte sich Wissenschaftler aller erfahrbaren Dinge und einiger mehr. Er lud alle Wissenschaftler der Welt zu einer Diskussion seiner 900 Thesen an den Hof von Rom ein. M. soll umfangreiche Kenntnisse in der praktischen Magie gehabt haben, und in seiner 4. Konklusion sagt er: „Die Magie ist der edelste Teil der Naturwissenschaften." M. war Mitglied der Akademie von Florenz, und seine Freundschaft zu Savonarola ließ ihn zu den Dominikanern übertreten. Sein Einfluß auf Thomas More und Reuchlin sowie auf die Entwicklung der christl. Kabbalah war sehr groß.

Mischna (od. Mishna) (hebr.) = Wiederholung (d. h. nur mündlich wiederholt und weitergegeben); M. und ↗ Gemara bilden den ↗ Talmud; die M. enthält die auf Überlieferung beruhenden Kommentare zu dem gesetzgeberischen Inhalt der ↗ Thora; von Judas dem Heiligen gesammelt und redigiert, schließlich aber von den talmudischen Autoren derart vermehrt, daß ein starres und nahezu lückenloses System von Vorschriften entstanden ist; die M. besteht aus 6 Abt. über: Säen, Feste, Frauen, Schäden, Heilige Dinge und Reinigung.

Mises, Dr. (Ps.) = Gustav Theodor Fechner bei einigen seiner Werke; auch seine gesammelten „Kleinen Schriften" (Leipzig 1875) sind unter diesem Ps. erschienen.

Misraim (auch: Mizraim) alter Name für Ägypten; auf Arabisch heute noch: Al-Misr. ↗ Memphis-Misraim.

Mitra (griech.) = Gürtel, Turban; die Kopfbedeckung religiöser Würdenträger, bestehend aus 2 flachen, hohen, oben spitz zulaufenden Deckeln von Blech oder Pappe, die mit einem seidenen Zeug von der Grundfarbe des Meßgewandes überzogen, meist reich gestickt und häufig mit Gold oder Edelsteinen besetzt sind. Die beiden Spitzen oder Hörner symbolisieren die beiden Testamente.

Mitra, Mithra (lat.: mithras) eine altiranische, schon aus arischer Vorzeit stammende Gottheit des vor und mit der Sonne am Himmel aufziehenden Lichts. In dem ihm gewidmeten Abschnitt des Avesta (Jasht 10) wird er geschildert als mit 1000 Ohren, 10 000 Augen begabt, stets wachsam, nie schlafend, allwissend und verträglich. Als Lichtgott ist er ein Feind der finstern Dämonen, die er bekriegt; seinem Namen nach, der Freund und Vertrag bedeutet, ist er der Wächter über die Vertragstreue und der Gegner aller Vertragsbrüchigen, die er mit Hab und Gut vertilgt. In Persien wird der Mitrakult durch die Inschriften des Artaxerxes Mnemon und Ochus bezeugt; ins Abendland drang er in ganz veränderter Gestalt, mit Mysterien und fremdländischen Gebräuchen verbunden, schon ca. 70 vZ, verbreitete sich in der späteren römischen Kaiserzeit im ganzen Reich, wie zahlreiche Denkmäler und Inschriften bezeugen. Laut Dr. Steinberger („Esoteriker des Westens") handelt es sich beim Mitraskult „um eine Art antiken Freimaurertums". – Lit.: Windischmann, Mithra, ein Beitrag zur Mythengeschichte des Orients, Leipzig 1857; M. J. Vermaseren, Mithras, Geschichte eines Kultes, Stuttgart 1965.

Mizpah (auch: Miz-Pah, Mizpeh) (hebr.) = Wachturm; Name mehrerer Orte im AT; als Briefschluß beim Illuminatenorden im Sinne eines Grußes, verbunden mit der Aufforderung, wachsam zu sein.

M. M. (oder M.·. M.·.), frmr. Abk. für Meister-Maurer, (engl.) Master Mason od. (franz.) Maître Maçon; der 3. Grad der blauen FM.

Mohamed, Mohammed (arab.) = der Gepriesene; * 570 nZ Mekka, † 8. 6. 632 Medina; Stifter der nach seinem Namen benannten Religion; heiratete mit 24 J. eine Kaufmannswitwe von 40 J. und lebte von da an in ziemlichem Wohlstand. Die Ergebnisse seiner religiösen Offenbarungen wurden später von Schreibkundigen aufgezeichnet und bilden heute den Koran. Nach dem Tode seiner Frau heiratete M. erneut, und bald vermehrte sich die Zahl seiner Frauen so sehr, daß er eine Erbschaft von 9 Frauen hinterließ. – Lit.: Weil, Mohamed der Prophet, Stuttgart 1843; Abd-ru-shin, Mohammed, Stuttgart o. J.; Hans-Joachim Schöps, Die großen Religionsstifter und ihre Lehren, München; Schuré, Die großen Eingeweihten; Grimme, Mohammed, Münster 1892; August Müller, Der Islam im Morgen- und Abendland, Berlin 1885.

Moksha (Sk.) = Befreiung; im Brahmanismus die Bez. für ↗ Nirvana; Stadium nach dem Tode, der Ruhe und Seligkeit der Erdenpilger.

Molay, Jakob Bernhard von, der letzte Großmeister der Tempelherren, stammte aus dem Geschlecht der Longwy und Raon in Burgund. Er wurde sehr jung um 1265 in den Orden der Templer aufgenommen und 1298 einstimmig zum Oberhaupt des Ordens gewählt. Als er in Zypern beschäftigt war, eine neue Ausrüstung gegen die Sarazenen zu betreiben, traf ihn 1306 die Einladung des Papstes Klemens V., nach Frankreich zu kommen. Anfangs von Philipp dem Schönen, der den Orden wegen seiner Macht in Frankreich haßte, mit der größten Freundlichkeit aufgenommen, wurde M. am 13. 10. 1307 mit allen in Frankreich lebenden Rittern, angeblich wegen Ketzereien des Ordens, verhaftet, vor ein gedungenes Gericht gestellt und nach jahrelangen Leiden im Kerker und den grausamsten Mißhandlungen durch die Tortur am 18. 3. 1313 in Paris lebendig verbrannt. – Auf dieses historische

Ereignis gründet die Große Landesloge ihre Existenz: „Gestiftet ist unser Orden nach dem Untergange des Templer-Ordens durch die Verbindung der übriggebliebenen Tempel-Ritter mit den Bauhütten in Schottland ... Am 11. 3. 1314 (!) wurde der letzte Großmeister Jacobus Molay verbrannt. Aber das Heilige, das ihm anvertraut war, ging nicht verloren. Er hatte seinen Schwestersohn Franz von Beaujeu insgeheim in den Orden aufgenommen und in des Ordens heiliges Geheimnis eingeweiht. Unter dem Beistand von 9 auserwählten Tempelbrüdern, die der Verfolgung entronnen waren, gelang es Beaujeu, die Urkunden und Kleinodien des Ordens zu retten und Molays Überreste zu bergen. Um unerkannt zu bleiben, hatten sie sich dabei als Werkmaurer gekleidet und mit Maurerhandwerkzeug versehen ..." Diese Legende ist jedoch historisch nicht haltbar, wie in einem umfangreichen Schrifttum deutlich nachgewiesen worden ist. – Lit.: M. J. Krück v. Poturzyn, Der Prozeß gegen die Templer, Stuttgart 1963; Otto Hieber, Der Grad des Ritters von Westen, Bad Harzburg; Dr. Wilhelm Begemann, Die Tempelherrn und die Freimaurer, Berlin 1906; G. A. Schiffmann, Die Entstehung der Rittergrade, Leipzig 1882; Friedrich John Böttner, Zersplitterung und Einigung, Hamburg 1962.

Monade, von (griech.) monas = allein oder Einheit; philosophischer Ausdruck für ein einfaches geistiges Wesen. Das Wort wurde von den Pythagoräern und Platonikern zur Bez. der dem Weltgeiste als der Ur-Monas entsprungenen geistigen Kräfte und Seelen gebraucht. Bei Goethe bedeutet sein Begr. Entelechie ebenfalls M. Nach H. P. Blavatsky ist M. der dreifache Geist auf seiner Ebene, die vereinte Triade: Atma, Buddhi und Manas, also den geistigen Willen, die Intuition und das höhere Denkvermögen; die Monade ist die unsterbliche Teil des Menschen, die sich in den niederen Naturreichen immer wieder verkörpert und von Stufe zu Stufe bis zum Menschenreich emporsteigt und von da aus dem Endziel zustrebt. Im ↗ Lectorium Rosicrucianum ist M. „der Geist selbst, die höchste und göttlichste Ansicht des Menschen, das wirkliche Kind Gottes, der Gottesfunken selbst." ↗ Monadologie.

Monadische Ebene, oder Anupadaka, 2. kosmisch-ätherische Ebene; bei Alice Bailey die Bez. für die 6. Ebene der Konstitution der ↗ Prinzipien der Welt; bei Heindel „die Welt des Urgeistes". Mit der M. E. steht die Monade des Menschen in direkter Verbindung.

Monadologie, Lehre und Weltanschauung, welche die letzten Gründe aller Erscheinungen in einfachen, unkörperlichen Wesen sucht; M. ist eine Art geistiger Atomtheorie auf metaphysischer Grundlage. Vertreter der M. sind Leibnitz und Herbart und unter den neueren Philosophen auch Lotze. Leibnitz scheint die Theorie schon von Franz Merkur von Helmont übernommen zu haben, der sie auf kabbalistische Grundlagen zurückführte. Helmonts Monaden sind gleich denen von Leibnitz und entsprechend dem Emanationen der Kabbalah beseelt.

Monas (griech.) = allein; eine Einheit; sonst Bedeutung wie ↗ Monade. Im pythagoräischen System emaniert die Duade aus dem höheren und einzelnen M., welches die „Erste Ursache" ist.

Monatstugenden, ein von H. P. Blavatsky für die Mitglieder der ↗ ES empfohlenes Schema, nach welchem man sich in jedem Monat einer bestimmten Tugend befleißigen soll:

Januar	Mut
Februar	Verschwiegenheit
März	Großmut
April	Devotion, Ehrfurcht
Mai	Inneres Gleichgewicht
Juni	Ausdauer, Durchhaltekraft
Juli	Selbstlosigkeit
August	Mitleid
September	Höflichkeit des Herzens
Oktober	Zufriedenheit
November	Geduld
Dezember	Kontrolle der Sprache

Die M. wurden auch von Rudolf Steiner in der Anthropos. Ges. empfohlen. — Lit.: Fred Poeppig, Yoga und Meditation, Freiburg 1953.

Mond, spielte in den alten Religionen eine große Rolle und wurde meist als weiblich aufgefaßt, aber nicht generell. Bei den Germanen und Arabern, sowie in den Vorstellungen der Rajputs von Indien und in der Tartarei gilt der M. als männlich. Lat. Autoren nennen ihn Luna oder Lunus; der griech. Name ist Selene, hebr. Lebanah oder Yarcah. In Ägypten stand der M. im Zusammenhang mit Isis, in Phönizien mit Astarte und in Babylonien mit Ischtar. Unter bestimmten Gesichtspunkten betrachteten die Alten den M. als androgyn. Die Astrologen schreiben dem M. einen Einfluß auf verschiedene Teile des menschlichen Körpers zu, je nach Tierkreiszeichen, die er durchquert. Die Einteilung des Tierkreises in 28 Mondhäuser scheint älter zu sein als die heutige in 12 Zeichen. Früher hatten die Kopten, Ägypter, Araber, Perser und Hindus 28 Häuser und die

Chinesen noch heute. Die Hermetisten sagen, daß die lunaren Pitris die Schöpfer unserer menschlichen Körper und niederen Prinzipien waren. Nach den Lehren von ↗ AMORC und ↗ ORA stammt die Psyche des Menschen vom Mond, während die Sonne das ↗ Nous (d. h. die feinste Seele) lieferte.

Mondknoten, diejenigen Punkte, wo die um 4°57' bis 5°19' schiefe Mondbahn die ↗ Ekliptik schneidet. Man unterscheidet aufsteigende Knoten oder Drachenkopf (Symbol ☊) und absteigende Knoten oder Drachenschwanz (Symbol ☋). Vom aufsteigenden Knoten braucht der Mond einen drakonitischen Monat (= 27 Tage, 5 Stunden, 5 Minuten und 36 Sekunden). Astrologisch ist der aufsteigende Knoten günstig und der absteigende ungünstig. Auf der südlichen Halbkugel ist es jedoch umgekehrt.

Mondphasen.

●	Neumond
☽	1. Viertel
◍	Vollmond
☾	letztes Viertel
⌒	absteigender Mond (nördl. Mondwende)
⌣	aufsteigender Mond (südl. Mondwende)
☊	aufsteigender Knoten = Übergang von der Südseite der Ekliptik auf die Nordseite
☋	absteigender Knoten = Übergang von der Nordseite der Ekliptik auf die Südseite

Mondsphäre, bei den Anthroposophen die Bez. für die ↗ achte Sphäre, übernommen aus „Die Esoterische Lehre oder Geheimbuddhismus" von A. P. Sinnett. — Lit.: Rudolf Steiner, Geheimwissenschaft im Umriß; Liebstöckl, Die Geheimwissenschaften im Lichte unserer Zeit, Zürich 1932.

Monismus, von (griech.) monos = eines, allein, einzig; eine besonders von Ernst Häckel (und später von Rudolf Steiner) vertretene Theorie, die alles Seiende auf einen einzigen Seinsgrund zurückführt; die Annahme einer Einheit, eines einzigen Prinzips als der Grundlage alles Seins; in der Psychologie die Auffassung, daß Körper und Geist, Leib und Seele, Welt und Gott, eine Einheit, und keinen Dualismus, darstellen.

Monographie (griech.), normalerweise eine Schrift, die einen einzelnen Gegenstand einer Wissenschaft als ein abgesondertes Ganzes behandelt. — Beim AMORC heißen aber auch die Fernlehrbriefe, die in der Regel von sehr verschiedenen Dingen außerhalb der Wissenschaft handeln, Monographien.

Mons Abiegnus, auch: Monte A. oder A. Mons. ↗ Abiegnus.

Montsalvat, legendärer Berg in Spanien, auf dem die Gralsburg gestanden haben soll. ↗ Gral.

More, Henry, * 12. 10. 1614 Grantham/England, † 1. 9. 1687 Cambridge; berühmter engl. mystischer und platonischer Schriftsteller. — W.: The Song of the Soul, 1678.

Morgengebet ↗ Sonnengebet.

Morgenstern, Christian, 1871—1914, bekannter Theosoph, Anthroposoph und Dichter, befreundet mit Rudolf Steiner. Seine Aphorismen, Grotesken, Galgenlieder usw. zeugen von philosophischer Tiefe. — W.: Wir fanden einen Weg; Galgenlieder; Meine Liebe ist so groß wie die weite Welt; Stufen; ferner auch Ibsen-Übersetzung.

Moriah, Standort des von König Salomo erbauten ersten Tempels auf dem Berg M. zu Jerusalem; nach der Legende auch der Berg, zu dem Abraham reiste, um Isaak zu opfern.

Mormonen, religiöse Bewegung in USA, gegr. von Joseph Smith in Utah/USA; Smith behauptete, eine Erscheinung des Propheten Elias gehabt zu haben mit dem Auftrag, der Menschheit die wahren Sakramente und göttl. Kräfte wiederzugeben. Die M. bezeichnen sich heute als die letzten Nachkommen der hebr. Propheten, die noch unter den Israeliten existierten, besonders von Joseph, Sohn des Patriarchen Jakob, welcher nach dieser Fabel von Jerusalem nach den USA ausgewandert sein soll, wo er den Namen Mormon annahm. Dieser imaginäre Prophet Mormon soll der Verfasser des „Buches Mormon" sein, welches die Lehren der M. (auch „Heilige der Letzten Tage" genannt) enthält und das der Mormonenglaube als Grundlage ansieht. Der wirkliche Autor heißt indes Solomon Spalding (1761 bis 1816), der in jungen Jahren einmal Pfarrer war. Das Werk fiel in die Hände eines Joseph Smith, welcher dann vorgab, diese Offenbarung selbst vom Himmel erhalten zu haben

und sofort begann, das „Evangelium des Mormonismus" zu predigen. — Lit.: J. L. Dee, Mormonism unveiled; W. A. Linn, Story of the Mormons; R. Kallus, Die Mormonen, 1965; Paul Scheurlen, Die Sekten der Gegenwart Stuttgart 1921.

Morya, einer der ↗ Meister der Adyar-TG; Chohan des 1. Strahles. ↗ Strahlen.

Moses, Bücher M'., in der Bibel die ersten 5 Bücher; das erste Buch M., die Genesis, u. der Anfang des zweiten, des Exodus, sollen aus dem babylonischen Sagenschatz zusammengestellt sein, welcher schon rd. 2300 J. vor der Entstehung der Bibel bekannt war. Dennoch ist Genesis ein Werk mit stark esoterischem Einschlag. Die als 6., 7., 8. usw. Buch Moses in den Handel kommenden Druckwerke sind triviale Zauberbücher, die erst gegen Ende des 18. Jh., teils auch erst später, entstanden sind. Eine Neuauflage, die ein Verlag in Braunschweig 1949 herausbrachte (9000 Exemplare), wurde aufgrund eines Urteils des Braunschweiger Schöffengerichts 1956 beschlagnahmt und der Verleger wegen Betruges in Tateinheit mit unlauterem Wettbewerb, Aufforderung zur Tierquälerei, Leichenschändung und Diebstahl usw. zu 1000 DM Geldstrafe verurteilt. In der nächsten Instanz (1960) wurde der Angeklagte jedoch freigesprochen. Der Volkskundler Prof. Dr. Will-Erich Peukert, der als einer von 3 Sachverständigen fungierte, bezeichnete die Bücher als Teil der „magischen Hausväterliteratur", die nun einmal der Denkweise abergläubischer Menschen entspricht. — Lit.: Johann Kruse, Hexen unter uns?; Hamburg 1951; Dr. M. Perty, Das 13. Buch Moses, enthüllte Geheimnisse und mystische Erscheinungen der menschlichen, tierischen und pflanzlichen Natur o. O. und J.; Rudolf Steiner, Wendepunkte in der Geistesgeschichte; Abd-ru-shin, Aus verklungenen Jahrtausenden, Stuttgart; Hans-Joachim Schöps, Die großen Religionsstifter und ihre Lehren, München.

Mosse, Eric Peter (Ps.) = Peter Flamm; okkulter Schriftsteller. — W.: Sieg über die Einsamkeit, Wien 1960.

Moufang, Dr. Wilhelm, * 4. 10. 1895; seit 1922 wissenschaftlich mit Astrologie befaßt; Mitarbeiter der Zeitschrift ↗ „Merlin". — W.: Mysterium der Träume, München 1953; Magier, Mächte und Mysterien, Heidelberg 1954.

Mount Ecclesia, Welthauptquartier der Heindel-Rosenkreuzergemeinschaft in Oceanside/Californien; erster Spatenstich 28. 10. 1911, 12.40 Uhr; der dortige Tempel ist gleichzeitig das Zentrum des internationalen Heilungsdienstes;

DAS BUCH MORMON

★

Das erste Buch Nephi

Seine Regierung und sein Wirken

Ein Bericht über Lehi, sein Weib Sariah und seine vier Söhne, die (mit dem ältesten beginnend) Laman, Lemuel, Sam und Nephi heißen. Der Herr warnt Lehi, er soll das Land Jerusalem verlassen, weil er dem Volk seiner Sünden wegen profezeit und es ihm nach dem Leben trachtet. Er geht mit seiner Familie drei Tagereisen in die Wildnis. Nephi kehrt mit seinen Brüdern nach Jerusalem zurück, um die Urkunden der Juden zu holen. Der Bericht ihrer Leiden. Sie heiraten die Töchter Ishmaels. Sie nehmen ihre Familien und reisen in die Wildnis. Ihre Leiden und Trübsale in der Wildnis. Der Verlauf ihrer Reisen. Sie kommen zu den großen Wassern. Nephis Brüder empören sich wider ihn. Er beschämt sie und baut ein Schiff. Sie nennen den Ort das Land des Überflusses. Sie segeln über die großen Wasser nach dem verheißenen Land usw. Dies ist nach dem Berichte Nephis oder, mit andern Worten, ich, Nephi, habe diesen Bericht geschrieben.

Kapitel 1

Lehis Gesicht von der Feuersäule und dem Buch der Profezeiung. — Er sagt das bevorstehende Schicksal Jerusalems und das Kommen des Messias voraus. — Die Juden trachten ihm nach dem Leben.

1. Ich, Nephi, stamme von guten Eltern, daher wurde ich etwas in allem Wissen meines Vaters unterrichtet; und obgleich ich viele Leiden in meinem Leben ertragen habe, so hat doch die Gnade des Herrn allezeit über mir gewaltet; und da mir große Erkenntnis von der Güte und den Geheimnissen Gottes zuteil geworden, gebe ich einen Bericht über mein Wirken in meinen Tagen.

2. Ich gebe ihn in der Sprache meines Vaters, welche die Gelehrsamkeit der Juden und die Sprache der Ägypter[1] in sich begreift.

3. Und ich weiß, daß der Bericht, den ich schreibe, wahr ist; und ich schreibe ihn mit eigner Hand und meiner Kenntnis gemäß.

4. [] Im Anfang des ersten Jahres der Regierung Zedekias[2], des Königs von Juda (mein Vater Lehi hatte immer in Jerusalem gewohnt), kamen viele Profeten[3], die dem Volke profezeiten, daß es Buße tun müsse, oder die große Stadt Jerusalem würde zerstört werden.

5. Nun [] ging mein Vater Lehi hinaus und betete von ganzem Herzen zum Herrn für sein Volk.

6. [] Während er zum Herrn betete, kam eine Feuersäule und ließ

[] Hier, wie an allen andern im Text mit einer eckigen Klammer bezeichneten Stellen, kommt im Englischen ein „and it came to pass" („und es geschah") vor, das wir in der deutschen Übersetzung nicht wiedergeben.

(1) Mos. 1 : 4. Morm. 9 : 32. — (2) 2. Kön. 24 : 17, 18. — (3) 2. Chron. 36 : 15, 16.
Ungefähr um 600 v. Chr.

Der Anfang des Buches Mormon

der gesamte Komplex besteht aus dem Tempel („Pro-Ecclesia") für Gottesdienste und Andachten, einer Selbstbedienungsgaststätte, einem Verwaltungsgebäude mit Druckerei und einigen Wohnhäusern für die Verwaltungsangestellten.

Mount Shasta, ein Berggipfel im Siskyou-Distrikt von Kalifornien (ca. 41°25' nördl. Breite), einer der höchsten Gipfel der USA (4386 m); eine dort ansässige spiritistische Sekte übernahm von den Sastean-Indianern, welche einst die Stämme Autire, Edohwe und Iruwai umfaßten, die Fabel, daß auf dem Berge eine unsichtbare Götterstadt sei, von welcher aus das Wetter und die Naturkräfte gelenkt würden. Die Sekte nennt sich „Association of Sananda & Sanat Kumara" und behauptet, daß Jesus Christus bereits zurückgekehrt sei und schon auf dem Berge wohne. Das Medium „Schwester Theadra vom Smaragdkreuz" verkündet laufend die Botschaften des Meisters Sananda (= Jesus). Hinter der Unterschrift von Sananda findet man übrigens die Dreiecke, die auch die Inhaber des 10. Tempelgrades beim ↗ AMORC hinter ihren Namen setzen.

Mozart, Wolfgang Amadeus (eigentlich: Johann Chrisostomus Wolfgang Theophilius), * 27. 1. 1756 Salzburg, † 5. 12. 1791; M. wurde im Herbst 1784 in die Wiener Loge „Zur Wohltätigkeit" aufgenommen, in der er auch etwas später bei der Aufnahme Haydns zugegen war. Es kann daher nicht wundernehmen, daß der frmr. Einfluß auch in sein musikalisches Schaffen übergriff. Er komponierte eine ganze Reihe von Werken, die unmittelbar zum Gebrauch in den Logen bestimmt waren, und außerdem die „Zauberflöte", welcher durch Zusatz frmr. Elemente ein tieferer Gehalt gegeben war. Die frmr. Kompositionen Mozarts erschienen gesammelt unter dem Titel „Kompositionen für Freimaurer von W. A. Mozart, Klavierauszug von Karl Reinecke" im Verlag Breitkopf & Härtel; außerdem sind in den letzten Jahren mehrere Schallplatten erschienen, die nur frmr. Musik enthalten. — Lit.: K. Hammer, W. A. Mozart — eine theologische Deutung, Basel 1964; K. Barth, Wolfgang Amadeus Mozart, 1963; Walter Deppisch, Ein Mozart-Brevier, Hamburg; Prof. Paul Nettl, W. A. Mozart, Hamburg.

Mudras (Sk.) = mystische Siegel; ein System okkulter Zeichen mit den Fingern, um alte Sk.-Buchstaben anzudeuten und damit magische Wirkungen hervorzurufen, zuweilen auch für schwarz-magische Zwecke mißbraucht; auch in manchen Yoga-Systemen gebraucht;

die M. genannten Übungen unterscheiden sich bei aller äußerlichen Ähnlichkeit mit den sogen. Posituren (↗ Asanas) von diesen dadurch, daß sie ein Hilfsmittel für Atemgymnastik bilden.

Mulaprakriti (Sk.), aus mula = Wurzel und prakriti = Natur; Wurzelstoff, Wurzelnatur; M. ist der „kosmische Schleier" des Parabrahman, des ungeoffenbarten Logos im Hinduismus, die homogene oder undifferenzierte Ursubstanz und der Ursprung von Akasha.

Mulford, Prentice, einer der erfolgreichsten Schriftsteller der Neugeistbewegung. — W.: Der Unfug des Sterbens; Der Unfug des Lebens; Das Ende des Unfugs; Die Möglichkeit des Unmöglichen. — Biogr.: K. O. Schmidt, Einer, der es wagt.

Müller-Edler, Alfred ↗ A.M.E.

Müller, Friedrich Max (in England als F. Max-Müller bekannt), * 6. 12. 1823 Dessau, † 1900; Sprachforscher und Sanskritist; studierte klassische Philologie und Philosophie sowie Arabisch und Sanskrit; ging 1846 nach England, wo ihm die Herausgabe des Rigveda mit dem Kommentar des Sâjana übertragen wurde. M. war auch Mitglied und Propagandist der TG, solange diese auf dem Boden der rein indischen Philosophie stand. — W.: Theosophy or psychological religion, London 1893.

Mundan-Aspekte, von (lat.) mundus = Welt; in der Astrologie die ↗ Aspekte der Planeten in bezug auf ihre Stellung in den ↗ Häusern, ohne Rücksicht auf ihren zodiakalen Winkel.

Mundan-Astrologie, ein Zweig der Astrologie, der sich mit dem Schicksal der ganzen Welt befaßt.

Mundan-Ei oder Mundan-Baum, mit diesen Bez. sind immer symbolische Gegenstände der Weltmythologien, z. B. der Buddha-Baum der Buddhisten oder die Weltesche Ygdrasil als Mundanbaum der Skandinavier, gemeint.

Musallam, Dr. (Ps.) = Dr. phil. Franz Sättler; Begründer des Adonismus; Verfasser von okkulten Geschichten im Karl-May-Stil; versuchte mit seinen Schriften Gustav Meyrink nachzuahmen, reicht an diesen jedoch nicht entfernt heran. — W.: Sympathie, das Geheimnis der Krankheitsbehandlung durch natürliche Heilmittel, Berlin o. J.; Alchemie, der Stein der Weisen, Berlin o. J.; Horoskopium, Wien o. J.; Magie oder die Kunst der Zauberei, Berlin o. J.; Zauberbibel, Berlin; Das Große Buch der orientalischen Geheimnisse; Adonismus, die uralte Geheimlehre; Jugend und Schönheit (Das Buch der Adonistin); Macht und Erfolg

(Das Buch des Adonisten); Nuristan (Reisen und Abenteuer), Berlin o. J.

Musen, weibliche Gestalten der griech. Mythologie; Homer und die älteste Dichtung überhaupt ruft nur eine einzige Muse an, die Geberin des Gesangs und Kennerin alles dessen, was über Götter, Weltgeheimnisse und Heldenvorzeit der Mensch zu wissen wünscht. Andererseits begegnet man an vielen Orten einer Dreizahl gewöhnlich mit Apollo verbundener Göttinnen, welche oft mit Quellennymphen verwechselt werden. Frühzeitig wurden die M. zu einem Chor von 9 erweitert. Als Eltern der M. bezeichnete der Mythus Mnemosyne und Zeus. Ihre Bedeutung ist während des größten Teils des griech. Altertums auf Dichtung, Gesang und Reigentanz beschränkt geblieben. Eine genauere Unterscheidung der M. versuchte erst die gelehrte Epoche der Alexandriner. Eine exakte Zuordnung der aufgefundenen altertümlichen Bildnisse von den M. ist kaum möglich, da nur sehr wenig Inschriften vorhanden sind; die heute gebräuchliche Einteilung der M. und ihre bildliche Darstellung entstammt einer viel späteren Zeit, wie auch die geistigen und astrologischen Entsprechungen erst der neuesten Zeit zu verdanken sind.

Die Entsprechungen der Musen			
Musen	**Kunst**	**okkult**	**astrologisch**
Kalliope	Inspiration	Gedächtnis	Mondsphäre
Urania	Astronomie	Meditation	Sternhimmel
Polyhymnia	Mimik	Imagination	Saturn
Terpsichore	Tanz	Bewunderung	Jupiter
Clio	Geschichte	Gehör	Mars
Melpomene	Tragödie	Gesicht	Sonne
Erato	Poesie	Geruch	Venus
Euterpe	Musik	Geschmack	Merkur
Thalia	Komödie	Gefühl	Meer

Musik, bei den Griechen, deren Sprache das Wort entstammt, die Gesamtheit der auf Geistes- und Gemütsbildung abzielenden Künste (im Ggs. zur Gymnastik). Erst in den christl. Zeiten faßt man sie in dem engeren Sinne als Tonkunst. So wie die Kirche frühzeitig die Bedeutung der M. für rituelle Zwecke erkannte, so gehört sie auch zum Bestand der Mittel der zeremoniellen Magie; das Schrifttum hierüber ist jedoch noch recht spärlich. Allerdings sind seit einiger Zeit Schallplatten mit orientalischer Ritualmusik im Handel, die sich auch im Westen für zeremonielle Zwecke verwenden lassen. Ein besonderes Gebiet der rituellen Musik ist die ⤤ Freimaurer-Musik. — Lit.: Fritz Stege, Musik, Magie, Mystik.

Musivische Flur (oder musiv. Pflaster), der schwarz-weiß gekachelte Fußboden im Freimaurer-Tempel; „musivisch" soll so viel wie „mosaisch" bedeuten. Nach einer alten, auf ihren Ursprung kaum überprüfbaren maurerischen Tradition war der salomonische Tempel mit schwarzen und weißen Steinen gepflastert. In der Großen Landesloge meist rautiger Fußboden genannt; in den Johannis-Logen (Grade 1—3) ist er schwarz und weiß; im 4. Grad rot und weiß gewürfelt; im 5. Grad rot und weiß gewürfelt; im hohen Chor des Kapitelsaales ist er wieder schwarz und weiß und im Ritterchor ist einem großen grünen Andreas-Kreuz. „Er deutet auf die Abwechslungen, denen der Mensch und die ganze Natur unterworfen ist." August Horneffer meint, daß der m. F. „die Welt zeigt, wie sie ist, als eine ursächliche Verkettung von Gut und Böse".

Mütter, die 3 M. der ⤤ Kabbalah: die Buchstaben Aleph, Mim und Schin.

Myers, F. W. H., 1843—1901, bekannter engl. Parapsychologe; Präsident der Londoner Gesellschaft für psychische Forschung; Medien behaupten, daß sich M. seit seinem Tode bemüht, Aufklärung über das jenseitige Leben zu geben; das Medium Geraldine Cummings verbreitete von M. diktierte Berichte dieser Art, erschienen 1933 und 1935. — W.: Human Personality and its Survival of Bodily Death, London 1903.

Mynona (Ps.) = Dr. S. Friedländer, bei einigen seiner Werke; unter diesem Ps. erschien z. B. „Schöpferische Indifferenz" (München 1926); vielleicht war M. sein Ordensname in der Goldenen Dämmerung.

Myrrhe, ein wohlriechendes Harz, das zu Salben und Räucherwerk gebraucht wird. ⤤ Harze.

Mystagog (griech.), Lehrer geheimer Doktrinen; einer, der mit den heiligen Mysterien vertraut ist.

Mystagogie (griech.), die Gesamtheit der Doktrinen oder Erklärungen der hl. Mysterien.

Mysten, von (griech.) myein = ich schließe meine Augen; im Altertum der Name der Neueingeweihten, denn sie hatten ihren Mund und ihre Augen während der Weihung geschlossen zu halten. – Heute die Bez. von kath. Kardinälen.

Mysterien (griech.) = Geheimnisse; bei den Griechen gewisse Kultgebräuche, an denen nur solche Personen teilnehmen durften, die nach gewissen Vorbereitungen, ja bei einzelnen erst nach Bestehen bestimmter Prüfungen und nach Ablegung eines Gelübdes der Verschwiegenheit in den Kreis der Eingeweihten aufgenommen wurden. Der besondere Inhalt dieser M. war, soweit die nur mangelhafte Kunde davon reicht, ein doppelter: teils eigentümliche Legenden über die Taten und Schicksale der Götter, denen die Mysterien geweiht waren, teils symbolische Gebräuche, indem an den Festversammlungen der Teilnehmer unter Leitung priesterlichen Personals der Inhalt jener Legenden durch sinnbildliche Aufführungen dargestellt wurde. Ihre Bedeutung beruhte wesentlich auf den ohne Zweifel zum Teil sehr mächtigen Eindrücken, welche jene Schaustellungen, deren Wirkung besonders durch Beleuchtungseffekte noch gesteigert wurde, auf die Phantasie und das Gemüt der „Schauenden" (= Epopten) ausübten, indem sie in denselben das Gefühl der Reinigung und Heiligung und die tröstliche Hoffnung auf ein Fortleben nach dem Tode in einem seligen Jenseits erweckten. Entgegen einem weit verbreiteten Irrtum hat es auch noch im Mittelalter M. gegeben, und zwar namentlich in Frankreich und in Deutschland. In Paris bildete sich um 1380 eine Gesellschaft, die Confrérie de la passion, deren M. eine große Anzahl von Abteilungen zu umfassen pflegten, die an verschiedenen Tagen nacheinander aufgeführt wurden. Die M. wurden unter freiem Himmel gegeben, die Spieler waren Personen aus allen Ständen, Geistliche, Schüler, Handwerker und andere Bürger. Im Hintergrund der Bühne waren mansiones (maisons = Gebäude), z. B. der Tempel Salomos, angedeutet. Der Zuschauerraum, von der Bühne durch Schranken getrennt, zerfiel in eine Anzahl Logen. Biblische Handlungen wurden im Chor durch junge Kleriker als wirkliche Szenen dargestellt, namentlich solche aus dem AT, z. B. Bileam mit seinem Esel, Daniel in der Löwengrube oder König Salomo und sein Baumeister Hiram Abi. Die Bez. M. ist westeuropäischen Ursprungs; bei den Griechen hießen die M. teletai (= Beendigungen). M.-Bünde werden verschiedene Nachahmungen der alten M. genannt, u. a. zuweilen auch die FM. – Lit.: Eliphas Lévi, Der Schlüssel zu den großen Mysterien, Weilheim 1966; Dr.

Franz Hartmann, Mysterien, Symbole und magisch wirkende Kräfte, Leipzig 1902; M. Eliade, Mythen, Träume und Mysterien, 1960; Rudolf Steiner, Mysterien-Zentren; Woldemar von Uxkull, Die eleusinischen Mysterien, Berlin 1927; Alfred Wulf, Geheimbünde in alter und neuer Zeit; August Horneffer, Symbolik der Mysterienbünde, München 1916; Dr. Otto Henne am Rhyn, Das Buch der Mysterien, Leipzig 1890.

Mysteriensprachen, die besonderen Sprachen oder Ausdrucksweisen, die von den eingeweihten Priestern oder überhaupt von Eingeweihten gesprochen wurden, um heilige Dinge zu diskutieren; eine Andeutung hier hat sich noch in dem katholischen Brauch erhalten, die Messe lateinisch zu zelebrieren. Ebenso werden in der zeremoniellen Magie alle wirksamen Rituale praktisch in lateinischer oder griechischer Sprache, zuweilen auch in Hebräisch, abgewickelt. Zu den M. gehört sicher auch die geheimnisvolle ⚹ henochische Sprache. In der FM beschränkt sich die M. auf den Gebrauch einer ganzen Reihe von speziellen Ausdrücken, die höchstens eingeweihte Sachkenner voll beherrschen, und die noch dazu von Grad zu Grad gewisse Unterschiede aufweisen, so daß in der richtigen Beherrschung dieser Ausdrucksweise schon eine gewisse Legitimation liegt. Als Beispiel für M. kann die von Eliphas Lévi in Gegenwart von Bullwer-Lytton in London durchgeführte Evokation des Apollonius von Tyana dienen; Lévi benutzte hierzu den altgriech. Text des ⚹ Nuctemeron mit einer angefügten, ebenfalls griech. Beschwörung. Der Wortlaut ist abgedruckt S. 297–308 in „Dogma und Ritual der Hohen Magie" (Bd. 2, München 1927), wo sich gleichzeitig eine deutsche Übersetzung findet, die naturgemäß nur zur Orientierung dient und nicht zur Evokation selbst benutzt werden kann.

Mysterium Magnum (lat.) = das große Mysterium; bei Jakob Böhme der geoffenbarte Gott: „Was aus dem mysterio magno, aus dem ewigen Willen urständet, hat freien Willen gleich Engeln und Menschen."

Mystica Aeterna. Dr. Rudolf ⚹ Steiner, vormals Generalsekretär der Adyar-TG in Deutschland, kaufte 1905 von dem Logenschwindler ⚹ Reuß für 1500 Mark sogen. Patente und Vollmachten, die ihn ermächtigen sollten, einen Großrat „Mystica Aeterna" zu gründen; am 15. 9. 1921 schrieb die Vossische Zeitung in Berlin, daß Steiner schon am 9. 1. 1906 von Reuß als „Generalgroßmeister der rosenkreuzerisch-maurerischen Loge F. M. oder M. Ae. mit 9 Graden des ⚹ O. T. O." eingesetzt worden sei. Reuß hatte Steiner ferner beauftragt, auch den Ritus ↗ Memphis-Misraim in Deutschland zu bearbeiten. Im November 1909 soll Reuß seine Patente wieder zurückgezogen haben.

Mystik, von (griech.) myein = die Augen schließen; je nach dem Standpunkt ergibt sich eine sehr verschiedene Deutung dieses Wortes; in der Religion wird zuweilen das eigentümliche Bestreben, mit der Gottheit in unmittelbare und wahrnehmbare Berührung zu kommen, mit M. bezeichnet. Die Neuplatoniker hatten z. B. eine philosophisch-religiöse M. ausgebildet, die als höchste Stufe der Erkenntnis das unmittelbare Schauen der Gottheit erstreben lehrte, aber auch den Glauben an einen ununterbrochenen Verkehr mit der übersinnlichen Welt, an Orakel, Visionen und an übernatürliche Kundgebungen aller Art begünstigte. Der kirchliche Verfall im 14. Jh. rief später eine Erneuerung des religiösen Gefühlslebens hervor, die vielfach an den mystischen Schriften der Eriginas orientiert war, aber doch in der sittlichen Erneuerung des Menschen die eigentliche Frucht aller mystischen Erhebung erblickte. Die namhaftesten Vertreter dieser Richtung sind Meister Eckardt (Eckehart), Johannes Tauler (1300—1361), Johann Ruysbroek († 1381), Heinrich Suso († 1366), Hermann von Fritzlar und der unbekannte Verfasser der „Deutschen Theologie". Die Grundgedanken dieser M. sind Absterben der eigenen Seele für die Welt und für das eigene Selbst, um sich ganz in die göttl. Liebe zu versenken. Die akademische Wissenschaft neigt dazu, alles, was nicht zu dem Bereich ihrer rationalen Beschäftigung gehört, als Mystik zu bezeichnen; so ist es zu erklären, daß bis vor wenigen Jahrzehnten der gesamte Okkultismus schlechthin als Mystik bezeichnet wurde. Indes ist der Heilsweg der M. ein ganz anderer als der der ↗ Magie oder der ↗ Adeptschaft; immerhin sind ganze Forschungsgebiete des Okkultismus inzwischen ausgeklammert worden und werden nunmehr als Parapsychologie gekennzeichnet. Völlig unsinnig ist es auch, etwas, was man nicht versteht, als „mystisch" zu bezeichnen, wie man es fast täglich in der Tagespresse lesen kann, wenn von unaufgeklärten Sachverhalten die Rede ist. Leider ist selbst im „Theosophischen Wörterbuch" von G. v. Purucker das Wort „mystisch" in einem solchen (falschen) Sinne gebraucht worden. Während die Magie die Gottheit sozusagen herunterholt, erhebt sich der Mystiker zur Gottheit hin, und der Adept macht sich selbst zur Gottheit, indem er ihrem Ideal nach-

strebt. Okkultismus und Theosophie umfassen jedoch alle diese 3 Wege und stellen sie gleichberechtigt zur Wahl, je nach der persönlichen Neigung des Schülers. — Lit.: Carl Albrecht, Psychologie des mystischen Bewußtseins, Bremen 1951; Jean Lhermitte, Echte und falsche Mystiker, Luzern 1953; Herbert Thurston, Die körperlichen Begleiterscheinungen der Mystik, Luzern 1956; Dr. Gerda Walther, Phänomenologie der Mystik, Freiburg 1955; Robert Charles Zähner, Mystik religiös und profan, Stuttgart 1960; Waltharius, Mystik, das letzte Geheimnis der Welt, Freiburg 1953; Ch. Deinert, Stufen der Erkenntnis; D. Baumgardt, Mystik und Wissenschaft; Prof. Tillich, Systematische Theologie, 1964; E. Schering, Mystik und Tat, 1959; H. J. Schwager, Die deutsche Mystik und ihre Auswirkungen von Meister Eckart bis Schelling, 1964; Gershom Scholem, Die jüdische Mystik in ihren Hauptströmungen, 1957; Dietrich Mahnke, Unendliche Sphäre und Allmittelpunkt, Halle 1937; Prof. Dr. Edgar Dacqué, Die Philosophie der Mystik, 1910.

Mystizismus, gedankenlose Schwärmerei und der Hang, die ↗ Mystik zur Grundlage aller Seinserklärung zu machen. Nach Goethe verbirgt der M. seine geistige Armut gern in einer respektablen Dunkelheit.

Mythologie, die Lehre oder Wissenschaft von den Mythen; bei Homer heißt Mythus noch so viel wie „Rede, Erzählung", aber schon bei den späteren Griechen bedeutet es nur noch Erzählung aus vorhistorischer Zeit. Heute versteht man unter Mythus im engeren Sinne, also im Unterschied zur Sage, eine Erzählung, deren Mittelpunkt ein göttl. Wesen ist. Wesen ist. M. als Wissenschaft des Mythus ist zunächst der Inbegriff aller Erzählungen von Göttern, dämonischen und halbgöttl. Wesen; dann aber auch die Lehre von den Vorstellungen der Völker über ihre Götter, deren Wesen und Tun und deren Kult. — Lit.: C. G. Jung/Karl Kerényi, Einführung in das Wesen der Mythologie; Hermann Jens, Mythologisches Lexikon.

N

N, in der Astrologie als Symbol für Nonagon. ↗ Aspekte, schwache.

Nachiel (hebr.), Gottes Glanz des Mondes (z. B. in Jes. 60, 19); in der Kabbalah und Magie die Intelligenz der Sonne.

Nada, lt. Brücke zur Freiheit ein neuer ↗ Meister; übernahm den 6. Strahl und löste Jesus ab. ↗ Strahlen.

Nadi (Sk.) = Röhre, Kanal; im Hatha-Yoga im Sinne von Röhre oder Kanal gebraucht; in Indien nur der Begriff für Arterien, Venen, Nerven und Lymphgefäße; das Wort kommt schon in der Chadogya Upanishad VIII, 6 vor, wo es heißt: die Adern, die vom Herzen kommen, seien braun, weiß, blau, gelb und rot.

Nadir, von (arab.) nazir as-samt = „dem Azimut entsprechend"; der Gegenpol zum Zenit, d. h. der Punkt auf der Erde, der genau vertikal unter dem ↗ Zenit liegt; in Horoskopen zuweilen fälschlich mit ↗ I. C. wiedergegeben.

Nahrungslosigkeit (lat.: Asitie), ein in der okkulten Lit. zuweilen beschriebenes Phänomen, bei dem heilige oder auch geistesgestörte Personen ohne Aufnahme von Nahrung irgendeiner Art auskommen würden. Angeblich beziehen diese Personen ihre Nahrung aus dem Geist, Prana oder Akasha. Einer Nachprüfung solcher Berichte haben die Behauptungen bisher nicht standhalten können. Einen zuverlässigen Bericht hierüber gibt Ernest Wood in seinem unten zitierten Werk. Anders scheint es bei den Fakiren zu sein, die sich monatelang eingraben lassen und während der Zeit der Ruhe keine Nahrung benötigen, aber anschließend auch sehr geschwächt sind. — Lit.: Paramahansa Yogananda, Autobiographie eines Yogi, München 1954; Ernest Egerton Wood, Is this theosophy?, London 1936; Prof. Dr. Richard Schmidt, Fakire und Fakirtum, Wien 1907 und 1925.

Namensdeutung, eine Spielerei nach der Art der Kabbala, jedoch ohne jeden ernsthaften Zusammenhang mit der letzteren. Für die einzelnen Buchstaben des Alphabets werden in der Reihenfolge derselben Zahlen gesetzt, schließlich Quersummen gebildet, um damit Rechenkunststücke vornehmen zu können. Reichstein schreibt im Vorwort zu seinem Buch selbst, daß es sich lediglich um ein Gesellschaftsspiel handelt. — Lit.: Herbert Reichstein, Praktisches Lehrbuch der Kabbala, Magie und Symbol der Namen und Zahlen, Berlin 1961 (es handelt sich um eine Neuauflage des alten Titels „Praktisches Lehrbuch der Kabbalistik").

Nanna, „Baldurs (= Lichtgott) Gattin, die Blüte, die Blumenwelt, deren schönste Zeit mit Baldurs Lichtherrschaft zusammentrifft". So: Gustav Theodor ↗ Fechner im Vorwort zu seinem Buch „Nanna oder über das Seelenleben der Pflanzen" (Leipzig 1848); auf der

Suche nach einem passenden Titel kam Fechner an Uhlands Mythos von Thor, fand vorstehende Stelle und wählte sie als Titel.

Narayan, einer der frühen ↗ Meister der Adyar-TG; korrespondierte mit Olcott, Blavatsky; Subba Row und Leadbeater besuchten ihn oft; wohnte 1885 bei Madras; verfiel bei der Adyar-TG später in Ungnade und wurde nicht mehr erwähnt.

Nasti satyat para dharmo (Sk.) = Keine Religion ist höher als die Wahrheit; das Motto der Theosophischen Gesellschaften.

Natura naturans, Ausdruck, den Spinoza zur Bez. der Welt der Ursachen verwendet, was man in der Kabbalah die astrale oder Göttl. Welt nennt. — **Natura naturata,** bei Spinoza die Welt der Verwirklichungen, in der Kabbalah die materielle Welt genannt.

Naturgesetze, soweit diese von der akademischen Wissenschaft aufgestellt werden, handelt es sich um „statistische" Wahrheiten; nichts deutet jedoch darauf hin, daß es nicht auch N. gibt, die nicht den statistischen Regeln entsprechen.

natürlich, Ableitung von „Natur"; in älteren Schriften kommt das Wort immer in diesem Sinne, also nicht gemäß dem heutigen Sprachgebrauch vor; so sind „natürliche Eigenschaften des Menschen" = „Eigenschaften der Natur des Menschen" usw.

Nehemia, N. und Esra waren unter dem Perserkönig Longimanus (ca. 458 vZ) die Reorganisatoren des jüd. Staates und Begründer der jüd. Liturgie. — Im Royal-Arch-Kapitel der FM heißen die beiden Kapitel-Sekretäre N. und Esra. — In der Großen Landesloge heißt bei den Andreas-Lehrlingen (4. Grad) die Losung (= Paßwort) außerhalb der Loge N., weil unter N. der Tempel zerstört wurde (unter ↗ Zedekias wiedererrichtet). — Lit.: W. Lüthi, Die Bauleute Gottes, Nehemia der Prophet, 1960.

Neka ↗ Nezach

Nekromantie, Nekromantik, von (griech.) nekros = tot und manteia = Weissagung; Totenorakel, Beschwörung von Toten, um sie zu befragen. Schon im Altertum die Weissagung durch Abgeschiedene, deren Seelen man heraufbeschwor, um sie über die Zukunft zu befragen. Im AT ist die N. als zur Abgötterei gehörend verboten. Im 11. Buch der Odyssee ruft Odysseus den Schatten des Teiresias aus der Unterwelt hervor, um unter Spenden und Opfern sich von ihm weissagen zu lassen. Wesentlich für die Beschwörung ist dabei das Ausgraben einer Grube, in die das Blut der schwarzen Opfertiere fließt. Dieses Blut trinkt der Tote, der wieder auf einige Zeit ins Leben gerufen werden soll, um so das Haupterfordernis des Lebens in sich aufzunehmen. Auch Menschen wurden oft zu diesem Zweck geschlachtet. Ohne Zweifel gab es seit alten Zeiten in manchen Gegenden Griechenlands und Unteritaliens sogen. Totenorakel, welche durch besondere Priester verwaltet wurden. Später aber wurden solche Beschwörungen durch Zauberer (Psychagogen) und Zauberinnen, die ein Geschäft daraus machten, gewöhnlich an Gräbern vorgenommen. In Thessalien artete die N. durch Psychagogen dazu aus, daß Lebende getötet wurden, um ihre Geister, bevor sie in die Unterwelt kamen, beschwören zu können. Nostradamus, Eliphas Lévi, Papus und auch Crowley verstanden sich ebenfalls mittels magischer Rituale darauf, Tote zu beschwören und zu zitieren. In Eliphas Lévis „Dogma und Ritual der Hohen Magie" (Bd. 2, München 1927, S. 137–152) ist ein ausführliches Kapitel der N. gewidmet.

Neophyt, von (griech.) neophythos = neugepflanzt; ein Novize, Postulant oder Kandidat für die sogen. Mysterien. Die N.en hatten die Proben der Elemente zu bestehen, um nach dem Erleben der 4 Elemente als siegende Eingeweihte in das 5. Element zu tauchen. So passierten sie das Feuer (die Gottheit), das Wasser (den göttl. Geist), die Luft (den Atem Gottes) und die Erde (Materie), empfingen das heilige Zeichen, den Buchstaben Tau oder ein † und ein T. Das Kreuz symbolisiert gleichzeitig 3 Buchstaben, die das Wort LVX (Licht) bilden. Mit solchen Zeichen wurden die Eingeweihten markiert, wenn sie zu den vollkommenen Mysterien zugelassen waren. Die heidnischen Symbole wurden später in dieser oder jener Form von der Kirche übernommen. Auch in der FM werden die Neuaufgenommenen zuweilen als N.en bezeichnet.

Nephesch (hebr.), in der Kabbalah die Bez. für den stofflichen Körper des Menschen.

Nerval, Gérard de (Ps.) = Gérard Labrunie, 1808–1855; franz. Literat, Übersetzer des Faust; seine Dichtungen sind durch die deutsche Romantik stark beeinflußt; behauptete in der Novelle „Aurélia" (1855), daß es im Traum keine Sonne gebe; starb durch Selbstmord. — W.: (mit Dumas) L'Alchimiste; (mit Mery) L'Imagier de Haarlem; Les Illuminés ou les Précurseurs du Socialisme; Voyage en Orient, 1851; Les filles du feu, 1854; Aurélia ou le rêve et la vie, 1855; Histoire de la Reine du Matin et de Soliman (Hiram-Legende in der später von Heindel verbreiteten Fassung), Paris 1952.

Nettelbladt, Christian Carl Friedrich Wilhelm Freiherr von, * 1779, † 1843; Historiker der Großen Landesloge, revidierte die gesamten Rituale und schrieb eine abenteuerliche Geschichte dieser Großloge; in dieser heute recht selten gewordenen Geschichte werden auch die anderen FM-Systeme behandelt und durch Entstellung geschichtlicher Zusammenhänge sogar lächerlich gemacht. Während bei der Darstellung der Geschichte der anderen Systeme (Royal York, Drei Weltkugeln usw.) die benutzten Quellen durch umfangreiche Fußnoten angegeben sind, fehlen sie beim Kapitel über die Große Landesloge überhaupt. — W.: Geschichte freimaurerischer Systeme in England, Frankreich und Deutschland, Berlin 1879.

Neuapostolische Gemeinde, gegr. 1906 in Sachsen von dem Landwirt Hermann Niehaus auf der Grundlage der schottischen Irvingianer. Glaubensartikel 4 lautet: „Ich glaube, daß der Herr Jesus seine Kirche durch lebende Apostel regiert bis zu seinem Wiederkommen, und daß er sie in die Welt gesandt hat und noch sendet, gleich wie er vom Vater in die Welt gesandt ist, damit sie lehren und taufen sollen in seinem Namen und Auftrage alle Völker der Erde." — Hauptglaube der N. G. ist der Glaube an die Sendung der Apostel. Ohne diesen Glauben könne man nicht selig werden. Eine weitere Eigentümlichkeit ist die ↗ Versiegelung, die es auch im Gralsorden gibt. Sie ist das wichtigste unter den 3 Sakramenten, die sie haben. Die Versiegelten selbst stellen „die Schar der 144 000" dar. Der oberste Leiter der N. G. nennt sich Stammapostel. Der vorletzte Stammapostel, namens Bischof, verkündete, daß er der letzte vor der Wiederkunft Christi sein würde; als er im Juli 1960 starb, war die Verwirrung sehr groß, aber nachdem sich die Gemeinde vom Nichteintreffen Christi erholt hatte, wurde ein neuer Stammapostel gewählt und die Unfehlbarkeit des seligen Bischofs aufgehoben. — Lit.: Paul Scheurlen, Die Sekten der Gegenwart, Stuttgart 1921.

Neue Gruppe der Weltdiener, eine der vom ↗ Lucis-Trust und der ↗ Arkanschule ausgehenden Bewegungen. „Männer und Frauen guten Willens verbinden sich in Gedanken jeden Tag um 17 Uhr Ortszeit mit der Gruppe der Weltdiener, indem sie folgende kurze Weihung schweigend und mit intensiver Aufmerksamkeit anwenden:

> Die Macht des Einen Lebens ströme durch die Gruppe aller wahrhaft Dienenden. Die Liebe der Einen Seele kennzeichne das Leben aller derer, die den Großen helfen

möchten. Ich will meinen Teil zu dem großen Werk dadurch beitragen, daß ich mich selbst vergesse, niemanden schädige und stets die rechten Worte spreche."

Mit der Tätigkeit der neuen Weltdiener verbunden ist der ↗ „Weltumfassende Gute Wille"; die Verwaltung erfolgt in den Zentren der Arkanschule.

Neues Jerusalem, nach ↗ Swedenborgs Deutung das Reich, das lt. Offenbarung des Johannes vom Himmel auf die Erde herabsteigen soll; ein Bild der „Neuen Kirche", die der Herr anstelle der alten oder ersten, in äußerem Frömmigkeitsbetrieb und bloßem Glauben erstarrten und daher gerichteten Kirche — quer durch alle Konfessionen hindurch — errichten wird. — Auf diese Erkenntnis Swedenborgs baut sich die Lehre der Großen Landesloge, der Liberal-Katholischen Kirche und mancher quasi-gnostischen Sekte auf.

Neues Zeitalter, die aus dem Talmud stammende Idee, daß die Welt von Zeit zu Zeit in ein n. Z. eintritt. Beim Lectorium Rosicrucianum, bei den Bahais und bei Neugeist das Wassermannzeitalter genannt; bei Crowley das Zeitalter des Horus und des siegenden Kindes. Eine genauere Definition, die allgemeingültig wäre, besteht offensichtlich nicht; jede Bewegung legt den Begriff von Fall zu Fall neu aus. Geschichtlich, wenn auch nicht ganz haltbar, unterscheidet der ↗ OTO: 1. das Matriarchat (Herrschaft der Frau), 2. das Patriarchat (Herrschaft des Mannes) und 3. das n. Z. des „freien Menschen und der Anbetung Gottes in Liebe unter Willen".

Neugedankenlehre, die wörtl. Übersetzung von (engl.) New Thought. ↗ Neugeist.

Neugeist, Kurzbezeichnung für die Internationale Neugeistvereinigung (engl. INTA = International New Thought Association); Sitz des Deutschen Neugeistbundes: Pfullingen. Der heutige Name New Thought (Neugeist) tritt seit etwa 1889 auf, als sich die ersten Anhänger aus der Theosophischen Gesellschaft abspalteten, um bloße praktische Lehren ohne jede Theorie zu verbreiten; die Neugeist-Organisation besteht erst seit ca. 1894. Nach Ansicht der Neugeistler können die Anfänge von Neugeist zurückgeführt werden bis zur Mitte des vorigen Jh. und fallen zeitlich mit dem Einsetzen des Spiritismus zusammen. Als erster Neugeistler wird von den Anhängern Dr. P. Quimby ausgegeben, von dem sich später Frau Mary Baker-Eddy (↗ Christl. Wissenschaft) abzweigte. Ausgangspunkt waren die Geistheilungen Quimbys und die Schriften des

amerikanischen Swedenborg-Anhängers Evans. Ziel ist die Befreiung der Menschen von Krankheit und allen negativen Einflüssen sowie die Selbsterlösung durch die Erkenntnis der ihnen innewohnenden Göttlichkeit. Nach einem Prospekttext demonstriert die neugeistige Philosophie die Überlegenheit des Geistes über Leib und Leben, die Bemeisterung des Schicksals durch Bejahung und Konzentration, meditative Selbstbesinnung und Partnerschaft mit der inneren Führung, weiter die Verwirklichung der Harmonie des einzelnen mit sich selbst, mit dem Nächsten und mit dem Unendlichen. Indes hat N. keine eigene Lehre, sondern ist ein Sammelbecken von Elementen aus dem Buddhismus und Hinduismus. In Japan gründete Dr. Masaharu Taniguchi N. als Seicho-No-Je; Organ in Deutschland ist die „Weiße Fahne". — Lit.: R. W. Trine, In Harmonie mit dem Unendlichen; K. O. Schmidt, Neugeist als Lebensmacht; A. Schubert, Der Mensch ist frei (Neugeistige Meditationen); Haack, Geheimreligion der Wissenden, Stuttgart 1966; Dr. M. Taniguchi, Die geistige Heilkraft in uns; Fritz Eberspächer, Der Geist sei Führer!, Pfullingen 1925; H. Th. Hamblin, In dir ist Kraft, Pfullingen; ferner die Talisman-Bücherei: Angst unser Feind; Bushido (System der Menschenbehandlung); In 2 Stunden nicht mehr nervös; Wie man heranzieht, was man sich wünscht; Mysterium des Atems (Hatha-Yoga); Kunst der Faszination (u. a. von der magischen Macht der Frau); Wissen vom persönlichen Magnetismus; Weg zu Sicherheit und Selbstvertrauen; Weg zur Geistesgegenwart; Gedächtnistraining.

Neugnostiker, okkulte Organisationen, teils auch Sekten, die sich in neuerer Zeit gebildet haben und ihren Ursprung (angeblich) auf die sogen. ↗ Gnosis zurückführen. Teils wird der Begriff Gnosis auch nur zur Abschirmung benutzt, um abstruse Ideen zu rechtfertigen, ohne daß überhaupt ein Zusammenhang mit der Gnosis vorhanden wäre oder erkennbar ist. — Lit.: Haack, Geheimreligion der Wissenden, Stuttgart 1966.

Neuheil, eine Abt. von Neugeist. ↗ Geistheilung.

neun, als drei mal drei in den Religionssystemen, in der Esoterik und in der FM die Zahl des Heils und Symbol geistiger Wiedergeburt, als Inbegriff der höchsten Vollkommenheit. Die Kabbalah spricht von 9 himmlischen Sphären und 9 Ordnungen himmlischer Geister; Dantes Göttl. Komödie weist 8 Paradieskreise auf, denen 9 Höllenringe gegenüberstehen. Ein großer Teil der Buddhisten, welcher 9 geistige Stufen annimmt, gibt seinen Tempeln 9 Etagen und Dächer. Peking hat über jedem seiner alten 9 Tore einen solchen 9-Etagen-Bau; der Gouverneur von Peking hieß General der 9 Tore, und die älteste Provinz des Reiches zerfiel in 9 Distrikte. Auch der alte Rosenkreuzerorden zählte 9 Grade, ebenso die Große Landesloge von Deutschland. 9 ist die hl. Zahl der Musen: Kalliope, Melpomene, Erato, Euterpe, Thalia, Urania, Polyhmnia, Terpsichore, Clio; es gibt 9 Ordnungen der Seligen unter den Engeln: Seraphim, Cherubim, Throne, Herrschaften, Tugenden, Gewalten, Fürstentümer, Erzengel, Engel, welche Hesekiel durch 9 Steine symbolisiert: Saphir, Smaragd, Karfunkel, Beryll, Onyx, Chrysolith, Jaspis, Topas, Karneol. Jakob Böhme sagt (etwas dunkel): „Die Zahl der Tinktur; bis in die neunte Zahl sollen wir gehen, weiter nicht. In der neunten Zahl sieht man alle Dinge." — Lit.: Johannes Blochwitz, Kulturgeschichtliche Studien, Leipzig 1882; Franz Carl Endres, Mystik und Magie der Zahlen, Zürich 1951.

Neuplatoniker, eklektische, pantheistische Schule der Philosophie; gegr. durch Ammonius Saccas in Alexandria (ca. 200 nZ); man versuchte, die platonischen Lehren und das aristotelische System mit der östl. Theosophie zu vereinigen. Hauptbeschäftigung waren die rein spirituelle Philosophie, Metaphysik und Mystizismus, später auch die Theurgie. Es war der letzte Versuch, den unwissenden Aberglauben und blinden Glauben überhaupt zu bekämpfen und das letzte Produkt der griech. Philosophie.

New Thought (engl.) = ↗ Neugeist

Nezach oder Neka (hebr.) = triumphierende Festigkeit; die 9. Sephiroth des Sohar. ↗ Kabbalah, ↗ Sephiroth.

Nibbana (Pali) = ↗ Nirwana; Nirwahn.

Nicäa, Konzil zu, erstes christl. Konzil; unter Papst Silvester I., 325 nZ; das zweite Konzil fand 787 unter Papst Hadrian I. statt.

Nihilismus, von (lat.) nihil = nichts; die Geisteshaltung des zeitgenössischen Materialisten, der die Möglichkeit, die Wahrheit und die letzten Dinge zu erkennen, verneint. Der N. ist ein Ausdruck einer zivilisatorischen Lebenseinstellung, die anstatt wirklicher Wertmaßstäbe die Mittelmäßigkeit setzt. Der N. gehört zu den destruktivsten Bewegungen.

Nihil obstat (lat.) = „nichts steht entgegen"; in Büchern katholischer Autoren der Vermerk, daß die kath. Kirche mit der Veröffentlichung, wenn auch nicht immer mit dem Inhalt, einverstanden ist. — Die bemerkenswertesten Veröffentlichungen mit dem N. o. sind wohl die frmr. Schriften von Alec ↗ Mellor.

Nirmanakayas, im Mahajana-Buddhismus einer der 3 Körper Buddhas; in der Theosophie dagegen jemand, der seine Evolution abgeschlossen hat, auf seinen physischen Körper verzichtet, sich aber weiterhin dem geistigen Wohle der Menschheit widmet. Also die Form eines Yogis oder Adepten, der nach dem Tode anstatt des Dharmakayas oder absoluten Nirwana eine andere Form wählt; er verliert nur seinen Körper, behält aber die anderen ↗ Prinzipien; an sich ein Nirwana-Zustand, in welchem man Bewußtsein und Form behält. — Bei den Neobuddhisten ist N. die Kraft, irgendeine Erscheinungsform anzunehmen, um den Buddhismus zu verbreiten.

Nirwana oder **Nirvana** oder **Nirwahn** (Sk.) = Erlöschen; das höchste und letzte Endziel alles buddhistischen Strebens, d. h. das restlose Erlöschen alles in Gier, Haß und Verblendung sich Äußernden, das Leben bejahenden und sich krampfhaft daran klammernden Willenstrieben sowie die endgültige, restlose Befreiung von der Wiedergeburt. Buddhas Definition: „Versiegen der Gier, Versiegen des Hasses und Versiegen der Verblendung: das nennt man das Nirwahn". — Bei Rudolf Steiner als „bewußter subtiler Zustand in Omniszenz" erklärt. — Im Brahmanismus „Moksha", im Yoga-System des Patanjali „Kaivalyam" genannt; im Palitext: Nibbana.

Niyama (Sk.), Obliegenheiten oder Verpflichtungen des Verhaltens oder Charakters im Patanjali-Yoga (das 2. Glied), gewöhnlich mit „Beobachtung", von Prof. Hauer mit „Selbstzucht" übersetzt; das Gelübde des N. umfaßt: innere und äußere Läuterung, Genügsamkeit, Askese, Studium und Verehrung der Gottheit sowie Inbrunst, Gläubigkeit, Freigebigkeit, Bescheidenheit und Opfer.

Nm, bei lat. Bibelzitaten die Abk. für Numeri = 4. Buch Moses.

N. M. I. L., Abk. für (lat.) Nemo me impune lacessit = niemand überfällt mich ungestraft; Schutzspruch auf dem Andreaskreuz der Großmeisterkette in der Großen Landesloge; auch Motto des Staatswappens von Schottland und des Ordens der Distel.

N. N. C. E., Abk. für (lat.) Nil nisi clavis deest = nichts als der Schlüssel wird gebraucht; Motto auf dem Abzeichen des Royal-Arch-Grades der FM.

Nodin, ein „geheimes" Manuskript des ↗ AMORC, welches den Inhabern des 4. Tempelgrades (Philosophus) mitgeteilt wird. Es soll von Jehan von Mandeville, Oberster Sekretär R + C, unterzeichnet sein und die Datumsangabe „Sonne im Steinbock, 9. Grad Lux, R+C, 2073 in der Stadt von Lyon/Frankreich" tragen. Da der AMORC seine Jahreszählung 1916 mit 3269 begann, müßte das genannte Datum dem 31. 12. 720 nZ entsprechen. Das angeblich echte Manuskript, dessen Original noch niemand gesehen hat, behandelt in abenteuerlicher Weise die Theorien des ↗ Empedokles über die sogen. ↗ Elemente.

noëtisch, das zu ↗ Nous gehörende Eigenschaftswort; wird nur selten gebraucht.

Nonagon = 1/9-Schein in der Astrologie; ↗ Aspekte, schwache.

Norden, in der FM die Seite im Tempel, an der die Lehrlinge Platz nehmen. An dieser Seite hatte der Tempel Salomos keine Fenster, so daß von dorther kein Licht kam.

Nosce te ipsum (lat.) = erkenne dich selbst; Titel einer Ansprache der FM der Kleriker (18. Jh.), enthaltend eine alchemistisch-theosophische Schöpfungsgeschichte. ↗ Erkenne dich selbst.

Nostradamus, richtiger Name: Michel de Notre-Dame, 1503—1566; ein zum Katholizismus konvertierter Jude; soll als Mediziner die Pest im

Nostradamus

Süden beseitigt haben; nach Erscheinen seines Buches „Les Centuries" mit Prophezeiungen wurde er von Katharina de Medici an den Hof gerufen. Seine Prophezeiungen haben seit

1555 unzählige Auflagen (und ebenso viele Deutungen) erlebt; nach einem Brief Heinrichs II. sind die 353 Vierzeiler oder 4780 Verse absichtlich dunkel gehalten. Nach jedem Kriege sind die Prophezeiungen neu gedeutet worden, obwohl mit immer wieder anderen Ergebnissen; der Stoff soll angeblich noch bis zum J. 3797 reichen. — Lit.: Rudolf Putzien, Der Allbrandfelsen; Karl Drude, Nostradamus; ders., Das magische Quadrat des Nostradamus; M. Kahir, Nahe an 2000 Jahre; Dr. Centurio, Nostradamus; C. Loog, Die Weissagungen des Nostradamus, Pfullingen 1921.

Notarikon oder Notaria, Teil der Kabbalah, in welchem jeder Buchstabe eines Wortes als Anfangsbuchstabe des folgenden genommen wird; behandelt auch die Bildung von Wörtern aus den Anfangs- oder Endbuchstaben in jedem Satz oder die Bildung eines Satzes von Wörtern, deren Anfangs- od. Endbuchstaben ein bestimmtes Wort ergeben. — Beispiele: David ruft in seinem Testament für Salomon: „Er hat mich verflucht mit harten Flüchen". Das hebr. Wort N i m r e z e t (= Flüche) birgt in sich die schmähenden Vorwürfe, die der Prophet dem König David machte: Noeph = Ehebrecher, Moabi = Moabiter, weil der von Ruth abstammte, Rozeach = Mörder, Zores = Gewalttätiger, Thoeb = Grausamer. — Ferner kommen bestimmte Wortteilungen vor: B'reschit = „im Anfang" (1. Mos. 1, 1) — geteilt: Bara-Schith = „er schuf 6" (nämlich 6 Fundamentalkräfte, die dem 6-Tage-Werk zugrunde liegen).

Notuma, ein Anagramm von: Aumont; Paßwort und Titel in manchen Hochgraden der FM, z. B. bei der Großloge „Zu den 3 Weltkugeln"; entstanden durch Buchstabenumstellung von ↗ Aumont, dem fiktiven Nachfolger des ermordeten Templer-Großmeisters Jakob de Molay. — Beim betr. Ritual der Großloge „Zu den 3 Weltkugeln" handelt es sich um einen speziellen Spiritismus, wie er in 1. Sam. 28 beschrieben ist. Dort sucht König Paul die Wahrsagerin von Endor auf und bittet sie, den toten Samuel zu zitieren. Diesen schildert sie: „Ich sehe einen Totengeist heraufsteigen aus der Erde (Vs. 13), es kommt ein alter Mann herauf und ist bekleidet mit einem Priesterrock" (Vs. 14). — Das hebr. Wort Elohim in Vs. 13 ist in der sogen. Lutherbibel fälschlich mit „Götter" übersetzt, aber aus Vs. 14 ff. ergibt sich eindeutig, daß es sich um den toten Samuel handelt.

Nous, platonischer Ausdruck für höheres Bewußtsein oder Seele; N. bedeutet Geist zum Unterschied von animalischer Seele (Psyche);

das göttl. Bewußtsein oder der Geist im Menschen. N. war auch die der höchsten Gottheit von Anaxagoras gegebene Bez. (als 3. Logos), aber übernommen von den Ägyptern, wo N. angeblich Nout hieß. Bei den Gnostikern identisch mit dem „1. bewußten Äon", bei den Okkultisten mit dem 3. kosmischen Logos oder dem Manas (3. Prinzip von oben) im Menschen. Die Lehre vom N. bildet einen wesentlichen Gegenstand der Systeme von ↗ AMORC und anderen. Nach diesen Theorien ist N. die höchste, feinste Seele, die ihren Ursprung in der Sonne hat und ihrem Wesen nach unsterblich ist und eines Tages wieder in die Sonne zurückkehren muß. Der Abstieg des N. erfolgt danach über die Sonnenstrahlen, welche den Mond erreichen, der sie seinerseits an die Erde weitergibt. Der Durchgang durch den Mond ist unvermeidlich: der N., der geistige Körper, muß dort eine geistige Hülle, die Psyche, eine Art ätherisches Ebenbild, erhalten, um schließlich mit dem Körper aus Fleisch, dem Soma, die ganze Persönlichkeit zu bilden. N. gibt dem Menschen Verstand und Vernunft; der Mond gibt ihm mit der Psyche das Gefühlsleben und die Erde liefert den materiellen Halt, den Leib, durch Soma. — Lit.: Jean Mallinger, Die Geheimnisse des Jenseits, in: ORA-Heft 12, München 1959; AMORC, Monographien.

Nova Atlantis, Titel eines unvollendeten, 1624 erschienenen Werkes von Bacon von Verulam; es ist die Offenbarung eines im Orden aufkommenden Schismas: Technik gegen Mystik — Veräußerlichung gegen Verinnerlichung usw.

Novalis (Ps.) = Friedrich Leopold Freiherr von Hardenberg, * 2. 5. 1772 Wiederstädt/Mansfeld, † 25. 3. 1801 Weißenfels, der Begr. des ↗ mag. Idealismus, von Goethe der „Imperator der Gedanken" genannt, der Dichter der Romantik. N. gilt als einer der vollkommensten Vertreter der romantischen Schule und war ein hochbegabter und mit reicher Bildung ausgestatteter Dichter. Indes überwog bei ihm das mystische Gefühlsleben so stark, daß sein an sich höchst scharfsinniger Verstand sich vollständig unterordnete. Daher entwickelte sich bei ihm alles lyrisch, oder er blieb, wie in den geistvollen, oft aber bizarren und dunklen Fragmenten über Philosophie, Physik, Ästhetik und Lit., bei geheimnisvollen Andeutungen und orakelnden Aussprüchen stehen. Seinen originell angelegten, an den zartesten Phantasiegebilden reichen Roman „Heinrich von Öfterdingen" überlieferte er der Nachwelt als rätselhaften Torso. Den Kern seiner Dichtungen bildet mehrfach das christl. Mysterium, das N. fast in katholi-

Novalis

schen Farben behandelt. Seine geistl. Lieder, welche den Anfang eines von ihm beabsichtigten Gesangbuches bilden sollten, gehören zu dem Schönsten, was wir von religiöser Poesie besitzen („Wenn alle untreu werden", „Wenn ich ihn nur habe" usw.). Man muß außerdem bedenken, daß N. noch keine 29 J. alt wurde und nur 3 J. schöpferischer Tätigkeit hatte, in welcher er nicht nur eine Vielzahl von kompletten Werken schuf, sondern auch 3000 Fragmente über alle erdenklichen Wissensgebiete. Rudolf Steiner bez. N.s Werke als die kostbarsten der deutschen Lit., „die eine Vertiefung des Seelenlebens zeigen, deren Romantik fähig war". — W.: Die blaue Blume; Hymnen an die Nacht; Geistliche Lieder; Heinrich von Öfterdingen; Fragmente; Schüler der Sais; Märchen von Eros und Fabel. — Lit.: Dr. Henri Birven, Novalis, Büdingen 1959; ders., Lebenskunst in Yoga und Magie, Zürich 1953; U. von Mangoldt, Christentum oder Europa; Wolfgang Voges, Novalis oder die Leidenschaft zur Einheit, in: Zeitschrift „Bruderschaft" Nr. 6-7/1963; Joachim Stieghalm, Magisches Denken in den Fragmenten Friedrichs von Hardenberg, Berlin 1962 (Dissertation der Philosoph. Fakultät der Freien Univ. Berlin v. 15. 2. 1962); Heinz Ritter, Der unbekannte Novalis.

Nuctemeron des Apollonius von Thyana; N. (griech.), heißt „der Tag der Nacht" oder „die vom Tag erhellte Nacht"; es handelt sich um ein magisches Ritual, das vor allem durch Eliphas Lévi bekannt wurde, der es erstmals ins Französische übersetzte; Lévi hat Apollonius in London anläßlich seines Besuches bei Bulwer-Lytton beschworen und schreibt dazu: „wir haben A. nicht nur beschworen, wir sind vielleicht dahin gekommen, ihn wiederzuerwecken". — Das betr. Ritual teilt sich in 12 symbolische Stunden, die den Zeichen des magischen Tierkreises und den allegorischen Arbeiten des Herkules analog sind; sie stellen die Reihe der Werke bei der Einweihung dar. (Herkules = Herakles) — Charles Waldemar übernahm den Stoff zu seinem Buch „Schlüssel der Urkraft". — Lit.: Eliphas Lévi, Dogma und Ritual der Hohen Magie, München 1927.

Nulla vi invertitur ordo, ↗ Vi nulla invertitur ordo.

Numeri (Abk.: Nm), die lat. Bez. für das 4. Buch Moses; N. = Zählung, auch Volkszählung, weil das Buch mit einer Volkszählung beginnt.

Numerologie, Zahlenlehre; meistens in einem mystischen oder abergläubischen Sinne. — Lit.: Cheiro, Das Buch der Zahlen, Freiburg; Dr. H. Hessenbruch, Geheimnisse und Wesen der Zahlen.

N. V. I. O., ↗ Vi nulla invertitur ordo.

O

OARCA, Abk. für Omnia Arcana; okkulter Zirkel in München; früher UARKA.

Obödienz, in der FM der Oberbegriff für FM-Verbände, Großlogen, Orden, Großkapitel usw. Die Obödienzen sind untereinander unabhängig („souverän"), vertreten ihre eigenen FM-Systeme und erkennen einander nur in Ausnahmen an; die Obödienzen der landläufigen FM beanspruchen Ausschließlichkeit, während die esoterischen Obödienzen größtmögliche Toleranz walten lassen.

Occultum (oder: Sanktuarium), ein besonders hergerichteter und ausschließlich für Zwecke der zeremoniellen Magie benutzter Kultraum; der Arbeitsraum des Magiers. Der Raum soll

nach Möglichkeit nur ein Fenster haben, welches mit Papier beklebt wird, damit das Licht gedämpfter einfällt. Vor der Benutzung müssen die Wände neu tapeziert werden, und zwar mit einer einfarbigen oder marmorierten Tapete; Blumen-, Vogelmuster usw. sind nicht geeignet. Die günstigste Farbe ist zinnoberrot. Die Decke wird hellrosa, der Fußboden in passender Farbe. Die Einrichtung besteht aus dem Altar, 2 kleinen Schränken zum Aufbewahren von Räuchermitteln, Pergament usw., einem kleinen Tisch, einem Bürostuhl aus Holz, einem Kleiderschrank, einem ganz kleinen Tisch (Blumentisch), einem großen Kerzenständer. Die Anordnung der Gegenstände zeigt nebenstehende Abb. — Lit.: Jules Boucher, Manuel de Magie pratique, Paris 1953.

Oceanside, Stadt in Kalifornien; Sitz der internationalen Heindel-Zentrale und anderer okkulter Organisationen.

Od, von (griech.) odos = Hindurchgehen; die Kraft, die von Magneten, chemischen oder vitalen Reaktionen, durch Hitze, Licht usw. entwickelt wird und nicht anders gedeutet werden konnte. — Von Reichenbach wird die odische Kraft als eine unabhängige, für sich bestehende Kraft betrachtet, die sowohl im Menschen wie in der Natur allgemein gespeichert ist; die Lebenskraft, bei Bullwer-Lytton Vril genannt. — Lit.: v. Reichenbach, Odisch-magnetische Briefe, Ulm 1955.

Odd-Fellow-Orden, Orden der sonderbaren Gesellen oder närrischen Käuze; eine Art vereinfachte FM ohne Esoterik; die allgemeine Abk. ist I. O. O. F. = (engl.) Independent Order of Odd Fellows (Unabhängiger Orden der . . .). Soll in der 2. Hälfte des 18. Jh. von Handwerkern und Arbeitern als Verein zur Unterstützung arbeitsloser Gesellen sowie zur Linderung der Not in Krankheits- und Todesfällen gegr. worden sein; Wahlspruch heißt: „Freundschaft, Liebe, Wahrheit". Die Vereinigungen in den einzelnen Orden heißen (wie in der FM) Logen. Die Logen eines Landes sind zu einer Großloge zusammengefaßt, deren Vorsitzender sich Groß-Sire nennt. Bis 1816 hatte die OFO 3 Grade, später entstanden noch 2 weitere Grade. Die Mitglieder des 5. Grades können außerdem noch 3 weitere, die Lagergrade, erhalten. Damit auch die Frauen der Mitglieder den Zwecken des Bundes dienstbar gemacht werden, ist für sie 1852 ein besonderer Grad, der sogen. Rebekka-Grad geschaffen worden. Ein Zusammenhang oder irgendeine nennenswerte Verwandtschaft mit der FM besteht nicht. In Deutschland wurde der OFO 1869 durch Dr. F. Morse in Dresden

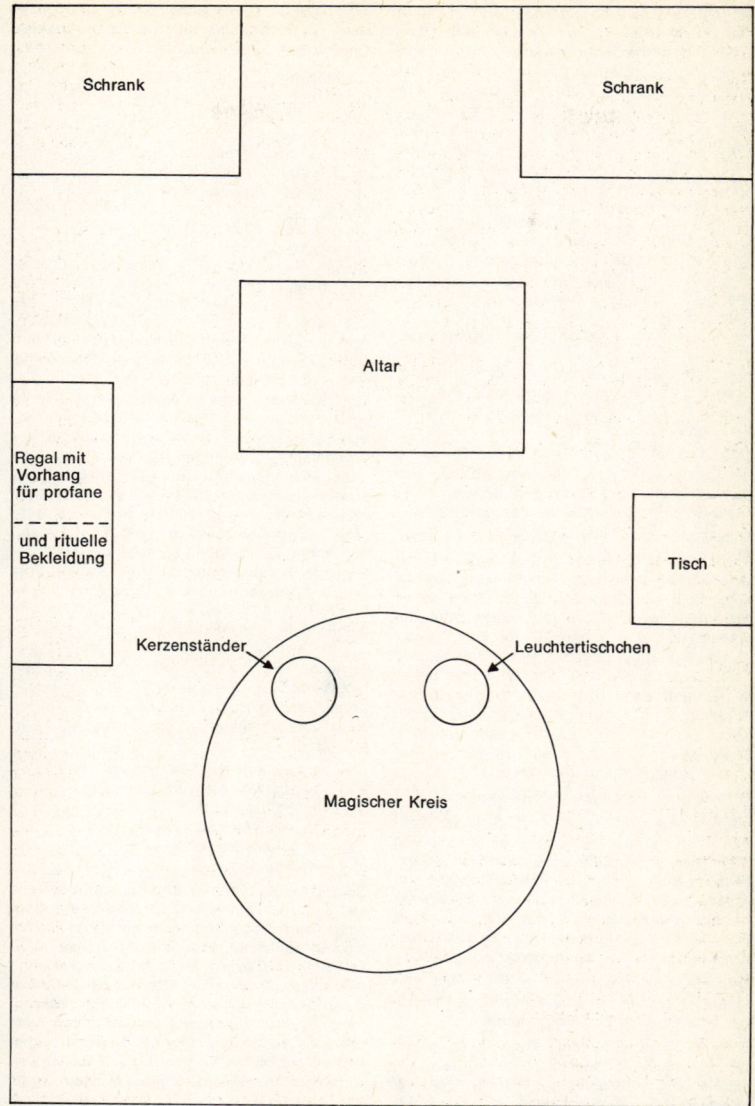

eingeführt. Die 3 Grundgrade sind: 1. Grad der Freundschaft: Er soll lehren, daß treue Freundschaft die Tugenden des Menschen fördert. Das Abzeichen ist ein weißer Kragen mit roter Einfassung. 2. Grad der Bruderliebe: Die Liebe zu Gott und die Nächstenliebe soll jedem ein offenes Herz und eine milde Hand verleihen. Das Abzeichen ist ein weißer Kragen mit himmelblauer Einfassung. 3. Grad der Wahrheit: Der geschulte und geprüfte O. F. soll wahrhaftig sein im Denken und Handeln; deshalb trägt er einen weißen Kragen mit scharlachroter Einfassung, dem „Zeichen der Priester, die in das Heiligtum eintreten, beten und opfern". Die Lagergrade heißen: Patriarchengrad, Goldener Regelgrad und Königl. Purpurgrad. — Lit.: Heinz Grunow, Vom Geheimbund zum Orden, Flensburg 1961; J. B. Adler, Blicke in den Orden der Odd-Fellows, Kempten 1889; Alexander Lotthammer, Handbuch für Odd-Fellows, Leipzig 1907 und Göttingen 1924; Adreßbuch der deutschen Odd-Fellows, Flensburg 1959.

Odik, von ↗ Od; nach Dr. Quades Einteilung des Okkultismus das Teilgebiet, welches sich auf die okkulten Erscheinungen im Bereich des Stofflichen und der Lebensprozesse bezieht.

O. E. S., Abk. für (engl.) ↗ Order of the Eastern Star; eine Frauen-FM in USA.

Offenbarung, eine göttl. Kundgebung an die Menschen; der Glaube an göttl. O. ist so alt wie die Religion. Schon das heidn. Altertum glaubte, daß alles höhere Wissen und Können der Menschen auf göttl. Eingebung beruhe, und hielt nicht nur die Religionsstifter und Seher der Zukunft, sondern auch die Weisen, Künstler und Dichter für vom göttl. Geist angehaucht. Jakob Böhme: „Der Mensch vermag zur göttl. O. zu gelangen. Dazu gehört ein Magus, der aller 3 Prinzipien Naturen versteht."

Offenbarung Johannes ↗ Apokalypse

offiziell = amtlich; von den Okkultisten wird das Wort häufig in einem völlig absurden Sinne gebraucht, indem man von „offizieller" Wissenschaft, „offizieller" FM usw. spricht und es dem Leser überläßt, sich etwas Passendes darunter vorzustellen; meist soll das Wort irgendwelche Hintergedanken, die der Leser nicht erfahren darf, verbergen.

Offiziere, von (lat.) officium = Dienst und facere = tun; in der FM werden die Amtsträger teils O., teils Beamte genannt.

O. H. O., Abk. für (engl.) Outer head of the order = äußeres Oberhaupt des Ordens (im Ggs. zu den unbekannten, geheimen Oberen); hauptsächlich gebraucht beim ↗ OTO; in der Adyar-TG war H. P. Blavatsky O. H. O., während die ↗ Meister die geheimen, inneren Oberhäupter darstellten und noch darstellen.

Okkultismus, von (lat.) occultus = verborgen; die verborgenen oder geheimen Wissenschaften; die Theorie und Praxis der Naturerscheinungen, deren Ursachen mit den bisher bekannten Naturgesetzen noch nicht erklärt werden können. Der Begriff wurde wohl zuerst von Agrippa im Titel seiner „Occulta Philosophia" gebraucht, praktisch aber erst durch Eliphas Lévi eingeführt und verbreitet. Nach dem Psychologischen Wörterbuch von Dorsch-Giese „die volkstümliche Richtung der Parapsychologie, die an sich überaus verbreitet, sich mit nicht wissenschaftl. Laienfragen, wie Sympathiekuren, Geistersehen, Gebetsheilungen, beschäftigt und Verbindungen zu den indischen religiösen Geheimlehren (Theosophie, Yoga) pflegt". Indes ist die akademische Wissenschaft dabei, immer mehr Gebiete des so verschmähten O. sich einzuverleiben oder zu beforschen, wie Hypnotismus, Suggestion, Psychologie, Telepathie, Traumdeutung, Yoga (autogenes Training) usw. Die Grenze zwischen akademischer Wissenschaft und O. liegt stets dort, wo ihre Erkenntnis aufhört. Wissenschaftler scheuen sich vor dem Wort O. und verwenden dann lieber Begriffe wie Metapsychologie, Parapsychologie, ASW usw. Dr. Fritz Quade teilte den O. ein in: Odik, Psychik und Pneumatik; doch umfaßt der O. weit mehr, nämlich die Gesamtheit der geheimwissenschaftl. Disziplinen: Theosophie, Mystik, Magie, Alchemie, Spiritismus, Odforschung, Einweihungs- und Geheimlogenwesen, experimentelle parapsychologische Forschung und einiges mehr. Zweckmäßiger ist jedoch folgende Einteilung:

   a) trivialer O. (Aberglaube)
   b) dialektischer O. (Sekten)
   c) politischer O.
   d) wissenschaftlicher O.
   e) idealistischer O.
   f) praktischer O.

Dem O. wurde häufig der Vorwurf gemacht, daß seine Lit. einen barbarischen und bedeutungslosen Jargon von den normalen Gehirn unverständlichen Behauptungen enthält. Aber enthalten die sogen. exakten Wissenschaften — Medizin, Physiologie, Chemie usw. — nicht dasselbe? Verhüllen die offiziellen Wissenschaftler ihre Fakten und Entdeckungen nicht ebenfalls mit neugeprägten und höchst barbarischen griech.-lat. Terminologien? Es ist vielmehr eine Taschenspielerei mit Wörtern, wenn man in einer wissenschaftl. Arbeit einen Spaten nicht Spaten, sondern Agrikulturinstrument nennt. Seit einigen Jahrzehnten haben sich jedoch mehr und mehr nüchterne Wissenschaftler zum O. bekannt und denselben systematisch bearbeitet. — Lit.: A. Messer, Wissenschaftl. Okkultismus, Leipzig 1927; Prof. Dr. Edgar Dacqué, Natur und Seele, München 1927; Dr. Rudolf Tischner, Ergebnisse okkulter Forschung, Stuttgart 1950; Dr. Ludwig Paneth, Zahlensymbolik im Unbewußtsein, Zürich 1952; Prof. Dr. W. H. C. Tenhaeff, Außergewöhnliche Heilkräfte, Freiburg 1957; Dr. Walther Kröner, Die Wiedergeburt des Magischen, Leipzig 1938; Dr. Ernst Marcus, Theorie einer natürlichen Magie, München 1924; Dr. Peter Ringger, Das Weltbild der Parapsychologie, Freiburg 1959.

Olcott, Henry Steele, * 2. 8. 1832 Orange/New Jersey, † 17. 2. 1907 (7.17 Uhr) Adyar; Oberst im Sezessionskrieg der USA, später Reporter des „New York Daily Graphic"; in dieser Eigenschaft wurde er nach Eddy Homstead entsandt, um das spiritistische Phänomen der Brüder Eddy zu untersuchen; dort traf er mit H. P. Blavatsky am 14. 10. 1874 zusammen. Danach gründete man den „Miracle Club", aus dem 1875 die erste Theosophische Gesellschaft hervorging. O. gehörte der FM-Loge „Hugenot" Nr. 448 in New York sowie dem Royal-Arch-Kapitel „Corinthian" Nr. 159 an. O. war Nachfolger von H. P. Blavatsky als Präsident der TG, wurde aber von Annie Besant verdrängt, die dann selbst die Präsidentschaft übernahm. O. war Buddhist geworden und hatte eine Gesellschaft zur Verbreitung des Buddhismus gegründet. In der Leichenrede am Grabe O.s sagte Annie Besant u. a.: „Diesen Morgen ist von den fernen Einsiedeleien auf dem schneebedeckten Himalaja der Meister Olcotts, jene freundliche Persönlichkeit, die sonst als Kaschmirbrahmane zu erscheinen pflegt, ein früherer in Ägypten geborener Schutzgeist Olcotts, in der Gestalt eines Radschputen angekommen, und zwar in Begleitung von Olcotts treuester Freundin Blavatsky, und hat ihn in den Norden abgeholt. Im August 1932 widmete die Zeitschrift „The Theosophist" der Person O.s eine ganze Sondernummer von mehr als 200 Seiten. — W.: Buddhistischer Katechismus, Leipzig 1902; Die Leute aus der anderen Welt; Theosophy, Religion and Occult Science, New York 1885; Old Diary Leaves, 1875–1898; The Life of the Buddha and its Lessons, 1912; The Kinship between Hinduism and Buddhism, 1893; The Golden Rules of Buddhism, 1887; The Hindu Dwaita Catechism, 1886; Human Spirits and Elementaries, 1875.

Olcott 1875

Olivet, Antoine Fabre d', * 8. 12. 1767 Ganges/Frankreich, † 25. 3. 1825; franz. Esoteriker und Kabbalist; erhielt gegen 1790 seine pythagoräische Einweihung und ging nach Deutschland; F. O. soll einen arab. Einweihungsmeister namens Elious Boctor gehabt haben, von dem er sowohl Arab. wie Hebr. lernte. — W.: Les Vers d'Orés de Pythagore, 1813; La langue hébraique restituée, 1815 (steht auf dem Index!); Histoire philosophique du genre humain, 1822. — Es gibt auch eine Biographie von Papus.

Olymp, Mensch des neuen, bei Paracelsus die Bez. für ↗ Atma.

OM, die indische Schreibung für die heilige Silbe ↗ AUM.

O. M. C. T., Abk. für (lat.) Ordo Militiae Crucis Templi = Souveräner Orden der Tempelritter des Tempels von Jerusalem und des Templerordens, York-Ritus; der Archikonvent besteht in München; der bekannteste Großmeister und Förderer war Graf Luckner (†); vorwiegend karitativ tätig, hat humanitäre und gesellschaftl. Ziele; die Existenz einer gnostischen oder templerischen Lehre wird bestritten; es sollen aber Querverbindungen zum AAORRAC, zu den Martinisten und zu den Pansophen bestehen.

Om mani padme hum (tibet.) = O Kleinod im Lotus, amen; lamaistisches Gesangsgebet, geschrieben auf Gebetsmühlen oder auf darin befindlichen Zetteln. — Lit.: Lama Anagirika Govinda, Grundlagen tibetanischer Mystik nach den esoterischen Lehren des großen Mantras om mani padme hum, Zürich 1957.

Ommen, kleine Ortschaft in Holland, welche von der Adyar-TG zu einem okkulten Zentrum bestimmt wurde; hier fanden sowohl die großen Zeltlager wie auch die Veranstaltungen der Krischnamurti-Organisationen statt; in O. erklärte Krishnamurti schließlich selbst den Kultus des „Ordens vom Stern" für einen frommen Betrug und löste die Organisation (allerdings mit wenig Erfolg) auf; in O. liegt auch die 1824 gegründete Bettlerkolonie Ommerschans.

O. N. T., Abk. für (lat.) Ordo Novi Templi = neuer Tempelorden; gegr. 1900 durch den ausgetretenen Zisterziensermönch Adolf Lanz von Liebenfels („der Mann, der Hitler die Ideen gab").

Ontologie, die Wissenschaft von der Erzeugung der Wesen; ontolog. Beweis heißt ein versuchter Beweis für das Dasein Gottes, der sich nur auf den bloßen Begr. eines absolut notwendigen Wesens stützen will; Kants Kritik zerstörte auch den ontolog. Beweis.

Operation, von (lat.) opera, opus = Werk; in der Magie jede aktive Tätigkeit, das Ritual, wie auch Teile des Rituals; man könnte meistens ebensogut Handlung sagen.

Operation, die große, besteht in der zeremoniellen Magie nicht nur in der Evokation einer Wesenheit der Astralebene, sondern darin, sich ihrer zu einem bestimmten Zweck zu bedienen; der Magier wird also praktisch zum Dompteur, der das Geschehen nach seinem Willen dirigiert.

operativ = tätig werdend; hauptsächlich in der FM im Ggs. zu ↗ spekulativ gebraucht; operative Maurer sind solche, die ihren Handwerksberuf noch wirklich ausüben. Im Zusammenhang mit der FM ist nur nicht klar, w e l c h e n Beruf dieselben ausüben, denn die Freimaurerei hat weniger mit Maurern, als vielmehr mit Steinmetzen zu tun.

Opferung, von (lat.) offere = darbringen; die Hingabe des Menschen an die Gottheit durch Gaben oder Gebete. Die O. bildete schon in den sogen. heidnischen Religionen einen wesentlichen Bestandteil des Gottesdienstes. Die Voraussetzung der O. ist die, daß der Mensch einerseits von der Gottheit sich abhängig fühlt, andererseits aber auf ihren Willen bestimmend einwirken zu können glaubt.

Auch bei den Hebräern hatte die O. eine ähnliche Bedeutung. Das älteste Christentum verglich das Blut Christi bald mit dem Blut des alttestamentlichen Passahlamms, bald mit dem Sühnopfer am Versöhnungstage der Juden. So bildete sich schon im NT die Vorstellung von der reinigenden, sühnenden Kraft des Todes Christi, die durch Bilder des hebr. Rituals erläutert wurde. Der Hebräerbrief spinnt die Sühneopferidee am weitesten aus. In manchen FM-Logen ist es noch Brauch, am Johannistag Salz, Korn und Wein zu opfern. — Lit.: Nitzsch, Die Idee und die Stufen des Opferkultus, Kiel 1889.

Ophiten, wörtlich: Schlangenverehrer, oder hebr.: Naassener; gemeinsame Bez. für eine ganze Reihe gnostischer Gruppen des christl. Altertums. Die älteste Vorstellung knüpft an

Erläuterung der dunkeln und schweren Lehrtafel der

Alten Ophiten

oder

Schlangen-Brüder,

nach den geheimen Grundsätzen der Kabbalisten abgefasset von

M. Johann Heinrich Schumacher,

Prediger zu Bevenrode, Waggum u. Bienrode.

Wolfenbüttel, bey Johann Christoph Meißner. 1756.

Titelseite eines seltenen Werkes über die Geheimlehre der Ophiten (Wolfenbüttel 1756)

die alttestamentliche Erzählung von der Paradiesschlange an, die als gottfeindlicher, der Materie entstammter, die Menschen zu allerlei Sünde und Gesetzesübertretung verführender Dämon gedacht wird. Den O., wie sie Irenäus schildert, gilt der schlangengestaltete Dämon als die böse Weltseele oder der Urheber alles Bösen in der Welt. Bei anderen Sekten der O. ernährte man lebende Schlangen in den Tempeln und brachte ihnen Opfergaben dar. Der ägyptische und phönizische Einfluß ist in den

Vorstellungen nicht zu verkennen. Einzelne Gruppen der O. hielten sich bis ins 6. Jh. — Lit.: Lipsius, Über die ophitischen Systeme, in: „Zeitschrift für wissenschaftl. Theologie", Leipzig 1863; Hönig, Die Ophiten, Berlin 1889; M. Johann Heinrich Schumacher, Erläuterung der dunkeln und schweren Lehrtafel der Alten Ophiten oder Schlangen-Brüder nach den geheimen Grundsätzen der Kabbalisten, Wolfenbüttel 1756.

Oppel (auch: Opelt), A. M., ↗ A. M. O.

Opposition ↗ Aspekt.

Opus Dei (lat.) = Gottes Werk; katholische Geheimbruderschaft, welcher höchste Persönlichkeiten der Öffentlichkeit angehören; es handelt sich um eine Laienbruderschaft mit beschränktem Gelübde.

O. R. (oder O∴ R∴ oder O∴ R∴·), Abk. für Oberster Rat, das Führungsgremium einer Obödienz des ↗ AASR

ORA, Abk. für (lat.) Ordo rosae aureae = Orden der goldenen Rose; ein Zweig des pythagoräischen Ordens. Aus einer Mitteilung des O. geht hervor, „daß der Überlieferung nach die Geschichte des Ordens bis in das 15. Jh. zurückreiche". Jetzt internationale Organisation mit ihrer Spitze in Brüssel. Ein deutscher Zweig wurde 1956 durch Ing. Martin ↗ Erler, Dr. Ernstgünther Guntzelmann, Dr. Franz Hanzel, Krammer, von Löhr, Sternfeld und von Zezschwitz gegründet. Zielsetzung ist „Forschung auf den Gebieten der Harmonik, der Symbolik, der Ritualistik, der Mythologie usw., Pflege der Mysterientraditionen, vornehmlich der pythagoräischen Traditionen". Obwohl einige der Mitglieder auch Freimaurer sind, hat O. keinen Zusammenhang mit der FM und ist betont adogmatisch. — Lit.: „ORA"; „Lux rosae aureae"; Dr. Zippert, Die große Befreiung; J. Rausch, Mythische und technische Existenz; Martin Erler, Der moderne Mensch und das Ritual, sämtl. München.

Emblem der ORA

Orakel, von (lat.) oraculum = Weissagung; bei den alten Römern sowohl die angeblichen Götteraussprüche, welche an bestimmten hl. Stätten den Anfragenden unter besonderen Gebräuchen erteilt wurden, als auch diese Orte selbst, an welchen man diese Göttersprüche erhielt. Es gab Spruchorakel, wie das der Pythia zu Delphi, als auch Zeichenorakel, wie das der rauschenden heiligen Eichen zu Dodona. Schon bei den Ägyptern finden sich verschiedene Orakelstätten, unter denen aber nur die des Amun-Chnubis (von den Griechen Zeus-Amon genannt) in der Oase Siwah eine größere Bedeutung erlangte. — Lit.: F. A. Wolf, Beitrag zur Geschichte des Somnambulismus aus dem Altertum, Halle 1802; Buresch, Untersuchungen zum Orakelwesen des späteren Altertums, Leipzig 1889; Schuré, Die großen Eingeweihten; Mead, Chaldean Oracles.

Orden, bei der engl. FM sind die Ausdrücke Großloge und Orden völlig synonym; auf dem Kontinent unterscheidet man bei den frmr. Obödienzen zwischen Großlogen und Orden, zuweilen auch zwischen Obödienzen und Orden; die feinen Unterschiede liegen in der jeweiligen Struktur der Stellung der einfachen Mitglieder zur Leitung und Führung der Gesamtheit. Die Große Landesloge der Freimaurer von Deutschland bezeichnet sich ausdrücklich als Freimaurer-Orden (daher auch: F. O.), ebenso der ↗ Droit Humain. Der Unterschied besteht etwa darin, daß beim Orden jedes Mitglied der Ordensregel unterliegt und sich damit selbst verantwortlich ist, während bei Großlogen (oder Obödienzen) die Mitglieder auf jeden Fall nach den Anweisungen einer vorgesetzten Stelle handeln.

Orden des Sterns (engl.: Order of the Star), 1. engl. Orden, von Königin Viktoria 1861 für Verdienste um die indischen Besitzungen gestiftet; es gibt dabei Großkommandeure, Kommandeure und Genossen; Großmeister war der jeweilige Vizekönig von Indien. — 2. Diese Ordensbezeichnung wurde von Annie Besant für die Krishnamurti-Organisation übernommen, so daß eine ziemliche Verwirrung entstand, da die meisten Engländer einen Zusammenhang mit dem offiziellen Orden vermuteten. Die Gründung erfolgte 1910 in Benares zunächst unter dem Namen „Orden der aufgehenden Sonne", um den Hinduknaben ↗ Krishnamurti nach den Vorhersagen Leadbeaters als neuen Weltlehrer zu propagieren. Frau Besant nahm den Knaben mit nach London und stellte ihn als den künftigen Weltlehrer vor. Sie sprach dabei so entschieden christlich und erbaulich, daß viele die Sache für die Wiederkunft Christi hielten (was nebenbei auch die Absicht war). Der Name des Ordens wurde nun in „Orden des östlichen Sterns" und danach in „Orden des Sterns" geändert. Oberhaupt des Ordens wurde der Knabe Krishnamurti, Frau Besant ernannte sich zur Protektorin. In England trug man das blaue Band des Ordens, das mit den geistigen Kräften Krishnamurtis versehen sein sollte. In Deutschland handelte Hugo Vollrath in Leipzig mit diesen Bändern. Eine Annonce in der Zeitschrift „Prana" besagte: „Ich finde, daß viele Mitglieder des Ordens den Stern an einem Bande tragen möchten, ... darum ist ein großer Posten Band genau von der Farbe, die die richtige Schattierung hat, bestellt worden. Dieses ist zerteilt in Stücke, 9 Zoll lang, und ich habe sie jetzt fertig ist zum Gebrauch für solche Mitglieder, die es haben möchten." Am 11. 12. 1911 verkündete Annie Besant auf einer Feier in Benares, das der Herr Maitreya, der mit Christus identisch sein sollte, nun Besitz ergriffen hatte von Körper Krishnamurtis. Die Zeitschrift „Theosophist" rühmte das erhabene Lächeln und das himmlische Angesicht des Knaben, wenn er seine Hände zum Segen ausbreitete. Frau Besant beschrieb das wunderbare Farbenspiel: das blaue Licht, das mit Maitreya in die Auserwählten hineinströmte, das Purpur des Meisters Jesus, hoch oben in der Luft der glänzende Stern, den alle Eingeweihten kennen, und auch das Grün der Hindu-Götter fehlte natürlich nicht. Lt. Annie Besant würde der neue Messias 12 Apostel haben, nannte aber nur 7: sich selbst, Leadbeater, Jinarajadasa, Herr und Frau Arundale, Pfarrer Kollström und Frau von Manziarly. Die Mitgliedschaft im Orden, der keine Satzungen haben sollte und keine Beiträge erhob (da er von der TG finanziert wurde), verlangte lediglich die Annahme folgender 6 Grundsätze: „1. Wir glauben, daß ein großer Lehrer baldig in der Welt auftreten wird. Wir wollen uns bestreben, so zu leben, daß wir imstande sein werden, ihn bei seinem Auftreten zu erkennen. 2. Wir wollen uns daher bemühen, stets an ihn zu denken, und in seinem Sinne wollen wir nach unseren besten Kräften alle unsere Aufgaben und Tagespflichten zu erfüllen suchen. 3. Wir wollen danach trachten, soweit unsere anderen Pflichten es gestatten, täglich einen Teil unserer Zeit auf eine Arbeit zu verwenden, die mithelfen kann, sein Kommen anzubahnen. 4. Wir wollen als die hauptsächlichsten Charaktereigenschaften in unserem täglichen Leben zu bestätigen suchen: Hingebung, Standhalten, Sanftmut. 5. Wir wollen daran denken, jeden Tag mit einer kurzen Sammlung zu beginnen und zu enden, indem wir um Seinen Segen bitten für alles, was wir um Seinetwillen und in Seinem Sinne tun. 6. Wir betrachten es

als unsere besondere Pflicht, Erhabenheit anzuerkennen und sie zu verehren, wo auch immer sie sich zeigen mag. Wir wollen uns bemühen, stets nach Kräften mitzuarbeiten mit denen, die spirituell uns überlegen sind." Für Rudolf Steiner, den Generalsekretär der TG in Deutschland, war das alles zu starker Tobak, so daß es zur Spaltung der TG kam und über 90 Prozent der deutschen Mitglieder zu Dr. Steiner hielten. Von etwa 1927 an begann Krishnamurti eigenständig zu wirken, aber auf dem Zeltlager in Ommen (Holland) 1929 löste er den Orden kurzerhand mit den Worten auf: „Ich kümmere mich nicht darum, ob ihr glaubt, ich sei der Weltlehrer oder nicht. Eure Vorurteile, eure Ängste, eure Autoritäten, eure alten u. neuen Kirchen – all diese behaupte ich, sind Hindernisse für das Verständnis. Ich will nicht, daß ihr mir nachfolgt. Ihr wollt eure eigenen Götter haben – neue Götter an der Stelle der alten – alle gleichermaßen wertlos, alles Hindernisse, Beschränkungen, Krücken. Anstatt der ehemaligen geistigen Unterschiede habt ihr neue geistige Unterschiede; warum sollen falsche, scheinheilige Menschen mir nachfolgen?" Diese Auflösung erfolgte jedoch nur äußerlich, so besteht der Orden noch heute insgeheim weiter. Die äußeren Körperschaften des Ordens waren: Die Verlagsgesellschaft Star Publishing Trust in Eerde/Ommen, die Eerde Foundation auf dem Gut Eerde bei Ommen, die Ojai Camp Corporation in Kalifornien/USA, der Rishi Valley Trust (Zeltlager in Indien, ähnlich Ommen und Ojai) und der Amphitheater Trust in Australien. — Lit.: Krishnamurti, Die Auflösung des Ordens des Sterns, Neubabelsberg 1929; D. Rajagopal, Die Auflösung des Ordens, 1929; Franz Bruno, Der Bund des Sterns im Osten, 1922; Karl Rohm, Die Truggestalt der Annie Besant, Lorch 1916; Dr. Joh. Frohnmeyer, Die theosophische Bewegung, Stuttgart 1920; Eugène Lévi, Mrs. Annie Besant und die Krisis in der Theosophischen Gesellschaft, Berlin 1913.

Ordensmeister (oder Ordens + Meister), Bez. und Titel des Großmeisters in der Großen Landesloge.

Order of the Eastern Star (engl.) = Orden des östl. Sterns; amerik. Organisation der Frauen-FM; gegr. 1870 von Robert Morris; auch in der Bundesrepublik existieren einige Logen des O. E. S. — Der Hinweis im dtv-Lexikon, Bd. 4, S. 247 unter „Stern des Ostens" ist unrichtig.

Ordo (lat.) = Ordnung; in der Kirche der bedingungslose Gehorsam gegenüber dem Dogma; Großmeister Dr. Pinkerneil versuchte vergeblich, diesen in der Großen Landesloge geltenden Begriff in die Gesamtheit der ↗ VGL einzuführen.

Ordo ab Chaos (lat.) = Ordnung im Chaos (schaffen); die Devise aller Obersten Räte des ↗ AASR.

Ordo Templi Orientis, ↗ O. T. O.

Organisationen. Ob O. im okkulten und esoterischen Bereich erforderlich und von Nutzen sind, ist eine immer wieder gestellte und leider meistens dogmatisch beantwortete Frage. Wie man im profanen Leben auch ohne Zugehörigkeit zu einer Organisation auskommen kann, so gilt dies auch für den okkulten Bereich. Die Stimmen, die okkulte Organisationen ablehnen, können daher immer nur für sich selbst sprechen; sehr oft entbehren die Behauptungen auch jeder sachlichen Grundlage. Wer aus persönlichen, eigennützigen oder anderen Gründen in einer Organisation scheitert, schiebt die Schuld nur allzu leicht auf andere. Bestimmte rituelle Formen lassen sich indes überhaupt nur in der Gemeinschaft Gleichgesinnter ausüben, und ebenso ist die Möglichkeit eines größeren Erfahrungsaustausches nur im Rahmen geeigneter Zusammenkünfte möglich. Daß die verschiedenen O. auch Mängel, meist rein menschlicher Art, zeigen, liegt in der Natur der Sache; ob man dabei diese Unzulänglichkeiten als Hauptsache oder als leidiges Nebenprodukt betrachtet, ist schließlich eine Frage der persönlichen Entwicklung und des Intellekts. Graf Keyserling schreibt in „Schöpferische Erkenntnis" (S. 87): „Anläßlich der immer weiter um sich greifenden Theosophie habe ich gezeigt, inwiefern die geistige Minderwertigkeit eines großen Teils ihrer Adepten dazu bedeutet: dank dem allein wird ihr Jüngerkreis so groß, daß ihr wertvoller Inhalt die verstreuten Seltenen, die esoterischer Weisheit innerlich gewachsen sind, überall zu erreichen Aussicht hat." Ferner schreibt Dr. F. K. Steinberger in „Esoteriker des Westens": „Bei Organisationen besteht immer die Gefahr einer Verknöcherung und des Dogmatismus; nur allzu leicht erstarren sie in Frömmelei. Wo aber auf eine Organisation verzichtet wird, da wird auch die beste Lehre nur allzu schnell vom Winde verweht und es bleibt nicht viel davon für die Nachwelt übrig, als höchstens einige verstaubte Bände in den Bibliotheken. Wenn ein geistiger Führer daher seiner Lehre eine Dauerwirkung auf breitere Bevölkerungskreise geben will, dann bleibt ihm gar nichts anderes übrig, als sich eine Trägerorganisation zu schaffen." Gliederung der esoterischen O. ↗ Geheimgesellschaften.

Orient, von (lat.) oriens = aufsteigend; der Osten; früher allgemein die von Italien östl. liegenden Länder; in der FM bez. O. die versammelte Loge (auch den Standort der Loge), von der das Licht ausgeht, ferner den Platz des Meisters vom Stuhl; bei der Großloge „Zu den 3 Weltkugeln" bezeichnen Innerer und Innerster O. besondere Hochgradlogen mit teils administrativem Charakter.

Oriflamme, von (lat.) aurum = Gold u. flamma = Flamme; seit Ludwig XI. Heerzeichen der franz. Könige; Fahne der Kreuzfahrer; kommt auch in einigen Hochgraden der FM vor; Name einer Zeitschrift der Reuß/Hartmann-FM (um 1902/04); heute noch Zeitschrift des OTO in Zürich.

Origines, 185—254 nZ, Kirchenlehrer zu Alexandria; Schüler von Ammonius Sakkas; in seinem Werk „De principiis" hat er ein vielfach originelles, auf der Philosophie Platos gegr. System aufgestellt; von O. stammen auch Kommentare und Deutungen sämtlicher Bücher der Bibel.

Ormuzd, Ormazd, auch: Ahura Mazda, der Gott der Zoroastrianer oder der modernen Parsen; O. wird vielfach durch die Sonne symbolisiert, da er als das Licht des Lichtes bez. wird. ↗ Zoroaster.

Orpheus, der berühmteste unter den mythischen Sängern Griechenlands, der Hauptvertreter der Kunst des Gesanges und des Saitenspiels; nach der Sage ein Sohn der Muse Kalliope und des Apollo. — Lit.: Schuré, Die großen Eingeweihten; Mead, Orpheus, 1896.

Orphiker oder orphische Mysterien; das System der Mysterien des Orpheus in Griechenland; diese folgten den Mysterien des Bacchus; das orphische System ist eines der reinsten in Moralität und ernster Askese; verwandt mit der Vedanta-Philosophie.

Osiris, der größte Gott der alten Ägypter, Sohn des Seb (= Saturn), das himmlische Feuer, und von Neith, der uranfänglichen Materie und dem unendlichen Raum; geb. auf dem Berge Sinai, begraben im Tempel zu Abydos. Nach Euripides ist O. identisch mit Zeus und Dionysos. O. blieb nicht begraben, sondern ist nach 40 Tagen auferstanden und zum Himmel gefahren. Diese Einzelheiten der christl. Legende waren also schon einige Tausend J. vorher bekannt, so daß die Kirchenväter sie nur noch zu übernehmen brauchten. — Lit.: Ottmar Heß, Ante Portas, Ulm.

Osiris (Ps.) = Erich Sopp; bekannter esoterischer Schriftsteller und Verleger; früher Fraternitas Saturni. — W.: Hermetische Symbolik, in: Alexander v. Bernus, Das Geheimnis der Adepten, Sersheim 1956; Auf den Spuren der Seherin, Sersheim 1953; Prakt. Symbol-Magie, Sersheim 1955.

Osmologie (griech.), die Lehre von den Riechstoffen und vom Geruch; von ⚹ Krumm-Heller wurde darauf eine Heillehre begr. — Lit.: Krumm-Heller, Die osmologische Heilkunde.

Osten, in der FM und Esoterik die Übersetzung für ⚹ Orient, der Quelle des Lichts; Abt Trithemius im 1. Buch seiner „Steganographia": „Unter O. sollst du hier nicht den Ort verstehen, in dem die Sonne jeden Tag aufgeht, sondern den, in welchem sie von Anfang an erschaffen ist." — Nach Dr. Birven ein „intelligibler Ort", ein Bewußtseinszustand, in welchem die schöpferische solare Kraft in statu nascendi ist. — Lit.: Birven, Lebenskunst in Yoga und Magie, Zürich 1953.

Österreich, Prof. Traugott Konstantin, Parapsychologe und Okkultist. — W.: Grundbegriffe der Parapsychologie, Pfullingen 1921; Der Okkultismus im modernen Weltbild, Dresden 1923; Die philosophische Bedeutung der mediumistischen Phänomene, Stuttgart 1924; Die Spaltung der Persönlichkeit, Stuttgart 1932; Die Probleme der Einheit und der Spaltung des Ich, Stuttgart 1938.

Ötinger, Friedrich Christoph, 1702—1782, schwäbischer Theosoph; in ca. 70 Schriften trug Ö. seine eigentümlichen, durch Jakob Böhme und Albrecht Bengel angeregten Anschauungen vor.

O. T. O. (Abk.) = (lat.) Ordo Templi Orientis = Orientalischer Templerorden; zunächst insgeheim von Dr. Karl Kellner und Dr. Franz Hartmann gegr.; öffentlich mehr bekannt durch die von Theodor Reuß 1912 autorisierte Neugründung. Heute ist die Zentrale in Zürich und Stein in der Schweiz unter der Leitung der Würdenträger Hermann Metzger und Frau A. Borgert. Die Unterrichtung der Mitglieder erfolgt durch Fernunterrichtsbriefe, obwohl an einigen Plätzen auch regelrechte Logen bestehen sollen. 1912 lauteten die zehn Grade: I.° Prüfling, II.° Minerval, III.° Johannis-Freimaurer, IV.° Schottischer Freimaurer, V.° Rose-Croix-Maurer, VI.° Templer-Rosenkreuzer, VII.° Mystischer Templer, VIII.° Orientalischer Templer, IX.° Vollkommener Illuminat, X.° Supremus Rex; die neueste Gradzählung lautet jedoch: O.° Minerval, I.° M., II.° M., III.° M.., IV.° Prinz v. Jerusalem, Ritter v. Osten und Westen, V.° Souveräner Prinz Rose Croix, Ritter v. Roten Adler, VI.° Erhabener Ritter, Prinz v. Königl. Geheimnis, VII.° Sehr Erhabe-

ner Souveräner General Groß Inspektor, VIII.° Perfekter Oberpriester der Illuminaten, IX.° Eingeweihter des Gnostischen Sanktuariums, X.° Höchster und Heiligster König; darüber hinaus scheint es noch einen geheimen 11. Grad zu geben, wie man aus S. 34 des „Äquinox VII" (Zürich 1957) schließen darf. Der OTO nimmt Männer und Frauen auf, wodurch bestimmte Ziele in den höheren Graden erst realisierbar werden; die Namen der Frauen werden jedoch niemals preisgegeben („Äquinox", S. 13). Lt. Manifest des OTO, § 4, können die wirklichen Ziele des OTO „nur von den höchsten Eingeweihten vollständig verstanden werden . . ., aber es kann offen gesagt werden, daß er hermetische Wissenschaft oder verborgenes Wissen lehrt . . ., Yoga in allen Formen." (vgl. Pan-Amrita-Yoga). Der Großmeister des OTO nennt sich OHO (engl. = Outer Head of the Order; äußeres Ordensoberhaupt) mit dem Zusatz Rex Summus Sanctissimus (= Höchster und Heiligster König). Organisationsmäßig umfaßt der OTO Zürich heute auch noch: den Ordo Illuminatorum (Illuminaten-Orden), die Fraternitas Rosicruciana Antiqua (Alte Bruderschaft vom Rosenkreuz) und die Ecclesia Gnostica Catholica (Gnostisch-Katholische Kirche). Im „Äquinox VII" wird darüber hinaus behauptet, daß „die Weisheit und das Wissen der folgenden Körperschaften" ebenfalls zum OTO zählt: Orden der Ritter v. Heiligen Geist, Orden v. Tempel, Johanniter-Orden, Malteser-Orden, Ritter v. heiligen Grab, Kirche v. heiligen Gral, Hermetische Bruderschaft des Lichts, AASR 33°, Memphis-Ritus 97°, Mizraim-Ritus 90°, Swedenborg-Ritus, Martinisten-Orden, Sat-Bhai-Orden, Hermetischer Orden der Goldenen Dämmerung; als ausdrücklich nicht angeschlossen wird die ⚹ A∴ A∴ bezeichnet. Zum ⚹ AMORC bestand zeitweilig ein gegenseitiges Anerkennungsverhältnis und einige Mitglieder der ⚹ ORA verkehren freundschaftlich mit dem OTO. In den Schriften des OTO werden die anderen, ähnlichen Organisationen als „gemeiner Schwindel" (vgl. Zeitschrift „Oriflamme", Nr. 24 v. 19. 2. 1963) abgetan. — Lit.: A. P. Eberhardt, Winkel-Logen, Leipzig 1914; Äquinox VII, Zürich 1957; Hermann Metzger, Erleuchtete?, Zürich 1964; Roger Peyrefitte, Die Söhne des Lichts, Karlsruhe 1962 (S. 272 bis 278); P. C. Martens, Geheime Gesellschaften, Leipzig 1923.

Ouspensky, Peter Demianovitsch, * 1877 Moskau, † 1947 London; Naturwissenschaftler, Journalist und okkulter Schriftsteller; Anhänger ⚹ Gurdjieffs. Schrieb 1911 als erstes

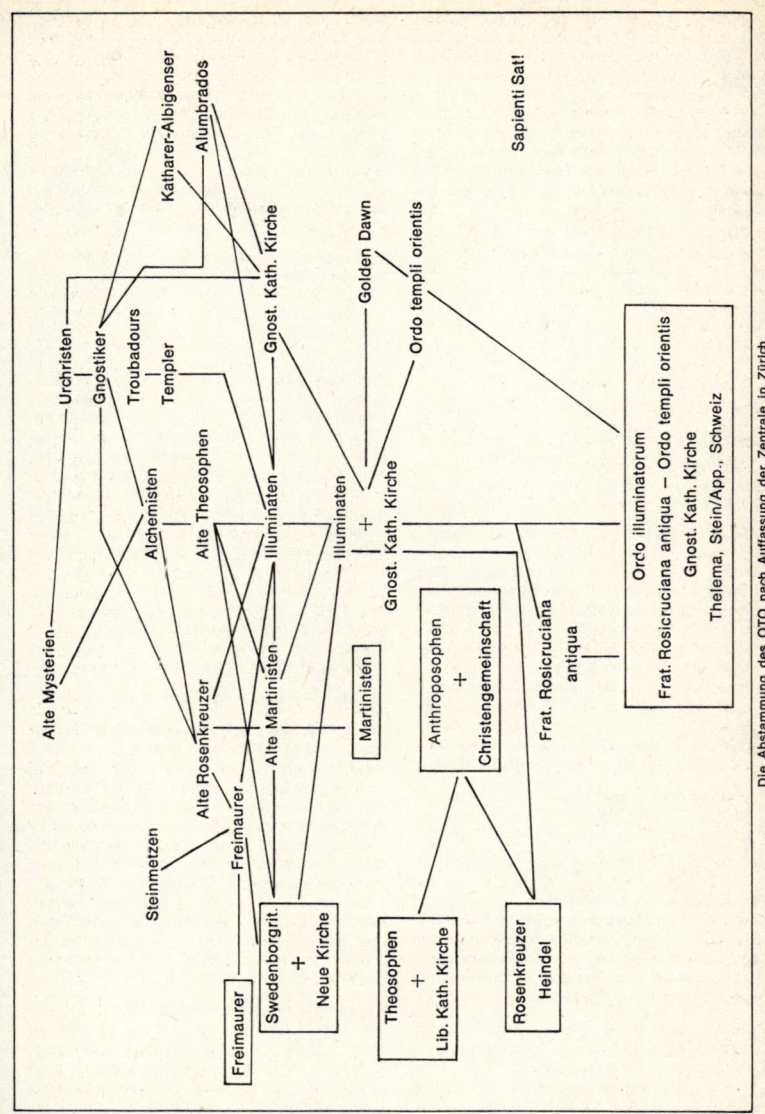

Die Abstammung des OTO nach Auffassung der Zentrale in Zürich

Sapienti Sat!

Katharer-Albigenser
Alumbrados
Urchristen
Gnostiker
Troubadours
Templer
Gnost. Kath. Kirche
Golden Dawn
Ordo templi orientis
Alte Mysterien
Alchemisten
Alte Theosophen
Illuminaten
Illuminaten
Gnost. Kath. Kirche
Steinmetzen
Alte Rosenkreuzer
Freimaurer
Alte Martinisten

Martinisten

Anthroposophen
+
Christengemeinschaft

Frat. Rosicruciana antiqua

Ordo illuminatorum
Frat. Rosicruciana antiqua – Ordo templi orientis
Gnost. Kath. Kirche
Thelema, Stein/App., Schweiz

Freimaurer

Swedenborgit.
+
Neue Kirche

Theosophen
+
Lib. Kath. Kirche

Rosenkreuzer
Heindel

Werk das „Tertium Organum", fußend auf dem Organum von Aristoteles und dem 2. Organum von ↗ Bacon. In seinem 2. Werk „Ein neues Modell des Weltalls" stellt er fest, daß es für den Menschen eine höhere Wirklichkeit geben und Zeiten gegeben haben muß, in der diese höhere Wirklichkeit leichter zugänglich war. — W.: Auf der Suche nach dem Wunderbaren; Vom inneren Wachstum des Menschen; The fourth way; Ein neues Modell des Universums, Weilheim.

Ovate, von (walisisch) ofydd = ein Mann der Literatur oder der Wissenschaft, ein Philosoph; der 1. Grad im ↗ Druidenorden.

P

Pacitius (Ps.) = Albin ↗ Grau; sein Ordensname in der Berliner Pansophia-Loge.

Pais, zuweilen die Bez. für den ↗ Stein der Weisen.

Pali, die alte Sprache von Magadha, die dem verfeinerten Sk. voranging; die Sprache des Buddha, in welcher auch die Urtexte des Buddhismus verfaßt sind. Die Kenntnis des P. ist unumgänglich erforderlich, wenn man die buddhistischen Texte verstehen will, da alle Übersetzungen nur persönliche Interpretationen des betr. Übersetzers sein können, die sich in vielen wichtigen Punkten häufig widersprechen. — Lit.: Kurt Schmidt, Pali Buddhas Sprache, Konstanz 1951; Nyanatiloka, Kleine systematische Pali-Grammatik, Breslau 1911; ders., Buddhistisches Wörterbuch, Konstanz 1952.

Palindrom, von (griech.) palin = rückwärts und dromein = laufen; Wörter, die von vorn und von hinten gelesen werden können; spielt in der Buchstabenmystik eine gewisse Rolle. ↗ Sator Arepo.

Palingenesis, von (griech.) palin = wieder und genesis = Herstellung; ein Teil der ↗ Materialisation: ein Gegenstand wird verbrannt und später aus der Asche rematerialisiert; dieser Vorgang wurde u. a. von Prof. Blacher in Riga beobachtet und beschrieben.

Palladino, Eusapia, * 1854 in den Abruzzen, † 1918 Neapel; berühmtes Medium der Jh.-Wende; bediente sich des Geistes John King, der auch mit Blavatsky arbeitete; wurde am 18. 12. 1909 in USA von einem Harvard-Psycho-

logen entlarvt, als ihr Assistent den „Geist" am Bein festhielt und dieser laut aufschrie (Spiegel 9/67); lt. Prof. Österreich ist ihr Ruhm jedoch bis zu ihrem Tode ungeschwächt geblieben; folgende Wissenschaftler befaßten sich mit E. P.: Charles Richet (Paris), das Ehepaar Curie (Nobelpreisträger), Schiaparelli (Astronom in Mailand), Flammarion (Paris), Henri Bergson (Paris). — Lit.: Prof. Österreich, Der Okkultismus im modernen Weltbild, Dresden 1921; Max Dessoir, Vom Jenseits der Seele, Stuttgart 1917 und 1920.

Pan (griech.) = all; der Naturgott, daher Pantheismus; der Gott der Schäfer, Jäger, Bauern und Landbewohner; nach Homer der Sohn von Hermes und Dryope; Erfinder der Panflöte. Bei ↗ Crowley der gehörnte und bocksfüßige Hirten- und Waldgott.

Pan-Amryta-Yoga, das Verfahren der Umwandlung des Lebenselixiers (Sk.: amrita) durch Yoga; beschrieben in der Hatha-Yoga-Pradipika, jedoch wenig bekannt, da die engl. Ausgabe von Shrinivas Iyangar (Bombay), auf die allgemein zurückgegriffen wird, die entscheidenden Verse 84—103 nicht übersetzt (weil sie angeblich obszön seien); Walter gibt in seiner Dissertation über Hatha-Yoga die lat. Übersetzung; eine deutsche Beschreibung findet sich aber auch in „Fakire und Fakirtum" von Richard Schmidt (Wien ca. 1925). — Lit.: Lus de Sayján, Pan-Amrita-Yoga, Freiburg; Dr. Henri Birven, Lebenskunst in Yoga und Magie, Zürich 1953; Prof J. W. Hauer, Der Yoga als Heilweg, Stuttgart 1932. ↗ Amrita, ↗ Vajroli.

Panazee, Panazeum (griech.) = Allheilmittel.

Panentheismus, die Anschauung, daß Gott der Urgrund alles Seins ist und auch in allem wirkt, zugleich aber auch über alles Sein hinausragt; im Ggs. dazu lehrt der Pantheismus, daß Gott und Welt ineinander aufgehen, und der Theismus, daß Gott von der Welt verschieden ist und über diese waltet. — Der P. wurde durch den Freimaurer Karl Christian Friedrich ↗ Krause begründet: „Alles ist in Gott. Gott offenbart sich in der Welt, wir leben, weben und sind in Gott, nicht Gott selbst, sondern in und durch Gott". Auch die Allbeseelung der Natur von Gustav Theodor ↗ Fechner geht auf Krause zurück.

Pansophia, Pansophie, ursprünglich der Versuch von Comenius, alle Wissenschaften in einer Enzyklopädie zu vereinigen, dargelegt in seinen Werken „Pansophiae prodromus" und „Schola Pansophiae". Verschiedene seiner Ideen wurden später in die FM übernommen, und manche führen die FM überhaupt auf Comenius zurück. Zum anderen wird zuweilen Comenius auch als Rosenkreuzer bezeichnet, obwohl hierfür keine sicheren Beweise vorliegen, wenn sich auch die Ideen des Comenius mit den Zielen der Rosenkreuzer äußerlich decken. 1925 versuchte Heinrich ↗ Tränker auf dieser Grundlage eine Bewegung zu gründen, jedoch kam zunächst nur eine Loge in Berlin zustande, welche Albin Grau ("Meister Pacitius") leitete. 1926 stellte die Loge ihre Arbeit ein, und die Mehrzahl der Mitglieder gründete die Fraternitas Saturni. Zum Programm der P. gehörte es, das „Uranuszeitalter" vorzubereiten und den Mitgliedern einen mystischen Heilsweg (unter Ausschluß der Magie) zu weisen. Von Tränker wurden die Schriften „Mystischer Glockenschlag" und „Die Pansophie der hermetischen Bruderschaft vom Rosenkreuz" (München 1923) herausgegeben; ferner erschienen 2 Zeitschriften, „Pansophia" und die „Lotusblätter", die jedoch ihr Erscheinen bald wieder einstellten. Das Gradsystem war von den ↗ Gold- und Rosenkreuzern übernommen.

Pantakel oder **Pentakel**, teils für das Pentagramm gebrauchte Bezeichnung (dann Pentakel), teils Bez. für bestimmte geometrische Figuren oder am Hals bzw. auf der Brust getragene Zeichen in der zeremoniellen Magie. Während ↗ Amulette und ↗ Talismane mehr Gegenstände des Aberglaubens sind, dienen die P. in der zeremoniellen Magie als wirk-

Universal-Pantakel

same Schutzmittel. P. in der Magie werden aus Pergament oder auch aus Blei hergestellt. Die darauf befindliche Zeichnung richtet sich nach dem magischen Verwendungszweck. P. des Pythagoras nennt sich ein 6eckiger Stern mit einem Adler auf der Apex und einem Ochsen und einem Löwen unter dem Gesicht eines Menschen. Dieses Symbol wurde von östl. und romanischen Christen, die die Tiere mit den Evangelien identifizierten, angenommen.

panta rhei (griech.) = alles fließt; Zitat von Heraklit (um 500 vZ) in seiner Lehre vom Wandel allen Seins; auch das Waschmittel Rei hat seinen Namen hiervon.

Pantheismus, die Gleichsetzung Gottes mit der Natur; bei Goethe die Gott-Natur, bei Spinoza Deus sive natura; der Begr. wird heute noch in verschiedenen anderen Bedeutungen gebraucht, wo es immer auch auf den Zusammenhang ankommt; von den Kirchen kurzweg mit Atheismus gleichgesetzt.

Päpste als Magier. Sylvester II., der sich ein Orakelhaupt machte, ähnlich dem von Albert Magnus; Thomas von Aquino zertrümmerte das Orakelhaupt, da es ihm zu viel redete. Auch die Päpste Benedikt IX., Johannes XX., Gregor VI. und Gregor VII. waren große Magier. Die Zahl der Bischöfe und unteren Priester, die den Okkultismus studierten und Experten der Magie waren, ist sehr groß.

Papus (Ps.) = Dr. Gérard Analect Vincent Encausse, * 13. 7. 1865 Corogna/Spanien, † 25. 10. 1916 Paris (Tuberkulose); das Grab ist auf dem Pariser Friedhof Père-Lachaise in der 93. Abt.; einer der bedeutendsten Esoteriker Frankreichs und Wiederbegründer des Martinismus. 1887 Mitbegründer der TG in Frankreich. Sein Ps. stammt aus dem ↗ Nuctemeron des Apollonius von Thyana (vgl. Eliphas Lévi, Dogma und Ritual der Hohen Magie, München 1927, Bd. 2, S. 301) und ist der 1. Genius der 1. Stunde, d. h. der Medizin. 1908 erhielt P. von Theodor ↗ Reuß ein Patent zur Gründung eines Souveränen Generalgroßrates des Ritus Memphis-Misraim, daher häufig hinter seinem Namen die Grade 33°, 90° und 96°. In vielen Büchern wird P. als Schüler von Eliphas Lévi bezeichnet, so bei Fritsche (Kleines Lehrbuch der weißen Magie, S. 32), bei R. H. Laars (Eliphas Lévi, der große Kabbalist und seine magischen Werke) und bei Liebstoeckl (Die Geheimwissenschaften im Lichte unserer Zeit); tatsächlich hatte P. am 11. 1. 1886 (im Alter von 21 J.) einen Brief an Eliphas Lévi geschrieben und darin um Kontaktaufnahme gebeten. Allerdings war Eliphas Lévi schon 1875 gestorben, als P. erst 10. J. alt war. Des weiteren wird von den Martinisten behauptet, P. hätte im J. 1882 von Henri Delage (d. h.

Papus

einige Monate vor dessen Tode) die Vollmachten zur Weiterführung des Martinistenordens erhalten; P. selbst, der ein immenses Werk von Aufsätzen und Schriften hinterlassen hat, sagt hierüber überhaupt nichts, so daß man diese Angabe getrost für eine Ordenslegende halten darf, die für Zwecke der ↗ Filiation erfunden worden ist. Nachdem sich P. 1890 von der TG wieder getrennt hatte, gründete er eine Art Gegen-TG auf rein esoterischer Grundlage, die „Groupe indépendant d'étude ésotérique" und verschiedene esoterische Zeitschriften, von denen die „Initiation" noch heute besteht. 1901, 1905 und 1906 war P. auf Einladung des russischen Zaren in Petersburg, um diesen in Esoterik zu unterrichten und eine Martinistenloge, der auch der Zar angehörte, zu gründen. Der Martinisten-Orden wird heute von seinem Sohn, Dr. Philippe Encausse und Robert Ambelain weitergeführt. — W.: Die Kabbala, Leipzig 1910, 1925 und Ulm 1962; Die Grundlagen der okkulten Wissenschaft, Leipzig 1926; Grundriß der synthetischen Physiologie, Leipzig 1921, 1932 und Strasbourg 1905; Die Wissenschaft der Magier, Leipzig 1896; Der Gedanke, sein Mechanismus und seine Betätigung, Regensburg 1921; Traité élémentaire d'occultisme, Paris 1954; Traité élementaire de science occulte, Paris 1888; Die 3 Grade der Johannis-Freimaurerei, in: Zeitschrift „Universala Framasona", Jg. 1922, S. 52–53, 64–66 und 76–81; Ce que doit savoir un Maître Maçon, Paris 1952. — Lit.: Dr. Philippe Encausse, Papus, sa vie, son œuvre, Paris 1932 und 1949 (in der letzten Ausgabe sind die Fehler von 1932 größtenteils behoben).

Parabrahman (Sk.), para = jenseits, jenseits von Brahma; entspricht etwa dem ↗ Ain-Soph

der Kabbalah, d. h. der Anfang des Seins vor Brahma.

Paracelsus, Philippus Aureolus — Theophrastus Bombastus von Hohenheim, * 17. 12. 1493 Maria Einsiedeln/Schweiz, † 23. 9. 1541 Salzburg (wahrscheinlich ermordet); Arzt, Chemiker und Theosoph; sein Hauptstreben war die Erfindung des Steins der Weisen oder einer Universalmedizin, wobei er manches schätzbare Heilmittel entdeckte. Einige glückliche Kuren machten ihn in weiten Kreisen bekannt; der Magistrat von Basel übertrug ihm den dortigen Lehrstuhl für Medizin. — Die Unregelmäßigkeit seines Lebens, ein marktschreierischer Scharlatanismus und die maßlose Heftigkeit, mit der er die Ärzte seiner Zeit angriff, Fehler, die ältere Biographen fast ausschließlich hervorhoben, haben lange Zeit eine gerechte Würdigung seines Strebens verhindert. Trotzdem gehört P. zu den Männern, die eine freiere und tiefere Einsicht in das organische Leben verbreitete und die Krankheit als einen lebendigen, den Gesetzen des Organismus unterworfenen Vorgang betrachteten. Große Verdienste erwarb er sich um die Heilmittelkunde und um die Belebung der Naturwissenschaften, namentlich der Chemie. P. hat sehr viel (angeblich 364 Werke) geschrieben, doch wenig drucken lassen. Die vollständigste Ausgabe seiner Schriften (darunter manches Untergeschobene!) erschien Basel 1589–1591 in 11 Bänden. — Lit.: Dr. Michael Benedict Lessing, Paracelsus, sein Leben und Denken, Berlin 1839; Franz Hartmann, Paracelsus als Mystiker, Festschrift der Gesellschaft für Salzburger Landeskunde, Salzburg 1894 (auch in Leipzig); Franz Hartmann, The Life of Ph. Theophrastus, London 1887; Franz Hartmann, Grundriß der Lehren des Theophrastus Paracelus, Leipzig 1898; Hans Carl, Hermetische Heilkunde, Sersheim 1957; Rudolf Steiner, Paracelsus; A. E. Waite, Hermetic and Alchemical Writings of Paracelsus, 1894; Franz Hartmann, Im Vorhof des Tempels; M. Kahir, Nahe an 2000 Jahre; von Freudenberg, Paracelsus und Fludd; Franz Spunda, Paracelsus; Gustav Kunze, Paracelsus und die Reform der medizinischen Wissenschaft; Will-Erich Peukert, Leben, Künste und Meinungen des viel beschrieenen Theophrastus Paracelsus von Hohenheim, Stuttgart 1943.

Parallelaspekte. Erreichen 2 Planeten die gleiche ↗ Deklination oder Breite, so sind sie im Parallel-, Deklinations- oder Breiten-Aspekt. ↗ Aspekt.

Paramahamsa (Sk.), Titel für jemanden, der die 4. Einweihung erreicht hat und sich durch gro-

Paracelsus

ßes Wissen und große Heiligkeit auszeichnet; der Titel der Sannyasis, der großen Adepten; die meisten, die heute den Titel führen, legten ihn sich selbst zu.

Paramahansa, Mahatma Guru Sri (Ps.) = Aleister ↗ Crowley als Verfasser der „8 Lektionen über Yoga".

paranormal, in der Parapsychologie die Bez. für Vorgänge, die nicht den typisch wissenschaftl. Erwartungen entsprechen.

Parapsychologie, Begriff von Max Dessoir für akademisch-wissenschaftl. Okkultismus; von (griech.) para = neben und psyche = Seele und logos = Lehre; in der Praxis eine Art Seelenkunde, die sich mit Gebieten befaßt, die jenseits des normalen Wachbewußtseins liegen, wie Hypnotismus, Ekstase, Somnambulismus, Telepathie, Exorzismus usw. Von Tischner definiert als „die Wissenschaft von den Gesamterscheinungen seelischer Fähigkeiten von Medien ohne jeden mystischen Nebensinn". Lt. Tischner gelten Mesmer und Puységur als die ersten Parapsychologen; nach C. G. Jung jedoch erst Prof. Dr. Rhine (USA). Zukunftssicher erkannte schon Schopenhauer: „Vom philosophischen Stand-

punkte aus sind unter allen Tatsachen ohne Vergleich die wichtigsten die, welche die gesamte Erfahrung dieser Art von Phänomen uns darbietet; daher sich mit ihnen gründlich vertraut zu machen, die Pflicht eines jeden Gelehrten ist." Theodor Weimann teilt die P. wie folgt ein: 1. Strahlenforschung, 2. Pendel und Wünschelrute, 3. Medialität, 4. Animalischer Magnetismus, 5. Telepathie und Hellsehen, 6. Traumleben, 7. Schlafwandeln und Levitation, 8. Somnambulismus, 9. Astralwanderung, 10. Fernwirkung und Telekinese und 11. Materialisation. — Lit.: Prof. Dr. Driesch, Parapsychologie, Zürich 1943; J. Björkhem, Die verborgene Kraft; J. B. Rhine/J. G. Pratt, Parapsychologie; Peter Ringger, Das Weltbild der Parapsychologie, Freiburg 1959; Georg Nugent Merle Tyrrell, Mensch und Welt in der Parapsychologie, Hamburg 1960; G. Krönert, Parapsychologie und Religion, 1952; Josef Kral, Der neue Gottesbeweis, Abensberg 1956; Schrenk-Notzing, Grundfragen der Parapsychologie, Stuttgart 1962; Wilhelm Bischoff, Geheimnisse der Seele, Frankfurt 1953; Hans Bender, Parapsychologie, Bremen 1953; Robert Amadou, Das Zwischenreich, Baden-Baden, 1957.

Parzifal, Parzival, der Held und Mittelpunkt des großen gleichnamigen Gedichts von Wolfram von Eschenbach; seine Sage wurzelt in einem kelt. Märchen, dessen Held von der Mutter einsam erzogen, ihr entläuft und seinen erschlagenen Vater kindlich unwissend rächt. Dies Märchen wurde im 12. Jh. mit der Sage vom heiligen ↗ Gral verbunden. Eschenbach selbst gibt an, daß die Sage arab. Ursprungs sei; Gujot von Provins hätte sie als Manuskript in Toledo gefunden. — Lit.: Wolfram von Eschenbach, Parzival; Otto Rahn, Kreuzzug gegen den Gral, Stuttgart 1965.

Pasadena, Ortschaft in Kalifornien (USA); Sitz einer ↗ Theosophischen Gesellschaft.

Passahfest (hebr.) = schonendes Vorübergehen (lt. 2. Mos. 12, 13); Name des am 1. Vollmond des Frühlings (14. Nisan nach dem jüd. Kalender) im Tempel zu feiernden Festes. In der Stiftung des Abendmahls hat Christus an die jüd. Passahmahlzeit angeknüpft.

Passe (franz.) = Durchgang; im Orden der ↗ Elus Cohens und später bei den ↗ Martinisten besondere, visuell wahrnehmbare, geheimnisvolle Zeichen, die der fortgeschrittene Kandidat individuell bei einem bestimmten Stande seiner Einweihung wahrnehmen kann.

Paßwort, ein als Erkennungszeichen, namentlich in der FM, gebrauchtes geheimes Wort, um den Zugang zu einer Loge, in der man nicht bekannt ist, zu erlangen. Die Paßwörter sind von System zu System und in den einzelnen Graden sehr verschieden, so daß man mit

Die Paßwörter des AMORC

Grad	Paßwort
Vorstufe	—
Neophyt I.	Reflektion
Neophyt II.	Maat
Neophyt III.	Maord-Maorc
Postulant	—
1. Tempelgrad	Zelator
2. Tempelgrad	Arc
3. Tempelgrad	Kay-I-Ra
4. Tempelgrad	Mathrem
5. Tempelgrad	Astro
6. Tempelgrad	Thokath
7. Tempelgrad	Regulus
8. Tempelgrad	Emineo
9. Tempelgrad	Mar
Auserwählte der 9	—
10. Tempelgrad	F. R. C.

einem P. allenfalls in Logen des eigenen Systems Einlaß erhalten kann. Zudem sind die P. der einzelnen Systeme und Grade auch in der Lit. bekannt gemacht worden, weshalb heute P. als Legitimation kaum noch in Gebrauch sind, sondern nur noch zum esoterischen Lehrgut gehören. Genauer muß man noch unterscheiden zwischen dem „Wort" eines Grades und dem eigentlichen P., sowie bei der Großen Landesloge der sogen. Losung; bei einigen Systemen besteht auch noch ein sog. Jahreswort (z. B. ↗ Droit Humain), welches von Jahr zu Jahr wechselt. — Auch bei manchen Rosenkreuzern sind P. gebräuchlich. Sincerus Renatus gibt für die Gold- und Rosenkreuzer (in: „Die wahrhafte und vollkommene Bereitung . . .") folgende P. an: 1. Grad = Ave — Frater, 2. Grad = Rosae et Aureae, 3. Grad = Crucis.

Past Master (engl.) = gewesener Meister; in der engl. FM ein Ehrengrad für ehemalige Meister vom Stuhl; zuweilen auch als besonderer Ehrengrad für andere Brüder, obwohl sie nicht Meister vom Stuhl waren; der Grad hat sein eigenes Ritual mit besonderen Erkennungszeichen. — Auch der 5. Grad im amerik. Royal-Arch-System hat diese Bez.

Patanjali, Verfasser der Yoga-Sutras, ca. 200 vZ; der 8gliedrige Pfad des P. ist das allgemeine Schema für Yoga überhaupt; in der Bhagavad-Gita ist jedoch jedes Kapitel einer besonderen Yoga-Methode gewidmet, so dem ↗ Raja-Yoga, ↗ Inana-Yoga, ↗ Karma-Yoga, ↗ Bhakti-Yoga, ↗ Mantra-Yoga usw. — Von den Okkultisten wird das Leben des P., im Ggs. zu den Orientalisten, in die Zeit 700 bis 600 vZ verlegt; auf jeden Fall war P. ein Zeitgenosse Paninis. — Lit.: Ursula von Mangoldt, So spricht das Yoga-Sutra des Pantanjali, München 1957; K. O. Schmidt, Die Wissenschaft der Seele; Alice A. Bailey, Der Yoga-Pfad; Swami Prabhavananda und Christopher Isherwood, Gotterkenntnis durch Yoga.

Patent, im Ordenswesen und in der FM Bez. für die Gründungsurkunde, die als Vollmacht gilt; bei den Hochgraden auch die Urkunde der Ernennung oder Beförderung.

Patmos (auch: Pathmos), Insel im Ägäischen Meer, zu der Gruppe der Sporaden gehörend, 20 Meilen südwestl. von Samos; heute heißt die Insel Patmo oder Patino. Auf der Insel ist ein Kloster nach dem Johannis der Offenbarung benannt, und es wird eine Höhle gezeigt, in welcher Johannis nach der Legende die Visionen der Apokalypse gehabt hat. — Seit Victor Hugo wird P. auch symbolisch für jede andere Art von Offenbarung (auch Pseudo-Offenbarung) gesetzt: „Jeder Mensch trägt sein Patmos in sich"; bei den okkulten Organisationen hat P. daher auch dialektische Bedeutung, so im Lectorium Rosicrucianum, wo es bedeutet: „Selbstgewählte Einsamkeit, d. h. einen Zustand neutralen, intelligenten Wartens auf seinen Tag des Herrn" (Dei gloria intacta, S. 24). Der Begr. P. ist auch bei den Adventisten sowie bei der ↗ EBDAR gebräuchlich, die P. als ihren geistigen Mittelpunkt ansieht. — Lit.: L. R. Conradi, Die Offenbarung Jesu; ders., Der Seher von Patmos; J. J. Neufeld, Mit dem Herrn auf Patmos, 1963.

Patriarchat, Zeitalter des Vaters, Osiriszeitalter; Ggs. von Matriarchat = Zeitalter der Mutter. Beim OTO das 2. Zeitalter, nach dem Matriarchat und vor dem ↗ Neuen Zeitalter, die 2. Stufe der Entwicklung und Verherrlichung des Todes als Faktor der Erlösung.

Paul der Venezianer, einer der ↗ Meister der TG, Chohan des 3. Strahles (↗ Strahlen); vielleicht so genannt nach Papst Paul II., * 1418 Venedig, † 1471; 1464—1471 Papst, förderte den Luxus und verfolgte die Humanisten.

Péladan, Josephin, 1850—1915; Gründer einer berühmten franz. Schule für Kabbalah und Magie; Nachfolger seines Bruders Dr. Adrien P., welcher ihm eine große hermetische Bibliothek vermachte. P. unterstützte auch Stanislas de Guaita 1888 bei der Gründung des kabbalistischen Ordens vom Rosenkreuz in Paris, brach aber schon 1890 mit diesem, um sich selbst von da an Oberster Hierarch des dritten Ordens vom kath. Rosenkreuz zu nennen und nahm sogar noch den Titel Zar (auch: Zar Merodak, nach einem der assyrischen Könige, denen er eine Tragödie „Babylon" widmete) an, starb aber 1915 ziemlich vergessen und unbeachtet. Unter seinen Büchern befindet sich ein Traité des Couleurs und ein Traité sur les Antinomies (Theorie der Farben bzw. der Widersprüche). Den Höhepunkt seiner esoterischen Tätigkeit hatte P. wohl erreicht und schon überschritten, als er am 14. 5. 1890 im Namen der Rosenkreuzer übermütig verlangte, die Öffentlichkeit und der Kardinalerzbischof von Paris sollten sich ihm unterwerfen, und der Frau Rothschild eine Exkommunikation ins Haus sandte. — W.: Finis Latinorum, München 1923; Einweihung des Weibes, München 1886; Wie man Magier wird, München 1891.

Pelikan, in symbolischen Darstellungen der wohlwollende Mensch, im Ggs. zum Adler, der einen weisen Menschen symbolisiert; P. und Adler bedeuten zusammen vollkommene Liebe und Weisheit. Im Altertum soll der P. auch ein Symbol für Christus gewesen sein.

Pelikan über dem Nest, das Abzeichen des Grades der Prinzen Rosenkreuz im ↗ AASR; auf dem Nest befinden sich 3 Junge, die vom Pelikan mit dem Herzblut aus der selbstzerfleischten Brust genährt werden, daher das Symbol der selbstaufopfernden Liebe und Barmherzigkeit. — Lit.: Rudolf Klodwig, Mythologie und Symbolik, Lorch 1933; Ubaldo Triaca, Le Livre du Rose-Croix, Paris 1950; Albert Pike, Morals and Dogma of the AASR, Charleston 1871.

Pendel, pendeln, von (lat.) pendulum = das Hängende; auch siderisches P. genannt; ein leichter Faden mit einem daran befindlichen schweren Körper. Die Deutung des Adjektives „siderisch" ist noch unsicher: entweder von (griech.) sideros = Eisen oder von (lat.) sidus = Stern. Wirkungsweise und Anwendung des P. entsprechen etwa der der Wünschelrute, vielleicht mit dem Unterschied, daß die Wünschelrute mehr im Freien und das P. mehr in geschlossenen Räumen verwendet wird. Auf diesem Gebiet existieret eine sehr umfangreiche Literatur, und auch fertige P. können im Handel bezogen werden. Handelsübliche Pendel siehe nächste Seite. — Lit.: Professor

Der Pelikan über dem Nest im Abzeichen des 18. Grades (AASR)

Dr. Moriz Benedikt, Ruten- und Pendellehre, Wien 1917; Candi (Professor Mohlenberg), Briefe an Tschü, Zürich 1948; Pierre Tressel, Die prakt. Pendelforschung; Ludwig Straniak, Die achte Großkraft der Natur; F. Dietrich, Gyromantie; Roesermueller, Der Pendel in deiner Hand; Rudolf Mlaker, Geistiges Pendeln; Spiesberger, Der erfolgreiche Pendelpraktiker, Freiburg; A. Frank Glahn, Die Pendel-Bücherei (6 Bände); Gregor A. Gregorius, Pendelmagie, Berlin; H. Jürgens, Pendelpraxis und Pendelmagie, Freiburg; E. Matthias, Die Strahlen des Menschen künden sein Wesen; Alexis Mermet, Der Pendel als wissenschaftliches Instrument, Colmar 1950; F. Dietrich, Erdstrahlen, Villach 1962; Hellmut Wolff, Siderische Pendelpraxis, Memmingen 1950.

Pentadische Lehre = ↗ Pentalogie.

Pentagramm, Fünfeck, Drudenfuß, Trudenfuß, Drudenkreuz, Alpfuß, Alpkreuz, Maarfuß, in der Heraldik Pentalpha genannt; das in einer geschlossenen Linie gezeichnete Fünfeck. Der Ursprung dieses bekannten Zeichens und Symbols verliert sich im Altertum. Unter den geheimnisvollen Zahlen und Figuren der Pythagoräer findet es sich als Zeichen der Gesundheit. Aus der Schule der Philosophen ging es in das gewöhnliche Leben über. Häufig erscheint das P. auf griech. Münzen. Eine hohe Bedeutung erhielt es auch bei den verschiedenen gnostischen Sekten, und als Sinnbild der Pentas erscheint es auf den Abraxasgemmen.

Handelsübliche Pendel

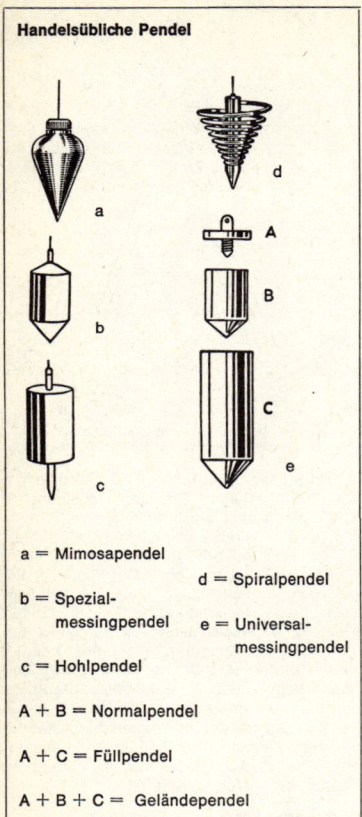

a = Mimosapendel

b = Spezial-
messingpendel

c = Hohlpendel

d = Spiralpendel

e = Universal-
messingpendel

A + B = Normalpendel

A + C = Füllpendel

A + B + C = Geländependel

Im Mittelalter wurde es bei den Zauberformeln gebraucht und sollte eine Herrschaft über die Elementargeister ausüben (vgl. Goethes „Faust" I., Beschwörungsszene). Häufig war es auch das Abzeichen geheimer Gesellschaften. Drudenfuß wurde es genannt, weil man sich seiner gegen Hexen oder Druden bediente, und noch gegenwärtig gebraucht der Aberglaube dieses Zeichen, um die Hexen von Viehställen, Türschwellen, Wiegen, Betten usw. abzuhalten. Bei den Pythagoräern waren an die 5 Spitzen 5 Buchstaben geschrieben, die „sei gesund!" bedeuteten. In der FM ist das P. zuweilen auch von Flammen eingehüllt

Pentagramme

und heißt dann „flammenden Stern". In der Esoterik ist das P. das Symbol des Mikrokosmos. Über den Gebrauch des P. vgl. Eliphas Lévi, „Dogma und Ritual der hohen Magie", München 1927, Bd. 1, S. 125–134 und Bd. 2, S. 73–79. — Lit.: Dr. H. Rudolf Engler, Die Sonne als Symbol, Zürich; Ernst Bindel, Die geistigen Grundlagen der Zahlen.

Pentagramm-Ritual, das Große — und das Kleine —, ein bei der ⚹ Goldenen Dämmerung gebräuchliches magisches Ritual, das sich sowohl für Anrufungen wie für Bannungen eignet (je nach Laufrichtung der Pentagrammlinien). Das Kleine P. ist ausführlich dargestellt in Dr. Henri Birven „Lebenskunst in Yoga und Magie" (Zürich 1953) und in Fra Peregregius „Tattwa, Hellsehen, Astralwellen" (Berlin 1959). Allerdings ist die Zeichnung für „Bannung" auf S. 92 bei Peregregius falsch: die Laufrichtung für Bannung muß genau entgegengesetzt sein. — Dr. Birven gibt dem vorurteilslosen Skeptiker den Rat anhand, das P. einmal eine Zeitlang zu praktizieren, „um den Wert des magischen Tatdenkens für die Höherentwicklung der menschlichen Persönlichkeit bestätigt zu finden". — Neben dem P. gibt es auch ein Hexagramm-Ritual.

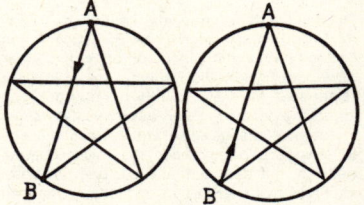

Pentagramm-Ritual
links für die Anrufung, rechts für die Bannung

Pentakel ⚹ Pantakel.

Pentalogie (Kunstwort), ein von H. Müller propagiertes psychologisches Selbst-Test-System für den Familienkreis; eingeführt 1960, als „der lebendige Plan des menschlichen Wesens mit allen seinen Kräften und Gegensätzen", geeignet „besonders für Ärzte als wertvolle Hilfe zur Diagnostik". Nach dem Prospekttext ist P. „der einzigste (!) unter all den vielen angepriesenen Schlüsseln", „für die Wissenschaft ein Mittel, systematische Grundlagen zu schaffen". P. kann sowohl durch Fernunterricht (wie AMORC usw.) als durch Selbstunterricht erworben werden. Entsprechend dieser neuen Lehre wurden für die altbekannten Begriffe neue Ausdrücke festgelegt: Karma = Folgegesetz-Folgekette, 7 Strahlen = 7 pentadische Logoi, also die Fortsetzung der Theosophie mit anderen Wörtern; daher handelt es sich um „nie veröffentlichtes Geistesgut". Im Unterrichtsmaterial werden vor allem die Zahlen 1 bis 57 erklärt und die verschiedenen Planetenkräfte (ähnlich dem Lectorium Rosicrucianum) gedeutet. — Lit.: Hans Müller, Lehrbuch der Pentalogie; ders., Das Buch Pente; Hans Schröder, Kosmos, Mensch und Pentagramm.

Pentateuch (griech.) = Fünfbuch; die 5 Bücher Moses im AT.

Pente, das Buch, Titel eines Buches von Hans Müller als Buch der Offenbarungen des Jenseits über die ↗ Pentalogie, „das Buch des göttl. Willens und Seiner-Sich-Selbst; es ist auch das Buch der Schicksale, der Schichten des Seins."

Perdurabo (lat.) = ich werde ausharren; Ps. = Aleister ↗ Crowley, sein Ordensname in der ↗ Goldenen Dämmerung.

Peregrinus, Merlin, Ps. = Dr. Herbert ↗ Fritsche; sein Ordensname im ↗ OTO.

Perfektionismus, von (lat.) perfectio = Vollkommenheit; die Vervollkommnungsfähigkeit des Menschen als Ziel alles sittl. Wollens; in diesem Sinne waren Leibnitz und Kant Perfektionisten.

Perfektionslogen, Bez. für die Logen vom 4. bis 14. Grad im ↗ AASR.

Perihelium oder Perihel (griech.) = Sonnennähe; in der Astrologie derjenige Punkt der Bahn eines Planeten oder Kometen, welcher der in dem einen Brennpunkt der Bahn stehenden Sonne am nächsten liegt. — Ggs.: Aphel = Sonnenferne; P. und Aphel zusammen heißen auch Apsiden.

Perioden, die häufig verwendete Übersetzung für den in der engl. Lit. gebräuchlichen Begriff „cycles", d. h. Zyklen. Gemeint sind in sich geschlossene Lebensabschnitte der Erde oder der Welt schlechthin. Nach buddhistischer Auffassung gibt es 4 Weltzyklen; jeder Zyklus ist gleichzeitig der Anfang des letzten, und der 4. ist wieder das Anschlußglied des ersten. Die Welt teilt also in 4 verschiedenen Lebensabschnitten, ohne eigentlichen Anfang und ohne Ende. Die Adyar-Theosophie hat die Zahl der buddhistischen Perioden aus zahlensymbolischen Gründen auf 7 aufgerundet, und da das Lectorium Rosicrucianum noch höher stehen

---

Text des Kleinen Pentagramm-Rituals

1. Berühre die Stirn und sprich: Athe[1]
2. Berühre die Brust und sprich: Malkuth[2]
3. Berühre die rechte Schulter und sprich: va Geburah[3]
4. Berühre die linke Schulter und sprich: va Gedulah[4]
5. Falte die Hände auf der Brust: le Olam[5] — Amen!
6. Wende dich gen Osten, mache ein Pentagramm und sprich: Jehovah!
7. Wende dich gen Süden, mache ein Pentagramm und sprich: Adonai!
8. Wende dich gen Westen, mache ein Pentagramm und sprich: Ehieh!
9. Wende dich gen Norden, mache ein Pentagramm und sprich: Agla!
10. Breite die Arme in Kreuzform aus und sprich: Vor mir Raffael!
11. Hinter mir Gabriel!
12. Zu meiner Rechten Michael!
13. Zu meiner Linken Auriel!
14. Denn um mich flammt das Pentagramm
15. und in der Säule steht der sechsstrahlige Stern.
16.—20. Wiederhole das kabbalistische Kreuz 1.—5.

Übersetzung der hebr. Wörter:
[1] = dein ist, [2] = das Reich, [3] = und die Kraft, [4] = und die Herrlichkeit, [5] = in Ewigkeit

---

will, werden hier gleich 12 Runden gelehrt. Eine praktische Bedeutung hat diese Lehre für den Menschen allerdings nicht, zumal er noch nicht den kleinsten errechenbaren Bruchteil einer einzigen Periode überlebt.

Persönliches Ich, zuweilen die deutsche Bez. für ↗ Kama-Manas.

Persönlichkeit, im Okkultismus und nach der Lehre von den 7 Prinzipien des Menschen die sogenannte untere Quaternität, d. h. das rein physische Wesen des Menschen, während mit Individualität mehr die höhere Triade gemeint ist. So umfaßt die P. alle Kennzeichen und das Gedächtnis eines physischen Lebens, während die Individualität das unzerstörbare Ego ist, welches sich reinkarniert und selbst in eine Persönlichkeit nach der anderen kleidet. Bei Max Heindel und Alice Bailey besteht die Persönlichkeit des Menschen aus dem physischen Körper, dem Lebensleib und dem Empfindungsleib und gehört sowohl der physischen als auch der Begierdenwelt an. — ↗ Prinzipien des Menschen, ↗ Prinzipien der Welt.

Petale (lat./griech.) = Blatt; die Blätter des Lotos, der ↗ Chakras.

Petersen, Dr. C. H., † ca. 1957 Bendestorf bei Hamburg; Nachfolger von Crowley als Großmeister des OTO und der angeschlossenen Organisationen (Abtei Thelema); im Schrifttum bekannt unter den Ps. Fra F. T. (= Frater Finis Transcendam) und Fra Kalikananda, seine Frau unter dem Ps. Sorella Kama-Rupa. P. hatte mit dem Ritual des Abramelin experimentiert und sich danach zusammen mit seiner Frau das Leben genommen. Im Nachruf der Zeitschrift „Ex oriente lux" (Nr. 35 vom Mai 1957) heißt es: „Freue dich, daß du das Leid überstanden hast. Das hast du bisher noch nicht erfahren! Ein Gott bist du geworden aus einem irdischen Menschen." P. war der Erbe der Original-Stele von Crowley, die anschließend in die Schweiz nach Stein gebracht wurde. — W.: Die Lehren des Meisters Therion — Das Gesetz des Starken, in: Zeitschrift „mensch und kosmos", Nr. 8/1954.

Peuckert, Prof. Dr. Will-Erich, bekannter Volkskundler und Kulturschriftsteller; unternahm 1960 Selbstversuche mit den sog. Hexensalben des Mittelalters und zeichnete die dadurch erzeugten Träume auf, die sich mit den Angaben der mittelalterlichen Hexen genauestens deckten; wirkte als Sachverständiger im Prozeß gegen den Verleger des 6. und 7. Buches Moses und bezeichnete das Buch als Teil der „magischen Hausväterliteratur", in der nun einmal die Denkweise des abergläubischen Menschen zum Ausdruck kommt. — W.: Geheimkulte;

Leben, Künste und Meinungen des viel beschrieenen Theophrastus Paracelsus v. Hohenheim, Stuttgart 1943; Schlesische Sagen, Jena 1924; Der Alchymist und sein Weib; Die Rosenkreuzer, Jena 1928; Pansophie, Versuch zur Geschichte der weißen und schwarzen Magie, Berlin 1956; Astrologie, Stuttgart 1960.

Peyotl (lat.: Echinocactus Williamsi), kleinwüchsiger Kaktus mit narkotischen Eigenschaften; enthält Alkaloide, von denen einige betäubend oder einschläfernd wirken; kommt in den Wüstenregionen des mexikan. Zentralplateaus und am Rio Grande vor; das in ihm enthaltene Meskalin (auch: Mescalin) ruft interessante farbige Visionen, akustische Halluzinationen und die Abspaltung des Astralkörpers hervor; für homöopath. Zwecke wird die Tinktur des Derivats Anhalonium Lewinii (Abgabebeschränkung) in den Handel gebracht. — Lit.: Aldous Huxley, Die Pforten der Wahrnehmung, München 1954; Dr. Rouhier, La Plante qui fait les yeux émerveillés: le Peyotl, Paris 1927; weitere Lit.: ↗ Drogen. — ↗ Mandragora.

Peyrefitte, Roger, * 1907, berühmter zeitgenössischer franz. Schriftsteller, der durch seinen Tatsachenroman „Die Söhne des Lichts" (Karlsruhe 1962) über die internationale FM besonders interessant geworden ist. Ohne selbst Freimaurer zu sein, hat P. damit ein tiefschürfendes Buch über die FM geschrieben, welches auch esoterisch in tiefere Gründe vorstößt als selbst die allermeisten von Freimaurern geschriebenen Bände.

Pfad, zuerst in den deutschen Übersetzungen des Buddhismus, dann allmählich auch in den Schriften des westlichen Okkultismus die bildliche Umschreibung für Schulung, Ausbildung usw. „Pfad" ist besser als „Weg", da dem Schüler außerhalb einer bestimmten Leitlinie kaum nennenswerter Spielraum zur Abweichung gegeben ist. So heißt es schon, allerdings ohne den Begriff „Pfad", in Matth. 7, 14: „Schmal ist der Weg und eng die Pforte, die zum ewigen Leben führt, und wenige sind es, die ihn finden." Bei der Einweihung in die Andreasloge der Großen Landesloge wird der schmale P. symbolisiert durch einen dunklen Gang, den der Aufzunehmende allein passieren muß. In der Anthroposophie ist „4 Pfade" die Bez. für die 4 Vorbedingungen zur Aufnahme der 3 eigentlichen Stufen der Geheimschulung des Chelas; diese 4 Pf. sind hier: 1. Konzentration, 2. Meditation, 3. Pflege des Traumlebens und 4. besinnliche Lektüre.

Pflanzenpsychologie, die Seelenkunde, die sich mit Vorgängen bei den Pflanzen befaßt, die psychologisch vergleichbar sind. — Lit.: Gustav Theodor ↗ Fechner, Nanna oder über das Seelenleben der Pflanzen, Leipzig 1848; Francé, Psychologie der Pflanze, Langensalza 1920; Becher, Fremddienliche Zweckmäßigkeit der Pflanzengallen, Leipzig 1917.

phallisch, von (griech.) phallos = Penis; alles was zum Sexualkult gehört oder von äußerlich sexuellem Charakter, wie der Hindu Lingham und Yoni, die Embleme der männl. und weibl. Zeugungskraft, welche dort überhaupt nicht die im Westen abschätzige Bedeutung haben.

Phallus (griech.) = Penis.

Phalluskult, Verehrung des Gliedes im Orient, in indischen Religionen, in Vorstellungen der Primitiven als Zeichen der Fruchtbarkeit, dem Sitz der Körperseele und dem Sinnbild der Schöpfungskraft; die Nachbildung der P. wurde beim antiken Dionysoskult als Symbol der Fruchtbarkeit verehrt; phallische Embleme, in Stein, Holz, Ton oder Metall nachgebildete Phalli symbolisieren nicht nur den Fruchtbarkeitsgott, sondern gelten vielfach als magische Kraftspender. — Lit.: Peukert, Geheimkulte; Birven, Lebenskunst in Yoga und Magie, Zürich 1953; teils auch die OTO-Lit.

Phaneg (Ps.) = G. Descormiers, † 1946; franz. Esoteriker.

Phänomen, von (griech.) phenomenon = Erscheinung; die Erscheinung im Ggs. zum „Ding an sich"; etwas zuvor Ungesehenes und rätselhaft, wenn die Ursache nicht bekannt ist; im Okkultismus besonders auf das Erscheinen von Geistern bezogen; Ph.e sind keine „Wunder" oder übernatürlichen, d. h. außerhalb der Naturgesetze liegenden Vorgänge, sondern lediglich noch ungeklärte Erscheinungen.

Phantom, von (griech.) phantasma = Erscheinung; Trugbild, Hirngespinst, Sinnestäuschung.

Phase, von (griech.) phasis = Erscheinung; in der Wellenlehre die Lage der Maxima und Minima verschiedener und getrennter Wellenzüge zueinander; Wellen mit gleicher Amplitude, aber entgegengesetzter Phasenlage löschen einander aus; in der Parapsychologie und im Okkultismus ist der Begriff wohl noch unbekannt, denn er kommt in der einschlägigen Lit. bis jetzt nicht vor; die Berücksichtigung der Phasenverhältnisse ist jedoch in den nächsten Jahren zu erwarten, da sich hierdurch eine ganze Reihe bisher ungeklärter Erscheinungen leicht deuten lassen.

Philalethes, Eugenius (Ps.) = Dr. Thomas Vaughan, * 1622, sein Rosenkreuzername; engl.

Okkultist und Feuerphilosoph, Alchemist. Gründer der Royal Society und „a great patron of Rosie Crucians"; wurde 1641 in Newcastle in die FM eingeweiht; brachte 1652 die engl. Übersetzung der Fama und der Confessio heraus.

Philippe, Meister (Ps.) = Nizier-Anthèlme Vachod, * 25. 4. 1849, † 2. 8. 1905 bei Lyon; franz. Wunderheiler, der auch an den Zarenhof gerufen wurde; ↗ Papus nannte ihn seinen geistigen Vater. — Lit.: Paul Sédir, Initiations, Paris 1908; Alfred Haehl, Vie et Paroles du Maître Philippe, Lyon 1955; Dr. Philippe Encausse, Le Maître de Lyon, Thaumaturge et Homme de Dieu, Paris 1958.

Meister Philippe

Philosophie (griech.) = „Weisheitsliebe"; ein in der vorsokratischen Schule entstandener Ausdruck für die zu allen Zeiten und in allen Kulturen hervortretenden Bemühungen zur Erkenntnis des Seienden, des Ewigen und des Vergänglichen. P. umfaßt in geordneter Schau und in schlüssigen Sätzen alles, was denkbar und erkennbar ist; praktisch eine geistige „Erkenntniswissenschaft". Da der Gesamtrahmen der P. nicht klar definiert ist, zweigen sich je nach dem Stand und Umfang von Teilgebieten der P. solche als selbständige Wissenschaften ab, wie es mit der Theologie und der Psychologie geschehen ist.

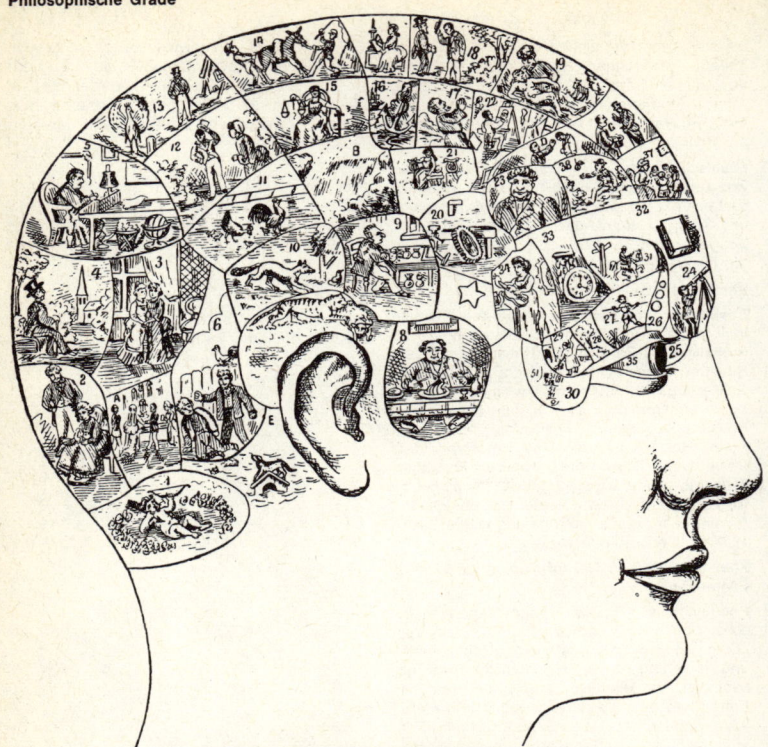

Symbolische Darstellung der phrenologischen Zonen
(aus: G. W. Gessmann, Katechismus der Kopfformkunde)

Philosophische Grade, in der Hochgrad-FM teils die Hochgrade allgemein, teils auch die Grade 22 bis 30 des ↗ AASR.

Philosophischer Stein, symbolischer Ausdruck für die Umformung der animalischen Natur des Menschen in eine höhere und göttliche; die Erlangung des ph. St., auch „Puder der Projektion", „Magnum Opus" usw. genannt, war das eigentliche Ziel der Alchemisten.

Philosophus, Name des 4. Tempelgrades im ↗ AMORC; Paßwort: Mathrem.

Phm, bei Bibelzitaten die Abk. für den Brief des Paulus an Philemon.

Phönix, der Vogel der antiken Sage, der sich alle 500 J. in seinem Nest selbst verbrennt,

um dann verjüngt aus der Asche zu steigen; bei den Alchemisten die symbolische Darstellung des Steins der Weisen, bei den alten Christen der Wiedergeburt; bei den Templern in Gestalt des Großmeisters Aumont symbolisiert.

Phönizier, das alte Volk im heutigen Küstenbereich Syriens; im AT auch Sidonier oder Kanaanäer genannt; als handeltreibendes und seefahrendes Volk waren sie die einzigartigen Kulturvermittler zwischen den Völkern; von der Religion der Ph. ist wenig Zuverlässiges bekannt; sie kannten eine männl. und eine weibl. Naturkraft, die sogar in Form der beiden Säulen beim Bau des Tempels berücksichtigt wurden. — Lit.: D. Baramki, Die Phönizier, Stuttgart 1965.

Phree Messen (angeblich: ägypt.) = Kinder des Lichts (lt. Heindel); hieraus leitet Heindel phantasievoll und ohne Vorbehalt das Wort Freimaurer ab. — Lit.: Max Heindel, Alte und neue Einweihung, Darmstadt 1963 (S. 12/13); ders., Freimaurerei und Katholizismus, Darmstadt 1965 (S. 18, 32, 81).

Phrenologie, Charakterkunde nach der Schädelform; begr. durch den deutschen Arzt Gall (1758—1828); wird von der akadem. Wissenschaft nicht zur Kenntnis genommen. — Lit.: R. R. Noel, Grundzüge der Phrenologie oder Anleitung zum Studium dieser Wissenschaft, Dresden 1842. (Siehe nebenstehende Zeichnung)

Physiognomie, auch: Physiognomik, Gesichtsausdruckskunde; Robert Fludd (* 1619) hat als erster das Gesicht in drei Zonen eingeteilt (göttlich, physisch und materiell); darauf baute später Lavater auf und entwickelte die Ph. zu einer vollständigen Wissenschaft. Seit Lavater seine „Physiognomischen Fragmente" herausgab, hat die Forschungsarbeit auf diesem Gebiet nicht mehr geruht. Lichtenberg bezeichnete das Antlitz als „die unterhaltsamste Fläche auf der Erde", und Schopenhauer sagte: „Das ist die einzige Gerechtigkeit auf Erden, daß die Gesichter wie die Menschen werden." — Lit.: Ch. Waldemar, Erfolg mit Menschenkenntnis (eine Überarbeitung einer Lavater-Arbeit); Max Picard, Grenzen der Physiognomik, Erlenbach 1952.

Physische Ebene, von (griech.) phusike = Natur; die natürliche, körperliche Welt, in der wir — von jedermann anerkannt — leben. Bei Rud. Steiner die physisch-materielle Welt, der Schauplatz aller Menschen. Die Grundebene in der siebenfachen Konstitution des Universums. Bei Heindel einfach die physische Welt genannt, die er noch in sieben Unterstufen (Regionen) unterteilt, und zwar drei chemische und vier ätherische Unterwelten. Zuweilen auch die kosmisch-dichte Ebene, bei Alice Bailey die unterste Ebene genannt. — ↗ Prinzipien der Welt.

Physische Welt, ↗ Physische Ebene.

Physisch-materielle Welt, ↗ Physische Ebene.

Physischer Körper, der allgemeine Körper der Menschen und Tiere, wie er von den Sinnen wahrgenommen wird; der elementare Körper, der nach Heindel aus den Bestandteilen der drei chemischen Regionen (feste Körper, Flüssigkeiten und Gase) zusammengesetzt ist und damit der mineralische, dem Denken entspre-

chende, seiner Aufgabe gemäß gebildete Bau; er entsteht durch Wachstum. Fortpflanzung und Wachstum hat der Mensch mit der Pflanze und dem Tier gemeinsam; die Form alles Lebendigen pflanzt sich durch Vererbung fort, Lebendiges entsteht aus Lebendigem durch den Keim; die Art wird durch die Zusammenfügung der Stoffe bestimmt. Die artbildende Kraft kann (nach Heindel) Lebenskraft genannt werden. Der ph. K. ist der Träger aller Bildungselemente des menschlichen Wesens während seiner Erdenzeit; er liefert seiner eigenen Konstitution das Skelett, die Muskeln und Verdauungsorgane samt allem Zubehör. — Bei Rud. Steiner physischer Leib genannt, in älteren Schriften (wie in der Theosophie) auch Sthula sharira. — ↗ Prinzipien des Menschen.

Physischer Leib, ↗ Physischer Körper.

Pico de Mirandola, ↗ Mirandola.

Pike, Albert, * 29. 12. 1809 Boston (USA), † 2. 4. 1891 Washington; amerikan. General, Esoteriker und bedeutendster Hochgradfreimaurer sowie Schöpfer des heutigen Rituale des ↗ AASR. P. verstand es lange vor H. P. Blavatsky, die geistigen Zusammenhänge zwischen den

Albert Pike

verschiedensten Ritus- und Kultsystemen zu erkennen und analytisch aufzuwerten. In über 200 Werken hat P. davon Zeugnis abgelegt, daß er nicht nur die klassischen Schriften des Altertums kannte und verstanden hatte, sondern auch mit den Werken der großen Esoteriker des vorigen Jahrhunderts bestens vertraut war. Pikes bekanntestes Werk ist „Morals and Dogma", aber die Bibliographie von Ray Baker Harris von 1957 mit über 100 Seiten weist noch eine Fülle anderer und zumindest ebenso wichtiger Werke auf. Pikes größtes Verdienst ist es, die Rituale des AASR zu einem geschlossenen System gestaltet und ihnen einen sinnvollen Übergang gegeben zu haben; daneben ist es P. zu verdanken, daß der AASR nach einem Siegeslauf um die Welt zu dem heute wichtigsten Hochgradsystem geworden ist. Die gesamte geistige Elite der FM bekleidet heute die Grade dieses Systems. — W.: Morals and Dogma of the AASR, 1872 (viele Auflagen und Nachdrucke); Liturgy of the AASR, 1878 (4 Bde.); The Magnum Opus, 1857; Der innere Tempel, Herodom 1870; Das Buch vom zweiten Tempel; Geheime Arbeit, o. O. und J.; The Book of the Words (Sephar H'debarim), o. O. 1878; The holy triad ... Jah: Baal-Peor, Washington 1873.

Pilgerloge (oder engl.: Pilger Lodge No. 238), deutschsprachige FM-Loge in London; gegr. 1779 von einem Freund ↗ Zinnendorfs, um die engl. FM zum christl. System der schwedischen FM zu bekehren (ohne Erfolg); dieser Loge gehörte auch Theodor ↗ Reuß an. — Lit.: A. P. Eberhardt, Von den Winkellogen, Leipzig 1914; Frederick Armitage, The Masonic Lodges of the World, London 1913.

Pisces, lat. Bez. des Tierkreiszeichens Fische.

Pistis Sophia (griech.) = Glaube — Weisheit; ein nur in koptischer Übersetzung erhaltenes spätgnostisches Buch aus dem 3. Jh., das die Schicksale der aus dem Himmel gestürzten Weisheit erzählt und in seiner Lehre von der Sünde, der Buße und dem Glauben sich der kirchlichen Auffassung des Christentums mehr als andere Gnostiker wieder nähert. — Neben dieser rein historisch-literarischen Bez. wird der Begriff auch als dialektisches Schlagwort verwendet, wobei Jakob Böhme offensichtlich ganz unschuldig als Vorbild dient. Böhme verwendet den Begriff ziemlich häufig, jedoch nur als Umschreibung für „Wissenschaft von der göttlichen Weisheit", wofür er an anderer Stelle auch Theosophia schreibt; Böhme meint damit weder die Ansicht der alten Gnostiker,

noch die heutige Theosophie, sondern einfach „die Eingebung durch die göttliche Gnade". Beim Lectorium Rosicrucianum ist P. S. ein angebliches „gnostisches Evangelium", aber es wird nirgends auf die eingangs erwähnte gnostische Handschrift und deren Inhalt wirklich Bezug genommen. H. P. Blavatsky leitet P. S. fälschlich aus dem Sanskrit ab und übersetzt „Wissen — Weisheit" (vgl. The Theosophical Glossary, Los Angeles 1952, S. 254). — Lit.: Köslin, Das gnostische System des Buches Pistis Sophia, in: Theologische Jahrbücher, Tübingen 1854; Harnack, Über das gnostische Buch Pistis Sophia, Leipzig 1891; Karl Schmidt, Gnostische Schriften in koptischer Sprache, Leipzig 1892; Amélineau, Pistis Sophia, Paris 1895.

Pitris, sehr geheime indische Sekte, ähnlich der Laghana Shastra, mit mystischen Riten und magischen Anrufungen.

Piule, Getränk aus Ololiuquisamen, deren botanische Herkunft noch nicht ganz geklärt ist; gebräuchlich bei den mexikanischen Indios; bewirkt hohe Suggestibilität und leichte Hypnotisierbarkeit.

Plagiat, von (lat.) plagium = Kinderraub; schriftstellerischer oder künstlerischer (geistiger) Diebstahl; sobald das Urheberrecht einer Veröffentlichung abgelaufen ist, können die betr. Werke beliebig ausgewertet und verwertet werden. Man unterscheidet in der Lit. P.e des Titels und des Inhalts; bei der bloßen Verwendung des Titels kann es sich auch um Unkenntnis seiner vorherigen Existenz handeln. Beispiele aus dem Okkultismus: Titel: Endres — Bischof, Mystik und Magie der Zahlen; Dessoir — Bischof, Jenseits der Seele; Fareins — Mellor, Nos Frères Séparés; Pinkow — Horneffer, Von der Säule der Weisheit; Eliphas Lévi — Bischof, Elemente der Kabbalah; Verweyn — AMORC, Meisterung des Lebens.

Plaktischer Aspekt, Ggs. zu ↗ exakter Aspekt.

Plan, von (lat.) planus = Ebene, Etage; eine Ausdehnung des Raumes oder von darin Befindlichen, sowohl im physikalischen wie im metaphysischen Sinne; im Okkultismus bez. P. den Bereich oder die Ausdehnung eines Bewußtseinszustandes oder des Wahrnehmungsvermögens einer Gruppe von Sinnen oder die Wirkungen einer besonderen Kraft oder den Zustand der Materie in bezug auf einen der genannten Aspekte. Für P. heißt es in der Lit. auch gleichbedeutend häufig: Ebene, Prinzip, Welt, Schicht, Sphäre. ↗ Prinzipien der Welt.

Planchette (franz.) = Brettchen; eine Vorrichtung zum automatischen Schreiben im Spiritismus; bestehend aus einer herzförmigen, hölzernen Platte auf drei Beinen mit Stahlkugeln an den Enden; in der Mitte der Fläche ist ein Loch, in welchem ein Bleistift steckt. Das Medium und andere Personen legen ihre Hände auf die P., worauf diese zu schreiben beginnt. — Eine P. wird auch bei den Sitzungen der „Urchristl. Kirche" (Greber-Offenbarung) benutzt.

Planeten (griech.) oder Wandelsterne, diejenigen Himmelskörper, die sich in kreisähnlichen Bahnen um die Sonne bewegen. Die P. sind an sich dunkle Körper, die von der Sonne beleuchtet und uns dadurch sichtbar werden. Auch die Erde ist ein P. Die mit bloßem Auge sichtbaren P. Merkur, Venus, Mars, Jupiter und Saturn waren schon im Altertum bekannt. Uranus wurde erst 1781 mit dem Fernrohr entdeckt, Neptun sogar erst 1846 und Pluto 1930. Außer diesen acht großen P., einschl. der Erde, bewegen sich zwischen Mars und Jupiter noch eine große Zahl kleiner P. (sog. Planetoiden). Schon im Altertum teilte man die P. (ohne die Erde) in „obere" und „untere" ein in bezug auf ihre scheinbare Stellung zur Sonne und nannte diejenige „untere", die immer nur nahe bei der Sonne zu sehen sind, „obere" diejenigen, die auch in den späten Nachtstunden am Himmel stehen. Hiernach gehören nur Merkur und Venus zu den „unteren", alle übrigen aber zu den „oberen" P. Die unteren P. können sowohl in obere wie untere ☌ Konjunktion, nie aber in ☌ Opposition, die oberen P. aber nur in obere Konjunktion, wohl aber auch in Opposition mit der Sonne kommen (☌ Aspekte). — In der ☌ Astrologie kennt man entweder sieben, neun oder zwölf Planeten, wobei Sonne und Mond nach altem Brauch nicht zu den P. zählen.

Planeten, okkulte. Um auf die Zahl 12 zu kommen, wird in der Astrologie teils der okkulte P. Vulkan oder Pluto hinzugefügt. Als 12. P. gilt dann der okkulte P. Chaos oder Sarkur. Die Zählung der P. erfolgt meist in der Reihenfolge der nebenstehenden Tafel (Planeten). Nach Auffassung der alten Astrologen ist Vulkan ein Trabant der Venus und Pluto ein Trabant des Merkur, nach noch anderer, moderner Auffassung (der Astrologen) sind Vulkan, Pluto und Chaos (Sarkur) transneptunische P. und fügen sich dem Schema genau ein.

Planetengeist, dialektischer Begriff aus der Lehre des Lectorium Rosicrucianum. „Der P. hat drei Aspekte und kann sich auf dreierlei Weise offenbaren, ebenso wie der Mensch,

Symbol	Name
☉	Sonne
☿	Merkur
♀	Venus
♁	Erde
☽	Mond
♂	Mars
♃	Jupiter
♄	Saturn
♅	Uranus (Herschel)
♆	Neptun
⛢	Vulkan
♇	Pluto
✕	Chaos (Sarkur)

Planeten und ihre Symbole

der, wie die Heilige Sprache bezeugt, zum Bilde Gottes und Gleichnis geschaffen ist. Wir können die drei Strahlen, die von dem einen Wesen ausgehen, andeuten als Wille, Weisheit und Wirksamkeit, oder als die Idee, Erläuterung der Idee und Verwirklichung der Idee, oder im Sinne der christl. Terminologie als Vater, Sohn und Heiliger Geist." Wie man sieht, handelt es sich um eine Umschreibung für die drei oberen Sephiroth der Kabbalah. — Lit.: Rijkenborgh, Dei gloria intacta, Haarlem 1953 (S. 150).

Planetengeister, nach Dr. v. Purucker vornehmlich die Statthalter oder Herrscher der Planeten; wie unsere Erde eine Hierarchie von erdplanetarischen Geistern hat, vom höchsten bis zum untersten Plan, so hat es jeder andere Planet; im Okkultismus wird der Begr. gewöhnlich nur auf die sieben höchsten Hierarchien angewandt, die den christl. Erzengeln entsprechen.

Planetenzeichen, die symbolischen Kurzzeichen für die bekannten Planeten in der Astronomie und Astrologie; die Zeichen lassen sich in bestimmte okkulte Grundsymbole zerlegen und entsprechend deuten. Die Grundzeichen sind:

· = das Prinzip
○ = der ewige Zyklus – Geist
+ = Form oder Materie
) = Intellekt

Danach werden die P. gedeutet:

Sonne	☉ =	manifestierter Geist
Mond	☽ =	Intellekt
Venus	♀ =	Stoff besiegt vom Geist
Mars	♂ =	Geist besiegt vom Stoff
Jupiter	♃ =	Stoff besiegt vom Intellekt
Saturn	♄ =	Intellekt besiegt vom Stoff
Merkur	☿ =	die Synthese von Sonne, Mond und Elementen, d. h. Stoff und Geist werden vom Intellekt besiegt

Plastikseele, allgemeine Bez. für Linga sharira oder Astralkörper in der Konstitution des Menschen; so benannt wegen ihrer Eigenschaft, jede Form anzunehmen, je nach dem erforderlichen Bild, welches aus dem astralen Licht ihr eingepreßt wird, im Geist des Mediums entsteht oder durch die anwesenden Sitzungsteilnehmer der Materialisation hervorgerufen wird.

Plato (428–348 vZ), größter griech. Philosoph und Eingeweihter der alten Mysterien; Schüler des Sokrates und Lehrer des Aristoteles. – Lit.: Schuré, Die großen Eingeweihten; Hegel, Die Philosophie Platons.

Platonisches Jahr (oder Präzession), identisch mit der Dauer eines Umlaufs der Erdachse rechts herum um einen gedachten Mittelpunkt;

die Umdrehung vollzieht sich in 25 868 J. einmal und führt zu einer ständigen Verschiebung des Frühlingspunktes unter den Fixsternen (↗ Sternbilder/Sternzeichen). Bei den alten Kulturen hatte der genaue Frühlingspunkt eine große Bedeutung. So wurden bei den Persern zur Zeit des Frühlingsvollmondes die Zwillingsgötter besonders geehrt und der Stier Apis bekränzt; bei den Juden hatte das Osterlamm und bei den Christen hatten die Fischer eine ähnliche Bedeutung aus diesem Anlaß.

Plazet, eigentlich: Placet (lat.) = es gefällt; die Zustimmung oder Genehmigung der höchsten Gremien in der FM und in anderen Orden und Vereinigungen.

Plotin, Plotinus (205–270 nZ), Begründer der neuplatonischen Schule (neben Ammonius Sakkas); es war sein Ziel, eine Religion zu finden auf der Basis der intellektuellen Abstraktion, d. h. einer Religion, der alle denkenden Menschen beistimmen können; schrieb 54 Bücher über Philosophie.

Pluralismus, das Vorhandensein und die Anerkennung einer Vielfalt von Meinungen, Auffassungen. Müller-Freienfels bez. die FM als pluralistisch, weil sie „Sinn für die Mannigfaltigkeit und Verschiedenheit der Dinge" hat; diese Feststellung ist jedoch mehr theoretischer Natur, denn die Gruppierungen der landläufigen FM beanspruchen grundsätzliche Ausschließlichkeit, d. h. bezeichnen ihr jeweiliges System als das einzig echte, und oft wird den eigenen Mitgliedern vorenthalten, daß es sehr viele und verschiedene FM-Systeme gibt. Bei den esoterisch orientierten Freimaurern, die vom Toleranzprinzip ausgehen, gilt der P. als Selbstverständlichkeit.

Plutarch (46–120 nZ), griech. Philosoph und Priester; Eingeweihter und geistiger Schüler Platos; stellte eine besondere Seelenlehre auf, die eine der Grundlagen des Spiritismus

---

Verschiebung des Frühlingspunktes im platonischen Jahr

Frühlingspunkt im Sternbild	in der Zeit von – bis	Epoche
Krebs	8000 vZ – 6000 vZ	Indien
Zwillinge	6000 vZ – 4000 vZ	Persien (Ormuzd)
Stier	4000 vZ – 2000 vZ	Ägypten
Widder	2000 vZ – Null	Juden
Fische	Null – 2000 nZ	Christen
Wassermann	2000 nZ – 4000 nZ	– ? –

ist und auch vom ↗ AMORC übernommen wurde; von P. stammt ferner die Lehre vom ↗ Nous.

Pluto, röm. Name des griech. Unterweltgottes; äußerster der 9 großen Planeten, der erst 1930 entdeckt wurde. ↗ Planeten, okkulte. – Lit.: Fritz Brunhübner, Pluto, der Planet unserer Zeit, Berlin.

Plutus, C. (Ps.) = Karl v. Brentano; Verfasser der Schrift „Liebe und Ehe astrologisch gesehen", München 1949.

P. M. C. V., Abk. für (lat.) per me coeci vident = durch mich sehen die Blinden; die Devise des ↗ Illuminaten-Ordens.

Pneumatik (griech.), nach der Einteilung des Okkultismus von Dr. Quade das Teilgebiet, welches sich mit den Phänomenen des Geistigen befaßt.

Pneumatologie, von (griech.) pneuma = Wind, Luft, Atem, Geist; die Wissenschaft von den Geistern.

Point Loma, Ortschaft in Kalifornien (USA), Sitz einer Theosophischen Gesellschaft; ab 1903 auch der Wohnort von Dr. v. Purucker.

Polarisation (lat.), eine besondere Eigenschaft der elektromagnetischen Schwingungen (Licht, Radiowellen, Röntgenstrahlen usw.), nicht zu jeder beliebig gedachten Ebene in der Strahlungsrichtung symmetrisch zu liegen. Beispielsweise wird ein unter 55° auf einen Spiegel fallender (und reflektierter) Lichtstrahl von einem 2. Spiegel nur dann reflektiert, wenn die Ebenen der beiden Spiegel parallel stehen; ein Lichtstrahl ist also nicht in jeder Hinsicht symmetrisch. Die Kenntnisse dieser Zusammenhänge sind auch für die Parapsychologie von hoher Bedeutung, wenn auch noch nicht genügend berücksichtigt, denn zum großen Teil handelt es sich um elektromagnetische oder quasi-elektromagnetische Schwingungen. – Im gewöhnlichen Okkultismus wird der Begriff auch noch wahllos für andere Begriffsinhalte gebraucht.

Polarität, das Vorhandensein zweier Punkte mit unterschiedlichem Potential; in einem geschlossenen System gleicht sich die P. nach einer gewissen Zeit aus, bis sich ein Gleichgewichtszustand ausbildet. Die Kenntnis dieser naturgesetzlichen Zusammenhänge erleichtert das Verstehen vieler okkulter Vorgänge. Die P. der Hände beim Magnetisieren, die in der Lit. häufig angegeben und zu erwarten ist, wird von Oswald Wirth (L'imposition des mains, Laval 1963) bestritten. – Lit.: Heinrich

Blendinger, Polarität als Weltgesetz, Stuttgart 1946.

Poltergeister (auch engl.: Poltergeists), störende Spukgeister. – Lit.: H. Carrington, The Story of the Poltergeists, Herbert Thurston, Poltergeister, Luzern 1955.

Pontifex maximus, von (lat.) pons = Brücke und facere = machen; der jeweils höchste der röm. Priester; später der höchste Bischof, der Papst; auch die Bez. für den 19. Grad des ↗ AASR, der Lehrstufe für Wahrheit und Fortschritt.

Portal, Spezialausdruck beim ↗ AMORC für Scheineinweihung, die der Abonnent der Monographien bei Beginn der Grade Neophyt 1, 2 und 3 mit sich selbst vornehmen muß.

Positivismus, Geisteshaltung, die nur das Positive, das mit den Sinnen Wahrnehmbare, erforschen und anerkennen will; begr. durch Hume (1711–1776); die heute in der Wissenschaft vorherrschende Ausgangsposition.

Posituren, Stellungen, namentlich im Yoga. ↗ Asana.

Postel, Wilhelm, * 1510 Frankreich; franz. Adept; reiste im Auftrage Franz I. in den Orient, um okkulte Manuskripte zu suchen. Nach seiner Rückkehr wurde er vom Klerus verdammt und der Inquisition überantwortet, aber von seinen östl. Brüdern befreit. Sein „Clavis Absconditorum" (Schlüssel zu verborgenen und vergessenen Dingen) hat ihn berühmt gemacht.

Postulant, von (lat.) postulans = Anfrage; Anwärter, Kandidat; der 5. Grad im ↗ AMORC, ein Zwischengrad nach dem 3. Neophytengrad und dem 1. Tempelgrad; von diesem Grad an setzt man hinter die Mitgliedsnummer (Kennnummer) ein „X".

Practicus, der 3. Grad der ↗ Gold- und Rosenkreuzer im 18. Jh., welche das „chaotische Electrum minerale" bereiten mußten, dessen Sinn ihnen jedoch erst in einem höheren Grade erklärt werden sollte. – Beim ↗ AMORC Bez. des 3. Tempelgrades; Paßwort ↗ Kay-I-Rah.

Präerinnerung, die „Vor"erinnerung, d. h. die Erinnerung an frühere Inkarnationen; ein großes Thema bei allen esoterischen Schulen, bei den einen als unnützlich abgewertet, bei den anderen zum besonderen Geheimnis der höher Eingeweihten gestempelt. Lt. Adyar-Theosophie tritt die P. automatisch ein, sobald man ein guter Theosoph geworden ist. Beim

Lectorium Rosicrucianum wird erklärt, daß nur die Mitglieder desselben die P. erwerben könnten, während die übrigen Menschen sich auf ein dunkles Gefühl, auf Heimweh und Sehnsucht beschränken müßten. — Für alle Übungen, die auf P. abzielen, gilt die Zeit zwischen Schlafen und Erwachen als besonders günstig.

Präexistenz, das „vorherige Vorhandensein", ähnlich der vorangegangenen Inkarnation; der Begr. P. muß sich jedoch nicht notwendigerweise (wie bei Inkarnationen) auf Lebewesen beziehen.

Präfation, von (lat.) prae = vorher und facere = machen; bei gnostischen Gottesdiensten die große feierliche Anrufung am Anfang der Messe, mit welcher der Priester die Vertreter der neun Engelsordnungen herabruft. — Lit.: Leadbeater, Wissenschaft der Sakramente.

Pragmatismus, philosophische Richtung, nach welcher jeder Mensch ein besonderes Gefühl für den Sinn des Lebens und seine Nützlichkeit hat; begr. von Peirce (1839—1914).

Präkognition, Vorherwissen, Zukunftshellsehen. — Lit.: Anton Neuhäusler, Telepathie, Hellsehen, Präkognition, Bern 1957.

Prakriti (Sk.) = Natur; Sammelbezeichnung für die verschiedenen indischen Dialekte, die dem reinen Sk. folgten; in der indischen Lit. die materielle Ursache der ersten Evolution des Universums.

Prana (Sk.), eines der Allerweltsworte des Trivial-Okkultismus ohne eine feste Bedeutung. Bei H. P. Blavatsky der 2. Körper des Menschen in der siebenfachen Konstitution, bei Annie Besant der 3. Körper, den Steiner seinerseits Astralleib, Paracelsus Archäus und Alice Bailey die Lebensessenz jeder Ebene nennt. Im Yoga ist P. der aufwärtsgehende Atem, im Ggs. zu Apana, dem abwärtsgehenden. Nach Alice Bailey hat jedes der vier Naturreiche sein eigenes P., welches von einer der vier Ätherunterebenen der physischen Ebene stammt, nämlich: das Mineralreich wird von der 1. Unterebene erhalten, das Pflanzenreich von der 2., das Tierreich von der 3. und das Menschenreich von der 4.; im Ätherkörper des Menschen sind danach die P. aller vier Unterebenen enthalten. — Lit.: Alice Bailey, Telepathie und Ätherkörper, Lorch 1960.

Pranamayakosha (Sk.), der Träger des ✗ Prana, des Lebens oder des ✗ Linga sharira.

Pranayama, das 4. Glied des Patanjali-Yoga; allgemein mit Atemzucht, von Prof. Hauer mit Atemzügelung, übersetzt.

Pranayoga, Atemyoga. — Lit.: Oswald Huber, Pranayoga, Gmunden 1956.

Pratyahara, das 5. Glied des Patanjali-Yoga; von Prof. Hauer mit Einholung der Sinne übersetzt.

Präzession, in der Astronomie die Bez. für die Verlagerung der Erdachse im Verhältnis zu den Fixsternen, wodurch eine ständige Verschiebung des (astronomischen) Frühlingspunktes eintritt. Die Bewegung vollzieht sich in 25 868 J. einmal rechts herum; dieser Zyklus wird auch platonisches J. genannt. Die Angabe Hartmanns (Astronomie, 1921), daß erst Hipparch (ca. 150 vZ) die P. entdeckt habe, dürfte wohl ein Irrtum sein, denn lt. H. P. Blavatsky war sie schon den Indern bekannt.

Prel, Freiherr Carl du, * 3. 4. 1839 Landshut, † 1899 Heiligkreuz (Tirol); bekannter philosophischer, okkulter Schriftsteller, Spiritist, Mitarbeiter von Hübbe-Schleiden in der TG und in der Zeitschrift „Sphinx". Kam 1853 in die kgl. Pagerie in München, wo er auch das Gymnasium und die Universität besuchte, trat 1859 in die bayer. Armee, nahm 1872 als Hauptmann seinen Abschied und beschäftigte sich seitdem schriftstellerisch. — W.: Oneirokritikon, der Traum vom Standpunkte des transcendentalen Idealismus, in: Deutsche Vierteljahrsschrift 1869; Der gesunde Menschenverstand vor den Problemen der Wissenschaft, Berlin 1872; Unter Tannen und Pinien, Reiseskizzen, Berlin 1876; Psychologie der Lyrik, Leipzig 1880; Die Planetenbewohner und die Nebularhypothese, Leipzig 1880; Entwicklungsgeschichte des Weltalls, Leipzig 1882; Die Philosophie der Mystik, Leipzig 1884 und 1885; Monistische Seelenlehre, Leipzig 1887; Die Mystik der alten Griechen, Leipzig 1888; Studien aus dem Gebiete der Geheimwissenschaften, 2 Bde., Leipzig 1890/91; Die Entdeckung der Seele durch die Geheimwissenschaften, 2 Bde., Leipzig 1894/95; Tatsachen und Probleme 1905; Das Rätsel des Menschen, Wiesbaden 1950; Der Spiritismus, Leipzig 1893; Die Magie als Naturwissenschaft, Leipzig 1920; Der Tod, das Jenseits, das Leben im Jenseits, Leipzig 1910; Justinus Kerner und die Seherin von Prevorst, Leipzig 1913.

Prevorst, Seherin von, = Friederike Hauffe, * 1801, † 5. 8. 1829; Försterstochter, die besondere Visionen und Halluzinationen hatte; von Justinus ✗ Kerner dann magnetisch behandelt. — Lit.: Kerner, Die Seherin von Prevorst, Stuttgart 1892; Eschenmayer, Mysterien des inneren Lebens, Tübingen 1830; ders., Das verschleierte Bild zu Sais, Leipzig 1830; Carl du Prel, Justinus Kerner und die Seherin von Prevorst, Leipzig 1913.

Prima materia (lat.), der Urzustand der Materie, aus dem alle anderen Formen der Materie sich entwickelten.

primitiv (lat.), ursprünglich, einfach; Primitiver Ritus (z. B. von ↗ Memphis-Misraim) bedeutet „ursprünglicher Ritus", d. h. der alte Ritus in seiner ersten Form.

Primordial, von (lat.) primordia = Ursprung, Anfang.

Primordiales Licht, das uranfängliche Licht im Chaos, aus welchem die 7 ↗ Strahlen und die 7 ↗ Prinzipien der Welt geboren wurden.

Principium, Prinzipium; bei Jakob Böhme die 3 Aspekte des Seins. Böhme: „Die 3 Principia sind eine 3fache Ausgeburt des göttl. Wesens. Im 1. P. ist Gott eifernd, im Menschen die Feuerseele. Das 2. P. ist Liebe und Licht; das 3. P. ist Gottes Offenbarung. Die 3 P. sind als ein Wesen, werden aber durch die 3 Centra unterschieden. Es gibt nur 2 ewige P., die 2 sind Zorn und Liebe; welchem der Mensch sich ergibt, dessen Knecht ist er."

Prinzip (lat.), der Anfang, das Erste, wovon man ausgeht; in der Logik ein solcher Ausgangspunkt des Denkens, der, während er für alles Weitere begründend sein soll, selbst keiner weiteren Begründung fähig oder bedürftig gehalten wird. Aristoteles nennt z. B. als seine vier Prinzipien: Stoff, Form, bewegende und Zweckursache. Im Okkultismus hat das Wort seit H. P. Blavatsky (in Anlehnung an Paracelsus) jedoch eine andere Bedeutung: Prinzipien sind hier bestimmte Bewußtseinsebenen oder -sphären des Menschen (↗ Prinzipien des Menschen), die ihrerseits zu bestimmten Daseinsebenen oder -sphären gehören (↗ Prinzipien der Welt). Ausgangspunkt dabei ist die Idee, daß der Mensch und die Welt nicht nur aus Materie bestehen können, wie ja auch die Kirche neben dem Körper noch den Geist und die Seele kennt, wobei der Körper nur der Träger der beiden letzteren ist. In diesem Sinne wird neben dem Wort Prinzip auch noch (bei gleicher Bedeutung) von Ebenen, Sphären, Welten, Planen (bei der Welt) und Leibern, Körpern usw. gesprochen; eine Zusammenfassung der verschiedenen Auffassungen findet sich unter den Stichwörtern ↗ Prinzipien des Menschen und ↗ Prinzipien der Welt.

Prinzip, das fünfte, das Prinzip des Denkvermögens, die Fähigkeit oder das Talent im Menschen, wodurch sich der Mensch vom Tiere unterscheidet (oder unterscheiden sollte).

Prinzip, schöpferisches, die verallgemeinernde, neutrale Umschreibung für den Gottesbegriff, besonders in der FM und namentlich im ↗ Droit Humain.

Prinzipien des Menschen (auch: Körper, Leiber des Menschen; ferner siebenfache Konstitution usw.), nach der okkulten Tradition die Gesamtheit der „Aspekte" des Menschen, in die er gemäß seinen Lebensäußerungen eingeteilt wird. Nach Plato ist die Einteilung eine dreiteilige: 1. der sterbliche Körper, 2. das unsterbliche Prinzip und 3. die gesonderte Seele, die sterblich ist; von Plato geht diese Dreiteilung über auf Paulus: Körper, Seele und Geist. Noch älter ist nur die Auffassung von der Zweiteilung zwischen Geist und Körper; in Indien war dagegen schon seit alten Zeiten eine Fünfteilung üblich. Bei den Hindus muß man sich den Menschen wie eine Zwiebel vorstellen, da man sich die verschiedenen Elemente des Menschen wie ineinandergelegte Schalen vorstellt; im Vedantasara werden diese Schalen Kosha (= Hülsen) genannt. Man unterscheidet dabei, von außen beginnend: 1. die aus Nahrung bestehende Hülse (annamayakosha), 2. die lebenshauchartige (pranamayakosha), 3. die wunschartige (manomayakosha), 4. die erkenntnisartige (vijnanamayakosha) und 5. die wonneartige Hülse (anandamayakosha). Bei Paracelsus wird grob zwischen 1. Elementarkörper, 2. Astralmensch (Evestrum) und 3. spiritueller Seele unterschieden; bei den Ägyptern (im XVIII. Dynastie, ca. 1500 vZ): 1. Khat oder Körper, 2. aufgeteilt in Ka oder der Doppelgänger und Khu oder die Intellektsubstanz, 3. Ba-ba-i oder Lichtwesen; bei Zoroaster: 1. der physische Körper, 2. aufgeteilt in Djan (bewahrt die Form des Körpers) und Seele oder Urteilskraft, 3. Akko oder das göttl. Prinzip; nach der Kabbalah: 1. der physische Körper, 2. aufgeteilt in Nephesch oder der plastische Vermittler und Ruach oder die Seele, 3. Neschamah oder der reine Geist. Bei Paracelsus will man auch (lt. Theosophie) eine siebenfache Gliederung herausgelesen haben. Die verschiedenen Systeme sind in den nachstehenden Tabellen zusammengefaßt. Da die Hindu-Philosophie von fünf Elementen, die Theosophie jedoch von sieben ausgeht, versuchte Annie Besant diesen Ggs. dadurch zu überbrücken, daß sie den Hindus erklärte, fünf wäre exoterisch, sieben aber esoterisch, womit sich die Hindus zufriedengaben. Die Siebenteilungen von H. P. Blavatsky und Annie Besant stimmen jedoch nicht überein, und zwar nicht nur nach den Bezeichnungen, son-

Max Heindel aus „Die Weltanschauung der Rosenkreuzer", Seite 54 (nach einer Idee von Dr. Rudolf Steiner)			
Die Welt Gottes	**Die 7 Welten** bestehend aus 7 Regionen	**Die 7 Stufen des Menschen**	
Die Welt der Urgeister	Diese Welt besteht aus 7 Regionen und ist der Aufenthalt der Urgeister, nachdem sie in Gott abgeteilt worden sind, ehe sie ihre Pilgerfahrt durch die Materie antreten.	Vehikel des Menschen	
Die Welt des göttl. Geistes	besteht aus 7 Regionen und ist der Ursprung des höchsten geistigen Einflusses auf den Menschen.	Göttl. Geist	
Die Welt des Lebensgeistes	besteht aus 7 Regionen und ist der Aufenthalt des 2. Teiles vom dreifachen Geiste des Menschen	Lebensgeist	
Gedankenwelt — Region der abstrakten Gedanken	die 7. Region enthält die Keimidee der Formen von Mineralien, Pflanzen, Tieren und Menschen. Die 6. Region enthält die Keimidee des Lebens in Pflanzen, Tieren und Menschen. Die 5. Region enthält die Keimideen der Begierden und Erregungen von Tieren und Menschen.	Menschengeist	**Das Ego**
Gedankenwelt — Region der konkreten Gedanken	Die 4. Region enthält die Krafturbilder und den menschlichen Intellekt. Sie ist der Brennpunkt, durch den der Geist sich in der Materie spiegelt. Die 3. Region Urtypen der Begierden und Erregungen Die 2. Region Urtypen der universellen Lebenskraft Die 1. Region Urtypen der Formen	Intellekt	**Das Zwischenglied**
Begierdenwelt	7. Region: Seelenkraft 6. Region: Seelenlicht } Anziehung 5. Region: Seelenleben 4. Region: Gefühl { Interesse Gleichgültigkeit 3. Region: Wünsche 2. Region: Eindruckfähigkeit 1. Region: Leidenschaft und niedere Begierde } Abstoßung	Empfindungsleib	**Die Persönlichkeit**
physische Welt — Äther-Region	7. Region: Rückstrahlender Äther, Gedächtnis der Natur 6. Region: Lichtäther, Mittler der Sinneseindrücke 5. Region: Lebensäther, Mittler der Fortpflanzung 4. Region: chem. Äther, Mittler der Ernährung und Ausscheidung	Lebensleib	**Die Persönlichkeit**
physische Welt — Chemische Region	3. Region: Gase 2. Region: Flüssigkeiten 1. Region: feste Körper	physischer Körper	**Die Persönlichkeit**

Die 7 Prinzipien des Menschen in der Theosophie nach den verschiedenen Darstellungen

Annie Besant

a) nach „Der Tod — und was dann?"
Seite 14

b) nach „Der Tod — und was dann?"
Seite 16

1. Atma	
2. Buddhi	die unsterbliche Dreiheit (Trias)
3. Manas	

1. Atma	
2. Buddhi	unsterblich
3. Höherer Manas	

4. Kama	
5. Prana	die sterbliche Vierheit
6. Linga scharira	
7. Sthula scharira	

4. Kama-Manas	bedingt sterblich
5. Prana	
6. Linga scharira	sterblich
7. Sthula scharira	

c) nach „Uralte Weisheit", Seite 162

(Prinzipien)   (Formen)

1. Atma	Geist	Atma
2. Buddhi	geistige Seele	Seligkeits-Körper
3. Höheres Manas	menschl. Seele	Kausal-Körper
4. Niederes Manas		Mental-Körper
5. Kama	tierische Seele	Astral-Körper
6. Linga sharira		Äther-Körper
7. Sthula sharira		Dichter-Körper

Dr. Rudolf Steiner

a) nach „Geheimwissenschaft im Umriß", 1910

b) nach „Theosophie", 1904

a)	b)
1. Physischer Leib	1. Der physische Körper
2. Ätherleib oder Lebensleib	2. Der Äther-Doppelleib
3. Astralleib	3. Der empfindliche Seelenleib
4. Ich	4. Die Verstandesseele
5. Geistselbst	5. Die geisterfüllte Bewußtseinsseele
6. Lebensgeist	6. Der Lebensgeist
7. Geistmensch	7. Der Geistmensch

(In der „Theosophie" von 1904 stehen noch zusätzlich die alten, theosophischen Bezeichnungen).

Subba Rao
(„Die Philosophie der Bhagavad Gita")

1. Sthula scharira (materieller Mensch)
2. Sukshma scharira (Astralmensch)
3. Karana scharira (geistiger Mensch)
4. Logos (göttlicher Mensch)

Dr. Franz Hartmann
(„Mysterien und Symbole", Seite 117)

1. Atma	(Geist)
2. Buddhi	(Erkenntnis)
3. Buddhi-Manas	(Verstand/
4. Kama-Manas	Mentalplan)
5. Kama	(Leidenschaft)
6. Ätherplan	(Anziehung)
7. Elementar-Reich	(vegetatives Leben)

**Die Prinzipien des Menschen nach der neueren Anthroposophie
mit wahlweiser Zählung von 3, 4, 5, 7 oder 9 Elementen**

		3	4	5	7	9
1.	Physischer Leib					
2.	Äther-Leib (Lebensleib, Bildekräfteleib)					
3.	Astral-Leib (Seelenleib)					
4.	Empfindungsseele					
5.	Verstandesseele					
6.	Bewußtseinsseele					
7.	Manas (Geistselbst)					
8.	Buddhi (Lebensgeist)					
9.	Atman (Geistmensch)					

Zählung ⟶ | 3 | 4 | 5 | 7 | 9 |

Noch andere Darstellungen

nach Paracelsus
(in der Darstellung von Hartmann, „Grundriß der Lehren
Theophrastus Paracelsus", Leipzig 1898)

1. Der elementarische, materielle, sichtbare Körper des Menschen
2. Der Archäus oder die Lebenskraft (Prana)
3. Die Mumia oder der ätherische Körper, auch Astralkörper genannt
4. Der siderische Körper oder die Astralseele
5. Die rationelle Menschenseele (Manas)
6. Der Engel (Buddhi), das erkennende geistige Prinzip
7. Der Universalgeist (Atma)

nach H. P. Blavatsky (Geheimlehre, Band 1, Seite 242)
1. Physischer Körper — Sthula sharira rupa
2. Abbild des Menschen — Astralkörper oder Linga sharira
3. Michael, das Sonnenprinzip, daher Lebensprana
4. Samael, Sitz der Leidenschaften und animalischen Begierden
5. Nephesch — Plastik-Mediator Manas
6. Ruach — Spirituelle Seele Buddhi
7. Neschamah — reiner Geist Atma

nach A. P. Sinnett
(Growth of the Soul, Seite 156)

1. physischer Körper
2. ätherisches Doppel
3. Jiva
4. astrales Vehikel
5. Manas
6. Buddhi
7. Atma

bei der ORA
1. Nous
2. Psyche
3. Soma

nach der Pentalogie
1. Vital-Leib
2. Astral-Leib
3. Intellekt-Leib
4. Intelligenz-Leib
5. Kontakt-Leib

Lectorium Rosicrucianum
1. irdischer Stoffkörper
2. Ätherleib
3. Astral- oder Begierdenkörper
4. das junge Denkvermögen
5. bis 7. die 3 Bindungen Gottes mit dem Ego, die Brennpunkte des zentralen Geistes

Die 7 Prinzipien des Menschen

nach der vereinheitlichten Einteilung der neueren Theosophie

		Sanskrit	esoterisch	Erklärung
Die niedere Vierheit (Quaternität)		a) Sthula scharira oder Rupa	physischer Körper	Der Träger aller anderen Prinzipien während des Lebens
		b) Prana	Leben oder vitales Prinzip (Ätherleib)	Ist notwendig nur für a, c, d und die Funktionen des Niederen Manas; dieses umfaßt alles, was durch das physische Gehirn bedingt ist
		c) Linga scharira	Astralkörper	Der Doppelgänger oder Phantomkörper
		d) Kama-Rupa	Sitz der tierischen Wünsche und Leidenschaften	Das ist der Mittelpunkt des tierischen Menschen, in dem die Grenzlinie liegt zwischen dem sterblichen Menschen und der unsterblichen Wesenheit
Die obere unvergängliche Dreiheit (Triade)		e) Manas — als zweifaches Prinzip in seinen Funktionen	Gemüt, Intellekt, die höhere Erkenntnis, deren Licht und Ausstrahlung, die Monade (Atma-Buddhi-Manas) mit dem sterblichen Menschen während seiner Lebenszeit	Der zukünftige Zustand und die karmische Bestimmung des Menschen hängt davon ab, ob sein Manas sich mehr abwärts zu Kama-Rupa, dem Sitz der tierischen Leidenschaften, oder aufwärts zu Buddhi neigt, dem geistigen „Ego". Im letzteren Falle wird das höhere Bewußtsein des spirituellen Strebens, des Gemütes (Manas) zu Buddhi hingezogen, das es absorbiert, um daraus das der devachanischen Glückseligkeit bestimmte Ego zu formen
		f) Buddhi	Die Geist-Seele	Der Träger des reinen universalen Geistes
		g) Atma	Geist	Eins mit dem Absoluten und dessen Ausstrahlung

dern auch nicht nach den darauf aufgebauten Lehren. Seit Rudolf Steiner sind diese Unterteilungen und Theorien noch weiter ausgebaut worden, und die Einteilung nach Rudolf Steiner hat den Vorteil, daß man wahlweise nach einer Drei-, Vier-, Fünf-, Sieben- oder Neunteilung rechnen kann, ohne sich in Widersprüche zu verwickeln. – Lit.: Johannes Fährmann, Die siebenfache Natur von Mensch und Weltall, Würzburg 1954; Franz Hartmann, Paracelsus als Mystiker; Joe Snell, Die Natur von Mensch und Weltall; Annie Besant, Der Mensch und seine Körper, Leipzig 1896; ferner fast alle größeren Werke der Theosophie, der Anthroposophie, von Heindel, Alice Bailey usw.

Prinzipien der Welt, bei v. Purucker auch kosmische Prinzipien genannt, bei anderen auch Plane, Ebenen, Lokas usw.; die verschiedenen Bereiche oder Stufen der Unterteilung der Welt nach der Lehre von der siebenfachen Konstitution; die sieben P. d. W. entsprechen sinngemäß den ↗ Prinzipien des Menschen, welche ihrerseits in den entsprechenden P. d. W. wirken oder wirksam sind. Die Bez. der einzelnen Ebenen ist je nach der Lehrart teils

Die 7 Prinzipien der Welt nach Alice A. Bailey

1. Die physische Ebene oder kosmisch dichte Ebene; unterteilt in: dichte, flüssige, gasförmige, 4. ätherische, 3. ätherische, 2. ätherische und 1. ätherische Unterebene.
2. Emotionalebene, Astralebene oder kosmisch-flüssige Ebene
3. Mentalebene, manasische oder kosmisch-gasförmige Ebene
4. Intuitionelle buddhische oder 4. kosmisch-ätherische Ebene
5. geistige, atmische oder 3. kosmisch-ätherische Ebene
6. Monadische Ebene, Anupadaka oder 2. kosmisch-ätherische Ebene
7. Göttliche Ebene, Adi, Ebene des Logos oder 1. kosmisch-ätherische Ebene

Die 7 Prinzipien der Welt nach C. W. Leadbeater

1. Physische Ebene; unterteilt in: feste, flüssige, gasförmige, ätherische, super-ätherische, sub-ätherische, sub-atomische und atomische Unterebene
2. Astralebene
3. Mentalebene, bestehend aus Arupa- und Arupa-Unterebene
4. Buddhische Ebene
5. Nirvanische Ebene
6. Paranirvanische Ebene
7. Mahaparanirvanische Ebene

Die 7 Prinzipien der Welt nach Max Heindel

1. Die physische oder Körperwelt
2. Die Begierdenwelt
3. Die Gedankenwelt
4. Die Welt des Lebensgeistes
5. Die Welt des göttlichen Geistes
6. Die Welt der Urgeister
7. Die Welt Gottes

Die 7 Prinzipien nach H. P. Blavatsky

1. Die irdische Welt der Menschen und Tiere
2. Kama-Loka oder Region des Astrallichtes
3. Devachan-Ebene
4. Maya-Ebene
5. Kumara-Ebene
6. Ebene des göttlichen Feuers
7. Noumenal-Ebene

unterschiedlich, aber die Unterschiede sind hier nicht groß wie bei den Prinzipien des Menschen. Da die einzelnen Ebenen nicht räumlich nebeneinander, sondern stets gleichzeitig vorhanden sind und sich durchdringen, spielt die Reihenfolge der Zählung eigentlich keine oder nur eine untergeordnete Rolle. Vier bekannte Systeme dieser Art sind in der nebenstehenden Tabelle dargestellt. Nähere Einzelheiten finden sich in fast allen Handbüchern der Theosophie, Anthroposophie und anderer okkulter Organisationen.

Probation, von (lat.) probare = prüfen, testen; Probezeit vor der Aufnahme in eine esoterische Gemeinschaft oder vor Erteilung bzw. Erwerb eines neuen Grades.

Proben, in den alten Mysterien war die Einweihung mit einer gewissen Prüfung, den sogen. Proben verbunden. Dies waren zum Teil seltsame, oft mit körperlichem Schmerz und mit Gefahren verbundene Feierlichkeiten, durch die man teils den Mut und Eifer des Aufzunehmenden und die Festigkeit seines Entschlusses prüfen, teils den Untauglichen zurückschrecken wollte. Sie sind in veredelter Form noch in der esoterischen FM (z. B. im ↗ Droit Humain) gebräuchlich. Man nennt diese Proben auch die Elementarproben, weil sie mit den Elementen Feuer, Wasser und Luft (jedoch nicht Erde, wie Lenning, Handbuch der FM, fälschlich angibt) verbunden sind. Bei den Logen der landläufigen FM sind diese Proben heute durch die Prüfung der privaten und wirtschaftlichen Verhältnisse des Bewerbers ersetzt worden. — Auf der 3. Stufe der Geheimschulung in der Anthroposophie werden vom Schüler 3 sogen. Proben verlangt: 1. Die Feuerprobe, 2. die Wasserprobe und 3. die Luftprobe. Diese Proben entsprechen den Elementen des ↗ Empedokles und sind der esoterischen FM entlehnt. Eine Erdprobe ist nicht vorgesehen, denn von der Erde kommt ja der Kandidat ohnehin, so daß es einer solchen Probe nicht mehr bedarf.

profan, von (lat.) pro = vor und fanum = Tempel; nicht heilig; in der FM alles, was nicht eingeweiht ist und mehr zum bürgerlichen Leben gehört. — Theaterkritiker verwenden das Wort, neben magisch, mystisch usw., neuerdings auch in ihren Zeitungsartikeln, jedoch in einem völlig abwegigen Sinne.

Prolegomena, von (griech.) pro = vor und legein = erzählen; Vorrede, Vorwort; „Prolegomena zu einer jeden künftigen Metaphysik" von Immanuel Kant ist die beste Einführung in die Metaphysik.

Prometheus, esoterisch der griech. Logos, der das göttl. Feuer (Intelligenz und Bewußtsein) auf die Erde bringt, wodurch die Menschen mit Vernunft und Geist begabt werden konnten. P. ist der Typus des Kumaras oder Egos, der sich in Menschenform inkarnierte, um aus ihnen latente Götter (anstatt Tiere) zu machen. Die richtigen Götter (Elohim) wandten sich jedoch dagegen, daß die Menschen einer der ihren werden (1. Mos. 3, 22 in wörtlicher Übersetzung: „Die Götter sprachen: Siehe, der Mensch ist geworden wie unsereiner und weiß, was gut und böse ist."). Seitdem sehen wir in jeder religiösen Legende die Götter, die den Menschen für seinen Wissensdurst bestrafen. So wurde in der griech. Mythe P., der das Feuer vom Himmel stahl, auf Befehl des Zeus an einen Felsen am Kaukasischen Meer angekettet. — Lit.: Franz Hartmann, Wie der Mensch mit schöpferischer Macht ausgestattet wird — Eine Deutung der Prometheus-Sage, Würzburg 1960.

Pronaos, von (griech.) pro = vor und naos = Tempel; ↗ profan; in unserem Sprachgebrauch ein Vorraum, Vorhof vor dem eigentlichen Tempelraum; besonders beim ↗ AMORC gebräuchlich, jedoch im Sinne von Ortsverein mit einer Mindestmitgliederzahl. — Ggs. zu P. (bei den Griechen): Opisthodomos oder Posticum.

Prophezeiungen, Voraussagen der Zukunft und insbesondere des Weltschicksals sind aus den ältesten Zeiten bekannt. Vor allem begegnen sie uns in allen alten Religionen und in Israel. Hier erscheinen diese Gottesmänner einmal als „Seher", dann als „Nebiim", was meistens mit Propheten übersetzt wird. Die letzteren erinnern am meisten an die Gottbesessenen der heidnischen Religionen, wie namentlich ihre Schilderung in 1. Sam. 10, 5 ff. und 19, 20 ff. zeigt. Sie treten in Scharen auf; beim Schall von Musikinstrumenten werden sie von ihren Entzückungen befallen, springen und tanzen, und dieser ekstatische Zustand ergreift unbeteiligte Zuschauer. So heidnisch geartet nun auch dieser Prophetismus in seinen Anfängen gewesen ist, so ist er doch zum mächtigen Hebel in der Entwicklung der Religion Israels geworden. Bei den Propheten des Mittelalters und noch später lagen meist ebenfalls religiöse Motive zugrunde, und wie man am Beispiel Swedenborg erkennen kann, sind daraus teils neue Sekten entstanden. Schließlich berufen sich auch die Mormonen und die Zeugen Jehovahs auf bestimmte Prophezeiungen ihrer Gründer. — Lit.: Marcus Varena, Gesammelte Prophezeiungen, Freiburg 1959;

Paulus Langholf, Was bringt die Zukunft? Hamburg 1959; Brown Landone, Die mystischen Meister, München 1958; Kahir, Nahe an 2000 Jahre, Bietigheim 1959; W. Schäble, Die glaubende Gemeinde in der Endzeit, Schlüsselfragen biblischer Prophetie, 1965; G. von Purucker, Die esoterische Tradition, Kapitel 34; Jeanne Dixon und Ruth Montgomery, Ich sehe die Zukunft; Alfons Rosenberg, Sibylle und Prophetin.

Psalmen, die im AT in einer Sammlung vereinigten, beim Gottesdienst, namentlich beim tägl. Opfer im 2. und 3. Tempel verwendeten religiösen Lieder des jüd. Volkes. Die Sammlung umfaßt 150 Titel, die jedoch in der griech. und lat. Bibel anders gezählt werden als in der hebr.; die Gesamtheit zerfällt in 5 Bücher, deren jedes mit einer Doxologie (Lobgesang) schließt. Einige Ps. enthalten auch bestimmte magische Formeln, die einen von den übrigen Ps. abweichenden Zweck gehabt haben müssen, so die Ps. 91, 58, 141, 59, 109, 69, 35, (Vs. 1—10), 7; für schwarzmagische Zwecke wird häufig Ps. 109 benutzt. In der engl. FM und namentlich in ihren Hochgraden spielen die Ps. eine bedeutende Rolle; schon bei den alten engl. Gilden, auf die die FM zuweilen zurückgeführt wird, hieß es: „And let each brother of common condition sing 2 psalters of psalms, one for the living and one for the dead." (= jeder Bruder soll 2 Psalmen singen, einen für die Lebenden und einen für die Toten). — Lit.: Nicolaj Nicolsky, Spuren magischer Formeln in den Psalmen, Gießen 1927; Claus Westermann, Abriß der Bibelkunde, Stuttgart 1962.

psi, Faktor, sowohl als griech. Buchstabe Ψ, aber auch in lat. Umschrift psi in der Parapsychologie als Bez. das ungeklärte Etwas, worauf die okkulten Phänomene beruhen; wurde von den brit. Wissenschaftlern Dr. Thouless und Dr. Wiesner bei der Untersuchung der ↗ Telekinese und allgemein in der ↗ ASW vorgeschlagen; meist kann psi mit psychisch oder parapsychisch übersetzt werden.

Psi-Kartentest, ↗ Rhine.

P-Strahlen, frühere Bez. für die Strahlen oder Kräfte des Pendels. — Lit.: Friedrich Kallenberg, P-Strahlen, das Neuland des siderischen Pendels, Leipzig 1920.

Psychagoge, von (griech.) psyche = Seele und agein = führen; ein Psychologe, der sich um die Weiterentwicklung der ihm anvertrauten Personen bemüht; Erzieher, Arzt, Wohlfahrtspfleger, der nach psychologisch durchdachten Methoden vorgeht.

Psyche (griech.) = Schmetterling, von psychein = atmen und schlagen; heute: die tierische, irdische Seele, der untere Manas; Ggs.: Körperseele. Bei den Griechen und Ägyptern war der Schmetterling Symbol der Seele, woraus sich auch die Wortableitung erklärt. In der Andreas-Loge der Großen Landesloge von Deutschland wird das Symbol des Schmetterlings jedoch fälschlich mit „Wandlung" gedeutet und dem der Heuschrecke gleichgesetzt. Nach der Lehre der ↗ ORA ist Ps. die astrale Hülle, eine Art ätherisches Ebenbild und stammt vom Mond; Ggs.: ↗ Nous.

Psychik, nach der Einteilung des Okkultismus von Dr. Quade dasjenige Teilgebiet desselben, welches sich mit den okkulten Eigenschaften und Erscheinungen der Seele befaßt.

psychisch, auf die ↗ Psyche bezüglich; bezeichnet u. a. jedes Phänomen mentaler Art. z. B. Mediumschaft, höhere Empfindlichkeit, hypnotische Empfänglichkeit, inspirierte Prophetie, einfaches Hellsehen im Astrallicht und wirkliche göttl. Sehergabe, kurz, das Wort deckt jede Phase und Darstellung von Kräften und Fähigkeiten der menschlichen und göttl. Seelen.

psychische Fähigkeiten und Kräfte, allgemein die Umschreibung für „okkulte" Kräfte und Fähigkeiten, die der Durchschnittsmensch nicht besitzt. Bei Dr. von Purucker die niedersten Kräfte der Zwischen- und Seelennatur, wozu er Gefühlsleben, Empfindungen und Gedanken zählt.

Psychoanalyse (griech.) = „Seelenzerlegung"; die von Sigmund Freud begründete und auf den Lehren Buddhas beruhende Lehre von der Deutung, Ermittlung, Klärung und dem Bewußtmachen unbewußter Vorstellungen, um die ursächlichen Hintergründe zahlreicher nervöser, hysterischer, aber auch sonstiger Leiden aufzuspüren und heilmäßig zu beeinflussen. — Lit.: Leo Kaplan, Das Problem der Magie und der Psychoanalyse, Heidelberg 1927; James Drever/W. D. Fröhlich, Wörterbuch zur Psychologie, München 1968.

Psychodynamik, Seelenkraft, Seelenstärke, Innenkraft.

Psychographie, Schreiben unter dem Diktat oder dem Einfluß der eigenen Seelenkraft; in diesem Sinne zuerst von den Theosophen eingeführt im Zusammenhang mit den Meisterbriefen und der Geheimlehre von H. P. Blavatsky. Von den Spiritisten später übernommen, um damit das Schreiben der Medien unter dem Einfluß oder der Anleitung von rückkehrenden Geistern zu bezeichnen.

Psychokinese (oder Telekinese), von (griech.) psyche = Seele und kinein = bewegen; physikalische Beeinflussung der Umwelt ohne ersichtliche physikalische Ursache, durch bloßes, meist unbewußtes Denken oder Wünschen. Telekinese bezieht sich auf solche Bewegungen, wenn es sich um eine nennenswerte Entfernung, die überbrückt wird, handelt.

Psychokopisten, Hellseher, die sich mit Vorliebe der Handschrift als ↗ Induktor bedienen, um ihre Aussagen zu machen. Viele Graphologen arbeiten heute nach diesem Prinzip, das dann zuweilen als Metagraphologie bezeichnet wird.

Psychologie, im engeren Sinne die Seelenkunde, die Lehre vom Seelischen, von den seelischen Vorgängen, vom Seelenleben. Aristoteles, auf den die P. zurückgeführt werden kann, bezeichnete das Seelische als Grundlage für alle Lebensäußerungen, praktisch als die 1. Entelechie. Erst bei Descartes richtete sich die P. auch auf das bewußte Leben. Im Sprachgebrauch ist der Begriff P. erst seit dem 17. Jh. Früher wurde unter P. schlechthin die Wissenschaft von der Seele verstanden, was jedoch dem heutigen Sprachgebrauch nicht mehr entspricht. Mit angewandter P. bezeichnet man die Benutzung der P., um Kulturerscheinungen zu deuten bzw. zu gestalten, wie es z. B. in der modernen Werbung geschieht.

Psychometrie, wörtlich: psychische Messung; genauer die Registrierung der mit den psychischen Abläufen verbundenen objektiven Sachverhalte oder Tatbestände (Denkverlauf, Gefühl, Leistung, Zeit usw.). Im Okkultismus ein Hellsehen stofflichfixierter seelischer Engramme (Niederschläge) sowie die Fähigkeit, aus vorhandenen Gegenständen (Induktoren) die Geschichte des Objektes selbst oder von dessen Besitzer abzulesen; gewissermaßen ein Lesen oder Sehen ohne Inanspruchnahme der Augen, sondern durch eine innere Sicht. Der Ausdruck P. wurde von dem Amerikaner J. Rh. Buchanan 1849 geprägt.

Psychophysik, von Gustav Theodor ↗ Fechner geprägter und in der Lehre von W. Wundt ausgebauter Begriff; die Lehre von den Wechselwirkungen zwischen Leib und Seele (Reiz, Reaktion, Empfindung), insbesondere der Zusammenhang zwischen den Sinnesreizen und den einhergehenden Sinnesempfindungen. Schließlich wurde für diese Zwecke auch eine eigene Meßmethode entwickelt, die besonders bei den Untersuchungen über Sinneswahrnehmungen zur Anwendung kommt. Mar-

tin Erler gab die P. als Ziel des ↗ AMORC bei dessen Registrierung am Amtsgericht München an.

Psycho-Physiognomik, zuweilen die Umschreibung für Carl Huters Charakterkunde nach Kopf- und Gesichtsform. — Lit.: Amandus Kupfer, Grundlagen der Menschenkenntnis.

Psychosophische Gesellschaft, die profane Briefkastenanschrift des OTO, des Illuminatenordens und der angeschlossenen Organisationen in Zürich; 1956 hieß die Anschrift noch: Genossenschaft Psychosophia; verlagsmäßig wird die Arbeit der früheren Thelema Verlagsgesellschaft von Martha Küntzel weitergeführt.

Psychurgie, Kunst der Lenkung der psychischen oder seelischen Kräfte des Menschen; entspricht etwa dem heutigen Begriff der angewandten Psychologie.

P. T. S., Abk. für (engl.) President of the Theosophical Society = Präsident der TG; wird ähnlich den engl. akademischen Graden hinter den Namen gesetzt.

Punkt im Kreis, eines der ältesten Symbole der engl. FM; in seiner esoterischen Bedeutung der 1 nichtmanifestierte Logos, der auf der unendlichen und uferlosen Weite des Raumes erscheint, dargestellt durch den Kreis.

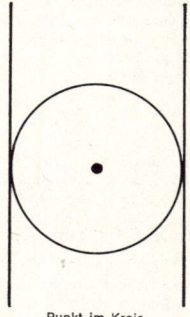

Punkt im Kreis

Es ist die Ebene der Unendlichkeit und der Absolutheit. Dies ist allerdings nur eine der zahllosen Deutungen dieses Symbols, welches das allerwichtigste aller geometrischen Figuren in der metaphysischen Emblematik ist. — In der engl. FM wird allerdings der Punkt zu einem „einzelnen Bruder" umgedichtet, dessen Pflichten gegen Gott und den Menschen durch den Kreis begrenzt werden. Später hat man noch 2 senkrechte Linien hinzugefügt, die Johannes den Evangelisten und Johannes den Täufer darstellen sollen, um „dem Bruder beizustehen".

Puraka (Sk.) = Einatmung; das Einziehen der Luft bei Yoga-Übungen.

Purana, Puranas (Sk.) = Dinge der Vergangenheit; heilige Sk.-Dichtungen, welche sich vorwiegend mit der Schöpfung, Zerstörung und Wiedergeburt der Welt befassen, sowie die Genealogie und Taten der verschiedenen Götter, Helden und Fürsten enthalten.

Purifikation (lat.) = Reinigung; in der zeremoniellen Magie der Teil des Rituals, der der eigentlichen ↗ Konsekration vorangeht und zunächst eine neutrale, gereinigte Atmosphäre schafft; in diesem Sinne auch bei kirchlichen Riten gebräuchlich; nicht nur der Tempelraum unterliegt der P., sondern auch alle Gegenstände, die für magische Zwecke benutzt werden. Bei der P. trägt der Magier eine weiße Robe und die Pantakel. Er entzündet die Kerzen und spricht die Purifikationsformel. Dann nimmt er das Weihrauchgefäß und trägt dasselbe, auf- und abschwingend, um den zu reinigenden Platz. In der Alchemie heißt P. die Reinigung oder Verschönerung der Körper (physisch, ätherisch, emotional und mental) durch Befolgung der Gesetze der Selbstdisziplin und des Geistes. Der sogen. Probepfad ist der Pfad der P. — Im Andreas-Tempel der Großen Landesloge ist P. einer der aus den Schriften von Johann Arnd („4 Bücher vom wahren Christentum") übernommenen Begriffe und entspricht etwa der alchemistischen Auffassung.

Purpur, die besondere Farbe einiger engl. Hochgrade und deren Bekleidung; auch die Farbe der Bekleidung der Großbeamten der engl. Großloge. Bei der Ostkirche symbolisch für das Göttliche, bei den alten Juden die königl. Farbe.

Purucker, Dr. Hobart Lorenz Gottfried von, * 15. 1. 1874 Suffern (USA), † 27. 9. 1942 Covina (USA); verbrachte die Jugend mit seinen Eltern in Genf, Rom und Straßburg; studierte Lat., Griech., Hebr., Alt-Engl., Sk., Engl., Franz., Deutsch, Ital., Span. und Portug.; kam mit 18 J. nach USA, traf 1894 in San Diego mit William Quan ↗ Judge, dem Führer der TG (als Nachfolger von H. P. Blavatsky bzw. Vorgänger von Katherine Tingley) zusammen; kehrte 1895 nach Genf zurück, wo er Katherine Tingley traf, als diese ihre 1. Weltreise

Dr. G. v. Purucker

unternahm; ab 1903 in Point Loma/USA im Internationalen Hauptquartier der TG tätig; seit 11. 7. 1929 Nachfolger von Katherine Tingley als Präsident der TG; startete 1930 eine weltweite theos. Bruderschaftsbewegung mit dem Ziel, die zahllosen, zerstrittenen theos. Gesellschaften wieder zu vereinigen. In diesem Zusammenhang lud P. Annie Besant und Charles Leadbeater zur 100-Jahr-Feier des Geburtstages von H. P. Blavatsky nach Point Loma ein. Zunächst sagte Besant begeistert zu und schlug sogar die Zusammenarbeit bei einer Neuherausgabe der Werke Blavatskys vor. Als dann P. konkrete Vorschläge unterbreitete, bezeichnete sie jedoch diese als einen Angriff auf sich und Leadbeater und sagte kurzerhand ab. — W.: Theosophisches Wörterbuch, Stuttgart 1949; Goldene Regeln der Esoterik; Lebensfragen im Lichte esoterischer Weisheit; Dialoge; Wer war Jesus?; Die esoterische Tradition; Theosophy and modern science, 1929; Occult Glossary, 1933; The masters and the path of occultism, Pasadena; Studies in occult philosophy, Pasadena. — Lit.: Arthur L. Conger, Dialogues of G. de Purucker, Pasadena.

Purusha, in der indischen Lit. im Sinne von Geist, Allgeist gebraucht.

Pymander, der göttl. Gedanke, das göttl. Licht oder das personifizierte ↗ Nous, welches dem Hermes Trismegistos erscheint.

Pyramiden, die auf einer quadratischen Grundfläche vierseitig aufgebauten, spitz zulaufenden Grabgebäude der alten ägypt. Könige. Die meisten und größten P. befinden sich in Unterägypten auf der Westseite des Nils in der Höhe von Kairo bis zum Fajum. Hier sind noch Spuren von mehr als 65 P. zu finden. Jede P. war zum Grabmal eines Königs bestimmt, einige kleinere auch für Familienangehörige. Der Brauch, solche P. zu errichten, hört 2000 vZ auf. Die beiden größten P. sind die von Cheops und die des Chefren aus der 4. Dynastie. Alle P. sind mit ihren Seiten genau nach den Himmelsrichtungen orientiert. In die P. und ihre Konstruktionen sind sehr viel Geheimnisse hineingedichtet worden, von denen sicher nur ein kleiner Teil seine Berechtigung hat. Die Lit. über die Deutung der P. ist daher sehr umfangreich, wobei aber jeder neuere Schriftsteller meist auf seine Vorgänger zurückgreift. — Lit.: Ernst Bindel, Die ägyptischen Pyramiden als Zeugen vergangener Mysterienweisheit, Stuttgart 1957 und 1966; Waldemar Blankhorn, Die Pyramiden als Kultstätten, Buenos Aires 1952; O. Muck, Cheops und die große Pyramide, Olten und Freiburg 1958; F. C. Endres, Mystik und Magie der Zahlen, Zürich 1951; Brown Landone, Die mystischen Meister; Bothwell-Gosse, Magic of the Pyramids, 1915.

Pythagoras, ca. 582—500 vZ; der berühmteste der für den Okkultisten interessanten Philosophen; er bereiste die ganze damals bekannte Welt und studierte (angeblich) bei den Brahmanen esoterische Wissenschaften, Astronomie und Astrologie in Chaldäa und Ägypten. Nach seiner Rückkehr ließ er sich in Crotona nieder, wo er eine Gelehrtenschule gründete. P. lehrte als erster das heliozentrische System und war der größte Kenner der Geometrie seines Jh.; auf P. soll auch das Wort „Philosoph" zurückgehen. P. soll schon die ↗ Reinkarnation gelehrt haben, wie sie der Buddha verkündete. Die historisch glaubwürdigen Nachrichten sind allerdings sehr spärlich, obwohl die Existenz eines P. von niemandem bezweifelt wird. Nach den indirekten Berichten stammte P. aus Samos. Er selbst hinterließ nichts Schriftliches, und von den Niederschriften der Mitglieder der pythagoräischen Schule, die nicht sehr lange bestand, sind nur noch Fragmente vorhanden. In der FM wird zuweilen eine geistige Stufenfolge gegeben: Hiram Abif — Pythagoras — Christus — de Molay. — Der bekannte Lehrsatz des P. ist eigentlich der 47. Satz des Euklides. In der FM dient die zeichnerische Darstellung dieses Lehrsatzes als Abzeichen der ehemaligen Meister vom Stuhl, obwohl die gesamte Lit. keinen einzigen Hinweis auf die Bedeutung dieses Symbols enthält; führende Esoteriker haben sogar ihr Unvermögen bekundet, dieses Symbol zu deuten. Die Bedeutung ist: Ein Symbol des Todes für die Wahrheit und für deren Überleben trotz des Todes. — Lit.: Schuré, Die großen Eingeweihten; Hermann Kissener, Die Logik von Buchstabe und Zahl, München; Ernst Bindel, Pythagoras, Stuttgart 1962.

Der Lehrsatz des Pythagoras
im Abzeichen des Past-Masters der FM

Q

Q, Abk. für Quintil, ↗ Aspekte, schwache.

Qabbalah, die den hebr. Buchstaben etwas näherkommende Schreibung für ↗ Kabbalah.

Qliphoth, auch: Q'lippoth oder Klippoth (hebr.), in der Kabbalah die Welt der Dämonen oder Hüllen; die Wohnstatt von Samael, dem Fürsten der Dunkelheit.

Quade, Dr. chem. Fritz, * 1. 3. 1884 Stettin, † 21. 2. 1944 Bad Pyrmont; Chemiker, Patentanwalt, Okkultist, Vertreter des magischen Idealismus; 1933 Vorsitzender der „Deutschen Gesellschaft für wissenschaftlichen Okkultismus"; befreundet mit Dr. Herbert Fritsche; nach Dr. Fritsche „der wohl kenntnisreichste deutsche Jenseitsforscher". — W.: Die Jenseitigen, Berlin 1919; Wunder, Werden, Wider-

sacher, 1958; Die Erde als Schule; Die Natur-
ordnung; Die Überwelt und wir; Die Befragung
der Jenseitigen, Pfullingen ca. 1921. — Lit.:
Roesermueller, Die Praxis des Jenseitsverkehrs, Freiburg 1951 (nach den Forschungen
von Dr. Quade).

Dr. Fritz Quade

Quadrate, magische, ↗ Magische Quadrate.

Quadratur ↗ Aspekt.

Quadrivium, von (lat.) quadrivius = „4 Wege
habend"; Ausdruck der Scholastiker während
des Mittelalters, um die letzten 4 Pfade des
Lernens zu bezeichnen, wovon es ursprünglich 7 gab. Grammatik, Rhetorik und Logik
wurden Trivium (3 Wege) genannt, während
Arithmetik, Geometrie, Musik und Astronomie
(d. h. die obligatorischen pythagoräischen
Wissenschaften) als Q. bezeichnet wurden. —
Die 7 Wissenschaften kommen noch in der
Symbolik der engl. und franz. FM sowie in
der des ↗ Droit Humain vor.

Quartam Monarcham (lat.), die 4. Monarchie;
in der ↗ Fama Fraternitatis das Deckwort für
die Zeit von 1305—1377, als es keinen Papst in
Rom gab. Historisch kennt man 5 große Mon-
archien der alten östl. Welt: Chaldäa, Assyrien,
Medien, Babylonien und Persien.

Quaternität (lat.) = Vierheit; die ersten
4 Körper des Menschen. ↗ Triade, ↗ Prinzipien des Menschen.

Quatuor Coronati (lat.) = die gekrönten Vier;
die kath. Schutzheiligen der alten Steinmet-
zenverbände (Feiertag am 8. 11.). Die Q. C.
waren allerdings nur auf dem Kontinent be-

kannt, während in England an ihre Stelle Johannes der Evangelist (zuweilen auch der Täufer) trat. Von den Q. C. rührt die diesbezügliche
Legende, die bis etwa ins 5. Jh. zurückverfolgt
werden kann. Danach arbeiteten 4 Steinmetzen, nämlich Claudius, Castorius, Simphoria-
nus und Nicostratus, zu denen sich noch ein
fünfter, Simplicius, gesellt, in Pannonien für
den Kaiser Diokletian. Nachdem sie ein Stand-
bild des Sonnengottes angefertigt hatten,
wünschte der Kaiser von ihnen ein Bildnis des
Gottes Asklepios (Äskulap). Sie weigerten sich
jedoch und gaben vor, daß sie einem Menschen kein Götterbild anfertigen wollten; darauf wurden sie vom Kaiser zum Tode verurteilt und in der Donau ertränkt. In der alten
Steinmetzenordnung von Straßburg sind sie
1459 wie folgt erwähnt: „Im Namen des Vaters,
des Suns und des hl. Geistes und der würdigen Mutter Marien und auch ir seligen Diener,
der Heiligen Vier gekrönten zu ewigem Gedächtnis angesehen." — Lit.: Prof. Dr. Karl
Demeter, Die Legende von den „4 Gekrönten",
Hamburg 1961.

Quibus licet (lat.) = „dem es erlaubt ist";
die monatliche schriftliche Beichte im Illuminaten-Orden, übernommen auch vom ↗ OTO.
Jedes Mitglied muß monatlich einen geheimen
persönlichen Bericht abfassen und an die Or-
densoberen einsenden. In den alten Regeln
sollen im Q. L. die persönlichen Fortschritte
im Orden, der Charakter irgendeiner dritten
Person und Beobachtungen über evtl. Feinde
des Ordens ausführlich dargestellt werden.
Wenn die Mitteilungen besonders geheim
sind, schreibt man auf den Umschlag „soli",
aber sollen selbst die unmittelbaren Vorgesetzten den Inhalt nicht erfahren, „primo". —
Lit.: Zeitschrift „Oriflamme", Nr. 93 (v. 22. 11.
1968).

Quimby, P. P., 1802—1866; ein Geistheiler, auf
den ↗ Neugeist seinen Ursprung zurückführt;
in der geschichtl. Entwicklung stellt Q. die
Brücke zwischen ↗ Mesmer und den heutigen
Geistheilern dar. Seine Tätigkeit setzt etwa
1840 ein; von ihm zweigte sich seine Schülerin
Mary ↗ Baker-Eddy ab, die später die Christian Science gründete; ein Schüler war Evans,
der ab 1863 auftrat und oft als der erste Neu-
geist-Autor bezeichnet wird; ab ca. 1880 kam
noch Dr. Horatio W. Desser hinzu.

Quinkunx, von (lat.) quinque = 5 und uncia
= 1/12, also = 5/12; ↗ Aspekt(e).

Quintscher, Rah-Omir (Ps.) = Wilhelm Quintscher; auch unter dem Ps. Ophias und Cha-
kum Kabbalit bekannt; okkulter Schriftsteller

und geistiger Vater von Franz Bardon. — W.: Enthüllte Archive geheimer Wissenschaften; Denurische Schriften, Bd. 1—12, Memmingen 1928.

Quintil, 1/5-Schein. ⤤ Aspekte, schwache.

François Rabelais

R

R, in der Astrologie die Abk. für Retrogradität = scheinbares Rückwärtslaufen eines Planeten.

R. A., Abk. für (engl.) ⤤ Royal Arch = königl. Gewölbe; ein in England sehr populärer Hochgrad der Vereinigten Großloge; in England ist der R. A. der 4., in Schottland der 6., in Irland der 5. und in Deutschland (bei der VGL) der 7. Grad; beim ⤤ Droit Humain (in Deutschland) ist der R. A. ein Seitengrad des 3. Grades.

Rabbi, Rabbiner, ursprünglich die Lehrer der geheimen Mysterien, der Kabbalah; später wurde jeder Levite der Priesterkaste Lehrer und damit R.

Rabelais, François, * ca. 1494 La Devinière/ Frankreich, † 1553; berühmter franz. Humanist und Schriftsteller; zuerst Benediktiner, dann Arzt und Professor der Anatomie, zuletzt Pfarrer in Meudon bei Paris. R. wurde am meisten bekannt durch seine beiden Werke Gargantua und Pantagruel. Von R. stammen auch die 3 Grundfragen des frmr. Rituals: Woher kommst du? Wohin gehst du? Was bringst du? Außerdem geht die Idee der Abtei Thelema von Crowley auf R. zurück. — W.: La vie très horrifique de Gargantua, père de Pantagruel, 1534; Pantagruel, roi des Dipsodes, 1532. — Lit.: Paul Naudon, Rabelais franc-maçon, Paris 1954.

Rachamim (hebr.) = Barmherzigkeit; andere Bez. für ⤤ Tifereth. ⤤ Sephiroth.

Rache-Geschehen, dialektischer Ausdruck des ⤤ Lectorium Rosicrucianum für ⤤ Karma.

Rad der Dialektik, dialektischer Ausdruck beim ⤤ Lectorium Rosicrucianum, womit dort, obwohl sprachlich unhaltbar, die Aufeinanderfolge von Geburt, Tod und Reinkarnation bezeichnet wird; mit ⤤ Dialektik hat das jedoch nichts zu tun.

Radiästhesie (lat./griech.) = Ruten- und Pendelkunde.

Radscha-Yoga, deutsche Schreibung für ⤤ Raja-Yoga.

Ragon, Jean-Marie, * 25. 2. 1781 Bray-sur-Seine/Frankreich, † 22. 3. 1862 Paris; bedeutender franz. Esoteriker, Freimaurer und Historiker der FM. Wurde 1813 Freimaurer, 1814 Staatssekretär im Innenministerium, gab 1818/ 1819 die esoterische Zeitschrift „L'Hermès" heraus. Unter dem Ps. Chevalier Marie de Vénise schrieb er ein Buch über die Neo-Templer. R. war ein großer Symbolist und versuchte, die FM auf ihre ursprüngliche Unverfälschtheit zurückzuführen; hierzu gründete er die Gesellschaft der Trinosophen, die jedoch keinen allzu langen Bestand hatte. Nach einem Gerücht soll er auch eine Reihe Papiere des Grafen Saint-Germain besessen haben, aus denen er sein umfangreiches Wissen schöpfte. Seine zahlreichen Werke sind heute eine buchhändlerische Rarität; zum Teil sind ganze Auflagen seiner Werke kurz nach dem Erscheinen aufgekauft worden und dann in der Versenkung verschwunden. — W.: La maçonnerie occulte et l'initiation hermétique; Cours philosophique et impératif des initiations anciennes et modernes, Nancy 1841; Orthodoxie maçonnique, Paris 1853; Die Messe und ihre Geheimnisse verglichen mit den Alten Mysterien, in Zeitschrift „Neue Metaphysische Rundschau", Bd. XV.

Raja, in der Adyar-TG die interne Kurzbezeichnung für Jinarajadasa.

Raja-Yoga (gesprochen, und zuweilen auch geschrieben: Radscha-Yoga), von (Sk.) raja = König; nach weit verbreiteter westlicher Auffassung die höchste und edelste Stufe im Yoga. In der Bhagavad-Gita ist R. Y. ein besonderer Weg, der hauptsächlich von geistigen und seelischen Kräften handelt, um durch Vervollkommnung derselben das Endziel (Samadhi) zu erreichen; R. Y. ist die prakt. Seite zum Inana-Yoga. Nach Alice Bailey sind Rajas in diesem Zusammenhang „die großen Engel und Wesenheiten, welche die 7 Ebenen beseelen, die großen Devas, welche die Gesamtheit wie auch die überwachende Intelligenz einer Ebene darstellen". R. Y. ist ferner der Oberbegriff über alle anderen Yoga-Arten, einschl. des Hatha-Yoga. — Lit.: Vivekananda, Raja-Yoga, Zürich 1951; Otto-Albrecht Isbert, Raja-Yoga, Büdingen 1955; ders., Yoga — Arbeit am Selbst, Heidenheim 1960; Dr. Franz Hartmann, Radscha-Yoga, Hatha-Yoga und Tantrika; ders., Die Regeln des Radscha-Yoga nach Gautamo Buddha; Yogiraj Boris Sacharow, Das Öffnen des dritten Auges; Alice Bailey, Der Yoga-Pfad, Lorch; Heinrich Jürgens, Sei du selbst, München 1956.

Raja-Yoga-Schule, eine Abt. der Theosophischen Gesellschaft von Katherine Tingley; etwa der ↗ ES der Adyar-TG entsprechend.

Rakozci (auch: Rakoczi), einer der ↗ Meister der Adyar-TG; auch Meister „R." genannt.

Ram, N. Sri, lange Zeit Privatsekretär von Annie Besant (nach Ernest Wood), schrieb für diese auch Zeitungs- und Zeitschriftenartikel; Nachfolger Jinarajadasas als Präsident der Adyar-TG; im ↗ Droit Humain Souveräner Großkommandeur der indischen Föderation; ab 1950 auch Rektor der „Neuen Schule der Weisheit" in Adyar, wo die Schüler aus vielen Nationen in der Geheimlehre unterrichtet werden. — W.: Der Mensch, seine Herkunft und seine Entwicklung; Thoughts for Aspirants, Adyar 1957.

Ramacharaka Yogi (Ps.) = William Walker Atkinson; engl. Yoga-Schriftsteller. — W.: Die Kunst des Atems der Hindu-Yogis, Freiburg 1958.

Ramakrishna, Paramahamsa (Ps.) = Gadadhar Chatterji, * 20. 2. 1834 (zuweilen auch mit 1836 angegeben) in Kamarpukur/Bengalen, † 16. 8. 1886; Gründer der Ramakrishna-Sekte. R. konnte als Kind weder lesen noch schreiben, wurde aber von seinem Bruder, der Hauptpriester eines Tempels in Dakshinesvara war, zum Hilfspriester ernannt. Von nun interessierte er sich für Religion und lernte lesen. In der Ekstase glaubte er ein Bild der Göttin Kali sich bewegen und atmen zu sehen. 1859 verheirateten ihn seine Eltern mit einer Sechsjährigen, er überließ jedoch seine Frau bald seinem Vater und kehrte in den Tempel zurück zu seiner Göttin Kali. Dann lernte er eine Nonne (Sannyasini) von großer Schönheit kennen, die alle Hatha-Yoga-Posituren beherrschte; von ihr lernte er die Tantras, d. h.

N. Sri Ram

die Texte für den Kali-Kult. Durch Hypnose konnte R. den Samadhi-Zustand auch auf andere übertragen. — Seine Freunde nannten ihn später Paramahamsa. R. hat nichts Schriftliches hinterlassen; die Bücher, die unter seinem Namen erschienen, stammen von seinen Anhängern. — Lit.: Max Müller, Ramakrishna, London; Prof. M. N. Gupta, The Gospel of Sri Ramakrishna; Romain Rolland, Das Leben Ramakrishnas; ders., Worte Ramakrishnas; Swami Vivekananda, My Master, Kalkutta 1911.

Ramananda, Meister (Ps.) = Karl Wedler; sein Ordensname in der ↗ Fraternitas Saturni.

Randolph, Dr. Paschal Beverly, okkulter amerikan. Schriftsteller, der auch die Grundidee zu den verschied. Heiligungsdiensten (AMORC, Rosenkreuzer-Gemeinschaft usw.) lieferte. — W.: Ravalette the Rosicrucian's story; Dhoula Bel — ein Rosenkreuzer-Roman, Wien ca. 1922 (übers. von G. Meyrink).

Raphael (auch: Raffael), (hebr.) = der Arzt Gottes; einer der Erzengel; lt. Lichthort die höhere Oktave der Venus, die die Selbstaufopferung verkörpert: nach Albert ↗ Pike dem Merkur zugeordnet.

Rapport (franz.) = Verhältnis; die in der Hypnose zwischen der Versuchsperson und dem Versuchsleiter bestehende besondere Art der Abhängigkeit.

Rassen, in theosophischer Sicht haben die R. eine ganz andere als die profane Bedeutung. Nach dieser Auffassung sind die R. die Entwicklungsstufen der gesamten Menschheit. Die älteste Rasse wird als die Lemurier ausgegeben, worauf die Atlantier und die Arier folgen; weitere 2 R. sollen uns noch bevorstehen. Um auf die magische Zahl 7 zu kommen, werden den Lemuriern noch 2 Rassen vorangestellt, die Polarier und die Hyperboräer, über die allerdings in der theosophischen Lit. keine Einzelheiten angegeben sind. Jede der 7 ↗ „Wurzelrassen" hat noch 7 ↗ „Unterrassen". Zuerst erscheint diese Rassentheorie bei H. P. Blavatsky, dann auch bei Leadbeater, Rudolf Steiner und Max Heindel.

Räuchermittel. Für Räucherungen in der zeremoniellen Magie werden eine ganze Reihe von Harzen und auch Pflanzenteilen verwendet, die nach bestimmten Rezepten zusammengestellt sind. Zur Evokation von Salamandern werden genommen:

10 T. Galbanum
10 T. Stramonium
5 T. Aloeholz

Für die Evokation von Sylphen:
10 T. Sandelholz
10 T. Blätter Belladonna (giftig!)
5 T. Blätter Euphorbia

Für Undinen:
10 T. Siam-Benzoe
10 T. Blätter Verbena
5 T. Myrrhe

Für Gnomen:
10 T. Storax
10 T. Blätter Hyoscyamus
5 T. Copal fein

Für Meditationen allgemein:
10 T. Sandelholz
10 T. Siam-Benzoe
10 T. Weihrauch

Für die Räucherung benötigt man noch sogen. Rauchfaßkohlen, die nach dem Entzünden das eigentliche Räuchergemisch zum Schmelzen und Verdampfen bringen. Für magische Zwecke sind die mehr für den Kirchengebrauch hergestellten fertigen Rauchfaßkohlen nicht gut zu gebrauchen. Ein Rezept zur Selbstherstellung derselben lautet:

1 kg Holzkohle
100 gr Weihrauch
20 gr Salpeter
Wasser nach Bedarf zum Mischen.

Die Holzkohle wird in einem Mörser pulverisiert, dann der Weihrauch auf kleiner Flamme in Wasser gelöst, bis man eine Art Leim erhält. Dann fügt man den pulverisierten Salpeter hinzu und erhält eine Mischung, die „zieht". Diese breitet man auf einem Blech aus und teilt sie mit einem Spachtel in passende Stücke (3×3 cm), die bei mäßiger Wärme getrocknet werden müssen. Von Eliphas Lévi soll folgendes Räuchermittel stammen: gleiche Teile Salz, Schwefel, Schellack, Kampfer und Lorbeerblätter, alles gut im Mörser zerstoßen. Dieses Mittel befreit (nach Herbert Fritsche, Kleines Lehrbuch der weißen Magie, S. 59) von spukhaften und depressiven Beängstigungen und kann auch nach lästigen Besuchen, die störende Schwingungen hinterließen, verwendet werden.

Rauher Stein, in der FM das Symbol der Unvollkommenheit und des Verstandes; vor allem aber des Lehrlings, der wie der Stein, der eben aus dem Steinbruch kommt, noch voller Unebenheiten ist. Die Erziehung in der Loge soll dazu dienen, den rauhen zum kubischen Stein zu gestalten.

Raum-Zeit-Kontinuum, die philosophische und physikalische Voraussetzung, daß an jedem Punkt und zu jeder Zeit im gesamten Weltall alle philosophischen und physikalischen Sätze ihre Gültigkeit behalten.

Realismus, im Ggs. zum Idealismus die Bez., die an allen Schwankungen, denen die Bedeutung des Ausdrucks Idealismus unterliegt, teilnimmt. Am gewöhnlichsten bedeutet R. den, sei es naiven oder auf Erkenntnistheorie gestützten Glauben an eine von unseren Gedanken und Vorstellungen unabhängige Wirklichkeit (Realität) der Dinge. Im weiteren Sinne heißt R. überhaupt die Richtung auf die gegebene Wirklichkeit, mit Ablehnung von Ideen und Idealen, die über dieselbe wesentlich hinausgehen.

Réau-Croix, abgekürzt R + C (genau wie für Rose-Croix oder Rosenkreuz); Name des höchsten Grades nach dem System von ↗ Martinez de Pasqualis. Die Lehre dieses Grades ist in der außerordentlich seltenen Schrift von Pasqualis „Traité de la réintégration des êtres". Die Stufe des R. C. war die Klasse der Souveränen Tribunals, die Unbekannten Oberen (franz. Supérieur inconnu = S. I.) des Ordens, die Stufe der Verwaltung und Leitung des Ordens. Nach Pasqualis soll réau (gesprochen „re-o") rot bedeuten; und Adam soll rot wie die Erde gewesen sein. Nach dieser Deutung würde R. C. etwa „rotes Kreuz" heißen. – Lit.: Papus, Martines de Pasqually, Paris 1902.

Rebekka-Grad, Gradbezeichnung der weiblichen Mitglieder von Odd-Fellow-Logen. ↗ Odd-Fellows.

Recaka (Sk.), das Ausatmen beim Yoga.

Rechaka (Sk.), eine der Hatha-Yoga-Übungen, bei welcher abwechselnd durch das eine und das andere Nasenloch geatmet wird; lt. Dr. von Purucker eine für die Gesundheit gefährliche Übung.

Rechter Pfad, im Okkultismus der Pfad des Lichts, der Pfad des Guten und der positiven Lebensauffassung. – Ggs.: Linker Pfad oder schwarze Magie.

Rechtfertigung, in der Theologie des NT das Sündenfreisprechen des Christen durch Gott. Röm. 5, 1: „Da wir aus Glauben gerecht gesprochen werden, haben wir also Frieden mit Gott." – Im Okkultismus die Art der Argumentation meist mangelhaft gebildeter Fanatiker, die auf sachliche Einwendungen mit dialektischen Formulierungen antworten. ↗ Dialektik.

Recnartus, Meister (Ps.) = Heinrich ↗ Tränker.

Refektorium, von (lat.) reficere = erfrischen; der Eßraum in einem Kloster; bei den Großen Landesloge Bez. für eine Art Brudermahl der Kapitelmitglieder am 11. 3. und 27. 12. jeden Jahres. Die Tafel soll dabei die Form eines T haben. Vor dem Platze des Meisters steht der 7armige Leuchter mit brennenden Lichtern, und vor ihm liegt die Streitaxt. Am Platz des Oberzeremonienmeisters befindet sich der Bundesbecher, aus welchem der Meister den Brüdern bei Beginn feierlich zutrinkt. Dann folgt ein Gebet, in dem der Ordensherr (= Jesus Christus) gebeten wird, inmitten der Gemeinschaft zu weilen, damit das Fest in Friede, Freude und Einigkeit beschlossen werde.

Reflektion (oder Reflexion), von (lat.) reflectere = zurückbiegen; das „Sich-Zurückwenden" des Denkens und des Bewußtseins auf sich selbst; allgemein hat R. die Tendenz des besseren Sich-Innewerdens; sofern es auf das Denken bezogen wird, besteht die Definition des Aristoteles zu Recht, nach welcher die R. das Wissen vom Wissen erstrebe. – Im AMORC ist R. das Paßwort des 1. Neophyt-Grades.

Regularität, ein aus dem kirchlichen Sprachgebrauch in die FM übernommener Ausdruck mit recht willkürlichem Inhalt. Bei der kath. Kirche unterscheidet man Regulares und Säculares; Regulares sind alle, Geistliche und Laien, die sich durch ein Gelübde zum Leben nach einer bestimmten religiösen Regel verpflichtet haben, also Mitglieder der Orden, Kongregationen usw.; zum Unterschied von diesen heißen alle übrigen, gleichfalls Geistliche wie Laien, Säculares. Aus diesem Sprachgebrauch haben einige Freimauvereien, namentlich die engl. sowie die von ihr abhängigen ausländischen Großlogen, den Begriff Regularität, Nichtregularität usw., allerdings in einem dialektischen Sinne, übernommen. Regulär sind danach alle Freimaurer, die der engl. Großloge oder einer von ihr anerkannten ausländischen Großloge angehören; alle außerhalb dieses Kreises stehenden Freimaurer, unbeschadet ihrer sonstigen Qualifikationen, werden von den Engländern als irregulär angesehen. Eine andere Bedeutung hat der Begriff, um den sich die internationale FM zerstritten hat, nicht. Zum anderen kommt der Begriff R. nur in der Trivial-Literatur der FM vor, wo es nie um Ideale oder geistige Ziele geht. In den rein esoterischen und initiatorischen Logen der FM ist der Begriff so gut wie unbekannt. Einige Großlogen haben im deutschen Sprachgebrauch anstatt R. den Begriff „Rechtmäßigkeit" einzuführen versucht, aber dieses Wort besagt noch weniger als R. und ist eher irreführend, weil ja jede FM ihre eigene Rechtmäßigkeit vertritt und von keiner höheren Stelle abhängig ist. – Lit.: J. N. J. Schmidt, Wurzeln der freimaurerischen Gemeinschaft, Zürich 1961; Oswald Wirth, Qui est régulier?, Paris 1938; Alec Mellor, Logen, Rituale, Hochgrade, Graz 1967.

Regulus (lat.) = der kleine König; im ↗ AMORC das Paßwort des 7. Tempelgrades.

Reichenbach, Karl Freiherr von, 1788–1869, Naturforscher und Industrieller; entdeckte das Kreosot und Paraffin; später wurde er auch durch seine Untersuchungen über das ↗ Od berühmt (und von den Physikern angefeindet); hierzu unternahm er in jahrelanger, mühevoller Arbeit 13 000 Versuche. Du Prel bezeichnete R.s Odforschung als wichtigste Erkenntnis, mit deren Hilfe man die physikalischen Grundlagen des Gesamtgebietes Okkultismus verstehen kann. – W.: Untersuchungen über die Dynamide des Magnetismus, der Elektrizität, der Wärme, des Lichts usw. in ihren Beziehungen zur Lebenskraft, Braunschweig 1850; Odischmagnetische Briefe, Stuttgart 1852, 1856, Ulm 1955; Der sensitive Mensch und sein Verhalten zum Ode, Wien 1854; Die Pflanzenwelt in ihren Beziehungen zur Sensitivität u. zum Ode, Wien 1858; Aphorismen über Sensitivität und Od, Wien 1866; Die odische Lohe und einige Bewegungserscheinungen als neuentdeckte Formen des odischen Princips, Wien 1867.

Reinkarnation (lat.) = wieder ins Fleisch treten; Wiederverkörperung, Wiedergeburt einer Seele. Die mit der Seelenwanderung einhergehende Annahme der Wiederholung des Individuallebens in einer neuen Diesseitsverkörperung; die Rückkehr des Menschengeistes auf die physische Ebene als Nachfolge auf eine oder mehrere frühere Existenzen. Neben der Lehre vom ↗ Karma ist die Lehre von der Reinkarnation Mittelpunkt der Theosophie, aber auch eine der Grundlagen des Buddhismus, wenn auch hier nicht die wichtigste. Beim ↗ Lectorium Rosicrucianum wird die Lehre von der Reinkarnation abgelehnt; man spricht vielmehr von Wiedergeburt, womit aber nur eine diesseitige Persönlichkeitswandlung gemeint ist. In der „Entschleierten Isis" weiß H. P. Blavatsky noch nichts von dieser Theorie, und in der „Geheimlehre" erscheint die R. nur am Rande. Nach dem Tode von H. P. B. berichtete Subba Row, daß H. P. B. in einer spiritistischen Sitzung erschienen wäre und die Verkündigung der Lehre von der R. sehr bedauert hätte. In den verschiedenen okkulten Systemen wird die Lehre von der R. sehr unterschiedlich gehandhabt und oft dialektisch gedeutet sowie der jeweiligen Lehre vom Karma angepaßt. In der Adyar-TG werden die Jünger, die mit den okkulten Übungen keinen Erfolg haben, auf die nächste Inkarnation verwiesen. Andererseits steht ein solcher Hinweis im Widerspruch zu Rudolf Steiners Erklärung als Generalsekretär der TG: „Die Erkenntnisse der in diesem Buche gemeinten Geisteswissenschaft kann jeder Mensch an sich erwerben." — Lit.: Rudolf Steiner, Reinkarnation u. Karma, Stuttgart 1961; Annie Besant, Reinkarnation; Dr. Hutten und von Kortzfleisch, Seelenwanderung — Hoffnung oder Alptraum der Menschheit, Stuttgart.

Reintegration (lat.) = Wiedererneuerung; bei ↗ Martinez de Pasqually die höchste Stufe der Einweihung, bei der der Eingeweihte in das Reich der göttl. Weisheit „integriert" wird; entspricht fast dem Nirvana des Buddhismus; auch eine Art der Erlösung und Verbesserung des Menschen; ferner die Rückkehr des Menschen und der anderen Wesen, die die Erde und die übrigen Planeten sichtbar oder unsichtbar bevölkern, in die Himmelsebene oder Urheimat.

Reisen, ein symbolischer Bestandteil der ältesten Mysterien wie auch der FM; sie sind die Wanderung vom Dunkel zum Licht über verschiedene Zwischenstationen, z. B. die ↗ Elemente des Empedokles. Die Zahl der symbolischen Reisen, bei denen der Suchende durch die Loge geführt wird, ist in den einzelnen Graden verschieden und teils auch in den einzelnen FM-Systemen; zu den Reisen gehören bestimmte „Proben", so der Standhaftigkeit, der Ausdauer und des Mutes.

Reißbrett, eines der Symbole der FM, namentlich der Meisterloge; in mancher Hinsicht ist der Begriff R., welcher speziell in der Großen Landesloge verwendet wird, mit Teppich oder Arbeitstafel identisch, denn auf R., Teppich und Arbeitstafel befinden sich symbolische Zeichnungen, die zur Unterrichtung der Freimaurer dienen. Die untenstehende Abb. zeigt das R. aus der Andreas-Loge der Großen Landesloge, welches jedoch auch von den höchsten Eingeweihten der Großen Landesloge noch nicht befriedigend erklärt werden konnte. Die landläufige Deutung, die den An-

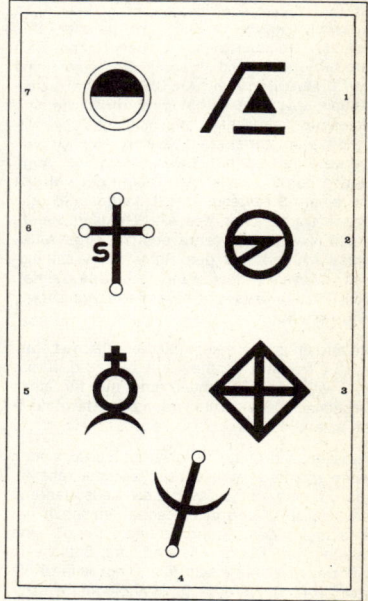

Reißbrett

dreas-Meistern gegeben wird, lautet: „Das Zeichen (1), der Griff (2) und das Wort (3) führen durch Gebet und den göttlichen Funken des Lichts im Menschen (4) zur Krone des Lebens (5) und durch die Schlange am Kreuze (6) zum unendlichen Vater des Lichts (7)" (Quelle: Hieber, Der Grad des Andreas-Meisters, Berlin 1911).

Rektaszension, lat.: ascensio recta (Abk : A. R.) = gerade Aufsteigung; in der Astrologie die Bestimmung des höchsten Punktes des Tierkreises als Ausgangspunkt für die Berechnung der ↗ Häuser. Die A. R. wird auf dem Himmelsäquator gemessen und in Zeit oder Bogen ausgedrückt; als Anfangspunkt der Zählung gilt der Frühlingspunkt (d. h. Schnitt der Ekliptik mit dem Himmelsäquator), und die Zählung geschieht links herum bis 360° bzw. 24 Uhr.

Rektifizierter Ritus, ein besonderes, exklusives Hochgradsystem der FM; wird in Deutschland seit einigen Jahren nicht mehr bearbeitet, jedoch noch in der Schweiz und in Frankreich verbreitet. Der R. R. geht teils auf die ↗ Strikte Observanz, teils auf ↗ Martinez de Pasqualis zurück, aber seine heutige Form wurde im wesentlichen von ↗ Willermoz geprägt. Das oberste Gremium dieses Systems nennt sich Groß-Priorat (Grand Prieuré), dem eine Reihe von Präfekturen (eine Art Distriktsloge) unterstehen; das System hat eine christliche und ritterliche Ausrichtung, die manche Verwandtschaft zum christlichen System der Großen Landesloge (sogen. Schwedischer Ritus) zeigt. Neben den 3 klassischen Graden der FM gibt es einen Schottengrad (St.-Andreas-Schotte, etwa dem 18. Grad der AASR entsprechend), einen Novizengrad (etwa dem 30. Grad AASR entsprechend) und den Ritter der Wohltätigkeit (Chevalier bienfaisant de la Cité Sainte); vom letzten Grad gibt es außerordentlich wenige Inhaber.

Relativismus, die erkenntnistheoretische Lehre, nach der alle Erkenntnis nur relativ, d. h. nur in bestimmter Beziehung und nur für einen bestimmten Standpunkt gültig ist, nicht aber im absoluten Sinne.

Religion, von (lat.) religare = zurückbinden oder relegere = wieder zusammennehmen; die Bindung an Gott, wobei die Heilserfahrung und Heilserfüllung den besonderen Inhalt der Bindung bilden. Grundmerkmale der R. sind Gläubigkeit, Übersinnlichkeit und Sittlichkeit; wo eines der Merkmale fehlt, liegt keine Religion vor, sondern z. B. Mythologie, Weltanschauung, Sittenlehre, Aberglaube usw. R. setzt

auch die gläubige Überzeugung vom Dasein und Walten übersinnlicher Mächte, die unserem irdischen Geschehen ein sinnvolles Ziel setzen sowie sittliche Forderungen an den Menschen stellen, voraus.

Religionsübung, Bez. für den tägl. Ablauf der Meditationen in der ↗ ES der Adyar-TG. Danach unterteilen sich die Meditationen wie folgt:

I.

Nach dem Erwachen:
1. Anbetung des Atma
2. Opferung der persönlichen Natur
3. Segnung
4. Vergegenwärtigung der Pflichten des Tages

II.

Beim Waschen und Ankleiden:
5. Heiligung des Körpers und seiner Organe

III.

Vor jedem Essen:
6. Fürbitte

IV.

Nach dem Essen:
7. Dankgebet

V.

Vor Beginn jeder Arbeit:
8. Allgemeine Bitte an Atma

VI.

Nach Beendigung jeder Arbeit:
9. Dankgebet

VII.

In der Zeit der Erholung:
10. Harmonieübung
11. Tugendpflege
12. Betrachtung
13. Konzentrationsübung
14. Bewußtes Atmen
15. Studium der Geheimlehre
16. Unterscheidung (Abstraktion)
17. Entsagung
18. Dienen
19. Bejahung
20. Vereinigung

VIII.

Vor dem Niederlegen zum Schlaf:
21. Gewissensprüfung
22. Gelöbnis
23. Segnung
24. Opferung
25. Anbetung (Versenkung).

Zu jedem Punkt werden dem Schüler genaue Meditationstexte nach H. P. B. gegeben.

Renelt, Milo, * 9. 8. 1904 Tetschen/Elbe; bekannter Hellseher in Hamburg; lt. Adreßbuch: Drogist; seine Hellsehfähigkeiten wurden von Dr. Tischner als außerordentlich konstant bezeichnet, wie es sehr selten angetroffen wird; auch von Prof. Bender durchgeführte Testreihen mit den Zenerkarten brachten überdurchschnittliche Ergebnisse. — Lit.: Eberhard-Maria Körner, Wege zum Licht, Garmisch 1962.

Renova (Esp.) = Erneuerung; Name des Zentrums und Konferenzortes des ↗ Lectorium Rosicrucianum in Lage Vuursche (Holland).

Reuchlin, Johannes, * 22. 2. 1455 Pforzheim, † 30. 6. 1522 Bad Liebenzell; christlicher Mystiker, Adept der Kabbalah, auch genannt der „Vater der Reformation", ein Freund Pico di Mirandolas, der Lehrer und Instrukteur von Erasmus, Luther und Melanchthon; schrieb auch unter dem Ps. Capnio. Im Vorwort zu seiner hebr. Grammatik schrieb R., es sei angesichts der Vertreibung der Juden höchste Zeit, die Kenntnis der hebr. Sprache unter den Christen zu verbreiten, ehe sie „zum Nachteil der heiligen Schriften" (gemeint ist nur das AT) vergessen wird. In seinen beiden kabbalistischen Werken versuchte R., die Kabbalah als eine von den Juden mißverstandene, christlich-messianische Geheimlehre darzustellen. Der Reformation gegenüber verhielt sich R. eigentlich kühl, obwohl Melanchthon sein Großneffe war; das entfremdete ihn vieler seiner Freunde; Lange Zeit galt R. auch als Haupt des deutschen Humanismus, was er vielleicht seiner einzig dastehenden Sprachkenntnis und seiner bewährten wissenschaftlichen Wahrhaftigkeit verdankt. — W.: De verbo mirifico, Basel 1494; De arte cabbalistica, Speyer 1517.

Reuß, Theodor, * 1855 Augsburg, † 1923; zuerst Drogist, Opernsänger und Journalist, später Gründer verschiedener frmr. und okkulter Orden. 1902 wollte R. eine deutsche Abt. der ↗ SRIA gründen, jedoch ohne Erfolg, danach experimentierte er mit dem Memphis-Misraim-Ritus, dem Swedenborg-Ritus, dem Cerneau-System, dem OTO und sogar mit einer Art Sexual-Yoga. R. gehörte zur deutschsprachigen Loge „Der Pilger No. 208" in London, wo seine Mitgliedschaft allerdings 1909 gestrichen wurde. R. hat Rudolf Steiner der FM zugeführt und mit Franz Hartmann zusammen den AASR in Deutschland praktiziert. Am 24. 6. 1908 gründete er in Paris auf dem Kongreß der glaubensorientierten Freimaurer einen Souveränen Generalgroßrat des Ritus Memphis-Misraim für Frankreich und setzte Papus zum

Großmeister ein. R. ist auch der Gründer des Theosophical Publishing House der Adyar-TG. An Rudolf Steiner verkaufte R. ein selbstgemachtes (daher also wertloses) Patent zur Gründung eines Großrates „Mystica Aeterna" für 1500 Mark. — Lit.: A. P. Eberhardt, Winkel-Logen, Leipzig 1914.

Rhine, Prof. Joseph Banks, * 1896; amerik. Botaniker und Parapsychologe; Erfinder des Psi-Kartentestes (sein Mitarbeiter Dr. Zener entwickelte die Zener-Karten dazu); Vorkämpfer für die Erforschung der ↗ ASW. — W.: Neuland der Seele, Stuttgart 1938; Die Reichweite des menschlichen Geistes, Stuttgart 1950; (mit J. G. Pratt) Parapsychologie.

Ri, bei Bibelzitaten die Abk. für das Buch Richter.

Richet, Charles, 1850—1935, franz. Arzt und Physiologe, Mitglied der franz. TG; 1913 Nobelpreis. — W.: Grundriß der Parapsychologie und Parapsychophysik, Stuttgart 1923.

Rieker, Hans-Ulrich, bekannter Yoga-Schriftsteller in Hamburg; vertritt eine dem ↗ AMORC verwandte Yoga-Richtung. — W.: Das Geheimnis der Meditation, Zürich 1953; Ich lerne Yoga, Stuttgart 1959; Meditation, Zürich 1962; Die 12 Tempel des Geistes, Zürich 1955; Das klassische Yoga-Lehrbuch Indiens. Zürich 1957; Beggar among the dead, London 1963; Bettler unter Toten.

Riemkasten, Felix, * 8. 1. 1894 Potsdam; bis 1940 Romanschriftsteller; Neugeist-Mitarbeiter;

Felix Riemkasten

später Yoga-Schule in Stuttgart, dann in Friedenweiler/Schwarzwald. Schüler von Swami Sivananda. Seine These: Der Mensch kann Kontakt aufnehmen mit den das Leben lenkenden Mächten. Das Hauptmittel dazu ist der geistig durchdrungene Atem und die Tiefenentspannung. — W.: Einkehr in die heilende Stille, Freiburg 1962; Das Geheimnis der Stille (ein Blavatsky-Titel!), Büdingen 1957; Hilft Yoga auch mir?, Büdingen 1957; Yoga für Fortgeschrittene, Büdingen 1954; Yoga für Sie, Büdingen 1957; Harmonie der Seele, Büdingen 1952; Lebe mit Freude, Büdingen 1960; Heilung durch den Geist, Berlin 1959; Das Atembuch, Büdingen 1957; Vom Schwindel im Yoga, in DAW 6/65.

Rig-Veda, von (Sk.) rich = loben und veda = Wissen; gesprochene Lobhymnen (i. Ggs. zu Saman, den gesungenen); das 1. und gleichzeitig bedeutendste Buch der 4 Vedas. — Lit.: Prof. Dr. Lommel, Gedichte des Rig-Veda.

Rijkenborgh, Jan van, (Ps.) = Leene; ehemaliger Theosoph und Heindel-Anhänger, Gründer des ↗ Lectorium Rosicrucianum und dessen erster Großmeister; bezeichnete sich auch als „Abgesandter der großen Lichtbruderschaft". — W.: Schlüssel zum Transfigurieren; Der kommende Mensch; Die universelle Gnosis; Die elementare Philosophie des modernen Rosenkreuzes; Die Große Umwälzung; Dei gloria intacta; Der Schatten der Kommenden Ereignisse; Das neue Zeichen; Der Universelle Pfad; Die Bruderschaft von Schamballah; Licht über Tibet; Die Gnosis in aktueller Offenbarung; Demaskierung; sämtlich in Haarlem.

Rijnberk, Prof. Dr. med. G. A. van, 1875–1953; Historiker, Erforscher und Bibliograph des ↗ Martinismus; schrieb auch unter dem Ps. Chateaurhin (franz. = Rheinburg); einige seiner W. erschienen im Adyar-Verlag Paris. — W.: Episodes de la vie ésotérique, Lyon 1948; Les métasciences biologiques, Paris 1952.

Ring, fast in allen Zeiten und Ländern ein Schmuckstück; dann auch zum symbolischen Gebrauch wie als Talisman. Der R. ist das Symbol der Ewigkeit, der Unsterblichkeit und der Unendlichkeit. In der Magie sind R. mit symbolischen Zeichen schon bei Reuchlin, Agrippa v. Nettesheim usw. gebräuchlich. In der FM gibt es bestimmte Ringe in manchen Hochgraden. Im 7. Grad der Großen Landesloge erhalten die neueingeweihten Ritter einen besonders gestalteten Goldring mit einem Or-

denskreuz und der Inschrift ↗ I. D. S.; beim AASR tragen die Inhaber des 33. Grades zuweilen einen Ring, der in einem Dreieck die Zahl 33 zeigt. Der Vicarius Salomonii (d. h. der Großmeister) der Großen Landesloge hat einen Amtsring, der mit einem grünen viereckigen Stein geschmückt ist, in welchem „mit den Buchstaben der verborgenen Sprache das Wort eingraviert ist, welches die Väter des Ordens bewahren". Beim Großmeister der ↗ VGL ist es der sogen. Heermeisterring des Freiherrn von Hund.

R. I. P., Abk. für (lat.) requiescat in pace = er (sie) ruhe in Frieden; Inschrift auf Grabsteinen; auch die Formel, mit der in der kath. Kirche die Seelenmesse beendet wird.

Rittelmeyer, Friedrich, 1872–1938, ehemal. Pfarrer in Nürnberg; Gründer der anthropos. ↗ Christengemeinschaft. — W.: Meditation; Das heilige Jahr; R. Steiner tritt in mein Leben.

Rittergrade, in der Lit. zuerst bei Anderson 1723 in seiner Konstitution als Abzweigung aus der FM erwähnt und dann von Ramsay zu den Vätern der FM erklärt. Seit der Mitte des 18. Jh. sind innerhalb der Hochgrade eine Vielzahl von R. entstanden, die teils an die Tempelritter anknüpfen, teils aber auch keinen besonderen Bezug zum Ritterwesen (z. B. der Rosenkreuzritter) haben. Am ausgeprägtesten sind die Rittergrade der Großen Landesloge, bei der schon die Inhaber des 1. Grades „Sankt-Johannis-Ritterlehrling" heißen. — Lit.: G. A. Schiffmann, Die Entstehung der Rittergrade, Leipzig 1882; Dr. Wilhelm Begemann, Die Tempelherrn und die Freimaurer, Berlin 1906.

Ritterkommandeur mit dem roten Kreuz, Titel des 10. (und höchsten) Grades der Großen Landesloge. Entsprechend Off. 22, 5 „ist die Einweihung durch Arbeit und Blut beendet, und es gibt keinen Tempel mehr, weil das Licht der Wahrheit allgemein verbreitet und die Welt zum Tempel der Gerechtigkeit geworden ist."

Ritterschlag, eine Zeremonie zum Abschluß der Ausbildung zum Ritter; mit Vollendung des 21. Lebensjahres erhielt der Knappe den R., der der uralten Wehrhaftmachung entsprach. Dem R. voran ging eine Vorbereitung durch gottesdienstliche Übungen, Beichte und Anhörung der Messe, dann folgte ein Gelübde der Treue gegen Kirche und Kaiser, der Achtung gegen Frauen, des Schutzes der Witwen, Waisen und Bedrängten, ferner die Umgürtung mit dem Schwertriemen und ein Schlag, der zugleich an die Leiden Christi und die daraus hergeleiteten Pflichten mahnen und der letzte sein sollte, den der Ritter dulden dürfe. — Der R. ist noch heute bei den Aufnahmen in den 7. Grad der Großen Landesloge gebräuchlich. Zu diesem Zweck muß der Aufnahmesuchende das Gesicht mit den rechtwinklig gestellten Händen bedecken zum Zeichen, daß er in Demut vor Gott nur auf sein Inneres schauen und sich prüfen soll, ob er der Freiheit der Ritterschaft würdig sei. Der R. wird begleitet von den Worten: „Besser Herr als Knecht, edler frei denn Sklav, aber besser als alles Herrentum ist es, zu dienen unter Gottes Banner." Nach dem R. hält der Meister dem Suchenden das Ordensschwert vor und fordert ihn auf, das Kreuz zu küssen an der Stelle, wo der Schwertgriff mit der Parierstange zusammentrifft. Der R. selbst erfolgt auf die linke und rechte Schulter und auf den Kopf. — Lit.: Otto Hieber, Der Grad des Ritters von Westen, Bad Harzburg 1963.

Ritual, eine logisch und psychologisch geschickte Zusammenstellung von feierlichen Handlungen, Symbolen und begleitenden, magisch wirksamen Worten zwecks Durchführung einer sakralen Zeremonie; Rituale sind in der zeremoniellen Magie und in der FM gebräuchlich. Rituale sind nur wirksam, wenn sie mit peinlicher Genauigkeit in jeder Hinsicht durchgeführt werden; als Regel gilt, daß ein R. oft und regelmäßig zu bestimmten Zeiten wiederholt werden muß. Die Magie des R. und ihre Wirksamkeit beruht auf metaphysischem Erglauben und psychologischen Erkönnen (so: Dr. Birven). Für die Wirksamkeit eines R. ist es belanglos, ob man es versteht. Beklagenswert sind daher die Bestrebungen, die es zuweilen in der FM gibt, die Rituale zu ändern, „weil sie niemand mehr versteht". Innerhalb der Zeremonie erfolgt der Aufbau des R. stufenweise bis zu einem gewissen Höhepunkt, um dann in umgekehrter Reihenfolge auf den Nullpunkt zurückgeführt zu werden. Die Texte magischer und fast aller frmr. Rituale sind im Laufe der Zeit in der Lit. veröffentlicht worden, obwohl dem Leser die Kenntnis des Textes allein überhaupt nichts sagt und auch keinen Aufschluß über die Wirksamkeit geben kann. — Lit.: Dr. Henri Birven, Lebenskunst in Yoga und Magie, Zürich 1953; Hans Otto Bock, Die Rituale der Freimaurer, Hamburg 1963; Martin Erler, Der moderne Mensch und das Ritual, München 1964; H. P. Blavatsky, Les origines du rituel dans l'église et dans la maçonnerie, Paris 1957; Alec Mellor, Logen, Rituale, Hoch-

grade, Graz 1967; Pierre Mariel, Die wahren Söhne des Lichtes, Zürich 1963.

Ritual des Morgengrauens ↗ Sonnengebet.

Ritual des mystischen Sterns (engl.: Ritual of the Mystic Star). 1888 schlug ein zur Adyar-TG gehöriger Freimaurer in Rochester ein Ritual für die TG-Logen vor, welches jedoch von Judge abgelehnt wurde. 1917 wurde es von Jinarajadasa neu gefaßt und in vielen Logen der Adyar-TG eingeführt. Es soll dazu bestimmt sein, Kenntnisse der Sympathie für die eminenten Grundwahrheiten in den großen Religionen und eine Ehrung der TG-Gründer zu verbreiten.

Ritus, in der FM und im kirchlichen Sprachgebrauch das System oder Schema, nach welchem in festgelegten Formen die zeremonielle bzw. gottesdienstliche Arbeit abgewickelt wird. Hierzu gehören auch die Gepflogenheiten einer größeren esoterischen oder kirchlichen Gemeinschaft. In der FM spricht man z. B. vom „Schottischen", „engl.", „franz.", „christlichen", „templerischen" usw. Ritus, bei der Kirche vom römischen, griech.-syrischen Ritus. Zum R. selbst gehört in der Regel ein bestimmtes Ritual, das vom R. geprägt ist.

R. N. F., Abk. für „religio – natura – fortitudo" (lat.) = „Religion – Natur – Stärke" in den Amtssiegeln der Kapitellogen der Großen Landesloge. Bedeutung: die Hauptmittel, um zu ↗ Weisheit, Stärke und Schönheit zu gelangen.

Rö. (oder Röm.), bei Bibelzitaten die Abk. für den Brief des Paulus an die Römer.

Rochas d'Aiglun, Eugène Auguste Albert de, 1837–1914, franz. Oberst, Parapsychologe, Spiritist und Okkultist. — W.: Ausscheidung des Empfindungsvermögens, Leipzig 1909 und 1925; Die Grenzen der Wissenschaft, Leipzig 1911.

Roesermueller, Wilhelm Otto, * 6. 7. 1902 Nürnberg; bekannter esoterischer Schriftsteller, Pendelpraktiker, Leiter der Nürnberger Arbeitsgemeinschaft für wissenschaftlichen Spiritismus; Vorkämpfer für die wissenschaftl. Anerkennung spiritistischer Phänomene. — W.: Der Pendel in deiner Hand, Freiburg 1958; Um die Todesstunde, Nürnberg 1957; Unsere Toten leben, Nürnberg 1958; Vergeßt die armen Seelen nicht, Nürnberg 1957; Begegnungen mit Jenseitsforschern, Nürnberg 1956; Geister warnen vor Geistern, Nürnberg 1960; Das Leben nach dem Tode, Hannover 1950; Die Pra-

Roesermueller

xis des Jenseitsverkehrs, Freiburg 1951; Erprobte Volksheilmittel und Heilweisen; Pendelpraxis, Aalen 1946; Anleitung zur Entdeckung und Erschließung medialer Fähigkeiten; Der Einbruch des Jenseits ins Diesseits; Überlebt ein fortgeschrittenes individualisiertes Tier seinen Tod?; Gottes Wort — Geister und Naturforscher gegen den Frevel der Feuerbestattung; Die göttl. Heilkunst Jesu; Unsere Toten leben, Neustadt 1951; Hilfe aus dem Jenseits — Was das Gebet vermag. — Lit.: E. M. Körner, Wege zum Licht, Freiburg 1958.

Rose, in der FM u. a. das Symbol der Verschwiegenheit, Schönheit und Zierde; es kommen alle 3 Farben von Rosen vor: rot, weiß und blaßrot. Am Johannistag werden die deutschen Logen mit Rosen geschmückt; auch erscheint das Wort R. in manchen Logennamen (z. B. „Zu den 3 Rosen" in Hamburg).

Rose-Croix (franz.) = Rosenkreuz; außerhalb Deutschlands in fast allen Sprachen die Bez. für das Rosenkreuz, namentlich in den Hochgraden der FM, so beim 18. Grad des ↗ AASR, dem 38. beim Ritus Memphis-Misraim, beim 7. des franz. Ritus usw. Vielleicht darf hieraus sogar geschlossen werden, daß der frmr. Rosenkreuzgrad franz. Ursprungs ist. — Lit.: Ubaldo Triaca, Le livre du Rose-Croix, Paris 1950; Arthur Brown, The fourth gospel and the 18th degree, London 1956.

Rosenhof, das holländ. Fernheilungszentrum beim ↗ Lectorium Rosicrucianum, ähnlich dem Konzil des Trostes beim ↗ AMORC.

Rosenkranz, in der kath. Kirche eine Schnur mit einer Anzahl Kügelchen von verschiedener Größe zur Abzählung von Gebeten. Wenn auch angeblich die Benediktinermönche schon im 6. Jh. ihre Gebete nach einer derartigen Reihe Kügelchen verrichtet haben sollen, so ist doch der eigentliche R. erst durch die Dominikaner im 13. Jh. eingeführt worden. Der R. hat verschiedene Formen: der Dominikaner-R. mit 150 Kugeln, der gewöhnliche mit 50, der mittlere mit 70, der kleine mit 33 (= Lebensjahre Christi), der englische (Rosarium angelicum) mit ebensoviel, die Krone (corona) mit 38 (oder auch 15) Perlen. Bei den kleineren Perlen wird ein „Ave-Maria", bei den größeren ein „Paternoster" (Vaterunser) gebetet. Der Dominikaner-R. hat 15 Dekaden entsprechend den 150 Psalmen der Bibel; mit ihm sind insgesamt 150 Ave-Marias, 15 Paternoster (jeweils vor der betr. Dekadenkugel) und noch 15 Glorias (jeweils nach der betr. Dekade) zu beten. In diesem R. soll jede Dekade auf eines

THE CEREMONY

OF THE

Rose Croix of Heredom

THE 18° OF THE A. AND A. RITE.

WITH THE

Installation of the M.W.S.

Privately Printed for the Supreme Council 33°.

1938.

LONDON.

COPYRIGHT—ALL RIGHTS RESERVED.

Titelseite eines Rituals für den freimaurerischen Rosenkreuz-Grad des AASR (18°)

der 15 Mysterien Christi hindeuten: auf die ersten 5 freudigen Mysterien (z. B. Verkündigung und Geburt), die zweite Serie zu 5 Dekaden auf die betrüblichen Mysterien (wie die Passion) und die letzten 5 auf die 5 glorreichen Mysterien (u. a. Wiederauferstehung und Himmelfahrt). — R.e waren auch im alten Indien bei einzelnen brahmanischen Sekten im Gebrauch und sind allgemein im nördlichen Buddhismus, namentlich in Tibet, jedoch weniger gebräuchlich im südlichen Buddhismus. Der buddhistische Rosenkranz hat gewöhnlich 108 Kugeln. Die Mohammedaner bedienen sich einer mit Kugeln versehenen Schnur zur Abzählung ihrer Gebete; daher hat man vermutet, daß der R. während der Kreuzzüge aus dem Osten nach dem Abendlande gekommen sei. Die Schnur der Mohammedaner (meist Tesbih genannt) hat 99 Kugeln, die sie beim Gebet nach und nach herablassen, während sie die im Koran vorkommenden 99 „schönen Namen" Gottes aussprechen. Tesbih ist im übrigen die (völlig falsche) Schreibung nach der (ebenfalls falschen) engl. Aussprache des arabischen Wortes Tasbih (= Lobpreis); der „Lobpreis" besteht darin, daß man „subhánnalláh!" = „gepriesen sei Gott!" ausruft. Der mohammedanische R. heißt korrekt „Subha" (arab., von sabaha = lobpreisen), während der christl. R. im Arabischen „Wardíya" genannt wird.

Rosenkreutz, Christian, 1378—1484; der legendäre Begründer der Idee vom Rosenkreuz und ebenso der Gründer des Rosenkreuz-Ordens. Seine Existenz ist zuweilen in Zweifel gezogen worden, zumal sein Familienname sonst nirgends vorkommt. Auch seine Lebensdaten sind nur indirekt überliefert; in der „Fama" ist sein Geburtsjahr mit 1378 angegeben und sein Sterbealter mit 106 Jahren. Möglicherweise handelt es sich um eine sogen. Mystifikation. So schreibt Rijkenborgh (in: Apokalypse der neuen Zeit, S. 18): „Dieser Name weist nicht so sehr auf ein Wesen, das besteht oder bestanden hat, sondern auf einen Seinszustand, der in jedem Menschen zur Entwicklung kommen muß."

Allgemeine vnd General
REFORMATION,
der gantzen weiten Welt.

Beneben der
FAMA FRA-
TERNITATIS,

Deß Löblichen Ordens des
Rosenkreutzes / an alle Gelehrte
vnd Häupter Europæ geschrieben.

Auch einer kurtzen RESPONSION,
von dem Herrn Haselmeyer gestellet / welcher
deßwegen von den Jesuitern ist gefänglich eingezogen / vnd auff eine Galleren geschmiedet:

Itzo öffentlich in Druck verfertiget /
vnd allen trewen Hertzen communiciret
worden.

Gedruckt zu Cassel / durch Wilhelm Wessell /
ANNO M. DC. XIV.

Chymische Hoch-
zeit:
Christiani Rosencreutz.
ANNO 1459.

Arcana publicata vilescunt; & gratiam prophanata amittunt.

Ergo: ne Margaritas objice porcis, seu Asino substerne rosas.

Straßburg /
In Verlegung / Lazari Zetzners,
Anno M. DC. XVI.

Titelseiten von alten Rosenkreuzer-Schriften

Rosenkreuz, das Symbol der Rosenkreuzer; ein Kreuz mit einer oder mehreren Rosen; es gibt aber eine Vielzahl von teils geistreichen Deutungen des Wortes R. neben der unmittelbaren Beziehung zu Christian Rosenkreutz. Am einfachsten wird das Kreuz für die materielle Welt und die Rose für das göttl. Leben Christi gesetzt, welches aus dem Zentrum des Kreuzes der weltlichen Sorgen entsteigt. Andere deuten sprachlich ros = Tau und crux = Kreuz, wobei crux symbolisch für Lux (Licht) stehen soll; Tau ist dabei das „begehrte Lösungsmittel" der Alchimisten; diese Deutung scheint sehr weit hergeholt. Bei Rudolf Steiner ist das R. nur ein Meditationssymbol: ein schwarzes Kreuz („Symbol der niederen Triebe und Leidenschaften") mit 7 roten Rosen („Symbol der geläuterten Triebe und Leidenschaften"). Die übliche Abk. für R. ist R+C, was aber auch ↗ Réau-Croix bedeuten kann. Außerhalb Deutschlands heißt das R. fast in allen Sprachen (franz.) Rose-Croix. – Lit.: Willy Schrödter, Das Rosenkreuz, Zürich 1955; Keyserling, Das Rosenkreuz, Innsbruck 1956.

Rosenkreuz

Rosenkreuzer, die Anhänger der auf Christian Rosenkreutz zurückgeführten Ideen, aber auch der Name von Gruppen, die weder mit dem Rosenkreuz, noch mit Christian ↗ Rosenkreutz in irgendeiner Beziehung stehen. So bezeichnen sich als R. die Mitglieder der ↗ Goldenen Dämmerung, der ↗ SRIA, der Pansophia, des ↗ AMORC, von Aleister Crowley, Max Heindel, Rudolf Steiner usw.; es gibt auch Organisationen, die ihren Mitgliedern erzählen, daß man R. nicht durch die Mitgliedschaft in einer Organisation wird, aber Nichtmitglieder werden trotzdem als Nicht-Rosenkreuzer angesehen. Nach Max Heindel ist die Lehre der R. „eine Synthesis von Religion, Wissenschaft und Philosophie (also: Theosophie) im engen Zusammenhang mit den Mysterien und den Wahrheiten des Lebens von den frühesten Zeiten bis zur Gegenwart". Franz Hartmann schreibt (in: Lotosblüten 1894, S. 75): „Der Name R. bezieht sich auf die mystische Bedeutung von Rose und Kreuz. Das Kreuz ist das

Zeichen des Leidens, aber auch der Freiheit und Erlösung; die Rose ist das Symbol der Herrlichkeit, der Liebe, der aufgegangenen Selbsterkenntnis, der geistigen Wiedergeburt, ohne die es kein selbstbewußtes unsterbliches Dasein gibt. Ein R. im wahren Sinn des Wortes ist ein Adept, ein Wiedergeborener oder Erleuchteter, ein „Buddhist" (von buddhi = das Licht der göttl. Wahrheit). Ein solcher R. kann durch keinerlei äußerlichen Hokuspokus gemacht werden. Wenn man durch das Anhängen eines Ordens einen R. schaffen könnte, so könnte man dadurch auch Hunde und Katzen in R. verwandeln. Es ist also eine Würde, die auf keine andere Weise erlangt werden kann, als durch den mystischen Tod." Die „Auch"-Rosenkreuzer d. h. die Nachahmer, die lediglich den Namen R. führen, ohne es wirklich zu sein, sollte man besser Rosenkreuzerianer nennen; Hartmann nennt sie Talmi-Rosenkreuzer. Jede sogen. Rosenkreuzer-Gesellschaft hält sich jedoch heute für die allein „echte" oder sogar „einzigste" (!). Die Behauptung des AMORC, daß es in Europa ein „geheimes" Kloster der R. gebe, ist dem Buch „Ein Abenteuer unter Rosenkreuzern" von Franz Hartmann entnommen; bei dem Buch handelt es sich jedoch um eine Utopie, mit der Hartmann nur den auf diesem Gebiet herrschenden Unfug vor Augen führen wollte. – Lit.: Willy Schrödter, Die Geheimkünste der Rosenkreuzer, Warpke 1954; ders., Geschichte und Lehren der Rosenkreuzer, Villach 1956; Surya, Moderne Rosenkreuzer, Pfullingen 1961; Waltharius, Das große Magisterium, Freiburg 1956; Rudolf Steiner, Die Theosophie des Rosenkreuzers, Dornach 1962; Will-Erich Peukert, Die Rosenkreuzer, Jena 1928; Karl Heyer, Geschichtsimpulse des Rosenkreuzertums; Alfred Wulf, Geheimbünde in alter und neuer Zeit; Franz Hartmann, Im Vorhof des Tempels der Weisheit; Max Heindel, Die Weltanschauung der Rosenkreuzer, Zürich; Hagrave Jennings, Die Rosenkreuzer, Berlin 1912; Haack, Geheimreligion der Wissenden, Stuttgart 1966; Hans Schick, Das ältere Rosenkreuzertum, Berlin 1942 (Dissertation); Ernst Lehrs, Der rosenkreuzerische Impuls im Leben und Werk von Joachim Jungius.

Rosenkreuzer, Moderne, nach einer Idee (Buchtitel) von Surya nennt sich auch das ↗ Lectorium Rosicrucianum M. R.; Rijkenborgh in „Apokalypse des neuen Zeitalters", S. 119: „um anzudeuten, daß die Bruderschaft des Rosenkreuzes (d. h. das Lectorium) nicht auf dieselbe Art arbeitet wie z. B. vor ein paar hundert Jahren".

Rosenkreuzerei, das Wesen der Rosenkreuzer oder des Rosenkreuzes; das Gesamtgebiet des Rosenkreuzertums, welches man wie folgt unterteilen kann: a) die Lehren, die sich mit den rein esoterischen, philosophischen, spirituellen und okkulten Momenten des Ordens befassen, und b) die exoterischen oder äußeren Formen des Ordens als eine Menschengruppierung, die durch gemeinsame Interessen, geheime Erkennungszeichen, Griffe und Rituale untereinander verbunden ist. Die erste als Rosenkreuzer bekannte Bruderschaft entstand 1494 im dänischen Schleswig. Auf sie bezieht sich Fortuin in seinem Buch „De Guildarum Historia", das sich hauptsächlich mit der historischen Dokumentation zur dänischen Geschichte befaßt.

Rosenkreuzer-Gemeinschaft, die sogen. Heindel-Bewegung, in USA unter dem Namen Rosicrucian Fellowship, mit dem Untertitel „Verband christl. Mystik" tätig; 1909 in Seattle/USA von Max ↗ Heindel gegr., später nach Oceanside/Kalifornien verlegt. Heindel hatte zuvor an einer internen Schulung der ↗ ES der Adyar-TG in Berlin unter Leitung von Dr. Rudolf Steiner teilgenommen, wollte aber entgegen den Anweisungen Steiners die internen Lehren nicht geheim halten. Bevor er heimreiste, geschah es, „daß ein Älterer Bruder des Ordens der Rosenkreuzer, ein Hierophant der kleinen Mysterien, in sein Zimmer trat und sich erbot, ihm die so sehnlichst gesuchten Lehren zu geben, aber nur unter der Bedingung, daß er diese geheim hielte". Heindel weigerte sich, irgendetwas anzunehmen, was er seinen hungernden Brüdern vorenthalten müßte. Darauf verließ ihn der Lehrer, kam jedoch nach einiger Zeit wieder und teilte ihm

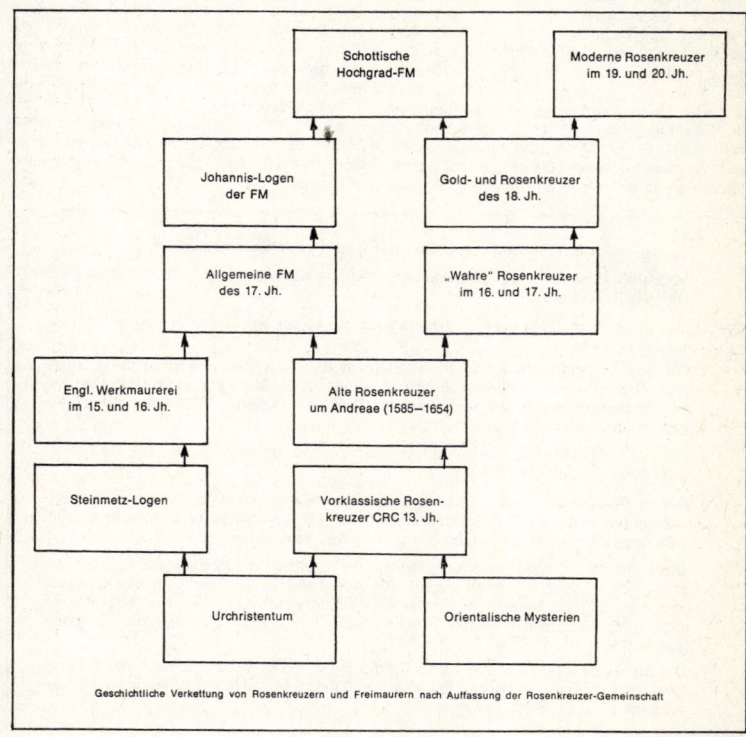

Geschichtliche Verkettung von Rosenkreuzern und Freimaurern nach Auffassung der Rosenkreuzer-Gemeinschaft

mit, daß er die ihm auferlegte Prüfung mit günstigem Resultat bestanden habe. Darauf will Heindel in direkte Verbindung mit der Loge der Älteren Brüder, deren Tempel sich „in kurzer Entfernung von Berlin befand", gekommen sein. Dort sei ihm der größte Teil jener Lehren übermittelt worden, die er dann seiner Weltanschauung zugrunde legte, — und die mit den Steinerschen Instruktionen genau identisch waren. Um 1912 übernahm Dr. Hugo Vollrath (Leipzig) die Vertretung der R.G für Deutschland und brachte im Verlag die ersten Heindel-Bücher heraus; außerdem wurde eine Art Fernunterricht veranstaltet, für den Schneider-Franken unter dem Ps. „B. Y. R." (später Bô Yin Râ) die Texte schrieb. Teilweise gab sich Vollrath als „Walter Heilmann" und Sekretär der Großen Loge aus, um Diplome zu erteilen und Beiträge zu kassieren. Nach einigen Jahren machte Heindel dem Treiben in Leipzig ein Ende; 1927 gründete Adolf Brinkmeyer in Düsseldorf die R. G. neu, bis die Nazis 1936 den Orden wieder auflösten. Am 21. 9. 1945 wurde die R. G. abermals neu gegründet mit Sitz in Darmstadt; 1949 kam eine Heilungsabteilung unter Leitung von Dr. Schmidt (Frankfurt) hinzu. 1954 spaltete sich die R. G. in die Gruppe Daum/Seeheim und Vollmer/Darmstadt. Daum nannte seinen Zweig von da an „Westliche Schule für christl.

Das Emblem der Rosenkreuzer-Gemeinschaft
(Heindel-Bewegung)

Mystik", wurde aber bald eine Filiale der amerikanischen Sanctilean-Kirche. Die R. G. erhebt keine Beiträge, erwartet aber von ihren Mitgliedern ausreichende Spenden; der Verzicht auf Beiträge scheint aus dem Buch „Moderne Rosenkreuzer" (Berlin 1907) von Surya zu stammen. — Lit.: Georg Vollmer, 40 Jahre Rosenkreuzer-Bewegung in Deutschland, Darmstadt 1967; Haack, Geheimreligion der Wissenden, Stuttgart 1966; Augusta Heindel, Der Ursprung und die Entstehung der Rosenkreuzer-Gemeinschaft, Darmstadt o. J.; Georg Vollmer, Die Begegnung Max Heindel mit Rudolf Steiner, Darmstadt o. J.; Ritual der Vollmond-Versammlung für die Prüflinge der Rosenkreuzer-Gemeinschaft, Darmstadt 1966; Ritual des Tempeldienstes der Rosenkreuzer-Gemeinschaft, Darmstadt; weitere Lit. unter ↗ Heindel.

Die 7 Einweihungsstufen der Rosenkreuzer-Gemeinschaft

1. Vorbereitungskursus von 12 Lektionen Fernunterricht über die Weltanschauung der Heindel-Rosenkreuzer.

2. Die Schülerstufe; die Schüler erhalten für die Dauer von 2 Jahren monatlich eine Lektion.

3. Die Prüflingsstufe; die Prüflinge erhalten für die Dauer von 5 Jahren durch einen monatl. Lehrbrief besonderen Unterricht. — Mit dieser Stufe sind schon gewisse Bedingungen verknüpft, die zu halten der Prüfling feierlich geloben muß, u. a. eine besondere Schweigepflicht.

4. Die Jüngerschaftsstufe; die Jünger erhalten besondere Instruktionen, die sie auf die Initiation vorbereiten.

5. Die Stufe der Laienbrüder und -schwestern; diese haben eine oder mehrere Einweihungen in den Kleinen Mysterien durchlaufen. Sie können ihren Körper bewußt verlassen und den Gottesdiensten in Kalifornien beiwohnen.

6. Die Stufe der Adepten; dies sind Graduierte in einer der Schulen der Kleinen Mysterien (7 Schulen; 9 Einweihungen). Ein Adept dieser Art kann sich einen Körper selbst bauen und braucht nicht als Kind wiedergeboren zu werden; sein Körper steht völlig unter seiner Herrschaft, und er kann ihn gewöhnlich einige hundert Jahre gebrauchen.

7. Die Stufe der Älteren Brüder; sie sind die Graduierten in den Schulen der Kleinen Mysterien und ebenso in den Schulen der Großen Mysterien (5 Schulen; 4 Einweihungen).

Rosenkreuzer-Organisationen; die bekanntesten Rosenkreuzer-Organisationen sind im Lexikon unter dem jeweiligen Stichwort aufgeführt, so ↗ SRIA, ↗ Lectorium Rosicrucianum, ↗ Rosenkreuzer-Gemeinschaft, ↗ AMORC usw. Es gibt auch noch eine Vielzahl von kleineren Gruppen, zumal das Wort Rosenkreuz noch nichts besagt und ungeschützt ist, so daß jeder Verein diese Bez. führen kann. Viele der kleineren R. O. haben nur ein kurzes Dasein gehabt und kaum Schrifttum hinterlassen. 1918 wollte der ehemalige Steinerschüler A. A. van den Meulen in Holland eine neue R. O. gründen, um mittels Alchemie Tuberkulose, Wassersucht u. a. Krankheiten zu heilen; es wurde auch eine Zeitschrift „Het Rozekruis" herausgegeben; 1922 ging diese R. O. wieder ein. 1923 bemühte sich Dr. F. Maack um die Gründung einer neuen R. O. und gab die Zeitschrift „Das Rosenkreuz", von der allerdings nur die erste Nummer erschien, heraus. Auch Annie Besant soll in England und Holland eine R. O. gegründet haben, die ebenfalls bald einging. Den Orden vom kabbalistischen Rosenkreuz gründete Stanislas de Guaita 1889 mit 3 Graden; an der Spitze stand ein Rat von 12 Brüdern, von denen 6 bekannt und 6 unbekannt waren. Durch Teilung dieses Ordens entstand schon 1890 unter „Sar Merodak" (Josephin Péladin) der Orden vom Rosenkreuz des Tempels und des Grals (des „katholischen Rosenkreuzes"); letzterer ging 1918 mit dem Tode Péladins ein. Mailly versuchte, diesen Zweig in Deutschland einzuführen. — Lit.: Fr. Wittemans, Histoire des Rose-Croix, Paris 1925; P. Ch. Martens, Geheime Gesellschaften in alter und neuer Zeit, Leipzig ca. 1921; Sédir, Les Rose-Croix, Paris 1953; Robert Ambelain, Templiers et Rose-Croix, Paris 1955.

Rosenkreuz-Meditation, eine von Rudolf Steiner erfundene Meditationsübung auf der Grundlage des ↗ Satipatthana. Man stellt im Geiste zunächst das Wesen des Menschen dem der Pflanze gegenüber. Die Pflanze folgt von Blatt zu Blatt den reinen Gesetzen des Wachstums, öffnet die Blüte dem Sonnenstrahl. Der Mensch hat der Pflanze gegenüber Vollkommenheit; diese hat er aber erkauft mit Begierden, Trieben, Leidenschaften. Das rote Blut soll der Ausdruck dieser Leidenschaften sein, aber der Mensch kann sich läutern. Der rote Rosensaft gelte nun als Ausdruck der geläuterten Triebe und Leidenschaften. Alle diese Gedanken müssen aber auch in der Empfindung lebendig werden. Nun stellt man sich ein schwarzes Kreuz vor, das Sinnbild

für das „vernichtete Niedere der Triebe und Leidenschaften". Da wo die Balken des Kreuzes einander schneiden, denke man sich 7 rote strahlende Rosen im Kreise angeordnet als Sinnbild für ein Blut, das der Ausdruck für die gereinigten Leidenschaften und Triebe ist. — Diese Übung wurde auch von der ↗ Rosenkreuzer-Gemeinschaft (Heindel-Bewegung) übernommen. — Lit.: Rudolf Steiner, Die Geheimwissenschaft im Umriß, Berlin 1913, Dornach 1962.

rot, schon bei den Etruskern und Hindus die symbolische Farbe der männlichen Eigenschaften; in der FM die vorherrschende Farbe der Hochgrade, die auch als rote FM bezeichnet werden. Bei der Ostkirche bedeutet r. flammende Liebe, bei den alten Ägyptern die Blutsühne und das Dämonische, in China Glück und bei den alten Juden Blut und Leben.

Rota (lat.) = Rad; ein Kreis mit 12 Speichen als Symbol des Tierkreises und des göttl. Gesetzes. Schon in der Rig-Veda I, 164, 11 heißt es: „Dies 12speichige Rad der Ordnung...". — Ferner heißt in der kath. Kirche ein Tribunal mit 12 Prälaten R.

Rotary Club (auch: Rotarier), eine internationale Bruderschaft, die zuweilen mit der FM in Verbindung gebracht wird. Gegr. 1905 in Chikago als „Business Circle" zum Zwecke gegenseitiger Förderung und Information über geschäftliche Dinge. Nur je ein Angehöriger eines Berufes oder Geschäftszweiges an einem Ort kann Rotarier werden. In größeren Städten wird diese Beschränkung dergestalt umgangen, daß man sich einen Spezialberuf zulegt; bei Ärzten z. B. unterscheidet man fein nach Kinder-, Frauen-, Nieren- usw. -ärzten. Einen esoterischen Lehrinhalt hat der R. nicht. In Deutschland bestehen R. C. seit 1927.

Roxane (Ps.) = Margarete Berndt; Großsekretärin der ↗ Fraternitas Saturni unter Großmeister ↗ Gregorius.

Royal Arch (engl.) = Königliches Gewölbe; Bez. für eine typisch engl., aber auch in USA weit verbreitete Hochgradserie der FM, aber nach dem letzten Kriege auch versuchsweise bei der ↗ VGL eingeführt, hier aber fälschlich Königl. Bogen genannt. Die Herkunft des R. A.-Grades ist ebenso dunkel wie die der FM überhaupt; in den ältesten Dokumenten über die FM finden sich schon Andeutungen über die Existenz des R. A., und wie es scheint, kann der R. A. die esoterische Abt. der FM

Royal York

überhaupt gewesen sein, in welche nur wirklich befähigte und vor allem intellektuell interessierte Brüder aufgenommen werden konnten. 1813 wurde in England beschlossen, nur noch 3 Grade der FM gelten zu lassen, nämlich jene „des Lehrlings, des Gesellen, des Meisters und des Royal Arch"; wie man bei 4 Graden, die zudem ihre eigenen Rituale und Lehrinhalte haben, nur 3 Grade zählen kann, ist noch heute rätselhaft. Bereits 1786 erfolgte ein Versuch, den R. A.-Grad in Deutschland einzuführen, und zwar in Hannover (Loge zum schwarzen Bär) und in Frankfurt/Main (Loge zur Einigkeit). Bei den wenigen heute bestehenden R. A.-Kapiteln in Deutschland werden folgende Grade erteilt:

Markmeister = 4. Grad
Altmeister = 5. Grad
Sehr Vortrefflicher Meister = 6. Grad
Maurer vom Königlichen Bogen = 7. Grad

Diese Grade sind von der engl. Großloge nicht anerkannt; die Ritualvorlagen stammen aus USA. − Royal Arch heißt auch der 13. Grad im ↗ AASR und der 31. Grad im Memphis-Misraim-Ritus. Inhaltlich sind diese Grade mit dem engl. R. A. jedoch nur wenig verwandt. − Lit.: Walton Hannah, Christian by Degrees, London 1954; Herbert F. Inman, Royal Arch Working explained, London 1933; Bernard E. Jones, Freemason's Book of the Royal Arch, London 1957.

Royal York, Kurzbezeichnung für die frühere „Große Loge von Preußen genannt Royal York zur Freundschaft"; nach dem letzten Kriege haben sich die Logen dieses Systems, das zu den sogen. 3 „Altpreußischen" gehörte, der VGL angeschlossen. Die Großloge wurde zwischen 1750 und 1760 in Berlin von franz. Schauspielern und Musikern gegründet; von 1774−1778 gehörte die Großloge R. Y. zur

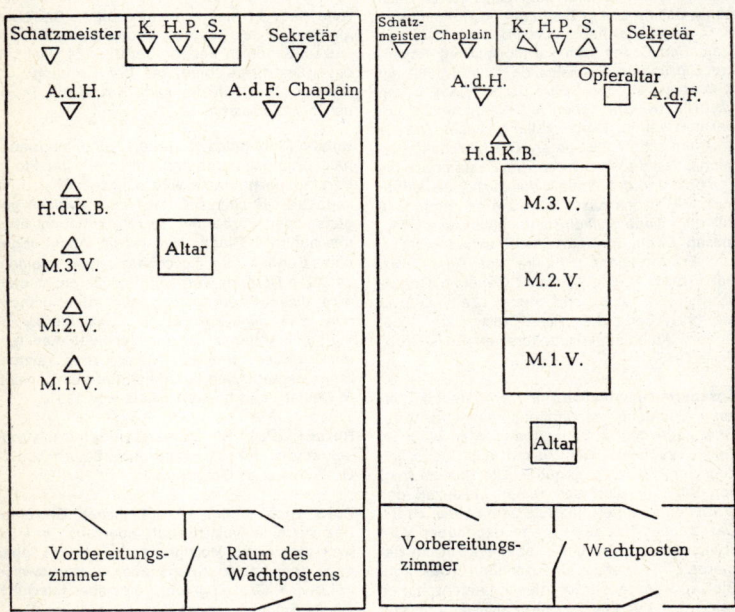

Grundriß eines Royal-Arch-Kapitels

Links: für den ersten Teil der Zeremonie; rechts: für den zweiten Teil der Zeremonie. − Abk. der Beamtenplätze: K. = König (Serubabel), H. P. = Hoher Priester (Jesua), S. = Schriftgelehrter (Haggai), A. d. F. = Anführer der Fremden, A. d. H. = Anführer der Heerscharen, H. d. K. B. = Hauptmann des königlichen Bogens, M. 3. V. = Meister des 3. Vorhangs, M. 2. V. = Meister des 2. Vorhangs, M. 1. V. = Meister des 1. Vorhangs. (Nach dem Original-Ritual von 1960.)

↗ Großen Landesloge. Nachdem man alle möglichen Hochgradsysteme angenommen und praktiziert hatte, entwarf Feßler 1796/97 völlig neue Rituale und führte ein neues System mit insgesamt 8 Graden ein; einen Teil seiner Ideen hat Feßler den ihm nur vertraulich zur Einsicht überlassenen Unterlagen des Hamburger Großmeisters F. L. Schröder entnommen. Ab etwa 1815 wurden die Feßler-Grade wieder abgeschafft und ein System mit 5 Graden eingeführt, das teils noch heute bearbeitet wird, obwohl offiziell nur 3 Grade bekannt gemacht werden. Der 4. Grad umfaßt den „Inneren Orient", der 5. den „Innersten Orient". Der Innere Orient nennt sich auch „Versammlung der vertrauten Brüder". — Lit.: Rudolf Grosse, Geschichte der Großen Loge von Preußen gen. Royal York zur Freundschaft, Berlin 1909; Grundgesetz der Großen Loge von Preußen..., Berlin 1891.

Rozekruis-Pers, der Rijkenborgh-Verlag des ↗ Lectorium Rosicrucianum in Haarlem/Holland.

Rt., bei Bibelzitaten die Abk. für das Buch Ruth.

Ruach (hebr.) = Luft, Geist; in der Kabbalah die Bez. für den ↗ Astralleib, teils auch für den Geist schlechthin oder ↗ Buddhi-Manas; R. befindet sich sowohl innerhalb als auch außerhalb des stofflichen Leibes (↗ Nephesch); R. erfüllt den Menschen zur Gänze und dringt bis in die kleinsten Teile vor.

Ruach Elohim (hebr.) = der Geist der Götter; entspricht dem hl. Geist der Christen; teils wird mit R. E. in der Kabbalah auch der Wind, der Atem und das rauschende Wasser bezeichnet.

Rückerinnerung, die Fähigkeit, sich an frühere Leben (Inkarnationen) zu erinnern; eines der Schulungsziele der ES der Adyar-TG, teils auch der Anthroposophen. H. P. Blavatsky schreibt im „Glossary of Theosophy" (S. 309): „Es gibt Eingeweihte, und nicht einmal die höchsten, die in einen Zustand versetzt sind, sich an mehr als eines ihrer vergangenen Leben zu erinnern." — Lit.: C. Jinarajadasa, How to remember our past lives, Adyar 1955; Rudolf Steiner, Wie kommt man zum Schauen der geistigen Welt?, Dornach 1949; K. O. Schmidt, Wir leben nicht nur einmal; H. E. Douval, Beweise der Wiedergeburt; H. K. Iranschähr, Der Meister und seine Jünger, Bd. 2; Dr. F. Schwab, Vor der Geburt und nach dem Tod.

Rückschau, die allabendliche Betrachtung, die der Rosenkreuzer über sein Tagewerk, seine Fortschritte und Rückschritte anstellen soll. Die R. wurde wohl erstmals von den ↗ Illuminaten empfohlen, dann von Rudolf Steiner propagiert und schließlich von Heindel und vom ↗ AMORC übernommen. Mit der nötigen Kritik geübt, kann die R. sehr nützlich sein und zu besserer Selbsterkenntnis führen.

Rückstrahlender Äther, nach Heindel ein Teil der physischen Welt und „das Gedächtnis der Natur", bei R. Steiner ↗ Akasha genannt. ↗ Prinzipien der Welt.

Rukmini Devi, die Ehefrau von Dr. G. S. Arundale.

Runden, ein anderes Wort für ↗ Perioden oder Zyklen nach der buddhistischen Lehre von der Entwicklung der Welt in bestimmten, in sich geschlossenen Abschnitten. Theosophisch gesehen hängen die R. mit der Entwicklung der menschlichen ↗ Rassen zusammen.

Runen, die Schrift- oder Symbolzeichen der alten Germanen, Skandinavier usw. Das Runenalphabet besteht aus 16 Zeichen, die einigermaßen gedeutet wurden, während einige ganz alte R. noch unentziffert sind. Nach der Sage soll Odin die R. erfunden haben; Okkultisten sagen den R. übernatürliche Kräfte nach, die allerdings wohl mehr aus dem Ritual, mit dem man die R. umgibt, stammen, als von ihnen selbst. Seit Guido von List sind die R. zu einem eigenen Okkultsystem weiterentwickelt worden. — Lit.: Karl Spiesberger, Runenexerzitien für jedermann; ders., Runenmagie; R. D. Jossé, Runo-astrologische Kabbalistik; Philipp Stauff, Runenhäuser.

Rupa (Sk.) Körper; in der östlichen Philosophie irgendeine Form, aber auch bei Göttern, die für den Menschen bloß subjektiv sind. — Die Rupa-Ebene ist ein Teil der Devachan-Ebene und umfaßt die noch formhaften Unterschwingungen der Himmelswelt.

S

S, in der Astrologie das Symbol für Septil. ↗ Aspekte, schwache. — Im ↗ Royal-Arch-Kapitel die Abk. für Serubabel, einer der 3 leitenden Beamten des Kapitels.

Sacharow, Boris, † 1960, russischer Tänzer und Yoga-Lehrer. — W.: Das große Geheimnis; Yoga aus dem Urquell; Das Öffnen des 3. Auges, München 1958; Indische Körperertüchtigung (12 Hefte); Kriya-Yoga, 1959; Jiu-Jitsu für Frauen, 1959.

Sagittarius, lat. Bez. des Tierkreiszeichens Schütze.

Sahasrara-Chakra (Sk.) das Haupt-Chakra, der 1000blättrige Lotus genannt; befindet sich außerhalb des Kopfes über der Fontanelle; in ihm findet die Vereinigung von Shiva und Shakti statt.

Sankt Alban (engl. Saint Alban), der erste brit. Märtyrer, geboren im 3. Jh. zu Verulanum (nahe St. Albans), wurde 303 nZ hingerichtet. — Auch der Schutzpatron der Liberal-Kath. Kirche. — Wird auch in der engl. Großloge der FM verehrt, da sein Name in der Old Charges

(im sogen. William-Watson-Manuskript von 1687) vorkommt; einige engl. Logen tragen seinen Namen.

Saint-Germain, * ca. 1710, † 1784 Gottorp (beim Prinzen von Hessen-Kassel; nicht in Kassel, wie in „Geschichte und Lehren der Rosenkreuzer" von W. Schrödter, S. 65, angegeben); von den einen als Abenteurer, von anderen als Eingeweihter bezeichnet, in der Adyar-TG als ↗ Meister des 7. Strahles ausgegeben. S. G. gab vor, über 1000 J. alt und im Besitze von Zauberkräften zu sein. S. G. war an vielen Höfen Europas eingeführt und gewann später großen Einfluß auf den Landgrafen Karl von Hessen; er behauptete auch, Hochgrad-Freimaurer zu sein. Bei der Adyar-TG heißt er auch M. Rakoczi und wird als Inkarnation von Francis und Roger Bacon angesehen. — Lit.: Friedrich Bülau, Geheime Geschichten und rätselhafte Menschen (viele Auflagen und Ausgaben); A. Lang, Historical Mysteries, London 1904; I. Cooper-Oakley, The Compte de St.-Germain, London 1927; Franz Hartmann, Im Vorhof des Tempels; Pierre Lhermier, Le mystérieux compte de Saint-Germain, Paris 1943.

380

1784

Die Beurkundung von Saint-Germains Tod im Kirchenbuch zu Eckernförde

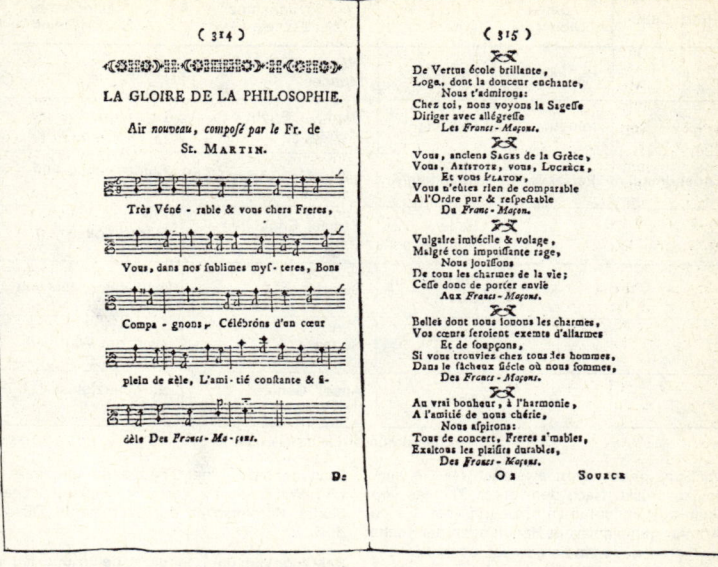

Bisher unbekanntes Freimaurer-Lied von Louis-Claude de St.-Martin

Saint-Martin, Louis-Claude de, * 18. 1. 1743 Amboise/Frankreich, † 13. 10. 1803 Aulnay/Frankreich; franz. Philosoph und Schriftsteller, durchdrungen vom Geiste Jakob Böhmes, dessen Schriften er ins Französische übersetzte. Später schrieb er auch unter dem Ps. „Philosophe inconnu" (= unbekannter Philosoph), und außerdem war er zeitweilig der Sekretär von ↗ Martinez de Pasqualis im Martinisten-Orden. Sein Ps. stammt aus „Les aventures du philosophe inconnu en la recherche et en l'invention de la pierre philosophale" von Jean Albert Belin (1673). Nach dem Tode von Martinez de Pasqualis, als der Martinisten-Orden mehr oder weniger zerfiel, gründete er eine eigene halb-maurerische Loge, aus welcher später der Rektifizierte Ritus hervorging. Später knüpfte auch Papus mit seinem neuen Martinisten-Orden an S. M. an; H. P. Blavatsky allerdings hielt (1892) von Papus, Mitbegründer der franz. TG, nicht viel: „Zur Zeit karikieren ihn (d. h. S. M.) einige ehrgeizige Scharlatane in Paris und geben sich als eingeweihte Martinisten aus und entehren dadurch den Namen des verstorbenen Adepten." S. M. ist auch der

Urheber der bekannten Devise „Freiheit, Gleichheit, Brüderlichkeit". Die ersten deutschen Übersetzungen seiner Werke besorgte Matthias Claudius im Auftrage seiner Loge „Zu den 3 Rosen" in Hamburg. — W.: Irrtümer und Wahrheit; Natürliche Übersicht über den Zusammenhang zwischen Gott, Mensch und Welt; Der Mensch der Inspiration; Symbolik der Zahlen (Des Nombres), Weilheim; Des Menschen Sehnen und Ahnen, Leipzig o. J. (ca. 1790); Ecce Homo, Leipzig 1819 und Stuttgart 1922. — Lit.: A. E. Waite, Saint-Martin and Modern Martinism; Robert Amadou, Louis-Claude de Saint-Martin et le Martinisme, Paris 1946; Robert Ambelain, Le Martinisme, Paris 1946.

Sakrament, in der Kirchensprache eine heilige Handlung, die unter äußeren Zeichen unsichtbare Gnadengaben vermittelt. Bei den Römern bedeutete das Wort ursprünglich den Eidschwur, insbesondere den Soldateneid, aber auch jede feierlich übernommene Verpflichtung. Der kirchliche Gebrauch des Wortes entstand dadurch, daß sacramentum in der lat.

Nach Luther	Sankt Dionysius	Tridentinisches Konzil	Bezugnahme bei Eliphas Lévi	Theologischer Symbolismus
Taufe	Purifikation	Taufe	Wasser, Element des Mondes	Religion an sich
—	Initiation	Firmung	Raphael, Engel des Merkur	Lehre und Wissen von den Mysterien
Abendmahl	Perfektion	Abendmahl	Jupiter	Auferstehung und Erlösung
—	—	Buße/ Beichte	Samael, Engel des Mars	Gerechtigkeit
—	—	Letzte Ölung	Saturn	Gott-Vater, Jehovah
—	—	Priesterweihe	Sonne	Wort der Wahrheit
—	—	Ehe	Anael, Genius der Venus	Barmherzigkeit und Liebe

Übersicht über die Sakramente

Bibel das griech. Wort mysterion (= Geheimnis) ausdrückt. Nach dem durch Thomas von Aquin ausgebildeten kath. Begriff vom S. sind darunter geheimnisvolle Handlungen der Kirche zu verstehen, durch die gewisse übernatürliche Wirkungen der göttl. Gnade auf den Menschen übertragen werden, und zwar, wie Duns Scotius hinzufügte, „auch ohne die Bedingung des Glaubens, wenn nur der Mensch der Gnade keinen Riegel vorschiebt." Die Zahl der S. wurde von den Kirchenversammlungen zu Florenz (1493) und Trient (1547) auf 7 festgesetzt: Taufe, Abendmahl, Firmung, Buße, letzte Ölung, Priesterweihe und Eheschließung. Eliphas Lévi schreibt über die S. in „Ritual der Hohen Magie" (München 1927, S. 92): „Die 7 S. werden gleicherweise auf den großen universellen Deternar bezogen. Die Taufe, die das Element des Wassers heiligt, entspricht dem Mond; die strenge Buße steht unter dem Zeichen Samaels, dem Engel des Mars; die Firmung, die den Geist des Verstandes gibt und dem wahrhaft Gläubigen das Geschenk der Sprache mitteilt, steht unter Raphael, dem Engel des Merkur; die Eucharistie setzt die sakramentale Verwirklichung des Gottmenschen ein und gehört dem Jupiter; die Ehe ist durch den Engel Anael geweiht, den reinigenden Genius der Venus; die letzte Ölung ist der Geleitbrief für die der Sichel des Saturn verfallenen Kranken, und die Ordnung, die das Priestertum des Lichtes weiht, ist besonders bezeichnet durch die Charaktere der Sonne." Eine umfangreiche

Deutung der S. hat Leadbeater gegeben. — Lit.: Will-Erich Peukert, Geheimkulte; Leadbeater, Wissenschaft der Sakramente, Düsseldorf.

Sakrileg, von (lat.) sacer = heilig und legere = einsammeln; ursprünglich der Kirchenraub; dann Gotteslästerung und Entweihung.

Sakti (Sk.), die aktive weibliche Energie der Götter; im Hinduismus die Gemahlinnen der Götter; im Okkultismus die Krone des astralen Lichts; auch die 7 Kräfte der Natur, von denen jedoch nur 6 offenbart sind, die 7. aber noch recht unbekannt ist; in der deutschen Lit. meist Shakti geschrieben. — Lit.: Avalon, Shakti und Shakta.

Salamander, in manchen mittelalterlichen Darstellungen das Symbol der Flamme; man nahm an, der S. würde sich im Feuer verjüngen; der S. ist auch das Sinnbild der Seele im Fegefeuer.

Salbung, eine im Orient von alters her übliche, von dort nach Griechenland und Italien gekommene Sitte, den Körper mit Öl oder wohlriechender Salbe zu bestreichen. Als sinnbildliche Handlung der Weihe kam die S. zuerst für die Priester auf. Bei den Israeliten empfingen nicht nur diese (nach 2. Mos. 29 und 3. Mos. 8), sondern auch die Könige beim Antritt ihres Amtes die S. als sichtbares Zeichen des ihnen als „Gesalbten des Herrn" von Gott verliehenen Geistes. Die S. ist auch im

10. Grad der Großen Landesloge, d. h. bei den Ritter-Kommandeuren mit dem roten Kreuz, gebräuchlich. Ehe die S. vor sich geht, wird Off. 7, 9 ff. gelesen; der Oberarchitekt nimmt dann das Salbungsgefäß vom Altar und tritt an die rechte Seite des Ordensmeisters. Dieser taucht die beiden Vorderfinger der rechten Hand in das Gefäß und salbt dem Ernannten Ritterkommandeur ein Kreuz mitten auf die Stirn und spricht dabei: „Gesegnet sei, welcher mit dem Namen des Herrn Gott Zebaoth gekennzeichnet wird." Dann stellt er ihn unter das Schwert und spricht: „Sei ein siegreicher Streiter des Herrn gegen alle die, welche seinen heiligen Namen mißbrauchen." Dann gibt er ihm das rote Kreuz: „Gesegnet sei der, welcher mit dem Blute des Lammes gezeichnet ist", worauf er zum Meister geführt wird, der zu ihm sagt: „Der Herr verleiht Dir die Siegeskrone."

Salomo, König, in der Steinmetzenüberlieferung der größte Bauherr der Bibel; in der FM erscheint sein Name speziell in den Hochgraden, während er in den 3 Grundgraden nur sporadisch erwähnt ist. Sein magischer Siegelring, auf dem sich ein Sechseck befand, spielt in der Kabbalah, im Talmud, bei den Rosenkreuzern und bei den Alchemisten eine gewisse Rolle. — Im schwedischen Ritus der FM (Große Landesloge von Deutschland) gilt der oberste Würdenträger als Vertreter König Salomos auf Erden (Vicarius Salomonis).

Salutem punctis trianguli (lat.), Gruß auf den Punkten des Dreiecks; Grußformel in Briefen bei manchen Rosenkreuzer-Gemeinschaften und beim ↗ AMORC.

Salz, in manchen FM-Ritualen, zusammen mit Schwefel und Quecksilber, eines der Grundprinzipien der Alchemie.

Sam., bei Zitaten aus der Lutherbibel die Abk. für die Bücher Samuel; in der lat. Bibel (Vulgata) sind diese beiden Bücher jedoch als 1. und 2. Buch Könige (I Regum, II Regum) bezeichnet, während die Bücher der Könige der Lutherbibel in der Vulgata die Bücher 3 und 4 der Könige sind.

Samadhi, von (Sk.) sam und a und dha = „fest-zusammen-gefügt-sein"; Sammlung, Konzentration; das Gerichtetsein des Geistes auf ein einziges Objekt. In den buddhistischen Texten steht für „Sammlung" oder „rechte Sammlung" immer „Samadhi". Im Yoga-System des Patanjali ist S. das 8. Glied, welches Prof. Hauer mit „Einfaltung" übersetzt; von Franz Hartmann als „Yoga-Schlaf" gedeutet, wie ihn die Fakire ausüben. S. ist der Zustand

des Yogis, in welchem er vom Pfad des spirituellen Fortschritts nicht mehr abweichen kann; er ist in der Lage, eine völlige Selbstkontrolle über alle seine Fähigkeiten, physisch und mental, auszuüben. Nach der Lehre des Gherandasamhita ist S. der Höhepunkt des Yoga und wird nur durch einen großen Glücksfall erreicht. Man gewinnt S. durch das Mitleiden des Lehrers und infolge inniger Verehrung desselben. Die sogen. Samadhi-Meditation ist in jedem System anders, der Erfolg aber meistens gleichbleibend gering. Beim Bhakti-Yoga-Samadhi heißt es z. B.: „In seinem Herzen meditiere man über die Wesenheit seiner Schutzgottheit und stelle sich vermittels liebevoller Versenkung vor, daß sie im höchsten Grade erquickend wirkt. Unter Wonnetränen und -schauern ergibt sich dann Nichtexistenz der Zustände und daraus Samadhi." — Lit.: Dr. Franz Hartmann, Samadhi oder der Yoga-Schlaf, Leipzig o. J.; Dr. Henri Birven, Lebenskunst in Yoga und Magie, Zürich 1953; Dr. Franz Hartmann, Drei Abhandlungen über Yoga-Philosophie, Teil 3.

Samael oder Sammael (hebr.) = Strafe Gottes; der Fürst der Dunkelheit und des Bösen in der Kabbalah.

Sambhala ↗ Shamballa.

Samothrake, gebirgige Insel im nördlichsten Teil des Ägäischen Meeres; die Ausgrabungen haben 1873 Ruinen eines dorischen Marmortempels bloßgelegt; ihre Berühmtheit verdankt die Insel den an den Kultus der Kabiren geknüpften Mysterien. — Lit.: Rubensohn, Die Mysterienheiligtümer von Eleusis und Samothrake, Berlin 1892; Hans Gsänger, Samothrake.

Sanat Kumara (Sk.), in der Arkanschule „das Große Leben, in Dem wir leben, weben und unser Sein haben, Welches Selbst das Wahre Licht der Welt und der Planetarische Erleuchter ist". — Sanat: die „ewige Jungfrau".

Sanctilean-Kirche, eine mystische Sekte in den USA, die auch als Sanctilean University Fernunterricht erteilt und einen Fern-Dr. der Theologie verleiht. 1954 versuchte der damalige Leiter der deutschen ↗ Rosenkreuzer-Gemeinschaft, Daum (Seeheim), diese in „Westliche Schule für christl. Mystik" umzubenennen und der amerik. Sekte anzugliedern; hierdurch kam es zur Spaltung, und Daum ging nach den USA.

Sanctum Sanctorum (lat.) = das Heiligste der Heiligen; der innerste oder heilige Platz des jüdischen Tabernakels oder Tempels.

Sandelholz ↗ Harze.

Sangha (Pali) = Gemeinde; der vom Buddha gegr. Mönchsorden und als solcher neben dem Jaina-Orden der älteste der Welt.

Sanhedrin, Synhedrion, Synedrium (hebr./griech.) = Zusammensitzen; vom 3. Jh. vZ bis 70 nZ der aus dem Hohenpriester und 72 Mitgliedern bestehende Oberste Rat der alten Juden mit der Befugnis eines Tribunals.

San José, Ortschaft in Kalifornien (USA); Zentralsitz des ↗ AMORC.

Sanskrit, von (Sk.) samskrtam = zurechtgemacht; die Sprache der ältesten ind. Literatur, der Veda, unterscheidet sich aber im Wortschatz wie in der Grammatik sehr erheblich vom klassischen Sk.; die klassische Sprache der Brahmanen, die niemals in ihrer wahren systematisierten Form bekannt war oder gesprochen wurde, außer von den eingeweihten Brahmanen selbst, denn es war vor allem eine allgemeine Mysteriensprache.

Sannyasi (Sk.), eingeweihter Bettelmönch eines Ordens; **Sannyanini** = Nonne.

Sapere aude (lat.) = wage es, weise zu sein; Wahlspruch und Ps. von Dr. Wynn Westcott als Gründer der ↗ Goldenen Dämmerung; unter diesem Ps. veröffentlichte er z. B. die Schrift „The Science of Alchymy" (London 1893), als er noch Mitglied der ↗ ES der Adyar-TG war.

Sarasvati, Swami Dayanand (Ps.) = Mula Shankara, * 1824 Tankara (West-Indien), † 30. 10. 1883 (od. 1889); Gründer des monotheistischen „Arya Samaj" und anfangs Mitarbeiter der Adyar-TG. Nach seiner eigenen Biographie (veröffentlicht in der Zeitschrift „Theosophist" Okt. und Dez. 1879 sowie Nov. 1880) soll er im Alter von 14 J. von der Frage geplagt worden sein, ob der hinduistische Götzen- und Bilderkult richtig sei; gründliche Ermittlungen haben jedoch gezeigt, daß er erst mit etwa 22 J. auf diese Fragen gekommen sein kann, als er ein Bettelmönch (ein sog. Sannyasi) wurde. Nach seiner Einweihung in den Mönchsorden Sarasvati erhielt er den Brudernamen Dayananda; alsdann nannte er sich Dayananda Sarasvati. Bis zu seinem Tode war sein richtiger Name unbekannt. Seine heute weit verbreitete Biographie endet beim J. 1857; über den Zeitraum zwischen 1857 und 1860 ist praktisch nichts bekannt geworden. 1860 wurde er Schüler eines blinden Lehrers namens Virajananda, der die Meinung vertrat, ausschließlich die Veden enthielten die reine und ausschließliche Wahrheit sowie den Keim jeglicher

weiterer Entwicklung einschließlich der Dampfmaschine, der Eisenbahn und der Dampfboote. S. wurde erst angenommen, nachdem er alle anderen Bücher in den Fluß Jumna geworfen hatte. Ab Mai 1863 betrachtete sich S. selbst als Meister und zog herum, um Schüler zu werben. Ab 1868 übernahm er das Verfahren der christlichen Missionare, nämlich die Beeinflussung der Kinder durch Gründung von Religionsschulen. 1875 gründete er in Bombay den Arya Samaj, der sich später vorübergehend mit der TG vereinigte. Die Zusammenarbeit mit der TG brach 1881 auseinander, als die sog. Hindu-Periode der TG vorüber war und durch die Buddha-Periode abgelöst wurde. S. ist für den Hinduismus etwa das, was Luther für die Christen ist; so wie Luther „Zurück zur Bibel!" predigte, predigte S. „Back to the Vedas!". Auch ein Vergleich mit Elias, der den Baal-Kult der alten Juden verdammte, ist möglich. Die Doktrin von S. ist: a) es gibt nur einen Gott; b) die 4 Veden sind Gottes Weisheit (Theosophie?); c) die Veden lehren Seelenwanderung und Karma; d) Sündenvergebung ist nicht möglich; e) Erlösung (theologisch: Rechtfertigung) ist Befreiung von der Wiedergeburt. S. gestattete seinen Anhängern den Verzehr von Rindfleisch. — W.: Satyarth Prakash (in Hindi-Sprache); Veda Bhashya (in Sk.); Rigvedadi Bhashya Bhumika (teils in Sk., teils in Hindi). — Lit.: Bawa Chhajju Singh, The life and teachings of Swami Dayanand Sarasvati, Lahore 1903; S. N. Agnihotri, Pandit Dayanand Unveiled, Lahore 1891; Abs, Halle der Religionen.

Sarira (oder Sharira) = Körper; in Zusammensetzungen wie ↗ Linga sharira.

Sarkophag, von (griech.) sarc = Fleisch und phagein = essen; der Fleischesser; ein Steinsarg; die Bez. ist entnommen von einer griech. Kalksteinart bei Assos in Mysien (sarkophagos lithos), welche die hineingelegten Leichen schnell verzehrte. S.e finden sich schon in den ältesten Zeiten, z. B. in der Pyramide von Giseh. Die ägypt. S.e sind jedoch aus anderen Materialien, wie schwarzem Basalt, rotem Granit, Alabaster usw. gemacht. Auf einigen ägypt. S.en findet man Sprüche, die später vom Christentum aufgegriffen und übernommen wurden.

Sarkur ↗ Planeten, okkulte.

Satipatthana, von (Pali) sati = Achtsamkeit und patthana = Grundlagen; im Buddhismus der klassischen Schule die Gesamtheit der vier Grundlagen (Ausgangspunkte) der Achtsamkeit oder besser Gewärtighaltungen der Achtsamkeit, welche sind: die Betrachtung des Körperlichen, die Betrachtung der Gefühle, die Betrachtung des Bewußtseins und die Betrachtung der Geistobjekte. Es handelt sich um eine Methode geistiger Konzentration, bei vollem Bewußtsein alle Handlungen und Regungen gleichsam von außen zu betrachten, zu bewerten und zu beherrschen. Nach langer Vergessenheit ist diese Übung altbuddhistischer Meditationsschulung erst in neuester Zeit (um 1900) durch Nyanaponika wiederentdeckt und dem westlichen Menschen erschlossen worden. Eine ausführliche Besprechung dieses für die gesamte buddhistische Meditationspraxis wichtigen Gebietes bietet die Satipatthana-Sutte (Majjhima-Nikaya 10; Digha-Nikaya 22), die sowohl zu Beginn als auch am Schluß die bedeutungsvollen Worte verkündet: „Nur einen einzigen Weg gibt es, ihr Mönche, der zu der Wesen Reinheit führt, zur Überwindung von Sorge und Jammer, zum Untergang von Schmerz und Kummer, zur Gewinnung des rechten Pfades und zur Verwirklichung des Nirwahns, nämlich die vier Grundlagen der Achtsamkeit (d. h. des Satipatthana)." — Hieran angelehnt ist die sogenannte Samenkornübung Rudolf Steiners; seitdem sind viele okkulte und Yoga-Gruppen entstanden, die das S., ohne es zu erwähnen, als Grundlage genommen haben. — Lit.: Nyanaponika, Satipattha, Konstanz 1950; Kurt Schmidt, Leer ist die Welt, Konstanz.

Sator-Arepo-Quadrat (oder -formel), ein seit uralten Zeiten bekanntes magisches Quadrat mit Buchstaben, die schon in der verschiedensten Weise gedeutet wurden, ohne daß man dem dahinter steckenden Geheimnis auf die Spur gekommen wäre. Aller Wahrscheinlichkeit nach stammt das Quadrat aus der gnostischen Schule des Marcion, Verfassers der Pistis Sophia. Möglicherweise ist das Quadrat schon mit den Kreuzrittern nach Europa gekommen. Es soll auch den Rosenkreuzern des Mittelalters als Symbol (wofür?) gedient haben. Eine der Lösungen lautet: Petro et reo patet rosa sarona = Auch dem Petrus, obgleich er uns huldig war, steht die Rose von Sarona offen; „Rose von Sarona" soll dabei der umschreibende Ausdruck für das „gnadenreiche Blut des Herrn" sein. — Lit.: Franz Karl Endres, Mystik und Magie der Zahlen, Zürich 1951; Willy Schrödter, Geschichte und Lehren der Rosenkreuzer; von Lippmann, Entstehung und Ausbreitung der Alchemie, Weinheim 1954.

Sättler, Dr. Franz, auch unter dem Ps. Dr. Musallam bekannt; Gründer und Erfinder des Adonismus, einer Art okkulten Sexualkults. —

S	A	T	O	R
A	R	E	P	O
T	E	N	E	T
O	P	E	R	A
R	O	T	A	S

Sator-Arepo-Quadrat

W.: Zauberbibel; Das große Buch der orientalischen Geheimnisse; Adonismus, die uralte Geheimlehre; Jugend und Schönheit (Das Buch der Adonistin); Macht und Erfolg (Das Buch des Adonisten).

Saturn-Einweihung, die 7. Einweihung des ↗ Lectorium Rosicrucianum.

Satyât nâsti paro dharma (Sk.) = Kein Gesetz ist höher als die Wahrheit; Devise des Maharadscha von Benares; bei den Theosophen (fälschlich übersetzt): keine Religion ist höher als die Wahrheit; bei den Anthroposophen: die Weisheit ist nur in der Wahrheit.

Säulen des Hermes (oder Säulen des Seth) dienten im Altertum zu Erinnerungsfeiern bei okkulten Anlässen; verschiedene esoterische Geheimnisse waren darauf eingraviert; nach der Legende stammten die Säulen von Henoch.

Säulen J. und B., ↗ Jachin und Boas.

Savitri, ↗ Gayatri.

Sayján, Lus de (Ps.) = Louise Pollerspök; Yoga-Schriftstellerin. W.: Magie des Sexus, Freiburg.

S. C. (oder S.·. C.·.), Abk. für (engl.) Supreme Council oder (franz.) Suprême Conceil = Oberster Rat, das höchste Gremium des ↗ AASR.

Schaddai, von (hebr.) shaddad = beschädigen; an einigen wenigen Stellen des AT (so in 1., 2. und 3. Mos., Ruth und Hiob) der Name des zerstörerischen Prinzips (entsprechend ↗ Shiva der Hindus) in der Gottheit; bei Luther an den entsprechenden Stellen durchweg mit „der Allmächtige" übersetzt. Stellen wie Hiob 6, 4: „Die Pfeile des Allmächtigen („Schaddai") stecken in mir, sein Grimm säuft meinen Geist aus" werden dadurch jedoch unverständlich.

Schaffner, in der FM Logenbeamte, die als Hilfskräfte der beiden Aufseher in der Loge tätig sind; in manchen FM-Systemen heißen sie auch Diakone. In engl. Logen heißen sie teils Stewards, teils Deacons.

Schalentheorie, die alte, vorläufige Auffassung von den ↗ Prinzipien der Welt; zuerst von Eliphas Lévi aufgestellt und angeblich der Kabbalah entnommen; dann von H. P. Blavatsky in die „Entschleierte Isis" übernommen; in der „Geheimlehre" kommt die S. nur noch kurz an einer einzigen Stelle (Bd. II, S. 115 der Originalausgabe) vor, da inzwischen aufgrund des indischen Einflusses die Theorie der siebenfachen Konstitution vorherrschend wurde. — Eliphas Lévi lehrte, daß nach dem Tode des Menschen der Geist völlig abscheide, aber eine leere Schale hinterlasse, die die Macht habe, allerlei (spiritistische) Erscheinungen hervorzurufen. — Lit.: Eliphas Lévi, Dogma der Hohen Magie, München 1927, S. 108 (und andere Stellen).

Schamanen, nordasiatische Zauberer der Naturvölker, ähnlich den afrikanischen Medizinmännern. — Lit.: Mircea Eliade, Schamanentum, archaische Ekstasetechnik, Zürich 1957; Dr. Hans Findeisen, Schamanentum, Stuttgart 1957; ders., Sibirisches Schamanentum und Magie, Augsburg 1953.

Schaubrote, im Andreas-Rittergrad der Großen Landesloge 12 Stück Brotkuchen (nach der Zahl der Stämme Israels), die im Heiligtum der Stiftshütte und des Tempels ausgestellt waren. Die S. kommen auch in anderen Hochgraden vor.

Schechinah, die beim AMORC übliche Schreibung für (hebr.) Schekinah = „Gott einwohnend", von hebr. sacan-yah, sakainah; sacan = wohnen und yah = Gott; nach 1. Mos. 15, 17 die leuchtende Wolke, der Glanz der Erscheinung Gottes, der vor den Israeliten durch die Wüste zog und sich in Ruhestellungen in das Tabernakel zurückzog. In den Tempeln des AMORC wird mit S. ein dreieckiges Stück Pappe oder Holz bezeichnet, welches als „Symbol für die Anwesenheit Gottes" gilt. In alten franz. FM-Ritualen findet man für S. die korrumpierte Schreibung „Jachinai".

Schedbarschemothschartathan (hebr.), in der Kabbalah und Magie der oberste Dämon des Mondes.

Schekel (oder Shekel), eine Münze bei den alten Juden; im Mark-Meistergrad der amerikan. Royal-Arch-FM kommt noch der S. vor, und zwar als symbolischer Gegenwert des Markmeisterabzeichens; in den deutschen Mark-Logen wird hierfür eine DM gesetzt.

Schemhamphorasch (auch: Schem-Ha-Mephorasch) (hebr.) = „der Name ist gut ausgesprochen"; von manchen Verfassern (auch von H. P. Blavatsky im Glossary) als „unzertrennlicher Name" übersetzt. S. ist die Bez. für den hl. und „unaussprechlichen" Namen Gottes bei den alten Juden; nur der Hohepriester durfte ihn einmal im Jahr (am 10. Tag des Monats Tisri) im Tempel aussprechen. Während der Aussprache mußte das Volk im Tempel einen großen Lärm machen damit niemand die richtige Aussprache verstehe; danach sprach man: „Schem hamm phorasch". — Später wurde S. die Bez. für die Gesamtheit der 72 Namen Gottes und seiner 72 Attribute, abgeleitet aus den drei Versen 18. 20. Mos. 15, 19. 20. 21, die je aus genau 72 Buchstaben bestehen. Man nimmt zuerst den ersten Buchstaben von Vers 19 (= V), dann den letzten (d. h. den ersten von links) von Vers 20 (= H) und schließlich den ersten von Vers 21 (= U); Vehu = „hoch über allen Dingen stehend" ist damit das erste Attribut Gottes; durch Anhängen von „-iah" = Gott (weiblich) oder „-el" = Gott (männlich) erhält man den ersten Genius Gottes (d. h. eigentlich den ersten Gottesnamen nach diesem System). Durch Anwendung eines einfachen Schlüssels auf die dreimal 72 Buchstaben ergeben sich die 72 Namen, von denen die ersten lauten: Vehuiah, Jeliel, Sitael, Elemiah, Mahsiah, Lelahel, Achaiah, Kahetel, Azeil, Aladiah, Laubiah, Hahaiah, Jezalel, Mebahel usw. — Lit.: Papus, Die Kabbala. Leipzig 1910, 1932 und Ulm 1955.

Schemot (hebr.) = „die Namen"; das erste Wort von 2. Mos. in der hebr. Bibel; daher auch der hebr. Name für das 2. Buch Moses.

Schibboleth, entnommen aus Richter 12, 1–6; das Wort soll sowohl (hebr.) Kornähre wie auch Wasserlauf, Wasserfall und Überfluß bedeuten. S. kommt in fast allen frmr. Ritualen in irgendeinem Grad vor. Das Bild des wogenden Kornfeldes „mahnt an die Kollektivität, die Solidarität, an den Frieden unter den Brüdern und Menschen".

Schiffmann, Gustav Adolf, * 1814, † 1883; Prediger und Archidiakon in Stettin, Historiker und Würdenträger der Großen Landesloge von Deutschland. Der Ordensmeister Kronprinz Friedrich Wilhelm von Preußen betraute ihn mit der wissenschaftlichen Mission, klarzustellen, ob die Gründung der Großen Landesloge überhaupt rechtens zugegangen war, da es zahllose Zweifel, namentlich an den sog.

Eckleffschen Akten, gab (und noch gibt). Die Ergebnisse seiner Studien, nach denen die Eckleffschen Akten sich durchaus nicht in jeder Hinsicht hieb- und stichfest erwiesen, führten zu schweren Mißhelligkeiten und zum Ausschluß Schiffmanns aus der Großen Landesloge, die lieber an den alten, wenn auch falschen Überlieferungen festhalten wollte; außerdem trat der Kronprinz von seinem Amt als Ordensmeister zurück. Für die frmr. Wissenschaft sind Schiffmanns Schriften jedoch von allerhöchster Bedeutung. — W.: Andreas Michael Ramsay, Leipzig 1878; Die Entstehung der Rittergrade, Leipzig 1882; Die Freimaurerei in Frankreich in der ersten Hälfte des XVIII. Jahrhunderts, Leipzig 1881; Geschichte des Capitels der Gr. Landes-Loge von Deutschland und seiner Akten, Stettin 1876.

Schizophrenie, von (griech.) schizein = spalten und phrenos = Schädel; Spaltungsirresein, Geisteskrankheit. — Lit.: M. Sirala, Die Schizophrenie des Einzelnen und der Allgemeinheit, 1961.

Schlaf, nach den Lehren der Anthroposophie tritt im Moment des Einschlafens eine Scheidung ein; auf dem Lager bleiben nur der physische Leib und der Ätherleib zurück. Der Astralleib verfügt sich mit dem Ich in höhere Ebenen, d. h. in die Region der Träume. Unerklärlich ist jedoch noch bei dieser Theorie, daß die äußeren Umstände, die den Schlafenden teilweise berühren, sich auch in seinen Träumen geltend machen. Die Anthroposophie versucht das damit zu erklären, daß die Verbindung eben nicht ganz abgebrochen ist. — Lit.: Heinrich Jürgens, Traum-Exerzitien; F. Schmidt und Ch. Lange, Der Traum, Dein Charakter, Dein Schicksal.

Schlange, im Avesta und in der Bibel die Verkörperung des bösen Prinzips, im Zarathustra (von Nietzsche) das Symbol der Klugheit. Die das eigene Ende fassende S. ist das uralte, auch in der FM bekannte Symbol der Ewigkeit und des ewigen Wechsels von Werden und Vergehen. Die Kreisform dieses Symbols vergegenwärtigt den Kreislauf der Materie und Energie sowie der Unsterblichkeit. Von Goethe gibt es ein Märchen von der Grünen Schlange, welches von der Verwirklichung des Reiches Gottes auf Erden, der Heraufführung des Zeitalters der Humanität, dem Bau der Brücke, die der Menschen Lande traulich verbindet, handelt; das Märchen ist den „Unterhaltungen deutscher Ausgewanderter" angefügt. Die Schlange gehörte auch zur Symbolik der ↗ Ophiten.

Schlangenkraft, Erweckung der, ↗ Kundalini-Yoga.

Schlaraffia (Weltbund Allschlaraffia), eine Art Künstlerbund, jedoch werden auch andere Berufe aufgenommen; der Name deutet hin auf Schlaraffenland, das voll Überfluß an Genüssen, ohne Sorge, Not und Arbeit sein soll. Gegr. am 10. 10. 1859 in Prag unter Albert Eilers (* Dezember 1830 Köthen, † 4. 9. 1896 Darmstadt) für Künstler, deren Aufnahme in die FM abgelehnt wurde. Es werden folgende Grade erteilt: 1. Pilger, 2. Knappen, 3. Junker und 4. Ritter. Darüber gibt es noch Erzschlaraffen, Erbschlaraffen, Erzerbschlaraffen und Erzerb-Oberschlaraffen. Die Rituale und Symbole sind in parodierter Form der FM nachgeahmt. Voraussetzung für die Aufnahme ist Sinn für Gemütlichkeit und Humor. Äußeres Erkennungszeichen der Schlaraffen ist vielfach eine kleine Stecknadel mit einem weißen Kopf auf dem linken Kragenende. Die Logen nennen sich „Reyche", die Mitglieder „Sassen". Der Orden ist in Deutschland, den USA, der Schweiz und einigen anderen Ländern verbreitet. Nach dem Gebetbuch („Spiegel") ist S. „jene innige Gemeinschaft gleichgesinnter Männer, deren Zweck die Pflege von Humor und Kunst ist, bestimmten Formen und unter Beachtung eines gehobenen Ceremonials, und deren Grundsatz die Hochhaltung der Freundschaft ist". Peter Rosegger schrieb in „Ritter Heimgarten der Grazia": „Die S. will ihre Bürger dem gewöhnlichen Leben entrücken, sie vermeidet mit Vorliebe alles, was an das Alltägliche erinnert; darum hat sie zwischen sich und der profanen Welt einen Wall der Formen errichtet, der manchmal unbequem sein mag, aber zur Wahrung eines idealen Geistes nötig ist und nebenbei sehr viel Gelegenheit gibt, Geist und Humor zu entwickeln und manche Einrichtungen der Welt zu ironisieren." Als rituelle Bekleidung dient ein Helm, eine Schärpe oder ein lederner Schulterriemen und ein Holzschwert, teils auch ein leichter Mantel. Die Schlaraffen haben, ähnlich wie die FM, ihre eigene Sprache mit besonderen Ausdrücken; „Lulu!" ist ein Ruf, der als Begrüßung, als Beifall, als Ausdruck der Freude und der Anerkennung dient. Beim Zutrinken ruft man sich statt „Prosit!" „Ehe!" zu. Weitere Spezialausdrücke finden sich in umstehender Tabelle. — Lit.: O. R. Zwilling, Schlaraffia, Weltbund Allschlaraffia, dessen Geschichte, Verfassung, Einrichtung, Bräuche, Wesen und Zweck, Leipzig 1919; Schlaraffen-Spiegel und Ceremoniale a. U. 65, Leipzig 1924.

Schlüssel, ein Symbol der älteren FM, welches aber noch in verschiedenen Hochgraden vorkommt. Die Deutungen sind außerordentlich

Schlaraffenlatein

Ahalla	Jenseits
in Ahalla treten	sterben
Burg	Sitzungslokal
Sippung	Logensitzung
Uhutag	Logentag
Schlaraffiade	1. Sitzung im Monat
sippen	an der Sitzung teilnehmen
Reych	Loge
Stammrolle	Mitgliederverzeichnis
Sassen	Mitglieder
Ambt	Amt
Pön	Strafe
pönen	strafen
Rüstung	Festgewand
Burgfrau	Gattin
Burgmaid	Tochter
Knäpplein	Sohn
Burgschreck	Schwiegermutter
Clavicimbel	Klavier
Seufzerholz	Geige
Drommete	Trompete
Uhubaum	Weihnachtsbaum
Atzung	Essen
atzen	essen
Labung	Getränk
Quell	Bier
Lethe	Wein
Brandlethe	Schnaps
Hospes	Wirt
Lunte	Zigarre
Luntette	Zigarette
Luntüchte	Pfeife
Sendbote	Brief
Sendwisch	Postkarte
Uhuversum	Weltall
Mammon	Geld
berappen	bezahlen
Bresthaftigkeit	Krankheit
Mond	Monat
Ahamerika	USA
Dampfroß	Eisenbahn
Benzinroß	Auto
Ladung	Einladung
erküren	wählen
Schwalbenschwanz	Frack

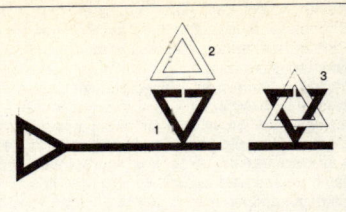

Der geheimnisvolle Schlüssel (1) der Andreasmeister mit dem rätselhaften Schlitz im Schlüsselbart: ohne den Schlitz würden sich der Bart des Schlüssels (1) und das Dreieck (2) nicht zum „Siegel Salomos" (3) zusammenfügen lassen.

Nach der röm.-kath. Kirche kommt die Schlüsselgewalt dem Petrus als Statthalter Gottes auf Erden und als Nachfolger desselben den Päpsten zu, allen anderen Bischöfen und Priestern aber nur kraft der ihnen vom Papst übertragenen Vollmacht. Aufgrund dieser Vorstellung hat sich nicht nur in der kirchl. Malerei die Sitte gebildet, den Petrus mit einem S. in der Hand, „dem S. des Himmelreichs", abzubilden, sondern die Päpste führen auch den S. in ihrem Wappen. Die Große Landesloge hat den S. aus Off. 3, 7 übernommen und zitiert in einem ihrer Rituale: „qui aperit, et nemo claudit, claudit, et nemo aperit" (= der auftut, und niemand schließt zu, der zuschließt, und niemand tut auf). Hier bedeutet der Schlüssel die geistige Kraft, „einzutreten in das Verständnis der Geheimnisse der FM". Der S. wird hier auch der S. Davids (nach Off. 3, 7) genannt und „wurde im Sarge Adonirams gefunden". Ferner tragen in der Großen Landesloge die Andreas-Meister (5. Grad) einen Elfenbein-Schlüssel und die Vertrauten Salomos (8. Grad) einen goldenen S.; im 8. Grad wird auch der S. der Johannis-Meister und der Andreas-Meister vor dem Kubus, als dem Bilde der Vollendung, auf die Erde geworfen zum Zeichen dessen, daß er nicht mehr benötigt wird, „denn der Eingang in die neue Loge und ihr ewiges Licht wird durch das Verdienst des Ordensherrn Jesus Christus eröffnet". Im 9. Grad gibt es gleich 3 S., die „ein Bild der dreifachen Natur unserer Kenntnis und die Hauptschlüssel zum Eingang in unsere Geheimnisse sind". Indes konnte die besondere Form der S. der Großen Landesloge (↗ Abb.) bisher nicht gedeutet werden; Hieber schreibt in „Der Grad der Andreas-Meister" (Berlin 1911, S. 280): „Was diese Durchbrechung (d. h. des Schlüsselbartes) zu bedeuten hat, ist mir trotz vielen Nachdenkens nicht klar geworden." Es gibt jedoch

verschieden; im System der Großen Landesloge ist der S. das Abzeichen der Meisterwürde; in den blauen Logen der landläufigen FM zuweilen das Abzeichen des Schatzmeisters; im 4. Grad des AASR das Symbol der Verschwiegenheit. Im kirchlichen Sprachgebrauch nach Matth. 16, 19 ist die Schlüsselgewalt (d. h. das Amt des Schlüssels) das Recht der Geistlichen, Sünden zu vergeben.

hierfür eine exoterische und eine esoterische Deutung. Exoterisch ist die Durchbrechung des Bartes (technisch der sog. Mittelbruch) das Zeichen dafür, daß es sich nicht um einen einfachen Dietrich handelt, sondern um einen speziellen Schlüssel; esoterisch gibt der Mittelbruch überhaupt erst die Möglichkeit, dieses Symbol zu seiner vollständigen Form, zum S. Salomos (= Hexagramm) zusammenzufügen; ohne den Mittelbruch könnten die beiden Dreiecke nur übereinander gelegt, jedoch nicht in sich verschlungen werden.

Schlußstein, der im Scheitel eines Bogens, eines Gewölbes angebrachte Stein, der sich von den übrigen Steinen durch seine besondere Gestaltung, meist auch durch eine Dekoration, auszeichnet. Der Schlußstein ist das Thema des Mark-Maurer-Grades der FM. ↗ Mark-Maurerei.

Schmetterling, eines der Symbole in den Hochgraden der Großen Landesloge; hier erscheint es in Verbindung mit der Heuschrecke. Die letzte Deutung wird erst im 9. Grad gegeben: „Der S. zeigt, daß wenn der Mensch sich seiner Schwäche und Hinfälligkeit (durch die Mittel der neuen Geburt) zum Leben zurückkehrt, er als ein wahrer Sohn Adams wiedergeboren wird aus dem himmlischen Samen dessen, welcher an Adams Stelle der Menschheit Vater und der lebendige Geist genannt wird." Die Verwendung dieses Symbols geht auf eine Fußnote in Kants „Träume eines Geistersehers" zurück, wo es heißt: „Das Sinnbild der alten Ägypter für die Seele war ein Papillion (= Schmetterling), und die griech. Bez. bedeutet dasselbe. Man siehet leicht, daß die Hoffnung, welche aus dem Tode nur eine Verwandlung macht, eine solche Idee samt ihren Zeichen veranlaßt habe." — Im Zusammenhang mit den übrigen Symbolen, die zusammen mit dem S. erscheinen, wäre der S. in der Großen Landesloge eher das Symbol für das Element Luft. — Der S. ist auch ein christliches Auferstehungssymbol, z. B. in Dürers „Maria mit den vielen Tieren".

Schmidt, Karl Otto, Schriftsteller der Neugeistrichtung; früher Schriftleiter der Zeitschrift „Die weiße Fahne"; auch unter dem Ps. Hilarion bekannt. — W.: Sonne um Mitternacht, Pfullingen 1961; Das Licht der Seele, Pfullingen 1961; Das Erwachen der Seele, München 1954; Wir leben nicht nur einmal, Gelnhausen 1962; Der Weg zum Gott-Erleben, Büdingen 1954; Leben ohne Furcht und Fesseln, Pfullingen 1952; Positive Lebenskunst und Erfolgsdynamik, Gelnhausen 1960; Neue Lebensschule, Pfullingen 1960; Der

geheimnisvolle Helfer in dir, Büdingen 1954; Der Weg zur Vollendung, Büdingen o. J.; Das Geheimnis des Glücks, Büdingen 1955; Gedankenmacht und Glaubenskraft, Büdingen 1956; Weniger Arbeit — mehr Erfolg, Büdingen 1957; Wunder der Lebenskunst, Büdingen 1959; Du kannst mehr, als du ahnst, Büdingen 1958; Liebe dein Schicksal, Büdingen 1960; So macht man sein Glück, Pfullingen 1953; Richtig leben lernen, Gelnhausen 1960; Lebenskunst leicht gemacht, Pfullingen 1952; Wiederverkörperung und Karma; Alles Lebendige kehrt wieder; Tao-The-King; Das Erwachen aus dem Lebenstraum; Die Wissenschaft der Seele; Wollen schafft Wirklichkeit; Wir leben nicht nur einmal; Die Wissenschaft der Seele nach dem Yoga-Katechismus der Patanjali, Pfullingen 1922; Neugeist als Lebensmacht; Die geheimen Herrenworte aus dem Thomas-Evangelium; Der geheimnisvolle Helfer in dir; Neue Lebensschule, 3 Bde.; Schönheit des Alters; Die Religion der Bergpredigt; Wie konzentriere ich mich?; Die goldene Regel; Selbst- und Lebensbemeisterung durch Gedankenkraft; Kraft durch Atmen; Bejahung des Lebens; Einer, der es wagt (= Biographie über Prentice Mulford).

Schmidt, Kurt, bekannter buddhistischer Schriftsteller in Berlin. — W.: Leer ist die Welt, Konstanz; Sprüche und Lieder; Buddha und seine Jünger; Buddhas Lehre; Pali, Buddhas Sprache.

Schmiechen, Prof. Hermann, Kunstmaler in Berlin und London; lernte als Theosoph H. P. Blavatsky kennen und malte ohne jede Vorlage, d. h. nur nach seiner Vorstellung, die bekannten und weit verbreiteten Bilder der ↗ Meister Kut Humi und Morya. Später erklärte S., daß die Meister niemals in persona existiert haben, sondern nur der mentalen Bewußtseinssphäre von H. P. B. angehörten. — Lit.: Olcott, Old Diary Leaves; Dr. Franz Hartmann, Unter Adepten und Rosenkreuzern, Leipzig.

Schneiderfranken, Joseph ↗ Bô Yin Râ.

Scholastik, ursprünglich die Lehre von den „7 freien Künsten" der von Karl dem Großen gegr. Klosterschulen, dann die Theologie allgemein und später die Philosophie des christl. Mittelalters. Heute die Bez. für eine Philosophie, die basiert auf einer übermäßigen Ausbildung einer haarspaltenden Dialektik, wie man sie von Aristoteles kennt, und eine Abhängigkeit des Denkens von der Kirchenlehre; die Jesuiten haben an der S. stets festgehalten, und selbst Philosophen wie Locke und Leibnitz waren nicht ganz frei davon.

Scholem, Gershom, bedeutender zeitgenössischer Kabbalist und jüd. Philosoph. – W.: Die jüd. Mystik in ihren Hauptströmungen, Frankfurt 1957; Zur Kabbalah und ihrer Symbolik; Von der mystischen Gestalt der Gottheit; Ursprung und Anfänge der Kabbala.

Schopenhauer, Arthur, * 22. 2. 1788 Danzig, † 21. 2. 1860 Frankfurt/Main; deutscher Philosoph; in Frankreich und England aufgewachsen; Vertreter des Pessimismus. – W.: Die Welt als Wille und Vorstellung, Leipzig 1819; Über den Willen in der Natur, Frankfurt 1836; (als Übersetzer) Balthazar Gracians Hand-Orakel und Kunst der Weltklugheit, Leipzig 1862. – Lit.: K. O. Schmidt, Das Erwachen aus dem Lebenstraum, Meditationen mit Arthur Schopenhauer.

Schöpferisches Prinzip, in der esoterischen FM die allgemeine, wertfreie Umschreibung für den Großen oder Allmächtigen Baumeister bzw. die Gottheit, die der einzelne darunter verstehen mag.

Schottischer Ritus, der Begriff ist meistens die Kurzbezeichnung für den ↗ AASR; aber auch einige andere Systeme der FM werden zuweilen mit S. R. bezeichnet, so z. B. der Schottische ↗ Rektifizierte Ritus und das Schottische Direktorium der Großloge „Zu den 3 Weltkugeln". Diese „schottischen" Systeme haben aber mit Schottland nur wenig zu tun, obwohl in der jeweiligen Legende Schottland als Ursprung angegeben wird.

Schrenck-Notzing, Dr. med. Freiherr Albert von, * 18. 5. 1862 Oldenburg, † 12. 2. 1929; Verfasser vieler klassisch gewordener Werke über parapsychologische Erscheinungen; setzte sich für die wissenschaftliche Anerkennung der Materialisationserscheinungen ein. Thomas Mann hat an den Münchener spiritistischen Sitzungen Schrenck-Notzings mehrfach teilgenommen und mindestens einmal an ein Materialisationsphänomen gesehen und dann diese Geistergestalt in einem seiner Essays beschrieben. Fräulein Dr. Gerda Walter gehörte zu seinen Mitarbeitern und hat später seine Werke neu herausgegeben. – W.: Materialisations-Phänomene, München 1914 und 1923; Physikalische Phänomene des Mediumismus, München 1920; Experimente der Fernbewegung, Stuttgart 1924; Die Phänomene des Mediums Rudi Schneider, Berlin und Leipzig 1933; Die Phänomene des Mediums Linda Gezerra, Leipzig o. J.; Die physikalischen Phänomene der großen Medien, München 1926; Grundfragen der Parapsychologie, Stuttgart 1962; Handlesekunst und Wissenschaft, Pfullingen ca. 1921;

Experimentelle Untersuchungen auf dem Gebiete des räumlichen Hellsehens.

Schrödter, Willy, * 1897, bekannter Verfasser von Werken über Rosenkreuzer und verschiedene grenzwissenschaftliche Gebiete; Mitarbeiter der Zeitschrift „Die andere Welt"; seine Veröffentlichungen zeichnen sich durch genaue

Schröcter

Dokumentation der Quellen aus. – W.: Magie, Geister, Mystik, Berlin 1958; Offenbarungen eines Magiers, Warpke 1955; Astral-Mystik, Pforzheim 1958; Grenzwissenschaftliche Versuche für jedermann, Freiburg 1960; Die Geheimkünste der Rosenkreuzer, Warpke 1954; Geschichte und Lehren der Rosenkreuzer, Villach 1956; Das Rosenkreuz, Zürich 1955; Tiergeheimnisse, Warpke; Präsenzwirkung – Vom Wesen der Heilung durch Kontakt, Ulm 1959; Vom Hundertsten ins Tausendste, Freiburg 1940; Das Geheimnis der Düfte, Farben und Töne; Abenteuer in Gedanken, Freiburg 1954; Pflanzengeheimnisse, Warpke 1957; Streifzüge ins Ungewohnte; Ausflug ins Wunderbare, Freiburg 1939. – Lit.: Körner, Wege zum Licht.

Schröpfer, Johann-Georg (auch: Schrepfer, Schrepffer), * 1739, † 1774; ein Kaffeehauswirt in Leipzig, welcher nach der Mitte des 18. Jh. versuchte, den Spiritismus in der FM einzuführen. Herzog Karl von Kurland ließ den

Wundermann durch seinen Kammerherrn Johann Rudolf von Bischofswerder überprüfen, der einen so günstigen Bericht über S. machte, daß S. nach Dresden berufen wurde, wo er auf den Staatsminister von Wurmb und die Hofkreise einen großen Eindruck machte. Seine Geisterbeschwörungen hatten jedoch selbst mit Spiritismus wenig gemein, da er sich technischer Apparate (Laterna magica) bediente. — Lit.: Dr. Franz Hartmann, Im Vorhof des Tempels; Walter Kunz, Johann Georg Schroepfer, Zürich 1957; Dr. Eugen Sierke, Schwärmer und Schwindler zu Ende des 18. Jh., Leipzig 1874; Friedrich Bülau, Geheime Geschichten und rätselhafte Menschen (viele Ausgaben).

Schule der Weisheit, Lebensschule, gegr. ca. 1920 von Hermann Graf von Keyserling in Darmstadt; die Lehren beruhen zum großen Teil auf der Theosophie. — Lit.: ↗ Keyserling.

Schülerschaft (auch: Chelaschaft), zielt auf die Erlangung einer bestimmten Bewußtseinsstufe eines Aspiranten, dessen Hauptabsicht es ist, als eine Seele zu leben und zu wirken und dem göttl. Plan zu dienen. — Nach den Lehren des ↗ AMORC und der ↗ Arkanschule hat der Schüler 2 Meister: zunächst seinen inneren Meister, seine eigene Seele, die er als Aspirant kontaktiert, und zweitens das spirituelle Wesen, welches ihn zum Training auswählt und mit dem er als Schüler Verbindung unterhält.

Schultz, Prof. Dr. med. Johannes Heinrich, * 1884, Nervenarzt in Berlin, Begründer des ↗ Autogenen Trainings. — W.: Das autogene Training, Leipzig 1932; Übungsheft zum autogenen Training; Gesundheitsschädigungen durch Hypnose, Berlin 1954; Hypnose-Technik, Stuttgart 1959.

Schuré, Edouard, 1841—1929, elsässischer Schriftsteller, der seine Anregungen von Rudolf Steiner empfing; überzeugter Pansoph. — W.: Die großen Eingeweihten.

Schurz, fast in der ganzen Welt die rituelle Bekleidung des Freimaurers; in einigen franz. Logen ist jedoch auch eine Art Schärpe gebräuchlich. Der Sch. ist das Sinnbild der Arbeit. In den meisten Ländern ist der Sch. weiß, während die Schurze der höheren Grade und namentlich der Würdenträger mit Symbolen bestickt und verziert sind. Im alten engl. Ritual heißt es: „Der Sch. ist ein Zeichen der Unschuld, älter als das Goldene Vlies und der römische Adler, ehrenvoller als Sterne und Hosenband oder irgendein anderer Orden unter der Sonne."

Schwab, Dr. med. Friedrich, * 12. 1. 1878 Heidelberg, † 18. 8. 1946 Heidelberg; zuerst Kla-

vierbauer, studierte dann auf Anraten Rudolf Steiners Medizin und wurde homöopathischer Arzt in Berlin; Vorstandsmitglied der Deutschen Gesellschaft für wissenschaftl. Okkultismus, Gründer der TG-Loge in Heidelberg; lt. Dr. Herbert Fritsche „der hellsichtige Esoteriker und überlegene Kenner des okkulten Schulungspfades". — W.: Teleplasma u. Telekinese; Sternenmächte und Mensch; Von der Venus zur Madonna, Leipzig 1940; mit diesen Büchern geriet er in Streit mit den Anthroposophen. — Geburt und Tod als Durchgangspforten des inwendigen Menschen, Leipzig 1939; Über das Wesen der Gottheit; Das Geheimnis des geistigen Erfolges; Das Lebenselixier.

schwarz, als Symbolfarbe meist ein Zeichen der Trauer, aber auch der Unwissenheit, so bei den Ägyptern; bei der Ostkirche bedeutet s. das Unverklärte.

Schwarz, Hans Günther, ↗ John (Ps.).

Schwarze Messe, Parodie auf die kirchl. Messe im Namen Belzebubs (d. h. des Teufels); indem eine nackte Frau als Altar dient, wird das Ritual über ihren Hüften und dem Bauch zelebriert; der Tempel ist schwarz ausstaffiert; zuweilen werden dabei auch kleine Kinder geopfert. — Eine solche Messe warf man den Templern vor, als man ihnen den Prozeß machte.

Schwedische Freimaurerei (oder schwedische Lehrart), die von allen übrigen Freimaurereien stark abweichende christliche Richtung, die nur in Skandinavien und teilweise in Deutschland praktiziert wird. Wie der ↗ AASR zeichnet sie sich durch eine strenge Geschlossenheit des Systems der Hochgrade aus, d. h. die einzelnen Grade haben einen sinnfälligen und nahezu logischen Übergang und führen zu einem bestimmten Ziel. Daß dieses System erst gegen Ende des 18. Jh. von Eckleff zusammengeschrieben wurde, besagt nichts über ihren Wert, denn gemäß den Idealen der FM kommt es nicht auf das Alter und eine ehrwürdige („reguläre") Abstammung, als vielmehr auf den geistigen Gehalt an. In Schweden werden, abweichend von der Großen Landesloge in Deutschland, folgende Grade bearbeitet:

a) Sankt-Johannes-Loge
   1. Lehrling
   2. Geselle
   3. Meister

b) Andreas-Loge
   4. Auserwählte Brüder oder Schottische Sankt-Andreas-Lehrlinge
   5. Schottische Sankt-Andreas-Gesellen
   6. Schottische Sankt-Andreas-Meister

c) Kapitelloge
7. Stuartbrüder oder Ritter des Ostens und Prinzen von Jerusalem
8. Vertraute Salomonis oder Ritter des Westens
9. Vertraute Brüder Sankt Johannis
10. Vertraute des heiligen Andreas
11. Ritter-Kommandeure mit dem roten Kreuz
12. Vicarius Salomonis

Lit.: Graf von Wartensleben, Fundament-Constitution der Großen Landesloge von Schweden, Kopenhagen 1930; August F. Fleck, Das Freimaurertum — sein Wesen, seine Geschichte, Hamburg 1950.

Schwefel, in der Alchemie neben Salz und Quecksilber eines der Elemente und Prinzipien; kommt auch in einigen Hochgradritualen vor.

Schweigen, eine der Tugenden sowie Voraussetzungen des Esoterikers; gemeint ist hiermit nicht das S. aus Unwissenheit, das mehr eine Erziehungsfrage ist, sondern das S. des wirklich Wissenden. — Lit.: Iranschähr, Die Heilkraft des Schweigens; Hermann Rudolph, Das heilige Schweigen; Hilarion, Die unsichtbare Kirche; Hazrat Inayat Khan, Gayan oder die Musik des Schweigens; H. P. Blavatsky, Die Verschwiegenheit der Initiierten und ihre Gründe, Calw o. J.

Schweigender Wächter, jene Wesen, die noch nicht zu den Meistern zählen, ihnen jedoch schon als Assistenten helfen; der sch. W. kann nichts mehr aus dem besonderen Lebensbereich lernen, den er nun durchschritten hat, da dessen Geheimnisse ihm völlig vertraut sind. Er dient nur noch dem Fortschritt der weniger Entwickelten.

Schwert, sowohl in der zeremoniellen Magie wie in der FM (namentlich in den Hochgraden) ein rituelles Instrument und Symbol. Während in den gewöhnlichen FM-Logen der Hammer regiert, d. h. die körperliche Kraft, ist es in den Hochgraden das Schwert, d. h. der Geist. In den engl. Logen ist das S. völlig unbekannt, aber vorhanden in allen Systemen, die aus Frankreich stammen. Beim ↗ Droit Humain gehört das Schwert in mehrfacher und verschiedener Ausführung schon zur Einrichtung der Loge des 1. Grades.

Scorpio, lat. Bez. für das Tierkreiszeichen Skorpion.

Scott-Elliot, W., neben Jules Vernes einer der ersten Science-Fiction-Schriftsteller; von ihm stammen die Vorlagen, aus denen Annie Besant, Leadbeater und R. Steiner die Einzelheiten über Rassen, Atlantis und Lemuria geschöpft haben. — W.: Story of Atlantis; Lost Lemuria (mit Mrs. Sinnett) The Lubar Pitris.

S. D. A., Abk. für (lat.) Sapiens dominabitur astris = Der Weise beherrscht die Sterne; Ps. und Ordensname für Frl. ↗ Sprengel, Nürnberg.

Séance (franz.) = Sitzung; im Spiritismus die Sitzung mit einem Medium, um Phänomene zu erlangen und Materialisationen von Geistern durchzuführen.

Sebottendorf, Rudolf Freiherr von (Ps.) = Ing. R. Glauer, * 9. 11. 1875 Hoyerswerda/Oberlausitz, † 8. 5. 1945 (ertränkte sich im Bosporus); 1897–1900 Techniker in Ägypten, 1908–14 in Konstantinopel; ehemal. Theosoph, Mitbegründer der ↗ Rosenkreuzergemeinschaft und Übersetzer einiger Heindel-Schriften. — Bio.: Herbert Rittlinger, Von hier bis Babylon, Stuttgart 1965; Dietrich Bronder, Bevor Hitler kam, Hannover 1964; Dr. Wilfried Daim, Der Mann der Hitler die Ideen gab, München 1958. — W.: Bevor Hitler kam, München 1933; Die Praxis der alten türkischen Freimaurerei, Freiburg 1954, Leipzig 1924; Sonnen- und Mondorte 1850–1923, Leipzig 1924; Geschichte der Astrologie, Leipzig 1923; Der Talisman des Rosenkreuzers, Pfullingen 1923; Astrologisches Lehrbuch, Leipzig 1927; Die Hilfshoroskopie, Leipzig o.J.; Studien- und Fragehoroskopie, Leipzig o.J.

sechs, schon bei den Pythagoräern eine der günstigen Zahlen; 6 substantielle Eigenschaften haben die Elemente: Schärfe, Lockerheit, Bewegung und deren Gegensätze Stumpfheit, Dichtigkeit und Ruhe; es gibt 6 natürliche Beziehungen, die alles einschließen: Größe, Farbe, Form, Abstand, Zustand, Bewegung; 6 Flächen hat der Würfel, aus 6 Tönen besteht die ganze Harmonie, nämlich aus 5 ganzen und 2 halben Tönen, welche einen Ton erzeugen, nämlich die Sexte; am 6. Tag hat Gott die Welt vollendet, und am 6. Tage wurde der Mensch erschaffen; 6 Tage litt Christus für die Menschheit; das Gesetz der alten Juden schrieb vor, 6 Tage zu arbeiten, 6 Tage Manna zu sammeln, 6 Tage das Land zu bebauen; 6 Tage senkte sich die Herrlichkeit Gottes über den Berg Sion, 6 Flügel haben die Cherubim; es gibt 6 Wandelsterne, welche durch die schiefe Bahn des Tierkreises hindurchlaufen: Saturn, Jupiter, Mars, Venus, Merkur und Mond; es gibt aber auch 6 böse

Sebottendorf

Sédir

Geister: Acteus, Megaläsius, Ormenus, Lycus, Nicon und Mimon. — Lit.: Hermann de Witt, Das Wesen der Symbolzahl 6; Eliphas Lévi, Dogma und Ritual, Bd. 1; Franz Karl Endres, Mystik und Magie der Zahlen, Zürich 1951.

Sédir, Paul (Ps.) = Yvan Leloup, 1871—1926; franz. Okkultist und Rosenkreuzer-Schriftsteller. — W.: Les Rose-Croix, Paris 1953; Initiations, Bihoral-lez-Rouen 1924; Histoire et Doctrines du Rose-Croix, Paris 1932; Les forces mystiques et la conduite de la vie, Bihoral-lez-Rouen 1923.

Seele, das Lebensprinzip oder der Atem des Lebens (Hauch), welches jedes Tier, bis hinunter zu den Infusorien, mit dem Menschen teilt. In den Bibelübersetzungen ist das hebr. Wort Nephesch oder das griech. Psyche häufig mit „Leben" wiedergegeben, obwohl es eigentlich mehr im Sinne von S. gemeint ist. Manche Autoren betrachten den Begriff S. als zum Zwischenprinzip des menschlichen Wesens gehörend und der Tätigkeit des unsterblichen Geistes unterstellt; andere verwenden ihn für das 1. Prinzip in der 7fachen Konstitution. ↗ Prinzipien des Menschen.

Seelengeist, der Geist des wiedergeborenen Menschen; Jakob Böhme: „Des heiligen Geistes Tempel ist der Seelen neuer Leib oder Seelenleib."

Seelenkern, auch: Ich-Kern. ↗ Ich

Seelenkern, Das Ich als —, ↗ Kama Rupa, ↗ Prinzipien des Menschen.

Seelenkraft, bei Max Heindel die Bez. für die 7. Region der 2. Ebene; ↗ Prinzipien der Welt.

Seelenleben, bei Max Heindel die 5. Region der 2. Ebene; ↗ Prinzipien der Welt.

Seelenlicht, bei Max Heindel die Bez. für die 6. Region der 2. Ebene; ↗ Prinzipien der Welt.

Seelenlose Wesen, nach H. P. Blavatsky und Dr. von Purucker Menschen, deren spiritueller, höhergeistiger Teil noch schlafend, noch nicht erwacht ist. Dasselbe meinte Pythagoras, wenn er von „lebendig Toten" sprach.

Seelenwanderung, der ältere, aber verbreitetere Ausdruck für ↗ Reinkarnation; nach der indischen Lehre von der S. verkörpert sich der Mensch nach seinem Tode in tierischen und pflanzlichen Körpern; auch im Hinduismus ist diese Lehre (mit Abwandlungen) eine Selbstverständlichkeit. In der Theosophie und Anthroposophie ist jedoch der Ausdruck S. verpönt und durch Wiedergeburt ersetzt, wobei allerdings nur eine Wiederverkörperung in menschlichen Körpern angenommen wird. In den Veden ist jedoch von solchen Theorien keine Spur. In der Anthroposophie hat die Darstellung der S. einen mehr christl. Einschlag. — Lit.: Robert Falke, Gibt es eine Seelenwanderung, 1914; Th. Traub, Seelenwanderung, 1909; S. Zehme, Die Lehre von der Seelenwanderung, Leipzig 1903; Dr. Kurt Hutten und S. von Kortzfleisch, Seelenwanderung — Hoffnung oder Alptraum der Menschheit?, Stuttgart.

Seelenwiedergeburt, im ↗ Lectorium Rosicrucianum der dialektische Begriff für Persönlichkeitswandlung im Sinne der Lehren Rijkenborghs; sonst meistens mit Transfiguration und anderen Wörtern umschrieben.

Seelische Welt, bei Rudolf Steiner die 2. Ebene in der 7fachen Konstitution des Universums (↗ Prinzipien der Welt); auch Zwischenreich, Kamaloka oder Fegefeuer genannt; bei Heindel die Begierdenwelt mit 7 Unterregionen.

Sehen, zuweilen auch als Begriff für Hellsehen gebraucht, so B. im Worte „Seher"; zum anderen wird von einem Teil der Okkultisten bestritten, daß das Hellsehen überhaupt mittels der organischen Augen vor sich geht, so von Max Heindel, obwohl dieser schrieb, „daß er sich die Augen gerieben habe", als er zum ersten Male Einblick in andere Welten hatte. Beim Lectorium heißt es zur Entschuldigung für die Brillen der höchsten Würdenträger (Apokalypse der neuen Zeit, S. 71): „Ätherisches Sehen entwickelt sich immer über die Augennerven. Dadurch wird unter anderem ein Augenleiden entstehen können. Sie werden dann auch in naher Zukunft von verschiedenen Augenkrankheiten hören . . .".

Sekten, von (lat.) secta = Regel, Denk- und Handlungsweise; im übertragenen Sinne: Partei; jede andere Deutung, z. B. von (engl.) section oder sector ist sprachlich unhaltbar. Ursprünglich bezeichnete S. die verschiedenen philosophischen Schulen, die durch die Verschiedenheit ihrer Prinzipien und Methoden sich gegeneinander abschlossen. Im kirchlichen Sprachgebrauch wurde das Wort dann auf die kleineren religiösen Parteien übertragen, die wegen der Verschiedenheit in Lehre, Kultus und Sitte sich von den großen Kirchengemeinden absonderten. Nicht nur das Christentum, sondern alle ausgebildeten Religionen haben S. aufzuweisen. Die Anhänger einer Sekte nennt man Sektierer. Grundlage jeder Sekte ist eine besondere Bibelauslegung (↗ Exegese) und die Dialektik. Die dialektische Grundlage enthält zumeist schon eine falsche Ausgangsbehauptung (z. B. „die Menschheit befindet sich heute in einer ganz großen Gefahr"), die je-

doch geeignet ist, den Anhängern unauffällig Angst einzuflößen, das Bewußtsein auszuschalten, um sie für bestimmte Ziele willfährig zu machen. Jakob Böhme: „Alles, was in Sekten stehet, ist Babel und Fabel. Ein Christ hat keine Sekte. Die Stützen der S. sind Zauberer und heidnische Magier. Jede Partei will Christum an ihre bildliche Meinung binden. Sie schreiben, man wolle ihnen den wahren Glauben nehmen, und haben ihn nicht." — Lit.: Kurt Hutten, Die Glaubenswelt des Sektierers, 1957; Carl Christian Brys, Verkappte Religionen, 1964; P. Scheurlen, Die Sekten der Gegenwart, Stuttgart 1921; Hutten, Seher, Grübler, Enthusiasten; F. W. Haack, Geheimreligion der Wissenden, Stuttgart 1964; Hutten, Was glauben die Sekten?, Stuttgart 1965; F. Herrmann, Symbolik der kleineren Kirchen, Freikirchen und Sekten des Westens, 1964.

Selbheit, Begriff bei Jakob Böhme: „Die S. tut, was die äußere Vernunft vom Gestirn will. So die Seele Gottes Kind will werden, muß sie der S. absterben."

Selbst, das, im theosophischen und okkulten Sprachgebrauch in sehr verschiedenem, meist nicht genau definiertem Sinne gebraucht; im Hinduismus Atman, der Geist in allem; nach der Bhagavad-Gita das Leben und Ende aller existierenden Dinge; in der Theosophie zuweilen das höhere Ego, der Denker, der unsterbliche Mensch, aber auch das niedere Selbst des Menschen. Ferner wird noch von einem **Höheren Selbst** gesprochen, was meist so viel wie „der eigene Gott im Innern" des Menschen bedeuten soll, der höchste göttliche Geist, der den Menschen überschattet oder die Krone der obersten spirituellen Triade. ↗ Prinzipien des Menschen.

Selbstbeherrschung, die Kraft, durch den vernünftig sittlichen Willen das Eigenleben im Sinne menschlicher Vollkommenheit zu gestalten, unabhängig von den Naturtrieben und Affekten. Mäßigkeit und Tapferkeit sind die beiden Hauptformen. S. ist an sich im Grunde negativer Natur, schafft Hemmungen und ist in diesem Sinne nur die Voraussetzung der Selbstveredelung, die den Menschen erst positiv umgestaltet.

Selbsteinweihung, die Einweihung, d. h. die Hervorrufung der sogen. Vitalstase oder Bewußtseinserweiterung, ohne fremde Hilfe und ohne die sonst übliche feierliche Zeremonie. Von Rudolf Steiner (in „Geheimwissenschaft im Umriß") wird die S. für theoretisch möglich gehalten, jedoch ist sie auf sehr seltene Ausnahmefälle beschränkt. Solche Ausnahmefälle dürfen aber nicht zu dem Glauben verführen, daß die S. die Regel und das einzig Richtige sei, einfach nichts zu tun, um die S. abzuwarten. Die Mittel zur Einweihung, die eine Umwandlung des Menschen herbeiführen, kann man sich nicht selbst ersinnen und auch nicht aus Büchern lernen, weil es sich um ein bestimmtes Erlebnis handelt, das man selbst erfahren haben muß. Die S. wurde zuerst von Aleister Crowley in der A. A. propagiert; beim AMORC erfolgt die sogen. S. durch Fernunterrichtsbriefe völlig automatisch, allerdings nicht im Sinne des Begriffes Einweihung; eine Bewußtseinserweiterung kann durch Fernunterricht überhaupt nicht erzielt werden.

Selbsterkenntnis, nach Sokrates die Vorbedingung der Sittlichkeit, nach Lessing der Mittelpunkt aller menschlichen Weisheit, nach Kant aller menschlichen Weisheit Anfang. Im „Wilhelm Meister" heißt es: „Wie kann man sich selbst erkennen? Durch Betrachten niemals, wohl aber durch Handeln. Versuche deine Pflicht zu tun und du weißt gleich, was an dir ist." Nach 2000 Jahren, seitdem die Forderung nach S. erhoben wird, sind jedoch Zweifel an ihrer Richtigkeit aufgekommen.

Selbstfreimaurerei, dialektischer Begriff aus dem Sprachschatz des Lectorium Rosicrucianum; dort zuweilen auch mit Ecksteinfreimaurerei umschrieben. Hierzu schreibt Rijkenborgh in „Dei gloria intacta" (S. 182): „Der Pfad der S. ist beendigt durch 21 Einweihungen innerhalb eines Kreises von 12. Auf diese Weise feiert der Bruder des 33. Grades das heilige Abendmahl." — Zu bemerken ist, daß das Lectorium mit FM nichts zu tun hat.

Selbstkritik, die Erkenntnis der eigenen Schwächen und Fehler mit dem Ziel, dieselben durch positive Eigenschaften zu ersetzen. Hierzu ist es erforderlich, sich gedanklich zu abstrahieren, sich sozusagen von außen zu betrachten, was jedoch schon einer Übung bedarf; man muß sich selbst wie einen völlig Fremden sehen.

Selbstsucht (lat.: Egoismus), die nur auf Wahrung des eigenen Vorteils und Interesses gerichtete Willenshaltung und Gesinnung. S. ist das größte Hindernis für den Okkultisten bei der Erlangung psychischer Fähigkeiten. Rudolf Steiner: „Wo das persönliche Interesse, die Subjektivität, die Selbstsucht eines Menschen sich so veredelt, daß er nicht an der eigenen Person allein, sondern an der ganzen Welt Anteil nimmt, da ist allein Wahrheit."

Selbstüberwindung, in der FM die 3. Stufe nach der Selbstbeherrschung und Selbstveredelung. Die Umsetzung des als richtig Erkannten in die praktische Tat an sich selbst und seinen Nächsten.

Selbstveredelung, die Tugend in den Ritualen der FM; voran geht die Selbstbeherrschung, während die eigentliche Umstellung in Richtung des Guten in der Selbstüberwindung erfolgt.

Self Realisation Fellowship (meist S. R. F. abgekürzt), eine in Kalifornien von ↗ Yogananda gegr. Yoga-Organisation der sogen. Selbstverwirklichung. Die Schulung erfolgt durch Lehrbriefe, aber mehr oder weniger bleiben die Schüler sich dann selbst überlassen. Die Finanzierung erfolgt teils durch feste Beiträge, teils durch freiwillige Beiträge nach Selbsteinschätzung. — Lit.: Yogananda, Autobiographie eines Yogi; Isbert, Yoga und der Weg des Westens.

Semiquadrat (lat.) = Halbquadrat, ↗ Aspekte.

Semiquintil (oder Dezil), in der Astrologie ^{1}/$_{10}$-Schein, ↗ Aspekte, schwache.

Semisextil, ↗ Aspekte.

Senat, von (lat.) senatus = Rat der Ältesten; bei der ↗ VGL der dem Großmeister unterstehende Großlogenrat; die Mitglieder des S.s nennen sich Senatoren.

Senkblei, frmr. Symbol; lehrt die Wahrheit zu suchen und ihr zum Recht zu verhelfen. Mit dem ins Gewissen gesenkten Blei wird die Geradheit und Wahrhaftigkeit geprüft, die die gerade Linie des Bauwerks verbürgt. Das S. ist auch das Zeichen des Zweiten Aufsehers in der Loge.

Senza (oder Senzar), der Name einer geheimen Priestersprache oder die geheime Mysteriensprache aller eingeweihten Adepten in der Welt; es soll sich um eine bildhafte und hl. Universalsprache handeln.

Separation, von (lat.) separare = trennen; Trennung; in der Alchemie eine der verschiedenen Operationen, bei Setonius z. B. die dritte, nach der Bibel (1. Mos. 1, 4) die erste. — In der Astrologie der Ggs. zu ↗ Applikation.

Sepher Jesira (auch: Jezirah), (hebr.) = Buch der Schöpfung; Teil der ↗ Kabbalah, der sich auf die Schöpfung und ihre geheimnisvollen Gesetze bezieht; wird dem Patriarchen Abraham zugeschrieben; erläutert die Schöpfung der Welt durch Analogie mit den 22 Buchstaben des hebr. Alphabets, aufgeteilt in eine Triade, eine Heptade und eine Dodekade, entsprechend den 3 Buchstaben A, M und S, den 7 Planeten und die 12 Tierkreiszeichen; der

Die 10 Sephiroth		Zuordnung	Bereich
hebräisch	Bedeutung		
1. Kether	Krone	Vernunft-reich	Der göttliche Plan
2. Chochma	Weisheit (theoretische Vernunft)		
3. Bina	Intelligenz (praktische Vernunft)		
4. Gedula (Chesed)	Liebe	Gefühls-reich	Ausführung des Universums
5. Gebura (Dim)	Gerechtigkeit (Stärke)		
6. Tiferet (Rachamim)	Schönheit (Barmherzigkeit)		
7. Nezach	Festigkeit	Natur-reich	
8. Chod	Pracht		
9. Jesod	Fundament		
10. Malkut	Reich	Zusammen-fassung	

Übersicht über die Sephiroth der Kabbalah

S. J. ist wie die ↗ Mischnah in neu-hebr. Sprache geschrieben. ↗ Sohar.

Sephiroth (hebr.), an sich der Plural von Sephira (oder Sefira), jedoch gewöhnlich immer im Plural gebraucht, d. h. auch wenn eigentlich Singular stehen müßte. Die 10 S. der hebr. Kabbalah sind die Emanationen der Gottheit und bilden in ihrer Gesamtheit symbolisch den himmlischen Menschen, Adam Kadmon, den ewigen Adam oder Prä-Adam, oder einfach die Emanationswelt. Die oberste S. ist durch Konzentration des ↗ Ain-Soph gebildet, und aus der ersten S. (Kether öder Krone) bilden sich die weiteren Stufen gemäß der ↗ Abb. Die Eigenschaften der einzelnen S. sind gleichzeitig die Eigenschaften der Gottheit, weil sie ja aus ihr emanieren. Man teilt die 10 S. zuweilen auch in 3 Triaden und eine Abschluß-S. ein. Die 1. Triade (1, 2, 3) stellt die metaphysischen Attribute Gottes dar und drückt die absolute Identität der Existenz und des Gedankens aus, d. h. das Vernunftreich; die 2. Triade (4, 5, 6) zeigt einen moralischen Charakter und läßt Gott als die Identität der Güte und Gerechtigkeit erscheinen, d. h. das Seelenreich; die 3. Triade (7, 8, 9) zeigt die allgemeine Vorsehung als den höchsten Künstler. S. 10 ist nach den übereinstimmenden Ansichten aller Kabbalisten kein neues Attribut Gottes, sondern nur die Vereinigung der anderen, die zwischen den übrigen bestehende harmonische Welt oder gewissermaßen das Gegengewicht oder Spiegelbild zum Ain-Soph auf der materiellen Ebene. Die 10 S. können als die Logoi, d. h. als wirkende Ur-Ideen aufgefaßt werden; sie bilden zusammen eine geschlossene Welt, die unmittelbar von der Gottheit stammt, die „Welt der ersten Emanation", Azila oder Aziluth genannt; sie sind die metaphysischen Elementarkräfte, welche die Vermittlung zwischen der absoluten Gottheit und den anderen niedrigeren Welten bilden. Zwischen den 10 S. und den Gestirnen wird noch folgende Beziehung angegeben:

1. Kether (Krone)	= erste Bewegung
2. Chochmah (Weisheit)	= Tierkreissphäre
3. Binah (Verständnis)	= Saturnsphäre
4. Chesed (Gnade)	= Jupitersphäre
5. Geburah (Stärke)	= Marssphäre
6. Tiphereth (Schönheit)	= Sonnensphäre
7. Netzah (Sieg)	= Venussphäre
8. Hod (Ruhm)	= Merkursphäre
9. Jesod (Basis)	= Mondsphäre
10. Malkuth (Reich)	= Erdsphäre

Bemerkenswert ist noch, daß die Beamtenplätze in der FM-Loge nach dem kontinentalen Ritual praktisch dem Schema der 10 S. entsprechen. — Lit.: Papus, Die Kabbalah, Leipzig 1910 und Ulm 1962; J.-B. Hepburn, Virga Aurea, Paris 1922; weitere Lit. ↗ Kabbalah.

Septil, in der Astrologie $1/7$-Schein. ↗ Aspekte, schwache.

Septuaginta (griech.) = 70; Abk.: LXX; die nur noch in christl. Überlieferung erhaltene älteste Übersetzung des AT in griech. Sprache. Die-

Die 10 Sephiroth der Kabbalah mit den Entsprechungen bei den Indern und Griechen

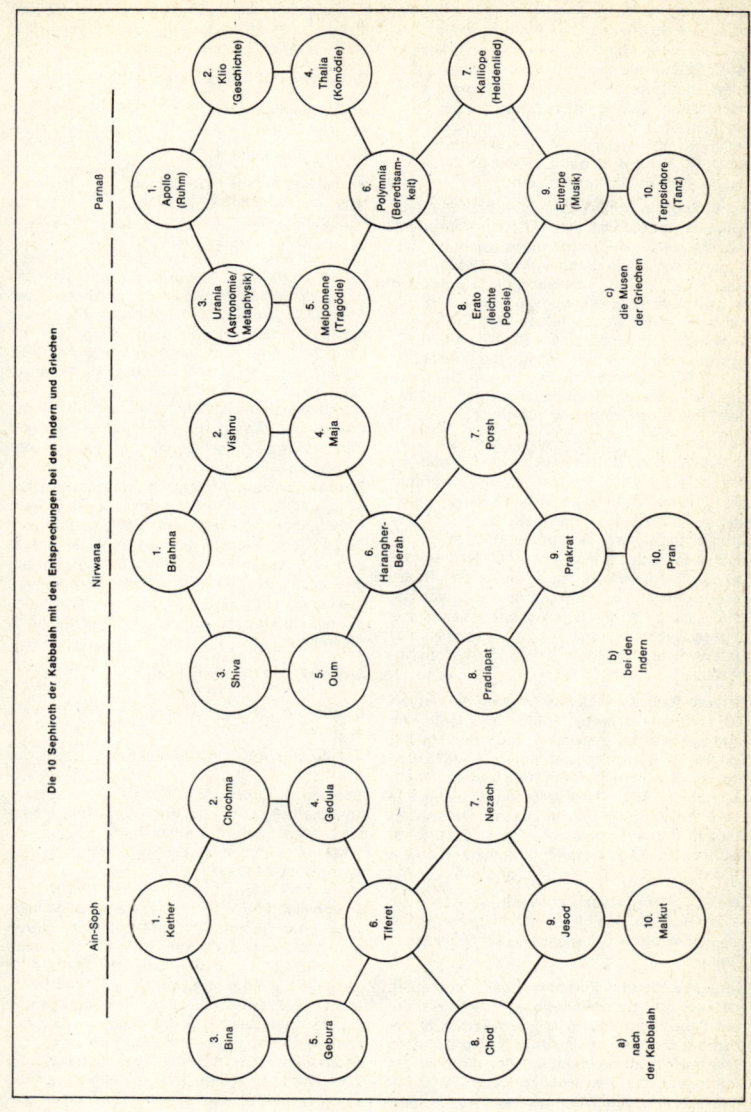

Ain-Soph — Nirwana — Parnaß

a) nach der Kabbalah

1. Kether
2. Chochma
3. Bina
4. Gedula
5. Gebura
6. Tiferet
7. Nezach
8. Chod
9. Jesod
10. Malkut

b) bei den Indern

1. Brahma
2. Vishnu
3. Shiva
4. Maja
5. Oum
6. Harangher-Berah
7. Porsh
8. Pradiapat
9. Prakrat
10. Pran

c) die Musen der Griechen

1. Apollo (Ruhm)
2. Klio (Geschichte)
3. Urania (Astronomie/Metaphysik)
4. Thalia (Komödie)
5. Melpomene (Tragödie)
6. Polymnia (Beredtsamkeit)
7. Kalliope (Heldenlied)
8. Erato (leichte Poesie)
9. Euterpe (Musik)
10. Terpsichore (Tanz)

371

selbe ist in Alexandria entstanden und für die wissenschaftl. Untersuchung von größtem Wert, weil alle hebr. Handschriften nur eine einzige, in Palästina nicht vor unserer Zeitrechnung entstandene Rezension des hebr. Textes sklavisch genau wiedergeben, während die S. in die Zeit einer freieren Überlieferung des Textes zurückreicht. Der Sage nach soll die S. von 72 Dolmetschern in der Einsamkeit der Insel Pharus hergestellt worden sein.

Seraphim, von (hebr.) seraph = brennen, entflammen; an sich ist das Wort ein Plural, der jedoch meist im Sinne eines Singular gebraucht wird; die himmlischen Wesen nach Jes. 6, 2; im AT scheinen die S. mit den ⊅ Cherubim in Beziehung zu stehen; in der Kabbalah eine Gruppe engelhafter Kräfte, die dem Sephiroth Geburah (= Beständigkeit) zugeordnet sind; in der Magie die Intelligenz der Venus; nach Rudolf Steiner die Übernehmer der höchsten Ideen und Absichten, die aus der Trinität empfangen werden.

Serapis, ein ägypt. Sonnengott, der Osiris im volkstümlichen Gottesdienst ablöste und zu dessen Ehre die 7 Vokale gesungen wurden; man ließ ihn oft in Form einer Schlange (hebr. sh-r-p = Schlange) verehren; im 1. Jh. des Christentums noch der größte Gott Ägyptens. Später auch der griech. und röm. Name eigener Götter, deren Anbetung unter den Ptolemäern offiziell gefördert wurde. — S. war der tote Apis, dem die Eigenschaften des Osiris zugeschrieben wurden; er war der Herr der Unterwelt und mit dem griech. Hades gleichgesetzt.

Serapis Bey, einer der ⊅ Meister der Adyar-TG; schrieb mehrere Briefe an Olcott und unterrichtete ihn zeitweise; auch der Meister von H. P. Blavatsky, der am 7. 9. 1875 den Meister (Schutzgeist) John King ablöste; Großmeister der sogen. Bruderschaft von Luxor in der 5. Sektion; bei der Brücke zur Freiheit der Chohan des 4. Strahles. — Lit.: C. E. Bechhöfer Roberts, The Mysterious Madame, London 1931.

Sérouya, Henri, franz. Philosoph und Kabbalist. — W.: La Kabbale, Paris 1947 (preisgekrönt von der Académie française!); Le Mysticisme, Paris.

Serubabel (auch: Zorbabel oder Zerubabel), (hebr.) = „in Babylon geboren"; Anführer und Oberhaupt (vgl. Haggai 1, 1 und Esra 1, 8) der ersten 536 vZ aus dem babylonischen Exil nach Palästina zurückkehrenden jüd. Kolonie. In Verbindung mit dem Hohenpriester Josua betrieb er eifrig den Wiederaufbau des Tempels zu Jerusalem. Dieses Ereignis ist u. a. Gegenstand und Thema der Handlung und Lehre des ⊅ Royal-Arch-Grades der Kapitel-FM.

Sesquiquadrat, ⊅ Aspekte.

Sesquiquintil (oder Tredezil), in der Astrologie der $^3/_{10}$-Schein, ⊅ Aspekte, schwache.

Sextil, ⊅ Aspekte.

Sexualmagie, teils umschrieben mit „Umwandlung der Lebenskraft", aber häufig auch gleichbedeutend mit Kundalini-Yoga. Kulthandlungen im Sinne von S. waren schon im Altertum bekannt, aber auch in heutiger Zeit bestehen noch zahlreiche Okkult-Organisationen, zu deren Prinzipien die S. gehört, namentlich seit Aleister ⊅ Crowley. Indes weist nichts darauf hin, daß eine unterschiedliche „Polarität" von Mann und Frau, wie zuweilen behauptet wird, wirklich vorhanden oder für bestimmte Zwecke der rituralen Magie erforderlich wäre. Die meisten Systeme der S. gehen auf die Hatha-Yoga-Pradipika zurück, deren vollständiger Text (mit den entscheidenden Stellen) allerdings sehr selten ist. — Lit.: Lus de Sayján, Magie des Sexus, Freiburg; Elisabeth Haich, Sexuelle Kraft und Yoga, Stuttgart 1966; H. E. Douval, Eros und Magie, Büdingen 1959; Martin Erler, Der moderne Mensch und das Ritual, München; Joseph Grasser, Transcendance, la magie magnétique, Paris 1960; Iranschähr, Umwandlung der Lebenskraft; Dr. Henri Birven, Lebenskunst in Yoga und Magie, Zürich 1953; Clymer, Divine Alchemy.

Shaddai, andere Schreibung für ⊅ Schaddai.

Shakta (od. Sakta), ein Anhänger des ⊅ Sakti.

Shakti, eine andere Schreibung für ⊅ Sakti.

Shamanen, Orden von tatarischen oder mongolischen Priester-Magiern oder Zauberpriestern; eine Sekte der alten Bhon-Religion von Tibet; wohnen vorwiegend in Sibirien und den angrenzenden Gebieten.

Shamballah (auch: Schamballa oder Sambhala) Orts- oder Gebietsname mit unterschiedlicher und vielseitiger Bedeutung. Der Name S. wird angeblich schon in den alten Puranen (d. h. den alten indischen Schriften) erwähnt. Manche westliche Okkultisten, ebenso wie manche Orientalisten, hielten S. für einen wirklich existierenden geographischen Ort, und sogar Expeditionen nach Tibet sind unternommen worden, um S. zu finden. Wahrscheinlich handelt es sich bei S. ebensowenig um einen bestimmten Ort wie bei unserem Wort „Hölle" oder dem buddhistischen „Nirwana". Nach den Lehren der Adyar-Theosophie ist S. der Aufenthaltsort der Meister und Sitz der größten Bruderschaft spiritueller Adepten (so: Dr. von Purucker). Für die asiatischen Völker, soweit ihnen der Begriff S. überhaupt geläufig ist, liegt S. teils im Westen, teils im Osten oder sogar im Norden oder Süden. Erst durch den westlichen Okkultismus wurde die Lage näher angegeben und in die (natürlich unzugängliche) Wüste Gobi verlegt. Beim ⚹ Lectorium Rosicrucianum wird ein gewisser innerer Kreis von höheren Graden ebenfalls mit S. bezeichnet. Nach den Lehren der Arkanschule ist S. „das Zentrum oder der Zustand göttlichen Bewußtseins; gerade weil die Hierarchie und die Menschheit planetarische Zentren von Liebe und Licht sind, ist S. das vitale Zentrum der spirituellen Macht." — Lit.: Rijkenborgh, Bruderschaft von Shamballah, Haarlem 1950; Walter Studinsky, Shamballah und Agarthi, in: DAW Nr. 1 und 2/1964; Dr. Ferdinand Ossendowski, Tiere, Menschen und Götter, Frankfurt 1923; Nich. Roerich, Heart of Asia — Shambala, New York 1930.

Shankaracharya (auch in der Kurzform: Schankra), * 450 vZ (50 J. vor Buddhas Tod); einer der Nachfolger Buddhas; großer religiöser Reformator Indiens und Lehrer der Vedanta-Philosophie; wird als eine Inkarnation von Shiva (Siva) und Vollbringer von Wundern betrachtet; gründete viele Klöster; im Alter von 32 J. ging er in eine Höhle, aus der er nicht zurückkehrte; seine Anhänger glauben, daß er noch lebe und sich nur der Welt zurückgezogen habe. — Lit.: H. Wegner, Beiträge zur Geschichte der Weisheits-Religion.

Shasta, ⚹ Mount Shasta.

Shastra (oder S'astra), (Sk.) = Abhandlung, Buch; irgendein Werk von göttl. oder anerkannter Autorität, einschließlich der Gesetzbücher. — Ein Shastri bedeutet auch noch in heutigen Indien ein in den göttl. und menschlichen Gesetzen gebildeter Mensch.

Shekinah (auch: Schekina, Schechina), von (hebr.) shakhan = wohnen; der jüd. Name für die göttl. Anwesenheit, dargestellt durch die Form einer Wolke oder durch Licht über dem Barmherzigen-Stuhl im Tempel. — Bei den Kabbalisten ein Titel für das 10. Sephiroth, Malkuth. — Beim ⚹ AMORC der mittlere Teil des Tempels.

Shigatse, ominöser Ort in Tibet oder Indien; dort wohnen lt. Annie Besant die beiden ⚹ Meister M. und K. H.

Shinto (jap.) = der Weg der Geister; der Ahnen- und Götterkult der Japaner und in seiner Weiterentwicklung der Weg zur magischen Verbindung mit Gott. — **Shintoismus,** die alte Religion der Japaner vor dem Buddhismus auf der Grundlage der Verehrung von Geistern und Göttern.

Shiva Sanhita, eine berühmte Hindu-Abhandlung über gewisse physische Praktiken.

Shou, Peryt (Ps.) = Albert Schulz, 1873—1953; Theosoph und esoterischer Schriftsteller. — W.: Die Kette des großen Wollens; Der Verkehr mit Wesen höherer Welten, Berlin 1919; Die Heilkräfte des Logos, Berlin 1919; Geheimlehre des ägyptischen Totenbuches, Lorch 1931; Atlantis, Schicksal der Menschheit, Lorch 1932; INRI — Über den wirklichen Ursprung des Christentums, Berlin 1921.

Shrine (engl.) = Kasten, Kiste; im deutschen Sprachgebrauch auch: Schrein; eine Kiste mit den Knochen der Heiligen; auch im Sinne von Altar, Kapelle, Tempel, wenn damit die Anwesenheit einer Gottheit verbunden ist; in den Logen der ⚹ ES (Adyar-TG) nennt man den Versammlungsort zuweilen Schreinraum, wo die ⚹ Meister zitiert werden.

Shriners, Ancient Arabic Order of Nobles of the Mystic Shrine = (engl.) Alter mystischer Orden der Edlen vom mystischen Schrein; eine mehr als 600 000 Mitglieder zählende Vereinigung amerikanischer Hochgrad-Freimaurer. Mitglied können nur Freimaurer werden, die den 32. Grad des AASR innehaben. Ein besonderes Ritual besteht nicht; die Tätigkeit erstreckt sich mehr auf Geselligkeit und Wohltätigkeit.

S.·. I.·., Abk. für (franz.) Supérieur Inconnu = unbekannter Oberer; der Titel des höchsten Grades der Elu Cohen des ⚹ Martinez de Pasqualis; im später von ⚹ Papus neugegründeten Martinistenorden ein Ehrentitel ohne bestimmte Voraussetzungen. Auf der Stiftungsurkunde der ⚹ FUDOSI findet man hinter dem Namen von Spencer ⚹ Lewis ebenfalls diese Abk., die auf seine zeitweilige Mitgliedschaft im franz. Martinistenorden hindeutet.

Sibylle, bei den Alten eine Frau, die die Zukunft voraussagte; die zuweilen zu findende Deutung „die, welche den Willen von Zeus erzählt", ist sprachlich unhaltbar; eher kommt S. von (griech.) sophos oder (lat.) sib = weise.

Siddhi (Sk.) = magische Kraft, wie Levitation, Wandern auf dem Wasser, Unverwundbarkeit usw.

siderisch, von (lat.) sideralis = zu den Sternen gehörig; seit Paracelsus im Okkultismus auch etwas, was aus nicht-irdischen Kräften resultiert; Paracelsus bezeichnete den ätherischen Körper als s.en Körper; ferner s.es ↗ Pendel.

siderische Zeit, ↗ Sternzeit; s.es Jahr = 365 Tage, 6 Stunden, 9 Minuten und 10 Sekunden; s.er Monat = 27 Tage, 7 Stunden, 43 Minuten und 12 Sekunden.

sieben, in der FM eine der heiligen Zahlen, die magische Zahl an sich, die kosmische Zahl wie überhaupt die wichtigste Zahl in der Zahlensymbolik. Die Pythagoräer nennen sie das Vehikel des menschlichen Lebens, denn sie besteht aus den 4 Elementen des Leibes und der Dreiheit des Geistes (Verstandes-, Erregungs- und Begehrungs-Vermögen). Der Schöpfer ruhte am 7. Tag seiner Werke, und Christus ruhte bis zum 7. Tag im Grabe. In 7 Bitten faßte Christus sein Gebet für unsere Erlösung, und Salomo spricht von 7 Bosheiten; im Evangelium gibt es 7 bösartige Geister. Auch der heilige Geist soll siebenfach sein, als Geist der Weisheit und Vernunft, der Klugheit und der Tapferkeit, der Wissenschaft und der Frömmigkeit und als Geist der Gottesfurcht. Bei Zacharias lesen wir von den 7 Augen Gottes und bei Tobias von 7 engelhaften Geistern. 7 Lampen brannten nach der Apokalypse vor Gottes Thron, und dort waren 7 Geister mit 7 Trompeten. Johannes sah ein Lamm mit 7 Hörnern und 7 Augen, ein Buch mit 7 Siegeln. 7 Lämmer gab Abraham dem Abimelech, 7 J. diente Jakob um Lea und weitere 7 J. um Rahel. 7 Tage trauerte das Volk Israel um Jakob; ferner lesen wir von 7 Kühen und 7 Ähren, 7 fruchtbaren und 7 unfruchtbaren Jahren. 7 Tage lang sollen Brandopfer gebracht, 7 Festtage des Herrn gefeiert werden. In 4. Mos. lesen wir von 7 Völkern, welche das verheißene Land innehatten, und in 5. Mos., wie die Kinder Israel 7 fleckenlose Lämmer opferten, wie sie 7 Tage ungesäuertes Brot aßen, wie die Sünden durch 7 Schafe und einen Bock gesühnt wurden. 7 Altäre errichtete Bileam und 7 Kälber opferte er am 7. Tage. Nach Josua trugen 7 Priester die Bundeslade vor Jericho, und 7 Tage lang zogen sie um die Stadt, am 7. Tage posaunten 7 Priester. Im Buch Richter steht, daß Abessa 7 J. über Israel herrschte, Simon 7 Tage Hochzeit machte, am 7. Tage einem Weibe ein Rätsel aufgab, mit 7 aus Sehnen geflochtenen Stricken und mit 7 Haaren seines Hauptes gebunden wurde, und daß die Kinder Israels 7 J. lang durch den König von Madian unterdrückt wurden. Im Buch der Könige sprach Elias siebenmal zu einem Knaben; siebenmal gähnte der durch Elias vom Tode erweckte Knabe, 7 Männer wurden in den Tagen der ersten Ernte ans Kreuz geschlagen, durch 7 Waschungen wird Naemann von Elias geheilt, im 7. Monat wurde Goliath erschlagen. Diese Reihe ließe sich noch lange fortsetzen. Auch außerhalb der Bibel

Die Symbolzahl 7 nach der Lehre der Großen Landesloge

a) die symbolischen Grade des Ordens, welche die Grundkenntnisse unserer Wissenschaft enthalten;

b) die 7 Hauptpunkte des menschlichen Lebens: Geburt, Kindheit, Jugend, das männliche Alter, das Alter der Erfahrung, das Greisenalter und der Tod;

c) die 7 Haupttugenden, deren Ausübung ein Maurerbruder sich eifrig befleißigen muß: Mäßigkeit, Standhaftigkeit, Arbeitsamkeit, Redlichkeit, Verschwiegenheit, Vorsichtigkeit, Barmherzigkeit;

d) die 7 Wissenschaften, deren Kenntnis und Ausübung dem Maurerbunde nötig ist: Zeichenkunst, Dichtkunst, Musik, Baukunst, Meßkunst oder Geometrie, Rechenkunst, Astronomie;

e) die 7 Hauptfehler des Menschen, welche ein Freimaurer unterdrücken muß: Leichtsinn, Eigensinn, Furchtsamkeit, Trägheit, Vermessenheit, Eigenliebe, Argwohn;

f) die 7 Hauptlaster, die ein rechtschaffener Freimaurer fliehen und verabscheuen muß: Hochmut, Stolz, Unmäßigkeit, Neid, Falschheit, Wollust, Rachgier;

g) die 7 Gaben des Geistes, die ein rechter Freimaurer sich von Gott erbitten soll: Geist der Weisheit, des Verstandes, des Rates, der Stärke, der Erkenntnis, der Gottesfurcht und der Liebe.

zählt man 7 Planeten, 7 Planetsteine, 7 Planetmetalle, 7 Weltweise, 7 Weltwunder usw. — Lit.: Hans Börnsen, Das geheime Gesetz des Siebenecks; Eliphas Lévi, Dogma und Ritual der Hohen Magie, Bd. 1; Franz Carl Endres, Mystik und Magie der Zahlen, Zürich 1951; Johannes Blochwitz, Kulturgeschichtliche Studien, Leipzig 1882.

Siebenarmiger Leuchter, uraltes Symbol aus dem salomonischen Tempel, dessen Gestalt wir noch heute auf dem Titusbogen in Rom bei einem Triumphzug über die Juden vorangetragen sehen. In der FM der Großen Landesloge erscheint der 7a. L. als Symbol zuerst im 5. Grad; historisch bedeutet er dabei die 7 ersten Gemeinden der Christen im Orient, deren geistl. Oberhaupt Johannes der Täufer war; parallel hierzu, mit gleicher Deutung, gibt es noch die 7 Stufen (im 2. Grad), die 7 Flammen (im 4. Grad), die 7 Lichter auf dem Altar und die 7 Spitzen der Krone.

Siebengeist, dialektischer Ausdruck im ↗ Lectorium Rosicrucianum; Bedeutung etwa wie Heiliger Geist, aber auch als Zusammenfassung der 7 Äußerungen der 7 Urkräfte entsprechend den 7 Gemeinden in der Offenbarung (= den 7 unteren ↗ Sephiroth), aber auch die 7 ↗ Strahlen, welche ihrerseits den 7 Geistern der Offenbarung entsprechen. — Nach „Apokalypse der neuen Zeit" (S. 121) schrieb ein Mitglied an van Rijkenborgh: „Seit einiger Zeit empfinde ich eine Berührung von dem S., sowohl bei den Diensten in Haarlem als auch im Renova-Tempel. Mein Blut reagiert darauf. Mir wird ganz warm . . .".

Siebenkreis, dialektischer Ausdruck in den Schriften des ↗ Lectorium Rosicrucianum, womit meist Ebene, Plan oder Prinzip gemeint ist, allerdings nie in einem allgemeinen Sinne. Im Zusammenhang mit dem sogen. Einweihungssystem (↗ Einweihung) wird der Begriff S. auch im Sinne der 7 Geister der Offenbarung oder, was schon Eichhorn (Allgem. Bibliothek der bibl. Lit., Leipzig 1787, Band III, S. 191 ff.) angab, der 7 unteren Sephiroth gedeutet (später noch von Ernest Wood und Alice Bailey übernommen).

Siebenstern, ein Stern mit 7 Spitzen, meistens aus einer Linie in einem Zug gezeichnet; das Abzeichen des Druiden-Ordens entsprechend den 7 Tugenden; der S. ist auch der Ausgangspunkt der ↗ Chaldäischen Reihe, nach welcher die Wochentage den Planeten zugeordnet sind.

Siebenstern der Druiden

Siegel Salomos, das symbolische Doppeldreieck oder Hexagramm; Symbol des Makrokosmos, wie es auch im Emblem der TG vorkommt. — Warum das S. S. so heißt, ist ein Mysterium, außer wenn es aus dem Iran stammen sollte, wo man sich von einem solchen Siegel erzählt, daß man damit Flaschen versiegeln kann, in denen man Geister gefangen hat. In Indien ist das S. S.s das Zeichen Vishnus und wird, wenn es an den Häusern auf dem Lande gefunden wird, als Unglück angesehen.

Sievers, Marie von, (auch: Sivers, Siebers; 1867—1948; zuerst Sekretärin, dann zweite Ehefrau von Rudolf Steiner. In der anthroposophischen Lit. wird heute stets „Sivers" geschrieben, während z. B. in der ältesten Ausgabe von Schurés „Großen Eingeweihten" steht „übersetzt von Frl. Marie von Sievers". — Lit.: Emil Leinhas, Ein freies Wort zur Geschichte der Allgemeinen Anthroposophischen Gesellschaft, Stuttgart 1966; Dr. Paul Jenny, Notwendige Bemerkungen, o. O. 1946.

Signatur, ein Unterscheidungszeichen; Jakob Böhme: „Die S. ist nicht der Geist selbst, sondern der Kasten oder Behälter des Geistes. Wie jedes Ding inwendig ist, also signieret und bezeichnet sich's. S. ist der Natur ihre Sprache und die Natursprache selbst. Jedes Menschen tierische Eigenschaft hat seine S., auch äußerlich. Der Leib aller Dinge ist des Geistes S." — **Signaturenlehre** daher die Charakterdeutung nach dem Äußeren des Menschen.

Silesius, Angelus (Ps.) = Johannes Scheffler, 1624—1677; erst protestantischer Arzt, dann kath. Priester; geistlicher Dichter. Seine mehr als 200 Lieder sind voll inbrünstiger Mystik, aber doch trotz des Schwulstes voll echter Poesie. — W.: Cherubinischer Wandersmann; Spirituelle Maximen. — Lit.: Gerda Rossmann, Das königl. Leben, Zürich.

Simon Magus, ein schon in der Apostelgeschichte erwähnter samaritanischer Zauberer, der in der christl. Sage des 2. Jh. eine bedeutende Rolle spielt. Bei den Kirchenvätern erscheint S. später als Erzketzer und Stammvater der gnostischen Sekten.

Sincerus Renatus (Ps.) = Samuel Richter; Prediger in Schlesien Anfang des 18. Jh.; veröffentlichte 1710 das Buch „Die wahrhaffte und vollkommene Bereitung des philosophischen Steins der Bruderschaft aus dem Orden des Gülden- und Rosenkreutzes denen Filiis Doctrinae zum Besten publiciret...", das zum ersten Mal das Gold mit der Rose und dem Kreuz in Verbindung brachte. Wahrscheinlich geht der etwas später gegründete Orden der Gold- und Rosenkreuzer auf diese Schrift zurück. — W.: Sämmtliche philosophische und chemische Schrifften, Breslau 1741; Die goldene Quelle der Natur und Kunst, Breslau 1714.

Sindbad, in 1001 Nacht ein Seemann, der 7 wundervolle Reisen unternahm; als Ps. = Friedrich Schwickert, Theosoph und esoterischer Schriftsteller. — W.: (mit Surya) Astrologie und Medizin, Lorch 1950; Die astrologischen Elemente, München 1950; Die astrologische Synthese, München 1950.

Sinne, Sinnesorgane, nach herkömmlicher Auffassung an der Zahl 5 die Organe, die die Sinnesreize aufnehmen (durch Auge, Ohr, Nase, Mund und Haut); physiologisch gesehen hat der Mensch jedoch wenigstens 12 Sinne: 1. thermischer oder Wärmesinn, 2. kinetischer oder Muskelsinn, Bewegungssinn, 3. statischer oder Körpergleichgewichtssinn, 4. Schmerzsinn, 5. Raumsinn, 6. Zeitsinn, 7. Gemein-Vital-Sinn, 8. Tastsinn, 9. Geruchssinn, 10. Gehörsinn, 11. Geschmackssinn und 12. Gesichtssinn (d. h. für Farbe, Helligkeit usw.). In der Esoterik und in den Allegorien des Ostens sind die S. die Emanationen von 10 unteren Gottheiten, d. h. den irdischen Prajapati oder Stammvätern.

Sinnett, A. P., einer der bedeutendsten theosophischen Schriftsteller der Gründungszeit der TG; erhielt (lt. Annie Besant) seine Inspirationen von den Meistern Morya und Kut Humi; S. versuchte, die Theosophie mit einigermaßen wissenschaftlichen Mitteln zu behandeln. — W.: Die okkulte Welt; Die esoterische Lehre oder Geheimbuddhismus, Leipzig 1884 und 1899; Wachstum der Seele; Collected fruits of occult teaching; The Mahatma letters; Nature's mystery; Occult essays.

Sion, deutsche Schreibung für Zion, der Berg, auf dem ein Teil Jerusalems steht; im 7gradigen engl. Rittersystem der FM gibt es einen Grad „Ritter von Palästina", dessen Paßwort S. ist und ins rechte Ohr geflüstert wird: bei der Großen Landesloge ist S. die Losung des 6. Grades, und danach noch im 9. Grad in der Form „et regnabit in Sion" (lat., nach Joel 3, 21 = er wird wohnen zu Zion). S. bedeutet hier „den Sitz des höchsten Lichtes", „zur Erinnerung an das Stammhaus des Ordens auf dem Berge S. bei Jerusalem."

Siphra Dtzeniouta (chald.) = Buch der verborgenen Mysterien; ein Teil des ⤢ Sohar.

Sir, bei Bibelzitaten die Abk. für das Buch Jesus Sirach, das zu den sogen. Apokryphen zählt und in der normalen deutschen Bibelausgabe nicht enthalten ist; die Apokryphen werden jedoch zu fast jeder Bibelausgabe als Separatband geliefert. — In der Vulgata sind die Apokryphen jedoch enthalten.

Sirio, E. S. (Ps.) = Ernst Selss; esoterischer Schriftsteller.

Sivananda, Swami (Ps.) = Dr. Kuppuswamy; indischer Yogi mit einem Ashram in Sivanandagar (bei Madras); bis 1923 auch als Arzt unter seinem bürgerlichen Namen tätig in Negri Sembilan; dann Mitglied des Sannyasa-Ordens. — W.: Hatha-Yoga; Dreifacher Yoga; Kriya-Yoga; Yoga im tägl. Leben. — Lit.: Swami Sivananda, der Verkünder des neuen Zeitalters, Gelnhausen; Dr. G. B. Adhvaryoo, Die Botschaft Swami Sivanandas.

Si talia jungere possis sit tibi scire satis (lat.) = Wenn du diese Dinge verstanden hast, weißt du genug; der Spruch auf dem Abzeichen der Inhaber des Royal-Arch-Grades der FM.

Sivanarayana, Paramahamsa, * ca. 1840 Benares, † 1909 Kalkutta; Sohn eines Brahmanen, blieb nach seinen Angaben bis zu seinem Tode mangels einer Schulbildung Analphabet; verließ mit 12 J. das Vaterhaus und zog umher, um zuerst Fragen zu stellen und dann selbst zu lehren; kleidete sich wie ein Sannyasi, ohne jedoch einem solchen Orden anzugehören; gründete dann eine neue ind. Sekte. — Paramahamsa ist normalerweise der Titel für Sannyasis höchster Heiligkeit. — Lit.: M. M. Chatterji, Indian spirituality or the travels and teachings of Sivanarayama, London 1907.

Sivers, Marie von (Ps.) = ⤢ Sievers, Marie von

SJ, Abk. für (lat.) Societas Jesu = Gesellschaft Jesu; ⤢ Jesuiten.

Skarabäus, ein Dungkäfer; in Ägypten das Symbol der Auferstehung und auch der Wiedergeburt; eines der höchst verehrten, häufigsten und populärsten Symbole der alten Ägypter; auch das bevorzugte Ornament auf Gravierungen, Haushaltsgeräten und Zubehören; danach allgemein als Glückssymbol angesehen. Der ägypt. Name des S. ist Kheper, was so viel wie „sein", „werden", „neubauen" bedeutet. Theoderich (454—26. 8. 526 nZ) ließ sich als Bronzestatue, in der einen Hand einen S. haltend, abbilden. Der S. kommt auch in den Lehren von ↗ AMORC und ↗ ORA vor. — Lit.: Dr. Werner Schuster, Der heilige Skarabäus, in: DAW 4/64; ORA Heft II, S. 17/18.

Smaragdinische Tafel, geheimnisvolle Manuskripte, die allerdings nur der Legende nach zu existieren scheinen. Nach Zosimus schrieb Hermes die ihm durch Dämonen übermittelten Grundsätze der Alchemie als erster nieder, und zwar auf Tafeln aus Smaragd, die jedoch verlorengingen oder absichtlich verborgen wurden, bis sie der ägyptische König Nechepso wiederfand, nachdem ihm die Götter auch die Gabe der Einsicht in den Sinn dieser geheimnisvollen Dokumente verliehen hatten. Tatsächlich sind später 2 Tafeln dieser Art bekannt geworden: die Tafel von Memphis und die s. T. — Die Tafel von Memphis soll in griech. und koptischer Sprache die Anweisung enthalten: „Himmel oben, Himmel unten, Sterne oben, Sterne unten; alles was oben ist, ist auch unten. Nimm es hin und es bringe dir Glück." Ähnlich lautet der Text der s. T., die nach der Sage Alexander der Große im Grabe des Hermes fand, die den Untertitel „De operatione solis" trug und im Abendland um 1200 nZ in lat. Übersetzung bekannt wurde. Es gibt aber sehr unterschiedliche Übersetzungen. Dann existiert eine kurze Fassung nach Doradaeus, die, frei übersetzt, etwa lautet: „Es ist wahr, sicher und das Wahrste überhaupt; das Obere trägt die Natur in ihrem Innern und steigt von der Natur wieder nach oben; es gibt einen Weg, beides zu verbinden! Die rote Sonne ist in dieser Verbindung der Vater, die weiße Luna (= Mond) die Mutter, das dritte, als feuriger Herrscher, tritt hinzu. Das Dichte macht dünn und führe es ins Dichte zurück! So hast du den Ruhm der Welt!" — Eine weitere Version gibt Graf Bernhard im J. 1453: „Wahr ist, ohne Lüge und gewiß von allem das Wahrhaftigste; was unten ist, ist auch oben, was oben auch unten, zu vollbringen die Wunder eines einigen einzigen Dinges, und gleichwie alle Dinge von und aus dem Einen geschaffen sind durch den Ratschluß, den Willen und das Gebot des Einigen: also entspringen und kommen alle Dinge von diesem einzigen Dinge durch sonderbare Zuneigung und Fügung. Die Sonne ist sein Vater, der

Mond seine Mutter, der Wind hat es an seinem Bauche getragen, seine Ernährerin und Säugamme die Erde; es ist der Urheber aller Vollkommenheit in der ganzen Welt. Also ward die Welt geschaffen und von ihm werden seltsame Wunder gewirkt, deren dieses ein Muster und Beispiel ist. Darum bin ich Hermes Trismegistos genannt, weil ich habe die 3 Teile der Weisheit der ganzen Welt. Also hat sich erfüllet, was ich zu sagen hatte von dem Werk und der Wirkung der Sonne." Karl Kiesewetter („Geschichte des Okkultismus") schreibt hierzu: „. . . wurde so genannt, weil ihr Text auf einen Smaragd geschnitten gewesen sein soll, den ein altersgrauer Vorzeit ein Weib, Zara, in der Hand des Gerippes von Hermes in einer Grabhöhle bei Hebron gefunden haben soll. Ihr Text ist nur lat. bekannt, obgleich Kreigsmann, ein alchemistischer Schriftsteller des 17. Jh., behauptet, derselbe sei ursprünglich phönizisch gewesen, den Beweis dafür aber schuldig bleibt. Der Text wurde jahrhundertelang für die Mitteilung des Verfahrens für die Metallverwandlung gehalten, und noch Schmieder sucht wenigstens ihren chemischen Charakter zu retten, indem er das Ganze als eine geheimnisvoll-überschwengliche Schilderung der Destillation ansieht. — Eliphas Lévi schreibt, daß die s. T. die gesamte Magie auf einer einzigen Seite enthält, so wie die Inder ein einzelnes Wort haben, welches ebenfalls die ganze Magie enthält. Lat. heißt die s. T. „Tabula smaragdina". — Lit.: Liebstöckl, Die Geheimwissenschaften im Lichte unserer Zeit.

Societas Rosicruciana, ↗ SRIA

Society of the Inner Light (engl.) = Gesellschaft des inneren Lichts; okkulte Organisation in England, gegr. durch Dion ↗ Fortune (Ps.; = Violet M. Firth) 1924, nach ihrem Austritt aus der TG. Die Belehrung der Mitglieder erfolgt durch Fernunterricht in 4 Stufen und durch die zahlreichen Schriften Dion Fortunes; nach Beendigung des 3. Kurses kann der Teilnehmer auf Antrag zur Einweihung zugelassen werden. — Lit.: Dion Fortune, The esoteric orders and their work, Saint Paul 1962.

Society for Psychical Research (engl.) = Gesellschaft für Seelenforschung; gegr. 1882 in England; ihr gehören meist Gelehrte von hohem Rang an; die S. P. R. hat jetzt mehr als 40 Bände mit para-normalen Berichten und Untersuchungen veröffentlicht; die S. P. R. befaßte sich im vorigen Jh. auch mit H. P. Blavatsky und den sogen. Meisterbriefen (↗ Meister).

Sohar (auch: Zohar), Teil der Kabbalah und Kommentar zu den 5 Büchern Moses; ein Kompendium kabbalistischer Philosophie, welches zusammen mit dem ↗ Sepher Jesirah den Ruf hat, die älteste bestehende Abhandlung über hebr. Religionsphilosophie zu sein. Die Überlieferung besagt, daß der S. von Rabbi Simeon ben Jochai (ca. 80 nZ) stammt, aber die modernen Gelehrten legen seine Entstehung auf etwa 1280 nZ, als der S. von Rabbi Moses de Leon in Spanien veröffentlicht wurde. Es gibt hebr. Ausgaben von 1558 (Mantua). 1560 (Cremona) und 1623 (Lublin). Einen Teil des S. hat Knorr von Rosenroth in seiner „Kabbala denudata" übersetzt. Nach der Lehre des S. ist Gott die Quelle des Lebens und der Schöpfer des Universums, aber er ist unendlich (↗ Ain-Soph), unnahbar, unbegreiflich; er ist das Unbekannte, das große Problem. Er würde entheiligt werden, wenn er in direkter Verbindung mit der Welt stünde. Zwischen ihm und der Welt stehen die 10 ↗ Sephiroth, mittels welcher er die Welt geschaffen hat, die seine Werkzeuge sind und die Kanäle, durch welche sein Wirken auf die Sephiroth vermittelt wird. — Lit.: ↗ Kabbalah.

Söhne der Witwe (auch: Kinder der Witwe), in der franz. FM eine der Bez. für Freimaurer; zurückgeführt auf das Leben und den Tod Hiram Abis, einer Witwe Sohn (2. Chro. 2, 13), der beim Tempelbau half.

Söhne des Lichts, Bez. für Freimaurer; unter diesem Titel erschien von Roger Peyrefitte ein Freimaurer-Roman (Karlsruhe 1962). ↗ Söhne der Witwe.

Sokrates, * 470 vZ Athen, † 399, griech. Philosoph; nach S. ist die Selbstbesinnung die wahre menschliche Weisheit; die sokratische Philosophie besteht dem wesentlichen in dem kritischen Verfahren, d. h. der Prüfung alles vermeintlichen Wissens auf seine Zulänglichkeit. Wahres Wissen ist ein solches, das auf dem sicheren Begriff der Sache beruht. Eigene Schriften hat S. nicht hinterlassen. — Lit.: Schuré, Die großen Eingeweihten; Steiner, Wunder der Welt.

Solar, von (lat.) sol = Sonne; sonnenhaft; die magische Haltung eines Menschen kann s. oder ↗ lunar bestimmt sein; sie ist s., wenn sie sich allein auf seinen Willen stützt; eine s.e magische Geisteshaltung ist also mit Selbsterkenntnis gleichzusetzen.

Solar-Horoskop, ein Jahreshoroskop. ↗ Horoskop.

Solarplexus (lat.) = Sonnengeflecht; ein mehr oder weniger dichtes, mit vielen Ganglien-

knoten versehenes Geflecht des sympathischen Nervensystems, das in der Magengegend auf der Vorderseite der Aorta liegt. — Seit Justinus Kerner wird der S. im Okkultismus als Hellsehorgan betrachtet.

Solve, ↗ Coagula — Solve.

Soma (griech.) = der tote Körper; nach den Lehren des Plutarch (heute auch von ↗ AMORC und ↗ ORA vertreten) besteht der Mensch aus ↗ Nous, Psyche und S.; S. ist dabei der Körper aus Fleisch; alle 3 zusammen bilden die ganze Persönlichkeit. Während die Sonne das Nous, der Mond die Psyche liefert, kommt S. von der Erde.

Sommerschule, eine bei verschiedenen Theosophischen Gesellschaften jeweils im Sommer abgehaltene Veranstaltung zwecks Schulung, Unterrichtung und Meinungsaustausch; manche Theos. Gesellschaften lassen zur S. auch Nichtmitglieder zu.

Somnambulie, von (lat.) somnus = Schlaf und ambulare = umhergehen; Schlaf- oder Nachtwandeln; Ausführung von Handlungen im tiefen Schlaf ohne eigentliche krankhafte Ursache; nach dem Erwachen ist keine Erinnerung an das Geschehen vorhanden. Der Begr. soll von Puységur stammen, lt. van Rijnberk (Studie über Willermoz) jedoch von Willermoz.

Sonne, das Symbol des Lichts und des Lebens, des männlichen Prinzips; nach den Lehren von AMORC und ORA (dem Plutarch entlehnt) stammt die feinste Seele des Menschen, der sogen. Nous, Psyche von der Sonne, während der Mond die Psyche liefert und die Erde Soma (d. h. den Körper) gibt. Jakob Böhme: „Die S. ist ein Naturgott der äußeren Welt. Sie ist ein Gott im 3. Prinzip dieser Welt und dieser Welt Leben."

Sonnengebet, in verschiedenen okkulten Systemen das den Mitgliedern auferlegte Morgengebet, so den Inhabern des 10. Tempelgrades im AMORC (mehr auch: Ritual des Morgengrauens). Sobald im Morgengrauen der erste Sonnenstrahl durchbricht, verneigt man sich in Richtung Osten, erhebt die Hände und spricht: „Auf daß die Dunkelheit von Dir fliehe; daß die Dunkelheit nunmehr weiche und verschwinde. Ich bin vereint mit denen, die mit mir sind und die die ganze Nacht gewartet haben. Immer wollen wir dem Höheren dienen. Gib uns an diesem Tag, der dem Morgengrauen folgen wird, daß wir verstehen, und gib uns die Sehnsucht und Willenskraft, den Plan, den Du für diesen Deinen Tag gemacht hast, zu erfüllen. Auf daß Deine Fassungskraft in uns wohne, und daß Dein Friede auf den

Altar unseres Herzens herniedersteige. Daß die kleineren Dinge vor Deiner Majestät erlöschen und das Ich-Gebundene vor Deinen Strahlen flüchte. Siehe die Flamme, die wir auf Deinem Altar entzündet haben, und nimm das Opfer, welches das niedere Ich Dir in aller Demut entbietet. Gewähre uns Mut, Kenntnis und Kraft, Dein Licht der Menschheit zu bringen, auf daß es erleuchte die dunklen Pfade, auf denen die Menschen wandeln, um zu Christus zu gelangen. Denn durch das Licht, o Göttlichkeit, kommen wir zu Dir!" Danach hält man die Hände über den Kopf, läßt sie herunter und streckt sie aus, als wollte man das, was man aus einer Höheren Quelle erhalten hat, verstreuen. Dann formt man die Hände zu einer Schale und schöpft symbolisch Materie von der Erde zum Himmel, um sie zu beleben und zu weihen. Schließlich macht man das Kreuzzeichen und spricht: Oh! Meister des Lebens, der Du den Tag bringst, reinige unser Herz und unseren Geist, und wohne in dem Heiligen Ort, den wir Dir bereitet haben. Das S. muß jeden Morgen gesprochen werden; es entspricht etwa dem Sonnengebet in der Vorrede zu Nietzsches Zarathustra. Auch bei den Brahmanen sind Sonnengebete (↗ Gayatri) gebräuchlich; ferner gibt es das S. des Radschah von Aundh (↗ Surya Namaskar) nach dem Hatha-Yoga-System. In der Arkanschule heißt das S. „Sonnen-Invokation", dessen 1. Strophe lautet: „Ra! Horus, Hermes, Christus! Was zählt euer Name im Zeitenlauf. Nur Dein leuchtendes Selbst (also das der Sonne!) durch Licht gezeugt." — Lit.: Radschah von Aundh, Das Sonnengebet, Stuttgart; Fragmente der Weisheit der Meister, Nr. 1; Pratinidhi, Das Sonnengebet, Stuttgart 1959; Sivananda Sarasvati, Das Sonnengebet, Bern 1959.

Sonnenkult ↗ Sonnengebet.

Soph, bei Bibelzitaten die Abk. für das Buch Zephanja (lat.: Sophonias).

Sophia (griech.) = Weisheit; der weibliche Logos der Gnostiker, der universale Verstand, nach anderen der weibliche Heilige Geist; Jakob Böhme: „S. ist die himmlische Jungfrau. S. ist ihr Brautname als Christi Braut. Weisheit ist ihr wesentlicher Name. Sie wird erborven vom hl. Geiste und ist Gottes Gespielin."

Sophistik, von (griech.) sophia = Weisheit; von der griech. Sophisten geübte Methode, durch spitzfindige Scheinbeweise rednerische Gewandtheit und Überredungskunst zu zeigen.

Sorath (hebr.), in der Kabbalah der Dämon der Sonne.

Sorella (ital.) = Schwester; Titel der weibl. Mitglieder in den Rosenkreuzerlogen.

Spagyrik (griech.), bei Paracelsus die Bez. für seine Art der Alchemie und Heilkunst mit Giften; die S. wurde von Dr. C. Zimpel wiederentdeckt und vervollkommnet. Es handelt sich um eine alte traditionelle, mit feinstofflichen Arzneigaben arbeitende ärztliche Disziplin, die über eine eigene grundsätzliche Betrachtungsweise verfügt, basierend auf den Lehren der alten Hermetiker. — Lit.: Dr. C. Zimpel, Handbuch der spagyrischen Heilkunst, Göppingen 1924.

Spalding, Baird, 1858—1953; Verfasser von Büchern über den Fernen Osten; nach Ansicht von Eugen Grosche soll es sich bei den Schriften S.s um Fälschungen handeln (ähnlich wie bei Karl May), denn der Autor hat die geschilderten Episoden nie erlebt und wurde in USA als Betrüger entlarvt. — W.: Leben und Lehren der Meister im Fernen Osten, München (5 Bde.). — Lit.: Blätter für Lebenskunst, Berlin, Nr. 4/1950).

Spalding, Solomon, 1761—1816; der eigentliche Gründer des Mormonentums. ↗ Mormonen.

spekulativ, in der FM der Ggs. zu „operativ"; beim Übergang von der alten Werkmaurerei (um 1717) auf die geistige und theoretische Form der heutigen FM bezeichnete man die alte, praktische Form als operativ, die neue als sp. Die Umstellung von operativer auf spekulative FM erfolgte hauptsächlich durch eine Umgruppierung der Mitglieder; nachdem Anderson die alten Werkmaurer nicht mehr in die Logen ließ, wurden diese praktisch nur noch von „geistigen", also spekulativen Maurern gebildet.

Spence, Lewis, 1874—1955, schottischer Okkultist. — W.: Mysteries of Egypt; Problem of Atlantis; Introduction to Mythology.

Sphären, Harmonie der, Theorie des Pythagoras, nach der die Gestirne, die untereinander den Intervallen der Tonleiter genau identische Abstände haben, eine Art himmlische Harmonie bilden. Die Lehre wird u. a. von der ↗ ORA verbreitet.

Sphinx (griech.), die in Ägypten vorkommenden kolossalen Steinbilder, bestehend aus Löwenleib mit Menschenkopf, gewöhnlich dem Kopfe des Königs. Sie waren ein Symbol des Sonnengottes und hießen Neb (= Herr); daher kommen fast ausnahmslos männliche S. vor. Am bekanntesten ist der Sphinx auf dem Pyramidengelände bei Giseh. Er ist rund 20 m hoch, und Thutmosis IV. ließ zwischen seinen Klauen einen Tempel bauen. Eine umfangreiche okkulte Deutung des S. bringt Crowley im „Liber Aleph", dem Buch der Weisheit oder der Torheit, wie er es nennt. Danach stellte der S. die Gesamtnatur des Menschen dar: den feurigen Mut des Löwen, die feste Willenskraft des Stiers, die rasche Intelligenz des Menschen und die geheime höchste Natur des Menschen, die durch den Adler symbolisiert wird. Sphynxen, die dieser Darstellung von der Bauart her entsprechen, sind jedoch sehr selten. — S. hieß auch eine von Dr. Hübbe-Schleiden ab 1886 herausgegebene theosophische Zeitschrift „für die geschichtliche und experimentelle Begründung übersinnlicher Weltanschauung auf monistischer Grundlage". Zu den Mitarbeitern zählten u. a. Carl du Prel, Kiesewetter, Dr. Franz Hartmann, Dessoir; Dessoir prägte in dieser Zeitschrift 1889 den Begriff „Parapsychologie". — Lit.: A. Bothwell-Gosse, Magic of the Pyramids, 1915; Schuré, Die großen Eingeweihten; Dr. A. Weiss, Der enträtselte Sphinx.

Spiegel, magische, für Zwecke des Hellsehens verwendete besondere Spiegel aus Metall oder Graphit von ca. 8 cm Durchmesser. Es sind Instrumente des objektivierten menschlichen Gedankens; meistens sind die Spiegel aus Stoffen gebildet, die schlechte Elektrizitätsleiter sind. Zuweilen wird bei der Benutzung m. S. noch ein besonderes Hellsehritual vorgeschrieben: 1. Anlegen der weißen Magierrobe und des Mantels, 2. Anlegen des Pantakels, 3. Entzünden der Kerzen und des Räuchermittels, 4. Aufstellen des m. S. auf einem Leuchtertisch im magischen Kreis, 5. Niederlegen von Schwert und Stab, 6. Invokation vor dem Altar, 7. Eintreten in den magischen Kreis und Schließung desselben — Versuche — usw.

Spiegelsphäre, im ↗ Lectorium Rosicrucianum der dialektische Ausdruck für „Jenseits", jedoch ohne besondere zusätzliche Deutung.

Spiesberger, Karl, esoterischer Schriftsteller, Runenpraktiker, vormals Mitglied der Fraternitas Saturni; auch unter dem Ordensnamen Eratus bekannt. — W.: Der erfolgreiche Pendelpraktiker, Freiburg 1955; Runenexerzitien für jedermann, Freiburg 1958; Runenmagie, Berlin 1955; Elementargeister — Naturgeister, Freiburg 1961; (mit Erich Sopp) Auf den Spuren der Seherin, Sersheim 1953; Unsichtbare Helferkräfte, Freiburg 1960; Das Problem der Tierseele im Lichte psychologischer, parapsychologischer und esoterischer Forschung, Memmingen 1950; Die Aura des Menschen, Freiburg; Hermetisches ABC, Freiburg, 2 Bde.; Die Kunst, Karten zu legen; (unter Eratus) Einweihung, Berlin 1956, 42 Hefte.

Karl Spiesberger

Spinoza, Benedikt Baruch, * 24. 11. 1632 Amsterdam, † 21. 2. 1677; bedeutender jüd. Philosoph, der sich besonders der Philosophie von Descartes widmete. Sein bedeutendstes Werk ist „Tractatus theologico-politicus" (Hamburg 1670), worin er den Begriff der Offenbarung sowie den Ursprung der Bücher des AT einer Kritik unterwirft und die Denkfreiheit gegenüber der positiven Religion verteidigt. Seinem Werk „Tractatus de intellectus emendatione, et de via, qua optime in veram rerum cognitionem dirigitur", eine Art Anthroposophie seiner Zeit (deutsche Übersetzung als Reclam-Heft) hat Rudolf Steiner offenbar alles entnommen, was nicht aus der Geheimlehre von H. P. Blavatsky und der Adyar-TG stammt.

Spiritismus, zu unterscheiden in allgemeinen S. und speziellen S.; letzterer ist als nächstes Stichwort aufgeführt. In der Regel versteht man unter S. Totenbefragungen, Geisterzitierungen, Tischrücken u. ä. Dinge; diese Phänomene sind jedoch nur Nebenerscheinungen, die nicht den eigentlichen Inhalt des Begr. ausmachen. Der S. umfaßt vielmehr die Gesamtheit der Erscheinungen, Lehren und Handlungen, die sich aus dem Verkehr (oder allgemein einer Verbindung) zwischen den Lebenden und den Toten ergeben. Nach der Lehre des S. überlebt der unsterbliche Teil, der Geist, nach dem Tode und kann sich den Lebenden durch verschiedene Mittel kundtun. Der moderne S. begann 1847 in der Familie des Farmers John Fox in USA. Ein Nachbar der Familie Fox kam auf die Idee, die im Hause Fox hörbaren Klopfzeichen als Alphabet zu deuten, und hierdurch gelang es ihm festzustellen, daß sich ein Verstorbener namens Charles Ryan meldete, welcher angab, Krämer gewesen und in dem betr. Hause ermordet worden zu sein; seine Überreste sollen im Keller vergraben sein. Als man nachgrub, fand man an der bezeichneten Stelle Haare und Unterkiefer. Nach Tischner soll das 1. Medium in Europa eine Frau Hayden gewesen sein, die in England die erforderlichen spiritistischen Gebräuche und Kenntnisse verbreitete. Die genaue Überprüfung der spiritistischen Phänomene ist bisher außerordentlich schwierig gewesen, da eine große Zahl Schwindler dieses Gebiet überwuchert, um materielle Vorteile zu erlangen. So ist die Zahl der echten Phänomene, die untersucht werden konnten, sehr gering. Franz Hartmann (in: Lotosblüten 1894, S. 852) teilt die Spiritisten in 3 Klassen: a) Die ganz Unwissenden, wozu angeblich auch „Gelehrte" gehören und welche sich einbilden zu wissen, daß alle sogen. spiritistischen Phänomene nichts anderes seien als Schwindeleien, Taschenspielereien und Betrug. Dieselben meinen bereits alles besser zu wissen, und es gibt für sie keinen anderen Weg zur „Bekehrung" von ihrem Unglauben, als handgreifliche Tatsachen; dann aber fallen sie in der Regel in den Irrtum der 2. Klasse. b) Dies ist die Klasse der Spiritisten, welche sich von der Wirklichkeit sogen. spiritistischer Phänomene überzeugt haben, aber die wahren Ursachen derselben nicht kennen; sie schreiben alle dergleichen Dinge den abgeschiedenen Geistern verstorbener Personen zu und verfallen dem Aberglauben und der Schwärmerei. c) Die 3. Klasse ist die der Jünger der okkulten Wissenschaft. Sie verachten weder den S., noch verehren sie ihn, sie sind weder ungläubig noch abergläubig. Sie haben gelernt, die Gesetze zu kennen, aus denen dergl. Phänomene entspringen, und wissen dieselben nach dem, was sie wert sind, zu schätzen. — Aufgrund einer sprachlich falschen Übersetzung wird zuweilen auch „Spiritualismus" geschrieben; dieser hat aber mit S. nichts zu tun, sondern ist eine Richtung der Philosophie. — Von einem spiritistischen Phänomen ist übrigens schon in der Bibel die Rede; in 1. Sam. 28 veranlaßt König Saul die Wahrsagerin von Endor (nach unseren heutigen Begriffen ein Medium), den zuvor verstorbenen Samuel zu zitieren, damit er ihn um Rat fragen könne wegen des bevorstehenden Kampfes gegen die Philister. Auf die Frage „Was siehst du?" antwortet das Medium: „Ich sehe Götter aufsteigen aus der Erde". Aber schon aus Vers 14 ergibt sich, daß es nicht Götter sind, sondern Samuel selbst: „Es kommt ein alter Mann herauf und ist gekleidet mit einem Priesterrock. Da erkannte Saul, daß es Samuel war." Wahrscheinlich muß das Wort „Elohim" an der betr. Stelle nicht mit „Götter", sondern mit „Geister" übersetzt werden, und wahrscheinlich ist auch, daß die Wahrsagerin Geister und Götter gar nicht unterscheiden konnte oder überhaupt an einen Unterschied dachte. — Lit.: — Roesermueller, Die Praxis des Jenseitsverkehrs; Shaw Desmond, Du kannst mit deinen Toten sprechen; Robert James Lees, Reise in die Unsterblichkeit; Bischof Dr. Norbert Lauppert, Spiritismus, Magie, Yoga, Graz; Wilhelm Horkel, Geist und Geister, Stuttgart 1965; H. K. Iranschähr, Der Meister und seine Jünger, Bd. 2; Gabriele Erdmann, Wie erlange ich Verbindung mit der jenseitigen Welt? Roesermueller, Geister warnen vor Geistern; Dr. Alois Wiesinger, Okkulte Phänomene im Lichte der Theologie, Graz 1948; Johannes Greber, Der Verkehr mit der Geisterwelt; Arthur Findlay, Gespräche mit Toten; Dr. Franz Hartmann, Über den Verkehr mit der Geisterwelt; Jutta Nagel, Joachims Wiederkehr; Dr. Rudolf Schwarz, Okkultismus und Spiritismus, 1926; E. Brackett, Materialisierte Erscheinungen, 1889; Franchezzo, Ein Wanderer im Lande der Geister, 1961; Dr. H. Gerloff, Die Phantome von Kopenhagen, 1958; ders., Das Medium Carlos Mirabelli, 1960; Schrenck-Notzing, Experimente der Fernbewegung, 1924; ders., Physikalische Phänomene des Mediumismus, 1920; Bô Yin Râ, Das Buch vom Jenseits; Max Heindel, Rosenkreuzer-Philosophie in Frage und Antwort; Roesermueller, Unsere Toten leben, Neustadt 1951; ders., Anleitung zur Entdeckung und Erschließung medialer Fähigkeiten; ders., Der Einbruch des Jenseits ins Diesseits; Hinrich Ohlhaver, Die Toten leben, München 1950; Robert Klimsch, Leben die Toten?, Graz 1937; Prof. Dr. Hans Hermann Kritzinger, Zur Philosophie der Überwelt, Tübingen 1951.

Spiritismus, spezieller, im Ggs. zum allgemeinen Spiritismus die Anrufung von Geistern Verstorbener ohne die Absicht, dieselben auszufragen oder mit ihnen einen besonderen Kontakt aufzunehmen. Einen s. S. gibt es z. B. im 8. Grad (Grad der Vertrauten der Johannisloge) der Großen Landesloge. Nach der Ablegung des Gelübdes eines Neueingeweihten erhebt der Meister das Kreuz und „ruft die seligen Geister der abgeschiedenen Brüder zu Zeugen des Gelübdes an und fordert sie auf, an dem Tage, zu welchem der Bruder geladen ist, zu bestätigen, wie er sein Gelübde erfüllt hat" (zitiert aus Hieber, „Leitfaden der Vertrauten der Johannisloge", Bad Harzburg 1962). — Einen s. S. ähnlicher Art gibt es auch im 10. Tempelgrad des AMORC.

Spiritualer Körper, nach Annie Besant der 4. Körper der ⁊ Prinzipien des Menschen; Besant: „Viel eher als Manas sollte man Buddhi Geist nennen. Die Erweckung des Bewußtseins im s. K., dem nächsthöheren Körper nach dem Kausalkörper, ist der Höhepunkt der menschlichen Entwicklung, das Ende des Umlaufs des Rades von Geburten und Toden". Nach Ananda auch Majakoscha oder Körper der Seligkeit genannt; in diesen können Yogis übergehen und in ihm die ewige Seligkeit jener herrlichen Welt kosten und in ihrem eigenen Bewußtsein die zugrundeliegende Einheit erleben, die dann für sie zu einer Sache der Erfahrung wird und nicht länger nur ein verstandesmäßiger Glaube bleibt.

Spiritualismus, von (lat.) spiritus = Atem, Hauch; die dem Idealismus verwandte philosophische Richtung mit Erklärung der Wirklichkeit als rein geistig bzw. des körperlich Gegebenen als Erscheinungsweisen des Geistigen oder als bloße Vorstellung. S. ist die Stufe des Geistes im Ggs. zum Materialismus oder der materiellen Auffassung von den Dingen. — Fälschlicherweise wird in Deutschland der Spiritismus zuweilen auch als S. ausgegeben; hierbei handelt es sich um eine falsche Übersetzung des engl. Wortes „spiritualism", welches im engl. Sprachbereich tatsächlich den Spiritismus bezeichnet. Der falsche deutsche Sprachgebrauch geht möglicherweise auf die 1871 in Leipzig erschienene deutsche Übersetzung des Buches „Spiritualismus und die Wissenschaft" des Engländers Crookes zurück. Franz Hartmann schrieb dazu in den „Lotosblüten" (Jg. 1894, S. 139) : „Der S. unterscheidet sich vom Spiritismus dadurch, daß der eine der Umgang mit dem Lebendigen, der andere mit dem Toten ist. Zum S. gehört Spiritualität, d. h. Erhebung der Seele und Erhabenheit des Geistes." — Lit.: Dr. Wilhelm Martin, Brücken von der Natur zur Geisteswelt; ders., Gott, Welt, Lebenssinn.

Spiritual Unity of Nations (engl.) = Geistige Einheit der Nationen; auch abgekürzt S. U. N.; gegr. von John ⁊ Busby.

Spiritus familiaris (lat.) = Familiengeist; der angestammte Hausgeist im Spiritismus.

Spr, bei Bibelzitaten die Abk. für das Buch der Sprüche Salomos.

SPR, Abk. für (engl.) ⁊ Society for Psychical Research.

Sprengel, in der Kirchensprache ein in bestimmte Grenzen eingeschlossener Raum, ein Bezirk oder Gebiet; der Amtsbezirk eines Pfarrers oder Bischofs. — Der Begriff ist auch in die FM übernommen worden, als Zuständigkeitsbereich einer Loge, wonach ein Suchender nur Mitglied der Loge seines Ortes werden kann, es sei denn, daß wichtige Gründe dagegen sprechen, die örtliche Loge zu einer Mitgliedschaft in einer fremden Loge ihre Zustimmung gibt. Die darüber bestehenden Regeln werden als **Sprengelrecht** bezeichnet.

Sprengel, Anna, die legendäre Persönlichkeit, auf welche die Gründung der ⁊ Goldenen Dämmerung zurückgeführt wird. In den Annalen der A. A., in welchen Crowley von seinen Bekenntnissen spricht, erwähnt er ein Manuskript, welches in einer Londoner Buchhandlung gefunden wurde, das dann Mathers übersetzte und entzifferte. In diesem Manuskript soll die Adresse von einem Frl. Sprengel in Nürnberg angegeben gewesen sein zwecks weiterer Aufklärung. Später haben Dr. Henri Birven, Gustav Meyrink und Dr. Peithmann nach der Existenz dieses Frl. Sprengel geforscht, aber keinen einzigen Anhaltspunkt finden können. Als Crowley 1900 mit Mathers in Paris zusammentraf, gesellte sich zu ihnen eine Dame namens Horos (alias Swami), welche vorgab, die echte Sprengel zu sein. Crowley beschreibt diese als einen Vampir von beachtlicher Macht und Mathers als das möglicherweise fähigste lebende Medium. Nach Webster, „Secret Societes", soll Frl. Sprengel 1893 in Deutschland gestorben sein. In der G. D. wurde ihr der Ordensname S. D. A. (= lat.: Sapiens dominabitur astris = Der Weise wird vermittels der Sterne herrschen) gegeben. — Zum anderen soll Reuß eine Sekretärin namens Sp. gehabt haben, die später (bis ca. 1937) in Locarno eine Loge des OTO leitete. — Lit.: Dr. Henri Birven, Lebenskunst in Yoga und Magie, Zürich 1953; Nesta H. Webster, Secret Societies, London 1964.

Spuk, im Volksmund das Erscheinen von Klopfzeichen oder Geistern an ungewohnten Orten und zu unerwarteter Zeit. Es wird behauptet, daß Papst Pius X. im Vatikan spukt, wenn Besucher auf eine Audienz warten. — Lit.: Prof. Dr. Ernesto Bozzano; Hans Holzer,

Gespensterjäger; Herbert Thurston, Poltergeister; Fanny Moser, Spuk, Irrglaube oder Wahrglaube?, Baden 1950; Bruno Grabinski, Spuk und Geistererscheinungen, Graz 1953.

Spunda, Prof. Dr. Franz, * 1. 1. 1890 Olmütz/Mähren, * 1. 7. 1963 Wien; okkulter Schriftsteller. — W.: Devachan (Roman); Der weiße und der gelbe Papst (Roman); Das ägyptische Totenbuch; Baphomet, Villach 1948; Das Weltbild des Paracelsus, 1926 und 1941; Romulus; Das mystische Leben des Jakob Böhme, Freiburg 1961; Eleusinische Sonette; Minos oder die Geburt Europas, Karlsbad 1931; Magische Erzählungen aus Frankreich, Villach 1948; Der magische Dichter; Der heilige Berg Athos.

Dr. Franz Spunda

SRIA, Abk. für (lat.) Societas Rosicruciana in Anglia = Rosenkreuzer-Gesellschaft in England; eine engl. Rosenkreuzer-Gesellschaft, die nur Freimaurer vom 3. Grade an aufnimmt; die älteste heute noch bestehende Rosenkreuzer-Gesellschaft überhaupt. Gegr. 1865 von Dr. R. Wentworth Little. Die erteilten Grade sind die der ↗ Gold- und Rosenkreuzer:

1. Zelator
2. Theoricus
3. Practicus
4. Philosophus
5. Adeptus junior
6. Adeptus major
7. Adeptus exemptus
8. Magister Templi
9. Magus

Die Rituale sind im Laufe der Zeit mehrfach verbessert worden und zeigen einige Abweichungen gegenüber denen der Gold- und Rosenkreuzer. Die Logen heißen College; zu einem College gehören folgende Beamten: 1. Chef-Adept, 2. Zelebrant, 3. Suffragan-Bischof, 4. Schatzmeister, 5. Sektretär, 6. Alter Primus, 7. Alter Secundus, 8. Alter Tertius, 9. Alter Quartus, 10. Geleiter der Novizen, 11. Organist, 12. Erster Herold, 13. Zweiter Herold, 14. Fackelträger, 15. Hüter der Felsenhöhle, 16. Medallist, 17. Nachbeter und 18. Bibliothekar. Die Mitgliederzahl eines College ist auf 72 begrenzt. Die Versammlungen heißen Konvokationen. Jedes Mitglied hat ein lat. Motto zu wählen und dieses registrieren zu lassen. Die normalen Mitglieder schreiben ihren Grad in röm. Zahlen hinter ihren Namen, die Ehrenmitglieder in arabischen Zahlen. Die Tätigkeit der SRIA umfaßt Studium der christl. Kabbalah, der Astrologie, der Alchemie, der Theosophie, der Talismane und mystischen Zeichen. 1902 wollte ↗ Reuß die SRIA auch nach Deutschland übertragen, jedoch ohne Erfolg. Zu den bekanntesten Mitgliedern zählten u. a.: John Yarker, MacGregor Mathers, Rudolf Steiner, A. E. Waite, Kenneth R. H. Mackenzie, Hargrave Jennings, E. Bullwer-Lytton, Eliphas Lévi (ab 1873), Dr. Franz Hartmann, Dr. William Wynn Westcott, F. Leigh Gardner.

SRICF, Abk. für (lat.) Societas Rosicruciana in Civitatibus Foederatis = Rosenkreuzergesellschaft in den Vereinigten Staaten; der Ableger der ↗ SRIA in den USA; gegr. 1880 als Societatis Rosicruciana in USA; 1912 umbenannt in Societatis Rosicrucianae in the USA, 1932 in Societas Rosicruciana in the USA und 1941 schließlich SRICF; die Organisation, die ein sehr hohes Niveau pflegt und nur Freimaurer der allerhöchsten Grade aufnimmt, hat ca. 350 Mitglieder; es wird eine Zeitschrift „The Rosicrucian Fama" herausgegeben.

SRM, Abk. für (engl.) Spiritual Regeneration Movement = geistige Erneuerungsbewegung. ↗ Internationale Meditationsgesellschaft.

S. R. P. (engl.) = ↗ Self-Realisation Fellowship.

S∴ S∴, Abk. für (engl.) Silver Star = Silberner Stern; die engl. Bezeichnung für A∴ A∴ = ↗ Astrum Argenteum.

Stämme Israels, in der Bibel setzt sich das Volk Israel aus 12 Stämmen zusammen, die auf bestimmte Stammväter zurückgehen; die Bez. der einzelnen Stämme ist jedoch nach den einzelnen Bibelstellen nicht einheitlich, so

Tierkreis	nach Hermes	nach Agrippa v. Nettesheim	nach Athanasius Kircher	nach Alfred Jeremias	moderne Zählung	symbolische Deutung nach 1. Mos. 49 (modern)
♈	Benjamin	Dan	Gad	Naphtali	Naphtali	„ist ein schneller Hirsch"
♉	Isaschar	Ruben	Ephraim	Joseph	Joseph	„wird wachsen und ist der Segen"
♊	Simeon-Levi	Juda	Manasse	Simeon-Levi	Simeon-Levi	„sind die Zwillingsbrüder"
♋	Sebulon	Manasse	Isaschar	Isaschar	Isaschar	„wird ein beinerner Esel sein und sich lagern zwischen den Grenzen"
♌	Juda	Asser	Juda	Juda	Juda	„ist ein junger Löwe"
♍	Asser	Simeon	Naphtali	Benjamin	Asser	„von Asser kommt sein fett Brot"
♎	Dan	Isaschar	Sebulon	Sebulon	Dan	„wird ein Richter sein"
♏	Gad	Benjamin	Dan	Benjamin	Dina	„und eine Schlange werden"
♐	Joseph	Naphtali	Benjamin	Gad	Gad	„wird gerüstet das Heer führen"
♑	Naphtali	Gad	Sebulon	Sebulon	Benjamin	„ist ein reißender Wolf"
♒	Ruben	Sebulon	Ruben	Ruben	Sebulon	„wird am Gestade des Meeres wohnen"
♓	Ephraim-Manasse	Ephraim	Simeon	Asser	Ruben	„fährt leichtfertig dahin wie Wasser"

Die 12 Stämme Israels nach den verschiedenen Auffassungen

daß es verschiedene Schemata gibt. Im Okkultismus haben die St. I. mehr symbolische Bedeutung und werden teils mit den Tierkreiszeichen, teils mit Edelsteinen in Verbindung gebracht. Nach Hes. 48, 31—34 und Off. 21, 12 wurden auch die Tore des neuen Jerusalem mit den Namen der St. I. bezeichnet; es waren an Toren

3 nach Norden:	Ruben, Juda, Levi
3 nach Osten:	Joseph, Benjamin, Dan
3 nach Süden:	Simeon, Isaschar, Sebulon
3 nach Westen:	Gad, Asser, Naphtali.

Andere Zusammenstellungen finden sich in der nebenstehenden Tabelle.

Stanzas, Stanzen (ital.) = Strophen gleichen Aufbaus; H. P. Blavatsky teilte das in der „Geheimlehre" wiedergegebene „Buch Dzyan" in Stanzas ein.

stat., in der Astrologie die Abk. für „stationär" (= feststehend), wenn ein Planet in seinem Lauf, von der Erde gesehen, zeitweise stillzustehen scheint.

statistisch, die nicht gesetzesmäßig erfaßbare Häufung (bzw. Verminderung) des Eintretens von zu beobachtenden Ereignissen; die akademische Wissenschaft befaßt sich z. B. mit der statistischen Wahrheit, d. h. aus der Häufigkeit von Beobachtungen abgeleiteten Regeln; stat. Ereignisse lassen sich nach den bloßen Regeln der Logik nicht vorhersagen.

Steffen, Albert, 1884—1963, Schweizer Anthroposoph, Nachfolger Rudolf Steiners als Präsident der Anthropos. Gesellschaft; Herausgeber der Zeitschrift „Das Goetheanum".

Steffens, Manfred (Ps.) = Stefan Zickler; frmr. Schriftsteller. — W.: Freimaurer in Deutschland, Flensburg 1964.

Stein, der weiße, erwähnt in Off. 2, 17: „Wer überwindet, dem will ich zu essen geben von dem verborgenen Manna (d. h. das okkulte Wissen, welches als göttl. Weisheit vom Himmel kommt), und will ihm geben einen w. St. und auf dem Stein einen neuen Namen geschrieben (den Mysterien- oder Brudernamen des inneren Menschen oder des Egos des neuen Eingeweihten), welchen niemand kennt, denn der ihn empfängt." Dieser w. St. kommt auch im Markgrad der FM vor und wird als Symbol dem Neueingeweihten überreicht.

Steinberger, Dr. Franz Karl, bekannter Adyar-Theosoph, Esoteriker und führender Freimaurer der Gemischten FM; Mitbegründer des „Droit Humain" in Deutschland; Gründer des Universellen Freimaurer-Ordens „Humanitas"; Initiator der Internationalen Freimaurer-Union „Catena"; Souveräner Groß-Kommandeur des AASR für Männer und Frauen für Deutschland, die Niederlande und Österreich; Mitglied der Forschungsloge „Quator Coronati" in Bayreuth; Schriftleiter der Zeitschrift „Catena"; Mitarbeiter der FM-Zeitschrift „Bundesblatt" (Großloge „3 Weltkugeln"); Verfasser und Übersetzer esoterischer Bücher. — W.: Esoteriker des Westens — Führer zu neuem Menschtum, Lorch 1953; (als Übersetzer) G. S. Arundale, DU — Von Ewigkeit zu Ewigkeit, Pfullingen 1962.

Stein der Weisen, seit Aristoteles, mehr aber noch nach der Meinung der Alchemisten und Kabbalisten des Mittelalters, eine Materie, die den Urstoff aller Dinge enthält, aber auch die Kraft hat, alles in seine Bestandteile aufzulösen, die Menschen zu verjüngen, die unedlen Metalle in Gold zu verwandeln, alle Krankheiten zu entfernen usw. Die Sage vom S. d. W. in einem universal-philosophischen Sinne war weit verbreitet, das Geheimnis, seiner habhaft zu werden, aber das größte, was es überhaupt gab. Die Veränderung der Metalle spielte bis ins letzte Jahrhundert eine große Rolle, und manche andere Erfindung (z. B. das Meißner Porzellan durch Böttcher) wurde hierdurch gewonnen. Bei den Gold- und Rosenkreuzern hatte der S. d. W. angeblich nur eine rein esoterisch-theoretische Bedeutung. — Lit.: H. E. Douval, Stein der Weisen, 1956; Joh. Helmond, Die entschleierte Alchemie, 1963; G. F. Hartlaub, Der Stein der Weisen, Passau 1959; Alfred Müller-Edler, Hermetische Hieroglyphen; Eliphas Lévi, Dogma und Ritual der Hohen Magie, Bd. 1, S. 246—251.

Steiner, Marie, 1867—1948, geborene von Sivers; zunächst Rudolf Steiners Sekretärin, dann seine 2. Frau; Mitglied des Exekutivrates der Anthropos. Gesellschaft; Nachlaßverwalterin Rudolf Steiners; Übersetzerin von Schurés „Die großen Eingeweihten."

Steiner, Dr. Rudolf, * 27. 2. 1861 Kraljevec/Kroatien, † 30. 3. 1925 Dornach; führender deutscher Theosoph der Adyar-TG, Gründer der Anthroposophischen Gesellschaft, esoterischer Schriftsteller und Philosoph; S. promovierte zum Dr. phil. in Rostock über Grundfragen der Erkenntnistheorie und betätigte sich danach zunächst als Goethe-Forscher. Ab etwa 1897 ist er bei Vorträgen in der „Theosophischen Bibliothek" des Grafen Brockdorff in Berlin anwesend, wo er um 1900 seinen ersten eigenen Vortrag hält, nachdem sich 1897 in einer Rezension der Bhagavad-Gita über die Theosophie lustig gemacht hatte: „Nichts als Redensarten, die morgenländischen Schriften entlehnt sind! Keine Spur von Inhalt, die inneren Erlebnisse Heuchelei!" 1901 erschien sein Buch „Welt- und Lebensanschauungen" (spätere Auflagen in „Rätsel der Philosophie" umbenannt), eine Art Geschichte der Philosophie aller Zeiten, in welcher gleichzeitig Nietzsche und Haeckel bewundert werden. Als 1902 in Anwesenheit von Annie Besant in Berlin eine Theosophische Gesellschaft gegründet wurde, wurde er als Generalsekretär für Deutschland eingesetzt. In seiner theosophischen Arbeit bemühte sich S., das typisch Indische der Adyar-TG wenigstens in den Begriffen, aber auch in der Praxis, zurückzustellen und Verbindungslinien zur deutschen Wissenschaft zu ziehen; das hat seine Darstellungen zwar nicht gerade faßlicher gemacht (Besant und Leadbeater sind entschieden leichter zu lesen), aber die wissenschaftliche Arbeitsweise war auf jeden Fall völlig neu für die Theosophen. Von ca. 1907 an hat sich dann S. von der Doktrinen der Adyar-TG fast unabhängig gemacht; als er sich jedoch gegen die Irrlehren von dem Wiedererscheinen Christi im Körper eines Hindu-Knaben aussprach, ging die Verbindung zur TG zu Bruch und die deutsche Sektion wurde ausgeschlossen; so konstituierte sich die deutsche Sektion der Adyar-TG am 2. und 3. 2. 1913 zur Anthroposophischen Gesellschaft. 90 Prozent der deutschen Theosophen standen auf Steiners Seite. In seiner Eigenschaft als Generalsekretär der TG war S. auch Leiter der ↗ ES, dem geheimen inneren Schulungskreis der Adyar-TG. Einen Teil dieser speziellen Schulung hat S. in „Wie erlangt man Erkenntnisse der höheren Welten?" veröffentlicht; in der ersten Ausgabe spricht S. noch von der Yoga-Kraft Kundalini, dem berühmten Schlangenfeuer, während in späteren Ausgaben indische Begriffe fortgelassen oder durch deutsche ersetzt sind. Im Vorwort wird außerdem noch ein zweiter Teil angekündigt. Später wurde die Schrift „Die Stufen der höheren Erkenntnis" als Fortsetzung ausgegeben. Seit 1905 stand S. auch mit den „echten" Rosenkreuzern, d. h. mit dem deutschen Ableger der ↗ SRIA kurze Zeit in Verbindung; 1906 wurde er von ↗ Reuß zum Rex Summus, d. h. Großmeister des OTO und seines Zweiges Mysteria Mystica Aeterna gemacht; der Bruch mit Reuß erfolgte ca. 1918. In diesem Zusammenhang gründete S. einen neuen „Inneren Kreis" nach FM-Gesichtspunkten, d. h. mit 3 Graden, deren Eingeweihte aus seiner Hand ein goldenes Kreuz erhielten. Der Text

der Rituale soll (lt. Wittemanns, Histoire des Rose-Croix, Paris 1925) aus Werken von Eliphas Lévi, den S. hoch schätzte, zusammengestellt sein. Wie S. selbst (1905) bekennt, hat er die größten Impulse von Annie Besant erhalten: „Vor H. P. Blavatsky stand ich noch vor 15 Jahren wie vor einem Rätsel, aber durch Frau Besant habe ich den Weg zu H. P. B. gefunden." Anfangs schien S. auch ein Anhänger der sogen. Meister gewesen zu sein (1910): „Wir haben die Gewißheit, daß über die TG die Meister der Weisheit wachen, – diese Meister sind vorhanden für den, der im Okkultismus Bescheid weiß." Nach dem Tode Steiners wurde er von seinen Schülern zuweilen selbst als „Meister" angesehen; sie bezeichneten ihn als einen „Gast aus einer anderen Welt, der sich unter die so wenig verstehenden Menschen verirrte". – S. war in erster Ehe mit Anna Eunike (geb. Schultz, † 1911), in zweiter Ehe mit Marie von Sivers (auch: Sievers) verheiratet. – W.: Mein Lebensgang, Stuttgart 1967; Theosophie des Rosenkreuzers, 1907 und Dornach 1955; Die Mystik im Aufgange der neuzeitlichen Geisteslebens und ihr Verhältnis zur modernen Weltanschauung, 1911; Theosophie, 1914; Aus der Akasha-Chronik, 1904/08; Die Geheimwissenschaft im Umriß, 1910; Anthroposophischer Seelenkalender, 1912; Die Schwelle der geistig. Welt, 1913; Vom Menschenrätsel, 1916; Von Seelenrätseln, 1917; Kosmologie, Religion und Philosophie, 1922; Okkulte Geschichte, Dornach 1956; Die okkulten Grundlagen der Bhagavad-Gita, Dornach 1962; Geistige Hierarchien und ihre Widerspiegelung in der physischen Welt, Dornach 1960; Das Initiatenbewußtsein, Freiburg 1955; Karma als Schicksalsgestaltung, Freiburg 1955; Der Mensch im Lichte von Okkultismus, Theosophie und Philosophie, Dornach 1956; Grundlagen einer okkulten Psychologie, Dornach 1954; Anthroposophie als Kosmosophie, Dornach 1955; Die Offenbarungen des Karma, Stuttgart 1961; Okkulte Untersuchungen über das Leben zwischen Tod und neuer Geburt, Dornach 1961; Das Verhältnis der Sternenwelt zum Menschen, Dornach 1955. – Lit.: W. J. Stein, Rudolf Steiner als Philosoph und Theosoph, Stuttgart 1921; Johannes Hemleben, Rudolf Steiner und Ernst Haeckel; Emil Bock, Rudolf Steiner – Studien zu seinem Lebensgang; Herbert Hahn, Rudolf Steiner, wie ich ihn sah und kannte; Rudolf Meyer, Wer war Rudolf Steiner?; Alexander Strakosch, Lebenswege mit Rudolf Steiner; Prof. Dr. T. K. Österreich, Der Okkultismus im modernen Weltbild, Dresden 1921; F. W. Zeylmans van Emmichoven, Rudolf Steiner; (anonym), Rudolf

Steiner während des Weltkrieges, Dornach 1933; Eugène Lévy, Rudolf Steiners Weltanschauung und seine Gegner, Berlin o. J. (ca. 1920); eine gute Biographie findet sich auch in: Weltrhythmus-Kalender für das Jahr 1926, Kempten 1925, sowie in Westermanns Monatsheften Nr. 819; Max Seiling, Die Anthroposophische Bewegung und ihr Prophet, Lorch 1921; Zeitschrift „Die Tat" Nr. 11/1921 (Anthroposophisches Sonderheft); A. W. Sellin, Anthroposophische Betrachtungen, München 1918; Ernst Boldt, Steiner und das Epigonentum, München 1923; Dr. J. W. Hauer, Werden und Wesen der Anthroposophie, Stuttgart 1922.

Stele (griech.) = Säule; freistehende, mit bildlichen Darstellungen od. Inschriften versehene steinerne Säule als Grabmal, Sieges- oder Urkundenstein; S.n bildeten zu allen Zeiten einen wesentlichen Bestandteil der Grabausstattung. – Beim ↗ OTO wird mit S. speziell die berühmte Totentafel des ägypt. Priesters Ankh-f-n-khonsu bezeichnet. Aleister Crowley entdeckte diese S. 1904 im Boulak-Museum von Kairo unter der Vitrine Nr. 666. Die beigefügte Abb. zeigt diesen kostbaren und herrlichen Stein aus der 26. Dynastie (ca. 550 vZ). Vor einem Gabentisch opfert der Priester. Hinter dem Tisch thront der falkenköpfige Horusgott Ra-Hoor-Khuit, der „Sonnen-Horus der beiden Horizonte". Darüber strahlt der geflügelte Sonnendiskus mit den beiden Uräusschlangen. Eingerahmt ist die Totentafel von dem den ganzen Horizont umspannenden Körper der nächtlichen Mutter- und Himmelsgöttin Nuit. Nachdem Crowley diese S. in seinen Besitz gebracht hatte, entwarf er ein Ritual der Anrufung des Horusgottes. Während der Anrufung ertönte die männliche Stimme eines Wesens, das sich Aiwas, der Gesandte von Hoor-pa-kraat (Harpokrates), der ägyptische Kindgott des Schweigens nannte. Crowley hatte den Eindruck, daß die Stimme über seine linke Schulter aus der entfernten Ecke des Zimmers zu ihm dringe. Erst später wurde klar, daß dies Ereignis die sein Leben entscheidende Begegnung mit seinem eigenen Schutzengel war, mit dem Genius des Selbstes, wie es in der Tiefenpsychologie heißt. Was Crowley in den Mittagsstunden des 8., 9. und 10. 4. 1904 diktiert wurde, ist das „Gesetz von ↗ Thelema" („Tu, was du willst, soll sein das ganze Gesetz"). Prof. Richet (Universität Paris) erklärte die Wirkung der Totentafel als „pragmatische Kryptästhesie", d. h. daß ihr eine gewisse Emanation innewohnt, die die Kraft besitzt, übersinnliche Phänomene auszulösen. Nach dem Tode Crowleys übernahm

Friedrich Lekve (Hannover) die S., danach Dr. Petersen (Bendestorf), und heute ist sie im Gewahrsam der Thelema Zürich (OTO). – Lit.: Friedrich Lekve, Thelemitische Lektionen C 1, Hildesheim 1948.

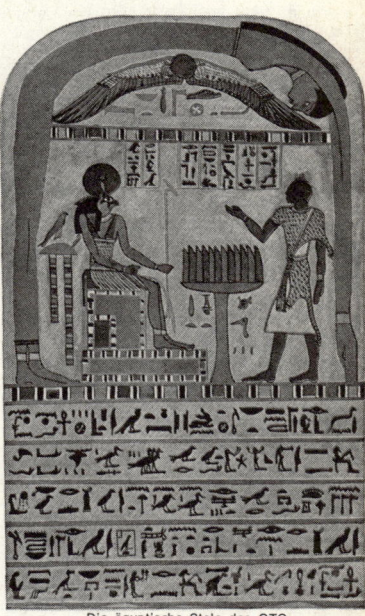

Die ägyptische Stele des OTO

Stella Matutina, (lat.) = Morgenstern; nach Austritt etlicher Mitglieder aus der ↗ Goldenen Dämmerung gründete Dr. Felkin 1903 die S. M. als Nachfolgeorganisation der G. D. Der Rest der Mitglieder arbeitete unter A. E. Waite zunächst in der G. D. weiter. Nach Angaben ehemaliger Mitglieder der S. M. wurde dort im wesentlichen Kundalini-Yoga betrieben, um die Chakras vom Sakralzentrum her (also wie in der Adyar-TG) anzuregen. Außerdem gehörte zum Lehrgut: Eurhythmie, Meditation, Symbolik, Hellsehen, Hellhören und überhaupt geistige Seherschaft. Der Londoner Tempel der S. M. nannte sich „Amoun".

Stella Polaris (lat.) = Polarstern; Titel der Zeitschrift der engl. White Eagle Lodge (= Loge des weißen Adlers), einer Sekte, die die Sonne anbetet, aber auch Astrologie betreibt, Reinkarnation, Vegetarismus und Fernheilung propagiert; begr. 1936 von Grace und Ivan Cooke.

Stéphanios, Les (griech./franz.) = etwa die Gekrönten; eine 1961 von J. Grasser in Frankreich gegr. Vereinigung, die sich zum Ziel gesetzt hat, den Martinismus auf seinen ursprünglichen Zweck zurückzuführen, wie er in den Lehren von ↗ Martinez de Pasqualis enthalten ist.

Sternbilder, Sternzeichen, die auf der ↗ Ekliptik liegenden 12 S. werden als ↗ Tierkreis in der Astronomie und Astrologie bezeichnet; die in der Astrologie für die Bez. der einzelnen Tierkreisabschnitte gebräuchlichen Namen sind von den in der Nähe liegenden Sternbildern entnommen, stimmen jedoch mit diesen heute nicht mehr tatsächlich überein, da sich infolge der langsamen Verlagerung der Erdachse der Frühlingspunkt unter den Fixsternen verschiebt (↗ Prozession). Es ist also zwischen Sternbildern und Sternzeichen zu unterscheiden; in der Astrologie wird mit Sternzeichen und nicht mit Sternbildern operiert, d. h., es wird nicht der Einfluß der Fixsterne bestimmt, sondern ein von der Jahreszeit abhängiger Faktor.

Stern des Ostens, ↗ Orden vom Stern des Ostens; auch beim Lectorium Rosicrucianum wird von einem „wahren Stern im Osten" gesprochen, der einstmals den Schülern des Lect. Ros. aufgehen wird, ohne daß jedoch darüber nähere Erklärungen gegeben werden. (vgl. Dei gloria intacta, S. 155 und 174).

Sterneder, Prof. Hans, * 1889, esoterischer Dichter und Schriftsteller. — W.: Der Schlüssel zum Tierkreis-Geheimnis und Menschenleben, München 1956; Der Bauernstudent; Die Neugeburt der Ehe; Der Sonnenbruder; Der Wunderapostel, Leipzig 1937; Die zwei und ihr Gestirn; Der Sang des Ewigen; Das kosmische Weltbild; Die große Verwandlung; Frühling im Dorf, Leipzig 1929; Sommer im Dorf, Leipzig 1930. Also spricht die Cheopspyramide, Freiburg 1968.

Sternzeit (abgekürzt: StZ), auch: siderische Zeit; die S. stellt den jeweils kulminierenden oder höchsten Punkt des Tierkreises in Zeit ausgedrückt dar. Die S. ist der Ausgangspunkt für die Berechnung der astrologischen ↗ Häuser. Da die Sonne in einem Jahr (d. h. scheinbar!) unter den Fixsternen einmal linksherum läuft, ist die S. etwas schneller als die Sonnenzeit und es entsprechen 365 Sonnentage = 366 Sternentagen. Die tägliche Beschleunigung der S. gegenüber der Sonnenzeit ist dement-

Prof. Hans Sterneder

sprechend 3 Minuten 57 Sekunden; um diesen Betrag erreichen die Fixsterne täglich den Süden des Beobachtungsortes früher als die Sonne. Die Ermittlung der Zeitdifferenz wird im allgemeinen anhand von Tabellen vorgenommen.

Sthula Sarira (Sk.), nach H. P. Blavatsky und Annie Besant der 1. Körper oder physische Leib des Menschen; bei Paracelsus der elementare Leib; bei Rudolf Steiner der physische Leib (oder Körper) genannt; der grobmaterielle Körper im Ggs. zu den feineren, höheren ↗ Prinzipien des Menschen.

Stigmatisation, von (griech.) stigma = Marke, Zeichen; die hysterisch-magische Gewebsveränderung bei einigen Menschen; als erster Träger solcher wird der hl. Franz von Assisi, bei dem sich die Wundmale Christi zeigten, genannt.

Stoa, Säulenhalle, wie sie in fast allen altgriech. Städten, besonders an den Märkten, errichtet wurde. Unter den zahlreichen derartigen Hallen Athens war die berühmteste die Poikile, wo Zeno lehrte, weswegen S. auch für die Lehre der Stoiker gebraucht wird.

Stonehenge, berühmtes vorgeschichtliches megalithisches Monument nördlich von Salisbury in England. Der größte Teil des Bauwerks ist jetzt zerstört, aber die gewaltigen Ruinen lassen zum Teil noch ziemlich sicher die ursprüngliche Anlage erkennen. Sie bestand aus einer in Kreisform angeordneten Reihe von 30 mächtigen Pfeilern, die oben durch Horizontalbalken verbunden waren. Innerhalb des Kreises befand sich noch ein zweiter Ring; ganz in der Mitte ein Altar oder Opferstein. Aller Wahrscheinlichkeit nach handelt es sich um ein religiöses Bauwerk. Es gibt auch eine Vielzahl von verschiedenen okkulten Deutungen. — Lit.: Dr. Rudolf Engler, Die Sonne als Symbol, Zürich.

Storax ↗ Harze.

Strahlen, Die 7, eine der neueren theosophischen Lehren, die erst nach dem Tode von H. P. Blavatsky entstand. Diese Theorie geht auf den Privatsekretär Annie Besants, Ernest Eggerton Wood, zurück, wurde aber auch von Alice A. Bailey als selbständige Lehre ausgegeben; desgleichen auch später vom Lectorium Rosicrucianum als „7 Kräfte" umschrieben. Wood hatte versucht, die ↗ Sephiroth der hebr. Kabbalah in irgendeine Übereinstimmung mit den Lehren der Theosophie zu bringen, scheiterte jedoch zunächst an der 10-Zahl der Sephiroth, während die Theosophie durchweg auf der Zahl 7 aufgebaut ist. Die große Idee lag nun darin, die oberen 3 Sephiroth als göttl. Triade abzutrennen und die unteren 7 Sephiroth als „7 Kraftströme des Logos" auszugeben. Nach Alice Bailey ist jeder Strahl die Verkörperung eines großen kosmischen Wesens, dem ein bestimmter Einfluß in der Welt zugeschrieben wird. Die insgesamt 7 Strahlen unterteilen sich wieder in die oberen 3 und die unteren 4:

a) die sogen. Aspekt-Strahlen:
1. Strahl des Willens oder der Macht
2. Strahl der Liebe-Weisheit (wohl eine Umschreibung für „Philo-Sophie"?)
3. Strahl der Aktivität und der Anpassung

b) die sogen. Attribut-Strahlen:
4. Strahl der Harmonie, Schönheit, Kunst, Einheit
5. Strahl des konkreten Wissens oder der Wissenschaft
6. Strahl des abstrakten Idealismus, der Hingabe
7. Strahl der zeremoniellen Magie oder des Gesetzes

Den Strahlen sind noch bestimmte Wirkungsweisen, Objekte und Geisteshaltungen des Esoterikers zugeordnet, über die jeweils ein besonderer Meister wacht (s. Tafel S. 390). — Beim Lectorium Rosicrucianum wird die göttl.

Triade vorangestellt, worauf dann die 7 Kräfte folgen (Rijkenborgh, Dei gloria intacta, S. 48): „Dieses höchste 3fache Wesen, ‚das da ist und das da war und das kommen wird', sendet in jede Konzentration von Urstoff, in welchem Es seine Majestät, Liebe und Kraft offenbaren will, 7 Ströme von dynamischen Kräften, ‚die vor seinem Throne' sind. Diesen 7 Kräften entsprechend gibt es auch 7 Stadien geistiger Entwicklung, 7 Gruppen und 7 Stufen geistiger Beeinflussung, welche sich in oder namens Ashia (= „die dreifache Gottheit, der dreifache Logos") offenbaren." Die Bezugnahme, wenn auch nicht ganz konsequent, erfolgt hier auf die Ausführungen der Offenbarung Johannis. — Lit.: Ernest Egerton Wood, Is this Theosophy...?, London 1936; Alice A. Bailey, A treatise on the 7 rays, 1936, 1942, 1953, 1960 5 Bde.; Ernest Egerton Wood, The seven rays, Adyar 1925, 1952; Alice A. Bailey, Initiation, Lorch 1952.

Strahlungsfeld, dialektischer Ausdruck im ↗ Lectorium Rosicrucianum; meist ist „Wirkungsbereich" gemeint, sonst die Gesamtheit der 7 ↗ Strahlen.

Strikte Observanz, ein im 18. Jh. in Deutschland entstandenes Hochgradsystem, welches großen Einfluß auf die Entwicklung der FM in Deutschland nahm; Gründer war der Freiherr von ↗ Hund, gab aber noch höhere „Unbekannte Obere" als Leiter des Ordens aus. Grundgedanke der S. O. war die Templerei, d. h., man hielt sich für die berechtigten Nachfahren der alten Tempelritter. Das frmr. aufgebaute Ritualsystem umfaßte die 3 Grundgrade der FM und darüber noch 4 den Schottischen Grad, als 5. das Noviziat, als 6. die Ritterweihe und als 7. Grad die Profeßritter des großen Gelübdes. In Nachahmung des alten Templerbrauchtums wurde die Erde in Provinzen aufgeteilt. Die Kapitellogen nannten sich Präfekturen, die mit altertümlichen Namen bezeichnet wurden, so Berlin = Templin, Prag = Rodomski, Dresden = Gommern, Hamburg = Ivenack, Wien = St. Pölten usw. Die Ordenstracht bestand aus einer weißen Tunika und einem weißen Mantel mit einem roten Templerkreuz. Die Organisation der S. O. war zunächst derart gut fundiert, daß ein großer Teil der deutschen Logen sich der S. O. anschloß und ihr klingendes Rittersystem übernahm. Den größten Erfolg erzielte die S. O. mit der Einsetzung von Herzog Ferdinand von Braunschweig als Magnum superior ordinis 1775; zu diesem Zeitpunkt gehörten 26 deutsche Fürsten zur S. O. Auf dem Konvent von Wilhelmsbad bei Hanau 1782 wollte man noch

Übersicht über die 7 Strahlen

Nr.	Gebiet	Eigenschaft	Okkultes Gebiet	letzte Religion	Wirkungsmittel	Auswirkung	Bezogene	Meister
I.	Kraft	Fohat — Schekinah	keines	Brahmanismus	Energie	Tat	Okkultisten	Morya
II.	Bewußtsein	Weisheit	Raja-Yoga	Buddhismus	Ausweitung	Einweihung	Psychiker	Kut Humi und Djawa Khul
III.	Anpassung	Akasha	Astrologie	Chaldäer	Entwicklung	Evolution	Magier	Jupiter
IV.	Schwingung	Geburt des Horus	Hatha-Yoga	Ägypter	Widerhall	Ausdrucksform	Künstler	Serapis
V.	Geistige oder Denktätigkeit	Feuer	Alchemie	Zoroastrier	Wissen	Wissenschaft	Wissenschaftler	Hilarion
VI.	Hingabe	Inkarnation der Gottheit	Bhakti-Yoga	Christentum einschl. Kabbalah	Abstraktion	Idealismus	Mystiker	Jesus
VII.	Beschwörung	unbekannt	zeremonielle Magie	Natürliche Religion (FM)	Magie	Ritual	Ritualisten	Rakoczi

verschiedene Reformen durchführen, jedoch zerfiel die S. O. danach ziemlich schnell. Ein Teil ihrer Ideen wurde von der Großen Landesloge und vom Rektifizierten Ritus übernommen.

Strindberg, August, * 22. 1. 1849 Stockholm, † 14. 5. 1912 Stockholm; zunächst praktischer Alchemist, dann Swedenborg-Anhänger; hat ein 3bändiges Blaubuch über Swedenborg verfaßt, das von Dr. Herbert Fritsche als weißmagisch bezeichnet wird. — W.: Inferno; Nach Damaskus; Ein Blaubuch; Ein neues Blaubuch; Ein drittes Blaubuch, München 1921; Natur-Trilogie, München 1921; Schwarze Fahnen, München 1922; Sylvia Sylvarum; — Lit.: Dr. Herbert Fritsche, August Strindberg, Gustav Meyrink, Kurt Aram, 3 magische Dichter und Deuter, Prag 1933.

Strindberg

Stuartsgrade, in der FM der Großen Landesloge die Bez. für die ↗ Kapitelgrade, „zur schuldigen Dankbarkeit für das Geschlecht Robert Bruce". (Robert Bruce wird als Urahn der Familie Stuart angesehen.)

Stufen, meistens gleichbedeutend mit ↗ Grade, aber auch symbolisch für Lebensabschnitte oder Zwischenstadien der Entwicklung. In der FM spricht man von 7 Ordensstufen, die den 7 Abschnitten des Menschenlebens, den 7 Kardinaltugenden des Freimaurers, den 7 freien Künsten und Wissenschaften, den 7 Gaben des Geistes und den 7 Hauptfehlern und Lastern des Menschen entsprechen.

Stuhlmeister, andere Bez. für ↗ Meister vom Stuhl in der FM.

Styx, bei den alten Griechen ein Fluß im Mittelpunkt der Erde, der die Unterwelt, den ↗ Hades umfloß, wohin nach ihrer Auffassung

die Seelen der Toten gelangten; nach anderen Darstellungen ein See in der Unterwelt, der nach späteren Angaben diese mit trübem, schlammigem Wasser in 9facher Windung umgibt.

Suarez, Carlo, franz. Theosoph und Verfasser von Krischnamurti-Schriften. — W.: La Kabale des Kabales, Paris 1962.

Subud, Abk. für **Su**sila und **Bu**dhi und **D**harma, darin bedeuten Susila = gutes sittliches Verhalten, Budhi = Wille des Menschen und Dharma = Unterordnung und Schicksal; eine okkulte Bewegung mit gymnastischen Übungen, die zur Ekstase führen. Gründer ist Muhammad Subuh genannt. S. besteht seit 1. 2. 1947 als Bruderschaft in Jogjakarta/Indonesien. Danach durch Bennett und Ouspensky auch in Europa verbreitet. S. will keine neue Lehre, keine neue Religion und keine Geistheilung sein, sondern der Begriff, „der den Weg zur Verwirklichung wahren Christentums zu Gesundung an Leib und Seele in sich birgt." Pak Subuh betrachtet sich auch nicht als Gründer, sondern „als Vermittler". S. ist „eine neue Gnadengabe Gottes als Gegenwirkung gegen das Überhandnehmen der materiellen Kräfte." Lt. Bennett wurde das Kommen von S. schon durch Gurdjieff und Alice Bailey angekündigt. Das Emblem von S. (↗ Abb.) hat 7 goldene Kreise, durchschnitten von 7 radialen Linien. „Der Kreis ist Symbol der Endlosigkeit und bedeutet den Glauben an die Möglichkeit unbegrenzter Entwicklung, endlosen Fortschritt der menschlichen Seele. Die 7 Kreise deuten an, daß diese Entwicklung 7 Stufen oder Ebenen einschließt und daß jede Ebene ihre eigene Quelle hat, von der alles ausgeht und zu der alles zurückkehrt. Die 7 radialen Linien deuten an, daß die charakteristischen Eigenschaften aller 7 Ebenen auf jeder Ebene wiederholt werden. So gibt es also 7 Ebenen und 7 Eigenschaften, das macht 49 verschiedene Zustände, Stufen oder Verhältnisse. Die 7 Seelenkräfte sind: Kraft des Obersten Herrn, des Erbar-

Das Emblem des Subud

mens, des vollkommenen Menschen, die menschliche Kraft, die animalische, die vegetative und die materielle Kraft." In Deutschland besteht eine Subud-Bruderschaft, die meistens in Turnhallen tagt. — Lit.: J. G. Bennett, SUBUD, Remagen 1958; Muhammad Subuh, The meaning of Subud; Rofe, Path of Subud; J. G. Bennett, Approaching Subud, New York 1962; ders., Concerning Subud, 1958; Muhammad Subuh Sumohadiwidjojo, Vier Reden über Subud, Braunschweig 1961.

Suchender, im Sprachgebrauch der deutschen Logen der Interessent, der sich um Aufnahme in eine FM-Loge bewirbt. Die Ableitung des Wortes geht auf die „Suche nach dem Licht" zurück, die der Kandidat anzutreten gedenkt. „Kandidat" ist derjenige S., dessen Aufnahmeantrag schon stattgegeben ist. Nach vollzogener Aufnahme ist der Kandidat dann Neophyt.

Sufi-Bewegung, Sufismus, Sufitum, von (arab.) suf = rein, nach anderen von (griech.) sophia = Weisheit, oder (arab.) safa = Reinheit, od. (pers.) suf = Wolle (weil die Sufis wollene Gewänder tragen). Eine mystische Bewegung der Mohammedaner. Sie geben vor, im Besitz der esoterischen Doktrinen des Mohammedanismus zu sein. Die heutige, westliche Sufi-Bewegung geht jedoch auf ihren Gründer Hazrat Inayat Khan zurück, der 1910 von Indien nach den USA ging und dort seine erste Tätigkeit entfaltete. Gegenstand und Ziel der S. B. sind, wenn auch in anderer Reihenfolge, mit den Zielen und Grundsätzen der Theosophischen Gesellschaften identisch. Die Sufis haben 4 Grade und 4 Einweihungsstufen, die an die FM angelehnt sind. 1. Probepfad mit strikt nach außen gerichteter Beobachtung der islamischen Regeln und ihrer verborgenen Bedeutung; 2. metaphysisches Training, 3. Weisheitsgrad mit Einweihung und 4. Grad der endgültigen Wahrheit mit Samadhi. Die Einweihung nennt sich Bayat. Jetziger Leiter des Ordens ist der älteste Sohn des Gründers. — Lit.: Titus Burkhardt, Vom Sufitum; Vilayat Inayat Khan, Stufen einer Meditation; Haack, Geheimreligion der Wissenden, Stuttgart 1966.

Suggestibilität, Beeinflußbarkeit.

Suggestion, von (lat.) suggerere = anliefern, versorgen; der einer hypnotisierten Person im Zustand der Passivität erteilte Auftrag; zuweilen gibt es Widerstreit zwischen dem freien Willen der Person und der Suggestion, und die Person verfällt in eine Krise, ohne daß sie den ihr widerstrebenden Befehl ausführte.

S. U. N., Abk. für ↗ Spiritual Unity of Nations.

Sundari (Ps.) = Liane Roskin, esoterische Schriftstellerin. — W.: Vergeistigung als Dienst am Leben, Sersheim 1956.

Sündenfall, in der Esoterik der Abstieg des Menschen oder des Engels vom Absoluten ins Relative, von der Ewigkeit in die Zeit, vom Unendlichen ins Endliche, vom reinen Geist in die Materie.

Sure (oder Sura), arab. Lehnwort, nach dem jüd. Schura = Reihe, Zeile; Name der einzelnen Kapitel des in 114 S.en eingeteilten Korans.

Sursum corda (lat.) = erhebet eure Herzen; der Wechselgesang der ↗ Liberal-Katholischen Kirche, nach seiner mittleren Strophe so genannt.

Surya (Sk.) = Sonne; in den Veden die angebetete Sonne; ferner ist S. ein Sprößling von Aditi (d. h. des Raumes), der Mutter der Götter. S. ist auch das Synonym zu Pingala, dem rechtsseitigen Kanal der indischen Yoga-Anatomie des Menschen.

Surya, G. W. (Ps.) = Demeter Georgiewitz-Weitzer; * 23. 8. 1873, † 3. 1. 1949; S. ist Sk. und bedeutet „Sonne". Okkulter Schriftsteller über viele Gebiete; mit seinem Werk „Moderne Rosenkreuzer" und auch durch seine Bekanntschaft mit Max Heindel gab er diesem viele Anregungen. S. griff die Ideen ↗ Kilners auf und experimentierte mit den Kilner-Schirmen zur Sichtbarmachung der Aura. — W.: Astrologie und Medizin, Berlin 1921; Homöopathie; Rationelle Krebs- und Lupuskuren; Okkulte Diagnostik und Prognostik, Lorch 1950; Die verborgenen Heilkräfte der Pflanzen; Moderne Rosenkreuzer; Okkulte Medizin; Die Spagyrik Paracelsus-Rademacher-Zimpel, 1923; Der Tod — kein Ende; Hermetische Medizin, Stein der Weisen, Berlin 1923; Der Mensch im Spiegel der Schulweisheit und im Lichte der Geheimwissenschaften, Lorch 1935; Makrokosmos und Mikrokosmos; Theurgische Heilmethoden; Schlangenbiß und Tollwut; Vereinfachtes Heilsystem; Wahrer und falscher Monismus; Die natürlichen Heilmethoden vom okkulten Standpunkt betrachtet, Berlin 1924; Die Kraft des Wunsches und des Gebetes, Lorch 1949; Ursprung, Wesen und Erfolge der okkulten Medizin, 1921.

Surya Namaskar (Sk.) = Sonnengebet; die Hatha-Yoga-Methode des Radschah von Aundh; die Hatha-Yoga-Wirkungen werden hier durch bloße Gebete erzielt. Solche Sonnengebete sind auch den Inhabern des 10. Tempelgrades beim AMORC auferlegt.

Sushupti, ↗ Buddhi-Ebene.

Susila (indonesisch), bezeichnet im Wort ↗ Subud die Lebensweise eines Menschen, der sich völlig dem Willen Gottes unterworfen hat und der durch die Kraft Gottes imstande ist, seinen Mitmenschen in Liebe, Aufrichtigkeit und Treue zu dienen.

Susumna (auch: Sushumna), eine sehr alte Sk.-Bez. für den mittleren Kanal, der nach indischer Anatomielehre vom Herzen ausgeht und zum Kopf führt; später wird sein Ursprung, entsprechend neuen Theorien, in die Nabelgegend verlegt; sein Kopfende ist die Rachenhöhle, seine Fortsetzung nach unten ist die Trachea und weiterhin, nach Yogi-Meinung, die Aorta abdominalis. Daß es sich um Kanäle im Rückgrat handelt, hat Anquetil du Perron (Indische Studien, II, 48) aufgebracht und wurde 1890 von Ram Prasad (Nature's finer forces) propagiert; seitdem steht es so in der westl. Lit.— Lit.: Rama Prasad, Die feineren Naturkräfte und die Wissenschaft des Atems, Leipzig 1920.

Sutra (Sk.) = Faden, Leitfaden; Name bestimmter Gattungen indischer Literatur, deren gemeinsames Merkmal ist, daß sie Werke in kurzen, übersichtlichen, dem Gedächtnis leicht einzuprägenden Lehrsätzen enthalten, die ohne Kommentare oft gar nicht zu verstehen sind und zunächst sicher nur als Hilfsmittel des mündlichen Unterrichts gedacht waren. Bei den Buddhisten ist S. (oder Pali: Sutta) der Name bestimmter, teils längerer, teils kürzerer Abschnitte der kanonischen Schriften, deren 2. Teil Suttapitaka heißt. — Lit.: Meditations-Sutras des Mahayana-Buddhismus.

Suttanipata, frühbuddhistische Dichtungen aus dem Pali-Kanon. — Lit.: Kurt Schmidt, Sprüche und Lieder.

Suttapitaka (Sk.) = Korb der Lehrsätze; eine Sammlung von Lehrreden; die Gesamtheit der 5 großen Sammlungen oder Nikayas im Buddhismus.

Sutte, deutsche Bez. für ↗ Sutra oder Sutta.

Swami (oder Svami), (Hindi) die übliche Anrede, d. h. der Titel eines Sannyasi.

Swedenborg, Emanuel, * 29. 1. 1688 Skara/ Westgotland, † 29. 3. 1772 London; Sohn des Bischofs Dr. Jasper Swedberg in Skara; S. war bis zu seinem 46. Lebensjahr reiner Wissenschaftler (Bergbau) und wurde erst dann zum Seher, Philosophen und Theosophen. Von allen Mystikern hat S. die Theosophie am meisten beeinflußt. Seine Hellsehfähigkeiten waren bemerkenswert, reichten jedoch über die Ebene der Materie nicht weit hinaus. Alles, was er über die subjektiven Welten und spirituellen Wesen aussagt, ist mehr das Ergebnis seiner Phantasie denn eines spirituellen Hellsehens. S. hinterließ zahlreiche Werke, die jedoch selbst von seinen Anhängern oft falsch gedeutet werden. Noch zu Lebzeiten S.s bildete sich in Schweden eine Illuminatensekte, die die Lehren S.s praktizieren wollte; heute gibt es noch, auch in Süddeutschland, die „Neue Kirche", die nach S. das neue Jerusalem der Apokalypse vertritt und zu den gnostischen Kirchen zählt. Schließlich haben die Schriften S.s auch die schwedische FM (und damit das System der Großen Landesloge von Deutschland) stark beeinflußt. Außerdem gibt es, namentlich in England und USA, eine spezielle Swedenborg-FM, die in 8 Graden arbeitet. — W.: Himmel, Hölle, Geisterwelt; Die göttl. Liebe und Weisheit; Die göttl. Vorsehung; Die eheliche Liebe; Die wahre christl. Religion; Die Erdkörper in unserem Sonnensystem, Zürich 1961; Vom jüngsten Gericht und vom zerstörten Babylonien, Zürich 1962; Homo maximus, Weilheim 1962; Über das weiße Pferd in der Offenbarung, Kap. 19, Zürich 1962; Von Seele, Geist und Leib, Zürich 1956; Von dem Neuen Jerusalem, 1860. — Lit.: Ernst Benz, Emanuel Swedenborg, München 1948; Friedemann Horn, Emanuel Swedenborg, Zürich 1953; Immanuel Kant, Träume eines Geistersehers, Leipzig 1766; M. Kahir, Nahe an 2000 Jahre; Honoré de Balzac, Der Alchimist; Ludwig Rosenberg, Geisterseher; Prof. Dr. Ernst Benz, Swedenborg in Deutschland; J. G. Mitternach, Emanuel Swedenborg, Der geistige Columbus; Geymüller-Driesch, Swedenborg und die übersinnliche Welt, 1940.

Sylphen (griech.), eine Art Käfer; seit Paracelsus Bez. für Elementargeister; von den von Paracelsus gewählten Ausdrücken, wie Nymphen, Gnomen, Salamander, hat nur Nymphe eine gleiche Bedeutung im Griech. — S. sind männlich oder weiblich und haben menschliche Züge; sie sind sterblich, haben aber keine Seele.

Symbol, von (griech.) symbolon = das Zusammengeworfene; später im Sinne von Sinnbild, Sinnzeichen. Bei den Griechen hießen die beiden auseinandergebrochenen Stücke eines zerbrochenen Täfelchens, an dem sich getrennt lebende Verwandte oder Freunde wiedererkannten, wenn die Bruchstellen zusammenpaßten, Symbolon. Ein S. ist der bildliche Ausdruck einer Idee oder eines Gedankens; ein S. ist ein festgehaltenes Gleichnis, während eine Parabel mehr ein gesprochenes S.

ist. S. im rituellen Gebrauch (und in Meditationen) entführen den Geist über die Grenzen der endlichen, werdenden in das Reich der unendlichen, seienden Welt. Symbole erregen Ahnungen, sind Zeichen des Unsagbaren. Eng verwandt mit dem Begriff S. ist die Allegorie; ist eine Beziehung zum eigentlichen Gegenstand, den das S. ausdrückt, nicht mehr mit dem Gefühl zu ergreifen, sondern nur dem Verstande zugänglich, spricht man von Allegorie. Im Okkultismus ist alles, was der Gedanken an ein Objekt, ein Wesen hervorruft, ein S., d. h. eine Abstraktion kraft ihrer Ideenverbindung aufgrund einer natürlichen oder erfundenen Beziehung. Auch in der Religion sind Symbole gebräuchlich; Friedrich Creuzer schreibt: „Das Symbol schließt in sich das Verhältnis zwischen Göttern und Menschen." Bachofen (in: „Über die Gräbersymbolik der Alten", Basel 1859, S. 48): „Das S. schlägt alle Saiten des menschlichen Geistes zugleich an. Bis in die tiefsten Tiefen der Seele treibt das Symbol seine Wurzel. Nur dem S. gelingt es, das Verschiedenste zu einem einheitlichen Gesamteindruck zu verbinden." Am weitesten verbreitet ist die Verwendung von Symbolen in der FM; Symbole sind hier die ganze Grundlage dessen, was das Typische der FM ausmacht. In der FM unterscheidet man 3 Klassen von Symbolen: a) subjektive, b) figurative und c) imaginative Symbole. a) sind die herkömmlichen Zeichen, welche die Gefühle oder eine Bewegung der Freude, Sorge, Liebe usw. auslösen; b) sind Bilder, die das Bewußtsein auf die Gottheit lenken und den Vorstellungen eine mehr greifbare Form geben, setzen aber einen bestimmten Grad geistiger Entwicklung voraus; c) sind namentlich die der Kirche entlehnten Symbole oder solche, die sich ganz allgemein auf gesellschaftliche Sitten und Moden beziehen. Zum wirksamen Gebrauch der Symbole ist es übrigens nicht erforderlich, daß man sie versteht; eine Wirkung ist auch zu verzeichnen, wenn man sich nur mit ihnen beschäftigt und über sie nachdenkt. — Lit.: W. Blanchetta, Das Sinnzeichenbuch; Wolfgang Schneider, Lexikon alchemistisch-pharmazeutischer Symbole, Weinheim 1962; G. W. Geßmann, Die Geheimsymbole der Alchemie, Arzneikunde und Astrologie des Mittelalters, Ulm 1959 (enthält mehr als 5000 Symbole); Prof. P. Tillich, Symbol und Wirklichkeit, 1962; A. Heller, 200 biblische Symbole anhand von etwa 3000 Bibelstellen erläutert, 1962; Dr. Franz Hartmann, Die Symbole der Bibel und der Kirche, ca. 1899; Rudolf Steiner, Okkulte Siegel und Säulen; Hermann Friedmann, Wissenschaft und Symbol, München 1948.

Symbolik, die Lehre von den verschiedenen Symbolen. — Lit.: Dr. Franz Hartmann, Mysterien, Symbole und magisch wirkende Kräfte; Fritz Wehrle, Kosmos und Psyche; Georg Baller, Geheimnisse der Renaissance; Dr. H. Rudolf Engler, Die Sonne als Symbol, Zürich; weitere Lit. ↗ Symbol.

Symbolik in der Astrologie, ↗ Planetenzeichen.

Symbolismus, das Ausdrücken einer Idee oder eines Gedankens mittels eines Bildes oder Abbildes (Symbols) im Bewußtsein, wobei das Symbol eine Idee, die eine Bedeutung oder einen Wert hat, beinhaltet. Zuweilen versteht man unter S. auch die spirituelle Fähigkeit, die Bedeutung, die hinter den bloßen Formen liegt, wahrzunehmen, sie zu entwickeln und zu interpretieren. — Lit.: ↗ Symbol, ↗ Symbolik.

Symmetrie, von (griech.) sun = mit und metron = Maß; also etwa: mit Maß, im allgemeinen jedoch eine Art Gleichgewicht oder Harmonie, die gleichmäßige Anordnung der Teile einer Figur usw. in bezug auf eine vorhandene oder gedachte Achse. Der Okkultismus geht im allgemeinen von einer Symmetrie der Natur und ihrer Teile aus; viele Analogieschlüsse beruhen auf S.

Synarchie, von (griech.) sun = zusammen und archein = regieren; soziales System des patriarchalischen Altertums, das auf der Dreiheit beruhte und von Saint-Yves in seinen „Missionen" wiederhergestellt wurde. — Lit.: Roger Peyrefitte, Die Söhne des Lichts, Karlsruhe 1962.

synchron, zeitlich gleichlaufend oder stattfindend.

Synode (griech.), Versammlung; in der kath. Kirche eine kirchl. Versammlung, die entweder ein Bischof mit seinen Pfarrern oder ein Erzbischof mit seinen Bischöfen veranstaltet, um über kirchl. Angelegenheiten zu verhandeln oder Beschlüsse zu fassen.

Synodische Umlaufzeit eines Planeten um die Sonne; der zwischen 2 aufeinander folgenden entsprechenden ↗ Konjunktionen oder ↗ Oppositionen (↗ Aspekt) desselben Planeten liegende Zeitraum. Die s. U. des Mondes ist der **synodische Monat** = 19 Tage, 12 Stunden, 44 Minuten und 3 Sekunden.

Synopsis, übersichtliche Zusammenstellung verschiedener Schriften, die denselben Gegenstand betreffen. S. entspricht fast der Bedeutung von ↗ Konkordanz. ↗ Synoptiker.

Synoptiker, von (griech.) sun = zusammen und opsis = Sicht; die 3 im Prinzip einigermaßen gleichlautenden Evangelien (Matthäus, Markus, Lukas). Um 170 nZ wurde sogar eine zusammenfassende Darstellung der S., das sogen. Diatessaron (= „durch 4") von Tatianus verfaßt, welches noch um die Mitte des 4. Jh. in Edessa gottesdienstlich verlesen wurde; der syrische Bischof Theodoret ließ dann um 400 alle Exemplare beschlagnahmen und vernichten. — Lit.: Zahn, Forschungen zur Geschichte des neutestamentlichen Kanons, Erlangen 1881.

Synthese, die Zusammensetzung, Vereinigung (im Ggs. zur Analyse = Zerlegung); im Okkultismus die Verbindung des Physischen und des Metaphysischen durch die Aufdeckung des sie definitiv einigenden Prinzips. — Thesis, Antithesis und Synthesis deuten diese verschiedenen Aspekte der einen Wahrheit an.

System, in der FM ist der Begriff S. etwa mit Ritus identisch; gemeint ist die besondere Art, wie der Inhalt der FM in Form des Brauchtums durch Großlogen und Logen an die Mitglieder vermittelt und überliefert wird; zuweilen auch mit Lehrart bezeichnet. Nahezu alle Großlogen haben ihr eigenes S. der FM, so daß der Freimaurer des einen Systems nicht ohne weiteres mit dem S. einer anderen Großloge vertraut sein kann; in der Bundesrepublik arbeiten etwa 8 verschiedene Systeme nebeneinander. — Lit.: Robert Fischer, Historischdogmatische Darstellung der hauptsächlichsten freimaurerischen Lehrarten, Leipzig 1926; J. G. Findel, Geist und Form der Freimaurerei, Leipzig 1905; Alec Mellor, Logen, Rituale, Hochgrade, Graz 1967.

T

T; vor dem Namen eines gnostischen Klerikers entspricht das T dem christl. Kreuz, das z. B. kath. Geistliche vor oder hinter ihren Namen setzen.

Tabak, bei den meisten Esoterikern als Genußmittel verpönt; indes ist die Wirkung des T. bei den verschiedenen Menschen und auch abhängig von der Tabakmenge unterschiedlich. T. kann bis zu einer bestimmten Menge anregend wirken wie andere in der Magie gebräuchliche Mittel. Vielleicht ist der Wirkungsbereich des T. aus vermeintlichen Vorurteilen noch zu wenig erforscht. — Lit.: Prof. Dr. Wolfgang Heubner, Genuß und Betäubung durch chemische Mittel, Wiesbaden 1952; Adolf Wenusch, Der Tabakrauch, Bremen 1939.

Tabula smaragdina, ↗ Smaragdinische Tafel.

Tafelloge oder Brudermahl, gemeinsame Tafel der Freimaurer nach der eigentlichen Logenarbeit; bei den Hochgraden ↗ Agape genannt; der Unterschied zwischen Tafelloge und Brudermahl, wenn auch nicht immer beachtet, besteht darin, daß die T. in ritueller Bekleidung stattfindet, d. h. so, wie die Brüder aus der Loge kommen, während das Brudermahl in profaner Bekleidung abgehalten wird, so daß hin und wieder auch profane Gäste teilnehmen können.

Tagesplaneten, nach Dio Cassius (* ca. 160 vZ Nicäa; griech. Historiker) der bei den Babyloniern jedem Tag zugeordnete Planet. Gemäß der sogen. ↗ Chaldäischen Reihe hatten die Babylonier jeder Tagesstunde einen bestimmten Planeten zugeordnet; derjenige Planet, der auf die 1. Stunde des Tages entfiel, war der T. und Regent des Tages, weshalb auch der betr. Tag nach diesem Planeten benannt wurde. War der erste Tag ein Saturntag (engl.: Saturday, Sonnabend), so mußte notwendigerweise nach der chaldäischen Reihe der nächste Tag mit Sonne beginnen und ein Sonnentag (Sonntag) sein. Da es 7 Planeten waren und sich 24 (die Zahl der Stunden des Tages) nicht ohne Rest durch 7 teilen läßt, verschiebt sich von Tag zu Tag der Planet der ersten Stunde um 3 Stellen; wenn der erste Tag mit Sonne beginnt, so beginnt der zweite nicht mit Venus (nach der einfachen Planetenreihe), sondern mit Mond (s. Tab. S. 396).

Tagore, Sri Rabindranath, 1863–1941, bengalischer Dichter und Philosoph; gründete 1903 in Santimkitan, einem Dorf in Bengalen, eine „Schule der Weisheit", in der Menschen aller Rassen und Nationalitäten zusammenkommen sollten.

Talisman, wahrscheinlich von (arab.) telesm = Weihung, Konsekration; Gegenstand aus Stein, Metall, heiligem Holz, oft auch nur ein Stück Pergament mit Buchstaben oder Bildern als Schutz vor Unglück oder zur Erfüllung bestimmter geheimer Wünsche. Die größte Wirksamkeit des T. liegt jedoch nicht in diesem selbst, sondern im festen Glauben des Besitzers; ein T. vermag daher die Glaubenskraft des Menschen zu vervielfachen und ihm tatsächlich den gewünschten Erfolg zu bringen. — Lit.: Winkelmann, Geheimnis der Talismane und Amulette; P. Bauer, Horoskop und Talisman, Stuttgart 1963; W. Mannhart, Zauberglaube und Geheimwissen, Berlin 1920.

Tagesplaneten

Sonntag	Montag	Dienstag	Mittwoch	Donnerstag	Freitag	Sonnabend
1. Sonne	1. Mond	1. Mars	1. Merkur	1. Jupiter	1. Venus	1. Saturn
2. Venus	2. Saturn	2. Sonne	2. Mond	2. Mars	2. Merkur	2. Jupiter
3. Merkur	3. Jupiter	3. Venus	3. Saturn	3. Sonne	3. Mond	3. Mars
4. Mond	4. Mars	4. Merkur	4. Jupiter	4. Venus	4. Saturn	4. Sonne
5. Saturn	5. Sonne	5. Mond	5. Mars	5. Merkur	5. Jupiter	5. Venus
6. Jupiter	6. Venus	6. Saturn	6. Sonne	6. Mond	6. Mars	6. Merkur
7. Mars	7. Merkur	7. Jupiter	7. Venus	7. Saturn	7. Sonne	7. Mond
8. Sonne	8. Mond	8. Mars	8. Merkur	8. Jupiter	8. Venus	8. Saturn
9. Venus	9. Saturn	9. Sonne	9. Mond	9. Mars	9. Merkur	9. Jupiter
10. Merkur	10. Jupiter	10. Venus	10. Saturn	10. Sonne	10. Mond	10. Mars
11. Mond	11. Mars	11. Merkur	11. Jupiter	11. Venus	11. Saturn	11. Sonne
12. Saturn	12. Sonne	12. Mond	12. Mars	12. Merkur	12. Jupiter	12. Venus
13. Jupiter	13. Venus	13. Saturn	13. Sonne	13. Mond	13. Mars	13. Merkur
14. Mars	14. Merkur	14. Jupiter	14. Venus	14. Saturn	14. Sonne	14. Mond
15. Sonne	15. Mond	15. Mars	15. Merkur	15. Jupiter	15. Venus	15. Saturn
16. Venus	16. Saturn	16. Sonne	16. Mond	16. Mars	16. Merkur	16. Jupiter
17. Merkur	17. Jupiter	17. Venus	17. Saturn	17. Sonne	17. Mond	17. Mars
18. Mond	18. Mars	18. Merkur	18. Jupiter	18. Venus	18. Saturn	18. Sonne
19. Saturn	19. Sonne	19. Mond	19. Mars	19. Merkur	19. Jupiter	19. Venus
20. Jupiter	20. Venus	20. Saturn	20. Sonne	20. Mond	20. Mars	20. Merkur
21. Mars	21. Merkur	21. Jupiter	21. Venus	21. Saturn	21. Sonne	21. Mond
22. Sonne	22. Mond	22. Mars	22. Merkur	22. Jupiter	22. Venus	22. Saturn
23. Venus	23. Saturn	23. Sonne	23. Mond	23. Mars	23. Merkur	23. Jupiter
24. Merkur	24. Jupiter	24. Venus	24. Saturn	24. Sonne	24. Mond	24. Mars

Tabelle der Tages- und Stundenplaneten nach der Chaldäischen Reihe

(der Planet der ersten Stunde eines Tages ist der Tagesplanet)

Und saget nicht etwa: ‚Wir wollen uns nicht an dem Blut dieses Menschen schuldig machen‘. Denn es ist (Sprüche 11, 10) gesagt worden: ‚Wenn die Gottlosen umkommen, wird man froh‘.

GEMARA
Bl 37b

Scholie 1. Die Rabbanan haben gelehrt: Was ist unter einer mutmaßlichen Aussage zu verstehen? Wenn ihr jemand einen anderen bis in eine Ruine verfolgen und ihn dann mit einem blutigen Schwert herauskommen seht und, wenn ihr in die Ruine hineingeht, den Verfolgten als einen zuckenden Leichnam wahrnehmt, dann habt ihr nichts gesehen. Es ist gelehrt worden: Rabbi Schimon ben Schatach sagte: ‚Ich mag trostlos bleiben (wörtlich: ich will den Trost sehen), wenn ich nicht jemand hinter einem anderen in eine Ruine laufen sah, wohin ich ihm folgte. Ich sah ein Schwert in seiner Hand, das von Blut triefte und einen zuckenden Leichnam. Und ich sagte zu ihm: ‚Frevler, wer hat diesen getötet, ich oder du? Aber was soll ich machen, dein Blut ist nicht in meine Hand gegeben. Denn die Tora hat gesagt (5.B.M.17,6): ‚Auf zwei oder dreier Zeugen Mund soll sterben, wer des Todes wert ist‘. Der die Gedanken kennt, soll den heimsuchen, der seinen Nächsten getötet hat‘. Es wird erzählt, daß sie beide

536

nicht eher von der Stelle weggingen, bis eine Schlange den Mörder durch ihren Biß getötet hat ...

Scholie 4.
WORT- UND SINNGEMÄSSE ÜBERSETZUNG,
Bl 38a – 39b

Warum hat Gott die Gesichter der Menschen verschieden gestaltet? Damit niemand, wenn er eine seinem Nächsten gehörende schöne Wohnung oder schöne Frau sieht, nicht sagen könne, sie gehöre ihm ... Rabbi Meir sagte: ‚Durch drei Dinge unterscheiden sich die Menschen voneinander: durch die Stimme, die Gestalt und den Verstand. Sie unterscheiden sich durch die Stimme und die Gestalt, damit sie vor Unzucht bewahrt bleiben; durch die Verschiedenheit des Verstandes soll vermieden werden, daß einer dem andern etwas raubt. Die Rabbanan haben gelehrt: Warum ist der erste Mensch erst am Freitag geschaffen worden? Damit die Ketzer nicht sagen sollen, daß er Gott mitgeholfen habe, die Welt zu erschaffen. Oder: damit man dem Menschen, wenn er sich überhebt, sagen kann, ‚selbst die Mücke war schon vor dir da‘. Oder: damit er sofort an die Ausübung der Sabbatruhe herangehen konnte. Oder: damit er sofort an die Mahlzeit gehen konnte. Ein Gleichnis: Ein König baut erst den Palast, dann schmückt er ihn aus, bereitet die Mahlzeit vor und führt erst dann

537

Zwei Seiten aus einer deutschen Talmud-Ausgabe

Talmud (hebr.) = das Lernen, Studium, die Wissenschaft; eine Sammlung rabbinischer Kommentare zum jüd. Glauben. Der T. besteht aus 2 Teilen: Mischna und Gemara. Die Hebräer nennen den Pentateuch das geschriebene und den T. das ungeschriebene oder mündliche Gesetz (welches erst später aufgezeichnet wurde). Der T. enthält die zivilen und kanonischen Rechte der Juden, denen sie große Heiligkeit beimessen. Nach der Überlieferung stammt der T. von Moses, der nur den Pentateuch aufschrieb, den T. aber mündlich weitergab. Der sogen. jerusalemische T. wurde zu Beginn des 4. Jh. abgeschlossen; im 5. Jh. entstand dann noch der babylonische T. als 2. Redaktion des jerusalemischen. – Lit.: Alfons Rosenberg, Weisheit des Talmud; Prof. G. Levi, Parabeln, Legenden und Gedanken aus Talmud und Midrasch, 1863; Dr. Erich Bischoff, Talmud-Katechismus, Leipzig; Lazarus Goldschmidt, Der Babylonische Talmud, 12 Bde., 1965.

Tamas (Sk.), die Eigenschaft der Finsternis, der Täuschung und Unwissenheit.

Tannim oder **Thannaïm** (hebr.), die Organe der jüdischen Tradition, die jüd. Schriftgelehrten.

Tantra (Sk.), Regel oder Ritual; bestimmte mystische oder magische Werke, deren Haupteigenschaft die Anbetung der weiblichen Kraft ist, personifiziert durch Shakti (Sakti). Die entsprechenden Zeremonien heißen Tantrika und sind zweifacher Natur, nämlich gut und böse, weshalb die Shaktis in 2 Klassen geteilt werden, der rechten und die der linken Hand, d. h. weiße und schwarze Magier. Die sexuellmagischen Riten sind zügellos und für unsere Begriffe unmoralisch und stellen die schlimmste Form der schwarzen Magie dar. – Lit.: Dr. Franz Hartmann, Radschah-Yoga, Hatha-Yoga und Tantrika; Avalon, Shakti und Shakta.

Tantrika, ↗ Tantra.

Taoismus, von (chines.) tao = Vernunft; die auf Naturverbundenheit und Geisterkult beruhende mystisch-buddhistische chines. Religion. – Lit.: Erwin Rousselle, Zur seelischen Führung im Taoismus, Darmstadt 1962.

Tao-Tê-King, die Sammlung des Weges zur Tugend oder zur Vervollkommnung der Natur; die Weisheit des T. geht auf uralte chinesische Überlieferung zurück, die um 300 vZ Lau-dse („der greise Meister“) zu einer großen Spruchsammlung zusammenfaßte. Mystik, Lebensweisheit und politische Doktrin sind in den Versen verwoben. Da der Kern der Lehre überzeitlich ist, sprechen die Verse auch den Menschen von heute noch an. — Lit.: Tai-The-King, bearbeitet von K. O. Schmidt mit Kommentar; Laotse, Taiteking, Ulm 1963.

Tapis (franz.) = ↗ Teppich.

Targum (chald.) = Interpretation; die Gleichnisse der hebr. Schriften.

Tarot, auch: Tarock oder Thoth, eine Art Kartenspiel mit besonderen Karten, deren symbolische Bedeutung zuerst der Gelehrte Court de Gebelin entdeckte; die Symbole und Zahlen des T. sollen sich schon in den Weissagungen Hesekiels und in der Offenbarung finden. T. ist auch eine der Grundlagen für den mündlichen Unterricht in der Magie; aber über dieses Thema ist erst in jüngster Zeit einiges veröffentlicht worden. Abbildungen der T.-Karten finden sich in alten Manuskripten, die in öffentlichen Bibliotheken teilweise unter dem Stichwort Talismane zu finden sind. — Lit.: Dr. Henri Birven, Der Tarot, Einführung in seine Symbolik; A. Frank Glahn, Das deutsche Tarotbuch; Joachim Winckelmann, Tarot der Eingeweihten, Berlin 1954 (mit Karten); M. Kahir, Das verlorene Wort.

Tartarus, bei den alten Griechen ein tiefer Abgrund in der Unterwelt (↗ Hades), der so weit unter der Erde lag, wie der Himmel von ihr entfernt ist, geschlossen durch eherne Pforten, das Abbild eines unterirdischen Gefängnisses; entspricht sinngemäß dem Begr. Hölle.

Tattwa (Sk.), indischer Begriff mit verschiedener Bedeutung; die abstrakten Prinzipien der Existenz, die subtilen Elemente, welche mit den Sinnen des Menschen in Verbindung stehen sollen. Es handelt sich dabei um eine Art Schwingungszustände, denen die Natur und damit auch der Mensch unterworfen ist. Der Einfluß der Tattwas ändert sich in einem bestimmten Rhythmus, den der Okkultist, der mit den T. arbeiten will, kennen muß. — Lit.: Anny Miller, Die praktische Anwendung der Tattwas; Fra Peregregius, Tattwa, Hellsehen, Astralwallen, Berlin 1959.

Tattwa Bodha (Sk.) = Daseinserkenntnis. — Lit.: Sankaracharya, Tattwa Bodha.

Tau, griech. und hebr. Buchstabe, entspricht dem T; vor der Einführung der hebr. Buchstaben war T. das ägypt. Henkelkreuz, die ↗ Crux ansata der Lateiner, und auch mit dem ägypt. Ankh identisch. Dieses Zeichen gehörte ausschließlich den Adepten; es war das Symbol der Heiligung und Weihung. Als solches wurde es auch vom engl. ↗ Royal-Arch-Grad der FM übernommen.

Taube, in der Symbolik oft, neben Adler und Pelikan, als Sinnbild für Vögel allgemein; der Vogel war nach seiner ganzen Natur und Lebensweise das für den Orakeldienst geeignetste Tier. Seine Erhebung zu den himmlischen Höhen, in die Nähe der Götter, wohin kein anderes Geschöpf zu folgen vermochte, sein scharfes Auge und die aus jener Höhe mögliche Fernsicht über den Erdkreis, sein sicherer und schneller Flug verschafften dem Vogel den Ruf prophetischer Begabung. — Eine Taube ist auch in dem Zeichen enthalten, welches sowohl von der Fraternitas Rosicruciana Antiqua (OTO Zürich) als auch von der Kathedrale der Seele (AMORC) geführt wird; dieses Symbol ist eine stilisierte Nachbildung einer Glasmalerei in der bischöflichen Kapelle von Tournai/Belgien aus dem 12. Jh.

Die Taube im Emblem der Kathedrale der Seele und der Fraternitas Rosicruciana Antiqua

Tauler, Johann, ca. 1300—1361; Schüler des Mystikers Meister Eckehart; von Luther wegen seiner Predigten sehr geschätzt; Dichter des Kirchenliedes „Es kommt ein Schiff, geladen bis an den höchsten Bord". — Lit.: Dr. G. Siedel, Die Mystik Taulers nebst einer Erörterung über den Begriff der Mystik, Leipzig 1911.

Taurus, lat. Bez. des Tierkreiszeichens Stier; die höchst mysteriöse Konstellation des Tierkreises, die mit allen „erstgeborenen" Sonnengöttern verbunden ist.

Täuschungen, viele okkulte Berichte beruhen ganz ungewollt auf T.; sie lassen sich nur durch geübte Selbsterkenntnis und Selbstkritik nach und nach ausschalten. Selbst H. P. Blavatsky war, wie Gustav Meyrink schreibt, nicht ganz frei davon: „Wer die Lebensgeschichte der Blavatsky genau kennt, der weiß, daß B. einst einem Menschen gegenüber wörtlich zugab: ‚Es ist furchtbar, daß mir zuweilen ein Mahatma erscheint, den ich für den wahren Meister halte, während ich später zu meinem Entsetzen erkennen muß, daß es ein Dämon war, der sich unter seiner Maske verbarg.'" (Laarss, Eliphas Lévi, S. 11).

TD, Abk. für Tredezil in der Astrologie. ⌁ Aspekte, schwache.

Téder (Ps.) = Charles Detré; einer der führenden franz. Martinisten um die Jahrhundertwende.

Telekinese, von (griech.) tele = fern und kinein = bewegen; die bisher ungeklärte oder unverstandene Fernbewegung von Gegenständen aller Art durch den bloßen Willen oder im Zusammenhang mit spiritistischen Erscheinungen; der Begr. stammt von Prof. Myers. ⌁ Psychokinese. — Lit.: Willi Schrödter, Grenzwissenschaftliche Versuche, Freiburg 1960; Schrenck-Notzing, Experimente der Fernbewegung, Stuttgart 1924; J. Björkhem, Die verborgene Kraft.

Teleologie (griech.), die Betrachtung der gesamten Natur oder wenigstens gewisser Gebiete derselben, besonders der organischen Natur, unter dem Gesichtspunkt des Zwecks, namentlich wenn man dabei den Zweck zur Ursache macht. Der teleologischen Naturauffassung nach wird alles Naturgeschehen durch Absichten bestimmt. — Lit.: H. Conrad-Martius, Der Selbstaufbau der Natur, Hamburg 1944.

Telepathie, der von Prof. Myers geprägte Ausdruck für das Vermögen mancher Menschen, räumlich oder zeitlich auseinanderliegende Vorgänge oder Sachverhalte zu empfinden, meist jedoch mit Gedankenlesen oder Zweitem Gesicht gleichgesetzt, obwohl es sich in den wenigsten Fällen um bloße Gedanken handelt, auf die die T. Anwendung findet. In den okkulten Gesellschaften spielt die T. und das Training, dieselbe zu beherrschen, wenn auch mit wenig Erfolg, eine große Rolle. Wie es scheint, ist nicht eine bestimmte Meditation Voraussetzung und Mittel zur Praktizierung der T., sondern zunächst einmal das Studium der theoretischen Seite, d. h. der maßgebenden Faktoren und Funktionen sowie der Voraussetzungen, unter denen telepathische Phänomene zustande kommen können. Die T. ist heute über den Stand laienhafter Experimentiererei weit hinaus zum Gegenstand ernster wissenschaftlicher Untersuchungen geworden. Die umfassendste Theorie ist von Puharich dargestellt worden. — Lit.: Dr. Andrija Puharich, Beyond Telepathy, New York 1962; Alice A. Bailey, Telepathie und der Ätherkörper,

Lorch 1960; Karl Spiesberger, Praktische Telepathie, Freiburg; Guido Huber, Übersinnliche Gaben; A. von Winterstein, Telepathie und Hellsehen, Wien 1948; Dr. Wilhelm H. C. Tenhaeff, Hellsehen und Telepathie, Gütersloh 1962.

Teleplasma (oder Ektoplasma), die geheimnisvolle Substanz, die sowohl die Geister wie andere spiritistische Phänomene erzeugt.

Teleplastie, Bez. in Schrenck-Notzings „Materialisations-Phänomene" für das Teilgebiet des Spiritismus, welches sich mit der Materialisation von Geistern befaßt.

Tempel, die religiöse Kultstätte in fast allen alten Religionen, namentlich bei den Juden und Ägyptern. Auch der Logenraum in der FM wird mit T. bezeichnet. Daneben hat T. noch eine symbolische Bedeutung, indem der Mensch sich als einen Tempel Gottes (also als Wohnstatt) oder (in FM) die ganze Welt als ein T. angesehen wird, der aber noch zu bauen ist. Bei Jakob Böhme ist „Christus der wahre T., darein wir gehen müssen. Des hl. Geistes T. ist der Seelen neuer Leib oder Seelengeist. Der T. Gottes ist das geformte Wort Gottes. Im T. des hl. Geistes wird Gottes Wort gelehrt. Steinerne T. hat man gebauet, den lebendigen verwüstet. Wir

Der Osten (= Altarseite) eines FM-Tempels in Erlangen

müssen in den T. Jesu Christi eingehen, wider aller Teufel Wehren." — Lit.: über den Osiris-Tempel: Erwin Zippert, Der Gedächtnistempel Sethos' I zu Abydos, Berlin 1931, Inaugural-Dissertation.

Tempelgrade, Templergrade, im AMORC heißen die eigentlichen Grade, bei denen eine rituelle Arbeit möglich ist, Tempelgrade; soweit diese den Mitgliedern bekannt sind oder bekannt werden dürfen, wird von 9 T. gesprochen. In Wirklichkeit gibt es noch einen 10. T., der zudem in 2 verschiedenen Klassen, die nicht jeder Inhaber des 10. T. erreichen kann, erteilt wird. Nach einer Mitteilung von Raymond Bernard (Großsekretär des AMORC-France) ist der eine 10. T. kosmisch, psychisch und mit der Tempelarbeit verbunden, während der andere 10. T. hermetisch ist und das geheime Studium noch geheimerer Lehren außerhalb des Tempels betrifft (Qu: AMORC-Drucksache P-10-1 K-240 955). — Templergrade heißen in der FM, namentlich im ⟋ AASR und in der Großen Landesloge diejenigen Hochgrade, in welchen die Legende von den ⟋ Tempelherren handelt.

Tempelherren, Tempelritter, Templer, militärischer Orden vom Tempel (Tempelherrenorden, abgekürzt: THO) wurde 1118 durch den hl. Bernhard, Hugo von Payen und 8 anderen franz. Rittern gegr. Neben dem christl. Ritus sollen sie noch als Idol einen Baphomet gehabt haben. Man beschuldigte sie, das Kruzifix verhöhnt (franz.: bafouer!) und den Sabbat in ihrer Kapelle zu Laon (Frankreich) gefeiert zu haben. 1369 wurden sie durch Papst Klemens V. verdammt. Der THO war 190 J. lang eine der mächtigsten Institutionen des MA, sowohl dem moralischen Ansehen und der geistigen Bedeutung nach wie auch in wirtschaftlicher und politischer Hinsicht. — Die Große Landesloge in Deutschland betrachtet sich als Fortsetzung des THO und gibt vor, seine vollen Geheimnisse zu besitzen. Indes stimmen die Lehren der Großen Landesloge mit dem, was vom THO an authentischen Einzelheiten bekannt geworden ist, wenig überein. Große Verdienste um die Erforschung und Darstellung des THO hat sich Friedrich Christian Karl Heinrich Münter (* 14. 10. 1761 Gotha, † 9. 4. 1830 Kopenhagen) erworben; M. fand 1784 auf einer Reise nach Rom in der Corsinischen Bibliothek die echten Statuten des THO und gab sie als „Statutenbuch des Ordens der Tempelherren" (Berlin 1794) heraus. In Eggers Deutschem Magazin (Mai 1792, III, S. 543—576) erschien von ihm: „Aufnahme der Tempelherren nach dem alten Ritual, ein Auszug aus der in Rom entdeckten großen Regel dieses Ordens". Ein Teil der Akten der Großen Landesloge ist jedoch aus Münters Schriften entnommen worden. — Lit.: (Frau) M. J. Krück von Poturzyn, Auf den Spuren der Templer, Stuttgart 1963; Gérard de Sède, Die Templer sind unter uns, Berlin 1963; Dr. Wilhelm Begemann, Die Tempelherren und die Freimaurer, Berlin 1906.

Tempelritter, ⟋ Tempelherren.

Tempelweiser, die Zusammenfassung der Verhaltungsregeln für den Besuch der AMORC-Tempel. Danach schreitet man, wenn man den Tempel betreten hat, bis zum Dreiecksaltar vor, wendet den Blick gen Osten, legt die rechte Hand ans Herz und berührt mit den Fingerspitzen der Linken die Mitte der Stirn. „Mit dieser Handlung bekundet man feierlich die Bereitschaft, dem Orden in brüderlicher Liebe treu zu dienen und in Frieden nach dem Licht zu streben." — Lit.: Tempel-Weiser, Baden-Baden o. J.

Tempelzeichen, in der Großen Landesloge das Erkennungszeichen der Ritter von Westen (7. Grad): Der Besuchende legt die Arme kreuzweise über die Brust, den rechten Arm über den linken, so daß die Hände, die Daumen zu den Fingern im rechten Winkel stehend, an den Schultern ruhen, dann hebt er die gekreuzten Arme in die Höhe und läßt sie wieder zur Brust sinken.

Templer, ⟋ Tempelherren.

Tenebra (lat.) = Finsternis. ⟋ Lux.

Tenhaeff, Dr. Wilhelm H. C., * 1894, holländ. Parapsychologe; studierte Philosophie, Physiologie, Ethnologie und Psychologie; Direktor des Parapsychologischen Instituts in Utrecht und außerordentlicher Professor für Parapsychologie an der Reichsuniversität in Utrecht. — W.: Hellsehen und Telepathie, Gütersloh 1964; Außergewöhnliche Heilkräfte, Freiburg 1957; Inleiding tot de parapsychologie, Utrecht 1952; De onzienlijke wereld, Den Haag 1940; Oorlogsvorspellingen, Den Haag 1948.

Teppich, die Lehrtafel in der FM-Loge, die ursprünglich mit Kreide auf den Fußboden gezeichnet und anschließend gelöscht wurde. Heute sind die Teppiche gewebt und gestickt oder auch aus anderen Materialien. Gleichbedeutend sind die Begriffe Tapis (franz.), Arbeitstafel, Reißbrett, Zeichenbrett, wenn auch hin und wieder kleine Unterschiede bestehen. Der Sinn des T. ist an sich ein rein magischer; der durch die Begrenzung des T. bezeichnete Raum gilt als heilig und darf nicht betreten

Der vierbuchstabige Gottesname der einzelnen Völker und Sprachen

Abessinier	Agzi	Germanen	Gott, guth	Ormusen	Alai
Aden	Illi	Georgier	Moti	Paraguay	Piur, Pino
Ägypter	Toth, Teut	Griechen	Teos	Parsen	Bila
Albanier	Bogo	Gymneoph.	Tara	Peloponnes.	Deos
Angola	Anup	Hebräer	JHVH	Perser	Sipi, Syri
Araber	Alla	Hesperiden	Agad	Peruaner	Zimi
Armenier	Abyd	Hibernier	Dieh, Diah	Philippinos	Mora, Mara
Assyrer	Adad	Illyrer	Boog	Philosophen	Abda
Äthiopier	Abyd	Indianer	Tusa, Tura	Phrygier	Zeut, Zent
Belgier	Goed	Irländer	Gudi	Polen	Boog
Bethulie	Sila	Japaner	Zaca	Samaritaner	Tios
Böhmen	Bueg, Burg	Kabbalisten	Agla	Russen	Pola
Boëter	Aris	Kalifornier	Solu	Sarazenen	Agdi, Abdi
Brahmanen	Pora	Kanadier	Biud	Schotten	Goot
Cambos	Miri	Kopten	Teos	Spanier	Dios
Caramanen	Suna	Kreter	Deos	Tataren	Anot
Chaldäer	Hava	Lateiner	Deus	Thrazier	Kalo
Chilenen	Xana, Hana	Magier	Orsy	Tibeter	Gena
Chinesen	Teli	Maltesen	Obra	Türken	Aydy
Congolesen	Aneb, Anab	Mauren	Alla	Ungaren	Bogy
Engländer	Go(o)d	Melindah	Abag	Zalia	Bora
Equadorianer	Hoba, Hobo	Mesopotam.	Ella	Zelamiten	Para
Etrusker	Esar	Mexikaner	Bosa	Zyrenaika	Popa
Franzosen	Dieu	Mongolen	Alli		

Quelle:

Athanasius Kircher, Oedipi Aegyptiaci Theatrum Hieroglyphicum, Rom 1654, 3 Bände. — Dort findet sich in Band II, Seite 287, eine graphische Übersicht mit den oben genannten Gottesnamen und der Überschrift: Speculum Cabalae mysticae, in quo omnia, quae Hebraei de nomine dei tetragrammato arcane retulerunt, eos ad nomen Messiae Jesu respexisse demonstratur. Omnes quoque mundi nationes nomen dei non sine mysterio 4 litteris enunciare docetur. (= Spiegel der mystischen Kabbalah, in dem erwiesen wird, daß die Hebräer mit allem, was sie über den vierbuchstabigen Namen Gottes in geheimer Lehre lehrten, sich auf den Namen des Messias Jesus bezogen. Auch zeigt sich, nicht ohne geheime Bedeutung, daß alle Völker der Welt den Namen Gottes mit 4 Buchstaben ausdrücken).

werden. — In der Magie wird im allgemeinen ein T. aus Linoleum von ca. 2,25 m Kantenlänge verwendet, auf den man einen Kreis von ca. 15 mm Strichbreite zeichnet. Eine Stelle, die Pforte, bleibt zunächst frei und wird später mit Holzkohle geschlossen.

Ternarius Sanctus (lat.) = hl. Dreiheit; bei Jakob Böhme „die Dreizahl in 7 Gestalten, der Leib Gottes, auch Christi Leib und unser neuer Leib."

Tesbih-Kette, -Schnur, die in islamischen Ländern übliche Bez. für den ↗ Rosenkranz oder eine entsprechende Schnur oder Kette mit der erforderlichen Zahl von Knoten. Ein anderer Unterschied besteht nicht. — Lit.: Heinrich Jürgens, Die Tesbihschnur, Freiburg.

Tetragrammaton (griech.), der 4buchstabige Name Gottes bei den Juden, das Wort INRI bei den Christen und das Wort AROT in der zeremoniellen Magie. Die 4 Buchstaben des klassischen T. sind Jod-He-Vau-He (J. H. V. H.) in hebr. Schrift, allgemein „Jehovah" gelesen. Die alte wahre Aussprache des T., wenn es eine solche gegeben· haben sollte, ist nicht bekannt. Der gläubige Hebräer betrachtet das T. für so heilig, daß er den Namen nie ausspricht, sondern beim Lesen durch Adonai (Herr) ersetzt. Aber bei den Christen wird immer Jehovah gelesen, obwohl manche Jahweh schreiben. Jahweh ist möglicherweise eine ganz frühe Aussspracheform. Der Franziskaner Galatin führte als Aussprache Jehovah ein, indem er als Vokale für das T. diejenigen von Adonai nahm. JHVH bedeutet sprachlich sicher entweder „Schöpfer" oder „Seiender". In der Esoterik bedeutet das T. das unendliche Prinzip als zyklischen Dynamismus, besitzt aber auch kabbalistische Deutungen, die ganze Bücher füllen können. — In der zeremoniellen Magie werden die Buchstaben A. R. O. T. in Kreisform geschrieben und können dann wie folgt gelesen und gedeutet werden:

TORA (hebr.) — das Gesetz der Evolution

ORAT (von lat. oratio) — die Sprache, das Wort

RATO (von lat. ratus) — die Verwirklichung

ATOR — eine ägyptische Gottheit (Athor oder Athys) der Einweihung

ROTA — das Rad des Werdens

OTAR (von griech. otarion) — hören

TARO — Schicksal und 22 Arkana

AROT (von griech. arotos) — arbeiten

Lit.: Eliphas Lévi, Dogma und Ritual der Hohen Magie, Bd. 1.

Tetraktys (griech.) = Vierheit; die hl. 4, bei welcher die Pythagoräer mit dem höchst verbindlichen Eid schwören mußten.

Teufel, bei den nicht-kath. Theologen der Ausdruck des mythischen Denkens, bei dem das Böse personifiziert wird; nach kath. Auffassung ist der T. ebenso existent wie Gott selbst. So habe Christus z. B. zwischen organischen Krankheiten und Besessenheit (vom T.) unterschieden, den T. aus Menschen vertrieben und die Gewalt der Teufelsbannung auf seine Jünger übertragen. — Lit.: Adolf Rodewyk, Der Teufel, ernst genommen, 1955.

Teutonisches Kreuz, in Verbindung mit einem doppelköpfigen Adler das Abzeichen der Kadosch-Ritter (30°) des AASR, Abb. ↗ Kreuz (ohne Adler).

TG, Abk. für ↗ Theosophische Gesellschaft.

Thaddäus (Ps.) — A. Borgert, General-Großsekretär des ↗ OTO und seiner Nebenorganisationen.

Thales von Miletus, ca. 600 vZ; griech. Philosoph; lehrte, daß das gesamte Universum aus dem Wasser stamme, während z. B. Heraklit von Ephesus behauptete, es sei aus Feuer gemacht und Anaximenes aus Luft. T., dessen richtiger Name unbekannt geblieben ist, nahm sein Ps. von dem Philosophen Thallath, da er sich auf dessen Philosophie stützte.

Thallath (chald.), die Göttin, die das Meer darstellte, identisch mit Tiamat.

Thaphthartharath, in der Kabbalah und Magie der Dämon des Merkur.

Thaumaturgie, von (griech.) thauma = Wunder und theurgia = göttl. Werk; die Macht oder Lehre, Wunder zu wirken.

Thaumaturgus, ein Spitzname für Gregor, den Bischof von Neo-Cäsarea in Kappadozien im 3. Jh. wegen seiner zahlreichen Zauberkunststücke, die ihm von seinen Biographen nachgesagt werden. — Auch der hl. Bernhard, der durch seinen folgenreichen Kreuzzug von 1146 weit bekannt wurde, ließ sich von seinen Anhängern so nennen. — ↗ Thaumaturgie.

Theangelides, eine Pflanze im Libanon, die die Fähigkeit des Hellsehens verleihen soll.

Theismus, von (griech.) theos = Gott; der Glaube an einen einzigen, persönlichen Gott als Schöpfer, Lenker und Erhalter. ↗ Deismus, ↗ Pantheismus.

Themura (oder Themuria), Teil der Kabbalah, der von der Versetzung der Buchstaben behandelt. Beispiel: Gott sagt in 2. Mos. 23, 23: „Ich will vor dir Maleachi, meinen Engel, einhersenden!" Durch Umstellung der Buchstaben erhält man Michael, den Schutzgeist des hebr. Volkes.

Thelema (griech.), von thelein = wollen; Name eines imaginären Klosters in Rabelais' „Gargantua" (Lyon ca. 1532), in welchem Männer und Frauen untergebracht werden, die nicht nach irgendwelchen Gesetzen, Statuten oder Regeln leben, sondern einzig nach ihrem freien Willen und Gutdünken; jeder kann schlafen, essen, trinken oder auch arbeiten, wann er will. Alles geschieht unter der Devise „Fay ce que vouldras" (franz. = Tu, was du willst!). — 1925 verkündete ↗ Crowley diese Devise als „Wort des Gesetzes" seines Geheimordens. Bis vor einigen Jahren gab es in Hamburg die Abtei Th., die jetzt als Komturei Th. ihren Sitz in Stein/App. (Schweiz) hat. Vor 1933 gab es auch eine Thelema-Verlagsgesellschaft in Leipzig, gegr. von Martha Künzel. — Th. ist auch der Name, unter welchem Voltaire in seinem Werk „Thélème und Macare" den Willen personifiziert. — Ferner existiert in Paris eine Loge der Grande Loge de France mit Namen „No. 750 Théléma".

Theodizee, göttl. Recht, Gottesherrschaft; das Vorrecht des immervergebenden und gerechten Gottes, den Unschuldigen zu betrüben und dennoch ein liebender und gerechter Gott zu bleiben, also ein theologisches Mysterium.

Theogonie, die Schöpfung der Götter; der Zweig aller nichtchristl. Religionen, welcher die Abstammung der verschiedenen Gottheiten lehrt; auch die symbolische Beschreibung der Akte Gottes und seiner unmittelbaren wirkenden Kräfte.

Theophrastus (Ps.) = Leopold ↗ Engel; sein Ordensname im Illuminatenorden.

Theoricus, Name des 2. Grades der Gold- und Rosenkreuzer sowie des 2. Tempelgrades im AMORC; im Freimaurer-Lexikon von Lennhoff-Posner-Gerber mit „Theoreticus" angegeben. — Paßwort im AMORC: Arc.

Theosophie (griech.) = Gottesweisheit; gewöhnlich wird das Wort T. im Sinne eines auf unmittelbarer innerer Anschauung beruhenden Spekulierens über die übersinnliche Welt gebraucht. T. und Philosophie unterscheiden sich im Prinzip nicht durch den Gegenstand ihrer Betrachtung, sondern mehr durch die Methode, da in der T. zumeist statt eines geordneten Denkens die Tätigkeit der Phantasie und die Innigkeit der religiösen Empfindung den klaren Gedanken überwiegt. Häufig berufen sich Theosophen auf eine unmittelbare göttl. Erleuchtung, die ihnen durch eine mystische Vereinigung mit der Gottheit zuteil werde. Die Wurzel aller Theosophie lag im Altertum im Orient; in der großen geistigen Gärung der ersten Jahrhunderte unserer Zeitrechnung teilte sich der phantastisch-theosophische Zug nicht nur christl. Denkern, sondern auch griech. Philosophen mit, da der überströmende Reichtum der inneren Anschauungen sich nur in bildlich-sinnlicher Umschreibung aussprechen, nicht aber auf wissenschaftl. Begriffe zurückführen lassen wollte. Daher ist nicht nur der christl. Gnostizismus, sondern auch der Neuplatonismus durchaus theosophisch. Infolge der im MA, namentlich auch im Zusammenhang mit der Reformation angebrochenen geistigen Bewegung wurden theosophische Ideen in großem Umfange erzeugt, so schon bei Kaspar Schwenkfeld, später bei Valentin Vaigel, Jakob ↗ Böhme, ↗ Swedenborg, ↗ Oetinger, Franz von ↗ Baader usw. Von der Mystik unterscheidet sich die T. dadurch, daß sie immer in der Form eines Systems oder einer zusammenhängenden Weltanschauung auftritt. — T. heißt auch das Arbeits- und Tätigkeitsgebiet der ↗ Theosophischen Gesell-

schaften, zuweilen im Ggs. zur gewöhnlichen oder älteren T. auch als neuere oder moderne T. bezeichnet. Franz ↗ Hartmann definiert diese Form von T. als „die Selbsterkenntnis des Wahren, die Selbsterkenntnis Gottes im Menschen; sie ist das Offenbarwerden der Wahrheit im eigenen Innern des Menschen, wodurch der Mensch zum wahren Selbstbewußtsein der ihm innewohnenden höheren Natur gelangt". Nach H. P. Blavatsky (in Glossary of Theosophy) ist T. „Weisheitsreligion oder göttl. Weisheit; die Grundlage und der Extrakt aller Weltreligionen und Philosophien, gelehrt und praktiziert von einigen Auserwählten, seitdem der Mensch zu denken begann; in seiner praktischen Bedeutung ist T. reine göttl. Ethik; die Definitionen in den Wörterbüchern sind Unsinn, basiert auf religiösen Vorurteilen und Unwissenheit des wahren Geistes der frühen Rosenkreuzer und mittelalterlichen Philosophen, welche sich selbst Theosophisten nannten". Die neuere T. erhebt den Anspruch, daß man nicht nur glauben, sondern wissen und denkend erkennen wolle; in jedem Menschen stecke eine Art Gabe zum Hellsehen; diese müsse durch Trainieren der Seelenkräfte geweckt werden, so komme es zum Schauen der Dinge der unsichtbaren Welt. Mit der modernen Form der T. sind auch praktisch alle anderen nach 1875 entstandenen okkulten oder esoterischen Systeme identisch, wenn auch der Begriff T. dabei geflissentlich verschwiegen wird. — Zuweilen wird übrigens von modernen Theosophen darauf hingewiesen, daß das Wort T. schon in der griech. Fassung von 1. Kor. 2, 6/7 vorkomme; indes ist es ein sprachlicher Zufall, daß die beiden griech. Wörter theos (Gott) und sophia (Weisheit) hier zusammen stehen, aber es ist nicht der gewöhnliche Begriff T. gemeint.

Theosophische Gesellschaften, Name einer Reihe von okkulten, teils auch esoterischen Organisationen, die aus der am 17. 11. 1875 in New York von H. S. Olcott, H. P. Blavatsky und W. Q. Judge gegr. ersten TG hervorgegangen sind. Eigentlich war die Gründung der Organisation schon einige Wochen vorher unter dem Namen (engl.) „Miracle Club" (= Wunderklub) erfolgt; am 17. 11. 1875 erfolgte nur noch die Umbenennung in Theosophical Society und die Formulierung des Programms. Zielsetzung war zunächst das wissenschaftl. Studium der psychischen (hier: spiritistischen) Phänomene; danach wurden 3 Hauptzwecke herausgestellt: a) Bruderschaft der Menschen ohne Unterschied der Rasse, Farbe, Religion oder sozialen Stellung, b)

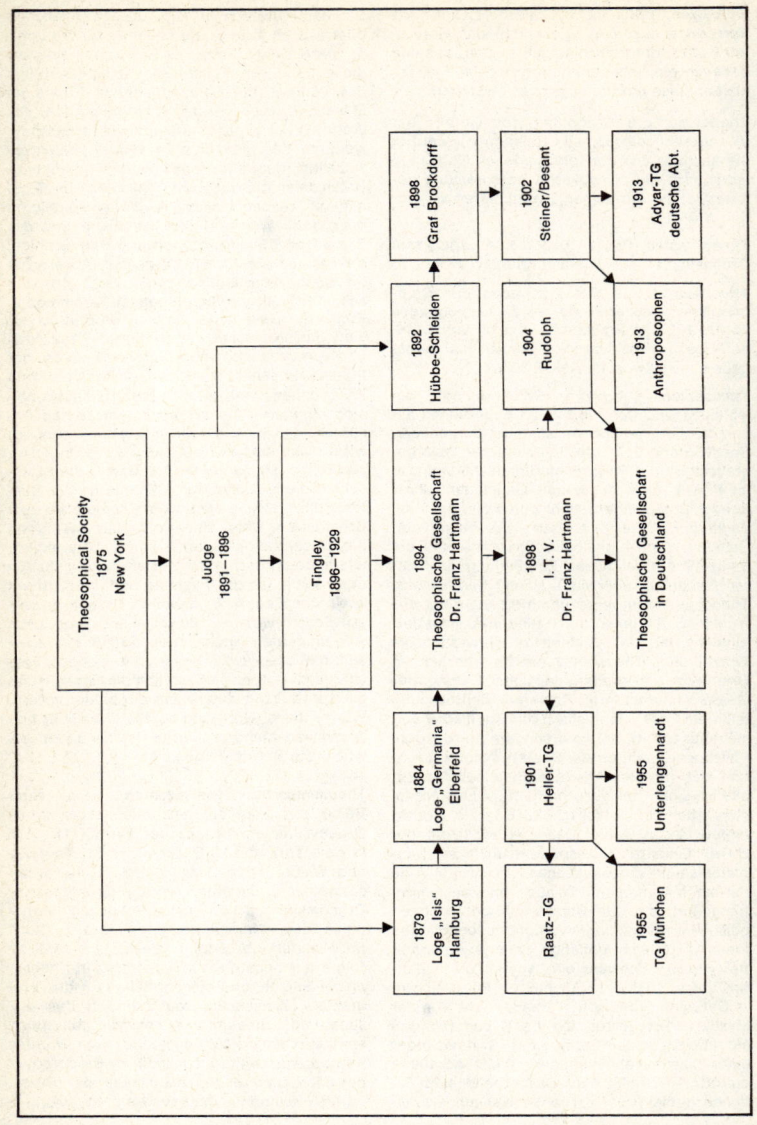

Entwicklung der Theosophischen Gesellschaft in Deutschland

ernsthaftes Studium der alten Weltreligionen zum Zwecke des Vergleichs und der Ableitung einer universalen Ethik und c) Studium und Entwicklung der latenten göttl. Kräfte im Menschen. Von den tibetanischen ↗ Meistern, die später im Mittelpunkt der Adyar-TG stehen und die sogar die TG gegründet haben sollen, war 1875 noch nichts bekannt. 1882 wurde der Sitz der TG von New York nach Madras/Indien verlegt. Etwa seit diesem Zeitpunkt verbreitete sich die TG mit Zweiggesellschaften über die ganze Welt; durch personelle Streitigkeiten bei der Besetzung der vielen Ämter kam es leider im Laufe der Zeit zu zahlreichen Spaltungen und zur Gründung immer neuer Theosophischer Gesellschaften, die sich teils von der ursprünglichen Zielsetzung immer weiter entfernten, aber dennoch stets vorgaben, die einzig richtige und wahre Theosophie zu vertreten. Zum Unterschied von den übrigen TG-Gründungen wird die in Indien ansässige TG nach einem Vorort von Madras meist Adyar-TG genannt. Die Adyar-TG hat seit ihrer Gründung 1882 zahlreiche Wandlungen in ihren Doktrinen durchgemacht; während die erste New Yorker TG fast ausschließlich im Zeichen des Spiritismus und der sogen. Wunder stand, propagierte die Adyar-TG anfangs den Buddhismus, von 1894 bis 1912 den Hinduismus und ab etwa 1913 ein abgewandeltes Christentum ohne Gott und ohne Christus. Organisatorisch ist die Adyar-TG in verschiedenen Föderationen (z. B. die amerikanische und die europäische F.) gegliedert; innerhalb einer Föderation gibt es für die einzelnen Länder Landesgesellschaften, denen dann die Ortsverbände (genannt „Logen") unterstehen. An der Spitze der Adyar-TG steht ein Präsident, der sich zwecks Meinungsbildung und -erforschung unter den Mitgliedern der ↗ Esoterischen Schule bedient. Die jeweiligen Ziele, Maßnahmen und Doktrinen werden von einem geheimen Inneren Kreis geplant und beschlossen. Indes ist die Adyar-TG nur ein äußerer Mantel für eine ganze Reihe anderer Organisationen unter harmlosen Namen, wie der ↗ Liberal-Katholischen Kirche (LKK), dem Theosophischen Dienstorden (TOS = Theosophical Order of Service), dem Bhārata Samâj Pûja (ein Hindu-Kult), dem Round Table (für Jugendliche), dem Golden Chain Orden (ebenfalls für Jugendliche), dem Lotos Circle (für Kinder), dem Asoka Chakra (politische Partei in Indien), der Sommerschule (Ferienschulung bei vegetarischer Kost), den Arbeiterwochen, den Zeltlagern, der Internationalen Korrespondenzliga, dem Ritus des Mystischen Sterns usw. — Während der ersten Jahre ihres

Bestehens gab es in der Adyar-TG, wie aus einem Brief von Judge vom 30. 6. 1888 hervorgeht, auch Erkennungszeichen und Paßworte für die Mitglieder. — Die erste TG in Deutschland gründete 1879 Dr. Wiesendanger in Hamburg („Loge Isis"); Dr. Hübbe-Schleiden gründete zusammen mit dem Fabrikanten Gebhardt am 27. 1. 1884 in Elberfeld eine weitere TG, die nach dem Besuch von H. P. Blavatsky in Würzburg und Elberfeld (1885/86) gute Fortschritte machte; dieser TG gehörten auch Dr. Franz Hartmann, Gustav Meyrink, Carl du Prel, Carl Kiesewetter, Max Dessoir, Ernst Haeckel und viele andere bekannte Persönlichkeiten an. Die erste Tagung dieser TG fand am 9. 8. 1884 am Starnberger See im Hause von Prof. Gabriel von Max statt; Teilnehmer waren u. a. Olcott, Franz Hartmann, Hübbe-Schleiden, A. W. Sellin, Gebhardt. 1892 gründete Hübbe-Schleiden eine weitere TG in Berlin, die sich besonders den Doktrinen von Annie Besant widmete. Aus dieser Berliner TG ging 1902 die deutsche Abt. der Adyar-TG unter der Leitung von Dr. Rudolf Steiner hervor. Franz Hartmann hielt jedoch am Grundsatzprogramm von 1875 fest und gründete 1896 mit Zustimmung der Blavatsky-Nachfolgerin Katherine Tingley abermals eine neue TG, die noch heute besteht („Theosophische Gesellschaft in Deutschland"), die längste zusammenhängende Tradition aufzuweisen hat und die Theosophie in ihrer noch unverfälschten Form vertritt. Daneben haben sich, teils aufgrund von ausländischen oder innerdeutschen Spaltungen, teils durch den Ausschließlichkeitsanspruch der Adyar-TG, noch etliche andere Theosophische Gesellschaften gebildet, bei denen jeweils irgendeine Persönlichkeit im Vordergrund steht, an der ein schon mehrfach gemachter Versuch eines Zusammenschlusses scheitert. — Lit.: Johann Frohnmeyer, Die theosophische Bewegung, ihre Geschichte, Darstellung und Beurteilung, Stuttgart 1920; Edwin Böhme, Eins ist not — Theosophie, Leipzig o. J. (ca. 1890); Dr. Karl Unger, Wider literarisches Freibeutertum; Kurt Walther, Eine Antwort auf Erich Bamlers Anklageschrift; Paul Stoß, Die theosophischen Gesellschaften und ihr Verhältnis zur Freimaurerei und anderen ethischen Bestrebungen der Gegenwart, Hamburg 1907; Arthur L. Conger, Practical Occultism, Pasadena 1951; Graf Hermann Keyserling, Reisetagebuch eines Philosophen, Darmstadt 1921; Ernest Egerton Wood, Is this Theosophy?, London 1936; J. N. Farquhar, Modern religious movements in India, London 1929; Hans Liebstoeckl, Die Geheimwissenschaften im Lichte unserer Zeit, Wien 1932; Eugène

405

Lévi, Mrs. Annie Besant und die Krisis in der Theosophischen Gesellschaft, Berlin 1913; (anonym) The theosophical movement 1875 till 1925, New York 1925; René Guénon, Le théosophisme, histoire d'une pseudo-religion, Paris 1965; Albert C. Stevens, Cyclopaedia of Fraternities, New York 1907.

Theraphim, eine Art Hausgötzen, welche die alten Israeliten von ihren aramäischen Stammeltern geerbt zu haben scheinen und die sie auch zuweilen als Privatorakel befragten. Bei den Rechtgläubigen galt dieser Kult als Götzendienst. Aus 1. Sam. 19, 13, 16 scheint hervorzugehen, daß die T. Größe und Gestalt von Menschen, mindestens aber in halber Figur (Kopf und Rumpf) hatten. Die T. sind somit eine einfachere Ausführung des ↗ Golem.

Therion (Ps.) = Aleister ↗ Crowley.

Theurgie, die Lehre vom Wundertun mit Gottes Hilfe, die magische Gestaltung zu guten Zwecken (ähnlich der Weißen Magie); T. ist die mystische Kunst, durch die der Mensch in dem Maße mit der Gottheit zusammenarbeitet, als er sie durch Demut und dauernde Selbstaufopferung realisiert. Kenneth Mackenzie versteht unter T. den Verkehr mit planetarischen Geistern und mit Engeln, den Göttern des Lichts, die Kenntnis der inneren Bedeutung der Hierarchien zwecks Erlangung der nötigen Kraft, um mit ihnen zu verkehren. Nach Martinez de Pasqualis ist hierzu die Kenntnis eines oder mehrerer Namen von Mächten oder Kräften, die demjenigen, der sie kennt, Schutz und Hilfe gewähren, erforderlich. Die erste Schule für prakt. T. soll schon in der ersten Christenzeit von Jamblichus gegründet worden sein; dort wurden Geister (jedoch nicht von den Toten!) für die Augen der Sterblichen sichtbar gemacht. Ein Theurgist muß zugleich Hierophant und Experte der Esoterik sein. — Lit.: Georg Conrad Horst, Theurgie oder vom Bestreben der Menschen in der alten und neuen Zeit, zwischen sich und die Geisterschaft eine Verbindung zu bewirken, Mainz 1820.

THO, Abk. für ↗ Tempelherrenorden.

Thokath (hebr.) = wahrnehmen, verstehen; im ↗ AMORC das Paßwort des 6. Tempelgrades, angeblich aus der Sprache der Atlantier stammend.

Thomas von Aquin, 1226—1274; einer der ersten Kirchenlehrer, der die kath. Glaubenslehre systematisch geordnet und zusammengestellt hat.

Thomas-Evangelium, eine erst in neuerer Zeit aufgefundene alte Schrift mit Worten Jesu, die für den inneren Kreis der Jünger bestimmt waren; während die Bergpredigt die Regeln für das äußere Leben enthält, gibt das T.-E. Anweisungen für das innere Leben; das T.-E. umfaßt 114 Verse und wurde zusammen mit anderen Papyrus-Handschriften bei Nag Hammadi in Oberägypten gefunden. — Lit.: K. O. Schmidt, Die geheimen Herrenworte des Thomas-Evangeliums.

Thora (hebr.) = das Gesetz; Bez. für die Gesamtheit der 5 Bücher Moses.

Toth, ägypt. Gottheit, deren Charakter sich völlig von der der and. Gottheiten unterscheidet; während sich die Auffassung von den übrigen Gottheiten laufend ändert, bleibt T. unverändert von der 1. bis zur letzten Dynastie. T. ist der Gott der Weisheit und der Autorität über alle anderen Götter; er ist der Hermes der Griechen, der Gott des Lernens und Hermes Trismegistos, d. h. der dreifach große Hermes. — Lit.: Woldemar von Uxkull, Die Einweihung im alten Ägypten nach dem Buch Thoth, Gettenbach 1957; (anonym) Das Buch Thoth, oder die kostbare Sammlung von Hieroglyphen aus der Lehre des Tri-Mercure-Athotis zur Anwendung der weisen Magie, welche von den ägypt. Mysterien gelehrt wurden. o. O. und J.

Throne, Bez. für eine der Engelshierarchien; nach Rudolf Steiner = Werkvollstrecker, Vermittler des Göttlichen.

Thule-Gesellschaft, esoterische Gesellschaft, gegr. 1923 von Karl ↗ Haushofer auf der Grundlage des Buches ↗ Dzyan; die Lehren der T.-G. basierten u. a. auch auf den Doktrinen ↗ Gurdjieffs; zu den Mitgliedern der T.-G. zählten sogar Prof. Morell (Hitlers Leibarzt) und ab 1928 Hitler, Himmler, Göring und Rosenberg; durch die T.-G. erhielt Hitler vorzeitig Nachricht vom Todesdatum Roosevelts und deutete das als „ein gutes Zeichen für 1000 J." (daher seine verworrene Rede nach dem Tode Roosevelts). — Lit.: Louis Pauwels, Aufbruch ins 3. Jahrtausend, Stuttgart 1962; ders., Gurdjew der Magier, München 1956; Dietrich Bronder, Bevor Hitler kam, Hannover 1964; Sebottendorf, Bevor Hitler kam, München 1933.

Thummin, Thummim (hebr.) = Vollkommenheiten; ein Ornament auf der Brustplatte der alten jüd. Hohenpriester; moderne Rabbiner und Hebraisten geben an, den Zweck der T. nicht zu kennen; es waren die Instrumente der magischen Vergöttlichung und des orakelhaften Verkehrs, etwa den modernen Meditationshilfen in Form von Kristallkugeln oder (bei den Anthroposophen) Edelsteinen. ↗ Urim und Thummim.

Tibet, das größte Hochland der Erde (2 Mio. qkm), in Zentralasien, dessen von Gesteinsschutt bedeckte Hochebenen um 3500 bis 5000 Meter hoch liegen. Infolge der Unzugänglichkeit des ganzen Gebietes wurde wahrscheinlich der Sitz der sog. ↗ Meister dorthin verlegt; in T. selbst nimmt man den Wohnsitz der Meister meistens im Westen an. Die Lit. Tibets ist vorwiegend religiöser Art und besteht fast nur aus Übersetzungen von Sk.-Texten. Seitdem nämlich die Tibeter im 7. Jh. zum Buddhismus bekehrt wurden, bemühte man sich eifrig, die zahlreichen Werke ihrer Religion in die Landessprache zu übersetzen. Fast sämtliche Übersetzungen dieser Art, zusammen mit einigen wenigen Originalwerken, wurden in zwei Sammlungen aufgenommen, von denen die erste den Titel „Bkahgyur" (sprich: kandjur) führt, d. h. „Übersetzungen des Buddhawortes" und 100 bis 108 Bände im Großformat umfaßt; sie wurden in den Klöstern von Snarthang, Potala, Tschone und Kumbum gedruckt. Die Sammlung zerfällt in sieben Abteilungen, die über Klosterdisziplin, Metaphysik und mystische Theosophie handeln, nebst Legenden und moralischen Erzählungen. Einzelne Teile daraus wurden auch von europäischen Gelehrten bearbeitet, so die metaphysische Abhandlung „Vadschratschhedika" von Schmidt (Petersburg 1837), „Rygatscherrol-pa", eine Lebensbeschreibung Buddhas von Foucaux (Paris 1848—1849) und „Dsang-blun" (= Der Weise und der Tor) von J. J. Schmidt (Petersburg 1843). Die zweite Sammlung heißt „Bstanhgyur" (sprich: tandjur), d. h. Übersetzungen von Lehrschriften", insgesamt 225 Bände in Großformat, zuerst in Snarthang gedruckt. Diese Sammlung zerfällt in drei Abteilungen und enthält Hymnen, Rituale und Liturgien, Philosophie und Theosophie, Astrologie usw. Daneben gibt es auch noch Profanliteratur und Märchen.

„Tibetaner, Der" (oder: Der Tibeter), die Bez. für den ↗ Meister D. K. (= Djawal Khul) in den Schriften von Alice Bailey, der ihr die Bücher diktierte. In einigen Bailey-Büchern ist eine Verlautbarung des T. abgedruckt, in welcher er 1934 u. a. mitteilte, daß er „ein Tibeterjünger eines bestimmten Grades" sei und „in einem physischen Körper, wie jeder andere Mensch auch, und zwar an den Grenzen von Tibet" wohne. Alice Bailey lernte den T. angeblich schon im Alter von 15 J. am 30. 6. 1895 kennen (Autobiography, S. 34/35). Nach den Ausführungen von Alice Bailey ist der T. ein Adept des 2. Strahles der Liebe-Weisheit; er ist bekannt als der „Botengänger der Meister" und ist sehr gelehrt in Sachen der Strahlen und der planetarischen Hierarchien der Sonnensysteme. Als Ergebnis seiner zusätzlichen Informationen wurde die Arkanschule ins Leben gerufen.

Tiefenentspannung, nach Felix Riemkasten der tiefere Entspannungszustand, als er mit dem ↗ autogenen Training, welches eine oberflächliche Abwandlung der uralten tibetanischen Totenlage ist, erzielt werden kann. — Lit.: Felix Riemkasten, Einkehr in die heilende Stille, Freiburg 1962.

Tiefenpsychologie, nach Friedrich Levke „derjenige Teil der psychologischen Wissenschaft, der sich mit der Erforschung des Unbewußten und dessen Beziehungen zum bewußten Erleben befaßt". Somit jede Richtung der Psychologie, die nicht an der Oberfläche des bewußten Seelenlebens bleibt, sondern in die unterbewußten und unbewußten Tiefen der Seele leuchtet und sich insbesondere mit den Beziehungen zwischen Gefühl und Willen befaßt. T. ist heute Therapie, Wissenschaft und Weltanschauung zugleich. Ihre Begründer Adler und Jung bauten auf der Psychoanalyse von Freud.

Tiere (in der Symbolik), T. wurden schon in den ältesten Zeiten verehrt und als Symbole für bestimmte Begriffe verwendet; allerdings lassen sich einheitliche Regeln für die Deutung nicht aufstellen. Ein altes jüd. Sprichwort sagt: „Vier sind die höchsten in der Welt: der Löwe unter den wilden Tieren, der Ochse unter dem zahmen Vieh, der Adler unter den Vögeln und der Mensch unter allen Kreaturen; aber Gott steht über allem" (Qu: Fairbairn, Typology of Scriptures, Bd. 1, S. 262). In der Bibel kommen die vier Tiere zuerst bei Hes. 1 vor, der am Fluß Chebar in Chaldäa Tiere sah, die vier Gesichter hatten: vorn die von Menschen, von der rechten Seite gleich einem Löwen, von der linken gleich einem Ochsen und von hinten gleich einem Adler. Der Mensch symbolisiert die Intelligenz und die Macht des Herrn, der Löwe Stärke und Würde, der Ochse Geduld und Fleiß und der Adler Schnelligkeit und Sicherheit, mit der der göttl. Wille in die Tat umgesetzt wird. Im Tempel Salomos waren die vier Tiere auf einer Säule so angeordnet, daß man den Kopf des Ochsen, hier das Symbol für die heidnischen Religionen, nicht sehen konnte, weil er nach außen gekehrt war. Arnd („Bücher vom wahren Christentum") deutet die vier Tiere als „die vier hohen Amtswerke Christi: seine Menschwerdung, sein Opfer, seine Auferstehung und seine Himmelfahrt". in der Großen Landesloge erscheinen die vier Tiere im 5. Grad auf den Endpunkten des Andreaskreuzes als Attribute der vier Evangelisten. Nach den Doktrinen der Theosophie stellen die vier Tiere die vier niederen Klassen von Welten oder Ebenen dar: so der Adler (Apostel Johannes) den kosmischen Geist oder Äther, das allsehende Auge Gottes; der Ochse (Apostel Lukas) die Wasser des Lebens, das alles antreibende Element und das kosmische Stärke; der Löwe (Apostel Markus) heftige Energie, furchtlosen Mut und kosmisches Feuer; das menschliche Haupt oder der Engel (Apostel Matthäus) die Synthese der vereinten 3 ersten als den Intellekt des Menschen und seiner kosmischen Geistigkeit. — Eine symbolische Tiere sind der ↗ Pelikan, der aus seiner Brust die Jungen speist, die Schakale in Klagelieder 4, 3 (bei Luther: „Drachen", in engl. Bibeln: „Pelikan"), die Schlange, der Vogel Phönix usw. — Lit.: Johannes Blochwitz, Kulturgeschichtliche Studien, Leipzig 1882.

Tierkreis (auch: Zodiak oder Zodiakus), ein am Himmel gedachter Gürtel, der etwa 8° auf jeder Seite der Ekliptik breit ist und die Stellungen der den Alten bekannten Planeten sowie die scheinbaren Stellungen der Sonne einschließt. Der T. wird in 12 Tierkreiszeichen (s. Tab. S. 409) geteilt; früher entsprach das Tierkreiszeichen dem daneben oder dahinter liegenden Sternbild. Durch die sogen. Präzession der Äquinoxe haben sich jedoch die Tierkreiszeichen um ein Zeichen verschoben, d. h. Wassermann und Widder wären eigentlich Widder und Stier. Allgemein wird der T. beim Zeichen Widder beginnend gerechnet; bei der Astrologie des ↗ Lectorium Rosicrucianum wird jedoch beim Zeichen Wassermann der Anfang gesetzt. Die Symbole der Tierkreiszeichen, ihre lat. Bezeichnungen usw. sind in der nebenstehenden Tabelle zu finden. — Lit.: Julius Schwabe, Archetyp und Tierkreis, 1951; Heinrich Reich, Das Geheimnis des Tierkreises, 1949; Franz Carl Endres, Mystik und Magie der Zahlen, Zürich 1951; Sterneder, Schlüssel zum Tierkreis-Geheimnis, München 1956; Charubel, Die Grade des Zodiak, Berlin 1960; Johannes von Spallert, Tierkreis und Schöpfung, Zürich 1965; von Sebottendorf, Die Symbole des Tierkreises, Leipzig 1926; Fritz Wehrle, Kosmos und Symbol, München; Dr. Ludwig Reiners, Steht es in den Sternen?, München 1951.

Tiferet oder Tiphereth (hebr.) = Schönheit, Herrlichkeit; in der Kabbalah die 6. Sephiroth,

zuweilen auch mit Rachamim (= Barmherzigkeit) oder Melekh (= König) bezeichnet.

Tingley, Katherine, † 1929; Nachfolgerin von Judge als Präsident der Theosophical Society in America (↗ Theosophische Gesellschaften) ab 22. 3. 1896. Als Judge starb, fand man unter seinen Papieren ein Testament, in welchem es hieß, daß sein Nachfolger eine Person namens „Promise" sein würde. In einer spiritistischen Sitzung erschien darauf H. P. Blavatsky und erklärte dem Medium T., das sich eigentlich „Purple" (engl. = Purpur) nannte, daß es Promise (= Versprechen) sei; „Purple" hatte zu früherer Zeit in Trance erklärt, daß Judge der inkarnierte ↗ Kut Humi sei. T. unternahm nach Übernahme der Präsidentschaft als erstes einen großen Kreuzzug für die Theosophie rund um die Welt; bei ihrer Rückkehr gründete sie die „School for the Revival of the Lost Mysteries of Antiquity" (engl. = Schule für die Wiederbelebung der verlorenen alten Mysterien) in Point Loma, wo auch später die Zentrale der von ihr gegründeten Brotherhood and Theosophical Society entstand. Eine Minderheit der TG verlangte übrigens die Originalpapiere von Judge zu sehen, trat aus und gründete verschiedene Konkurrenzorganisationen: die Theosophical Society of New York, The Temple of the People (unter Mrs. Francis La Due), den Blue Star, die Theosophical Society in America (als Neugründung), die Rosicrucian Society (Vorläufer des AMORC), die Rosicrucian Cosmo-Conception, die Blavatsky Association, die United Lodge of Theosophists usw. 1896, 1899 und 1923 war T. auch in Deutschland und hielt vielbeachtete Vorträge, darunter einen in der mittelalterlichen Katharinenkirche in Nürnberg. Bei ihrem Besuch 1896 in Deutschland ermächtigte sie Dr. Franz Hartmann, die erste deutsche Landesgesellschaft der TG (heute: „Theosophische Gesellschaft in Deutschland" mit Sitz in Frankfurt) zu gründen. — In ihrer Biographie schreibt T.: „Viele der glücklichsten Erinnerungen an meine Kindheit verbinden mich mit meinem Großvater, der einer der bekanntesten Freimaurer in Massachusetts und Rhode Islands war und der in diesen Staaten einige der höchsten maurerischen Auszeichnungen erhielt. Von ihm erhielt ich meine erste Erziehung; aus seinen frmr. Büchern lernte ich lesen und buchstabieren, und von seinem vornehmen und freundl. Charakter erhielt ich die allerbeste Meinung über die FM. Schließlich war ich überzeugt, daß die besten Menschen der Welt Freimaurer sein müssen. Ich betrachte die FM und ihre Grund-

Die Tierkreiszeichen nach heutiger Rechnung			Grad im Zodiak	Sonne im Zeichen	heute eigentlich	Planeten-Herrscher		Entsprechungen der alten Gottheiten
Symbol	Bezeichnung	lateinisch						
♈	Widder	Aries	0–30	21. 3. – 20. 4.	Fische	♂	Mars	Athene – Minerva
♉	Stier	Taurus	30–60	21. 4. – 20. 5.	Widder	♀	Venus	Aphrodite – Venus
♊	Zwillinge	Gemini	60–90	21. 5. – 20. 6.	Stier	☿	Merkur	Apollo
♋	Krebs	Cancer	90–120	21. 6. – 20. 7.	Zwillinge	☽	Mond	Hermes – Merkur
♌	Löwe	Leo	120–150	21. 7. – 20. 8.	Krebs	☉	Sonne	Zeus – Jupiter
♍	Jungfrau	Virgo	150–180	21. 8. – 20. 9.	Löwe	☿	Merkur	Demeter – Ceres
♎	Waage	Libra	180–210	21. 9. – 20. 10.	Jungfrau	♀	Venus	Hephaistos – Vulkan
♏	Skorpion	Scorpio	210–240	21. 10. – 20. 11.	Waage	♂	Mars	Ares – Mars
♐	Schütze	Sagittarius	240–270	21. 11. – 20. 12.	Skorpion	♃	Jupiter	Artemis – Diana
♑	Steinbock	Capricornus	270–300	21. 12. – 20. 1.	Schütze	♄	Saturn	Hestia – Vesta
♒	Wassermann	Aquarius	300–330	21. 1. – 20. 2.	Steinbock	♅	Uranus	Hera – Juno
♓	Fische	Pisces	330–360	21. 2. – 20. 3.	Wassermann	♆	Neptun	Poseidon – Neptun

Tabelle der Tierkreiszeichen und ihrer Entsprechung

409

sätze als eine große Kraft des Guten in der Welt." – W.: The Wine of Life, Point Loma 1925; Theosophy: the Path of the Mystic, Point Loma 1922; The Gods await, Point Loma 1926. – Lit.: (anonym) The Theosophical Movement 1875 till 1925, New York 1925; D. L. Joh. Frohnmeyer, Die theosophische Bewegung, Stuttgart 1920.

Tinktur, in der Alchemie das Mittel, den Umwandlungsprozeß, d. h. die sogen. Graderhöhung (namentlich beim Menschen) zu erwirken; Jakob Böhme: „Die T. ist in allen 3 Prinzipien. Die T. aller 3 Prinzipien ist im Lichte. In Gott, Engeln und Seelen ist die T. gleich. Sie ist das Gehäuse der Seelen. Sie wird im Herzen aus den Essentien geboren. Das Männlein hat den Feuergeist, das Weiblein den Wassergeist zur T."

Tipitaka (Sk.) = die 3 Körbe; Name des buddhistischen Kanons, bestehend aus 3 Teilen: 1. der Doktrin, 2. den Regeln und Gesetzen für die Priesterschaft und Asketen und 3. den philosophischen Dissertationen und der Metaphysik. – Auch Tripitaka genannt. ↗ Dhamma.

Tiriel (hebr.) = Kundschafter Gottes; in der Kabbalah und Magie der Dämon oder die Intelligenz des Merkur.

Tiruvallur, Der alte Herr von, einer der älteren ↗ Meister der Adyar-TG; H. P. Blavatsky, Leadbeater und Subba Row besuchten ihn häufig in seiner Einsamkeit, 80 Meilen von Adyar, „wo er die Wissenschaften, namentlich Chemie, Astronomie, studierte."

Tischner, Dr. Rudolf, * 3. 4. 1879 Höhenmölsen/Sachsen; † 1961; Augenarzt in München; bekannter Okkultist; führte viele telepathische Versuche aus und trat zusammen mit Schrenck-Notzing positiv für den Spiritismus ein. – W.: Über Telepathie und Hellsehen, München 1921; Geschichte der okkultistischen Forschung, Pfullingen 1924; Ergebnisse okkulter Forschung, Stuttgart 1950; Monismus und Okkultismus; Vierte Dimension und Okkultismus, Leipzig 1922; Fernfühlen und Mesmerismus, München 1925; Der Okkultismus als Natur- und Geisteswissenschaft, Stuttgart 1926; Das Medium D. D. Home, Leipzig 1925.

Tischrücken, eine besondere Form der spiritistischen Sitzung, bei der im allgemeinen kein Medium zugegen ist, um Zeichen von Verstorbenen oder von Geistern ganz allgemein zu erhalten; eine Kette von Personen legt die Fingerspitzen auf den Tisch, der unter entsprechenden Voraussetzungen in Bewegung gerät und Fragen durch bestimmte

Signale beantwortet. – Vor dem 1. Weltkrieg wurde das Tischrücken auch noch in der deutschen Sektion der Adyar-TG geübt, jedoch von Rudolf Steiner (dem Generalsekretär) untersagt. – Lit.: Hans Freimark, Das Tischrücken, Pfullingen 1921; Philipp Schmidt, Vom Tischrücken und Geisterbeschwören, Berlin 1952.

Titurel, spanischer König in der ↗ Gralssage. – Lit.: Wolfram von Eschenbach, Titurel.

Todesplanet, ↗ Achte Sphäre.

Toleranz (lat.), die Duldung abweichender Überzeugungen, besonders auf religiösem Gebiet. Gedanke und Begriff der T. sind dem Altertum fremd; der antike Staat hatte seine Exklusivreligion. Auch der mittelalterliche Staat kannte keine T., sondern hielt sich für verpflichtet, der kath. Kirche bei der Verfolgung der Ketzer weltliche Unterstützung zu geben. Erst nach den Glaubenskriegen wurden in einer Reihe von Friedensschlüssen gewisse allgemeine Toleranzgrundsätze aufgestellt und vereinbart. – Bei Maßen und Gewichten ist T. die zulässige Abweichung vom Sollwert. – Auch in der FM kommt der Begriff T. vor, ohne allerdings näher definiert zu werden, so daß die Deutung von Fall zu Fall unterschiedlich ausfällt, allerdings mit dem Vorteil verbunden ist, daß die jeweilige Deutung erst dann zweckdienlich bestimmt werden muß, wenn sie gebraucht wird. Zuweilen wird in der FM, wenn abweichende Meinungen geäußert werden, T. gefordert, um die abweichenden Meinungen zu unterdrücken. Hier hat also der Begriff zuweilen eine mehr dialektische Bedeutung.

Tolstoi, Leo, * 1828, † 1910; russischer Schriftsteller und Denker; schildert in seinem Roman „Krieg und Frieden" u. a. die russische Freimaurerei. T. selbst scheint nicht Freimaurer gewesen zu sein, denn seine Darstellungen beziehen sich mehr auf den Illuminatenorden als auf die eigentliche FM; so schrieb er 1905 an einen deutschen Freimaurer: „Ich danke sehr für die Sendung des frmr. Buches; es freut mich sehr, daß ich, ohne es zu wissen, meiner Gesinnung nach ein Freimaurer bin. Ich habe immer von Kindheit an für diese Organisation große Achtung gehabt und glaube, daß die FM viel Gutes für die Menschheit geschaffen hat." In „Krieg und Frieden", Buch VI, Kap. VII, schreibt T. über die FM: „Er teilte die Brüder in vier Klassen; in der ersten waren jene, die weder in der Loge, noch unter den Menschen aktiv waren, sondern sich ausschließlich der Meditation über die Mysterien des Ordens hingaben, die die drei Elemente Schwefel, Quecksilber und Salz oder die Bedeutung des Winkels und der anderen Symbole des Salomonischen Tempels studierten. Die zweite Kategorie, zu der er sich selbst zählte, war zusammengesetzt aus Adepten, die nach dem richtigen Pfad suchten, und obwohl sie ihn noch nicht gefunden hatten, doch hofften, ihn eines Tages zu finden. Die dritte Klasse, die Mehrheit, die im Orden außerhalb seiner Formen und Zeremonien nichts fanden und sich mit der strikten Beachtung derselben begnügten, ohne sich um deren innere Bedeutung überhaupt zu kümmern. Die letzte und zu jener Zeit gleichzeitig auch ziemlich starke Gruppe umfaßte die, welche gar nichts glaubten, auf nichts hofften und nur danach trachteten, mit reichen Leuten bekannt zu werden und aus der Bekanntschaft einige Vorteile herauszuschlagen." — Lit.: Henri Troyat, Tolstoi oder die Flucht in die Wahrheit, Düsseldorf 1967.

Ton, Töne, in der Hatha-Yoga-Pradipika wird die Erlangung des Samadhi mittels Übungen gelehrt, die Ton-Auditionen (analog den Visionen) auslösen. Im Kap. IV, 82 ff. heißt es: „Der Yogi halte sich die Ohren zu mit den Händen, und wenn er einen Laut hört, so konzentriere er seinen Geist darauf, bis er selbst unbeweglich wird. Zu Anfang der Übung wird ein lauter, verschiedenartiger Ton wahrgenommen, dann bei fortgesetzter Übung ein feinerer und feinerer. Zuerst klingt es wie vom Meere, von einer Wolke (d. h. Donner), einer großen Trommel, einer Muschel, einer Glocke. Endlich wie der Ton eines Glöckchens, eines Rohres, einer Laute, einer Biene. Diese mannigfachen Laute hört man in der Mitte des Körpers."

Totenbeschwörung, die magische Form des Spiritismus, bei der Tote herbeizitiert und befragt werden; Eliphas Lévi berichtet in „Dogma der Hohen Magie" (München 1927, S. 196 bis 203) ausführlich über seine in London bei Bullwer-Lytton durchgeführte Beschwörung des Apollonius von Tyana; das entsprechend erforderliche Ritual ist in seinem „Ritual der Hohen Magie" (München 1927, S. 297—308) abgedruckt; T. wird schon seit den ältesten Zeiten beschrieben und kommt u. a. in der Bibel 1. Sam. 27, 7 ff. und Jes. 8, 19 vor. — Lit.: Eliphas Lévi, Ritual der Hohen Magie, München 1927, S. 137—152 (Kap.: Nekromantie).

Totenbuch, das ägyptische, eine ägyptische Geheimlehre mit den Kernpunkten: kleide die Nackten, gib dem Hungrigen zu essen, bedrücke niemanden, hilf denen, die hilfsbedürf-

tig sind — also Grundsätze, die später das Christentum in seine Lehre übernahm. — Lit.: Gregoire Kolpaktchy, Das ägyptische Totenbuch, München 1955; Peryt Shou, Geheimlehre des ägyptischen Totenbuches, Lorch o. J. (ca. 1932).

Totenzauber, ↗ Totenbeschwörung, ↗ Nekromantie.

tradieren (das Zeitwort von Tradition) = mündlich weitergeben, überliefern; esoterische Lehren (die diese Bez. verdienen!) werden im allgemeinen „tradiert", d. h. nur mündlich überliefert; diese Überlieferung heißt dann Tradition. — In der Umgangssprache hat das Wort Tradition eine völlig falsche Bedeutung. — Lit.: Leopold Ziegler, Überlieferung.

Traktat-Gesellschaft, die für die Öffentlichkeit bestimmte Bez. der ↗ Adventisten.

Trance (franz.), von (lat.) transitus = das Hinübergehen; Zustand, bei dem die Herrschaft des Willens über den Körper aufgehoben ist, z. B. im Somnambulismus, in der Ekstase.

Tränker, Heinrich, * 6. 8. 1880, † 22. 5. 1956 Berlin; Buchhändler, Antiquar und bekannter Sammler okkulter Bücher; führte auch die Ps. Frater Recnartus, Meister Garuda und Henkelkreuzmann. Um 1925 ist T. der Leiter der deut-

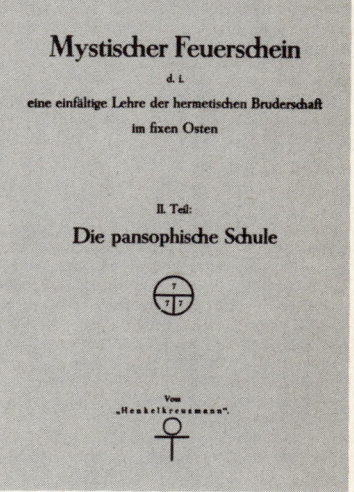

Philosphie-Lehrbuch von H. Tränker

schen Rosenkreuzer-Bewegung, welche um 1922 in München neu gegründet wurde und sicher die Nachfolge der Rosenkreuzer-Gesellschaft von Franz Hartmann antrat, aber auch aus Kräften aus der Heindel-Bewegung gespeist wurde, nachdem Hugo Vollrath (Leipzig) und Bô Yin Râ sich von Heindel getrennt hatten. T.s Rosenkreuzer traten nach außen auch als Loge „Pansophia" auf, aber nur die Berliner Gruppe kam (unter Leitung von Meister Pacitius) zum Arbeiten. Als sich Crowley bemühte, die Pansophie in die ↗ A∴A∴ einzugliedern, brach die Pansophia auseinander, wobei u. a. die ↗ Fraternitas Saturni entstand. Um 1930 soll T. Verbindung zu Spencer Lewis aufgenommen haben, um diesen bei der Verbreitung des ↗ AMORC zu unterstützen. — W: (als Herausgeber) Die Pansophie der hermetischen Bruderschaft vom Rosenkreuz, München 1923; Mystischer Glockenschlag, München (später Neuausgabe, Freiburg); Zeitschrift „Pansophia", Leipzig.

Transfiguration, okkulter Begriff mit verschiedenen Bedeutungen; im Spiritismus der Vorgang, wenn das Medium in der Trance die Gesichtszüge des Verstorbenen annimmt und als solcher auch von den Anwesenden erkannt wird; in der ↗ Arkanschule die 3. Einweihung, in welcher der physische Mensch erleuchtet und transformiert wird durch die glänzende Strahlung des einwohnenden göttlichen Lebens; die Verwandlung von Menschen in Tiere und umgekehrt (der heilige Augustinus untersuchte z. B. die Frage, ob Apulejus in einen Esel und anschließend wieder in seine erste Form verwandelt werden konnte); in neuester Zeit ist T. auch ein Dogma beim Lectorium Rosicrucianum im Sinne von Wiedergeburt, womit „die einschneidende Änderung der persönlichen Lebensverhältnisse" (d. h. Abschaffung des Fernsehens, Austritt aus der Kirche, Ablieferung okkulter Bücher, Stiftung von Geld und Grundbesitz usw.) gemeint ist.

Transit, in der Astrologie der Übergang eines Planeten über einen ↗ Aspekt des Geburtshoroskopes; während das Geburtshoroskop nur die Stellung des Planeten zur Geburtsstunde anzeigt und damit auch nur die dem Menschen mit auf den Weg gegebenen Eigenschaften, müssen die sich ergebenden Entwicklungen aus den sich fortbewegenden Planeten (und den sich dabei ergebenden T.en) ermittelt werden; die Bewertung der T.e im Horoskop erfolgt teils nach ihrer Reihenfolge, teils nach der Geschwindigkeit der Planeten.

Transitrad, die schematische Darstellung der Rangfolge der ↗ Aspekte eines Horoskops;

links herumlaufend ergeben sich dann, bei der Konjunktion beginnend, folgende Aspekte, die zusammen das T. heißen: Konjunktion, Semisextil, Semiquadrat, Sextil, Quadrat, Trigonal, Sesquiquadrat, Quinkunx und Opposition. Das T. wird vom Aszendenten, dem M. C. und den 7 bzw. 9 Planeten angefertigt.

Transmigration (lat.), Wanderung, Übersiedelung, insbesondere die Seelenwanderung; im allgemeinen die Umschreibung für die Annahme, daß die menschliche Seele einige Zeit nach dem Tode in das Tierreich wandert und auf Erden in einem Tierkörper wiedergeboren wird.

Transsubstantiation, in der Theologie die Umschreibung für die Umwandlung von Brot und Wein in Leib und Blut Christi während der kath. Messe, wobei zwar die äußere Form von Brot und Wein bleibt, die geistige Substanz jedoch geändert wird.

transzendent, von (lat.) transcendere = hinübersteigen; jenseits, außerhalb des Bewußtseins- bzw. Erfahrungsbereiches liegend. — Lit.: Maria Hippius, Transzendenz als Erfahrung; K. Saur, Transzendenz als Wirklichkeit, Hamburg 1963.

Traum, ein Ergebnis der Seelentätigkeit im Schlafe; während des Wachseins wird die Tätigkeit der Seele größtenteils durch die Einwirkungen der Außenwelt bestimmt, und die Eindrücke auf die Sinne geben den Stoff zu den Vorstellungen, denen der Verstand eine Art Zusammenhang verleiht. Im Schlaf hingegen fällt die Tätigkeit des bewußt ordnenden und verknüpfenden Verstandes fort, und die Phantasie verarbeitet die Seeleneindrücke in freier Willkür. — Lit.: Weygandt, Entstehung des Traumlebens, Leipzig 1893; Gießler, Aus den Tiefen des Traumlebens, Halle 1890; J. A. Sanford, Gottes vergessene Sprache, Zürich 1965; Dr. Henri Birven, Lebenskunst in Yoga und Magie, Zürich 1953; C. A. Meyer, Traum und Symbol, Zürich 1963; Dr. Gerhard Ockel, Traumsymbol und Traumdeutung, Gelnhausen; Herbert Gottschick, Reich der Träume; M. Pongracz und I. Santner, Das Königreich der Träume; Sigmund Freud, Die Traumdeutung, Frankfurt 1948; Medard Boss, Der Traum und seine Auslegung, Bern 1953; André Sonnet, Die rätselhafte Welt der Träume, Heidenheim 1959; Wolf v. Siebenthal, Die Wissenschaft vom Traum, Berlin 1953; Harald Schultz-Hencke, Lehrbuch der Traumanalyse, Stuttgart 1949; Gerhard Ockel, Die Traumdeutung in der modernen Seelenkunde, Berlin 1949; Karl Leomhard, Gesetze und Sinn des Träumens, Stuttgart 1951; Werner Kemper, Der Traum und seine Be-Deutung, Reinbek 1962; Robert Bossard, Psychologie des Traumbewußtseins, Zürich 1951.

Traumleben, Pflege des, in der Anthroposophie die dritte der vier Vorbedingungen (↗ Pfade) zur Schülerschaft. Da im Traum Gesichts- und Gehörbilder erlebt werden, sollte sich der Schüler dieses besonderen Lebens mit Bewußtsein bemächtigen, so daß die Sinne auch im Schlafzustand wach gehalten werden können. Steiner nennt dies (nicht ganz treffend) „das kontinuierliche Bewußtsein". Auf diese Weise sollen wir in die Bewußtseinswelten eindringen, wo die Rätsel des Daseins sich lösen. — Die anschließende Stufe des vierfachen Pfades der Anthroposophen heißt dann „besinnliche Lektüre" (↗ Literatur).

Tredezil (oder Sesquiquintil), in der Astrologie = $^3/_{10}$-Schein. ↗ Aspekte, schwache.

Triade (griech.), eine Gruppe von drei Gliedern, ähnlich der Trinität; während bei der Trinität die drei Glieder mehr als Einheit aufgefaßt werden, steht bei der Triade mehr die Selbständigkeit der einzelnen Glieder im Vordergrund. In der Kabbalah werden zuweilen die drei oberen Sephiroth als Triade bezeichnet und ebenso die drei obersten Glieder (oder Prinzipien) in der siebenfachen Konstitution des Menschen oder der Welt. — Lit.: ↗ Prinzipien des Menschen.

Triangel, von (engl.) triangle = Dreieck; in der ↗ Arkanschule die Bez. für Meditationsgruppen aus je drei Personen.

Trigonal, ↗ Aspekt.

Trigunas, ↗ Gunas.

Trine, Ralph-Waldo, amerikan. Schriftsteller der ↗ Neugeist-Bewegung. — W.: In Harmonie mit dem Unendlichen, Stuttgart 1921; Frohe Botschaft; Hab' Sonne im Herzen; Was alle Welt sucht; Der Neubau des Lebens; Der Geist in dir sei dein Berater; Vom köstlichen Gewinn; Geistige und seelische Hochspannung.

Trinität (lat.) = Dreiheit; in der Kirchensprache die Dreiheit göttlicher Personen in der Einheit des göttl. Wesens. Der Kirchenvater Anastasius, der dieses Dogma formulierte, stützte sich dabei auf den uralten Heidenglauben und die Auffassungen der ägypt. Priester, in deren Land er sein ganzes Leben verbracht hatte. Die alten Begriffe Vater-Mutter-Sohn übertrug er auf Vater-Sohn-Heiliger Geist. — Bei Rudolf Steiner besteht die T. in Mond-Merkur-Venus, die eine irdische Hierarchie bilden, welcher als unmittelbar göttliche Hierarchie Throne-

Cherubime-Seraphime als Gegen-T. zugeordnet sind. — Liebstöckl, Die Geheimwissenschaften im Lichte unserer Zeit, Wien 1932.

Tripitaka, ↗ Tipitaka.

Trisagion, von (griech.) tris = dreifach und hagios = heilig; die Hymne der östlichen Kirchen mit der dreifachen Invokation der Heiligkeit Gottes (z. B. Heilig, heilig, heilig ist der Herr, Jes. 6, 3); das T. kommt auch im ↗ Royal-Arch-Grad der FM vor; an einer Stelle bei H. P. Blavatsky fälschlich Trishagion geschrieben.

Triseptil, in der Astrologie = $^3/_7$-Schein, ↗ Aspekte, schwache.

Tritheim, Johannes Heidenberg Abt von, (auch lat.: Trithemius), * 1462 Tritheim bei Trier, † 1516; Abt des Klosters Sponheim bei Kreuznach; wurde mit 22 J. Benediktiner, dann Abt des Konvents von Sponheim (1483). Er war ein großer Büchersammler und widmete sich dem Studium der Geheimwissenschaften, namentlich der Astrologie und der Magie; er war auch Lehrer und Freund von Agrippa v. Nettesheim und bezeichnete sich als Schüler Alberts des Großen. Während einer Krankheit 1505 verbrannten seine Mönche die gesamte magische Bibliothek; darauf weigerte er sich, nach Sponheim zurückzukehren, und ging zur Abtei Würzburg, wo er seine geheimen Studien fortsetzen konnte. 1500 teilte er die Magie in drei Zweige: die natürliche, die kabbalistische und die satanische, und die Geschichte der Welt in sieben Stufen, an deren Spitze die sieben Engel der Apokalypse standen. Mit Mühe entkam er dem Scheiterhaufen. — W.: De Septem Secundeis, Köln 1567; Steganographia, 1505; Wunder-Buch von der göttlichen Magie, dem Planeten- und Geburtsstunden-Einfluß, der Signatur der Kräuter usw., Passau 1506.

Tropisches Jahr = 365 Tage, 5 Stunden, 48 Minuten und 46 Sekunden; **Tropischer Monat** = 27 Tage, 7 Stunden, 43 Minuten und 5 Sekunden.

Trunk der Vergessenheit, in der Anthroposophie die Bez. für die sog. ↗ Luftprobe, d. h. die 3. Probe der Einweihung. „Man lernt über die Geheimnisse zu reden und zu schweigen." Danach handelt es sich um einen geistigen T. d. V., wodurch frühere Irrtümer abgelegt werden, aber auch um einen Gedächtnistrunk, der die höhere Weisheit einprägt. — Vom Lectorium Rosicrucianum ist der Begriff T. d. V. übernommen worden — allerdings in einem ganz anderen Sinne. Allen Neugierigen, die die „Geheimnisse" des Lectoriums ausspähen wollen, wird, wenn sie ertappt werden, mit dem T. d. V. gedroht, welcher sie dann gewaltsam von den Geheimnissen wieder befreit.

TS, in der Astrologie die Abk. für Triseptil. ↗ Aspekte, schwache.

Tubalkain (hebr.), nach 1. Mos. 4, 22 der erste Meister in Erz (Bronze) und Eisen; Sohn von Zillah und Lamech; nach dem frmr. Legende soll er die ersten Eisenwerkzeuge geschaffen haben, mit denen der Tempelbau überhaupt erst möglich wurde. In der FM der Großen Landesloge die Losung (Paßwort) der Lehrlinge, in anderen FM-Systemen teilweise das Paßwort des 3. Grades; in der engl. FM nicht als Paßwort gebräuchlich.

Tugend, ursprünglich (wie das lat. virtus) soviel wie Tauglichkeit oder Tüchtigkeit, aber heute ausschließlich auf die sittliche Tüchtigkeit bezogen. T. ist die sittlich gute Beschaffenheit des Willens, insbesondere wenn sie sich zur bleibenden Charaktereigenschaft gefestigt hat. Die Haupttugenden bei Plato sind: Weisheit, Tapferkeit, Besonnenheit, Gerechtigkeit. Jakob Böhme: „Die T. urständet aus der ewigen Weisheit. Die vier Haupttugenden sind Liebe, Sanftmut, Barmherzigkeit, Geduld." — Gegensatz der T. ist das Laster; die vier Hauptlaster sind: Hoffart, Neid, Zorn, Geiz. ↗ Kardinaltugenden, ↗ Monatstugenden.

Turba (lat.) = Herde, Menge; in den mittelalterlichen Passionsspielen der Stimmenchor der Menge. — Jakob Böhme: „Die T. stehet in der Vielheit der Willen. Sie ist der angezündete Grimm in der Natur, darin der Teufel geschäftig."

Turiel (hebr.) = Lehre Gottes; im Titel eines geheimen Zauberbuches: „The secret Grimoire of Turiel" (London 1960). In diesem Buch findet man u. a. das Abzeichen des ↗ Lectorium Rosicrucianum; inhaltlich scheint es eine Zusammenstellung aus den Werken von ↗ Crowley, Mathers und Eliphas Lévi zu sein.

Turya, ↗ Buddhi-Ebene.

UARKA, Abk. für (Esperanto) Universala Akademio de la Regado Kosmo Astrozofia = Internationale Akademie der kosmisch-astrosophischen Herrschaft; gegr. 1946 in Triest, Sitz München; nennt sich neuerdings auch „OARKA Freie Akademie zur Koordinierung von Wissenschaft und Esoterik".

Überlieferung (lat.: Tradition), die Weitergabe von Nachrichten hinweg über die Generationen, namentlich in der Religion, Philosophie und Esoterik. Die längste zusammenhängende Ü. gibt es im Judentum; die jüd. Ü. ist dreifach wie die menschliche Natur und ihre Bedürfnisse: historisch, moralisch und esoterisch. Aus diesem Grunde wird der Bibel ein dreifacher Sinn, entsprechend einer dreifachen Ü. nachgesagt: 1. der buchstäbliche historische Sinn, der dem Körper und der Vorhalle des Tempels entspricht, 2. der durch moralische Erklärung gefundene Sinn, entsprechend der Seele oder dem „Heiligtum" des Tempels, und 3. der durch esoterische (meist fälschlich als „mystisch" bezeichnet) Erklärung gefundene Sinn, entsprechend dem Geist oder dem Allerheiligsten des Tempels. — Der historische Inhalt, der aus den Berichten über das Leben der alten Patriarchen bestand, pflanzte sich wie eine volkstümliche Legende von Generation auf Generation fort. Der moralische Sinn betrachtete alles vom Gesichtspunkt des praktischen Lebens, während die esoterische Erklärung sich über die sichtbare, vergängliche Welt hinaushob und unaufhörlich in den Sphären der Ewigkeit schwebte. Die esoterische Ü. ist namentlich in der Kabbalah erläutert.

Udana, die Aphorismen Buddhas; es handelt sich um Aussprüche Buddhas, die bei besonderen Gelegenheiten, Erlebnissen oder Betrachtungen, teils auch erst nach Buddhas Tod, entstanden und später zu einem Buch gesammelt worden sind. — Lit.: Kurt Schmidt, Sprüche und Lieder.

UFL, Abk. für (Esperanto) Universala Framasona Ligo = Universelle Freimaurer-Liga; profane Vereinigung von Freimaurern auf internationaler Basis, gegr. auf dem Esperantokongreß 1905 in Boulogne (Frankreich). Ziel war ursprünglich die Ausbreitung der Welthilfssprache Esperanto, später der internationale Gedankenaustausch zwischen den Freimaurern aller Länder, da ein solcher wegen der Zerstrittenheit der FM nicht möglich war. Von den einzelnen Großlogen wird die Tätigkeit der UFL daher mit Mißtrauen betrachtet, wobei vornehmlich der Grand

Orient de France eine Ausnahme macht. Die Zahl der Mitglieder in Deutschland ist nicht sehr groß.

Ullr, ein Talisman der Wintersportler im Riesengebirge; von Ollerus, einer nordischen Gottheit der winterlichen Natur; Ollerus erscheint als Sohn des Sif und ist ein vorzüglicher Bogenschütze und Schlittschuhläufer.

Umwandlung der Lebenskraft ↗ Sexualmagie.

Unaussprechlicher Name (engl.: ineffable name), bei den Juden das Ersatzwort für den mysteriösen Namen ihres Stammesgottes Ehyeh (Ich-bin) oder Jehovah. Das dritte Gebot verbot den überflüssigen Gebrauch des letzteren Namens; so ersetzten die Hebräer ihn durch Adonai („der Herr"). Der Name Jehovah ist aber nicht an sich unaussprechbar, sondern s o l l nicht ausgesprochen werden. In der FM spielt der u. N., namentlich in den Hochgraden (z. B. im ↗ Royal-Arch-Grad) eine gewisse Rolle. Im Lectorium Rosicrucianum (Rijkenborgh, Dei gloria intacta, S. 147) heißt es: „In den christl. Mysterien kennt man die wahre Betonung des u. N., doch aus begreiflichen Gründen wird die Betonung für Profane verborgen gehalten, da es sich hierbei um ein ungeheures Mantram handelt, welches bei unrichtiger, unbefugter und folglich unheiliger Anwendung die entsetzlichsten Folgen haben könnte."

Unbekannte Obere (auch: Geheime Obere), um die Stellung und Autorität mancher Geheimgesellschaften zu stärken, wird geheimnisvoll von U. O. oder von geheimen ↗ Meistern gesprochen. Sinn von esoterischen Gesellschaften ist es jedoch nicht, Furcht und Unwissenheit zu verbreiten, sondern die Wahrheit zu erforschen, zu erkennen und das Bewußtsein zu öffnen. Organisationen, die sich hinter geheimen U. O. oder Meistern verstecken, sind meistens der schwarzen Magie nahestehend. In der FM taucht der Begriff von den U. O. zuerst bei der ↗ Strikten Observanz auf. Nach dem Bürgerlichen Recht, dem alle Vereine und Vereinigungen unterliegen, müssen die zuständigen Leiter bekannt und beim Vereinsregister registriert sein; Verpflichtungen gegenüber U. O., geheimen Meistern usw. sind rechtsunwirksam und brauchen nicht erfüllt zu werden.

Undine, Wassernymphen und Wassergeister; die eine Gruppe der vier Elementarwesen: Salamander (Feuer), Sylphen (Luft), Gnomen (Erde) und Undinen (Wasser).

unendlich, der Ggs. von endlich; die Eigenschaft des Raumes.

Unger, Dr. Karl, 1878–1929; Dr. Steiners Nachfolger als Generalsekretär der Anthroposophen in Deutschland; wurde im Januar 1929 auf einem anthropos. Kongreß in Nürnberg von einem langjährigen Mitarbeiter der Anthropos. Ges. erschossen; dieser war durch das geistige Training irrsinnig geworden, glaubte, von einer fremden Wesenheit besessen zu sein, wollte sein eigenes Ich wiederhaben und beging schließlich die Verzweiflungstat. — Lit.: Dr. Franz Karl Steinberger, Esoteriker des Westens, Lorch 1953.

Ungrund, Begriff bei Jakob Böhme: „Der U. ist die Ewigkeit außerhalb der Natur, ein ewig Nichts."

Unio mystica (lat.), die mystische Vereinigung mit Gott und dem All, namentlich in verschiedenen Religionen, aber auch in okkulten Organisationen als Begriff bekannt. Den symbolischen Ausdruck findet die U. m. im Abendmahl, in der Agape und im Brudermahl; von besonderer Bedeutung ist die U. m. in der FM der Großen Landesloge.

universal, allgemeingültig; hier muß man den deutschen und den ausländischen Sprachgebrauch des Wortes unterscheiden; im ausländischen Sprachgebrauch bedeutet universal jedoch „international".

Universalgeist, ↗ Atma.

Universale Bruderschaft, nach Dr. v. Purucker die „höhergeistige Bruderschaft aller Wesen", insbesondere die Lehre, daß alle Menschen unzertrennlich miteinander verbunden sind, nicht nur durch die Bande des Denkens und Fühlens, sondern schon durch den Aufbau des Universums selbst, da alles Leben nur einen gemeinsamen Ursprung hat.

Universale Bruderschafts-Bewegung, die deutsche Abt. der von Katherine Tingley in Point Loma gegr. TG; nannte sich auch „Universale Bruderschaft und Theosophische Gesellschaft". Um die Jahrhundertwende bestand in Nürnberg hierzu ein spezieller Verlag (J. Th. Heller), der sich „Buchhandlung für Universale Bruderschaft und Theosophie" nannte. Nach dem letzten Krieg zerfiel diese TG-Richtung in zwei getrennte Gruppen (München und Unterlengenhardt). ↗ Theosophische Gesellschaften.

Universale Freimaurerei, beim FM-Orden ↗ „Humanitas" die interne Bez. für eine Freimaurerei, die gleichberechtigt Männer und Frauen aufnimmt, im Ggs. zur landläufigen FM, die die Frau diskriminiert. ↗ Droit Humain.

Universaler Freimaurer-Orden, ↗ Humanitas.

Universalkörper, ↗ Buddhi.

Universelle Bruderschaft, spiritistischer Ausdruck im ↗ Lectorium Rosicrucianum für die Gesamtheit der abgeschiedenen Seelen der Meister und der großen Wesenheiten vorangegangener Bruderschaften; teils wird der Begriff auch für das Lectorium selbst verwendet. — Das Wort „universell" wird hier völlig abwegig verwendet, denn „universell" kommt von „Universum" und bedeutet „die ganze Welt umfassend".

Universelle Lehre, dialektischer Ausdruck für die Lehren des ↗ Lectorium Rosicrucianum; wie der seltsame Ausdruck zustande kam, ist nicht bekannt.

Universum, das Weltall und alles, was sich darin befindet.

Unsterblichkeit, das Überleben nach dem irdischen Tode; dieser Begr. hat keine einheitliche Deutung, so daß man sich jeweils beim Benutzer erkundigen muß, was er meint; teils wird das Weiterleben im Jenseits, teils das Weiterlebens des Andenkens usw. gemeint. — Lit.: Robert C. W. Ettinger, Aussicht auf Unsterblichkeit, Freiburg.

Unterbewußtsein, der aus dem Buddhismus übernommene und seit dem 18. Jh. von der akademischen Wissenschaft aufgegriffene Begriff, um eine kausale Erklärung für alle Erscheinungen des bewußten Lebens zu bieten, die im Oberbewußtsein keinen Ursprung haben können; verwandt mit dem ↗ Unbewußtsein. — Lit.: Nyanatiloka, Buddhistisches Wörterbuch, Konstanz 1952, Stichwort: Bhavangasota, S. 48; J. K. Williams, Die verborgene Kraft.

Unterscheidungsfähigkeit, die Fähigkeit, das Wesentliche und Ewige vom Unwesentlichen und Vergänglichen zu unterscheiden, die Voraussetzung jeglichen geistigen Fortschritts. Sankaracarya (vor 2000 J.): „Der Besitz der Fähigkeit, das Dauernde von dem Nichtdauernden zu unterscheiden, ist die erste Bedingung zur Erkenntnis der Wahrheit. Damit ist gemeint, daß man fähig sein müsse, das Wahre vom Schein, die dem Menschen innewohnende höhere Natur von dem, was seiner vergänglichen Persönlichkeit angehört, zu unterscheiden."

U. O. B. B., Abk. für (engl.) United Order of B'nai B'rith = Vereinigter Orden von ↗ B'nai B'rith.

Upanishaden, meist übersetzt mit „in Ergebenheit daneben sitzend", „Geheimlehre" oder „esoterische Doktrin"; ein Dialog, in welchem der sogn. Hindu-Christus ein System des Lebenshaltung erklärt; die Interpretation der Ve-

das mittels der Vedanta-Methode. Auf der Basis der U. ist die Vedanta-Philosophie entwickelt worden; die Orientalisten legen sie auf 600 vZ, aber sicher sind sie noch viel älter. Insgesamt sind etwa 150 Abhandlungen dieser Art bekannt, aber nur etwa 20 können als noch unverfälscht gelten, da die Übersetzer in die anderen nach und nach einen ganz anderen Sinn hineingelegt haben. In den U. sind auch verwickeltere Fragen der Metaphysik, wie die Entstehung des Universums, die Natur und das Wesen der noch nicht manifestierten Gottheit usw. behandelt. — Lit.: Klaus Klostermaier, Hinduismus, Köln 1967; Arthur Schult, Die Weisheit der Veden und Upanishaden im Lichte des Ost-West-Problems.

Upasika (Sk.), weibliche Form von Upasaka; ein weiblicher Jünger der Meister bei den indischen Buddhisten; Schülerinnen oder Jüngerinnen, die sich verpflichten, ohne Priesterin zu werden, die Hauptgebote einzuhalten.

Uraniden (griech.), einer der Namen der göttl. Titanen, die gegen Kronos rebellierten, dem Prototyp des christl. „gefallenen" Engels.

Uranus, der siebente in der Reihe der großen Planeten, am 13. 3. 1781 von Wilhelm Herschel entdeckt (in England daher auch „Herschel" genannt). Beim Lectorium Rosicrucianum ein Mysterienplanet, „bricht den Menschen auf, führt den Menschen auf völlig außer-irdische, über-irdische Pfade" (Apokalypse Rijkenborgh, S. 108) und „ist gleichzeitig, wie es jeder esoterische Forscher weiß, ein höheres Christussymbol".

Urim und Thummim (hebr.), in 5. Mos. 33, 8 von Luther mit „Recht und Licht" übersetzt, an manchen Stellen der Bibel (so: 4. Mos. 27, 21 und Sam. 28, 6) auch nur mit „Licht", richtiger aber wäre „Licht und Schatten", obwohl andererseits (hebr.) thmin = Wahrheit bedeutet, und so ist an den betr. Stellen der Septuaginta diese Übersetzung genommen. Beim U. u. T. handelt es sich um das sogen. Pektoral (d. h. Brustschild) der Hohenpriester, welches übrigens schon die Ägypter kannten: „es war viereckig und zwiefach, eine Spanne lang und breit, und füllten es mit 4 Reihen Steinen. Die erste Reihe war ein Sarder, Topas und Smaragd, die zweite Reihe: Rubin, Saphir, Demant, die dritte Reihe: Lynkurer, Achat und Amethyst, die vierte Reihe: Türkis, Onyx und Jaspis, umher gefaßt mit Gold in allen Reihen. Und die Steine standen nach den 12 Namen der Kinder Israels, gegraben durch die Steinschneider, daß auf einem jeglichen ein Name stand nach den 12 Stämmen." Rein äußerlich handelt es sich nach 2. Mos. 39, 6—14 und 2. Mos. 28, 30 um eine das Amtsschild der Hohenpriester, aber eine genaue Prüfung der betr. Bibelstellen läßt den Schluß zu, daß U. u. T. auch noch eine magisch-rituelle Bedeutung hatte. Unverständlich wären sonst bei Luther die Stellen 2. Mos. 28, 30: „und sollst in das Amtsschild tun Licht und Recht" u. 3. Mos. 8, 8: „tat ihm das Amtsschild an und in das Schild Licht und Recht". Nach 4. Mos. 27, 21 kann es sich um ein hl. Orakel gehandelt haben: „er soll treten vor den Priester Eleasar, der soll ihn ratfragen durch die Weise des Lichts". Auch Eliphas Lévi war der Ansicht, daß die Brustplatte zum Wahrsagen diente; in ihr sollen außerdem die 72 Gottesnamen eingraviert gewesen sein, was aber wohl mehr eine Annahme sein dürfte. Nach Auffassung von Okkultisten stammen U. u. T. aus Ägypten und symbolisieren die 2 Wahrheiten, dargestellt durch die Figuren Ra und Thmei. Diodorus soll berichtet haben, daß eine solche Halskette von Gold und Edelsteinen von den Hohenpriestern getragen wurde, wenn sie ein Urteil sprechen mußten. — Lit.: Joh. Joa. Bellermann, Die Urim und Thummim, die ältesten Gemmen, Berlin 1824.

Uroboros (griech.) von oura = Schweif und boros = verschlingend; die griech. Bez. für das Ewigkeitssymbol der Schlange, die sich in den Schwanz beißt, z. B. im Siegel der Theosophischen Gesellschaften, aber auch in manchen frmr. Darstellungen.

Ursachenkörper, -leib ↗ Buddhi-Manas, ↗ Kausalkörper.

V

Vajroli, die durch ↗ Pan-Amrita-Yoga und seine Begleitumstände erzielte Fähigkeit, „Vergangenheit und Zukunft zu kennen und in der Luft wandeln zu können", insbesondere bei der Yogini (= weibl. Yogi). — Lit.: Richard Schmidt, Fakire und Fakirtum, Wien ca. 1925; Shirinivas Iyangar, Hatha-Yoga-Pradipika, Bombay (in diesem Werk fehlen jedoch die entscheidenden Sätze, „da sie als obszön betrachtet werden könnten"); Walther, Dissertation über die Hatha-Yoga-Pradipika (enthält die entscheidenden Stellen in lat. Übersetzung); Dr. Henri Birven, Lebenskunst in Yoga und Magie, Zürich 1953, S. 65.

Valentin, Ernst (Ps.) = Hermann Bagusche, okkulter Schriftsteller. — W.: Es gibt keinen Tod, Büdingen 1957.

Valentinus, Gnostiker aus Ägypten, der zuerst in Alexandria oder Zypern mit seiner Lehre hervortrat; ging um 140 nZ nach Rom und starb um 160 nZ. Nach der Lehre seiner Gnosis steht an der Spitze der geistigen Welt der im ewigen Schweigen verborgene Urgrund, aus welchem paarweise Geisterreihen hervorgehen und schließlich das Wort, das Leben, der Urmensch und die Kirche. Darauf folgen 10 und 12 untergeordnete Geister in 30 Äonen. Der 30. Geist trennt sich von den männlichen Genossen und wird zur Strafe aus dem Geisterreich ausgeschlossen, worauf Christus geboren wird. — Lit.: Heinrici, Die Valentinianische Gnosis, Berlin 1871.

Vampirismus, Besessenheit. — Lit.: Schrödter, Geister, Mystik, Magie.

Vaterunser (lat.: pater noster), bei den Reformierten Unser-Vater, auch: Gebet des Herrn (Oratio dominica) genannt, nach seinen Anfangsworten das in Matth. 6, 9—13 und Luk. 11, 2—4 enthaltene Gebet. Die kürzere Fassung bei Luk. ist schwerlich die ursprüngliche, doch ist der Schluß (die sogen. Doxologie) „Denn Dein ist das Reich" erst später zum Zwecke des kirchlichen Gebrauchs hinzugefügt worden. Die in dem Gebet enthaltenen 7 Bitten sprechen in volkstümlichen Worten die Grundgedanken des Evangeliums aus. Die abergläubische Meinung, daß durch das Hersagen des Gebets außerordentliche Wirkungen hervorgebracht würden, gab Anlaß zu seiner mißbräuchlichen Anwendung bei Heilungen und Gottesurteilen. Im lutherischen Katechismus bildet das V. das 3. Hauptstück. Die Zählung der Bitten ist bei den Reformierten eine andere, da sie die 6. und 7. Bitte vermischen. Wie immer der wirkliche Ursprung dieses Gebets sein mag, sein hoher innerer Gehalt ist leicht durch eine summarische Analyse zu erkennen. Danach zerfällt das V. in 2 Teile, einen exoterischen und einen esoterischen; während ersterer für die Allgemeinheit bestimmt ist, war der zweite Teil den Priestern vorbehalten. Der exoterische Teil umfaßt die Offenbarung der Kräfte, die in den 3 Welten wirken und die Analyse ihrer Wirkungsmittel. Der esoterische Teil bindet durch die Offenbarung der Mysterien des großen Arkanums diese Kräfte wieder an das Prinzip; er ist die Synthese der Lehren des 1. Teiles. Eliphas Lévi (Dogma der Hohen Magie, München 1927, S. 130) schreibt: „Die Apokalypse ist das Buch der Gnosis oder der Geheimlehre der ersten Christen, eine

Lehre, deren Schlüssel in einem geheimen Vers im V. besteht, den die Vulgata nicht übersetzt und im griech. Ritus — dem Bewahrer der Überlieferungen des hl. Johannis — nur von den ·Priestern ausgesprochen werden darf. Dieser durchaus kabbalistische Vers steht im Text des Evangeliums Matth. und in mehreren hebr. Exemplaren. Die Protestanten haben diesen Vers übersetzt und in ihrem NT beibehalten, ohne darin den tiefen, wunderbaren Sinn zu ahnen, der ihnen alle Mysterien der Apokalypse entschleiert hätte." Es gibt auch eine Vielzahl von okkulten und anderen Deutungen des V.; nach Rudolf Steiner soll sich der Mensch im V. seiner 7gliederigen Natur bewußt werden, und das V. ist somit der Ausdruck der geisteswissenschaftl. Anschauung der Menschennatur. „Der große Eingeweihte, der Stifter des Christentums, hat den Augenblick, wo er das Gebet gelernt hat, die 7 Glieder der Menschennatur vor Augen gehabt. Der Profane kann also das Gebet überhaupt nicht verstehen." Steiners Analogie, nach welcher Christus empfunden haben soll, sieht dann wie folgt aus:

1. Bitte (vom Namen Gottes) bezieht sich auf den Geistmenschen (atma = 7. Glied)
2. Bitte (Reich Gottes) entspricht dem Lebensgeist (Buddhi = 6. Glied)
3. Bitte (Wille Gottes) entspricht dem Geistselbst (Manas = 5. Glied)
4. Bitte (tägliches Brot) geht auf den physischen Leib (Sthula sharira = 1. Glied)
5. Bitte (Schuld) geht auf den Ätherleib (Linga sharira = 2. Glied)
6. Bitte (Versuchung) geht auf den Astralleib (Kamarupa = 3. Glied)
7. Bitte (Übel) geht auf das Ich (niederer Manas = 4. Glied)

Weitere okkulte, esoterische und sonstige Auslegungen gibt es noch bei vielen anderen Autoren, die den „einzig richtigen Sinn" erklären. Im Januar 1968 haben die evangelisch-lutherische Kirche und die röm.-kath. Kirche beschlossen, ihre unterschiedlichen Texte des V. zu vereinheitlichen. — Lit.: Rudolf Steiner, Das Vaterunser; Helmut Thielicke, Das Gebet, das die Welt umspannt, Stuttgart 1961; Abd-ru-shin, Die 10 Gebote und das Vaterunser, Stuttgart o. J.; Papus, Grundlagen der okkulten Wissenschaft, Leipzig 1926; Friedrich Rittelmeyer, Das Vaterunser, München 1920.

Vaughan, Thomas, ↗ Philalethes, Eugenius.

Veda, Vedas, Veden (Sk.) = Wissen oder göttl. Wissen; Name der ältesten Literaturdenkmäler der Inder, wovon es 4 gibt: Rig-Veda, Sama-Veda, Yajur-Veda und Atharva-

veda; die 3 ersten (kanonischen) Veden zusammen mit den sogen. Brahmana werden unter der Bez. Çruti (= das Hören) zusammengefaßt, d. h. der durch Offenbarung überlieferte Text, im Ggs. zum Smrti (= Erinnerung), d. h. der durch Tradition überlieferten Texte, die zwar als Autorität galten, jedoch auf göttl. Ursprung nicht zurückgeführt wurden. Im engeren Sinne versteht man unter V. oft den Rig-Veda allein. Die V. sind wenigstens 5000 J. alt, aber in der Adyar-Theosophie wird sogar von einem Alter von 25 000 J. gesprochen. — Lit.: Schuré, Die großen Eingeweihten; Paul Deussen, Die Geheimlehre des Veda, Leipzig 1921; Arthur Schult, Die Weisheit der Veden und Upanishaden im Lichte des Ost-West-Problems; Klaus Klostermaier, Hinduismus, Köln 1967; Franz Hartmann, Paracelsus als Mystiker, München 1965. ↗ Vedanta.

Vedanta (Sk.) = „das Ende alles Wissens"; das Endziel des ↗ Veda, eines der 6 orthodoxen brahmanischen Systeme, eine konsequente Ausbildung der in den Upanishaden vorliegenden philosophischen Gedanken und der bedeutendste Faktor im geistigen Leben des Brahmanentums. Das Hauptwerk des V., die Brahma Sutras, ist in Indien oft kommentiert worden, und zwar in sehr verschiedenen Richtungen, von denen die ältere als streng monistisch, die jüngere als theistisch bezeichnet werden kann. Die V. stützt sich auf 3 Lehrsätze: 1. die wahre Natur des Menschen ist göttlich, 2. der Zweck unseres Lebens besteht darin, diese göttl. Natur zu verwirklichen, und 3. alle Religionen stimmen im wesentlichen überein. Zum Vedanta-System gehören übrigens auch die Bhagavad-Gita und die Shankara. Elphinstone vergleicht in seiner „History of India" die Brahmanas mit dem Talmud der Juden, die Vedas mit den mosaischen Büchern der Bibel und die V. mit der Kabbalah. Sankacharya popularisierte die V. und wird daher von manchen als der Gründer der modernen V.-Schulen angesehen. Das Alter der V. wird auf 3400 J. geschätzt. — Lit.: Deussen, Das System der Vedanta, Leipzig 1883; ders., Die Sutras des Vedanta, Leipzig 1887.

Vegetarismus, Fleischgenußenthaltsamkeit; bei manchen esoterischen Gesellschaften ein bloßes Erziehungs- und Drillmittel, um die Mitglieder und Anhänger in innere Konflikte zu stürzen, so daß sie, von denselben unbemerkt, nach Belieben gelenkt und gesteuert werden können. Viele bekannte Esoteriker, die nach außen, d. h. für die Schüler der untersten Grade, den V. verkündeten, waren selbst keine Vegetarier (Blavatsky, Dr. Fritsche, Bô-Yin-Râ,

Crowley usw.); den höheren Eingeweihten wird bei fast allen esoterischen Organisationen Fleischgenuß nach Belieben oder als Mittel der geistigen Weiterentwicklung gestattet. Im Westen wird vielfach angenommen, Buddha, Christus usw. hätten den V. gepredigt; Christus gab aber (Matth. 10, 8) seinen 70 esoterischen Jüngern den Rat: „Und wo ihr in eine Stadt kommt und sie euch aufnehmen, da esset, was euch aufgetragen wird." Daß der Buddha kein Vegetarier war, geht unzweideutig aus vielen Stellen des Kanons hervor (z. B. A. V. 44, VIII. 12. M. 55 usw.); auch im Vinaya wird berichtet, wie der Buddha den Vorschlag Devadattas, den Mönchen den Fleischgenuß zu verbieten, scharf zurückgewiesen hat. Diese Einstellung des Buddha läßt sich auch aus der Tatsache schließen, daß nach dem Vinaya den Mönchen der Genuß des Fleisches von (nur) 10 Tieren, nämlich Elefanten, Tigern, Schlangen usw., untersagt ist, und zwar aus rein äußerlichen Gründen. Dr. Herbert Fritsche, einer der höchsten Eingeweihten, schreibt in seinem „Kleinen Lehrbuch der weißen Magie" (S. 53): „Gegen den mäßigen Fleischgenuß, hier und da ein Glas Wein und eine Tasse Kaffee, ist nichts zu sagen." Bekanntlich wird die sogen. ↗ Agape der höchsten Eingeweihten regelmäßig bei hl. Lamm und Wein gefeiert. Zu bedenken ist noch, daß praktisch alle Verjüngungskuren auf die Einnahme von tierischen Stoffen ausgerichtet sind und tierisches Eiweiß geistige Frische bis ins hohe Alter erhält. Auch Rudolf Steiner hat in seinen Meditationsübungen für die höheren Stufen seiner Geheimschulung die Meditation über Tiere empfohlen, wodurch der Mensch „vom Tiere etwas übernehme", was er auf andere Weise nicht erhalten könne. H. P. Blavatsky im „Schlüssel der Theosophie": „Wenn jemand nicht ohne Fleisch leben kann, so soll er doch ruhig Fleisch essen. Es ist wirklich kein Verbrechen, und ein Fortschritt ist auch so möglich. Alles Körperliche ist lange nicht so wichtig wie das, was der Mensch denkt und fühlt, wie die Wünsche, die er nährt, und das, was er in seinem Innern pflegt."

Vehikel der Seele, älterer, nur noch wenig gebräuchlicher Ausdruck für einen höheren Teil des ↗ Astralkörpers, der nach dem Tode das körperliche Moment des Geistes wird.

Vehikel des Menschen, bei Heindel in der Konstitution des Menschen der 8. Körper; er steht mit der Welt der Urgeister in Verbindung. ↗ Prinzipien des Menschen, ↗ Prinzipien der Welt.

Veltheim-Ostrau, Baron Dr. Hans-Hasso von, 1885–1956, okkulter Forscher.

Venetianer, Der, von Annie Besant (Die Meister, o. O. 1912) als einer der ↗ Meister der Adyar-TG bezeichnet.

Venite visum (lat.) = komm und siehe; unter Joh. 1, 39 heißt es doch: „Venite, et videte"; nach der Lehrart der FM der Großen Landesloge die Losung, welche der Ordensherr selbst (= Christus) dem Andreas gab, als er ihn in seine Loge aufnahm; auch die Losung (= Paßwort) des 8. Grades der Großen Landesloge.

Venus-Einweihung, im ↗ Lectorium Rosicrucianum „die 2. Einweihung des 1. Siebenkreises" oder der 4. Grad mit sexual-magischem Charakter. – Lit.: Rijkenborgh, Dei gloria intacta, Haarlem 1953, S. 97–109.

Verbrüderung, die Annahme eines Neuaufgenommenen zum Bruder in der FM und in anderen Mysterienbünden als Kennzeichnung der Veränderung und Erneuerung, die er als Myste oder Neophyt durchmacht. „Durch den Wiedergeburtsakt geht der Mensch eine mystische Blutsverwandtschaft mit den übrigen Wiedergeborenen, eine Unio mystica, ein." In der Großen Landesloge wird die Verbrüderung durch ↗ Blutsmischung besiegelt.

Verbum domini (lat.) = Wort Gottes; Jakob Böhme: „V. d. oder das Wort Gottes ist das Herz Gottes und der heilige Engel und die heilige Speise."

Vereinigungsband. In der FM eine mit Knoten versehene Kordel, die teils zur Ausstattung des Logenraumes dient, teils auch nur auf dem ↗ Teppich abgebildet ist. Das V. als Symbol bedeutet den Zusammenhang und die Gemeinschaft, welche alles, was erschaffen ist, mit seinem Ursprung hat, indem es durch entsprechende Kräfte, Fähigkeiten und Wirkungen vereinigt ist (so nach der Lehrart der Großen Landesloge).

Vernunft, der sprachlichen Ableitung nach etwa gleichbedeutend mit Verstand; im Sprachgebrauch wird jedoch zwischen beiden Begriffen ein Unterschied gemacht. Früher nahm die V. einen niedrigeren Rang als der Verstand ein; seit Kant ist es jedoch meist umgekehrt. Bei Kant bedeutet V. das ganze Erkenntnisvermögen oder den Inbegriff aller Erkenntnisse, d. h. der theoretischen wie der praktischen V. Im engeren Sinne ist V. die 3. Stufe der Erkenntnis nach Sinnlichkeit und Verstand. Eliphas Lévi (Dogma der Hohen Magie, München 1927, S. 160) schreibt: „Die

V. ist allen Menschen gegeben, aber nicht jeder versteht sie zu gebrauchen; sie ist eine Wissenschaft, die geübt sein will."

Versiegelung, Begriff aus dem Wortschatz der ↗ Gralsgemeinschaft des ↗ Abd-ru-shin. Die Aufnahme in diese Organisation erfolgt durch die sogen. V., die in Form einer Andacht und Taufe vorgenommen wird, wobei ein silbernes ↗ Gralskreuz überreicht wird. Das Gralskreuz soll „als Zeichen eines neuen Bundes mit Gott gelten." Man beruft sich dabei auf die Joh.-Offenbarung 7, 3, wo die „Knechte unseres Gottes an ihren Stirnen versiegelt" werden. Auch die Mitglieder der Gralsgemeinschaft erhalten bei der V. das Zeichen auf die Stirn.

Verstandesseele (oder Gemütsseele, Gemüt), bei Rudolf Steiner in seiner 7fachen Konstitution des Menschen die vom Denken bediente Seele, welche die Empfindungsseele durchdringt und ein Teil des Ichkerns ist; entspricht dem ↗ Ruach der Kabbalah. ↗ Kama, ↗ Kama-Manas, ↗ Prinzipien des Menschen.

Prof. Dr. J. M. Verweyn

Verweyen, Prof. Dr. Johannes Maria, * 11. 5. 1883 Till bei Kleve, † 21. 3. 1945 Bergen-Belsen (KZ); ab 1928 Generalsekretär der Adyar-TG in Deutschland als Nachfolger von Axel Fielitz-Coniar; seit 1908 Universitäts-Professor in Bonn, 1934 von den Nazis abgesetzt, 1941 in Frankfurt verhaftet und in das KZ Sachsenhausen gebracht. V. befaßte sich außer mit Theosophie auch mit Graphologie, Handlesekunst, Physiognomik, Phrenologie und knüpfte an Huter an. In die Adyar-TG kam er erst 1927, und zwar durch den Holländer José Vigeveno. – W.: Praktische Menschenkenntnis und

richtige Menschenbehandlung, 1934; Geschichte der Philosophie des Mittelalters; Probleme des Mediumismus, 1927; Der Edelmensch u. seine Werte; Weltgeheimnis und Problem des Okkulten, Berlin 1926; Der religiöse Mensch und seine Probleme; Der soziale Mensch und seine Grundfragen; Der neue Mensch und seine Ziele; Deutschlands geistige Erneuerung, 1924; Welt und Welten, Breslau 1936; Meisterung des Lebens, Dresden 1926.

Verwirklichung, in der Mystik „die Gottwerdung des Menschen".

VGL, Abk. für „Vereinigte Großlogen e.V."; eingetragener Verein, der die FM der Großen Landesloge der Freimaurer von Deutschland, die Große Landesloge der Alten Freien und Angenommenen Maurer, der Großen Nationalmutterloge „Zu den 3 Weltkugeln" und einiger anderer ehemaliger Großlogen umfaßt; die Gliederung der VGL ist mehr oder weniger föderativ, so daß selbst die ehemaligen Logen des FZAS ihre atheistische Tendenz beibehalten konnten. Die Logen der ↗ Droit Humain und des ↗ AASR gehören naturgemäß nicht zur VGL; neben der VGL bestehen in Deutschland außerdem noch der Freimaurerorden „Humanitas", der „Großorient v. Deutschland", „Die Große Loge AFAM" in Berlin und die Deutsche Großloge „Le Droit Humain". – Die Registrierung der VGL erfolgte beim Amtsgericht in Frankfurt. – Lit.: Friedrich John Böttner, Zersplitterung und Einigung, Hamburg 1962.

Vicarius Salomonis (lat.) = Stellvertreter Salomos; in der Schwedischen Lehrart der FM (z. B. Große Landesloge von Deutschland) das amtierende Ordensoberhaupt als irdischer Vertreter des eigentlichen, geistig gedachten höchsten Ordensmeisters (= Jesus Christus); er führt sein Amt auf Lebenszeit und ernennt die Träger der 11 höchsten Ordensämter, nämlich 9 Laien und 2 Geistliche. Er ernennt ferner sämtliche Beamten der untergeordneten Provinziallogen sowie die Ritterkommandeure mit dem roten Kreuz und schlägt den Andreas- und Johannislogen jeweils 3 Brüder vor, aus denen sie ihren Meister vom Stuhl zu wählen haben. Der V. S. hat das unumschränkte Recht, Mitglieder aufzunehmen oder auszuschließen, Logen zu gründen oder aufzulösen.

vier, nach Ansicht der Pythagoräer geht die Vierheit, die sie Tetraktys nannten, allen anderen Zahlen an Kräften voran, „indem sie der Grundstein und die Wurzel aller übrigen Zahlen ist"; die 4 wird im allgemeinen in der Symbolik durch das Quadrat symbolisiert. Auch der hl. Name Gottes (JHVH) und der göttl.

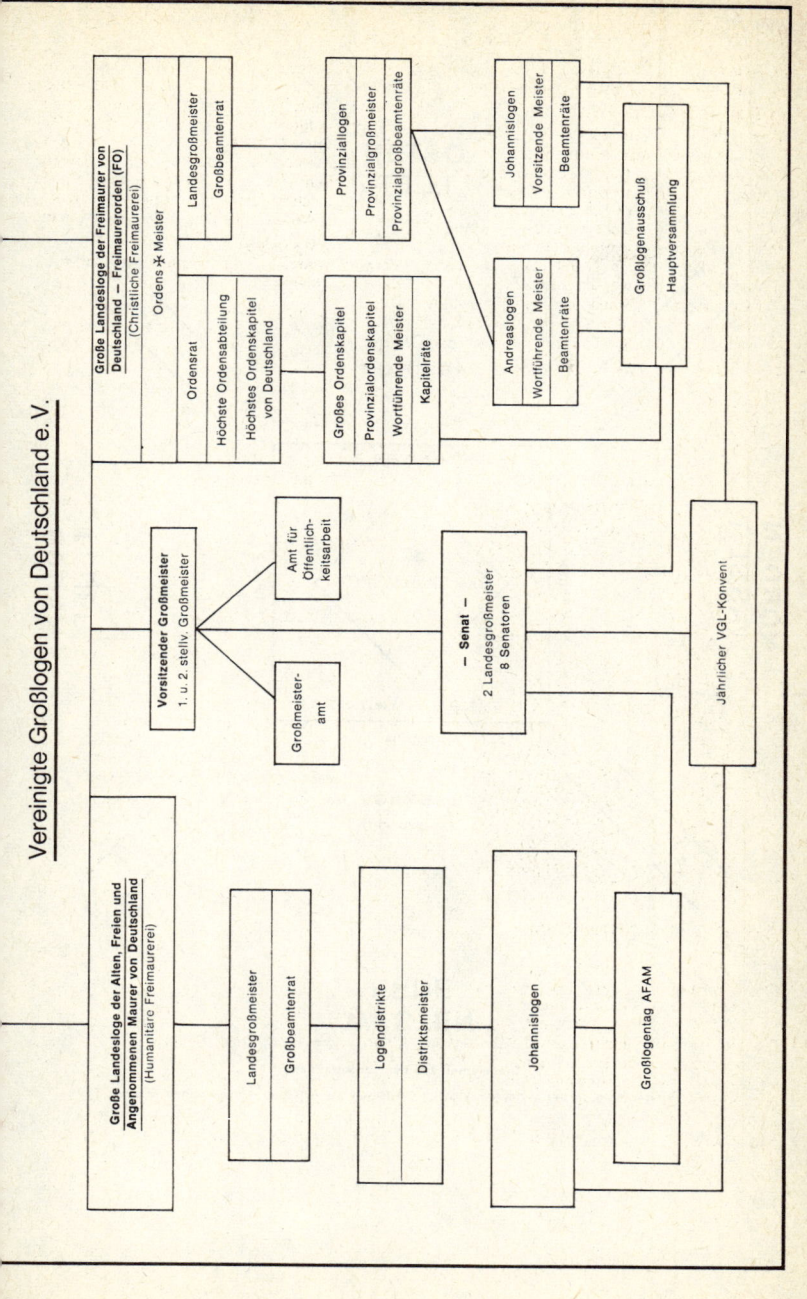

Vereinigte Großlogen von Deutschland e. V.

Große Landesloge der Alten, Freien und Angenommenen Maurer von Deutschland (Humanitäre Freimaurerei)

| Landesgroßmeister |
| Großbeamtenrat |

| Logendistrikte |
| Distriktsmeister |

| Johannislogen |

| Großlogentag AFAM |

Vorsitzender Großmeister 1. u. 2. stellv. Großmeister

| Großmeister- amt |

| Amt für Öffentlich- keitsarbeit |

– Senat – 2 Landesgroßmeister 8 Senatoren

Jährlicher VGL-Konvent

Große Landesloge der Freimaurer von Deutschland – Freimaurerorden (FO) (Christliche Freimaurerei)

Ordens ✠ Meister

| Landesgroßmeister |
| Großbeamtenrat |

| Ordensrat |
| Höchste Ordensabteilung |
| Höchstes Ordenskapitel von Deutschland |

| Großes Ordenskapitel |
| Provinzialordenskapitel |
| Wortführende Meister |
| Kapitelräte |

| Provinziallogen |
| Provinzialgroßmeister |
| Provinzialgroßbeamtenräte |

| Andreaslogen |
| Wortführende Meister |
| Beamtenräte |

| Johannislogen |
| Vorsitzende Meister |
| Beamtenräte |

| Großlogenausschuß |
| Hauptversammlung |

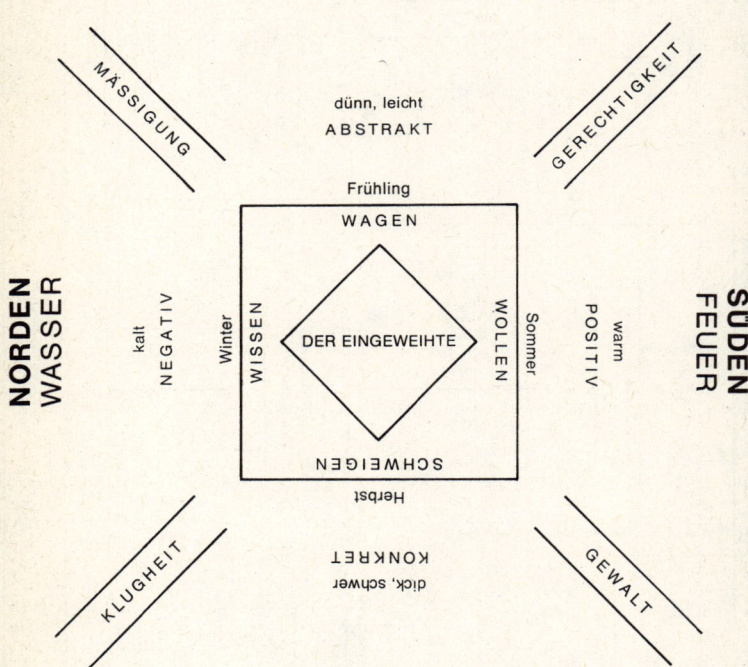

OSTEN
LUFT

MÄSSIGUNG

GERECHTIGKEIT

dünn, leicht
ABSTRAKT

Frühling
WAGEN

NORDEN
WASSER

kalt
NEGATIV

Winter

WISSEN

DER EINGEWEIHTE

WOLLEN

Sommer

warm
POSITIV

SÜDEN
FEUER

SCHWEIGEN

Herbst

KONKRET
dick, schwer

KLUGHEIT

GEWALT

WESTEN
ERDE

Die Vierheit bei den Eingeweihten

Der Eingeweihte, **in der Mitte**, hält sich im Gleichgewicht zwischen den einzelnen Kräften.

Dreieinigkeit (INRI) sind Vierheiten in Buchstaben. 4 Bewegungen gibt es in der Natur: die aufsteigende, die absteigende, die vorrückende und die kreisförmige; 4 Himmelsgegenden: Morgen, Abend, Mittag, Mitternacht; 4 Elemente unter dem Himmel: Feuer, Luft, Wasser, Erde; die Elemente haben 4 erste Eigenschaften: Kälte, Wärme, Trockenheit und Nässe: es gibt 4 Temperamente: sanguinisch, phlegmatisch, cholerisch und melancholisch; auf 4 Grundbestimmungen ruht die Geometrie: auf Punkt, Linie, Fläche und Raum (Tiefe); auf 4 Grundbestimmungen ruht die ganze Natur: Substanz, Qualität, Quantität und Bewegung; die Metaphysik unterscheidet: Sein, Wesenheit, Wirkungstätigkeit und Wirkungserzeugung; die Moral ist in 4 Tugenden enthalten: Weisheit, Gerechtigkeit, Tapferkeit und Mäßigkeit; es gibt 4 Grundlagen der Beurteilung alles Bestehenden: Vernunft, Wissenschaft, Dafürhalten und Gefühl; auch die Ägypter, Araber, Perser, Mohammedaner, Griechen, Tusker, Lateiner usw. schreiben den Gottesnamen mit 4 Buchstaben. — Lit.: Eliphas Lévi, Dogma und Ritual der Hohen Magie, Bd. 1, S. 113—124; Franz Carl Endres, Mystik und Magie der Zahlen, Zürich 1951.

Vierte Dimension, im Okkultismus die Raum-Zeit-Dimension jenseits von Höhe, Breite und Tiefe; die Annahme der V. D. dient u. a. zur Erklärung okkulter Phänomene. — Lit.: Tischner, Vierte Dimension und Okkultismus, Leipzig 1922; Robert Blum, Vierte Dimension, Leipzig 1906; Dr. med. L. Pick, Die vierte Dimension als Grundlage des transzendentalen Idealismus.

Villiers de l'Isle-Adam, Comte Philippe Auguste Mathias de, franz. symbolistischer Schriftsteller und Verfasser des berühmten Einweihungsromanes „Axel", 1838—1889. — W.: Axel, Contes cruels; L'Amour suprême; L'Eve future.

Vinaya (Pali) = Disziplin, Ordensregel; die Regeln, die von den Mitgliedern des ↗ Sangha zu beobachten sind.

Vi nulla invertitur ordo (lat.) = Durch keine Gewalt kann die Ordnung gestürzt werden; die Inschrift auf dem Kreuz der Templer und der ↗ Strikten Observanz; als Abk. befanden sich die Buchstaben V. N. I. O. (Unio) auf dem Ring des Heermeisters ↗ Hundt; 1955 wurde eine Nachbildung dieses Ringes angefertigt und dem ehemal. Großmeister der ↗ VGL Dr. Theodor ↗ Vogel überreicht.

Virgo, lat. Bez. für das Tierkreiszeichen Jungfrau.

Vishnu, von (Sk.) vish = durchdringen; die 2. Person der Hindu-Trimurti (Dreifaltigkeit), bestehend aus: ↗ Brahma, V. und ↗ Shiva; in der ↗ Rig-Veda ist V. kein Gott, sondern eine Manifestation der solaren Energie.

Vision (lat.), geistige Schau, Sinnestäuschung, traumhafte oder religiöse Erscheinung; während des Erlebens einer V. kann die betr. Person Schein und Wirklichkeit nicht unterscheiden, weshalb V.en gemeinhin subjektiv sind.

Visuddhi-Magga, (Pali) = Pfad der Reinheit; größte und älteste systematische Darstellung des Buddhismus. Die besondere Bedeutung des im 5. Jh. von ↗ Buddhaghosa verfaßten V. M. liegt darin, daß hier zum erstenmal, also 1000 J. nach Buddha, dessen gesamte Lehre, die bis dahin in unzähligen Reden, Dialogen, Sprüchen usw. zerstreut überliefert war, übersichtlich zusammengestellt und erläutert wurde. — Lit.: Nyanatiloka, Visuddhi-Magga, Konstanz.

Vitae sophia (lat.) = Lebensweisheit; Ausdruck bei Jakob Böhme, dann von Rudolf Steiner übernommen. — Lit.: Rudolf Steiner, Weihnacht, eine Betrachtung aus der Lebensweisheit.

Vital-ätherisches Lebensfeld, die Aura und ihre verschiedenen Schichten. — Lit.: Phoebe D. und Laurence J. Bendit, Die Brücke des Bewußtseins, Graz 1961.

Vitalseele, ↗ Linga sharira.

Vitalstase, nach Novalis und Dr. Birven der Zustand des Menschen in und nach der Einweihung; es ist die Bewußtseinserweiterung, die nicht mit Worten beschrieben werden kann. — Lit.: Dr. Henri Birven, Novalis, Magus der Romantik, Büdingen 1959.

VITRIOL, Abk. für (lat.) Visita Interiora Terrae, Rectificando Invenies Occultum Lapidem = „Erforsche das Innere der Erde und, indem Du Dich läuterst, wirst Du den verborgenen Stein (der Weisen) finden"; eine zur Besinnung auffordernde Inschrift in der „stillen Kammer", in welcher die Kandidaten der FM vor ihrer Aufnahme in die Loge für einige Zeit sich selbst überlassen werden; die Inschrift erscheint zuerst auf einem Holzschnitt in dem anonymen Werk „Azoth, sive Avreliae Occultae Philosophorum etc., Frankfurt 1613, S. 57.

VITRIOLUM, ↗ VITRIOL; die zusätzlichen Buchstaben UM bedeuten: veram medicinam = der wahren Medizin.

Viveka (Sk.) = Abgeschiedenheit; das Unterscheidungsvermögen oder die Urteilskraft; der erste Schritt auf dem okkulten Pfad, die Fähigkeit, zu unterscheiden zwischen Wirklichem und Unwirklichem, zwischen Substanz und bloßer Erscheinung, zwischen Geist und Materie.

Vivekananda, Swami (Ps.) = Narenda Nath Datta, * 9. 1. 1862 Kalkutta, † 1902; Gründer verschiedener östlicher Sekten und Organisationen, so der Ramakrishna-Mission, der Vedanta-Gesellschaft sowie des Santi Asrama. V. soll 6 J. im Himalaja verbracht und dort Buddhismus studiert haben. 1892 schlugen seine Freunde in Madras (bei der TG?) vor, ihn als Abgesandten des Hinduismus zum Weltkongreß der Religionen nach Chikago (1893) zu entsenden. Dort machte er einen großen Eindruck, denn er hatte eine sehr schöne, wohlklingende Stimme. In den USA gewann er gleich 3 neue Schüler, die ihn fortan ständig begleiteten: Swami Abhayananda (= Madame Louise), Swami Kripananda (= Mr. Landsberg) und Schwester Nivedita (= Frl. Margaret Noble). Franz Hartmann (Lotusblüten 1894, S. 932) hält V. für einen „hervorragenden Brahminen, der auf dem religiösen Weltkongreß anwesend war und es als bewiesen erklärte, daß das ganze Religionssystem der röm.-kath. Kirche buddhistischen Ursprungs und buddhistischen Büchern entnommen sei. Dies erklärt auch, weshalb in den kath. Kirchen, trotz allen Aberglaubens, den man darin findet, vieles gelehrt wird, worin eine tiefe Weisheit verborgen ist, wenn man es nur richtig erkennen würde, während in den protestantischen Sekten der Unglauben vorherrscht, weil dieselben alles verwerfen, was gegen ihre höchst oberflächlichen Auslegungen der toten Buchstaben in der Bibel verstößt oder dem kurzsichtigen akademischen Menschenverstande (Kama-Manas) nicht begreiflich ist." Die Doktrin von V. besagt: a) alle Religionen sind wahr und gut, und deshalb soll jeder seine Religion behalten, b) Gott ist impersonell, unerkennbar und nichtmoralisch, c) Gott ist in der ganzen Welt manifestiert, d. h. in allen Menschen, Göttern und Inkarnationen, d) alle Menschen sind Heilige, e) es ist eine Sünde zu sagen, die Menschen seien sündig, f) Götzendienst ist eine sehr gesunde und spirituelle Form des Gottesdienstes. — W.: My Master, Kalkutta 1911; Raja-Yoga; Karma-Yoga; Bhakti-Yoga; Inana-Yoga. — Lit.: Romain Rolland, Das Leben des Vivekananda, 2 Bde.; (anonym), Swami Vivekananda, his life and teachings, Madras; Sister Nivedita, A sketch of her life, Madras; dies., The web of Indian life, London.

V. N. I. O., Abk. für (lat.) ↗ Vi nulla invertitur ordo.

Vogel, Dr. Theodor, * 31. 7. 1907 Schweinfurt; vom 19. 6. 1949 bis 3. 10. 1959 der erste Großmeister der 1949 gegr. ↗ VGL. — W.: Bet, Kinder, bet, morgen kommt der Schwed'; Krieg den Palästen, Friede den Hütten; Kunz Kaufmann, der Revolutionär; Weiber auf die Mauern; Nach Ostland wolln wir reiten; Heimfahrt, Berlin 1931; ... zu der Religion zu verpflichten ..., Bad Kissingen 1961.

Vokalatmung, ↗ Buchstabenübungen.

Vollkommenheit, das von Esoterikern und Okkultisten angestrebte Ziel, das nach den letzten theoretischen Erkenntnissen jedoch immer nur angenähert erreicht werden kann. Jakob Böhme: „In dieser Welt ist keine ganze Vollkommenheit."

Vollrath, Dr. Hugo, * 11. 4. 1877 Leipzig, auch unter den Ps. Walter Heilmann und Dr. Johannes Walther bekannt; Verleger für okkulte und theosophische Lit. in Leipzig, Förderer verschiedener theosophischer Gesellschaften, ursprünglich Vertreter der Heindel-Rosenkreuzer für Deutschland; bezeichnete sich im Rahmen der Bô-Yin-Râ-Bewegung als „direkter Abgesandter und Vertrauensmann der Weißen Loge". Zusammen mit Bô Yin Râ und Sebottendorf wurden auch geheime Einweihungslehrbriefe mit Diplomen und astrologische Gutachten herausgegeben.

Vorbereitung, Stufe der, in der Anthroposophie die 1. Stufe der Geheimschulung; es handelt sich zunächst um die Pflege des Gefühls- und Gedankenlebens und bezieht sich vorwiegend (in den Übungen) auf den Vorgang des Wachsens und Verblühens. Je aufmerksamer man diesen Vorgängen folgt, heißt es, desto deutlicher werden dadurch Gefühle und Gedanken im Menschen geweckt. „Aus den Gefühlen und Gedanken, die so entstehen, bauen sich die Hellsehorgane ebenso auf, wie sich durch Naturkräfte aus belebtem Stoffe Augen und Ohren des physischen Körpers aufbauen." Eine bestimmte Gefühlsform verknüpft sich mit dem Wachsen, das mit dem Sonnenaufgang (vom ↗ AMORC übernommen im ↗ Sonnengebet), eine andere mit der des Welkens und Absterbens, das mit dem langsamen Mondaufgang verglichen wird. Auf dieser Stufe geht nun die Seelenwelt auf, die sogen. astrale Ebene, wie sie H. P. Blavatsky und Annie Besant bezeichneten. Die Gefühle und Gedanken werden gegenständlich in geistigen Linien und Figuren, die für die verschiedenen Erscheinungen verschiedene Gedanken annehmen, die, wie Stei-

ner meint, so gegenständlich wie Tische und
Stühle sind. Auch die Welt der Töne wird auf
dieser Stufe gepflegt. Die nächstfolgende Stufe
heißt ⤢ Erleuchtung.

Vorhof, beim griech., röm. und jüd. Tempel die
auf Säulen ruhende Vorhalle (griech.: Pronaos),
bis zu welcher die Profanen vordringen durften. — Im Sprachgebrauch der FM bedeutet V.
auch die nicht zeremonielle Zusammenkunft
von Freimaurern zum Zwecke des Unterrichts.

Vorsokratiker, die Philosophen der 4 Jh.e vor
Sokrates, wie Thales, Pythagoras, Xenophanes,
Empedokles, Heraklit, Demokrit, Protagoras,
Gorgias usw.; diese befaßten sich zum erstern-
mal mit den Grundbegriffen: Wissenschaft, Na-
tur, Geist, Kosmos, Atem usw. — Lit.: Prof.
Wilhelm Capelle, Die Vorsokratiker, Stuttgart.

Vril, die Kraft in einem Kornfeld, welche die
Halme wachsen läßt; die Pflanzenkraft; die
Kraft, die der Mensch der Zukunft besitzen
wird, gleich der Kraft der Kohle, ist Gegenstand von ⤢ Bullwer-Lyttons Roman „The
coming race" (auch im „Zanoni"); später von
den Adyar-Theosophen, von Rudolf Steiner
und Rudolf Heß übernommen, ohne allerdings
zu berücksichtigen, daß Bullwer-Lytton nicht
mehr als einen Unterhaltungsroman im Stile
Jules Vernes oder Hans Dominiks schreiben
wollte.

Vril-Gesellschaft, „Loge der Brüder des Lichts",
gegr. kurz vor 1933 auf der Grundlage von
Bullwer-Lyttons Roman „The coming race", in
welchem Menschen beschrieben werden, deren
geistiges und seelisches Leben wesentlich
höher entwickelt ist als das unsere; zu dieser
Gesellschaft gehörte u. a. auch Karl ⤢ Haushofer.

V. S. L., Abk. für (engl.) Volume of the Sacred
Law = Buch des heiligen Gesetzes; in der
engl. FM die Umschreibung der Bibel.

Vulgata (lat.) = „die im Volk verbreitete"; die
seit Gregor dem Großen gebrauchte lat. Bibelübersetzung, die hauptsächlich vom hl. Hieronymus stammt, aber auch noch spätere Über-
arbeitungen und Änderungen erfahren hat. Auf
dem Konzil zu Trient (1546) wurde die V. von
der kath. Kirche als die dem Lehrgehalt nach
authentische Fassung erklärt. Die heute verbreitetste Ausgabe der V. ist die „Biblia sacra
juxta vulgatam clementinam", Paris 1927.

Vulkan, ⤢ Planeten, okkulte.

V. V., Abk. für (lat.) ⤢ Venite visum.

W

Waffen, magische, die symbolischen Hand-
werkszeuge in der zeremoniellen Magie und in
der FM, namentlich Schwert, Hammer, Dolch,
Streitaxt usw.; an sich ist der Ausdruck „Waffen" unsinnig, denn es handelt sich eher um
„Werkzeuge", um etwas zu bewerkstelligen,
denn um etwas zu schützen oder zu bekämpfen. — Lit.: Fra Peregrigius, Tattwa, Hellsehen,
Astralwallen, Berlin 1959; J. N. J. Schmidt,
Blanke Waffen in der Loge, Frankfurt o. J.

Wahlspruch. In der FM nach der Lehrart der
Großen Landesloge bedeutet W. eine Art
⤢ Losung oder ⤢ Wort in Form eines ganzen
Satzes. In Anlehnung an Luk. 9, 24 lautet in
der FM des ⤢ Droit Humain z. B. der Wahlspruch der Meister: „Wer sein Leben verliert,
der wird sein Leben gewinnen" und nach der
Lehrart der Großen Landesloge „Kein Leben
ohne Tod, kein Tod ohne Leben". — Die Ritter von Osten (6. Grad) der Großen Landesloge haben zum W.: „Ecce Agnus Dei qui tol-
lit peccata mundi" (vgl. Joh. 1, 29).

Wahrheit, die Übereinstimmung des Denkens
mit dem Sein, so wie es sich der Erfahrung
darstellt, oder — da wir das Denken als das
An-Sich gewisser Dinge u. Vorgänge betrachten — die Übereinstimmung des (subjektiven)
Seins an sich mit dem (objektiven) Sein überhaupt. Im Okkultismus ist W. meistens dasjenige, was jemand für richtig und „wahr"
hält, ohne Rücksicht darauf, ob eine Übereinstimmung mit der Wirklichkeit vorhanden ist
oder ob andere ebenso denken. Wahr im objektiven und eigentlichen Sinne kann jedoch
ein Denken nur dann sein, wenn seine außer-
individuellen Komponenten in jedem Individuum mit ähnlichem Ich-Komplex einen seelischen Inhalt erzeugen, der mit denselben objektiven Wortsymbolen eindeutig bestimmt bezeichnet wird. Entwicklungsgeschichtliche Tatsachen, besonders die Tatsachen der Sinnes-
entwicklung und der Geschichte der Erkenntnis, sowie die historischen Fortschritte der Er-
fahrungstechnik nötigen zu dem Schluß, daß
die Erfahrungsmöglichkeit der Ich-Komplexe
im Laufe der Entwicklung sich aus primitivsten
Anfängen stetig vervollkommnet, ausgebreitet
und vertieft hat. Demgemäß muß ein Wachstum
der W. angenommen werden: das Denken entspricht dem Sein immer mehr, es nähert sich
dem Zustand, in dem es dem Sein vollkommen entspricht. — Leibnitz gibt in seiner Monadologie 2 Wahrheiten an: Vernunftwahrheit
und Tatsachenwahrheit; die Vernunftwahrheit
ist notwendig, und ihr Gegenteil ist unmöglich,

während die Tatsachenwahrheiten zufällig sind und ihr Gegenteil möglich ist. — Bei den okkulten Systemen, die sich durch Widersprüche und Gegensätze unterscheiden, liegt die Wahrheit nicht im System (denn dieses ist nur Hilfsmittel), sondern im Endziel, welches praktisch immer gleich ist. Bei Jakob Böhme ist „Wahrheit das Jah". — Lit.: Dr. Wilhelm Martin, Die Wahrheit als Führer zum geistigen Licht.

Wahrnehmung, das Auftauchen eines Bewußtseinsinhaltes; man unterscheidet innere und äußere W., je nach dem Ursprung des auslösenden Reizes.

Wahrsagen, die volkstümliche Umschreibung für Schicksalserkundung durch Kartenlegen, Handlinienlesen usw.; die Vorstellung der Laien, daß Okkultismus oder Esoterik sich mit W. befassen, ist völlig unzutreffend; W. im volkstümlichen Sinne ist entweder Aberglaube oder dient zur Unterhaltung, wie auch sehr richtig in den Einleitungen der meisten Bücher über Kartenlegen vermerkt ist.

Waite, Arthur Edward, † 19. 5. 1942; amerikanischer Esoteriker, Freimaurer und einer der besten Kenner des Rosenkreuzer-Wesens; bis 1914 Mitglied der G. D., in welche auf seine Empfehlung hin 1898 Crowley aufgenommen wurde; 1903 trennte sich W. mit einer Anzahl Mitglieder von der eigentlichen G. D., übernahm aber den Namen auch für seinen neuen Zweig, während sich der alte Zweig fortan Stella Matutina nannte. W. war mit einer Schwester des Philosophen Bergson verheiratet. Sein Ordensname in der G. D. war (lat.) Vestigia nulla retrorsum = keine Spuren zurück; auch soll er das Ps. Sacramentum Regis (= königliches Sakrament) geführt haben. W. stand ferner mit Frau Gebhardt in Elberfeld, der Begründerin der Theosophie in Deutschland, in Verbindung. — W.: The mysteries of magic, a digest of the writings of Eliphas Lévi, London 1886; The brotherhood of the Rosy Cross, London 1924; Emblematic FM and the Evolution of its deeper issues, London 1925; A new Encyclopedia of FM, London o. J. (ca. 1925); The book of black magic and of facts, 1898; The book of ceremonial magic, New York 1961; The travels of an alchemist, 1931; The holy Kabbalah, New York o. J.; The occult sciences; Raymond Lullys Alchemist and Mystic; Saint-Martin and Modern Martinism; Secret Doctrine in Israel; The works of Thomas Vaughan; The secret tradition in FM; The real history of the Rosicrucians; Azoth; Pictorial key to the Tarot.

Wajikara (hebr.) = „und er rief"; das 1. Wort und auch der hebr. Name des 3. Buches Moses in der hebr. Bibel.

Waldemar, Charles (Ps.), Schriftsteller über verschiedene okkulte Gebiete. — W.: Himmel und Hölle sind wir; Herrlich wahre Bibelwunder; Jung und gesund durch Yoga; Menschen mit und ohne Masken, Erkenn den sechsten Sinn; Jakob Böhme, der schlesische Mystiker; Paracelsus, Auswahl aus seinen Werken; Das Geheimnis des Kaiser-Yoga; Der Schlüssel zur Urkraft; Erfolg mit Menschenkenntnis; Venus Perversa — Grausame Liebesekstase, München 1967; Theorie und Praxis der Energiekunst, München 1960; Lavater der Menschenkenner, Zürich 1960.

Waltharius (Ps.), * 9. 11. 1905; bekannter esoterischer Schriftsteller; ursprünglich Neugeist nahestehend, Leiter von 2 Logen der Adyar-TG; Mitglied der Pansophia, aber auch bei der ⁄ Fraternitas Saturni als Mitglied geführt (ohne Mitglied gewesen zu sein); befreundet und persönlich bekannt mit Heinrich Tränker (Recnartus), Grosche (Gregorius), Verweyen, Wilhelm Quintscher, Franz Sättler, Friedrich Lekve (OTO), Hans Sterneder, Prof. Gebhard Frei und vielen anderen bekannten Persönlichkeiten. Die geplante Neugründung „Mystischer Kreis Kether zum leuchtenden All" scheiterte nach kurzer Zeit. W. ist Erbe und Hüter des okkulten Nachlasses von Heinrich Tränker und damit des Archivs der Pansophia. W. vertritt den mystischen Weg im Okkultismus, der aber zuweilen auch die Wege der Magie und der Adeptschaft schneidet. — W.: Mystik, das letzte Geheimnis der Welt, 1953; Mystik, Zen und der farbige Schatten, 1954; Das große Magisterium, Freiburg 1956; Rückkehr nach Aziluth, 1959; (als Herausgeber) Praxis der alten türkischen Freimaurerei.

Walther, Dr. phil. Gerda, * 18. 3. 1897 Nordrach/Schwarzwald; Vorkämpferin für den wissenschaftl. Okkultismus und für die Anerkennung parapsychologischer Phänomene; Schülerin Edmund Husserls, später wissenschaftl. Mitarbeiterin Schrenck-Notzings; W. gehört zu den seltenen Parapsychologen, die selbst paranormal begabt sind. — W.: Zur Phänomenologie der Mystik, Halle 1923 und Freiburg 1955.

Wandlung, das Grundziel aller esoterischen Arbeit und Schulung, d. h. die Umkehrung der materiellen Ausrichtung des Menschen in eine idealistische, die Umkehrung des sinnlichen Tagesbewußtseins in die ⁄ Vitalstase der ⁄ Einweihung; W. ist auch die Rückversetzung des Menschen in seinen sündenfreien Urzustand, bei den Martinisten Reintegration, bei manchen okkulten Gruppen auch Wiedergeburt genannt. — Lit.: Douval, Wandlung des magischen Menschen, Freiburg 1956.

Wasser, nach Thales und anderen alten Philosophen ist W. das Prinzip der ersten Dinge, „natürlich nicht das W. im materiellen Sinne, sondern im übertragenen Sinne als potentielles Fluidum im endlosen Raum". Die Alchemisten gaben an, „daß, wenn die vor-Adamische Erde durch das Alkahest reduziert wird, die Ursubstanz wie klares Wasser ist"; heißt es doch schon in 1. Mos. 2: „und der Geist Gottes schwebte auf dem W." Bei Jakob Böhme ist „W. das Wesen der Begierde. Es sind zweierlei W., ein äußeres und ein inneres. Des Lichtes Wesenheit ist das W. des ewigen Lebens. Es entstehet aus der Sanftmut des Lichts. Das W. über der Veste ist das Geistwasser, darin Gottes Geist regieret und wirket. Das heilige W. ist Christi Leib, den er vom Himmel brachte. Das W. über der Veste ist das W. der Wiedergeburt. Es ist das W. des Lebens, darin sich die Liebe in Gott, Engeln und Menschen gebäret. Es bricht durch den Tod und wird daraus der neue Leib in dieser Welt erbaut. Das W. des Lebens scheidet Liebe und Zorn, daß keines das andere begreift. Das W. unter der Veste, das äußere W., ist aus dem süßen himmlischen W. entstanden. Es ist des inneren Wassers Werkzeug. Der äußere Wassergeist ist der Himmel oder das Gestirn. Es urständet von der Sanftmut des Sonnenlichts durch Veneris (= Venus) Begierde. Alle Dinge sind daraus erschaffen worden."

Wassermann-Zeitalter, dialektischer Begriff bei verschiedenen okkulten Gruppen, so beim ↗ Lectorium Rosicrucianum, bei der ↗ Arkanschule, bei ↗ Neugeist, beim Lichthort, bei der ↗ Fraternitas Saturni, bei der Heindel-Bewegung usw.; nach diesen Lehren ist das W. „die kosmische Weltenstunde, verursacht durch das Vorrücken des Frühlingspunktes ins Zeichen Wassermann; es soll das christliche Fischezeitalter ablösen und das Zeitalter der Toleranz und der geistigen Erleuchtung werden." Das W. beginnt angeblich noch in diesem Jh. Die Rosenkreuzer-Gemeinschaft bezeichnet sich als Vorläuferin des W.; bei der Bahai-Bewegung heißt das W. einfach „Neues Zeitalter". — Lit.: Rudolf Putzien, Der Allbrandfelsen; Prof. Hans Sterneder, Das kosmische Weltbild; Foster Bailey, Wandlung esot. Werte, Lorch 1956; Alfons Rosenberg, Durchbruch zur Zukunft; Heinrich Christian Meier-Parm, Ein Blick ins Wassermann-Zeitalter, Warpke 1953; C. E. Prinz von Hohenlohe-Waldenburg,

Psychische Auswirkungen des Fischezeitalters und Ausblicke auf das Wassermannzeitalter, Calw 1961; Baumgartner, Esoterische Astrologie im Geiste des Wassermann, Warpke 1951.

Wasserprobe, im Einweihungssystem von Rudolf Steiner die 2. Probe. „Die W. ist die Enthüllung einer Geheimschrift. Die Zeichen dieser Schrift sind nicht willkürlich ersonnen, sondern entsprechen den Kräften, die in der Welt wirksam sind, entsprechen also auch den Figuren, Farben und Tönen, die man auf den beiden vorangegangenen Stufen der Schülerschaft kennengelernt hat. Damals buchstabierte man bloß, nun beginnt das eigentliche Leben. Und alles erscheint natürlich in einem großen Zusammenhang." Die darauf folgende nächste Probe heißt ↗ Luftprobe.

Wedgwood, J. I., Adyar-Theosoph, Gründer der ↗ Liberal-Katholischen Kirche und Bischof ders. für Europa; bei Haack, „Geheimreligion der Wissenden", fälschlich mit Wedgbody bezeichnet. — W.: Meditation for Beginners; The Place of Ceremonies in the Spiritual Life, London 1927; Spiritualism and the Great War.

Weihöl, das hl. Salböl d. Bibel nach 2. Mos. 30, 23/24, bestehend aus: 500 Lot Myrrhe, 250 Lot Zimt, 250 Lot Kalmus, 500 Lot Kassia und Öl vom Ölbaum; nach der Tradition der Rabbinen wurden die Spezereien ausgekocht; Zusammensetzung nach Abramelin: Myrrhe, Zinnamom, Galanga und Olivenöl.

Weihrauch, ↗ Harze.

Weinfurter, Karl, 1870—1942; Prager Okkultist, Schüler von Mailänder; wurde Weihnachten 1941 von der Gestapo verhaftet und im Gefängnis Pankraz-Prag gefangen gehalten; starb dort an den Folgen der grausamen Behandlung; übersetzte die Bhagavad-Gita ins Tschechische. — W.: Der brennende Busch, Lorch 1953; Mystische Fibel, Sersheim 1954 und 1959; Lehrbuch des magischen Denkens.

Weingartner, Felix (von), * 2. 6. 1863 Zara/Dalmatien; Kapellmeister in Königsberg, Danzig, Hamburg, Frankfurt/M., Mannheim, Berlin; Theosoph und später mystischer Schriftsteller über ↗ Bô Yin Râ; in seinen Schriften ist schon ein Teil der späteren AMORC-Lehre enthalten. — W.: Die Lehre von der Wiedergeburt und das musikalische Drama nebst einem Entwurf eines Mysteriums Erlösung, Leipzig 1895; Bô Yin Râ, Basel 1923.

Weisen aus dem Morgenlande, nach der christl. Sage die bei Matth. 2, 1 ff. erwähnten Magier(!), die unter der Leitung eines Sterns aus Arabien nach Bethlehem kamen, um dem Messias Gold,

Weihrauch und Myrrhen zu bringen. Später folgerte man aus diesen 3 Geschenken, daß es deren 3, und aus Ps. 72, 10 und Jes. 49, 7, daß es Könige gewesen seien; noch später legte man ihnen die aus dem Heidentume entlehnten Namen Melchior, Kaspar und Balthasar bei.

Weishaupt, Prof. Adam, * 6. 2. 1748 Ingolstadt, † 18. 11. 1830; Stifter des Ordens der ↗ Illuminaten; erhielt 1772 eine außerordentliche Professur der Rechte und 1775 die Professur des Natur- und kanonischen Rechts. Da die Lehrstelle des kanonischen Rechts vorher immer von Ordensgeistlichen besetzt gewesen war, so feindeten ihn die Geistlichen an, zumal er, ein Zögling der Jesuiten, nach Aufhebung des Ordens sich als ihr bitterster Feind zeigte. W. trat mit anderen Geistesverwandten in Verbindung und suchte sie für ein Ideal der Ausbildung der Menschheit zu reiner Sittlichkeit empfänglich zu machen. Sein Hörsaal wurde die Pflanzschule des Kosmopolitismus, für dessen Pflege er auch den Illuminatenorden stiftete. Nachdem er als Opfer des kirchlichen Fanatismus seine Lehrerstelle in Ingolstadt 1785 verloren hatte, ging er nach Gotha, wo er zum Legationsrat und später zum Hofrat ernannt wurde. — W.: Das verbesserte System der Illuminaten mit seinen Einrichtungen und Graden, Frankfurt und Leipzig 1787; Kurze Rechtfertigung meiner Ansichten, Frankfurt und Leipzig 1787. — Lit.: Leopold Engel, Geschichte des Illuminatenordens, Berlin 1906; R. W. Hagbard (Ps.; = Soehner), Der Illuminatismus in Bayern, seine Entstehung, Entwicklung, Verfolgung und Beurteilung, Lennep 1914; Franz Hartmann, Im Vorhof des Tempels.

Weisheit, Stärke, Schönheit, die 3 Ideale, die die Arbeit des Freimaurers leiten sollen und Name der 3 Säulen, auf denen symbolisch der Bau der FM ruht. W. ist die intellektuelle Tugend, die den Bau fördert, Stärke die willenhafte und Schönheit die gestaltende Tugend. Diese 3 Tugenden symbolisieren Harmonie und Gleichgewicht der Kräfte: Verstand, Wille und Gemüt sind aufeinander abgestimmt.

Weisheitsreligion, in der Theosophie die Bez. für das Gemeinsame in den heute bestehenden Religionen und Glaubensrichtungen; nach anderen ist W. die uranfängliche und den Menschen direkt offenbarte Wahrheit, die keine Gnade und keinen blinden Glauben erfordert, „sondern ein Wissen ist". — Lit.: Helena Wegner, Beiträge zur Geschichte der Weisheitsreligion, Pforzheim 1960.

weiß, als Symbolfarbe in der FM: Reinheit und Unschuld (im 1. Grad) oder Vollkommenheit

Weishaupt

(im 33. Grad AASR bzw. 10. Grad der Großen Landesloge); bei den Ägyptern: innere Heiligkeit (Priesterfarbe); bei den alten Juden: Licht und Reinheit; bei Herodot: Farbe der Venus.

Weiße Bruderschaft, ↗ Weiße Loge.

Weiße Loge (oder Weiße Bruderschaft), eine rein mentale Fiktion in der esoterischen Lit., die man sich nicht als wirklich existierend vorstellen darf; es handelt sich mehr um eine mentale Schwingung, die entsprechend durch Übung entwickelten Adepten wahrnehmbar und erreichbar ist. Sie ist eine unsichtbare geistige Vereinigung weniger Eingeweihter, die alle Forderungen, die zu dem höchsten geistigen Ziele führen, in ihrem Erdenleben bereits erfüllen. Mit der W. L. in Verbindung stehend bezeichnen sich u. a. die ↗ EBDAR, die ↗ Rosenkreuzergemeinschaft, der ↗ AMORC, das ↗ Lectorium Rosicrucianum. — Lit. Bô Yin Râ, Das Buch vom lebendigen Gott, Leipzig 1919; Zeitschrift „Magische Blätter", Nov. 1925; Zeitschrift „Blätter für Lebenskunst", April 1950.

Wellenlehre, der Versuch von Dr. Hildegard Vaubel, eine neue Deutung für psychische und paranormale Phänomene zu finden. — Lit.: Dr. Hildegard Vaubel, Eine Wellenlehre für das biologische und psychische Naturgeschehen. Eine Deutung des Leib-Seele-Problems unter Einbeziehung der Grenzgebiete im Naturgeschehen, Ulm 1962.

Welt, Die andere, ↗ „die andere Welt".

Welt, Welten, in verschiedener Bedeutung gebraucht, teils auch für Ebenen, Prinzipien usw.; die Kabbalisten teilen die Welt in höhere und niedere Welten, d. h. in die Welt der Ideen und die Welt der Materie (oder der Formen). Die niedere W. ist nach dem Prototyp der höheren W. gebildet, und schon der Sohar sagt: „alles in der niederen W. ist nur ein Abbild (eine Reflektion) der höheren" und die hermetische Philosophie: „wie oben, so unten". Außerdem kennen die Kabbalisten 4 Welten der Existenz: Aziluth oder die Urbildwelt; Briah oder die schöpferische W., d. h. die erste Reflektion der höchsten W.; Jesirah oder die formbildende W. und Assiah (bei Rijkenborgh fälschlich: Asia), die W. der Hüllen oder Klippoth und das materielle Universum. Einige Autoren bezeichnen die 4 Welten als: intellektuell, moralisch, sinnlich und materiell. In der Esoterik wird oft unterschieden zwischen 3 Welten: die materielle W. (ist sichtbar), die astrale W. (ist unsichtbar) und die göttliche W. (ebenfalls unsichtbar); man kann diese Welten auch bezeichnen mit: die W. der Fakten, die W. der Gesetze oder sekundären Ursachen und die W. der Prinzipien oder der primären Ursachen. Jedes Wesen enthält in sich selbst diese 3 Welten. Agrippa von Nettesheim unterscheidet nur 2 Welten: den Makrokosmos (die große Welt) und den Mikrokosmos (die kleine Welt). Grundlage des gesamten Okkultismus ist jedoch zumindest die Unterscheidung von 2 Welten: a) die Welt der Formen, Erscheinungen, Materie oder Wirkungen, und b) die Welt der Ideen, Ursachen oder des Geistes.

Weltalter, nach den Lehren der Theosophie und der Anthroposophie (Akasha-Chronik) eine Art Kulturzustand, in welchem sich die Welt gerade befindet; nach dieser Theorie läuft das Schicksalsrad der Menschheit in 7 Zeitaltern (Weltaltern) ab. Die Menschheit stammt vom höchsten Kulturzustand, nämlich vom indischen, denn in Indien hat sich die größte Empfänglichkeit für übersinnliche Erkenntnis erhalten. An diese Kultur schließt sich die persische an, für die charakteristisch die Beherrschung der Natur durch Magie ist. Der Führer auf diesem Gebiet war Zarathustra, ein Eingeweihter des Sonnenorakels. Er offenbarte den Sonnengeist Ormud und nannte die böse Macht, unter die ein Teil der Menschen nach dem Verrat der Vulkangeheimnisse geraten war, Ahriman. Die 3. nachatlantische Kultur ist die der Babylonier und Ägypter. Hier wurde die Natur durch den Verstand beherrscht. Der Führer dieser Kultur war Hermes der Magier, von dem schon in der antiken Mystik die Rede ist. Der 4. Kulturzustand ist der griech.-lateinische. Das Charakteristische ist hier die reine Ausprägung des Geistes durch die Kunst. Die 5. Kulturstufe, in der wir heute leben, wird in der einschlägigen Lit. teils als germanische bezeichnet. Erkenntnis über die noch verbleibenden Kulturzustände kann nur durch die übersinnliche Erkenntnis erlangt werden, was Steiner als „die Erkenntnis vom heiligen Gral" bezeichnet. — Auch bei Jakob Böhme ist die Welt schon in 7 Zeiten bestimmt. „Die heutige Zeit (ca. 1600!) ist die des 7. Sigels, so die 6 Sigel offenbar werden. Der Höllen Wunder werden in dieser Zeit des letzten Sigels als Licht kommen. Alle Geheimnisse sollen offenbar werden. Die Zeit ist da, darin der Baum Christi wird grünen und viel Früchte bringen. Die Zeit des Disputats und Geschwätzes ist aus."

Weltanschauung, die Gesamtvorstellung von der Welt, die der einzelne sich gebildet hat. Der Okkultismus in seinen verschiedenen Formen und Lehrarten setzt eine ganz bestimmte W. voraus, die man sich andererseits nur im Laufe des okkulten Studiums bilden kann. Somit ist hier die W. Voraussetzung und Ergebnis zugleich; gewissermaßen wächst die vollständige W. aus kleinen Ansätzen heraus im Laufe des intensiven und systematischen Studiums. Wie in der profanen Welt gibt es auch im Okkultismus Halbgebildete, die aufgrund ihrer Mehrheit großen Einfluß haben und der Mittelmäßigkeit eine größere Bedeutung zukommen lassen, als ihr zusteht. Eine materialistische W. steht auf jeden Fall im Widerspruch zur Esoterik und verhindert jedes tiefere Eindringen in die esoterische Geisteswelt. — Die W. des Halbgebildeten zeigt auch im Okkultismus die gleichen Symptome wie in der profanen Welt: er bestreitet bestimmte Sachverhalte und Tatsachen, kann aber nichts entgegensetzen als eine bloße Meinung; will stets angekommen, ohne gegangen zu sein; verwirft alle Lehren, ohne sie geprüft oder studiert zu haben; diskutiert über Dinge und Begriffe, ohne darüber informiert zu sein.

Weltbild, die Vorstellung, die man sich aufgrund physikalischer oder philosophischer Erkenntnis von der Gesamtheit der Welt macht; im Ggs. zur Weltanschauung, die eine vorgefaßte Meinung oder bildungsmäßige Grundlage darstellt. — Lit.: Jean Mussard, Gott und der Zufall; Dr. Wilhelm Martin, Brücken von der Natur zur Geisteswelt.

Welt der Urgeister, bei Heindel die 6. Ebene in der 7fachen Konstitution des Universums; die W. d. U. besteht nach Heindel aus 7 Regionen und ist der Aufenthalt der Urgeister, „nachdem sie in Gott abgeteilt worden sind, ehe sie ihre Pilgerfahrt durch die Materie antreten". Heindel bezeichnet den dieser Welt entsprechenden „Körper" des Menschen als

429

„Vehikel". ⚹ Prinzipien des Menschen, ⚹ Prinzipien der Welt.

Welt des göttl. Geistes, nach Heindel die 5. Ebene der okkulten Konstitution des Universums; sie besteht aus 7 Regionen und ist der Ursprung des höchsten geistigen Einflusses auf den Menschen (d. h. seines göttl. Geistes). ⚹ Prinzipien des Menschen, ⚹ Prinzipien der Welt.

Welt des Lebensgeistes, nach Heindel die 4. Ebene der Konstitution der Welt; sie besteht aus 7 Regionen und ist der Aufenthalt des 2. Teiles vom 3fachen Geiste des Menschen (d. h. des Lebensgeistes). ⚹ Prinzipien des Menschen, ⚹ Prinzipien der Welt.

Weltdiener, Gruppe der neuen, eine Unterorganisation der ⚹ Arkanschule; die Mitglieder vereinen sich im Geiste täglich um 17 Uhr Ortszeit und sprechen dabei folgendes Mantram: „Die Kraft des Einen Lebens ströme durch die Gruppe aller echten Diener. Die Liebe der Einen Seele gestalte das Leben all derer, die den Großen helfen möchten. Möge ich meinen Teil in dem Einen Werk vollbringen durch Selbstvergessen, Harmlosigkeit und rechte Rede." Aufgabe der Organisation: „Vermittlungsglied zwischen Hierarchie und der Menschheit, um Licht und Kraft zu empfangen und beide einzusetzen, um, unter der Inspiration der Liebe, die neue Welt von morgen zu bauen." — Lit.: Otto A. Isbert, Yoga und der Weg des Westens, Stuttgart 1955; (anonym), The group of world servers, Bombay o. J. (ca. 1966).

Welteislehre, die pseudophysikalische Lehre, daß die ganze Welt aus Eis bestehe; begr. von Hanns Hörbiger und Hitler gefördert, seit 1955 von Robert Hörbiger weitergeführt. — Lit.: Joachim Herrmann, Das falsche Weltbild, Stuttgart 1962; Louis Pauwels, Aufbruch ins 3. Jahrtausend, Stuttgart 1962; H. Fischer, Der Mars und Hörbigers Welteislehre, 1924; ders., Rätsel der Tiefen, 1923; Eduard Kiß, Welt-Eis-Lehre, 1933; W. Asendorpf, Die Edda als Welteislehre, Krefeld 1933; H. Fischer, Die Wunder des Welteises, Paetel 1922. — H. Fischer gab 1925—29 auch eine Zeitschrift „Der Schlüssel zum Weltgeschehen" heraus.

Weltlehrer, Weltenlehrer, Der neue, Ausdruck von Annie Besant für den in der Person ⚹ Krishnamurti wiedergekommenen Christus; auch die ⚹ Arkanschule der Alice ⚹ Bailey erwartet einen neuen W. — Nach manchen Doktrinen wird seine Ankunft auf 1975 gelegt, d. h. 100 J. nach Gründung der TG ·durch Oberst Olcott und H. P. Blavatsky.

Hanns Hörbiger

Weltloge, willkürliche Bez. in verschiedener Bedeutung und ohne bestimmten Bezug auf „Welt"; a) Zeitschrift über okkulte Fragen in Trier um 1922/23; b) Name einer Albert-Schweitzer-Gruppe in München; c) Name eines Hypnose-Kurses in Hamburg (⚹ Carrasz).

Weltweiter guter Wille (engl.: World goodwill), eine vom ⚹ Lucis-Trust ausgehende Bewegung der ⚹ Arkanschule; gegr. 1932, will keine Organisation sein; versucht „eine mentale oder geistige Synthese unter den aufbauenden und zum Wohle des Ganzen wirkenden Kräften innerhalb der Menschheit hervorzubringen", „um recht menschliche Beziehungen durch die praktische Anwendung der Prinzipien des guten Willens zu schaffen." Die Beschäftigung der Mitglieder erstreckt sich auf: a) Verteilung von Flugblättern und Broschüren, b) Bau von Informations- und Studienzentren für die Arkanschule, c) Veröffentlichung von Mitteilungsblättern und d) Schaffung von Kursen über die fundamentalen Probleme der Menschheit nach Meinung der Arkanschule. Feste Mitgliedsbeiträge werden nicht erhoben, jedoch sind Spenden in beliebiger Höhe jederzeit willkommen; an der Höhe der Spenden erkennt die Arkanschule den geistigen Fortschritt der Mitglieder. Die Eintragung als Mitglied „hat nicht den Sinn einer Mitgliedschaft, sondern ist ein symbolischer Akt der Solidarität und geistigen Verantwortung."

neuert; die Führer und Meister der okkulten Gesellschaften nehmen mittels ihres ↗ Majavi-Rupa am Fest teil.

Wendeltreppe, Symbol der engl. FM im 2. Grad; nach engl. Auffassung stand die W. im Tempel Salomos und hatte 3, 5 und 7 Stufen; die 7 Stufen symbolisieren Geburt, Kindheit, Jugend, Mannesalter, Alter der Erfahrung, Greisenalter und Tod, mancherorts auch die 7 freien Künste. Nach 1. Kön. 6, 8 führte die W. zur mittleren Kammer, d. h. zum Allerheiligsten des Tempels, wo die Gesetze und der Name Gottes aufbewahrt wurden.

Wendt, Dr. Heinrich, * 22. 4. 1909 Karlsruhe, Richter in Heidelberg; Mitarbeiter Dr. Herbert ↗ Fritsches in der Zeitschrift ↗ „Merlin", versierter Kenner des Okkultismus und der Philosophie ↗ Crowleys.

Werk, das Große, Begr. aus der philosophischen Alchemie und Magie; das dreifache Mysterium des magischen Strebens: religiös, philosophisch und natürlich; das Ziel des Magiers, seine höchste Erfüllung zu finden. — Lit.: Eliphas Lévi, Dogma und Ritual der Hohen Magie, München 1927, Bd. 1, S. 186—192 und Bd. 2, S. 129—136.

Werkstatt, in der Magie der besondere Tempel für zermonielle Maßnahmen; in der FM teilweise die Bez. für den Logenraum, analog dem franz. Ausdruck Atelier, welcher aber auch in Deutschland bei den Hochgraden verwendet wird.

Werner, Zacharias, 1768—1823; mystischer Schriftsteller; wurde am Gründonnerstag 1810 Katholik und 4 J. später Priester in Aschaffenburg. — W.: Die Söhne des Tals; Das Kreuz an der Ostsee; Martin Luther oder die Weihe der Kraft, Berlin 1807; Weihe der Unkraft, Frankfurt 1817. — Lit.: Düntzer, 2 Bekehrte, Leipzig 1872; Poppenberg, Mystik und Romantik in den Söhnen des Tals, Berlin 1893.

Wesakfest, das indische Vaisakha-Fest; in okkulten Gesellschaften als Osterersatz zum Vollmond im Mai gefeiert, so bei der Adyar-TG, der ↗ Arkanschule und beim ↗ Lectorium Rosicrucianum (hier unter dem Namen Aquariusfest); nach den betr. Theorien versammeln sich die Hierarchien zum W. auf den inneren Ebenen des Himalaja, wo Buddha dann eine Berührung und Verbundenheit mit der Arbeit unseres Planeten für einen Augenblick er-

Symbolische Darstellung der Wendeltreppe in der Arbeitstafel des 2. Grades der englischen FM

Westcott, Dr. Wynn, † 1919, engl. FM-Forscher und Esoteriker; Mitbegründer der G. D., ab 1892 Großmeister der ↗ SRIA; Mitglied in der Adyar-TG, Meister vom Stuhl der engl. Forschungsloge „Quatuor Coronati", Mitarbeiter beim „Glossary of Theosophy" von H. P. Blavatsky, laut H. P. B. der beste Kabbalist in der TG. Sein Ordensname in der G. D.: „Non omnis moriar" = Ich werde nie ganz vergehen; sein esoterischer Wahlspruch: „Sapere aude" = Wage es, weise zu sein; „Sapere aude" war auch teilweise sein Ps. als Verfasser esoterischer Schriften. — W.: (Sapere aude), The science of Alchemy, London 1893.

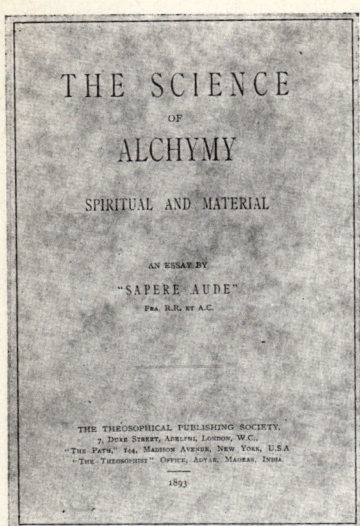

THE SCIENCE

OF

ALCHYMY

SPIRITUAL AND MATERIAL

AN ESSAY BY

"SAPERE AUDE"

FRA. B.R. ET A.C.

THE THEOSOPHICAL PUBLISHING SOCIETY,
7, DUKE STREET, ADELPHI, LONDON, W.C.;
"THE PATH," 144, MADISON AVENUE, NEW YORK, U.S.A.
"THE THEOSOPHIST" OFFICE, ADYAR, MADRAS, INDIA.

1893

Titelblatt einer seltenen Schrift von Dr. Wynn Westcott
unter seinem Ps. Sapere Aude

Westliche Schule für christl. Mystik, ↗ Sanctilean-Kirche.

WFR, Abk. für (engl.) ↗ World Fellowship of
Religions.

Wickland, Dr. Carl, † 1937; amerikanischer Arzt,
der sich intensiv mit dem Problem der Besses-
senheit und ihrer Heilung befaßte. — W.: Drei-
ßig Jahre unter den Toten, Remagen 1957.

Wiederbelebungsdienst, interne Bez. für ↗ Belebungsdienst im ↗ Lectorium Rosicrucianum;
erfahrene Mitglieder vermeiden es, sich bei den
W.en zu äußern, da sie Nachteile befürchten.

Wiedergeburt, in verschiedener Bedeutung im
Okkultismus verwendet; meist gleichbedeutend
mit ↗ Reinkarnation, ↗ Wiederverkörperung,
↗ Metempsychose, ↗ Seelenwanderung; auch
im Sinne von geistiger W. als die Fortdauer
des geistigen Lebens auf einer höheren Ebene
gebraucht. Bei Jakob Böhme geschieht die W.
„aus Wasser und Geist. Das Wasser ist der
Himmel, Christi Leiblichkeit oder Sophia.
Wahre ernste Buße mit großer ernsthafter Beständigkeit ist nötig. Der wiedergeborene
Mensch bestehet ewig im 2. Prinzip." Beim

↗ Lectorium Rosicrucianum ist das Wort W.
mit ↗ Transfiguration gleichbedeutend, aber
in einem leicht irreführenden Sinne. In der FM
der Großen Landesloge bedeutet W. „die Rückkehr des gefallenen Menschen zu seinem göttl.
Ursprunge. Die W. beginnt in dem Augenblicke,
wo der Verstand die Herrschaft über die Begierden wieder erhält und ist allein das Werk
göttl. Gnade". Diese Auffassung ist von Swedenborg übernommen. Der berühmte Freimaurer Benjamin Franklin (1706—90) bestimmte
schon im Alter von 23 J. die Inschrift seiner
Grabtafel und bekannte sich damit zur Theorie der W.: „Hier ruht der Körper des Buch-
druckers Benjamin Franklin, den Würmern zur
Nahrung wie der Deckel eines alten Buches,
dessen Inhalt herausgerissen, ohne Titel und
Vergoldung. Jedoch das Werk selbst ist nicht
verlorengegangen, sondern wird, wie er
glaubte, neu erscheinen in neuer und feinerer
Ausgabe, durchgesehen und verbessert vom
Verfasser." Die Mehrheit der Kabbalisten ist
der Ansicht, daß eine W. nur im menschlichen
Körper stattfinden kann, während manche auch
die Möglichkeit einer Aufnahme der Seele
durch Tierkörper, Pflanzen und dergl. annehmen. — Lit.: Dr. Gina Cerminara, Erregende
Zeugnisse von Karma und Wiedergeburt, Freiburg; H. E. Douval, Beweise der Wiedergeburt,
Freiburg; Alexandra David-Neel, Unsterblichkeit und Wiedergeburt; M. Eliade, Das Mysterium der Wiedergeburt, Zürich 1961; Christmas
Humphreys, Karma und Wiedergeburt; Dr. Gina
Cerminara, Die Welt der Seele, Freiburg 1967.

Wiederkehr Christi, während die Kirchen im
allgemeinen keinen bestimmten Zeitpunkt für
eine evtl. W. C. angeben, legen sich die Sekten meistens ziemlich genau fest; bei der
Adyar-TG wurde die W.C. sogar schon in der
Person ↗ Krishnamurtis verkündet und gefeiert.

Wiederverkörperung, die Annahme, daß die
lebende und ihren letzten Körper verlassende
Wesenheit eine bestimmte Zeit nach dem Tode
einen neuen Körper auf sich nimmt (so: Dr.
von Purucker). Der Ausdruck besagt nicht nur,
daß die Seele vorher besteht, sondern daß die
Seele nacheinander eine Reihe von neuen
Körpern auf sich nimmt, gleichgültig auf welcher Ebene. Im Prinzip ist der Begriff W. etwa
gleichbedeutend mit Wiedergeburt, Seelenwanderung, Reinkarnation u. Metempsychose.
— Lit.: K. O. Schmidt, Wiederverkörperung und
Karma; Mabel Collins, Die 5 Blindheiten; Max
Heindel, Rosenkreuzer-Philosophie in Frage
und Antwort.

Wiedu-Kreisung e. V., arisch-germanische Kultvereinigung in Hagen; will laut Prospekttext „auf Erden das Friedensreich wirken durch Wort-Wahrheit deutscher Sprache, Kunst und Wissenschaft". Leseprobe aus der Wiedu-Lit.: „Mutter, meine Gewesenheit bist du! Ich bin in dir indem ich war. M-Ar nenne ich dich. Stumm nach innen weisend klingt dein Laut, der dir gilt, in den ich eingehüllt bin, dein Ar, o M-ar-ia göttlichste Mutter. Ich grüße dich!"

Wilhelmsbad, Konvent von, freimaurerische Konferenz 1782, auf welcher Herzog Ferdinand von Braunschweig, der Großmeister der ↗ Strikten Observanz, die FM neu ordnen und reformieren wollte, da es ihm nicht gleichgültig sein konnte, „Oberhaupt einer Gesellschaft zu heißen, die mit ihren Beschäftigungen keinen anderen Zweck verfolge, als durch Aufnahme ohne Maß die Reichtümer der Schottenlogen zu vergrößern, den einzelnen Gliedern dadurch ökonomische Vorteile zu verschaffen und das beste menschliche Institut in eine Leibrentengesellschaft umzugestalten." Wie man sieht, nahm der Verfall der landläufigen FM schon im 18. Jh. seinen Anfang. Auf diesem Konvent wurde auch die Frage untersucht, ob die Große Landesloge rechtmäßige Nachfolgerin des berühmten Tempelherren-Ordens sei; nach 36 Sitzungen kam man zu dem wohlfundierten Schluß, daß jeder historische Zusammenhang zwischen beiden Institutionen eine bloße Erfindung ist, um ein ehrwürdiges Alter vorzutäuschen.

Wille, eines der 3 in der Natur wirkenden Prinzipien; in der Metaphysik und der okkulten Philosophie das, was das manifestierte Universum beherrscht und regiert. — Van Helmont: „Der Wille ist die erste aller Kräfte. Der W. ist die Eigenschaft aller spirituellen Wesen und stellt sich selbst in ihnen dar, um so aktiver, je mehr sie sich von der Materie befreit haben." — Paracelsus: „Determinierter W. ist der Anfang jeder magischen Operation."

Willermoz, Jean-Baptiste (Ps.) = J.-B. Vuillermoz, * 10. 7. 1730 Lyon, † 20. 5. 1824; ab 1750 Freimaurer in Lyon und spielte danach eine führende Rolle in der FM. Er betätigte sich namentlich im esoterischen Zweig der FM und wird daher allgemein mit viel Unverständnis beurteilt; zeitweilig enger Mitarbeiter von Martinez de Pasqualis und Louis-Claude de Saint-Martin und einer der Hauptgründer des Rektifizierten Schottischen Ritus. Außerhalb der FM beschäftigte er sich auch mit Magnetismus, und van Rijnberk weist in seiner Studie über W. darauf hin, daß begründete Annahme bestehe, W. hätte den magnetisierten Somnam-

Herzog Ferdinand von Braunschweig
(1721—1792)

bulismus früher gekannt als Puységur und Mesmer. — Lit.: Emile Dermenghem, Les Sommeils de Jean Baptiste Willermoz, Paris 1926.

Winkelhaken, in der FM nach der Lehrart der Großen Landesloge für die in der FM sonst übliche Bez. ↗ „Winkelmaß".

Winkelmann, Joachim, Dipl.-Chemiker; okkulter Schriftsteller; experimentierte auch mit sogen. biologischer Strahlung; Mitarbeiter der Gesellschaft für wissenschaftl. Spiritismus. — W.: Abc der Geheimwissenschaften, Berlin 1956; Geheimnis der Talismane und Amulette, Freiburg 1955; Tarot der Eingeweihten, Berlin 1954; Magisches Training, Freiburg 1953; Der Weg nach drüben, Preetz 1949.

Winkelmaß, freimaurerisches Symbol, meist in Verbindung mit dem Zirkel, z. B. im allgemeinen Freimaurer-Abzeichen; die älteste bekannte Darstellung von W., Zirkel und FM-Schurz befindet sich auf der Titelseite von M. J. Tritheims „Polygraphie et universelle escriture cabalistique", Paris 1561. In der Loge ist das W. auch das am Kordon um den Hals getragene Abzeichen des Meisters vom Stuhl; „das W. ist das Symbol der Gewissenhaftigkeit, das die menschlichen Handlungen nach dem Gesetz der Rechtwinkligkeit, d. h. nach Recht, Gerechtigkeit und Menschlichkeit ordnet u. richtet, auf daß dieselben immer regelrecht seien u. sich innerhalb der rechten Schranken der göttl. u. menschlichen Gesetze halten." (Qu.: Fischer, Erläuterungen der Katechismen der Johannis-Freimaurerei, Leipzig).

Winkelmaurer, gebildet nach der Art des Wortes Winkeladvokat; ebenso Winkelloge; nach der Deutung der sogenannten „regulären" Logen gelten alle anderen Logen als Winkellogen und ihre Mitglieder als W.; die esoterischen Logen sehen ihrerseits wieder alle Logen, deren Mitglieder auf rein materielle Ziele sehen und die FM als bloßen profanen Männerbund betrachten, als Winkellogen an. So haben sich noch vor einigen Jahren die ↗ VGL und der Großorient gegenseitig als Winkelmaurer bezeichnet; gemeint ist also in der Praxis mit W. fast immer ein Freimaurer einer Loge eines anderen FM-Systems, oft verbunden mit der Absicht, Mitglieder ab- und für die eigene Loge anzuwerben. Wenn der Begriff Winkelloge eine Berechtigung hätte, müßten Goethe, Lessing und andere berühmte Freimaurer Winkellogen angehört haben, da ihre Logen etwa dem entsprachen, was manche Großlogen unter Winkellogen verstehen wollen. — Lit.: A. P. Eberhardt, Von den Winkellogen Deutschlands, Leipzig 1914; J. N. J. Schmidt, Wurzeln der freimaurerischen Gemeinschaft, Zürich 1961; Großmeister August Wilhelm Klages, Winkelgroßlogen — Winkellogen — Winkelmaurerei, Hannover 1961.

Wirth, Oswald, * 5. 8. 1860, 9 Uhr vormittags, Brienz/Schweiz, † 9. 3. 1943; berühmter franz. Okkultist, Magnetiseur, Astrologe, Hermetiker, Tarotforscher und Hochgradfreimaurer; spiritueller und materieller Erbe von ↗ Ragon, während Marius Lepage in gleicher Form Erbe von W. wurde. Hier liegt der seltene Fall von esoterischer Tradition über 3 Generationen vor. — W.: Impositions des mains, Laval 1963 (bei Schröder, Geschichte und Lehren der Rosenkreuzer, S. 133, fälschlich als Hauptwerk bezeichnet); La Franc-Maçonnerie rendue intelligible à ses adeptes, Laval 1962/63, 3 Bde. (sein Hauptwerk); Le symbolisme occulte de la franc-maçonnerie, Paris 1928; Qui est régulier, Paris 1938; Les mystères de l'art royal, Paris 1947; Les 22 clefs kabbalistiques du Tarot, Paris 1889; Stanislas de Guaita, souvenirs de son secrétaire, Paris 1935.

Wirtz, Otto, Schweizer Theosoph und Vertreter des magischen Idealismus. — W.: Die geduckte Kraft, Stuttgart 1928; Das magische Ich, 1929.

Wissenschaft, ein auch im Okkultismus viel verwendeter Begriff, der jedoch keine bestimmte, eigenständige Bedeutung hat; die Bedeutung hängt jeweils vom Zusammenhang oder gar davon, was sich der einzelne darunter vorstellt, ab. W. ist im Prinzip jedes nach Gebieten und Untergebieten oder Lehrsätzen

Oswald Wirth

(oder Behauptungen) systematisch geordnete und dargestellte Wissensgebiet; das Kennzeichnende einer W. ist nicht ihr Inhalt, sondern die Methode der Darbietung. Daher spricht man beim seriösen Okkultismus auch von Geheimwissenschaft, soweit nicht spezielle Ausdrücke wie Parapsychologie usw. verwendet werden. Unsinnig ist es, von einer „Bestätigung durch die W." zu sprechen, denn eine allgemeine W., die als übergeordnete Autorität gelten könnte, gibt es nicht. Jedes Wissensgebiet hat seine eigene W., in deren Rahmen jede seriöse Feststellung widerspruchsfrei passen muß; okkulte oder esoterische Darstellungen können daher nur im Rahmen der Geheimwissenschaft „anerkannt" werden, jedoch nicht von fremden, namentlich den sogen. akademischen W. — Die akademische W. teilt sich in wertungsfreie Naturwissenschaften und bewertende Geisteswissenschaften; zur ersten Gruppe gehören Physik, Chemie, Geologie, Zoologie, Botanik usw., zur zweiten Gruppe Philosophie, Theologie, Sprache, Geschichte usw. Da der Begriff W. nicht geschützt ist, gibt es im Sprachgebrauch auch Wirtschafts-, Kriegs-, Kunst-, Sozial-, Agrarwissenschaft usw. Neben der Methode des Ordnens und Einteilens gehört noch die Statistik zum Hauptrüstzeug einer W.; selbst die Naturgesetze sind nur statistische Wahrheiten.

Witte, Alfred, * 2. 3. 1878 Hamburg, † 2. 8. 1941 (Selbstmord); Begründer der Hamburger (Astrologen-)Schule; von Beruf Vermessungssekretär, seit ca. 1909 astrologische Studien. Entwickelte ein neues Regelwerk für Planetenbilder (1928). W. wies auf die Spiegelung im Tierkreis hin und führte unter Verwendung der von ihm entwickelten drehbaren Gradscheibe die Benutzung von Halbsummen, Differenzen und Planetenbildern ein; hinzu kommen die Anwendung des individuellen Sonnenbogens und die Festlegung von Deutungsregeln. Seine größte Leistung ist die Errechnung von Transneptunplaneten. ↗ Hamburger Schule.

Wittemans, Fr., belg. Rechtsanwalt, Mitglied des belgischen Senats; Gründer einer Loge des ↗ Droit Humain, Mitbegründer der ↗ FUDOSI; Historiker über die Rosenkreuzerei. W. behauptet in einer seiner Schriften, daß nur die Mitglieder der Adyar-TG wahre Rosenkreuzer seien; von W. stammt die im AMORC gelehrte Theorie, daß Pharao Amenhotep der erste Rosenkreuzer gewesen sei, ferner, daß unter dem Einfluß bestimmter Eingeweihter der Rosenkreuzerei das Mormonentum, der Spiritismus, die christliche Wissenschaft und die TG entstanden seien. — W.: Geschiedenis der Rozenkruisers, Den Haag 1924; Histoire des Rose-Croix, Paris 1925.

Woellner, Johann Christoph von, * 19. 5. 1732 Döbritz/Spandau, † 11. 9. 1800 Großriez; wurde 1754 Prediger zu Groß- und Klein-Behnitz bei Berlin, ab 1788 Staatsminister und Chef des Departements für geistl. Angelegenheiten, in welcher Eigenschaft er die Toleranz des Königs in geistl. Dingen durch eine radikale Zensur ablöste. W. gehörte ab 18. 2. 1766 zur Loge „Zur Eintracht" in Berlin, trat aber schon nach wenigen Monaten zur ↗ Strikten Observanz über, um den Glanz der Rittergrade zu genießen. Insgeheim war W. bereits Mitglied und hoher Funktionär der ↗ Gold- und Rosenkreuzer geworden, um die FM zu unterminieren und zu unterwerfen. Die geheime Lehre der rosenkreuzerischen Philosophie von der Gemeinschaft mit den Geistern hielt er für das einzig wahre Wissen, trieb schwarze Magie und Geisterseherei. Es gelang ihm sogar, König Friedrich Wilhelm II. und den Herzog Friedrich August von Braunschweig für die sogen. Rosenkreuzer zu gewinnen. Aus seinem Nachlaß sollen die ersten Bände des „Signatsterns" gedruckt worden sein. — Lit.: Franz Hartmann, Im Vorhof des Tempels.

Wolfstieg, Prof. Dr. August, 1859—1922; Bibliotheksdirektor des Berliner Abgeordnetenhauses; seit 1899 Freimaurer; Bibliograph der FM und der mit ihr in irgendeiner Weise verbundenen geheimen Wissenschaften. — W.: Bibliographie der frmr. Lit., Leipzig 1911—1913. — ↗ Bibliographie im Anhang.

Wood, Ernest Egerton, * 1883 Manchester/England; einer der bedeutendsten wissenschaftlichen Verfasser der Theosophie; für viele Jahre Privatsekretär und Geistschreiber Annie Besants; gründete 1910 eine Kongreß-Hochschule in Indien, wurde auch Präsident des Sind-National-College und des Madanapalle-College, später Generalsekretär von 14 Schulen und Colleges. Nach dem Tode Annie Besants sollte W. auch Präsident der Adyar-TG werden, scheiterte aber an der Technik der ES-Funktionäre. — W.: Is this theosophy...?, London 1936; Grundriß der Yogalehre, Stuttgart 1961; Practical Yoga, London 1963; Bhagavad-Gita explained; Clairvoyant investigations; Concentration, Intuition of the will; Occult training of the Hindus; Secret Doctrine digest; Seven Rays, Adyar 1952; Mind and memory training; Raja Yoga.

Ernest Egerton Wood

Woodman, Dr. W., Gründer der ↗ Goldenen Dämmerung; sein Ordensname in der GD: (lat.) Vincit omnia veritas = Wahrheit überwindet alles.

Woodroffe, Sir, ↗ Avalon.

World Fellowship of Religions (engl.) = Welt-
bruderschaft der Religionen; gegr. 1956; Präsident: Sant Kirpal Singh, ein Maharadscha aus
Indien; Verbindungsbüro für Deutschland befindet sich in Essen. - Angegebene Ziele: Die
Wahrheit, die Wirklichkeit und das Universale
der Religionen zu suchen, zu erforschen, zu
entscheiden und zu verbreiten. Die Religionen
als einzige Grundlage sowohl für die Erziehung als auch für die Menschenführung wirken
zu lassen. Die Ideale des Weltfriedens und
der Bruderschaft der Menschen auf religiöser
Grundlage zu verkünden.

Wort, einer der wohl verschwommensten Begriffe der Esoterik, der nichts und alles be-
inhalten kann; in Joh. 1, 1 wird „im Anfang war
das Wort" zunächst mit „Logos" gedeutet und
Logos wiederum in der verschiedensten Weise
ausgelegt; wenn „Wort" hier tatsächlich etwas
anderes bedeutet, dann ergibt sich die Frage,
warum nicht gleich der richtige Begriff verwendet ist. Aber schon Graf Keyserling („Schöpferische Erkenntnis") weiß hier feine Unterschiede zu machen: „Die Worte eines Satzes
bedeuten zunächst nur das, was sie als
Scheidemünze gelten, was also objektiv, nach
dem Wörterbuche, festzustellen ist. Sie bedeuten zweitens, was ein bestimmter Mensch mit
ihnen sagt. Das, was er sagt, braucht aber
nicht seine eigene Meinung wiederzugeben, —
sehr wenige sind des Ausdrucks so mächtig;
damit wäre bereits ein drittes Stockwerk möglichen Sinnes festgestellt. Erst das vierte ist
nun das der wahren Einsicht: das, wo der Sinn,
den der Betreffende meint, sich mit dem des
Zusammenhangs deckt." — In der FM, namentlich in den Hochgraden, gibt es den Begriff
vom Verlorenen W.; gemeint sind die „verlorenen Worte und Geheimnisse" im weitesten
Sinne, einschl. z. B. der Aussprache des Gottesnamens im AT. Aber auch hier ist die Zahl
der willkürlichen Deutungen des Begriffs sehr
groß. Schließlich gibt es in der FM in fast jedem Grad noch ein sogen. „Wort des Grades",
welches, wie andere FM-Symbole auch, nur
einen rein symbolischen Wert hat und zur
meist weniger beachteten Gruppe der reinen
Wortsymbole gehört. In engl. Ritualen wird
dieses W. meist „sacred word" (heiliges
Wort) genannt; hiervon zu unterscheiden ist
das ↗ Paßwort und (etwa gleichbedeutend)
die Losung.

Wronski, Jean-Marie (Ps.) = Jean-Marie Hoëné,
* 24. 8. 1776 Wolstein (Posen), † 9. 8. 1853 Paris;
überragender Mathematiker, Philosoph und Erfinder (z. B. der Raupenfahrzeuge); war 1795
Major der russischen Armee, kam 1797 nach

Deutschland, um Jura und Philosophie zu studieren, ging 1800 nach Paris, wurde naturali-
siert, lernte in Marseille den großen franz.
Astronomen Lalande kennen. Am 15. 8. 1803
gewann W. die Überzeugung, das Absolute od.
wenigstens das sog. Weltgesetz, das Gesetz
der Schöpfung entdeckt zu haben. Seine Welt-
formel ist aber absolut unbewiesen, so wie die
Weltformeln unserer zeitgenössischen Philosophen. — W.: Oeuvre philosophique, Paris
1933 (6 Bde.); Réforme du savoir humain, Paris
1849; außerdem befinden sich in der Biblio-
thèque Nationale in Paris noch 70 teils un-
veröffentlichte Manuskripte über esoterische
Gebiete. — Lit.: Dr. Henri Birven, Lebenskunst
in Yoga und Magie, Zürich 1953; Paul Chacornac, Eliphas Lévi, Paris 1926; Albin Grau,
Hoëné Wronski, in: Zeitschrift „Saturn Gnosis",
Heft 4, 1929, S. 161–168.

Jean-Marie Wronski

Wunder, die Aufhebung eines oder mehrerer
Naturgesetze durch eine besondere Handlung
des höheren Wesens selbst oder durch das
Eingreifen einer unsichtbaren Macht (so bei:
Hume); Luther: „Die Zeit der Wunder ist vorüber"; Augustinus: „W. sind nur bisher unbekannte Naturgesetze in ihren Wirkungen";
Jakob Böhme: „W. geschehen von der Gläubigen Seelen mit der Tinktur. Sie sollen wieder
offenbar werden. Die äußeren W. der Natur gehören dem inneren Menschen zum Eigentum.
Alle Kreaturen sollen Gottes W. eröffnen. Aus

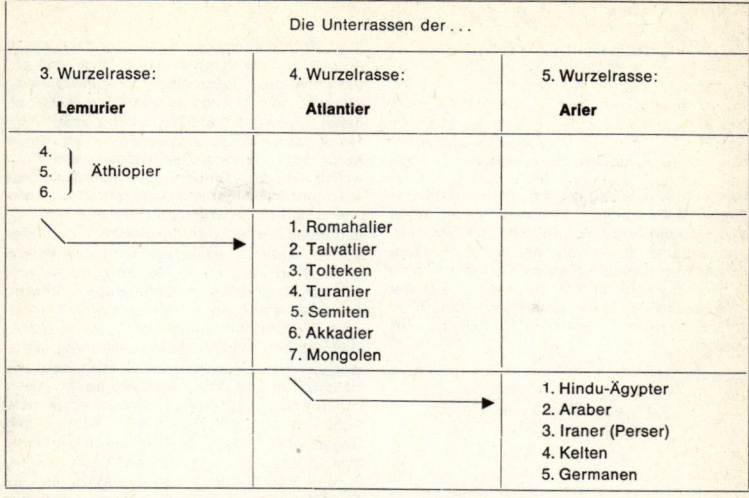

Die Unterrassen der ...		
3. Wurzelrasse: **Lemurier**	4. Wurzelrasse: **Atlantier**	5. Wurzelrasse: **Arier**
4. 5. } Äthiopier 6.		
	1. Romahalier 2. Talvatlier 3. Tolteken 4. Turanier 5. Semiten 6. Akkadier 7. Mongolen	
		1. Hindu-Ägypter 2. Araber 3. Iraner (Perser) 4. Kelten 5. Germanen

Übersicht über die Wurzel- und ihre Unterrassen

Christi geboren werden, ist höher W. tun." Eliphas Lévi auf die Frage: „Tun Sie W. oder lehren Sie das Mittel, sie zu vollbringen?": „Wenn Sie unter W. Werke gegen die Natur oder durch ihre Ursachen nicht gerechtfertigte Wirkungen verstehen, nein, weder tue ich, noch lehre ich solche W. Selbst Gott könnte das nicht." (Qu.: Dogma und Ritual der Hohen Magie, Bd. 2, München 1927, S. 336). — Lit.: Egon Jameson, So macht man Wunder, München 1967; Gustav Mensching, Das Wunder im Glauben und Aberglauben, Leiden 1957.

Wundersüchtigen, Die, Erzählung von Ludwig Tieck über Goldmacherei, Schatzgräberei, Traumdeuten und Rosenkreuzerei um 1770. Cagliostro, Schrepfer und Johnson sind darin trefflich charakterisiert.

Wunibald (Ps.) = Ernst Zehle; Schüler Dr. Peithmanns und Wiederbegründer der gnostischen Schule; versuchte als Abgesandter der großen Bruderschaft die Theosophische Gesellschaft in Deutschland zu reformieren.

Wünschelrute, von (althochdeutsch) wunsciligerta = Wunschgerte oder -rute; ursprünglich ein zauberhafter, heilbringender Stab, der namentlich in Deutschland schon von alters her bekannt war. Im späteren MA nahm man einen gabeligen Ast vom Haselstrauch oder Kreuzdorn oder machte sie auch aus Metalldraht. Der Gebrauch der W. verlagerte sich dann mehr und mehr auf das Aufspüren von Wasseradern, Schätzen und Metall- oder Erzlagern. In irgendeiner Form soll die W. schon bei den Ägyptern als Wahrsagerute bekannt gewesen sein, wie Cicero andeutet. — Lit.: Heinrich Jürgens, Die Wünschelrute und ihr Gebrauch, Freiburg 1958; Candi, Briefe an Tschü, Ulm 1959; Johannes Walther, Das Rätsel der Wünschelrute, München 1954; E. Matthias, Die Strahlen des Menschen künden sein Wesen; C. v. Klinkowström und R. v. Maltzahn, Handbuch der Wünschelrute, München 1931; G. W. Geßmann, Wünschelrute und Zauberring, Berlin 1922. (Siehe Abb. S. 438.)

Würdenträger, in der FM zuweilen die Bez. für die Inhaber von irgendwelchen Ämtern, so wie der Begriff ja auch von den Kirchen in diesem Sinne gebraucht wird. — Großwürdenträger sind in der FM die W., die das leitende Gremium der Großloge oder eines ↗ Obersten Rates bilden.

Wurzelrasse, nach der „Geheimlehre" von H. P. Blavatsky (Bd. 1, S. 214 ff.) eine der 7 (aufeinanderfolgenden) Menschheitsrassen, die sich während der Zeitenrunde planetarischer Existenz auf einem Planeten entwickeln; danach

Handelsübliche Stahlwünschelrute

ist die arische W., zu der die Hindus, die Europäer und die neueren amerikanischen Rassen gehören, die 5. der W., während die Chinesen und Japaner zur 4. gehören. Bei der Arkanschule wird dieselbe Erklärung gegeben. Jede W. zerfällt wieder in 7 Unterrassen. Die in der Theosophie gelehrten Unterrassen der 3., 4. und 5. W. sind in vorstehendem Schema dargestellt.

X

Xenoglossie, von (griech.) xenos = fremd und glossa = Zunge; das Reden in fremden Zungen, d. h. in fremden oder verschollenen Sprachen. Das engl. Medium Nona, eine Volksschullehrerin aus Blackpool, gab z. B. in altägypt. Sprache, die nicht einmal die Ägyptologen kannten und erst viel später entzifferten, genaue Mitteilungen über das Leben am Hofe des Königs Amenhotep. — Lit.: Peter Andreas, Was niemand glauben will, Berlin 1967.

Y

Y, einer der wenigen Buchstaben, der für sich allein schon ein Symbol ist; das Y ist nach der Symbolik das „Gegenzeichen" zum Dreieck. Während das Dreieck die Zusammenfassung dreier Kräfte oder Eigenschaften symbolisiert, deutet das Y auf das Auseinanderstreben dreier Kräfte oder Eigenschaften. So steht das Y zuweilen für das Ain-Soph der Kabbalah, aus welchem die 3 oberen Sephiroth emanieren. Interessant ist außerdem, daß unser Y arabisch und hebr. Ain heißt. In der FM nach der Lehrart der Großen Landesloge wird das Y vom 4. Grad an als eine Art Kreuz gedeutet und mit Jesus Christus in Verbindung gebracht, was aber eine rein willkürliche Annahme ist, denn die offiziellen Akten der Großen Landesloge geben bis zum 9. Grad keine einzige Deutung für das Y. In einzelnen Graden wird offiziell nur erklärt, daß die Deutung in einem höheren Grade folgen würde, was aber de facto nicht der Fall ist. Albert Pike (Morals and Dogma of the AASR, S. 429) deutet das Y als Symbol des unaussprechlichen Gottesnamens. In religiösen Darstellungen des MA (z. B. das Türschloß der Mühle auf Dürers „Maria mit den wilden Tieren") ist Y das Zeichen der üblichen Dreieinigkeit. Auf manchen Bildern findet sich das Y auch versteckt im Gebälk neben einem gleichseitigen Dreieck. Bei Michelangelo sind sogar beide Zeichen vereint, indem das Y oben einen Querbalken trägt, wodurch die Zeichnung Dreieck und Y zugleich wird.

Yama (Sk.), das 1. Glied des Patanjali-Yoga; allgemein mit „Zuchthaltung", von Prof. Hauer mit „allgemeine sittliche Zucht" übersetzt; hierzu gehören die 5 großen Gebote, die allerdings nur als negative Gebote formuliert sind: nicht töten oder schädigen, nicht lügen, nicht stehlen, nicht unkeusch leben und keine Geschenke annehmen. Nach dem Hathayogapradipika (I, 17) scheint die Zahl der Gebote später von 5 auf 10 erhöht worden zu sein, welche dann lauteten: Ahimsa (nicht töten), Wahrheitsliebe, Ehrlichkeit, Keuschheit, Geduld, Festigkeit, Mitleid, Aufrichtigkeit, Mäßigkeit im Essen, Reinheit.

Yam-i-mura (Ps.) = Max Rosenkranz. — W.: Der Weg zum Erfolgsmenschen, Chur 1958.

Yantra, symbolische Zeichnung, die eine Göttin (z. B. Kali) im Shakti-Kult darstellt.

Yarker, John, † 1913; berühmter engl. Hochgrad-Freimaurer und Esoteriker ganz allge-

Beispiel eines Yantra

mein; war Ehrenmitglied der ↗SRIA u. Mitglied der engl. Forschungsloge „Quatuor Coronati"; war persönlich mit H. P. Blavatsky bekannt, die ihn zum Ehrenmitglied der TG ernannte. Nach Veröffentlichung der „Entschleierten Isis" ernannte Y. H. P. B. ehrenhalber zur Gekrönten Prinzessin, dem höchsten Grad der engl. Adoptions-Freimaurerei von Memphis-Misraim. Y. war Groß-Hierophant des Ritus Memphis-Misraim und behauptete, den Titel von Garibaldi erhalten zu haben. Vertreter von Y. für Deutschland war Theodor ↗Reuß, der Gründer des OTO. Y. war auch Gründer des Swedenborg-Ritus der engl. FM; aus einer Liste von 1897 geht hervor, daß Olcott der Vertreter desselben für Bombay war. Y. war ferner Mitglied des Obersten Rates des Martinistenordens von Papus in Frankreich, während Papus dafür Großmarschall im engl. Swedenborg-Ritus wurde.

Yeats, William Butler, * 1865, † 28. 1. 1939 Cap Martin/Frankreich; Lyriker, Dramatiker, Essayist von überragender Bedeutung, einer der wenigen großen und echten Dichter; 1923 Nobelpreis. Im Alter von 25 J. wurde Y. am 7. 3. 1890 Mitglied der G. D. und später als Nachfolger von Mathers Großmeister derselben. Y. gehörte auch zur TG und war mit H. P. Blavatsky persönlich bekannt. Sein Ordensname in der G. D.: Daemon est deus inversus = Der Dämon ist ein umgekehrter Gott. Y. trug sich mit dem Gedanken, eine neue Religion für Irland (seine Heimat) ins Leben zu rufen; er wollte die Grundsätze des Christentums mit jenen der alten keltischen Welt und mit denen der G. D. verbinden. Dazu wollte er in Irland ein

magisches Zentrum schaffen gleich dem griech. Eleusis, wo sich die edelsten Männer und Frauen Irlands unmittelbare Inspiration holen konnten. — W.: Erzählungen und Essays, Leipzig 1916; The 10 principal Upanishads; Gräfin Cathleen; Die chymische Rose.

Yin-Yang (oder: Yang-Yin), das chinesische Symbol der beiden Urgewalten Yang (das männliche, aktive, zeugende, lichte, warme, trockene Prinzip) und Yin (das weibliche, passive, empfangende, dunkle, kalte und feuchte Prinzip); beide ergänzen sich und lösen einander ab. Der Himmel und damit die Seele besteht aus dem Yang-Fluidum, die Erde und auch der Körper des Menschen aus dem Yin-Fluidum. Im Konfuzianismus spielen diese Auffassungen eine große Rolle. Das Yin-Yang-Symbol stellt die beiden gegenpoligen Kräfte dar, wobei der Deutung ein weiter Spielraum bleibt: Mann und Frau, Sonne und Mond, Himmel und Erde. Im Okkultismus dient das Symbol zuweilen auch als Meditationshilfe. — Lit.: Hans Beeck, Liebe und Ehe im Lichte von Yin und Yang; ders., Ganzheitliche Gesundung im Lichte von Yin und Yang.

Yoga (Sk.), wörtlich meist mit „Union", „Vereinigung" gedeutet, was jedoch für die praktische Bedeutung ohne Belang ist; im Buddhismus ist Y. eine Bez. für die 4 Triebe: Sinnlichkeitstrieb, Daseinstrieb, Ansichtstrieb und Unwissenheitstrieb; hauptsächlich ist Y. aber ein jahrtausendealtes Wissen um die Fähigkeit des Menschen, sich weiterzuentwickeln und dem Absoluten, der Gottheit, nahezukommen. Wenn Y. auch erstmals 2 Jh. vZ in den Sutras des Patanjali niedergeschrieben wurde, so scheint doch festzustehen, daß Y. den Völkern, die Indien eroberten, weit früher bekannt war. Die Y.-Lehre ist heute fester Bestandteil des Hinduismus, des Lamaismus und des orthodoxen Buddhismus Ceylons. Y. ist aber nicht nur eine Denklehre und eine psychische Wissenschaft, die man nur theoretisch studiert, sondern in erster Linie echte Lebenskunst, d. h. die Kunst der Selbst- und Lebensbemeisterung. Durch die Praktizierung des Y. ist es möglich, das spirituelle Bewußtsein zu erweitern und auf diesem Wege dem kosmischen Bewußtsein oder der höchsten Bewußtseinsschicht im Weltall, praktisch der Gottheit, näherzukommen oder mit ihr eins zu werden. Diese Einswerdung bildet letztlich das Ziel ernster Y.-Übung. Im Buddhismus wird dieser mehr göttliche als menschliche Bewußtseinszustand, den der vollendete Raja-Yogi erreicht, Nirwana, im Brahmanismus Moksha und bei Patanjali Kaivalyam (= Absolutheit) genannt.

Literatur-Auswahl zum Thema Yoga

Allgemeines über Yoga (Grundlagen): Alice Bailey, Der Yoga-Pfad, Lorch; Dr. Henri Birven, Lebenskunst in Yoga und Magie, Zürich 1953; Dr. Franz Hartmann, Was ist Yoga?; ders., Drei Abhandlungen über Yoga-Philosophie; Prof. Dr. J. W. Hauer, Der Yoga, 1957; ders., Die Anfänge der Yoga-Praxis, Berlin 1922; Joh. Hohlenberg, Der atmende Gott, Hamburg 1954; Otto A. Isbert, Yoga und der Weg des Westens, Stuttgart 1955; Swami Pavitrananda, Was ist Yoga?; Hans-Ulrich Rieker, Die 12 Tempel des Geistes; ders., Das klassische Yoga-Lehrbuch Indiens, Zürich 1957; Prof. Dr. Richard Schmidt, Fakire und Fakirtum, Wien 1925; Friedrich Usemann, Wege und Irrwege in die geistige Welt; Ernest Egerton Wood, Grundriß der Yoga-Lehre, Stuttgart 1961.

Yoga und Gesundheit: Indra Devi, Durch Yoga jugendfrisch; Edith Haich, Gesteigerte Lebenskraft durch Yoga; Franz Hartmann, Der Yoga-Schlaf; S. Sunder Lall, Ein besseres Leben durch Yoga; Dr. W. Lindenberg, Yoga mit den Augen eines Arztes; Felix Riemkasten, Hilft Yoga auch mir?; Michael Volin, Yoga gegen Rückenschmerzen; ders., Yoga über 40; Jürg Wunderlich, Yoga und Medizin.

Yoga für jedermann: Joachim Müller, Yoga für Anfänger; Edith Rauch, Yoga für ältere Menschen; J. Déchanet, Yoga für Christen; Yeats-Brown, Yoga für Dich?; Felix Riemkasten, Yoga für Fortgeschrittene; Nancy Phelan und Michael Volin, Yoga für Frauen; Rolf Germer, Yoga für heute; Desmond Dunne, Yoga für jedermann; Felix Riemkasten, Yoga für Sie; Kerneiz, Yoga für den Westen.

Yoga in jeder Lebenslage: Heinrich Jürgens, Yoga im Alltag; Sivananda Sarasvati, Yoga im täglichen Leben.

Yoga und Religion: I. M. Spath, Yoga, Wege der Befreiung; Franz Hartmann, Yoga und Christentum; Swami Prabhavananda, Gotterkenntnis durch Yoga; Schmitt, Yoga, Zen und Meditation; K. O. Schmidt, Die Wissenschaft der Seele.

Yoga und Sexus: Elisabeth Haich, Sexuelle Kraft und Yoga; Lus de Sayján, Magie des Sexus (Pan-Amrita-Yoga); Michael Volin und Nancy Phelan, Yoga über 40.

Super-Yoga: Sivananda Sarasvati, Der dreifache Yoga; Boris Sacharow, Yoga aus dem Urquell; ders., Die verborgene Seite der Yoga-Übungen; Aurobindo, Der integrale Yoga.

Yoga im Vergleich: Elisabeth Haich, Sexuelle Kraft und Yoga; Franz Hartmann, Yoga und Christentum; Evans-Wentz, Yoga und Geheimlehren; Dr. Henri Birven, Lebenskunst in Yoga und Magie; Fred Pöppig, Yoga oder Meditation; Jürg Wunderlich, Yoga und Medizin; Norbert Lauppert, Spiritismus, Magie, Yoga; Raja Yesudian, Sport und Yoga; Coster, Yoga und Tiefenpsychologie; Friedrich Usemann, Wege und Irrwege in die geistige Welt; Isbert, Yoga und der Weg des Westens; Schmitt, Yoga, Zen und Meditation.

Spezial-Yoga: Spezial-Literatur über einzelne Yoga-Arten ist unter den betreffenden Stichwörtern (↗ Hatha-Yoga, ↗ Raja-Yoga usw.) aufgeführt.

In den unteren Stufen ist Y. eine Persönlichkeitsschulung, wofür es zahlreiche Methoden gibt. Die wichtigsten dieser Art sind: a) Karma-Yoga = Erziehung zur Pflichterfüllung, b) Hatha-Yoga = Steigerung des physischen Wohlbefindens, c) Raja-Yoga (oder Radscha-Yoga) = Entwicklung magischer Seelenkräfte, d) Bhakti-Yoga = Erhöhung durch Anbetung und die Versenkung in die Gottheit, und e) Inana-Yoga (oder Gnana-Yoga) = Aufstieg durch Wissen. Genauer kann auf die einzelnen Zweige und ihre Methoden im Rahmen des Lexikons nicht eingegangen werden; weitere

Hinweise finden sich jedoch noch unter den betr. Stichwörtern. Die Auswahl der Schüler muß beim Y. sehr sorgfältig erfolgen, und zwar nicht nur hinsichtlich der geistigen, sondern auch der körperlichen Eignung, da das vorgesehene Training in allen Yoga-Methoden große Anforderung an die physische Konstitution stellt. Kardinalpunkt jeder Y.-Praxis ist die Entwicklung des Willens. Patanjali selbst teilt sein Y.-System wie folgt ein (mit den deutschen Übersetzungen nach Prof. Hauer): 1. Yama = allgemeine sittliche Zucht, 2. Niyama = Selbstzucht, 3. Asana = rechte Sitzhaltung, 4. Pranayama = Atemzügelung, 5. Pratyahara = Einholung der Sinne, 6. Dharana = Konzentration, 7. Dhyana = Versenkung und 8. Samadhi = Einfaltung. Aleister Crowley unterscheidet sechs Y.-Arten von Bedeutung: 1. Inana-Yoga = Vereinigung durch Wissen, 2. Raja-Yoga = durch Willen, 3. Bhakti-Yoga = durch Liebe, 4. Hatha-Yoga = durch Mut, 5. Mantra-Yoga = durch das Wort und 6. Karma-Yoga = durch Handeln. Die Zahl der Bez. für bestimmte Formen von Y. ist aber noch viel größer (z. B. Kriya-Yoga, Kundalini-Yoga usw.), zuweilen aus rein dialektischen Gründen, oft aber auch als Blickfang für einen neuen Buchtitel. Daneben wird Y. noch für die verschiedensten Lebenslagen und Zwecke empfohlen, wie nebenstehende Literatur-Auswahl zeigt.

Yogananda, Swami Paramahamsa (Ps.) = Mukanda Lal Gash; Yoga-Propagandist in den USA; nach seiner Lehre wird der Körper mit Lebenskraft durchflutet; seine Übungen bestehen darin, daß der Schüler zuerst die Funktionen der inneren Organe und dann das Wirken der Lebenskraft in den Sinnesorganen stillegt. Die Höherentwicklung wird danach durch Meditationen gefördert, bis man die mystischen Klang (Nada) vernimmt. Schließlich folgen Kriyayoga und Pranayama (Atembeherrschung) sowie Samadhi. In Boston und Los Angeles wurden Zentralen der sog. Self-Realisation Fellowship eingerichtet. — W.: Autobiographie eines Yogi, München 1950 und 1954; Meditationen zur Selbstverwirklichung; Höhlen, Klöster, Ashrams.

Yogi oder Yogavacara (Pali) = „der der Übung der Geistesschulung Hingegebene"; ein der Sammlung Beflissener; im Visuddhi-Magga sehr häufig die Bez. für den sich übenden Jünger. Dr. Henri Birven gebraucht durchweg die Schreibung „Yogin" (in: Lebenskunst in Yoga und Magie, Zürich 1953), ebenso wie Dr. v. Purucker (Theosophisches Wörterbuch); offenbar hatte hier Prof. Schmidt mit seinem „Fakire und Fakirtum" als Vorbild gedient, zumal Schmidt bei Birven mehrfach zitiert wird. Prof. Schmidt: „Wenn auch Yogin nichts weiter bedeuten kann als einen Mann, der sich mit den im Yoga-System gelehrten Wahrheiten, Lehrsätzen und Praktiken befaßt, so muß doch beachtet werden, daß nicht alle Yogins die Yoga-Praktiken ausüben und andererseits die letzteren keineswegs auf die professionellen Yogins beschränkt sind. Der Gedanke, die Vereinigung der individuellen Seele mit der Weltseele durch Meditation herbeizuführen und diese durch mechanische Mittel zu unterstützen, ist so allgemein bekannt in Indien,

daß auch die Angehörigen anderer Sekten so gut wie Laien mit dem Yoga-Apparate seit alten Zeiten vertraut gewesen sind. Ebenso sind ja auch die übernatürlichen Kräfte, die die Yogins für sich in Anspruch nehmen, auch von anderen indischen Heiligen reklamiert worden." Ein weiblicher Yogin (bei Schmidt) heißt übrigens „Yogini". — Yogi ist auch ein besonderer Zustand, der, wenn er erreicht ist, den Praktikanten desselben zum absoluten Meister seiner 6 Prinzipien macht, so daß er dann in den 7. taucht; aufgrund seines Wissens über sich selbst und sein Selbst erhält er absolute Kontrolle über seine körperlichen, intellektuellen und mentalen Körper, die unfähig geworden sind, weiterhin auf sein Höheres Ich einzuwirken, so daß dasselbe in seiner ursprünglichen, reinen und göttlichen Form frei hervortreten kann (so: H. P. Blavatsky im „Theosophical Glossary").

Yogini (Sk.), ein weiblicher Yogi. ↗ Yogi.

York-Ritus (in England „Amerikanischer Ritus" genannt), amerikanisches Hochgrad-System der FM, welches neben dem ↗ AASR besteht. Der Y. R. setzt sich aus der Kapitel-FM (mit dem Royal-Arch-Grad), der kryptischen FM, und der Templer-FM zusammen. Die erste Gruppe, d. h. die Kapitel-FM des Y. R., wird auch in Deutschland von Mitgliedern der VGL praktiziert, allerdings ist die Aktivität sehr gering. Nach dem Tode von Laurence Winters, der einem deutschen Kapitel angehörte, wurde in USA bekannt, daß die deutschen Logen auch bedenkenlos Farbige aufnehmen (wie es eigentlich dem Sinn der FM entspricht), worauf die amerikanische Oberbehörde für den Y. R. die Beziehungen zur deutschen Kapitel-FM abbrach. Die Grade des amerikanischen Y. R. sind: 1. Mark-Meister, 2. Past-Meister, 3. Höchst Vortrefflicher Meister, 4. Heiliger Royal-Arch-Maurer, 5. Königlicher Meister, 6. Auserwählter Meister, 7. Ritter des roten Kreuzes, 8. Tempelritter, 9. Ritter von Sankt Johannis, 10. Ritter von Malta.

Yuga (Sk.) = Zeitalter; einer der 4 Weltzeitabschnitte; jedem Y. geht eine Übergangszeit voran und wird von einer solchen gefolgt, dem sogen. Zwielicht. Das Zwielicht hat je $^1/_{10}$ der eigentlichen Y.-Zeit. Das sogen. Kali-Y. zählt z. B. 1200 Götterjahre zu je 360 Erdenjahren; das gegenwärtige, das Kali-Y., dauert danach insgesamt 432 000 Erdenjahre.

Z

Z, in engl. FM-Ritualen die Abk. für Zerubabel (= Serubabel); einer der leitenden Beamten des ↗ Royal-Arch-Kapitels; dieser wird in den entsprechenden deutschen Ritualen als „Prinzipal S." bezeichnet.

Zabulon oder Sebulon (hebr.) = Wohnstatt; die Wohnstatt Gottes, das 10. ↗ Devachan; der 6. (nach anderen der 10.!) Sohn Jakobs.

Zacchai, einer der hebr. Gottesnamen.

Zach., bei Bibelzitaten die Abk. für Zacharias, d. h. dem Buch Sacharja.

Zadkiel, in der Kabbalah und Magie der Dämon des Jupiter.

Zadok, nach Josephus (Altertümer, X, 8, § 6) der Name des ersten Hohepriester-Hierophanten in Salomos Tempel.

Zahl des Tieres, ↗ 666.

Zahlen und Zahlensymbolik, schon im AT Weish. 11, 22 heißt es: „Du hast alles geordnet nach Maß, Zahl und Gewicht"; überall in der Schöpfung lassen sich Zahlenverhältnisse erkennen, die wunderbar anmuten; schon in frühen Zeiten haben daher die Menschen den Zahlen besondere Kräfte zugeschrieben oder sie zumindest als symbolisch für bestimmte Gedanken und Zusammenhänge betrachtet. Im vorliegenden Lexikon sind die Zahlen eins bis zehn unter den Stichwörtern ↗ eins . . . ↗ zehn näher erläutert, die Zahlen ab 11 in numerischer Reihenfolge am Schluß des Buchstabens Z, d. h. nach dem letzten Stichwort. — Allgemeine Lit.: Werner Zimmermann, Geheimsinn der Zahlen, München 1949; Anton Stampfer, Zahlen-Mystik 1947; Walter A. Koch, Neue magische Zahlenfiguren, Sersheim 1952; Franz Carl Endres, Mystik und Magie der Zahlen, Zürich 1951; Cheiro, Das Buch der Zahlen, Freiburg; Hermann Kissener, Die Logik von Buchstabe und Zahl, München; Eliphas Lévi, Schlüssel zu den Großen Mysterien (betr. Zahlen 1 bis 19); Louis Emrich, Magie der Zahlen; Ernst Bindel, Die geistigen Grundlagen der Zahlen; ders., Die ägyptischen Pyramiden; ders. und Arnold Blickle, Zahlengesetze in der Stoffwelt und in der Erdentwicklung, Stuttgart.

Zanoni, Name eines okkulten Romans von Edward Bullwer-Lytton; handelt von der Geschichte eines Mannes, der zu den Eingeweihten gehört und nach dem Elixier des Lebens trachtet. Er erlangt es und gewinnt dadurch die Unsterblichkeit. Nach vielerlei Erfahrungen erkennt er, daß der Mensch zur wahren Unsterblichkeit nur durch die Pforte des Opfers gelangt. Im Roman kommen 2 Übermenschen vor, Mejnur und Zanoni, die Vertreter der großen alten Bruderschaft der Adepten, die in ihrem höheren Wirken für das Wohl der Menschheit geschildert sind. — Z. ist später in der Lit. zum Begriff für den weißen Magier, den guten Menschen geworden, während Margrave (nach dem gleichnamigen Roman von Bullwer-Lytton) der Urbegriff des schwarzen Magiers, des bösen und selbstsüchtigen Menschen wurde.

Zarathustra (oder Zoroaster), ca. 6000 vZ, der erste große Gesetzgeber und Begründer der Religion des Mazdaismus oder der Feueranbetung; Xanthus von Lydia, der erste Grieche, der ihn erwähnt, datiert ihn auf 600 J. vor dem trojanischen Krieg, doch ist auch dessen Datum ungewiß; Aristoteles und Eudoxus geben ihm 6000 J. vor Plato; nach Berosus war Z. ein babylonischer König ca. 2200 vZ. — Nach den Lehren d. Z. gibt es vom Anfang der Welt an 2 nebeneinander herrschende Mächte, den Herrscher des Lichts „Ormuzd" und den Herrscher der Finsternis „Ahriman". Diese Theorie wurde von Rudolf Steiner auch in die Anthroposophie aufgenommen. Eine spezielle Z.-Propaganda betrieb ein Deutscher russischer Abstammung namens Otto Hannisch, der sich gegenüber seinen Jüngern jedoch „Seine Demut Zar Aduscht Hanish" nannte; er gab sich als Perser aus und gab vor, aus Tibet zu kommen, wo er die letzten Geheimnisse der Dalai Lama erfahren hätte. Seine Lehren stammen jedoch aus handelsüblichen Büchern und sind eine Mischung aus Zarathustra, Hinduismus, Buddhismus, Christlichkeit und Islam. In USA hatte er namentlich durch seine Atemübungen großen Erfolg. ↗ Mazdaznan.

Zauberbücher, Nachdrucke alter oder angeblich alter Manuskripte mit Anweisungen, Wunder zu vollbringen. Hierzu gehören namentlich die Z. von Papst Honorius, Papst Leo, Abbé Julio, der Kleine und der Große Albert und die Enchiridien. Im allgemeinen sind solche Bücher als apokryph zu bezeichnen, d. h. ihr Ursprung ist nicht genau nachweisbar, und in vielen Fällen sind die Z. Produkte phantasiereicher Schriftsteller des 18. und 19. Jh. und vielleicht sogar noch bis in die Gegenwart. — Lit.: Marius Malchus, The secret Grimoire of Turiel; Secrets merveilleux de la Magie naturelle & cabalistique du Petit Albert, Lyon 1729; Les admirables secrets d'Albert le Grand, Lyon 1775; letztere beiden Titel auch als Neudruck in einem Band, Paris 1965.

Zauberflöte, Mozarts letzte Oper; Text und Musik sind mit der FM eng verbunden, jedoch gibt es sehr unterschiedliche Deutungen; in der FM gehören Motive aus der Z. zu der beliebtesten Musik bei festlichen Anlässen, wie z. B. der „Marsch der Priester" beim Einzug der Großwürdenträger und Gäste in den Tempel. — Lit.: Prof. Paul Nettl, W. A. Mozart, Hamburg 1956; (anonym) Die Zauberflöte, das Hoheliod der Freimaurerei, Hannover 1925; Walter Deppisch, Ein Mozart-Brevier, Hamburg 1956. Reclams Textheft No. 2620, Stuttgart 1956.

Zaubersprüche, namentlich zur Heilung von Krankheiten, auch zum Schutz gegen allerlei Übel, kommen schon bei den alten Deutschen wie bei den vedischen Indern vor. Die ältesten deutschen Z. sind noch heidnisch, die späteren oberflächlich ins Christliche umgearbeitet. Teilweise wurden auch die ↗ Psalmen als Z., namentlich für Zwecke der schwarzen Magie, verwendet. — Lit.: Weinhold, Die altdeutschen Verwünschungsformeln, Berlin 1895; Scherer, Altdeutsche Segen, Berlin 1885; I. Hampp, Beschwörung, Segen, Gebet (enthält 3000 Zaubersprüche aus 5 Jahrtausenden); Hans Arnold, Magie der Sprüche.

Zazel, in der Kabbalah und Magie der Dämon des Saturn.

Zebaoth (hebr.) = die himmlischen Heerscharen; „Herr Z." = Herr der Heerscharen.

Zedekias (Ps.) = Matthanja; in der Bibel der Sohn des Josias, Königs von Juda; während seiner Zeit wurde der Tempel in Jerusalem zerstört (und unter Nehemia wiedererrichtet). — In der FM der Großen Landesloge die Losung (Paßwort) der Andreas-Meister außerhalb der Loge.

zehn, nach der alten Symbolik „die volle, vollkommene, auch Universalzahl und begreift den ganzen Lebenslauf; über sie kann nicht hinausgezählt werden, außer durch Wiederholung." In fast allen Religionen ist die 10 jedoch heidnischen Charakters. — Bei den Alten gab es 10teilige Zeremonien, während welcher diejenigen, welche eine Sühne bringen oder an ein heiliges Werk gehen wollten, sich gewisser Dinge enthalten mußten. Bei den Ägyptern war es Brauch, daß der, welcher in die Geheimnisse der Isis eingeweiht werden wollte, 10 Tage fasten mußte, wie Apulejus dies von sich mit folgenden Worten erzählt: „Vor allem wurde mir aufgegeben, mich während jener ganzen 10 Tage alles Wohllebens im Essen, des Fleisches und des Weines gänzlich zu enthalten." 10 Vorhöfe hatte der Tempel, 10 Saiten der Psalter; es gab 10 musikalische In-

strumente, zu welchen die Psalmen gesungen wurden: Neza zur Begleitung des Gesangs der Oden; Nablum, eine Art Orgel; Mizmor, zur Begleitung der Psalmen; Sir zu den Liedern; Tephila zu den Gebeten; Barache zu den Segensliedern; Haiel zu den Lobliedern; Hodaia zu den Dankliedern; Asre zur Besingung irgendeines glücklichen Menschen; Hallelujah zur Lobpreisung und Betrachtung Gottes allein. Es gab 10 Sänger von Psalmen: Adam, Abraham, Melchisedek, Moses, Assaph, David, Salomo und die 3 Söhne des Korah. Es gibt 10 Vorschriften des Gesetzes. Am 10. Tag nach Himmelfahrt Christi ließ sich der hl. Geist herab. 10 ist die Zahl, in welcher Jakob die ganze Nacht mit dem Engel rang, im Kampfe siegte, beim anbrechenden Morgenstern gesegnet wurde und den Namen Israel erhielt. In der Zahl 10 siegte Josua über 31 Könige, David über Goliath und die Philister, und durch die 10 entkam Daniel unversehrt aus der Löwegrube. — Buddha nennt 10 Fesseln (sar̠jana), die die Wesen an das Dasein kette 1. Persönlichkeitsglaube, 2. Zweifelsucht, 3. Hang an äußeren Regeln und Riten, 4. Sinnengier, 5. Groll, 6. Begehren nach feinkörperlichem Dasein, 7. Begehren nach unkörperlichem Dasein, 8. Dünkel, 9. Aufgeregtheit und 10. Nichtwissen. Wer von allen diesen Fesseln befreit ist, gilt als Arahat oder Heiliger. — Lit.: Eliphas Lévi, Dogma und Ritual der Hohen Magie, Bd. 1, S. 164—173; Franz Carl Endres, Mystik und Magie der Zahlen, Zürich 1951.

Zeichen, in der FM, bei den Pfadfindern und manchen anderen Organisationen versteht man unter Z. sogen. Erkennungszeichen, die mit Händen, Armen und/oder Füßen gegeben werden, um sich als zum Bunde gehörig auszuweisen. In der FM sind die Z. von Grad zu Grad und teils von Lehrart zu Lehrart verschieden. ↗ Tempelzeichen, ↗ Kreuzzeichen. (Vgl. Tafel S. 444.)

Zeichen des Kreuzes, ↗ Kreuzzeichen.

Zeichnung, in der FM die Umschreibung für Vortrag, Brief, Manuskript; in manchen Logen auch Bauriß genannt. Der Ausdruck ist, wie die meisten anderen Ausdrücke in der FM, dem Baugewerbe entlehnt; die einzige Vorlage, die der Baumeister benutzt, ist eben die Zeichnung.

Zeitalter, im Okkultismus, namentlich in der Theosophie und Anthroposophie, die einzelnen charakteristischen Zeitabschnitte der Welt im Laufe der Evolution. Rudolf Steiner teilt die sog. nach-atlantische Epoche in folgende Z.:

1. das Krebs-Zeitalter: 7200—5000 vZ, d. h. die uralte indische Kultur;

Die Zeichen (Erkennungszeichen) des AMORC

Grad	Zeichen
Vorstufe	↗ Kreuzzeichen
Neophyt I	Rosenkreuzergriff: Man gibt dem anderen die Hand und drückt dabei dreimal leicht auf den Knöchel des Zeigefingers
Neophyt II	Bittzeichen: Die Arme vor der Brust so kreuzen, daß der linke Unterarm unten liegt, während die rechte Hand auf dem linken Oberarm ruht
Neophyt III	Linke Handfläche auf die Herzgegend legen, Kopf leicht zur Seite neigen und Blick nach oben richten. Dann Bittzeichen. Danach linken Zeigefinger auf die Lippen
Postulant	ohne
Tempelgrad 1	ohne
Tempelgrad 2	Füße so zusammenstellen, daß die Fersen sich berühren und die Fußspitzen einen Abstand von ca. 25 cm haben; gleichzeitig Hände vor der Brust zusammenlegen, daß sich die Fingerspitzen berühren, die Handteller aber 5 cm entfernt sind
Tempelgrad 3	wie Tempelgrad 2
Tempelgrad 4	Sieben Schritte zu je ca. 25 cm vorwärtsgehen, dann Paßwort fragen
Tempelgrad 5	Der anderen Person die Hände auf die Schulter legen und in die Augen sehen
Tempelgrad 6	Mit dem Zeigefinger auf der Stirn ein Kreuz von 4 cm Balkenlänge zeichnen
Tempelgrad 7	wie Tempelgrad 6
Tempelgrad 8	wie Tempelgrad 6
Tempelgrad 9	ohne
Tempelgrad 10	ohne

2. das Zwillinge-Zeitalter: 5000–3000 vZ, die uralte persische Kultur;

3. das Stier-Zeitalter: 3000–747 vZ, die ägyptisch-babylonisch-chaldäisch-hebräische Kultur;

4. das Widder-Zeitalter: 747 vZ bis 1413 nZ: die griechisch-lateinische Zeit;

5. unsere Zeit der Entwicklung der Bewußtseinsseele (im Hauptimpuls angelsächsisch-germanisch): von 1413 bis ins 19. Jh.

Zwei weitere Z. (das 6. und 7.) entziehen sich heute noch der Aussage, d. h. auch die Hellseher der Theosophie und Anthroposophie wissen noch nichts darüber.

Zeitgleichung, in der Astrologie (und Astronomie) die Differenz zwischen dem mittleren und dem wahren Mittag. Die wahre Sonnenzeit, wie sie die Sonnenuhr anzeigt, weicht wegen des ungleichmäßigen Sonnenlaufs von der nach dem mittleren Sonnenstand berechneten Ortszeit ab. Für astrologische Zwecke ist jedoch eine genaue Kenntnis der wahren Sonnenzeit erforderlich. Die Z. ist viermal im J. gleich null, und zwar am 15. 4., 14. 6., 1. 9. und 25. 12. Die größten Abweichungen im J. sind:

am 12. 2.	+	14 Min. 25 Sek.
am 15. 2.	—	3 Min. 49 Sek.
am 26. 7.	+	6 Min. 19 Sek.
am 3. 11.	—	16 Min. 21 Sek.

Diese Werte können jedoch in manchen Jahren noch Abweichungen zeigen. In der Praxis bedient man sich zwecks genauer Bestimmung der Z. sog. Zeitgleichungstabellen.

Zeitweiliger Körper, der Körper der Illusionen, bei Annie Besant Majavi-Rupa; der für die besondere Tätigkeit umgestaltete Denkkörper; der künstliche Körper, von dem häufig in theosophischen Büchern die Rede ist, in welchem eine Person von Land zu Land wandern, auch in die mentale Welt gelangen kann, um dort neue Wahrheiten zu lernen, neue Erfahrungen zu gewinnen usw. Die irdischen ↗ Meister der Adyar-TG nehmen z. B. mit Hilfe ihres Z. K. am Wesakfest im Himalaja teil. — Lit.: Annie Besant, Der Mensch und seine Körper, Leipzig 1897.

Zeleator (lat.) = der Eifrige; der unterste Grad der exoterischen Rosenkreuzer, eine Art Probeschüler oder niederer Chela; auch Bez. des 1. Tempelgrades im ↗ AMORC.

zelebrieren, von (lat.) celebratio = die große Versammlung oder Feier; das Abwickeln einer Messe oder eines Rituals.

Zell, Hermann (Ps.) = Hermann Orzellet. — W.: Ihre große Chance wartet, Büdingen 1958.

Zen-Buddhismus, eine sektenartige Richtung des Buddhismus in China und Japan, die eine strenge Lebensführung und mystische Versenkung lehrt. Entscheidend beim Z. ist der Wille. Die Übernahme der Lehren des Z. erfolgt nur durch einen Meister auf die Schüler. Zum Z. gehört auch die „Kunst des Bogenschießens", wobei der Schütze mit dem Ziel eine magische Verbindung herstellen muß, um es sicher zu erreichen; ferner der sog. Blumenweg und die Teezeremonie. — Lit.: Waltharius, Zen und der farbige Schatten; Gerda Ital, Der Meister, die Mönche und ich; Ernst Benz, Zen in westlicher Sicht, Weilheim 1962; Karlfried Graf Dürckheim-Montmartin, Zen und wir, Weilheim 1961; Enomiya-Lasalle, Zen-Weg zur Erleuchtung, Wien 1960; Eugen Herrigel, Der Zen-Weg, München 1958; Huang Po, Die Zen-Lehre des chinesischen Meisters, Weilheim 1960; Ursula von Mangoldt, So spricht Zen, München 1960; Suzuki, Die große Befreiung, Zürich 1958; ders., Die Zen-Lehre vom Nichtbewußtsein, München 1957; Alan Wilson Watts, Vom Geist des Zen, Basel 1956; Hubert Benoit, Die hohe Lehre, München 1958; S. Ueda, Die Gottesgeburt in der Seele und der Durchbruch zur

Gottheit, Gütersloh 1965; Heinrich Dumoulin, Östliche Meditation und christl. Mystik, Freiburg 1967; Hugo Makibi Enomiya, Zen-Buddhismus, Köln 1967; Ingeborg Y. Wendt, Zen, Japan und der Westen, 1959; Winfried Schmitt, Yoga, Zen und Meditation, 1959.

Zend-Avesta, der allgemeine Name für die hl. Bücher der alten parsischen Feuer- oder Sonnenanbeter; die Bez. Z.-A. stammt von Anquetil Duperron, der die Texte zum erstenmal übersetzte. Die Z.-A. zerfällt in 4 Teile: 1. Jasna = Gebete in 72 Kapiteln, 2. Vispered = Anrufungen in 23 Kapiteln, 3. Vendidad = priesterliche Vorschriften in 22 Kapiteln, und 4. Khorda-Avesta = Liederbuch in 24 Kapiteln. ↗ Avesta.

Zener-Karten, entwickelt von Dr. Zener (USA), einem Mitarbeiter Prof. J. B. Rhines; Spezialkarten für parapsychologische Testzwecke; die Karten haben durchweg dieselbe Farbe und tragen je eines der 5 Zeichen: 3 Wellenlinien, Kreis, Kreuz, Viereck oder Stern. — Lit.: Louis Pauwels, Aufbruch ins 3. Jahrtausend, Stuttgart 1922; Prof. J. B. Rhine, Die Reichweite des menschlichen Geistes, Stuttgart 1950; T. Pakraduny, Die Welt der geheimen Mächte, Innsbruck 1952.

Zenit, der höchste Punkt des Himmels; bei der Ortsbezeichnung der ↗ Obersten Räte des ↗ AASR anstatt ↗ Orient; in Horoskopen zuweilen fälschlich für ↗ M. C.

Zentren der Adyar-TG, neben den beiden Hauptverwaltungen Adyar (Indien) und London sind von der Adyar-TG im Laufe der Zeit noch einige Nebenzentren gegründet worden, die von vielen TG-Mitgliedern wie Wallfahrtsstätten besucht werden, worauf zuweilen ein ganzes Leben gespart wird. Solche Zentren befinden sich u. a. in Sidney (Australien), Ommen (Holland) und Ojai (Kalifornien).

Zeremonie, Zeremoniell, von (lat.) ceremonia; der Inbegriff von Gebräuchen, die beim Gottesdienst, wie auch in der Magie, im weitesten

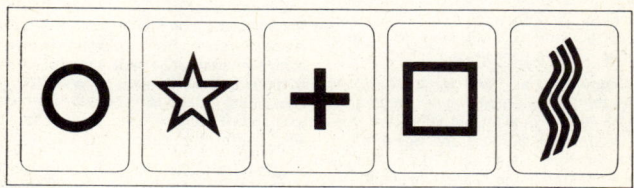

Abbildungen der 5 Zener-Karten

Sinne nach einem festgelegten Plan abgewickelt werden. Auf esoterischem Gebiet dienen die Zeremonien teils der Erlangung einer höheren Stufe der Einweihung, teils der Gruppenarbeit und stellen die praktische Seite der bloßen esoterischen Theorie dar. Neben der röm.-kath. Kirche stellt noch die FM eines der wichtigsten und vollkommensten zeremoniellen Systeme dar. Während das kirchliche Zeremoniell die mystische Verbindung der Gemeinde zur Gottheit bezweckt, dient das frmr. Z. der symbolischen ↗ Einweihung auf dem Wege zur ↗ Adeptschaft. Daneben besteht noch die zeremonielle Magie, in welcher die Anwendung der Naturkräfte zur Beherrschung höherer, in anderer Weise unzugänglicher Wesenheiten geübt wird. Im Buddhismus wird die Anwendung von Zeremonien, was geschichtlich leicht zu verstehen ist, verworfen, und solange die Theosophie unter dem Einfluß buddhistischer Kreise stand, lehnte auch diese jede Form des Zeremoniells ab. In neuerer Zeit haben jedoch nahezu alle esoterischen Vereinigungen den hohen Wert und die Wirksamkeit von Zeremonien wiederentdeckt und als Mittel der Vervollkommnung des Menschen empfohlen. So gründete die Adyar-TG die Liberal-Katholische Kirche und förderte die esoterische FM in großem Maße, die anthroposophische Gesellschaft gründete die ↗ Christengemeinschaft, aus der Heindel-Bewegung spaltete sich das ↗ Lectorium Rosicrucianum mit vorwiegend zeremonieller Arbeit ab, und selbst bei der Hartmann-TG, die nach außen (exoterisch) jede Form von Zeremoniell ablehnt, wurden esoterische Zweige für rein zeremonielle Betätigung gegründet. Zeremonielle Arbeit dieser Art ist allerdings nur dann erfolgreich, wenn die hieran Beteiligten den Sinn und Wert derselben vorher erfaßt haben und von ihren Zielen voll beseelt sind. Daher ist es zu verstehen, daß esoterische Vereinigungen keine Werbung betreiben können und gegenüber Profanen ihre bloße Existenz bestreiten müssen, damit störende Elemente ausgeschlossen bleiben. — Jakob Böhme hatte in seiner Eigenschaft als eigenständiger Mystiker den Sinn der Zeremonien wohl nicht erfaßt, wenn er schrieb: "Mit Meinungen und Zeremonien wird Gott nicht gedient."

Zeremonienmeister, ein aus der franz. FM in die deutsche FM übernommenes Logenamt; der Z. oder Ordner geleitet bei feierlichen Anlässen die Großwürdenträger und Gäste in die Loge und ist auch allgemein für die Einführung von Kandidaten und Gästen zuständig.

Zerubabel, ↗ Serubabel.

Zeugen Jehovas, auch: Internationale Vereinigung Ernster Bibelforscher, Millenniums-Gesellschaft, Wachtturm- oder Traktatgesellschaft usw.; ein Zweig der Adventisten, gegr. 1913 in den USA. Nach eigenen Angaben "kein geschlossener Verein, hat keine Mitgliederlisten, erhebt keine Beiträge", sondern "ein völlig zwangloser Zusammenschluß christlich gesinnter Männer und Frauen zwecks tieferer Erkenntnis der in der Bibel geoffenbarten göttl. Wahrheiten, um in Wort und Wandel die verkündigen die Tugenden dessen, der uns berufen hat aus der Finsternis in sein wunderbares Licht". Die Z. J. haben auch aus dem Okkultismus einige Lehren und Behauptungen übernommen. Man kennt aber nur 3 Weltalter, nämlich "die damalige Welt" (nach 2. Pet. 3, 6), "von der Schöpfung bis zur Sintflut, unter der Verwaltung der Engel"; "die gegenwärtige arge Welt" (nach Gal. 1, 4 und 2. Pet. 3, 7), "von der Sintflut bis zur Aufrichtung des Reiches Gottes unter der begrenzten Gewalt des Satans"; dieses 2. Zeitalter zerfällt in 3 Abschnitte: das patriarchalische, das jüdische und das christliche Zeitalter; danach folgt "die zukünftige Welt" (nach 2. Pet. 3, 8). In der großen Pyramide von Gizeh bei Kairo sieht man eine prophetische Weissagung; da sich die Weissagungen immer wieder als falsch herausgestellt haben, wurden die Angaben von Zeit zu Zeit korrigiert. Die Unsterblichkeit der Seele wird geleugnet; wenn der Mensch sterbe, höre er auf wie das Vieh. Standardsatz am Anfang der Überzeugungsreden ist: "Die Menschheit befindet sich heute in einer ganz großen Gefahr" (aus der die Z. J. die Menschheit erretten wollen). — Lit.: P. Scheurlen, Die Sekten der Gegenwart, Stuttgart 1921; Dr. Kurt Hutten, Sind die Zeugen Jehovas ernste Bibelforscher?, H. Twisselmann, Vom Zeugen Jehovas zum Zeugen Christi, 1964; W. J. Schnell, Falsche Zeugen stehen wider mich, Konstanz 1960; Jehovas Zeugen, Frankfurt 1956.

Ziegeldecker, die Übersetzung von (engl.) tyler; die ältere Bez. des am Tempeleingang wachthabenden Bruders; heute meist mit Wachthabender oder Türhüter bezeichnet. In der Rangliste der Logenbeamten steht dieses Amt meist an letzter Stelle, obwohl alle Instruktionen für Logenbeamten empfehlen, hierfür nach Möglichkeit einen ehemaligen Meister vom Stuhl zu wählen, da dieser über ausreichende Erfahrung verfügt, unbekannten Besuchern auf den Zahn zu fühlen.

Ziegler, Leopold, 1881—1958; der letzte und vielleicht bedeutendste Philosoph aus dem Geblüt der Jakob Böhme, Franz von Baader, Görres und Schelling; Mystiker, Theosoph, Symbol- und Kulturforscher. — W.: Metaphysik des Tragischen, 1902; Das Wesen der Kultur, 1903; Der abendländische Rationalismus und der Eros, 1905; Gestaltwandel der Götter, 1920; Überlieferung, 1936; Apollons letzte Epiphanie, 1937; Das Lehrgespräch vom allgemeinen Menschen, 1956.

Zierat. In der FM zuweilen die deutsche Bez. für ↗ Kleinodien, d. h. für die Ausstattung einer Loge mit symbolischen Werkzeugen usw. — Nach der Lehrart der Großen Landesloge sind Z.: der fünfeckige Stern, das ↗ Vereinigungsband („Franzen") und der Fußboden (↗ musivische Flur).

Zillmann, Paul, ehemaliger Theosoph und Freund Rudolf Steiners; gründete bei Berlin die sog. Waldloge, in welcher Max ↗ Heindel seine berühmte Rosenkreuzer-Einweihung erhielt; Z. gab auch die „Neue metaphysische Rundschau" heraus und verlegte einige theosophische und frmr. Bücher.

Zimmermann, Werner, * 21. Juni 1893 in Lyss (Schweiz); ab 1913 Lehrer einer Oberklasse in Lauterbrunnen, ab Mai 1919 Wanderarbeiter in den USA, 1929/31 Weltreise nach Mittel- und Südamerika; Z. gilt als Lebensreformer, und seine zahlreichen Werke werden namentlich in Neugeist-Kreisen gelesen. — W.: Kräfte des Atems, München 1951; Sei Meister deines Schicksals, München 1948; Ich bin Erkenntnis, München 1952; Ich bin ein Kind des Lichtes, Zielbrücke 1946; Das Leben nach dem Tode, München 1951; Geheimsinn der Zahlen, München 1949; Nostrodamus, 1940; Krishnamurti, 1937; als Übersetzer: (Brown Landone) Die mystischen Meister, 1942; (J. W. Lloyd) Karezza-Praxis, 1930; (Henri Borel) Wu-Wei, 1924.

Zinzendorf, Nikolaus Ludwig Graf von, 1700–1760; gründete 1722 die Herrnhuter Brüderschaft; Dichter des Kirchenliedes „Jesu, geh voran auf der Lebensbahn".

Zion, ↗ Sion.

Zippert, Dr. phil. Erwin, * 8. 3. 1902 Berlin, † ?; bekannter Ägyptologe (im Katalog des Haug-Verlages fälschlich als Dr. med. ausgewiesen!); studierte in Berlin Theologie und Ägyptologie, dann Mitarbeiter der ägypt. Abt. der Staatlichen Museen Berlin; aus seinem Nachlaß stammt ein Teil der Unterlagen der ↗ ORA. — W.: Der Gedächtnistempel Sethos' I. zu Abydos, Dissertation von 24. 2. 1931, Berlin; Vom Gleichgewicht der Seele, Ulm 1958; Die große Befreiung, München 1960.

Zirkel. In der FM ist der Z. als Werkzeug eines der Hauptsymbole und bedeutet sowohl die göttl. Vernunft wie die Vernunft des Menschen. Zuweilen versteht man unter Z. auch einen Kreis mit oder ohne Mittelpunkt. (Vielleicht weil im Englischen „circle" = Kreis bedeutet.) — Während andere symbolische Werkzeuge in der FM teils gleichzeitig Abzeichen bestimmter Logenbeamten sind, wird das Zirkelsymbol für diesen Zweck nicht gebraucht: die Vernunft ist allen Brüdern zu eigen. Allerdings erscheint der Z. als Symbol wieder in einigen Abzeichen der Hochgrade und natürlich in dem bekannten FM-Abzeichen, welches sich aus Winkel und Z. zusammensetzt.

Zodiak (oder Zodiakus), von (griech.) zodion, einer Verkleinerungsform von zóon = Tier; die andere Bez. für den ↗ Tierkreis. Allgemein wird der Anfang (= 0°) beim Zeichen Widder (lat.: Aries) gesetzt, nur das Lectorium Rosicrucianum rechnet den Anfang vom Zeichen Wassermann (lat.: Aquarius). — Lit.: Charubel, Die Grade des Zodiaks, 1959; Fritz Wehrle, Kosmos und Symbol.

Zohar, im Ausland übl. Schreibung für ↗ Sohar,

Zoellner, Prof. Johann Karl Friedrich, * 8. 11. 1834 Berlin, † 25. 4. 1882 Leipzig; Physiker und Astronom; Schöpfer der Astrophysik; befreundet mit Gustav Theodor ↗ Fechner; befaßte sich auch mit Spiritismus, untersuchte das amerikanische Medium Slade und benutzte erstmals den Begr. der 4. Dimension zur Erklärung der Materialisationsphänomene. — W.: Vierte Dimension und Okkultismus, Leipzig 1922; Naturwissenschaft und christliche Offenbarung.

Zoroaster ↗ Zarathustra.

Zorobabel ↗ Serubabel.

Zufall. Was die Menschen Z. nennen, ist die Unkenntnis der Ursachen; wenn man mit der Aussage, daß etwas zufällig geschehe, meinen würde, daß keine Ursache vorliege, so würde man etwas in sich selbst Widerspruchsvolles behaupten.

Zwei, in der Zahlensymbolik die Zahl des Gegensatzes von aktiv und passiv, Licht und Schatten usw. In der Bibel gibt es 2 Gesetzestafeln auf dem Sinai, 2 Cherubim blickten in den Gnadenstuhl bei Moses, 2 Ölbäume tropften bei Zacharias, 2 Naturen (d. h. eine göttl. und eine menschl.) sind in Christus, es gibt 2 Testamente der Bibel, 2 Gattungen von Geistern (gute und böse) usw. — Lit.: Endres, Mystik und Magie der Zahlen, Zürich 1951;

Eliphas Lévi, Dogma und Ritual der Hohen Magie, Band 1, Seite 94—102.

Zweiheit, ⤢ Dualität.

Zweites Gesicht, das Hervortreten von ahnungsvollen Traumbildern (Visionen) während des wachenden Zustandes. Diese Erscheinung wurde namentlich durch die Arbeit von Samuel Johnson „Journey to the Western Isles of Scotland" (London 1775) bekannt; dort heißt es: das 2. G. (engl.: second sight) sei ein Eindruck, der entweder durch die Seele aufs Auge oder durchs Auge auf die Seele gemacht werde und vermöge dessen entfernte oder zukünftige Dinge erkannt und gesehen würden, als ob sie gegenwärtig wären. Die Tatsachen dieser Art sind an so verschiedenen Orten, zu so verschiedenen Zeiten und z. T. von so unparteiischen und wissenschaftl. gebildeten Beobachtern gesammelt worden, daß es unmöglich erscheint, sie nicht als wahr anzuerkennen. — Du Prel, Das Zweite Gesicht, Breslau 1882; Carus, Vorlesungen über Psychologie, Leipzig 1851; G. C. Horst, Deuteroskopie, Frankfurt 1830.

Zwielicht, ⤢ Yuga.

Zwischenreich, ⤢ Seelische Welt.

Zyklen, im Buddhismus und in der Theosophie die sich periodisch wiederholenden Entwicklungszustände der Erde und der Welt überhaupt; auch Perioden, Runden usw. genannt. Die verschiedenen Theorien weichen in der Zahl der Z. jedoch erheblich voneinander ab.

Zyklische Entwicklung, ⤢ Zyklen und ⤢ Evolution.

12, nach überkommener Auffassung eine göttl. Zahl, mit welcher alles Himmlische gemessen wird. Es gibt 12 Zeichen des Tierkreises, welchen die 12 vornehmsten Engel vorgesetzt sind. In 12 J. vollendet Jupiter seine Bahn; der Mond durchläuft täglich 12 Grade. Gott erwählte die 12gliedrige Familie Israels und setzte ihr 12 Fürsten vor; 12 Steine wurden in die Tiefen des Jordans gelegt und eine gleiche Zahl in die Brustplatte des Hohenpriesters gefügt. Aus 12 Steinen wurde der Altar gebaut, von 12 Löwen das durch Salomo gebaute eherne Meer getragen. 12 Brunnen waren in Helim. 12 Kundschafter wurden durch das gelobte Land geschickt. Christus hatte 12 Apostel; es gab 12 Vorsteher der Stämme. 12 000 war die Zahl der Versiegelten und Auserwählten von jedem Geschlechte der Kinder Israels. Mit 12 Sternen ist die Himmelskönigin gekrönt. Von den sich mehrenden Broten wurden, nach dem Evangelium, 12 Körbe voll Krumen

gefüllt. 12 Engel stehen vor den 12 Toren der hl. Stadt, und mit 12 Steinen ist das himmlische Jerusalem geschmückt. — Das ⤢ Lectorium Rosicrucianum kennt 12 Erdperioden (im Ggs. zu den 7 Erdperioden der Theosophie und den 4 der Buddhisten). — Lit.: Franz Carl Endres, Mystik und Magie der Zahlen, Zürich 1951.

13, im landläufigen Aberglauben die Zahl des Unglücks; bei anderen Völkern die Glückszahl; nach dem AT gab es 13 Stämme Israels; 13 Teilnehmer gab es beim hl. Abendmahl; nach dem Talmud (Baba bathra 122a) „wird das Land Israel in 13 Teile geteilt werden; 13 Personen umfaßte die Rosenkreuzer-Versammlung; nach Agrippa begreift 13 das Mysterium der Sendung Christi an die Völker in sich, denn am 13. Tage nach seiner Geburt erschien den Magiern der leitende Stern.

15, die Symbolzahl der geistigen Abstufung, denn der Stufengesang hat 15 Psalmen; hierauf beziehen sich auch die dem König Hiskia noch bewilligten 15 Jahre; der 15. Tag des 7. Monats war ein Feiertag; in der Hiram-Legende wählte Salomo 15 Vertraute aus, um nach Hiram suchen zu lassen.

18 und **20,** diese Zahlen werden von den Theologen (so: Agrippa von Nettesheim) als Unglückszahlen angesehen, denn 18 J. diente Israel dem König Moba, 20 J. diente Jakob, und mit 20 J. wurde Joseph verkauft.

22, bei den Hebräern ist 22 die Zahl der Fülle der Weisheit, denn 22 Buchstaben hat das hebr. Alphabet, und 22 Bücher umfaßt das AT.

30, in der Zahlensymbolik offenbar von geringerer Bedeutung als viele andere Zahlen. 30 Grad hat jedes Tierkreiszeichen, rund 30 J. dauert der Saturnumlauf. Mit 30 J. wurde Christus getauft, fing er an ein Wunder zu tun und das Reich Gottes zu lehren. Auch Johannes der Täufer war 30 J., als er anfing, in der Wüste zu predigen und den Weg des Herrn zu bereiten. Im gleichen Alter begann Ezechiel zu prophezeien, und mit 30 J. wurde Joseph aus dem Gefängnis entlassen und vom Pharao zum Obersten in Ägypten bestimmt.

32, die Zahl der Wege in der Kabbalah; Kircher: „Die 32 Wege der Weisheit sind die leuchtenden Pfade, auf denen die hl. Männer Gottes infolge langer Übung, langer Erfahrung in den göttl. Dingen und langer Meditation darüber zu den verborgenen Zentren zu gelangen vermögen."; im 1. Kapitel 1. Mos. wird der göttl. Name Elohim 32mal erwähnt; bei den Pythagoräern die Zahl der Gerechtigkeit, weil sie sich bis zur 1 in stets gleiche Teile teilen läßt.

33, die Zahl der Lebensjahre Christi; nach der Kabbalah die 32 Wege und 1 Zentrum. Dantes Göttliche Komödie zerfällt in 3 Teile (Reisen) zu je 33 Gesängen oder Kapiteln, und jede Zeile hat 11 Silben, so daß jeweils 3 Zeilen wiederum 33 Silben ergeben. 33 Grade hat der ↗ AASR. Rijkenborgh in „Dei gloria intacta" (S. 30): „Im arischen Zeitraum ist die Menschheit jetzt dabei, sich durch die 33. Periode hindurchzuringen. In Übereinstimmung damit begann ungefähr 4000 J. vor Chr. die 33. göttl. Einsenkung dieses Zeitabschnitts. Dies ist die Ursache, weshalb man sagt, daß Jesus 33 J. alt war, als er starb." S. 182 „Dei gloria intacta" reichlich unklar: „Der Pfad der Selbstfreimaurerei ist beendigt durch 21 Einweihungen innerhalb eines Kreises von 12. Auf diese Weise feiert der Bruder des 33. Grades das hl. Abendmahl."

40, in der Religion die Zahl der Reue und Buße und anderer Mysterien. So ließ der Herr zur Sintflut 40 Tage und 40 Nächte auf die Erde regnen. 40 J. brachten die Kinder Israels in der Wüste zu. 40 Tage wurde die Zerstörung von Ninive ausgesetzt. Von den Heiligen ist diese Zahl der Zeit des Fastens geweiht. Moses, Elias und Christus fasteten 40 Tage. 40 Monate predigte Christus öffentlich. 40 Stunden brachte er als tot im Grabe zu. 40 Tage nach der Auferstehung fuhr er gen Himmel. Nächst der Zahl 7 kommt am häufigsten die Zahl 40 in der biblischen Geschichte vor. David und Salomo regierten je 40 J.

49, ↗ 50.

50, als Symbolzahl eng verbunden mit der Zahl 49 als Summe von 49 + 1; in der Kabbalah kennt man die 50 Tore der Weisheit, die aber eine absichtliche Verhüllung darstellen sollen, denn in Wirklichkeit sollen es nur 49 Tore sein. Diese Tore bezeichnen die versch. Ebenen des Seins u. sind die Tore des Lebens u. die Tore des Erkennens oder die Grade des okkulten Wissens. Die 49 (oder 50) Tore entsprechen den 7 Toren in den 7 Gewölben der Einweihung in die Mysterien der Mythra. Die Aufteilung der 50 Tore in 5 Haupttore, jedes zu 10 Toren, ist eine andere Verhüllung. Die 7 Haupttore entsprechen auch den 7 unteren ↗ Sephiroth und werden zuweilen die Tore der Binah, d. h. des Verstandes genannt.

60, die hl. Zahl der Ägypter, die dem Krokodil gehört, das in 60 Tagen 60 Eier legt, 60 Tage daran brütet, 60 J. lebt, 60 Zähne im Rachen führt und 60 Tage im J. in der Abgeschiedenheit ruht.

70, Symbolzahl im AT und teils auch im NT; 70 J. lang hat das Opferfeuer während der babylonischen Gefangenschaft unter dem Wasser gebrannt; 70 J. hatte Jeremias die Zerstörung des Tempels vorhergesagt; 70 J. dauerte die babylonische Gefangenschaft, 70 J. die Verheerung Jerusalems. 70 Palmen befanden sich auf dem Platz, wo die Kinder Israels ihr Lager aufschlugen; 70 Könige mit abgeschnittenen Fingern und Zehen lasen das Brot auf dem Tische des Adonibesech. 70 Söhne stammten aus der Hüfte des Jonas. 70 Männer erwuchsen den Söhnen Jeroboams; 70 Männer tötete auf einem Stein. 70 Söhne und Enkel, die auf 70 Eselsfüllen ritten, hatte Abdon. 70tausend Lastträger hatte Salomo. 70 Söhne des Königs von Samaria, Ahab, wurden enthauptet. 70 J. umfaßt nach den Psalmen unser Lebensalter. 7 mal 70 Mal wurde über Lamech gerichtet; 7 mal 70 Sünden werden dem Sünder erlassen. Nach Luk. 10, 1 ff. scharte Jesus 70 Jünger zweiter Ordnung um sich; zahlenmäßig stimmen sie mit der jüd. Vorstellung von den 70 Nationen der Welt überein, aber auch mit den 70 Ältesten aus 4. Mos. 11, 16 ff. oder den 70 Beisitzern des Synhedriums. Nach Matth. 10, 1 sonderte der Herr „70 aus und sandte sie je 2 und 2 vor ihm her in alle Städte und Orte, da er wollte hinkommen."

72, entsprechend den 72 Synagogen, den 72 Auslegern des AT, den 72 Sprachen und den 72 Schülern Christi; in der Kabbalah die 72 Gottesnamen; der ägyptische Priester zu Sais hatte 72 Schellen am Saum seines Gewandes; Pythagoras schrieb 72 goldene Verse: der Gralstempel hatte 72 Kapellen und die Königsburg von Persepolis 72 Säulen; die alten Chinesen kennen 72 Heilige; Konfuzius lebte 72 Jahre.

144, beim AMORC die Zahl der Jahre zwischen 2 Inkarnationen.

666, diese Zahl erscheint, mit griech. Buchstaben geschrieben, in Off. 13, 17/18 ohne nähere Deutung. Sie hat daher große und kleine Denker aller Zeiten beschäftigt, und eine Vielzahl von meist wenig befriedigenden Deutungen ist bekannt geworden. — Nach Büchners „Real- und Verbal-Konkordanz" (Leipzig 1901) ist 666 die Zahl des Tieres, welche eines Menschen Zahl oder die einen Menschen bedeutet, oder in eines Menschen Namen ist. Die Zahl 666 ergibt sich aus der Quersumme der einzelnen Buchstabenwerte der Wörter „Latinus" (griech. geschrieben) od. „Romanus" (hebr. geschrieben). Der Sinn wäre dann so viel wie „Antichrist", weil sein Reich durch die lat. Sprache unterstützt.

Andere suchen es, wie Büchner schreibt, in dem Titel, den sich der Papst zulegt: „Vicarius Filii Dei" (= Statthalter des Sohnes Gottes). — Eine andere Deutung der Zahl 666 geht auf die Zahlenwerte für „Kaiser Nero" in hebr. Schreibung aus: QSR NRON = 100 + 60 + 200 + 50 + 200 + 6 + 50 = 666. — Die Adventisten setzen die üblichen röm. Zahlen zugrunde und setzen für diejenigen Buchstaben, die in den üblichen röm. Zahlen nicht vorkommen einfach Null:

V I C A R I U S   F I L I I   D E I
5 1 100 0 0 1 5 0   0 1 50 1 1   500 0 1 = 666.

Allerdings vergessen die Adventisten, daß auch die übrigen Buchstaben röm. Zahlzeichen sind, nämlich: A = 5000, R = 80, S = 90, F = 40 und E = 250, so daß wir 6126 anstatt 666 erhalten! — Aleister ⟋ Crowley, der sich selbst „das große Tier" nannte, versteht unter 666 „das große Tier, das ewige Wort"; nach seiner näheren Deutung ist 666 die Zahl der Verblendung, Erblindung und Faszination, und sein „Buch 666" ist daher das „Buch der Verblendung". — Gaskell (Dictionary of the Sacred Language, London 1923) bezeichnet die Zahl 6 als die Zahl der Vollständigkeit und mit 666 die Vollständigkeit der Natur auf den 3 unteren Ebenen, d. h. dem unteren Mental-, Astral- und physischen Plan; diese 3 vollständig durchgebildeten Zustände machen den verkörperten Begierdengeist oder das Tier aus. — Bei der ⟋ Gralsgemeinschaft wird behauptet, daß jeder Name sein Karma in sich trage; entsprechend lautet die Deutung der Zahl 666 (ohne Angabe einer näheren Erklärung): „Ich bin's! Der Menschensohn, Immanuel, Abdruschin, Abdruschin, Oskar Ernst Bernhardt, 18. April 1875, Der Kommende...". — Im „Ritual der Hohen Magie" (München 1927) nimmt Eliphas Lévi wie folgt zur Zahl 666 Stellung: „Die Kommentatoren, die etwas anderes gesucht haben, haben Zeit und Mühe an ihrer eigenen Lächerlichkeit verloren, o glänzende Phantasie. Ebenso verhält es sich mit all den Anstrengungen, Namen berühmter Personen in der schicksalhaften Zahl 666 zusammenzuschließen, wie wir genugsam schon erklärt haben, und wenn man bedenkt, daß so berühmte Männer wie Bossuet und Newton sich an diesen Hirngespinsten ergötzt haben, begreift man, daß die Menschheit auch in ihrem Genie nicht so boshaft ist, wie man in Anbetracht ihrer Laster annehmen könnte." — Nach Rud. Steiner ist 666 die Zahl der kommenden Entwicklung, entstanden und gebildet dadurch, daß in jenem Zeitpunkte kommender Entwicklung 6 Runden mit 6 Haupt- und 6 Unterrassen durchgemacht

sind; dreimal hat die Menschheit (so: Steiner!) Gelegenheit, der Verführung zum Bösen zu erliegen: die letzte wird in der Zahl 666 gegeben sein, die in den Mysterienzahlen 400, 200 und 600 verborgen liegt. Steiner verwirft wie Eliphas Lévi andere Deutungen und liest aus den Zahlenwerten des Sonnendämons Soradt, der ein Gegner des Lammes war, die Zahl 666 heraus. — In DAW 12/64 erschien auf S. 1102 eine Deutung, bei der die Buchstaben des Alphabets den Zahlen 100 bis 125 gleichgesetzt werden; die entsprechenden Zahlenwerte für die einzelnen Buchstaben des Namens Hitler ergeben dann ebenfalls 666. — Lit.: Ernst Bindel, Die geistigen Grundlagen der Zahlen; L. R. Conradi, Die Offenbarung Jesu; ders., Der Seher von Patmos; Hermann Kissener, Die Logik von Buchstabe und Zahl, München; Rudolf Mewes; Die Kriegs- und Geistesperioden im Völkerleben und die Verkündigung des nächsten Weltkrieges (dort: S. 318—358); Morosoff, Die Offenbarung Johannis — Eine astronomische Untersuchung, Leipzig 1912.

777, eine Zahl der neueren Zahlensymbolik, jedoch ohne rechte Beziehung zu den bekannten Regeln der Esoterik. Bei den Gold- und Rosenkreuzern war 777 die Zahl der Adepten des 7. Grades; Max Heindel schreibt: „Die okkulte Wissenschaft lehrt (wo eigentlich?), daß es 777 Inkarnationen gebe." Möglicherweise bezieht sich Heindel hier auf eine Stelle in der „Geheimlehre" (Bd. 1, S. 168) von H. P. Blavatsky: „Versuche, das Problem der 777 Inkarnationen zu lösen...". Sei Crowley ist 777 einfach „das flammende Schwert, das den Menschen aus dem Paradiese vertrieb." „Liber 777" (= Buch 777) heißt auch ein Werk Crowleys; ebenso heißt beim AMORC eine dünne Druckschrift so, wobei die Zahl 777 als Nummer oder Zahl der Befreiung, sei es durch Gebet, sei es durch Kontemplation, angegeben wird. 777 ist die Zahl der Erlösung von Übeln jeder Art.

1314, nach der Lehre der Großen Landesloge das Todesjahr, in welchem der Templergroßmeister Molay am 11. 3. hingerichtet wurde; indes wird das große Ordensfest jeweils am 22. 3. gefeiert, da infolge der Kalenderumstellung eine Datenverschiebung eingetreten ist; profane Nachschlagewerke nennen allerdings den 18. 3. als das historische Datum.

1697, die mysteriöse Jahreszahl, auf welche der AMORC die Gründung des Rosenkreuzer-Ordens verlegt. Wahrscheinlich wird dabei zurückgegriffen auf den „Schlüssel der Theosophie" von H. P. Blavatsky, wo sich auf S. 13

ein Auszug aus einer Rede von Dr. J. D. Buck (Präsident der amerikanische TG) befindet, in welcher er erklärte, daß er im Besitz eines Buches mit folgendem Titel sei: „Theosophische Mitteilungen der philadelphischen Gesellschaft", London 1697. Hieraus folgerte Spencer Lewis, daß der Rosenkreuzer-Orden schon 1697 in Philadelphia existierte.

1975, nach neuerer okkulter Auffassung (Theosophie, Arkanschule usw.) das Jahr, in welchem sich wieder ein sogen. ↗ Meister offenbaren wird. H. P. Blavatsky im „Schlüssel der Theosophie" (deutsche Ausgabe S. 242): „Im letzten Viertel eines jeden Jh. haben die Meister, von denen ich sprach, den Versuch gemacht, den Fortschritt der Menschen zu fördern ... Der eine oder andere wird zum Träger neuer Ideen, und ein bestimmtes Maß von Erkenntnis wird der Welt übermittelt." — Lit.: Foster Bailey, Wandlung esoterischer Werte, Lorch 1956.

Literatur-Anhang

Allgemeine Nachschlage- und Quellenwerke

Abbot, A. E., Encyclopaedia of occult sciences, London 1960.

Austeda, Franz, Wörterbuch der Philosophie, Berlin 1962.

Bertholet, Alfred, Wörterbuch der Religionen, Stuttgart 1962.

Bestermann, Theodore, A dictionary of theosophy, London o. J.

Biedermann, Hans, Handlexikon der magischen Künste von der Spätantike bis zum 19. Jahrhundert, Graz 1968.

Bischoff, Dr. Erich, Fremdwörterbuch zur theosophischen Literatur, Leipzig o. J.

Blavatsky, Helena Petrowna, The theosophical glossary, California 1918 (andere Ausgaben von 1892 und 1952).

Böthling, Otto (mit Rudolf Roth), Sanskrit-Wörterbuch, St. Petersburg 1855—1875, 7 Bde.

Boutet, Frédéric, Dictionnaire des science occultes, Paris 1937.

Brockhaus' Konversations-Lexikon; viele Ausgaben: empfehlenswert ist besonders die 14. Auflage, Berlin 1894, 17 Bde.

Büchner, M. Gottfried, Biblische Real- und Verbal-Handkonkordanz oder exegetisch-homolitisches Lexikon über alle Sprüche der ganzen heiligen Schrift, Leipzig 1901.

Budge, Sir E. A. Wallis, An Egyptian hieroglyphic dictionary, London 1920.

Cock, Maurice, Dictionnaire Maçonnique, Brüssel 1951.

Coil, Henry Wilson, Coil's Masonic Encyclopedia, New York 1961.

Davids, T. W. Rhys, The Pali Text Society's Pali-English Dictionary, Chipstead 1925.

Desormes, E., und **Adrien Basile,** Dictionnaire d'occultisme, Angers 1897.

Dieth, Dr. P. A., Parapsychologische Woordentolk, Den Haag 1956.

Encyclopaedia Britannica, New York und London (viele Ausgaben).

Gaskell, G. A., A dictionary of the sacred language of all scriptures and myths, London 1923.

Giese, Dr. Fritz, Psychologisches Wörterbuch, Berlin 1928.

Hanselmann, Dr. Johannes, Kleines Lexikon kirchlicher Begriffe, München 1969.

Hawkins, E. L., A concise cyclopaedia of Freemasonry, London 1956.

Gesenius, Wilhelm, Hebräisches und chaldäisches Handwörterbuch über das Alte Testament, Leipzig 1910.

Hoult, Powis, A glossary of some theosophical terms, London 1910.

Kiesewetter, Dr. L., Fremdwörterbuch zur Erklärung und Verdeutschung der in der heutigen Schrift- und Umgangssprache gebräuchlichen fremden Wörter, Glogau 1876.

King, Charles L., So spoke the Master — A pronouncing dictionary of masonic words, Helena/Ma., 1967.

König, Franz, Religionswissenschaftliches Wörterbuch, Freiburg 1956.

Lennhoff, Eugen (mit Oskar Posner), Internationales Freimaurerlexikon, München 1932.

Lenning, Allgemeines Handbuch der Freimaurerei, Leipzig 1900, 2 Bde.

Lipffert, Klementine, Symbol-Fibel, Kassel 1964.

Longmans English Larousse, London 1968.

Mackey, Albert G., Encyclopedia of Freemasonry, Chicago 1929, 2 Bde.

Mawson, C. O. Sylvester, Dictionary of foreign terms, New York 1934.

Mayrhofer, Dr. Manfred, Sanskrit-Grammatik, Berlin 1953.

Monier-Williams, Sir, A Sanskrit-English Dictionary, Oxford 1899.

Nagel, Prof. Dr. Robert, Okkultistisches Lexikon, Leipzig 1920.

Nölle, Wilfried, Völkerkundliches Lexikon, München 1959.

Nölle, Wilfried, Wörterbuch der Religionen, München 1960.

Nyanatiloka, Buddhistisches Wörterbuch, Konstanz 1952.

Pike, Albert, Sephar H'debarim, The book of the words, o. O. 1878 (nur 150 Ex. gedruckt).

Poinsot, M.-C., Encyclopédie des sciences occultes, o. O. und J.

Purucker, Dr. G. von, Theosophisches Wörterbuch, Stuttgart 1949.

Quillet-Flammarion, Dictionnaire usuel, Paris 1963.

Schmidt, Dr. Heinrich, Philosophisches Wörterbuch, Leipzig 1916.

Schmidt, Kurt, Pali, Buddhas Sprache, Konstanz 1951.

Thiollier, Marguerite-Marie, Dictionnaire des religions, Paris 1966.

Tondriau, Julien, L'occultisme, Paris 1964.

Verneuil, Marianne, Dictionnaire pratique des sciences occultes, Monaco 1950.

Whitney, William Dwight, The Century Dictionary, New York 1904, 10 Bde.

Widmann, Adolf, Concordanz I bis IX nach den Acten der Großen Landesloge der Freimaurer von Deutschland, o. O. und J. (nur als Manuskript im Umlauf).

Winkelmann, Joachim, Abc der Geheimwissenschaften, Berlin 1956.

Winternitz, M., A concise dictionary of eastern religion, Oxford 1910.

Wittlich, Bernhard, Wörterbuch der Charakterkunde, München 1950.

Verzeichnis der im Lexikon verwendeten Abkürzungen

Zu beachten ist, daß die am Anfang der Eintragungen stehenden **Stichwörter** im anschließenden Text nicht mehr ausgeschrieben, sondern durch den Anfangsbuchstaben abgekürzt sind.

Abk.	Abkürzung	Jh.	Jahrhundert(e)
Abt.	Abteilung	jüd.	jüdisch
ägypt.	ägyptisch	Kap.	Kapitel
ahd.	althochdeutsch	kath.	katholisch
arab.	arabisch	kgl.	königlich
AT	Altes Testament	lat.	lateinisch
Aufl.	Auflage	Lit.	Literatur, Quellen
Ausg.	Ausgabe	lt.	laut
b.	bei	MA	Mittelalter
Bd., Bde.	Band, Bände	Mio.	Millionen
Bed.	Bedeutung	Mitg.	Mitglied(er)
belg.	belgisch	Mrd.	Milliarden
Bez., bez.	Bezeichnung, bezeichnen	NT	Neues Testament
Bio.	Biographie	nZ	nach der Zeitenwende
chald.	chaldäisch	od.	oder
chem.	chemisch	o. J.	ohne Jahr
chines.	chinesisch	o. O.	ohne Ort
christl.	christlich	o. O. u. J.	ohne Ort und Jahr
ders.	derselbe (Verfasser)	pers.	persisch
dgl.	desgleichen, dergleichen	Ps.	Pseudonym
dies.	dieselbe (Verfasserin)	Qu.	Quelle
DH	Droit Humain (FM-Orden)	R	Rezension
engl.	englisch	röm.	römisch
esoter.	esoterisch	S.	Seite
f.	für	Sk.	Sanskrit
f (nach Zahl)	„Seite . . . und folgende"	sogen.	sogenannte(r)
ff (nach Zahl)	„und folgende Seiten"	SS.	Seiten
ES	Esoterische Schule	TG	Theosophische Gesellschaft(en)
Esp.	Esperanto	tibet.	tibetanisch
FM	Freimaurerei, Freimaurer(in)	u.	und
franz.	französisch	u. a.	unter anderen, und andere
frmr.	freimaurerisch	Verf.	Verfasser
GD	Goldene Dämmerung	vgl.	vergleiche
gegr.	gegründet	Vs.	Vers
Ges.	Gesellschaft	vZ.	vor der Zeitrechnung
Ggs.	Gegensatz	W.	Werke
göttl.	göttlich	z. T.	zum Teil
griech.	griechisch	*	geboren am . . .
hebr.	hebräisch	†	gestorben am . . .
hl.	heilig	↗	siehe unter . . .
ind.	indisch	+	bezeichnet die Wortzusammensetzung bei der Erklärung der Herkunft oder Ableitung eines Wortes
ital.	italienisch		
J.	Jahr(e)		